Boccace des nobles maleureux
Imprime nouuellement a paris

Des Liures de Nicolas Moreau S.r Dauteuil

Fin Liuure de Moreau ce vii.e Octobre 1550

P.
101.
A.

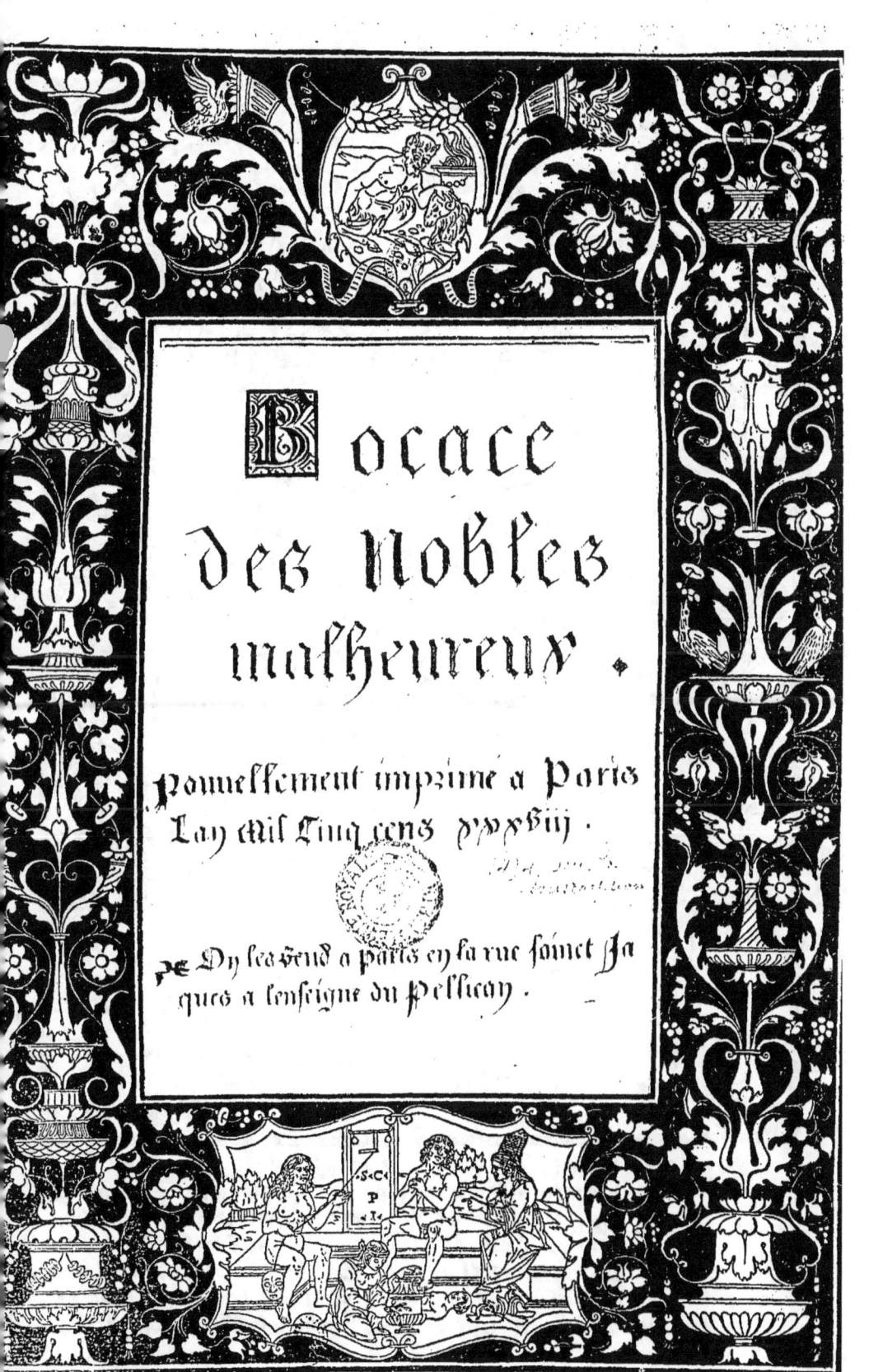

Bocace des nobles malheureux.

Nouuellement imprime a Paris
Lan mil cinq cens xxxviij.

On les vend a paris en la rue sainct Ja
ques a lenseigne du Pellican.

Selon raison et bonnes meurs l'homme soy exercant en aucune vertu peut honnestement muer son ꝯseil & bꝭ enmieulx attendue la mutacion des choses & des temps & des lieux. Et aussi peut ung potier casser ⁊ rompre aulcū sien vaissel combien q̓l soit bien fait pour lui donner autre forme q̓ lui semble meileure. Et ceste licence de muer la chose en mieulx nest pas donnee a lōme poꝰ seulement amender ou corriger sa p̓ pꝛe oeuure ains mesmemēt est a chascū cuy donnée pour ce faire en la besongne dautruy mais que on le face p̄ bonte de couraige ⁊ par mouuemēt de oeuure de charite que en soy ne cōtiēt enuie ne arrogāce. Cōe doncq̄s ia pieca fut de latin en francois translate vng tres notable ⁊ exquis liure de iehan bocace des cas des nobles hōes ⁊ femmes en la translacion duquel ont esté precisemēt ⁊ au iuste les sentēces prises du ppre lāgaige de lacteur quī est molt subtil et artificiel. Et il soit vray que aulcuns mesmes de ceulx que se dient clercs ⁊ hōes lectres seuffrēt en eulx tresgrāt dōmaige ⁊ ignorāce q̄ leur aduient p̄ deffaulte de trois sciēces que enseignent droictemēt ⁊ vrayemēt p̄ ce ꝗ assauoir grāmaire logique ⁊ rethorique pꝛquoy aduiēt que les liures latins dictez ⁊ escriptz p̄ les philosophes poetes ⁊ hystoriens bien enseignes en toutes sciences humaines sōt moult loing de lentēdemēt q̄ dame nature dōne cōmunement aux hōes. Pour ce donc ques cōuient ce me semble q̄ les liures latins en leurs trāslacions soiēt muez ⁊ cōuertiz en tel lāgaige q̄ les liseurs ⁊ escouteurs diceulx puissēt cōpꝛendre de la sentēce sās trop grāt ⁊ trop lōg trauail de entēdemēt Je dōcq̄s vre treshūble ⁊ tresobeissāt suiteur a lonneur ⁊ louēge de vo° mō tresredoubte ⁊ souuerain p̄ Charles viije du nom trescrestien roy de frāce ay nouuellemēt fait ce pñt liure de boccace selon lētēdemēt cōmun ⁊ sans riēs cōdanner affin q̄ de tāt q̄l sera pl° cler: et pl° ouuert en sentēces ⁊ en poses / de tant vre royale maieste en prenāt aucune recreation se delectera a lire ou escouter lire ledit liure ⁊ se delecterōt a lexēple de vo° plusieurs hōes ⁊ fēmes. Et p̄ ce moyen auec layde de la grace diuine apꝛes q̄lz cōgnoistrōt pl° aplain la miserable cōdicion ⁊ le torment et le

muable estat des choses de fortūe ilz les reputerōt moins / ains les desprīseront de tant pl° ⁊ ne cherront pas en desesperacion cōe fist lēpereur neron mais estimerōt les choses diuines et celestes q̄ ont vraye seurete ⁊ ioye par durable. Et certain est q̄ entre to° autres volumes escriptz p̄ acteurs hystoriés ce pꝛesēt liure est de tressingulict prīse ⁊ de noble exēple de vert°: car il fait pꝛesq̄ mētion / ou en long ou en brief des hystories de to° ceulx ⁊ celles qui depuis le cōmencemēt du monde iusques a pꝛesent ont eu puissāces richesses ⁊ dignitez hōneurs ⁊ delectacions mōdaines q̄ fortūe a mis ius et abatu du pl° hault de sa roe. ⁊ p ainsi ce liure moult estroit ⁊ brief en poses est le pl° ample ⁊ le pl° long a le droit expliquer par sentēces p̄ amenables aux hystoires ⁊ p̄ ce en ceste besongne lōgue ⁊ espādue est recueillie de diuerses hystories. ay fait mettre en cler lāgaige les sētēces du liure ⁊ les hystoires q̄ par les acteurs sont si briefuement touchees q̄ l nen met fors seullement les nōs / ay fait assouuir selon la verite des haulx hystoriens qui au long les escriuirēt affin que le liure ait toutes ces pties ⁊ soit cōplait en soy: to° iours priāt dieu po° le salut ⁊ pꝛsperite de vostre trescrestienne maieste.

Cy comence la table de ce presēt
volume intitule Boccace contenant
les cas des nobles hommes et femes
maleureux lequel est divise en neuf
liures. Et premierement sensuit la ta
ble du premier liure

Le pmier chapitre du premier des
neuf liures de iehan boccace contient
en brief les cas de adam et eue noz pre
miers parens et mõstre cõe par leur io
bedience ilz furent dechassez hors de
paradis terrestre ou ql dieu les auoit
establis. et cõmēce ou latin Malorū
nostroru̅ et c. feullet ij

Le second chapitre q raisõne linos
bedience de noz pmiers parens et de
tout lumain lignage. Et cõmēce ou
latin. Si cetera desint et c. f. iij

Le tiers chapitre cõtient le cas de ne
broth pmier roy et fondeur de babilon
ne ou les lāgaiges furēt divisez et com
mēce ou latiz. eripuit me͂ 8nda. ff. iiij

Le quart chapitre raisõne cõtre les or
guilleux en les reprenāt de leur orgueil
et en leur remõstrāt la cõfusion aduenue
en babilonne p̄ lorgueil de nebroth et
cõmēce ou latin. Jte nūc. et c. f. v

Le 8e. chapitre ple de saturne en ex
posāt qlle chose soit entēdue pre mot
saturne, et cõmēce ou latin. Nõ incon
grue saturnū. ff. v

Le vj. chapitre ple du cas de cadi
nus pmier roy et fondeur de la cite de
thebes et de ses enfans et cõmence ou la
tin. Satis Vulgatū et c. ff. vij

Le vij. chapitre cõtiēt briefuemēt les
cas de otha roy de lisle de colcos de mi
nos filz de iupiter et de plusieurs autres
nobles hõmes et femes et cõmence ou
latin Et iā p̄uarias successiones viij

Le viij. chapitre cõtient le cas de
iocasta feme de lap͂ roy de thebes et de
edip͂ son filz q occist son pere puis es
pousa sa mere. Et cõmence ou latin:
Erat equidē satis et c. ff. x

Le ix. chapitre q en maniere dung
debat qtiēt les cas de theistes et de ac
theus freres roys de micenes et filz du
roy philistenes et de la royne pelopes:
et cõmēce ou lati Supferā calamum
feuillet xij

Le x. chapitre cõtiēt le cas du no
ble theseus roy dathenes nourrice de
philosophies filz du noble roy ege͂ et
cõmēce ou lati. Athene ciuitas. et c. xiij

Le xj. chapitre reprēt et blasme les
princes et tous les autres qui croiēt trop
tost a ce q on leur raporte en ramenāt
a memoire la ligierete et folle creance
de these͂ roy dathenes. et cõmēce ou la
tin. et si mime. et c. f xv

Le xij. chapitre cõtiēt les cas de d
thea royne de calidoine du noble fort
et preux hercules filz de iupiter et de plu
sieurs autres douloureux nobles hõmes
et femes et cõmēce ou latin Jn precipi
te crudelitatē. et c. ff xvj

Le xiij. chapitre cõtiēt le cas de pri
am roy de la noble cite de troie lagnt
et de hecuba sa feme fille de siphe͂ roy
de trace et de plusieurs autres nobles
maleureux. et cõmence ou latin. origo
p̄clarissima. ff. xxj

Le xiiij. chapitre ple cõtre les no
bles orguilleux ē leur ramenāt a me
moire la haultesse du roy p̄iā de troie
et de ses enfans et de ilz furēt occis p̄ les
gregoys: et cõmēce ou latin Quid inq̄
cuit. et c. ff. xxiij

Le xv. chapitre racõte le cas de a
gamēnõ roy de micenes et cõnestable
des grecz. et ple daucūs autres nobles
hões. et cõmēce ou lati. grādi que. xxiiij

a iij

Le xvi.chapitre contient la louenge (treco͂mendacion de pouretē en ramenant a memoire les grandes fortunes qui souuent auiennent a ceulx qui so͂t esleuez en ho͂neurs (trichesses du monde.et co͂mence ou latin Quid igi.ƒc.   xxvi

Le xvii.chapitre contient le cas du fort sanson qui en son temps fut iuge gouuerneur (tprince du peuple d’iuifz (tco͂mēce ou latin .pnu͂ciāte igitur (tc. feuillet   xxvii

Le xviii.chapitre ple contre les sēmes en gn͂al en les repreuāt de leurs curiositez (tsubtilz baratz. Et en especial en ramenant a memoire la faucete d’aucunes (t les grans maulx dont elles ont este cause. Et co͂mence ou latin Blandun͂. (texiciale (tc.ƒc. xxviii

Le xix.(tdernier chapitre o͂tient les cas de pirr9 filz de achilles de euāder/ roy d’archadie (tde palas son filz.(t co͂mence ou latin Modu͂ satis.(tcƒ.xxxi

Cy finist la table du p͂mier des ix. liures de ieha͂ boccace des nobles ho͂mes (tfemes maleureux.(tap̃s o͂mence la table du second liure.

Le p͂logue du second liure de ieha͂ demo͂stre co͂me les nobles ho͂es (tfemmes doiuēt esmouuoir leurs cueurs a huilite.ƒc.   xxxiii

Le p͂mier chapitre co͂tient le cas de saul q̃ fut p͂mier Roy des iuifz sacre p̃ les mais du bo͂ pphete samuel p̃ lo͂rdo͂nance de dieu/ (tco͂mence ou lati͂:erat igitur.(tc.ƒc. xxxiii

Le seco͂d chapitre co͂tiēt la reco͂mendacio͂ d’obeissa͂ce en ramenāt a memoire l’igratitude du Roy saul/ (tco͂mence ou latin. Talis igit.(tc ƒc   xxxv

Le iiii.e chapitre co͂tiēt en brief les cas d’adrazazar9 iadis roy de sophin (t d’asdal9 roy de sirie (tde damas.(tco͂mence ou latin Glos9 d’olenciu͂.ƒc.   xxxvi

Le iiii.chap̃.co͂tiēt le cas de roboa͂ iiii.e roy des iuifz q̃ fut filz du sage roy salomon filz de dauid. Et co͂mēce ou latin. Roboā rex.(tc.ƒc.   xxxvi

Le v.chapitre ple co͂tre les roys (t princes orgueilleux en le’ramenant a memoire le g̃rāt orgueil (t p̃sumpcio͂ de roboā iiii.roy des iuifz. (tco͂mence ou lati͂ Quid inq̃uit. (tc.ƒc.   xxxvii

Le vi.chapitre co͂tiēt les cas de Jeroboā roy sur les dix lignees d’israel (t de plus’ autres nobles maleureux roys (to͂mēce ou lati͂ Peitet.ƒ.xxxviii

Le vii.chap̃.contiēt le cas de athalia royne de ih̄rl͂m fille de achal Roy des dix lignees des iuifz (tfēme de Jorā filz de iosaphat roy de ih̄rl͂m. et co͂mēce ou latiDti iā sat ƒ.(tc.ƒ.   xxix

Le viii.chapitre ple co͂tre la demesuree couuoitise des choses mondaines en ramenāt a memoire les ho͂teux faiz de athalia royne de ih̄rl͂m.et co͂mence ou latin Si q̃ ex p̃te.ƒc   xli

Le ix.chap ple co͂tre les iuifz qui a tort se plaignēt d’fortue͂ en ramenāt a memoire les do͂s de grace q̃ dieu nostre create’ a do͂ne a iceulx iuifz (t com mēce ou latiDix ex turbellis (tc.ƒ.xli

Le x chap.co͂tiēt le cas de dido premiere royne (tfo͂deresse de la noble cite de cartage (tfille de bel9 roy des phenicies Et o͂mēce ou lati͂: Si veteru͂: feuillet   xlii

Le xi.chapitre co͂tiēt la louēge de dido noble royne (tp̃miere fo͂deresse de la cite de carthaige: Et co͂mēce ou latin. O mulieris (tc.seullet   xliii

Le xii.chapitre co͂tiēt le cas de sardanapall9 autremt͂ dit co͂stancoleros roy des assiries q̃ fut inuēteur de plusieurs mignoties. (tco͂mence ou latin Adhuc circa (tc.seullet   xlv

Le xiii.chap̃.ple o͂tre sardanapal9 roy des assiries ē ramenāt a memoire les enormes vices (t op̃siuetes dudit sardanapal9 (tco͂mēce ou lati͂ O rex p̃udens. (tc.ƒc   xlvii

Le xiiii.chapitre contient les cas de amazias (et de ozias son filz roys de jhrlm (et dug autre ozias Roy des iuifz et de sennacherich roy des assiries/et gmece ou lati Modum satis xlviii

Le xv.chapitre cōtient le cas de se dechias aueugle roy de la noble cite de ihrlm filz de iosias aussi roy dudit ihrlm Et comence ou latin Sedechi as rex ihrlm.(c.feullet l

Le xvi.chapitre ple de la condicio et estatz des hōes mortelz en ramenāt a memoire la miserable finde plusieurs roys.et comēce ou latin Mortalium profecto.(c.feuillet li

Le xvii.chapitre contient le cas de astrages viii.roy des medois filz de si caris aussi roy des diz medois (pere de madanes feme de cābises.(et comence ou latin Equidē michi.(c.feulet lii

Le xviii.chapitre raisonne (et prouue q les sōges sōt souuēt vrays signes (et de mōstrāces des choses auenir en ramenant a memoire les sōges q astrages roy des medois auoit sōgez de sa fille madanes (et autēs songes dautrūs ap prouuez p les acteurs anciēs (et renommez et comēce ou latin.qd pro.f.lv.

Le xix.chapitre contient les complaintes et les cas de pandalus Roy des lidois/de mida & roy de frigie de Baltbasar roy de babilonne/et de cresus roy des lydois.Et comence ou latin.Pandalus.(c.feullet lvi

Le xx.chapitre contient le cās de cresus roy des lidois et pere de athis et par les miracles que dieu fist pour sauuer ledit roy cresus.Et comence ou latin.fuit equidē.(c.feullet lvii

Le xxi.chapitre contient en brief le cas de cyrus seigneur (et roy de toute aspe/de anulꝰ (et munitor freres enfans du roy de albanie/deremꝰ frere de remus frere de romulus q pmiere ment edifia la cite de rōme.(et comence ou latin Ab asia (c.feuillet lviii

Le xxii.chapitre contient le cas de metius suffetius Roy des albanoys successeur ordonne apres la mort de gapus.Et comēce ou latin.Orto inter (c.fcuillet lx

Le xxiii.(et dernier chapitre contiēt le raisonnemēt de lacteur qui ple contre Barat (et contre les trayfres bara teurs.Et comence ou latin.Est ent fraus.(c.feuillet lxii

Cy finist la table du second des ix liures de Jehan Boccace des cas des nobles hōmes (et femes maleureux:(et comence la table du iii.liure

Le premier chapitre du tiers des neuf liures de iehan Boccace contiēt le debat de pourete (et de fortune cōmēcant ou latin.Cōsueuerā (c.lxiii

Le second chapitre cōtiēt le cas de tulliꝰ hostiliꝰ/de ancus (et de tarquin: iadis roys de rome nobles maleureux abatuz p fortune:Et comence ou latin Erit animꝰ (c.feullet lxv

Le tiers chapitre contiēt le cas de tarquin forguilleux septiesme (et dernier roy des rōmains (et ple de tulia sa desloyale feme.Et comence ou lati: Tarqno qdē prisco (c.feuffet lxvii

Le quart chapitre ple cōtre les peres luxurieux en les reprenāt de leurs luxures (en ramenāt a memoire dauid salomon (et sanson.Et comēce ou latin Nequeo (c.feullet lxx

Le v.chapitre contient en brief le cas de cambises roy dasie (et de mergꝰ son frere (et de plusieurs autres nobles hōes gemissans pour leurs malcs fortunes.(et comēce on lati Modum.(c. feullet lxxiiii

a iiii

Le vi.chapitre contient le cas de xerces filz de daire Roy des persois qui entre tous les princes mortelz eut abondance de richesses et multitude de peuple.et cõmence ou latin xerces darii.ʔc.au feuillet lxxviii

Le vii.chapitre parle contre ceulx qui sõt aueuglez de la couuoitise des choses mondaines en ramenant a memoire le miserable xerces roy des persois.et en louant la vertu de humilite.Et commence ou latin Quis doloz.ʔc.feuillet lxxix

Le viii.chapitre contient le cas de arcabanº noble preuost de perse & pallancº duc des lacedomonois,ʔ daucũs autres nobles hõmes maleureux. et gmẽce ou latin Cõmotº.feu. lxxx

Le ix.chapitre cõtiẽt le cas de apiº claudius q̃ en son tẽps fut ung des iuges de rõme ayant le gouuernemẽt de la chose publique. Et cõmence ou latin claudio.ũ familiã ʔc.feul.lxxxii

Le x.chapitre blasme ʔ reprent les folz legistes en especial ceulx qui desprisẽt la sciẽce de philosophie ʔ se estudient a baratz ʔ cauilacions pour deffẽdre mensõge cõtre verite. Et cõmẽce ou latin Erãt q̃.ʔc.feullet lxxxiii

Le xi.chapitre racõte en brief le caˢ de demostenes,ʔ micheas ducz dˀaʔ heniens de ciuilius duc des equops de spuriº melius capitaine des gẽs darmes a cheual de rõme: ʔ de laretce roy de coulongne: Et cõmence ou latin/ Nõ inficiar.ʔc.feullet lxxxv

Le xii.chapitre cõtiẽt le cas de alcibiades en sõ tẽpˢ duc seignr̃ capitaine ʔ grãt gouuerneˀ de la cite dathenes ʔ gmẽce ou latĩ Albiciades.feu.lxxxvi

Le xiii.chapitre cõtient lexcusacion de albiciades en son tẽps duc ʔ pˀ̃ et grãt capitaine dathenes qui par tant de foiseˢ exposa a fortũe:ʔ cõmẽce ou latin. Erũt forte.ʔc. lxxxviii

Le xiiii chapitre cõtient lexcusacion de lacteur sur les choses dictes ou predent chapitre ʔ si cõtiẽt la recõmẽdacion de poesie en blasmãt sur toutes choses ceulx q̃ la desprisẽt.Et cõmence ou latin Bereor equidẽ ʔc.feul.lxxxix

Le xv.chapitre contiẽt en brief les cas de cartalº filz de maleas iadis noble duc de cartage et dudit maleas pere dudit cartalº ʔ celui de hymilco aussi duc de cartage. et cõmence ou latin Tandiu.feullet xci

Le xvi.chapitre contient le cas de haymõ iadis duc de la noble cite de cart haige,et ple de la crudelite deˢ cartagiens: Et cõmence ou latin . Hic haymon ʔc.feullet. xcii

Le xvii.chapitre pˢle g̃tre les richesses et cõtre la folle opiniõ q̃ le peuple mect cuidãt q̃ biẽ eurete soit en richesses mõdaines en ramenãt a memoire les roys masmissa,ʔ xerces.ʔ gmẽce ou latĩ In secretissimis.ʔc.feu.xciii

Le xviii.chapitre cõtiẽt en brief le cas de enagoras roy de chipre & theis roy degipte/de amincas roy de macedoine ʔ de alexãdre son filz, ʔ de pluͥˢ autres nobles hões plourãs poˀ leurs males fortunes.Et cõmence ou latĩ Serpere orbẽ cogoz.feuillet xciiii

Le xix.chapitre du iiii.liure de bocace cõtiẽt le cas de artaxerces autremẽt dit assuerº iadis roy des psoys mary de la belle edissa autremẽt nõmece hesta et cõmẽce ou latin Artaxerces persarũ.ʔc.feullet xcvi

Cy finist la table du tiers des ix. liures de iehã boccace des cas des nobles hões ʔ femes maleureux.Et cõmence la table du quart liure Et premierement

Le prologue du quart liure qui cõmẽce ou latin Monuisse ʔc.

Le premier chapitre du iiii.e liure cō
tient le cas de marcus mauſius en ſō
temps noble conſul rōmain qui repul
ſa les francois de la tour du capitole
et apres fut rue ius par fortune. Et
cōmēce ou latin Eximii fulgoris.ᴁc.
fueillet   xcviii
¶Le ii.e chapitre pſe cōtre le deſloyal
peuple ᴁ cōtre ceulx qui ſe y fient ᴁ cō
tre ceulx q aymēt les biēs dautruy cō
en ramenāt a memoire le hault triū
phe ᴁ la maleurte de marcus mauſi9
conſul de Pōme. Et cōmence ou lati
Queſo qui in ſuis.ᴁc. fueillet   C
¶Le tierz chapitre cōtient le cas du
cruel tyrāt helare9 ᴁ parle cōtre tous
les tyrans en les reprenant de leurs
faulces tyrānies. Et cōmence ou la
tin. Poterā ſi libuiſſet.ᴁc.fueil.   C
¶Le iiii.e chapitre contient le cas du
cruel tyrāt denis Roy des cyracuſais
ou pays de ſicile. Et cōmence ou lati
Hinc que fuerit.ᴁc. fueillet   Li
¶Le v.e chapitre raiſōne ētre le cruel
tyrāt denis roy des ſiracuſais en excu
ſant fortūe pource q elle trebucha. et
gmēce ou lati Que pror.ᴁc.feul.ciii.
¶Le vi. chapitre cōtiēt le cas de viclur
bius duc des preuernoys. ᴁ de policra
tes ſeignr des ſamies. ᴁgmence ou la
tin. Et ſi poſt.ᴁc. au feuilet   ciii
¶Le vii. chapitre cōtiēt le cas du no
ble philoſophe Caliſtenes q fut ne et
nourry en la cite dathenes en laqlle
reſplēdiſſoit la ſciēce de philoſophie.
ᴁ cōmēce ou latin Jā a cruce feul. ciiii
¶Le viii. chapitre cōtiēt le cas dalex
andre roy des epirotes q pauāt eſtoi
ent appellez moloſiens. Et cōmence
ou lati. Expectabā.ᴁc. feuil.   cvii
¶Le ix. chapitre cōtient le cas de dati
re roy de pſe ᴁ de medie ᴁ Deſcript la
ſituacion ᴁ magnificence des dictes p
uinces de pſe ᴁde medie ſelon les hy
ſtories ᴁcōmence ou latin. Nondum
ſatis.ᴁc.au fueillet   cviii
¶Le x. chapitre cōtient le cas de leo

natus gouuerneꝰ ᴁpſert de la petite
frigie ᴁ neptolomo de poliſperᴁautꝰ
maleureux q to2 eſtoiēt du nōbre des
xxxvi. heritiers du roy alexādre le gñt
ᴁgmēce ou lati Vberrima.ᴁc.feu. cxi
¶Le xi. chapitre cōtiēt le cas de eu
menes duc de capadoce ᴁ de paflago
nie vng des xxxvi. heritiers du grant
roy alexandre ᴁ cōmence ou latin. ale
xandro au feuillet   cxiii
¶Le xii chapitre cōtiēt le cas dolim
pias royne de macedoine ᴁ mere du
grāt roy alexādre de macedoine ᴁ cō
mēce ou latin Jam iā quo flector ᴁ fle
ctor ᴁc. au feuillet   cxviii
¶Le xiiii.e chapitre contient le cas de
agathodes filz dung potier de terre/q
fut duc de ſiracuſe et puis Roy des
ſiciliens. Et cōmence ou latin. Non
ſolum. ᴁ cetera. fueillet   cxvii
¶Le xiiii.e chapitre qtiēt le cas de ber
ſanes et de roſanes nobles femes du
Roy alexandre/ᴁ de pluſieurs autres
nobles maleureux par les dudit alexā
dre. Et commence ou latin. A flebili
agathodis fine.ᴁc. fueillet.   cxx
¶Le xv.e chapitre cōtient le cas d ar
ſiure royne de macedoine fille de ptho
lomee qui eſtoit vng des xxxvi. heri
tiers du grāt Roy alexādre. Et ᴁgmē
ce ou latin. Ptolomeꝰ.ᴁc. fueil. cxxiii
¶Le xvi.e chapitre cōtient les cas de
ceranus roy de macedoine/ᴁ de belgiuꝰ
Roy dune ptie des iiii. mil frācois qui
eſtoiēt partis de france/ᴁ de pluſieurs
autres maleureux. Et cōmēce ou la
tin. Fatum ar ſiuere.ᴁc. fueil.   cxxv
¶Le xvii.e chapitre contient le cas de
pirrus le Roy de epire ᴁ filz de eacides
parauāt auſſi Roy dudit epire. Et cō
mēce ou latin. Pirrꝰ ᴁc.feu   cxxviii
¶Le xviii.e chapitre cōtient le cas de

arsiure Royne de cirenes/ et le cas de aristotin tyrant de la cite epire. Et commence ou latin. Grandis audacia ꝛc. fueillet.   cxxix

Le xix.e et dernier chapitre parle contre beaulte de corps ꝙ contre deshonneste amour en ramenant a memoire le grant sens ꝙ la merueilleuse beaulte de spurima. Et commence ou latin Dum demetrii. ꝛc. fueil.   cxxxi

Cy finist la table du quart des neuf liures de Jehan boccace des cas des nobles hommes et femes malheureux. Et commence la table du quint.

Le premier chapitre du quint des neuf liures de Jehan boccace contient le cas de selecus ꝙ anthiochus roy de surie et dasie. Et commence ou latin. Dum post ꝛc. fueillet   cxxxiii

Le second chapitre contient les cas de laudamia Royne de sicile de cleomenes Roy des lacedemonoye/ de pers roy des siracusais/ de cornelius asina consul de rome/ de hanibal capitaine du nauire de affriq̃/ ꝙ de xatipus duc des lacedemonois. Et commence ou latin fere fratrum. ꝛc. fueillet   Lxxxv

Le tiers chapitre cōtient le cas de marcus actili regulus nob̃e consul romain qui pauant auoit este laboureur des champs. Et commence ou latin. Marcus actilius ꝛc. fueillet   cxxxvi

Le quart chapitre parle contre les mauuais citoyens et autres desloyaulx hommes en ramenant a memoire la sainctete et faiz excellēs du vaillāt actilius noble consul romain. Et commence ou latin. Quid inter imperiū. et cetera. fueillet   cxxxix

Le v. chapitre contient les cas ptholomee Roy degypte/ de abithomarus Duc des francois/ et de Viridomarus Roy desditz francois. Et commence ou latin. Longū ploratiū. ꝛc. fueil.   cxl

Le vi.e chapitre contient le cas de siphax Roy de munidie en affrique la ou croissēt les marbres. Et commence ou latin. Non satis ꝛc. fueil.   cxlii

Le vii.e chapitre contient les cas nabin par tyrannie seigneur des lacedemonois/ ꝙ les cas des affricains. Et commence ou latin. Expediueram. et cetera. fueillet   cxliii

Le viii.e chapitre contient le cas du grant anthiochus Roy dasie ꝙ de surie filz de selecus premier de celuy nō et de la noble laudices. Et commence ou lati Gloriā maiorū ꝛc. fueil. cxlvi

Le ix. chapitre contiēt le cas de hieronimus filz de pero Roy de siracuse/ de agesipolis Roy des lacedemonois et de plusieurs autres nobles malheureux oppressez p fortune Et cōmence ou latin. Hieronimus peronis filius et cetera Fueillet   cxlviii

Le x.e chapitre contiēt le cas de hanibal noble duc de cartaige filz de hasdrubal ppetuel ennemy des romais Et cōmence ou lati. Hanibal ꝛc. fc. cl

Le xi. chapitre contiēt le cas du desloyal ꝙ baratteur prusias Roy de bithimie Et commence ou latin. Vltor criminum ꝛc. fueillet   cliii

Le xii.e chapitre contient le cas du traytre ꝙ desloyal pseus filz de phelipe Roy des macedonois Et cōmence ou latin. Omittere libet. fc.   clviii

Le xiii. chapitre pse de la coustume de fortune en brief compte le cas de Joachin souuerain euesque du tēple de hierusalē/ ꝙ de amonius psect du Roy alexandre. fueil.   clv

Le xiiii chapitre contient le cas du faulx ꝙ desloyal andruscus autremēt appelle phelippe iadis Roy des macedonois Et commence ou latin. Macedonibus ꝛc. fueillet   clvi

Le xv.chapitre contiēt le cas dalexandre surnōme balas qui p̄ les roys de capadoce degypte τ dasie a la faueur des suriens fut Roy de surie Et cōmēce ou latī Pari ludo τc.ſſ. clxvii

Le xvi.chapitre contiēt les cas de gayus g̃ac᷄ tribun rōmain et de tyberius gracus sō frere/de hasdrubal duc daffrique et de plusieurs aultres nobles maleureux Et cōmēce ou latī. Gracci gayus τc.fueillet clxviii

Le xvii.chapitre contiēt le cas de demetri᷄ Roy de surie qui dechassa du dit royaume de surie le roy alexādre surnōme balas Et cōmēce ou latin Satis superi᷄ τc.fueillet clx

Le xviii.chapitre contient le cas de alexādre zebenna Roy de surie par la fiction de ptholomee surnōme euergetes Roy degypte Et cōmēce ou latin.Libet nō min᷄ τc.fueil. clxi

Le xix.chapitre contient le cas de bituit᷄ Roy des auuergnas et de cleopatra fille de ptholome᷄ surnomme epiphanes Roy degypte Et cōmēce ou latī.Bituitus τc.fueil: clxii

Le xx.et dernier chapitre du cinquiesme liure cōtient le cas de iurgurta Roy de munidie filz bastard de manastabiles vng des filz de mamissa aupauant roy dudit royaume de numidie Et commence ou latin Traxit St satis.τc.fueillet. clxiiii

Cy finist la table du cinquiesme des neuf liures de Jehan boccace des cas des nobles hōmes et fēmes maleureux. Et cōmēce la table du vi.

Le p̄mier chapitre du sixiesme liure de boccace cōtient le plement de fortune et de lacteur. et cōmence ou latin. Nichil post.τc.fueil. clxvi

Le second chapitre cōtient le cas de gayus marius arpinois noble consul rōmain qui fut filz dung charpentier de boys.et cōmence ou latin.Arpina opidum τc.fueillet. clxxi

Le tiers chapitre cōtient vng pott de parolles p̄ quoy lacteur parle de noblesse mondaine en ramenāt a memoire les nobles τ vertueux faiz de marius consul rōmain. Et cōmence ou latin. Et si pregrande lubrice. τc. fueillet. clxxv

Le quart chapitre cōtient le cas de trois nobles fēmes maleureuses nōmees chascune cleopatra dont la premiere fut Royne de surie/ la seconde royne degypte/la tierce royne pareillemēt de surie Et cōmēce ou latin. Quāquem multū τc.fueil. clxxv

Le v.chapitre contient les cas de mitridates Roy des royaumes de pōtos et dasye qui fut filz de lancie mitridates Roy de ponthos Et cōmēce ou latin. finito τc.fueil. clxxvi

Le vi.chapitre contient en briefles cas de eucratides Roy des batridās et de alexādre roy degypte Et cōmēce ou latī Eucratides τc.ſſ. clxxx

Le vii᷄ chapitre contient le cas de herodes filz de archaban᷄ Roy des parthois et frere moinsne de mitridates τ cōmēce ou latī. Herodes τc.ſſ. clxxxi

Le viii.chapitre cōtient en briefles cas de flaui᷄ fimbria et de albinus iadis cōsulz rōmais τ de plusieurs aultres nobles hōes maleureux ploūrans pō leurs males fortūes Et cōmence ou latin Erāt etiā τc.fueil. clxxxii

Le ix.chapitre contient le cas du grant pōpee iadis noble cōsul et duc des rōmains et filz de pōpee surnōme gayus Et cōmēce ou latin Gayus igitur τc.Au fueillet. clxxxiii

Le xe chapitre cōtient vng brief raisonnemēt de lauteur en ramenant a memoire la haultesse de pōpee et aucuns autres nobles hōmes. Et ōmēce ou latin.Poterā τc. clxxxviii

Le xi.chapitre contient le cas de ptholomee Roy degypte/ de iuba roy de surie/de petri᷄ noble cheualier rōmain/τ de plusieurs nobles hommes maleureux.Au fueillet. clxxxix

Le xii͡e chapitre contient le cas du tresnoble philosophe et prince de eloquēce tulle q̄ en son tēps fut cōsul romain. et cōmence ou latin. Marcus tulius ꝛc. fueillet. cxcii.

Le xiii. chapitre reprent les gengleurs plans cōtre la noble sciēce de rethorique en ramenāt a memoire la grant sciēce du noble orateur tulle cōsul romain. Et commence ou latin. Blacterates ꝛc. fueil. ccxcv

Le xiiiie chapitre gtient en brief les cas de sext͡o filz ⁊ heritier du grāt pōpee duc des romains/ de marc͡o lepidus trūuir ⁊ cōpaignon de lēpereur de Pōme/ et daulcuns autres nobles hōmes maleureux Et cōmence ou lati͡ fuit anim͡o ꝛc. fueillet. ccxcvi

Le xv. chapitre contient le cas de marcus anthoni͡o nepueu et secōd heritier de Julius cesar p̄mier empere͠ur de rōme Et cōmence ou latin. Marcus anthonius ꝛc. fueil. cxcviii

Cy finist la table du vi͡e des neuf liures de Jehā boccace des nobles hōmes et fēmes maleureux. Et cōmence la table du vii. liure.

Le p̄mier chapitre du vii͡e des ix. liures de Jehan Boccace contiēt en brief les cas daucūs maleureux nobles/ et si fait office de prologue. Et cōmence ou latin Memini ꝛc. fueil. CCi

Le secōd chapitre contiēt le cas de herodes roy des iuifz et filz de antipater lequel herodes fist mourir les innocēs a ladueuemēt de iesucrist. Et cōmēce ou lati͡. Herodes ꝛc. f. ccii

Le iii. chapitre contiēt en brief les cas de anthipas et archela͡o enfās de herodes roy de iudee nobles maleureux/⁊ le debat de tyberi͡o et de caligulae empereurs/ et de messalina fēmme de claudius aussi empereur de rōme. Et g̃mēce ou lati͡ Poterā ꝛc. ccvii

Le quart chapitre contiēt le cas de neron cruel tyrāt et desloyal qui fut vi͡e empereur des rōmains. et cōmēce ou latin. Enobardorū ꝛc. fueil. ccxii

Le v͡e chapitre contient en brief le cas de eleazar͡o noble iuif prince et capitaine des larrons de galba preur romain/ de piso son filz adoptif/ ⁊ daucunes autres nobles hōmes tourmentez par fortune Et cōmence ou latin. Paucis ꝛc. Au fueillet. ccxviii

Le vi. chapitre contient le cas du noble aulus vitelli͡o empereur de Pōme qui fut filz de lucius vitellius Et g̃mēce ou lati͡. Aiūt aliq̄. ꝛc. f. ccxviii

Le vii. chapitre p̃le contre les hōes gloutons ⁊ reprēt le vice de gloutonnie en ramenāt a memoire la sobriete et attrēpance daulcuns du tēps de ladge doree ⁊ la gloutōnee de aulus vitellius Et commēce ou latin. Abhominabile ꝛc. fueil. ccxxi

Le viii͡e chap̄. gtient le cas de la destructiōde lanoble et royale cite de ihrl̃m ⁊ du peuple des iuifz faicte p̃ titus filz du noble vaspasiē empereur des romains Et commence ou lati͡. Adhuc cum admiracione ꝛc. fueil. ccxxiii

Ou ix͡e et dernier chapitre en brief ues parolles lacteur raisone cōtre les iuifz en les reprenant de la cruelle passion q̄lz ont traictee en la p̄sonne de iesucrist vray dieu ⁊ vray hōme. Et cōmēce ou lati͡. O iusta dei ira. ccxxvi

Cy finist la table du vii͡e des neuf liures de Jehan boccace des cas des nobles hōmes et fēmes maleureux ⁊ cōmence la table du viii͡e liure.

Le premier chapitre cōtient vng debat entre francois petrac poete florētin et Jehan boccace acteur de cestuy liure Et commence ou latin. Quid inquā. ꝛc. fueillet ccxxviii

Le second chapitre cōtient les malheureux cas de Domicien, cōmodus, clinus surnōme partinax, iulien τ seuerus iadis empereurs de Rōme, et de plusieurs autres maleureux empereurs rōmains. Et cōmence ou latin. Erat quidā τc. fueil.   ccxxx

Le iiie chapitre contient le cas de Galerien empereur de romme cruel τ desloyal pseculeur des chresties. Et gmēce ou latī Cesis gallo.fl. ccxxxiii

Le iiii.chapitre pse cōtre sapor Roy des psois, τ cōtre Galerien Roy des rōmains en ramenāt a memoire cyrus et perces iadis maleureux Roys des persois. Et cōmence ou latin. Superari τc. Au fueillet   ccxxxiiii

Le v.chapitre en brief contient les cas de galienus filz de lempereur Galerien, de quintilianus frere de lempereur claudius, de aurelianus et plusieurs autres nobles maleureux empereurs. et commence ou latin. Eque grauis τc. Au fueillet.   ccxxxvi

Le vi.chapitre contient les cas de zenobia noble Royne palmirenois descendue de la noble lignee des ptholomees Roys degypte. Et cōmence ou latin. zenobia τc. fueil.   ccxxxviii

Le vii.chapitre en briefues polles compte le cas de Dioclecien empereur des rōmais q au pauāt auoit este laboutier de pourreaux τ de choulx. et gmēce ou latī. Oti q paulo.fl. ccxxxix

Le viii.chapitre contient le cas de maximien q fut duc τ capitaine des batdilles de rōme soubz Dioclecien puis fut empereur de rōme soubz dioclecien. Et commence ou latin. Herculei τc. au fueillet.   ccxli

Le ix.chapitre contient le cas du faulx galerius surnōme maximiē empereur des rōmains q en son temps fut trescruel pseculeur des crestiēs. Et cōmēce ou latī. Galerius.fl.   ccxlii

Le x.chapitre contient en brief les cas de lempereur maxēce filz de lempereur maximien, de lucinius empereur, τ de plusieurs autres nobles hōmes dolens p leurs males fortunes. Et gmēce ou latī. Lōga qdē.fl. ccxliii

Le xi.chapitre contient le cas de iulien lapostat empereur des rōmains q fut filz de lung des freres du grāt constantin secōd empereur crestien. Et cōmēce ou latī Paucis litteris.fl. ccxlv

Le xii.chapitre plegtre les blasphemateurs du nom de dieu en ramenāt a memoire la maleureuse fin du faulx empereur et pseculeur de crestiēs iulien lapostat. Et commence ou latin. Non habeo. τc.fueil. ccxlvii

Le xiii chapitre contient le cas de Galeus ēpereur des rōmains, τ marcus Roy des gothoys, τ de plusieurs autres nobles hōmes maleureux. Et cōmēce ou latī. qd refert. τc.fl ccxlviii

Le xiiiie chapitre contient le cas du maleureux radagasus en son temps Roy des gothoys et de ses gens. Et cōmēce ou latī. Radagasus.fl   ccli

Le xv.chapitre contient le cas de Ruffin cheualier rōmain, de stilicon vicaire de lempereur doccidēt, de cōstantin vicaire de lepereur es pties de gaule, τ de plusieurs autres nobles hōmes maleureux. Et cōmence ou latin. Fere radagasi vrba.fl.   ccliii

Le xvi.chapitre contient le cas de odacer Roy des ytaliēs et des rōmais et gmēce ou latī. Odacer igit.   ccliiii

Le xvii.chapitre parle contre le present estat de Rōme τ des rōmains en ramenant a memoire les maleuretez qui souuēt y sont aduenues. Et gmēce ou latin. O ifelix nimiū Rōma τc. Au fueillet.   cclvi

Le xviii.chapitre contient en brief les cas de trabista Roy des gepidoys de busar roy des bulgaroys/de pheleteus roy des rugoys/et de quatre autres nobles hommes maleureux qui de leurs haulx estatz furēt abatuz p̄ fortune. Et cōmence ou latin. Dum vrbi.ꝛc. Au fueillet   cclviii

Le xix.chapitre contient le cas de artus Roy des bretons autremēt appellez anglois lequel ordōna la table ronde Et commence ou latin. Brito nes ꝛc. Au fueillet.   cclviii

Le xxᵉ chapitre p̄le cōtre les enfās destoyaulx et cruelz enuers leurs peres en ramenāt a memoire la crudelite de mordrec enuers le Roy artus son pere. Et commence ou latin. Abite hinc.ꝛc. fueillet.   cclx

Le xxi.chapitre contient les cas de giselines Roy des gothoys/ de amarales roy de maures/ de sindual Roy des bretons/ ꝛ de totila iadis roy des gothoys Et cōmence ou latin. Post azturi.ꝛc.fueillet.   cclxi

Le xxii.chapitre contient le cas de Rosemōde noble royne des lombars fille de turismond roy des gepidoys. et cōmēce ou lati. Rosemōda.ſc. cclxi

Le xxiii. et dernier chapitre parle cōtre les fēmes hastiues en courroux et eschauffees en luxure en ramenāt a memoire la maleurte de Rosemōde Et commence ou latin. Producatur et cetera. Au fueillet.   cclxii

Cy finist la table du viii. des neuf liures de Jehan boccace des nobles hōmes et fēmes maleureux Et cōmence la table du ix.ꝛ dernier liure.

Le premier chapitre du ix ꝛ dernier liure de Jehan boccace traicte les cas daulcūs nobles maleureux/ꝛ de brunichilde noble Royne de frāce. Et cō mēce ou lati. Non tuenior.ſc. cclxviii

Le second chapitre cōtient les cās daulcuns maleureux empereurs Et cōmēce ou lati. Eua serā.ſc.   cclxix

Le tiers chapitre cōtient le cas de Romulde duchesse de fourly Et g̃mē ce ou latin. Gysutphᵒ ꝛc.ſc.   cclxx

Le quart chapitre cōtient les cas de Justiniā/leonce/tybere/philipique/ꝛ plusieurs aultres maleureux empereurs rōmains et autres nobles hōmes lōbars ploūrās leurs males fortunes Et cōmēce ou latin. Prout os rubiginē. Au fueil.   cclxxii

Le vᵉ chapitre contient le cas de didier Roy des lombars filz de agisulphe mesmemēt roy desditz lombars. Et commence ou latin. Hic igit.ꝛc. Au fueillet.   cclxxiii

Le vi. chapitre contient le cas dune fēme qui obtint la dignite papalle et fut nōmee pape iehan ꝛ daulcuns aultres nobles maleureux/ et en peu de parolles lacteur p̄le contre les nobles orguilleux Et cōmēce ou latin. Dum post desiderium ꝛc.ſc. cclxxiiii

Le vii.chapitre contient le cas de pape Jehan douziesme de son nom/ q̃ en son premier nom estoit nōme octouien Et commence ou latin. Supra vertices ꝛc.fueillet   cclxxvi

Le viiiᵉ chapitre cōtient les cas de charles duc de lorraine/ de salomon Roy de hongrie/de pierre pareillemēt roy de hongrie/ de lupolde conte de hongrie/et de hermest duc de sueue.et cōmēce ou lati. feruebat.ſc. cclxxvii

Le ix. chapitre contient le cas de Dyogenes home romain et noble empereur de constantinoble. Et comēce ou latin Dyogenes. tc. fc cclxxviii

Le x. chapitre contient les cas de robert iadis duc de normēdie/de henry empereur romain/ṽ de iosselin prince de rages en medee. Et cōmēce ou lati Mortalium tc. fc cclxxix

Le xi. chapitre qtient le cas du maleureux cruel et desloyal tyrāt andronme noble empereur de cōstantinoble. Et commence ou latin. Andronicus et cetera. Au fueillet. cclxxx

Le xii.e chapitre ple qtre les nobles hōmes mignotz et luxurieux enramenant a memoire le miserable cas de andronic noble empereur de cōstantinoble. Et commence ou latin. O stolidi tc. fueillet. cclxxxi

Le xiii. chapitre contient le cas de ysace empereur de cōstantinoble ṽ de alexius son filz/et de plusieurs autres nobles maleureux. Et ōmēce ou lati Cum sordidatū tc. fc. cclxxxi

Le xiiii. chapitre contient le cas de guillaume tiers roy de sicile descendu de la lignee de robert guyschard iadis duc de normendie. Et cōmēce ou lati. Satis pro coperto tc. fc. cclxxxii

Le xv.e chapitre contiēt en brief les cas de guyot de lesignan Roy de hierusalem/et de Jehan rōte de briennes puis roy dudit hierusalem. Et cōmēce ou lati. Guillermo tc. fc. cclxxxiii

Le xvi. chapitre contient le cas de henry noble Roy des romains filz de lempereur frederich premier de cestui nom. Et commence ou latin. fama satis tc. fueillet. cclxxxiii

Le xvii.e chapitre monstre comme Jehan boccace acteur de ce present liure ioyeusement approuue et recomande la pitie ṽ doulceur q doit estre entre le pere et le filz. Et cōmence ou lati. Ab euētu. fueil. cclxxxiiii

Le xviii.e chapitre contient en brief les cas de frederich empereur des romains/de mainfroy Roy de pueille/et de plusieurs autres nobles hommes maleureux. Et commence ou latin. Perscrutabor tc. fc. cclxxxv

Le xix. chapitre contient le cas de charles noble Roy de hierusalem ṽ de sicile frere de loys noble Roy des frācois. Et commence ou latin. francorum ichiti reges tc. fueil. cclxxxv

Le xx.e chapitre contient les cas de Huguelin conte de pise/de bayton Roy de armenie et de son frere sabat ṽ de boniface pape de Rōme. Et cōmēce ou lati. Attonit9 tc. fc cclxxxvii

Le xxi. chapitre contient le cas de Jaques de molay noble cheualier et maistre des templiers. Et cōmēce ou latin. Aiunt de teres tc. fc cclxxxviii

Le xxii. chapitre recōmande et enhorte la vertu de patience en ramenant a memoire la patience des templiers et de plusieurs autres. et cōmēce ou lati. Theodorū. tc. fc ccxc

Le xxiii. chapitre contient le cas de phelipe le bel Roy de france/ṽ de ses troys enfans/de charles prince de tharente/ṽ daulcuns autres nobleshommes maleureux. Et cōmence ou latin. Jgnes tc. fueillet. ccxci

Le xxiiii.e chapitre cōtient le cas de gaultier noble duc de athenes qui fut extraict de la noble lignee des Roys de france. Et commence ou latin. Galterius. tc. fueillet. ccxciii

Le xxx. chapitre contient lexcusa-
cion de Jehan Boccace pource quil
mect phelipote la cathinoise femme
ignoble entre les autres nobles. Et
commence ou latin. Parce superu. &c
Au fueillet. ccxcxi

Le xxxi. chapitre contient le cas de
phelippote la cathinoise iadis femme
de grant renom et auctorite ou roy-
aume de cecile qui parauãt auoit este
lauãdiere de robes & de draps. Et cõ-
mence ou latĩ. Me adhuc. ſc ccxcxii

Le xxxiie et dernier chapitre des-
cript en brief les cas de sance roy de
maillorgues/ de loys roy de trina-
trie/ de iehan noble roy des frãcois/
et contient la cõclusion de cestuy der-
nier liure. Et commence ou latin.
Existimates &c. fueillet ccxcix

Cy finist la table du ixe et dernier
liure de Jehan Boccace des cas des no-
bles hommes et femmes maleureux

Cy cõmence Jehan Boccace de cer-
talð tresexcellent hystorien son liure
intitule des cas et ruine des nobles
hommes et femes reuersez par fortu-
ne de puis la creation du mõde iusqs
a nostre temps/ lequel cõtient en soy
neuf liures particulieres comme il ap-
pert par la table des rubriques & chapi-
tres cy deuant declairez & trãslate de
latin en langaige francois par honne-
rable hõme & saige maistre laurens de
premier fait en ensuiuant precisemẽt
et au iuste les sentences prinses du lã-
gaige de lacteur qui est moult subtil
et artificiel. Et si est a entẽdre que la
ou lacteur ne touche de plusieurs hy-
stoires que deux ou trois parolles en
brief/ ledit translateur les a voulu de-
scrire et mettre en forme autentique
si distinctement & en si beau stile que
facillement les lisans ou escoutans
qui les ignorẽt, les pourrõt sans trop
long trauail dentẽdemẽt cõprendre.

Le premier chapitre de ce psent li/
ure contient en bref le cas de adam et
eue noz premiers parens/ et monstre
comme par leur inobedience ilz furēt
dechassez hors de paradis terrestre/
ouquel dieu les auoit establis. Et
commēce ou latin. Malorum nostro
rum. et cetera.

fueillet ii

Dant ie confidere et pen
se en diuerses manieres
les plourables malheur-
tez de noz predecesseurs a
celle fin q̃ du grant nõbre
de ceulx qui p fortune ont
este trebuchiez ie prensisseau cõmence
mẽt de ce liure aulcun prince terrien
assez digne destre pmier entre les ma
leureux. Et decy deux vieillars se ar-
resterẽt deuant moy si tresaages et si
anciẽs q̃ il sembloit q̃ilz ne peussent
trayner leurs mẽbres treblans. L'ũg
de ces deux vieillars cestassauoir ada
me arraissõna et dist. Beau filz Jehan
boccace q̃ serches et enquiers lequel tu
mettes pmier ou reng des maleureux
ie sueil q̃ tu saches cõe vray est q̃ cõe
nous qui sõmes les deux premiers hõ
me et fẽme faiz a lymage de dieu qui p
le moyen et acroissemẽt de luy auons
premier acreu et empli les sieges de pa
radis, par le merite de la mort de iesu
crist, aussy no9 auõs pmiers esprouue
par ladmõnestemẽt du diable le tres
buchet de fortune. Et pource aucun
hõe fors no9 ne dõnera a tõ liure pl9 cõ
uenable commencement. Je fu moult
esbahy et cõmẽcay merueilleusemẽt
regardez ces deux vieillars q̃ a peine
pouoiẽt pler q̃ auoiẽt este faiz sãs ou
urage de nature, et q̃ se disoiẽt estre pe
res de to9 hõmes mortelz, et q̃ habitoi-
ent en padis terrestre ains q̃lz trespas
sassent le cõmandemẽt de dieu. Et
pource ie prins vouletiers ces deux
vieillars a les mettre au cõmencemẽt
de ce liure deuãt to9 les autres maleu
reux. Le pmier adã doncqs fut fait p
la main de dieu du limõ de la terre, et
moyennãt lame que dieu lui mist ou
corps adã fut fait vif hõme et de aage
pfait, cõe sont cõmunemẽt les hões a
xxx. ans ou enuiron. Et aps adam fut
trãsporte p le cõmandemẽt de son crea
teur ou paradis de delices, il q̃ pauãt
estoit ou chãp de damas. Depuisque

adã eut impose et mis les ppres nom5
aux bestes et aux autres choses du mõ
de. Et apres p louurage de dieu eue
fẽme conuenable a marier fut traicte
hors du coste de adã tandis qdormoit
la pmiere fois q̃ oncqs il dormit. Et
fut eue ioincte a adã p ordre de maria
ge, nõ mie pour dõner peine et soucy a
adã ainsi cõme font les femmes de
maintenãt, mais pour luy donner de
duit et ayde. Adam et eue furent de di
eu ordonnez et faitz seigneurs de ce
hault et noble lieu de paradis de deli-
ces, et furent cõtrains et enhortez de gar
der bõne loy seullement, cestassauoir
de nõ mengier dun fruit. Eulx deux
qui auoient plaisir lung de lautre cõ
mencerent a tournoier p paradis, et re
garder toutes les choses dillec, et pen
ser entre eulx les delices du lieu et sez
ioyeusemẽt dicelles. Adã et eue pou-
oien illec veoir la terre attournee de
couleurs et soy esiouyr et leesser de di
uerses fleurs, et de ppetuelle verdeur
ilz pouoiẽt illec veoir les arbres si lõgs
quilz sẽbloient toucher au ciel q̃ faiso
yent umbres gracieux p leurs ppetu
elles fueilles. Entre ces arbres estoit
celle noble et delectable arbre de sapi
ence de bien et de mal a laquelle arbre
plantee ou millieu de paradis terres-
tre dieu auoit dõne telle pprietez et na
ture q̃ q̃ du fruit dicelle eust souuent
mẽge il eust tousiours vescu sãs ma
ladie angoisseuse et vieillesse. Et po9
tãt celle arbre auãt leur peche fut ap-
pelle larbre de vie, mais pour la chose
q̃ aduint pour mẽger du fruit dicelle
elle fut appelle arbre de sapiẽce de bi
en et de mal, car auãt le peche, adã et
eue ne sauoiẽt q̃ ce estoit de bien et de
mal, car ilz ne sauoiẽt encores esprou
ue. On appelle donc bien la sãte et sez
mete de la vie, et len appelle mal la foi
blesse et maladie. Adã et eue illec pou-
oiẽt veoir les riuieres saillãs p merue
illeuses sources dune pure et viue fõtai
B ii

dont les Indes sembloient argentees et couroient a plais gors, et p leur souef son et par leur legier resloteis elles arrousoiet toutes les choses de paradis terrestre, et retondissoiet p tel iargonnis doyseaulx que onques hoe ne ouyt le seblable. Pour dire la bieneurete de noz premiers parens, ie ne scay plus presque en oultre que dire fors que en paradis terrestre estoit le soleil plus grant en vertu, et la lune plus blanche et les estoilles plus cleres q elles ne sont maintenant. En paradis terrestre estoit nettete de air sas corruptio quelcoques, illec nestoit aucune chose nuysible, illec estoit entiere seurte et paix ppetuelle. Adam et eue pmiers habitans et roys de ce pays tant desirable en lieu de copaignie et de mesgnie criant a lenuiron dieu leur faisoit compaignie en parlant auecques eulx, de la presence duquel toutes choses se esiouissoiet. Adam et eue en oultre auoient copaignie des anges en lieu des officiers seruans en diuerses offices dot les haulx seigneurs terriens vsent de present. Et nature bien aprinse de faire toutes choses plaisans leur faisoit belles robes de pourpres tixues dor et de pierres precieuses, drapee et cotinuelle et resplendissant beaulte enuironnoit leurs corps qui adonc estoiet nus. Car durant le saint estat de innocence oncques robe ne fut. Et affin que ie ne parle plus longuement des biens et prouffitz celestiaulx et mondains qui sont sans nombre, et de quoy vserent adam et eue, ie dy en somme que la bieneurete de noz premiers parens fut grant et telle que a elle aucune autre ne se compare, mais attens vng pou et tu orras tantost dire que ainsi come leur bieneurete estoit tresgrant aussy fut elle soubdainement tournee en si grat pourete que si grief ue ne peut estre. Car tandis que ada et eue nouueaulx habitans, et quant au monde nouuellement faitz, et quat au lieu de paradis terrestre a eulx nouuellement donne, frans et quittes de toute leur cure vsoient de celle ioyeuse delectation, lors lennemy de humain lignage meu de enuie vint por les decepuoir. Et pour lardeur que lennemy eut de leur faire trespasser la loy que dieu leur auoit imposee et mise, il par faulx enhortemes attrait le courage de la femme, et la femme attrayt le couraige de lomme. Helas comme furent adam et eue aueuglez par la couuoitise des choses faulces et vaines. Les deux a qui dieu auoit donne la seignourie de toutes choses commencerent estre poures et mortelz sitost q par inobedience ilz cuiderent estre semblables a dieu. Le pechie dinobedience qui est tant mauldit il fut la racine de tous maulx, et le destruiment de lhumain lignaige, par ce peche entrerent au monde les vices a portes ouuertes comme victorieulx pourete desnuee de tous biens meschantes douloureuses, maladies pales, et vieillesse piteable, et pesante de son propre faiz seruitude et exil, et labour continuel. Et affin que ie compreigne plusieurs choses en vne, ie te di que par ce peche lhumain lignaige deuint subiect a seruitude et a mortie, et auec ce fut mis le terme a vie des hommes par ainsi que ilz mourroient de mort, laquelle pameine presque toutes choses a neat. Et ces deux adam et eue pechans come dit est, et qui par leur messait danerent toute leur lignee. Apres que la haulte et clarte dot ilz estoient couuers se departit de les corps, ilz considerent leur honte et leur membres hontcux, se destournerent en lieux pepostz et secretz. Et pmierement commencerent tenser et pioter lung a lautre, apres ilz furent boutez hors de ce noble pays le paradis de delices. Et vindrent entre les motes de la terre brahaigne, et entre les espez buissons de espines. Adam et eue qui furent contrains de faim commencerent a querir leur vitaille par le labour et la peine de leurs corps. Et commencerent aussi souffrir et endurer la cruaulte du ciel, une fois par avoir froit, autre fois p avoir chault, ilz commencerent a souffrir les espars, les escliers, avec la tempeste de lair et plusieurs tonnerres et fouldres enflambees et soubdainetez de vens, morsures et rages de bestes sauvages, et de serpens et doyseaulx, et plusieurs perilz dautres choses contraires et ennempes, ilz commencerent craindre et doubter la mort laquelle ilz avoient gaignee en desobeissant. Et en lieu de la liesse, et du repos quilz avoient perdu, leur survindrent apres repos souspirs et larmes et voix plaintives, et tardive repentace de leur meffait, et convoitise de paix mondaine qui nest ferme ne durable. Avec ce quelz pesemens cuides tu q adam et eue eussent quat ilz virent abel ung de leurs deux enfans murtry par la felonie de cayn leur autre filz. Et quant ilz virent la chairongne dudit abel sans ame, le corps gesant sur terre et baingne de chault sang, ouquel aucun sentement nestoit je croy que nul ne scet quelz pleurs, quelles larmes, quelles douleurs, quelles orreurs et paours eurent adam et eue quat ilz virent abel leur filz ainsy comme dit est felonnement murtry. Apres ilz uyrent cayn leur autre filz fuitif, banny et vacabonde, et qui a la fin se mussoit entre les espines et ronces, lequel fut tue de la sayette de son nepueu lameth, qui par mesprison le tua dedens ung buisson, cuidant que cayn fust aulcune sauvage beste. Et est a croire certainement que de tant que la chose fut plus nouvelle et advenue plus pres du commencement du monde, de tant fut elle plus dure a adam

et eue et plus amere a souffrir. Derenierement quant adam et eue apperceurent q leurs cheueulx devenoient chenus, et que les maladies avoient saisy leurs vieillesses, et avoient affoiblye les vertus et les forces de leurs corps, eulx q len dit avoir este faitz in mortelz, par leur ppre peche vindrent au tour de leur mort, car apres plusieurs labours passez et que ilz eurent veu les choses de ce monde, et enjouvenir et evieillir par neuf cens et xxxii ans, adam delaissant en ce monde grat copaignie de enfans et nepueux mourut en ebron, qui lors estoit ung lieu habile pour sepulture, mais maintenat y est fondee une cite mesmement appellee ebron empres la valee mambre ou pays de oriet, et illec fut adam ensevely et descendit son ame en enfer. Et p celle mesme loy et maniere, eue lassee et plaine de vieillesse mourut.

Le second chapitre
qui raisonne contre linobedience de noz premiers parens et de tout lhumain lignaige. Et commence ou latin. Si cetera desint exempla.et cetera.

E en ce liure nestoient autres exemples fors que cestui qui racompte le cas de noz premiers parens si devroit il souffire sans autre a nestoyer les couraiges

B iii

humains de lorgueil et cruaulte dont les nobles hõmes et femmes sont corrũpuz et entachez/ en tant que ilz lieuẽt leurs testes cõtre le ciel/ et cuident de leurs piedz soubmarcher les estoilles nous deussions regarder deuant noz piedz le mortel trebuchet de fortune. Helas se adã qui fut fait de la main de dieu a este puny p̃ si griefue peine pour vng seul pechie de desobeyssãce que p̃ẽses tu toy qui es hõme ne de fẽme quelle punicion dieu prẽdra de toy qui apres ce q̃ tu as despite et relenquises saintz cõmandemẽs tu peches encores chacun iour cõtre dieu qui ta rachete de son sãg/car tu ensuys faulses religiõs et couuoitises et rapines/fraudes et baratz/et mil autres manieres de pechez tãt contre dieu cõe cõtre toy mesmes et cõtre ton prochain. Et se de fait tu ne peutz acõpliz ton pechie/ tu le faictz p mauuaise pẽsee. Nous meschãs hõmes somes esbahys des choses mõdaines qui cõtinuellement se changẽt/et nous cõplaignons de dieu le corrigeur debõnaire de ses legieres verges nous chastie et bat. En ce nous sommes folz/car nous ne regardons pas cõmẽt dieu ne nous cõmande pas q̃ nous luictons cõtre la chimere du pays de licie qui est tant sauuaige beste q̃lle a la teste dun lyon/le ventre dune chieure/et les iãbes dun serpent/la quelle fut desconfite et tuee p vng vaillãt cheualier nõme Belloroꝑhõ ou pays de licie pres de la cite du caire. Dieu aussi ne nous cõmãde point que nous voisons en lisle de colcos pour prẽdre la toyson dor mucee en celle isle/et gardee par horribles bestes gettãs feu par les narines. Dieu aussi ne nous cõmãde pas q̃ nous desconfisons p luicte celle horrible mõstre appellee minotaurus q̃ p moitie eut la figure dõme et de toreau/leq̃l minotaur⁹ fut filz de pasiphe fẽme du roy minos/lequel monstre fut desconfist

et tue par le vaillant cheudlier theseus moyennant le conseil de adriane fille du roy minos et amie dudit theseus. Dieu auecques ce ne nous cõmande iamais que nous acõplissons si grans labours en armes comme euristeus le roy dathenes cõmandoit a son escuier hercules qui apꝛint la discipline darmes soubz ledit euristeus le filz de stelenus Dieu certes nous commande choses legieres a faire se nous voulons oster vanite et paresse de noz cueurs/et la faulse amour mondaine/il nest chose plus belle ne plus aduenãte a homme que de croyre vng vray dieu et le honnorer deuãt toutes autres choses/ et laymer de tout le desir de lumaine pẽsee/il nest chose plus aduenãte a homme que de hõnorer et hanter ses parens/et de gardez ses amys par sẽblable amour/ Il nest chose plus saincte ne plus legiere que de nõ vouloir et non couuoiter les richesses daultruy/et de soy abstenir damours desordõnees/et de nõ vouloir espandre le sang humain/et de soy abstenir de mẽteries et bourdes/et de to'telz pechiez Il nest aussi aucũe chose plus saincte que prendre asprete de vie et penitance contre les vices du monde/et de ensuyure iesucrist q̃ pour nostre sauuement souffrit soy ficher a cloux en larbre de la croix. Telz sõt les cõmandemens de dieu lesq̃lz se ilz ne nous estoient cõmandez si deuerions nous entendre de toute nostre estude a les prendre et parfaire. Affin q̃ nous hõmes qui surmõtons en dons et en prerogatiues de grace les autres de bestes mues/nous soyõs aussi souueraines et excellẽs en maniere et courtoisie de viure. Ouurons donc q̃s noz yeulx chargez et apesantiz par pechez/et contre noz mauuaises voulẽtez ployons noz orgueilleuses testes affin tandis que de nostre plain gre nous offrons a saincte obeyssance les briefz iours de nostre vie mortelle nous desseruōs enuers dieu auoir vie pdurable en sa gloire q est ꝑpetuelle.

Le tiers chapitre contiēt le cas de nēbroth pmier Roy et fondeur de Babilone ou les lāgaiges furent diuisees. Et commēce ou latin. Eripuit Inda. et cetera.

LE deluge des eaues que dieu fist sur terre ou tēps de Noe pour la vengence des pechez des hōmes a oste et aneāti la memoire des maleurtez q aduindrēt aux anciēs hōes q furēt entre adam et nembroth, car p le deluge des eaues furēt perduz et gastez aucūs liures ou estoient escriptz les cas aduenuz a ceulx q furēt entre lesditz adam et nembroth Et pource necessite me cōtraict que ie face vng grāt sault depuis adā le pmier pere des hōes, car ie ne treuue hystoire ou ie puisse ficher mō pie fors q en nēbroth, qui pmier sehardit de seignoriser au gēs sotz et simples. Et certes ainsi cōe le pmier hōme adā couenablemēt a gaigne le pmier lieu en ce liure, aussi par droit aura le secōd lieu nēbroth qui pmieremēt seignoria en terre. Aps doncqs que larche de noe en quoy furēt gardez viii. iustes psones autretāt hōmes cōme femes, cest assauoir noe, sa femme, leurs trois filz, et les femmes diceulx se arresta en ararath vne mōtaigne darmenie, et apsq humain lignage commēca a croistre et multiplier pou a pou, de vng bon hōme appelle chus nepueu de noe nasquist nēbroth geant q fut hōme hault gros et fort plus que autres hōes de ce tēps

Celui nēbroth tant pour la grāt estature de corps cōme pour la force de ses mēbres fut maistre des veneurs et eut entre eulx seigneurie. Et par lenhortement de luy les hōmes coiurerēt et firent cōplot cōtre dieu et le ciel, cest a dire quenēbroth et ses cōpaignons pproferent et iurerēt q voulsist dieu ou nō se le deluge aduenoit autrefoiz ilz seroiēt tāt que il ne leur pourroit nuyre. Et affin que le cōseil de nembroth et de ses cōplices sortist et prēsist son effect ilz firēt nēbroth leur cōduiseur et duc, affin que il les menast ou pays de senaar qui est enuironne du fleuue eufrates. Et apres ilz commencerent a mettre a oeuure le labour de leur folle ētreprinse, cest assauoir q ilz commencerēt a edifier vne tour qui par la haulteur delle surmontast les nues affin que ilz ne fussent plus greucz ne destruitz par les eaues du deluge se autressī aduenoit, et q la largeur fust telle cōme la haulteur le reqroit selon la quantite et mesure de haulteur et largeur, il nest hōme qui neust creu que nēbroth ne cuidast nō mie seullement soy estre le plus riche plus puissant et plus eureux de tous hommes mais il cuidoit soy estre vng autre dieu en terre quant il veoit si grāt mōceau dhōmes et femes obeysans et seruans a ses plaisirs. Et estoit la chose telle que nēbroth pouoit veoir toꝰ les hōmes et femes perser les boyaulx de la terre pour asseoir les fondemēs de la tour quil auoit entreprise. Et aps quāt par la grant diligēce et ardeur de tant dhōmes nēbroth veoit sercher p ferremēs la profondeur de la terre, et sa tour hault esleuer et surmonter la terre iusques en laer haultain, il nest aussi quelcōque qui ne cuidast que celui fust trespuissant et glorieux q lors eust tant de forces qui peust esleuer si hault vng tel ediffice comme fut la tour babel fondee p nēbroth. Certes la grãt (t merueilleuse mõstre de celle tour dure encores iusqͣ a ce tẽps present/ainsi cõe diẽt ceulx q̃ lont Veue/ et cõtent que p̃ la lõgue espace de terre/qlle cõprent aucun hõme ne senose approcher pour la puãteur des serpẽs Venimeux dont le lieu est tout plain. Et tesmoignẽt les anciens habitãs dicelle auoir Veue celle tour nõmie a la semblãce dune tour/mais cõe Vng mõceau de pierres a la maniere dune mõtaigne haulte (t esleuee a lenuiron dune plaine tãt quelle sẽble monter presque aussi hault cõe laer ou sõt les nues. Laquelle tour fut faicte de pierre cuite a cimẽt de chaulx Viue (t de sablon/lequel edifice fut si grãt q̃ parauenture oncques aps ne fut Veu son pareil. Cestuy fut le p̃mier orgueil de nẽbroth premier seigneur du monde/ cõe celle tour p̃ sa haultesse touchast iusq̃s aux nues/il aduit que Vne tresgrãt ptie de celle tour cheut ou p̃ soub daine force de Vens/ ou par ordonnãce de la puissance de dieu/(t illec furẽt acrauantez (t mors plusieurs des ouuriers de nẽbroth par quoy Vng saige ouurier deuoit cesser de massonner. En oultre fut en couraige a nẽbroth fol (t orgueilleux dentreprendre plus oultre/car adonc nẽbroth reassembla sa puissance contre Dieu (t refist en sa tour non pas autretant seullement comme estoit ce qui fut abbatu par la rage des Vens ou par le courroux de Dieu/mais nembroth proceda a faire la tour plus haulte quelle nestoit par auant/ainsi cõme se nembroth Voulsist trouuer la Vope et la maniere de escheuer le peril du deluge des eaues se autrefoiz aduenoit/(t pour oster le ciel a dieu le maistre de toutes choses diuines (t humaines. Ou temps de la folle entreprinse de nẽbroth en massonnãt sa tour aduint Vne oeuure diuine si cõme assez appert et q̃ est merueilleuse a dire car les ouuriers de cel

le tour q̃ tous parloiẽt Vng langage ainsi cõme silz eussẽt fait Vng cõplot entre eulx parlerent diuers et differens lengaiges. Et legier est a croire que les ouuriers de nẽbroth chãgerẽt leurs couraiges ainsi cõme il changa le sien quant sa tour cheyt nouuellemẽt. Et si ne scay se ce fut par leur p̃pre mouuement/ ou par ordõnãce de dieu/mais apres que celle grãt (t seulle assẽblee dhõmes laissa louurage de la tour/ilz se diuiserent en tant d̃ parties cõme ilz auoient entre eulx de diuersitez de langaiges. Et ainsi cõme se les ouuriers de nẽbroth fussent ennuyez d̃ demourer ou pays ou ilz nasquirent puis que ilz eurent laisse nenbroth leur roy q̃ aucuns deulx mesmes eurent faitz et ordonnez ducz entre eulx/ilz se departirent de senaar et allerent en diuerses parties du mõde Vng chacun pour querir et choisir nouuelles demourances pour soy/p̃ ainsi nenbroth qui Vng pou parauant auoit este roy et seigneur de tresgrãt peuple fut presq̃ priue de sõ royaume et demoura tout seul en senaar/en regardant sa tour dõt il estoit possesseur qui nestoit encores du tout parfaicte par laquelle il cuidoit faire paour nõ pas seulemẽt aux hommes de ce mõde/mais a dieu/car ainsi fortune chãga son office contre nẽbroth/lequel cõme ie croy se espouẽta de ce lieu sollitaire/et deuint Vieil/ou ainsi comme aucuns hystoriens diẽt il deuint maistre denseigner aux hommes faulse (t Vaine religion/cestassauoir ydolatrie q̃ est adorer plusieurs (t diuers dieux et affin quil seigneuriast a Vne partie du monde il sen alla en perse qui est Vng pays qui sestant dorient iusques en inde/et deuers occident perse touche a la rouge mer/et deuers septentrion elle ioinct au pays de medie/et de la part de midy perse touche a germanieque len nomme almaigne.

Le quart chapitre qui raisonne cõtre les orguilleux en les reprnant dele'orgueil (z en le'remõstrãt la cõfusion aduenue en babilone p̃ lorgueil de nembroth et cõmence ou latin . Jtē nũc insolentes. zc.

Ous nobles hõmes orgueilleux dreces maintenant contre dieu (z contre le ciel Voz haultes Roches (z orgueilleuses tours enuirõnez Voz chasteaulx de murs de fer de paliz (z de fossez/ serres les portes de aymant (z y mettes hommes armez qui veilent a la garde de Vous (z de Voz tours / et pensez en Voz cueurs tout ainsi comme si Vous Voulsissez forger Vne seure forteress̃ pour Vous cuider garãtir et sauuer que dieu ne puisse faire Vengence de Vous (z de Voz iniquitez / ne changer les estatz des choses de ce mõde mais ains que Vous drecez cõtre Dieu telles roches ne que Vous pẽsez telles folies/ ramenez deuant Voz yeulx premierement le merueilleux amas des pierres de Babiloine fõdee par nembroth qui par la Voulente de dieu fut cassee (z desmolie par Vne petite fouldre/ affin que quant Vous orgueilleux aurez Veuz Voz chasteaulx foibles (z meschamment bastiz au regard de celle grant (z forte tour q̃ massonna nembroth / Vous congnoissez q̃ ia soit ce que engin ou bombarde faiz par subtilite de homme ne se puisse iõdre aux murs/ ne arbaleste ne dõdaine/ touteffois selon la desserte de

Voz pechez le trembleiz de la terre abbatra Voz murs iusques aux fondemens. Ou dedens Voz tours ou chasteaulx se rebellera Vng traistre Varlet qui rendra et liurera la tour (zle seigneur a ses ennemys mortelz. Dieu a mil mains dieu a mil iauelos / dieu a mil arcz (z manieres de punir les pechez (z pecheurs. Et se pou de chose fut a dieu de abatre la haultesse de si grant edifice comme estoit la tour nẽbroth (z a la par fin de muer les langaiges combien pensez Vous que Dieu soit puissant contre noz petites maisõnettes. Pourtant se Vous estes sages mettez ius orgueil (z mettez Vre conseil en humilite/ car aucune tempeste ne peut arracher humilite nulle soubdainete de Vent force ne la peust abaisser quant Vraye humilite est entre les tortus et peploiez hurtiz des contraires (z diuers flotz des aduersitez mõdaines/elle ressault (z se redresse plus florie quelle nestoit auant (z si Saincte (z surmõte tribulacions q̃lzcõques

Le .5. chapitre p̃le de saturne e n exposãt q̃lle chose soit entẽdue p̃ ce mot saturne (z apres il racõpte briefmẽt les cas de plusieurs nobles hõmes (z femes (z cõmence ou latin Nõ incõgrue saturnũ

Es renõmez poetes seigniret par leurs Vers bien (z pertinement q̃ saturnus Roy de crete deuoureroit les enfans engendrez de lui / les poetes Vouloient dire soubz ceste rude maniere de parler que ce mot saturnus / soit prins pour ce nom temps/car certes toutes choses sont engendrez en temps et par temps sont gastees et vsees/car se le feu qui toutes choses gaste (cane antist/) Se le fer despiece les choses qui sont plus moles que luy laissent aucunes choses sans les gaster/despecier/le temps qui court et passe les aneantira/car par vne taisible maniere et par vng dent que len ne peust sentir/Le temps amoindrist la chose que nature fist et actaint tant que aucuneffois celle qui auoit este retournee a neant ainsi comme selle neust oncques este. Qui est cellui qui puisse droit penser quans glorieux princes ont ia pieca este: quans haulz et soubtilz philozophes: quans nobles poetes/quas auteurs hystoriens ont ia pieca este: qui a tresgrans difficultez et peines ont desserui louenges/ Desquelz le nom a este gaste et aneanty par cours de temps. Et aussi les autres choses que ilz firent en telle maniere que de iceulx nest du tout aulcune memoire enuers noz autres hystoriens. Et si croy que ilz ont este sans nombre. Entre lesquelz princes:philosophes: poetes: et auteurs ainsi gastez et aneantiz cest chose assez croiable que tous les nobles premiers hommes et leurs faiz soient presque euanuiz et effacez du tout Et pource le sage liseur de ce present liure ne se deuera pas merueiller se a lecommencement du monde il trouue pou dommes abbatuz et trebuchez par fortune Certainement entre la mort de Adam et nembroth edifiant sa tour eut grant espasse de temps/cest assauoir mil sept cens vnze ans/et pource des nobles hommes qui furent entre eulx deux les vielz hystoriens ne monstrent aucune chose digne de memoire/qui principalement appartienne a ceste presente oeuure. Il eut long temps entre nembroth et cadmus/ ce st assauoir M.cinq cens quatorze ans Duquel cadmus nous commencerons tantost a compter lhistoire pource que ia soit ce que de Sixosus premier roy des egyptiens qui fut du temps de nathor gouerneur des ebrieux apres nembroth trois cens quatre vingtz et douze ans/lequel Sixosus fist premier batailles/nonpas a ses voisins mais aux gens longtaines et nations estranges/proceda en conquerant egypte/ et voult seulement pour sa gloire (le nom/mais il vouloit la seigneurie pour son peuple des pays quil conquerroit duql nest demoure en memoire fors que le nom/et ce pou qui est cy dit/et ia soit ce aussi que Xthanaus premier roy des sichois qui fut du temps de saruth gouerneur des hebrieux deux cens soixantedouze ans aps nebroth edifiant la dicte tour/lequel thanaus fut apres mis ius. Et premier fist batailles pour couuoitise de accroistre sa seigneurie/et proceda oultre en faisant conquestes par bataille/ Touteffois le temps trespasse depuis eulx iusques cy/a tellement efface les autres choses faictes par Sixosus et thanaus que aux historiens latins et par especial a moy autre chose en oultre nen est venue a cognoissance. Aussi de zoroastes roy des bactrians qui premier eut nom cham/autre chose nest venue a congnoissance: fors que zoroastes roy de tarcie qui autrement a nom bactrie si tost que il fut ne il commença a rire: dont ses parens et autres iugerent que cestoit signe de bieneurete aduenir combien que la chose ad ueniff autrement car comme ninus roy des assiriens eust dompte et asseruy les gens et nations demourans pres de soy/et il p accroissement de force procedast plus aigrement a subiuguer les autres peuples/car vne victoire embrase le couraige den auoir vne autre/la derreniere bataille de ninus fut contre zoroastes le quel p̃mier trouua les faulx ars de magique/Il premier remira ꝯenquist la nature des elemens du mõde ꝉ les mouuemens des estoilles/Il escripuit les sept ars liberaulx en sept coulonnes darain: et en autres sept coulonnes de brique/affin q̃lles ne piss̃et p̃ deluge deaue ne de feu/finablement les ars de magique trouueꝭ comme dit est par le roy zoroastes ne le peurent ayder quil ne perdist son royaulme ꝯ quil ne fust tue en ladicte bataile d̃ont ninus eut lors sa derreniere victoire. Apres laquelle ninus mourust tãtost la mort du quel fust telle/quelle nest pas sceue par les hystoriens. Aussi a la congnoissance des hystoriens latins/ꝯ par especial de moy des roys des sodomes nest aucune chose venue fors quil nous souuient seulement a uoir leu en hystoires que cõme iceulx roys ꝯ leurs peuples fussent francz ꝯ trespuissans ilz deuindrent tributaires des assiriens dont babiloine est le chief. Et mesmement nous auõs congneu les pestilences auenues au roy pharaon ꝯ a son pais degipte/ꝯ comment son ost fust noye en la mer rouge/ou temps que moyse conduysoit degypte en la terre de promission le peuple disrael/car ledit pharaon ꝯ son peuple degypte persecutans le peuple disrael souffrirent dix griefues p̃secutions p̃acompteꝭ en exode/qui est le second liure de la bible/et aultres diuerses pestilences: car les egyptiens furẽt generalemẽt pilleꝭ ples iuifz/leurs tẽples ꝯ ydoles furẽt to⁹ trebucheꝭ pung tremblemẽt de terre En egipte fut grãt occisiõ d̃omes ꝯ de bestes p̃ fouldre cheãt du ciel/lost dudit pharaon fust degaste en mer qui estoit de vi. cens chariotꝭ bataillereꝭ ꝯ de cinq̃nte mil hõmes a cheual/et deux cens mille hommes de pie armeꝭ mais il ne me souuiẽt pas auoir

veu q̃lle fut la gloire de la haultesse royalle du roy pharaon/ne la fin de sa vie laquelle chose est conuenable a monstrer la mutation de fortune. Auec ce nous auons cogneu par hystoires quel fut le deluge des eaues qui aduint en grece ou temps du Yogogius qui regna a thebes et fonda la cite que len nomme eseusiue du tẽps de iacob le patriarche/car en ce tẽps ou pays de athasie cest adire la moree fut ung deluge deaues parquoy plusieurs nobles homme ꝯ autres furẽt perilz et gasteꝭ tant par les excessiues crestines de eaues/comme par la chierte des viures qui pource sen ensuiuit. Nous auons aussi veu par les hystoires le deluge qui aduint en thessalie ou temps de amphion roy des thebes/et viuant le saint prophete moyse/ou quel la superabondẽce deaues destruysist et gasta la greigneur p̃tie des grans edifices et autres biẽs de thessalie.   Et ce deluge les eust tous destruiꝭ et noyeꝭ se ilz ne se fussent garantiꝭ et sauueꝭ ou mont q̃st appelle pernasus et es pochiers dillec. Ou quel mont et lenuiron diceluy estoit le royaume de deucalion qui peceut ꝯ soustint les gens de grece qui illec sen fuyrent a garant Nous auons aussi veu par lanciennes hystoires les grans chaleurs ꝯ embrasemẽs qui aduindrent ou monde ou temps de cycrops premier roy et fondeur de la cite dathenes/ou quel temps une tresgrant chaleur de soleil aduint en grece/et es parties dorient/laq̃lle challeur fut naturellement engeudree par linfusion et vertu des corps celestiaux/par ceste challeur respandue et trassent au long et au large diuerses partie du monde. Les fontaines et plusieurs riuieres seicherent et tarirent/les bleꝭ et herbes furent conuerti en cendre/les forestꝭ et boys moururent/Les habitans laisserent

leurs citez & manoirs: les peuples pe
lainquirent leur pays & toute la mer
sembloit bouillir. Et comme celle ar
deur eut longuement duré: il auint
que par pluye elle fust estaincte vers
le milieu de antone. Et fut nommé le
brasement de pheton qui en grec signi
fie feu ou chaleur. Nous auons en
oultre congneu par les hystoires com/
ment ysis senfuit de grece en egypte
ceste ysis femme de apis roy de arginois
fut fille du roy pmetheꝰ laq̈lle apres
la mort de son pere fut laissee & bail/
lee en gouuernement de empimetheꝰ
son oncle: celle parcrue & de tresgr͠at
beaulte & ia preste de marier: pleut a
iupiter roy de crete: lequel par puissā
ce ou par ses enhortemens fist tant q̈l
coucha auec ysis. Elle finablement
soy confiāt en iupiter son amy si puis
sant: ou parauanture elle qui fut sur
prinse de naturelle couuoitise de cou
raige: couuoita les royaumes des ar/
ginois, et apres ce que ysis eust soul/
daiers de iupiter et dautre part/ elle
eut assemblees ses forces: elle tira en
bataille argus le roy des arginois qui
ia estoit descrepit et ancien: mais il e/
stoit encores homme subtil et ingeni
eux. Comme ysis fust descendue en
bataille contre le roy argus les forces
de ysis furent froissees: elle fut prinse
et de par argus elle fut gardee prison
niere. Apres du commandement de
iupiter mercure son filz homme tres/
beau parlant: plain de hardiesse & de
subtilite feist tant par ses baratz que
le roy argus fust tue: & par ainsi ysis
apres fut deliuree de prison. Comme
doncques que les besoignes de ysis
ne se portassent pas bien en son pays
elle soy confiant en sa malice monta
sur vne nef: ou vne vache estoit pain
te Et transuaga en egypte auec mer
cure qui lors estoit dechasse de grece
pour son propre meffait. Et c̄ome apis
fut trespuissāt en egypte ysis se ma/

ria a luy Et apres ce quelle eut baille
aux egyptiens les figures des lectres
que ilz nauoient encore seues et leur
eut enseigne la maniere de labourer
les terres/ elle vint en si grant renom
que elle fut reputee deesse/ et nonpas
femme mortelle tan que en son viuāt
les egyptiens lui firent honneurs di
uines/ en lui faisant sacrifices et ado
rations/ mais son mary apis qui c̄o/
me dit est fut roy des arginois filz
de iupiter et de nyobe fille du roy
foroneus qui donna les loix aux grecz
Icelluy apis fut tue et detrenche par
membres par thipheus son frere par
couuoitise ainsi comme ie pense dob
tenir le royaume des arginois Et a
pres que ysis eut longuement cerchie
et quis/ elle trouua a la fin son dit ma
ry par pieces detrenche/ ou temps de
ysaac le patriarche. Et pource que y/
sis recuillit en vng iour les membres
de son mari Il fut tourne en religion
que es sacrifices de febrius autrem͠et
dit pluto le dieu denfer len vseroit de
sens. Et les os dudit apis furent trās
porte par ysis en vne isle loingtaine/
et affin que ou temps aduenir len ne
trouuast en hystoires lorrible mort de
apis/ on luy mua son nom et fut ap/
pelle serapis. Nous aussi auons con
gneu la grant famine de eusiton no/
ble puissant et riche homme du pays
de thessalie qui tellement fut con/
trainct par deffault et disette de vi
taille/ que apres que il eut degastees
et despendues toutes ces choses / et
quil eut vendu en seruage sa fille
dryope pour acheter des viures/ Il
par contrainte de fain mega ses m͠e
bres lun apres lautre. Nous auons
aussi congneu par les hystoires le ba
nissement et exil de gelanor roy des
arginois/ qui succeda au roy stelenus
lequel gelanor fut dechasse de argos
facite et enuoye en exil/ et tant q̈ les
arginois en lieu de lui receurent da

naus filz de lancien belus. Et si congnoissons le voyage que en mer feist le dessus nomme danaus filz come dit est de lancien belus/apres la mort de ses quarante et neuf nepueux car comme ledit Roy Danaus eust de plusieurs femmes cinquante filles/(et egistus frere de danaus eust aussi cinquante filz/et les vousist maricraux filles danaus:il qui auoit eu respõse des dieux/quil mourroit p les mains dun sien gendre/il voulant eschaper le peril sen vit en argos la cite par naure. Egistus apres indignant/(et courouce po'ce q dana' lauoit escõdit de marier ses file'a ses filz il õmãda a ses filz qlz po' suiuissẽt dana' iusq'a mort et mist egistus a ses filz vne loy/cest assauoir quilz ne retournassent pas deuers luy iusques a tant quilz eussent tue leur oncle danaus/lesquelz enfãs comme ilz guerroiassent leur oncle estans lors assiege en la cite de argos ilz furent prins/(et deceuz par le barat de danaus q deulx ia se defioit/car danaus leur promist que il leur donneroit ses filles en mariage selon le plaisir de egystus. Et danaus leur tint sa promesse: car les cinquante files de danau' qui par leur pere furent subornees (et duictes coucherent auecques les cinquante filz de egistus qui toutes furent secretement garnyes de cousteaulx/mais vng cas dur auint car comme le iour des nopces les iouuenceaulx fussent eschauffez de viandes et de vin (et de leesse qui vient de ioyr de ses amours/(et fussent endormis chascun a sa chascune/les cinquante pucelles obeyssans a leur pere espierẽt lieu (et temps de murtrir leurs maris/et p ainsi chascune delles tua son espoux en celle nuyt fors que lune nommee ypermestra qui meue de pitie et de amour ne veult pas tuer son mary linceus. Danaus monstra premier aux arginois la maniere de faire les puis/finablemẽt comme danaus roy des arginois puissant riche et noble eut regne par cinquante ans Il fut tue par linceus mary de ypermestra (et filz dudit egistus frere du roy danaus. Il me souuiẽt auoir veu en hystoires la miserable (et poure vieillesse de pandion roy dathenes. Apres ce quil eust perdu sa fille philomena/ pour la perte de laquelle Il qui ia estoit viel fina le surplus de ses iours en douleur (et en misere. Et la mauldicte (et orde luxure de thereus roy de tarce (et la deslopaulte (et ribauldie que il fist auec sa seroge philomena/(et la piteuse maleurte de ptis filz du Roy thereus et de prognes. Lequel ptis enfant petit (et tendre fut murtry par sa mere prognes/car comme therc' filz astogirus prince des bistonois (et Roy de tarcie/eust persecute par bataille pandion le roy dathenes/(et finablemẽt il fut venu a traicte de paix:il print a femme prognes la plus aagee fille de pandion affin que la paix fust pl' ferme entre ledit Roy thereus (et pandiõ Comme prognes femme de thereus eust ia de luy vng enfant apelle itis (et il fust venu en desir a ladicte pgnes de visiter sa plus ieune seur nommee philomena pgnes requist au roy thereus son mary que il la menast a la cithe datienes/ou que philomena venist dathenes a tarcie. Thereus apres allant a athenes impetra et obtiẽt du roy pandion quil menast philomena visiter sadicte seur prognes/comme doncques thereus fust surprins et eschauffe de lamour de philomena tres belle pucelle/laquelle there' ogneust charnellement en vne logette de bergier/(et il doubtant que philomena ne laccusast pource quelle sen menassoit il luy couppa la langue et la comanda estre gardee dedens celle logette. Le roy thereus retournant ort (et soullie par ses perhez deuers sa femme prgnes luy afferma & dist que philomena sa seur auoit este morte en mer, par trop vomir. Philomena doncques en nuyt de celle prison enuoya par vne sienne chamberiere lauenture du fait qui luy estoit aduenue en escripture faicte a leguille en vng drap de soie. Prognes par faincte leesse, mura sa douleur iusques au iour que la feste de Bachus vint. Laquelle faisoient en ce temps les femmes bistonoises: ce iour prognes a la maniere dicelles, fust attournee de rainsseaulx & petiscons, & sen entra es boys, & amena en la salle du roy thereus sa seur philomena attournee comme estoit prognes, laquelle embrasee de rage pensa en son couraige, a faire plusieurs choses contre son mary thereus: finablement prognes lanca son courroux contre son petit enfant Itis qui faisoit feste a sa mere prognes, laquelle luy couppa la gorge & fist cuyre lenfant & le donna en viande a son mari thereus qui auoit de coustume soy desiuner au matin. Le roy thereus qui la chose ne scauoit comme par plussieurs foiz il appellast son petit enfant Itis, sa femme prognes lui respondist tantost en disant ton filz Itis est icy mais thereus nentendist pas celle parolle: car ains que thereus leuast de table philomena qui saillit hors dune chambre mist en vng plat la teste de itis son enfant que elle luy auoit estuyee pour lorreur de ce fait. Thereus appespouante & confus par son meffait, nosa soy venger de la cruaulte de sa femme prognes, laquelle ne vint dillec en auant en la salle royalle mais elle confuse pour la honte de son meffait se vestit de robes noires, & demoura reposte & cachee en vng hault estage dudit hostel royal plourant son peche & la dure fortune de philomena sa seur qui pour honte & douleur sen retourna es forestz soy mucer, & le roy thereus ort diffame & courroucie fina ses iours en deuil & plour perpetuel. Et si auons congneu par hystoires plusieurs autres maleurtez aduenues tant en grece comme en autres pays estranges qui sont effacez & oubliez enuers nous par ancien temps passe & tant que diceulx maleureux hommes et femmes nobles ie ne vueil parler sinon en deuinant se ie en disoie plus, car du surplus des hystoires touchant les maleureux dessusditz ie nen ay peu trouuer plus largement que ien ay dit cy dessus. Pourtant doncques que ainsi suis contraint ie ne diray pas les hystoires en saillant, mais ie les diray en volant de loing en loing. Et de lhystoire de nembroth ie voleray iusques a lhystoire de cadmus roy et fondeur de thebes en delaissant les autres hystoires de ce chapitre sans en parler plus oultre.

Le vi. chapitre parle du cas de cadm9 premier roy et fondeur de la cite de thebes et de ses enfans Et commence ou latin Satis vulgatum apud veteres & cetera.

Sez comme chose est enuers les anciens historiens que Jupiter roy de lisle de crete rauit et print par force europa la fille de agenor roy de la cite de thir, qui est ou pais de fenice, qui deuers orient touche a arabie, et deuers midy elle touche a la mer rouge. Et pource pauissement agenor fut contrainct par douleur, et co

manda a cadmus son filz quil serchast
 quist sa seur europa. Et au coman
dement mist agenor vne loy: ce sta ssa
uoir que cadmus ne retournast point
ou pays de fenice sans ramener euro
pa. Apres ce doncques que cadmus
fut monte sur les nefz auec les com
paignons quil eust choisie cesleuz po
mener auecques soy: il comme consi
derant que sercher par la mer les voy
es dune femme cestoit oeuure me
stier contraire a sa vertu et prouesse:
print esseut voulentiers de plain
gre lexil bannissement que son pere
agenor luy auoit impose. Cadmus
doncques demandant et querant
pour soy ses compaignons terres
pais habitables arriua par nauires
en grece. Et apres ce que cadm⁹ eust
receu du dieu appolo en son temple
de delphos vne response contenante
les choses qui deuoient aduenir a cad
mus il se partist de la cite delphos, et
poursuiuit vne vache du nom de laqe
le il nomma apres le pays boetie. De
puis que cadmus les siens eurent
refraint appaise les assaulx batai
les que leur faisoient les gens denui
ron ce lieu: que ilz eurent aussi oste
reboute les espartains qui les empes
choient deulx loger illec. Cadmus e
difia vne cite laquelle il nomma the
bes, de laquelle aussi ses compai
gnons lappelrerent roy prince. Co
me doncques cadmus semblast estre
ia bieneureux nonpas seullement p
son nouueau royaulme de thebes
mais mesmement par la resplendis
seur de sa science par laquelle il trou
ua bailla aux grecz la figure la fa
con des lettres, si baila aussi au peu
ple de grece qui encores estoit sol et
rude: doctrine loy de viure couer
ser ensemble. Ledit cadmus pour en
gendrer lignee print a femme hermio
ne noble de beaulte de corps de li
gnage ou temp⁹ que gothoniel succes

seur de iosue gouuernoit le peuple
disrael. Apres ce que cadmus eust eu
de sa femme hermione quatre filles
cestassauoir semele anthone ynone
agane qui estoient belles dames, no
bles delectables en leurs maintiens
Elles furent donnees en mariage a
quatre nobles iouuenceaulx dont el
les enfanterent plusieurs nepueux a
cadmus. Cadmus iouuenceau filz
du roy agenor roy de thir en fenice q
est vng pays noble vit soy estre deue
nu roy de thebes qui parauant estoit
exille et banny par la loy de son pere
Et si vit la cite de thebes, quil auoit
fonde acreue de habitans et florissas
de richesses et en ioyeuse prosperite
Certes tous les biens de cadm⁹ cest assa
uoir dignite royalle, riche cite, espous
noble, bele feme et plate de lignee sont
areputer tresgrans, mais ecores nest
pas la fi delestat de cadm⁹ Semele coe
dit est fille du roy cadmus fut com
me dient les auteurs amee et engros
see de iupiter roy de crete. Et ainsi
come elle mourut en laissant son ho
stel royal gaste par la souldre du ciel
Aussi elle laissa sa maison degastee
par sa mort abhominable et par la vi
baudie quelle commist auec ledit Iu
piter. Apres aduint que antheon
beau et plaisent iouuenceau filz de
anthone sa mere et de aristeus son
pere fut decire de chiens deuant les
yeulx es forest la ou ilz chassoient Et
apres tandis que les femmes de the
bes faisoient selon leur coustume les
festes de bachus, agane fille dudit cad
mus deuit forcenee et sen vit lecours
comme enragee contre son filz pan
theus, lequel elle auoit eu de ethion
son mary noble et puissant homme,
et agane frapa et murtrit son filz pan
theus qui se moquoit des sacrifices
que len faisoit a bachus le dieu du vin
Et comme aucuns dient elle le mur
trit dung iauelot, ou dune massue

tandis que ledit pantheus ne sen gardoit en riens: ainsi comme agane retournee en son sens ouÿst apres racõter. Certes ces choses aduenues en la lignee de cadmus lui furent dures a souffrir car mesmement eussent elles este dures a homme ne de pouzes parens ⁊ de basse lignee. Apres ces maleuretez aduenues a cadmus par lesquelles il estoit lors plus meschãt selon toute opinion quil nauoit oncques este: Neantmoins il gardoit le surplus de sa vie a plus griefues meschances nonpas quillecuidast mais il aduint que athamas gendre de cadmus que len surnommoit ia roy de thebes: et auquel le peuple faisoit honneurs côme sil fust ia roy de thebes: deuint enrage ⁊ sot en tant que athamas cuidant que sa femme yuone fille dudit cadmus fust vne leonnesse ⁊ q̃ ces deux petis enfans fussent demy leonceaulx fist vng grant cry. Et apres p force il arracha dêtre les bras de yuone learcus leur cõmun filz ⁊ le froissa de tout son effort cõtre vne dure roche: mais tandis q̃ yuone la mere de learcus courroucee de sa mort doubtoit de meleatrix vng sien autre filz ⁊ fuyoit athamas son mary q̃ la poursuyuoit forceneux ⁊ enrage, elle auec sondit filz meleatrix se trebucha de la creste dune montaigne dedens la mer yoine, ⁊ par ainsi elle auec son filz fut transgloutie ⁊ mourut en celle mer. Et ainsi cadmusq̃ pẽsoit q̃ sõ noble nom deust estre ou temps aduenir plus renõme ⁊ plus noble tant p ses quatres filles côe p ses nepueux, p le secours ⁊ ayde desqlz il espoit viure seur en vieillesse, il p fort une fustmene en tresgrãt ⁊ dure pourete ⁊ misere: car il la estãt viel ⁊ qui auoit plus grãt besoing de repos q̃ il nestoit habille de endurer exil ⁊ forbannissemẽt côe celui qui ia estoit pesant p sa lõgue vieillesse fut boute hors de son royaulme auec hermiona sa femme par le fait ⁊ malice de ses pp̃es citoiens ⁊ subiectz ou p lentreprise de anphion q̃ apres cadmus obtint le royaume de thebes. Cadmus doncques banypposure ⁊ gemissant sen alla mucer ou pays de grece lors surnommee illirie et illec mourut dune mort si estrange ⁊ si celee q̃ presques les hystoriens nen ont peu rien sauoir. Et par ainsi cadmus noble homme filz de roy po' lors quil laissa les senicies ⁊ la cite de thir ⁊ qui apres fut renõme ⁊ resplendissant ou pays de boecie ⁊ q̃ auoit seiz comme roy de thebes en chaire royale il cõme villain homme ⁊ poure deux fois bãny mourut en estrange pays entre les illiriens.

Le vii. chapitre cõte briefmẽt les cas de oetha roy de lisle de colcos de minos filz de iupiter ⁊ de plusieurs autres nobles hõmes et femmes. ⁊ cõmence ou latin Vetiam p varias successiones.

Jnsi côe p diuerses successions ⁊ generacions dõmes ⁊ fẽmes lumain lignage q̃ se espandit ca ⁊ la auoit p̃s que occupe toute espace de terre, aussi fortune a monstre quelle estoit dame des choses pissables ⁊ mõdaines par les diuers tournoiems ⁊ p la misere et pourete dont elle a trauaile ⁊ batu plusieurs hõmes ⁊ fẽmes. Car ainsi côe Je par necessite auoye laisse trespasser plusieurs aages sans riẽs escrire entre vng maleureux ⁊ lautre po're q̃ iay trouue pou de cas maleureux aduenuz q̃ fussẽt tesmoignez en escript. Aussi pource q̃ les hõmes sont maintenant multipliez ꞇ accreuz ie me voy ia enuironné dune grãt cõpaignie de nobles hõmes ꞇ femmes plourans pour leurs cas maleureux. Et quãt ie queroye ung noble maleureux po^r pacõpter son cas plusieurs vindrent deuãt moy. et deuãt les autres estoit oetha roy de lisle de colcos q̃ les gens cuiderẽt estre filz du soleil pour la noblesse ꞇ grãdeur de luy/ou po^r la grãt resplẽdisseur de ses richesses q̃ encore ne auoient este veues aucune part si grãs cõe ledit oetha les auoit. Cestui oetha souuẽt de sõ noble ꞇ riche estat mal dissoit en soy ꝯplaignãt lauenue de iason nepueu de peleus roy de thessalie q̃ auec autres grecz vint en ladicte isle de colchos ꞇ par le barat dudit Jason et de medea fille dudit oetha fut rauy ꞇ emporté le tresor dudit oetha qui estoit tel ꞇ si grãt que en ce temps on lappelloit une toison dor/ pource que dune toison len ne peut nõbrer les poilz ꞇ ꝑ le barat dudit iason fut murtri egialius petit enfant dudit iason et de medea fille dudit oetha/ ꞇ medea aussi fut embrasee de forcenee luxure et apres deuint furtiue/ et oetha ia vieillart qui estoit roy de grãt renom ꞇ noblesse fut par fortune bestourne et en tenebreux ꞇ miserable estat/ car ceste medea fille dudit oetha fut fiancee secretement de iason ꞇ par le cõseil delle il print ꞇ emporta les tresors de son pere. Et apres senfouyt auec ledit iason retournant en thessalie. Et affin que oetha qui les poursuyuoit ne les detenist medea trencha par menues pieces ung sien petit enfant appelle egialius ꞇ semales membres par les chemins ou deuoit passer ledit oetha/ affin quelle senfouyst tandis quil recueilleroit et ensueliroit les mẽbres dudit enfant. Apres plusieurs tournoiemens

faiz en la mer elle auec iason vint en thessalie/ Jason finablement delaissa medea ꞇ print creusa fille de creon roy de corinthe/ comme medea fut de ce mal contente elle enuoya ses deux enfans a creusa auec aucũs ioyaulx enclos en ung coffret. Si tost que Creusa ouurit le coffret toule le palaiz de iason et creusa furent embrasez de feu que medea auoit ainsi appreste par art magique. Apres cõme Jason courouce voulsist punir medea de si desloyal meffait/ la cruelle femme murtrit ses deux petis enfãs/ ꞇ ꝑ ses enchãtemẽs elle eschappa dillec ꞇ alla a thenes ꞇ se maria a egeus roy dillec q̃ ia estoit vieillart/ duquel elle eut ung filz q̃lle appella medeo/ mais cõe medea eust appreste ung bruuai ge au filz de son mari appelle theseus le noble cheualier q̃ retournoit dune loingtaine ꞇ si longue guerre/ q̃ le roy egeus si ne recõgnoissoit son filz theseus/ ꞇ theseꝰ eut appceu la mauuaistié de medea sa marastre elle se eschapa par fuite. Medea finablemẽt fut recõcilie a iason ꝑ une maniere incongneue/ ꞇ retourna auec lui en colchos et ꝑ laide ꞇ force de iason cõe dient aucuns oetha suitif ꞇ chasse fut remys en son royaume. Apres du roy oetha estoi t minos filz de Jupiter roy de crethe ꞇ de europa fille de agenor roy de thir. Cestui minos fut delectable et beau ꝑ la multitude de tiltres ꞇ louẽges/ car deuant toutes louenges et tiltres minos estoit resplẽdissãt ꞇ noble ꝑ lignie/ car iacoit ce q̃ il fut filz de asterius roy de crethe ꞇ de europa fille cõme dit est de agenor roy de thir tout esfoys minos pour sa noble iustice et pource quil bailla ꝑmier les loix a ceulx de cretheil fut tousiours reputé estre filz de iupiter/ auec ce le roy minos fut noble tãt par le royaume de crete dont il tint le siege et porta la couronne comme ꝑ le tresnoble mari

c i

age de pasiphe fille du soleil Roy de lisle de Rodes que minos eut a femme. en laqlle il engendra assez noble lignee tãt filz cõe filles silz eussent bieneurement vescu/entre lesqlz fut androgeus son filz/adriana et phedra ses deux filles / mais ainsi cõe androgeus qui mauuaisemẽt et p enuye fut tue des mesgarẽsoys et atheniẽs pource quil surmõtoit en force et prouesse et suicte tous autres/la mort duquel androgeus fut cause dune tresgrãt douleur q suruint a son pere minos/ et fut embrasement due victoire digne de recorder/ car en vne bataille qui sourdit p la vengẽce de la mort androge9/ sõ pere minos desconfist nõmie seulement les atheniens/ mais apres ce q nisus roy des megaresoys fut occiz moyennant le barat de sa fille cilla/ Minos les fist tributaires a soy auecqs les athenies et leur cõmãda q a ce les cõtraignit q chacun an en crete ilz enuoyassent certains nobles enfãs lesqlz il mettroit en lieu de pris dun ieu quil trouua pour soy conforter de la mort de androgeus son filz. Helas homme considere cõment est muable la gloire et lestat des choses mortelles Certes le roy minos plain de larmes se complaignoit de fortũe pource que ou milieu de sa gloire et bieneurte cestoit leuee vne nuee qui ordoioit toutes les choses que minos auoit faitez pauãt ceste orde nuee dont minos se cõplaingnoit cestoit ladoultrie de pasiphe sa tresamee femme et sa ribauldie prouuee par vng filz q elle enfãta qui fut en elle engẽdre de thaurus vng secretaire et clerc dudit minos tãdis quil guerropoit en estrãge pays minos se complaignoit pour les atheniens qui p la victorieuse force de leur roy theseus furent afrãchiz du truage que minos leur auoit impose de lup enuoyer chacun an certain nõbre de nobles enfãs pour la cause cy dessusdicte. Le roy

minos aussi se dementoit pource q sa femme pasiphe et adriana et phedra ses deux filles senfuyrẽt horsde sõ royaume/car pasiphe hõteuse et cõfuse de la duoultrie que elle fist auec thaurus le clerc de son mary minos/ ne se osa en apres cõparoir ne mõstrer deuant lup Adriana et phedra senfuyrẽt auec theseus lors messagier en crete enuoie de p les athenies/car adriana sen amoura dudit theseus qui aps secretement coucha auec elle et lup bailla la foy de lespouser et de emener a atheus phedra sa seur pour ypolitus sonfilz/ adriana doncques ainsi en amouree/ et creãce de theseu9 lui enseigna p quelle maniere il ẽtreroit en la tour appelee laberint q len dit la maison dedalus ou estoit enclos minotaur9 / et cõmẽt il le desconfiroit. Et aps il sauldroit hors du laberint p vne cordelecte atachee a lẽtree. Apres celle chose faicte theseus voulant retourner a thenes mist en sa nef adriana et phedra et se p tit copemẽt et descẽdit en lisle chios / ou cõe aucuns dient en lisle naxos/ esquelles isles tresabondãs de vin la dicte adriana sen pura et par puresse mere de luxure se abãdonna a diuers hõmes/ et theseus dillec partãt de nupt laissa illec adriana dormant laqlle esueillee et voyãt soy toute seulle commẽca a plourer et tant q de son cri elle emplit tout le riuage mais cõe bach9 roy de thebes p illec nageãt dauẽture eut veu adriana et se fut amoure delle/ il lespousa et eut delle thoas roy de lamos. Aps q bachus eut descõfist les indois et leur roy et eust prinse en amour sa fille il espousa icelle Et adriana soy lõguemẽt cõplaignãt de ce q bach9 auoit surespouse la fille du roy de inde il la rapaisa p accollemens et flateries. Aps bachus lup osta la courõne qlle portoit cõe royne et lup tollut tout estat. Phedra doncques et sa seur adriana qui cõme dit est partient de crete et vindrent auec theseus Apres que theseus eut laisse adriana pu resse et endormye ceste phedra fut femme de theseus dont elle eut deux enfans, demophon et anthiocus. Finablement tādis que theseus auec son cōpaignō darmes oppelle perithous estoiēt allez en certain bas pays de sicille pour rauir proserpine fille de iupiter et de ceres, ceste phedra pria son fillastre ypolitus de coucher auec soy cōme il ne se voulsist consentir a ce meffait, elle embrasee de courroux accusa ypolitꝰ par deuant theseus retourne a athenes en disāt que ypolitus lauoit voulu cōgnoistre a force, pour laqlle chose ypositus voulant escheuer le courroux de son pere senfuyt et en fuyant ses cheuaulx pour aucune occasion se espouenterent sur le riuage de la mer qui le traynerent et murdrirent. Cōme toutesfoiz remōmee fust ou pays que ypolitus estoit tue, phedra soy repentant de la faulse accusation faicte par elle confessa son pechie a theseus apres elle se tua de lespee de ypolitus, ou cōme aucūs dient elle se pēdit a vne corde. Entre les maleureux nobles plourans deuant moy estoit si sara gemissant pource que cōme il fust iadis noble connestable de iabin roy des chananeois qui demourent ou pays de midy cestassauoir en affrique et fenice, il auec son grāt ost desconfit et foule par delbora vne femme propheteresse qui lors gouuernoit le peuple disrael, et aussi par baruth son mary filz de abineon de la lignee de neptalin lequel baruth fut autrement surnōme lapidoch, et oultre en gemissāt disoit ledit sisara q̄ il qui nagueres estoit espoū table aux iuifz est maintenant paoureux et espouēte des iuifz et de toutes autres gens. Et q̄ depuis que sisara eut beu du lait en lostel de iabech vne bōne fēme thenelidoise il a cause de sō grant trauail et du lait ql eut beu sen

dormit tresfort, et en dormant fut tue dune cheuile q̄ ladicte iabeth luy apposta aux temples quant il sestoit destourne en sa maison pour paour quil auoit de ladicte delbora et de baruth son mari. En ce temps perdirent les arginois leur roy et leur royaume, et furent transportez aux micenois q̄ autrement sont nommez lacedemonois. Et ilus fonda ylyon qui apres fut nomme la grant troye, il nest ia mestier que ie racompte les roys et princes des madianites qui me suyuent gemissans pour leur maleureux cas lesquelz iadis furent destruitz par pou dhommes armez, cestassauoir par trois cens desquelz estoit capitaine gedeō, qui autrement eut nom ieroboal filz de ioas de la lignee manasses tresfort homme de corps capitaine et deffenseur des iuifz il nest aussi besoing que ie racompte le cas de iabin roy de cananeois, cest adire des africans et des feniciēs qui pmierement auoit vaincu lost des iuifz, et qui depuis fut chasse hors de son pays et tue, car se ie comptoie son cas ie sembleroie estre trop lōg. Et auec ce la noble iocasta royne de thebes qui est la plus marrie de tous les maleureux nobles nōmez en ce psent chapitre et qui me vient alencōtre en grant maieste non obstant ses maleurtez a peu tāt faire enuers moi que maintenant ie escripuisse lystoire et le cas delle.

Le viii. chapitre contient le cas de iocasta fēme de layus roy de thebes. Et de edipus sō filz qui occist son pere et puis espousa sa mere. Et cōmence ou latin Erat eq dem satis. et cetera.

e ii

Certes il souffisoit que vne foiz ie eusse entre en lystoire de la cite de thebes quant ie parlay cydeuāt de cadmus fōdeur dicelle/ mais la grāt maleurte de la royne iocasta a peu tāt faire q̄ encore ie y retourneray. Ceste iocasta doncq̄s q̄ certes fut engendree de noble lignee en la p̄miere fleur de son aage fut conioincte p̄ mariage a layus roy de thebes. Aps q̄ le ventre de iocasta fut en grosse denfāt layus alla au tēple dapollo et luy demāda cōseil de lenfāt encores a naistre/ lap⁹ oyāt p̄ les respōs dappollo q̄ il mourroit p̄ la main de son enfāt a naistre il cōmāda tātost q̄ lenfāt qui naistroit fust gette aux bestes sauuages affin q̄l fut deuore. Ceste chose iocasta souffrit mal paciēmēt especialemēt quāt elle cōgneut soy auoir enfāte vng filz masle et de ce ie en remetz le iugemēt aux meres Si trestost q̄ lenfāt fut ne il fut baille a forbēcas berger du roy layus/ affin q̄l le portast a deuorer aux bestes sauuaiges mais lenfāt trouua ou berger la pitie q̄ il ne peut trouuer en layus son pere. Cestuy Bergier ayāt cōpassion a laage de lenfāt innocēt/ attrēpa p̄ sa frāche voulēte le cōmādemēt du roy car aps q̄l eut p̄ce les piedz de lenfāt a vng cousteau il le pandit par vng osier a vng arbre et le laissa brayant cōe pour mort. Et bien tost aps soyci vng berger estrāge vint illec q̄ coupa les lyēs a quoy lenfāt pēdoit q̄ ia auoit les piedz effes et po⁹ ceste cause le berger aps luy mist nom edipus et le receut ētre ses bras en soy merueillāt du cas et en maudissāt la cruaulte de celuy q̄ lenfāt auoit pēdu. Aps vng pou de tēps lēfāt fut dōne a vng hōme de la cite de corīthe q̄ le p̄senta a meropa fēme de polibus roy de corīthe q̄ nauoit aucūs enfans laq̄lle meropa auec son mary polibus reccurēt et eurēt lenfāt en lieu de filz si lōguemēt cōme il vousit tout ainsi cōe se les dieux leur eussent enuoye/ mais or cōsiderons cōmēt les choses de ce mōde tournēt soubdaines et despourueues aduentures / car cest enfāt edipus q̄ fut baille pour getter hors aux bestes sauuaiges dont iocasta sa mere auoit grant douleur et tristesse. Icelui mesme enfāt est receu en grāt ioye et leesse de meropa fēme estrange. Lēfāt edipus q̄ de son pere layus auoit este refuse et condēne a mort/ icelui ēfant est adopte en heritaige du royaume de corinthe p̄ polibus hōme estrāge. Lenfāt edipus q̄ es foretz auoit este laisse affin q̄l mourust icelui mesme enfāt a este porte en lostel du roy polibus affin q̄ il y viue. Lenfāt q̄ nagueres pēdoit a vng arbre tout nu icelui enfant est maintenāt cueloppe du manteau du roy et est porte entre ses bras Lenfāt q̄ nagueres crioit haultemēt es foretz icelup maintenāt oyt en ses oreilles les doulx cōfors et esbatemēs du roy polibus. Lenfāt qui p̄ vng bergier auoit eu les piedz p̄cez icelup est maintenāt oinct et medicine p̄ la grāt sollicitude du roy polibus. Je ne scay plus que dire des auentures soudaines et despourueues. Cōme dōcques edipus fust deuenu fort et beau iouuēcel et fust enseigne en nobles meurs et plain de noble couraige/ et il eust ouy dire par aucuns de la court du roy polib⁹ que il nestoit pas filz du dit polib⁹/ mais que il auoit este p̄ is es foretz/ il cheut en desir de cōgnoistre et scauoir qui estoit son pere. Et apres quil eut laisse ledit Roy polibus qui de ce nestoit pas bien content. Jl vint en la cite appellee citra/ en laq̄lle appollo auoit vng temple ouquel il dōnoit Pesponces sur ce que len demādoit/ et illec p̄ rint le Pespōs de apollo que il trouueroit et occiroit son pere en vne montaigne appellee phosis qui est en grece empres vne cite mesmemēt nōmee phocis/ ꝯ edipus au derrenier espouseroit sa mere. Et dipus esbahy de celle resposse vint finablemēt à la montaigne phocis ꝯcōme illec discord fust meu entre les citoiens de phocis ꝛ autres estrāgiers Et layus qui illec estoit sefforcast de souuerainement ordonner les batailles des citoiens qui couroiēt ca et la/ il aduint ꝙ edipus se ioignyt a la partie des estrāgiers ꝛ frappa de sō espee ledit layus sō pere mesle auec les autres ꝛ leꝗl il ne cōgnoissoit poīt ꝛ tāt que edipus occist layus son pere/ finablement il retournant a thebes sans estre congneu daucun/ quil eust tue son pere layus/ icelluy edipus fut cōioinct par mariage a iocasta qui encores plouroit la mort de son mary lay⁹ Iocasta print edipus a mary pour lune des deux causes. La premiere fut pour le beau fait ꝛ prouesse que edip⁹ fist quant il occist vng cruel ꝛ merueilleux serpent appelle spōy qui reparoit enuiron thebes ꝗ aux hōmes ꝛ femmes trespassans le chemin faisoit diuerses ꝛ obscures questions/ ꝛ quicōques ne les scauoit souldre il estoit deuore par ce serpent. La seconde cause fut comme autres hystoriens dient pource que iocasta ꝛ ceulx de thebes cuidoient que edipus fust filz de polibus roy de corinthe. Et aussi edipus espousa voulētiers iocasta affin quil ne aduenist que il ne print meropa/ laquelle il cuidoit estre sa mere. Et ainsi edipus par ignorāce ētra ou fait quil cuidoit eschuer. Apres ces choses ainsi faictez edipus roy de thebes regna ioyeusement et eut quatre enfans de iocasta sa mere ꝛ espouse cestassauoir deux filz/ etheocles ꝛ polinices ꝛ deux filles antigone et ymesne/ et comme elle aymast edipus son filz ꝛ son mary elle pēsoit estre bieneuree tāt pour son espoux comme par la lignee quelle auoit de luy/ mais il fut au contraire car vne grant pestilence suruint en la cite de thebes et ou pays denuiron. Tādis que les citoiens selō leur coustume enqueroient la cause ꝛ aussi la maniere de oster celle pestilence il fut dit de thiresia vng grant magicien ꝛ deuineur que la pestilence ne cesseroit iusque a ce que celui ꝗ auoit murtri son pere ꝛ qui auoit espouse et couche auec sa mere fust despose ꝛ desmis de son royaume. Et par le hortemēt des dieux ce deuineur thiresia mōstroit a ceulx de thebes ꝗ cestoit edipus par qui la pestilēce aduenoit. Thiresia ne fut pas creu de son deuinemēt iusꝗs a ce que edipus fust vng pou plus certiffie par sa mere ꝛ femme iocasta/ ꝛ p vng vieillart hōe de corinthe ꝗ disoit que edip⁹ deuoit estre successeur apꝛs la mort de polibus roy de corinthe. De ceste chose fut troublee toute leesse en la cite de thebes/ et ou pays dētout. Et si grāt douleur suruint ꝗ pource que iocasta plouroit et regretoit ses nopces diffamees et ordꝛes son mary edipus couuoiteux et desirans de mourir arracha de ses propꝛes mains ses yeulx ꝛ se cōdāna a tenebꝛes ppetuelles. Apꝛs ꝗ de son chief il eut gette sa couronne a terre ꝛ sō septre/ edipu⁹ donc triste ꝛ courrouce fut tellemēt atteine p la mocꝗrie que ses deux filz lui faisoient pource ꝗl auoit trait horsles yeulx de sa teste que presques tant cōme edipus vesquit il depria aux dieux quilz destruisissēt ses deux filz etheocles ꝛ polinices dess⁹ nōmez. Depuis que les dieux eurent essaucees et pceues les prieres de edipus/ il aduint que couuoitise de regner et de seigneurier entra pareillement dedens les cueurs de theocles et polinices freres ꝛ cōme entre eulx deux ne peussent accorder ilz vindꝛēt en vne tresmauuaise ꝛ dommageuse discention laꝗlle fut finablement accordee par ceste loy/ cestassauoir que

c iii

l'un des deux freres regneroit chacun an entrechangement et l'autre proit en exil hors du royaume. Ceste chose monta en dommageuse rage et en forcenerie ainsi comme leur pere edipus la desiroit car quant etheocles eut acomply l'an de son regne il ne voult rendre le royaume a polinices, combien que etheocles en fust requis p̄ thideus le preux et vaillant chevalier. Apres le reffuz de theocles adrascus roy des arginois et duc de la guerre du quel cestuy polinices espousa sa fille, meut guerre contre thebes avec une partie de grece, et a diverses foiz fut faicte grant occision des gens combatans d'une partie et d'autre. Aucuns sont qui parauenture croyroient que edipus estant en une fosse et en tenebres eust toppe comme s'il eust la chose qu'il desiroit quant il oyoit les divers apparaulx des batailles et les sons des trompettes, et les hennissemens des chevaulx, et le bruit des peuples combatans et les hurlemens des femmes crians de leurs mariz et toutes choses confuses et meslees en noise et tumulte, mais quoy que les aucuns dient ie croy a peine que aucunes villanies puissent rompre l'amour du pere envers ses enfans, et pource il est a croyre que quant edipus ouy dire que ces deux filz s'estoient entretuez p̄ armes corps a corps, que il ne peut recevoir telles nouvelles sans grant amertume de cueur, et si est a croyre que edipus par complaintes et par abondant pleur reprint soy et blasma, pour les prieres qu'il avoit faictes aux Dieux encontre ses enfans, et si blasma les dieux qui essauceez avoient ses prieres. Helas com grant est la folie de pere et de mere, car jasoit que nous condemnons et blasmons les enfans que nous engendrons toutesfoiz nous ne les povons hayr, quant aucunes maleurtez leur aduiennent. Apres ces griefz maulx quant iocasta r'amena

a sa memoire le temps passe, c'est assavoir que le premier filz qu'elle eut de Layus son premier mary avoyt este getté hors pour estre devoré des bestes sauvaiges, et que elle avoyt ia ploure la mort de sondit mary Layus, et que elle avoit espouse son filz edipus qui avoit delaisse et renonce son royaume, et avoit arrachees ses yeulx en signe de repentance, et aussi iocasta considerant ses quatre enfans tellement qu'ellement engendrez l'un, c'est assavoir etheocles qui estoit assiege et polinices son autre filz tenant le siege devant thebes, et banny et privé dudit royaume. Et finablement Iocasta voyant que les champs et villages d'environ thebes estoient gastes et du long et du lé, et que le royaume estoit desolé, et que ses deux filz en bataille corps contre corps avoient assailli l'un l'autre en armes cruelles et mauldictes, et que par leurs propres playes tous deux s'estoient entretuez en champ, elle que ne peut souffrir ne endurer tant de larmes, tant de douleurs et meschancetez prit l'espee du maleureux edipus dont Layus avoit este occis, et se coucha sur la poincte et pmy la playe qu'elle se fist bouta et mist hors son ame douloureuse avec le sang. Et par ainsi elle fina ses povretez maleureuses. Aucuns hystoriens toutesfoiz veullent dire qu'elle fina ses miseres par ung laz a quoy elle se pendit. La fleur doncques de la ieunesse de la noble iocasta fut ainsi muee et convertie en foin et devint seiche et flectrie, la resplendeur et la gloire de la royne iocasta fut muee en fiens, et se evanuyt avec le vent sa leesse muable et mal seure fut querie en larmes en angoisse, en reprouche, et en moquerie, mais edipus ia approuchant a vieillesse privé et desmis de son royaume, privé de ses deux yeulx et de ses deux enfans, et ia vefue de iocasta sa mere et sa femme en lieu de confort qu'il esperoit auoir en sa vieillesse fut chargé et lye de chaynes de fer/ et enuoye en exil/ par le comandemēt de son cousin creon lors roy de thebes/ ouquel exil ledit edipus mist hors du corps son ame lassee et froissee par les trauaulx et labours ql auoit soustenuz/ mais il ne me souuient pas auoir leu en hystoires coment edipus mourut.

Le .ix^e. chapitre qui en maniere dun debat contiēt les cas de theistes et de atteus freres roys de micenes / filz du roy philestenes et de la royne pelopes. Et comence ou latin. Sumpseram calamum. &c.

E auoye prins ma plume et estoie tout prest de escripre le cas du vaillāt theseus roy dathenes/ q de ce me prioit. Et voicy theistes maleureux filz du roy philestenes et de la royne pelopes/ sen vint hastiuemēt cryant q ie me arrestasse/ et q ie nescripuisse pas le cas dudit theseus/ disant ledit theistes q il nestoit pas moîs digne de memoire ne q est edipus ou iocasta/ et ql ne deuoit pas estre laisse derriere/ puis q dit il tu as grāt ardeur et voulēte de laisser en escript a ceulx qui aps toy venront les cas des mauuaiz et maleureux hommes qui sont prouuez par plusieurs tesmoignaiges ie me arrestay/ et theistes me poursupuoit en disāt mon frere atteus hōme desloyal qui p ses pechez est congneu par tout le monde estoit mon ennemy et si cuidoie ql maimast cōe son frere q ie suis/ mais point il ne me aymoit/ dont iay digne et iuste cause de moy plaindre de luy pour le mal ql ma fait/ car sās ce que

ie racōpte les grās estatz et noblesses de mes pdecesseurs et de ma ieunesse/ ie vueil venir a cōpter vng tel miserable cas qui oncqs ne fut ouy iusqs ou temps quil aduint. Certain est q mō frere atteus qui me auoit forbanny du royaume de micenes par force et violence soubz umbre q ieusse couche auec sa fēme ce q pas nauoie fait il aps par diuers admōnestemēs me rappella et p barat me enhorta de retourner a mon pays de micenes/ ainsi cōe se il se repētist des maulx ql me auoit faiz et faingnoit ql vouloit moy faire par sōniez et cōpaignon du royaume de micenes dont mesmemēt la moitie apptenoit a moy. Quāt ie vins ou pays de micenes/ ie fuz receu de par les habitans en grant ioye et leesse/ mais come fol ie cheuz es filez de atteus mon frere/ qui adonc fut ioyeulx cōme sil eust prins la proye que il desiroit/ il ne seroit ia mestier que ie comptasse les faintifz acollemens/ les desloyaulx baisiers/ ne les larmes que il plouzra pour la ioye quil auoit de ce quil mauoit prins/ ne les doulces parolles et amyables quil me dist a mon retour Entre ses amyables parolles il me dist que pour la ioye de mon retour il vouloit sacrifier aux dieux du pays de micenes ie ne scauoye quel sacrifice mon cruel frere atteus auoit entention de faire ie luy souffris quil sacrifiast aux dieux/ et ie mesmes feuz volentiers alle au sacrifice se mon frere meust souffert y aller/ ie q estoie simple et confiant pour la grant leesse que ie auoye destre restitue en mon royaume/ auoye oublie moy et mes enfās en tant q point ne men doubtoie ie cuidoye que mon frere atteus eust en son cueur les choses ql mōstroit p sa faicte polle mais tādis ql me admōnestoit reposez ic cōe cruel hōe fist apprester vng autel par ses ministres et varletz q estoiēt cōseilās de celle mau

c iiii

uaistie. Mon frere atteus desirāt acō plir sa cruaulte se deffioit de ses gens cōbien q entre tous ses ministres neust illec aucuns si mauuais cōme luy et pource il ne voult pas mes trois enfans innocēs tuer par la main daucū sien varlet/ mais atteus mesmes appointa vng cousteau a leurs gorges/ et leur fist maintes playes p quoy il espādit leur sāg et bouta hors les ames de leurs corps/ et ceste cruaulte fist il en vne tressecrete fosse de son hostel royal. Cestuy sacrifice q fist mō frere atteus de mes trois filz innorens fut ort et puāt aux dieux dēfer/ iacoit ce q ceulx de trace q demourēt pres de la dinoe leussēt fait/ si sōt ilz cruelz et sans pitie. Cestuy sacrifice aussi fut ort et puāt aux dieux priuez/ iasoit ce que les grecz appellez spartains leus sent fait et si sōt ilz doulx et piteux Le cruel fait ne souffist pas a mon frere/ mais ainsi cōme sil me voulsist apprester vng grāt disner/ il quāt ie seioie a table me presenta les mēbres de mes trois enfās les aucuns cuytz en eaue les autres rostiz sur les charbōs. Se ceste chose fut mauuaise et cruelle ie ne vueil m pe q tu adioustez foy a mes parolles/ mais au miracle quil apparut ou ciel/ car le soleil q regarde tout ce que len fait ou monde fut tesmoig de ceste chose et cruaulte lequel soleil estant lors ou plus hault point du ciel et a heure de midy pour lorreur de si desloyal fait enuelopa son visaige dune nuee obscure et retrahyt son cours en orient Et la nuyt que p le soleil se estoit allee de sur terre elle retourna ou pays de grece pour couurir lorreur de si desloyal fait. En cest horrible fait ne fut pas la fin de la mauuaistie de mon frere atteus/ car puis quil eut destrempe le sang de mes enfans innocens/ il cōmanda quāt iauroie soif que les couppes dor et de pierres precieuses q escumoiēt du sang fussent mises deuant moy. Je qui ne scauoie aucūe chose de ceste horrible entreprise mengay les mēbres et si beau le sāg de mes propres ēfans/ ie ne sceu riēs de la chose iusqs a tant que mon frere atteus desloyal hōme me presenta les testes de mes enfās quāt ie les appelloie pour les veoir deuāt moy/ ie laisseray a cōpter la maniere de mon exil par quoy monfrere atteus me bānyt et les peines q ie souffriz durāt mō bānissemēt qui sont tresgriefues a endurer et ont vne maniere de tresgrant maleurte/ ie laisseray a compter les larmes qui me vindrēt aux yeulx durant mon bannissement/ et les pouretez et miseres que ie souffris. Et ie meschant vueil proposer deuant toy Jehan Boccace vne chose/ cest assauoir que tu aduises et regardez sagement se par droite sentence aucun peut estre appelle plus maleureux que moy et si vueil proposer que tu aduises se par droicte sentence aucun peut estre dit plus cruel que atteus mon frere et mon ennemy. Thiestes roy de micenes ia finoit ces parolles. quant son frere atteus cruel hōme et eschauffe de courroux au visaige trauersin vint deuāt moy sarresta et me dist en criāt Pourquoy est ce dist atteus que thiestes ce gentil accuseur vieil ribault respant et seme ses mauuaises parolles cōtre moy et autruy. Je cōfesse de plain gre q ie suis maleureux/ saches mō amy iehā boccace q thiestes est hōme desloyal et cruel/ et affin q ie ne cōpte toutes les choses q affierēt a mon cas malleureux/ saches mon amy se ia tu ne les scays q moy estāt puissāt en aage et en beaulte de corps espousay la noble europa/ de laqlle mon frere thiestes corrōpit la chastete et lentiere pensee par les admōnestemēs et flateries de lui q couloure et egēdre mauuaistiez et baratz. Et aps q mon frere thiestes eut deceu ma femme europa fueillet xiii

qui estoit chaste (et entiere) il corrupit et ozdopa mon lict et eut enfãs de ma fẽ me lesquelz ie cuidoie estre miens pour ce que ie estoie simple hõme: et nestoye point soupeconneux de mon frere. Et me dist atteus mon amy iehan bocca ce ne te esmerueille pas de ce que ie tay dit/ Car thiestes porc soulentif et eschauffe de luxure a son escient et de sa voulente despucela et corrum pit sa fille pelopia/ laquelle conceust de thiestes son pere et enfãta vng filz appelle egistº par q̃ fut destruit et ga ste tout le lignage de tantalus Roy de frige qui fut tres auaricieux/ et qui neut oncques soing ne diligence de la chose publicque. Cestuy egistus filz de thiestes et de la dicte pelopia Si tost quil fut ne on le porta es fo restz pour estre deuore des bestes/ af fin que Thiestes couurist le diffame de soy/ et de pelopia sa fille et sa ri baulde par ordonnance de dieu ou de fortune. Egistus ne fut pas deuore ains le nourrit par aucun temps vne chieure sauuage Apres egistus fut re congneu de ses parens et vint en lostel du roy thiestes son pere mais pource que len ne tenoit compte de luy il se in forma des choses que on lui auoit fai ctes et occist moy atteº son oncle/ puis succeda a mon Ro paulme mon frere thiestes et coucha egistuº auec clitemẽ stra femme du roy agamenon lors e stant en la bataille de troie. Egistus apres ce tua ledit agamenon nouuel lement retourne de ladicte bataille et egistus finablement fut tue par ho restes filz dudit agamenon mais Ie han boccace dist atteus considere/ se tu peuz lorreur que fist le roy edipus en congnoissant sa mere charnellement et tu trouueras se ie dy tout que le pe che de thiestes est presque autretant horrible. Le royaume de micenes dõt vng seul roy pouoit estre content est diuise et party a deux a thiestes et a

moy/ et si sefforce thiestes par ses espies de lauoir tout pour soy. Thiestes cõ trouua quil auoit iuste cause de moy bannir en moy mettãt sur telz pechez qui oncques ne furent ouyz et qui sõt importables affin que ie purgasse les pechez de mon frere thiestes iay deli bere en mon couraige de muer seulle ment ma maleurte/ cest assauoir de fai re mon frere ainsi meschant comme moy. Et pource que par auanture ie ne pouoye pas faire ceste chose par ma force et puissance ie me suis pourpẽse de vser de art et de barat contre thie stes mon frere/ pource que il qui de ce faire est noble maistre men auoit mõ stre la maniere/ car il a este cause que iaye fait contre luy ce dont il maccu se: ie atteuº confesse que a thiestes mõ frere ie donnay ses enfans a menger lun boulli et lautre rousty: Car il les me eust ia par auant donne a menger se il neust cuide quilz fussent ses en fans Thiestes est maleureux par ce quil a menge ses deux enfans mais ie suis maleureux par la fornication que thiestes fist auec ma femme euro pa: ie suis maleureux par le barat de mon frere qui ma deceu ie suiº maleu reux par ce que ie ne puis cõtreuãger et pu nir le delict que mon frere a cõmis cõtre moy et si en ay grant desir. Le de sir de soy contreuanger est vng com mun desplaisir que vient es pensees des hommes/ Je suis maleureux/ Car il ma conuenu faire cruaulte et rage cõ tre les deux enfans de thiestes/ qui estoiẽt mes nepueuz ou fillastres iay voulu peser en pareille balance la pu nition auec loffence que mon frere me fist/ il auoit corrõpu et ordoye mon lit p laduoultrie quil fist auec ma fẽme/ Jay corrõpu et ordoye sa table en luy donnant a menger ses deux enfans Il auoit engendre et conceu ses deux enfans ou ventre de ma femme qui est comme le mien propre/ Et ie me suys pense de mucer et de mettre dedens son ventre ses deux mesme enfans/Je ne pouuoy autrement faire que les enfans retournassent ou lieu dōt ilz estoient partiz sinon en les faisant menger a leur pere/car desoyaument ilz estoient engendrez de son ventre Et pce que leur pere les a mēgez ilz sont retournez en leur premier lieu/et sont ainsi silz comme neussēt oncques este. Mon frere thieste s'ordōna en son couraige quil occupperoit pfraude le royaume de micenes mais pource que sa part ne lui suffisoit mie a viure en franchise et en paix: Je par barat lay mis en exil et en prison lye de chaines de fer. L'en doibt dist acteus Jouer de art et de barat pour estre seigneur de toutes ces choses/ Je me repute tresmaleureux po' les choses q̃ mō frere ma faictes: toutesfoiz ie repute mon frere thiestes plꝰ cruel que quelzconques bestes sauuages le viellart thiestes qui par les parolles de acteus fut couronne et plus aygre que deuant se seuoit contre ses choses que ledit acteus luy oposoit mais ie qui fuz ennuye descouter choses si cruelles et si bestiales donnay conge audit thiestes et lescondiz/et apres Je prins la plume pour escripre le cas de theseus roy dathenes.

Le xe.chapitre contiēt le cas du noble theseus roy dathenes nourrice de philosophies filz du noble roy egeus. Et cōmence ou latin. Athene ciuitas.tc.

Thenes qui iadis fut noble cite: nourrice de philosophes: et de poetes: et de orateurs fut seulle singuliere lumiere de grece/elle fut renommee de nobles tiltres sans nombre et eut roys tresnobles. Entre lesquelz theseus filz du roy ege' qui succeda par lignage et qui fut presque le plus noble de tous les anciens roys tint et posseda le royaume dathenes Comme cestuy theseus fut mōte de fance en laage de adolescence forte et viguereuse/il dōna a ceulx dathenes si grant esperance de sa prouesse q̃ des lors il croyoiēt que theseus seroit tel comme apres il apparut. Et ceste esperance donna theseus aux atheniēs quant minos roy de crete les guerroioit tant quilz estoiēt lassez par batailles et contrains a lui paier truage. A peine theseus auoit encores ses iouēs couuertes de prime barbe rousse et crespe quant par sa merueilleuse force il desconfist ung toreau q̃ gastoit toutes choses a lenuiron dathenes: lequel toreau par sa force et barat auoit desconfiz aucuns fois et apres iouenceaux et tua theseus ce toreau par sa force et barat et le sacrifia a iupiter en son temple. Ceste prouesse il fist en ung champ appelle marathon pres dathenes: ou quel anciennement estoient faiz les grans effors et les ieux darmes p les nobles du pays. Apres ce theseus fut compaignon auec iason du nauire q̃ les gregois menerēt en lisle de colcos po' rauir la toyson d'or et reto'na these' de colco' charge de proye et auec tou ge de puis ce fait these' assaillit les amazones auec hercule' le preuz eulx deux auec leurs ostz pepulerent les grans effors dicelles. Et apres ce qlz les eurent batues p griefue bataille/ theseus comme victorieux en amena auec son autre prope ypolite royne des amazones qui sont femmes qui nont entre elles aucuns hommes/et neantmoins elles ont roynes (lois et polices selon lesquelles elles viuent (est leur pays enuironne de la mer egee que len dit le bras saint george et sont asses voisins des citois (des gethois/la prinse que fist theseus de la royne ypolite lui donna aussi grant noblesse de renon comme fist la proesse par quoy il eschapa le peril ou il fut quant le iour des nopces de son compaignon perithous il combatit (vainquit les centaures orgueilleulx et hardis pour leur force/lesquelz eschauffes de vin et de viandes sefforcerent de oster pserpina femme dudit perithous. Cestui perithous fut filz de ysion et ypodamia/et fut ysion celuy qui en grece premierement sefforca doccuper royaumes et seigneuries par violence/il assembla cent soubdaiers armes (montes sur cheuaulx/lesquelz ysion nomma centaures iceulx occist en bataille theseus pour la cause auant dicte. Et comme ledit theseus (pirithous son compaignon larrecineusement allassent rauir vne noble pucelle nommee proserpina fille de iupiter (de ceres (femme de pluto roy des molosses/perithous fut tue dun chien horrible appelle cerberus. Et auec ce que theseus depuis en bataille corps a corps eut vaincu (occis ce terrible minothaurus dont nous parlasmes en comptant le cas du Roy minos. Theseus a franchit les atheniens fors tributaires comme dit est dudit minos: (de la gent de crethe, (rassembla en leur propre pays lesdictz atheniens q par plusieurs malesfortunes estoient a tant menes quilz sestoient respandus en diuers lieux pour la cruelle (longue guerre que faicte leur auoit ledit minos depuis ce ledit theseus come citoien (prince bailla aux atheniens forme de viure (maniere de conuerser ensemble/(il apres par sa merueilleuse force appaisa les dis

cors qui lors estoient en la citte et ou pays de thebes apres la desconfiture (mort de theocles (de polinices et de autres sans nombre tant roys come autres qui deuant thebes moururent en bataille. Apres laquelle chose theseus desconfit (tua le roy creon orgueilleux pour la nouuelle seigneurie du royaulme de thebes qil auoit vsurpee. Et auec ce ledit theseus occist tresvillement ceulx qui estoient de la partie dudit creon/pource quil ne vouloit souffrir ardoir les corps des roys (des nobles hommes qui auoient este mors en la bataille de thebes Et ceste chose ne vouloit souffrir ledit creon pource que menesteus son filz auoit este occis des grecz en icelle bataille/il nest hystorien qui puisse asses plainement conter les grans faiz de theseus par lesquelz il adiousta molt de clarte (de renommee ou nom dathenes (au sien/car se theseus neust fait autres choses fors que de rassembler les remanens du peuple dathenes qui estoient espars en diuers lieux a cause de la guerre que leur fit le roy minos si semble il que theseus ait acquis le plus de noblesse que aultre q soit entre qlconques nobles hommes q tu voudras nommer/car de ces remanans du peuple dathenes nasquit nō mie seullement la noblesse (lõneur de toute grece / mais celle mesmement de tout le monde/cestassauoir la lumiere de philozophie par quoy len est venu a vraye congnoissance des choses diuines et humaines. Tandis doncques que theseus roy dathenes seoit en lancien siege de ses predecesseurs roys fortune pou a pou mussa ses ars (ses engins pour trebucher theseus/car come theseus apres aucune espace de temps meu de courroux eut tue sa femme la Royne ypolite dont par auant il auoit eu vng filz nomme ypolitus/et comme la femme que son compaignon perithous auoit espousé fust trespassee de ce monde/ Iceulx theseus et perithous alliez ensemble par tresferme amistié se esleuerent en orgueil pour leur bon eur/ et pour la bieneuree fortune quilz auoient eue en leurs entreprinses. Et entre eulx saccorderent que ilz ne prendroient aucune femme sinon des filles de Jupiter. Durant ce temps theseus bouillant et ieune auoit rauye helene pucellette fille de Jupiter/ et de la tandis que ladicte helene folletement se iouoit au ieu de palestie ou paps de la come en grece ainsi cõme aucuns veulent dire la mena auec soy a athenes Electra mere de thesens pendit helene entiere de corps a castor et a polus ses freres qui la redemanderent lors que theseus alloit en crete/aucuns touteffois veullent dire que theseus se transporta en egypte auec ladicte helene/ et la recõmanda agarder a protheus roy degypte et de protheus fut restituée a ses freres dessus dictz/ maisneantmoins Je bien au cas de theseus/ car comme il retournant de crete victorieux eust laisse en lisle preas samie Adriana pucresse et forment endormye/ Il print phedra sa femme/ laquelle il auoit rauie ou nom de ypolitus son filz. Et pezithous demourant en son propos appella theseus pour estre son cõpaignon a rauir proserpine fille de Jupiter et de ceres qui estoit mariee a orchus roy des mollosses demourãt en vng bas pays pres la mer/ Lequel pauissement theseus et perithous entreprindrent de maleur/ car perithous fut occis de cerberus vng trescruel chien que auoit le roy orchus et theseus mesment fut moult blece et courroucé en son cueur pour la male auãture de son amy/ et si fut detenu prisonnier/ laquelle chose mist vne grãt tache de honte a la premiere prouesse

de theseus/ car qui plus est laide chose il ne pouoit par sa force eschapper de prison/ se le preu hercules qui dauãture retournoit victorieux despaigne et qui auoit desconfist le roy gerionne eust deliure ledit theseus apres que ledit hercules eut occis ledit chien cerber? qui auoit trois testes. Comme doncques theseus retournast a athenes par auenture pour soy reposer apres les grans trauaulx/ il trouua tout son hostel ordoye et sa cite troublee par vne meschante et douloureuse auenture: car tandis que theseus auoit este hors de son pays phedra sa femme embrasee de grant chaleur de luxure/ admonesta par ribauldes prieres son fillastre ypolitus beau iouuenceau et de gentil maintien quil la cõgneust charnellement ypolitus qui eut mis en sa pensee de garder perpetuelle chasteté refusa de congnoistre charnellemẽt sa marrastre phedra/ elle de se courroucee fist plainte et clamour comme se ypolitus luy eust voulu faire violence/ il sestoit party dathenes quant son pere theseus illec retourna qui a sa femme phedra creut plustost quil nappartenoit quant elle accusa son fillastre ypolitus. Theseus lors escumant et tantost forceneux commanda que len serchast par tout le iouuenceau ypolitus et queon le tourmentast si tost quil seroit prins/ mais ypolitus comme bien souuent de lancien courroux de theseus son pere qui durant son ire rencontra ypolite mere de ypolitus: il monta sur vng chariot et sen fuyt hors de la cité de athenes. Et quant ypolitus estant sur son chariot vouloit faire courir les cheuaulx qui se menoient: et les frapoit dun fouet: il aduint que aucunes baleines passans selon le riuage de la mer saillirent hors dauenture. Les baleines soubdainement effraiees du bruyt et du trepeillis des cheuaulx retournerent soubdainement dedēs la mer parquoy les cheuaulx du chariot furent espouantez et malgre ypolitus: ilz laisserent le chemin du riuage et rompirent leurs brides et isnellement transporterent lechariot par ronces et espines: et par rochier cornuz. Le iouuenceau ypolitus en soy contregardant fut gette hors du chariot ia rompu et il par sa malle fortune fut en fortille des cordes et des lyēs enquoy les cheuaulx traioient/ lesquelz se mirent tantost a courir et trapnerent ypolitus par aspres buyssons et par montaignes parquoy ypolitus ne fut mie seullement tue et mort: mais le corps de luy fut desnerue et desfroisse par membres: et le laisserēt ses cheuaulx ca et la derompu en pieces par les rochiers et buissons quil auoit rencontre. Certes cestoit chose dure et plourable nonpas seullement au roy theseus son pere mais aussi aux ennemis du pere et de lenfant de veoir sa charoigne murtrie par les trauersaisches mins des boys et des montaignes: toutesfois theseus qui estoit courrouce pour la mort de pantheus son compaignon et dolant pource quil auoit este prisonnier du roy ochus: et qui estoit meschant pour la layde mort de son filz ypolitus affin que theseus fut feru de autre playe/ il aduit que la male fortune et le piteux cas de son tresame filz ypolitus ne esueillicēt seulemēt les challeurs de la maleureuse phedra qui ia estoient a moitie refroidees mais la fortūe dipolitus et le piteux cas esleuerent les challeurs de phedra en trop plus grans flābes q̄ elles ne auoit eues par auant, car comme elle eust ouy et veu le dommaigeux et nuysant cas de ypolitus elle vint a tardiue repētēce de son peche/ et fut tant demenee de male rage/ quelle desira la mort. Et promist aux dieux que par ses propres mains elle feroit de plain gre sacrifice de soymesmes pour lame de ypolitus/ Et elle surprinse de hastif cōseil en gemissāt pour le peche quelle auoit fait/ le declara et dist a son mari theseus q̄ encores plouroit pour son hastif courroux et fureur dont il estoit esmeu cōtre ypolitus son filz. Phedra nauoit pas encores cessees ses parolles quant deuant son mari elle se tresperca delespee que ypolitus laissa quāt il sen fouyt pour la paour de son pere/ ainsi dōques phedra par sa cruelle mort nettoya le barat et le peche q̄lle eauoit pēse contre son filliastre ypolitus sonāmant. Theseus considerant ces cas eut horreur/ et il qui fut meu de affection et amour paternelle plouroit le cas et la mort de ypolitus son filz lequel il auoit cuide estre coulpable et estoit contrainct Theseus gemir par larmes plus ameres pource quil scauoit ypolitus son filz auoir este innocent/ et condampnoit sa tres merueilleuse cruaulte et dautre part le cōtraignoit a plourer la pitie du sanc de phedra sa treschiere femme la q̄lle auoit espandu en soy tuant deuant lui cōbien quelle leust desserui par son peche. Theseus pour la victoire que il eut des centaures: et quant il affranchit la cite dathenes du truage que la cite deuoit chascun an a minos roy de crete/ ne sembla oncques estre plus ioyeulx ne quil fust meschāt ou tēps de sex exeques de son bon filz ypolitus: et de sa mauuaise femme phedra: mais les plus griefz/ et les plus dures cas sont cy apres comptez. Les athenies ingratz cest adire rendans mal pour bien se rebellerent contre theseus priue de son loyal amperithous et de son filz ypolitus et de phedra saf emme. Tandis quil estoit enuironne de tant de douleurs comme dessus est dit/ elles atheniens iadis fultifz/ lesquelz theseus ramena en leur pays: et lesquelz il affranchit comme dit est/ (et ausquelz il auoit baille maniere de viure ciuilement:cestadire honneste-ment lun auec lautre ilz dechasserēt theseus leur roy de son pays et le bāni-rent a tousiours apres ce que il lui eu-rent oste honteusement le gouerne-ment du royaume de athenes. Or pouons doncques veoir quelle puis-sance aient eu contre fortune la mar-rastre/les noblesses des ayeulx de theseus/et les resplendisseurs (et gloi-res acquises par vertus corporelles. Nous aussi pouons veoir/combien baille puissance terrienne et royaul-me contre fortune la marrastre des hommes. Certes tandis que vng pri-ce peut contraindre ses subgetz tou-tes choses lupobeyssent/et sil auient que noblesses puissance (et royaulme demourent a ceulx qui sont boutez en pouretez (et misere:laquelle chose ad-uient trespou souuēt:touteffois puis que fortune loscure bestourne toutes les choses precedentes/la misere de lō-me nest point allegee par le souuenir de telles choses passees/ains en est la misere plus grande. Affin doncques que nous mettions aucũe fin au com-pte des pouretez (et meschiefz que souf-frit theseus le roy dathenes il perdit de son royaulme ploura̅t bielart (et tout seul (et priue de dignite (et office royal (et fina le derrenier io̅r de sa maleureuse vie en la petite isle de thir.

Le chapitre xi. reprent (et blas-me les princes (et tous autres q̅ croient trop tost a ce q̅ on leu̅ raporte en leu̅ ramena̅t a me-moire la ligerete (et folle crea̅-ce de theseu̅ roy dathenes. Et gmēre ou latin. Et si mīme.

Combien que il nappartie-ne que aucuns hommes se tournent et ployent ainsi comme les feuilles des ar-bres/touteffois par especial cest lay-de chose (et dommageuse que ceulx se tournent (et ployent quilz ont si grant puissance quilz acomplissent de legi-er ce que il veullent car combien que dure (et tardiue creance ait este aucu-neffois nuysant/touteffois legiere (et hastiue creance a tressouuent este la destruction de plusieurs. Aucune chose nest si mortelle ne si domma-geuse a homme que de auoir les oreil-les du cueur ouuertes a toute fables (et de y donner foy comme a parolles trescertaines (et vrayes/car nous voy-ons que les estudes des hommes so̅t entre elles ainsi diuerses comme les hommes sont diuers entreulx: Il ne est chose plus folle que de cuider que tous hommes prononcent leurs pa-rolle dun couraige (et a vne entencion il affiert a homme de sage (et de ferme couraige que il ne desprise aucun (et q̅ prise chascun selon les merites de lui (et affin q̅ lōme ne puisse p̅ sentence ha-stiue estre deceu des choses iro̅gneues Il doit assembler en soy le senteme̅t corporel/et la raison de lame/et co̅me en aduisant dune haulte tour il doit regarder p̅ vray iugement de pensee qui (et quel est celui qui parle/pour q̅l-le besoigne il parle qui est celuy cōtre qui il parle/enquel lieu/en quel te̅ps se il est courrouce ou appaisie en cou-raige/se il est enemy ou amy/se il est ho̅e diffame ou honneste Le roy these-us qui en ces autres faitz fut pruden̅t homme/nestoit pas saige en auisant les choses icy dictes/ Car il deuoit auoir cogneu par longue experience la maniere des femmes/et par la ma-niere de la ribaulde de pasiphe la mere de phedra/theseus eust veu la manie-re de sa femme se dautre il ne la peust seoir. Se Theseus eust assemble en soy le sentement corporele et la raisõ de lame/il eust veu et considere que son filz ypolitus habitoit seulement es forestes boys et es haultes mõtaignes/et que il courant a pie poursuyuoit a larc et aux sayettes/les bestes sauuages et spioit les oyseaulx a les prendre aux lacz/et quil estoit content de chaste vie et que pareillemẽt il desprisoit toutes femes et refusoit tous mariages/et viuoit tellemẽt que il ne faisoit aucune chose contraire a dieu ne aux hõmes selon droit naturel toutes les choses que ypolitus faisoit estoient contraires a laccusation que sa marrastre phedra pposa contre lui Se theseus dautre part eust aduerty la generacion et lignee des femes estre desloyale muable mensongiere et tousiours ardant de luxure insaoulable il neust pas creu sa femme phedra parlant contre ypolitus. Et combien q̃ theseus eust cuide que les autres femes fussent treschastes: si ne pouoit il cuider que les femmes de crete fussent telles puis que il luy souuenoit de pasiphe femme du roy minos et de adriana sa fille/qui toutes deux auoient este ribauldes/lune mere et lautre seur de phedra. Se theseus eut aduise ces choses il eust actaint et prouue contre sa mauuaise feme phedra: ce q̃ il pensa sans deliberacion contre son filz ypolitus innocent il nest chose pl9 enragee que de adiouster foy de verite a parolle de flateur et de croyre que simplesse soit en vng barateur/q̃ inocence soit en vng murtrier et q̃ chaste soit en vng homme ribault. Cest dure chose a croire que aucun face proprement contre la nature de profession de son couraige/ou que il ne se essaie a aucune chose faire secretemẽt: et par couuert barat puis que Il soit corrumpu en couraige. Et pour ce q̃ les feures manient fer tenailles et marteaulx/len doit croire a homme selon ce que il est. il me souuiẽt que tressouuent iay riz quant ie veoie que les princes en lieu publicque alloient enuirõnez dune compaignie de sergens et si auoient huissiers veillans en leur maison dont les portes estoient closes/et que nul homme si nestoit desarme et non puissant ne entroit en leur maison/et si auoient a leur table essaieurs de vin et de viandes affin que on ny eust mis aulcune chose nuysible a la sante du corps/mais ie veoie que les princes auoient les oreilles ouuertes et le couraige a tous parlans: comme se les parolles ne portassent aguilõs espies ne venins. Las comment est saine la subtilite des seigneurs/nous ne auons pas ouy dire que aucune poles bourgois daucun petit chasteau aient este ensemble mors par poisõne par venins: nous ne trouuõs que aucus peuples aduisez de quelcõque petite cautelle aient este destruiz par telle mort comme ypolit9 filz de roy les parolles des poetes targicques/escrpuãs les ors et puãs fais des roys crient p chascun carrefourc q̃ les poles meslees et les enhortemẽs de ceulx qui ont deux langues ont este cause des destructiõs et de larrecis decitez des roberies de pays: et de bestournemẽs de royaumes/ et de destruction a ceulx qui tost et follement croyẽt les parolles et les admonnestemens de ceulx qui ont deux langues. Se les parolles de ceulx qui ont deux langues ne faisoit autre chose acelui qui tost les croit /fors qlles soudainemẽt boutẽt et retirẽt les meschãs couraiges/et les delicte et trouble/elles adoulcissent et atteinẽt/et les meinẽt vne fois en espoir/autreffois en desepoir et soudainemẽt les meinẽt et demenẽt cõme leaue de la mer qui maintenant est poussee de galerne/et autreffois de bise. Et si nya aucun sei gne ne prīce q̄ mete garde a ses oreilles ne q̄ ordonne essaieur de parolles. Ceulx q̄ ont en les natures des bestes dient q̄ lest vne manire de serpēs q̄ p sentemēt naturel congnoissēt q̄ en leur dormir peut aucunessoies estre peril de mort Assin dōcq̄s q̄ p les doulx chans des chasseurs ces serpēs ne se dormēt ilz sichēt cōtre tre vne de leurs oreilles/et lautre ilz estoupēt de leur queue reuersee/mais les hōmes vueillans sont meschans plusq̄ les bestes mues/car nature leur a plus dōne dē tendemēt/et si ne leur chault de pouruoir a eulx mesmes/mais sont le cōtraire/car ilz desirent et serchēt flateurs ꝟ sont au deuāt de ceulx qui par leurs flateries ont entreprins de leur oster cōgnoissance ꝟ raisō: mais cōe soubdaine creance soit mere derreur: marrastre de cōseil/cause de satise/trebuchet de son obeyssɛur/ꝟ toꝰ iours voisine de repentance: se nous sōmes hōmes se nous sōmes cler voyans: se noꝰ sommes caux ꝟ aduisez: se noꝰ ensuiuōs lauctorite des nobles loix q̄ tāt restraignēt soudainete de creance que selon leur cōseil il est cōmande aux iuges quilz ne croiēt riēs follemēt q̄lz ne facēt riens de soubdain ꝟ tousiours auāt le iugemēt silz peuent escoutēt lune ꝟ lautre ptie. Assin q̄ tandis q̄ noꝰ reprenons these de son soudain cōseil/noꝰ ne recōtrōs la male fortune de lui.

Le xiie chappitre cōtient les cas de althea royne de calidoine du noble fort ꝟ preux hercules silz de iupiter ꝟ de pluꝯ autres douloureux nobles hōmes ꝟ femmes ꝟ comēce ou lati In pcipitē crudelitate. ꝯc.

E auoie ainsi parle contre ceulx qui hastiuemēt croyent a ce q̄ on leur rapporte/ ꝟ puis ay ainsi tourne mō couraige a querir p les hystoires aulcunes nobles hommes ꝟ femmes de ceuz ꝟ abatuz par fortune quant vne grāt compaignie de nobles hommes ꝟ femmes fut deuant moy sans ce q̄ ie les huchasse. Et deuant les autres abatuz par fortune ie cōgneu la Royne alchea fille du roy thestius/ꝟ femē de oeneus roy de calidoine Ceste royne althea pour sa dure fortune plouroit abondamment ꝟ auoit le visage frōce ses cheueulx desperez de ses cruelz ongles ꝟ vestue de robe de plour. Ceste althea entre plusieurs siēs enfans eut vng silz apelle meleager duquel elle ouyst dire par diuineurs q̄ selon lordonnance des destinees il viuroit tant comme vng tison qui lors estoit ou feu de lostel de la royne du retroit sans estre brule. Si tost que althea eut enfante sondit silz meleager elle leua ꝟ osta le tison hors du feu ꝟ le mist ꝟ garda en lieu repost. Or aduint que quan telle sacrifioit aux dieux a la guise des payens/pour lonneur que son silz meleager auoit eue en la chasse ꝟ en la prinse dun horrible ꝟ fort sanglier qui lors gastoit en hōmes ꝟ en biens terriens le pays de calidoine en grece. Et adonc elle ouyst dire que son silz meleager auoit tue theseus ꝟ plexibus deux nobles iouuenceaulx freres ꝟ oncles de ladicte althea: pource q̄ ledit meleager maistre dicelle chasse auoit donne la hure dudit sanglier a vne pucelle appellee altanta fille de iasius roy de archadie laquelle pucelle auoit donne le premier coup au sanglier dessusdit le soditz theseus ꝟ plexipus sesforcerent de tollir a athlanta ladicte hure/parquoy meleager embrase de son amour tua ses deux oncles auant nōmez. ꝟ leur osta la hure et la rendit a la fille du roy La royne althea oyant celle nouuelle cõme forcenee cheut a terre/et aps pour la vengẽce du delict q̃ fist meleager elle bouta au feu le tison que elle auoit garde iusq̃s lors. Aps le quel fait meleager tõba a terre/ et il apres cõme repentant de la mort de ses oncles q̃ il auoit tuez se coucha sur son espee et si se tua en finant meschãment sa vie et ladicte althea sachant ses deux cas de ses deux freres theseus et plexipus et de son filz meleager occis apres plusieurs complaintes se tua. Auec ceste royne althea estoit hercules filz de iupiter et de alcumena fẽme dudit Roy amphitrion/hercules monstrant son attour et maintien auoit le visaige hydeux barbe noire mal agencee/aspres cheueux et vne robe faicte de la peau dun lyon/le quel il print et tua en vne forest de grece appellee Valz et portoit en sa main destre vne massue. Et en monstrant le cas de sa dure fortune il crioit descordeement en tous lieux ou il alloit en disant que par ses bons merites il deuoit estre mis deuant tous hõmes pour les horribles monstres et tempestes du mõde quil auoit surmontees et vaincues par sa force et sagesse. Et oultre disoit hercules quil auoit acomply par oeuure et de fait tous les commãdemẽs de euristeus roy dathenes soubz qui et de qui ledit hercules aprint la discipline de cheualerie disant icelui hercules que il fut surmõte et vaincu par la seulle pestilence damours qui tãt le cõtraignit que cõme il reposast ou giron de la meschante yolle vne de ses amyes il ple cõmandemẽt delle atourna ses cheueulx a guyse de femme et arzousa son visaige de oignemens et de sa rs/ et vestit robes de pourpre a facon feminine/et mist en ses dois agneaulx a pierres precieuses. Et apres vit en la compaignie des fẽmes/affin que

elles prensissent plaisir en luy. Et se ceste chose fut treslaide au noble fort et preu hercules pas nest merueille/ car celle chose est tresdesconuenãte et orde a homme mesmement a vng villain foible et paoureux comme fẽme. Cõme doncques hercules par ses choses ordes et feminines eust ahontage les nobles oeuures que parauant il fist il meust actraict de sa partie pour escripre ses faiz. Mais ie me suys pense que chose impertinente seroit q̃ p mon rude language ie appetissasse la noblesse et la gloire dudit hercules duquel tous les dictez des glorieux poetes sefforcẽt de lui esleuer p dessus les estoilles/pource q̃l fut cheualureux et philosophe ensẽble. Apres donc q̃ hercules eut par sa force et sa proesse descõfit et tue vng tyrant appelle busiris qui lors regnoit en egypte/pource q̃ il soubz vmbre et couleur de courtoisie et deliberalite receuoit ioyeusemẽt en son hostel tous hõmes trespassãs/ mais apres q̃lz auoiẽt mẽgie et beu et estoyent retraitz et edormis/il les occisoit puis en faisoit sacrifice a iupiter sõ dieu. Hercules cõme courageux et preu fut acertaine de la cruaulte du tyrãt busiris/ et il considerãt quil nest sacrifice plus agreable a dieu q̃ le sãg dun tyrant il vint soubz vmbre de soy hebergier en lostel dudit Roy/ et pares q̃ hercules leut repris et blasme de ses cruaultez et barat il le occist/et apres sacrifia son sang a Jupiter. Et villec en apres le pays degipte qui pour le pechie du tyrant ainsi cõme aucũs croit auoit este brehaing p deffault de pluyes par neuf ans precedens/deuint abondant et riche de tous biens Hercules aussi estant en espaigne entendit q̃ ou pays de libie estoit vng roy geant a merueilles grãt et fort appelle antheus/auec lequel p bataille entreprinse luicta hercules. Antheus roy de libie q̃ de coustume auoit quãt il estoit moult traueillie et las soy coucher sur la terre pour reprendre ses forces, et puis se releuoit plus fres et plus fort quil nestoit pauant/ mais tandis que apres longue luicte il fut leue en laer Hercules apparceut qil nauoit autre force ne que ont les comuns homes si le serra et estraignit si fort entre ses bras que il luy rompit et froissa les os et les entrailles et ainsi mourut ledit Pop antheus selon ce que tesmoignent presque tous les poetes/ aussi font les hystoriens sinon que ilz comptent plus ouuertement la chose cestassauoir que Hercules qui plusieurs fois en bataille auoit desconfit et vaincu ledit roy antheus des les mettes de son royaume. Et il apres les desconfitures refroichissoit son ost de nouueaulx homes darmes assembles son pays. Hercules doncques come cault et subtille tyra hors de son royaume en estrange contree et ainsi desconfit et tua luy et son ost/ il desconfist le roy gerion pource qil estoit tant cruel enuers ses homes et le dechassa hors de trois isles Despaigne dont il estoit seigneur, cest assauoir de maillorgue la grant et la petite et de ebuse/ il destruisit et tua vng terrible et grant chien appelle cerberus qui estoit a pluto le roy des mollosses et deliura de prison theseus le roy dathenes qui estoit mis en fers et en prison par ledit roy des mollosses/ il par sa force et prouesse print et occist vng toreau moult grant et forcene qui degastoit le pays de crete tant en homes come en biens terriens. Hercules par sa vertu et prouesse tua vng lyon en vne forest de grece appelle nemea, le quel lyon parauant auoit occis plusieurs homes et femes/ de cestuy lyon prit hercules la peau et selon la coustume ancienne la vestit affin qil espouantast en bataille ses ennemys mesmement plorreur de celle peau/ il print et tua vng porc sanglier de merueilleuse force et plain de grant cruaulte qui lors repairoit en

vne montaigne de grece nommee erimathus/ il dechassa vne grant multitude dopseaulx qui habitoient enuiron vne riuiere de grece appellee stiphal? qui ordoient le pays denuiron/ et faisoient diuers et griefz empeschemens aux homes de la contree du roy fineus qui a la requeste dune sienne seconde feme auoit occis ou qsenti destre occis deux siés enfans qil auoit euz de sa premiere feme Hercules doncques a force de son arc a saiettes deliura le pays de ces cruaulx opseaulx. Il tua aussi vng serf cruel et dommageux qui tant estoit isnel et legier que home ne beste ne le pouoit consuiure. En la montaigne appellee aduentin estoit vng boys et en ce boys qui estoit comme dit pres de rome habitoit vng larron appelle cacus qui roboit et tuoit homes. Hercules qui apres la desconfiture du Pop giron retournoit despaigne auec grant proie de beufz et de autres diuerses choses/ passa par le mont aduentin et en la forest fist pasturer ses aumailles et ses gens refroichir cuidant illec estre seur/ Hercules le landemain voulant partir auec sa proie trouua que cacus lui auoit robe .iii. beufz et les auoit tirez en vne cauerne a reculons par la queue/ les beufz qui mugissoyent en la cauerne descouurirent le larrecin de cacus/ et Hercules qui trouua lentree de la cauerne moult forment estoupe de grosses roches aduisa vng pertuys come vng tupau de cheminee et bouta la dedens grant quantite de busche et de feu tant qlestouffa cacus et ses compaignons et edit le boys et la montaigne seure qui pauant estoit non habitez et doubtables. Hercules aussi du temps de theseus roy dathenes fut en vne bataille contre les amazones ou pays de seminie/ il fist aliance et iura loyaulte et compaignie auec ledit theseus. Les deux auec leurs gens en aprest par armes lesditz amazones. et si vertueusement combatirent a elles que apres elles desconfi tes ypolite leur poyne fut prise/ et en tesmoing de sa desconfiture elle rendit audit hercules sa saincture dor triumphale/ et puis la print hercules pour acroistre la gloire de son nom/ autresfois vit en affricq et come il eut ouy dire que athlas tresgrant astrologien frere de parmetheus roy daffricq eust vng iardin ou ql estoient pomes et raisseaux dor que estoient gardez par vng serpent tellement fait par art magicq ql sembloit tousiours veiller pour la garde de ce riche vergier. Cestuy hercules come fort chevalier et bien enseigne en lart dastronomie entra en ce iardin et print des pomes dor tant come bon luy sembla et combien ql semble ceste chose estre faite et poeticquement dicte/ toutesfoiz est elle assez pres de vraie hystoire/ car il fut vray que ledit roy athlas que eut trois filles/ cestassavoyr neptusa egle et arepense fut moult expert homme en astronomie. Et de celle science composa plusieurs et divers voulumes diligemment gardez et enclos lesquelz hercules par sa prouesse conquesta et les apporta en grece affin que les hommes dillec peussent savoir astronomie qui est du ciel et des estoilles qui sont precieuses come lor au regard des choses du bas monde Et affin que la vertu de hercules fust par ses glorieuses oeuvres cogneue en tous les climatz du monde, apres que hercules entendit que ou pays de tharse estoit vng roy appelle diomedes qui a maniere de tyrant sans misericorde persecutoit les hommes et degastoit leurs chevances/ et hercules iustement considerant que vng chacun par soy doit estre ne pour tous vint ou pays de tarche et par prouesse darmes destruisit ledit tirant et tous ses complices murtriers et robeurs/ il divisa vne riuiere en plusieurs et diuers ruisseaux moyennant grant labour et auec grant despence. Ceste riuiere appellee athelous qui en aucun temps estoit moult excessiue faisoit empesches mes et dommages puis quelle fut divisee

en plusieurs/ elle prsfita aussi et egressa plusieurs pays et fist abondance. Hercules fut vng des principaulx chevaliers en la desconfiture des centaures q pescchauffent de vin et viades vouldrent par force prendre pserpine la femme de perithous/ le iour ql celebroit ses nopces/ il estouppa vng lac en archadie appelle lerne qui tant avoit de sources ql degastoit les pays et aussi les labourages champestres/ hercules selon Paysdon naturelles assembla sur toutes les sources excepte vne tresgrant quantite de busches/ et mist le feu dedens pquoy la terre sechra et esteignit ses vaines/ et par ainsi ledit palus neut fors vne source et vng peot par ou elle couroit. Telle fut la peine/ la science et la gloire de la labourieuse vie du bon cheualier et preu hercules que pour lexcellence et grandeur de ses faitz fut repute et tenu estre filz de iupiter. Hercules espandit et sema son nom par tout le monde/ il bourna et mist colunes aux quatre principaulx anglos du monde. Mais escoute sa fin qui tant fut douloureuse et miserable/ car ainsi come aucune chose mortelle soubz le ciel nest du tout bieneuree ne parfaicte/ ains souffre chacune chose en soy aucun deffault ou vice/ aussi couient il que de celle partie vicieuse et imparfaicte vienne le peril et trebuchet des choses. Come donc hercules eust guerroye et desconfit eritheus roy de thessalie en grece il print et amena avec soy yole fille dudit eritheus qui lors moult estoit belle/ ieune et advenante/ et de elle sen amoura oultre mesure. cestui hercules saoul et ia enuye de lamour de ceste yole/ il en la delaissant print a ampe et espousa depanira fille du roy de calidoine. En ce mesme temps vng des centaures geant appelle nessus estoit surprins et eschauffe de lamour de depanira. Or aduit que hercules qui avec soy amenoit sa femme dianira vint a la riue dun fleuue appelle hebriusqui lors estoit moult creu et enfle Des neges diuersfondues/ et tãt que pour la grãdeur de leaue hercules apeine trouuoit passage il doncqs qui seullemẽt doubtoit le peril de sa femme getta oultre la riuiere sa massue ses flesches et son arc et sur son col pour mieulx nager troussa son quarquois et la robe qͥl eut de la peau du lyon quil tua en la forest dessus nõmee. Et aps quil eut baillee sa femme en garde au dit geãt qͥ au dit hercules prmist de la sauuemẽt passer oultre a lautre riue/ pource q̃ le dit geãt hault et fort de mẽbres scauoit les passages et les guez de ce fleuue. Cõme doncqs hercules sans aduiser les guez p sa force eut trãsnage la riuiere et fust venu a terre seiche il en recueillãt ses flesches sõ arc et sa massue ouyt la voix et le cry de sa femme deyanira ẽcores estãt auec ledit geãt a lautre riue du fleuue. Cestuy geãt cõe faulx et oultrageux vouloit p force cõgnoistre deyanira hercules donc qs esmeu et courrouce escria ainsi le geant. Escoute moy faulx et oultrageux nessus pẽses tu eschapper p tost fouyr ne prenpas ma femme ne les choses qͥ sõt miẽnes tõ pere prion poͬ les rapines qͥl fist est en enfer tourne sur vne roc/ saches nessus q̃ tu ne me eschapperas cõbien q̃ tu feusses monte sur vng cheual legierement courant car ie te blesseray de ceste saiette trempee en venim de serpẽt Et aps ce que hercules eut aisi menasse nessus il tẽdit son arc il ẽte sa la saiette cõe dit est trẽpee en venim et pmy le pis frappa ledit nessus qui tãtost apres tira hors la sayette et recueillit le sang qui descourroit de la playe et lors dist nessus copement a soymesmes. Certes dist il ie me vengeray de hercules/ et puisque ie sens quil me conuiẽt mourir. Si print vne moult belle chemise et la taingnit et baigna ou chault sang de sa playe/ et en lieu dun tresespecial don cestui nissus dõna a dyanira celle chemise et lui dist quelle auoit en soy telle vertu q̃ se hercules accoistoit autre femme il ne failloit forͬ q̃ vestir celle chemise a hercules et il ne pourroit aymer autre que dyanira. et elle ioyeuse et voulẽtifue de ceste chose garda par long temps ceste chemise. E cõe hercules de qui la renõmee voloit p toutes terres fust retourne en son pays de thebes/ et il sacrifiast a son dieu iupiter pour la victoire quil auoit eue cõtre eritheus roy de thessalie et pere de yole. Et voicy dame renõmee ia iangleresse q̃ mesle verite et faulcete tout ensemble. Et q̃ de pou de chose engẽdre grans mensonges denonca a dyanira q̃ hercules la vouloit deguerpir/ et reprẽdre yole sa premiere ampe et espouse/ deyanira qui hercules forͬ aymoit/ creut la nouuelle et fut espouentee/ et selon la maniere feminine elle commanca a plourer/ et p ses larmes elle mist horͬ et amoindrit sa douleur/ et proposa qͥ le ne ploureroit oultre pource q̃ yole ampe de hercules en auoit iope. Deyanira doncqs soy hastant de trouuer nouueau remede ains q̃ yole fust receue en lostel de hercules Et etre plusieurs cõseilz elle delibera en sõ courage enuoyer celle chemise audit hercules sãs aucun mal pẽser/ fors affin qͥ le le retraist et refroidast de lamour de yole et que il enforcast son amour enuers deyanira. Pour ceste chose faire appella lichas vng sien varlet auquel elle cõmanda q̃ de par elle il dõnast a hercules celle chemise et la recommẽdast tresdoulcemẽt a luy Hercules q̃ en ceste chemise neut aucun souspecõ et q̃ voult a samie cõplaire print le prsent et tãtost la vestit cõbien quil fust encores ou tẽple de iupiter a q̃ il disoit sa derreniere oraison/ et espãdoit sur lautel du vin pour estaĩdre le feu du sacrifice quil auoit illec ars a la ma

Fueillet xix

niere payenne. Mais le Benim de la chemise quil eut vestue cōmença soy embraser et le feu soy respādre par toꝰ les mēbres de hercules il q̄ tousiours sesquit cōme vertueux et fort ne fist aucuns plains ne gemirs si longue ment cōme il sen peut tenir mais de puis q̄l ne peut plus endurer la violē te ardeur du benim q̄ le bruloit il fist les cris si grans quil emplist toute la forest appellee oetha/en la quelle il a donc sacrifioit il party de lautel/et a donc il sefforca de deuestir celle chemi se en la detirant aux mains mais de celle part dont il tiroit la chemise il ar rachoit la peau et descouurit ses mē bres iusques aux os le sang de hercu les bouillonnoit et se cuisoit par la for ce du benim ainsi cōme leaue se cuist et bouillonne quant len boute dedēs vne bande de fer ardante/la chaleur du benim luy deuoroit les boyaulx la sueur luy degoustoit de tout le corps les nerfz luy petilloient/les mouuel les des os fondoient par lardeur du benim. lors hercules tendit les mains au ciel en soy escriant enuers fortune et en priant quelle mist son ame hors de son miserable corps/car p͞la dou leur que il sentoit si tresgrieue il cou roit par la forest comme vng toreau qui porte vng iauelot fichie dedens son corps/il transgloutissoit dedens soy les gemirs et les plours/ il trem bloit il sessayoit a arracher celle veni meuse et mortelle chemise/ il par ra ge rompoyt les arbres de la forest/ il arrachoit les pierres de la montai gne/Il tendoyt aucunesfoiz les bras deuers le ciel. A la parfin hercules estant en celle grant et horrible fu reur rencontra lichas le varlet qui la chemise luy auoit apportee/ qui sestoit destourne dedens vne cauer ne si le happa hercules et le rua a len uiron de luy/ puys le frappa contre vng rochier pres dun riuage de mer

et la cheut tout froisse et tout mort. ¶ apres que hercules eut donne a philo tetes son escuier son arc et son carquo ys plain de saiettes/apres il lui cōmā da que pour lamour de luy il les por tast en la bataille de troye se autres fois les grecz faisoient guerre contre les troiens comme de fait il aduint/ car ce dist hercules ie les en apportay quant ie reuins de la premiere destru ction de troye qui fut du temps de leomedon. Et ces parolles finees le dit hercules cheut mort Et apres lōg plours et haulx criz philotetes son es cuier dessusdit selon la maniere an cienne gardee entre les nobles brula le corps du preu et noble cheualier hercules narciscus/ biblis/ et mirra venoient apres hercules et tous trois plouroient les grans maleurtez qui leur aduindrēt par les diffamees cha leurs quilz eurent en deshonestes a mours. Cestuy narciscus filz de no bles parens cestassauoir de cephesus et de liriope demourās ou pays de the bes fut moult beau iouuēceau et cel le beaute formāt senorgueillit les iou uēceaux et pucelles du pays d'euiron desiroient moult mesmement sās pe che estre en sa compaignie/ mais nar cisus tant pria sa beaulte quil despita tous autres tāt hommes que femes. ou vingtiesme an de son aage/ cest assauoir ou temps qui est entre ieu nesse et adolescence/ cestui narcisus comme fol et orgueilleux pour la be aulte de luy proposa en son cueur de non aymer quelconque femme se el le nestoit aussi belle et aussi ieune cō me luy. Comme doncques il qui se adonna a chasser par les forestz aux bestes sauuaiges en defuyans la cō paigne des hommes se fust enamou re dune femme moult belle appel lee echo. Laquelle congnoissant lorgueil de narcisus ne se veult poit abandonner a luy/ fors que en luy
d iii

rendāt vne parolle pour aultre. Cō/
me narcisus doncqs aueugle en son
propre iugemēt selon lequel il desprisoit chacun au regart de soy mesmes
vng iour entre les autres eut longuement chasse aux bestes par vne forest.
Et pour releuer son trauail par repos
et pour appaisier sa soif et torcher sa
sueur fust venu en vng lieu vmbrageux de celle forest pres du quel estoit
vne fōtaine telle (ainsi descripte cōme le noble poete iehan clopinel de
meun la figura par vers en son liure
de la rose (τ pour tāt plus nen parle. Lestuy narciscus sourprins de forcenee
amour qui termine(τ renuerse toutes
choses mondaines se assist lez la fontaine et pamena en son couraige la
beaulte et la doulce ieunesse et le noble lignaige de luy/par le moyen desquelles choses il ne pouoit acomplyr
son desir dont il estoit surprins de lamour de echo/si se aboucha sur la fontaine pour boyre sur la nette (τ argentee grauelle payoit le cler soleil/par
quoy narcisus pouoit veoir la figure
de soy/moyennant les rays frapans
sur leaue il sans mengier tout seul et
fort pensif considera longuemēt lombre de son visaige qui luy sembla plus
tres plus poli et plus beau que il ne
lauoit autreffoiz veu en soy mirant(τ
il aussi pensant au reffuz et mocquerie de echo/en q il auoit mise samour
sans en pouoir iouyr/il se coucha sur
lerbe/et pour les causes cy parauant
comptees auec grant douleur et desdaing qui griefuement le contraignirent/il mourut et descendit en enfer/
et illec se mire en leaue de stix qui est
lun des quatre fleuues qui courent
par enfer. Or bien ie a compter le cas
de la forcenee biblis qui est pour exemple aux hommes(τ aux femmes day
mer honnestemēt sans enfraindre les
coustumes approuuees. Ceste biblis
seur gemelle dun iouuenceau appel/

De Boccace

le chainus furent enfans de miletus
filz du roy appollo/ (τ de ciane fille du
roy meāder. Ces deux biblis (τ chainꝰ
enfās gemeaulx furēt ensēble nourriz et aps quilz furēt parcreuz ceste biblis fut enflābee de lamour de chainꝰ
son frere et layma non pas de telle amour cōme elle deuoit. Au cōmencemēt de son amour elle ne auoit aucunes chaleurs de luxure (τ en amāt son
frere elle ne cuidoit poīt pechier ne en
luy baisāt ne en luy accolāt ainsi elle
layma longuement soubz vmbre de
bōneste amour/mais finablemēt aps
elle cōmēca a encliner son amour a pechie. Et proposa vng iour elle venroit veoir son frere (τ se atourna bien et
richement cōme celle qui a grant desir auoit de sembler belle a son frere/
car elle auoit enuye quant elle veoit
deuant son frere aucune plus belle
que elle nestoit. Chainus le iouuenceau ne scauoit riēs du couraige de sa
seur (τ elle aussi en sō amour nē auoit
pas encores determine que son frere la congneust charnellement. Et
neantmoins si souffroit elle dedens
soy grans chaleurs de luxure. Biblis
commanca a lui appeller seigneur et
si ne le vouloit iamais appeller frere/
affin que il ne semblast que il eust entreulx lignaige/elle vouloit que chainus lappellast biblis et nommie sa
seur/combien que biblis sceust quil
ne appartenoit mie ainsi aymer son
frere/toutesfoys si auoit elle tousiours son couraige a pechie/Et tant
que souuent en son dormant il luy
sembloit que son frere ioingnoit son
corps au sien dont elle auoit en son
dormant grant honte apres que elle
estoit esueillee/Elle coie ment pensoit longuement a son songe/et puis
commencoit parler comme chancelante et doubteuse. Las moy meschante disoit biblis que signifie et a
quoy tend mon songe de nuyt/Car

fueillet xx

Une chose me semble estre vraye et si ne la souldroie mie mon frere chain՞ me semble moult beau deuāt mes y՟ eulx, si me plaist, et si ne le puis ay՟ mer, car il est mō frere. Et aussi il est digne de moy aymer, mais le lignage no՞ nuist, car ie suis sa seur. Et certes si redisoit elle ie puis bien auoir mon frere a amy et espoux, car les dieux q̄ monstrent exēple de Viureont eues leurs seurs a femmes. Occeanus le dieu de la mer espousa sa seur thetis, saturne espousa sa seur opis, iupiter eut a fēme sa seur iuno. Machareus le filz du roy colus ayma canare sa seur, dont elle eut ung enfāt. Puis q̄ les dieux celestiaux et les autres aussi ont ayme leurs seurs ceste coustume peut assez estre gardee entre mon fre՟ re et moy, et se mon frere eust premie՟ rement moy prie daimer, ie par aduē՟ ture me fusse consentue a luy, pour՟ tant ie le requerray damours. Biblis doncques apres plusieurs et diuers pensemens delibera auec soy escripre Unes lettres a son frere chainus par՟ quoy elle lui ladmonnestoit par grāt art te malice quil se condescēdist a sō desloyal amour. Et elle comme for՟ cenee de amour bailla ses lettres a ung varlet qui les apporta a chai՟ nus, et chainus comme iouuence՟ au saige et vertueux blasma moult et menassa le varlet, combien que il ne sceust quel messaige il auoit rappor՟ te. Or senfuyt le varlent et parc՟ ta a sa dame la cruelle responsse de son frere chainus. Biblis qui Unefoiz accusoit la negligence de son varlet et aultrefoys blasmoyt soy mesmes pource que elle nauoit choysi, et ad՟ uise plus conuenable temps de en՟ uoyer ses lettres, elle deuint toute enragee et folle, et tant que elle con՟ fessa publiquement le desloyal pro՟ pos de sa male pensee, et senfuyt hors de son naturel pays en hurlant et criant par champs par prez par les boys de trache et de licie et daultres plusieurs pays en poursuyuant son frere chaynus, qui pour la honte et lorreur de biblis sa seur senfuyoit du՟ ne côtree en autre. Finablemēt fortu՟ ne qui en pugnissant les mauuaiz est chāberiere de la iustice diuine Soult refraindre et pugnir le faulx desir et la desloyale voulente de ladicte biblis, en qui ne tint pas q̄ elle ne meist a ef՟ fect le pechie q̄ elle auoit conceu en sō corrūpu couraige, car elle pausmee et deffaicte cheut a terre ses cheueux es՟ panduz sur lerbage. Et illec mist hors de son luxurieux corps son ame lassee et maleureuse assez pres dune fontai՟ ne qui pour la memoire delle fut et est appelee biblis. Apres doncqz que par le cas de biblis nous auons briefmēt compte sa honteuse maleurte aduee՟ nue par le vice et pechie de sa voulāte corrumpue et encline a delectation de testable et maudicte, ie vien a comp՟ ter de mirra entachee et orde de plus grant et horrible vice. Ceste mirra fil՟ le de cinara roy de chippre fut moult belle et gente de corps. Ceste fille es՟ guillonnee de luxure ficha en sō cou՟ raige se faire se pouoit dormir auec son pere et pour ceste chose conduyre ladicte mirra corrūpit par prieres ou par dons sa nourrice, laquelle espia conuenable temps dacōplir cel՟ le entreprinse, car côme la fēme dudit roy feust allee aux sacrifices de ceres la deesse des blez, qui duroient y neuf iours. Celle nourrice enyura cinara si parfaictement que mirra sa fille se coucha auecques luy il côme eschauf՟ fe de Vin et hors gette de lusage de raison cuidant parauenture en lieu de sa fille auoir sa femme couchee a son couste, il la congneut charnelle՟ ment comme apres apparut, car ladi՟ cte mirra conceut et enfanta Ung filz appelle adonis. Comme doncques

d iiii

le pere iustement esmeu et courrouce pour si grāt et detestable meffait doulsist pugnir mirra sa ribaulde fille q̄ de ce se doubtoit/elle se mist en fuyte/ mais la vēgēce chemina aussi tost cōme fist le pechie/car cinara punisseur de ce delict la chassa et poursuyuit iusques en arabie et illec la cōsuyuit et du ne trēchāte espee tellemēt la frappa que par la grādeur et ouuerture de la playe senfāt dont elle estoit ensaicte saillit hors et p ainsi mourut. Aps les maleureux dessusditz venoit le noble orpheus qui de se esperemēt plouroit tant pour samie erudice q̄ luy fut tollue p force cōme pource q̄ arriere il la pdit par ce que il ne garda mie la loy q̄ luy fut mise en luy rendant sa fēme. La loy estoit que orpheus en remenāt sa femme ne regardast derriere luy/ mais de ce riens ne fist pourtant de rechief elle luy fut tollue et remenee de cellup qui premier lauoit prinse. Celle loy assez estoit legiere se amour dōme et fēme peust garder aucūe loy. Cestup orpheus tesmoingz hystoriens et poetes fut filz du roy appollo et de caliope sa femme/il estoit ne du pays de tarce et fut noble en science et en armes et moult expert et bien aprīs en tous instrumens de cordes/pour les singuliers dons de sciences et de prouesse/il comme cōpaignon alla auec iason pour cōquester la toison dor en lisle de colchos/il espousa la noble erudice et lapma moult/mais ou pour trop la grant beaulte delle ou pour aucun droit de marque qui des fors estoit dun gentil homme a autre Erudice lui fut rauie a force/et qme dit est est lui fut pendue soubz la loy cy deuāt dicte. Et cōbien q̄ orpheus en son temps eust moult grāt nomen science et renōmee en faiz darmes fortune neantmoins acōpaignee de vertu lui donna auctorite et puissance telle comme iadis enuers les payens auoient les euesques/car il premierement ordonna en vne montaigne appellee citheron les festes et sacrifices de bachus dieu du vin/et selon les loix sur ce faictes et approuuees il cōmanda aux hōmes de tarce que les femmes du pays feissent les festes et sacrifices ou temps que elles souffrent le flux. Orphe9 en ce faissāt eut pācipalemēt regard affin q̄ les hōmes ne habitassent a elles durant leurs maladies/ mais atens et aduise quād grief sall̄atre receut le noble orpheus pour si honneste loy et si belle ordōnāce car cōe les fēmes cruelles et sans raison aduisassent que p ceste ordōnāce estoit descouuerte aux hōes la laidure des fēmes/ elles cōuindrēt toutes a tuer orpheus Orpheus qui pouoit quāt ad ce se iuger innocēt et bien voulu de tous ne se cōtregarda point de la faulse entreprīse de fēmes de tarce q̄ cōtre luy tēdoient leurs espies/si le trouuerent ou tout seul ou moins fort et le tuerēt de boues/et puis getterent son corps de dds le fleuue ebrus. O las il sēbla a fortune q̄lle ne auoit assez este marastre et aduersaire au noble orpheus en luy ostāt erudice sa tres amee fēme/et le beau don de vie/ains apres la mort fortune luy osta les saictz droictz funeraulx et lōneur de sepulture. Aps le noble orpheus estoiēt marpesia iadis royne des amazones et orithia sa fille Ces deux nobles dames se clamoiēt maleureuses cōme de fait estoiēt/car ceste marpesia et lampedo seurs germaines et toutes deux roynes des amazones furēt iadis si glorieuses et si vaillans en armes q̄ elles se appellerent filles de mars qui est dieu des batailles. Et tant firēt victorieuses batailles aux peuples voisins que elles conquesterent grans pays en asie et europe. Les deux seurs tindrent en elles telle cautelle et maniere a garder leur pays que lune demouroit pour

fueillet xxi

la garde et lautre alloit en conqueste. Or aduint que couuoitise de acroistre seigneurie entra ou couraige de lampedo et tant quelle meut guerre contre les peuples voisins/ marpesia doncques ordonnant aulcunes de ses filles a la garde de son pays/ ala auec grant ost auec lampedo sa seur/ et selon leschange de fortune qui pou souuent demoure en vng estat. Ceste marpesia auec grant partie de ses amazones fut desconfite et tuee en ycelle entreprinse. Orithia fille de la dessusdicte marpesia fut royne des amazones auec antrope sa seur: elle acreut mõlt leur seigneurie/et fut tres cheualeureuse. Hercules le glorieux cheualier vint auec douze grans nefz ou riuage de la mer de feminie et en despourueu fist contre les amazones grans assaulx et fortes guerres tant q il les desconfist/ et print selon droit de bataille menalipe et ypolite seurs de anthiope. Anthiope apres ransonna menalipe pour la ceinture dor de orithia quelle donna a hercules en paiement de ranson mais comme orithia qui lors nestoit pas ou pays eut entẽdu que theseus compaignon de hercules emenast ypolite elle meut guerre cõtre tout la gẽt de grece et illec fut desconfite p les atheniẽs: et apres elle confuse retourna en son pays. Et cõbien que les hystoires taisent la maniere de sa fin si est il vray quelle mourut tresmiserablement/ laquelle chose estaint et aneantist toutes les bieneuretez precedentes. Il nest homme qui peut escripre ne compter toules meschans nobles hommes et femmes qui venoient deuers moy: affinque ie escripuisse leurs cas. La renge de maleureux estoit longue/ et leurs complaintes qui en hault sesleuoient estoient moult confuses en tant que ie ne pouoye entendre les choses quilz me disoient ie estoie en pensee comment ie

eschapperoie sans escripre les cas de tant de maleureux/ mais de celle pẽsee me deliura priam et hecuba sa femme qui apres moy venoient comme les plus meschans: si tournay mes yeulx vers eulx et toute ma pensee. et pource que les dictz priam et hecuba dt este a tout le monde le noble mirouer et exemple comment fortune bestourne et treschange les haultains et grãs estatz des hommes: iay delibere auec moy de racompter leur cas.

Le xiiie. chapitre contient le cas de priam roy de na noble cite de trope la grãt et de hecuba sa fẽme fille de siphe⁹ roy de trace/ et de plusieurs autres nobles maleureux. et commẽce ou latin Origo pclarissia

L e roy priam dont no⁹ comptons listoire entre les autres dons quil receut de nature fut extraict de tresnobles parens/ car il selon la verite descendit du lignage de dardanus le filz de corithus fondeur de corithe: q iusques maintenant a nom cornet vne cite de toscanne assez prochaine de romme: et la mere de priam eut nom electra: fille de athalas roy daffricque et fut electra femme dudit corithus/ pour acroistre la louenge et noblesse du roy priam/ les poetes dient q dardanu estoit filz de iupiter/ pource q dardanus fut iuste et debonnaire et religieux comme fut iupiter qui p ses vertus fut et est repute letresbon et tresgrant de tous les dieux des pay

ens. A cestui priam estant encores en
fant: fortue fut si fauorable et si ample
que depuys que son pere laomedon
fut dechasse de frige: et que troye la
principale cite de frige fut destruicte
par les grecz: cestuy priam lors enfāt
qui par hercules fut prins il fut ranſ
sonne p̄ les frigeois et p̄ laide dudit her
cules cestui priā fut restitue et remis ou
royaume de sō pe laomedō q̄ lors e estoit
dechasse. Et ap̄s que priam eut re
edifie la cite de troye/ qui soubz lao
medon auoit este destruicte/ et quil
eut conferme son empire et paix et iu
stice/ dame fortune luy fut si fauora
ble et si doulce que presque toutes les
richesse de asie se assēblerent des dēs
le royaume de priam. Asie est lune
des trois parties du monde que les
aucteurs diuisēt en asie/ affricque et
europe. Asie se estent deuers oriētius
ques a soleil leuant/ deuers midi elle
fine a la grant mer/ deuers occidēt el
le fine a nostre mer/ et deuers septem
trion elle fine aux paluz meotides et
au fleuue appelle tanaus/ de si long
et si large pays / fut seigneur le roy
priam Hecuba la fille sipseus roy de
trace fut par mariage donnee au roy
priam a laccroissement de ses nobles
ses et bieneurtez. Ceste hercuba dex
cellante beaulte fut chaste et corps et
p̄sēe deuāt toutes les fēmes qui fu
rēt en son temps/ et affin que tresriche
roy priam eust toute chose q̄ peut fai
re delectacion et plaisir/ Il eust de sa
fēme hecuba vingtneuf que filz que
filles: ainsi comme tesmoignent les
aucteurs hystoriens Entre lesquelz
fut sonfilz hector lumiere de prouesse
et de cheualerie: qui en nobles meurs
et en armes fut si reluysant et si cler q̄
sa clarte iamais ne sera estainte/ il nest
mestier que entre ses enfans ie cōpte
troilus ne deiphebus: car ilz sōt a tou⁹
congneuz preuz et fors cheualiers et q̄
sont vne partie de la gloire de priam.

De Boccace

Et auec ce il eut de ses concubines
trente et vng que filz que filles entre
lesquelz mesmemēt furent aulcuns
iouvenceaulx nobles et de vertu mer
ueilleuse. Priam par les mariages d̄
ses enfans eut plusieurs nobles bruz
: desquelles il peut veoir ses nepueux
et ses niepces. Son royaume fut tres
abondant en toutes choses: il fut abō
dant en peuple: il fut tresassegrise et
tresconcord en ioyeuse paix. Aultre
chose auenoit au roy priam fors celle
qui desiroit: mais de tant comme au
cun homme est plus hault esleue: de
tant est il plus prochain de peril et de
mort sil tombe ainsi comme fortune
le monstra au roy priam par la mise
rable fin de luy et de ses choses. quant
le roy priam ainsi resplendissant et ri
che considere que tout le pays d̄ asie
et soubz ses piez: et il mesure soy et sa
bieneurete: vne pensee contraire a ses
bons eurs secretement entra en sō or
gueilleux courage: car tandis que pri
am eut petites richesses et pou de che
ualerie soubz soy: il ne lui souuint de
recouurer sa seur exiona/ que le roy
thelamon emmena prisonniere ē gre
ce quant troye fut prinse et destruite
premiere fois par lesgrecz soubz le roy
laomedon, mais apres que priam eut
largement richesses grans peuples et
cite fort muree: il r̄amena en sa me
moire quil redemanderoit aux grecz
par armes ou autrement sadicte seur
exiona: laquelle escheut audit roy the
lamon en sa part de la proye / pource
quil monta le premier sur le mur de
troye quant elle fut prinse et destrui
cte comme dit est il sembla a priam
q̄ riens ne failoit a sa bienurete mais
quil peust contreuangier la hōte de
sa seur exiona qui comme dit est fut
rauie par les grecz. O las vne petite
estincelle de feu fut ramenee en grāt
flambe par vng petit vent dont elle
fut soufflee. Quant priam pensoit q̄

pourroit effacer celle petite tache de
honte:il ne auisoit pas quil pourroit
esprendre tresgrans challeurs contre
ses bienheurtez legieres & passables a
maniere dune ombre:mais neantmoins
priam ferma son propos de redeman-
der aux grecz sa seur exiona. La quel-
le chose fut cause de perir le roy priam/
& ses choses exiona par les messagiers
de priam fut redemandee audit roy
thelamon a qui elle estoit escheue en
sa part de la proie. Thelamon la re-
fusa rendre aux messagiers comme
celluy qui lauoit gaignee & conquise
par le droit des batailles / selon lequel
droit la chose qui est prinse est et de-
uient propre dicelluy qui premierement
la prent. Priam doncques oyant le
reffuz de thelamon seschauffa plus
que deuant par lindignation quil eut
de ce reffuz. Et lors apresta grant na-
uire/& enuoya paris en grece pour la
recouurer ou pour contreuangier cel-
le honte. Hecuba la femme de priam
& mere de paris estant enceinte de lui
songa quelle auoit enfante ung grant
brandon de feu qui enflamboit la ci-
te de troye & tout le pays de frige.
Affin doncques que paris ne fist men-
teur le songe de hecuba sa mere:il vit
par nauires garniz dommes armez
en ung pais de grece appelle la conie
& feingnit ledit paris quil faisoit offi-
ce de messagerie & en signe de paix il
monstra ung rain doliue:& par les gen-
tilz et beaux maintiens de luy il qui
beau iouuenceau estoit/& richement
attourne embrasa damours la belle
helene qui lors se soulacoit au ieu de
la palestre auec plusieurs autres gen-
tilz hommes & femmes de grece. Ou
quel temps le roy menelaus mari de
ladicte helene estoit hors du pays en
voyage loigtain. Paris doncques apres
plusieurs complotz prist & rauit ladicte
helene & lamena a troye. Priam receut
son filz paris ainsi solennelement come sil

eust fait aucune noble vengence de sa
seur exiona. Et ainsi come le rauissement
& la venue de helene fut la derreniere
leesse du roy priam/ aussi ce fut le pre-
mier ordonement de ses maleuretez/
et la premiere cause de son destruiment
irreparable/car apres ce que priam res-
fusa rendre au roy menelaus sa fem-
me helene/il vit ou riuage de troye
toute la gent de grece par ferrement
assemblee et aliee encontre luy/et en-
tour les murs de troye sa cite royal-
le il vit au long et au le toute grece q
par feu et par fer gastoit tout le pays
& les chos d asie . priam aussi peut veoir
toute la gent de grece q assiegeoit troye
et continuelement tueoit et ardoit le pais
et les gens d euiron la cite iusques au
derrenier destruisement delle et iusques a la
desolacion de tout son royaume. Lequel
meschief ne aduit pas en petite espa-
ce de temps/mais dura la bataille p
lespace de dix ans. Quant priam vit
celle desolation il sentit dedens son
cueur les tresameres hurtemens de
fortune/car sans ce que ie t'acompte
les diuerses mors des roys & les oc-
cisions des soudaiers qui furent pres
que sans nombre. Je te dy que le ma-
leureux roy priam ia vieillart peut re-
garder de ylion sa haulte tour son filz
hector frappe et perce de la main de a-
chilles le fort cheualier grec. Cestuy
hector fut si preu si saige et si vaillant
en armes q en la vertu de luy demou-
roit toute lespance de la sente comu-
ne/ et tout le soing & la charge du fait
de la bataille de troyes. Priam peut
veoir en la fin la charoigne de hector
liee au chariot de achilles qui fut trai-
nee par my la puanteur des mors /et
parmy la poudre du champ q se esle-
uoit a lenuiron des murs de troye /et
qui estoit ordoiee du sang dudit hector
qui sans estre enseueli fut delaisse pour
menger aux chiens iusques au dixie-
me iour apres sa mort   Ceste chose

tant fut amere et horrible du vieillart roy priam que par abondance de larmes il ne la peut regarder de ses yeulx il nest homme quil ne die que la clarte et la noblesse de priam ne soit estainte par ceste nue obscure qui tãt fut orde que on ne la peult nettoier. Priam ne fut pas feru dun seul virecton de fortune quãt il vit ainsi mort son tresnoble filz hector: mais priam quiou temps de sa jeunesse souloit commander aux aultres roys dasie quilz luy paiassent truages: cestui priam ja vieillart fut contraint daler aux tentes des gregois ses ennemys pour humblement deprier achilles qui auoit murtry son filz hector affin quil lui rendist le corps pour autretãt dor comme pesoit la charoigne dudit hector. Je laisse a parler du miserable cas de hecuba la royne et mere dudit hector car il appert assez quelles larmes quelles plaintes et quelz regretz elle fist pour lamour de sonfilz hector qui fut sa premiere pestilence et la seconde pestilence de hecuba et de priã fut la mort de troilus leur filz qui estoit la seconde esperance du meschãt roy priam: lequel troilus fut tue pareillement de la main de achilles, combien que troilus ne fust pas pareil en force ne en prouesse a son frere hector: touteffois le roy priã son pere le ploura mort par moult ameres larmes. Apres hector et troilus morz / priã leur pere enterra son filz paris: souille en sang en gettant maintes larmes. cestuy paris fust mort en champ cõme ses deux freres / Nõmie par la main dachilles. Et affin que je ne compte chascune chose lune apres lautre et par sop je dy en somme que apres ce que priam eut veu le palladion desrobe par les grecz ung tẽple pres de troye et que toute esperance de paix et de salut luy feust ostee il peult ouyr de nupt les grecz qui par barat estoient

De Boccace

entrez dedens troye il peut ouyr les feux petillans dedens et dehors les hostelz et tous les lieux de troye plais de ennemis forcenez et tempestãs. priam peut veoir de ylion sa haulte toroyale tant de plours tãt de criz: tãt des occisions de ses citoiens: car les ennemis gregois armez ne espargnoiẽt homme ne femme ne ieune ne anciẽ: les flambes des hostelz et des palaiz ardans enluminoient la nuyt tant q̃ il sembloit estre iour Et pour surcroistre la maleurete de priam il nest pas vray semblable que priam ne sceust que andromacha sa bruz / et femme dudit hector. Et cassandra sa fille / auoient laidement este tirees par leurs cheueulx et mises en seruage des grecz. Comme doncques a la fin les grecz eussent ja tout prins et que les huys et les portes furẽt arrachees: et les lices et les barres du palais royal fussent brisees. Priam vit vng sien enfant appelle polices qui pour soy garantir se fuyoit aux autres du tẽple qui estoit ou palaiz: lequel requeroit angoisseusement laide du viel priam son pere: mais ce ne se peut garantir: car voiãt le roy priam son pere ledit polices ou giron de sa mere fut murtri de lespee de pirrus ieune cheualier grec: et filz dudit achilles. Apres ledit priam fust frappe et occis de lespee de ce mesme pirrus et fust priam brouille du sang de sondit filz: combien que priam pour neant et en vain se fut mis a deffense si fut il tue ou temple de jupiter et de son sang furent brouillez les autelz q̃ il mesmes auoit fait consacrer et beniste et illec par vne grant playe que pirrus fist a priam: il mist hors son ame orgueilleuse lassee par long aage / et aussi par miseres: mais ainsi comme hecuba estant ou doulx aage de ieunesse peceut honneurs clarte et gloire et fut auctorisee en haultesse royale aussi elle ia vieille souffrit auec son

fueillet xxiii

mari Priam douleurs tenebres hontes et toutes villennies de par fortune sourcenant contre hecuba/ Se la royne hecuba apres tant de miseres eust peu mourir auec priam auec lequel elle auoit vescu/ si dy ie que combien quelle fust tresmechante/toutesfois eust elle eschape vne partie de sa male fortune/car hecuba qui pas nestoit si brisee par long aage comme elle estoit pour les continuelz plours pour les ameres souuenances/ et pour les hastiues mors de ses enfans/ et pour la vefuie de son mari priam/et pour la desolation de leur cite et royaume/elle vit apres toutes choses destruites que polixena sa tresamee fille fut tuee de pyrrus/ et fut mise en lieu de sacrifice sur le tombeau de achilles. Ceste polixena tres noble et belle et tendre de corps fut par hecuba promise en mariage audit achilles mais pource que paris tua triteusement achilles qui estoit entre dedens trope pour la cuider espouser. Pirrus filz dudit achilles apres la prinse de trope sur le tombeau de son pere occist et sacrifia ladicte polixena attournee a maniere de femme voulant espouser mari/ Mais cassandra sa seur mesmement belle pucelle bien instruicte et saige en art de astrologie preuit et dist plusieurs choses aduindrent. Elle vint en la part de la proye/ au roy agamenon: et apres fut tuee a table auec luy par egyptus le ribault de clite mestra femme dudit agamenon Hecuba apres vit que astranates petit enfant de hector /de andromacha sa femme fut froisse contre vne roche Et pirrus a sa part de la proie print andromacha et apres lespousa: et aps luy donna partie de son royaume et aussi a helenus filz du roy priam qui lui donna conseil de saulement retourner en grece Hecuba encores vit tous les remenans de la tour ylion estre mis a esgal de la terre: et si bas arrasee fut que on ne la pouoit veoir: mais len voit seulement les monceaulx des pierres et du cyment tombez a terre ou la tour ylion fut. Hecuba vit apres son gendre eneas tourner en fuyte auec son filz ascani? Et puis que ledit eneas eut perdu sa femme creusa. cestuy eneas fust filz de anchises vng moult riche homme de frige et dune femme qui pour aucun vice ou vertu delle fut appellee venus. Et eust eneas vng filz appelle par deux noms ascanius et iulius de sa femme creusa fille du roy priam. Cestuy eneas dont les rommains descendent voyant que trope estoit prinse des grecz/ il appresta nefz pour querir autre pays auec vne partie de menues gens troyens: et aussi vit hecuba anthenor furtif comme estoit eneas Anthenor et eneas furent deux cheualiers troyens subtilz et malicieux qui forgerent et conduysirent la maniere parquoy trope fut trayteusement prinse Car apres que les grecz eurent mis dedens trope le grant cheual de boys garny de hommes armez ilz mirent garnison de eulx mesmes es hostelz de anthenor et de eneas pour eulx et leurs choses sauuer: apres le departement des grecz demourerent a trope et ordonnerent de leurs choses et de leur departement et en quel pays ilz iroient. Eneas doncques ou au moins son filz ascanius vint a romme pour le temps du roy latin: et anthenor vit a la mer de venise la ou il fonda vne cite appellee corcita: qui maintenant a nom padue Et comme les troyens q sestoient sauuez et requeuz des mains des grecz oyrent dire que anthenor auoit cite et seigneurie en ytalie ilz se retrayrent deuers lui: et en brief furent grant multitude de peuple. Et la royne hecuba qui auoit nagueres en sa compaignie tant de nobles filz et filles et tant de bruz et tant de chambrieres/ peust veoir soy triste courroucee gemissante et resenquie toute seulle en lieu de sert/ de qui mesmement les grecz ne tenoient compte pour cause de sa vieillesse, laquelle ne avoit aucune esperance de ayde/ ne de refuge/ ne de seruice de varlet ne dautre qui la reconfortast. Elle peut aussi veoir les hostelz et palaiz de troye desrochiez fumans et embrasez sans ce que aulcun les estaigni st. Et en ces grans miseres ne fut pas la fin de hecuba la royne/ car ainsi comme afferment aucunes hystoriens. Tandis que hecuba estoit en ces angoisses: il lui vint en memoire de soy retraire en trace deuers ung sien filz appelle polidorus. Cestui polidorus fust filz de priam, et de la dicte hecuba: lesquelz doubtans que la victoire de la bataille ne demourast aux grecz ilz enuoyerent leur filz polidorus auec tresgrans sommes dor pour soy sauuer par deuers polistenor roy de trace ancien hoste amy et gendre dudit roy priam: affin sil aduenoit que tout le lignage de priam feust destruit que polidorus demourast pour restaurer lostel royal de la dicte cite de troye/ mais come postilenor couuoiteux dor et dargent vist fortune tourner contre les troyens il occist polidorus sopesbatant ou riuage de la mer. Come doncques hecuba allast au pays de trace en esperance de veoir ledit polidorus elle congneut par le rapport de aucunes gens de trace quil auoit este occis ainsi comme dit est/ et enterre en la riue de la mer. Pour ceste douleur derreniere fut si tourmentee hecuba seiche et vieille que par la violence de celle douleur elle deuint enragee/ et celle rage si fort la degasta qlle discouroit par les champs en abayant et hurlant en maniere dune chienne enragee/ ia soit ce que aucunes hystoires dient que hecuba fust menee en seruage comme cassandra sa fille/ et comme endromatha femme du preu hector auec les grecz. Et oultre dient que hecuba qui deuint enragee fina ses iours entre les gens de grece. Telle fut doncques la fin de si nobles et haulx roys et les richesses de troye qui en plusieurs aages et en long temps auoient este amassees/ elles furent en vne seulle iournee mises en pouldre et tournees en fable.

Le quatorzieme chapitre par le contre les nobles orguilleux en leur ramenant a memoire la haultesse du Roy priam de troye et de ses enfans et come ilz furent occis par les gregois. Et commence on latin Quid iquient. etc.

Oy qui as mis ta fiance en la noblesse en la force et en la beaulte de toy ie te prie respons moy que dient ceulx qui ont fiche toute leur esperance es choses perissables et mondaines: se ilz considerent le cas du roy priam et des siens ne se doubtoient ilz mie. Que dira celuy qui senorguillist pour ses nobles parens pour les forces et pour la beaulte de son corps: quant il aura veu et ouy les cas du preu hector qui feust trayne mort au chariot de achilles/ et quant il aura veu et ouy les cas de troilus qui fut mesmement trayne par ledit achilles: et quant il aura veu et ouy le beau piege fir mort sur le champ ie te demande iceulx freres ne sont pas mors ieunes/ nobles/ tous sains de corps fors et beaux. Que dira ung hon

fueillet　　　　xxiiii

me haultain et orgueilleux pource qͥl se veoit enuironne de la compaignie de ses enfans freres cousins parens et amys: quant il lyra es hystoires q̃ le trespuissant roy priam cheut pauf me en son propre sang ou milieu de sõ palaiz: sans auoir ayde ne deffense de tant denfans/gendres/cousins/pa= rens et amys quil auoit. Ou temps du roy priam neust homme sur terre qui eust si grant nõbre de nobles en= fans: qui eust si grant largesse de pa= rens qui fust plus abondant damys ne de seruans et touteffois cestui pri㶍 fut vaincu et desconfist par les grecz Que dira lhomme riche qui a grant monceau dor/riche de mesnaige et de grans heritaiges: quant Il saura par hystoires que leroy priam fut murtri des espees en son propre dongon/et apres enseuely entre les masures de sa cite tresbuchee et destruicte. Je te demande aussi se le roy priam neust pas grans tresors/certes ouy/car cõ= bien que il eut mene contre les grecz forte et grant guerre par dix ans/tou= teffois si lui fut il chose treslegiere de paier a achilles pour la ranson de la charoigne de hector son filz autretant dor comme lecorps pesoit. Et oultre plus car priam en lieu de sepulture et de tombeau enchassa et seignyt de fin or le corps de son filz hector apres que ses obseques furẽt tresgrandemẽt celebrees et a pompe royale. Certes ie ne scay que ie doiue dire contre les nobles orgueilleux touteffois ie vou= dy que se homme nest dur et insensible a maniere de roche il doit mettre ius orgueil: il doit getter hors de soy vai ne gloire et folle fiance. Et si ne doit pas cuider que ses trauaulx et ses pẽ semens soient daucun effect alencõ tre de fortune. Lomme doit aggra= per et adherdre a iesuchrist qui est sem blable a la pierre de langlet ou du coig qui soustient et conioinct les deux pãs

du mur: car en iesuchrist et non en au= tre est force certaine: fermete durable et vie perpetuelle.

Le xv. chapitre racõte le cas de agamenõ roy de mi= cenes et conestable des grecz et daucuns autres nobles hõmes. Et cõmence ou la tin Grande quippe. etc.

Ertain est que se les hom= mes esleuez en haulx estatz veullent regarder et entẽ dre le grant exemple de la fortune qui aduint au roy agamenon et pour quelle cause le cas du roy pri am semble estre greigneur/ que nest lexemple de la fortune dudit agame= non. Je dy que se les hõmes reuersent les enciennes hystoires: Ilz trouue= ront a peine que les cas de ces deux roys seront ensemble pareilz. Affin doncques que nous monstrons plus largement les tournoiemens que for tune fist a lenuironde ces deux roys ie vueil en delaissant les autres/ame ner en lexemple de muable fortune le roy agamenon iadis noble connesta= ble de la bataille des grecz: lequel a uoit eu esperance de receuoir tres= hault et tresnoble triumphe pour la desconfiture du roy priam et pour le destruiement de troye sa cite/vray est que les anciens comme mal infor= mez cuiderent que agamenon fut filz de iupiter/ mais il fust filz de pelops roy de frige: et pelops fut filz de tan talus/ et tantalus fut filz de iupiter/ par ainsi iupiter fut ayeul de agame=

non selon la vraye hystoire fut filz de philistenes et de ypodamie fille d'enomaus roy de helide et de perse en grece. Et apres que atteus et thiestes roys de micenes furent mors agamenon succeda au royaume de micenes il acreut sa noblesse royale par le mariage et par la lignie de sa femme clitemestra: laquelle comme aucuns dient fut fille de Jupiter et de latona mais selon la verite clitemestra fust fille de tindarus roy de laconie en grece. Cestuy tindarus fut filz du roy tebalus: et eut tindarus a femme ledas dont il eut quatre enfans: deux masles, cest assavoir castor et polus: et deux femelles: cest assavoir clitemestra: et helene la belle. Clitemestra doncques fut femme du roy agamenon. Or avint que agamenon estant ou pays de crete departoit et divisoit avec menelaus son frere les tresors du roy atteus leur oncle: et en ce mesme temps paris ravit helene femme du roy menelaus: de laquelle prinse agamenon son frere fust acertene par lettres, ou autrement. Agamenon iustement voullant venger liniure faicte a son frere fist son effort par grant travail et despense de assembler tous les nobles de grece. Et apres que le roy menelaus eut redemandee sa femme helene sans ce que le roy priam luy voulsist rendre tous les grecz dun accord iurerent de mouuoir et de faire guerre contre les troyens. Et pour ordonner et conduyre la bataille qui tost apres avint les grecz ordonnerent que agamenon fust duc et capitaine: et de celui qui principalement et mieulx estoit saige et plus expert en cheualerie et en nobles faiz darmes, et comme celui en qui estoit la singuliere clarte de toute grece. Se nous considerons au vray les roys les peuples, le grant nombre de navires que le roy agamenon conduist et ordonna par moult long temps, par

auenture que len trouvera apeine aucun autre duc qui autresfois ait gouuerne en aucune partie du monde si grant ne si noble compaignie de gensdarmez. Et combien que palamides roy de amboye ou lieu de agamenon fust subrogue et mis en office de connestable de celle tresgrant et tres notable bataille des grecz, qui avoient assiege troye dont la gloire et les notables fais de agamenon furent aucunement troublez et amoindriz, toutesfois depuis que palamides fut mort, fortune rendit au roy agamenon plus grant honneur quil par auant navoit eu par ce quelle le restitua en son premier office de souuerain duc et capitaine des grecz. Cestui palamides filz de namplus roy de amboye fut comme dit est ordonne connestable des grecz ou lieu de agamenon, mais palamides ple barat de Vlixes son enuieux fut tue de pierres ou siege des grecz estans deuant troye pource quil fut souspeconne dauoir fait aliance auec les troyens et dauoir eu pource grant somme dor: combien que riens nen fust. Le Roy doncques agamenon remis comme dit est en son office gaigna et desseruit presque gloire et honneur immortelle, car soubz luy fut desconfit et vaincu le roy priam et son peuple de troye ennemy des grecz fust par cauteleux barat, ou par force de corps ou par vertueuses armes soubz cestuy Agamenon, et par son bon conduit, tout lost des grecz fut enrichy du pillage de troye et du pays dasie, mais il conuient attaindre la fin des choses touchant Agamenon, car apres que troye fut prinse et destruicte: la villenie de paris fut pugnie par la victoire des grecz, et apres aussi que le debat de Vlixes et de aiax fut fine qui tous deux contendoient auoir les armes de achilles. Comme agamenon voulant retourner en grece eust asse ble les roys les souldaiers et le peuple dedens les nefz au port de thenedon pour en ramener en grece son gracieux triumphe/il fist desployer les voiles aux vens et mener sa nauiere en haulte mer Et voicy tātost le ciel qui se cōmença a troubler par nues obscures/et par tōnerres bruyans/la raige des vens cōmença naistre en la mer/ et la mer cōenflee pour les horribles tourbillons de vens cōmença a tourner ses ondes a lenuiron/le nauiere cōmença soy desioindre les auirons se rompirent et vaguerent par dessus leaue/ les mastz auec les voiles furent arrachiez des nefz/ et les notoniers furent hors gettez de leurs sieges et tātost cōmencerent les nefz a soy entrehurter et soy cotir et rōpre aux rochiers descouuers tout le nauire alloit celle part ou le vent estoit plus fort. Aucunes nefz des grecz auec les notonniers furent portees en tel lieu qui oncques ne fut sceu/ les notōniers criopēt dune part et dautre part ilz deprioiēt les dieux qlz les saluassēt des perilz/tous les elemēs estoient troublez et obscurs/ et le ciel ne rendoit point de clarte/ les nefz q furent descouplees lune de lautre tindrent autre chemin que elles ne auoient cōmence/ car les aucunes furent par les vens et par les ondes menees entre les rochiers de la montaigne caphareus par le barat de namplus roy de amboye qui moult estoit courrouce et dolant de la mort de son filz palamedes qui fut iniustement tue p les grecz deuant troye. Si vueil dōcques que tu saches que caphareus est vne haulte montaigne du pays de amboye. En la crouppe de celle montaigne le roy namplus pere de palamedes fist grans brandons et salotz nupt affin que les grecz retournās de la bataille de troye cuidassent que illec fust bon port et seur pour les nefz. Et aduint que plusieurs nefz arriuans Illec furent perillees et aussi les hommes qui estoient dedens par les rochiers cornuz en la mer pe du mōt caphareus. Et fist namplus ce barat pour vengier la mort de son filz palamedes qui fut comme dit est iniustement tue par les grecz les gouffres de la mer de libie absorbirent aucunes nefz des grecz/ et aucunes furent detenues et encloses dedens la mer egee entre les isles apelees cyclades q sont en nōbre liii. isles/desquelles lisle de rhodes est la metropolitaine: elles se estēt de septemtrion a midy par troys cens miliaires et de orient en occident par deux cens miliaires/dont les deux font vne lieue la mer egee est celle qui court entre lisle de themedon et lisle de chios: et est ainsi apellee celle mer/pource q ētre ces deux isles a vne grāt roche q̄ loig semble estre vne chieure car egee en grec signifie chieure en francois/les autres nefz des grecz furēt portees en la mer dorient: et pou dicelles vindrēt au lieu ou elles tēdoiēt le roy menelaus q pas ne fut par tempeste absorbi en la mer. Il auec sa femme la belle helene fut par la force des vens trāsporte en egipte et fut menelaus receu et hostelle de par le roy polibus q lors regnoit en egipte: et menesteus le roy de athenes moult traueille et affoibly par le vonissemēt quil fist dedens la mer il mourut apres ce qlz fut arriue au port melos. Cestuy menesteus fut filz de sparchius roy dathenes: et de polidoris fille du roy pele?. Diomedes roy des etholois fut contrainct par tempeste de mer tant quil arriua en vng port de la mer Illirique soubz la mōtaigne appellee Garganus qui est en pueille. Cestuy Diomedes filz du preu thideus et de deiphebe fut roy des etholois grecz/ et il estant en la bataille de troye occit plusieurs roys. et combatre seul a seul auec hector et

e i

eneas. Et apres la bataille de troye come diomedes fust retourne il trouua q̃ sa fẽme egiale auoit prins autre mary et pourtãt ne le voult receuoir et aps il partant de son pays sen vint en pueille en la mõtaigne garganus/ et au pres diller fonda vne cite/il souffrit plusieurs mesaises ꝗ a la fin puis quil eut perdu ses cõpaignons/ il fut tue par eneas ꝗ tout ce quil auoit fut prins ꝗ occupe. Olixes roy de italie en grece auec son nauire fut demene par tempeste de vens par tãt ꝗ par si diuerses mers q̃ lẽ na peu sauoir les lieux par ou il passa/cõbien q̃ aucuns aucteurs aient vng particulier liure des diuers voyages. Et affin q̃ ie me taise des autres roys de grece/ vray est q̃ le roy agamenon presque tout seul vint dolãt ꝗ courrouce en sa principale cite de micenes/nõ mie pour repos ne pour aise/mais pour souffrir vne villaine mort agamenon qui deuant troye auoit eu la victoire ꝗ de seruile triumphe/il fut vaincu ꝗ abbatu en son hostel par le barat de sa femme il auoit esperãce que le remanant de ses iours seroit en ioye et en repos/ mais il fut tourne en larmes ꝗ en labours/car cõme agamenon trouuast pres que tout son royaume prins ꝗ occupe par egistus iadis filz de thiestes et il aussi trouuast que clitemestra sa femme eust couchie auec ledit egistus son ribault. Il peut asses congnoistre que/ il auoit meschamment encouru et souffert grans dommaiges et hontes en ses propres choses/ tandis quil cuydoit vengier les hontes ꝗ les dommaiges que paris auoit faiz a son frere menelaus. Le roy agamenon retourne en son pays congneut sil voult que il auoit encores plus forte bataille a faire contre sa femme et son ribault egistus/que il ne auoit eue contre les troyens. Cestuy egistus fut filz bastart de thie-

stes roy de micenes et de pelopia fille de ce mesmes thiestes. Si tost q̃ egistus fut ne il fut porte aux forestz a deuorer aux betes pour couurir le diffame de thiestes son pere ꝗ de pelopia sa seur et mere dudit egistus par ce q̃ thiestes auoit cõme dit est couche auec sa fille dont il engẽdra egistus. Egistus ne fut pas deuore ais se nourrit par aucuns iours vne chieure sauuage. Aps que ledit egistus fut cogneu de ses parẽs ilvint en lostel royal de son pere thiestes/mais pource que lẽ ne tenoit cõpte de luy il se informa des choses q̃ on lui auoit faictes et tua le roy attheus son oncle auq̃l succeda thiestes pere de egistus et coucha auec clitemestra fẽme de agamenõ lors estãt en la bataille de troye. Ala fin egistus fut occis p horreste filz dudit agamenon. Le roy priã eust este aucunemẽt bieureux estre les doloureuses mors de ses enfans: entre les destrochemẽs de troye sa cite qui fut arse: se il eust vescu si lõguemẽt quil eust peu veoir les tempestes de la mer/ et les vens enragez/et les rochiers aguz qui presque degasterent tous les grecz/et aussi leurs nauires. Priam eust este aussi aucunement bieureux sil eust vescu si longuement quil eust peu veoir que les roys de grece parens et amys entre eulx eussent fait batailles pour la vengence des grans pechez et meffaictz que les grecz firent en la desolation: et ou destruiement de la cite de troye. Laquelle vengence ne auoient peu faire la vertu du preu hector ne les forces de tous les roys dasie. Or escoutez que finablement aduint au roy agamenon. Tandis doncques que agamenon doubteux de sa personne commanda aux gens de son hostel que lẽ appresta st vng grant et sollennel menger en monstrant en son visaige autre chose quil nauoit en couraige. Clitemestra sa femme aduisa la maniere & pensa le barat cōment elle feroit mourir agamenon son mary pour lune de trois causes. La pmiere fut pource que agamenon auoit espouse la belle & saige pucellette cassādra fille du roy priā laqlle estoit escheue a la part de la proie du roy agamenon/ quant les grecz prindrent troye. La secōde cause fut car clitemestra auoit grant paour de souffrir peine et tourmēt pour ladoultrie q elle auoit commis auec ledit egistus. La tierce pource que egistus amy de clitemestra luy admōnesta de tuer ledit agamenon/ affin quil peust plainement ioir delleaps quil seroit mort. Apres aduint q comme agamenon se leuast du souper ainsi cōe aucuns hystoriens dient ou de son lit cōme dient les aultres/ clitemestra luy bailla vne neufue longue robe q ne auoit point dentree pour la teste. Tādis dōcqs que agamenon qroit la testiere de celle robe & ql estoit empesche de lautre partie q il eut vestue & tāt ql ne veoit goute/ clitemestra liura son mary es mains de son ribault egistus/ q pres dillec sestoit muce en attendāt la chose cy apres dicte car egistus par lēhortement de climestra ferit dune espee le roy agamenon si durement q il labbatit mort. Et puis egistus cōe traistre et murtrier saisit pour soy & occupa tout le palaiz royal & le royaume de micenes/ ainsi agamenon q auoit eu grās victoires & batailles ql auoit fait sur terre & q en mez auoit vaincu les vens et les tempestes/ il fut vaincu en son royeume & dedēs son hostel par sa maleureuse fēme clitemestra/ et par egistus euesque de micenes. Agamenon aussi q enpays loigtains et estranges auoit desconfit les roys et leurs gens en fait darmes/ Il en sa propre maison fut vaincu et mate Et qui plus est agamenon qui auoit eue seigneurie & puissāce sur les roys

de grece et de asie ne sceut refraindre ne chastier la luxure de clitemestra sa femme Troye la grant auec toute sa puissance ne peut resister au roy agamenon mais egistus le prestre et clitemestra sa fēme luy contresterent car leur barat et malice fut plus puissāt que la force dudit agamenon.

Le xvie. chapitre contient la louenge et recommandation de pourete enramenant a memoire les grādes fortunes qui souuent auiennent aceulx qui sont esleuez es hōneurs et richesses du monde Et cōmence ou la tin. Quid igitur &c.

E ne voys qlz autres biens apportent auecquelles les seigneuries que fortune donne aux hommes sinō soing et paoure et enuie et perilz de trebucher du treshault au tresbas Les haultes seigneuries sont tressouuent causes de meschantes fins/ et de honteuses mors: combien que elle nous semblēt estre couuertes dor et de pierres precieuses/ de pourpre et dune vaine gloire: Entre ces mōdaines seigneuries est meslee vne souefue amour de soy trop fier qui est au tresgrāt peril deceulxquiles ont. Cesteamour par ses venins de delectation empoisonne les hōmes q se abandonnent aux viandes et aux leesses des prosperitez mondines/ et ces deux choses ont este cause de ardoir et destruire maintes cites et autres plusieurs choses & de occire mais hommes/ ainsi comme on le peut asses veoir enlexēple du cas de troye la grant Et apres enlexemple du roy agamenon mort & trenche vileinemēt

e ii

Humble pourete laqlle ꝗ non autre garde les loix de nature est chose desirable ꝗ plaisãte se elle fust bien cõgneue de assez dõmes/ car pourete surmõte les mauuaises cauteles des hõmes malicieux/ elle ne tient cõpte des hõneurs trãssitoires et Vaines. Elle se mocque de ceulx ꝗ diuersemẽt traffent les hõneurs/ les richesses/ les puissãces ꝗ les dons de fortune. Elle se mocꝗ de ceulx ꝗ voyagẽt p̃ mer ꝗ par riuieres/ ꝗ de ceulx ꝗ guerroyẽt en armes pour acꝗrir richesses ꝗ honneurs Pourete desprise les choses suꝑflues ceftassauoir les choses sãs lesꝗlles lẽ peut bõnemẽt viure. Se pourete nue et descouuerte garde les loix de nature elle sera cõtẽte en este des vmbres des boys/ et p̃ ce moyen elle endurera legieremẽt les chaleurs du soleil. Pourete p̃ sa tresgrãt patiẽce est cõtente deschapper la pluye soubz vne rude ꝗ petite maisõ/ ꝗ p̃ ce moyen elle ẽdurera patiemmẽt les froidures diuer/ se fain ou soif ꝗ est cõtraire aux hões assailloit pourete/ elle lendureroit mieulx ꝗ plus fort ꝗ ceulx nẽdurẽt abõdãce de viãdes ꝗ de vins ꝗ boyuẽt en Vaisseaulx dor ꝗ depierres ꝓcieuses/ car la vie dun poure bien ordõnce selõ loy de nature est de plus lõgue duree ꝗ nest la vie dun hault ꝗ grãt seigneur Amour dissolue fuyt pourete ꝗ mignotise delicieuse ꝗ luxure puante. Pourete va ꝗ vient ꝑ tauernes ꝗ ꝑ toꝰ autres lieux deuãt toꝰ hões/ mesmemẽt deshõnestes ou mauuaiz Pourete sãs espies va ꝗ vient ꝑ forestz ꝗ ꝑ boys par deuãt les larrons ꝗ sãs estre espie elle va ꝗ vient ꝑ villes/ ꝑ chasteaulx par deuãt ses enuieulx/ pource ꝗlle nen a nulz. Pourete est ferme ꝗ establе/ pourete est franche/ pourete est en repos tel cõme on le peut trouuer es choses de ce mõde/ pourete est plaine dart et de subtilite et dengin/ pourete est la mere de toutes les estudes et sciẽces

diuines et humaines. Puis que elle soient honnestes et louables fortune despite pourete: et par le contraire pourete ne tiẽt cõpte de fortũe Il nest ia mestier ꝗ ie me lasse en racõptant les dõs et les graces de pourete/ car il en ya sãs nõbre et sõt noble et fõdees en Vertus. Se agamenon eust soupe auec dãe pourete et pouremt aifsi cõe il soupoit le philozophe zenocrateˢ: ie ne puis croire ꝗ egistus couart et peceux eust oser ẽtre prẽdre de tuer agamenõ car les grãs vins ꝗ viãdes ꝗ furẽt au souper dagamenõ tãt eschaufferẽt sa fẽme clitemestra ꞇ soribault egistꝰ ꝗls ẽtreprẽdrẽt ꝗ menerẽt afin la mort de agamenon. Leftuy zenocrates tresgrãt philosophe grec p̃sa sapiẽce si auctorise ꝗ sans faire sermẽt on le creoit de tout ce ꝗl disoit il fut tres obre ꞇ tres ẽtier en corps ꞇ en pẽsee tãt ꝗ aucũe femme ne le peut õcꝗs esmouuoir a luxure il desprisa tãt richesses ꝗ de cĩquãte marcz dor a lui pñtez ꝑ le roy alixẽdre Il nẽ prĩt ꝗ trẽte onces/ il fut si attrẽpe ꝗl ramena a la vertu dattrẽpance les hões desmesurez ꝗ dissoluz. Se la royne clitemetra eust veille par nuyten lestat de pourete/ et eust eue le soing du gouuernement de son hostel: et que elle eust garde sa chastete certain est que elle eust plus desire le retour de son mari ꝗ elle ne le doubta pource que elle sestoit a hontaigee et messaicte. Certes cest belle et moult saincte chose/ demourer auec pourete/ en petites maisons/ cest belle et monlt saincte chose daimer les lieux champestres/ et les lieux sollitaires et de desꝓfiser les choses superflues et vaines/ Et de penser aux choses celestes soubz vmbre des arbres emprès les clers puisseaulx. Et pour tant ceulx demandent grans dons a dame pourete/ qui veulent estre sauuement gardez en vne petite maisõ auec le phẽ diogenes l'ami de pourete et auec les curcioiz (les fabricioiz qui furēt amis de pouurete. Cestui dioge nes philosophe grec ne eut dcēs en soy aucūe desordōnee delectation ne couoitise: il q̄ esteit riche voult demourer en ung tōneau q̄ nauoit fors q̄ ung fōs. En ce tēps diuer le roy alixandre offrit a diogenes tout ce q̄l demanderoit, cil lui demāda seulemēt q̄l se ostast de sō soleil diogenes ne tit cōpte de soy ne de richesses/il fut poure voluntaire/il mesmes se seruoit en saccāt a philosophie. Pour enseigner au trup/il mēdioit sō viure q̄ vēdit soy mesmes en seruage/il rōpit ung sien godet de boys pesant q̄ cestoit supfluite/(q̄ apẽs beut a ses mais. Les curcioiz sōt dictz de curcius ung cōsul rōmain au q̄l auec fabricius mesmemēt q̄ sul de rōme furēt cōmises plusieurs batailles touchāt la cōqueste des romains. Et cōbien q̄ les curcioiz (q̄ les fabricioiz peussēt ouoir grās palaiz et delicieuses viādes/neātmois se gtentterēt de basses maisons/de petites viādes (q̄ robes (q̄ de pou de seruiteurs. Tādis donc q̄ ie souhaistoie viure auec ceste seure pourete et q̄ ie ploye belle/sanson vint deuāt moy qui formēt se scrioit en soy cōplaignāt de la tricherie (q̄ barat de dalida sa tres amee fēme et me requist q̄ ie ne parlasse plus des desirs que ie auoye en lestat de pourete (q̄ q̄ ie tournasse ma plume pour escripre son cas.

Le xvii. chapitre contiēt le cas du fort sāson qui en son tēps fut iuge gouuerneur (q̄ prince du peuple des iuifz. Et cōmēce ou latin. Pronunciante igitur.q̄ cetera.

An quatre mil quarāte quatre āps la creacion du mōde pour lors q̄ ascanius filz de eneas fōda la cite dalbāne sāson q̄ p vigt ans gouuerna le peuple des iuifz fut auāt sa natiuite denūce p lāge de dieu. Sā son filz dun iuifz appelle manne eut vne tresbelle femme/mais elle fut breihaigne fors q̄ de sō filz sāson q̄ fut sātifie de dieu dcs le vētre de sa mere. Et p le cōmādemēt de dieu il gardāt ses cheueulx (q̄ sa barbe sās coupper (q̄ soy abstinēt de boyre vin (q̄ seruoise/ creut (q̄ amēda (q̄ deuīt beau iouuenceau de force merueillable a tos hōes. Sāson mōstra les pmieres enseignes de sa force quāt il ala ou pays des philistins q̄ lors estoiēt fors (q̄ peuples por espouser vne pucelle/laq̄lle il amoit moult/car sāson cōe hardi (q̄ nō doubtāt occist ung lyon q̄ cōtre luy venoit le frōc leue/(q̄ q̄ soudainemēt estoit sailly dune fosse. Sāson ne dist a hōme la prouesse q̄l fist en tuāt ce lyon. Ceste chose fut noble demōstrāce de grāt courage car il attribua a dieu les grās faiz de puesse q̄ il mesmes auoit faiz. Oncq̄s sāson ne les declaira ouuertemēt se necessite ne le req̄st/mais sinablemēt cōe il retournast p le chemi ou il auoit passe/il trouua en la bouche du lyon q̄l auoit occis vne ruche de miel laq̄lle sāson mēgea p le chemi et vne ptie du miel il dōna a sō pere et a sa mere (q̄ aussi a sa fēme et luy seāt a la table il proposa au cousin dc sa fēme vng probleume cest a dire vne sētence de diuers entēdemēs q̄ fut telle dune beste q̄ les autres mēgue a este prise vne viāde cōuenable a hōme (q̄ la doulceur (q̄ sa vie est saillie hors du ne forte beste. Sanson pmisit trente draps de soye pour manteaux/et autretant pour robes a celle q̄ souldroit cestuy pbleume q̄ nestoit aucunemēt expose ne sceu. Se sanson p les flateries de sa fēme ne leust ouuert en di
eiii

ſant q̃ il cõe fort et hardi auoit oſte de la bouche du lyon qui eſt la plus forte des beſtes le miel q̃ eſt la plus doulce choſe des liqueurs dõt il auoit mẽgie par ce moyen les couſins de la fẽme ſaſon gaignerẽt les dõs ⁊ les ioyaulx q̃l auoit pmis a celui q̃ expoſeroit le p̃blenme. Quãt ſaſon apparceut ceſte choſe il fut trouble en courage ⁊ õmẽca hair ſa fẽme q̃l auoit pauãt amee.

Or aduint q̃ ſaſon delaiſſãt ſa p̃miere fẽme en eſpouſa vne autre/p quoy il deuit enemy des philiſtĩs/ les moiſſõs des blez eſtoient aſſez pres deſtre meures/ſi pourpẽſa ſaſõ vne nouuelle maniere de vẽgence dõt autres gẽs nauoiẽt poit vſe/car il p̃nt grãt nõbre de regnars et a leurs queues lya brãdons enflãbez et aps les chaſſa et enuoya pmy les champs de ſes enemis les philiſtins dont il bruſla tous leurs blez ⁊ leurs arbres portans fruictz et pour ceſte vẽgẽce ſaſõ courrouca les philiſtins cõtre le peuple des iuifz. les philiſtins requirent aux iuifz qlz leur liuraſſẽt ſanſon lye de cordes pour la vẽgẽce ⁊ ſatiſfaction de ſi grãt meſſait cõe il auoit õmis en bruſlãt leurs arbres⁊leurs blez. Saſon fut baille lie de cordes en la main des philiſtĩs mais ſaſon q̃ les lyans rõpit p̃ eſcourre ſes bras p̃ntla machouere dũ aſne q̃d auẽture eſtoit geſãt deuãt luy/⁊ de ceſte machouere en lieu dũe grãde maſſue/ il tua mil des philiſtins q̃ le trayrnoyent/ ⁊ les autres miſt en fupte et les deſcõfiſt. Aps ce q̃ ſaſon eut obtenue la victoire il mouroit de ſoif/ ⁊ p lourage de la puiſſãce diuine il vit q̃ de celle machouere ſailloit vne fontaine dont il but ⁊ fut tout renforce. Ceſte choſe merueilleuſe de ceſte fõtaine cõbla ⁊ agrãdit la vertu de ſaſon ⁊uers le peuple des iuifz ⁊ fut eſleu leur iuge. Ceſtuy office de iuge eſtoit pour lors la ſouueraie dignite ẽtre leſiuifz ainſi cõe aps fut la dignite royale. Au

cunes hyſtoires ont dit q̃ ſaſon tua le lyon de la foreſt nemea le q̃l on dit auoir eſte occis p̃ hercules/⁊ ſi ont aucũs cuide q̃ hercules ⁊ ſaſon fuſt vng meſme bõe/ laq̃lle choſe ie ne ſcay ſe ie dois affermer/ car ſe ie le cõtredy ia pource la choſe nenſera autre. Cõme dõcq̃s ſaſon depriſaſt les philiſtins pour tãt q̃ il tout ſeul les auoit deſcõfiz/il ſen alla en vne leur cite appellee gaſa et ſe loga ⁊ retzahit deuers vne folle fẽme auec laq̃lle ſaſon mignotoit ⁊ ſe iouoit p amours cõmunemẽt Les philiſtins ſont autremẽt nõmez paleſtins qui p diuerſes generacions deſcẽdirent de la lignee de ſem p̃mier filz de noe le pere ⁊ le fondeur des philiſtins eut nõ teſſloim̃ filz de meſtraim. Et encores furẽt les philiſtins autrement appellez alloph̃illoiz/ ceſt a dire eſtrangiers/ car ilz furent touſiours ennemis ⁊eſtrãgez des iuifz et mõlt ſeparez de leur lignage ⁊aliãce. Les philiſtis ẽtre pluſieurs citez ẽ curẽt vne apellee gaza fõdee p̃mierẽmt p les eneois q̃ p diuſeſgnatiõs deſcendirẽt dudit ſem et fut gaza ainſi nommee po’ce q̃ rãbiſes roy des pſois p retrapt et muca ſes treſors. Saſon ſoy leuãt pnupt dauec ſamie dalida p̃nt et trãſporta ſur ſes epaulles les portes de ladicte cite ſur la mõtaigne appellee ebron ⁊les arracha des gõds:cõ bien quelles ſuſſẽt fermees aſerrures ⁊errouers⁊clefz de fer ⁊puis dille c ſen alla ſaſõ ſans eſtre pris des ſeigneurs de la cite de gaza q̃ acelle entencion auoiẽt aiſi fermees leurs portes il neſt ia beſoing que ie die de ſanſon tant de choſes cõme ie pourrope bien dire/ car celles q̃ iay dictes ſõt grãs⁊ tres grãs po’ acq̃rir la haulteſſe de gloire ẽ quoy les folz hommes cuidẽt eſtre la bien eurete de leur vie mais ſeullemẽt il cõuient regarder et attendre la fin des choſes/ Car cellup neſt iamays bien eureux quant a ceſte vie qui meſchan

fueillet   xxßiiij

ment fine ses iours. Sanson q̃ par sa force corporelle et sãs armes auoit occis et froisse ung lyon q̃ due machoure dasne auoit tue mil hões ses ennemys t autre ii.mil il auoit mis en fuite. Sãson q̃ p sa force t puissãce auoit porte aux croupes des mõtaignes les portes arrachees t leurs gõs il ne fut mie si puissãt q̃l peust arrester le tournoiemẽt du ieu de fortũe, car cõe sãso se fiast trop e ñsoy mesmes et il apmast oultre mesure Une folle fẽme nõmee dalida q̃ demoroit ou pais des philistis enemis de sãso cĩq nobles hõmes philistie p pmesse de cĩq mil cĩq cẽs de niers dargẽt corrũpirẽt dalida am pe de sẽson po' ẽquir de lui q̃ q̃lle ptie fust la force de sõ corps. ceste dalid y plouroit deuãt sãson po'ce q̃ p deux foi' il lauoit mocq̃ t finablemt elle luy tira de la bouche pflateries t larmes t il lui dist cõe Urap estoit q̃ toute sa force estoit ẽ ses cheueulx. O bon dieu sãson hõme fort et cruel q̃ ung pou parauãt auoit este deceu p sa pmiere fẽme maitenãt est vaincu p les larmes et par les faictes folles dune ribaulde et cest abãdonne de rechief a deceuoir p elle. Dalida dõcques fẽme abondõnee a malices ap̃s q̃lle fut apͥnse et instruicte p les philistis ennemis de sãson cõmẽt elle acheueroit son ẽtrepͥse elle le dormit en son giron et apres par ung barbier elle luy fist coupper les cheueux, lesq̃lz il auoit gardez dẽsa natiuite sãs les toucher de quelcõque ferrement. Et dalida liura sẽson foible et desuertue come une femme es mains des philistins pour eulx mocquer de luy. Les philistins tãtost pcerẽt les yeulx dudit sãson foible cõe ung autre hõe, puis le misdrẽt en prison t le cõtraignirẽt tourner les meules des moulis a bras, ainsi cõe les cheuaulx les tournent, et a faire plusieurs autres Uilz mestiers. Ainsi fist la cõtraire cruaulte de sa fẽme, aisi fist la pitie de samie

dalida, aisi fist la noble loyaulte de fẽme, q̃ sãson q̃ p hõmes ne pouoit estre vaincu, qui p cordes ne pouoit estre lye qui p fer ne pouoit estre descõfist, il p les larmes dune fẽme fut vaincu t descõfit. Les enemys de sãson se mocq̃rẽt de luy q̃ pauãt lauoiẽt tãt craint et doubte. Certes se ie ne suys deceu le reuersemẽt de sãson fut grãt, et si ne le peut lõguemẽt endurer, car il estoit hõe de grãt couraige, sinõ entant q̃l se laissa vaincre p samie dalida, car cõe ap̃s aucun pou de temps la cheueleure fust ia reuenue t creue sur le chef de sanson, t ses forces pdues ia lui sẽblassent estre restituees, il aduint q̃ les philistins q̃ en ung iour solẽnel se estoiet assẽblez pour faire ung public sacrifice a leur dieu dagon pource q̃lz cuidoiẽt q̃ cestuy dago leur eust liure sãson pour en prẽdre vẽgẽce. Ap̃s que les viãdes t les tables furent ostees, les philistins cõmãderẽt q̃ deuãt eulx fust amene le maleureux sãson pour iouer et pour le faire rire en leur feste solẽnelle. Sanson q̃ p ung enfãt q̃ le cõduysoit fut amene deuãt les philistins, ap̃s q̃ en iouãt il les eut esbatuz et fait rire, pource q̃lz Uoyoiẽt q̃ p chãgemẽt de fortune sãso pauãt treffort estoit foible t aueugle, t sãson iuge t prince des iuifz iouoit et basteloit deuãt eulx. Sãson cõe hõe de fort couraige se fist cõduyre p lenfãt Uers les principaulx piliers de la salle aisi cõe se sãson se Uoulsist illec reposer, t ap̃s se agrappa a iceulx deux piliers q̃ soustenoient presq̃ toute la haulteur de ledifice, adõc sãson cõe hõe ĩdignãt espia et choisit cõuenable te de tẽps t a deux bras ẽbrassa ces deux coulõnes, et fist ung tel cry: ie vueil dist il q̃ auec sãso meuret tous ses enemys t lors il trahit a soy auec merueilleuse force les deux pilliers du tẽple de dagon et au cheoir de ces deux pilliers fut desrochie tout le palaiz, et furẽt froissez et

eiiii

mozt les princes des philistins auec
sason et auec ce en ce mesme desroche
ment furēt acrauātez trois mil hōes
et autretant de femes. Et p ainsi sā⸗
son qui p vingt ans auoit tenu la sei⸗
gneurie des iuifz fut despose des phi
listins ses ennemys/en tant qlz lup
creuerent les peulx par quoy il de⸗
uint si impatient contre sa vie ql or⸗
donna a soymesme vne maniere de
mozt dure et miserable parquoy com⸗
me dit est il se occist cōbien q̄ de ce fai⸗
re il eust cōsentement de dieu.

Le xviii. chapitre ple
encōtre les femes en ge
neral en les reprenāt de
leurs curiositez et subtilz
baratz. Et en especial
en ramenāt a memoire
la faulcete daulcunes et
les grās maulx dōt elles
ont este cause. Et cōmē
ce ou latin. Blanduz et
epiciale et cetera.

Femme est vng mal q̄ semble
souef/ et si est dommageux et
prouffitable a pou dōmes/ le
mal qui est en feme est auāt congneu
que exprimēte. Et certain est q̄ ainsi
cōme les femes ne se effozcēt pas de
recouurer le degre de cōpaignie dōt el
les furēt priuees par leur demerite p
le iugemēt que dieu fist contre eue en
hortant a adam quil pechast par puoy
entre eulx la cōpaignie fut defaicte en
tant que lōme fut ordōne seigneur et
chief de la feme/ et elle deuint subget
te par le diuin iugement du quel les
femmes ne tiennēt compte/ ains sef
fozcent par leur naturelle subtilite a
recouurer seigneurie sur les hōmes

et pource que les femes scauiēt que
a reprendre celle seigneurie les affecte
mēs du corps leur peuēt assez ayder/
elles entendēt et veillent a auoir la fa
ce reluisante par couleur vermeille et
viue a auoir les yeulx longe persans
et vers/ la cheueleure iaune cōme for
la bouche rōde/ le nez long/ le col blāc
et poli comme puize quil soit droit et
esleue sur deux rondes espaules/ la
poictrine enflee par deux tetins ou
draps ou cōtrefaiz/ dure et rondz/ les
bras longe/ les mais delies et tenues
et les dois estenduz/ le corps graelle et
petit pie/ les femes qui doubtēt que
delles mesmes ne soient pas saiges
demandent apres conseil entre elles.
Et ce qui est en leurs corps oultre me
sure/ elles le trenchent par art et four
nissent les deffaulx p merueilleuse sa
gesse/ car se aucūe ptie de leurs corps
par maigresse est trop tenue elles lex⸗
tendēt et egroissēt p viādes emiellees
et par souppes. Se le corps des fem
mes est gras oultre mesure elles le sce
uēt amaigrir par pou mēger et p viā⸗
des aigues/ se ou corps des femes est
aucūe ptie courbe ou bossue/ elles la
dressēt p recourber a la ptie contraire
Se elles ont les espaules trop haul⸗
tes elles sefforcent de les abaisser par
leurs maintiens/ se elles ont les colz
bas elles sefforcent de les alongir en
hault. Et ainsi font elles des autres p
ties trop courtes/ elles adressēt les p⸗
ties recourbees. Il est bon q̄ ie dye par
quel art elles affaictēt lēfleure de le⸗
urs mais/ les lātilles de leur face/ les
taiches de leurs peulx et les deffaulx
des aultres pties aus qlles les femes
remediēt sās appeller le saige mede⸗
cin ypocras/ les femes apes sceuēt fai
re iaunes leurs cheueux et blons par
eaues et p lexiues et les faire roides et
crespes p vne esguille dacier chaulde
et les faire rōds a maniere dun anel/
elles sceuēt eslargir le fronc quant il

fueillet xxix

est trop estroict pour arracher les peulz elles sceuent desioindre et departir les sourcilz se ilz sont trop estenduz et sarrez et les attenuir. Se les dentz dauenture leur sont cheues, elles en font dautres diuire/elles ostent a vne piece de voirre les peulz et les cheueulx que len ne peut oster au rasouer: et par souuent raire elles attenuissent leur cuir sil est trop gros ou trop rude: ainsi sceuent elles eulx assaicter par art que celles qui semblent estre laides / ains quelles soient attournees: Tu iugeroies que ce fut la plus belle venus quant elles sont attournees. Il nest ia besoing que ie die / par quelle maniere: elles ordonnent leurs cheueulx iaunes: par quelles flouretes elles les aornent de chapeaux / par quelles bendes dores et de pierres precieuses: de couronnes / de couurechiefz: elles agencent tellement leurs cheueulx quelles en laissent vne partie voler au vent. il nest aussi ia besoing que ie parle de leurs robes. Les femmes sont a tant venues / quelles vestent robes de pourpre reluisantes dor et de pierres precieuses ainsi comme les roys. Les femmes de grenoble contrefont les habiz aux femmes dostun ou de celles degypte / ou de celles de grece/ ou de celles darabie/ Car aux femmes de italie ne souffit pas habit ytalien. finablement les femmes pour trespercer plus aguement les pensees des hommes ont vng autre barat de deceuoir les hommes / car elles ont aprins vne maniere daller mignotement de monstrer a descouuert leurs poictrines et leur sein de descouurir vng tantet de la cuisse comme elles sceuent aussi de quelle partie de loeil elles doiuent regarder les hommes en gupgnant pour les attraire: et comment elles leur doiuent dire. Vne chose aussi est que les femmes scauent bien cestassauoir monstrer quant il est

temps quelles nont cure de la chose quelles veullent. Je messorce pour neant de monstrer les ars et les baratz des femmes / car pas ie ne les scay car ie compteroie plus tost les grauelles de la mer que ie les sceusse escripre / touteffois les choses que iay dictes sont toutes manifestes: ie croy que ce soit plus honneste chose de taire que de racompter quelles parolles emmielleez et doulces dient les femmes aux hommes quant Ilz sont en leur chambre / quelles flaterie et quelles mignoties / quelles larmes se besoig est: lesquelles font grant seruice aux femmes: car par leurs larmes souuent elles obtiennent tout ou partie de ce quelles demandent: Plusieurs nobles et autres hommes qui regardent les femmes: en sont prins et deceuz tressouuent car atelz regardeurs ne chault de vertu ne de honnestete mais seulement de la delectation charnelle. Les gupgnardeux de femmes peuent veoir les chaynes quilz mesmes ont forgees par leur ardant desir / qui sont si fortes quilz ne lespeuent rompre: parquoy les hommes encheent souuent en perdition. Las moy la grosse et rude forme des femmes estoit assez cause de dommager et de nuyre aux hommes sans ce que les femmes eussent controuue tant daffaictemens et douurages pour agencer le corps. Par celle rude forme de femme fut pour certain deceu le premier homme par ces affaictemens de femmes fut deceu paris filz du roy priam / egistus en fut prins aussi fut sanson. Par ces filez a prendre loupz fut hape hercules: qui fut si grant deuant tous hommes mortelz que les autres se peuent excuser par luy: hercules fut tellement prins par les filez des femmes quil non pas seullement il oublia sa tresamee femme depanira: mais il oublia soy mesmes et sa tresgrant renommee du tout ｒ hercules se rendit si obeyssant aux commandemens d'une pucellette: c'est assavoir de yolis sa mye qu'il filla ｒ fist aultres offices de femme, apres qu'il eust mis ius ｒ delaissez tous les exemples de vertu ｒ de proesse. se la femme d'hercules yolis a peu faire si grande abusion en hercules si grant homme par ses yeulx mignotans, ｒ les attours de sa beaulte de corps: et par l'ingenieux beau parler il n'est pas merueille se autres hommes en sont prins. Cestuy hercules fust corrumpu par sa mye yolis non pas en l'aage que les flambes d'amours sont eschauffees: mais qui est plus laide chose, et hercules fust corrumpu pres de l'aage de vieilesse. O femme tresdoulx mal dommes mortelz, or n'est il chose qui puisse estre couuoitee que tu ne veuilles. Il n'est chose que tu ne assouuisses puis que tu l'oses entreprendre. Puis donques que les femmes sont si fortes ｒ nempes de la franchise des hommes: ie vueil que contre elles les ioueunceaulx regardent a yeulx ouuers ｒ iugent apres ce qu'ilz ont veues les beaultez de leurs corps. Le destruiemēt de troye qui par femme fut arse, le murtrissement d'agamenon qui lui auint par clitemestra sa femme: la parceuse vie de hercules fillant ou giron de sa mye yolis, ｒ l'aueuglesse de sanson ie vueil que les iouuenceaulx pensēt l'engin les ars ｒ les laz des femmes ｒ que ilz regardent soubtillemēt quātes ｒ quelles choses de sloyaltes soiēt musees soubz celle de liee pellette de la bouche des femmes qui sēble pigmentee, ｒ si portent dedens elles aucunes choses si horribles que neiz les voultours n'y oseroient toucher, ｒ si doiuent les iouuenceaulx regarder p̃ les yeulx de la pensee quelles choses soient mucees soubz les robes des femmes qui sont d'or ｒ de pourpre. Se les hommes regardoient quoy ilz sont, ｒ pourquoy ilz sont nez frās, ilz ne voudroient point eulx soubzmettre a fēme qui est vne beste que hōme ne peust doubter. Et ce ses choses parauant dictes ne peuent mouuoir les ieunes hommes des laz des fēmes, ie vueil au moins que les meurs les espouentent, et les facent raux de non soy embraser de l'amour des femmes. Certes les meurs des femmes sont telles, car femme est vne beste tresauaricieuse, courrouceuse, muable desloyale, luxurieuse, cruelle ｒ qui plus couuoite choses vaines que certaines. Se ie mens au moins le sois ie apparent: car dalida liura sanson a ses ennemps pour l'auarice de l'or qu'ilz lui donnerent. Erudice encusa amphiaraus son mary soy mucant, affin que erudice eust vng fermail d'or quelle auoit couuoite. Ceste erudice fille de thalaon roy des arginois fut femme de amphiaraus euesque de la cite argos. Comme amphiaraus eut eu response des dieux qu'il mourroit en la bataille de thebes se il alloit il se destourna, ｒ son destour il reuela seullement a erudice sa femm e, le roy adrascus chief d'icelle bataille, ｒ les autres nobles de grece queroient amphiaraus ｒ ne le pouoient trouuer, pour le mener en la guerre. Or aduint q̄ erudice dit que argia femme du roy polinices portoit vng beau ｒ riche fermail le quel elle couuoita ｒ dit a argia que se elle lui donnoit elle lui enseigneroit son mari: laquelle chose faicte amphiaraus alla en la bataille de thebes et illec par vng tremblement de terre il fut englouti ｒ erudice apres fut tuee par almeon filz de amphiaraus au q̄l filz il auoit enioinct de faire la vengeance quant il ala en la dicte bataille. Danes fille de acrisius roy des arginois qui ouyt dire qu'il mourroit p̃ la mai de celui qui naistroit de sa fille, il fist enferrer danes en vne tour. Comme

Jupiter roy de crete eust ouye la renommee de sa grant beaute: il qui par la porte ne pouoit entrer monta par les thieules du toit, et apres plusieurs dons et promesses d'or et d'argent Jupiter engrossa danes: et depuis quelle sceust soy estre condampnee: par son pere acrisius elle fist son complot avec iupiter de sen aller par nauire avec ques luy/pourtant les poetes qui fables meslent avec hystoires dient que iupiter descendit en son giron par les thieules en guise d'or: car par les dons d'or et d'argent iupiter corrumpit la virginite de danes. Aragnes se pendit a ung tref pource que palas la desconfist de faire plus soubtilz ouuraiges tant eut de courroux en elle. Ceste aragnes fut une femme ignoble du pais d'asie et fut fille de Idmon ung taincturier de laines. Selon aucunes hystoires elle fist premierement les rez et les filez a prendre poisons et oyseaulx et eut ung filz appele clostor qui trouua la maniere de faire les fuseaulx a filler lin et laine: et pource aragnes eut seigneurie et renon singulier de tixerandie en son temps /ou quel mestier elle fut de si grant engin que par texture elle faisoit tout ce que ung paintre faisoit de ung pinceau: et comme elle fut renommee nonpas seullement en asie: Mais en estranges pays /elle fut si esleuee en son couraige quelle estriua et disputa de son mestier contre palas trouueresse du mestier de lin et de laine: mais comme aragnes ne peut endurer paciemmēt soy estre vaincue de palas elle se pendit a ung laz: mais par ses amys qui la furent elle fut sauuee et gardee d'estrangler. Amatha la mere de lauinia fut femme du roy latin: et lauinia fust femme d'eneas. Quant ceste amatha vit que eneas eut desconfit turnus et que lauinia demoura femme et espouse du dit eneas /elle se pendit par courroux

et desdaing pource que autrement remedier ny pouoit Philis impaciente et enragee de luxure se pendit a une hart pour l'amour de demophon. Nisus roy des megarensois ne deuoit soy mesme ne sa cite plus seurement abandonner fors que a scilla sa fille/et touteffois elle eschauffee par luxure/ liura son pere nisus/ et son pays au roy minos ennemy dudit roy nisus car quant scilla vit que le roy minos auoit assegee la cite du roy nisus/elle consentit et traicta la mort de son pere et la prinse de la cite affin quelle dormist avec ledit minos. Aucune part ne devoit estre plus seur agamenon que ou giron de sa femme Climestra et toutefois elle l'ya et envelopa son mary agamenon le liura a son ribault egistus pour occire et tuer. Je laisse a racompter la mauuaise loy que fist semiramis la royne de babiloine affin quelle assouuist l'entreprinse de son ordre luxure. Ceste semiramis tresancienne royne des assiriens fut femme du roy ninus: et pour la grande anciennete delle on ne treuue pas de quelz parens elle fut fors que les poetes dient quelle fut fille de neptun, que les payens appellent dieu de la mer: par quoy ilz donnent a entendre qu'elle fut de noble lignee. Elle fist tant grans prouesses et si notables faiz en armes et autrement quilz souffiroient a ung homme de quelconque force: Mais toute la clarte de ses faiz elle se obscurcist par une loy quelle fist et donna a ses subgetz: c'est assauoir que par quelconque maniere quil leur plairoit ilz fissent sans difference de lignage les oeuures de nature affin que semiramis fut excusee de ce quelle avoit dormy avec plusieurs hommes: et en especial avec son propre filz iolis comme dit est deceust hercules par flateries. Bersabee femme egyptienne deceust le roy salomon tant quelle le fit ydolatrer. Cleopatra royne degypte deceut anthoine nepueu de Julius cesar car par lenhortement de cleopatra anthoine tendit pour soy alempire de Romme, et il finablement par desespoir se tua. Medea fille du roy oethes desroba les tresors de son pere: elle destrencha son frere et par sa grat cruaulte elle murtrit ses propres enfans. Prognes ne tua pas seullement son filz itis: mais elle le presenta tout cuit a menger au roy theseus son pere comme iay dit au 8e chapitre precedent il nest ia besoing de compter plusieurs exemples, pour monstrer les meurs et les condicions des femmes. Vous doucques iunes hommes (aueugles par lamour des femmes alez) vous mettez en leurs laz: abandonnez voz ames et voz biens a si loyale, si piteuse si benigne beste come est femme: dictes voz conseilz aux femmes: donnez leur voz substances et richesses. Se aucuns hommes dient quilz nont pas si grandes forces comme auoit hercules et quilz dient aussi que hercules fut deceu par femme: et quilz dient que il conuient soy adonner a conuerser les femmes pour en auoir lignee: et que toutes femmes ne sont mie si mauuaises comme celles que iay cy par auant nommees ie leur respons quil est vray ce que ilz dient mais touteffois ie vueil quil leur souuiegne que se nous ne pouons estre si fors comme hercules qui acrauenta le geant antheus. Se nous ne sommes si fors que nous ne puissons tuer le tirant diomedes: se nous ne pouons desconfire le fort roy gerion qui auoit, comme len dit, trois testes ou se par noz forces nous ne pouons trayner et abatre le cruel chien cerberus a trois testes: lesquelles proesses toutes sist le preu hercules come dit est cy deuant ou xii. chapitre, nous pouons touteffois par bonne vertu de couraiges estre plus fors que ne fut oncques hercules car nous pouons a laide de raison resister a la dissolue luxure qui fist mignoter et pourrir hercules ou giron de iampe yolis: et aussi come hercules par force de corps batailla contre les cruelles bestes (et contre les hommes fors: aussi pouons nous combatre par vertu et par force de courage contre les vices du corps, comme nous pouons veoir par lexemple ensuyuant. Les poetes et aussi les historiens dient que le roy Vlixes apres la destruction de troye chemina en la mer par quatorze ans et arriua a ung port dune cite de champaigne de romme que len appelle gayette pres dune montaigne appellee cireus. Ceste circe enchanteresse et magicienne fut fille du soleil roy de colcos: et par sa sa femme, ceste circe nee en lisle de colchos vint en ytalie par vne maniere que len ne scet. Et selon ce que dient les poetes elle mua plusieurs hommes et en especial les compaignos dudit roy Vlixes en figure de diuerses bestes comme sont chiens, loups, lyons, ours et oyseaux. Et telles mutatios des figures faisoit circe par faulx ars de magicque. Et ceste fiction cotient celle vraye hystoire: car certain est que circe seur de oetha roy de lisle de colchos fust femme dissolue en luxure belle et gente de visaige et de corps. Et pour desseruir les folz hommes satournoient en diuerses manieres tant pour lui plaire en luxure, comme pour la fournir de ses attours. Et vray est que quant femme est dissolue a diuers amans: ilz groucent lun a lautre et abayent comme chiens, ilz robent eulx mesmes, et autruy come loups: ilz vollent et saillent de lieux en lieux comme oyseaulx: ilz se en orgueillent comme lyons, ilz rampent et montent comme font les ours. Ceste circe par ses bruuaiges ne peut de ceuoir le saige roy Vlixes/les doulx chans des sereines ne le peurent arrester:ne tenir/les poetes feignirent q̃ en la mer sont trois sereines la moitie de leur corps est en figure de pucelles/ τ laultre moitie est en figure doyseaulx/ et ont aelles et ongles lune de ces trois sereines chãte de bouche a voix serie lautre chãte en vne chalemie τ lautre chante en vne harpe. Les trois sereines par leurs doulx chans tellemẽt attraiẽt les hõmes nagens en mer q̃lz entroublyent de gouuerner leurs nefz: et par ainsi perissẽt Ces trois sereines selon la verite furent trois folles femmes qui demouroient τ habitoient jadis en diuers portz de mer/ces trois femmes p̃ leurs deceuables doulceurs metoient a pourete tous ceulx qui sapprouchoient delles. elles auoient aelles τ ongles car amour de folle femme blesse τ vole dun lieu en autre/elles habiteut es portz τ es isles de la mer: car ven⁹ la deesse damours fut engendree en la mer car en la mer: cest adire en la bondance des richesses mondaines fut τ encores est nourrie luxure Il nest homme qui droictement puisse vaincre les autres se premierement il ne peut vaincre soymesmes Se doncques tu soubzmarches τ desconfis la desordonnee luxure que tu portes dedens ta pensee les femmes ne te pourront prendre ne enlacer en leurs filez ne en leurs laz. Et combien que les femmes soient desirables pour lamour du bien de lignee qui vient par moyen des femmes a quoy ie me consens/toutesfois nous ne deuons pas soubmettre a elles se nous sommes hões viuans selon raison. Nous deuons mõstrer aux femmes p̃ quoy no⁹ les auons en chierte τ en amour mais lenne doit pas seullemẽt soy garder de donner seigneurie aux femmes euers les hõmes/ ains ne leur en doit on de

fueillet xxxi

partir aucunemẽt/ainsi cõe aucũs ef feminez ont fait en leur tresgrant dõmaige. Len ne doit point aucunesfois croire aux larmes des femmes ne a leurs cõplaintes: Len se doit garder de s malices des femẽs aĩsi cõe len se garde du nennemy mortel. Et pas ie ne dy ne afferme pas en mon courage q̃ toutes femẽs soiẽt ainsi puerses et mauuaises cõe sõt celles q̃ iay dessus nõmees: Il nest hõe q̃ ne saiche q̃ est si grant multitude de femẽs soient aucunes piteuses attrempees tressainctes τ tresdignes de souueraine reuerence: ie ne compte pas entre celles q̃ ie parle les femmes crestiennes dont les plusieurs ont este de grant enterinete de pensee en gardant virginite simplesse/chastete auec constance/et autres grans merites Et aussi entre les femmes payennes aulcunes ont desserui tresgrans louenges. et se aucunesfois len treuue telles femẽs vertueuses crestiennes ou autres on les doit aimer τ hõnourer τ les fort eslleuerplus q̃ les hõmes qui pareillemẽt seroient vertueux cõe elles: car ainsi cõe la vertu τ la force de hercules seroit plus a louer τ a merueiler en vng homme nain que en briarcus qui fut vng grant geant: aussi doit len plus recomander vertu en vne femẽ que eu vng hõe mais pource q̃ trespou de femes sont bõnes τ vertueuses ie te cõseille que tu les fuies toutesfors q̃ en leur paiant la debte pour auoir lignee affin que tu ne recõtres vne mauuaise femẽ. tãdis que tu quiers en auoir vne bonne car tel quiert vne telle femme comme fut lucresse la treschaste/qui rencõtre sempronie ou calfurnie qui furent deux folles τ luxurieuses femmes

Le xix. z derrenier chapitre
cõtient les cas de pirr⁹ filz
de achilles de enaã le roy de
archadie z de palas son filz
z cõmence ou latin Nondũ
satis. zc.

Ie ne auoie pas assez escript
encores cõtre le mauuais de
lict des femes ne cõtre la fo
lie des hões q̃ ont este perdus pour la
mour delles quãt ie ouy ung grãt cri
de nobles hões plourãs po⁹ leurs ma
les fortunes: entre ces nobles plorãs
estoit pirr⁹ le filz de achilles. Cestuy
achilles filz de peleus roy de thessalie
z de thetis fut tresp̃eu z fort estre to⁹
les grecz q̃ furent ou siege de troye.
Chiron frere de ladicte thetis apr̃t z
enseigna a achilles la sciẽce de mede
cine de sirurgie les loix toucher la har
pe/ z toutes disciplines d'armes: il eut
ung cousin apelle patrocl⁹ fort cpreu
cheualier q̃ fut tue de hector en la ba
taille de troye Achilles dõcq̃s voulãt
venger la mort de sõ cousin patrocl⁹
lespia lõguemẽt z finablemẽt tua le
dit hector z le trayna enuirõ les murs
de troye: finablemẽt cõe achiles allast
soubz saucõdupt deoir sa mye polixe
na fille du roy priã il fut espie de part
q̃ l tua ou tẽple dapollo assez pres des
murs de troye Pirr⁹ dõcq̃s qui p̃sq̃
fut le premier des grecz qui print port
z vint a terre seiche ap̃s les torment⁹ z di
uers chemins q̃ les grecz firẽt en mer
depuis q̃lz eurent prinse z arse la cite
de troye cestui pirr⁹ en retournãt en
grece fut pirrate/ cest adire fut larron
robãt p̃ mer. Ap̃s q̃ il fut ariue en gre

ce il bailla a helen⁹ filz du roy priam
ãdromatha iadis fẽme de hector laq̃l
le pirr⁹ auoit eu a sa part de la proie et
en lieu de ceste andromatha ledit pir⁹
amena auec soy hermõia fille du roy
menelaus z de la belle helene. Ceste
hermonia p̃mierement fut fẽme de hore
stes filz d'agamenõ z cõe ap̃s la mort
dudit agamenõ egistus eut occupe le
royaume de micenes z ledit horestes
senfust souy pir⁹ osta audit horestes
ladicte hermonia/ cestui pir⁹ q̃ a certes
est nõme entre les maleureux se com
plaignoit deuãt moy pource q̃ fina-
blemẽt il fut tue par ledit horestes: ou
temple dapolo en la cite delphos par le
barat z cõseil de machareus p̃stre de
cestui tẽple q̃ audit horestes enseigna
la maniere doccire en desponrueu le-
dit pir⁹. Cestui machare⁹ filz du roy
eol⁹ aima deshõnestemẽt sa seur cana
ces. Ceste seur cõceut de son frere z en
fanta ung filz: cõe machare⁹ par une
nourrice enuoyast lenfant pour estre
nourri hors de lostel royal/ lenfant
cõe maleureux brayt et cria si hault
que le roy eolus lentendit. Et il court
rouce pour le desloyal fait comman-
da que lenfant fust donne aux chiens
pour estre deuore le roy aussi par ung
varlet enuoya une espee a sa fille ca-
naces affin quelle fist de soy ce quelle
auoit desserui mais les hystoires tai
sent se elle se occist toutesfois macha
reus sentant son horrible pechie et le
courroux de son pere sen fouyt et de
uint p̃stre ou temple dappollo en la
cite d'elphos qui est une cite en grece
ou fut en lonneur dappollo fõde ung
temple ouquel il donnoit responses
aux demandes que on lui faisoit sur
les choses doubteuses. Cestui appol
lo premierement donna respõses ou
mont appelle pernasus ouquel il eut
ung temple que la gent payenne luy
fist pour le merite du terrible serpent
phiton que apollo illec tua de son arc

fueillet xxxii

De cestui merueilleux temple est la facon descripte par iustinou xxiiii. liure des hystoires. Apres cestuy Roy pirrhus senoit enander roy de archadie qui est lune des parties deurope/ ceste archadie est le droit port des deux mers qui enuironnẽt achaie /que len dit la moree et par ainsi archadie et achaie sont vne mesme contree qͥ prit anciennemẽt son nom de archas filz de Jupiter et de caliste. Cestuy archas ramena a sa seigneurie celle partie de grece et de son nom lappella archadie qui en autre escripture est nõmee scitionne pour le Roy scition qui illec institua vne moult grãt et rendmee seigneurie q͂ fut apellee le royume de scitiois. En archadie sont trois choses notables/ cest assauoir vng grãt fleuue appelle crimant : et vne pierre appellee abescon que len ne peut estaindre depuis quelle est emprinse de feu et illec naissent merles tresblans. Le roy doncques enander qui en signe de tristesse auoit ses cheueulx tous respars sa barbe despecee et sa robe decirree gemissoit a haulte voix tremblãt et maudissoit soymesmes : pource que ou temps de sa vielesse il auoit pdu son filz palas grãt fort et beau iouuenceau. Cestuy palas filz dudit roy euãder vint en laide et secours de eneas de trope q͂ lors guerroioit en ytalie contre turnus roy de pueille/ pource que eneas et turnus tous deux tendoient a auoir a femme lauinia fille de latinus le roy des laurencois leq͂l palas fut tue en bataille par ledit turnus qͥ du fer dune lance luy fist vne playe dont louuerture auoit trois piez de long et la longueur de son corps surmontoit les murs de romme de hauteur. Vng fossayeur trouua dedens terre assez prez des murs de romme le corps dudit palas tres cõe se de nouueau il eut este enseuely : cõbien quil eust illec geu p pl⁹ de ix. cens ans. aps ces trois maleureux nobles hommes senoient plusieurs autres cuydans que ie deusse tous escrire le cas mais ie considere la nature des hõmes / car cõbien q͂ no⁹ soyons nez a labour et a peine/ touteffois ne auons nous pas membres de fer pour tousiours labourer. Je doncques qui suis lasse de escrire me vueil vng pou reposer. et si vueil partir monoeuure commencee par diuers liures : cestassauoir p neuf Et par ainsi le premier liure prendra icy sa fin : et ceste diuision de monoeuure. ie ne la fais pas affin que ou proces de tout ce liure ie vueille mettre aucune diuerse consideracion entre les choses ia dictes et les choses adire cy apres /car toute la generalle entencion de cest oeuure tent a vne mesme fin/ par ce ia ne seroit necessite de la diuiser en pticuliers liures/ mais nous diuisons cest oeuure affin que nous facions selon la maniere des pelerins errans qui partent leur chemi : par certaines bournes /aucunesfois par vne belle pierre /aucunesfois par vng viel chesne ou par aucun monstier ou par aucune fontaine clere affin quilz mesurent plus legierement combien de chemin ilz ont fait : et combien ilz en ont a faire. Et affin aussi que les pelerins puissent plus clerement mõstrer en pacomptant leurs aduentures. Aussi nous partirons cest oeuure par neuf liures distinctez. combien que elle peust proceder par vng mesme chemin sans faire diuision / Affin que quant par aulcunes causes/ nous vendrons a compter le cas daucun noble homme Nous dirons que Illec est la fin du liure : Ainsi comme se nous deussions faire vng pou darrest en mettant vne bourne : affinque par telles bournes mises / au commencemens et a la fin des neuf liures : Les liseurs prengnent delict par lesperance que ilz ont destre tost

a la fin: et que Ilz ayent plus aysee
memoire de lystoire quilz vouldront
recorder.

¶ Cy fine le premier des neuf liures
Jehan Boccace: des cas des nobles
hommes et femmes maleureux.
Et apres commence le second liure.

fueillet xxii

Icy cõmence iehan Boccace le pro
logue de son secõd liure en demõstrãt
cõe les nobles hões et femes doiuẽt es
mouuoir leurs cueurs a huilite et cõbi
en q̃ enso p̃mier liure il ait mõstre par

plusieurs exẽples les maleureux cas
d'aucũs nobles et de iceulx ont este a
moind'ris et mis a neãt par les trebuchetz
de fortune q̃ est muable la q̃lle eslieue
trebuche et reuerse et semocq̃ de hõe mõ
f i

daine a son appetit: en continuant sa mesme matiere le veult plus amplement monstrer (par plusieurs exemples affin que ou temps aduenir il induise les courages des iouuenceaulx estre humbles (considerer les maleureux cas de leurs predecesseurs ainsi rabaissez p fortune.

Aucuns par aduenture diroient que p les exemples dessusdits iay assez monstre qlles sont les forces de fortune (t qlle est la muablete des choses de ce monde (t coment lesperance des mondaines bieneuretez est deceuable (t la gloire de ce monde est muable (t vaine vray est q les nobles courages pourroient soy ramener au droit chemin de vertu, non pas seulement p tāt de exemples come iay cy dessus ou premier liure / mais p vng seul exemple sil estoit bien entendu (t mis a oeuure p aulcun homme noble p vertu de courage: mais ie ne laboure pas seulement pour ceulx q sont si nobles en courage: car plusieurs sont tellemēt appuyez aux choses temporelles q a peine sentent ilz laiz bruiant p la force du tonnerre q tousiours tempeste dedens les nuees. Et p ainsi ilz ne appercoiuent point les paroles de ce liure qui ne font pas grant son: mais ie pēse q quāt les hōes serōt fer⁹ du continuel rebōdissemēt des cas (t desfortunes des nobles tāt hōes cōe femes q apres serōt racōptez: ilz amolliront leurs cueurs durs cōe pierre de aymāt, p le lōg cōpte des histoires ainsi cōe vne dure pierre se pse pleaue q cōtinuelemēt chiet (t degoute sur elle. si rens graces a ceulx a q il souffit q iaye laboure iusques cy mais ie vueil dire ē oultre po⁹ seruir aux autres: qui veullent oultre ouyr les cas des nobles. Et ie appercoy lhystoire aquoy ie suis appelle, car Saul le premier roy des iuifz si fort crie par sa dure fortune quil ē plist tout le monde, et se presente deuant moy en son cruel visaige et puis rabaisse sa voix en sangloutissant, (t luy en se laissant cheoir sur la pointe de son espee mortelle se complaint pour ses dures fortunes et miseres, (t semble que le mauuais esperit le demaine ainsi comme il souloit Iadis quant il fut roy. Ie prens doncques voulentiers ledit roy saul deuant tous autres meschās, affin que il soit cōmencemēt de ce secōd liure pource q deuāt tous les autres iuifz le gouuernemēt de la chose publicq luy fut baillee et cōmise. et lequel fut tres craint et redoubtez tant des israelites comme dautres nations de gens.

Le premier chapitre contient le cas de saul qui fut premier roy des iuifz oinct (t sacre par les mains du bon prophete samuel par lordonnance de dieu. Et commence ou lati. Erat igitur etc.

Entre les Juifz que len nomme autrement Israelites estoit iadis vng homme de la lignee Beniamin. Cestuy beniamin fut filz de Jacob le patriarche et de la belle Rachel sa femme, laquelle mourut en enfantant Beniamin, lequel fut laboureur de terres et nourrissoit grans troupeaux de diuerses bestes. Cestuy auoit vng filz appelle saul, lequel dieu esleut pour estre roy des iuifz qui crioient contre luy pour auoir entre eulx vng roy. Et la cause qui meut dieu de faire saul roy fut pource quil estoit long et fort de corps & de beau visaige oultre les autres. Cestui saul par vng iour estoit allé querir les asnesses de son pere qui se estoient esgarees. Et quant ne les trouua aucune part: voulant oultre enquerir ou elles estoient allees par lenhortement dun enfant qui estoit auec lui vint au prophete samuel qui parloit par la bouche de dieu. Apres ce que samuel eust fait apprester adisner pour saul, & eut mis deuant lui vne espaule de mouton samuel par lad monnestement de dieu respandit sur la teste de saul vne burette duylle consacree & le oignit & ordonna pour estre roy des iuifz, en ceste chose saul bieneureux/mais quil fut aduenu de lui ce que le peuple cuidoit. Le iour apres son vnction saul fut receu come prophete en la compaignie des aultres qui prophetisoient de quoy tous ses parens se esmerueillerent. et au vray dire ceste aduenture fut tresbien euree. Car rien plus delectable ne peut auenir a mortel homme, que de congnoistre clerement le secret qui est en la pensee de dieu touchant les choses ouenir. Apres que saul nagueres quereur danesses fust esleu Roy des iuifz par le sort que samuel geta q parauant estoit iuge des iuifz /icelui saul se monstra en habit royal deuant le peuple disrael ou lieu q len appelle maspha qui est vng lieu /ou quel samuel transporta larche daliance. cest adire larche ou estoient encloses les tables ou dieu escripuit la loy donnee a moise laquelle arche est maintenant enclose dedens vng autel de saint iehan de latran a Rome. la facon de ladicte arche & les choses encloses en icellle sont declarees par les docteurs qui escripuent sur le xxv. chapitre du liure/ nommé exode. Adonc saul

po' la dignite royale q̃ leut receue eut autre couraige quil nauoit parauant et seut deuenu trop plus grant quil nauoit acoustume/il vint arme auec son ost contre naas roy des ammonites qui guerroient contre vne nation de iuifz appelles iabites /qui estoient contrains de eulx rendre audit naas soubz condicion quil leur osteroit les y eulx dextres/mais apres que sauleut occis et chasses les amonites il tua le cruel roy naas et apres retourna victorieux en son pais auec grat pillage et despouille /dont les amys de saul euret être eulx grant leesse Apres ces choses saul p̃ sa force et hardiesse subiuga p̃ plusieurs fois les moabites/q̃ estoiet vnes gens descenduz de la ligne de moab qui fut filz de loth qui eut deux enfans. Cest assauoir moab et Amon/Desquelz descendirent les moabites & les ammonites qui molt psecuteret les iuifz en faisant leur conquestes. Saul aussi vainquit les palestins qui habitoient en la prouince appellee palestine dont la cite metropolitate iadis eut nom philisti & maintenat elle a nom astalon. celle putre deuers oriet touche a la rouge mer & deuers midy a iudee & deuers septentrion a lisle de thir/ & deuers occidet elle fine e egipte saul auec ce se ocist a lespee les ydumees q̃ estoient gens q̃ descendiret de la lignee esau/ autrement nomme ebdon / qui fut de la lignee de sem premier filz de noe/laquelle lignee possedà et tint la terre de midy et de soleil leuant iusque aux pheniciens que len dit affricans. Saul espouanta les Roys des ydumees tant quilles en fist fuir deuant soy & desconfist apres les amalechites. Et par le comandement de dieu sans auoir mercy ne de viel ne de ieune il effaca et ocist iceulx sans espargner ne grant ne petit fors q̃ leur roy agag que saul auoit garde contre le comandement de dieu et dont saul fut re

f ii

prins mais apres saul commanda q̃ ledit agag fust occis en vng notable(et religieux lieu appelle galgala Dont fut Eliseus le prophete. Et ou quel saul fut secondement oingt p̃ samuel pour estre roy des iuifz: ia nest mestiez q̃ ie escripue toutes les victoires du roy saul ne toutes les proies qʼil gai gna en bataille ne tous les honneurs quil amassa en desconfiant ses enemis Tout le pays q̃ est enclos du fleuue apelle pelusius iusques a la mer rouge/ exceptez les Sichanites: le Roy saul vainqst (et conquesta p force dar mes:(et p sa vertu de corps moyenant dieu q̃ a ses entreprinses donna faueʳ (et bieneurete. Le roy saul dõcques fut renõme (et doubte tãt p sa gloire (et re nõmee des choses qʼl auoit faictes cõ me pour la noble ligne de ses enfãs(et pour le tresgrant atour royal qui en cores nestoit venu auãt iusq̃s adonc Et fut saul noble (et resplẽdissãt entre tous les roys du pays dorient. Car des richesses pillages que le roy saul auoit conqstez sur ses ennemis en ba tailles: Il feist faire chariotz batail leretz/ Il acheta cheuaulx. Il retit a gaiges nobles souldoiers/ sarletz de pie: Il fist forger pour soy couronnez dor: Armes dorees. Et fist appre ster enseignes(et banierea dõt les roys souloient vser. Tandis donc q̃ saul seoit en son trosne il lui souuint mal de dieu qui en si hault siege lauoit es leue au regard de son premir bas estat selon lequel il souloit chasser les as nes (et demourer es champs entre les tropeaulx de bestes. Pourtant fortu ne son ennemye p le iugemẽt de dieu lui ordõpa la gloire de sa grãdesse car pource que saul auoit gardt agag roy des amalechites cõtre le cõmandemẽt de dieu/ lespit de pphecie lui fut oste Et par ainsi luifut ostee la congnoissance des choses aduenir. En apres se supuit loccision de plusieurs de ses

hõmes et de son desconfit. Et le peuple du roy saul q̃ par auant auoit este victorieulx fut foulle et vaincu. Et auec ce aduint au Roy saul vne maladie forceneuse en laquelle Ia soit quil ne fust continuellement toʳ mẽte du mauuais esperit/ touteffoys lestoit il de foys en autre. Et comme toᵘ les remedes des medicins ne suppro fitassent riens arecouurer sante/ sa maladie sappaisoit seulement ou par chancons de bouche ou par le son de la harpe Pour laquelle chose cõbien que dauid filz de psaie qui encores estoit adolescent le quel dieu auoit ia esleu a soy pour estre Roy des iuifz feust bien aprins de dire chãsonnetez (et de tou cher la harpe. touteffoys ledit adolescent retourne de garder lesʳbrebis de son pere des champs et des pastures/ fut amene au palays du Roy saul/ il sonnoit habillement de la harpe/ et disoit chansonnettes/ des louenges diuines qui sõt escriptez ou cours du psaultier. Apres donc que dauid par le coup de la pierre gettee en vne fõde eut mis a mort Golias le geant Roy des philistins qui menacoit et crioit cõtre les iuifz quil les mettroit amort Et pour la noble victoire de dauid les femmes ioyeuses et dansãs chan toient plus grant louẽge de dauid que de saul. Ainsi cõme dauid par son doulx chant auoit desserui la grace et honneur du Roy saul/ aussi par le chant des femmes qui louerẽt dauid/ il fut hayneux et ennemy du Roy saul/ car cõme vng pou auant la mort de go lias saul eust prins son sort que le roy aume des iuifz luy seroit oste/ pource il demanda a samuel prophetie touchant le nom du successeur de son royaume de quoy samuel ne luy voulut respondre/ ains se eschapa de luy et saul luy rompit son manteau en le cuydant arrester. Saul deuina par les louenges qui a dauid furent di ctes que Dauid succederoit au royaume. Et nonobstant ceste chose riens ne peut contrester que saul ne soustit ferir Dauid dune lance tandis quil iouoit deuant lui de la harpe. Saul espia souuent Dauid: et lui queroit tollir la vie, mesmement en appert combien que dauid eust espousee michol la fille de saul. Ceste michol fust donnee afemme a dauid pour le beau fait quil fist quant il osta la peau du mā́bre genitoire, a cent hommes philistins. Ou ainsi come aucuns dient saul donna michol sa fille a Dauid, pource que il trencha a six cens philistins les testes en bataille, et les presenta au roy saul. Les prieres de Ionathas filz du roy saul ne peurēt tāt faire q̄ saul ne le soustist tuer ne la courtoisie et grace q̄ dauid fist premierement a saul quant il le garda de mort tandis que il deschargeoit son ventre en une fosse: Et secondement quant Il auec son ost dormoit dedens ses pauillons, ne peurent tant faire q̄ saul ne soustist en appert ou couuertement tuer dauid, et toutesfois a ces deux foiz dauid le pouoit par soy, ou par les siens faire occire, mais dauid ne le soulut, pource que saul estoit roy esleu de par dieu et sacre par samuel prestre et prophete de dieu. Et certes cest tres laide et mauuaise chose a ung roy plus q̄ a autre homme destre cruel: et sans pitie et estre descōgnoissant enuers ceulx q̄ sont loyaulx et bien meritans seruans. Or escoutez ce q̄ finablement aduint au roy saul. Car apres que il fust desprisie de ses ennemis qui le veoient forseneux et enrage dont il print dune part en soy couroux, et autre part Il estoit hayneux a son peuple: et dautre part il estoit tourmēte de raige qui le demenoit et de batailles q̄ lui sourdoient: Il cōme ia maleureux admena maleureusement son ost contre les philistins, qui contre luy et son peuple sestoient arrangez en bataille es montaignes appellees gelboe. Et cōbien q̄ une sorciere enchanteresse par mauuais art eust mis ung ort esperit dedens le corps de samuel resuscite au mōde qui long tēps par auant estoit mort, lequel samuel apparut au roy saul et luy denonca le cas quil mourroit par la main des philistins, ainsi comme il aduint qui est chose a dire merueilleuse, neātmoins le roy saul contre le cōmandement du prophete samuel cōmenca la bataille cōtre les philistins. Car ainsi se demenoiēt les destinees et ordonāces diuines. En laquelle bataille: quant saul vit de toute part ses hommes murtrytz, et deffoulez par ses ennemis, qui durement les enchassoient, et quāt il vit ses choses ordoyees, et tēpestees par les philistins, et quāt il vit pres de soy ses trois fīls ionathas aminadab et melchis iouuēceaulx de noble force et prouesse q̄ estoiēt feruz et trespercez de lāces, Et quāt il cogneut soymesmes estre blece a mort: il meu de grief doleur pria ung sien escuier q̄ estoit eschape de la bataille q̄ il loccist, mais lescuier doutāt refusa mettre main contre le roy son seigneur. Et affin que saul ne venist vif es mains de ses ennemis et q̄ il ne fust mocq̄ par eulx, il se coucha sur la poincte de son espee et auec son sang il mist hors son esperit. Et combien que la mort de saul fust mort de maleureux roy, toutesfoys fut elle dung fort et courageux homme. Car plus laide ne plus deshonneste chose ne peut aduenir a ung roy que destre lye de chaines et estre prisonnier de ses ennemis. Apres ceste maleureuse mort la charoigne du roy saul et les charoignes de ses enfans furent par les philistins despouillees de leurs armes royaulx, Et furent presentees ou temple de astaroth le dieu des philistins. Et apres les philistins trāche-

f iii

rēt les testes a saul (a ses enfās mors et les porterēt par leurs citez et chasteaulx pour dōner signe q̄ ilz auoiēt eu victoire de saul roy des iuifz. Et ceste cruaulte ne suffist pas aux philistis/car les corps de saul/de ses trois enfans furant par pieces trāchiez/(t p̄ les philistis furēt pendus aux murs de la cite de bethsen/(t demourerēt assez longuemēt pour les mōstrer a tous ceulx qui veoir les vouldroient.

Le second chapitre cōtient la recōmandation d'obeissāce en r̄amenāt a memoire lingratitude du roy saul premier roy des iuifz. Et commence ou latin. Talis igitur et cetera.

ET fut doncques le definement du roy saul qui de lestat de laboureur des chāps auoit este esleue au throne de maieste et alestat royal ainsi sont les dernieres choses de fortune contraires aux premieres. Ainsi tourne fortune sa roe vne fois en prosperite / laultre fois au contraire / ainsi venge dieu ses iustes courroux comme il apert ou cas du roy saul. Certes lhomme doibt confermer ses oeuvres ala voulente de dieu/ lōme doit rendre a dieu obeissance auecq humilite dieu scet tresbien quelle chose il veult/ et quelle chose il commande/ et quelle chose il fait/ dieu oeuvre iustement en toutes choses. Et se saul eust considere droictement ceste chose il neust pas respite de mort agag le roy des amalechites pour sa beaute de corps cōtre

De Boccace

le commandement de dieu qui a saul cōmanda quil ne respitast ledit agag ne autre. Saul en desobeyssant encourut en grant dommaige cestasse en lindignation de dieu. Se aucū dōcques soit roy ou prince qui de dieu ait receu seigneurie entre les hommes il conuient quil confesse comme vray est quil est varlet (t seruiteur de dieu il est doncques tresfol se il ose exposer a son plaisir le mandement de son sage seigneur ains le doit acomplir selon la droite forme du mandemēt a luy fait. Le varlet aussi est fol qui veult plus obeyr a sō propre iugemēt que au iugement de cellui qui luy commande. Obeyssance contient vne chose en soy/Cestassauoir que le subiect ne saille hors aucunemēt des termes du commandement qui luy ayt este fait par son saige seigneur Je commande (t admonneste tant q̄ ie puis que chascun sefforce dembrasser (t estaindre obeyssance et de la rendre a dieu et aux plus grans. par obeyssance est domptee et refrainte la cruaulte des couraiges. par obeyssance est monstree lhumilite de la pēsee humaine: par humilite les vices sont restraintz (t enserres/les vertus sont ebaudies (t ioyeuses. par obeyssance est gardee ordonnance en toutes choses en tant que il nest lors besoing de lespee de iustice car obeyssance est morale vertu et qui iamais ne peche. Et par ainsi comme nest pas subiect a lespee de iustice qui obeyst au saige cōmandeur. par obeyssance les royaulmes flourissēt/les citez agrandissent le pais (t le repos des courages est garde. puis q̄ doncques obeyssance est mere de solicitude (t marastre de paresce nous deuōs venir a dame obeyssance voulētiers (t de plain gre (t mettre ius toutes vanite decue affin q̄ quant nous obeyssons a dieu cōme varletz (t subgetz nous puissons deue

nir aucuneffoiz seigneurie par le don
et merite dobeissace q eust done a saul
sur terre et ou ciel seigneurie se il eust
este vray obeissant a dieu.

Le iii. chapitre contient en
brief les cas de adzaazarus
Jadis roy de sophinet de
adadus roy de sirye et de
damas: et de plusieurs au-
tres nobles roys. Et com-
mece ou latin. Globus do-
lentium. &c.

Si tost que ieu copte le cas du
roy saul vng morceau de roys
dolereux et meschas vindret
deuat moy cuidat q ie escriuisse leurs
cas de tire a tire. Et entre ces maleu-
reux roys estoiet adzaazarus Jadis
roy de sophinet /adadus roy de sirye et
de damas: et ces deux roys entre eulx
se coplaignoiet de fortune pource que
en bataille ilz auoiet estez desconfitz: et
dechariez et tuez par dauid roy des
iuifz empres le fleuue eufrates et si fu-
rent ruez ius de la haultesse de leur
maieste royale. Apres ces deux maleu-
reux roys venoient sirus roy de meso-
potanie et sarus roy des ammonites et
aussi deux autres roys: cest assauoir
michas et scobus/ et plusieurs autres
roys Jadis regnans ou pays de my-
di lesquelz tous doulens plouroient
pource que par le bon eur du bon roy
dauid/ Ilz auoient estez desconfitz et
vaincus en bataille par le noble ioab
connestable et prince des cheualiers
du roy dauid et furent priuez de toute
gloire et de tout estat royal ainsi com-
me plus au long leurs cas sont racop-
tez ou cours de la bible et par les do-
cteurs exposans le liure des roys.

fueillet xx8

Apres venoit roboam roy des iuifz/
si tost que il vint deuant mes yeulx il
me pria q ie escriuisse son cas et ie luy
octroyay pour ce ql auoit fait no pas
seulemet par sa follie/ mais par son
orgueil que de douze parties de son
royaume les deux seullement lux de-
mourerent et pour amader les autres
roys Je raisonnablemet me accorday
a descrire le cas dudit roboa pour ce que
il me sembloit hoe inutille et domageux
qui est contre la nature de prince.

Le iiii. chapitre contient le
cas de roboam quatriesme
roy des Juifz qui fut filz
du saige roy salomon filz
de dauid. Et commence
ou latin. Roboam rex. &c.

E roy roboam fut filz de sa-
lomon grant hôme et de mer-
ueilleuse sapience, et roy de
tous les iuifz, la mere de cestuy robo-
am eut nom noema de la lignee et du
pays de amon,/ et fut cestuy amon lun
des enfans de loth. Et vray est q la sa-
gesse salomon son pere et la benignite
de dauid son ayeul auoit acqs et gai-
gne tant de noblesse au roy roboam
mais q il eust eu aucune vertu en soy
que par trespetit labeur il par renom-
mee et par gloire eust surmote tous les
roys q en son temps regnerent/ mais
apres q roboa eut monte sur le trosne
de son pere salomon/ il fut emprins
et esleue de si grant orgueil/ que il ne
cuidoit pas seulement auoir seigneu-
rie sur les douze lignees disrael: ains
pensoit come soustenir soubz ses piedz
les estoilles et le ciel. Apres donces que

fiiii

Roboam eut fait les obseques et funerailles de feu son pere Salomon et accompli son testament et autres cerimonies apartenans aux obseques des roys il vint en Sichen une cité de Samarie fondee par Sichen qui fut filz de Emor: et vint a grant compaignie comme grant et puissant roy et tout enflé d'orgueil en la cité de Sichen. Tout le peuple de Juifz ou au moins aucuns notables, et prudens hommes commis et deputez de par tout le peuple du pays sestoient assemblez comme il est de coustume de peuple qui au commencement de la seigneurie et gouuernement d'un nouueau roy seult paisiblement requerir et deprier cellui qui doit regner qu'il allege et a moindrisse les charges, qu'il acroisse les publiques prouffitz, et qu'il gouuerne toutes choses, selon la coustume ancienne: en priant a Roboam que par humanité et doulceur de soy il voulsist son peuple alleger aucun pou et decharger leurs testes du grief faisseau qui leur auoit esté imposé par Salomon son pere lequel Roboam mist ceste requeste au conseil des anciens qui lui conseillerent qu'il obtemperast et condescendist a la requeste du peuple, mais il desprisa la sentence des vieulx conseillers, et en ensuiuant le conseil des ieunes hommes: il respondit au peuple ainsi, certes mes hommes et subiectz ie vous forcloz de tout ce que vous me requerez, car se feu mon pere Salomon vous a batuz et de trenchiez de verges: ie vous despiecerap de scorpions: c'est a dire de bastons qui ont aux boutz pointes de fer ou plombees. Celle responce n'est digne ne conuenable en la bouche du roy: car de la presence du roy presque nulz hommes ne se doiuent partir dolens et mesmement quant ilz requierent chose honneste le peule doncques qui n'eust aucune esperance de

allegement soubdainement fut tourné en diuision et discort. Et des douze lignees du peuple disrael les dix soy rebellans prindrent sentence et deliberation contraire au roy Roboam qui folement cuidoit que le peuple des Juifz n'osast contredire ne rebeller a son orguilleuse responce et firent leur roy de Ieroboam qui fut du pays appellé effrata: c'est a dire Bethleem. Cestui Ieroboam fut premierement maistre des ouurages du roy Salomon et apres fut collecteur des truages et des rentes dudit Salomon, et pource que ung prophete auoit dit a Ieroboam qu'il seroit roy des dix lignees des Juifz il s'enorgueillit en tant qu'il enhorta les Juifz qu'ilz se departissent de l'obeissance de Salomon qui pource voulut faire mourir ledit Ieroboam mais il s'enfuyt deuers Susagat roy d'egipte iusques apres la mort dudit roy Salomon. Et depuis que les dix lignees d'israel eurent fait Ieroboam leur roy ilz tuerent de pierres Adoram qui estoit leur collecteur des rentes et des truages du roy Roboam qui apres son orguilleuse responce auoit enuoyé deuers le peuple ledit Adoram pour adoulcir par meilleures paroles les Juifz qui courouciez estoient contre le roy Roboam et tantost apres que ces nouuelles furent venues a ses oreilles il qui ung pou parauant estoit enflé et orgueilleux, fut espouenté et craintif et monta sur son chariot. Et le charetier batant les cheuaulx d'esperons et de fouetz ne cessa de fouir iusques a ce que Roboam vit en Jherusalem ou estoit la principale demorance du royaume des Juifz si tost que Sisoth roy d'egipte pour lors ouyt la iuste rebellion des Juifz contre leur roy Roboam: ledit Sisoth leua la teste et il auec tresgrant compaignie d'ommes d'armes courut par le pays de Judee au long et au lé sans trouuer resistance et apres qu'il eust tout degasté tant p feu cõme par fer il ioingnit ⁊ approu cha sa bataille aux murs de hierusalē Adonc le roy roboã qui contre sõ peu ple nagueres estoit orgueilleux se re trahit et cacha au donion de hierusalē et ledit Roy sisoth lassega a force de gens armes. Et pource que toute la force ⁊ la seurte du prince est au peu ple a luy subgect/le roy roboam lors peut legierement congnoistre quelle chose est batre son peuple de verges ou plombee ou de batõs pointuz. Et ceste congnoissance que le roy Roboã peut auoir de sa folie et de son orgueil leux oultrage adonc ne luy vallut ri ens. Car en telz roys orguilleux tar diue cõgnoissance de leurs pechiez est plus acroissemẽt de leur douleur que elle nest confort de leur sante. Certes nous fermons pour neãt les estables quãt le larron a ia emble les beufz ro boam doncques assiege dedens hieru salem ⁊ ia lasse par labours de batail les fist vne deshõneste aliance auec le roy sisoth/et le receut au pays de hie rusalē pource que ia le peuple dillec mouroit de faim ⁊ de mesaise. Et les coups des bastons pointus dont na gueres roboam menacoit les iuifz ne donnoient aucune maniere de ayde a sa sante/mais le roy sisoth qui vint contre le traictie de la liance/cõsidera que roboã estoit appetisse et affoibly en toutes choses Iacoit ce que nague res il eust dit que les forces de son pe tit doy estoiẽt plus grans que les for ces des rains de son pere salomon Le dit roboã souffroit maulgre soy q̃ le roy sisoth pillast hierusalem la noble cite/et le temple que fist le Roy salo mon lequel deuãt toutes autres cho ses estoit digne de memoire/ pour le singullier ouuraige et les riches ioy aulx et actours dicelluy. Et apres toutes ses maleuretez le Roy sisoth qui fut enrichy du grant pillaige quil fist en la cite et ou saint temple de hie

rusalem/se partit dillec et delaissa lor gueilleux roy roboã poure et desnue de richesses/et ordoye de diffame/et tributaire dudit sisoth. Finablemẽt apres tous ses maleureux cas roboã langorieux ⁊ trainãt son ame maleu reuse au derrenier de son aage deuint fletri et palle/et cheut en la mort aps quil eut regne sur deux lignees des iuifz. Cestassauoir sur la lignee de iu da et de beniamin par .xvii. ans. et en la mort autre plus noble chose ne ad uint a roboam ne quil luy aduit en sa vie. car sans auoir obseques funerail les ne autres cerimonies ne pompes solēnelles acoustumees entre les iu ifz de faire a leurs roys. Il ne eporta autre chose aps sa mort fors quil fut boute dedens vng sepulchre selon la maniere de ses ãcesseurs q̃ auoiẽt eu illec de coustume soy faire enseuelir.

Le .8. chapitre parle contre les roys et princes orgueil leux en leur ramenãt a me moire le grant orgueil ⁊ p̃ sumptiõ de roboam .iiii. roy des iuifz. Et commẽce ou latin. Quid inquieuit ⁊c.

L Es roys ⁊ princes qui se fi ent ⁊ abandonnẽt aux cho ses mondaines/ ⁊ qui sou dainemẽt les passent ainsi comme se elles seussent tres fermes et durables. que dirontilz quãt ilz or ront compter le cas de roboam roy de tous les iuifz qui sembloit estre si fer me et si durable quil ne peust cheoir p̃ quelcõque trebuchet de fortune. Et neantmoins roboam estoit a peine as sis sur son siege royal qui selon le ius gemẽt des folz estoit ferme ⁊ appuye par le long et grant trauail de dauid le begnin et de salomon le sage predecesseurs dudit roboam. Et voicy que tout le remenãt du royaulme des iuifz luy fust oste fors que vne petite portion qui luy fust laissee. Cestassauoir lignee de iuda et celle de beniamin. Et les dix autres lignees iustement se rebellerent contre roboam en luy delaissant: et firẽt comme dit est Jeroboam leur roy. Et ceste diuision du royaume fut faicte pour vng pou des orguilleuses parolles q̃ ledit roboam ignellement conseille respõdit à son peuple. Les orguilleuses parolles furẽt semence et cause par quoy sen ensuyuirent tresgrans batailles plusieurs brulemens de villes/ desolations de citez/ occisions de roys et dautres gẽs destructions de tẽples et dautres choses diuines. Par lexemple du cas aduenu au roy roboam les autres roys et princes doibuẽt entendre quilz ne doibuent pas despriser le peuple subiect a eulx: et ne le doibuent pas sub marcher ne eschorcher. Les seigneurs terriens doibuẽt soy remẽbrer que le peuple nest mie serf: mais il est cõserf. Car seigneurs et peuple seruent tous deux. et chascun doit lun a lautre certaine et differant seruitude. Car ainsi cõme lõnourable et grant estat du roy vient du trauail et de la sueur du peuple. aussi doit le roy veiller a procurer et garder le salut et repos du peuple. mais dieu vueille veoir comme les princes de maintenant font leurs deuoirs euers le peuple. Car les meurs et les coustumes royaulx sont conuerties et ramenees en tyrannie. Cellui certes est tirant qui contre le droit diuin et humain gouuerne la chose publiq̃ du pays subiect a luy. Les princes de maintenãt deprisent la petite puissance de leurs subiectz. Et veulent soy atourner et reluire de robes tissues dor et de pierres precieuses ilz veullent estre enuironnez dune lõgue trasse de sargens et varletz ilz fõt bastiz haulx palaiz pour secretement et seurement mal faire ilz se delictẽt en troupeaulx de folles fẽmes et en iangleurs desguisez/ ilz se delictent a emplir leurs oreilles dordes parolles ilz se delictent boire et mengier a table iusques a la nupt parfonde/ ilz entendent a puresse et a autres delectations ordes et diffamables/ ilz se delictent a perdre les iours par les longs dormirs et autres ieux que ilz font/ ilz se delictent a faire veiller le peuple pour les gardez quant ilz dorment/ ilz se delictent a entreprendre batailles iniustes et a tort et cuident que ce soit grant et recõmandable chose de despriser les conseilz des prudens hõmes et de croire a eulx mesme/ ilz pensent que ce soit grant et louable chose de abaisser les bons hõmes et de esleuer les mauuais/ de charger les citez de truages et de tourmenter les citoiẽs de les banir/ de les faire mourir et les marchier du pie a maniere de boe. O desloyalles mauuaistiez. o deshonnestes et horribles ouurages de larrons degloutons et nõmie de roys. O longue et paresceuse souffrãce de peuple et folle fiance de seigneurs se ilz cuydent en faisãt telles choses que le peuple leur soit obeissant et loyal. Or disons ie te prie cõme vray est que au commencemẽt les roys et autres princes terriens furẽt esleuz par cõsentemẽt et ordõnance de peuple pour le garder et deffendre. Quant doncques ie voy vng hõme ainsi enferme et subiect a maladie cõme ie suis/ au quel iay dõne de mõ plain gre mõ hõneur/ ma frãchise toute maieste et office et toute preminẽce a qui ie rens seruice pour qui ie traueille/ a qui ie depars mes substances et pour la sãte du quel respãs mon sang et mectz en peril ma vie/ et ie regarde que par ces dons et ces pre

fueillet　　xxxviii

rogatiues que ie luy fais il cõme mes cognoissant du bien que fait luy ay il se iuste (t estudie a amẽdrir mõ corps et ma cheuance,(t a moy mettre en desolacion en vitupere (t en dommaige. Et quant ie voy mon prince soulen tif de succer (t espuiser mon sang (t de donner oultrageusemẽt a fẽmes diffamees a garsons (t gloutons et a autres hõmes tresdõmaigeux et dignes du gibet les possessions (t richesses desquelles il deuroit soustenir les poures et miserables creatures. Et quant ie voy que mon roy ou mon prince sefforce dauoir auecques soy tresmauuais cõseilliers (t de ensuyure leur cõseil (t de soy deliter en tresmauuaises oeuures,(t aussi ie le voy en tous maulx et dõmaiges prompt (t esueille. Et ie neantmoins considere que il est negligent endormy et pareceux enuers le bien (t salut publique,se tu me demãdes se ie lappelleray roy,se ie le honoureray cõme prince (t se luy garderay foy cõme on doit a seigneur, ie te respons que nenny. Car vng tel roy ou tel prince nest ton prince ne tõ roy ains est ton ennemy. Cest euure dõme vertueux encouraige cest vne tressaincte chose (t du tout necessaire de faire cõiuration de prendre armes de mettre espies de employer ses forces contre vng tel roy cõme iay maintenant dit. Car il nest sacrifice tãt agreable a dieu cõme est le sang du tirant et mauuaiz prince pource que il corrumpt les droiz diuins (t humains du re chose est (t griefue a endurer a vng peuple de receuoir iniures (t villenies pour les biensfaiz (t pour les bõs merites que il rend a son roy ou a son prince. Car iacoit ce q̃ les roys regibẽt tãt cõme il leur plaist et nyẽt p cent foys q̃ ilz soiẽt peillemẽt obligez au peuple cõme est le peuple a eulx, touteffoys les roys (t les princes seigneurisẽt p laide (t p les forces du peuple (t sãs lui

riens ne peuent par voye de fait ne de droit. Et les forces du peuple sont les roys estre craintz et doubtez. Et se aucun roy ou prince sans iuste cause affoiblist son peuple par occisions ou autrement, il apperceuera tãtost sa signeurie estre moindre que elle ne estoit parauant. Ainsi cõme ceste chose legierement demonstree par le cas de roboam. Car sil eust eu auec soy le peuple des dix lignees qui le delaisserent. Sisoth le roy degypte ne autre roy lors viuãt neust peu greuer roboam. Il nestoit ia besoing que ie deisse q̃ les roys (t les princes seigneurisent p le consort (t aide de leur peuple Car ou peuple sont comprins la gẽt riche et poure (t de moyẽne noblesse. Si di que le moindre homme du peuple poure (t ignobile ne doit estre despite ne tenu vil. Il nest si petit homme qui heurte ou messace quil ne prẽgne en grant couraige et hardement en soy. Et iasoit ce que les roys pour viure seurement se scauent enuironner de varletz et de sergens armez pour eux garder (t deffendre. Toutesfois la vie des roys et des princes ne peut estre plus lõgue que celle du varlet qui est õmis a emploier sa vie pour lamour du seigneur a qui il sert. Et par lexẽple cy apres racompte les seigneurs terriens doiuent entendre quil nest si petit homme puis quil soit par iniure heurte ou messait qui nait couraige et hardement en soy dentreprendre et dacomplir grans choses. car vng consul romain appelle mucius sceuola entra tout seul dedens les pauillons de porsenna roy de toscane q̃ lors estoit enuironne de son ost (t qui a tort guerroioit les romains. Se mucius eust distinctemẽt congneu si personne du roy porsenna selon ce q̃ mucius auoit le couraige il eust tue porsena ou milieu de ses hõmes armez. car pour ce que mucius faillit a le tuer il de son plain gré mist sa main dextre contre ung grant feu ardant et tant q̃ ledit roy ennemy de mucius se tist quoy en regardant celle main de quoy le sang et la mouelle degoutoient dedens le feu, et si fut tant fort le couraige dudit muci⁹ q̃l ne retira ne osta sa main degoutant q̃ dont les os estoient descouuers et nus et de peau q̃ de chair iusq̃s a ce que porsenna cõmanda luy oster et desteindre le feu. En chascun estat ont este aucũs qui ont ose entreprendre q̃ acomplir tresgrans choses. car Junius Brucus ung citoyen de rõme q̃ cousin de la treschaste Lucrece tourna a sa partie tout le peuple de rõme cõtre tarquin lorgueilleux roy des romains pource que son filz sexte tarquin auoit par malice q̃ par force charnellement congneue ladicte Lucrece tandis que son mari collatin tarqñiã noble citoien de rõme estoit en peuille auec le roy tarqñ: cõme plus a plain est racompte en son histoire. Aussi Virgineus esmeut tout le peuple de rõme contre appius claudius. Pareillement pansanias ung cheualier grec filz de terrestres du lignaige de horrestes occist philippe roy de macedoine seant entre son filz q̃ le pere de sa femme. Ung homme serf tua hasdrubal duc de cartage q̃ frere de hannibal. Il nest donc ia besoing de cõpter tant de exemples. car cest chose notoire que la vie des roys combien quelle soit en choses de harletz q̃ de sergens armez si ne peut leur vie estre estimee plus longue que celle du peuple q̃ est ordõnee a emploier sa vie pour la deffence de son roy ou seigneur. Se doncques ceulx qui veullẽt seigneurier aux hõmes veullãt q̃ leurs royaumes soient lõgz q̃ leur vie q̃ le peuple le² soit ferme en loiaute. ilz doiuẽt oster de leurs courages toutes couuoitises. cest assauoir couuoitise de delict charnel q̃ de richesses mortelles. les princes doiuẽt

apprendre vne tressaincte chose/ cest assauoir tant q̃ si sagemẽt faire quilz soient plus aymez que doubtez affin quilz apparent plus estre peres q̃ seigneurs du peuple subiect a eulx/ car les poetes q̃ philosophes anciens appellerẽt en leurs liures le roy iupiter pere/ car le roy doit ainsi faire enuers le peuple comme le pere enuers son naturel filz.

Le 81. chapitre contiẽt les cas de ieroboam roy sur les dix lignees disrael. Et de zareas roy des ethiopes et de plusieurs autres nobles maleureux roys. Et cõmence ou latin. Penitet me. q̃ cetera.

E ine reprens que iay voulu regarder q̃ descrire cy dessus les hystoires qui racomptent les cas des roys des iuifz q̃ des autres roys dont iay parauãt parle/ car tant de maleureux roys ont este ou temps ancien dont ie treuue les hystoires cõtenans leurs infortunes que ilz sont respandus a troupeaux. Et vray est quilz ont este maleureux plus pleurs negligẽces q̃ paresces de faire leurs deuoirs enuers dieu et enuers leurs subiectz quilz nont este par la negligence de fortune qui sestudie de renuerser les haultz estatz des hommes. Et cõbien que ces maleureux roys q̃ furent entre roboam q̃ athalia royne de hierusalẽ de qui tãtost sera compte lystoire ayent les estaz et les figures des roys/ toutesfoiz ilz me cõtraignẽt par importunite de racompter leurs cas/ ainsi cõme font truans qui demandẽt lemosne de huys en huys entant que fueillet   xxxix

a peine leur puis ie refuser/que ie ne
escriue leurs cas Je scay doncques cõ
ment ie puis contenter ces roys ma
leureux qui me pressent/car maisque
ilz veulent il leur souffira de compter
leurs fortunes en brief Plusieurs roys
doncques estoient deuant moy assem
blez en diuers & estrãges habitz. En
tre lesquelz le premier estoit Jeroboã
qui apres la mort du saige Roy salo
mon fut ordõne roy de par le peuple
sur les dix lignees disrael. Cestuy ie
roboã crioit horriblemẽt en soy com
plaignant de fortune & en disant com
me vray est quil estoit maleureux po?
ce puil auoit este desconfit & defoule/&
tresgrãt multitude de ses cheualiers
mourut en vne bataille ql entreprint
contre obia roy des iuifz regnant en
hierusalem. Et auec ce fortune fut si
cruelle marrastre au dit ieroboã que
apres leur mort tous ceulx de leur li
gnage furent es champs mẽgiez de
chiens & doyseaulx sans auoir quelcõ
que honneur de sepulture/& ses enfãs
aussi ne succederent point au royau
me de leur pere. Apres le roy ieroboã
venoit le maleureux zareas roy des
ethiopes qui anciẽnement descendi
rent de chus le filz de cham lequel chã
fut lung des troys enfans. Les ethio
pes iadis possederent & encores posse
dent tout le pays qui est entre le fleu
ue appelle indus iusques en celle par
tie degipte qui est entre le nyle et la
mer occeãne soubz le soleil de midy.
Cestuy doncques zareas roy de tant
de peuple & de si grãt pays vint de
uant moy plourãt & moult blasmoit
fortune pource que il & ses cheualiers
durant son regne furẽt moult traua
illez par aspres et cruelles batailles
que luy fist asaph Roy de hierusalem
Et a la parfin ledit zoreas fut occis
en bataille auec sa cheualerie. et tou
tes les richesses de son royaulme fu
rẽt pillees & portees en hierlm p ledit

roy asaph & par ses cheualiers. toutes
les citez aussi & tous les chasteaux de
ethiopie furẽt par ce effacez & destru
is et ceux qui illec habitoiẽt furẽt to?
mis a lespee. Et pres dudit roy zare
as estoit adab roy de israel qui dolen
temẽt plouroit. pource que le roy du
pays appelle baasan deceut ledit a
dab. monstrant quil fust son amy et
allie. iacoitce quil ne le fut pas et au
dit adab tollut son royaulme & apres
le tua. Et ou troupeau de ces roys
malheureux apres adab venoit zam
brias roy des dix lignees de israel qui
sembloit tres courroucie & gemissoit
pource que sa trescourte bieneurete a
uoit este finee par malheureuse fortu
ne. & apres que le roy zambrias eut oc
cis helan roy de israel en vne bataille
qui print telle fin cõe zambrias vou
loit il occupa & saisit pour soy le roy
aulme et le palais royal dudit helan.
Et a la parfin le vii. iour de sõ regne
ledit zãbrias fut assiege et assailly en
son palais par vng puissãt cheualier
iuif appelle amarin qui cõtreuengoit
la mort du roy helan. & cõe cestuy zã
brias veist son peuple qui le delaissoit
tout seul se recueillit en son palais:
mais il apres regardãt que aucun re
mede ne auoit a soy sauuer Il mist le
feu dedẽs vng mõlo de busche ou mil
lieu de son palais et ardit soymesme
en son hostel royal. Apres zambrias
estoit adab filz du roy de damas qui
en plourant se complaignoit: pource
q il auec son ost auoit en bataille este
deux fois desconfit & foulle par achab
roy des iuifz. Semblablemẽt apres
le roy adab venoit achab roy du peu
ple de israel qui en soy complaignant
messoit gemirs auec sangloz & brisoit
par courroux tellemẽt ses parolles q
a peine on le pouoit entẽdre. Il mau
dissoit lengin du roy achab dessusdit
qui par cautelle de bataille desconfit
ledit adab et dune saiette le trespersa

supuāt tāt que ledit achab empꝛes sō sang espandu ēmy les champs mourut de celle plaie. Aps cestuy malheureux roy achab senoit sa fille athalia royne de hierusalez de ceste athalia ie Sueil exposer les miseres plus largement que des autres nobles malheureux dessusdiz. car son cas me semble plus expedient q̄ des autres. Et mesmemēt pource quelle plouroit deuāt moy: et par desconfort elle espandoit ses craintz sur ses espaules: et faisoit gregneurs complaintes q̄ ne faisoiēt q̄lzcōsautꝛes nobles malheureux.

·:·

Le viii. chappitre contient le cas de athalia royne de hierusalē fille de achab roy des dix lignees des iuifz et fēme de ioꝛā filz de iosaphat roy de hierlm̄. Et commence ou latin. Dti iam satis ⁊c.

·

Ar ce que dit est ou pꝛedent
p chappitre assez appert que la royne Athalia fut fille de achab roy des dix lignees des iuifz. Cestuy achab donna sa fille athalia a fēme a ioꝛam filz de iosaphat roy de hierusalez affin que par affinite de lignaige ledit achab cōfermast lamitie et lalliance entre luy ⁊ ledit iosaphat. Oꝛ aduint que ledit iosaphat ⁊ son aisne frere moururent. et par ainsi selō les loix des iuifz le royaume escheut a ladicte athalia au tiltre de ioꝛam son mary dessusdit. et elle cōe royne de hierusalē pꝛīt tiltres armes ⁊ autres ēseignes royaux. athalia aussi auoit vng frere q̄ mesmemēt estoit appelle ioꝛā lequel en ce mesme tēps succeda au royaume des iuifz par la mort du roy achab qui foꝛs mourut/ ⁊ par ainsi athalia fut faicte noble et resplēdissāt tāt par son mary ioꝛā roy de hierusalem/ cōme par son frere aussi appelle Ioꝛā roy des iuifz. Athalia eut en soy le degꝛe qui selon le iugement des femmes contient souueraine biēeurete/ car elle enfanta plusieurs enfans masles au roy ioꝛā son mary lesquelz pouoient succeder au royaume/ certes ces bienēuretez sont gꝛans et ia ne seroit mestier que ie comptasse les nobles ⁊ gꝛans bōneurs/ les pompes ⁊ les louanges par quoy le peuple eslieue les roynes et les autres puissans dames Ceste athalia aussi eut son pere Roy/ elle eut son sire roy/ elle eut son mary roy/ et aussi sō frere et si eut plusieurs filz dont elle auoit esperāce quilz succedassent au royaume/ mais toutes ses bienēuretez bonneurs pompes et louenges furēt tournees en oꝛdepuātise par ce que Dame foꝛtune tourna son ieu enuers elle/ car la pꝛemiere hōte et deshōneste meschāce de ceste royne fut que sō pere achab fut tue en bataille dune saiette que lui getta adad roy de damas/ et le sang dudit achab lecheꝛent les chiens ⁊ la charoigne demoura en my les chāps. Apꝛes ceste royne peut Seoir son mari le roy ioꝛā qui cōme enraigie detranchoit sās pitie ses freres et ses amys charnelz et alliez pour la vengēce de la desloyaute qui auoit este faicte contre le roy achab. Athalia peut Seoir le pays de ydumee desfallir cest adire de midi qui se osta de lobedience du roy ioꝛam son mary ⁊ se trouua en rebellion contre luy. Et les arabiens qui dēmouroiēt enuiron ethiopie a foꝛce darmes ētreꝛent ou royaume de hierusalē sans ce que aucun leur resistast ⁊ pilleꝛent toutes les villes chāpestres/ corrūpiꝛent les pucelles et miꝛent les nobles en seruaige et les autres hommes gette

rent es prisons Jlz destruirēt du tout les citez τ chasteaulx du royaume Et derrenieremēt ceste royne peut Seoir soy mesme estre venue a tant de miseres quelle dit les arabiens qui occirēt tous les enfans de son frere iorā excepte ochozias/entre lesquelz par aduēture estoient aucuns des enfans de ceste royne. Les arabiens efforcerent et corrōpirent les femmes desdiz enfans occis τ abuserent dicelles et son mary iorā fut surpris dune pestillēce de maladie qui longuemēt le tourmenta et en ennuy de celle enfermete/il deuint blesme palle τ ort entant que ses boyaulx luy sailloient hors p derriere et a la fin il cloupt ses iours p vne tresorde maniere de mort Et oultre a ceste royne aduint vne autre dure meschance laqlle elle ne peut Seoir sans grief courroux et sans tresgrāt troublement de pensee/car la charoigne de son mari apres sa mort fut repute Bille τ si piteuse de tout le peuple que tout chascun crioit apres en disant de luy diffames τ reproches τ donques ne eut obseques funeraulx ne hōneur de sepulture/ains fut sa charoigne Boutee en vne fosse dedans terre a maniere de gēs cōmunes ainsi cōme sil feust indigne dauoir sepulture royalle. Je ne sauroie trouuer aucūe part vne femme tant feust poure τ miserable qui ne feust plus eureuse en sa richesse q nestoit athalia de son royaume τ de ses grans noblesses τ atours Apres tant de miseres dame fortune regarda athalia dun visaige vng pou doulx τ paisible/affin q fortune tournast la royne plus roide et plus forte a ēdurer les meschāces τ iniures q encores luy estoiēt gardees car fortune souffrit q la royne Seist son filz ochozias esleue au trosne τ roy de thrlm en grāt ioye τ leesse tant des princes τ nobles hōes cōe du peuple de ihrlm τ de tout le royaulme. de ceste bieneurete

τ aduēture fut la royne Besue moult ioyeuse. mais toutesfoiz sa liesse fut courte. car tandis que athalia estant auec son filz visitoit son oncle Joram roy de iudee: il en supāt fut feru dune saiette dōt ledit ioram mourut. ceste athalia pour la mort de son oncle Joram roy de iudee ne fist aucū dueil ne plour: ains courut a la couuoitise dauoir le royaulme de son oncle. τ pour y cuyder venir plus legierement elle pensa en soy vng fait trescruel τ desloyal. cestassauoir qlle fist detrācher a lespee tos les iuifz de la lignee du roy dauid. τ de toute la lignee nen demoura fors vng. cestassauoir Joab filz du roy ochozias. qui plus de filz nauoit. τ cestuy ioab garda de mourir la. seur dudit ochozias appelle iopade qui secretemēt trāsporta lenfant en la maison de son mari ioadam euesque de la loy. τ illec fut garāti de mort ledit enfant ioab Apes dōcq que athalia eut fait ceste cruelle desloyaulte. elle a q il sembloit quelle fust anoblie par ce quelle auoit tue tous ceulx de son lignaige dont elle espandit le sang. tantost apres elle enuahit le royaume de hierusalem que tenoit son filz ochozias τ si regna pour luy. Enuirō le cōmencemēt du regne de athalia Jorā son frere roy disrael fut occis dun iuif appelle iehu dedēs le chāp dun noble homme iuif appelle naboth. τ par ainsi la desloyalle athalia nōobstant son royaulme ne faillit pas de auoir matiere de larmes τ de tristesse. car le corps du roy Joram son frere fut apres sa mort gette aux chiens τ aux oyseaulx q est vne vengance que les grās seigneurs font en la deshōneur τ honte de toute sa lignee. Et affin q athalia sentist plus ameres douleurs de tant comme elle Verroit ses plus prochains parens mourir a plus grāt hōte τ par plus griefue mort le dessusdit iehu noble et puissant iuif fist iezabel la mere de athalia Vestir ⁊ atourner de Vestemens et de courône royaulx. puis la fist du hault au bas trebucher dune haulte tour. ⁊ aps son corps fut defoullé ⁊ demarchié des roes ⁊ chariotz ⁊ de cheuaulx courans ⁊ fut tout cassé ⁊ tout son sang mist hors/son cerueau espandu/ses os froissez ⁊ fut toute ramenee en ordure et en boue en ce mesme lieu ⁊ champ que iezabel auoit tollu au dessusdit naboth. Ceste iezabel femme du roy achab fut fille de mathabal le roy de sodomes. elle par sa cruaulté fist tuer tous les saintz prophetes de dieu quelle peut trouuer en iudee ⁊ mesmement cupda tuer le sait prophete helye. et par faulses lettres fist tuer nabaoth vng vaillant et noble iuif. affin quelle eust vne vigne qil auoit pres des murs du palaiz du roy achab mari de iezabel: ⁊ les remenas se aucunes en y eust de la charoigne de ceste iezabel/ilz furêt detrainez p les bestes sauuaiges ⁊ par les oyseaulx ⁊ ses boyaulx aussi tous despecez. Depuis doncq̃s que ledit Jehu eut prins pour soy le gouuernemêt du royaulme de hierlm assin que il ne fust plus doulx aux freres de la royne athalia ne quelle auoit este aux enfans de la lignee de dauid. Cestuy iehu fist occire les soixante ⁊ dix enfans du roy achab frere de athalia lesquelz on nourrissoit ou pays de samarie: ⁊ loccisiô de ses soixâte ⁊ dix enfans ne fut pas couuerte ne dissimulee. car les testes de tous furent apportees en hierusalem et fichees en pieux a lenuiron des murs de la cite pour monstrer a chascun la desolation ⁊ destruisemêt de lostel ⁊ de la lignee du roy achab laisne. Apres cestuy exploit du semblable commandemêt du roy iehu tous les parens ⁊ cousins du roy achab furent tuez et tant que il ny demourra neiz vng. Jehu apres fit occire et ardoir ou temple de baal tous les prestres ⁊ tous les pphetes dudit têple. Cestuy Boal estoit vne ydole qui eut nom Bel en langaige caldee et fut faicte en lonneur de Bellus le pere de ninus premier roy des assiriens. Depuis doncques q̃ les dix lignees de israel laisserêt leur roy roboâ ⁊ firent de ieroboâ leur roy/ ledit ieroboâ aduisât q̃ luy ne son peuple ne venroient pas seurement en iherlm a adourer dieu ou saint têple de salomon pour cause de la perpetuelle discention ⁊ malta lent qui estoit entre le roy de iherlm et de iudee ledit ieroboam institua temples es lieux vmbrages dedês les forestz ou len faisoit ydolatries ⁊ pechez si horribles qui nest pas licite a dire/ fist faire et drecier grans veaulx dor et autres faulses ydoles lesq̃lles il adoura ⁊ fist adourer p les iuifz q̃ tousiours furêt a ydolatrie enclins/entre lesqlles ydoles fut ou têps de achab ⁊ des autres roys lidole de Baal q̃ haultemêt fut mise dedês vng ppre têple ou q̃l seruoiêt plusieurs prestres ordonnez ad ce/ et illec estoient aussi plusieurs faulx prophetes q̃ploient p la reuelacion du mauuaiz espit p la pmission ⁊ souffrance de dieu. la royne athalia et iezabel ⁊ le roy achab et les autres de son lignage comme faulx iuifz auoiêt delaisse dieu ⁊ adoure ceste ydole de Baal. Je croy que vaine ⁊ folle chose seroit de moy demander aussi descripre se athalia fut plourât et courouce quant elle oyt et vit les grâs ⁊ les demesurees maleurtez qui a ses parens aduindrêt/et a la parfin côme celle eust p sept ans regne femme desue cruelle et maleureuse ioyadâ lors euesque de iherlm q̃ secretement côe dit est auoit prins et fait nourrir. Joad adôc enfât ⁊ filz dudit ochozias de la lignee de dauid/cestuy ioyadam euesque fist ledit ioas roy de iherusalê fist ladicte athalia getter hors du royaume/côbien que elle en soy deffendant deist plusieurs choses et criast et resistast neatmoins elle fut trayñee par ses cheueux hors du palaiz royal a force p̃ vne cõpaignee de varletz iusques a vne des portes de iher̃l’m qui est surnõmee la porte des tumultes/ et il lec luy fut trãchee la teste/ et ainsi la maleureuse athalia royne de iher̃l’m fina le gouuernemẽt de son royaume et sa vie/ et sa male fortune.

Le viii.chapitre parle cõtre la demesuree couuoitise des choses mõdaines en ramenãt a memoire les hõteux faiz de athalia royne de iherusale. Et cõmence ou latin. Si q̃ ex parte.&c.

E aucun homme nombroit dune part les couronnes royaulx de la royne athalia/ et mist auecq̃ les richesses les attours la gloire mõdaine et les ioyes que fortune luy donna aux cõmencemẽs de ses besoignes/ et se dautre part vng autre hõme nõbroit les hõteuses occisions de son mary le roy achab/ et de sa mere la royne iezabel fẽme dudit achab/ et de ses enfans et autres siens amys et parens lesq̃lles occisions ont este faictes par le cõmandemẽt et puissance des enemys de ceste athalia/ et ap̃s quelle mist auec toutes ses maleuretez le definemẽt delle/ et q̃ lẽ pesast en vne balãce to9 ses biẽs et ses maulx len y trouueroit plus dobscurte que de clarte/ plus de villanie q̃ de noblesse pl9 damertume q̃ de doulceur/ pl9 de meschãce q̃ de bieureze/ et les aduersitez de athalia surmõteroiẽt les p̃sp̃ri-

fueillet xli

tez delle. pourquoy dõcq̃ las chetifz et aueuglez desirõs nous veoir si soudainement et en si pou de temps aux grãs et haultes dignitez/richesses/puissance/gloire et honneurs de ce monde. pourquoy nous enorgueillissons nous quant nous auõs acquises toutes ces choses. Pourquoy auõs nous fiance es choses qui cheent quant fortune les crousle. car nous scauons q̃l nest si grant estat ne si resplendissant qui ne deuiengne petit et obscur par vne legiere nueule de fortune cõtraire. Les exemples doncques des acies dont nous auons escript nous admõneste q̃ en nous ne doit estre appetit insatiable ne excessif desir. et que nous le deuõs restraindre par la tresforte vertu de attrempãce. affin q̃ nous comme contẽs de tres petites dignitez richesses puissances et hõneurs desseruions enuers dieu et les hõmes la vraye gloire moyenãt la vertu de humilite.

Le.ix.chappitre parle q̃tre les iuifz nobles et maulheureux qui a tort se plaignẽt de fortune en ramenant a memoire les dons de grace que dieu nostre createur sur toutes les nations du mõde a donne a iceux iuifz Et cõmence ou latin. Dix ex turbellis &c.

A a lõg temps que ie mestoie p̃ste aux malheureux nobles iuifz pour compter et escripre leurs cas ainsi cõme iay fait par neuf chappitres precedes de ce p̃sẽt liure. et a peine me suis ie rendu a moy apres ce que ie me suis eschappe de ceulx q̃ a petit troupeaux estoiẽt deuãt moy

g i

Aucuns de ces iuifz plouroient pour ce q̃ plusieurs de leurs roys auoient este occis/ et aucuns de eulx auoient este cruellemẽt trahiz/ ɐ selon leurs parolles il sembloit qlz eussẽt fait grãs besoignes et merueilleuses prouesses/ mais quant a leffect elles sont moult petites. Je promis a ces iuifz que ie feroye pour eulx plus de choses q̃ ie ne pẽse a faire/ɐ p ãsi ie me suis souy et eschappe deulx ainsi cõe dun enfer ou dune prison obscure. Les cas des malheureux nobles iuifz me faisoiẽt grãt ennoy/pource qlz changeoient si souuent leurs estatz ɐ leurs coustumes/ car vne foiz ilz seruoient a dieu selon la loy de moyse/aultre foiz ilz seruoient au diable par faulse ydolatrie/ et vne foiz ilz adouroient dieu au tẽple de salomon/ɐ autre foiz ilz adouroiẽt les planetes du ciel ɐ les ymages des hommes et des bestes que ilz repputoient estre dieux ɐ deesses/ɐ dautre part les iuifz me faisoiẽt grãt ennoy pource q̃ selon mon iugemẽt ilz a tort acusoiẽt fortune en lui metãt sus q̃ p elle ilz feussent maleureux. Car les iuifz iadis auoient leurs nobles prophetes pleins du sainct esperit p laide ɐ par le moyen desqlz ilz se cõseilloient de leurs besoignes ɐ sauoient vraiemẽt les choses aduenir/ et aussi p ces pphetes dieu demõstroit aux iuifz q̃ lle chose ilz deuoiẽt faire pour auoir victoires de leurs aduersaires ɐ si leur mõstroit dieu le moyen ɐ la voy epar quoy ilz pouoient faire leurs royaumes ɐ leurs seigneuries ppetuellemẽt durer/laqlle grace dieu iamais ne faisoit a gens daultre nacion/mais les iuifz entre eulx descordãs ɐ cõtẽsieux ɐ murmurãs cõtre dieu/ɐ q̃ estoient de si rude sentemẽt qilz ne congnoissoiẽt pas eulx mesmes/car ilz delaissoiẽt les conseilz q̃ dieu leur reueloit/ et obeissoiẽt a leurs pppres plaisirs/ ilz ostoient par force des mains de fortune les malheuretez et infortunes qui leur aduenoiẽt. toutesfois les saiges veullent appeller telz malheuretez ĩ fortues ce que ie ne croy point. car pu is que les hommes ont les malheuretez quilz pourchassent on ne les doit pas appeller infortunes. Soisent sen doncq̃ les iuifz ɐ se lamentẽt a vng autre que a moy pour le p̃sent car iay intention de moy vng peu arrester en coptãt les malheureux cas dautres gens a qui dieu ne conseilloit pas les choses quilz deuoient faire. au moins si appertement comme il faisoit aux iuifz. ɐ si ay entention de venir a lencontre de la royne dido qui fut nee de la cite de thir. ɐ laquelle ie voy soy approchant de moy. ɐ a elle par aduẽtu re fortune fist iadis tort ɐ villanie. car elle fut infortunee ɐ malheureuse sãs ce quelle le procurast aucunemẽt par soy. Je voys certes ceste dido qui vient a moy en tel habit cõe elle estoit ou derrenier iour de sa vie quant elle monta sur le feu quelle mesme auoit ordonne pour soy afftanchir des malheuretez de ce monde. elle est piteuse et palle. ɐ si ploure aucunesfois sa dure destinee en arrousant son visaige de larmes.

Le .x. chappitre contient le cas de dido premiere royne et fonderesse de la noble cite de cartage ɐ fille de Belus roy des pheniciẽs. Et cõmence ou latin. Si veterũ ɐ c.

E len doit adiouster foy aux escriptures des viel z histoires len peut a peine trouuer autres nations de gens de si grãt ɐ si notable renom cõe est le peuple de phenice. Phenice est vne prouice ou pais de syrie, et en celle puince entre les autres y a vne cite appellee sidoine, en la qlle anciēnemēt regna phenix vng des freres cadinus roy de thebes en egipte. Cestuy roy cadinus frere dudit phenix aps la creacion du monde trois mil sept ans quatre vingz et quatorze trouua la forme des lettres et les donna aux grecz qui encores ne auoiēt certaines figures de lettres pour escripre. Phenix son frere trouua la maniere de faire vermillon dont len fait les grosses lettres, et si trouua la mesure du copas. En ceste phenice q̄ est surnommee dudit phenix est vne autre cite apellee thir q̄ fut fōdee deux cens et quarāte ans deuāt q̄ salomon edifiast le merueilleux et riche temple de iherlm̄, car len apportoit audit salomō le fin or pour lors q̄l edifioit le tēple. En la cite de thir fut trouue lart et la maniere de teīdre la fine pourpre et de ceste cite de thir q̄ est en la puīce de phenice fut la royne dido, et depuys que le peuple de phenice eut pris et choisi pour habiter le riuage de syrie il fut repute noble pour ses merueilleux ouurages dont il estoit loue par tout le monde, et p la beaulte de se ouuraiges la renommee de ce peuple fut cōgneue et publiee iusqs en nostre mer doccidēt. De lāciēne lignee des rois de phenice ainsi cōme len croit et selō les hystoires descendit et fut ne belus roy de pheniciens et pere de dido, et apres la mort dudit belus vng sien filz nōme pigmalion tint le royaume de phenice, mais eliza fille dudit belus q̄ apres fut appellee dido, femme de tres grant beaulte, fut cōioincte par mariage a vng iouuenceau appelle acerbas, cōbien q̄ aucuns hystories diēt q̄ le mari de dido fut appelle sicheus q̄ estoit oncle de dido et souuerain prestre du tēple de hercules en la cite de thir, et sachez que en la tierce aage du mōde apres la creation de adam quatre mil et neuf ans. Cestuy roy hercules ars en venin et en seu cōme dit est ou xii. chappitre du pmier liure pour les vertueuses euures et grans prou esses que il fist en sa vie. Ses amys et parens forgerēt grans et riches ymages en lonneur et souuenance de luy et icelles midrent sur haulx murs et pilliers en temples ou en nobles maisons, et en aps les poetes considerās ces hōneurs escripuirēt de luy doulx vers et beaux dictiez, cōtenans assez plus de louēges quil nauoit desserui. et par ainsi hercules et plusieurs autres apres et auant luy en cas semblable sont et furent adourez comme dieux de la gent simple et folle, et commenca faulce religion qui autremēt a nom vaine supstition. En la seconde aage du monde apres la creatiō de adā deux mil sept cens soixāte treize ans, ou temps falech le pere de sangā cestuy sicheus donc euesque et prestre du tēple de hercules auoit a cause de sa p̄strise la pmiere et pn̄cipale honeur apres pigmalion le roy de phenice, et si estoit sicheꝰ beau iouuēceau de corps et de visaige, et de grāt et venerable renō entre toꝰ ses parēs. Dido sa fēme souuerainemēt laimoit, et il pn̄cipallemēt aymoit icelle. ceste dido selon le iugemēt estoit fēme tresbien euree. mais vne cause de infortūe luy suruit cest assauoir p ce q̄ son mari sicheus auoit moult grande abōdāce de richesses des q̄lles les hōmes mortelz cuidēt mauuaisemēt q̄ toute liesse viēgne le roy pigmalion fut moult embrase de la couuoitise de ses richesses cōme celui q̄ de toꝰ les hōmes estoit le plus auaricieux. si pēsa pigmaliō q̄ se sō sero ge sicheꝰ estoit mort il poroit auoir legerement toutes ses richesses, et poce tua les sicheꝰ q̄ de ce en riēs ne se doutoit dido porta si āgoisseusemēt et en si grāt regret la mort de acerbas ou sicheꝰ sō

g ii

mary q́lle ne pouoit estre saoullee de larmes ne de cõplaintes ne de maus dissons cõtre pigmalion son frere Et finablemẽt cõme p longuesse de tẽps la douleur de dido feust ung peu adoulcie ⁊ allegee ⁊ q̃ raison qui enseigne endurer paciẽment les maulx retourna ou couraige de dido ⁊ elle mal cõtente ⁊ courroucee cõsideraſt les manieres de pigmalion son frere ⁊ son auarice insaciable/ceste dido q́ par visiõ de songe fut admõneſtee de soy cõ tregarder de son frere/elle commenca soy doubter ⁊ conseillier cautemẽt et tant q̃ elle aduisa que aultre remede ne souffisoit pour elle ⁊ ses biens sauuer fors que senaller hors de la cite de thir/si diſt ⁊ publia son cõseil aux partes ⁊ nobles hommes de la cite/auxquelz elle sauoit que pigmalion estoit hayneux pour diuerses causes/⁊ apres quilz furent attraitez ⁊ enclins a son accord/elle mocqua ⁊ deceut pigmalion p cautele ⁊ malice feminine pour auoir des nefz ⁊ des notõniers pour soy en aller hors de thir/en signifiant au roy q̃ elle ne pourroit plus oultre habiter en lostel de feu son mari siche⁹ pource q́lle estoit trop tourmentee en cueur/car tousiours luy souuenoit d̃ luy. A la q́lle souuenãce dido se disoit estre contrainte malgre soy pource q̃ tousiours elle veoit les lieux esquelz elle auoit iadis veu sicheus son tresame mari/et pource disoit dido quelle retourneroit tres voulentiers en son pays auecques toutes les choses qui auoient este a feu sicheus son mari. se pigmalion sõ frere lui vouloit enuoier nauires et mariniers. Pigmalion dõcques qui par auenture euſt demande a dido celle chose q̃ elle luy offroit/il ioyeulx ainsi comme sil feuſt ia seigneur de la chose q́l desiroit enuoya a sa seur vne honnorable quantite de nefz pour elle retourner en son pais d̃ phenice mais elle pẽsant vaincre ung

barat par vng autre prit les tresgrãs tresors de son mari sicheus ⁊ miſt couuertemẽt dedãs ses nefz sans descouurir ceste chose a aucun. ⁊ en lieu de ses tresors elle cõmanda q̃ plusieurs sacs q̃ eſtoiẽt plains dareinne feuſſent mis en appt tant q̃ chascun les peuſt veoir. esquelz sacs len cupdoit quelle euſt miſt les tresors de sicheꝰ sõ mari. Dido ainsi pourueue monta a soleil leuant dedans les nefz. ⁊ auec ses cõplices ⁊ cõpaignies que le roy auoit donnees. et apres que dido fut p vent et par aurons venue a la haulte mer elle cõmanda que les sacs plains de areinne feussent gettez en la mer Et aps que ainsi fut fait diſt en plourãt. O tresbons compaignons de nostre nauire ie pẽse que vous ne scauez q̃lle chose vous auez fait. si vo⁹ dy que vous auez gette dedãs les vndes de la mer les tresors et richesses de feu mon mari sicheus ⁊ de pigmaliõ mõ frere. ⁊ par ce que vous auez fait ceste chose iay trouue maniere que vo⁹ mourrez auec moy ou vous me acõpagnierez tandis que ie men fuyray en mon pays. et certes mes tresbõs compaignõs vous congnoissez assez lauarice de pigmalion mon frere ⁊ cõmẽt mon mari sicheus a par luy este tue pour ses richesses. Et certain est que se nous venons es mains de pigmalion puis que nous auons en mer gettez ses tresors ⁊ ses richesses il no⁹ mettra a tourment et a mort. car il sera deceu d̃ son esperance. et par ainsi il sera embrase de courroux. Je endureray tres voulẽtiers la mort puis q̃ mon mari sicheus que ie aimoye souuerainement ma eſte tollu. mais de vous iay grant compassion. et pourtant se par fuyte vous me voulez ouster auecques vous d̃ la presence du desloyal pigmaliõ mõ frẽ ie me eschaperay de mort. et si me offre ⁊ presente de vous mener bieneuremẽt a con quester pays plus ioyeulx & meilleur que celuy dont nous venos. Les compaignons conduisans le nauire de Dido furent meuz & flechiz pour la paour du cruel roy pigmalion, & pour la doulce requeste de dido/ia soit ce q̄ il leur sēblast dure chose de laisser leurs pays naturel/ & adonc ilz trouuerent tātost derriere lisle de chippre les poupes des nefz qui estoient tournees devers la cite de thir. Aps ce q̄ de cella haulte mer moyennant le bon vent les nefz vindrent en chippre/Dido receut aueques soy ung prestre de iupiter auec sa femme & ses enfās & prophetizoit ce p̄stre les choses qui doiuent aduenir du grāt voiage de telle chaste dido/ & elle qui ne sauoit en quelz lieux deust arriuer pour le soulatz & confort de sa ieunesse/ & affin q̄ elle ne cheust en vieillesse sans auoir aucune lignee/ elle prinst sur le riuage de chippre lxxii. pucelletes les q̄lles selon lancienne maniere des chippriens estoient illec assēblees a soulacier les hommes estranges/ et pour gaigner leur douaire pour elles marier ou temps aduenir/ & si estoient assemblees pour sacrifier a venus la deesse damours affin que elle leur donnast grace de garder leur chastete ou temps aduenir. Ceste venus fut nee de lisle de chippre en laquelle est vne cite nōmee ciprus & q̄ anciennement fut appellee paphies. Chippre est presque assise soubz le souleil de midy & est enclose de la mer carpacienne elle iadis fut moult renōmee de richesses & par especial or & darain q̄ premierement fut illec trouue. Il est doubte entre les acteurs q̄ furent les parens de venus les aucuns dient q̄ elle fut fille duÿ appelle cirus & dune fēme appelle cirie/les autres dient de sirus et de dione fēme chippriane & les poetes dient pour exaulcer son nom q̄ elle fut fille de iupiter & de dione mais de quelconque pere ou mere q̄ elle feust fille/ elle

fueillet xliii

fut tant belle de visaige et si gēte de corps quelle deceuoit le iugement de ceulx qui la regardoient. & tant que aucune lappelloient venus q̄ est le nom dune des sept planettes. les autres lappelloient fēme celeste engēdree de la rousee du ciel. & les autres la nommoient deesse immortelle cobien qlz sceussent quelle fust nee des mortelz parens. encores disoient quelle estoit mere de cupido le dieu damours. & ceste venus fut femme de vulcanus le roy de la cite leninos en grece qui fut filz de iupiter. et apres la mort vulcanus elle fut femme de adonis le filz de cynara roy de chippre & de mirra sa fille. Apres la mort de adonis ceste venus cheut en si grant chaleur de luxure que par plusieurs fornicatiōs et ribauldies elle ordoya toute la clarte de sa beaute. car il fut notoire en chippre que le roy vulcanus son mari la trouua couchee auec ung sien escuier dōt les poetes faignirēt que lescuyer estoit ung dieu appelle mars. Dernierement affin que venus ostast aucū pou de sa hōte de son ribault visaige & quelle eust plus grāt loisir & cōgie de mignoter. elle pourpēsa & trouua les bordeaulx publiques & par ses loix cōtraignit & admonesta les fēmes dy aller seoir. ainsi cōe len voit encores por la coustume garder entre les chippri ans qui enuoient leurs filles iouer et ribaulder sur les riuaiges de la mer auec les hōmes estrangiers/ pour les causes qui ia dictes sont dessus. Aps ce que le nauire de dido eut tresnage la haulte mer de chippre il aborda au riuaige daffrique. & tantost aps dido acheta des habitās dillec autant de terre cōme len pourroit enceindre du cuir dun beuf pour certaine quantite de deniers. elle dōcq̄s fist conroyer ce cuir en delie parchemin & aps le detrēcha en subtiles pieces et le colla p̄ les boutz. et par ainsi elle enuirona trop

g iii

plus de terre que les gens du riuage ne cuydoient parauant. Tandis que Dido et les siens apres leur grant trauail se renforcoient de repos/ boyre/ menger/ dormir/ et dautres aysances elle fist rapareiller son nauire et radouber toutes les choses conuenables a elle et aux siens. Le temps pendant les gens demourans a lenuiron du terrouer que elle auoit achete encommencerent a apporter viures les aucuns vindrent de leur plein gre veoir dido et ceulx qui auec elle estoient venuz ou nauire q̃ a ceulx de affrique sembloient estre estrangiers ilz commencerent a parlamenter ensemble / a faire marchandise et a prendre congnoissances et amyties entre eulx. Et pource que ceulx de affrique faisoient ainsi a Dido et aux siens / et aussi que le pays de affrique leur estoit conuenable / il sembla bon a dido et aux siens de mettre fin a leur fuyte sans oultre plus voyager. Apres doncques que Dido eust descouuert le barat que elle fit a pigmalion son frere et que elle eut monstre les grans tresors et richesses de son mary acerbas / elle encouraiga ses compaignons dune tresgrant esperance et mist les fondemens pour faire vne cite en ce mesme lieu ou elle et ses compaignons sestoient reposez / et ou lieu des fondemēs fut trouuee vne teste de cheual lequel lieu fut accepte et pris pour lamour de celle belle demonstrance. Car la teste du cheual luy donna signifiance que le peuple de la cite seroit cheualereux et fort. Apres dido enuironna de mur la terre q̃ elle auoit achetee. Aucuns hystoriēs dient q̃ Dido appella sa cite cartage de ce mot carta qui signifie peau conroyee pour escripre et la tour de celle cite se appella birsa du cuir du beuf q̃ les thiriens appellēt en leur lāgaige birsa. Cartage doncq̃s pres de la mer daffriq̃ fonde par Dido en la quarte dage du monde

De Boccace

cest assauoir ou temps du roy dauid en briefue espace de ans fut accreue en grant peuple pour cause de plusieurs couenabletez du lieu ou elle estoit assise. La royne dido escripuit et donna loix et maniere de viure au peuple de cartaige et si seigneurisoit auec entiere iustice. Entiere iustice est a vendre a vng chascun ce de quoy il est digne. Dido encores estant ieune femme de aage et vesue de mari et treshonneste en vie et meurs et en conuersation gardoit le sait propos de chastete. Par ainsi doncques la royne dido ayant son plain desir et seigneurisant comme royne. Deuint florie par merueilleuse renommee ou riuaige daffrique aps ce quelle eut este tourmentee par larmes et par douleurs ou riuaige de la cite de thir. par la diuersite des deux fortunes lune male lautre bonne que Dido eut au pays de phenice et au pays de cartaige. Par ce appert assez q̃ les honneurs ne sont pas gardees a tous en leurs propres maisons: mais sont en estranges pays souuēt plus honnorez. Plusieurs sont qui en demourant en leurs propres maisons meurent sans estre congneuz a eulx mesmes ne a autres. tout ainsi cōme silz neussent oncq̃s este. et ainsi cōme se p toute leur vie ilz eussent este couuers dune obscure nuee et apres leur mort ilz se euanouissent comme la fumee au vent. Pour les gransvertus et nobles euures de la royne dido dōt la renomme couroit par les estrages pais daffrique. Elle receut illec plus donneurs quelle nauoit eu en phenice son pays naturel. et touteffoiz fortune qui ne souffre mye aucun estat continuer. et par especial quāt lestat est bien eureux. elle mist vng trebuchet soubz les piez de Dido la treschaste royne de cartage. et de celle cause luy nasqt sa plourable destructiō: dōt luy deuoit venir plus clere gloire et plus larges bieneuretez, car côme de iour en iour mesmemēt entre les nacions tres loingtaines feust acreule glorieux nō de la beaute de la chastete ₇ de la prudēce de dido et de son royaume qui se cōmēcoit esleuer ₇ accroistre aduint q̃ le roy des musitains dōt le royaume estoit assez pres de cartaige mist sa pensee et son cueur moult ardāment en lamour de dido pour les biens quil oyt compter delle q̃ vesue estoit. Cestuy roy appella a soy aucuns des princes ₇ nobles de cartage et leur requist que ilz feissent tant q̃ l eust leur royne a fēme. Et pour plus tost obtenir leffect de sa requeste il menassa de desrocher par bataille la cite De cartaige et de gaster le peuple, ou cas quilz ne luy liureroient leur royne en mariage. Les nobles des cartaiges cognoissans le ferme et bon pp̃os que leur royne auoit de garder sa chastete, ne luy oserent promptement et sans delay racompter les demādes de ce roy, mais ilz trouuerēt hōneste couleur de plez en disant a dido que le roy des musitains desiroit auoir auec soy aucun q̃ luy ensaignast telles manieres ₇ coustumes de viure cōme ōt les gēs de la cite dethir affin q̃ le roy eust plus doulce ₇ plus courtoise maniere de viure, ₇ de cōuerser q̃ l ne auoit encore eue. Et pour ceste chose faire deuers le roy ilz dirēt q̃ ou pays de cartage ne congnoissent hōme ne fēme a qui len peust cōmettre telle chose biē ne cōuenablement pource q̃ combien que aucun feust habille de ce faire si ne vouldroit il iamais laisser sō pays pour aller demourer auec vng roy si cruel ₇ si desgracieux ₇ q̃ dit si estrangement et oultre les nobles de cartage dizent a leur royne dido que le roy des musitains les auoit menassiez disant que se aucun ne alloit p̃ deuers luy pour acomplir sa demande que il mouueroit prōptement guerre cōtre

cartaige la nouuelle cite. ₇ luy sourdroit peril destre pduë. Aps ce que les nobles eurēt ainsi p̃se deuāt leur royne elle blasma ₇ reprīt iceulx. pource q̃ lz ne luy auoiēt pluftost descouuert ceste chose. Certes dist elle mes tresbōs citoyēs puis q̃ l est ainsi cōme vo⁹ dictes no⁹ dōcq̃s enduerōs voulētiers nō pas seullemēt aller demourer auec ce roy estrāge. mais nous endurerōs pariemēt viure entre les bestes sauuaiges et entre quelzconques nation de gēs barbares. mais aussi mes tres bons citoiens sil est chose cōuenable de mourir pour le bien ₇ la sante dentre vous sicomme ie croy estes aussi prestz. car certainement le citoyen est mauluais qui ne veult souffrir au aucūs dommaiges priuez pour le cōmun prouffit. adonc les nobles de cartaige ouurirent et comptèrent plus a plain les mandemēs dudit roy cuy dans que par les parolles quil auoiēt parauant dictes dido se cōsētist prendre le roy a mary. La royne adōc congneut que la sentēce quelle auoit dicte estoit contre les propos que elle auoit de garder tousiours sa chastete. Et lors elle appella longuemēt feu son mary acerbas en faisant pleurs ₇ complaintes. Et finablement elle promist a ses princes ₇ nobles quelle auroit a mary ainsi comme ses destinees la menoiēt: mais elle print espace et ferme de trois mois pour acomplir le desir du roy et de ses citoiens. Dido doncques durant ces trois moys fist ainsi comme troy hastiuemēt supplier et faire tout ce quil failloit au fortifiement de la deffence de sa noble cite de cartaige. affin quelle ne la laissast en aucune maniere desemparee ne foible. laqlle elle auoit de nouuel edifiee. Dido q̃ scauoit le cas de fortūe q̃ luy estoit aduenir: maudist longuemēt la beaulte de son corps, ₇ fortūe lēuieuse ₇ les ioyes ₇ aduētu

g iiii

res q́lle auoit eues en sa vie. Et p̄ ainsi dido cheut a tresbucha en angoisse en larmes a en misere Elle q̃ auoit vescu en plaisant repos de pensee q̃lle auoit prins/pource q̃lle auoit mocque a deceu lauarice de pigmalion son frere: elle qui auoit si bieneuremēt eschappe par fuyte: q̃ auoit fonde si noble cite: et qui soubz soy auoit vng si grāt peuple: mais apres que le terme des trops moys approucha elle recomenca telles plaintes a telles larmes comme elle auoit fait iadis pour la mort de son mary acerbas. et aps̄ fist vng grāt feu en vne haulte partie de cartage a fist tuer diuerses bestes pour faire sacrifices ainsi cōme se elle voulsist appaiser lame de feu son mari a la maniere payenne. et puis print vne espee et monta sur le feu. puis dist au peuple de cartage regardant q̃lle chose la royne vouloit faire. Mes tresbons citoiens ie vous commāde a dieu. Je men vois a mary ainsi comme vous mauez cōmande.a tantost aps̄ dido se coucha sur lespee quelle auoit parauant prinse. a par ainsi mourut en gardant honnestete et chastete et souilla de son sang innocent toutes les choses qui estoient a lentour delle. Apres ceste occisiō les cartaginois voyans tel ouuraige qui tant estoit cruel a horrible sen tournerent en larmes a en pleurs. et longuemēt plourerent la mort de dido leur tresbonne et chaste royne. et celebzerēt les cruelles obseques funeraulx en gemissant souuent a en appellant dido leur tresbonne a chaste royne mere de leur pays. et se la cruaulte de fortūe osta aucune chose du bien que dido auoit desseruy en sa vie. affin que la pitie de ses citoyēs luy recompēsast. ilz luy firēt aps̄ sa mort tous hōneurs q̃ affierent aux hommes a aux dieux. Et oultre aps̄ q̃ les cartaginois eurēt soudainemēt recōmāde dido aux dieux du ciel ilz firent ordōnance q̃ dido seroit honnouree cōme deesse a q̃ en son nom et en la maniere delle on luy fist et cōsacrast tēples et aultez pour sacrifier a elle cōme deesse de sa cite de cartage.

Le xi. chapitre cōtient la louenge de dido noble royne a premiere fonderesse de la cite de cartage. Et commence ou latin. O mulieris. et cetera.

Pource que dedens toy o noble dame dido royne iuste/ fēme constant/ seige princesse/ tresbōne a tous a chaste/ tienne vefue a toy sōt louēges de vertus mirouers de vie honneste/ exemples de bonnes oeuures et fermete de courage qui se lon cours de commune nature se trouuent en pou de fēmes. Je vueil o Dido en brief racompter tes louenges a en aucune p̄tie razie ne puis en tout. Tu as eu force domme dedens corps femenin/ tu as garde hōneur de chastete oultre les autres femmes de ta loy a de ton tēps/ tu as si biē vescu q̃ tu es digne destre de tous celebree par louenge tu ne as pas voulu si lōguement viure cōme tu pouoies selon le cours de nature/ mais tu as mieulx ayme donner a la mort les ans de ta ieunesse q̃ plus longuement viure et finer tes iours en honte ne q̃ ordoyer ton ferme a saint propos de chastete p̄ la diffame de luxure qui iamais nest effacie. O tres venerable royne tu as fine tes mortelz labeurs par vng seul coup despee/ tu as acquis p̄ēurable renommee tu as restrainte la suxure du roy musitains/qui te demandoit a femme/tu as esteincte la beaulte de ton corps/ et par ce tu as laisse ton pais franc et quitte de guerre Et pour acquerir ces tiltres et louenges tu as tire ton sang vermeil/ et cler de ta poictrine/ton esperit est vole hors de ton corps/ et alle en la vie telle comme les dieux par auant te auoient aprestee selon tes grans merites et bienfaitz. Pource doncques affection me contrainct que ie te prie se les ames de mort ont aucune force ou puissance enuers les dieux/q tu veilles lancer au visaige des mignotes dames telles honnestes hontes/ que elles ne corrumpent le sainct propos de chastete affin que nous qui scauons que ton nom est honnorable et tousiours sera aps nous aages: nous puissons veoir que par tes merites soit accreue l'honneur de la chastete des femmes vefues et autres quelxconques

Le xii. chapitre contient le cas de sardanapallus autrement dit conostancolleros roy des assiriens qui fut inuenteur de plusieurs mignosties Et commence ou latin. Adhuc circa pietatem et cetera.

Econsideroye encores la piteuse mort de la royne Dydo quant ie ouy vng bruyt de maleureux hommes plourans comme ilz disoient pour leurs dures aduentures: si me tournay deuers eulx et lors ie vy vne grant assemblee de maleureux nobles hommes et femmes q deuas moy se trahioient cuidans q ie deusse escripre le cas q leur aduindrent Entre tous ses maleureux q ie congnoissoie assez/ me vint premier a lencontre sardanapalus iadis roy des assiriens: quant il vint deuant moy il nestoit pas moille de oignemens/ dont il souloit vser pour soy eschauffee en luxure et si nestoit pas vestue de pourpre mais il auoit le visaige enfemine et si portoit les attours et les enseignes de son noble royaulme en soy complaignant de la durte de la fortune. ie commencay voulentiers a escripre le cas de sardanapallus qui vesquist comme femme et le detournement de sa fortune: affin que ceulx qui cuident que leur seigneurie et estat soient perpetuelz et fermes/ puissent veoir et entendre comment fortune boulte hors ses vieilles rocines du parfont de la terre/ quant elle renuerse les estatz de ce monde. Apres ce que octazepes xxx. roy des assiriens fut mort: cestui sarnanapalus qui autrement fut apelle conostancolaros obtint et posseda le royaulme des assiriens qui fut conquis par les tres grans labeurs et longues difficultez de ses predecesseurs depuis que au commencement de sa seigneurie Il eut fonde deux citez/ cestassauoir tarse et ausile: il se osta de la presence des hommes et se rethrahit en vng sien palaiz garny de merueilleuses delices: et dit l'en es hystoires tandis que sardanapalus pourrissoit par oysiuete en ce palaiz il trouua plusieurs manieres de delectations: et dist l'en certainement que sardanapalus trouua la maniere de faire les litz de plume attournez de soie et enuironnez de courtines: il trouua les abreuoers d'or et de pierres precieuses/ il trouua les diuerses manieres de appareiller viandes par artifices/ il trouua aussi maniere de traire le vin des grapes sans les fouler des piez/ et les odeurs et les oig nemens qui actrayent les hommes a luxure: il mis sus auāt que nulz autres les ordonnances dauoir eunuchz soy seruās et varletz peignez et autres mignoties et oysiuetez bains et dissolucs. Les hystoires racomptent q̃ foronteus le roy des arginois qui du temps de abraham donna les loix aux gens de grece/et institua les iuges et les sieges a pledoier/ et a pendre les droitz: Il pensoit auoir acquis entre les hommes louenge perpetuele: aussi faisoit saturnus roy de crete: pource apres que il fut dechacie de sōroyaume p iupiter son filz: et ledit saturnus fut venu en ytalie ou nestoit encores trouue la maniere de cultiuer les terres: il monstra aux rudes ytaliēs la maniere de arer de semer et de soyer les blez: et le receurent benignement en vne partie de ytalie ianus pichus fanus et latinus qui adōc regnoient chascun en vne partie dudit pays Erithonius aussi filz du roy Vulcanus et de palas qui fut du temps de iosue pensoit auoir acquis louenge perpetuelle pource quil trouua en grece lart et la maniere de faire les charioz et charretes et de atteler les cheuaux deux a deux/ mais pour lors le roy Sardanapalus maistre et trouueur des oysiuetez et des mignoties nestoit pas venu encores qui deuoit par ses merites esteindre la renommee de ces trois vaillans hommes. La vie de Sardanapalus fut semblable aux choses ql trouua. Apres donc que Sardanapalus eut commis a certais capitaines les cusancons et gouuernemens de toutes les choses et besoignes de sō royaume il se osta du tout de la presēce des hommes / ainsi comme se par ceste chose il vousist acroistre pour la maieste royale et que par ce il fust repute plus grāt que ses predecesseurs et auecques ce affin que lēn ne cuidast que Sardanapalꝰ fust forbanni ou hors

de son pays en aucun lieu desert les hystoriens dient que il par soy enqst et fist enquerre p tout son pays compagnons pour lui seruir et estre auecqz lui/ cestassauoir queux sentans la puantise et loudeꝰ de cuysine et bouchiers brouillez du sang des bestes/ et poissoniers peluisans descalles de poissons et gloutons qui tousiours poutoient par auoir trop englouti de vin le iour de deuant Et aussi sardanapallus print auecques soy vne maniere de tres dommaigeux hōmes/ cest assauoir flateurs et iangleurs et ruffiens sentans la flaireur des bordeaulx qui sont fiente /et pessus de toutes gens et sardanapallus aimoit principalement ces ruffians/ aussi faisoit il ceulx qui sauoient flater et qui sauoient seruir de toutes ordes delectations et dentreprendre et faire desloyautez et maulx. Sardanapallus vouloit que sa salle et sa maison royalle fust ouuerte et commune a tous les compaignons dont iay dessus parle. Et affin que la cōpaignie et le nō bre de ses dissolucions et oultraiges fust assouuie il voult aueclescompagnons dessusditz auoir vng grāt tropeau de femmes pour luxurier luy et aussi ses compaignons et certain est que il fist noblement de prendre auec soy telz tropeaulx de varletz et de femes/ car il nestoit couenable destre pastour dautre aumaille. Cestuy noble roy doncques mesle auec telles gens faisoit mengiers coustables /et tres lons entant que souuent il allongissoit ses disners des le matin iusques a la minupt / et aps que Sardanapallus estoit mouille de vin et de viandes et quil sestoit oinct et farde doignemens semonnans a luxure/ il faisoit oster de dessus les tables les viandes et les vins et leuer ses compaignons et compaignes et sans soy hōtoier il se plongeoit iusques au fons

fueillet xl 81

en mignotie et en luxure par chambretes et destours auec ses femmes folles et dissolues et combien que ie nay pas ouy compter quelz esbanois / ne quelles parolles se faisoient ou disoient illec touteffois honnesteté me defsent que ie ne les deuine ne que ies descriue Et certes assi que ne trepasse et laisse a compter ses esbanois et ses parolles ie pense quilz estoient telz que il ne apartiennent pas de les compter au millieu dunn bordeau entre les rusias et puates ribaudes toutessois apres que sardanapallus auoit tant rage et raille auec ces foles femes et faisat toute laidure il adoc palle et trauaile se adonoit a dormir et alongissoit son somme depuis la nuyt iusques a midy: et quat il se leuoit du dormir ainsi comme sil deust venir entre les roys et princes et barons subiectz a luy: il se vestoit de robes royaulx et caindoit ceinture dor et prenoit tous attours faiz a maniere de femme: sa barbe estoit arrousee de precieulx oignemens de arabie et de iude et ou meilleu de sa salle entre les ribauldes illec sillans il se asseoit en vne chaere dor ainsi comme se il voulsist escouter et iuger les causes de son peuple: Illec manioit la laine: et le lin et la soye et extendoit les supseaulx: Ellec filloit en vne couloigne et en ses mains auoit maintes pierres cleres et reluisans et sans soy hontoier il faisoit toutes oeuures de femmes. O Roy sardanapalus tu te adonne a noble et louable mestier la couloigne et les fupseaulx que tu portes / sont signes du triumphe de ennemis que tu as desconfiz en bataille: O noble office de roy voir vng roy portant la couloigne entre les fames et finablement escoute quele roy sardanapalus faisoit car certain est que depuis quil auoit posee ius sa couloigne/ il estant au milleu de elles descouuroit toutes les autres besoignes

et publioit tous les conseilz de son royaume a ses ribauldes et si apnoit delles comment len deuoit sur ce delibrer et faire ainsi côme se elles fussent vng honnarable colliege de saiges et vaillans hômes et si est chose esprouvée et certaine que quant sardanapallus estoit entre ses femmes il tressouuent selon le iugement delles ordonna et comist gouuerneurs de royaumes ducz de batailles capitaines de gens darmes et collerteurs de truages/ et si est chose certaine et esprouuee que ses ribauldes vendirent pour argent le sang et les ames des hommes subiectz a sardanapallus elles deliurerent du gibet et des tourmens et prisons les mauuais auoiét desserui estre peduzou mis en tourmés et en prisôs Elles aussi commandoient toutes choses scelon leur propre plysasir. O bieneurez assiriens qui en lieu du seul Roy auez si noble college de roynes qui tous veillent et entendent au gouuernement de vous et du royaume et oultre les choses deuantdictes affin que ce tresbon Roy sardanapalus ne perdist aucune partie du têps par tout le temps que il ne mengoit ou buuoit ou dormoit ou mignotoit ou consolloit auec ses ribauldes affin quil se reposast et esbatist il se retraioit a vng sien compaignon flateur et losengier. Le Roy sardanapalus se gardoit bien que ceulx de sa compaignie ne luy monstrassent par escript /ou par bouche les faiz des anciens nobles Roys ou les oeuures vertueuses des sains hommes ou les bons enseignemens des renommez philozophes les flateurs et les losengiers de sardanapallus par toutes leurs sentences et parolles esleuoient et approuuoiét ceulx qui ensuiuoiét ordes coustumes/et mauuaises meurs/ Ilz donnoient au Roy admonnestemens de ordes delectations ilz recômandoiét les hommes plains de mauuaistiez/ leurs admõestemens tendoient a des honneur les hõmes qui viuoient droi tement selon iustice. Tout le temps de la vie desardanapallus/ qui ainsi fut orde sans faire presque autre cho ses/les compaignons iugeoient quil estoit bien eureux de ainsi amployer le temps de sa vie. Et ainsi iugent plusieurs de la diffamee vie des prin ces de maintenant/qui degastẽt le temps ainsi ou pis/ comme sardana pallus. Apres que au xx. an quil sem bla a fortune que cestoit ennuyeuse et griefue chose que vng homme si vain si ort et si perdu en mignoties et en de lectations charnelles fust repute bi eneureux et quil demourast ferme en son estat royal pource que fortune de part ses biens et ses maulx non mye par soy/mais par moyen daultruy. Elle mist en couraige a vng noble et vertueux homme appelle arbatus et pour sardanapallus et ou nom de lui gouuernoit le royaume et le pays de mede voulant appointer et ordonner auec ledit roy de aucunes haultes besoignes et pesantes choses touchãt le gouuernement du royaume et du pays de mede/si vint ledit arbathus acompaigne des medois en la cite et ou lieu ou lors estoit le roy: Et apres grans prieres et longues/ Il a peines obtint des officiers auoir entree de uers sardanapalus: et neantmoins il quant il eut obtenue entree fist tant quil vint en la presence du roy/mais quant arbathus vit sardanapalus se ant au milieu dun tropeau de putais en robe de pourpre/fillant a la coloi gne et soy maintenir en maniere de fẽ me plus demesurement que ne fai soient les autres femmes/arbathus se retrahit sans plus approcher du roy et comme desdaigneux et esbahy reto na deuers ses gens de mede que il a uoit amenez: et apres ce que arbathus

De Boccace

eust expose a ses gens les vices et les ordures du roy sardanapalus il dist quil ne vouloit seruir ne obeyr a roy quelconque semblable a femme arba tus par raisons et beaulx parlers attra hit ses gens a son acord/et fist coniura cion et manopole contre sardanapal et tantost lui fist sauoir que il le deffi oit et quil lui feroit guerre et se gardast se il vouloit/et commenca arbathus et les siens faire fort assault contre luy et moult aspre bataile. Adonc sardana palus sentant ceste deffiance et ceste nouuelle de luy mouuoir bataille et qui ia commencoit laquelle chose il p auenture ne auoit autreffois veu: Il mist ius sa coloigne si se reueilla vng pou apres et vestit ses armes cuidant resister a arbathus et aux medois to' rengez en bataile. Si crop ainsi com me il fust possible que apresque sarda napalus eut rengee la bataille de ses ruffians: ses garsons ses flateurs il q estoit orgueilleux et enfle pour les lobe ries et ventãces diceulx dont p auãt lauoient serui saillit hors de son palai ys ainsi orgueilleux alẽcontre des me dois ses ennemys comme fist iupiter le roy de crete quant il saillit en ba taille contre les geyans quant il les desconfist/mais arbathus et les me dois tous ia presentez en bataille pas ne receurẽt le roy sardanapallus a a bruuouers dor ne de pierres precieu ses ne en viandes delicieusement ap prestees/et si ne le receurent pas co me lauoient receu les fẽmes vn dois ses auecques qui il dormit ne ainsi co me ses ruffians garsons/et lobeurs lauoient receu/en luy seruant chũn de son mestier/ ains fut receu a fers aguz de lances/a cheuaulx esperõnez et a soudoiers garniz de diuerses armeu res/et assez tost apres sardanapallus et les siens furent desconfitz et plu sieurs deulx tuez. Et il voyant que la force demouroit a arbatus et a ses

fueillet xl đit

gens se recueillit dedens son palaiz
come espouente z esbahi se tourna
a refuge ou giron de ses ribauldes:
ainsi comme est vne tresseure to'mais
lui qui presques ne se sauoit contenir
regardaledit arbatus victorieux et q̃
auoit approuchie son ost/au plus
pres du palais quil pouoit. finable
ment sardanapalus se desgourdit z
se reueilla du somme de oysiuete z
de luxure en quoy il auoit longuemt
demeure/en soy boultrant comme
vng porc dedans la fange de ordes de
lectations z ouurit les yeulx de sa pẽ
see en consideràt soy z ses besoignes
et il aduisant que le temps passe quil
auoit perdu z degaste en mauuaises
z deshonnestes oeuures ne pouoit p
quelconque diligence estre recouure:
z que ou temps aduenir nauoit auI
cun remede qui ne lui faillist ou mou
rir ou venir en seruage/par la prinse
de son corps. Adonc il despouilla son
couraige feminin. En quoy il auoit
vescu z vestit le couraige de vng ho
me fort/et osta a dame fortune tout
ce que il lui peut tolir/car elle lui pou
oit donner deux maulx/cestassauoir
la mort ou seruitute/Car il pouoit e-
strepris par arbathus victorieux/z
si pouoit selon droit de bataille de-
uenir serf de celluy qui le prendroit.
Adonc ayma plus mourir soubz frã-
chise que viure soubz la seruitute de
celui qui leust prins il ordonna z dres
sa par soy mesme ou millieu de sõ pa
lais vng grant mulon de charbon de
fagotz z de busches: z mist sur ce grãt
tas de ses ioyaulx vaisselles robes
z autres choses precieuses z puis mõ
ta tout dessus et a ses rufians gar-
sons z flateurs/Et aussi a ses ribau
des qui illec presens regardoient la
besoingne/il donna ses derrenieres cõ
mandemens qui resembloient/a sa
vie du temps passe/car il comanda q̃
sur sõ tõbel fussẽt escriptes telles ou

semblables parolles/ma gloutonie/
ma luxure puante/me font finer en
feu ma vie doulente. Sur ce tombel
furent plusieurs nobles enseignemes
que sardanapallus laissa a ceulx/qui
lors auec lui furent. Finablement a-
pres que sardanapallus quil eut bou
te le feu dedens les busches/sur quoy
cõe dit est il auoit mis to' ses precieux
ioyaulx il demoura en fort couraige
car de plain gre il souffrit soy ardoir/
dedens le feu ou quel il fina sa disso
lue et oysiue et par ainsi sardanapal'
qui ou temps de sa prosperite prece-
dant auoit vescuen maniere de fem
me il mourut en maniere dung hom
me fort et couraigeux. Apres ce que
fortune eut peuerse son estat aux cõ
traire et deslors le roy sarnabapal-
lus laissa soubz la seigneurie des me
dois le royaume de asie qui par mil
deux cens ans auoit este soubz la sei
gneurie des assiriens/ou temps de
Joram roy des juifz et de Helie le
prophete.

.

Le xiii chapitre parle cõtre
Sardanapallus roy des
assiriens et ses semblables
en ramenãt a memoire les
enno᷑mes vices et grã' oy-
siuetes dudit sardanapal'
Et commence ou latin O
rex prudens z cetera

Hascun qui list ou escoute le
maleureux cas du roy sar-
danapallus peut raisõnable
mẽt en soy moquãt de luy dire ainsi.
O sardanapallus prudent/et saige
roy tu as este ententif a la chose publi

q̃ de ton royaume ꞇ veilant ꞇ diligēt ou regime ꞇ a laminiſtration des pays a toy ſubiectz ꞇ des choſes diceux Je meſbahys comment tu departis ſi noblement le temps de la vie comment tu diſtribuoies ſi ſagemēt tes beſoignes car tu diſtribuoies vne partie du temps a luxurier mignotemēt entre les foles femmes vne autre partie en gloutonnie/lautre en dormir/ ꞇ lautre en conuerſant auec tes ruffiens tes garſons ꞇ flateurs quant tu occupoies le temps en ſi nobles oeuures ꞇ en ſi renōmees choſes/en tant que tu ne paſſoies point aucū temps oyſif: tu monſtroies aſſez que toutes s choſes mōdaines ſont a fortune mais letemps eſt ſeullement a nous de par ma dame nature qui nous a donne vertueuſement temps poᵘʳ ouurer et bien faire enuers dieu ꞇ enuers le bien publique. Or me dy ſardanapalᵘˢ ie te prie quelle choſe eſt plᵘˢ deſraiſonable ꞇ plus folle que de perdre tēps en oyſiuete ꞇ de gaſter le temps en ordes oeuures car le temps eſt vne choſe ſouueraynemēt deſiree de toᵘˢ hōmes et de toutes aultres choſes viuans pour quoy doncques nous autres hōmes ſommes plus flaches ꞇ plus pereſceux que ſardanapaluſquipas ne ſtoit inſtruit en loy diuine ainſi comme nous creſtiens nous auons Joye pource que nous ſommes nez au mōde ꞇ ſi nous effozcons toᵘˢ de viure par long temps ꞇ de venir en vne grant vielleſſe ꞇ ſi nous auons droit ſentement nous ne deſirons iamais pour autre choſe longuement viure ꞇ juſques en vielleſſe ſi non affin que plus longuement nous vſons du temps comme du bien delectable / mais q̃ on en vſe bien. Nous ne vſons poīt de ceſtuy bien delectable ſi non quāt nous faiſons aucune choſe vertueuſement ꞇ ſelon bonnes meurs: affinq̃ de nous ſoit renommee en treſlonga̅

ancien temps apres noſtre mort corporellemais vousquireſſēblez le roy ſardanapallusvous trauaillez et metez peine en gloutōnie et mignotie luxure et en beſtialle vie et folle affi que voſtre vie ſoit perpetuellement diſfamee apres voſtre mort celuy eſcriuain ēploya moult de tēps qui en vnneſi petite peau de parchemin ſi tenne et de ſi petite lettre / eſcriuit le liure du poete omer / de lhyſtoire de trope que on la pouuoit mettre toute dedens la coquille dune noix. Calſicrates auſſi ēployá moult de tēps/ quant il tailla dyuire formiz en leur propre grandeur/ et autre tant ou plᵘˢ employa de temps mirmethides qui dune piece et dune meſme matiere forga vne charrette. Ayāt toutes ſes parties ſi treſpetite/ que on la pouuoit couurir des helles dune mouſche/ ꞇ ſi fiſt vne nef ayant toutes ſes parties tant petite que vne mouſche amielleuſt couuertes de ſes helles. Les hommes deſſuſditz qui firēt ſes ſubtilitez et merueilleuſes choſes ne gaſterent pas en vain/ ne laidement le tēps de leurvie/ car combien dilzayent faict es choſes qui firēt ſans profit ou au mains detres petit/ toutes fois ilz donnerent aux hommes qui furēt apres eulx exēples quilz eſtoiēt ingenieuſxet ſoubtilz. Le philoſophe pitagoras ēployá trop nieulx le tēps que ne fiſt le roy ſardanapallus/ car tandis que pitagoras ſerchoit et enuironnoit les diuers pays du monde en aprenant a ſoy meſmes il prouffita moult aux hommes dapres luy/ par le mirouer de ſa belle vie et de ſa noble doctrine. Ceſtuy pitagoras treſnoble et renomme philoſophe fut ne de liſle apellee ſamoz et fut filz dun treſriche marchant apelle demaratᵘˢ. Pitagoras apriſt en egypte la ſcience de aſtronomie ꞇ ē liſle de crete ꞇ en lace dede il apriſt les loixq̃ le roy mids ꞇ le

roy figuroyſ auoiẽt baile iadis aux gẽs
de grece. Auant le temps de pitago-
ras: Les clercs ſe faiſoient appeller
ſages/mais ſoy (et les autres il appel-
la philoſophes/ceſt adire amis de ſa-
pience. Pitagoras ne voulut menger
quelconque choſe ayant ame/Il ou
temps de nabugodenoſor roy des
aſſiriens fut de ſi grant renommee
enuers le peuple de grece: que apres
ſa mort on luy voulut faire vng tem-
ple et adourer comme dieu ces deux
philoſophes grecz platō (et apolonius
employerent mieulx le temps que ne
fiſt le roy ſardanapalus/ceſtuy pla-
ton nez de la cite de athenes fut filz
de deriſton (et de parcione de noble li-
gnie. Platon fut diſciple du philoſo-
phe ſocrates ſoubz lequel il aprit phi-
loſophie naturelle (et morale: (et apres
platon comme diſciple ſe tranſpor-
ta en egypte pour aprendre ariſmeti-
que (et aſtronomie (et apres vint en yta-
lie pour aprendre de archita vng phi
loſophe de tarante les enſeignemẽs
du philoſophe pitagoras il fuſt mõlt
ſobre en viandes (et auſſi en delecta-
tions charnelles: il fuſt moult debõ-
naire (et apres quatre vingtz vng an il
mourut du temps du roy philipe pe
re du grant alexandre/Mais ceſtuy
apolonius fuſt mōlt renomme phi-
loſophe et p eſpecial en la ſcience de
gramaire ſpeculatiue/pour laquelle
ſauoir il ſercha les eſtudes de diuers
pays du monde (et compilla en grece
les liures qui ont depuis eſte mis en
langaige latin pour enſeigner ceulx
qui apres ſont venus (et vendront.
Les troys nobles hōmes grecz mel-
ciades leonidas (et epaminondas (et les
trois ſcipions rommains employe-
rent mieulx le temps de leurs vies
que ne fiſt le roy ſardanapalus: Car
ſes ſix nobles hommes ainſi comme
cy apres ſera compte/ trauaillerent
moult en armes et auſſi firent pluſi-

eurs autres ſemblables nobles hom
mes qui augmenterent/ et accreurent
le bien et lonneur publicque de leurs
pays et de eulx meſmes/ par quoy ilz
ont perpetuel renom. Mais tu roy
ſardanapallus de qui la vie fait hon
te (et deshonneur aux roys tu as veſ-
cu en glotonnie et ou gyron des fem
mes en pourriſſant en luxure/ tu as
ſans bien faire paſſe le tẽps de ta vie
lequel iamais tu ne recouureras/ Il
neſt choſe plus deſauenant a hōme/
que de oublier ſoy meſmes et ſoy pri-
uer de raiſon en tant quil ſe laiſſe prẽ
dre et empriſonner en la chartre des vi
ces par trop menger et boyre. Les a-
brouuoers et bruuaigez les ſaulces
et brouetz pas neſtoit trouuez par en
gin dhomme auant que tu les ame-
naſſes en auant (et de iceulx en fuz pre
mier forgeur (et grant maiſtre trouue
tu trouuas ces delices/ affin que les
hommes de ton pays et autres qui p
auant eſtoient contens demenger du
gland et boire eaue de fontaines de
uenisſent gloutons par tes delicieu
ſes viandes et bruuaiges. Et neant-
moins tu ſcauoies que ceulx du pre-
mier aage qui vſerent des choſes tel
les comme dame nature les fiſt ſont
reputez bieneureux/ car ſobreſſe de
viandes eſt marraſtre des vices (et me
re des vertus Tu ſardanapallus ne
trouuas mie ces delicieuſes viandes
ne ſes doulcereux bruuaiges affique
les hommes prenſiſſent en toy exem-
ple de ſobre et attrempee vie/ et affin
que iſferen ce fuſt entre les beſtes et
hommes/ et entre leur maniere de
viure, car tu reſtroignoies ſobreſſe et
attrempance de menger et de boyre/
et affin que eſchapaſſes le temps que
nature te donna pour viure ſelon ver
tu/ tu cōmandois a porter deuant toy
viandes diuerſes enſembles/ ainſi cōe
ſe tu ne peuſſe iamais eſtre ſaoul taf-
fi auſſi q tu egorgaſſes pluſ de hanaps

de Vin tu requieroyes tes seruiteurs quilz te semonissent a boire a toy dautant/pource que tu sardanapalus gastoies le temps de ta vie en luxure en gloutonnie en dormirs desordonnez/ et en escoutant garsons rufiens lobeurs et leurs flateries dont ie tay ia reprins es deux cas premiers/ ie bien a toy par raison blasmer du trop long et desordonner dormir et de escouter les vaines flateries des rufiens et garsons qui tousiours par leurs ordes pos les empoisonnent les oreilles des roys et autres princes car il nest chose plus dommaigeuse a tous hommes que de dormir oultre necessite de nature bien riglee/emploier assez de temps a dormir nest aultre chose que perdre assez de temps par long et desordonne somme lengien deuient rude et rebronche la memoire se respant et acourcist trop grant moytesse suruient es membres par quoy il sengourdissent et afflaschent/ car comme someilleux est vain et descouloure/le trop dormir est ennemy et dommageux a tous hommes/mais il est mortel et plus que contraire aux hommes a qui affiert auoir cherge ou de chose publique ou de chose priuee/et par trop long dormir viennent tressouuent en griefue et dure pourete les royaumes larges et spacieux et aussi les hommes q ont les grans richesses se reduisent a nient a la parfin. O sardanapalus roy oysif et negligent et sous autres roys et seigneurs du monde que iay assez crie et dit quelz dommaiges peuent faire garsons lobeurs puffiens et flate's et par le cas de sardanapallus et des autres maleureux roys vous pouez congnoistre combien vous deuez abandonner voz oreilles a escoutez paroles venimeuses.

Le xiiii. chapitre contient les cas de amazias et de ozias son filz roys de Jherusalem.et dung autre ozias roy des iuifz et de sennacherich roy des assiries Et commence ou latin.
Nondum satis et cetera.

Pres assez de blasmes et de reproches que par raison iay dit côtre le roy sardanapall' et a ceulx qui le ressemblent Je ne auoye pas encores assouui mes paroles quant les maleureux nobles iuifz estoient retournez par deuers moy prians que ie escriuisse les miserables cas daulcuns dyceulx/et de leurs cas et plours/ilz auoient ia emplie la chambre ou ie escriuoye ce liure/illec entre plusieurs estoit amazias roy de Jherusalem qui en racomptant son cas disoit que il qui estoit filz de ioras iadis roy de iherlm et qui selon droicte lignee descendoit de la lignie du noble et de bonnaire roy dauid. Il auoit eues diuerses et grans batailles côtre les amalechites les ydumees et les agaboanites qui lors estoiet trops fortes et puissantes nations de gens payennes du pays de midy/p secuteurs et ennemis des iuifz. Lestuy omazis comme dit est roy de Jherusalem par victorieuses batailles des confist et emprisonna les roys les nobles et les autres peuples de ces trois nations et plusieurs diceulx il tresbucha du hault rochier embas/affin que amazas et les siens trauaillassêt moins en les tresbuchant. Le roy amazias par ceste victoire aquist grât gloire et eut en soy grât playsir mais ainsi comme il disoit autretant luy aduint de douleur et de honte: Pour ce que il apres peut veoir Jerusalem sa cite assiegee de ioas roy des iuifz Et apres icelle cite prinse/ amazias fut prisonnier: dont il eut a son cueur grant douleur et grant impacience et aussi le dit ioas comme ennemy du roy amazias rompit et desrocha les murs de ierusalem/ et apres pilla toutes les richesses et les precieuses choses que il trouua dedens: et ceste chose fist il ou diffame et ou vitupere dudit amazias/ Lequel apres toutes ses aduersitez fust deliure de prison: non mie pour son bien aduenir mais affin que fortune lui fist plus dures assaulx car ainsi comme amazias disoit en plourant apres que il fut certain que ses amys charnelz espioient a le prendre/ et le mettre a mort Il sensuyt en vne cite appellee lachis/ en laquelle ledit amazias fut tresmeschamment et pourement tue par la main de ses amis. Et affin que fortune ne soit en plus blasmee ne en aucune maniere ne que elle desert/ Il est bon de sauoir comme vray est que ce poure maleureux roy amazias dont Jay tantost le cas en brief compte fust pere de Ozias: dont ie feray tantost au long mencion: Car Joram roy de ierusalem et qui fut mary de athalia fille de iezabeth engendra ochoziam/ et ochozias engendra ioab: et ioab engendra amazias/ et amazias comme dit est engendra ozias. Les ditz roys apres grans mondaines bieneuretez ont fine maleureusement leur vie: Apres la desolacion de leur peuple: et aussi de leur royaulme par cas de iuste fortune. Et de ces quatre roys les trois cestassauoir ochozias ioab: et amazias pour la punicion du peche de ydolatrie de leur pere ioram et de eulx mesmes apres que de ce peche furent tous enterchiez: il ne sont point escriptz

ne nommez en la genealogie de iheuchrist par saint mathieu euangeliste: Mais ozias dont lystoire sensuyt y est nomme par ce quil garda presque entierement la loy moyse/ fors en ce quil soulut sacrifier a dieu: laquelle chose ne apartenoit fors aux prestres Et pour tel ouurage ozias par vengance diuine fut feru ou front de meselerie parquoy dieu donna entendre aux roys et aux seigneurs terriens que ladministracion des sacres et des choses diuines leur est du tout interdicte. Apres doncques le roy amazias venoit le roy ozias son filz/ mesmement roy de ierusalem/ cestui ozias non pas sans cause estoit batu et couroucie de la male fortune et de la meschante mort de amazias son pere/ Touteffois ozias print pour soy la seigneurie et le royaume de Jerusalem/ Et par ces faiz monstra quil estoit roy de prouesse merueilleuse: Mais Il sembloit maintenant estre tres couroucie/ et ainsi comme sil fut enragie et forseneux/ Il se complaingnoit de fortune/ et disoit que apres ce quil cuida que son royaume feust a tousiours ferme et estable et que la gloire de luy feust perpetuelle pour ce quil auoit desconfist par bataille vne grant prouince nommee palestine/ dont la metropolitaine cite iadis eut nom philistim et maintenant elle est nommee ascalon/ Ceste prouince deuers oriant touche a la mer rouge/ deuers midy a iudee/ deuers septentrion a phenice/ et deuers occident elle fine en egypte. Ozias aussi desconfist et desrocha au pays de palestine deux citez cestassauoir ieth et ianiam/ et si dechassa par victorieuses batailles les arabes qui guerroient le royaume de ierusalem. Et apres ces glorieux faiz: Il ediffia vne cite deuers oriant/ sur le riuage de la mer pour donner memoire et tesmoignage aux
hi

gens aduenir de la bonne fortune du dit Roy ozias: Et pour sa gloire combler et mettre en oultre, Il subiuga les ammonites qui lors estoient vne forte nacion de gent payenne (ennemye des iuifz. Les ammonites descendirent de loth qui eut deux filz moab et aamon. desquelz descendirent deux peuples/ les moabites /et les ammonites demourans ou pais de midy. Ozias aussi fist reffaire les murs de sa cite de ierusalem qui auoient este desrochiez par ioas roy des iuifz. Apres ces bieuretez (t plusieurs que ozias acquist par grans labours: et longs luia duint soudainement le cas parquoy il fut rue ius/ car en vng iour ou quel selon la loy de moyse on faisoit grant solennite en Jerusalem le Roy ozias se atourna de vestemēs de prestre et voulut offrir sacrifice a dieu ou temple de salomon contre la deffence des prestres et contre lamonnestement de dieu qui fist trembler la terre auant quil commencast a sacrifier, en lui demonstrant que Il ne se entremist des sacrifices diuins qui seulement apartienent aux prestres: et pource que ozias nonobstant la deffence des prestres et le signe que dieu lui monstra voulut a maniere de prestre sacrifier ou temple/ il soubdainement fut feru de meselerie. Et apres fut mis hors de sa cite de Jerusalem et de la compaignie des hommes: pource que la loy de moyse commandeque tout homme mesel soit mis hors des citez et des compaigniés/ dautres hommes affin que celle maladie contagieuse ne nuyse a ceulx q̄ sont sains/ le roy ozias peut veoir durant sa vie que le royaulme de ierusalem par luy acreu luy eut oste (t a Joatham. Ozias doncques desdaigneux et courrocie pource quil fut mis hors de ierusalem sa principale cite (t priue de la compaignie des hommes: (t

que vng autre fust mis pour Regner en lieu de luy: et pour lexcessiue chaleur de sa meselerie il fut contraint de mourir assez plus tost que il neust selon le cours de nature: combien q̄ besquist roy de ierusalem par lii. ans. Ou temps du regne d'ozias fut vng philosophe appelle sido qui fut de la cite de argos en grece: cestui sido troua la science de proporcionner les mesures et les poiz aiustement mesurer et peser toutes choses vendibles. en ce mesme temps fut ysaye le prophete et les grecs lors ordonnerent vng ieu appelle olimpias en l'onneur de hercules le preux: et a ce ieu faire ou mont olimpus de cinq ans en cinq āse assembloient les nobles de grece/ pour eulx exerciter en toutes manieres darmes. Et apres que cestuy ozias fut mort en meselerie il fut enseuely en vng petit courtil (t neust point de monument a maniere Royalle ne sollennelles obseques funeraulx. Auecques cestui ozias roy de ierusalem venoit vng autre ozias malleureux Roy des iuifz qui semblablement maudissoit sa fortune contraire, car il qui estoit roy des dix lignees de israel fut assiege par trois ans de l'ost salmanazar Roy des assiriens, en tant que ozias noble de lignee Royalle fut prisonnier/ et par ainsi deuint serf dudit salmanazar qui le print en bataille, et toutes les citez chasteaux (t autres lieux du Royaulme des iuifz furent prins et occupez par les assiriens / et a la fin le Roy ozias: Et aussi tout le peuple de Israel fust mene en babilone (t mis en seruage. Et affinque la cruaulte de fortune fust plus grāt enuers le Roy ozias que enuers son peuple: Salmanazar donna au peuple de Israel / les montaignes du pays de mede pour illec habiter durant leur captiuite: Mais ozias leur Roy mourut lye de chaines dedans

vne prison obscure et puante: Auec‐
ques ces trois maleureux Roys Be‐
noit: Sennacherib Roy des assiri‐
ens/ Cestuy sennacherib eust tres‐
longue bieneurete mondaine en son
Royaume de Surie. Il eust plusieurs
tiltres de noblesse Royal: Et main‐
tes autres glorieuses victoires mais
a la fin ceste bieneurete luy feust ou
troublee/ou ostee du tout ainsi com‐
me il disoit deuant moy en plourant
Car du temps de ezechias Roy de
Jerusalem cestuy sennacherib mist le
siege deuant Jerusalem & si esmeut
guerre contre les egypciens/ Mais
tout ce ne luy prouffita riens. Et
aussi manda au Roy ezechias et aux
Juifz que ilz auroient autre bataille:
auec luy/et auec ses gens que ilz na‐
uoient eu auec le Roy pharaon ne auec
ses egipciens/ Mais ainsi comme
dist est son siege ne messit en riens/
au Roy ezechias ne aux Juifz: Ne a
la cite de Jerusalem:car lange de di‐
eu en vne nupt serit ses gens darmes
et en tua cent quarante cinq mille.
Et pour la paour de celle aduentu‐
re sennacherib leua le siege et senfu‐
it: Et il apres son retour dudit siege
tandis quil ne se doubtoit en riens
il fut murtry de adramelec & de
selesaure ses enfans ou temple de a‐
rasusle dieu dudit sennacherib/et
apres luy benoit/sedechias Roy de
Jerusalem poure & aueugle ie eu mer‐
cy de luy pource que en plourant il
comptoit ses aduentures/par plus
longues paroles que les autres roys
maleureux: Si delaissay tous aul‐
tres/Et receu voulentiers sedechi‐
as a descripre pource quil se approu‐
choit de moy.

fueillet e

Le xviii. chapitre contient le
cas de sedechias aueugle
Roy de la noble cite de Jhe‐
rusalem filz de Josias aus‐
si Roy dudit Jherusalem.
Et commence ou latin.
Sedechias rex Jhrlm &c.

E Roy sedechias descendit
de lignee Royalle, car iosias
roy de Jherusalem eut deux
filz cestaassauoir Joachim et sedechi‐
as. et fut ioachim Roy de iherusalem
apres la mort dudit iosias. et combien
que sedechias enuers ses subiectz sem‐
blast estre plus noble et plus digne
pource que iosias son pere et ioachim
son ainsne frere auoient estez Roys
de Jherusalem/toutesfois sedechias
apres eut tant de tristesse pour les ad‐
uersitez q̃ luy suruindrent q̃ il desira au‐
cunesfois plus q̃ il eust este villain et
ignoble de lignage royal/car sedechi‐
as encores estant ieune homme son dit
frere ioachim fut prins fraudulese‐
ment par nabugodonosor roy de ba‐
bilone dont sedechias eut raisonna‐
blement matiere de grant plour, aus‐
si il en cheut en doleurs et en gemirs
pource que ledit Nabugodonosor et
les assiriens assiegerent Jherusalem/
et les citez de iudee ou tiers an du re‐
gne de sedechias et depuis le tiers an
iusques a lonziesme ledit nabugodo‐
nosor degasta toutes les citez de iudee
Et dedens le huytesme an du si‐
ege il occuppa et prinst tout. Et oul‐
tre ces choses la doulleur et misere
de sedechias fut acreue/pource que
Joachim son nepueu et filz de Joa‐
chim Roy de ihrsm dessusdit/qui co‐
me prisonnier fut charge & lye de chaynes
de fer auec ses enfans et ses femes &
hiii

ous furent mis en captiuite/z menez en Babilone: par tant .et si grans angoisses z doleurs: sedechias fut tourmente en son cueur z presque de gaste et en corps z en biens. car il auoit Juste paour de soy mesme: (z si se Doubtoit de nabugodonosor qui tenoit prisonnier ledit Joachim frere z tresprochain en lignage Dudit sedechias qui ceste paour auoit /affin que nabugodonosor ne le tormentast plusfort ou occist /pour la hayne que nabugodonosor auoit contre Joachim Roy de Jerusalem z frere Dudit sedechias: fortune qui se tourne Vne foiz en mieulx (z autrefoiz en pis. commenca estre ioyeuse audit sedechias: tandis q il estoit en larmes (z en Douleurs /Ja soit ce quil neust aucune esperance de prosperite /et ainsi comme il apparut assez. Apres fortune ne deuint pas Joyeuse audit sedechias: affin quelle le deliurast des prisons de ses miseres Mais fortune le Remonta en hault/ affin quelle le fist de nouuel meschant (z q elle le trebuchast De plus hault comme Doncques le peuple des iuifz Doubtast que nabugodonosor Dousit Du tout destruire le Royaume de Jerusalem /tant pource ql tenoit le Roy Joachim (z ses enfans (z femmes en prison comme pource q ledit nabugodonosor tenoit come Victorieux (z courroucie contre les iuifz (z occupoit le pays neantmoins nabugodonosor fist souhainement z ordonna sedechias Roy De iherlm /(z lui octroya tout le royaume en lui baillant tous les droitz Roy aulx fors seullement touteffois q nabugodonosor Imposa a sedechias certain truaige annuel le quel il fut contrainct a payer par foy et serment. Et ceste chose luy fust plus ioyeuse de tant come il moins pauant auoit esperance de Venir a si grant bieneurete ql fut roy de iherlm mais la ioye de celle dignite royale fut trop plus brieue quil ne pensoit /car quant il eut oste De son colles chaynes dont il estoit lye en la prison de babilone il luy sembla ql estoit sailly hors Denfer si sen orguillit pource quil seoit sur hault siege royal et comēca a Regner en souueraine leesse de pēsee en oubliāt les miseres dōc il estoit sailli z eslles to⁹ ses parens z amis languissoient chetifz en babilone. Sedechias dōcqs commenca pou a pou ouurir sō couraige a orgueil (z il mal souuenant de ces anciēnes pouretez cuida soy estre trespuissant roy oultre assez plus quil nauoit de forces. Sedechias cōme fol pensa en son couraige ql pouoit faire euers ses subietz tout ce ql luy plaisoit sans en estre reprins ne de Dieu ne des hōmes (z pareillemēt enuers les gēs estrāges Il doncqs cōme fol pēsa de dēs son cueⁿ q cestoit /chose idigne et desauenant q Vng si hault et Vng si noble Roy qui mesmemēt estoit successeur du sage Roy salomon papast truage a Vng estrangier roy cōme estoit nabugodo. et apēser ceste follie mouuoit sederhias pource q iadis to⁹ les roys demourās alēuiron de Jherusalem paperēt et rēdirēt a salomō son pdecesse³ truaiges (z obeissāces /aisi pēsoit sedechias cōme si il ne sceust q fortūe auoit sa roe tor nee cōtre les iuifz depuis le tēps salomō cestuy sedechias cheut en si grant et tel orgueil quil sefforca Du tout oster et affranchir Du truaige quil deb uoit a nabugod. chun an. Or aduit q sedechias futa certene au Bray /que le roy degypte apstoit son ost po² guer royer ōtre nabugodonosor et ōtre les babiloinois /et sedechias qui ne tint compte Du serment quil auoit donne par auant au roy nabugodonosor quant il prinst et receut de luy le royaume de iherusalem il se Rebella De toutes ses forces et si adioingnit /et fist aliances au roy degypte cōtre ledit nabugodonosor. Apres q nabugo donosor eut ouy dire que sedechias auoit faulce son serment & quil auoit fait aliance auec le roy degypte pour mouuoir guerre cōtre lui & les siens, il fut moult courouce & fist grans aparaulx de batailles contre le roy degypte q̃ a peine ne sedōnoit garde du roy nabugodonosor quant il auec son ost descendit en egypte, & apres quil eust a force de gens armez brise & desconfist le roy degypte & les egyptiens et toute leur puissance tantost nabugodonosor tourna son ost contre sedechias qui contre lui se estoit pariure et rebelle: Et lenclouit dedans ierusalē la noble cite popalle: et mist le siege a lenuiron fort et espes et large dōmes armez, le roy nabugodonosor si longuement tint le siege deuant Jerusalem que le roy et les nobles de la cite furent contrains de menger viandes deffendues: cestassauoir chers dommes et denfans & autres abhominables: & auec ce depuis que ceulx de Jerusalem parauant fors et fermes a endurer bataille furent affoibliz & rompuz par longue raige de faim les babilonois cōbatirent ceulx de dedens la cite tant & si longuement que elle fut prinse p̃ la vigueur & force des caldees, mais ceulx de ierusalem vaincus & desconfiz & les babilonois victorieux tempestoiēt & couroient par la cite ca & la sans aduis/ Car les vngs fouyoient pour eulx sauuer & les autres les chassoient pour eulx prendre sans aduiser ne les lieux ne les psōnes & vng pou deuant mynuit quāt toute la cite & les choses de dedans estoient aisi cōfuses & troublees le roy sedechias esbahy & descouraige cōme cellui qui estoit coulpable du messait & doubtant q̃l ne fust boute en chaines de fer & en obscure prison, lesquelles il auoit autresfois essaies & doubtees: il despoilla & mist ius ses robes & ses actours royaulx: & cōme le plus meschant de tous saillit secretement auec ses femmes et enfās hors de Jherusalem la meschante et desolee cite et se mist en fuyte auec aucuns de ses amys, mais quant le landemain au matin le roy nabugodonosor aperceut q̃l estoit sailly hors de iherusalem et sen fuyoit les chemins furēt estoupez hastiuemēt par garnisons de gēs darmes et les caldees ennemis du dit sedechias le prirent auec ses femmes & ses enfans acōpaigne de gent desarmee et ses amis qui de Jherusalem partirent auec luy le delaisserent, car il aduient souuēt que nous aymons la richesse de lhomme et nō mie sa persōne, & par ainsi sedechias roy de Jherusalem fut contrainct a vestir les chaines de fer lesquelles il long temps auoit eschappees deuāt ce quil fust roy. Sedechias apres fut mene deuāt le roy des caldees et fut forment reprins et blasme par deshōnestes et villenneuses parolles pour ce quil auoit rompu son sermēt & mēti sa foy et luy dist nabugodonosor telles ou semblables parolles Je nabugodonosor trespuissāt & noble roy des assiriēs qui suis successe^2 au pl^9 ancien royaume du mōde et seigne^r de babillone tresglorieuse riche et renōmee cite fōdee p̃ nebroth deux mil neuf cens cinq ans aps le cōmācemēt du mōde/ auoy̅ na gueres selon le droit de batailles subiugue et cōqste la cite de ihrlm̄ & tout le pais de iudee dōt ie tiens en prison & en fers ton frere le roy ses fēmes & enfās & le peuple en puage & toy mesmes iay deliure & fraschy de mes prisōs ou tu estoyes lye de chaines sās espance de iamais saillir hors. Or ay ie este euers toy si benig et misicors q̃ ie tay corōne & mis en throne royal po^r estre roy de ihrlm̄ & tay dōe to^9 droitz royaulx & telles bonne^{rs} & p̃minēces cōe auoiēt tes p̃decesseurs roys, & vray est q̃ en &

ħ iii

sur ce Royaulme Jay retenu devers moy la souuerainete et la feaulte / et louenge /⁊ aussi ung assez petit truage annuel p͏̄ quoy tu me recongnoisses ⁊ seruisses comme ton souuerain ⁊ de toutes ces choses par toy garder attē̄dre tenir ⁊ acomplir enuers moy tu iuras p̄ le dieu dabraham psaac ⁊ iacob ⁊ p͏̄ la loy que ton dieu iadis donna a moyse son prophete: ⁊ neātmois tu comme faulx piure ⁊ desloyal ⁊ superstitieux iuif as enfrainct ⁊ corrumpu ⁊ brisie le sacrement du serment q̄ tu feiz a moy ⁊ deuāt moy: et d̄ ceste tresgrant desloyaulte tu ne as mie este content / mais as faicte coniuracion ⁊ faulce aliance cōtre moy auec le roy degipte po͛ cuider destruire moy et mon pays si vueil sedechias toy punir de ton excessif crime ⁊ esnorme pechie pour lamour de ton dieu dont tu as tenu si pou de compte q̄ tu las piure. Apres ces choses le Roy nabugodonosor commanda que p̄sent ⁊ voyant le roy sedechias tous ses enfans du trespetit iusques au tres pl͛ grāt fussent occis ⁊ tuez: Affin que p͏̄ ceste chose il fust pl͛ couroucie q̄l ne auoit este pour les paroles deuantdictes se le roy sedechias fut marri ⁊ tourmēte en son cueur pour la mort de ses enfans ie men raporte a ceulx qui plus que moy congnoissent quelle chose / est amour denfans enuers les peres ⁊ meres. Et oultre commāda nabugodonosor q̄ les tresamees femmes du roy sedechias lui oyant ⁊ voiant fussent bailees en gardea hōmes descōgneuz ⁊ estranges pour icelles pauenture corrompre et luxurier. ⁊ affinque ou temps aduenir aucune esperance d̄ prosperite ne aucū plaisir corporel: ne demourast au roy sedechias / nabugodonosor de rechief cōmanda que les peulx de sa teste lui feussent arrachiez a tenailles: ainsi comme p͏̄ sō orgueil il auoit hors gette les peulx de

De Boccace

son entendement en faisant scienm̄t cōtre son sermēt Aps toutes ces choses cōmanda nabugodonosor q̄ le tres ancien temple de die ih͛rl͛m q̄ le roy salomō auoit edifie ⁊ tout le palais fust desroche ⁊ abatu au rez d̄ la terre ⁊ toute la cite arse et to͛ les murs fussent versez et mis en bas et q̄ tout le peuple de ih͛rl͛m fust mene en seruage auec sedechias le͛ roy prisōnier ⁊ aueugle et fut garde en chartre obscure nō pas pour lamo͛ de luy garder sa vie / mais affin quil fust plus longuemēt chetif et languoureux / no͛ poudz selon raison penser que le roy sedechias languissant en celle prison ētre les amertumes complaintes et regretz pour sa souuenance quil auoit d̄ sa grant seigneurie royalle / quant il vit par les peulx de son entendement les miseres qui luy estoient presentees il fina le remanant de sa doulente vie / en poure et miserable mort. Et il cōme meschant descendit de sa prison puante ot obscure dedens enfer tenebreux ⁊ puāt / car nous ne lisons point es hystoires / que Sedechias saillist oncques de prison.

.   .

Le seziesme chapitre parle de la condition et estatz des hommes mortelz en ramenant a memoire / la miserable fin de plusieurs roys Et commence ou latin .
Mortalium profecto ⁊c

.

Certes il appert assez par les exemples dessusdictes que la cōdition et estat des hommes mortelz et plaine de pourete car une fois lhōme est en estat de dignite roy ale (et autrefoiz en estat de seruāt Bne foiz comme est esleue en estat de sou ueraine honneur:(et autrefois il est en terchie bordure et de Bice:pourquoy dy moy o homme mortel couuoitte tu les haultz estatz:car tu boys tous iours les haultes choses trebucher en bas: Tu ne deusses pas desprifer les humble (et basses choses car elles(et non autres sont seures(et fermes pour ce que du bas estat len ne peut trebu cher. Pourquoy o homme mortel ne regarde tu a toy tu deusses agencer telz peulx pour aduiser ce q̄ fait pour ta sāte:se tu homme mortel nauoies autres exemples a monstrer que les choses mondaines sont passables:et courans si te deuroient souffire les ex emples q̄ cy deuāt t'acomptent les cas des roys des iuifz/tu cuides q̄ le peuple menu soit maleureux au re gard des roys (et des autres haulx pr̄i ces:mais a peine trouueras tu autre tant dommes de peuple q̄ ayent este mis en prisons/ne enchaynez/ne en uoyez en exil/ne qui ayent souffert si deshonnestes mors:ne tant de hon tes/ne tant dangoisses cōme tu trou ues entre les roys (et autres princes du monde. Se amazias roy de Jh̄rlm̄/ dont no⁹ plasmes ou xiij. chapitre pre cedent eut este homme de menu peu ple/(et quil neust guerroye ne descōfist autruy p̄ victoire de bataile il eust de moure seur en la cite de lachis en laql le il fut tue p̄ ses parēs (et ampe se ozi as aussi roy de Jh̄rlm̄ eut este de si pe tit lignaige q̄l ne eust ose toucher les sacrifices q̄ les prestres souloient of frir a dieu:il neust pas encouru la me selerie qui lui aduint par Bengence di uine po⁹ ce quil Boulut sacrifiez a dieu (et se ozias roy des iuifz eut este hōme de peuple sans ce q̄ len eut cōgneu q̄l feust roy/Il eust peu Biure son aage et apres mourir en son pays naturel (et en lostel de son pere (et il mourut en

Bne orde prisonlye de chaines de fer/ par la cruelle sentence de sennacheris Roy des assiriens se cestuy senache ris eust este homme de peuple ses pro pres enfans ne leussēt pas tue ou tē ple de son dieu arasus pource que ses enfans couuoitoient auoir son roy aume Pareillement ie dy du roy ioa tham Roy de Jherusalem et aussi de Joachin/se le tresmechant roy sede chias Roy de Jherusalem dont nous parlasmes ou chapitre precedēt eust este hōme de menu peuple il eust peu Biure son bel aage et ioy leesser et Bi ure delectablemēt auec ses femmes il eust peu nourrir ses deux enfans/ et apres sa mort les laisser suruiuās/ il eust regarde le ciel et les choses du monde et fust mort en estat dfranchi se entre les baisiers et embrassemēs de ses parens et amys/mais pource que sedechias fut en hault estat roy al il ita peu estre ferme ne parmana ble. Dy moy ie te prie que me Bault et que me prouffite que ie soye esleue en Bng throne royal et que len me Bo ye et cognoisse/et que len me repute hault et tres grant seigneur/(et que tā dis q̄ soye en ce hault throne on Boyt et cognoist que ie ne suis fermement appoyect que mes piez sont en pēdāt et en peril de cheoir soudainement/ Helas hōme mortel se tu estoies sai ge tu entendroies de toute ta force a Benir et demourer en lestat dhūilite/ et si te logeroies dedēs son geron/car tu ne Bois aucune chose durable/ne fichee ne ferme fors que hūilite tādis que lhōe cōe fol suyt lestat dhūilite/ il fait tant quil se cōplaint quāt il est rue iuset apres il en est doulēt(et tour mēte en son cueur et de ces maulx da me fortūe ne doit pas estre blasmee/ mais seullemēt la follie des hōes qui quierent les haulx estatz/et suyent humilite.

hiiii

Le xViii. chapitre cōtient le cas de astrages viii. roy des medois filz de sicaris aussi roy desdis medois ⁊ ꝑe de madanes fēme de cābises Et cōmence ou latin Eqdem michi. ⁊c.

Je ay eu tresgrant desirable prouffit par ce que ie me suis vng pou retraict des hystoires qui racomptent les malheureux cas des nobles iuifz: Puis que selon lordre du temps ⁊ des hystoires aucun noble maleureux ne venoit apres le roy sedechias dont iay tantost cōpte le cas: ⁊ pource en delaissant les hystoires de ces deux sains hommes iob ⁊ thobie ⁊ de nabugodonosor roy des assiriens ausquelz trois leur premiere bieneurete a este doublee apres toutes leurs miseres: Je de mon plain gre vueil descendre a escripre hystoire: ⁊ le cas du noble astrages roy des medois qui deuāt moy plouroit pour le cas de sa dure fortune / Je croy selon les hystoires que astrages feust filz de ciasaris / roy des medois / Pource que astrages fust le huptiesme roy des medois / Et qui succeda au royaume de medie apres la mort de arbatus premier roy des medois qui cōme dit est ou xii. chapitre precedent osta a sardanapalus le royaume des assiriens ⁊ le transla aux medois / Cestuy astrages seignouriant a tout le pays de asie alloit deuant toꝰ les autres roys mortelz regnans adonc en honneur en richesses et en puissance mondaine/en tant que son peuple iugeoit que pour auoir pleine et enticre bieneurete aucune chose ne luy failloit fors que lignee masle qui apres sa mort succedast au royaulme de medie / mais quant vient a parler des bieneuretez mondaines qui faillēt aux roys aussi dy ie quelles faillent aux autres / ⁊ par aisi a tous. Laissons doncques a parler des infelicitez que les roys sentent dedens leurs couraiges et disōs tray/tant des roys/com des autres hommes moyens et petis / car oncques ne fut homme mortel qui ayt peu auoir toutes les choses / qui semblent estre necessaires a entiere mondaine bienneurete Le roy astrages ou tēps de sa bonne fortune / auoit vne fille nommee mandanes par le moyen de laquelle fortune tresbucha son pere / car dieu iuste ordōne² des choses mōdaines qui veult transmuer et mouuoir la grāt pesāteur de lestat du roy astrages reuellaet ouurit soubz vne couuerture par deux fois audit astrages quelle chose dieu vouloit ordōner ou tēps aduenir sur lestat du royaume de medie dieu ne faisoit pas ceste reuelation au roy astrages affin quil contraziast a la voulente diuine mais dieu luy fist ceste reuelation affin quil disposast et forcast le couraige du roy astrages a endurer vigoureusemēt le cas de leschāce de sa fortūe q̄ lui denoit auenir La pmiere visiō d astrages fut que quāt il dormoit vne nuit ē sō lict il sōga q̄ madane sa fillle pissoit si largemēt et tant que de leaue de sō orine elle moilloit a maniēdue riuiere tout le pais d asie q̄ cōtiēt la moitie du mōde La secōde visiō q̄ aduint au roy astrages fut vng pou de tēps apes q̄ il vit ē sō sōge vne vigne q̄ se leuoit et sailloit de la naturelle partie de sa fille mandanes et q̄ celle vi gne auoit si grant quantite de branches et de fueilles que lombre delle couuroit tous les peuples de asie. Pour ces deux songes qui par nuyt vidrent en vision au roy astrages, il fut molt esmerueillie si assembla deuant soy les saiges astronomiens et les deuineurs de son pays/il leur compta la maniere et apres enquist lexposition de ces deux songes/affin quil y pourueust. Adonc ilz luy respondirent que de sa fille madanes naistroit vng enfant masle qui debouteroit le roy astrages de son royaume et occupperoit et prendroit pour soy a force darmes tout le pays dasie. Astrages oyant celle exposicion de ces deux songes deuint doubteux et tourna son courage en suspicion a essaier sil pourroit par conseil destourner ou rescourre la destinee et lordonnance de dieu. Astrages ne maria pas seulement sa fille madanes a vng homme de noble lignee/mais il la maria a cambises vng homme ignoble et de moyen estat du pays de perse et pensa astrages que la petitesse du lignaige du pere ostast a lenfant qui naistroit la grandeur du courage que le lignaige de la mere luy pourroit donner/ainsi comme se astrages entendist que les hommes ont les couraiges et la sapience de par ceulx qui les engendrent mais il luy souuenoit mal du philozophe socrates qui fut engendre dun homme tailleur de pierres de marbre et de vne femme voituriere de la cite de athenes/cestui socrates maistre et seigneur de platon le diuin philozophe fut institueur de philosophie morale/et iusques a la fin de sa vie ne cessa de cerchier diuerses parties du monde pour aprendre sciences/il qui par ses liures enlumina les sciences humaines/ouurit aux hommes les secretz et les misteres de dame philozophie et de icelle il tourna a embellir et a corriger les meurs et la vie des hommes

Socrates qui vesquit chastement et qui eut dedans sa poectrine toute science humaine nauoit pas receu le courage de par ses parens qui nauoient chastete science ne noblesse. socrates ou dernier iour de sa vie afferma et conclud que les ames des hommes estoient immortelles. Il apparut par la response de appolo que socrates fut le plus saige de tous les hommes qui furent en son temps. Il congneut le iour de sa mort ains quil aduenist. Il fut iustement condemne par les atheniens a prendre vng beuurage venimeux et il le beut aussi ioyeusement comme se fust vne bonne medicine. Se les hommes eussent les couraiges et la sapience de par ceulx qui les engendrent, le poete euripedes qui fut tresnoble tragedien neust pas si soubtillement escript enuers les cris et les griefz complains quil fist contre les mauuaises et oribles euures des roys et des grans seigneurs du monde. car cestuy euripedes fut de si vil et de si meschant lignaige que les histories nont daigne nommer sa mere pour la grant vilite delle. Par quoy il appert clerement que les enfans nont pas la noblesse des couraiges ne la science de par leurs parens. Cestuy euripedes fut moult familier et amy a archelaus roy de perse. Car apres que ledit poete vne nuyt eut soupe auec ledit archelaus en son hostel, et il sen retournoit en sa maison, il fut despecie et tue des chiens. de la mort duquel archelaus eut telle douleur quil fist pour celle cause trechier les crains de son chief. Se les hommes eussent les couraiges et la sapience de par ceulx qui les engendrent. Demostenes qui fut tresnoble rethoricien ne eust pas escript les soubtilz et nobles liures esquelz sont contenus les nobles et beaulx enseignemens. par quoy il monstra aux hommes art et maniere de bellement et doulcement parler en lan gaige clerical. Cestuy Demostenes maistre de rethorique fut de si bilz de si poure lignaige q̃ les histories grecs ne daignerẽt nõmer son pere pour la bilite du lignaige de luy. Par quoy astrages deuoit entendre q̃ les enfãs nõt pas la noblesse des couraiges: ne les sciences de par leurs peres et meres. Cestuy Demostenes fut moult renomme a athenes en art rethorique. et comme par le vice de la rudesse de sa voix il ne peut habillement prononcer les xxii lettres p quoy len escript Il fit tant par estude ɫ par diligẽce q̃l prononca si bien comme quelcõque autre personne. Il fut tres eloquent en rethorique. il en suyuit la doctrine de platon. il eut maniere si bien riglee et si doulce contenãce en parlãt que les clercs dient q̃ en ses liures fault vne chose. car on les list. mais on ne les escoute pas. il donna vne seulle rigle po' doulcement ɫ bellement parler. cest assauoir que aucũ homme ne die chose quelconque si il ne la scet bien. il fut du temps du grant alexandre de macidoine ɫ de son maistre aristote. il aduient pou souuẽt q̃ les ẽfãs naissent telz en couraiges ɫ en meurs comme firẽt leurs peres. Cõme doncq̃s astrages ne cuidast encores estre bien seur par la petitesse du mariage de sa fille/ laquelle auoit a mari cãbises vng hõme ignoble ɫ moyen estat. ledit astrages commãda q̃ sa fille ẽfantee dẽfãt luy fust admenee. ɫ si tost que lẽfant seroit ne. astrages commanda que lẽfant fust baille a arpagus adõc roy de hircanie: affin que lenfant fust debouté du royaume de medie: ɫ aussi affin quil fust occis ɫ deuore de bestes sauuaiges Le roy astrages mõstra par ceste cruaulte que il nest chose que vng hõme ne face pour garder sa seigneurie affin quelle ne luy eschappe. Astrages qui nauoit aucun filz qui apres luy succedast au royaulme comman

da que lenfant de sa fille fust occis / Et touteffois les hommes ɫ en especial les roys demandent tressouuent en tous leurs desirs auoir enfãs successeurs / ɫ quãt ilz en ont aucuns/ ilz mettent tresgrãs labeurs a les nourrir ɫ a les garder soigneusemẽt dieu auoit par auenture donne cestuy enfant a mãdanes la fille du roy astrages pour estre son heritier affin q̃ astrages toute sa vie desquist ɫ finast sa vieillesse en son royaume de medie ɫ il cõmanda que lenfãt fust gette hors ɫ occis. Astrages deuoit estre certain que si il eust doulcemẽt ɫ bien nourry lenfãt il luy eust este autretãt gracieux apres quil eust succede au royaume comme il luy fut aspre ɫ rude/ lequel fust deboute de son royaume p ce quil auoit gette hors lenfãt pour estre deuoure ɫ occis. Quãt certes le conseil de dieu ordonne aucune chose sur lestat des hõmes/ il ne fault pas resister a dieu mais soy humilier ɫ si peut on trouuer ɫ flechir les conseilz de dieu p humilite et nõ mie par orgueil ne par resistence car dieu resiste aux entreprises des orgueilleux mais il donne grace aux humbles. Apres pue le roy arpagus eut receu le petit enfãt de mãdanes fille du roy astrages/ cestuy arpagus doubta encourrir lindignaciõ de la mere de lenfãt se aucunefois aduenoit quelle regnast apres la mort de son pere le roy astrages. Arpagus roy de hircanie fit selon la voulente de dieu autrement de lenfãt que le roy astrages ne luy auoit mãde /car arpag' bailla lenfãt à vng de ses bergiers po' le getter hors ɫ a le faire mourir/ affin que aultre que luy fust en coulpe de la mort de lenfãt. Or escoutez ie vo' prie cõment les voies ɫ les iugemens de dieu sont secretz ɫ obscurs quant aux hõmes/ le bergier du roy getta et abandõna lenfãt tout seullet en vne isle aupres dune riuiere affin quil fust deuoure des bestes/puis sen retourna en sa maison et raconta a sa femme le cas de la besongne. Elle qui vng pou parauant auoit enfante vng filz pria tant a son mary que il alla querre ledit enfāt et lapporta auec luy. Et de ce aduint apres vne certaine chose et esprouuee qui fut merueilleuse cōme contre nature/car apres que vne lisse sauuaige luy auoit baille les mamelles pour teter elle gardoit lenfāt songneusement de toute chose contraire Et pour espouenter et dechasser les oyseaulx et les bestes sauuaiges celle chienne les abayoit et mordoit et seoit et veilloit pres de lenfāt en deffendāt que rien ne luy nuysist. Le bergier adonc voyant la fierte de celle chiēne et la diligence qui ainsi gardoit lenfāt se mist a vser de force et a combatre cōtre la lisse et tāt fist que malgre elle/il luy tollut lenfāt et apres il lapporta a sa femme appellee sparges. Si tost q̄ lenfāt fut receu et pose entre les bras de sparges il gmenca a la flater et a la resiouyr en gettāt vng long ris/ainsi comme sil la congneust ia/de quoy celle sparges prinst en soy tel plaisir et tel delit que tantost elle tourna son cueur et son amour enuers lenfant Qui est celuy qui de legier puisse croire que ceste chose merueilleuse et nouuelle soit aduenue sans euure ne sans vertu de dieu que vne lisse sauluaige ait ou blie et delaisse ses faōncaulx et que elle ait mise toute sa diligence cōme mere a nourrir cest enfāt qui en riens nestoit semblable a ses faons. Qui est celuy qui legierement croie que sās oeu ure de dieu vne femme estrange sans auoir parauant receu aucunes sallaires ne biens faiz ne esperāce de auoir aucun merite ou temps aduenir ayt peu muer tellement les loix de nature que sparges ait ayme nō pas seullemēt lēfāt de madanes estrāge et desrcōgneu mais q̄ elle lait misdeuāt son propre filz et layme plus chierement. Et si sauoit mesmement ceste fēme que ce que elle faisoit a lenfant estoit cōtre la deffence du roy astrages le cruel. q̄ menassoit de punir celuy ou celle qui saulueroit lenfant. pource q̄ ledit roy lauoit condemne a mourir. ainsi comme sparges le scauoit de certain. Par ainsi doncq̄s le filz de mandanes estoit nourri en lostel du bergier mari de sparges contre lesperāce du roy astrages qui sagemēt cuydoit auoir pourueu a faire mourir lēfant. Cestuy enfant nonobstant le petit lignaige de sō pe auoit couraige hault et noble et luy fut mis nom cyrus de par les gens de hircanie. ainsi comme mesmement le bergier luy auoit mis nom. Le roy astrages ne sceut riēs de ceste chose iusq̄s a ce que lenfant cir⁹ fut ia deuenu grāt couraigeux et hardy et quil eut meurs et coustumes du filz de roy plus que quelcōque enfant de son aage. Or aduint apres ce que astrages eut lenfant banny de sō roy aume et le eut enuoye en exil ou royaume de perse. ledit astrages qui fut mal content du roy arpagus q̄ auoit eu mercy de lenfant ne ne lauoit pas voulu occire selon le commandemēt de astrages son ayeul. Il qui desiroit soy vengier dudit arpagus fist secretement occire le filz dudit arpagus. et le fist tout cuyt presenter sur la table a arpagus pour le mēgier. mais aps ce que arpagus congneut le barat et la cruaulte de astrages qui auoit tue et cuit son enfant. cestuy arpagus en dura mal paciemment et en desdaing sans descouurir son couraige du mauuais murtre q̄ fait auoit le roy astrages. et pendāt ce temps lenfant cirus qui ia estoit parcreu et qui sembloit habille de faire grās faitz et choses moult notables par la noble prouesse de luy Arpagus declaira audit cirus la cruelle mauuaistie de son ayeul le roy astrages en luy disant ainsi. Enfant cirus dist arpagus le roy saches que tu es filz de cambises ung bon homme destat moyen du pays de pse a qui le roy astrages iadis donna a feme une sienne fille nõmee mandanes qui est ta droicte mere. car astrages q̃ de son corps nauoit aucun filz heritier sõga une fois par nupt q̃ mãdanes sa fille et ta mere pissoit si habondãmẽt q̃lle mouilloit de son orine tout le pays de asie. Et autrefois aussi il luy vint en vision q̃ de la secrete ⁊ naturelle chã bre de mãdanes sailloit une signe q̃ tant auoit de brãches ⁊ de fueilles q̃ celle signe couuroit tout ledit pays de asie. Et aps ce que les saiges clers eurent expose ces deux songes a ung mesme entendemẽt. cestassauoir que mandanes sa fille auroit ung filz sei gneur de toute asie: ⁊ qui chasseroit a strages de sõ royaume. il maria sa fil le aung hõme de petit ⁊ bas lignaige affin quil ne entreprint pour soy la cõ queste du royaume des medois. et q̃l ne se enhardist a dechasser le roy astra ges hors de son royaume. ⁊ il comme paoureux ⁊ craitif maria sa fille a cã bises ton pere. ⁊ pres du temps q̃ mã danes ta mere deust enfanter il man da quelle venist a luy. ⁊ si tost quelle te eut enfante il te euoia en hircanie par deuers moy. affin q̃ ie te feisse de uorer aux bestes sauuaiges ou que ie ie te feisse autremẽt mourir tãt auoit astrages grãt paour que son songe ne aduenist. mais ie qui eu pitie de toy ⁊ qui ne uoulu pas faire si grãt cruaul te ie te baillay a ung miẽ bergier pour te getter en une isle enclose dune riui ere. Et tantost apres selon le plaisir de dieu une chiẽne sauuaige se tyra p deuers toy: ⁊ en delaissant ses propres chiẽs elle te allecta iusqs a ce q̃ le ber gier plẽhortemẽt de sa feme sparges te vit q̃rir en lisle. si trouua celle lisse sauuaige q̃ te dõnoit la tette. et te def fendoit des bestes ⁊ oyseaulx, affin quilz ne te nuysissent ⁊ adonc le ber gier te print a grãt peine ⁊ te porta en sa maison ⁊ te mist entre les bras de sa femme qui doulcement te receut ⁊ nourrit. Et en lieu de toy elle getta hors son ppre filz pour deuorer aux bestes affin que len cuidast que tu fus ses celuy. Or est aps venue ceste cho se a la congnoissance de ton ayeul le Roy astrages qui pour la misericorde que ie feiz euers toy il a tue ⁊ fait cuy re mon propre filz ⁊ le a mis sur table deuãt moy affin que ie le mengeasse. Si peuz congnoistre dist arpagus a cirus la cruelle desloyaulte de ton ay eul le roy astrages. Et apres arpagus de plain gre promist audit cirus que il luy presteroit ayde faueur ⁊ conseil/ mais quil osast. En ce temps le ious uenceau cirus songea une nupt en sõ dormãt que ung sien varlet appelle cibarus luy seroit moult profitable ⁊ loyal a mettre a fin ses besongnes/ si le prinst cirus auec soy. Quãt vint au temps conuenable dentreprẽdre faiz darmes cirus assembla grant ost de gens darmes du royaume de perse contre astrages, cestuy astrages ou blieux ⁊ dessouuenãt de la cruaulte ⁊ du barat quil auoit fait contre le roy arpagus cõmist ⁊ ordõna que ledit ar pagus auroit la cherge ⁊ le gouerne ment de la bataille contre ledit cirus affin doncques que arpagus vengast la mort de son filz que astrages auoit fait occire ⁊ mengier tout cupt. Et affin aussi que arpagus acomplist les promesses quil auoit faictes a cirus/ cestuy arpagus donna soy mesmes ⁊ toute la multitude de ses gens dar mes a laide dudit cirus/ ⁊ luy fist ser ment de feaulte contre astrages ⁊ les siens ⁊ apres que arpagus ⁊ ceulx de sa partie eurẽt desempare le roy astra ges/il rassembla grant compaignies de gens darmes du royaume de med contre arpagus et cirus. Et astrages mesme auec son ost arrengie descendi en bataille Et apres long chappeleis dune part et dautre aucuns des medois furent cōtrains de laisser le chāples aucuns furent detrenchez et occis et les autres furent repulsez par la force des persois et des hircaniens, illec mesmement fut prins astrages de cirus apres la bataille desconfite, et aps fut priue de sa maieste royale et de tout son empire. Et de tāt que astrages parauant si puissant et riche roy deuint plus meschant et plus poure par ce cas qui luy aduint de tant peut il plus clerement congnoistre que le conseil des hommes ne peut riens contre la voulente de dieu, mais cyrus qui par le droit de bataille deuint roy de toute asie fut plus doulx et plus humain enuers son ayeul astrages ql nauoit desseruy, car cirus ne le voulut point faire mourir ains luy pardonna tout et de plain gre luy donna la dixiesme partie du royaume de hyrcanie, affin q astrages ne seust degrade de tout honneur et doffice, et par ainsi le royaume des medois fut ramene et trāsporte soubz la seigneurie des parsois.

.:.

Le xviii. chapitre raisonne et prouue que les sōges sont souuent vraiz signes et demonstrātes de choses aduenir en ramenāt a memoires les sōges que astrages roy des medois auoit songez de sa fille mādanes et dautres sōges daucuns approuuez p les aucteurs anciēs et renōmez. Et gmēce ou latin. Quid precor.

fueillet	lxs

E ne scay de deux choses laquelle est plus merueilleuse ou la tresgrant necessite de lordonnance diuine qui est presq inenarrable ou celle demonstrance des songes que len trouue trescertaine. cest a dire que ainsi cōme il cōuient que psq tousiours les choses aduiēnēt selon ce quelles sont ordōnees en la pensee diuine. aussi la demonstrāce des songes est trouuee trescertaīe. car les cōseilz que quist le roy astrages diligēt et soubtil nōt peu oster ne destourber la demonstrance de ses songes. astrages pensa tollir ou destourber la demonstrance des deux songes qil fist p tout les moyens quil peut. car il maria sa fille mādanes a cambises homme ignoble et de petit estat. il māda a arpagus roy de hircanie quil gettast hors cirus. et quil le fist tuer ou mourir. autremēt il feroit bannir le iouuēceau cir^9 de tout le pays de asie. astrages faisoit toutes ces choses p grant auctorite cōme seigneur et ancien roy de mede. Il assembla grās nombres de fors hommes armez pour cuyder prendre et occire en bataille sō nepueu cirus. et neantmoins tous ses moyēs de cautelles nont peu destourber ne tollir la demonstrance des songes du roy astrages. Certes nous pouōs assez congnoistre par ce presēt et autres plusieurs exemples que la demōstrance des songes oncqs ne defaillit que on nen veist finablemēt quelque chose si certaīe car dieu qui veoit toutes choses comme se elles fussent. ne pourroit demōstrer aucune chose pl^9 ouuertement a ung homme veillāt que par songe. Car les couraiges des hommes ont en eulx aucūe tresgrāt et secrete chose fichee qui prēt part et cōmunique de la pensee diuine. et par my ce q la diuinite euure en noz couraiges quant nous sommes frans et deschargez des charges terriēnes. ou au moins quant nous sômes déschargez de la pesanteur du corps quât le corps est endormy nous oyons(et voyôs maintes choses aduenir ou par visiô trescertaine. ou soubz aucune tenue et subtille couuerture. Les choses q ont este veues es songes du roy astrages et de cirus son nepueu. iasoitce q̃ les soiêt cleres et cuidés ne me attrairoient iamais a croire les demôstrances des songes. se les choses q ia pieca furêt par les songes de plusieurs nobles hommes ne me atraisent a ceste chose croire mesmemêt côtre mô gre et pour aucunemêt prouuer q̃ les demonstrâces designes soiêt vrays de songes aduenues entre payens et autres nobles hômes. Jen contenteray aucûs qui sont escriptz et approuuez p les acteurs anciês et renommez. Simonides vng solênel poete du têps de manasses roy de iudee q en laage de quatrevigtz âs se mist a faire vers et enseigner la maniere de les faire. Vne fois souppoit en son hostel: et luy fut dit q deux iouuêceaux le demandoient si vint le poete a la porte de sô hostel et ne trouua aucun. et pendât ce têps le solier de la maison cheut q aggrauêta tous ceulx q la estoiêt. cestuy poete q aprouua moult silence et pou parler. p vng iour arriua sur vne nef au riuaige de la mer. sur la riue trouua vng hôme mort q encores nestoit en terre. si commâda q a ses despês il fust enseuely et enterre ptînêment et bien. Le poete simonides apres la sepulture de ce corps se coucha pour reposer. et tâdis qu'il dormoit vne vision luy dit q le corps q lauoit fait enseuelir luy defendoit quil nêtrast poît sur mer. le pchain iour ensupuât il dôc qui obeit a lademôstrâce du sôge demoura en terre sans môter sur la mer. en cestuy dît q luy estoit deffendu aduît q aucûs de la côpaignie de ce poete môterent sur mer qui par flotz et par tem-

pestes furent tous noyez es Indes voyant ledit poete q fut ioyeulx pour ce quil auoit creu et obey a son songe/ se iulius cesar le preu et le vaillât premier empereur de rôme eust creu au songe de calphurnia sa fême/ il neust pas este tue ce iour quil cheut mort entre les mains de ceulx qui auoyent faicte coniuration de le murtrir/ceste calphurnia femme de iulius cesar la nupt precedente du iour que il mourut elle songa en son dormât que son mary cesar gisoit en son geron blesse de diuerses playes/elle fut tresfort espouente pour lacruaulte de son sôge si pria son mary moult longuement que le iour apres le songe il ne allast point a la court des senateurs/ mais cesar qui ne voult mouuoir son couraige pour le songe dune femme vint ce iour a la court/ et illec fut despourueuement happe par les senateurs et enueloppe en ses robes par iceulx senateurs il fut murtri de griffes de fer longs et poîtuz et fut feru p lxx. playes mortelles. Lempereur augustus filz adoptif et successeur de Julius cesar/ creut et obeit au songe de son medecin arterius quant il luy compta les choses qui luy estoient apparues par vision de songe/et pce augustus eschappa tant q̃ il ne fut ne prins ne tue de son ennemy cassius en ses propres pauillons/cestuy arterius côme dit est fut medecin dudit empereur augustº Or aduint que apres la mort de iulius cesar grans batailles se meurent entre ses heritiers/touteffois finablement ilz furêt par aucun pou de têps concorset amys ensemble et tât aduit que augustus filz adoptif de cesar et anthoine filz de la seur dudit cesar entreprindrêt bataille pour la chose publique de rôme contre brutus et cassius leurs ennemys qui dure guerre leur faisoient ou pays de grece appelle philippee. Pendant ce temps augustus deuint moult griefuement malade et tant quil gisoit au lit de la maladie/ auoit vng medecin nõme arterius au quel tandis quil dormoit en son lit p nupt vne deesse appellee minerua lui apparut en son songe et luy dist qlen hortast octouian qui cõme dit est po᷑ lors estoit malade quil ne laissast po᷑ cause de sa maladie quil ne feust len demain present a la bataille quãt oc touian oupt ce songe il se fit porter en vne litiere tãdis quil estoit illec en fai sãt le mieulx quil pouoit pour auoir victoire/ ses pauillons furẽt par bru tus et p les siens prins et aussi eust este prins augustus sil eust este dedãs/ se arterius vng cheualier romain qui re gardoit les ieux en la cõmune place de siracuse vne cite de sicile qui auoit sõ gie que reciarius vng champion le tu oit eust voulu ptir diller/ et autre tãt croire a son sõge cõme il creut a ceulx qui par enhortemẽt le firent demou rer pour regarder les ieux gladiatoi res/ se dit arterius eust descrup᷑ selon gnement quil ne fist. car il n̄ eut il lec par la main dudit reciarius ainsi comme arterius le cheualier romain parauant lauoit songe. duquel fait li stoire est telle a rõme. Il fut vng che ualier appelle artherius q songa vne nupt auãt le cas de sa mort que vng champion surnomme reciarius le tu oit en la commune place de siracuses vne cite de sicille ou lõ faisoit les ieux gladiatoires. le cheualier artherius il lec vit et se assist auec les autres pour regarder ceulx qui se combatoiẽt des pees et de lances. et compta son songe a ceulx qui pres de lui estoent pour re garder les ieux. si aduit que deux chã pions reciarius murnulo par vng li eu assez pres du cheualier entrerẽt ou theatre. quãt le cheualier vit le visai ge de reciari᷑. il dist quil luy sembloit que cestoit le visaige de celuy q le tu oit en songant. si se leua le cheualier

et sen vouloit partir du theatre tãtost mais ceulx qui pres de luy estoiẽt lui firent laisser sa paour. parquoy ilz fu rent cause de la mort du noble cheua lier. car reciari᷑ bouta a force murnu lo pres de iceluy lieu ou estoit arteri᷑ et le fit tomber a terre. et quãt il cuida frapper murnulo de son espee il ferit arterius et le tua selon ce ql auoit son gie. Il nest mestier que ie compte pl᷑ dexemples des histoires payenes po᷑ prouuer que la demonstrance des cho ses soit certaine et se padvẽture no᷑ ne voulons croire aux histoires des payens. au moins deuons nous croi re aux escriptures diuines. par lesql les nous auons vng exemple de pha raon roy de egipte qui en songant vit sept maigres vaiches qui deuoroient sept autres vaiches tres grasses. par lesquelles no᷑ sçauds par lexposition que sur ce fit ioseph filz de iacob le pa triarche qui par les sept vaches gras ses donna a entendre sept ans de abõ dance de tous biens temporelz. et par les sept vaches maigres il dõna a en tendre sept ans brehains qui apres fu rent esquelz ne creurent aucunes cho ses necessaires a la vie. Nous sauõs aussi par les sainctes escriptures cõ ment nabugodonosor roy des assiriẽs songa vne nupt que il veoit diuerses coignees empeintes aux racines dun tres hault arbre. lequel songe luy fut expose au vray par le saint prophete daniel disant que dieu retrencheroit son orgueil et abatroit son tres hault estat royal. et le ramenroit au tres bas ainsi cõme il aduit que nabugodono sor par sept ans vesquit a la maniere de beste brute habitant en bois et en li eux de sert sans conuerser en compai gnies de hõmes. Il nest mestier que ie cerche tous les exẽples qui prouuent que les songes ayent certaine demõ strance. comme telz exemples soient infiniz et sans nõbre. et tant de choses

ont este demonstrees par vision de son‑
ges qui cy sont si cleres et si cuidetes
comme sont quelzcōques autres cho‑
ses aduenues au monde. Je ne vueil
pas touteffois que aucun cuyde que
iasoitce que le corps soit aucuneffoiz
tout coy et endormy que pource lame
yse tousiours de celle diuinite p quoy
en songant elle congnoist les choses
aduenir. et quant celle grace aduient
cest par le don de dieu. et nō pas de cō‑
mun cours de nature. car plusieurs et
infinies causes sont qui demainēt la
me en plusieurs tournoiemēs et en sō‑
ges diuers pour les diuers pēsemēs
qui se boutent en lame. et pource cōm
bien que aunefois len doibue entiere
mēt croire aux choses que len voit en
songant. Touteffois len ne doit pas
tousiours adiouster plaine foy. mais
ainsi comme es autres choses que len
voit ou que len oyt en veillāt on doit
longuemēt et sagement aduiser se on
les doiue croire ou non croire. aussi
doit len des songes affin que nous ne
soions negligēs de faire et de procurer
la chose qui noꝰ est en songant demō‑
stree pour le salut et le bien de nous. et
affin aussi que nous ne troubliōs nos
cueurs pour les songes q ont demon
strance espouētable et nuysible.

Le xix. chappitre cōtiēt
les complaintes et les cas
de padalus roys des lidois
de midas roy de frigie. De
Balthasar roy de babylōne
et de cresis roy des lidoys
Et cōmēre ou latin. Pan
dalus etc.

E escripuoye encores en prou
uant que la demōstrāce des
songes est certaine et vraye.

quāt pandalus tresancien roy des li‑
dois me bucha venir a soy poꝰ escrire
son cas. Cestuy pandalus tournant
ca et la par destors chemins et trauers
plouroit deuāt moy. et apres que ie eu
regarda et ouy ledit pandalus et les cō
plaintes quil faisoit pour la deslopau
te de son amy giges contre q pādalus
se courroussoit en maudissant sa de
uergondee luxure ie cōmencay briefs‑
ment a escripre son cas. Pādalus dōc
ques selon les histoires des historiens
est vng des anciens roys du pays de
liddie. liddie est surnōmee de lidus le
quart filz de sem qui fut le pmier des
trois enfans de noe. et cestuy sem eut
cinq enfans masles. cestassauoir helā
assur arfazath lidus et aram. Ceste lid
die est vne anciēne prouince qui entre
les autres eut āciēs roys et est moult
rēnōmee pour deux riuieres. cestassa‑
uoir ermus et pactolus qui en leurs
araines portent grant abōdance dor
Ceste prouince surnōmee de lidue cō
me dit est par longuesse de temps per
dit son nom. et fut autremēt appellee
meonie. Or aduint que vne fois en li
die furent deux freres roys liddus et
thirrenus. en cestuy pays q est court
et estroit ses deux freres roys ne se
pouoient entre souffrir. si tirerēt aux
sortz auquel deulx demourroit le pays
de liddie. et aduint que thirenus deust
laisser le pays a son frere lidus. si sen
partit thiren auec vne partie du peu
ple de liddie et arriua ou pays de toscā
ne. par quoy appert que les toscains
iadis descendirent des lidois. lidie de
uers orient touche a la petite frige. et
deuers occidēt elle cōfronte a la cite
ciznine qui est ceinte du fleuue appel
le elles. cestuy roy pādalus entre plu
sieurs de ses amys en auoit vng sin‑
gulier et feal appelle giges. a qui par
fiāce et especial amour ledit pādalus
qui auoit vne femme moult gente et
belle laqlle il aymoit treschierement

espia vng iour deste quelle dormoit sur son lit sans couuerture aucune, si appella giges comme celuy de qui il se fioit et luy monstra a cler iour toutes les parties de sa femme la royne fors que la chambre secrete. le roy fist a giges ceste monstrance de sa fême affin quil congneut la beaulte de la royne plus par la veoir des yeulx que par ouyr compter. Car le roy pandalus pensoit que p parolles il ne pouoit donner a son amy assez plaine congnoissance de la beaulte de sa femme en quoy estoit sa bieneurete en partie Apres que giges eut veue et remiree la beaulte de la royne. Il sen amoura delle affin de orde luxure et tantost pourchassa et fit le traictie giges quil occit le roy pandalus. Et apres ledit giges occupa et print pour luy le roy aulme de lidie. τ auec ce la femme de pandalus ainsi côe se giges en occiât pandalus eust desseruy pour son loyer le royaulme τ la femme du roy. Apres pandalus venoit midas iadis roy de frige qui est vne prouince en asie ou estoit trope la grant. de cestuy midas pource que les poetes se iouoyent en escripuât sa bieneurete, et aussi sa vie voluptueuse et sotte. Je dy de luy en brief que a cestuy midas iadis roy de frige fortune fut tant large en luy departant les mondaines richesses que en son temps ne fut ou môde aucun si riche roy. et des richesses que il eut aduint vng signe merueilleux τ pour lors que midas estoit petit enfât vne grant quantite de fourmis rampèrent sur son berstâdis quil dormoit. et luy apporterent en leurs bouches vng nombre de grains de fourmêt Et adonc les diuineurs sur ce interroguez respondirêt comme vray fut que les richesses de midas surmonterayent celles de tous les autres roys du monde. mais apres ce changa fortune son office, car ainsi côme midas

auoit este le plus remply de toutes mondaines richesses. Aussi deuint il le plus poure et le plus miserable de tous ceulx qui pour lors furent. Et combien que la cause de sa tresgrât pourete et misere ne soit pas plainement congneue enuers les histories. neantmoins trouue len q midas par impacience et desplaisir de sa vie but du sang dung thoureau eschauffe en amours, affin quil mourust auant la fin ordônee par nature auec ces deux malheureux roys pandalus τ midas estoit balthasar iadis roy de babilonne qui a voix plaintiue en gemissant plouroit pour sa malle fortune. Cestuy balthasar roy de toute surie aps nabugodonosor mort fut moult enrichy τ comble du pillage que fist ledit nabugodonosor τ les asiriens quant par force ilz prindrent iherusalem et toutes les citez chasteaulx et autres villes de iudee qui moult estoiêt abôdans et garnies de toutes manieres de richesses. Balthasar dôcques enrichy des grans tresors des iuifz et seigneurs de toute surie vng iour fist vng grant disner aux princes et nobles de son pays pour monstrer ses grans richesses et la magnificence de son royal estat. Et pource que le roy balthasar qui estoit payen hayneux τ ennemy des iuifz et despriseur de leurs cerimonies, ou contens et desprisement de la saincte loy moyse et du dieu quilz adouroient commanda que ses ribauldes en especial fussent seruies dedens les saintz vaisseaulx que nabugodonosor auoit apporte et prins du pillaige quil fist ou saint temple de iherusalem qui fut pille et ars en lan de la captiuite des iuifz. Or aduint que tandis que le roy balthasar sestu de pourpre atourne de pierres precieuses et de couronne dor seoit a sa grande et haulte table en son orgueilleux palais enuironne de

tous les princes et nobles de son roy-
aume. Et ceux qui auec luy estoyēt
en vne partie du mur du palais au de
dens veoyent vne main dangel q̄ par
lordonnance diuine escripuoit en let
tres et en lāgaige hebreu appareissāt
et cler le cas du destruisement de Bal
thasar qui guieres ne tarda apres. car
tantost suruit cyrus roy de perse qui
a grant force et puissance darmes en
tra en Babylone et print le roy Baltha
sar et luy osta son royaume. et apres
le mist en vne chartre obscure. ⁊ adōc
fut transporte le royaume des assiri-
ens soubz la seigneurie des persois.
Apres cestuy Balthasar entre plusieurs
autres malheureux roys Benoit cre-
sus iadis roy des lidois qui sembloit
a son visaige estre moult courrouce.
et il qui en sa complainte estoit assez
attrempe monstroit comment fortu
ne mist se sespie s contre luy pour le
ruer ius dela grandeur et haultesse
de son estat royal. Si tost que ie oy sa
noble vertu et prouesse ⁊ sa doulou
reuse aduēture ie pensay que cresus
estoit digne destre mis entre les mal
heureux nobles hōmes. si entrepris
descripre son cas pource que ie q̄ suis
de florence vne cite toscane ⁊ les au
tres gens de nostre pays anciennemēt
descēdismes de thirēs? Ung des roys
de lidie ainsi cōme dit est au commen
cement de ce present chapitre.

Le. xx. chappitre cōtiēt
le cas de cresus roy des li-
dois et pere de athis et par
le des miracles que dieu
fist pour sauuer ledit roy
cresus. Et commence ou
latin. Fuit equidem ⁊c.

Pesus entre les princes terri
c ens fut resplendissant et no
ble par double tiltre dōt cha-
cun souffist assez pour auoir nom et li
eu ētre les nobles hommes. car il fut
filz naturel et legittime de alliastes
noble roy des lidois. et aussi il succe
da a la couronne du sceptre et aux ar
mes du royaume de lidie apꝭ la mort
dudit aliastes. Et combien que cest
belle et notable chose destre extraict
de lignee royalle. de tant est plus en
core excellente ⁊ plꝰ belle chose auoir
ladicte dignite. Les deux choses sōt
grādes. Et combien que cesus eust
accreu ceste lumiere de noblesse et ce
ste clarte double. toutesfois il en sur
adiousta vne autre. cestassauoir quil
fut tressingulier et expt et fort ⁊ preu
en discipline de cheualerie deuāt tous
les princes terriens qui furent en son
temps. Et affin que cresus fort preu
et expert en bataille eust armee cōue
nable pour la guerre cest quil assēbla
foison de peuple estrangier subget et
obeyssant a luy. auec ce les gens de
son royaume luy furent obeyssans a
exposer leurs corps et biens pour luy
en quelcōque bataille quil vouloit en
treprendre. Cresus aussi fut tresabō-
dant en or argent ⁊ autres richesses q̄
sont moult necessaires aux princes tāt
pour conq̄rir comme pour garder les
choses cōquestees. Et si est vray que
selon plusieurs hommes le souuerai
bien mondain est richesses en tout ou
en partie. Et par ainsi cresus tresri-
che fut souuerainement bien eureux
Il fut aussi tant ayme du peuple de
grece que plusieurs lappelloyēt leur
pere. Laquelle chose accreut lonneur
et la noblesse de cresus. Il eut tres
belle lignee et filles et filz. mais sa bi
eneurete fut retrebuchee par le trebu
chet que fortūe luy mist. Et les doul
ceurs tant aggreables furent de par
fortunes toutes arrousees de venis

tant qlles furent presque plainemēt aneanties. Et affin que ie commēce a la demonstrance des songes dōt vng pou parauant iay parle en briefues parolles. Il conuient scauoir q̄ tandis que cresus estoit enuironē des bieneuretez dont iay tantost parle, il luy fut aduis en son dormant q̄ son filz athis iouuenceau de tresbonne prouesse luy estoit tollu de entre les bras. et que on tuoit athis dung ferremēt trenchāt. Cestuy songe fut dur au roy cresus qui auoit esperāce que son filz athis succedast au royaulme de lidie. Tandis que cresus cuyda et sercha eschapper par conseil la demōstrance du songe il encheut en la chose quil doubtoit. car tādis que en querant diuers conseilz cresus gastoit le temps quil deuoit employer en meilleure sollicitudes affin de remedier au peril du songe vne nouuelle aduit ou pays de lidie que pres du mont olinpus estoit venu vng porc sangli er de merueilleuse cruaulte et grandeur. qui degastoit gens bestes et fruitz de terre. Ceste montaigne olipus est en grece ou pays de macedoine q̄ est si haulte quelle surmonte les nues et semble toucher au ciel, elle dept macedoine du pays de tarcie. Or aduint que les nobles iouuenceaux du royaume de lidie se assemblerent pour aller en macedoine a prendre et tuer ce sanglier. Athis le iouuenceau voyant celle entreprinse requist et impetra deuers son pere cresus congie daller auec les compaignons du pays. et a ceste chose legieremēt ottroyer fut meu le roy pource quil luy sembloit que en la chasse de sanglier len ne vseroit point de ferrement quelcōque. Mais las cruelle fut laduenture des destinees enuers lenfāt athis car il eut congie de son pere et fut en vope en macedoine auec les compaignons pour veoir la chasse et loccisi=

on de ce porc. Et fut commise la garde de athis a vng gentil hōme lidois a qui cresus deffendit quil ne menast lenfant pres de aucun lieu ou lēvsast de ferrement. Lescuier doncqs garde et compaignon sen alla a la chasse du sanglier et print en sa main vng long espieu si se brandi et esqueilly contre le porc et le faillit enferrer. Dont aduint que le coup de lespieu attaignyt droit contre lenfant du roy. qui du coup cheut mort. La nouuelle de la mort de athis fut aspre et dolente et rude a endurer au roy cresus. Et fut cause aussi de gemir et pleurs. Apres vng pou de temps aduint que cyrus roy de perse entreprint et meut guerre contre tout le pays et toutes les gens de asie. en tāt quil mettoit tout en feu et a lespee. Et en especial cyrus meut forte guerre contre balthasar le roy de babylonne. auec lequel cestuy cresus fist alliance et luy offrit son ayde contre le roy cyrus qui finablement desconfist balthasar. Si se eschauffa cyrus et courroussa contre le roy cresus. pource que contre luy il auoit fait alliance et ayde auec ledit balthasar. Si delaissa cyrus a mener guerre contre les autres pays. et de fait tourna sa bataille contre le roy cresus et son pays de lidie. Cresus se mist a deffence selon toutes ses forces contre cyrus et les siens. Et tant fut combatu entre les deux parties que lost de cresus fut print et les lidois desconfitz. Et le roy cresus mesmement fut prins des persois et si fut mis auec les autres prisonniers. Et oultre plus apres que cresus fut desmis et priue de son siege royal cyrus commanda que cresus et vng sien autre filz muet fussent boutez ensemble en vne prison obscure et enchainez de fer. Ainsi doncqs par vne seule malheurete soudaine et tenebreuse les attours replendissans et

iii

autres mōdaines bieneuretez du roy cresus furēt tāchies et noirciz. car luy qui parauant estoit roy de lidie De uint poure prisonnier sans dignite ne office quelcōque. car ainsi cōme se cresus fust villain hōe et ignoble il estāt en prison estoit enuirōne dautres meschans τ vilz hōmes et chetifz. Et il q̄ auoit hōte de sa tresgrant maleurete se cachoit derriere les autres Et si doutoit cresus cōmēt fortune vouloit ordōner de sa mort ou de sa vie. affin q̄ luy qui parauāt auoit glozieusemēt vescu ne finast sa vie par mort hōteu se ne deshonneste. Je croy que par le moyen de ses merites τ bōnes euures dieu le gard a de mort car cōme cyrus eust enuoye vng persois cheualier pour le mettre a lespee τ tous les chetifz q̄ es prisons estoient auec luy τ son filz le muet. Il aduint que ce cheualier q̄ ia en auoit occis sans nombre leua le bras dextre τ brādi son espee pour trencher la teste au roy cresus. Mais son filz muet des sa natiuite qui pres de son pere estoit, tout aisi cōme sil eust tousiours parle escria le cheualier q̄ occire vouloit ledit roy. et luy deffendit qui ne loccist. non mie par signe. mais par haulte τ entēdible voix. Le cheualier qui sçauoit q̄ lenfant estoit muet: fut esmeu τ esbay et retira lespee que il vouloit ia brandir contre la gorge du roy cresus. Len compta a cirus le miracle qui aduenu estoit du filz de cresus qui tousiours auoit este muet et auoit parle quant il vit appointer lespee contre la gorge de son pere. mais ce miracle ne peut tant faire q̄l retrahist ne amollist le roy cirus tāt estoit couuoiteux despandre sang humain. ains commanda que len apprestast vng tresgrant feu. τ que cresus tout vif fut gette dedens por lardoir. Je ne scay pour quoy cyrus fist ceste chose. mais ainsi aduint elle cōme ie trouue par histoire que ains q̄ cresus

De Boccace

estant dedēs le feu fut attaint de cha leur ne aucunemēt brule. Vne si grāt pluye soudeinement cheut du ciel q̄ en vng moument le feu fut tellemēt estaint que il ny demoura vne seulle flammesche. τ ainsi demoura cresus sain et sauf Et vray est que ou le Roy cyrus cōsidera les deux miracles que dieu auoit fait pour sauuer le roy cresus ou que cyrus sentoit que toute la gent de grece venoit en armes cōtre luy pour secourir et deffendre cresus τ son pays. Et pourtant le cruel roy cirus deuint piteux τ doulx en tant quil donna a cresus grace τ respit de sa vie. et si luy restitua ses heritaiges et autres biens paternelz. et luy promist et souffrit q̄l vesquist en lidie nō mie comme roy. mais cōme vng hōme priue en lestat de bourgoys. Et par ainsi le royaume des lidois qui auoit prins son commencement soubz ardisius le filz de aliracis. et qui auoit dure par laage de neuf roys fut fine par cresus qui fut despose τ desmis par cyrus roy de perse. du quel tātost apres nous conterons le cas.

Le .xxi. chappitre cōtiēt en brief le cās de cyrus seigneur τ roy de toute asie de anulius et munitor freres enfans du roy de albanie de remus frere de romulꝰ q̄ premieremēt edifia la cite de rōme. Et cōmence ou latin. Ab asia τc.

Quant je retourope ung bien
pou mon couraige des hi
stoires contenans les cas
des malheureux nobles du
pays de asie.et je souloie descripre le
cas daucuns malheureux du pays de
Italie. Ainsi que je retournoye il me
vint en pensee descrire le cas du roy
cyrus. qui en tout honeur regna z fut
trescraint et doubte. Cestuy cirus com
me dit est ou xviii. chapitre precedent
fut nepueu du roy astrages. z filz de
cambises ung homme destat moyē
du pays de perse a qui astrages roy
des medois donna a femme sa fille
mandanes. Et fut cyrus par aucun
temps alaicte des mammelles dune
lisse sauuage. Cyrus doncqs par suc
cession de temps obtint treslarge sei
gneurie.cestassauoir asie q est la moi
tie du monde. Il obtint plusieurs et
belles victoires en batailles. Et eut
toutes autres mondaines bieuretez
pour tout et en brief dire. excepte tou
tessois que sa fin fut presque de tous
autres grans seigneurs la plus horri
ble qui oncqs aduint z la plus deshō
neste. Par quoy monstra fortune que
nul nest du tout parfait. Cyrus doc
ques qui selon le iugement des hom
mes estoit de tous les princes le tres
bieneureux et qui estoit taille demou
rir en bieneurete. sil eust oste de soy
deux vices qui luy ardoyent le cueur
et les entrailles. cestassauoir couuoi
tise de tousiours plus auoir z couuoi
tise despandre sang humain. Si ad
uint que ou temps quil regnoit en si
chie une royne appellee thamaris sei
gneurisant aux sichois. les sichois ia
dis par mil et cinq cens ans eurent la
seigneurie de asie. Et est sichie au
trement surnommee gochie de ma
got filz de iaphet qui fut le tiers filz
de noe. Et par ainsi gochie et sichie
est ung mesme pays qui iadis par de
uers orient touchoit aux indes. deuers

septentrion aux pallus meothides. z
se estendoit entre ladignoe et la grāt
mer iusques en alemaigne. Mais si
chie depuis a este amoindrie. car de la
dextre partie orientalle a lenuiron de
la grant mer de surie elle sestend ius
ques a la mer occidentalle. et dillec
vers midi iusques au mōt caucasus
et deuers occident elle touche a hir
canie. En sichie sont plusieurs gens
mais ilz sont dispers et espāduz. por
ce que la terre nest pas en fruict plan
tureuse. Aucuns sichois labourent z
viuent des fruitz de terre. Aucuns
sont merueilleux et cruelz et viuent
de chair et de sang dommes. En
sichie sont plusieurs terres riches dōt
les plusieure sont inhabitables. Car
combien que en plusieurs lieux les si
chois ayent grant copie dor et de pi
erres precieuses. Toutesfoiz pou de
gens se y retraiēt pour pour de la cru
aulte des griffons. En sichie sōt plu
sieurs diuerses pierres precieuses.
Et entre plusieurs sont deux nota
bles riuieres. cestassauoir phazides et
arrazes. mais pource que les sichois
ne sont congneuz si non a eulx mes
mes. ne autrement ne congnoist on
la noblesse de thamaris fors que elle
seigneuria aux sichois cruelz z redou
tez par le temps de cyrus regnāt en
asie. Affin doncques que cyrus ano
blist plus ladicte thamaris il deuint
couuoiteux du royaulme de sichie
plus pour esleuer sa gloire que pour
accroistre son royaulme. Car cyrus
scauoit que les sichois estoyent po
ures hommes et saunaiges. mais ilz
ne auoyent este encores vaincus ne
conquis par quelcōques grans roys.
Si fut attrait Cyrus par ceste cou
uoitise. Et assembla et mena ung
grant ost contre ladicte royne Tha
maris veufue de son mary. Comme
la royne eut congneu que ledit roy
cyrus estoit venu en sichie. combien

i iii

q̃ par la grandesse de ses faitz il fust redoubtable a tout le pays dasie et presque a tout le monde. Toutesfoiz thamaris ne sen esmerueilla cõme femme espouentee. ne par messages ne p̃ lettres. elle ne demãda ne paix ne treues. mais elle assembla ses forces et print en soy la charge de conduire la bataille. Et souffrit le roy cirus passer le fleuue araxes auec tout son ost. combien quelle eust peu resister a lui par force de nauire. et le laissa entrer dedens son pays pensant la sage royne quelle pourroit mieulx et plus legierement rabatre la forcenerie de cirus dedens son pays que dehors.
Apres que thamaris fut certaine que cyrus estoit passe dedens son pays de sichie. elle commist a ung sien seul filz la tierce partie de ses gẽs darmes et luy cõmanda quil allast en bataille rengee alencontre du roy cyrus. et quil se combatist. Mais le roy cyrus qui considera et ouy dire par les rapportz a luy faitz la qualite des lieux et des gens de sichie. et aussi leurs manieres. Quant il sentit le iouuenceau filz de la royne qui venoit auec son ost. Cirus ordonna quil le vaincroit plus par barat que par armes. si fist cyrus garnir ses pauillons de vins et de viandes et dautres delices que les sichois nauoyent encores hãtees. et puis faignit cyrus quil sen fuist et delaissast par paour ses pauillons Apres ce que le iouuenceau fut entre dedẽs les tentes du roy cyrus Il cupda estre vainqueur ainsi cõme silen eust chasse sõ enemy. et fist ioye et feste. aussi firẽt les sichois. et ne entendirent point au fait de la bataille mais se adonnerent aux vins et aux viandes et aux autres delices. et commencerent a engorger. Viãdes et vins dont ilz nauoiẽt point autresfoiz vse Par quoy les sichois delaisserent la discipline de la cheualerie. et leur suruint grant sommeil et desir de repos par ceux. Certes ainsi comme aspreté de viures et de robes rendent les hommes et durs et fors en armes. Aussi delicieuses viandes et molles robes les affoiblissent et gastent. Tãdis que le filz thamaris et les sichois estoyent plongiez en vin en viandes et en parfont dormir: cyrus auec ses gens darmes suruit en despourueu et tua ledit iouuenceau auec ses autres sichois. Et apres ceste desconfiture cyrus cuidant estre certain devictoire proceda plus oultre en admenant son ost dedens le pays de sichie Mais la royne Thamaris qui ouyt compter loccision de son filz et de ses gẽs. combien quelle fut moult troublee de ce. et principalement pour la mort de son filz. Toutesfoiz elle ne se adonna point a larmes ne a plours selon la maniere des femmes. Mais elle cessa et retraignyt ses douleurs et ses larmes par le couroux que elle eut et par la couuoitise de vengier la mort de son filz et aussi de ses hommes. Elle auec le remenant de ses hommes et gens darmes pensa que par tel art comme son filz auoit este barate elle deceuroit le roy cyrus. combien q̃l luy laissast ses pauillons plains de vins et de viandes et quil fust tressoubtil en cautelles de batailles. Thamaris doncques qui sceut z congneut les lieux et les passages de sichie faignit que elle sen fuyst pour paour du roy Cyrus qui apres elle cheuaucha par aucun pou de chemin et il couuoiteux de prendre et desconfire la royne et les siens la poursuyuit entre les montaignes horribles plaines de neiges et de gellee. et ou il nauoit vitailles pour hommes ne pour bestes. Et illec fut ẽclos le roy Cyrus entre les buyssons et les fandes de ces mõtaignes. Illec auec tout sõ ost fut dẽgaste et descõsit p̃ les gẽs

de sichie et par mesaises et disettes de toutes choses necessaires a vie. Se thamaris ne print poit a rancon ne a mercy.les gens du roy cirus pas nest merueille.car cirus mesme ne eschappa pas quil ne saoulast le courroux de thamaris.ains mourut de mort cruelle.car elle qui eut fier couraige et cruel commāda que len cerchast le corps de cirus entre les charoignes des persois illec occis. Et apres que le corps du roy fut trouue et apporte deuāt elle.elle commanda que la teste luy fust trēchee.et apres fust mise en vng tonnelet plain du sang de ses cheualiers persois.ꝗ ainsi fut il fait. puis dist la royne au roy cirus ia mort. O roy cirus saoulle toy du sang ou tō chief baigne dont tu as eu si grant soif.car ton chief ne ton corps nest digne dauoir autre tombeau. Quant doncques iay apperceu et regarde la miserable mort et le honteux sepulchre du roy cirus et lorrible vaisseau en quoy est mise sa teste. Jay eu honneur en moy. et apres ce que iay eu cōsideray en mon couraige comment toute la maieste de cirus fut soubdainement passee. Jay eu grant paour du iugement de dieu.ꝗ dis ainsi en mon cueur. O fortune muable et tournant ꝗ si cuydēt les hōmes que tu soyes ferme ꝗ estable.que est ce maintenant de veoir la teste du roy cirus qui est mise ꝗ soultree dēs vng vaisseau de bois plain du sang et de lordure de ses cheualiers par le commandement dune femme.et si estoit nagaires au roy cirus toute la noblesse tout lonneur ꝗ tout le pouoir des royaumes de tout orient. Or me dy doncques cyrus sont ce cy les doulx baisiers que doibuēt dōner a vng si noble roy apres sa mort ses tresamees femes ꝗ ses tresdoulx enfans.sont ce icy les obseques ꝗ les derniers seruices des amys dun si noble roy apres sa mort. Est ce icy le grant et sollennel feu pour ardoir tō corps a le ramener en cendre.ainsi cōme len faisoit anciennement aux nobles. Est ce icy le tombeau dor pour poser et garder la cendre du corps dū si noble prince. Est ce icy le grant tiltre et le noble epitaphe escript sur le tombeau dun si grant ꝗ si terrible seigneur. Le dernier honneur de cyrus apres sa mort fut en troys choses.car en lieu du tombeau sa teste fut mise en vng grant flascon plain de sang et de ordure.le remenant de sa charoigne detrēchee remuāt et toute chaulde fut laissee en my le champ affin quelle pourrist entre lordure des varletz et souldayers.et entre les membres degoutans le sang et les mouelles. le tiltre ꝗ lepitaphe escript sur son tōbeau fut de laides et ordes parolles et de reprouches deshonnestes que la royne thamaris disoit du roy cirus ia mort. Lexemple du cas du roy cirus est tresnoble et prouffitable pour refraindre noz couuoitises.et pour abaisser noz orgueilz: mais que nous le vueillons souffrir et congnoistre nostre fragilite et la puissance de dieu Tandis que ie consideroie en mō couraige linfortune et le malheur du roy cirus. Je ouy le cry daucūs meschās nobles hommes qui a force me attrahirent a retourner aux histoires contenans le cas daucuns nobles ytaliens. Entre lesquelz ie ouy les complaintes de Anulius et de munitor freres et enfans de piocas roy dalbanne a qui ilz succederent. Albanne fut anciennemēt cite moult pres du lieu ou maintenant est romme. Car apres la mort de Eneas de Troye son filz Ascamus delaissa a samna sa marrastre le royaulme de la cite Laminum que Eneas fonda en ytalie la destruction de tropes.et depuis ascamus en vne des sept mōtaignes qui sont enuiron Romme fonda vne cite quil appella albanne. pource que celle montaigne blanchope en quoy est la cite situee. Et du nom de ceste cite furent nomez les roys des albanois iusques au temps du roy metius suffetius. dont ia tantost nous conterons le cas. Et ou temps de metius albanne la cite fut destruite & mise soubz la seigneurie des romains. Anulius doncques et munitor furent comme dit est freres et roys de albane. Si aduint que pour couuoitise de plus ample seigneurie Anulius tua son frere munitor. Eulx deux auoient vne seur appellee Rea. Laquelle cestuy Anulius condemna a garder perpetuelle virginite et ne voult quelle se mariast. affin que de elle ne saillist aucun enfant masle q par aduenture fist la vengence de la mort de munitor. mais affin que rea ne se blast estre condemne villainement a garder chastete. Anulius adiousta a la condemnation iniuste vne semblance et faintise de honneur. cestaffauoir q anulius voult que rea sa seur fust nonnain et prestresse ou temple de la deesse vesta. laquelle pour non desobeyr & aller alencontre de la volunte de son frere anulius se laissa redre au temple de ladicte deesse rea donc deuenue nonnain de vesta fut enclose ou temple qui estoit dedens vng boys consacre au dieu mars. Et neatmoins rea conceut & enfanta deux filz. mais len ne scet de quel pere. Apres que anulius sceut laduenture de la chose. il commanda que les deux enfans fussent gettez hors pour deuorer aux bestes sauuaiges et aux oyseaux. & que rea leur mere fust emprisonnee laquelle mourut en prison pour le desplaisir de la villanie faicte a elle & a ses deux enfans. Si aduint que pres du lieu ou les enfans furent gettez estoit vne louue qui de nouueau auoit faonne ses louueteaulx qui dauenture auoient

este prins des chasseurs ou autrement tuez. si queroit ceste louue aucun faon de quelconque espece qui la tettast pour alleger ses mammelles. Ceste louue encontra ses deux enfans gettez hors. si leur donna les mammelles plusieurs fois par aucun temps & les nourrit. Ne me chaille enquerir oultre se par naturelle aduenture. ou sil aduint par ordonnance diuine. Apres aduint que fasculus bergier du roy anulius trouua ces deux enfans & les apporta a sa femme laurence. qui delaissa ses ppres enfans pour ses deux estranges alaicter & nourrir. tant qlz furent parcreuz dont lun fut appelle remus & lautre romulus. qui tuerent anulius leur oncle. Si appert clerement de com noble lignee soyent descenduz & surnomez les romains qui sans tiltre & a tort deuant toutes autres gens se nomment et reputent les plus nobles du monde. car remus et romulus dont les romains prindrent leur naissance & le surnom. furent comdit est engendrez & nez p ceste dune nonnain pstresse. & dun pe si meschat et si vilz q len ne scet. ou len ne ose nommer le pays ne le nom. Les ancesseurs des romains furet bergiers & larros assailleurs de chemis & murtriers de ceulx de leur propre lignaige. car remus et romulus occirent leur propre oncle anulius qui auoit tue son frere munitor p mauuaise couuoitise dauoir pl^9 grant seigneurie. Et oultreplus aps romul^9 on tua ou fist occire rem^9 son frere. Et romul^9 q fut public$q$ rauisseur de femes fut si chargeus & si importun q les senateurs de sappre cite qui ne pouoient endurer ses cruaultez le tuerent ainsi come cy aps ie diray. Aps ces deux meschas anulius & munitor venoit le maleureux rem^9 soy complaignant de son frere romulus. & en brief il comptoit ainsi son cas. Remus et Romulus freres iumeaux ia par creux et nourriz en lostel Fascul⁹ bergier du Roy munitor se acompaignerent et adioingnirent auec les autres bergiers du pays latin. Et soubz umbre de garder les brebis ilz se adonnerent a rober et a tollir: et pour ferir et tuer de loing les passans remus trouua premierement lusage de la lance que lenappelle quiris en grec dequoy romulus fut autrement appelle quirinus. Eulx deux selon la ville de leurs couraiges firent aliance auecq larrons murtriers et autres hommes de mauuaises meurs et de dampnable vie/ ces deux freres iumeaulx apres les deshonnestes mors de anulius et de munitor leurs oncles commencerent premiers ceindre de murs la cite qui est maintenant nommee romme. Chacun deulx deux desiroit a part auoir la seigneurie: mais ilz ne auoiēt tiltre ne progatiue de regner/nen plus lunque lautre car ilz estoiēt iumeaulx/ et nestoit point certain lequel nasquist le pmier: Ilz accorderēt entre eulx que par augurement d'oyseaulx/ ilz enquerroient quel nom auroit la cite/ et lequel des deux seroit premier et souuerain/ par ainsi q̃ chascun deulx monteroit ou sommet dune montaigne/ et celui qui plus tost et en plus grant nombre verroit par dessus soy voleter des oyseaulx/ celluy donneroit le nom a la cite/ et si seroit seigneur premier et souuerain. Chascun des deux freres mena auec soy une partie du peuple pour veoir et iuger la chose selon ce que elle aduiendroit. Et premierement se apparurent a remus six voultours par dessus le mont auentin Ou quel remus auec son peuple estoit alle augurer/ et assez tost apres sapparurent douze a romulus par dessus pallatin Le peuple qui auecques eulx estoit venu salua: et enclina chascun le sien comme roy et seigneur de la cite de romme. Cest

assauoir les uns saluerent Remus/ pource que a luy premieremēt sestoient apparus six voultours: et les autres saluerent romulus/ pource q̃ les voultours sestoient apparus a lui en double nombre. Pour tant se meust debat entre les deux freres et finablement apres plusieurs debatz romul⁹ demoura Roy et obtint lui seul toute la seigneurie: et de son nom il denomma la cite. Si commenca romulus a pourceindre de fossez et des murs tout le pourprins de Romme: et apres fit romulus ung edit que aulcun homme sur peine de la mort ne passast les fossez ne ne transsaillist les murs por entrer ne por yssir si non par les lieux commus et ordonnez. Or auint que remus qui vint regarder les fossez et les murs qui moult estoient bas si sē mocqua et rist: et il qui riēs ne scauoit de le dict de son frere Romullus passa les fossez et trāssaillit les murs Et lors commanda romulus a ung sien cheualier appelle sabius quil tuast remus: et adonc il le ferist et occist dun rateau. Et ia soit que de la mort de remus soient maintees et diuerses oppinions/ touteffois elles toutes sacordent quil fust occis ou du consens ou du commandement de Romulus son frere: et par ainsi fut priue de la seigneurie de Romme qui aux deux freres deuoit estre commune. Apres remus venoit Romulus a qui fortune fut si fauorisant que Il qui auoit este procree de rea nonnain et prestresse du temple de la deesse Vesta et qui aps ce quil fut nourry et parcreu fut bergier et robeur et murtrier de son oncle munitor: et de son frere remus deuint seigneur et fut apelle pere fondeur et roy de la cite de romme: a qui fortune garda lempire de tout le monde. Cestuy romulus considerant que sa cite estoit petitement peuplee ordonna et fist ung lieu de refuge por sau uet trestous malfaicteurs que il appella asile. Cestuy asile fut cause pourquoy apres pou de temps romme fut moult garnie et peuplee de maintes gens: cestassauoir de larrons de murtriers corrompeurs de femmes et entachiez de tous autres crimes: recueilliz de diuerses nacions qui habitoient en la terre latine qui tous recouroient a cel asile: et apres demouroient dedens romme, car autre part ne osoient il demourer pour crainte de la mort que ilz auoient desseruie p leurs grans oultrages et malfaiz Romulus pour le gouuernement de sa noble cite et du peuple dicelle fit constitutions loix et ordonnances il institua cent notables senateurs du temple de ezechias roy de ierusalem qui regna apres la creation du monde quatre mil quatre cens quatre vings et huyt ans. Je vueil doncques venir a racompter le cas de metius suffetius iadis roy de albanne courroucie et meschant. Et combien que en lordre du compte des meschans metius soit venu vng pou plus tart quil ne deuoit selon lordre du temps ou quel il regna: pourtant ne delaisseray ie mye de racompter le cas dudit metius/ Car on lui doit pardonner/ sil est tard venu a moy: pource quil a eu iuste cause de cheminer lentement. Car il na peu si tost recourer, ne reioindre ses membres qui iadis furent despeciez: Et detirez a cheuaulx et a charettes pour le barat que il fist comme tantost dit sera/ en ce chappitre en suyuant.

Le xxii. chappitre contient le cas de metius suffetius roy des albannois successeur ordonne apres la mort de gapus. Et comence ou latin Orto inter. &c.

Es Rommains qui depuis la fondacion de leur cite ne finerent de mouuoir guerre contre les pays et nacions tant voisins comme estranges: auoient lors vng roy nomme tulius hostilius qui succeda a numma pompilius second roy des rommains. Les rommains meurent et firent guerre contre les albannois qui adonc auoient vng roy apelle gapus ciuilius: tant auint que ces deux roys admenerent leurs gens darmes pour combatre en champ les vngz contre les autres/ auant quil assemblassent main a main pour combatre gapus roy de albanne mourut. En lieu de gapus fut sustitue et commis metius suffetius pour estre roy de albanne. Metius parauant estoit homme de peuple sans dignite ne office: fortune esleua metius en siege et en dignite royal et receut les attours les honneurs les armes et enseignes appartenans a vng roy: touteffois celle grant bieneurete ne fut pas seulement briefue au roy metius: Mais elle luy fut cause de dommaige et de honte/ car ie croy ou que fortune qui lauoit esleue cuida que metius ne fust pas digne de estre roy: ou fortune ordonnoit ainsi des choses/ affin que les albannois voisins et prouchains des rommains venissent soubz la seigneu rie de Romme, à qui dieu gardoit ou temps aduenir lempire de tous les gens du monde. Durant celle bataille comme les deux ostz fussent assez pres lun de lautre: metius accorda auec le roy tullius que le debat seroit determine τ mis a fin par vng champ de bataille que les deux roys seroiēt par ainsi que le roy qui desconfy seroit il τ son peuple τ sa cite seroiēt subgetz et tributaires de celui qui vaincroit τ desconfiroit lautre. Or aduint au roy metius maleureusement: car le roy tullius le vainquist τ desconfist en champ par force darmes: car dieu regarda benignement en la faueur de lempire de romme, qui ou temps aduenir deuoit estre chief τ dame des albannois et de leur cite ainsi comme il aduint: car a la seigneuries des rommaines tantost deuindrent subgetz les albannois τ metius leur roy. Et aussi vne gent de ytalie appellee les citatesqui par auant auoient este desconfiz τ vaincus par orace vng ancien roy de albanne: et par ainsi fortune mist hors ses nyebles denfer au commencement de la clarte du roy metius: car tantost apres quil fut esleu, et deuenu roy de albanne il perdist sa noblesse τ sa franchisse, par ce quil fut desconfist: dont il vint tributaire et subgect aux rommaines. Et est assez a croire que ceste chose fut demonstrance que le deffiniement tant du royaume comme du roy de albanne vendroit prouchainement. Or auint que de puis que metius fut deuenu tributaire des rommaines: Il ne demoura gueres que tullius roy de Rome entreprinst vne bataille contre les vehians vne gent de ytalie ennemie des rommaines: si manda le roy de romme a metius quil luy venist en aide a tout ses albannois: et apres ordonna tullius ses choses necessaires a bataile comme pour assembler auec ses ennemys. Quant metius roy des albannois du commandemēt du roy des rommains deuoit ioindre τ assembler son ost contre les fidenaces vne gent de ytalie qui tenoit la part des vehians: ledit metius tout bellemēt auec son ost print lauantaige des montaignes pour attendre et veoir laqlle des deux parties fut taillee dauoir victoire: affin que metius soubz feinte damistie se tirast pour blandir et flater ceulx a qui escherroit la victoire. Tullius vit τ considera le barat de metiꝰ τ pensa assez tost a quoy tēdoit le traistre qui auec son ost sestoit retraict ou sommet dune montaigne pres dillec, le roy tullius endura a visaige faitif lindignacion quil auoit en son courage sans riens monstrer p signes ne par parolles. Mais le roy tullius comme cault et aduise escria ses gens darmes qui ia trembloient de paour τ leur dist en telle maniere: Mes compaignons τ amys ne vous desconfortez en riens, se le roy metiꝰ et les siens se sont retraictz sur la mōtaigne sans eulx ioindre auec nous, car ilz ont fait ceste chose de conseil τ de aduis: et pource que la belle τ bonne cautelle dont vsa le roy tulliꝰ contre le traitreux barat de metius est escripte en diuers lieux, τ en special ou liure de valere maxime. Je compteray cy le cas selon luy. Tullius hostilius roy dessusdit de romme assembla toutes gens darmes que il peut trouuer en pays subgetz a soy τ entre print τ fist guerre contre les fidenaces qui au commencement a la nouuellete de lempire de romme firent tant de rebellions que ilz ne souffroient reposer les rommains: τ par ce q̄ les rommains vertueux τ fors en armes estoient ia nourris en victoires τ en triumphes quilz auoient eu en conquerant pays τ en subiugant les peuples voisins, les fidenaces monstre rent aux Rommains la matiere de oultre plus conquerir/et subiuguer les citez et les nacions estrāges et loigtaines. Or est vray que metius suffetius roy des albannois q̄ monstroit soy estre compaignon et alie des rommains: et neantmoins sa foy et sa loyaulte estoit tousiours doubteuse et suspectz ainsi comme soubdainement il le monstra en appert en la bataille que les rommains firēt contre les fidenaces/car si tost que tulius descourust en plain champ lun des costes de lost des Rommains. Cestuy metius auec ses gens se retrayst/et loga sur vne montaigne pres diller: et certain est que metius comme dit est estoit mande pour aider aux romains mais il fut guetteur et aduiseur de leur ost et pensa quil assauldroit dun coste les rommains silz estoient vaincus et que silz estoient vaincueurs il leur courroit sus quant il les verroit traueillez et recreans: et ceste trahyson pensoient assez le roy tulius et ses cheualiers par quoy leurs cueurs et leurs courages pouoient estre moult affoibliz et espouentez par celle souspecon doubteuse: car ilz veoient que leurs ennemis combatoient fieremēt et que metius qui leur deuoit aider leur failoit au besoing/mais tulius remedia par briefue et soubtille cautelle a renforcer et rafermer les cueurs et les pensees de ses cheualiers car il ferist isnellement son cheual des esperons et vit courant aux heles de ses gens q̄ poidement combatoient et leur preschait dit que par son commandement metius et les siens sestoient destournez et retraitz au sommet de la montaigne/et que metius vendroit par derriere assaillir les fidenaces/si tost que le roy tulius leur feroit signe tel comme il lui auoit donne: et par le cōseil de ceste cautele le Roy tulius fit deux choses en sa bataille car il mua le cou

rage de son ennemy metius de barat en feaulte: et si remplist de alegresse et de hardement les cueurs de ses cheualiers qui par auant estoiēt doubteux et craintifz. Apres ce que tullius et ses cheualiers Rommains venans en bataille rengee eurent commencie a besongner a vne des heles de la bataille: et que tant par art et cautelle comme p̄ force le roy tulius obtint plaine victoire de tous ses ennemis Sebians et fidenaces: il appella ensemble tant les albannois cōme les rōmains. Et apres cōmanda q̄ metius fut prins et amene deuant luy mais metius pour couurir son barat/ feignyt soy estre ioyeulx et esbaudi pour la victoire que tullius auoit eue cestuy metius chetif et prisonnier ne eut pas longue espace de temps pour plourer et gemir sa dure et male fortune/ car apres ce q̄ on lui eut dit plusieurs vitupe res reprouches et laidenges pour le barat et trayson quil auoit fait tulius cōmanda q̄ on lui despouillast tous ses vestemens et attours royaulx: et que il fut lye par piez et mains aux deux dernieres boutz de deux charettes et que les cheuaulx attelez a p̄celles treissent a force desperons les vngz contre les autres affin que chascune charette en tirant despecast son corps en diuerses parties. Les borreaulx et sergēs firēt ainsi cōme le roy tulius eut cōmande et par la force des cheuaux qui trapoiēt les charetes ou estoit atachie le corps de metius. Il fut despecie en plusieu₂s parties voyant lost des Rōmains et celuy des albannois. En ceste maniere metius endura la tresgriefue et tresgrant angoisse de mort et tresconfuse honte/ et par ainsi metius a qui estoit aduenue tresgrant noblesse et dignite royal entre les hōmes de sa cite et qui estoit venu a lestat de frāchise recheut et retourna en seruitute par la maleureuse fortune quil eut en la premi ere bataille quil fist contre le roy tul∣lius car il (et ses albannois (et aussi le)s cu∣raciers furent mis saubz truage: (et en la seruitute des rommais. Par quoy il apert que tousiours a este dure cho∣se regiber a lesperon (et de bouloir soy par barat affranchir du truage Dung saige (et puissant seigneur car quant le roy metius par barat efforca soy re∣traire en lestat de sa premiere franchi∣se il encouru vne douloureuse mort (et pour lui punir fut trouue vng tour∣ment qui ne fut oncques ouy ne veu sinon adonc/ et le royaume des alban∣nois qui auoit dure des le temps de ascamius le filz de eneas de troye fut mis en perpetuelle desolacion: (et tou∣te la cite dalbannie les temples exce∣ptez fut destruicte par le commande∣ment du roy tulius. Et auec ce les albannois furent contrains venir de∣mourer a rome a force (et malgre eulx

Le xxiii. (et dernier chapitre cōtient le raisonnement de lacteur qui ple cōtre barat (et contre les traittres bare∣teurs. Et cōmence ou lati
Est ent fraus. (et c.

NTre toultes les esperes et manieres de malice barat est tresmauuais barat porte sē∣blance de visaige paisible (et de parol∣les doulces (et semble quil voise p hum∣ble chemin (et neantmoins il veille et espie tous les iours a decepuoir hom∣me de nette pensee (et bonne foy. Ba∣rat le plus des fois au par dessus vse de dieu comme dung instrument a si∣cher les venimeux aguillōs pour pren∣dre ou atraper les bestes: cest adire q̄ Barat semble au dehors estre debonai∣re (et humble comme vng beau sire di∣eu: (et si est son cueur (et sa pensee plai∣ne de esguillons venimeux pour de∣cepuoir (et trapr les hommes simples Barat est de si grant force / mais que son maistre soit astud (et cautelleux q̄ il abat (et peruertist lonnourable puis∣sance des loix: cest adire que se vng a∣stud (et cauteleux saiche bien forger et conduire dan barat/ il peruertira (et me∣tra si au bas la puissance (et lauctorite des loix que soit a droit ou a tort il ob∣tiendra par iugement tresout ce que il demande combien que selō les loix il ait mauuaise cause. Barat decoit les sages hommes. Barat brise (et des∣piece la puissance des armes: cest adi∣re que mainteffois plussieurs vaillās et bons cheualiers taillez dauoir vi∣ctoire ont este p barat froissez (et descō∣fiz. Barat decoyt (et cabuse ceulx qui ont assez art de bien faire aucune cho∣se. Barat confont (et degaste tressou∣uent les besongnes en quoy les hom∣mes appliquent toute leur diligence Les hommes vains (et failliz descou∣raigez et couars hantent et supuent Barat plus que autres gens/ pource q̄ ilz nont aucune fiance de vertu q̄ soit en eulx/ et si ne ont couraige vigueur ne puissance. Et ia soit ce que Barat ait honnestes robes (et attours toutes fois il porte tousiours dessoubz les ve∣stemens lacqs decepuances (et filletz a prendre les simples gens combiē que aucuneffois dan barat defoule (et mar∣che soubz les piez dame simplesse qui de bonne foy croit de legier ce que on lui dit/ touteffois barat fait souuent trebucher son maistre (et si regecte ses poisons contre celui qui les auoit lan∣cees ainsi comme tesmoigne le cas du roy metius: car quant il cacheement sefforca diuiser les albannois des ro

mains contre sa promesse quil auoit
confermee par foy et par sermēt: il fist
tant que son corps fut despecie a che
uaulx et a charettes. Des ore sena
uant pleure et gemisse metius sa ma
le fortune quil a desseruie par son trai
teux barat/et nous ferons la fin a ce
stuy second liure et apres ce nous repo
serons en comptant vne fable.

Cy fine le second liure de neuf li
ures Jehan Boccace des cas des no
bles hommes et femmes: et tantost a
pres cōmence le tiers liure.

ffueillet lxiii

Le premier chapitre du tiers liure
contient le debat de pourete z de for
tune: commencant ou latin. Consue
uere. et cetera.

Cleris z autres voyages
qui font aulcun long z la
borieux chemin ont de cou
stume soy arrester: et aucu
neffois torcher la sueur de leur visai=

ses:ẽa lautrefoiz mettre ius leurs fardeaulx pour aleger le corps ⁊ autresfois prendre le vent fres ⁊ souef:⁊ boire ou vin on eaue pour oster la soif et si ont de coustume de veoir ⁊ abuter combien ilz ont fait apres ce quilz ont tourne le dos a aucun notable lieu dont ilz se sont partiz ilz recordent entreeulx le nombre ⁊ les noms des chasteaulx des riuieres des valees des montaignes et des mers que ilz ont passees:et quant ilz rabatent de tout leur chemin ce qui en est fait:ilz prennent en leurs cueurs forces ⁊ allegẽces plus quilz nen auoient pour acomplir le remanant du labour et du chemin. Quant doncques ie remiroye en mon cueur les cas des maleureux nobles dont parauãt iauoye compte les hystoires:Je commencay a moy tresgrandement esmerueiller/⁊ mis ensemble les cas de tous ceulx dont ie auoye compte. Et par especial Je me esmerueillay p̃ quelles voyes ⁊ p̃ quelles causes soient cheuz du hault en bas les nobles hommes que Jay compte cy deuant et qui ont este ruez ius par fortune/pourtant il me sẽble ne scay se ie suis deceu que les nobles maleureux hommes dont iay cõpte le cas ont este ruez ius pour ce q̃lz auoient appele dame fortune contre eulx mesmes:ainsi comme le font p̃sque tous ceulx qui cheent par fortune Et par ce iay esprouue que vraye est la sentence dune fable que iadis ie oy compter en ieunesse:⁊ dont il me souuient et pource quil me semble q̃ celle fable fait assez proprement a ma p̃sente entencion ie la compteray de bõ ⁊ alegre couraige tandis que nous reposerons la fin de nostre second liure Pour lors que ie estoie ieune escolier estudiant a naples soubz vng maistre en astronomie appelle andal'du noir qui lors estoit homme noble en science ⁊ honnourable en meurs et ne de la cite de iannes et q̃ en publicques escoles enseignoit les mouuemens du ciel et les cours et influences des estoiles ⁊ planetes:ie par vng iour apperceu vne conclusion entre celles q̃ lisoit qui fut telle. Le ciel et les estoiles ne sont point a blasmer/pour les males fortunes qui aduiennent a lõme puis que lomme qui est cheu du hault au bas ait procure ⁊ quis le cas de sa male fortune. Si tost que andalusoupt ceste parole il qui estoit homme hatif combien quil fut ia viel respondy dun visaige ioyeulx:certes dit il ie vueil prouuer ceste conclusion p̃ vne fable tresanciẽne ⁊ de fait aucũs siens escoliers ⁊ ie mesmes priasmes et requismes ledit andalus quil nous racomptast celle fable ⁊ il comme paisible et de doulce nature commenca par vng langaige gracieulx ⁊ sage mẽt compose/ainsi comme cy apres sen sup̃t. Pourete dauenture se seoit au bout dun chemin sourchu en trois sẽtiers ⁊ estoit affublee dune coste pertuisee en cẽt lieux:elle auoit les sourcilz rebourciez cõme elle a de coustume et bien sembloit femme melencolieuse et pensiue a plusieurs choses: Or aduint que a celle mesme heure fortune qui par illec passoit getta ses yeulx en regardant pourete:et en piant passoit oultre son chemin. Adonc pourete se leua contre fortune:⁊ luy monstre moult rude ⁊ aspre chiere en disant telles parolles. Dy moy sote fortune pourquoy rioiestu quant nagaires tu passoies par deuant moy. Fortune qui eut la chiere ⁊ la parolle doulce ⁊ assez sonefue respondit a pourete. Je rys pour toy ⁊ non pour autre cause:car ie te vois chetiue ⁊ maigre plaine de durillons poigneuse et pale:qui ne es couuerte que a moitie dune flessoie faicte de tenues palleteaulx/tes ioues sẽblẽt estre a moitie rongees tant sont maigres . Tu dechassez les amistiez de tous les lieux ou tu entres: et si het chascun toy et les tiens. Tu faiz abbayer les chiens par tous les lieux ou tu entres. Et aussi ie ris pour toy qui maintenant demoures en vng lieu solitaire quant tu es aguillonnee de la plus grant disette que tu puisses auoir. Pourete forment fut courroucee pour les parolles que fortune luy dit: et tantq̄ pourete a peine se refraigny de batre tresbien fortune: et finablement elle luy respondist ainsi. Voicy fortune q̄ ainsi me laidenges: se tu veulx maintenir que ie soye en lestat ou ie suys par ton pourchas ie men deffendray par raison: ou par voye de fait : car certes ie ne suys pas venue en lestat que Je suys par ton pourchas: ains suis Icy par ma franche voulente / mais laissons de enquerir la cause pourquoy ie suys ainsi/ et parlons par escot: com̄bien que tu ayes le cuyr remply et mol p force de chair et de graisse : et ia soit q̄ tu ayes la couleur vermeile et riche robe de pourpre et grant troupeau de chāberieres: si esprouueray ie mes forces se tu veulx auecques toy en fait de luicte. Puisque fortune eut cesse de soy gaber et rire de lestat de pourete elle lui dit ainsi. Voiez dit elle com̄ent ceste meschante femme pourete a le couraige obstine et orguilleux: car Je lay ramenee a mendicite et a truandise qui est le dernier et le plus vil estat de toutes gens. et touteffois Je nay peu encores assez abesser son orgueil. si te iure et prometz hideuse pourete q̄ ressembles vne ymaige de sepulcre / que se tu ne refrains ta parolle Je te feray descendre en la parfonde abisme auec ton orgueil. Apres ce que fortune eut ainsi parle: pourete print en soy vng pou de ioye et leesse et dit telles parolles Se ie me combatz ou luicte contre fortune iay ia vne grant partie de la victoire. car ceste iangleresse est troublee et meue en couraige. et pourtant ie dis de rechief que se tu par auenture cuides que ie voise par flateries/ affin q̄ ie te adoulcisse enuers moy/ ie te respons que tu mens et se tu mens ceft selon ta coustume si te replicque quonq̄s tu ne ne me abessas/ car malgre toy iay renonce a toutes choses mōdaines de mon plat gre Je estoie serue a toy auant que ie renuncasse aux choses de ce monde mais apres ce que ie les ay renuncees ie suis deuenue franche. ie suis hors de tes lacs pour tant que iay delaissie tes dōs et tes richesses/ et cuidoye que tu me eusses plonge et abatu au parfont de la terre/ mais tu me esleuas en hault sans ce q̄ tu en sceusses riēs pour ce celui qui na ne ne veult auoir tes dons ne tes richesses/ il esliue sa pensee en considerāt les haultes choses aux quelles iamais il ne se donneroit sil seruoit a tes richesses mondaines. Tu doibs getter tes menasses aux roys princes qui quierent a grāt douleur les biens transitoires que tu donnes et les gardent en paour et si ont grant douleur a les prendre et laisser. Combien que Je ay le cuir vuide de chair et de sang/ neantmoins iay en moy si grant force de couraige et si grant hardiesse que non pas seullement Je ne tiens compte de tes menasses: mais ie cuide que ie te abatray ius a terre se tu commances luicter auec moy. Fortune adonc mal paciente et courroucee des parolles que pourete luy eut dites/ respondit en telle maniere. O pourete orde chose et la plus ville et infame des autres/ penses tu que ie esprouue mes forces en luictant auec toy: se ie te happe du petit dop de ma main ie te ietteray en tournoiant oultre les mōtaignes ripheees q̄ sont alētree dalemaigne p deuers septētriō et aussi se tu parles plus contre moy

Et adonc pourete luy dist. Je te prie fortune vse de bonnes parolles auec moy/ ie croy assez que tu faces grans et notables choses/ et ie q̄ estoye ioeu se et seure ay souuent veu les choses que tu comptes/ cestassauoir que tu abatoies a terre les geians: et si de sy mettoies les empereurs et les roys/ mais onc͞qs pourtāt ie nay eu doub-te ne paour de toy: mais toutes villenies et santises delaissees dy moy se tu veulz esprouuer auec moy le fait de luicte dont ie te auoie parle: et ne soies enuers moy desdaigneuse po² tant se tu froisse et abatz ius les em-pereurs et Roys: car Je fuz nourrisse de lempereur de Romme/ et si ne stoye vestue ne couuerte de meille²s vestemens que ie suis de present. fortune adonc presque desesperee respondit ainsi a pourete. Certes ce-ste femmelette par son orgueil et oul-trecuidance me fera enrager se Je ne luy monstre combien ce soit grāt cho se de moy courroucier. Dy moy dy pourete noble nourrice de lempire de Romme ie bien la toute preste a lui-cter contre toy. Dy moy o noble hercules par quelle maniere de batai le veulx tu monstrer ceste force et har diesse que tu as. Et pourete prompte ment respondist a fortune. Je n'ay es-cu ne lance ne heaume ne haubregon ne cheual pour combatre auec toy. mais se tu veulx ie venray vny de et despechee et apie ie luicteray sur terre plaine. Et en nostre luicte sera mise vne condicion: cestassauoir que celle de nous deux qui sera vaincqueresse/ mettra telle loy cōe elle aymera mi-eulx a celle qui demourra vaincue. Adonc fortune oyans ces parolles cō menca vng pou a rire et dit. Certaine mēt pourete ie scay que pour luicter contre moy tu vendras vuide et despe chee: car tu as ia pieca sait tes mau-uais habitz: Mais ie congnois assez q̄ tu ne les as mye laissees en garde es mains dun loyal hostellier: mais dy moy pourete quelz cheualiers seront regardeurs de nostre bataille: et quelz iuges aurons nous pour congnoistre et iuger a qui appartendra la victoire Et pource que tu as dit que nous se rons noz armez soubz la condicion de la loy dessusdicte. Je en oūltre te de mande ou quelz ostages ou quelz plei ges me donneras tu de payer les a-mendes/ ou les peines se tu enfrain-gnoies la condicion de la loy qui se-ra mise entre toy et moy: Car tu ne as hōme qui pour toy soit pleige ne ostaige/ et si nas aucune loy: car puis q̄ tu nas riens et ne veulx riens auoir tu es franche et exempte de toute loy: se tu enchees en lamende ou en la pei ne qui sera mise: Je te osteray se ie veuil les richesses du royaume dai-re/ ou le royaume du grant roy ale-xandre de macedoine/ ou ie conden-neray par vng banissement cōme tu soiez assez meschant sans paier aucu ne amende et sans estre bannie. Aus-si dy moy quelz garās me donneras tu de garder celle loy cōme tu soies si meschant et si vile que tu ne as au cun amy ne parēt. Adonc pourete re spondit. Tu cuides ia fortune obte-nir la victoire/ et encores ne es tu pas vainqueresse/ mais ie qui scay de cer tain que a moy aduiendra la victoire Je ne te demāde ne ostaiges ne plei-ges ne autre chose en ce lieu fors que tu me dōnes ta foy: combien quelle soit trespetite ou nulle: mais souffire te doit se ie te baille moy mesmes en chainee a tenir ferme prison puis que ie nay autre chose que moy mesmes fortune adonc rist plus fort que de uant et dist a pourete. Se doncques ie te vainquoye en bataille ou en luicte il conuiendroit que ie te menasse en triumphe deuant mon chariot: et se ie te garderoie enchainee en prison: ie

ne gaigneroye a toy ainsi auoir / fors
que a mes despẽs: car tu saouleroies
ton Ventre qui meurt de fain: et si Peplivoies ta peau qui est Vuide de chair
et de sang. Je ay Vse auec toy dung
grant tas de paroles: et si ne scay pour
quoy mais pis auras: Car ie te feray
escorcher par le grant chien orchus a
pres que ie te auray Vaincue et occie.
Adonc fortune se eslance en courant
sus a pourete affin quelle luy mist la
main sur la teste et quelle labatist ius
ques au milieu de la terre/ mais pourete comme apperte et despeschee de
membres sprint et embrassa fortune a
bons bras et la tourna et Peuira longuement enlair: tant que pour la gra
ce delle elle fut estourdie et finablemẽt
elle fut acrauentee et cheyt toute pa
mee a terre. Pourete doncques qui
eust le genoil agu foula la poictrine
de fortune: et lui mist lun de ses piez
sur la gorge et lui serra forment. Pourete se porta si Vigueureusement ql
le ne laissa fortune reprendre son alat
ne: combien que elle sefforcast de soy
leuer dessus iusques a ce quelle confessa quelle estoit Vaincue et abatue
a terre et du tout desconfite et quelle
afferma par soy et serment quelle garderoit bien et entierement la loy qui
lui seroit donnee. Apres ceste luicte
pourete qui eut desconfist fortune se
leua en piez/ et par courtoisie elle souffrit que fortune se reposast Vng peu:
et puys lui dist. Tu Vois maintenãt
fortune par Vraye experience/ quelle
soit ma force et combien ie suys puissante contre toy: Si te prie que doresenauant quãt tu Verras aucune pt
que tu te Piez et te mocques de moy
plus cautement que tu ne feiz nagaires ou se non tu seras batue et chastiee comme tu as este: Et ainsi com
me tu as approuue ma force / et mon
pouc̃r. Aussi Vueil ie que tu esprouues combien ie soye debonnaire en

uers toy combien que tu ne ayes paſ
desserui ma debonnairete ne la douceur de moy: et saichez que auãt que
ie luictasse contre toy ie auoie entencion se ie te desconfioye en luicte ou
autrement que ie troysseroye la Poe
et la puissãce par quoy tu te ioues des
estatz de ce monde: et que ie te oste
roy toute dignite et office: mais ie ay
pitie et mercy de toy: et Vueil seullement que tu gardes la loy telle com
me ie la mettray: Car puisques il a
semble a la folle oppinion des poetes et philosophes anciens que les dieux ayent mis en ta franche Voulente le bon heur et le mal heur. Je Vueil
oster la meitie de ta seignaurie q̃ me
semble si grant que plus ne pourroit
estre: si te commande fortune que en
aucun lieu publique et tel que chacũ
puisse Veoir tu lyes et ataiches malheur a Vne coulõne / ou a Vng fort
pieu: Affin que dorsenauant malheur ne puisse entrer en lostel de quelconque personne et que malheur aussi ne se puisse partir de la coulonne /
ou du pieu / sinon auec celluy qui le
detaichera / mais ie Vueil que tu puisses enuoyer le bon heur en lostel / de
quiconques tu Vouldras: et apres ce
que tu auras parfait et acomply ceste
loy et ceste condicion ie Vueil que tu
soyes franche et hors de mon pouoir.
Or escoutez icy dire Vne chose Veritable et qui est merueilleuse: Car les
anciens dient que fortune garda sa
foy et acomplist sa promesse a poureté: et oncques mais ne lauoit fait par
auant: et si ne leust point fait ou tẽps
aduenir se ne fust ceste condicion de
la loy que pourete lui mist car fortune ne laissa malheur attachie a Vng
pieu pour ceulx tant seullement qui
apres le destiroient. Je ore sendroit retourneray a Vous mes tres bons iouuenceaulx escoliers et selon mes parolles Vous pouez moult bien appar
f2 ii

ceuoir la conclusion que parauant vo9 comme sages deistes: car elle est assez esprouuee par lancienne fable que ie vous ay comptee: et ceulx qui louy‑ rent compter la reputerent notable (et sollennelle (et en firent ioye et feste et aussi ie pense que elle soit agreable et plaisante se nous voulons voyr (et con‑ siderer es yeulx de nostre entendemēt les manieres des hommes (et les iuge‑ mens de dieu. Ceulx doncques qui du pied ont desjpe malheur crient et pleurent si fort a lenuiron de moy que ilz me font retourner au labour de cō‑ pter (et escripre leur cas.

Le secōd chapitre contient les cas de tulli9 hostili9 de an‑ cus (et de tarquin iadis roys de rōme nobles maleureux abatuz p fortune. Et com‑ mēce ou lati Erit aim9 (et c.

Pres le compte de ceste fable ie auoye entencion de retour‑ ner aux hystoires qui contiē‑ nent les cas daucuns maleureux no‑ bles du pays de asie. mais les haultz cris et les pleurs daucuns maleu‑ reux nobles italians me rapellent a escripre leur cas contre ma voulente si sachez doncques que iusques au temps de tullius hostillius roy de romme le peuple de ytalie auoit este presque tousiours en paix et repos/ car les italiens estoient encores ru‑ des et nouueaulx habitans /et enco‑ res auoient ilz frāches (et legieres cou uoitises sur les choses mondaines / mais depuis que les roys ytaliens (et

autres vindrent a la couuoitise de haulser leurs estatz et de amplire les mettes de leurs seigneuries ilz com‑ mencerent a les muer par les trebu‑ chez de fortune qui les destorcha du treshault au tresbas. Adonc commē‑ cerent les roys et autres seigneurs: cheoir es douleurs que ilz nauoient encores sentues ne esprouuees et ain si comme le feu semble plus chault / a vng pescheur quil ne semble a vng feure/ aussi la douleur et angoisse au commencement fut plus dure a ce‑ luy qui pas ne lauoit esprouuee que a celui qui ia estoit endurcy a souffrir et combien que la playe dont fortune blessa les premiers roys feust petite pource quilz auoient lors petis (et mei gres royaumes/ toutesfoie le cry de ceulx que fortune naura au commen cement fut greigneur quil na este de puys que les princes eurent acoustu me les maleurtez de fortune. Apres doncques que ie eu fine la fable du debat de pourete et de fortune ie en‑ tendis le cry de tulius hostilius roy des rommains qui griefuement se complaingnoit de fortune. Cestuy tullius fut nepueu dun trespreu che‑ ualier nomme hostili9 qui auoit eue vne bataille contre les sabinois qui comme ennemis prindrent et occupe rent par bataille le capitole de rom‑ me. Ou temps de romulus fonde² et premier roy des rommains les sa binoise en eulx vengāt de liniure que romulus leur fist quant il rauit les femmes sabinoistes firent apre ba‑ taille/ en laqlle mourut hostilius on‑ cle du roy tulius pour la deffence de la tour du capitole. Apres plusieurs victoires tullius derrenierement dēf confist les sabinois: et apres ce il qui estoit homme batailleret fut surpris de maladie si tresfort que son corps/ (et les esperitz fors (et cruelz furent ensē ble destroissez et failliz: Et il qui par

auant reputoit chose indigne / de sad
uenante aux Roys de sacrifier aux di
eux et de entendre au fait de religion
il soudainement se adonna a toutes
les grans supersticions dont les rom
mains vsoient et si suracreut les ce/
rimonies de religion: car adonc les ro
mains desirans recouurer et auoir le
stat du temps de paix qui auoit este
pour le temps de nimia second roy de
romme disoient communement que
pour guerir les maladies des corps:
par especial du roy tulius: le seul re
mede estoit crier mercy aux dieux et
impetrer leur grace. Tulius doncques
cuidant alleger ou oster la souffrance
et douleur de sa maladie demanda
les liures du roy nimia / puis qu men
ca a lire aucuns des liures que ledit
roy auoit ordonnez et escriptz touchāt
la religion et les cerimonies des sa/
crifices des dieux: et come il eut trou
ue en ces liures aucuns sacrifices cai
chez et obscurs appartenans a leur di
eu iupiter: le roy tulius se destourna
en secret et se mist a faire vng de ses
sacrifices: mais pour ce que tulius ne
feist pas le sacrifice / selon la droicte
maniere: ou que a le faire Il ne meist
pas diligence telle comme il deuoit
Tullius en sacrifiant ne perceut au
cun signe du ciel: ainsi comme il auoit
este de coustume a ceulx qui deumt
sacrifioient: Et tantost apres Il fust
arz du feu qui du ciel descendit auec
son palaiz. et tous ses dieux priuez.
Et ainsi fina la grant gloire de son
nom et delaissa sa cite acreue de tri
umphes de honneurs de richesses et
de peuple. Apres ce quil eut regne a
Romme par trente deux ans. Je cuy
se escoute les complaintes au roy tu
lius plus longuemēt ce ne fut la prie
re que me fist lancien tarquin qui en
clina mon couraige a descripre son
cas. Apres la mort de tullius tiers
Roy de romme Regna ancus esleu

fueillet lxxi

en Roy par le consentement du peu
ple: et principalement des senateurs
de romme. Cestui ancus fut nepueu
de nimia second Roy des rommais
et filz dune sienne niepce. Ancus eut
vne femme appellee Tanasquil du
pays de toscanne: et du lignaige des
tarquins noble et de grant lieu. An
cus comme Roy bon et religieux re
mist sus les cerimonies et sacrifices:
ordonnez de par le Roy nimia. qui du
temps de tullius hostillius auoient
este entrerompuz et delaissez: et com
bien que ancus fut ententif aux sacri
fices et cerimonies de la religion pa
yenne / Neantmoins fut Il preux: et
batdillerent. Car apres ce que les latins
qui par auant se estoient allyez / aux
rommains rompirent les allian/
ces: Le Roy ancus vsant du conseil
et du consentement du peuple / et
des senateurs feist crier la bataille
contre les latins: et a forces darmes
Ancus print et desconfist politaire /
vne cite des latins: Et les citoiens
dicelle transporta en la cite de rom
me. il agrādist le terroer du royaume
iusques a lamer en quoy chiet la Riuiere
du thibre: Et apres dilec edifia vne
cite que len appelle ostie. Or aduint
que Regnant le Roy ancus a romme
vint vng homme diligent / et puis
sant en richesses appelle lucinus / en
entencion et en esperance principalle
ment de acquerir grant honneur / et
dignite: Et pource que lucinus ne
estoit pas de la nacion de romme /
il ne pouoit acquerir illec la dignite
royalle. Car lucinus estoit filz de
Demoratus vng bon marchant / de
la cite de Corinthe en grece: Qui
pour les dissencions du pays se en
estoit fouyz et retraict dauenture /
auecques vng lignaige de toscaine:
appelle les tarquins: Si print en ma
riage lucius vne femme dillec apel
lee tanasquil dont il eut deux enfans

k iii

cestaſſauoir lucius et arrius. Ceſtui lucius ſuruesquiſt et fut heritier apꝰ la mort de ſon pere ⁊ arrius mourut auant la mort de ſon dit pere: mais arrius laiſſa vne ſienne femme enſeinte denfant et ne veſquiſt gueres lucius apres la mort de arrius ſon filz ſecond: et luciusa qui point ne ſouuenoit que ſa bruz femme de ſon filz arrius fut groſſe ou non il ne fiſt en ſon teſtament aucune mencion de ſon fi laſtre a naiſtre: et pource quant il fut ne on luy miſt nom egerius. ceſtadire poure ⁊ diſeteux de toutes choſes: et par ainſi luciꝰ qui apreſent nom tarquin eut toutes les richeſſes et la ſucceſſion de lucius ſonpere. Et certain eſt que des lors les richeſſes rendoient les hommes courageux et hardis et par ainſi lucius print en ſoy courage de venir a honneur ⁊ a eſtat de roy, vne choſe lui acreut le hardement, ceſtaſſauoir que il print en mariage/ comme dit eſt vne femme de toſcaine/ nommee tanaſquil de grant ⁊ hault lignage. Ceſte tanaſquil conſiderant que les toſcaines deſpriſoient ſon mary lucius pource quil eſtoit forbanny ⁊ eſtrangier: elle qui ne queroit fors ꝗ il veniſt a grant honneur: ſi print conſeil auec les tarquinois ſes parens de venir demourer dedens rome pour ce que lors illec eſtoit le peuple nouuel et rude: et qui ſoudainement reputoit vng homme noble puys quil feuſt riche fort ⁊ preu de ſa perſonne. A ceſtuy enhortement de tanaſquil ſe conſentiſt legierement lucius ſon mary côe celluy qui moult eſtoit couuoiteux de honneurs: et qui de par ſa mere eſtoit du pays des tarquins. Or aduint que ainſi comme lucius ſedoit auec ſa femme tanaſquil ſur vng chariot vng aigle vint de lair hault qui doulcement luy oſta le chapeau quil portoit ſur ſa teſte. Et apres celle meſme aigle voletant a grant bruyt a lenuiron du chariot remiſt gentement le chapeau ſur la teſte de luciꝰ et apres ſen vola en hault. Tanaſꝗl fut fort ioyeuſe: et reputa celle aduenture pour vray augurement: car elle eſtoit bien apprinſe en la ſcience de deuiner les choſes aduenir par le maintien des oyſeaulx. Si partirent lucius et tanaſquil du mont Janiculus empres Romme ou quel ilz demouroient et vindrent a Romme et acheterent vng hoſtel: Et adonc Lucius ſe fiſt appeller lancien tarquin. Ceſtuy tarquin pour la nouuellete de ſoy fut reputé noble entre les Rommains: et auſſi pour ſes richeſſes il ſe faiſoit valoir par bel et doulx parler par preſenter ſa grace et courtoiſie et par abandonner ſes choſes a ceulx de Romme: et tant fiſt ceſtuy tarquin ꝗ il vint en brief temps en lamiſtie ⁊ cognoiſſance du roy ancus qui lors regnoit a romme: et fut moult familier de lui: et ſe apella aux conſeilz publicques et priuez touchans quelconques beſoingnes: Et tant auint que tarquin iut ſaige et expert en toutes les beſongnes du royaume: et combien que le roy ancus ne fut pas moindre p oeuure ⁊ p gloire acquiſe en tẽps de paix ⁊ de guerre ne que auoiẽt eſte les autres roys de Romme: toutesfoiz ancus finablemẽt fut occis par le cõſeil de tanaſquil la femme de lancien tarquin. Apres ce que ancus euſt regne xxiiii. ans roy de romme: et quil fut occis ſes enfans eſtoient pres de laage de puberte qui eſt aps xiiii. ans Et pource tarquin eſtoit plꝰ ſogneux enuers les rommains que ilz feiſſent leurs comities: Ceſt adire les aſſemblees du peuple et des ſenateurs pour eſlire le roy de romme ⁊ aſſez toſt aps ꝗ le iour fut aſſigne de faire lelection du roy tarquin qui couuoitoit auoir le royaume de romme apres quil eut attraict a ſa faueur les couraiges/

du peuple par gracieux parlers / Il obtint du consentement du peuple le royaume de romme. Il fist grans (tru des batailles contre les anciens latins et a force darmes print une de leurs forteresses nommee aproles: il acreut les ieulz que len faisoit aux dieux: & aussi fist il les tournois & les ioustes: & feist lieux solennelz pour regarder les ieux: & si ordonna et acreut les tauernes publiques. Tarquin ǵmenca a ceindre Rome de plus fors & plus haulz murs quilz nestoient parauāt: mais les sabinois les ennemis de rōme luy firent grās & fors assaulx soudains et despourueuz en tant que ilz eurent passe la riuiere de amene em pres Romme auant que les Romains leur peussent uenir a lencontre. Le Roy tarquin & son ost se combatist contre eulx tant que les sabinois furent contrains de retourner en leurs tentes: & finablement tarquin en une autre bataille desconfist les sabinois & les mist en sa subiection, & apres la bataille des sabinois parfaicte tarquin reuint a romme auec plain & solennel triumphe: & depuis meut la guerre contre les anciens latins (sans assembler les peuples en bataille: le roy tarquin desconfist & subiuga les latins & print toutes leurs forteresses. Et apres ce le roy tarquin recomen ca a acomplir la fermete des murs de Romme que il auoit delaissie pour entendre a la guerre des sabinois.

Tarquin besongna tellement en la croissement des choses publicques de Romme que le peuple estoit pareillement occupe en celui temps de paix cōme il auoit pauāt este en tēps de guerre. Par grant & continuel trauail de entreprēdre haultes & puissātes choses lhōe cuide soy esleuer au ciel: mais aucunesfois est cause de pdre soy mesme, & la chose qui couuoite po'tāt dy ce. Car

lancié tarquin estoit uenu a la dignite royale tāt p le faulx moyē de sa femme tanasql q lui oseilla la maniere de tuer le roy ancus cōe p le grant & cōtinuel labo' de lui il fina miserablemēt sa uie: car ou tēps de son regne uiuoient encores deux enfās de ancu' quart roy de rōme: q estoiēt mal contēs (ãdignes po'ce q lancien tarquin cōe dit est filz dun hōe ignoble fuitif & estranger seignourioit a rōme/ & si estoit la chose disposee au pir: car la royne tanasquil auoit nourri ung ieune filz nōme seruius tulius q estoit filz dun hōe serf q lancien tarqn pauāt print & mist en seruaige selon le droit des batailles. Ceste royne tanasquil faisoit nourrir en son hostel ledit enfant seruius tuli' laqlle po' lors q il gesoit ou berseau auisa & cōgneut q sur la teste de lenfant ardoit ung brandon de feu sans ce q̃ lui messeist aucunemēt. les uarletz de lostel royal doubtans q ce brandon ne nupsist a lenfant sefforcerent de lestaindre mais la royne voulāt veoir la pdige deffēdist q aucu ne lestaignist & finablement aps ce q lenfant fut esueille & que le feu fut depty de sur le chief de lenfāt la royne en exposant la signifiance du pdige dist au roy la chose ainsi cōe aps elle auit cestassauoir que lenfant seruius tulius ou temps aduenir seroit Roy de romme, & que il secourroit le Roy tarquin & les siens ou temps de leur affliction, & meschief. Les deux iouuenceaulx doncq̃s enfās du roy ancus de boutez & fourclos du royaume de Rōme par le barat de tarquin adonc les curateur, & tuteur ordonnerent entre eulx que par uoye de fait ilz uen geroient la uillennie: et le tort que fait leur auoit tarquin / si appresterent espies contre luy et appointerent auec deux bergiers trescruelz et oultrageux que ilz occiroient tarquin. Les
s iiii

Deux bergiers scauoient moult bien vser et combatre de coingnees et de houes de besches de picques et de autres ferremens villaines: si vindrent es galeries du palaiz royal en faisant tresgrant noise question et debat de aucune chose. Tous les sergans du Roy Tegardans et oyans ces deux bergiers se retournerent deuers eulx pour les veoir et oyr rioter et debatre. Soubzvmbre et couleur de complaicte ilz appelloient le roy et Requeroient venir en sa presence/et tant aduint q̃ leur cry et leur noise vint Jusques en la salle du roy tarquin qui lors les fist hucher et venir deuant soy: adonc ilz commencerent a crier et tanser lun contre lautre: et lors furent ilz appellez et pmādemēt ratēp̃ le bourreau de conter deuant le Roy et dire la cause de leur debat: et adōc ilz cesserēt de villener lun lautre. si cōmenca lun deulx a cōpter vne chose que par acord ilz auoient fait ilz auoient ordonne entre eulx. Le roy qui lors auoit de coustume de ouir les debatz et querelles de son peuple et de y pourueoir p iustice/ se adonna du tout a escouter la q̃relle du bergier. Et adonc lautre qui en sa main tenoit vne coignee/la leua hault et la destent sur la teste du Roy et tant lui fist grant plaie quil lui mist tout le fer et si lessa le manche/p ainsi tarquin qui par sō propre barat auoit forclos et debouté du royaume de Rōme les enfans du roy ancus. Jcelluy mesme tarquin par la cōpensacion du barat de iceulx enfans fut villainement occis et priue dudit Royaulme mais en delaissant a tant le compte des miserables cas des nobles dessuf ditz: Je vueil venir aux complaintes les plus griefues: et racompter le cas du Roy tarquin lorguilleux et de la cruaulte de sa femme tullia: et aussi le grief crime et le grant oultrage de son filz tarquin sizieme dont son pere et luy furent iustement et aigrement puniz et tant que la franchise du peuple rommain par ce luy fut rendue et les roys furent tousiours dillec deboutez.

Le tiers chapitre cōtient le cas de tarquin lorgueileux septiesme et dernier roy des rōmains. et ple de tulia sa desloyale fēme. Et commence ou latin tarquino quidem prisco. &c.

Ancien tarquin cinquiesme roy de romme dont iay tantost en brief cōpte le cas euft deux enfans/cestassauoir arrius et tarquin surnomme lucius Les deux enfans apres la mort de leur pere estoient moindre daage: et nul diceulx enfans ne succeda au Royaulme aps la mort de leur pere lancien Tarquin/ mais seruius tulius de quoy ou chapitre precedant est faicte mencion fut institue roy de romme et apres ce que arrius et tarquin furent en barnys et p creux la royne tanasquil les maria a deux filles quelle auoit: cestassauoir tullia lainsnee et tullia la mainsnee/ et ainsi comme les manieres et lescōplexions de arrius et tarquin furent differens et diuerses entre eulx: aussi furent les condicions et manieres de leurs deux femmes. Le Jouuenceau arrius qui naturellement fut doulx et debōnaire eut a fēme laisnee tullia tres puerse et mauuaise en couraige: et au cōtraire luci⁹ tarquin iouuēceau de cruel et mauuais couraige eut espouse la ieune tullia fēme siple et bōnaire et aī si cōme lainee tullia puerse et orguileuse

estoit mal cōtente et īdignee poᵘ la debonnairete de son mary arrius ⁊ poᵘ
la simplesse de sa seur tullia la ieune
Il aduit que arrius et tullia la ieune
mouru̱rent. apres la mort desquel₃ lu
cius tarquin print a femme lainsnee
tullia sās ce que son pere seruius approuuast le mariage. combien quil si
cōsentist. Ceste tullia comm e dit ist
femme de mauuais affaire. et qui auoit desdaing que son mary tarqn ne
estoit roy de rōme oppressa et mena
a tant son mary qui aussi estoit cruel
et desloyal quil espia couenable te̱ de
temps. et entra en la court du roy ser
uius ia vieil. et appella les senateurs
a soy. et mōta sur le siege royal en iugant les causes du peuple et ordōnāt
des choses a maniere de roy. ⁊ le vieil
roy seru' oyāt ceste entreprinse māda ses amys pour luy ayder. et vint
auec eulx a la court du palais. Adōc
tarquin getta hors ledit seruius ⁊ les
siens. et puis fut cruellement occis
sur le chemin en retournāt du palais
Apres lequel ainsi mort tarqn obtint
le royaume de rōme par le commāde
mēt du peuple ⁊ des senateurs. Laisnee tullia comme cruelle femme ne
peut celer ne couurir le cruel messait
de son mary tarquin. car elle ioyeuse
et esbaudie vit la premiere au palais
royal sur vng cheriot et salua son mary comme roy. ⁊ cōme ceste tullia retournāt en la maison se ist cōgneut
le roy seruius son pere mauuaiseme̱t
occis. et gisant mort ou meillieu du
chemin. elle blasma le charretier poᵘ
ce quil se esbaissoit ⁊ auoit honneur en
soy pour la cruelle mort dudit roy ser
uius. et pource que il destournoit son
cheriot affin q̃ les cheuaux ne le chari
ot ne marchassent sur le corps. et ap̃s
ce que tullia despitant le corps de son
pere eut commande au charretier q̃l
fist desmarcher le corps tant par les
piez des cheuaulx come par les roues

du chariot. elle sen alla ou son propos
la menoit. Apres doncq̃s que par desloyaulte tarquin eut acquis ⁊ cōtenu
le royaume de rōme. Il se porta tellement en la nouueaulte enuers les se
nateurs et les autres et aussi enuers
le peuple que de legier il acquist le sur
nō de orgueilleux. p̃ lexcessif orgueil
quil print en son couraige qui fut cau
se de son destrochement. affin quil appa
rust clerement que chascun de slype cō
tre soy le maleur du pie ou il est attache. et affin que les fins de tarqn aussi
fussent telles cōme furent les cōmen
cemens par quoy il vint au royaume
de rōme. Et combien que tarqn semblast moult orgueilleux. toutessois il
fist plusieurs ouurages en son priue
hostel ⁊ aillieurs en accroissant son estat royal. ⁊ celuy de rōme. car en son
hostel il edifia coustageusement a ses
dieux plusieurs temples. aux ꝗuel₃
auoyent eue deuotion les autres de
rōme qui auant luy regnerent. Seblablement il edifia vng grant capitolle a rōme ⁊ chambres coyes cōmunes. Et fist edifier aucuns ouurages
soubtil₃ ⁊ beaux pour la magnificen
ce de la cite de rōme. Il eut lignee de
sa femme par quoy il sembloit auoir
esperāce dauoir successeur au royaume. nōobstāt ses bieneuretez toutesfois de tant cōme aucun est en plus
hault estat. de entretant est il pl' prochain de trebucher en bas. fortune
doncq̃s portant mal paciemment lorgueil de tarquin apparella vng lac
contre luy dont il ne se gardoit pas.
Le roy tarquin qui de toutes forces
couuoitoit subiuguer vne cite de puille appelle ardee. pource principallemēt que illec estoient grans richesses
Et poᵘ icelle cite faire tributaire aux
rōmains. tarquin auec son ost y alla
mettre le siege qui longuemēt y fut
mis sans ce que la cite fut prinse. Du
rant doncq̃s le siege des iouuēceaux

du lignaige royal se assemblerēt poursouper es pauillons. Et finablemēt apres ce que les viandes & vins furēt ostez de deuant eulx. Ilz mouillez et yures de plusieurs vins & eschauffez de viandes cōmencerent d'auēture a parler de la chastete de leurs femmes en soy ventant chascun q'il auoit la meilleure et la plus chaste femme chacun mettoit la sienne deuāt les autres selon leur parlement. Les ieunes maris pour esprouuer de fait ce qu'ilz sauoient dit monterent secretemēt sur leurs cheuaulx sans long aduis acōpaignez de leurs gēs. si sen alla veoir chacun sa femme & fut dit entre eulx que celle seroit mise sur les autres q seroit trouuee ententiue et occupee a plus louable & plus honneste mestier Les iouuenceaulx mariez venuz en leurs hostez a rōme trouuerēt les gētilz femmes faisans ieux festes et autres esbatemēs en vng chasteau pres de rōme appelle collace. mais ilz trouuerēt lucrece bien embesongnee qui veilloit auec ses chamberieres et filoit de la laine au fuseau pour faire draps a fournir sō hostel. Les ieunes mariez entre eulx iugerent & a droit q lucrece estoit plus a recommander et plus louable. par ce quelle auoit este trouuee fillant de la laine & besōgnāt que les autres trouuees en oysiue vanite. dont il aduint q la chaste lucrece a consupui cruel et dur sallaire pour cause de sa vertu et bonte. car la prinuee et singuliere beaute de lucrece sans aucūe ayde de attours fors que de honnestete eut telle puissance et si grant auisemēt quelle surprint & embrasa la corrūpue & mauuaise pensee de tarquin le filz du roy. & cōstraignit son couraige muable et flotant en si grant exces de chaleur. que lucrece attrep le iouuēceau en l'amour d'elle. Iasoitce quelle ny pensast en riens. & fut le iouuenceau esguillonne & poīt des orties de luxure mauldicte. Et apres pou de iours sās le sceu d'aucun hōme cestuy ieune tarquin cōme parent du mary de lucrece vint & fut receu oudit chasteau & collace. & la tres chaste lucrece le receut cōe hoste courtoisement et luy fist tout honneur & seruice sans aucun soupecō. Le iouuenceau soubtil et malicieux durant le temps du souper aduisa toute lordonnance de l'ostel de lucrece. & apres le souper et que la parfōde nuyt fut venue. & que la mesgnie de l'ostel fut cōye et appaisee. le iouuēceau entra en la chambre et vint a la couche de lucrece ia dormante. & apres baisa la dame et print entier plaisir en elle p violence et force. combien quelle resistast a luy pour paour de pechie & de diffame. et nōpas que elle doubtast la mort. Iasoitce q le ribault la menassast de occire a l'espee toute nue mise a sa gorge. Apres ce que le iouuēceau eut fait tout son desir ou corps de lucrece sans auoir corrumpu sa pensee il se partit ioyeux de sa chambre & du chasteau. Lucrece donc ayant en soy remort de conscience pour ce q la chastete de son corps auoit este corrūpue elle ne peut endurer ne souffrir si grāt mesfait sans en auoir vengence. si appella et assembla ses mari parens & amys de toutes pars. et leur compta ouuertement la violence et iniure q il luy auoit este faicte en leur disant ainsi. Pource que ie lucresse suis femme et espouse qui par loy de mariage suis subgette a la puissance & seigneurie de toy collatin mon loyal et tres ame espoux. Ie ne vueil & ne puis mouuoir quelcōque action ne querelle pour iniure faicte en cestuy corps qui est et tien et mien. et presque quil nest pas mien. car toy q es mon espoux tu es le chief et seigneur de mon corps. et compagnon de mes doulces & ameres fortunes. Iay delibere comme fē

fueillet lxix

me troublee pour iuste cause qui principalement te touche que ie raconteray sans poliz mon langaige le cas de liniure meslee et violence faicte et commise en mon corps et se tien. quar quoy entre toy et moy ceste querelle est comune. Drap est collatin mon loyal et tresame espoux et vous mes tres chiers pares et amys que depuis pou de temps le filz du roy tarquin vint ou chasteau de collace ou ie stoye adonc qui filloie de la laine ou fuseau auec mes chamberieres et qui fors ne pouoie aucun precieux ne singulier ato^2 ie delaissay louurage en quoy ie stoye si me leuay alencontre de luy. et en le saluant ie me enclinay enuers luy pensant quil eust ou cueur telle paix et tel amour côme il monstroit en visaige. Je cognoissoie le iouenceau estre nostre parent et filz de nostre roy. si le receu benignemēt et au mieux que ie peuz auec tel honneur et seruice comme il me sembloit deuoir appartenir de moindre a plus grant et dāuy a autre. Je luy administray par moy et par mes seruās toutes necessitez dues et appartenātes selon honnestete. Je fiz enuers sa psonne tout ce que ie peu faire sauue lonneur de moy et de ma renōmee sans luy donner quelcōque occasion de souspecon mauuaise et ce ie ne dy mye pour moy recōmāder de vertu. car les dieux scauent se ie compte verite et si le monstreray p deuant vous en executant ce que iay propose. Cestuy filz de roy en qui ie esperoie toute honnestete en euure et noblesse et encouraige malicieusemēt aduisa les lieux particuliers de lostel Et apres quil fut retrait en sa chambre et couchie sur son lit. Il en pēsant de ramener a euure sa voulente corrōpue et villaine retarda et attēdit iusques a la parfōde nupt et que toutes les choses de lostel furent assegrisees et coyes et apres saillit de son lit et partit de sa chambre. si vint copemēt en la mienne et au lit ou ie gisoye endormie. O vous bons dieux et hommes le filz du roy auec qui ie deuoie estre seure. par qui ie deuoie estre gardee et deffendue destranges oppressions et oultrages. qui par la puissanre a luy dōnee du peuple me deuoit punir en faisant contre les loix. et neantmoins cestuy mesme filz de roy ma tollu la seurete que iauoye. Il ma fait oppression et oultrage. il a enuers moy corrūpu lauctorite des loix ciuiles et naturelles. Il qui en sa main dextre tenoit vne espee nue et mist sa senestre main sur ma poictrie. puis a force me baisa et me requist de pechie fort et a grant instance. mais ie luy reffusay et le scondis comme celle qui pour riens ne voulsist ne consentir ne penser a si grant meffait et oultrage. et po^2 mettre mon cueur en si grant et si estroicte perplexite cōme de encourir ou honteux diffame au peril de mort cruelle Jl me dist en menassant doccire quil mettroit vng sien varlet en ma chābre lequel il occiroit pareillemēt auec moy. et publieroit par tout ql auroit trouue couchie auec moy. et pource nous auroit tuez tous deux. Je femme seulle et mise en ceste pplexite ne consenti point aux desirs dicelluy qui si estroittement me menassoit/ ou de mort ou de diffame equipollente a la mort. mais le filz du roy continuant contre moy sa violence et son effort a la fin me congneut et corrūpit la chastete de mon corps et nō pas ma pēsee Nous fusmes deux qui commismes adultere. Jl le commist par mafeste violence. et ie le cōmis par secret consentement mesle daucun pou de delectation cachee a quoy il fut cōstraict mon corps qui est cōme iay dit comū entre toy et moy. si point et si mort le ver de conscience et tant que mal gre moy ie confesse que ie ne suis plus di gne destre appellee espouse de collatine de regarder le ciel lup sãt. ne d'vser de la doulce lumiere de vie. ne destre nombree entre les nobles dames de collace. si te requiers mõ loyal et tresame espoux. et vous mes treschiers parẽs et amys que ceste cruelle iniure et cestuy desloyal crime ne demoure point sans estre vengie et puny tellement que il soit perpetuel exemple aux princes du monde et aux autres qui tellement pecherõt. et se aucunement cestuy crime me touche dont ie me croy estre pure et innocente p deuant vous sans autre iuge ien prens la punition se parauanture ien suis reputee coulpable enuers les dieux. Apres ce que les parens et amys de lucrece luy eurent promis de vẽgier et punir liniure a elle faicte par le filz du roy tarquin elle secretemẽt saicha vng cousteau q̃lle portoit mucie dessoubz sa robe et se frappa si durement en la poitrine voyant tous ses amys q̃ du coup du cousteau elle fist si large et si parfonde playe quelle tumba morte. Et par sa mort elle nettoya le vice de son corps qui par violence auoit este corrumpu. Lucrece en soy frappãt du cousteau fist deux choses. lune. car par son sang cler ⁊ innocent qui saillit de sa playe tresparfonde se donna la mort. lautre chose fut quelle donna la vie et si resuscita la franchise du peuple et de la chose publicq̃ de rõme. car depuis que Junius brutꝰ serourge de lucrece eut tire hors de la playe le cousteau. ledit brutus ⁊ lucretius le pere et collatin le mari de ceste lucrece assemblerent a conseil ⁊ a parlement tout le peuple de collace ⁊ de rõme. et leurs mõstrerẽt les amys de lucrece le desloyal et horrible mesfait. Et entre eulx accorderent quilz enhorteroyent le peuple a crier et demander frãchise telle cõme ilz auoiẽt deuãt le temps des roys. Ainsi com

ces choses se appointerent a romme le filz du roy vint et fut receu es pauillõs de son pere qui encores estoiẽt au siege d'ardee la cite. ⁊ apres ce q̃ le meffait fut congneu tant a romme comme entre ceulx du siege. et tant q̃ le peuple eut pour soy crie et demãde franchise. et les portes de rõme furẽt closes et fermees contre le roy tarquĩ escumant de courroux et menassant le peuple quãt il retourna a romme. par ainsi tarquin qui cuydoit conquester par bataille ardee la riche cite de pueille il perdit la noble cite et le royaume de romme par le meffait et delict de son filz. Et fut tourne lancien prouerbe au contraire. car sixte tarqn̄ filz du roy mẽga grapes aigres ⁊ malmeures ⁊ les dentz de son pere tarqn̄ lorgueilleux en õt este assees. ce ditte q̃ le roy tarquin lorgueilleux a este puny pour le peche de son filz. cõbien que lancien prouerbe dit que dieu tẽporellemẽt punyt les enfans disrael pour les pechez de leurs peres. Ainsi doncq̃s se porterẽt les choses enuers le roy tarquin qui fut priue de son royaume et desmis en l'ost dont il auoit la conduyte. et fut contrainct de soy enfouyr en exil auec toute sa famille restassauoir tous ceulx qui estoiẽt du lignaige de tarquin. mais len ne troue pas en hystoires quelzconques ou a la royne tullia mauldicte ⁊ desloyala femme du roy tarqn̄. mais certain est que tarquin le filz du roy se retrahit par deuers vne gẽt de italie appellee les sabiniẽs. desquelz parauant il en auoit barate les aucũs. et aucũs aussi il auoit occis sans lauoir desserui. Et pource quãt ilz congneurent q̃ son pere et luy estoyẽt dechassez de rõme les sabiniens le tuerent. et depuis que le roy tarquin fut banny et priue il sefforsa de recouurer le royaume par barat et par force dont il vint a male fin. car apres quil eut assẽble fueillet lxx

ses effors contre les romains il se mist en bataille auec layde de ses amys les toscains et de porsenna roy des clusinois et aussi des latins qui tous sefforcerent par toutes voyes de remettre tarquin en son royaume. mais apres que toutes les entreprinses de tarquĩ luy vindrent au contraire et que arriue et tarquin sixte ses deux enfans et de son gendre manulius octaue duc des latins furent meschament mors et perdus. tarquin ia deuenu vieillart et meschant se retrahyst en la cite de cannes. et illec degasta sa malheureuse vieillesse auec aristomenes tirãt de ladicte cite. Tarqñ doncq septiesme roy de rome priue de toute dignite et office depuis vesquit poure et pale. et apres fina ses iours. et en luy aussi fina le royaume de rome.

Le quart chapitre parle contre les princes luxurieux en les reprenant de leurs luxures et en ramenant a memoire dauid salomon et sanson. Et commence ou latin. Nequeo etc.

E ne puis bien q ie voulsisse refraindre la voulente de ma pensee q souuerainement desire parler contre les princes et seigneurs du monde q presque tousiours eut si fort la chastete des femmes que se toutes celles du pays estoyẽt assemblees pour acomplir la puanteur de leur luxure. Il leur sembleroit qlles ne souffiroient pas a saouler leurs delectations charnelles. Les seigneurs terriens qui ensuyuent les desirs deshonnestes aduisent et regardent en tournoyant par eglises par places communes par salles par palais et autres quelzconques lieux la ou se font assemblees de femmes bien vestues et noblement atournees. Et par ce quilz desirent charnellement toutes femmes ilz iugent que toutes soient habilles pour acomplir leur luxure. Et oultre pource que les princes terries ont puissance et seigneurie sur les autres. celle puissance leur fait auoir esperance dacomplir leur desir. et pourtant ilz tournoyent et voet a lenuiron des femmes. et les vnes ilz attraient par vaines parolles et loberies. les autres par menaces. les aucunes par dons. et les autres par promeces. Et se ces quatre manieres ne souffisent a attrapre les femmes ilz les attrapent a force et violence. Et apres quilz ont attraites aucunes dedens leurs filles tant qlz en ont eu leurs delices charnelz. Ilz se magnifient et vantent de leurs follies et en font chansons et rimes cuydans que ce leur soit vng tresgrãt honneur. Quãt ilz ont ordoye et corrupu toutes les femmes mariez et autres dun pays. sil aduient que aucun parle contre eulx princes en les chastiãt de leur mauuaise luxure en quoy ilz estudient. Ilz tantost lieuent le front sans honte et sans vergongne. et opposent aucunes friuoles et raisons par lesquelles ilz se excusent ainsi comme se leurs raisons fussent tresbõnes. et en eulx excusant ilz dient q le roy dauid commist adultere auec bersabee femme de vrias noble cheualier et son connestable. Dauid desira moult ceste bersabee pour la grant beaute de elle. mais pourtant quelle estoit mariee audit vrias dauid ne la pouoit auoir licitement. si non apres la mort de son mari. et pource dauid escripuit certaines lettres a ses autres capitaines quilz missent vrias au plus fort et plus perilleux lieu de la bataille. Affin que il qui estoit loyal et moult hardi fust griefue du fais et pesanteur des ennemis. Et que par ainsi mourust le loyal cheualier Brias. laquelle chose aduint ainsi cõme dauid le proposa. et apres il espousa ladicte bersabee. Dont nasquit le saige roy salomõ en eulx excusant ilz opposent q̃ sãson fut assote de lamour dune ribaulde appellee dalida. De quoy listoire est cõtee au long ou xviii. chapitre du pmier liure. Ilz opposent en eulx excusãt que salomon fut idolatre pour vne femme. et apres ce quilz ont opposé plusieurs telles raisons et friuoles. ilz dient en adioustant oultre q̃ luxure est le ieu de ieunesse. et que luxure est cõme de nature humaine et nõpas de malice puis que on ne peut refrandre luxure en laage de ieunesse. Ilz se excusent auec ce quilz besoignent pour eulx mesmes et en leur ppre chose pour ce que a eulx sont et appartiẽnẽt toutes les choses qui sõt soubz leurs seigneuries et q̃ demeurent es pays subgetz a eulx. et par ainsi ilz ne font tort a aucun. et si dient quilz gardent leur continence et chastete iusq̃s au tẽps de vieillesse ou quel ilz seront meurs et afranchiz de telz desirs charnelz. Si respons a telz friuolles raisons q̃ sont opposees par tressolz hommes et ces raisons ne sont fors que morqueries. car les choses cy dessus opposees contres ces trois saintz hommes dauid sanson et salomon sont si cleres q̃ on ne les peut nier. car les manieres et circonstances deulx ont esté autres que ne sont celles des princes de maintenant. car depuis q̃ dauid eut fait le peche dadultere auec bersabee la femme de Brias. Dauid eut cõtritiõ de cueur et telle repentãce que en ce pechie oncq̃s ne rencheut. et si ploura amerement. et oncq̃s ne delaissa de larmoyer iusq̃s a ce quil cõgneut que le curroux de dieu estoit appaisié enuers luy. Se sanson pecha auec vne

seulle femme appellee dalida. Il par lordonnãce de dieu en fut par aueuglesse et par lõgue prison. car les philistiins ses ennemis luy creuerẽt les peulx. et apres lenclo⸗pret en prison. Les princes luxurieux q̃ auec plusieurs et diuerses femmes pechẽt deuroiẽt grãt paour auoir quant ilz considerẽt que le peche de sanson cõmis auec vne femme fut si aigrement puny se salemõ pechaauec vne femme ethiope en idolatrie. Il pour ce fut priue de lesperit diuin. En tant quil perdit le don de grãde science parquoy il parauant congnoissoit toutes choses. Apres ce que salomon congneut soy auoir peché il cessa tantost apres. mais les princes luxurieux qui chacun iour pechẽt auec plusieurs ne plourẽt iamais pour leurs pechez et si ne cessent et si ne doutent le iugement de dieu et se les princes luxurieux qui excusent follemẽt leurs pechiez par ces trois saintz hõmes veullent selon leur sentẽce ensuiure leurs pechez. Ie demande a telz princes pour quoy ne ensuyuent ilz ces trois vaillans hommes en leurs nobles et vertueuses euures en plourant pour leurs pechez en cessant de pechier. et en doubtant le vray iugement de dieu. Les trois dauid sansõ et salomon furent mignotz en luxure. et en ce ilz firẽt mal. mais ilz furẽt nobles par prouesses et batailles. Ilz honnorerent et garderent iustice. Ilz furent larges. ilz firẽt biens et courtoisies qui sont dignes de memoire. et si furent nobles par seruice diuin. car ilz hairent faulce religion. et si aimerent les cerimonies de la loy approuuee. Ie demande doncq̃s a telz luxurieux princes pourquoy ilz ensuyuẽt ces trois saintz hommes en leurs mignoties puis quilz ne les veullent en suyure en leurs autres nobles et bonnes euures. Les princes qui ainsi sõt ressemblent le hua qui par tout le io⸗

tournoye a belles tendues/ τ iasoit ce
quil soye plusieurs τ diuerses choses
choisissables et bonnes. toutesfois fi
nablement il se assiet et descend sur
puantes charoignes. Si ne Sueil ie
pas nier q̃ le peche de luxure ne naisse
par nature. qui a ce ecline les ieunes
hommes principalement. τ pource ne
dy ie mie que ce soit ieu de ieunesse.
ais est mocquerie de tout aage qui en
est entachie. et de tant que laage de
ieunesse est plus encline au peche de
luxure. de tãt est il mestier de mettre
plus forte a la sensualite. Et se au-
cuns ieunes princes ou autres q̃ par
laage de ieunesse sefforcent excuser
du peche de luxure en Sain et pour
neant. Je leur prie quilz tournent τ
dressent leurs ribaulx ieux en conside
rant les coustumes de scipion laffri-
can pour lors ieune et fort. qui a vng
cheualier affrican appelle titeus ren
dit sa femme tresbelle et ieune τ Vier
ge. laquelle il auoit prinse en fait de
iuste guerre sans ce que scipiõ la tou-
chast. Je prie aussi aux princes luxuri
eux et autres quilz escoutent et met
tent a euure les parolles dudit scipiõ
mandant a masmissa roy des messuli
ois quil ne corrumpist ne ne touchast
si non par mariage la tresbelle sopho
nisba fille de hasdrubal noble duc de
cartage qui lors estoit femme de si
phax roy de nimidie vne prouice dau
frique. Je prie aussi aux princes luxu
rieux et autres quilz considerent τ en
suyuent les coustume de cathon san
sorin le noble duc rõmain q̃ en sa ieu
nesse τ tousiours fut enuirõne τ abõ
dant de toutes choses appartenans
a delices charnelles. et toutesfois il
garda diligemment son corps de tout
ort atouchemẽt. Et iasoit ce que ie ne
Sueille mettre la fin de cathon entre
les cas des nobles maleureux po᷑ce q̃
Sertu nest point subgette a fortune τ
Sertu fut tousiours conduiresse τ da

me de caton τ de ses oeuures/ ie neãt
moins Sueil compter les Sertuz de
caton affin que selon elles les princes
et autres hommes pourrissans en lu
xure se ressourdent τ dressent en Sert᷑
et bonnes oeuures. a lexemple de ca
ton trescõtinant τ chaste en tant que
caton τ continence nasquirent dun
mesme ventre de nature mere de tou
tes choses. Cestuy caton garda mesu
re et raison en tous ses fais τ ses ditz.
il considera la fin de toutes choses ais
que il cõmencast aucune chose faire τ
dire τ par ainsi il eut la Sertu dattrẽ
pance il considera la fin de toutes cho
ses ains que il cõmencast riens a faire
ne a dire/ τ par ainsi il eut la Sertu de
prudence/ il ensuyuit les sainctes loix
de nature τ par ainsi il eut la Sertu de
iustice/ il despendit et emploa sa Sie
ses forces τ ses labours pour son pais
et pour le bien publicque/ τ par ainsi
il eut la Sertu de force que len nõme
autrement mananimite. Caton di-
soit que il nestoit pas engendre pour
soy ne a soy ains estoit engendre pour
tous et a tous. Caton ne menga onc
ques sinon pour Saincre la faim. Ca-
ton ne eut point ne haultes ne grans
maisons/ ne pour autre cause oncq̃s
ne maisõna/ fors que pour couurir le
corps contre pluyes contre Sens τ au
tres incõueniens du ciel. En lieu de
precieuse robe il eut vne housse de gros
et aspre drap a la guyse dun souldoier
rommal oncques ne habita a femme
si non en esperance de procreer lignee
il ayma autretant la cite de Pomme
dont il estoit comme le pere ayme ses
enfans/ il garda τ deffendit la cite de
romme ainsi cõme le bon mary garde
et deffend sa femme/ il hanta τ ayma
la Sertu de iustice/ il garda roidemẽt
honnestete. car il Souloit plus honne
stete que prouffit singulier/ il fut bon
en commun. cest adire a tous sãs dif-
ference oncques delectation ne deshõ

neste plaisir ne fut mesle en chose que feist ou deist caton: car il regla toˢ ses faiz par raison il tint la partie de pompee contre iulius cesar ou temps de la bataille cruelle/ et apres la desconfiture dudit pompee faicte en thessalie caton sen alla auec le demourant de son ost ou pays de libie et comme il estant illec fuptif en la derreniere nuyt de sa vie/ il lisoit vng liure que fist le philozophe platon parlant de limmortalite de lame et au cheuet de son lit le dit cato eut mise vne espee toute neufue dont aucun nauoit vse/ apres qͤ eut regarde deux choses en quoy derrenierement il eut mis son propos et fiche sa pensee/ et il eut regarde deux conseilz et deux appointemens en soy et en ses choses/ lun de ces deux conseilz fut affin que caton feust tel que il souffist mourir sans paour et sans crainte/ lautre conseil estoit qͤ peust mourir sans estre respitie ne retarde par aucun. Apres doncques que cato eut ordonne ses choses tellement comme on peut ordonner choses froissees desolees et derrenieres/ il pensa de pesmediez a ce que aucun ne peust occire caton ou que il ne aduenist que aucū luy gardast sa vie en luy faisant recreance de sa mort. Et apres ces deux aduis il empoigna vne espee quil eut garde a ce iour nette et pure de toute occision/ et dist ainsi. O fortune dame des choses mōdaines tu nas riens/ pour ce se tu as este contraire a trestous mes effors/ car encores ie ne me suys point combatu pour ma propre liberte. Mais ie me suys combatu pour la franchise de romme. Et si ne faisoie pas resistance cōtre cesar par si grant rebellion comme cesar cuydoit. Affin que ie desquisse entre les francs hommes/ et puisque maintenant les choses de lhumain lignage sont de par moy plourrees il est tēps que ie force mene et cōduict en seurete et en paix. Et apres que cathon eut ainsi dit il empoigna en son corps vne playe mortelle. et depuis q̄ les mires eurent bandee celle playe p laquelle combien quil eust moins de sang ou corps et moins de forces ou couraige. neantmoins il qui ne estoit pas seullement courroucie a cesar. Mais aussi a soymesmes bouta ses mains nues dedens la playe. et p louuerture dicelle playe il mist hors son esperit noble et despriseur de toute puissance et seigneurie mōdaine. Je prie aussi aux princes luxurieux que semblablement ilz considerēt les coustumes du noble drusus nepueu et filz adoptif de lempereur auguste soubz lequel iesucrist nasquit. Cestuy drusus filz de octauia niepce dudit empereur laquelle eut deux filz. lun fut appelle germanicus. et lautre eut nom drusus. Lempereur auguste adopta ces deux enfans. cestadire quil leur donna telz droitz et telz prerogatiue comme les enfans naturelz et legitimes doiuent auoir a cause de leur vray pere. Cestuy germanicus frere de drusus succeda a lempire de come apres la mort de auguste. Or aduint q̄ drusus fut interrogue daucūs nobles rōmains comment il se cōtenoit ou ieu damours. et il cōme noble en couraige et attrempe en maniere respondit que dedēs les lices de sa loyalle et chiere femme espouse il auoit ēserre toute delectation charnelle et toute concupiscēce damours. Que diront les princes luxurieux qui efforcent eulx excuser par friuoles raisōs. car ilz ne peuuent nier que ces nobles hommes dont iay tētost parle ne fussēt ieunes hommes puissans en richesses et en naturelle puissance. et si furent cōtinēs et chastes. mais pourquoy ay ie ame ne en exemple ces vaillās nobles hōmes fermes en propos et en fait. La on list en hystoires que aucunes pucelles jeunes et tendres tressouuent ont desprisie les dons les promesses les flateries les menaces et les etcu mes que leur e faisoyent les tirans de ce monde. affin quelles se consentissent a leur puante luxure. tant estoyēt cōstans et fermes ou sainct propos de garder lonneur et la nettete de leurs corps et de leurs ames. Les princes luxurieux peuēt selon dieu et les loix espouser femmes pour lignie auoir et pour satisfaire au delict de la char. et leurs femmes espouseez peuent assez suffire a oster et restraindre tous les effors de la raige de luxure. Auecques ce les princes luxurieux dient iniustement et follement que en commetāt le pechie de luxure ilz besongnent et euurent en leur propre chose. Par ce ainsi comme ilz dient que ilz peuent vser de leurs corps a leur plaisir. et quil appartient a chacun homme faire en sa propre chose tout ce que il luy plaist. Mais la raison quilz dient est iniuste et folle. car quant la fille de dieu Dame raison la saige separa lōme des bestes brutes. Elle mist vne loy aux meurs et aux coustumes de lōme. cestassauoir que lomme ne fist ou dist quelconque chose contraire a raison ne a honnestete. et se lomme trespasse ceste loy il retourne tantost en la nature dun monstre. cestadire que il deuient beste de nature. et si dit ainsi que lonneur des dames et bonnes femmes regarde et appartient tellement aux princes terriēs que par leur puissance. ilz les doiuent garder entierement de toute violence. Je demāde encores a telz luxurieux princes. quelle chose est pl’ esfolle que de croire que aucun seigneur terriē preigne et recoiue loffice et la charge de garder et deffendre moy et mes choses. Et en ayant ceste consideration ie luy commetz mettre en sa garde moy mesme/ma sante et mes biens/ et que ie luy soustiengne son grant estat/ et que apres il gaste moy et mes choses et que il honnisse et ordoye son neur de moy et de ma femme. Certes le prince ne me garde ne deffent se il ordoye et gaste ma maison par ladultere qui commet auec ma femme. Il est chose assez clere et prouuee par escriptures diuines et humaines q̄ les princes terriens iadis furent esleuz par cōsentement de peuple affin quilz deffendent le peuple et nō pas affin quilz le griefuēt ou deshonnourent. Et vray est que il ne appartient a aucun homme tāt soit franc que il oblige soymesme contre honestete publicque/et se aucū sest oblige a faire aucune chose cōtre honestete cōmune/ pour neant luy requiert ou quil acomplisse ce a quoy il est obligie se defait il le refuse/ Par quoy il fault conclure que le peuple nest pas obligie aux seigneurs a les souffrir quilz facent aucune chose contre honnestete/ ou contre le prouffit publicque/ Respons moy ie te prie se ie auoye mestier de auoyr vng roy ou autre prince se il est corrūpeur de la chastete de ma femme/ car se parauenture ie neusse point de roy ie eusse garde ma femme entiere/en corps et en honneur. Par lexēple donc ques du filz au roy tarquin ie prie aux princes que ilz aduisent affin quilz ne seuffrent cheoir ne encliner en mignotie de luxure/ les larrons peuent tollir ou rober or ou argent et si le peuēt restituer au seigneur de qui il fut on peut occupez par force ou autrement aucune possession/ et si la peut on laisser franche et quitte au seigneur de qui elle estoit/ on peut desrocher ou ardoir vne maison/ Et si la peult on restituer et reudre en valleur ou refaire vne autre telle comme elle fut on peut bannyr vng homme/ et si le peut de rechief rappeller le iuge mes

l i

me qui lauoit banny. on peut oster les offices publicques. ¶ si les peut on rēdre a ceulx qui les auoyent. Mais la chastete dune femme qui vnefois lui a este tollue iamais entierement ne luy sera rendue. et si nest roy ne prince qui iamais puisse nettoier ne polir la tache de diffame quant elle est gettee contre lonneur dune femme. Et affin que len sache commēt le peuple endure mal paciemment ¶ euiz vng prince luxurieux. Je dy comme vray est que le peuple de Romme pouoit voulentiers suyure en armes tarqn̄ et ses autres Roys. Le peuple rommain pouoit voulentiers entreprendre batailles par le commandement de ses roys et espandre son sang en bataille, iusqs mettre lame hors du corps, et emploier grant labour a faire chambres copes a Romme, fonder et edifier grans edifices et payer trutaiges et souffrir en toutes choses la dure seigneurie du Roy tarquin. mais le peuple rommain ne peut aucunement endurer le deshonneur ¶ oultrage que fist le filz du Roy tarquin quant il par force corrumpit la chastete de lucrece. ains le peuple enflamba et rebelle contre le Roy tarquin le getta hors du Royaume de Romme et le mist en perpetuel exil.

Virgineus pour ceste mesme coulpe fist mettre en chartre le desloyal iuge appius claudius apres ce quil fut desmis de son office. pource que faulcement il auoit adiugee a vng sien varlet la pucelle Virginea, affin que appius peust dormir auecques elle. Ainsi comme il sera dit ou neufuiesme chappitre de ce tiers liure. Le Royaulme des sichanites qui furent surnommez de sichen vne de leurs citez fondee de sichen le filz du roy emor fut destruict et desole tellemt̄ que pour la vengence de la ribauldie que auoit commis sichen le filz

dudit roy emor auec dina sa fille de Jacob le patriarche dont listoire est telle. Cestuy iacob eut deux femmes lune appellee Rachel ¶ lautre eut nō lya, il eut douze filz dont iadis descendirent les douze lignees disrael, et auecce iacob comme dit est eut de sa femme lya vne fille appellee dina, apres ce doncques que iacob venant en la terre de promission fut retourne desurie, il se loga pres de la cite de sichen ou pays de samarie, ¶ acheta des enfans du roy emor vne partie dun grant champ en quoy parauant il auoit fiche ses tabernacles pour illec demourer, et si y auoit edifiie vng autel pour sacrifier a dieu. Et pour celle partie de ce champ Jacob paya aux enfās du roy rent que aigneaux que brebis. Or aduint que dina la fille de Jacob partit des tabernacles de sondit pere Jacob pour les femmes de la cite de sichen et du pays denuiron. Si tost que sichen le filz du Roy vit la pucelle dina il sen amoura delle et par force la print et dormit auec elle. Et la despucella, et ficha tresformēt son amour en elle. Et combiē que la pucelle feust pour ceste chose triste et courroucee, neantmoins le filz du Roy par belles et doulces parolles la rapaisa, et adoulcit. Si vint sichen au Roy emor son pere et luy dist. Je prens ceste pucelle pour moy, affin que elle soyt ma femme. Jacob le pere de la pucelle ouyt compter cestes choses. Mais il se teust atant, pource que ses enfans nestoient pas a lostel, ains estoyent occupez a faire pasturer les bestes, si attendit iusques a ce quilz retournassent. Le Roy emor saillit hors de sa cite affin quil parlast a Jacob pour luy demander sa fille en maryage, pour son dit filz sichen, et voyci que les enfans de Jacob retournerent des champs a leur hostel, quant ilz ou pzent racompter ce qui estoit aduenu a leur seur dina ilz furent trescourroucies pource que sichẽ le filz du roy auoit fait vne si ozde besongne en la lignee de leur pere en corrumpãt leur seur. laquelle chose nestoit pas louable a faire. Si parla le roy emoz a Jacob et a ses vnze filz. et leur dist en telle maniere. Mon filz sichen a qui aps ma mozt appartient cest royaume a mis tout son amour ꝛ tout son cueur en vne voſtre fille ꝛ la desiree moult auoir en loyalle espouse. si vous prie que vous la me donnez en fẽme pour mondit filz sichen. et faisons mariages les vngs auec les autres. Donnez nous par mariage voz filles pour nos filz. et aussi pnez noz filles po. voz filz et demourez auec nous. car le pays de samarie est en voſtre commandemẽt Et sichen le filz du roy mesmement dist a Jacob le pere et aux enfans les freres de la fille. Je feray tant que ie trouueray enuers vo⁹ grace et amo². Et oultre ce que mon pere vous a pzomis ie vous donneray tout ce que vous ordonnerez. Requerez si grant doudire et demandez telz dons cõme vous vouldrez. et voulentiers ie vous donneray ce que vous demanderez. mais ie vous prie donnez moy ceste pucelle en femme. A la demãde du roy Emoz et de sichen son filz respondirent les enfans de Jacob qui estoyent cruellement courroucies. Si tournerent leur cruaulte en barat affin de deceuoir le roy et son filz. pource que ilz se vengeassent de la honte et violence que sichen auoit faicte a leur seur dina. Certes dirent les enfans de Jacob Nous ne pouons pas faire celle chose que vous demandez. Car nous ne pouons donner noſtre seur a aucun homme se il ne est auant circoncis. Et est selon noſtre loy chose illicite et deffendue. Mais nous et

vous pourrons bien faire alliances en ceste chose se vous voulez estre noz semblables ꝛ que chacun homme masle qui est entre vous soit circuncis/ ainsi cõme nous sommes/ ꝛ lors nous vo⁹ donnerons en mariage noz filles/ et si prendrons les voſtres/ et par ainsy nous demourerõs auec vous ꝛ serõs vng mesme peuple/ mais se vous ne voulez tous estre circuncis nous prendrons noſtre seur dina ꝛ nous departirõs de voſtre pays. Ceſte offre pleut au roy emoz ꝛ a son filz sichen qui tãt procura et entendit de accomplir tout ce que les enfans de Jacob demandoient/ si entrerent le roy ꝛ son filz en la cite ꝛ parlerent au peuple en lenhortant ainsi. Les hõmes dist le Roy sõt paisibles et enuers nous amiables/ ꝛ auec nous desirent habiter/ si leur auons octroye quilz besoignent entre nous et que ilz labourent la terre de noſtre Royaume/ qui est spacieuse et longue ꝛ qui a bien mestier de laboureurs/ nous prendrons leurs filles en femmes ꝛ il prendront les noſtres/ et habiteront ceſtuy pays/ ꝛ feront vng mesme peuple auec nous. Mais vne chose est qui empesche et retarde ce grant bien/ cestassauoir que nous ne sommes pas circuncis ainsi comme eulx. Mais se nous circuncisions tous noz masles en ensuyuãt la couſtume de ceſte gent/ toute la subſtance et les beſtes/ et les autres choses quilz possedent seront noſtres. Je conseille que nous condescendons a ce et que nous habitons tous ensemble/ et que nous facions vng mesme peuple. Tous les sichanites consentirent que ilz fuſſent circuncis/ cest assauoir que a tous hommes masles les peaulx des membres genitoires fuſſent coupees dun couſteau de pierre dure selon la maniere gardee entre les iuifz. Par quoy les hommes de celuy pays/ ꝛ en especial ceux qui estoyent parcruez furent grandement & bleciez et affoibliz. Or aduint que le tiers iour apres celle circoncision quant la douleur des plaies estoit tresgriefue en tant que les sichanites nouuellement circonciz ne pouoyent autruy assaillir ne eulx mesmes defendre. Adonc deux des enfans de iacob. cestassauoir symon et leui freres de la pucelle dina prindrent leurs espees & autres legieres armes & soubz vmbre de bonne foy entrerent en la cite de sichem & tous les hommes masles dillec. et aussi le roy emor & son filz sichen furent tuez par symon et leui. et apres ilz prindrent leur seur dina en lostel du roy. Et si tost que simon & leui furent sailliz hors de la cite, les autres enfans de iacob suruindrent & pillerent la cite pour la punition de la ribauldie du filz du roy qui par violence auoit rauie et corrumpue dina. Les enfans de iacob occirent les brebis et aumailles et les asnes des sichanites. et toutes les choses q̃ estoient en leurs maisons & autre part aux champs. et si menerent en captiuite leurs femmes & leurs enfans. Apres ce que les filz de iacob eurent hardiement faictes les choses dessusdictes. Iacob dist a symon et leui ses deux filz. Vous me auez dit & trouble et fait haineux aux chanaries et aux feretois qui habitent en ceste contree. Nous sommes pou de gens au regart de eulx. Ilz se assembleront et tueront moy et les miens. et par ainsi ie periray et seray effacie auecques toutes ma mesgnie. Les enfans de iacob luy respondirent a ses parolles. Te semble il doncques que les sichanites deussent abuser de ta fille et nostre seur dina comme dune ribaulde. et que nous ne feissons iuste vengence. Et par ainsi doncques par le pechie de luxure sen ensupuit la destruction du royaume des sichanites

Et aussi pour ladultere que fist Paris apres quil eut par force et par barat rauie la belle helene femme de menelaus roy de grece sen ensupuit la destruction du royaume de troye et de tout le pays de frigie ainsi come dist est ou xii. chapitre du premier volume de ce liure. La lignee de beniamin fut presque desolee & destruicte pour ce q̃ aucuns des iuifz de celle lignee abuserent de la fe̅me dun iuifz prestre de la lignee de leui et fut le messait tel. Apres ce q̃ les enfans de israel partans du royaume degipte conqueroient po⁻ eulx la terre de promission. Ung pstre de la lignee de leui menant auec soy vne siene loyalle espouse ieune fe̅me auecq̃s deux asnes portãs le douaire de sa fe̅me q̃ il auoit de nouuel espousee, & auec eulx menoient ung seruiteur lesq̃lz arriuerent en vne cite en laq̃lle & ou pays denuiron habitoient les iuifz de la lignee de beniamin. Cestuy prestre demanda hostellerie pour son argent. Mais il ne peut trouuer illec herbergement, si se retraby en la place commune. Et ung pou par apres passa par la vng bon homme laboureur qui point ne estoit iuif ne attrait de ce pays. Cestuy homme voyant ledit prestre & sa ieune fe̅me seans en la place empres leurs asnes les araisonna doulcement et les mena en son hostel pour les herbergier celle nuyt. Or aduint que a heure de mynuyt que toutes choses sont requoyes et appaisees vne grant multitude des iuifz de celle cite vindrent comme forsenelz hurter a la porte du bon homme, en lostel du quelle prestre & sa fe̅me estoient herbergiez. Et eulx comme plains du mauuais esperit crioyent et demandoient le bon homme laboureur pour abuser de luy a la guyse sodomite. Et de ce le bon ho̅me les blasma moult. Et apres plusieurs parolles les iuifz tant forcenerent que pour eulx appaiser la femme du dit prestre a ce contraict leur fut baillee pour accomplir en elle leur mauldicte luxure. Les iuifz donc prindrẽt celle iouuẽcelle et tant abuserent delle en celle nuyt quant ilz la laisserent elle qui a peine se leua vint iusques a la porte de lostel ou son mari estoit. mais elle cheut toute pasmee et morte sur le sueil de luys. Et quãt il fut iour le prestre voulãt soy acheminer vint a la porte si trouua sa femme gisant morte. si cuyda que elle dormist. mais apres quil eut taste son corps ia tout roide et tout froit. il auec son varlet prindrent le corps de la femme et le mistrent tout entier sur vng asne. apres partirent dillec hastiuement et vindrent en la cite iebus ou demouroiẽt les iuifz de la lignee de leui dont ledit prestre estoit. affin que si tresborrible meffait ne demourast impugny. ledit prestre print vng cousteau fort et trenchant et du corps de sa femme morte fist dix pieces pareilles et icelles enuoia aux dix lignees des iuifz auec lettres cõtenans le cas du crime que ceulx de la lignee de beniamin auoient fait en abusant de sa femme contre lordre de nature. et en requerant les iuifz des dix lignees quilz voulsissent aduiser et iuger quelle vengence estoit a prendre de si grant et horrible meffait q̃ oncques mais ne auoit este ouy ne veu. Adonc se assemblerẽt les dix lignees disrael qui apres delibererent et par sermens concorderent que cestuy peche tant horrible et grief seroit pugny en ceulx q̃ lauoient fait ou q̃ vouldroiẽt deffendre les facteurs. Les iuifz des dix lignees firent moult grant assemblees de gens armes. et vindrent deuant la cite deuant dicte si besoigne rent et plusieurs foiz combatirẽt ensemble et tant que les beniamites moult fors et tresexpers en bataille. Et qui combatoyent pareillement

dune main comme dautre, desconfirent et tuerent xxv. mil de leurs parties aduerses. en la premiere assẽblee. et pareillemẽt aduint il en la seconde iournee/ finablemẽt la victoire demoura aulx dix lignees en la tierce iournee/ et tant aduint q̃ de la lignee de beniamin moururent xxiiii. mil. trespuissans et expers hommes en armes et cinq cens de eulx seullemẽt demourerent/ leurs cite leurs chasteaulx leurs villaiges furẽt ars et destruictz leurs fẽmes et leurs petiz enfãs furẽt menez en captiuite, leurs asnes leurs brebis et leurs aumailles occiez et destruictez, et leurs autres richesses furent toutes mises en pillaiges. Pour cestuy peche de luxure furẽt tant dune part cõme dautre mors pr cruelles armes lxix. mil hõmes preux et nobles tous descenduz de la lignee du patriarche Jacob. Olofernes iadis duc et cõnestable des guerres de nabugodonozor roy des assiriens tenoit la cite de hierusalẽ assiegee et constrainte par necessitez de toutes choses, le quel esperoit par sa bataille auoir victoire cõtre les iuifz/ Mais il aduint que par lardeur de commettre le pechie de luxure ou corps de la saincte femme iudith. Cestuy olofernes selon le iugemẽt de dieu porta la peine de son luxurieux desir, car ceste iudith que olofernes auoit couuoitee a dormir auec elle luy trencha la teste dune sienne espee par quoy il perdit toute victoire richesses et gloire/ et son ost fut de chasse et occis/ ainsi comme plus au long racompte listoire es huyt derrenieres chappitres du liure de Judith. il nest mestier que ie me arreste a compter tãt dexẽples les hõmes doiuent aller par les voyes cõmunes et doiuent laisser les champs enclous de murs mais se les hommes ytaliens ne ont poit de mercy du salut de leurs ames au moins ie leur prie quilz ayent py-

l iii

tie de la sante corporelle. Car luxure souuent frequenter rebrouce et arrondist lengin. elle amoindrist la memoire et le affoiblist les forces corporelles. elle est mauuaise enemye a la sante. Et sil aduient que luxure seuffre aucun homme venir iusqz en laage de vieillesse il est lors assailly par diuerses et plusieurs maladies. entât que non pas seullement comme vieillart et chaste. mais adonc aussi il ploure la mignotie et luxure de sa ieunesse passee.

Le .8. chappitre contient en brief le cas de cambises roy dasie et de mergus son frere et de plusieurs autres nobles hommes gemissans pour leurs males fortunes. Et commence ou latin. Nondum &c.

Ie nauoie pas encores assez parle contre les princes et hommes luxurieux. Et voycy que ie sus assiege de plusieurs princes et seigneurs gemissans pour leurs malheureux cas. par quoy ie appcoy clerement que du tiers chappitre du premier volume de ce liure ouql ie ne trouue histoire daucuns meschans nobles hommes trebuchiez par fortune. Je suis venu du cinquiesme chappitre de cestuy tiers volume. ouql ie suis tout las de trouuer en histoyres tant de malheureux cas de tant de nobles princes. Et certain est que en autre lieu de ce liure ie nay veu si grant compaignie de nobles dolans et courrouciez pour leurs cas malheureux. Entre lesquelz estoit cambises le filz de cirus roy de toute asie. Duql le cas est compte ou .xxi. chappitre du second volume de cest liure. Aps doncqs la mort du roy cirus qui par xxx. ans tint le royaume de asie cambises son filz succeda au Royaume et en oultre par victorieuses batailles il conquesta tout le pays degypte / mais le roy cambises print en soy courroux et desplaisir pour les cerimonies et sacrifices et honeurs que les egipciens faisoient a leur dieu apis / et a leurs autres dieux et deesses / et par ce il commanda a ses gens qlz destrochassét et abatissent tous les teples des dieux et robassent et prinsent les ioyaulx. Et apres ces choses faictes il enuoya grant nôbre dommes darmes en libie pour destruire et rober vng tresnoble et riche temple de iupiter autremét nome amon / mais ceulx q pour executer le mandement du roy estoiét illec allez furent destruictz p tépeste du ciel et estouffez en sablon. Apres ces choses ainsi faictes le roy câbises vit p sônge q son frere mergus regneroit apres luy / et seroit son successeur si sut câbises espouante par ce songe et apres les sacrileges par luy commis il print le hardiment de faire tuer sôdit frere mergus affin quil ne luy succedast. De ceste cruaulte ne sesmerueille aucun / Car forte chose estoit q cambises eust pitie de ceux de son lignaige puis ql auoyt robe les dieux et destruict leurs monstiers en despit de la religion publicq. Cambises doncqs pour occire son frere choisyt et esleut vng magicien / cest adire vng philozophe appelle cometes / et tâdis q cambises attendoit que cestuy magicien eust tue ledit merg Cestuy cambises entra en raige et en fureur tant que il de son plain gre tyra son espee du fourreau / et dicelle se naura moult griefment en la cuysse dont il mourut apres / et par ainsy le roy câbises souffrit les peines du pechie quil auoit commis / ou pour ce quil cômenda q son frere seust occie /

ou pource quil auoit fait destruire et
desrober les temples des dieux. Si
tost que le magicien cometes entedit
par messages q̃ le roy cambises estoit
mort.il se hasta de occire sõ frere mer
gus ains que la renõmee fust cõmu
ne de la mort de cambises. Et aps ce
que cometes le magicien eut occis le
dit mergus a qui le royaume de pse
estoit deu apres la mort du roy cam
bises son frere Lestuy magicien mist
son frere orpastes au gouuernement
du royaulme en lieu dudit mergus q̃
ia estoit occis. Par ainsi doncq̃s le no
ble riche homme τ puissant roy cam
bises et son frere mergus attendant
a la seigneurie du royaume de perse
moururent vilement selon le droit iu
gement de dieu qui souuẽt ordonne
fortune punisseresse des maulx. Aps
ces deux malheureux le roy cãbises
et son frere mergus venoit orpastes
magicien qui iadis par la fraude de sõ
frere cometes vit a la seigneurie τ au
gouuernement du royaume de perse
Lestuy orpastes estoit bel hõme τ biẽ
forme.τ si estoit tressemblable a mer
gus en visaige et en mẽbres. En pse
nauoit hõme qui pensast le barat de
ces magiciens. ains pensoient le psois
et tous cuydoyent de orpastes que ce
fust mergus le frere du roy cambises
mort.et pource en lieu de mergus fut
ordonne orpastes pour estre roy de p
se. Et ceste chose fut plus cachee et
plus tard apperceue. pource que selõ
la maniere des persois len ne voit
pas la personne du roy mourant po'
les diuers attours soubz lesquelz le
corps du roy est couuert. Les magi
ciens de perse par le conseil desquelz
se gouuernoit le roy et son royaume
pour acquerir et auoir la faueur τ bi
en vueillance du peuple quitterent
les truages. Et pareillement si rent
cesser les aydes de la guerre iusques
a troys ans. Affin que la seigneurie

fueillet lxxv

du royauma quilz auoient conque
ste par barat/ ilz confermassent par
larges dons τ par allegemens de tru
aiges τ des charges imposee ou roy
aume. Le mauuais barat des magi
ciens fut premieremẽt souspecõneux
et doubteux a vng noble homme de
perse appelle hostanes homme tressai
ge τ qui auoit coniecture contre le ba
rat des magiciens. Cestuy hostanes
enquist par entremessaiges se aucun
des enfans du roy cirus estoyt roy
de pse/τ de ceste chose fut iterroguee
vne fille dudit hostanes/ la quelle es
toit en la court entre les concubines
du roy orpastes/ si respondit celle
fille p̃ entremessaige a son pere que el
le ne scauoit/ et scauoir ne pouoit la
verite de la chose que son pere luy de
mãdoit pource q̃ chacune des cõcubi
nes estoit recluse a par soy. Hostanes
adonc cõmãda a sa fille quãt elle ger
roit auec le roy a son tour que elle lui
tastast la teste quant il dormiroit assa
uoir mon se il auoit oreilles. Car ho
stanes sauoit cõme vray estoit que le
roy cãbises en son viuãt auoit couppe
les deux oreilles a orpastes le magi
cien Aps doncques hostanes fut acer
tene par sa fille q̃ le roy de pse nauoyt
nulles oreilles/ il descouurit la besoi
gne aux grans seigneurs de perse/ et
apres les constreignit par sermẽt que
ilz entendoient a la mort de orpa
stes qui faulcement et par barat oc
cupoit le royaume. Sept nobles hõ
mes persois furent consentans de ce
ste coniuracion/ τ affin q̃ lentreprinse
ne fust par aucun racõptee/τ que ilz
ne se peussent repetir/ ces sept gẽtilz
hõmes psois incõtinãt musserent es
pees soubz leurs robes/ et vindrent
au palais du roy/ τ apres ce quilz eu
rent occis tous ceulx qui rencontre
rent ilz vindrent aux magiciens/ les
quelz prindrent en eulx courraige/ et
hardement pour eulx deffendre/ si es

l iiii

traignirẽt leurs espees en leurs mais et occirent deux des sept nobles persois q̃ leur mort auoient iuree. toutesfois les magiciens q̃ estoient en moĩdre nombre furent prins aux bras par les cinq persois. entre lesquelz estoit vng appelle cobzias q̃ embzassa vng magicĩe estãt ou meillieu des autres mais ces persois doubtans que ou li eu dun magicien ilz ne frapassẽt leur compaignõ. pource que le lieu estoit obscur ou len faisoit la besongne. ledit cobzias commanda a ses compaignons que au moins parmy le corps on luy boutast vne espee affin lẽ trespersast luy et le magicien quil tenoit embzasse. fortune touteffois garda et gouuerna tellemẽt le coup que le magicien fut occis. et cobzias le cheualier persois demoura sain et allegre. Par ainsi doncq̃ orpastes par fraude occupant le royaume de pse moururent villainement auec tous ses magiciens et complices. Apres que occis furent les magiciens qui par fraude auoient occupe le royaume. le renom et la gloire du royaume fut grant cõbien que le royaume orapzimes commencast. mais la gloire fut pl9 grant en ce. combien que les persois doubtassent a qui selon droit deust appartenir le royaume. neãtmoins les cĩq princes de perse compaignons et alliez par serment cheurent en accord de instituer et faire vng roy au gouuernement du royaume de perse. Les cinq princes entre eulx estoient si pareilx en vertu et noblesse. q̃ ̃ our la semblance deulx le peuple r ̃ sauoit lequel il deust eslire en roy. si trouuerent vne voye selon laquelle ilz abãdonnerent a dieu a fortune le iugemẽt tel comme a chacun deux pouoit appartenir sur le droit du royaume. et entre eulx firent vng pact et accord que eulx tous a vng certain et ordonne iour tous ameneroyent chacun

De Boccace

son cheual deuant le palaiz royal/ et cheuaucheroit chacun le sien / et le cheual de celuy qui premier hanniroit entre laube du iour et le soleil leuant seroit roy des persois. Les cinq princes voulurent que le soleil fust iuge de leur doubteuse besoigne/ car les persois croyent que le soleil soit vng dieu qui soit porte ou ciel en vng chariot a quatre cheuaulx. Et pource ilz tiennent que les cheuaulx soyent dediez et consacrez a soleil / entre ces cinq princes alliez estoit vng appelle dayre filz de his dapis vng des grans seigneurs de perse. Cestuy daire qui foement estoit curyeux/ et desiroit auoir le royaume de perse auoit vng varlet gardeur de ces cheuaulx qui dist a son maistre dayre/ certes se tu pensoies que celuy de qui le cheual hennyroit le premier gaygnast pour soy le royaume de perse ie y auroye tantost remedie par nuyt daire oyant ceste chose se accorda a son varlet. Et le iour auant celluy iour qui estoit ordonne a venir deuant le palaiz royal/ le varlet amena le cheual de son maistre et secretement fist venir ou lieu mesmes vne iument que ledit cheual vit et flayra assez pres/ et pensa le varlet que por le delit de luxure le cheual henniroit le lendemain pour la souuenãce quil auroit de la iument quil auoyt illec veue et flairee/ et ainsi aduint la chose cõme il la pensa. Depuis dõcques que les cinq princes au iour nommẽ et a leure ordõnee furẽt tous assemblez sur leurs cheuaulx/ le cheual de daire hennit tãtost qui congneut le lieu ou il auoit veue et flairee la iument. le iour deuãt pour le desir quil auoyt en cuidant monter sur elle auant que les cheuaulx des autres quatre princes feissent semblant de hẽnir/ et ceste signifiãce fut si bieneuree a daire que par ce Il obtint le royaume. Et les autres quatre princes furent si attrempez que si tost quilz ouyrent le hennissement du cheual de daire ilz descendirent de dessus leurs cheuaulx et le saluerent comme leur roy et seigneur et tout le peuple de perse semblablement ensuyuit le iugement des cinq princes dessusditz: et fut daire ordonne roy de par le peuple de perse Par ainsi le royaume des persois qui pla Bertu des sept tresnobles princes auoit este conquis et recouure de la main des magiciens qui le tenoiēt occupe fut colloque et mis en la personne de daire par vne legiere aduenture de son cheual qui hennit le pmier. Cest tres forte chose a croire que les princes de perse aient este si paciens et begnins/ de soulentiers souffrir q̃ celui daire seignouriast en pse par cautelle et barat car ilz ne auoiēt pas refuse a mourir affin quilz ostassent le Royaulme aux magiciens qui semblablemēt loc cupoiēt p barat. Combien q̃ daire fut roy de perse et que selon la forme et Bertu de son election ne fut pas digne de auoir si grant empire toutesfois son lignage fut ioint auec les anciēs roys de perse: et au commencemēt de son royaume il print a femme la fille du roy cirus: et pensoit daire que il feroit son royaume ferme et estable p ce quil espousoit la fille dudit cirus: car par ce mariage il sembloit que le Royaume ne fust pas transporte en estrange lignie/ mais sembloit quil fut retourne au lignage de cirus ancien et noble Roy des persois. Cestuy daire q̃ fist moult grant prouesse/ contre les magiciens en leur ostant la seigneurie de perse: qui par la soubtilite de son Barlet conquist le royame de perse et eut honneurs et tiltres royaulx: espousa la fille du Roy cirus: Il non content de tant et si grans choses/ desspya le malheur du pieu ou Il estoit lye/ et si sembloit a ses parolles

quil eust iuste cause de blasmer dame fortune: pource que cestuy daire paisiblemēt seigneur du grāt et riche royaume de pse meut et fist guerre cōtre les sichois et cōtre les atheniens esquelles entreprinses il et son ost furent deux fois deconfiz: et apres ces deux desconfitures le Roy daize qui se disposoit a retourner en perse entendit cōe vray estoit q̃ egipciēs se estoient rebelles cōtre luy: et pource daire delaissa ses entreprinses/ et deuint chargeux a ses subgectz et enuyeulx a soy mesmes/ et en ce mesme temps faisoit son appareil cōtre les enemis Il mourut/ et apres soy delaissa plusieurs filz: lesq̃lz il auoit egēdrez tāt deuant cōe apres ce quil fut roy de pse et combiē quil ne cheist pas souuerai ne maleurte pource q̃ il ne fut pas destitue de son estat royal/ toutesfois il cheit en nō puissance de soy Begier de ses ennemis et esprouua malgre soy que il nestoit pas puissant puis quil ne pouoit oster de son couraige la peine et desplaisir quil auoit de ce quil ne se pouoit Begier ne tant faire que ses subgectz laimassent. Par quoy il pouoit congnoistre par Bray semblable quil estoit pres du trebuchet de fortune. Apres le meschant daire roy de perse Benoit le maleureux marc? coriolanus ancien et noble cheualier romain. Cestuy coriolanus saige et laborieux cheualier fist a la cite et au peuple de rōme plusieurs et grās biens en subiugāt aux rōmains et a leur seigneurie plusieurs citez chastiaulx pais et hommes. Apres lesq̃lz il neantmoins par ingratitude des rō mains fut iniustement banny et dechasse hors de la cite/ pour tant coriolanus se retrahit en toscanne dont le peuple iadis fut enemy des rommais et en ce mesme pays ledit coriolanus allia a soy les nobles et le peuple: et les tyra en bataille cōtre les rōmains

¶ par feu il desconfist plusieur' belles villes (t chasteaulx appartenants aux rommains: et apres il approucha son ost pres de la cite. Les rommains en cest temps estoient en discretion: cestassé les nobles contre le peuple: qui ne vou loit prendre armes contre coriolanus parquoy les Rommains furent contrains de requerir et demander paix audit coriolanus. Et pour celle paix impetrer et obtenir par deuers coriolanus les Rommains enuoyerent messagiers citoiens (t auec eulx les prestres des temples des dieux qui en riens ne proufiterent: (t finablement aux prieres des nobles (t vaillans femmes de Romme la mere dudit coriolanus nommee Veturia (t sa femme Volumia vindrent par deuers coriolanus pour impetrer la paix: et pour icelle obtenir elle fist deuant luy telle oroison. Ainsi dist elle que ie dye la chose pourquoy ie suys venue par deuers toy de par les no bles (t le peuple de la cite de Pom me dont tu es: Je te requier que tu me dies se ie dois parler a toy comme a mon filz ou autrement a mon enne my me conuiendroit parler. Certes dist coriolanus ma bonne (t chiere me re vous parlerez a moy comme a vo stre filz: qui est a este (t sera ennemy de la cite de Romme (t nonpas sans rai son: car son ingratitude a este premiere cause des discencions qui sont entre elle (t moy. Si respondit la dame se ainsi est mon filz que la cite de rom me qui est ton pays te ait offendu / et este ingrate contre toy si conuient il ton cueur amollier (t adoulcier: car com bien que nostre maison ou lignage fut desert et aneanti: neantmoins nostre propre estat pourroit bien demourer et estre sauf entre les estatz de la cho se publicq de nostre cite: mais se aucune cite est destruicte et deserte / Il est necessite que tous les hostelz et lignages soient ramenez a neaut / et pource les anciens vaillans et nobles hommes ont despendu et leurs corps et leurs vies pour le salut et prouffit de leurs citez / certes beau filz les hommes sont estroitement obligez a garder premierement le lyen de pitie enuers leurs pes (t meres freres (t seurs et autre amis charnelz / secondement et tiercement enuers leurs pays (t citez. Se doncques Rome qui est ton pays ta offendu ou mesprins enuers toy / je te presente merites selon lobligation qui poisent plus que ne fait celle offense toute seulle: Et ie Veturia ta mere maintenant recours (t viens par deuers toy / Romme ton pays (t ta cite suppliant (t humble recourt par deuers toy ausquelles (t a chacune del les tu ne peuz ne doies clourre les entrailles de ta pitie / aussi a toy vient et recourt Volimia ta femme (t aussi tes enfans: a q tu dois plus grat amour que nest loffence que ta cite fist. Assem ble doncques les merites de nous troys et te condescens a la priere parquoy nous te demandons la paix publicq Viens a Pomme ton pays (t ta cite: (t tu trouueras graces et amistiez: renoyes tes estranges souldaires qui sont prestz de spandre le sang rommain / et emporter les richesses de ton pays: (t se tu refuse toy encline a ceste pitie que tu dois faire a ton pays Et retien moy pour gaige et pleige: voicy le ventre ou tu fuz conceu et conceree et longuement porte: voicy les mamelles dont ie te nourey enfant: voicy moy ta mere sans que tu ne fusses oncques occy moy / pugny moy par quelque tourment quil te plaist: oublye pitie de filz enuers mere: et tourne par dessus moy tous les maulx que tu estes a faire contre romme: mais quelle ait paix a uec toy Apres doncques que Veturia eut ainsi parle deuant son filz coriolanus estât entre ses gens darmez il tourne en pitie: embrassa sa mere et ploura tendrement: puys desempara le siege: renuoya ses souldaiers reforma la paix auecques les rõmais et retourna en la cité auec eulx acompaigné de sa mere et de sa fẽme dont la cité fut asseuree et Joyeuse: Si pourpensa fortune que le bon cheualier coriolanus ia vnefoiz bány sãs riens auoir mesfait nestoit pas encores assez maleureux: Car apres pou de temps, cestuy coriolanus / non pas par ses demerites mais par lingratitude des rommains fut autrefoiz bãny et enuoye en eil ou pays de toscane et illec fust miserablement occis: pource que a la requeste de sa mere comme dist est il auoit fait paix auecques les rommains qui tous temps furẽt haineux a ceulx de toscanne. Apres le maleureux coriolanus venoit melciades duc des atheniens Cestui melciades plourant & fourment couroucie comptoit deuant moy son malheur: disant comme vray est que cest doulce chose aux meschans parler de leurs miseres certes disoit. melciades aps que hippras tirant de la cite de athenes pour ses demerites fust enuoye en exil: il se tyra ou pays de perse par deuers daire qui illec regnoit po' lors comme tu as ouy nagaires le cas en brief compter. Or est certain que cestuy daire ennemy sans iuste cause: des atheniens apprestoit lors faire guerre contre eulx Cestui tyrant hipras se offrit au roy daire de prendre conduicte des gens armez contre son pays dathenes: Et le Roy pour ce faire le receut. Les atheniens doncques oyans que hippra auec les persois venoit: requirent & demanderẽt ayde des lacedemonois q̃ seiourerent aps en leur cité p quatre iours pource que ilz vacquoient aux sacrifices de leurs dieux/ et pource ceulx dathenes ne les attendirent plus. Si tost

que les atheniens seirent ler persois venuz assez pres de athenes: les atheniens ne attendirent plus: ains firẽt apprester en armes dix mil de leurs citoyẽs: et mil autres souldaires: qui tous arengez en bataille sortirent de la cité: contre six cens mil ennemys persois vindrẽt en bataille ou lieu appelle marathon/ qui est vne place ps de athenes moult habile a batailler et est cõsacree a mars le dieu des batailles. Je melciades estoie duc de celle bataille pour les atheniens/ & si donnay le conseil de non attendre le secours des lacedemonois car ie auoie prinse en mon cueur si grant fiance/ que ie pensoye auoir plus de deffence en hastiueté de bataille que en laide des lacedemonois noz compaignons et alliez. Les atheniens doncques cõmencerent la bataille en grãt allegrece de couraiges/ en tant que si tost quilz furent si pres de leurs ennemis que entre les deux ostz auoit seullement mil pas. Les atheniens par hatif cours vindrent deuãt leurs ennemys auant quilz traissent saiettes ne dars / & le hardement de moy et de mon ost vint a bonne fortune/ car ie & les miens nous combatismes par si grant vertu de couraiges et de corps/ que il sembloit que ceulx de mõ costé fussẽt hommes & ceulx du costé des persois fussent brebis. En ceste bataille apres ce que les persois furẽt vaincuz ilz senfuirẽt a leurs nauires dont lune des partie fut degastee et lautre fut prinse par moy et par les miẽs/ chacũ de mes atheniẽs se porta si vertueusement en celle bataille que apeine sceurẽt les heraulx iuger auquel de tous deuoit estre donné le pris ne la louẽge être les autres/ toutesfois lẽ apparceut la gloire du noble themistocles cheualier atheniẽ & peut lẽ illec cõgnoistre p sa puesse q̃ il estoit digne destre ou temps aduenir connestable (t duc des batailles. Entre les cheualiers aussi de ceste bataille fut ung autre cheualier athenien nõmé cinegirus, qui si noblemẽt combatist que sa gloire est celebree p grans louãges enuers les hystories. Apres que en celle bataille cestuy cinegirus eut presque sans nombre occis des ennemis persois: il par sa force les recula en leurs nefz: et de sa main dextre prit et tint une nef chargee de persois & ne la laissa aller iusques apresq la main luy fut tranchee (t tantost il happa (t tit celle mesme nef a sa senestre main: qui tantost lui fut trenchee: et apres il mordit et detint la nef a ses dentz il eut en soy si grant vertu de courage et prouesse de corps que combien quil fust traueillé (t las de auoir tué tant de persois: et combien que il eut les deux mains trencheees: il a la par fin a maniere dune sauuage beste enragee se cembatist des dentz tant que en celle bataille il tua de sa main ou noia dedens la mer deux cens mille des persois: et le tirant hippias mesmement conduiseur de la bataille mourut de dure mort: (t par ceste noble (t victorieuse bataille dont ie melriades fut duc (t capitaine ie deliuray la cite le pais (t le peuple dathenes des chaynes de seruitute en quoy le roy daire les entendoit a lyer: par le quel fait glorieux (t prouffitable ie pouoye iustement auoir desserui la grace de mes citoiens dathenes: mais le contraire aduint: car ilz deuindrent contre moy ingratz (t desconnoissans de si grant benefice: car aps celle bataile en lieu de salaire (t de don les atheniens me accuserẽt criminellem̃, en opposant côtre moy que ie auoye desrobé le publiq tresor de leur cite: (t sãs moy ouyr en desfẽces ilz me bouterent en prison: et me riuerent en chaines de fer: et Illec me firent uilement finer mes iours. Apres le vaillant duc

melciades, benoit le preu cheuallier themistodes qui de fortune se cõplaignoit presque pareillemẽt côme melriades, (t disoit themistodes duc des atheniens que il considerant que xerces roy de perse trespuissant en toutes choses esaioit mettre a fin la guerre que le roy daire son pere auoit cõmencé contre les atheniens et autres pays de grece, et que les ponois qui sont une anciene gent de grece sestoient adioinctz au roy du respons dappollo entendit que cestuy dieu demõstroit q leur deffẽce et seurté estoit en nauires, si commanda que tous les gouuerneurs (t officiers publiqs du pais denuiron venissent a athenes, (t leur monstra adoncque la cite nestoit pas en murs ne en edifices / Mais estoit es citoyens, et que ilz se sauueroient mieulx en nefz que en la clausure des murs de leur cite. Disoit aultre themistodes que la sentẽce de son cõseil estoit fondee en lauctorité du dieu apollo. Les hõmes dathenes (t du pays appendant approuuerent le conseil du saige et loyal themistodes, si firẽt ruer a terre les murs Et aps en isles secretes et repostes dedens mer ilz enuoierent leurs femmes et efans auecques toutes leurs precieuses richesses / (t laisserent leur cite de separee de murs, et apres themistodes fist armer tous les atheniens (t les fist entrer dedẽs leurs nefz sur mer (t a lexẽple des atheniens firent les autres citez de grece. Et sãs pticulieremẽt cõpter la soubtille prouesse (t loyaulté du bõ duc themistodes de quoy lystorie iustin parle plus lõguemẽt en son secõd liure, cestuy themistodes si prudentemẽt (t si labouri eusẽnt besoigna en bataille q il chassa de grece le roy xerces (t son ost qui estoit de sept cẽs mil psois (t de troys cẽs mil autres souldaires. Et apres le dechassemẽt de xerces (t de son ost

themistodes fist murer la cité d'athe
nes. Ramena en la cité les femmes les
enfans et les richesses des atheniens
quil auoit auant la bataille fait desto(ur)
rer et muer es isles come dit est et si fist
autres plusieurs et grans biens pres q̄
le nombre au prouffit des atheniēs
se ie ose v(ra)y dire par ses vertueux et
p(ro)ouffitables faiz le duc themistodes
deuoit auoir desseruy grās honne(ur)s
et prouffiz temporelz mais p(ar) ingrati
tude de peuple tout le contraire luy
fuit: car il receut grās hōtes et dom-
mages de par ces citoiens q(ui) to(us) luy
deuoient la vie: car sās forfait ne de-
meriter q(ue)lconque les atheniēs bāni(re)t
vilemēt enuoyerēt en exil leur bon
duc themistodes q(ui) cōe p(ar) desespoir se
retrahyt ou pays de p(er)se. et affin de
secourir a ses necessitez: il fut cōtrait
de p(ri)er et requerir le Roy exerces qui
auoit este desconfist par la prudence et
force dudit themistodes et dernieremēt
il cōme ennuye de sa vie fut contrait
de mourir en estrange pays: apres ce
q(ue)il eut beu du sang dun torreau es-
chauffe en lieu de poison: affin quil ad
uencast sa mort. Ja mestier nest que
ie cōpte le cas d(es) to(us) les maleureux no
bles q(ui) furēt entre le Roy tarquin lor-
gueilleux et entre exerces le roy de p(er)se
car de ce faire pour neāt m'efforceroye
mais en delaissāt les aultres maleu-
reux ie vueil descripre le cas du roy ex-
erces q(ui) d(e)uāt moy plore po(ur) sō orgueil
q(ui) fut cause de sa male fortune.

Le .Si(xiesme). chapitre cōtiēt le cas de
xerces filz de daire roy des p(er)sois
q(ui) ētre to(us) les p(ri)nces mortelz eut
abōdāce d(e) richesses et multitude
de peuple: et cōmēce ou latin. Xer-
ces darii.

d Aire roy des persois qui ainsi comme dit est par barat
succeda au royaume apres la mort de cābises filz de
cirus espousa vne des filles dudit ci-
rus en laquelle il engēdra xerces roy
des persois. Cestuy xerces succeda
au royaume ap(re)s la mort du roy dai
re son pere: cōbiē q(ue) artamenes frere
oudit xerces meut debat et question
sur la succession quil se disoit apparte
nir mais ilz accorderēt entre eulx: et
demoura xerces successeur et heritier
du royaume de perse. il eut abōdance
de richesses, grādeur destat, et si grāt
multitude de peuple obeyssant a luy
que apeine peut on lire en hystoires q(ue)
aucū autre mortel p(ri)nce eust ces trois
choses si grās. Par les trois abōdāces
de richesses, de peuples subgectz:
et de grans estatz la folle pensee
du roy xerces fut tellemēt t(r)orgueillie
q(ue) il osa de soy mesme cuider q(ue) nō pas
seullemēt il peust subiuguer la terre,
mais il cuida q(ue) seil voulsist il peust tol
lir le ciel a dieu, mais dieu q(ui) esleue et
ayme les hōmes humbles ne peut lō
guemēt souffrir lorgueil du Roy xer
ces. Enuiron le cōmencement du re
gne de xerces le Roy degipte nomme
aristodes qui estoit rebelle au roy dai
re fut honteusemēt dechasse degipte
et p(ar) ainsi le royaulme retourna soubz
la seigneurie de xerces. Affin donc q(ue)
que xerces acomplist la bataille que
son pere daire auant sa mort auoit
cōmence contre les grecz il mist cinq
ans a faire sō appareil et apres que xer
ces eut assemble en bataille sept cēs
mil hōmes persois, et trois cens mil
autres hōmes souldaires, et tresgrāt
nombre de nefz et de tous instrumēs
necessaires a bataille, il saillit hors de
perse par terre et par mer pour occu-
per toute grece. Ce fut chose tresmer
ueilleuse et presque non creable de a-
uoir assemble en armes tant de hom-

mes mortelz:q̃ quāt ilz cheminoient Ilz ne couuroient pas tant seullemēt la terre toute: Mais ilz trenchoient montaignes:ilz cōbloient les valees ilz secheoient les fontaines et les riuieres des lieux par ou ilz passoient. Depuis q̃ cestuy xerces eut fait ung pont dune telle grandeur q̃ oncques ne fust ouye ne veüe si grāt des lisle abidus iusques en lisle sestus: il auec tout son ost passa par mer a pie sec de asie en europe:car lun des boutz du pont commencoit en lisle sestus qui est en asie:et laultre bout finissoit au pie de lisle abidus qui est en europe. Ceste chose fut si grant et si merueilleuse que es hystoires des temps anciens ne fut telle veüe ne ouye:ne apres le roy xerces na este aucun qui ayt ose entreprendre hardement/ de faire ung pont dedens la mer. Le roy xerces commenca noblement et orgueileusement son passaige de asie en europe:mais fortune paracheua et acomplit ce quil conuint:et combien que le passage du roy xerces feust si noble et si orgueilleux:touteffois finablement le retour fut ort et villain. En celui temps estoit auec le roy xerces demaratus q̃ pauāt auoit este roy des lacedemonois:et lors il auoit este par eulx enuoye en exil en perse. Cestuy damaratus qui veist lappareil du roy xerce contre les lacedemonois: il ayma mieulx son pays naturel:combien quil en fut banny que il ne fist le roy xerces pour quelconque benefice ou grace quil eut receu de lui Affin doncques que les lacedomonois ne fussent despourueumēt oppressez par bataille:demaratus escriuit aux gouuerneurs de lacedemone toute lenteprinse du roy xerces en vnes tables de boys:lesquelles il couurist apres de cire:affin quil semblast q̃l ny eust riens escript:et par ainsi les conseilz de la bataille de xerces furent

descouuers/aux lacedemonois qui enuoyerēt leur duc leonida auec une petite cōpaignie de gens armes por resister a lorgueilleux discord du roy xerces et de son ost. Cestuy leonida dont iay parle ou chapitre precedent fut renomme en prouesse de corps et en saigesse de bataille entre tous les cheualiers de son temps/ et en la compaignie du duc leonida contre le roy xerces ne furēt mye plus de quatre mil cōbatans/le noble leonida soy fiant de soy et des siens et aussi de fortune estouppa les destroitz des montaignes appellees trimophees p ou xerces et son ost estoiēt constreintz de passer pour entrer dedens grece. Entre leonida auec ses lacedemonois et entre les persois eut par troys iours bataille en si grant et si cruelle occisiō de persois/que leonida auecques les siens les rebouta du passage par leq̃l ilz cuidoient entrer en grece/ finablement puis que leonida par le rapport de ses espies congneut que la crouppe des mōtaignes estoit prinse et occupee par quatre vings mil des ennemys psois leonida renuoya ses souldaires en grece/et seullmēt il choisit et esleut six cens de ses lacedemonois en vouant a ses dieux et a son pays q̃ il et les siens mourroiēt pour la sante publicque/et apres ce quil eut saigement enhorte ses six cens cheualiers a viguereusement cōbatre il leur cōmāda q̃lz dignassent celle derreniere fois ensemble en esparnce de mourir sans iamais plus mēgier fors que en lautre monde. Depuis doncques que la nuyt fut venue leonida et les siens pareillement enflābez de combatre entrerent coiemēt et dedēs les pauillōs de cinq cens mil persois garniz desleurs armeures/leonida enuahit les persois ēdormis en somme et en vin/cest adire que les persois se stoiēt endormis pour trop auoir beu

Sin, Leonida cõme subtil (z hardi guer
roieur fist mõlt grãt bruit (z hault cry
dedens le pauillons des persois, (z tãt
besongna en armes que il auec ses six
cens lacedemonois ne cessa de tuer
les ennemys persois iusque'a la tres
grant clarte du iour ensuyuant: fina-
blement les lacedemonois auec leur
Duc leonida furent tant chargez du
sang des persois abatuz (z occriz, (z tãt
pressez entre les monceaulx des cha-
roignez tant lassez (z assoibliz par lon
guement ieuner (z veiller (z par le tra-
uail du long murtrissement que ilz
cheyrent a terre nomme comme dat-
cruz ne tuez car ilz encores viuẽt p le²
pnõmee pdurable. xerces voyãt la
grant occision des siẽs (z q il mesmes
estoit blecie de deux playes: il se des-
guysa (z parmy la noise il senfuyt (z es
chappe de la bataille. xerces fuyant
de celle bataille fut si trauaille (z tãt
las par longuement courir: quil souf
frit si grant messaise de soif quil feust
contraint de puyser dune fosse a ses
mains leaue toute rouge et teincte
du sang de ses cheualiers: (z apres il
dist (z afferma que onques ne auoit
taste si doulx ne si souef bruuage. Le
roy xerces ainsi fut premieremẽt vi-
site de p dame fortune lenragee: (z au
tost apres vne autre visitaciõ luy sur
uint: cõbien que ceste secõde visitaciõ
ou regart de la premiere semble estre
tres petite: touteffce elle nest pas mois
deshoneste ne mois honteuse a xerces
orgueilleux roy: car ãsi cõe sil neust
pas assez affaire de la guerre ql auoit
entreprinse auec les hommes il mes-
mement print guerra auec les dieux
car il enuoya qtatre mil de ses hom-
mes armez en la cite delphos: la ou
estoit vng noble (z riche temple fait
en lonneur et ou nom du dieu apol-
lo qui illec estoit principallement a-
doure: et p donnoit responses sur les
choses doubtenses aduenir si cõman

fueillet   lxxviii

da xerces a ses quatre mil psois quilz
desrochassẽt (z rõbassẽt cellluy tẽple.
Tandis dõcques que xerces attẽdoit
les messaige qui lui apportast nouel
le que ledit temple feust desrochie et
pillie/ il receut autres/ cestassauoir q
tous ses cheualiers estoiẽt ou sãglou
tiz par violence de pluyes et dedens
ou embrasez par flambes ou par hori
ons de fouldres cheans du ciel/ non
obstant ces deux malles aduentures
xerces encores orgueilleux cõsiderãt
que mal luy estoit prins de la batail
le quil auoit faite sur terre il p sembla
bles forces voult esprouuer la batail
le sur mer et a force de nauire. Le nõ
bre des nefz du roy xerces fut si grãt
quil senmbloit couurir toute la mer
Or aduint que le nauire des atheni
ens qui auec eulx auoiẽt themisto
des leur duc auec leur nauire furent
alencontre des psois pres de la cite
salamine/ (z tant par la soubtillite cõ
me par les armes dudit themistodes
furent les persois desconfiz/ car les
yonois pour qui les atheniens auoi-
ent prins guerre cõtre le roy de perse
ioingnirent eulx (z leurs nefz a celles
du roy xerces assez pres du commã
cement de la bataille/ (z petit a petit
les yonois gmancerent a tourner les
proes de leurs nefs vers la partie des
lacedemonois (z des atheniens enne
mis du roy xerces/ ceste chose ac-
creut le couraige et la vigueur et si
mist grãt pdour es couraiges des per
sois (z du roy de qui les meurs (z cou
stumes furẽt contraires a ses orguil
leuses entreprinses. Se tu eusse veu
xerces (z son estat il estoit tel que ses
richesses faisoiẽt moult a louer mais
nõmie le roy ne ses coustumes/ il eut
tãt de richesses en son royaume que
les riuieres p la multitude du peu-
ple et des bestes sechoient/ mais ses
richesses tousiours abondoient. xer-
ces tousiours se mist le pmier en fui

te ꝗ le dernier se mettoit en bataille: il estoit couart es perilz: mais il estoit enfle ꝗ orgueilleux quant Jl pensoit estre en lieu seur: il se fioit en ses forces auant lexperiment de la bataille il aplanioit les montaignes ꝗ combloit les valees: ainsi comme sil feust seigneur de dame nature: autretant comme xerces auoit dorgueil quant il estoit en son palaiz royal. Autretant auoit il tousiours de paour es besoignes touchant le fait des batailles. En laide du roy xerces estoit venue artemidora royne des aliternois qui soyant le roy se combatist si treffort entre les premiers cappitaines des persois quelle sembloit mieulx estre homme ꝗ feme ꝗ neātmoins il ne se peust faire que les persois ꝗ leurs nefz ne fussent tournez en fuyte. Les atheniens yonois ꝗ lacedomonois poursuyuirent si parfaictement les persois mis en fuyte ꝗ plusieurs des nefz du roy furent prises ꝗ plusieurs effondrees: et grant occision des persois fut illec faite xerces doncques feru ꝗ esbahy par celle tierce malle aduenture ꝗ baraté de son intencion orgueilleuse doubtant que le peuple de perse ne se rebellast contre lui qui ia par trois foiz estoit si maleureux en bataille: il selon lēhortement dicelluy cappitaine nomme mardonius ordonna de soy retourner en perse ꝗ constitua celui mardonius duc ꝗ cappitaine des trois cens mil hommes armez affin quil guerroyast ꝗ desconfist toute grece: Mais xerces fust deceu ꝗ mocque par vne autre cautelle que luy fist themistodes duc des atheniens. Cestuy themistodes fainctement enuoya son varlet en messaige au roy xerces en lui escripuant comme les les grecz auoiēt secretement deliberé par conseil que ilz rompoient le pont quil auoit fait mais xerces trouua le pont rompu ꝗ degasté par les tempestes de liuer si

monta hastiuement sur vne nasselle de pescheur il tout seul et espouuante ainsi cōme sil eust les ennemis au dos, et pria humblement les mariniers que au plus tost ꝗ ilz pourroiēt quilz se trāsportassent au riuage de la mer de lautre part. Apres ce ꝗ xerces fut arriué il estāt ou riuage tout seul nō acompagnie dun seul seruiteur ceste ne fut pas la derniere des playes de fortune, car tandis que le roy senfuyoit toꝰ ses cheualiers quilz auoit laissiez ou riuage de grece furent degastez par les diuers chemins quilz auoyent trassiez par les traualux de porter leurs armeures par la fain par la soif, et par les autres pestillences qͥlz auoient soufferetes, en tant quil ny auoit mouillon de terre soye ne chāpne haye qui ne feust garnye des charōgnes des persois mors tire a tire dōt vne merueille aduint, cestassauoir ꝗ les oyseaulx et bestes sauuaiges allechiez des charoignes suyuoient lost des persois assez petit nombre des persois ses cheualiers emena. Et aprés peu de tēps xerces receut certaine et douloureuse nouuelle ꝗ les troiscēs mil persois et lost mardoniꝰ estoiēt desconfiz et mors en vne seulle bataille faicte ou pays de grece, qui est en europe, et que tous ses pauillons estoyent prins par les greciens ꝗ entre eulx auoyent party tout le butin des richesses de xerces, et que mardonius auec peu de persois estoient sauuez par furie. Le iour de ceste desconfiture aduint vne chose contre le cōmun cours de nature. car au iour que lost mardoniꝰ fut desconfist au matin au pais de europe, a ce mesme iour a heure de midy les grecz cōbatirēt par nauire les persois pres de la mōtaigne appellee messia en asie, et auant que aupres de celle mōtaigne la bataille commencast a heure de midi et tant que les nefs des persois et des grecz

estoient lune deuant lautre:nouuel
les vindrent a lung et a lautre ost que
mardonius comme tout desconfist/
sen estoit fuy et que son ost estoit tout
affolle et mort:la nouuelle fut mer
ueilleuse:pource que les lieux de ces
deux desconfitures estoient si loing
lun de lautre que entre deux y auoit
grant espace de mer et de terre et ceste
nouuelle estoit venue par lespace de
huit a neuf heures:ceste nouuelle don
na tant de couraige aux grecz:et assoi
blist tant les forces des persois:que
si tost que les grecz monstrerent les
banieres de leurs batailles:les persois
tournerent en fuyte et vne partie de
eulx fut occie et morte:et par ainsi dou
ble messagerie de la seconde maleur
te suruint aux roy xerces:qui ne fust
pas content des dommaiges et hon
tes quil auoit eues mais il disposa es
sayer autrefois quelle faueur il trou
ueroit en fortune: si appresta de rechi
ef ses batailles et se combatit par naui
re en mer et en terre/ dont il lui aduint
aussi mal quil lui estoit auenu pauāt
et les grecz pour resister au roy xerces
ordonnerent duc de leur bataille vng
cheualier ieune apelle thimones filz
de melciades iadis roy des atheni
ens. Cestuy thimones auec ses che
ualiers grecz combatist si saigement
et si fort que il desconfist xerces et ses p
sois en vne place appellee eure medo:
et contraingnit le roy a soy retraire en
son pays de perse. Pour les maleu
reuses batailles quil fist esquelles Il
perdist tant de hōes et des richesses les
persois le prindrent en hayne et despit
et tāt que depuys toute gloire et tout
honneur royal tellement lui defail
lirent que vng sien preuost apelle ar
cabanus auec sept siens enfans tres
fors et tresbardiz entreprint et osa en
trer par vng vespre dedens le palaiz
royal: Et apres ce:cestuy arcaba
nus couuoiteux et en esperant dauoir

pour luy le royaume de perse detren
cha par mēbres le roy xerces en despou
ueu/et quil ne se doubtoit point de
luy/ et par ainsi le desordonne orgueil
du roy xerces se euanouyt et deuit
a neant auec son sang espandu.

⁖

Le vii.chapitre parle cōtre
ceulx qui sont aueuglez de la
couuoitise des choses mon
daines. En ramenant a me
moire le miserable xerces roy
des psois et en louant la ver
tu de humilite/ et commēce
ou latin. Quis dolor et cete.

⁖

Ensez hōmes mortelz ql
douleur peust auoir le roy
xerces q cheut du tresbault
au tresbas pēsez qlle aueu
glesse. Quāt la terre treble nous lais
sons les citez et fuyōs aux lieux cha
pestres/affin q sur nous ne cheent les
edifices/ se vng cheual deslope rōpt
la barre de son estable nous contre
ferons isnellement les portes et les
huys/ se la riuiere saulte hors de ses
bors nous montons aux haulx lieux
affin que leaue ne nous attrape quāt
nous sommes malades nous depar
tons les medicins affin que plus lon
guement nous gardons la vye de no
stre petit corps. Se nous voyons
a nous venir les grans honneurs et
les estatz du monde/ nous leur allōs
au deuant/ et si durēt pou de tēps/ et
si perissent souuent lame et le corps
mais las moy cōe follement ie parle
quant ie diz q nous allons au deuāt
des hōneurs et grans estatz du mon
de/car ie deurope dire q quant ilz ne
m i

viennent point envers nous/Nous commetōus ardens de les avoir les pestons p̄ chault/p̄ froit/p̄ montaignes/p̄ roches/p̄ mers:p̄ mil perilz de nostre vie/p̄ barat/p̄ violences/par angoisses/par sueur/par travail plus grans que nous ne pouons porter.

Apres ceste grant aveuglesse nous cheons en une aultre: Car Il ne nous chault de considerer les nobles (par durables oeuvres de dieu: c'est assavoir le ciel noble ⁊ cler: Le soleil resplendissant: Et la lune blanche comme largent: les estoilles reflamboyans: ⁊ les autres pardurables aornemens du ciel qui environ nous tournent par continuel mouvement noꝰ desprisons dieu comme sil fut mensongier:⁊ si nous appelle par debonnaire affection pour nous traire avec soy/ Il promet pour certaine verite a touꝭ qui lensuyueront son royaume et sa gloire a q̄ iamais ne fauldront (noꝰ q̄ sommes apesantiz ⁊ chargiez p̄ Je ne scay quelle rage mortelle:noꝰ fichōs les yeulx de nostre entendement en terre (⁊ es choses terrieñes:noꝰ estouppons nos oreilles (⁊ si ferōs noz cueuꝭ en desprisāt les promesses de dieu:q̄ surmontent toutes aultres choses/ noꝰ qui croyons plus a nous mesmeꝭ q̄ a dieu cuidons q̄ toute delectation soit es choses mōdaines qui defaillēt (⁊ cheent/par ce q̄ nous ne regardons pas quel venin elle porte: ne a quelz trebuchetz elle soit subiecte:et si faisons une chose trop pire/qui est destruisement de nous:car noꝰ voyons ceste mondaine noblesse pourrir faillir (⁊ tourner a neant: et fichons nos yeulx noz oreilles et noz cueurs:et approuuons ceste noblesse comme se elle fust ferme estable et perpetuelle.

Helas ostons ung pou de nous ceste affamee couuoitise qui empoisonne/ et aueugle noz yeulx:et ostons folle cuidance:et en lieu delle metons en nous raison et sil nous ennuye de considerer le ciel et les autres noblesses et fermes ouurages de dieu/sil nouꝰ ennuye descouter les promesses diuines pource que nous ne les voyōs pas aux yeulx corporelz. Regardons au moins les choses qui chascun iour changent et bestournent deuāt noz yeulx. Et affin que le grant moulon dor ou dargent/ou le grant nombre des subiectz (⁊ varletz/ou le hault estat de la lignee/ou de la dignite mondaine ne deçoiue aucun cuidāt que ses choses soyent fermes et durables/prenons pour exemple le cas du roy xerces qui nagueres saillit hors de noz mains:car se nous cerchons les hystoires/nous trouuerons sans doubte que le roy xerces ait este le plus riche (⁊ le plus noble en grādeur destat royal/le plus puissant et a q̄ plus grāt multitude de peuple obeit que a autre. Tandis que le roy xerces orgueilleux et enfle pour la grandeur de sa royale maieste leuoit les yeulx au ciel. Et de ses piedz cuidoit fouller non pas seullement les hommes:ains mesmement cuidoit fouller dieu le facteur du ciel et de toutes choses/cestuy xerces fut de tresgrāt nombre de persois ordonnez pour cōbatre sur terre le peuple de grece/de ses p̄sois une p̄tie fut destruicte (⁊ occie p̄ le duc leonida acompaigne seullement de six cēs lacedemonois/laultre partie p̄ faim/(⁊ lautre par mesaise et lautre p̄tie p̄ tēpestes (⁊ oraiges du ciel. Le roy xerces fut aussi desnue dū grāt nōbre de ses p̄sois aprestez pour cōbatre en nauire sur mer p̄ cautelle (⁊ force de themistodeꝰ (⁊ de thimoneꝰ lors duc et capitaine des lacedemonois et si auoit xerces tant et si grant nōbre de nauires que Ilz couuroit presque toute la mer helleront. Et se les exēples cy tantost racōptees ne suffisent a monstrer p̄ les haulx et grans estatz ceulx qui chascun iour sont bestournez: Vecy vne autre exemple: cest assauoir que xerces q̃ auoit amene auec soy pseque tout le peuple deuãt sen fuyt hastiuemẽt ou riuage de la mer tout seullet courãt grant aleure xerces qui auoit acoustume de boyre en coupes dorees de pierres pcieuses et deuant qui len essaioit le vin: il fut cõtraint que il de sa propre main puisast leaue meslee de fange et dautres ordures distillee des charoignes de ses cheualiers occiz et murtriz: le roy xerces puysa de sa main et abuura soy mesmes: car de deux cens mil hõmes quil auoit auec soy amenez de perse ny auoit vng seullet q̃ luy tãdist a boire. xerces q̃ pauãt souloit aux roys comander et a tous princes du mõde fut contraint de humblemẽt supplier aux pescheurs de grece q̃ luy passassẽt la mer dun riuage a autre: xerces q̃ du tẽps de sa puissãce orgueilleux alloit par mer a si grãt quãtite de nauire que il couuroit presques toute la mer de helespont: il feust contraint de passer dun riuage a autre en vne nasselle a pescheurs: xerces qui vint en grece, enuironne de ducz et de barons senfuit tout seul sur le riuage de asie: xerces qui a tous ceulx de perse dõnoit grãt espance de victorieusement cõbatre et conquerir par armes plusieurs pays et maintes nacions: Et q̃ en grant estat saillit hors de son pays de perse auec deux mil hommes armez: il retourna diffame et honteux et auillene: et en lieu de triũphes et ioyaulx il rapporta en son pays douleurs et larmes communes. xerces q̃ poursuiuoit estre pl⁹ puissant q̃ le dieu apollo comãda q̃ on luy destruisist et desrobast son temple: et si croioit xerces q̃ apollo fust vng puissant dieu, combien q̃ lnen fust riens: et neãtmoins xerces fut murtri en sõ propre palais p son preuost arcabanus. Que nous

fault il plus dire, quelz exẽples nous fault il plus demander affin que nous soyons combien vallent richesses mortelles puissances terriẽnes et royaume temporel, quelz exemples aussi nous fault il pour cognoistre q̃ nous deuons desirer et querir et en quelles choses nous nous deuons ficher nostre esperance. Je laisse les curiositez cachees dedẽs les roys, p quoy la bieneurte de dehors est deffaicte et amoindry. Je laisse aussi de cõpter comme len doit ouuertemẽt cõe il aduiẽt aux roys et princes autrement quilz ne desirẽt. Se la souueraine maleurte de lomme est destre maleureux apres souueraine bieurte, il eust mieulx valu au roy xerces quil neust oncques eu si grans honneurs richesse, puissance, gloire ne dignite. Nous deussions doncq̃s oster de noz yeulx celle nyelle dignorance qui nous aueugle. Nous deussions rebouter de nous la couuoitise de vaine gloire, et nous deuerions esleuer les yeulx de nostre pensee, et extẽdre noz oreilles aux parolles de dieu, affin q̃ nous fussions embrasez des biens qui sont fermes vrays et pardurables. Humilite acõpaignee dautres vertus est celle qui appreste le chemĩ pour venir aux biens celestielz, mais que nous desprisons les vaines gloires de ce monde et honneurs qui tost perissent et faillẽt, se nous comme meschans delaissons le chemin dumilite, ainsi nous en prendra comme a lorgueilleux roy xerces, qui auec tout son ost fut desconfit par deux cheualiers, cestassauoir themistodes et leonida, car dieu a plusieurs themistodes et leonida pour nous desconfire et pugnir: combiẽ que nous ayons auec nous plus grant multitude de peuple q̃ nauoit le roy xerces: si nous trouuerõs nous despouilles de puissance corporelle ainsi comme fut xer
m ii

ces: se nous laissons le chemin du milite nous serons dechassiez iusques ou riuage de la mer: et si serons contrais de prier lorgueilleux marinier affinql nous passe: nõmie dune riue a aultre cõme fist le roy xerces ou riuage de hellespont qͥ encores auoit espance de meilleur prosperite: mais se nous de laissons le chemin du milite: nous de mourerons sur la riuiere de acheron le grant fleuue denser et illec ploure rons tous seulz touͦnulz et courouciez sans auoir espance de iamais auoir mieulx.

⁚

Le viii.⁵ contient les cãs de arcaban̾ noble preuost de perse de pallancus ducdes lacedemonois. et daulcũs autre͛ nobles maleureux hõmes: Et cõmence ou latin, Cõmot⁹ etc

⁚

Ce qui estoye esmeu et courouce cõtre la folie de nous hõmes mestoie vng pou assiz pour reprẽdre mon alaine aprꝭ le compte du cas du roy xerce⁵ et tantost ainsi cõme ie mestoye assie: Je fus enuironne de nobles hõmes courrouciez et ploũrãs pour leurs males ifortunes quant Je les regarday ie congneuz assez q̃ autres nobles que ceulx du pays dasie ont esprouue le desrochement de fortune: et que ses dars ont este gettez / nompas tousiours ne seullement contre les roys mais mesmemẽt contre qͣ lz ccõques hõmes mõtez en hault estat: Et les contraires turbillons de fortune se

font tandis esleuez cõtre le hommes selon la grãdeur et haulteur de leurs estatz. Et combien que ceste hystoire ait este mõstree ia piecã par les hystoires daucũs nobles ytaliens cõe dit est du roy tarquin lorgueilleux et plusieurs autres cy deuant racomptez / touteffois Je retourne a escripre les maleureux cas daucuns autres nobles ytaliens / et combien que ie soye ytalien ie escriptz enuiz les pestillences de ceulx de mõ pays / et puis quil ma este loisible ie me arresteray a cõpter le cas de arcabanus noble preuost de perse qui en esperance dauoir le royaume de perse tua le roy xerces q̃ en son regne auoit eu grat seigneurie. Cestuy arcabanus comme dist est ou premier chapitre precedent aduisa que le roy xerces a qui mal estoit pris de toutes les batailles qͥl auoit faites en grece estoit pource desprisie et vil tenu et hayneulx des persois et que de iour en iour sa maieste royale amoindrissoit / ledit arcabanus noble et puissant cheualier et preuost u roy e tout le royaume de perse et qͥ auoit sept filz fors et preux hommes darmes mist en soy esperance dacquerir ledit royaume / et cestuy Arcabanus estoit tant amy du roy quil etroit au palaiz toutesfois quil luy plaisoit. Affin donc quil ramenast son esperance a effect. Il acompaigne de ses sept filz entra dedens le palaiz du roy xerces / si pensa Arcabanus quil vendroit a son de fit mais que seullement les deux enfans du roy ne lempeschassent Cest assauoir daire et Archaxerxes. Lors pupilles et moindres de quatorze ans. Arcabanus faingnit que le roy xerces auoit este occis par daire son filz qui lors estoit adolescent / affin que daire ne venist au gouuernement du royaume de perse / et aussi ledit arcabanus admonnesta a Archaxerxes de

fueillet lxxxi

occire son frere Daire a qui il mettoit sus quil auoit tue son pere xerces si e uopa son frere archaxerxes gens ar mez en la maison de soh frere Daire qui fut trouue comme dormant, & il lec fust occis. Apres ce que arcaban⁹ vit que des deux enfans du Roy xer ces ny auoit q archaxerxes, il doub tamoult comme il prendroit le roya u me pour soy Et en ceste chose faire il se creignoit que les seigneurs de per se ne luy contrariassent. Les nobles doncques du royaume furent asse bles a conseil: & entre les autres fust ung appelle Vaccarius qui au Jeune Roy descouurist toute la chose com me xerces auoit este tue par arcaba nus: & que par faulse suspection Il a uoit fait occire Daire lainsne filz de xerces: & oultreplus dist Vaccari⁹que arcabanus espioit comme il le pour roit occire. quant archaxerxe^s cogneut les choses faictes & entreprinses p les dit arcabanus il q moult creignoit ar cabanus pour le grant nombre de ses sept filz quil auoit tresfors & treshar diz: & pource le landemain fist ung e dict que tous les nobles de son pays venissent en armes deuant luy come pour combatre: affin quil congneust le nombre de ses cheualiers, et aussi la vaillance & prouesse de chascun de eulx. Or aduint que entre les autres cheualiers de perse fut present arca banus en armes le Roy archaxerxes feingnyt quil eust trop court hauber ion si lui dist quil vouloit changer a lui & arcabanus ignorant de la chose des ceingnyt son espee & sa dague po⁹de uestir son hauberion, & donc archaxer xes loccist de son espee tadis ql se des pouilloit: & les sept filz furent de par le Roy prins & retenus en prison: & il lec mors. Arcabanus qui pour estre Roy de perse auoit grant commencement fina maleureusement ses Jours: & ses sept filz aussi. Je me feusse aussi vou

lentiers destourne sans compter le cas de pallancus tresancien duc des lacedemonois, qui es hystoires sont autrement appellez spartains lequel Je trouue ou millieu de mon chemi qui se complaignoit pour ce que ses citoiens de tharance le banirent & en uoyerent en exil en la cite de brandis Apres doncques la mort de ligurgue Roy des spartains autrement appel lez lacedemonois, ausquelz il donna loix pour iustement eulx gouuerner et bien viure, les spartais deuindrent puissans et riches et tant quilz mene rent guerre et firent contre les messe niens, qui auoient lors prinses et es forciez les filles vierges des spartais tandis quilz se occupoient en ung sol lennel sacrifice de leurs dieux, les spar tains eschauffez de ce ger ung tel in iurieux meffait firent grans & estrois sermens que ilz ne retournerpyent iusques a tant quilz eussent prinse et desconfite la cite de messenne, & oul tre ilz prindrent voulente de prier a leur dieu quil les mal dist silz faisoi ent le contraire. Ceste chose fut le cominancement de toute la discensi on de grece, et fut cause et naissance de bataille cruelle. Or aduint que les spartains contre ce quilz pensoient demourerent par dix ans deuant la cite de messannez, et se complaigni rent les femmes spartaines & mande rent a leurs mariz quilz retournassent sans les plus laisser comme vesues et quilz laissassent le siege, les spar tains aussi aduiserent que par long siege Ilz nuysoyent plus a eulx que au messannois leurs ennemys, car les spartains qui sans leurs femmes tenoyent le siege veoyent que les mes sennois assiegez et estans auec leurs femmes tousiours engendroyent en fans q deuenoyent habilles po^ur de mener souuent la guerre. Les spar tains doncques entre eulx esleuret

m iii

aucuns iouuenceaulx pour continuer le siege qui estoient procreuz et venuz desperte depuys que les spartains leurs peres auoient iure le siege: si renuoyerent les iouuenceaulx ou pays desperte & leur donnerent congie de coucher auec leurs femmes entrechangeement: affin comme ilz pensoient, ou temps aduenir leurs femmes concepuent plus tost se elles estoient esprouuees de plusieurs hommes: les enfans que ces iouuenceaulx engendrerent es femmes desperte furent appellez spartains: cestassauoir engendrez de ventres diffamez. Apres ce que les spartains adulterez furent en laage de xxx. ans: pource q̃ nul deulx nauoit esperance dauoir la succession de leur pere ilz doubterent de cheoir en pourete si esleuerent vng seigneur et duc appelle palantus filz dudit aracus noble & saige cheualier spartain, par lauctorite & conseil du q̃l les spartaines comme dit est auoient peuoyez les Iouuenceaulx en leurs maisons pour engendrer lignie. Ilz esleuerent pcelluy palantus: affin q̃l fust acteur & moyen du bien & de lonneur quilz esperoient ainsi comme son pere aracꝰ auoit este cause de leur naissance. Ces partenois auec leur duc Palantus, se myrent a chercher & q̃rir pays conuenable pour demourer: & a leur departement oncques ne saluerent leurs meres: car pour desdaing de leur aduonstrie: ilz reputoient leurs meres ifames come Iumens qui a tous cheuaulx sabandonnent Apres quilz furent partiz de lacedemonie: & quilz eurent souffert griefz trauaulx & dures aduentures ilz vindrent en ytalie vers la cite de tharante: qui est ou pays de puille: si prindrent latour de la cite par violence de bataille: ilz de chasserent les anciens habitans: et apres prindrent & occuperent la cite, & illec demourerent. Palatus doncq̃s duc et seigneur de tous eulx et de toute leur cite trouua fortune doulce et sauourable a luy, & aux siens, car il parauant cheualier deuint duc et seigneur de grãt peuple & de noble cite, combien q̃ par assez long temps il eut celle doulce faueur et grace de fortune, neantmoins apres plusieurs ans elle se changea enuers luy qui ia declinoit en vielesse, car les ptheinois possesseurs de tharante vindrent en sedicion et discord, et de fait iniustement bannirent ledit palantus qui fut contraint de soy en aller en exil en la cite de brãdis. Par ainsi les ptheinois ingratz et descognoissans getterent leur duc palatus hors de la cite de tharẽte qui par sa subtillite et prouesse en auoit gettez et ostez les anciens tharentins, et si auoit donne celle cite aux partheinois qui pauant estoiẽt dechassiez de leur pays de grece. Et tandis que ie aloie pour escripre & compter le cas de apius qui pour ce me hucboit & dõt ia uoye grãt voulente, ie vy vng noble consul romain appelle ceso quincius filz du noble dictateur quincius cincinatus dont tãtost cy apres sera faicte mencion. Cestuy ceso en complaignant affermoit que p les rommains il auoit este iniustement condẽne et enuoye en exil, pource que seullemẽt il auoit este tardif ou negligẽt de soy deffendre en vne cause ou il estoit appelle, & neantmoins son pere appelle cicinatus paia lamende de ceso son filz troys arpens de sa terre: il qui seullemẽt pauant en auoit sept. Je passay donc oultre sãs plus parler dudit ceso pource q̃ tãtost apres ie ouy graccus cloelius le prince des equoys qui mauldissoit ses dieux et dame fortune. Pour clerement entẽdre quelles gens sont equoys, il est assauoir que entre les aucuns du monde il est vne nacion qui selõ diuers tẽps fut diuersemẽt nommee, car les equoys premieremẽt fu rent nōmez thimois secondemēt anathois: et tiercement ilz sont nōmez equoys: pource que ou temps du grāt alexādre Roy de macedoine lesequoys q̄ lors auoiēt et ont encores cheuaulx tres legiers et tost courans luy firent grans resistāces ores du mōt cauthasiis: les equoys q̄ demeurent pres des gectois nōpas loing de la riuiere appellee thanais: qui presq̄ est glacee en tous temps: p̄ xxx. ans tindrent tout le pais dorient en captiuite et ramenerent en seruitute tout le pays degypte et dethiope. Et desait ledit graccꝰ prince et seigneur des equoys soubz la seigneurie des Romais ilz esleurent destre eulx qncius cicinatus hōme de petit estat et q̄ seullement auoit quatre arpens de terre que Il mesmes labouroit de quoy il viuoit luy et sa fēme et ses enfans. Licinatus dōcques fut esleu dictateur de Rome et luy fut baille vne cōpaignie de gēs armez pour aler contre graccus lors cōe dit est prince des equoys. Cestuy cicinatus apres plusieurs batailles cautement et victorieusement faictes obtīt plaine victoire: et tant q̄l desconfist gracus et les siens: et fut amene prisōnier en signe de triumphe deuāt le chariot dudit cicinatus: et audit graccus fust ostee toute seigneurie: et apres il fust mis en obscure prison: en laquelle Il fina ses iours cōe poure dolēt et tormēte. Aps ce q̄ ie eu racōpte le cas de gracus prīce des equoys: ie appceu deuāt moy apiꝰ claudiꝰ lun des x. Juges de la cite de Rome cōbien q̄ apiꝰ estāt en ma presence pour sa honte couurir baillast la teste enuelopee dun manteau et q̄ estoit vestu dune orde robe/ Il ne sonnoit mot aussi pauēture q̄ Je ne le congneusse mais ie me delectay en la misere de luy/ car il q̄ pauant estoit facteur et maistre de ordōner les loix pour gouuerner Rōme et le pays et peuple subiect a elle: il deuīt par let

fueillet lxxxii

d'orgueil et de luxure/pour tāt ie vis dray Bouletiers a escripre ses maleurtez affin que ie luy face hōte et aux autres faulx iuges q̄ a luy ressemblent.

Le ix. chāpitre contient le cas de apius claudius qui en son temps fut vng des iuges de romme ayant le gouuernemēt de la chose publicque. Et cōmēce en latin Claudiorum familiam et cetera.

Ɫ est assez cler p̄ les hystoires rōmaines q̄ la lignee des claudies pmieremēt vīt a rōme dun chasteau des sabinois appelle orgillon. Aps q̄ les roys furēt boutez hors de rōme po' loutrage q̄ fist le filz du roy tarquin lorguilleux quāt il p̄ force corrūpit la treschaste lucresse/ceste ligne des claudies vint a rōme pour escheuer vne sedicion et discort q̄ lors estoit entre le citoiens sabinois/ et de ceste lignee estoit le cōduyseur vng sergēt appelle accꝰ claudiꝰ q̄ aps eut nō apius claudius. Ceulx de celle lignee furēt receuz et escriptz es liures des nobles hōes rōmaines et dicelle lignee naquirēt en diuers tēps plusieurs hōmes nōmez apius/qui tous furēt ennemis et cōtraires au menu peuple de Romme Apres doncques q̄ les messagiers de rōme furent retournez dathenes/ et quilz eurent apportez a Romme les loix faictes p̄ les saiges de grece il aduint que les dix consulz qui parvāt gouuernoyent Romme furent ostez et en lieu des dix consulz furent Insm iiii stituez dix hommes iuges: affin quilz escripuissent en langaige latin lesdictes loix ainsi que ilz sereoient quil seroit conuenable pour gouuerner la cite et le peuple: et a ses dix hommes iuges ainsi instituez fut baille auctorite et pouoir denforcir et conferer les loix par le consentement des trois estatz de Pomme: et auec ce ausditz Juges fut baillee tresgrande puissance de congnoistre et iuger de toutes choses sans appeller deux ne de leur sentence. Et lung de ces dix hommes Juges fut appelle apius qui come dit est fust du lignage des claudiens: pource fut il surnomme claudius. Cestui claudius et ses compaignons tindrent si attrempeement la seigneurie de Pomme: et si escriprēt si amesurement les loix selō la couenableté des choses que il sembloit aux citoiens de rōme: q apres la fin de cestup an on instituast a rōme une office semblable pour lautre en aps ensuyuant. Apius doncqs hōe dorgueileux esperit et surpris de la doulce² dicelle seigneurie comēca a mettre tresgrāt diligence de demourer oudit office: et tant q par le maintien de lui les dielz citoiens de Pōme apperceurēt legierement quelle pouoit estre la pensee de apius claudius. Affin q par la longue cōtinuacion dicelle seigneurie Il nauenist qlle semblast estre ppetuele a aucun hōe: les anciens de Pomme par une subtilite essaierent a rebouter la mauuaise couuoitise de apius: combien que la subtilite ne proffitast rien a ce: a se consentirent les anciens de Pomme que audit apius fussent commises lesdictes elections de dix iuges po' lānee aduenir a q selon son iugemēt il nōmast dix hōmes lesqlz Il penseroit estre plus prouffitables au gouuernement de la cite a au peuple de rōme. Les baillās rōmmains pēsoient que iamais ne aduenist q la

honte de apius fust si excessiue en desconuenable desir q il nōmast soymesmes pour estre lun des iuges/mais il nest chose que ung homme nose faire quant il est desirāt ou couuoiteux dauoir seigneurie mōdaine. Apius dōcques mist hors toute honnesteté et cōtre lesparnce des anciēs rōmains il nōma et signa soymesmes deuant tous les autres iuges de lannee aduenir et adroit considerez ceste chose que fist apius fut oultrageuse et enorme nom pas seullement au regard des romains qui encores estoiēt lors plais dune sainte rudesse et dune bōne attrepāce/mais ceste chose que fist apius estoit orguilleuse et enorme cōtre quelzconques gens cruelz et viuans en tyrannie. Cestuy apius hōme couuoiteux ne cuida pas auoir assez fait en eslisant soymesmes/ Mais il fist une autre desordonnance/ car ceulx qui parauant auoient este en loffice/ auoient acoustume de faire porter deuant eulx lun apres lautre entrechāgeement banieres de leur seigneurie/mais cestui apius uoult quilz portassent banieres chacun par soy / Et aussi grant nombre comme ilz souloient tous ensemble/ et par ainsi en lieu de douze sergens qui parauant portepent harches et banieres deuāt eulx furent ordonnez cent et vingt pour estre en la couert pour aller deuant eulx/et tant fut que le peuple de rōme et les nobles aussi eurent paour de veoir tāt de varletz tous armez Apius doncques fut moult orgueilleux et esleue tant pour sa malice/ cōme par la souffrance des citoiens de Pomme/ et par le grant nombre des sergens armez fut tel quil ne sēbloit pas estre Juge publicque/mais sembloit mieulx estre Pop. Et cellup iuge auec ses compaignons commēca a punir aucuns / et les autres laissoit aller sans punir / Il esleuoit les

fueillet lxxxiii

ungs et abaissoit les autres et faisoit toutes choses selon son plaisir ⁊ sans raison sans equite sans iustice. Tandis que apius ⁊ ses compaignons ainsi gouuernerent la cite et le peuple de romme il aduint que les Rommains meurent et firēt guerre cōtre les Soulques une gent de toscanne et contre les equoys pres de la cite algidun et pour guerroyer contre les Solques ⁊ ses equoys furent enuoyez les neuf iuges cōpaignons de apius en neuf diuerses prouinces chacun diceulx acompaignez de sa legion de hommes/et par ainsi demoura api⁹ tout seul iuge et gouuerneur a Romme. Affin doncques que apius desloyal homme trebuchast du hault estat ou il estoit monte par sa malice/il aduīt ou par la fortune des Rommains q̄ souloient que le trebuchement de apius aduenist/ou par liniquite de lui qui procura son malheur/que cestuy apius getta ses mauuais et deslopaulx peulx sur une belle pucelle apellee Birginea fille de Birgini⁹ ung cheualier rommain ⁊ tant que de la beaulte dicelle pucelle apius fut tres souuent esprins/apres ce que le cruel apius eschauffa en luxure/et quil ne peut aucune chose faire pour ses doulces parolles/ne par ses dons quelle refusoit/il pensa que pas nestoit chose seure de user de uiolence manifeste/pource que Birginea estoit fille de lucius Birginius hōme cheualereux/ mais neantmoins si estoit il homme de bonne renommee ⁊ hōneste estat/ et de grant couraige quant la chose le requeroit/et pource aussi que Birginea estoit espouse de lucius Stiliⁿ lors tribun du peuple ieune homme fort ⁊ aspre et tourna apius son engin a barat/affin que a son plaisir il usast de Birginea/et tant fist que il suborna ung sien sergēt appelle marcus clau dius.affin quil dist et maintenist que ladicte Birginea fust sa serue.et que il la print comme siēne quāt elle passeroit par le palais.et que se elle contredisoit que ledit sergent la fist uenir en iugement par deuant ledit apius.ainsi comme apius eut ordonne la chose/ ainsi fist le sarlet sans tarder q̄ tres peu. La pucelle doncq̄s prinse ⁊ esbaye plourant et gemissant appellant les hōmes a sen ayde fut amenee deuāt le siege de apius le iuge. Cōe publius minitorius ayeul de la pucelle et lucius Stilius son espoux feussent uenus deuant apius seant en siege. Ilz dirent plusieurs parolles en proposant la faulce querelle proposee cō tre Birginea.et a peine ilz obtindrent que la sentence fust retardee iusq̄s au retour de Birgineus qui estoit au siege.et contre lesperance de apius ledit Birginius house et tout sangeux uint hastiuemēt en la court auec Birginea sa fille.et combien que Birginius araisonnast ⁊ requist les rōmains pour soy et pour sa fille.toutesfois il les araisonnoit et requeroit plus poʳ la franchise publicque affin q̄ les rom mains ne laissassent perdre ⁊ amoin drir leurs loix. Et aussi lespoux ⁊ layeul de la pucelle q̄ auec eulx auoyēt leurs parens et amys.les citoyens il lec se assemblerent de toutes pars.et apres apius uint en siege. et depuis que le sarlet en pou de parolles eut formee sa demande.par quoy il req̄roit que Birginea luy fust aiugee come sa serue. Le iuge apius par son or de bouche prononca sa sentence sans ouyr la deffence de Birginius le pere de la pucelle.et adiuga ledit apius la dicte Birginea estre serue de son sar let marcus. O noble iuge.o gētil facteur des loix. Je ne scay se ie dye se en faisant ce noble iugement tu aies receu le conseil de cacus le iuste et noble roy de thessaie.de qui les poetes faingnent que apres sa mort il a este ordonne de par les dieux aestre lun des iuges defer. pource que cacus en son temps garda iustice et fist vrays iugemens enuers ses subgetz. et si ne sca y aussi se tu ayes prinse de destoy ceste puante luxure en la planette de ven°. qui est lune des sept planettes qui encline les hômes a ribauldie et a luxure. Tous les rômains qui au iugement furent presens se esmerueilloyent pour la desloyalle sentence. et apres que Virginius courroucie et esmeu eut dit plusieurs parolles en reprenant la desloyalle sentence de apius qui compte nen tenoit. tantost le varlet vint a la pucelle et la voult saisir et prendre côme sa serue adiugee a luy. mais apius commâda au peuple q̃ illec estoit assemble que len fist soye a Virginius pour venir parler au siege. Et apres Virginius impetra ung pou de congie pour venir parler a la pucelle. et aussi a sa nourrice po' enquerir a la verite. et les circôstances de la chose. Apres que Virginius eut tyree sa fille pres dune maisônette priuee ainsi côme silsoulsist parler a elle. Il apres happa ung cousteau de lestat dun bouchier. qui illec estoit et occist Virginea sa fille. Et en plourant dist Virginius. O ma tresamee fille Virginea. Je garde ta franchise par telle maniere et soye comme ie puis. Et adonc Virginius moult trouble dist au iuge apius qui regardoit la besongne. Je sacrifie dist il toy et ton chief par le sang de ma fille innocent. Car parce que iay occis ma fille innocente et que iay espandu sang. Je donne exemple aux rômains quilz doiuêt sacrifier aux dieux toy et ton chief comme mauuais et coupable. car il nest sacrifice plus aggreable aux dieux q̃ le sang dun tyrât ou dun iuge desloyal. Apres ces choses ainsi faictes et dictes Virginius tira hors le cousteau de Virginea sa fille et de la place le chault

sang decourit, et par le cousteau que Virginius tenoit il se faisoit donner voye de toutes pars. puis il retournant au siege saillit hors de romme a compaigne de plusieurs citoiens. Pendant ce temps grant bruit et noyse se faisoit a lenuiron du corps de la pucelle occie / et dautre part se faisoit le cry des femmes rommaines / et aussi du mari et de layeul de la pucelle. Adonc ilz prindrent le corps et le monstrerent aux gens qui enuiron trespilloient et prescheoient la cause de tel horrible meffait et si agrandissoient le meffait par leurs parolles. Virginius vint au siege des rommains deuant algidun / et Stilius lespoux de Virginea par laide du peuple des rômains eschappa des mains des sergens de apius / et hastiuement Stilius sen alla par deuers les sabinois et leur racompta la violence la ribauldie la deshonnestete et le violent iugement de apius par telle complainte comme Virgini' lauoit racomptee aux rommains estans en lost deuant la cite algidun / et si compterent toute la chose qui sen estoit ensuyuie / les gens darmes du siege soubdainement se esmeuerent et delaisserent leurs pauillons tênduz et se rangerent en bataille / puis vindrent tous armez ou mont aduentin qui est lune des sept montaignes de Romme / par quoy il est assauoir que comme Romulus estant en lâge de dixhuyt ans et se fust mis a rober auec les bergiers denuiron le pays ou maintenant est romme. Romulus edifiia vne petite cite sur le mont pallantin quatre cens dixhuyt ans apres la destruction de trope / et icelle cite appella Romme / apres tullius hostilius y adiousta le mont celius / apres sancus marcus y adiousta le mont aduentin et le mont ianiculus / et seruius tulli' y adiousta les trois autres montaignes. Et par ainsi dedens Romme sôt encloses vii.montaignes entre lesqĺes le mont aduētin est appelle le sait mont/pource que le peuple dillec sen fuyoit en refuge quant aucun empeschoit ou troubloit la franchise comune qui est le plus sain et le plus noble don que nature donne a hōme Tout le peuple de romme voyant lost soy retournant du siege sen acourut la. La cite de romme vuyde de tout le peuple sēbloit estre deserte ne le peuple ne se voult allyer aux nobles iusqués a ce que les dix iuges eussent renoncie a leurs offices ꝗ que les nobles eussent ordonne a romme loffice de tribuns pour gouuerner le peuple/et aussi quilz eussent recouure tous les droiz qui auoient este ostez au peuple par les dix iuges. Et par ainsi apius et les autres ix.iuges ꝗ ses cōpaignōs furent gettez de leur hault estat ꝗ de toute dignite ꝗ aduint que apius paoureux et priue doffice ꝗ de dignite doubta Virginius ꝗ les siens combien que parauant il comme orgueilleux les eust espouantez/car apres se ꝗ apius fut prive de son office de iuge ꝗ que la puissance des tribuns du peuple fut confermee/iour fut tantost assigne audit apius de par Virginius ia lors ordonne en loffice de tribun/ apius vint deuant le siege de Virginius et de ses compaignons tribuns du peuple pour dire et plaidoier sa cause. Il regarda Virginius seant ou pl9 hault lieu/et que il estoit sur ses piez au pl9 bas lieu et il aussi regarda que puys que Virginius priuee personne auoyt reprins la tyrannie et luxure de luy/ Lors gouuerneur de rōme ꝗ que Virginius delaissant toute pitie qui seult estre de pere a fille auoit cōe cruel vēgeur occire sa propre fille ꝗ prit sur elle vēgāce pource ꝗ mauuaisemēt elle auoit este iugee estre serue. Apius lors estāt sās office ꝗ sās dignite peust pēser ꝗ sōcouraige ꝗ Virgini9 estoit asp̄ iuge et luy seroit cruel. Veu quil auoit voulu corrumpre la chastete de sa fille Virginea. Les nobles iouuēceaux romains estans a lenuiron de apius et qui pour luy prioyent.ne les appeaulx que apius ꝗ ses amys faisoient de tribus au peuple.ne les prieres du ancien oncle que apius auoit ne peurent tant adoulcir la rigueur des tribuns que apius qui auoit nagueres iniustemēt refuse descouter Virgini9 ne fust selon droit traine en prison et lye d̄ chaines p les serges des tribus par le commādement d̄ Virgini9 lors p̄mier tribun de rōme.en quoy apius souffrit tresgrant confusion ꝗ honte et fut condemne de demourer en prison iusq́s au iour qui luy fut assigne pour dire sa deffence.Le tresfort iuge ainsi lye en prison aucucufois ramenoit sa memoire la gloire de sō hault estat p̄mier ꝗ la renōmee du lignaige de ses p̄decesseurs. autrefois luy souuenoit cōme il desert et dessaisi de toute puissance et couuert du deshoneur et de diffame.Affin doncq́s que plus oultre il ne ordoyast ne soy ne son lignaige par la condēnation quil attēdoit auoir de par Virgini9 hōme ignoble.et si sçauoit apius que le peuple auoit grāt ioye de sō meschief. Il mua courroux en raige ꝗ occist soymesmes en la puanteur de la prison ꝗ des chaines dont il estoit lye auant que le iour venist qui luy estoit assigne pour proposer a sa deffence. Icy est assauoir ꝗ lancienne gent payenne auoit eue erreur cōmune cestoit que les ames de ceulx qui iniustement mouroyēt iamais ne cessoeint daller dun lieu en autre iusq́s a ce que vengence fust faicte de ceulx qui lauoiēt occie comme innocente.Affin doncq́s que lame de Virginea pucelle fust appaisee p̄ vng entier sacrifice il aduint que spurius compaignon de apius mourut ꝗ fut puny de ce mesme tourment ainsi cō

me apius. pource q̃ ledit spuri⁹ estoit
compaignon doffice q̃ si sestoit cōsen
tu au meffait de apius. et les autres
iuges demourerent en vie. et marcus
claudius harlet dudit apius qui par
tresmauuaise cause demādoit virgi
nea cōme sa serue furēt tous neuf en
uoyez en exil. et les biens tant de api
us cōme de spurius furēt confisquez
de par les tribus du peuple. O fran-
chise de rōme tu estoyes tresbiē euree
et si pouoyez dicter ppetuellemēt se
tu eussent este soutenāt que tu q̃ par
deux fois estoyes rachetee par le cha-
ste sang de lucrece et de virginea. tu
fusses rebellee q̃ eusses prinse si aspre
vengence contre les princes abando-
nez a luxure toutes les fois q̃ les cas
y aduenoient. mais riens ne vallent
les regretz que ie fay pour la perte de
la frāchise de rōme q̃ des autres citez
car nous hōmes mortelz ne poudz se
courir ne pourroit aux choses qui doi
uent cheoir et perir par le iugemeut
de dieu.

Le .x. chappitre blasme q̃
reprent les solz legistes en
especial ceulx qui desprisēt
la science de philosophie et
se estudient a baratz et ca-
uillations pour deffendre
mensonge cōtre verite. Et
cōmēce ou lati. Erāt q̃ q̃c.

E auoye cōsidere plusieurs
laidēges assez pertinens de
apius le desloyal legiste q̃ ia
dis iuge de romme. Mais vng grāt
troupeau dautres legistes plains et
comblez de tous vices q̃ deuāt moy
estoyēt moult destourne de parler cō
tre apius. Et par ainsi iay hastiue-
ment tourne mon iuste et honnest
courroux contre les legistes de main
tenant. Et certain est que les ancie
souloiēt pour aprēdre les loix ordon
ner aucuns hommes tres meurs e
aages et en coustūes q̃ bien instruitz
en la saincte doctrine de dame philo
zophie affin quilz comprissent les su
tilz cas contenuz en droit ciuil/ et nō
pas seullement affin quilz retenisse
par cueur les textes des loix/ Mais
principalement affin que par meure
te de bonnes coustumes q̃ congnois
sance de vertuz q̃ par hōnestete daage
ilz accordassent leurs vies aux com
mandemens des loix/ ie ne vueil i
icy recorder telz legistes comme furē
foroneus roy des arginois qui p̃mie
ordonna loix q̃ iugemēs/ q̃ minos roy
de grece/ ou mercure roy degipte/ o
le saige solon dathenes/ ou ligurgu
roy de lacedemonie q̃ autres vaillā
hommes estrāges car il eut trop grā
difference de ceulx cy aux legistes d
maintenant. Les rommains aussi a
pres le decheement des roys eurēt
certains legistes restoit le desloyal a
pius auec ses ix. compaignons q̃ aus
sempronius/ saphir/ cathon/ censory
nus q̃ plusieurs semblables homme
soubtilz. mais ceulx de maintenan
ilz arrachent des mamelles des nou
rices q̃ natēdent pas quil saichent le
petites reigles de grāmaire nomm
pour mettre les enfans a lescolle de
femmes dissolues par quoy les sain
ctes loix sont corrūpues q̃ aneantie
Aucuns mensongement sefforcēt d
monstrer que len mette les enfās ie
nes a aprēdre les loix affin que les ie
nes hommes aiēt plus ferme memo
re des loix quilz auront aprinses tan
dis que ladge est tēdre/ mais ony mē
les hommes en ieunesse affin quilz se
forcent plus au crime dauarice/ ain
comme mesmement le confessent
hault cry les legistes q̃ ont robes ba

fueillet lxxx8

dees dor/ꝗ qui montent es chaeres et es pulpitres pour lire argumens de philozophie ainsi comme silz ne seruis sent de riens ꝗ si laissent les particu lieres vertuz dont le cours de iustice est composé ꝗ les meurs des hōmes pe formez en mieulx/ꝗ si dient les legi stes de leurs bouches puātez ꝗ des hō nestes parolles laissons diēt ilz les de monstracions ꝗ soubtilles raisons de philozophie se sōt choses supflues ꝗ si ne apprennēt mie pain a gaigner/ꝗ p ainsi quant il ne souffist mie a ces le gistes asnes sauuaiges attournez de beaulx harnois despriser philosophie dont ilz ne sceuent riens ilz sefforcēt tant quilz peuent de ordoier philozo phie par la tache de diffame. Les le gistes de maintenant sefforcent de ef fondrer les loix sainctes ꝗ simples po faire venir auant les plaidoiers des causes criminelles et ciuiles/et par cauillacions ilz sefforcēt de faire les plaiz immortelz ꝗ perdurables ilz ma gnifient ꝗ louent et appellent celluy aduocat tres bieneureux qui par ba ratz cachez et par mauuaises fraudes scet deffendre longuement vne men songe encontre verite/ilz honnourēt et prescent et exaulcent celluy qui par aucuns baratz a plus gaygne de richesses mōdaines/ilz dient dun tel aduocat quil est le pere des loix ꝗ quil est coffre de droit ciuil. O iusti ce de dieu qui tant est roide q̄ oncques ne ployas/et si souffres longuement les legistes ꝗ les iuges telz cōme fut apius. Les legistes et iuges en leurs offices ont certaine discipline selon leurs loix dont ilz vsent si diuerse ment/mais ie ne scay se cest discipli ne denquerir la verite des choses tou chans les plaidz/ou se cest discipline de pain gaigner ou tollir a aultruy. Entre les offices des legistes les au cuns sont assesseurs/ cest a dire cōseil liers qui tousiours sient pres du iu

ge pour ouyr ꝗ conseiller le iuge prīn cipal sur les causes dont len playde deuant luy les autres sont appellez iuges qui sient ou siege pour absoul dre ou pour cōdemner les parties qui deuāt luy plaidēt. les autres sont ap pellez aduocatz qui en iugement de meinent les droitz des parties pour qui ilz prennēt la deffence. et sont ces aduocatz autremēt nōmez patrons. De ces assesseurs iuges et aduocatz les mains sont courbes. les yeulx sōt ribaulx. ꝗ leur corps tresfort abōdant en luxure. leur cueur est dur comme roche. Ilz semblent meurs et graues mais ce nest que fiction. Ilz ont la lā gue emiellee et leurs dentz sōt dures cōme fer. et a brief parler ilz ont si des ordonne appetit a assembler or et ar gēt quilz ne sen peuēt saouller. ꝗ po tant dy ie mais ie lentens au cōtraire que la chose publicque du pais de ita lie qui seullemēt obeyt aux loix de lē pereur est bieneuree puis quelle a ain si saintz aduocatz cōme fut apius et les semblables. et puis que italie est gardee de puostz ꝗ baillifz si iustes cō me fut apius. ꝗ puis que de la gent de italie est instruicte ꝗ enseignee de si re nōmez docteurs cōme fut ledit apius Or te haste donc toy peuple de italie de marier tes filz et tes filles. puis q̄ tu es seure q̄ tes assesseurs tes iuges et tes aduocatz ne souldroyēt corrū pre les saintz mariages neantplus q̄ fist apius le desloyal legiste. O peu ple de italie nourris diligemmēt tes pucelles et metz nōnaines en religion et en cloistre. puis que tu es seure que tes assesseurs tes iuges et tes aduo catz ne les souldroient depuceler ne aputir. neantplus que fist apius le iu iuge desloyal. O peuple de italie a masse seurement grant tas dor ꝗ dar gent. laboure seurement tes terres ꝗ tes vignes. fay seuremēt se tu veulx amples et haultes maisons. ordonne seurement et signe a selle ton dernier testament et assemble possessions et richesses au mieulx que tu souldras. car les iuges q sient sur les haulx sieges pour iuger les causes sont auarice a de luxure plais. et les aduocatz qui conseillent les parties qui plaidet sont mensongiers et barateurs. et p ainsi en lieu dun seul mauuais iuge apius que les anciens romains perdirent. le peuple de italie en a recouure sans nombre. par ce que le peuple na pas este esueille a punir les mauuais ainsi come furent les romains esueilliez a punir apius a ses complices.

:

Le .xi. chappitre racompte en brief le cas de Demostenes et micheas ducz des atheniens de ciuilius Duc des equops/ de spurius melius capitaine des ges darmes a cheual de rome. Et de laretes roy de coulongne Et comece ou latin. Non. insiciar ac.

I
E confesse come vray est q ie mettoie courroux en mon couraige otre les desloyalles euures de ceulx q oultrageusement ou temps de maintenat se diet graduez et expers en droit ciuil. mais ie me suis appaise pour l'onneur et reuerence daucune pou de vaillans anciens homes q ont eu plaine cognoissance des loix et dont il appt par le tresler mironer de leurs bonnes euures. q des leur premier daage ilz ont este meurs et attrempez. si tournay mon couraige et mes yeulx pour briefuemet descripre

les cas des nobles qui me venoient a lencotre crians a plourans pour leurs malles fortunes. Et deuant les autres malleureux qui venoient apres le desloyal apius ie apperceu demostenes a micheas iadis nobles ducz des atheniens et qui en vng mesme temps furent gouuerneurs de toutes leurs batailles. Le Duc demostenes comptoit son dolent cas a disoit comme vray est que en lisle de scicille qui autrement est appellee secanie iadis habita vne maniere dommes appellez les ciclopes/ qui ou milieu de leur front nauoient que vng oeil a demouroient es cauernes de la montaigne ethna a vsoient pareillement de chers dommes come de autres chers. Apres doncques que les ciclopes furent occis a dechassiez de lisle de scicille vng appelle cocalus posseda a tint gracieusement a bien le royaume de scicile. Apres la mort du quel chacune cite par soy fut occupee dun particulier tyrant/ mais tant fut que les enfans dudit roy cocalus furent baillez en tutelle a michalus vng loyal seruiteur dudit roy/ lequel roy en son viuant par son bon a gracieux gouuernement tant desserui enuers ses subiectz que ilz eussent plus tost receu michalus en seigneur que ilz neussent refuse la seigneurie des enfans dudit Roy. Or aduint apres que les cartaginois tendens a la seigneurie de scicile/ illec firent pesantes guerres cotre les tyrans des citez de scicile q au dernier les cartaginois perdirent leur bon Duc amilcar/ a par ainsi les sciciliens vesquirent par aucun temps en paix/ Mais apres que par plusieurs batailles les tyrans furent dechassiez des citez de scicile/ les cyracusais soy gouuernans a peuple traicteret si durement les cathemois que ilz comme constrains demanderent aide aux atheniens/ affin quilz se ostassent de la seigneurie des cyracusains & les atheniens pour faire ayde aux cathemois envoyerent ung noble homme cappitaine nommé Demostenes/ qui avec son ost tant par nauire comme sur terre fut desconfist tant par les cyracusains côe par les lacedemonois leurs aydans & amys/en tant que tout lost de demostenes fut tout ou detrenché ou prins & enchayne/Mais il qui dit fortune estre côtraire a soy & a ses gens affin a moins quil fist ce que ung fort homme pouoit faire il se contregarda destre mort ne emprisone par ses ennemys les cyracusains/car il de son plain gré occist soymesmes/Mais le duc Micheas par enhortement ne fist pas comme auoit fait son compaignon de guerre demostenes/car par la folle pourfupte de micheas plus grât nombre de gens furêt occis/& il mesme fut prisonnier & chetif qui est ung moult villain diffame/Car par estre prisonnier selon droit de batailles sôt abolies & exteinctes noblesses & franchises/car homme prisonnier deuiêt et est serf de celluy qui le prent Apres ces deux nobles ducz demostenes et micheas venoit Ciuilius noble duc des equoys une gent de ytalie ennemys des rommains. Cestuy ciuilius par desesperee complainte ploroit pource quil auoit este desconfist em prisonne & lye en chaynes/et apres côme chetif & prisonnier fut mene deuant le chariot du triuphe de son ennemy marcus peganius consul romain/& oultre ceste durte de fortune ledit ciuilius apres son ost defconfist rendit ses armes & vint soubz la servitute dudit marcus son vainqueur. Empres cestuy ciuilius estoit ung aultre noble rommain appelle spurius melius en son temps cappitayne des gens darmes a cheual de romme Cestuy fut homme rômain moult riche especialemêt en heritaiges châpe

stres et couuoita moult forment venir au royaume de rôme. pour laqlle chose mettre a effect il aduisa que la faueur du peuple lui estoit moult necessaire. si aduint que en son temps a rôme fut une grant chierte de blez et dautres vitailles dôt spuri° en auoit grant quâtite. et si ne demandoit argent ne autre compêsation fors quil subornoit et attropoit a sa faueur le peuple. affin quil les eleust et fist roy de rôme. et tant aduint que le peuple romain qui consideroit la largesse de spurius qui luy auoit secouru & nourri ou chier temps. Celuy peuple seditieux et descordant des senateurs et autres officiers rômains auoit pposé en couraige deslire & faire ledit spurius roy de rôme. mais les senateurs et autres officiers voulâs maintenir et deffendre la franchise de la cite remedierent a lentreprinse dudit spurius. tant que finablement il fut occis par ung noble capitaine rômain appelle hala. et par ainsi quant spurius ne peut viure côtêt de son noble office et de ses grans richesses il pdit lun et lautre & mesmement la vie p mort cruelle & deshonneste. Et apres spurius meli° venoit laertes roy de coulongne q en soy complaignât de fortune disoit q côme il refusast soubzmettre soy & son pays a la seigneurie des rômains. Il fut par iceulx desconfit par deux fois en bataille. et en la seconde il fut tue par ung consul romain appelle cornelius cossus. et toute la despouille de ses meilleures choses luy fut tollue. Et le chief luy fut couppe sans estre mis en tôbeau ainsi fut son chief au bout dune lance & honteusement porte par to° les pauillôs de lost des rômains. Entre les dessus dictz malheureux venoit messe alcibiades auec plusieurs autres qui en plourant me comptoyent diuerses choses touchant leurs malheureux cas. Cestuy alcibiades iadis Duc dathenes en grece ne fut pas moins hurte de lestourbillon de fortune ne que furent les autres nobles dont iay cy deuāt racompte les cas. et pource iay ordonne que ie mesleray listoire de son cas auec les cas des autres cy dessus racomptez. affin que mon liure contiengne plus les pestilēces des nobles destranges nations q̃ des italiens

Le .xii. chappitre cōtient le cas de alcibiades en son temps Duc seigneur capitaine et grant gouuerneur de la cite dathenes Et cōmēce ou latin. Albiciades et cetera.

affin que en pou de parolles ie compreigne plusieurs tiltres et louages que nature et fortune donnerent au duc alcibiades. Je dy premierent quil fut ne da thenes. et entre ceulx de son pays il fut noble par lignee. Bien fasonne de corps et deuant tous les autres hommes de son temps il fut noble et bail lant guerroyeur. Il fut merueilleux en eloquēce et resplendissoit p̃ si grāt naturel engin que legieremēt il tournoit son entendement aux scieces telles cōme il vouloit. Affin donc ques que alcibiades des son enfance mon strast combien soubtil et prudēt prince il seroit ou temps aduenir. Il dist a Sug sien oncle appelle pericles qui angoisseux et pensif seoit en son hostel et aduisoit comment il rendroit compte dun grant tresor publicque que il auoit despense en faisāt rappareillier les pilliers du temple de la deesse minerue / et po urce que pericles ne sceoit pas par quelle maniere il peust faire son compte et rendre raison du dit tresor. Cestuy alcibiades lors enfant luy dist. Beaulx oncle ne pense plus comment tu rendes cōpte / mais enquier par quelle voye tu ne soyes constraint de rēdre raison ne compte. Pericles doncques approuuant le cōseil de lenfant trouua legierement la raison et le compte. Alcibiades par creut et deuint en aage de ieunesse belle et doulce et tant par ses manieres comme par son regard il apparoist assez quil deust faire grans choses. Or aduint que du souuerain consentemēt de tous les atheniēs alcibiades auec micheas et auec laniatus fut ordonne prince et cheuetaine du nauire que les atheniens manderent pour ayder les cathemois contre les cyracusains / qui guerroient les Vngs contre les autres comme dist est ou chapitre precedent et en ceste chose alcibiades receut grāt gloire et honneur / se le moyen et la fin de ceste entreprinse fussent telz comme le cōmancement / mais apres et tādis que par contrainte de fortune ou par le deffault et vice des trois cappitaines dessusdictz les aduentures de celle bataille furent maleureuses enuers les atheniens / le duc alcibiades fut en diuers cas accuse de par ceulx qui gouuernoient la chose publicque dathenes / et fut alcibiades oste et rappelle de sa cappitanie / en quoy il receut grāt cōfusion et honte / et par ainsi il qui parauant estoit duc et cheuetaine de lost des atheniens fut priue de dignite et office / et adonc il peut cōgnoistre que la grace et amour des citoiens de athenes estoit muee en enuye et hayne. Ilz oncques courroucie pour le desdaing de la chose qui estoit mal fortunee ala de son plain gre et se cretement en exil en vne cite de grece appellee elide. alcibiades illec demourant en exil entendit côme vray est q̃ les atheniens tellement ranforsoyẽt leurs courroux côtre luy q̃ eulx mesmemẽt par le cõmun college des prestres auoyent voue et promise sa teste sacrifier a leurs dieux pour iceulx appaiser. mais alcibiades courrouce du cruel propos de ces atheniẽs tourna son courroux en hayne et sen alla en lacedemonie vne puissante ancienne ⁊ seigneuriable cite de grece en approuchant athenes. ⁊ illec alcibiades fut acerteine q̃ les atheniens auoyẽt este heurtez ⁊ presque corrumpuz sur mer en lisle de sicille en vne bataille mal et follemẽt entreprise ⁊ cõduicte p leurs trois capitaines. cestassauoir micheas. erilocus ⁊ demostenes q̃ contre les ciracusains estoient venus en ayde pour les cathinois. Alcibiades doncq̃s par prieres et belles parolles contraignit agides roy des lacedemonois tant quil consentit en la destruction des citoiens dathenes. ⁊ affin q̃ alcibiades ne se vengast du tout par gẽs darmes estranges. mais par soy mesmes en partie. Apres ce quil eut emprũte le nauire des lacedemonois il se trésporta en asie nõpas a maniere de cheualier soudaier. mais en estat de duc. Et combien que les atheniẽs côme dit est lauoient et eussent priue de dignite ⁊ doffice. lauctorite de alcibiades fut de si grant renom q̃ legierement il attrahit a sa part plusieurs citez tributaires ⁊ cõpaignes des atheniens. Et depuis quil les eut desseurees de lamittie et alliance des atheniens il les attrahit et ioignit a la cõpaignee des lacedemonois. laquelle chose fust grande a vng prince dathenes ⁊ nõpas seullemẽt a vng banny. Finablement apres ce que alcibiades eut fait noblement plusieurs besongnes touchant les necessitez de la bataille quil auoit entreprinse il cõq̃st a soy et a son nom / nompas seullemẽt moult de gloire et de louenge mondaine / mais pour le trop de sa gloire et louenge il acquist moult denuie entre les princes et nobles hõmes de lacedemonie / ⁊ ceste enuie des lacedemonois nestoit pas cõuenable audit alcibiades qui illec estoit cõe estrãgier / et qui par sa prouesse esteignoit la gloire et la louẽge des lacedemonois La maniere par quoy les hões viuẽt est maleureuse / car les hões mortelz entrẽt de leur plai gre et nuyt et iour en mil perilz demer ⁊ mil perilz de terre / les hões trauaillẽt leꝯ ame par cõtinuelz pẽsemẽs / et par conseilz ilz abatẽt et gastẽt les forces corporelles par veillemens et par continuelz labours / affin quilz puissẽt attaidre honneur bien desseruie a quy tousiours est enuie compaigne. Enuie est plꝯ ardante de apaiser les merites / de tant comme plus grant honneur est pendu aux hommes bien meritz. La clarte de la prouesse de Albiciades surmõta de tant loscure nyeuble de son banissement / quil sẽbloit par ses nobles oeuures quil fust autretãt honeste banny comme il estoit lors quy fut citoien dathenes mais que aueq̃s la doulceur de lhonneur quil auoit recouure neust este pareillement meslec lamertume denuye / qui mort en derriere / car les princes et gentilz hõmes de lacedemonie pensans / que la grant gloire de albiciades couuroit de tenebres leur renom et louenges ilz tendirent espies / et tresbuchetz contre la vie de Alcibiades / Car ilz nosoient faire aucune chose / en appert contre luy pour la paour de sa grandeur. Alcibiades feust encheues mains de ses espies / se la chose quy luy deuoit nuyre ne luy eust secouru / car des espies ne se prenoit il poĩt garde. il q̃ estoit bel hõe de corps et de

n i

si saige, et auoit charnellemēt cōgneu la femme de agides roy des lacedemonois. ceste femme parauant sentit et appceut les espies q̄ len mettoit cōtre alcibiades. pource ayant compassion de son amant luy descouurit les espies que contre luy appstoyent les princes et les nobles de lacedemonie. Alcibiades congnoissant les espies tendues contre luy eut paour. et par conseil de la royne il se eschappa dentre eulx. et apres mua couraige et deuint piteux enuers son pays dathenes. et tourna sa cruaulte et sa hayne cōtre ses ennemys les lacedemonois qui a tort luy vouloyēt mal. Et aps se transporta deuers thesifones a qui le roy daire auoit commis la charge de faire guerre contre les atheniens. Cestuy roy daire estoit cōioinct et allye aux lacedemonois. mais alcibiades par son tel parler acquist de legez bien vueillance et amittie auec thesifones a qui alcibiades mōstra par cōseilz assez prouuables que len ne deuoit pas si grandement ayder aux lacedemonois. et par ainsi alcibiades retira thesifones de la plus grāt partie des choses quil auoit entreprises po' le secours des lacedemonois. Apres ce que alcibiades par son bel et saige parler eut desmeu thesifones de son emprinse. alcibiades secretement signifia a ses citoyēs dathenes lentreprinse de la bataille du roy daire et des lacedemonois quilz vouloient faire contre les atheniens. Alcibiades mōstroit par sa parolle quil estoit bāny dathenes. et touteffois il se mōstroit de fait quil estoit citoien prouffitable a sa cite. Depuis donques que les atheniens eurent delaisse vne partie de leur hardy commencemēt contre le duc alcibiades. Il reuira en couraige plusieurs grās entreprinses et promist aux atheniēs qlz viendroient en lamittie et alliance du roy daire. mais

que la seigneurie et le gouuernemēt dathenes fussēt trāsportex de peuple a senateurs, si tost que les senateurs eurent le gouuernement dathenes, vne chose auīt aquoy tēdoit le malicieux alciciades, car vne discention se meut contre le menu peuple pour cause des nobles qui senorgueilloiēt en desprisant les moyens et les petis et pour appaiser celle discencion alcibiades fut rapelle de son exil, et par le souuerain consentement du peuple il fut ordōne prince de la bataille et de toute la chose publicq̄ dathenes. Et pource q̄ alcibiades ple gracieux moien du peuple estoit restitue a la seigneurie dathenes alcibiades menassa destruire les nobles, et aussi les senateurs doubtās la seigneurie de alciciades leur duc subtil et courageux ilz senfuyrēt en exil, car mesmement ilz sestoiēt essaiez de bailler aux lacedemonois la cite et le gouuernement dathenes en despit dudit alcibiades, mais il qui fust seigneur de ce ql desiroit parauant. Apres ce quil eut ostees les paours et discensions q̄ lors estoient dedēs la cite dathenes, il appresta vng grāt nauire et a grant force et des roy ordonna faire bataille par mer contre zestromidarus et pharnabasus cappitaines de lost des lacedemonois. En celle bataille alciabides ne cōq̄sta pas seullemēt victoire, mais ou il destruist presquetout le nauire, ou il print les troys dessusditz cappitaines tous occis en bataille. Finablemēt les lacedemonois si descōfitz sur mer essaierent de rechief faire guerre sur terre contre Alcibiades, mais les lacedemonois par semblable malle aduenture cheurent mors, et audit alcibiades demoura la seconde victoire. Il donq̄s poursuyuāt fortune aluy fauorable transporta soubdainement par mer soy, et son ost en Asie Et degasta illec citez villes et chasteaulx appartenãs aux lacedemonois.et si tira en lanciène amistie des atheniẽs les citez⸗ les gẽs q̃ sestoẏẽt departiz deulx.et plusieurs autres citez dasie il print et occupa pour les atheniens.et par ainsi la chose publicque dathenes q̃ auoit este en aduẽture de perir fut restauree par tant de Victoires/par tant de bõnes fortunes et par le hastif couraige de alcibiades qui apres ces nobles faitz fut souuerainement desire de ses citoyens.⸗ retourna a athenes auec la gloire et nobleffes de ses Victoires.Toute la multitude des atheniens ieunes⸗ Vieulz hõmes et femmes Vindrent a lecõtre espandue par les rues et par chemis en faisant tresgrant ioye et lyesse audit alcibiades.les citoyens dathenes pour monstrer leur grant ioye porterent au deuãt de leur duc les ymages de leurs dieux.touteffois les atheniens nagueres auoyẽt promis a leurs dieux que en lieu de sacrifice ilz duroyent la teste de alcibiades. Tous les citoyens dathenes le louoẏẽt poᵘ ses beaulx faitz.et ioyeusement le saluoyent.tous crioyent a haulte Voix que en luy sont tous les bieneurez desirs.tous lexcusent des choses iadis par luy malfaictes.Ilz exaulcent et esliuent iusques au ciel les choses q̃ alcibiades fait.et dient les atheniẽs en louant alcibiades que fortune est adoulcie enuers luy pour les bonnes aduentures quil a presentement. en affermant que la cite dathenes est bieneuree pour la grãdeur de leur duc alcibiades.Et auec ce les citoyẽs de athenes font a alcibiades tous honneurs appartenans a homme.⸗ mesmement luy rendent honneurs appartenans aux dieux.Et se les atheniens peuffent ilz portassent alcibiades iusques au ciel. Par ainsi il qui secretement se estoit party de athenes et se estoit condempne en exil re-

tourna en grant honneur ⸗ fut remis en sõ office de duc. Tandis q̃ alcibiades seignorisoit en sa glorieuse haultesse,il ne luy souuit q̃ fortune lauoit tresgite p̃ tãt de foiz en faisãt Vnefoiz ses besoignes ioieuses/ autrefoiz contraires a ses desirs/il cõme enyure de la doulceur de fortune cuida q̃ elle fust fermemẽt fõdee tãt p les Victoires qil auoit eues cõe p la grace de ces citoiẽs qui p sẽblãt lauoiẽt/ mais Voicy q̃ assez tost aps Vng grant mouuemẽt et Vng grãt trebuchet luy aduint de par fortune car aps q̃ alcibiades sceut q̃ cirus estoit ordõne a estre successeur et heritier du roy daire frere de thesifones/affin q̃ alcibiades daslopast le maleur du pieu ou fortune le lya alcibiades soy confiãt en sa fortune anciẽne appresta Vng grãt nauire/ ⸗ p mer se trãsporta en asie/⸗ tãdis q̃l cuida soy et sõ ost estre seurs/il ⸗ ses cheualiers descẽdirẽt sur terre⸗ enuoiẽrẽt p le pais dasie les lieux chãpestres garniz de blefz ⸗ de Vis pource q̃ en asie auoit este lõgue paix sãs bataille/ ⸗ tãdis que les gẽs de alcibiades trassoiẽt ⸗ couroiẽt p le pays dasie puis ca pups la/ ilz furẽt despourueuemẽt espiez⸗soubdainemẽt enuironnez ⸗ assailliz ⸗ detrẽchez a lespee p les gẽs du roy cyrᵘ des cheualiers de alcibiades loccision en fut si grande p ce q̃ ilz ne pouoiẽt auoir aucun secours q̃ la puissance⸗ la force des atheniẽs fut pres q̃ toute gastee.Par ceste pestillẽce ⸗ descõfiture qui aduit aux gens de alcibiades/les couraiges des athenois furent changez cõtre alcibiades en tãt q̃l deuint souspeconneux et hayneux enuers eulx.Et fut destitue de son office de duc ⸗ en lieu de luy fut substitue Vng noble athenien appelle conon. Et p ainsi la haultesse que alcibiades auoit cõquestee p plusieurs cõseilz ⸗ par diuers labours fut ruee ius par Vne seulle male aduenture/a quoy il nauoyt
n iii

peu resister ne pouruoir. et il q̃ estoit
duc dathenes fut de rechief bãny Et
depuis que les forces des atheniens
furent du tout espuysees par plusi-
eurs aduersitez de batailles. Ilz vin
drent a tant que par le conseil ꝓ du cõ
mandement de lisander duc des la-
cedemonois furent prins trente des
plus notables hõmes atheniẽs q̃ sur
uiuoient apres la desconfiture. τ fut
appointe que par la voulente de ces
trente hõmes seroit gouuernee la cho
se publicque dathenes ou nom et au
prouffit des lacedemonois. finable-
mẽt ces trente hõmes cheyrent en ty
rãnie. et eulx qui doubtant les soub-
tilitez de alcibiades. τ qui scauoient q̃
se estoit retrait p̃ deuers arthaxerxes
roy de perse. Les trẽte gouuerneurs
dathenes enuoyerẽt hastiuemẽt cer
tains hõmes. affin quilz prensissent τ
tuassẽt alcibiades. mais pource quil
ne pouoit estre attait ne desconfit en
appert Il aduint par le consentemẽt
de fortune lentragee q̃ alcibiades q̃ for
tune auoit esleue en si grant hõneur
fut tout vif τ dormãt en son lit ars et
brule par ceulx de son pays q̃ couuer-
tement le chassoiẽt et qui plus cruel-
le chose est fortũe ne souffrit mie que
la charoigne de alcibiades fust ense-
uelie ne mise en tõbeau. car ainsi cõe
vng pou parauant alcibiades auoit
songie sa charoigne q̃ seullement fut
couuerte du manteau de sa mie de
moura sans autre sepulture. Par ce-
ste maniere alcibiades esprouua que
fortune enuers les hõmes est vnefois
ioyeuse. et autres fois courroucee.
fortune a maniere de mocquerie a
demene le duc alcibiades. car main
tenant a este deschassie de son pays
de athenes. maintenant rappelle. et
finablement autresfois il a este de
toutes pars tourmente. Et cõbien q̃
alcibiades fust denominee vie au
commẽcement. τ que sa ieunesse fust

moult clere τ resplẽdissant p̃ tiltres τ
louenges / touteffoiz sa vieillesse fut
dolente τ angoisseuse / et sa fin fut ob
scure τ deshõneste p̃ ce q̃l mourut vil
ment bãny de son pays naturel.

Le xiii. chapitre contient
lexcusacion de alcibiades
en son tẽps duc τ seigneur
τ grãt capitaine dathenes
qui par tant de foiz se expo
sa a fortune. Et cõmence
ou latin. Erunt forte. τc.

Pource que en cestuy mien p̃-
sent liure ie escripz les cas des
nobles hommes τ fẽmes que
fortune abatit du hault au bas / au-
cuns p̃ aduẽture diẽt et ꝓ les cas cy
dessus racomptez iusq̃s a cestuy cha-
pitre auoient peu dire que les nobles
maleureux τ alcibiades icy parauãt
descripz eussẽt pourchassie cõtre eulx
les diuers eschãges τ les reuiremens
de fortune que ilz ont euz en leur vie.
Et certes ie cõfesse q̃ alcibiades τ les
aultres maleureux nobles ont pour-
chassie contre eulx les diuers tour-
noiemens de fortune / mais ie respõs
en excusãt telz nobles hõmes maleu
reux / que il ne peut mie chaloir ne
ne sault enq̃rir p̃ quel moyen lomme
soit deuenu meschãt / mais que il soit
maleureux contre sa voulente / car ie
entẽs a parler de ceulx q̃ sont maleu-
reux mal gre eulx / Et qui selon leur
pouoir eussent voulu pourueoir et re
medier au contraire. Mais il me
plaist en cestuy present chapitre excu
ser en briefues parolle le duc alcibia-
des hõme tresrenõme / et aussi les au

tres nobles. Je trouue pou souuent q̃
aucun hõme ait este cõtent de son estat
present.&cenest pas merueille.car di
eu a donne aux hõmes vng couraige
qui contiẽt en soy vne signeur & vne
puissance de feu & vne nature celeste.
parquoy il a ardeur et desir de attain
dre a autres choses. & aussi est il si con
uoiteux de gloire quil ne se peut saou
ler. puis quil soit noble. & quil ne soit
point flasche ne abatu de la paresce
du corps. Le noble couraige domme
ne peut estre si clos ne si detenu dedes
la petitesse du corps que il ne vueille
saillir hors pour querir gloire et haul
tesse mõdaine. Le noble couraige sau
te hors de la closure du corps. & par la
grandeur de soy. Il embrasse la ron
deur de la terre. et par sa legierete il
surmonte les estoilles. cest adire que
le naturel appetit dun noble courai
ge desire la seigneurie de toute la ter
re. et si desire aduenire a la seigneu
rie des choses. iacoitce quelles soyent
plus haultes que les estoilles du ciel
le noble couraige a en soy vne haulte
chaleur qui le demaine & enflam be de
couuoitise. Quãt le noble couraige a
esperance et auisement dauoir grãs
et haultes choses il cuyde q̃l y puisse
venir. le noble couraige qui est atta
chie au corps pesant retrait oysiuete
et par quelzcõques voyes possible il
met son effort a attraire la pesanteur
du corps au pays naturel. Cest assa
uoir au ciel q̃ est le droit pays du cou
raige mais il aduient que le couraige
est aucunesfois deceu en son esperan
ce. car en cuydant mõter hault sil ne
prent le droit chemin tel couraige qui
est soubtil & legier. il est souuent retire
en bas par la pesanteur du corps. & y
ainsi comme se trouue trebuche. Et
pour ceste cause plourant les nobles
hõmes & femmes dõc les cas sõt escripz
en cestuy mien petit liure. Cest donc
ques la nature des grans couraiges

de vouloir mõter aux haultes choses
par autre voye que p la voye de raisõ
& cest aussi coustume de cheoir en bas
puis q̃ len monte sãs cõseil de raison &
cõbien q̃ ceulx qui ont nobles courai
ges ne cheet mie par vng seul ne par
vng mesme chemin au mains cheent
ilz par autretãt de foiz cõe ilz cuident
& entrepzenẽt a faire chose plus grãs
quilz nont la force ne le pouoir / ainsi
aduint il au duc alcibiades. car il qui
estoit de grant et fort esperit / et qui
se voulut demener selon ses nobles
ancestres / qui sestoiẽt essaiez de attẽt
dre aux haultes & grans. choses / il cui
da que fortune luy fut plus doulce et
plus debõnaire q̃ aux autres nobles q̃
auant luy trebucherent. Pour tãt al
cibiades entreprint a faire telle chose
q̃ les courageux entreprenẽt souuent
mais laduẽture & la fin de lentrepzin
se de luy fut cõtraire a sõ esperãce. Se
le duc alcibiades ou aucun autre no
ble hõme q̃ tẽdoit a esleuer ou a agrã
dir son estat ne peut reposer ne estre
coy en sa maison paternelle en vsant
plainemẽt de aises & delices mondai
nes en aiãt les honneurs & les offices
ie ne scay pas cõment vng tel hõme
noble se feust repose ne tenu coy puis
que de par fortune luy aduenoit plu
sieurs tẽporelz dõmaiges & diuers hõ
teulx bãnissemẽs / et puis quil estoyt
couuoiteux de purger son diffame &
chault deshonnestemẽt retourner en
son pays naturel / et puis quil auoyt
ardant desir de recouurer les hon
neurs & offices que parauant il auoit
eues en sa cite. Car se la couuoytise
et le desir de recouurer ses choses ne
eussẽt oncques cõtinuellemẽt aguil
lonne le duc alcibiades si ne deuoit il
mie en oysiuete perdre soy & sõ temps
en reposant soubz les pies de fortune
Nul hõme sil nest flasche & estourdi ne
doit plus eslire de viure a son bandon
oysif et paresceux en aucũs villages.

n iii

ne q̃ de viure en vng bateau sur mer flotant et camboissant. Vng home de noble couraige deuroit pl⁹ eslire estre tousiours en vne nef hurtee entre les roches de la mer se autremẽt ne pouoit auoir repos. q̃ soy delicieusemẽt nourrir en telles viandes, telz vins et telz litz de molle plume et y dormir tousiours come fit sardanapalus dernier roy des assiriens dont nous parlasmes ou .xii. chappitre du second liure. les forces du couraige de lome se gastent et pourrissent par opsiuete et aussi fait le corps Quat fortune contraire hurte aucun hõe de noble lieu. la force de son corps se reueille. les choses cleres et reluysans deuiẽnẽt ordes et quãt elles sont opseuses sãs estre mises en euure. les choses enrouilleese deuiennẽt cleres et nettes par les souuẽt mettre en euure. Le saige et courtois roy vlixes qui aps la destruction de trope fut demene en tant de diuerses mers p tempestes et p vens, q̃ ains q̃l arriuast en son pays de grece il erra p mer lespace de .xiiii. ans. Il est par ce plus enuers ceulx q̃ aps luy ont este. que nest egistus le filz de thiestes roy de micenes q̃ tant fut peesceux et pourri en luxure que oncques ne essloigna son pays naturel. ainsi come en plat de luy est ou xv. chappitre du premier liure. Nous raisonnablement condemnons la luxure paresce de egistus, et nous approuuons et louons les diuers chemins et grans labours du saige roy vlixes. duquel mesmemẽt nous parlasmes ou xv. chapitre dudit nostre premieer liure. Le duc albiciades qui par diuers cas fut plusieurs foys rues ius a faict durer sa renommee iusques a ce temps present par la respendisseur de ses nobles labeurs. et neãtmoins aucuns autres nobles pourrissans en paresce et en opsiuete ont este mors et perillez soubdainement en corps et renommee.

et si estoient nez de aussi de renome lignage, et auoiẽt eu lieu et temps de si glorieusemẽt besoigner cõe eut le duc alcibiades. Je concludz doncq̃s que lome de noble couraige doit besoigner sans estre iamais oysif, mais tu dois de loing regarder q̃lle choses tu faces et quelle tu entrepreignes se nous ourons selon le conseil de dieu, le chemin no² est appreste pour mõter hault au ciel, mais de cestuy chemin le duc alcibiades estãt payen neut pas assez clere cõgnoissance. Nous deuons esleuer noz couraiges et nous efforcer de trouuer celuy chemin par le quel len monte au ciel, affin que nous ne soyons perpetuellement tourmẽtez en lautre siecle par ce que nous aydons de paresce, et fort et bien ouurer en ceste vie mortelle.

:

Le xiiii. chapitre contient lexcusacion de lacteur sur les choses dirctes ou predẽt chapitre, et si contient la recommedacion de poesie en blasmẽt sur toutes choses ceulx q̃ la deprisẽt. Et comẽce ou latin. Dereoz eqdem.

:

Pource que ou chapitre precedent Jay blasme les nobles homes q̃ sont oysifz et peceux et que iay loue ceulx qui tousiours labourent et traueillent, iay paour q̃ ie ne soye encheu ou peril de moymesmes q̃ suys requoys et oysif. Tandis que ie mefforçoye de excuser le duc alcibiades qui tousiours vesquit en trauail et en soulsi. Certain est que aucu medisant dira pour quoy autre part c'estassauoir en cest present chappi-

tre iay tant ꝑcōmande la vie des hō
mes cōtemplatifz qui est quoyꝑ (t sē/
ble oysiue: puisq̃ ie deuoye tant par/
ler ou chapitre precedent contre oysi
uete (t cōtre ceulx q̃ pourrissoient en re
pos (t parece: mais iay respōse ꝑtināt
(t sans difficulte: car ainsi cōme il est
vne seulle maniere dōmes quant as
semblance dune mesme nature tant
en corps comme en ame: aussi sont ilz
plusieurs manieres destudes selō les
quelles les hōes aplicq̃ēt leurs cou/
rages a diuers mestiers. Chascun cui
de venir (t ateindre a sa propre bieneur
te ꝑ le mestier(t ꝑ lestude quil ensuyt.
Se aucun est cheualeureux Il trace
et quiert le pays de guerre (t poursuit
tentes (t pauillons car il cuide que en
ceste chose soit sa bieneurete. Se au/
cun scet les droiz ciuilz ou les droiz
canons: il quiert poursuyt les cours
(t les parlemens ou lenplaide les cau
ses ciuilles (t criminelles. Se aucun
est laboureur il gert (t hāte les chāps
conuenables a blefz (t aux arbres por
tans fruitz: (t ainsi est des autres par
ticuliers mestiers sans ce que ie par/
le des autres qui sont sans nombre es
quelz et chascun deulx les hommes q̃
les poursuyuent cuident que leur bi
eneurete y soit. celuy q̃ est poete q̃rt
les lieux secretz (t solitaires (t illec ha
bite pour soy oster de noyse (t de tu/
multe: affin quil puisse plus franche
ment vacquer a la cōtemplation des
choses diuines (t humaines dont Il
fait vers (t chancons. Celuy qui scet
les droit canons (t ciuilz se esiouyt et
delicte en plaidz (t en riotes le labou
reur se esiouit (t delicte en ses beaux
champs plantureux de blefz (t dau/
tres fruitz: et le poete se siouyst et de/
licte ou son de ses vers de ses chan
sonnettes: le cheualier se soulace en
discourant (t en cheuauchāt du pays
en autre vng aduocat se soulace a visi
ter les proces des causes a luy ꝯmises

le laboureur se soulace et se iouist en
abōdance de fruitz terriēs le poete se
soulace et se deduit en cōtemplacion
l'ōme cheualereux cuide que bieneurte
soit auoir victoire de ses ennemys.
Laduocat cuide que la monnoye qui
gaigne luy puisse donner bieneurte
La contrariete doncq̃s et la differēce
des estudes (t des mestiers est si grāt
que iasoit ce que tous les hommes de
sirēt vne mesme fin, cest assauoir bie
neurte, touteffoiz par celle contrarie
te destudes il aduient que la chose q̃
plaist a lun est hayneuse a lautre se
lon droicte raison. Et consideree
la qualite (t lestat dicelluy qui desire
faire ou auoir aucune chose: ie dy que
elle peut estre telle que au regard de
la personne elle est par auēture bōne
et louable ou au moins elle nest pas
merueillable. Et pour ce iay condē/
ne oysiuete et encōmisse en la person
ne de alcibiades qui estoit homme
habille de acquerir renom (t gloire ꝑ
armes (t par prouesse de corps, pour
tant touteffois ie nay pas condēne le
desir de moy qui quiers repos (t oysi
uete es lieux requoiz, car cheualerie (t
fait darmes estoit estude appartenāt
au duc alcibiades, et escripre dictiez
et vers est lestude q̃ a moy appartiēt
Et pour ce ie qui suis hystorien (t poe
te ie doy celle chose fuyr que alciabia
des cheualier et homme darmes de
uoit querir et tracer affin que par le
stude que ie poursuy en escripuāt hy
stoire (t dictiez ie viengne a celle fin q̃
selō mon iugement est bieneurte: cest
assauoir a renommee (t a gloire ainsi
comme alcibiades par suyure armes
cuidoit venir a sa bieneurte par acq̃
rir victoire de ses ennemys, mais q̃lz
conques choses que ie dye de oysiue
te et repos ie ne vueil mye que aucun
cuide q̃ les poetes q̃rēt (t tracēt les fos
sez des mōtaignes (t les ōbrages des
boys: les cleres fontaines et les ruis

n iiii

seaulx bruyans et les lieux requoiz et loingz de gens: et les villages champestres sans noyse et sans bruyt: lesqlz lieux les anciens apellent opsiuetez ainsi cōme mesmement ie les apelle icy / Affin que les poetes engraissent leurs ventres: ne affin quilz se saoulent de delectations charnelz: car Je ne lentens pas ainsi. Et certaine st q̄ le diuin poete omer qui fust grec / et nez du pays dasie: et aussi virgille le poete latin qui fut nez de mente vne cite de ytalie qui fust homme dengin celestiel: ilz neussent peu par le hault entendement attaindre aux grās cōsideracions des choses diuines se ilz peussent demourer et habiter en la compaignie des hommes ou tant de tempestes et de noises: ne silz eussent hante ne conuerse entre les diuers bruis et mouuemens qui se font es citez et entre les habitans dicelles. Les deux poetes omer / et virgille pour lacroissement de leur grant gloire / et grant renom ne eussent peu ouurir ne declairer aux hommes qui lors viuoient ne laisser a ceulx q̄ apres eulx venoient les grans et soubtilles cōsideracions que ces deux poetes prenoient ou giron de dieu lesq̄lles ilz escriuirent par merueilleux artifice et par exquis langaige et pource les anciens ont appelle opsiuetez les lieux sollitaires et requoiz qui sont sans noyse: et sans tumulte: et qui sont loing de citez et de villes esquelles sont cōmunement noises et tensons. Jay en mes escriptures plusieurs foiz recōmandē les opsiuetez des poetez: ie desire souuent que ie lespeusse auoir encore: ne suys ie pas quitte q̄ aulcun ne plaide contre moy: pource q̄ cy deuant Jay dit que escripre dictez et vers est estude qui a moy appartient: et pource Je desire et quiers les opsiuetez cest a dire les lieux sollitaires: Et pequoiz / Car mes propres parolles Je suys

prins et attrepez plus que par auāt. O dira aucun enuieulx contre moy et comment cestuy Jehan boccace py pou de parolles et malicieusemēt mōstre quil soit poete / ou il veult quon cuide quil soit poete. A ceulx qui ozē moy ainsi parlant ie confesse de plat gre que ie ne suys pas poete / et Ja ne auienne que ie soye si enrage q̄ ie ose confesser ne dire que ie soye poete / ne q̄ ie vueille estre tenu pour poete ce q̄ ie ne suys mye / mais certain est que Je desire estre poete / et si estudye et mes toutes mes forces que ie le soie / mais dieu scet se ie pourroye atteindre ne toucher a la bourne de poesie / Je cuide que mes forces corporelles / ne les vertuz de mō couraige ne souffiront pas a courir si loing comme est la bourne de poesie / car du lieu ou ie suis iusques a la bourne de poesie sōt plusieurs landes / plusieurs rochiers cornuz / plusieurs trōpes dont a peine len sen peust approucher: par lesquelz il me cōuiendroit courir pour venir a celle bourne / combien que plusieurs folz cuident que legiere chose soit de y toucher et atteindre / et afferment par leur bouche deslauee que les poetes sont hōes mensongiers et bourdeurs et que ilz mentēt cōme hezaulx et iangleurs de autres scièces / et ceulx qui ainsi entendent ne sceuēt quelle chose est poesie. Certai est que poesie est vne noble science soubtille haulte et grandement attournee / poesie et nulle autre sciēce sest efforcee densuiure les traces de lescripture saincte au plus pres que elle a peu selō la foiblesse de lentendement humain car ainsi cōme la saincte escripture a declaire et ouuert soubz ouuerture de figures aux sainctz prophetes les choses aduenir / et aussi les secretz de la pensee diuine / aussi ceste sciēce de poesie a grāt cōsie a descripre soubz couuerture les haulx entendemēs des fictions

dont le poete parle (ꝗ se comme est poe
te certain est ꝗ la poesie semblera estre
bõne:aisi cõe il est aduenu en lancien
tẽps ꝗ les bõs pphetes ꝗ droitemẽt or/
donnoient leurs pphecies ont este re
putez pour bons prophetes ⁊ pour cõ
fondre ceulx qui dient ꝗ les poetes sõt
hairaulx ⁊ iangleurs des autres scien
ces ⁊ ꝗlz sont bourdeurs ⁊ mẽsõgiers:
Je replicque ⁊ respõs ꝗ les anciẽs vail
lans hões nõt pas este si enragez ne si
folz ꝗ selon leur coustume approuuee
ilz eussent dõne seullemẽt a deux ma
nieres de gẽs courone de lorier en ppe
tuel salaire ⁊ en tesmoignage de la /
bour ⁊ de vertu:cestassauoir aux vail
lãs cheualiers victorieux en armes ⁊
aux soubtilz poetes escripuãs bien et
doulcemẽt en vers:ne les ancies vaillãs
hões ne eussẽt pas pareilemẽt honou
re ne salarie les cheualiers victorieux
⁊ les mẽsõgiers poetes:se les poetes
ne desseruissẽt p leur labour ⁊ vertu
aussi biẽ la courõne de laurier cõe sont
les cheualiers aps quilz ont desconfiz
leurs ẽnemis mais affin ꝗ nous ven/
ons au point a quoy nous tendõs Je
dy ꝗ se ie couuoite lieux secretz et re /
quoiz ꝗ lẽ appelle oysiuetez:ie ne le
desire pas affin ꝗ ie vueille estre repu
te poete:mais pource ꝗ ie cuide ꝗ vne
chose:cestass⁊ gloire de renõmee me se
roit de moult grãt prouffi ⁊ vale:laꝗl
le gloire ⁊ renõmee ont ia pieca ꝗse les
poetes anciens:⁊ pour icelle auoir ilz
y ont mise toute leur puissance. Je
vueil doncques ꝗ les chiens /cestass⁊
les enuieux des poetes abayẽt contre
eulx ⁊ contre poesie ⁊ si vueil ꝗ la lune
rousse /cestass⁊ poesie coure ⁊ voise p
les cleres regions du zodiaque ainsi
cõe elle a acoustume:cestadire ꝗ poe
sie nonobstãt ces blasmeurs ne vault
ia po'ce mois ne que la lune ne vault
moins po' les chiens qui contre elle
abayent ou glatissent.

fueillet   xci

Le x8. chapitre contient
en brief les cas de Cartalus
filz de maleas iadiz noble duc
de carthaige et du dit maleas
pere du dit cartalus ⁊ celui de
Hynulco aussi duc de carta
ge. Et commence ou latin.
Tandiu et cetera

Nous auons es chapitres
precedens si longuement
traitie les hystoires conte/
nans les cas des nobles de
asie ⁊ de grece et de italye /que il doit
sembler a chacũ que ce soit chose assez
partinant se nous retournons a com
pter les cas des nobles daffricque a
quoy nous sommes appellez. De/
puis que nous saillismes hors des hy
stoires touchans les cas des nobles
affricans apres la plourable mort de
la noble dido Roy̅ne fonderesse de car
tage nous ne retournasmes oncques
acompter le cas daucun noble daffriq̅
Apres dõcques que la royne dido fut
morte /la cite de cartage qui ja lors
estoit grant deuint oultre plus grant
et fut acreue en plus grãt nombre de
citoyens de edifices et greigneur a/
bondance de richesses /et ainsi cõme
cartage deuint grãt en puissãce et en
renom p les victoires que elle eut des
peuples siens voisins qui deuindrent
ses subiectz ⁊ trebutaires /aussi les ci
toiens cartaginois abondẽrent ⁊ creu
rent en pouretez ⁊ meschãces par les
grans et haulx estatz ou ilz mõterent
dont ilz apres cheirent ⁊ trebucherẽt
en bas. Et cõbien que le nombre des
maleureux cartaginois soit grãt:tou
teffois les prĩcipaulx me sont venuz
alencõtre si tost que suis entre ou ter
rouer daffricque. Et pmieremẽt me

De Boccace

Sit a lencôtre carthal’ filz de maleas iadis noble duc de cartage: cestuy carthalus ou temps de sa ieunesse fust moult prisie et renôme entre ceulx de sô pays: si aduint que sô pere maleas qui môlt auoit grât desir et couuoitise da uoir le royaume de cartage et por ceste cause et autres occasiôs il fut bâny et enuoye en la cite de thir qui est ê surie dôt pour lors estoit euesque ledit carthalus. Cestuy et les autres euesques se lon la loy payenne auoient lors la prî cipalle dignite apres les roys d’icel les, et entendoient ces euesques aux sacrifices et aux seruices des dieux et a gouuerner les peuples en labsen ce des roys: si escheut le temps que l’ô deuoit faire la feste et les sacrifices de hercules le grât dieu de la cite de thir: et du pays denuirô ou quel têps le duc maleas mâda son filz carthalus quil Benist a tout ses gês pler audit male as po’ aduiser et pour Beoir au fait de son bânissement et affi qlpeust retour ner a cartage: cestuy carthalus Bueil lant mettre la religion publicque de uant le gmandemêt de son pere fist et pfist la feste et les sacrifices de hercules et luy offrit les dismes des fruiz acou stumez et aps ces choses deumêt fai ctes ledit carthal’ eueʃq se tourna et Bint deuers son pe le duc maleas, q côe cruel fist pêdre en la prîce de son ost son filz a Bng hault gibbet, auec tous les attours et enseignes dont il estoit Peuestu côme eueʃq et illec hon teusemêt mourut. Aps le racôptemt du maleureux cas de carthal’ selô lor dre des hystoires sensuyt le maleureux cas de maleas son pe: de qui le cas est plus plourable q cesuy de son filz: de tât côme le pe congnoissoit en soy mesmes q pour ses propres et plusieurs pechiez fortune le punissoit p diuerses maleurtez: et au derrenier p mort cruelle: laquelle il procura en desloyant malheur du pieu. Cestuy

maleas fut noble riche et puissât duc de carthage, qui lors assez nouuellement auoit este fondee par la tresch a ste Dido, et qui depuis estoit ampliee et accreue grandement en toutes cho ses. Cestuy maleas non content de loffice de duc estêdit sa couuoitise tât que par quelconque maniere il desi ra et emploia son effort a auoir le roy aume de cartage, qui depuis sa pre miere fondacion ne auoit encores eu aucun Roy apres la mort de Dido, car toutes les dignitez et offices dillec Benoient par election et de Boulente de peuple. Apres doncques que les se nateurs et le peuple de cartage apparceut clerement q maleas tendoit au Royaume il fut par sentence ban ni et confine en la cite de thir dont carthalus son filz comme dit est pour lors estoit euesque, si aduint que par changemêt de fortune a Biolence dar mes retourna de son exil et comme le plus fort entra dedens cartage, et fut restitue en sa dignite premiere. Il doncques côme mal conseillie pêsât que par soy Benger de ceulx qui rai sonnablement auoyent este cause de son bannissement il auroit plus seur estat combien quil soit autremêt car prendre Bengence dun hôme est cau se de nouellemêt acquerir autretant de ennemys côme cestuy qui est iniu stement mort a de parens et de amis cestuy maleas ensuyuant sa propre Boulente marrastre et ennemye de Raison print cruelle Bengêce des car taginois qui auoient donne conseil et aide a le bannir, pour laquelle et pour deux autres assez raisonnables cau ses les citoyens de cartage occirent le duc maleas, par quoy ilz donnerêt a entêdre que se lôme qui a seignou rie et puissance sur le peuple est cruel sans clemence et sans debonnaircte La seigneurie dun tel homme ne doit estre soufferte, ains le doit len sacri fier ꝗ occire: car le sang dun tyrāt est sacrifice plaisāt ꝗ aggreable a Dieu. Aps ces deux nobles maleureux cār thalus ꝫmaleas Benoit hymilco Jadis noble duc de cartage: qui en brief aussi cōptoit son cas. Les cartaginois ardans ꝫcouuoiteux daccroistre les mettes de leur seigneurie meurēt, ꝫ firent guerre cōtre plusieurs leurs voisins: ꝫ p͞special auec ceulx de sicile, ꝗ ores est vne isle a psoy mais iadis elle fut ptie de ytalie, ꝫ pour acq͞rir celle isle les cartaginois enuoyerēt ledit hymilco le³duc pour lors auec grāt ꝫ riche nauire garny dōmes armez: leq͞l duc cōe saige ꝫ vaillāt en armes besoigna grandemēt se son ēprise neust este empeschee pvne corruption dair qui fut cause dune grāt pestilēce depidimie, p quoy toutes les gēs de lost du duc hymilco moururent en sicile et les nefz cartaginoises vuides ꝫ desgarniez dōmes armez furēt prises par les sicilians ꝫ a la pfin hymilco fut cōtraint retourner a cartage auec vng pou de meschāt nauire: ꝫ cōbien que hymilco ne fut aulcunemēt en cause de la mort des hōes de son ost ne de la pte de son grāt ꝫ riche nauire: neantmoins les cartaginois ꝗ sont naturellement cruelz occirēt leur duc hymilco p mort dure ꝫ cruelle sās aucūe autre cause ou deserte precedāt. entre ces trois ꝫ autres nobles cartaginois venoit le noble duc haymon en courouceux visaige, ꝫ en habit de tutesse qui griefuemēt se cōplaignoit pour deux choses: dōt ie ne scay laq͞lle luy fut pl͞ griefue: ou pource qͣl fut deshōnestemēt occis: ou pour ce qͣl pdit auec sa vie tresgrāt quātite de mortelles richesses cōe il fut en son temps le pl͞ riche de to͞ les ducz de cartage. si tost ꝗ ie eu cōgnoissance du noble ꝫ riche duc haymō ie pris ē moy desir de escrire tout du lonc son cas ꝫ son ifortune

Le xvi. chapitre contiēt le cas de haymon iadis duc de la noble cite de cartage. Et parle de la crudelite des cartagiens. Et commence ou la tin. Hic haymon et cetera.

Ie croy selon les hystoires ꝗ cestuy haymō duc de cartage fut filz de amilcar noble duc de cartage ꝗ fut tue en sicile, ꝫ cestui amilcar fut filz de hymilco mesmemēt duc de cartage du q͞l tātost iay en brief cōpte le cas. haymō dōcq͞s attrait de noble lignee ꝫ duc de la cite de cartage trouua fortune si tres fauorable a soy, que de ce sensuiuit le destruiement de soy ꝫ des siēs car il fut tres abondant en richesses plus que len ne pourroit croire. Tandis que haymon consideroit que selō la mesure et grandeur de ses richesses Il agrandiroit sa gloire sa magnificēce ꝫ sa puissance terrienne, ꝫ encheut en vne tresforte couuoitise, si desiraet voult auoir le royaume de cartage, affin que il qui auoit nom ꝫ office de duc eust nom et dignite de roy, il luy sembla que a parfaire ce quil entreprenoit toutes subtillitez ꝫ cautelles luy fauldroyent, si pensa quil vendroit au royaume p vng fait desloyal car il qui auoit dōne en mariage vne sienne fille a vng noble iouuēceau de cartage fist semblant aux cartiginois qͣl vouloit faire grās et notables nopces a sa fille si cōmāda que len appareillast viādes a grāt plāte au disner le iour des nopces dessoubz les allees ꝫ porches de lostel du duc haymō fut assiz a table tout le peuple de cartage: & les senateurs & autres officiers publicques furet assiz dedes la p̃ze maison du duc: & a ceulx qui aux senateurs deuoiẽt seruir de couppes/ haymon cõmanda q̃ les vis & autres beuuraiges empoisonnez et meslez/ de venin fussent baillez au disner a boire aux senateurs quant ilz demãderoient le vin: & par ce moyen haymon cuida treslegierement prẽdre et occuper pour soy le gouuernement & estre roy de la chose publicque de cartage si tost que les senateurs seroiẽt mors: car la cite demourroit desconseillee. Or aduint que les seruiteurs des nopces sceurent & descouurirẽt le barat de haymon: & cõpterent au senat celle cruelle entreprinse. Les gouuerneurs doncques de la chose publicq̃ de cartage auiserent que moult gr̃at peril estoit dẽtreprendre aucune chose contre haymon si grant & si puissãt hõe & pour ce riens ne firent cõtre luy quant a lors: sinon q̃ les senateurs publierãt vne loy par laq̃lle ilz restreignirent la despẽce des nopces q̃ des lors en apres seroient faictes a cartage. Le duc haymon apperceut que les senateurs autre chose noient faire contre luy si pensa q̃l auoit refraint le hardement du peuple commun. Et adõc il se adhurta a plus chaudemẽt pour suyure la chose quil nauoit peu acõplir p empoisonner le senat: si cuyda ouurer de fait & de violence darmes/ car haymon prit a ses souldaees vne grant cõpaignee de serfs hõmes darmes, & les mist dedes cartage puys occupa & print a laide deulx le chasteau de la cite: & oultre plus apres appella en son aide le roy de moritaine en luy promettant sa partie du pillage quilz feroient en la cite: mais pource que haymon ne venoit pas assez a telle fin cõme il cuidoit selon la hardiesse oultrageuse: les citoiẽs de cartage

le prindrẽt auãt que le roy des mores q̃l auoit mande en son aide fust venu a cartage/ affin que la cruaulte & malice du mauuaiz duc qui pourchassoit destruire ses subiectz fust peux mesmes punie. Haymon par la sentence des citoiens fut deuant le peuple despouillie de ses vestemens/ & apres fut tres cruellement batu de verges/ et pour ce que les cartaginois sont naturellement cruelz plus q̃ bestes sauuages il leur sembla & delibererẽt entre eulx que vẽgẽce & punicion deuoit estre prinse p tous les mẽbres de haymon cõe desloyal hõme. Et pour ce auant toute oeuure les yeulx furet tirez hors du chief au duc haymon Et apres les mains luy furent couppees a doloueres/ et les iambes luy furent froissies a gros bastons quarrez & a la fin cõe haymon ne mourust pas par ces quatre cruelz tourmens les bourreaulx ia to⁹ lassez de lauoir ainsi tourmente luy trãcherent la teste dune espee & constraigniret son orgueilleux esperit saillir hors de son corps/ et depuis que sa charoigne fut despecie & defiguree p plaies sans nõbre/ elle fut affichee a vng treshault gibet/ou tous ceulx de cartage la pouoient veoir pendue/ mais les cartaginois courroucies et forsenez ne furẽt pas contens de auoir fait toute maniere de misere a leur duc haymon/ ains liurerent a tourment et a mort tous ses enfãs et autres parẽs quelz conques/ Et mesmement ceulx qui estoyent innocens et sans coulpe/ affin quil ne demourast aucun ou qui ensuiuist la mauuaistie de haymon ou qui ou temps aduenir vengeast sa mort et affin aussi quil apparust a tous comment et combiẽ les cartaginois pesoyent chierement le doulx estat de franchise/ laquelle leur mauuais duc haymon leur auoit voulu tollir.

fueillet xciii

Le xliie chapitre ple cõtre les richesses z contre la folle opinion q̃ le peuple met cuidãt q̃ bieureté soit en richesses mõdaines en ramenãt a memoire les roys mafmissa zxerces. Et gm̃ece ou latin Insecretis simis. zc.

Ature la saige mere de toutes choses caicha es tres secretes retraiz de la terre les richesses mõdaines car elle scauoit bienquelles sont nupsibles a tout lumain lignage: mais auarice q̃ serche z quiert la maniere z art de gaigner les richesses elle amena deuant les yeulx des hõmes les prieux metaulx z autres richesses q̃ nature de sonplaigre mura es boyaulx de la terre z es loingtaines parties du mõde. Ceste ardãte auarice enseigna pmierem̃t a pcer les mõtaignes a forer les boyaulx z les veines de la terre po² trouuer les minieres, z si enseigna a tracez p crocs z pha mer ons la mer z les Piuieres iusques au fons: auarice ēseigna aux hões a despecier z rõpre les rochiers des mõtaignes po² entrer es pays ou les richesses estoiēt: auarice trouua maniere de ouurir les forestz z de y faire z chemins z sētiers: cōbiē quil ny en eust aucuns pour trouuer bestes sauuaiges z minieres de metaulx auarice fust la pmiere qui aux hões monstra forger nauire pour aller par mer z Senir aux Piuages des estranges pays, auarice monstra a decepuoir les griffons z aultres bestes

et a endormir les serpēs, et a hardier lun lautre, et a mētir en piudice daultruy, et a escripre et signer et seeler faulx testamens a desheriter lun lautre, auarice fist armez les hõmes mortelz a faire lun cõtre lautre guerres z autres violēces, auarice mõstra aux homme s afaire les Senins et les poisons, et si mist aux hõmes en courage de faire et de brasser trayson. Par tant de manieres et de ars z p autres q̃ ie nay dit cy dessus, auarice a aucuneffoiz assemble ou giron daucuns hõmes les richesses q̃ lē cuide precieuses mais elles sont perilleuses aux hões qui les ont, z si croy q̃l nest hõme qui peust escripre quãs z quelz dõmages et perilz viēnent au possesseur de ces richesses quãt il en assemble largem̃t par lart et la maniere q̃ est cy deuant dicte, car les acquesteurs des richesses ne peuēt Seoir en Seillant les dõmages ne perilz q̃lz souffrēt. Et premierem̃t celuy q̃ les possīde est tour mēte dũe curiosite q̃ le mort nuyt et iour p lapaour q̃lles ne soyēt rõgees de teignes ne de Sers ne de artuysons q̃lles ne soiēt deuorees ne absorbies p feu ne p deluge q̃ elles ne soiēt ēblees de larrõs, q̃lles ne soiēt prises p commocio de peuple forcenez, ou p publique violēce daucũ tyrãt ou autrem̃t robees p pillars z tãdis q̃ le seigneur des richesses Seille toute nuyt sãs dormir po² les garder, neãt moins il a paour q̃t il oit p lostel courir souriz ou autres bestes, le possesseur des richesses estra use et occasiõ que plusieurs gens aient sur luy ēuie, le possesseur des richesse souffre maintes espies p ceulx qui luy Seullēt tollir couuertement ou p manifeste violence, les enfãs dun hõe possesseur de grans richesses attendēt en grãt desir la mort de leur pere, dõt les aucuns en flatãt luy dient quilz ne Souldroiēt point sa mort, z les aucuns le hēt en apperte

oi

pource quil vit si longuement: et se le possesseur monte aucunefois en si grant et excessif orgueil de couraige quil ne luy souuiengne de quel lignage il soit ne de quelle force pour la trop grant fiance quil met en ses richesses et sil oublie le bien et honnesteté priuee et comune: il couuoite et se essaye a faire telles choses et si desappartenans a luy que elles le tirent en bas et le font meschamment tresbucher ainsi come le demostrent assez et en brief les cas de spurius mellius par moy racomptees ou onziesme chapitre de ce tiers liure: et aussi le cas de haymon duc de cartage. Pourete est plus legiere a endurer que ne sont les richesses se vng homme nest fort et vertueux en courage il ne peut sans soy destroyer / souffrir grans richesses: il nest si petite femme que ne endure et seuffre legierement pourete mais le peuple fol et legier qui tousiours plus se adhurte a opinion que a vertu ne cuide pas que lestat de pourete soit plus legier a souffrir que lestat des richesses. Le fol et legier peuple regarde et considere les haulx palaiz: les robes reluisans dor et de pierres precieuses: et les tables chargees de viandes et buuraiges: Et le grant nombre des varletz et seruiteurs et les autres choses: lesquelles ia soit ce quelles ne facet pas les hommes nobles / touteffois elles font sembler les hommes estre riches selonle iugement du peuple vain et fol qui ne cuide pas que seure et paisible vie soit la bieneurté des hommes. Le peuple fol et legier ne regarde ne ne considere pas le poure homme amiclas franc et quitte de toute curiosité terrienne dormant en sa logette ou temps que tout le monde retondit et estesmeu par la noise des batailles que font entreeulx les grans seigneurs du monde: ne aussi le peuple fol et vain ne regarde pas coment le grant pompee riche et puissant en armes trembloit en la haulte tour du chasteau de duras pour la paour quil auoit de cesar et des siens / le peuple ne considere pas lestat et pourete du philozophe diogenes qui en paix et repos de courage demourant dedens vng toneau a vng seul fons consideroit les secretes et subtilles raisons des choses celestielles come de lui iay dit ou xv. chapitre du premier liure / mais le peuple fol et vain ne regarde ne ne considere pas le roy sardanapalus qui tandis quil estoit dedens sa salle haulte doree il fut contrait soy en fuir et mucer pour la paour quil eut de son puost arbacus qui luy tollut le royaume des assiriens ainsi come dit est ou xvi. chapitre du second liure Le fol peuple ne aduise ne considere pas coment cinatus vng poure homme laboureur romain qui pour toutes richesses ne auoit que vng petit champ de terre lequel il labouroit seur et ioyeulx en chantant et soy eslessant pour sa bieneuree vie mais le peuple ne regarde ne ne considere pas que zabzias roy des iuifz fut extrait de ardoir soy mesme dedens son hault palaiz / ainsi come dit est ou vii. chapitre du second liure. Il nest mestier de plus dire ne prouuer que lopinion du peuple soit folle qui cuide que les richesses soient cause de bieneuree vie il est chose clere et tresevidente que les haultes choses sont tous temps demenees par fouldres et par vens enragez et souldains / et se la terre tremble les haultes choses sont tousiours hurtees et abatues / mais les basses et humbles sont en repos et en paix sans ce quelles soient hurtees ne abatues par fouldres. Le peuple aussi ne considere pas quans et quelz soupirs / quans et quelz labours / quantes et quelles angoisses de pensees sont couuertes et reposteés dessoubz la riche robe dont les seigneurs terriens sont comunement vestuz / celle riche robe dont les nobles se couurent nest pas aucuneffois robe selon comun vsage / mais est vng sepulcre plain de puātes charoignes q̄ est atourne dor ⁊ de pierres precieuses ie aymeroye trop mieulx auoir lestat de ce poure hōe sarranus q̄ a ses mains nestoioit lordure / et supdoit leaue de la sentine des nefs ou lestat de cincinatus poure laboureur romain qui aroit son chāp ⁊ froissoit les motes vestu de meschantes ⁊ villes robes q̄ ie ne feroye de lestat des riches hōmes atournez de pourpre q̄ au dehors sēblent estre dignes ⁊ vaillās mais au dedens ilz sont le plus souuent cōe coffres farciz de mauuaistiez ⁊ pechiez. Certes les pcieuses robes sont de grāt pris selon lopiniō du peuple q̄ ne regarde ne ne cōsidere pas les forces ne les qualitez du couraige de lōme pcieusemēt vestu. Se les princes terriēs auoiēt les peulx aussi fors ⁊ aguz cōe ont les linx q̄ voiēt pmy sept murs il est certain q̄ les princes appelleroiēt ⁊ prēdroiēt entour eulx et a leur court les laboureurs des chāps ⁊ les seruiteurs ⁊ cōseillers q̄ sont vestuz de povpre ilz les bouteroiēt hors de court ⁊ les souleroiēt de dez vng fumier or le peuple sol ⁊ vain bee ⁊ entent aux delices des riches hōmes: et regarde la vaisselle dor et dargent / et les precieux vins ainsi cōme se le peuple iugast que cest tresdoulce ⁊ bieneuree chose vser de graces viandes ⁊ de souuent seoir a table pour mēger ⁊ pour boire mais le iugemēt du peuple est tres fol et tres faulx / car le naturel appetit humain est content de pou de choses a viure: ainsi cōme il appert p les premiers hōes du nouueau siecle q̄ ne mēgoient q̄ glans ⁊ ne buuoiēt fors que eaue desquelz ie nētēs mie a parler de present / mais ie parleray dl se sōt cōtentez de pou de choses ⁊ si furent aucunes⸝ delicieux car certain est q̄ quāt mamissa roy de numidie / se mussoit es fosses des montaignes / pour la grāt paour quil auoit du roy

siphax / Cestuy roy masmissa fut nourri et repeu de racines de herbes que lup administroiēt aucuns de ses cheualiers ainsi comme plus a plain sera dit ou vi. chapitre du v. liure / ⁊ xerces roy des psois qui fut tresabōdāt en richesses sans ce que ie opte ses autres biēs mondaie il apela desconfiture de ses cheualiers en fuyāt fut cōstrait de tresgrant ⁊ excessiue soif Il adōc voulāt appaiser sa soif ne print pas siplement eaue pour son boire a aucun abuurouer / mais il print a ses deux mains le sang de ses cheualiers mesle auec la sange / et apres confessa que oncq̄s mais nauoit beu buurage q̄ lup semblast si sauoureux ne si doulx ainsi cōme dit est plus a plain ou vi. chapitre de ce tiers liure present se dōcq̄s le roy masmissa fut p aucū tēps q̄ tēt de mēger racines de herbes / ⁊ le roy xerces de boire sang et boe / pour satiffaire a leur appetit naturel / pour quoy desires tu a souler ta faim et ta soif auoir tables chargees de viādes diuerses et de plusieurs bruuages ⁊ vaisselles relupsantes ⁊ pcieuses. Or dira q̄ntre moy aucū humeur de brouetz q̄ ces deux roys masmissa ⁊ xerces p necessite firent ceste chose q̄ iay dicte ⁊ ie lup respōderay p raisō q̄ bien q̄ necessite puisse faire chose grāt ⁊ merueilleuse touteffois necessite ne peut dcq̄s tāt faire cōme peust faire la vertu de couraige. Le roy xerces print dune fosse a sa main pour son boire le sāg de ses cheualiers mesle auec la sange ⁊ ceste chose fist il p necessite mais le philozophe diogenes pla pp vertu de sō couraige brisa ⁊ voulut a terre mettre vng sie godet: ⁊ aps acoustuma de boire a ses deux mains cōme iay pauant dit plus largemēt ou xv. chapitre du pmier liure. Puisq̄ lappetit naturel est q̄ntent de si pou ⁊ si petites choses / pour quoy tendons a auoir choses supflues ⁊ vaines / se le peupse qui cuide q̄ bieneurte soit en richesses a bruuouers ie respons q̄ nō:car les empoisonneurs baillēt a boire le venin z les poisōs en abruuouers dorēt d'pierres precieuses:mais les ruissceaulx et fontaines courans Jamais ne sont entachiez de poisons ne de pestilēces. Et affin q̄ nous laissons parler de la puissance q̄ est en la vertu du courage pour ce q̄ ceste matiere semble par aduenture estre estrāge a aucūs ie vueil autremēt monstrer q̄ les viandes et bruuaiges cōmuns,(de petit prix ont le plus de la bieneurete mōdaine : Car les hōmes chāpestres le plus souuēt vsent de viādes sans autres affaictemens fors q̄ aucuneffois elles sōt cuites (z nē p̄nent pas le² saoul z neāt moins nous voyons q̄lz ont le cup̄ si dur q̄ Jlz endurent legierement le chault le froit (z le vēt (z la pluye (z de toutes autres durtez. Les hōes champestres ont le corps neruu (z fort: Entāt q̄lz sont cōtēs de vestir pou de robes: no⁹ voyōs q̄ force de bras ilz abatēt gros chaulx arbres: ilz tournēt et froissēt les grosses motes des chāps/ilz sont prestz tousiours labourer,(z ia mais presq̄s ne sōt greuez daulcune maladie quāt ilz viennent en laage de vielesse ilz sēblēt quilz aiēt p̄p̄ises nouuelles forces corporelles: mais il est mōlt autremēt de ceulx riches hōmes q̄ tu cuides estre bieneureux par souuent mēger (z p̄ largement boyre car ilz deuiennent effeminez et molz/ (z sont brisez,(z lassez p̄ quelcōque petit trauail/ilz sont enuaiz et hurtez par diuerses maladies qui presq̄s tous,iours leur durent et meurēt plus hastiuement quilz ne deussēt selō cours de nature (z tant aduient quon les ensevelyst ou temps de leur Jeunesse/les riches hommes ne veullēt auoir pour aultre cause grant nombre de seruiteurs et varletz/si non pour ce que les richesne souffisēt pas a eulx

mesmes seruir tant ont mestier de diuers seruices necessaires a leur fragilite. Se aucū me demāde pour quoy ie me trauaille en faisant si long sermon en monstrant la folle opiniō du peuple qui cuide que la bieneurte soit en richesses Je confesse que les richesses sont reluysantes et tresbelles deuant les yeulx des folz hommes/ et richesses aussi sont muables (z enflās car elles durēt pou de tēps (z si fōt le² maistre plat et enfle dorgueil qui est cōtraire a toute vertu/ Laquelle chose les folz hōes ne veullēt ōsiderer ne veoir/ (z auec ce les richesses sōt trauail (z meschāce ale² possesseur/ (z si les fōt trebucher du hault au bas degre/ ainsi cōe nous tesmoigne le cas de haymon duc de cartage. Nous cesserōs a parler des richesses et retournerōs a cōpter les cas des nobles dont nous nagueres despartismes/

Le xviii. chapitre contiēt en brief le cas de Enagoras roy de chippre de theis roy degipte de amincas roy de macedoine et de alexandre son filz,(z de plusieurs autres nobles hōes plourans pour leurs males fortunes Et cōmence ou latin Serpere os bem cogor et cetera.

E generalement ie vueil poursuyure mō liure ie su ie constraint de sercher les hystoires selō les cas aduenuz ou monde en gardant lordre du tēps (z pour tāt ie trace et serche en di uers liures les hystoires contenans les cas des nobles/vnefois de ceulx du pays de asie/et aucunesfoiz deu rope/et autresfois de affricque/et ainsi comme ie serchoye de quel noble ie deusse escripre le cas apres haymon duc de cartage/Je trouuay en brief hystoire de enagoras roy de chippre de qui le cas me sembla tant piteux que ie me trensportay a escripre τ mõstrer par quelle fureur de fortune il p̃dit son royaulme τ cheut de son hault estat royal. Si est assauoir que chippre qui est vne des isles de la grant mer est autrement nommee paphon qui est p̃chaine du bout de midi/moũlt abondant en rechesses/τ par especial en metaulx/car illec furent premierement trouuees les minieres darain/ laquelle isle est p̃cipalemẽt gsacree a venus/car selõ la verite ven9 iadis en fut royne/ainsi cõme plus largement iay dit ou x. chapitre du secõd liure. Or aduint que artaxerces roy de perse apres la desconfiture de son frere cirus/qui pour la succession du royaume plaidoit auec ledit artaxerces il meut et fist guerre cõtre enagoras lors roy de chippre/et qui parauant estoit duc de lacedemonie dõt il estoit attrait. Cestuy enagoras cõme dit est parauant noble duc des batailles des lacedemonois conquist selon le droit des batailles le royaume de chippre dont il fut seigneur et roy. Cõme doncq̃s le roy artaxerces sceust que le roy enagoras fust aidãt τ fauorable aux lacedemonoi' ses en nemys/si meut τ fist si aspre τ si cruelle guerre cõtre le roy enagoras/que il a la parfin fut priue de son royaulme/τ rãmene en estat de miserable τ priue persõne Et apres le maleureux enagoras vẽoit le meschaut theus roy degipte/cestuy theus du tẽps de artaxerces fist alliãces τ contrahit amystiez auec les lacedemonois qui a

dont guerroient cõtre ledit artaxerces roy de pse/q̃ lors faisoit fors τ aigres batailles cõtre le pays de grece (τ par especial cõtre les lacedemonois Or aduint que ilz furẽt moult diseteux de nauires τ de blez/τ si voudrẽt mouuoir et faire guerre a artaxerces τ affin quilz destruissent ou au moins refreignissent ledit artaxerces. Cestuy theus contre artaxerces fourny τ liura aux lacedemonois cent nefz a trois estages partinemment garnies pour bataille et six mille muys fourment pour auitailler leurs pays/et leur ost. Apres doncques q̃ le roy artaxerces fust courrouce de ceste chose ainsi faicte contre soy Il meust τ fist guerre en egypte si dure q̃ ledit theus fut boute hors de son royaume: τ tãt quil senfuyt ou pays darabie cõe bãny τ priue de dignite royalle. Apres le douloureux roy theus vẽoit amicas roy de macedoine q̃ fut pe de philippe pe du grãt alexandre. Cestuy amincas de sa fẽme applee erudice eust quatre enfans vng appellee alexaudre/lautre põdicas/lautre philipe qui fut pere du grant alexandre(τ vne fille appellee vrione: τ auec ce le roy amincas dune autre sienne fẽme appellee cingne eut trois filz/Cestassauoir arcelaus/arcideus/τ menelaus mais ains que Je escripue nommpe principallement du roy amincas/ mais de deux sies enfãs alexãdre (τ p̃dicas/il est assauoir q̃ macedoine est vne des vii. puices de grece q̃ en soy cõtient sept pal's diuersemẽt nõmez p̃vinces differẽs. le pays de macedone fut p̃mier nõme emathie po' vng roy appelle emathi9 q̃ illec p̃mieremẽt regna apres fut (τ est nõme macedoie de p vng roy q̃ illec fut apelle macedo q̃ fut nepueu du roy dencalion vng anciẽ roy de thessalie. La puince de macedoine deuers oriẽt torche a lamer egee deuers midy a la prouince de achaie/que len

o iii

De Boccace

dit la morée/et devers septentrion ou pays de mesie/et devers occidēt elle est voisine a la prouince de dalmacie En macedoine a foison de minieres dor et dargent/(t si a vne montaigne appellee olimpus/ou sōmet de la ql̄le tā est haulte lē ne peut appceuoir Des nes plupes qlcōques/cestui amī cas roy de macedoīe fist plusieurs pe sātes batailles auec deux peuples de grece/cestassauoir les isliroiz (t les olt pioiz/ausqlz il resista p saigesse (t par mes ceste erudice accoītee du ribault ague sta(t mist espies a faize mourir le roy amincas son mari/affin q̄lle bail laist a sō ribault le royaume de mace doine/(t de fait elle luy pmist q̄lle luy liureroit son mari le roy pour occire le iour des nopces dun sien genre/et de fait le Poy eust attrape se dzione sa fille ne luy eust reuele et ouuert le conseil et la desloyaulte de la royne erudice/(t cōbien que le roy amincas fust noble riche et puissant et bieneu reux en lignee/Toutessois la seule mauuaistie de erudice sa desloyalle fēme fist viure le Poy amincas en cō tinuelles paours et perilz destre oc cis ou de mourir meschāment/(t tāt que ap̄s longue paoureuse(t miserable vie/il ia deuenu āciē mourut mais auant sa mort Il bailla son royaume a son aisne filz appelle alexādre du quel ia assiert pzesentemēt et en brief descripre son cas/et apres de perdi cas son frere Poy aussi de macedoine Lustup doncq̄s alexādre filz(t succes seur du roy amincas p̄mist certaine quātite de monoie quil p̄mist a paier aux Illirois traitta et fist paix auec eulx/et vng peu de tēps apres il trait ta sēblablement auec les atheniens auec lesql̄z il se reconsilia(t se mist en leur grace/ Et pour la seurte de ceste paix tenir ferme le Poy alexādre bail la son frere Philippe loze iouuen ceau en ostage aux atheniens/(t illec

demoura philippe p iii. ans durās/et la accreust moult grandement la no blesse de son aage:car les atheniēs e stoient lors fors (raigres en fait de ba tailles./ car pour lors epauīmonda e stoit leur duc(t cappitaine q enson tēps fut si excellant philozophe(t tāt saige ge et puissant guerroieur:q cōe dit ius stin en son vic. liure deuāt luy ne ap̄s ne se trouua son pareil en vertu de cou raige (de corps:car la saigesse (t vailā ce du duc epauimonda anoblit et en seigna le roy philippe en discipline de cheualerie:et le Poy philippe ap̄s en seigna (t anoblit les gens de macedoi ne/par la cautelle (t prouesse desquelz alexandre le grant filz dudit philip pes conquist a pou de gens et en brief terme la monarchie du monde.
Je doncques trēcheray le cas du roy alexandre en delaissant la matiere ē trepzinse: La quelle matiere autres foiz assez tost ie parferay/et compte ray les meurs et les coustumes du dit epauimonda:affin que aucūs soy vantans de noblesse qui comme folz desprisent le saint mariage de da me philozophie en homme cheualeu reux face(t de epauimōda leur exēple et mirouer en fait de cheualerie:car il fut tant bon en vertus/en meurs de couraige/en force (t en prouesse de che ualerie/que lē ne scet en quoy il fut meilleur:il conquist grant seigneurie nonpas a soy ne pour soy/mais pour son pays/et pour la chose publicque de thebes: Il tint si petit compte de monnoye q̄ apres sa mort lē neut de quoy faire ses obseques funeraulx il ne fut pas plus couuoiteux de gloi re mondaine ne que de monnoye/Il eut toute seigneurie (t honneurs et si les p̄essusoit:la dignite en quoy il fust esleue print plus dhonneur de par luy que il ne fist de par sa dignite ne de par son office : Il qui fust bien apzins en sciēce de noble cheuallerie

et qui fut ne et nourri entre les scien∷
ces des lettres eut si ferme pposé en
la fiance de ses glorieuses oeuures, q̃
il ne tint cõpte de mort apres ce quil
se sentit nauré en bataille, car depuis
quil fut griefuemẽt nauré fut appor∷
té dedẽs ses pauillõs, et tãt qͣl estoit
demi mort il demãda a ceulx q̃ étour
luy estoiẽt se aucũ siẽ enemy luy a∷
uoit tollu sõ escu lors quil estoit tom
be de son cheual a terre, et quãt il ouit
dire q̃ son escu estoit sauué, il le baisa
cõe son pͣpaigñõ et psonnier de ses
trauaulx en armes et oultre il deman
da se son ost auoit eu la victoire, au∷
quel on respõdit que ceulx de thebes
se portoiẽt biẽ, il adonc cõme ioyeulx
et esbaudi pour le biẽ de son pais mist
hors son glorieulx esperit. Je retour∷
ne dõcques a parfaire le cõpte du cas
du roy alexandre, il aduit que sa me
re la royne erudice cõe cruelle et sans
pitie maternelle mist ses espies con∷
tre la vye de son filz alexandre, Et
tant aduint que finablement elle le
fist mourir p̃ vne si mucee et secrete
maniere que trespou dõmes la sceu
rent. A cestuy alexandre apres succe
da au royaume de macedoine son ieu
ne frere põdicas qui apres pou de tẽps
fut occis comme son frere alexandre
Apres ces troys maleureux aminta˜
Alexandre et Perdicas roys de ma
cedoine venoit sartas autrement nõ
me Ariba roy de epire vne des sept
prouinces de grece. Cestuy Ariba
tresafin et parent de olimpias fem∷
me du roy philippe pere du grant roy
alexandre fut cõe dit est roy de epire q̃
sans ce quil est aucũe chose forfaicte
ne maldite q̃tre philippe lors roy de
macedoine ledit philippe qui naturel
lemẽt estoit couuoiteux et peu loyal or
dona en son couraige que de fait et par
force il osteroit audit Ariba son roy∷
aume, Le roy philippe adonc manda
venir par deuers soy vng sien fillastre

appellé alexandre frere de ladicte oli
pias, qui lors estoit honneste et beau
iouuenceau, et le enhorta tãt q̃l eut p
lesp ance q̃l luy dõna en le pͣmettãt de
faire le roy de epire, et aussi p la saincte
amour q̃l se disoit auoir enuers ledit
alexandre tant q̃l cõsentit p̃ le roy phi
lippe fist auec luy le mauldit et vilain
pechie cõtre nature, apͤs q̃ cestuy ale∷
xandre fut venu en laage de vjng ans
le roy phillippe osta le royaume de ari
ba puis len voya en exil, et il donna le
royaume a alexãdre. Apres le maleu
reux ariba venoit aman noble mace∷
donien souuerain maistre de l'ostel du
roy assuerus q̃ autremẽt est nõme ar
taxerces roy de perse tãt riche et puis∷
sant q̃l auoit cent xxvij. pulces mã
da sa femme vasti la royne q̃ elle se ato˜
nast de ses precieux habitz royaulx,
et que elle venist en la psence de son ma
ri le roy q̃ lors faisoit vng tres solen∷
nel et grant disner a tous les princes et
barons de perse. Mais la royne va
sti qui desprisa le mandement du roy
fut priuee et boutee hors de la la com
paignie du roy et de tout hõneneur et
estat royal, et apres ce furent enuoyez
et cõmis certains hões enuques que
len appelle chastrez a querir par tout
le pays de perse et admener pour le
roy assuerus ieunes vierges puceles
tendres et belles affin que entre plu∷
sieurs le roy en choisist vne, qui en
lieu de vasti fust sa femme et royne
couronnee, si aduint que vne pucelet
te vierge moult belle de corps et de
visaige appellee hester fust admenee
deuant le roy auquel elle fut tãt plai
sante et agreable que il esleut et choi∷
sist icelle a femme et compaigne et la
couronna royne de perse. Ceste hester
auoit vng oncle iuif appellé mardo∷
cheus qui auoit nourry hester dès son
enfance, elle obeyssoit tres estroitemẽt
aux cõmandemẽs de son oncle mar∷
docheus. Apres vng pou de temps

deux des euesques gardans la premiere porte du palaix royal entreprindrent deulx rebeller, et occire leur roy mardocheus côme sage aduiseur des choses q lon machinoit contre le Roy apparceut ceste conspiration faicte côtre le roy dist a hester la chose, et hester de par mardocheus dist au Roy lentreprinse des enuques qui pource apres furent pendus au gibbet selon droit iugement. Or aduit apres que le roy assuerus sans iuste retribuciô de bônes oeuures predens eraulsa (et permeut vng hôme grec du pays de macedoine apelle aman) en tant que par le vouloir et mandemêt du roy cestuy aman eut seignorie deuant et oultre les autres nobles psois, (et entre les autres choses le roy voult et commanda q̄ ses serges et officiers flechissent le genoil deuant aman. Et le adorassent mais mardocheº côe iuif droit et iuste en sa loy ne voult flechir ne adorer aman dôt il fut si indigne (et mal content q̄ par trayson et fraude il obtît faulses lettres du roy: selon la teneur desqlles il mandoit aux Baillifz, et aux iuges de perse q̄ tous les iuifz hômes et femes ieunes et vielz fussent occis: et leurs biens prins et appliquez au demaine du Roy: et tât preda aman q̄ il dressa vng gibet hault de cinquâte coudees deuant le palaix royal en la cite de suses en entenciô de y faire pêdre mardocheus oncle de la royne hester, mais fortune qui aucunefois execute la vengêce de la voulente diuine ramena tout autrement la chose, car p̄ le cômademêt du roy le noble iuifz mardocheus pour la retribucion de ce quil auoit sauue le Roy destre occis comme dit est, il fut atourne de robes et autres ornemens royaulx, et apres il receut toutes honneurs humaines, et a la iuste requeste de la royne hester tous les iuifz furent respitez de mort, et tous leurs biens sauluez, et ledit aman selon son propre mesfait fut pendu au gibet quil auoit apreste pour le iuste et noble mardocheus, et tous ceulx du lignage dudit aman furent côme luy pendus et occis

Apres les dessusditz six nobles hommes maleureux ie vy artaxerces roy de perse plus noble plus riche et plus puissant que les autres six cy deuant nômez, et pource artaxerces me hurta pour racôpter son cas. Si tost que le vy ie apperceu que il qui tât de honneurs de noblesses et de richesses parauât souloit auoir, il nômie sans cause estoit couroucie et gemissant, si est il vray pque les folz hômes apeine voulêdroiêt croire que aucune matiere de pleur ne de tristesse puisse estre aduenue a vng si noble si riche et si puissât roy, q̄ seoit en throne dor et qui estoit vestu dor et de pierres precieuses, et q̄ soubz soy auoit tant de royaumes et tant de Roys obeissâs, mais les meschans hômes qui ceste chose ne veulent croire sont deceuz p leurs faulx iugemens, car ilz prisent et estiment trop for et les precieux ioyaux dont le roy artaxerces estoit atourne les folz hommes ne considerent pas les curiositez qui rogêt et eschorchêt lame au dedês et qui sôt mucee soubz celle Poche dor texue de pierre precieuses.

Le xix et dernier chapitre du .iii. liure qtiêt le cas de artaxerces autrement dit assuerº iadis roy des psois mari de la belle edissa autrement nômee hester. Et commêce ou latî Artaxerceºpsarū. &c.

Datte mil huit cens xxii. ãs apres la creation du monde Artaxerces que les iuifz appellent assuerus fut roy de perse qui soubz sa seigneurie auoit cent.xxvii. prouinces/Il fut mari de la noble et belle iuifue edissa autrement nōmee hester/cestui Artaxerces fut filz du roy daire qui autrement fut appelle notus/et sa mere eut nom persicadis. Artaxerces apres doncques la mort de son pere le roy daire entre ses autres besoignes eut plait et debat auec son frere cirus pour la succession du royaume de perse/apres aduint que le roy artaxerces secretemēt print son frere cirus qui faisoit grans et nouueaulx apparaulx de bataille contre son frere artaxerces/que a la requeste de persicadis leur mere garda sans occire son frere cirus/et le mist hors de prison ou il estoit en seps desormais pource que aps ceste deliurance ledit cirus meut (sist ouuerte guerre contre artaxerces/Il en soy deffendant fut contraint de venir en bataille contre cirus et contre ses efforz/en celle bataille Artaxerces fut blecie par la main de cirus/et adonc artaxerces se retrait hors de la bataille en laquelle cirus fut blecie dune lãce/et apres fut prins par les gens du roy artaxerces/et assez tost apres de celle playe mourut ledit cirus/par la mort duquel demoura en paix et repos ledit artaxerces. Et certain est q̃ grans debatz et guerres aduiennent souuent aceulx qui commencēt apr̃dre nouueaulx gouuernemens des royaumes terriens finablement aps ce que les choses du Royaume de perse furent pamenes a ordonnance et pafermes en lestat bon et deu/combien que artaxerces fust glorieux (tresplendissant par maintes prosperitez et abondāt en richesses et delices mōdaines/neātmoins p̃ le maleur que il mesmes desioia du pieu il dit a male(treuse fin. Cestuy artaxerceseut vng grãt troupeau denfans. cestassauoir cent et xv. nez de ses concubines. lesquelz enfans peuent estre cause descleuer lonneur et gloire du roy. et si eut de sa femme loyalle espouse trois enfans masles. cestassauoir darius aralracus (tochus Artaxerces ayma souuerainement son ainsne filz darius. et tãt que si tost que artaxerces tourna en vieillesse il accompaigna auec soy au royaume de perse sondit filz darius contre la maniere des roys p̃sois.qui auant ce tẽps nauoyent ainsi fait. Cestuy artaxerces cuyda que son filz darius luy fust p̃ ceste cause plus seruiable.(t que lonneur et gloire de artaxerces (t de son royaume en accreust (t agrandist.mais apres vng pou de temps la chose aduint autrement au roy artaxerces.car entre ses cōcubines il en auoit vne appellee artasia.qui parauant auoit este cōcubine de son frere cirus.laquelle estoit de tresexcellẽte beaute.combien que ia elle fust de grant aage. Darius filz de artaxerces sen amoura tresfort de ceste artasia.en tant qnil dist a son pere que ceste artasia lui appartenoit auec les autres honneurs (t droitz du royaume de perse.ainsi comme elle auoit este a artaxerces aps la mort de son frere cirus.car depuis que les freres de luy a lautre succedoiēt aux cōcubines du pere par la maniere adōc cōmune. Artaxerces cōme pere trop debonnaire respondit de premiere face et promist a son filz darius qui luy donneroit ladite artasia. Artaxerces finablement se repentit de la p̃messe et y voult remedier au contraire. Et pource il fist tant que ladicte artasia fut rendue nōnain et prestresse ou tẽple de appolo.et celles qui ondit temple estoyent rendus gardoyent selon la religion deux veuz expres. cestassa uoir que iamais ne habiteroyēt auec homme charnellemēt. & quelles gar deroient ppetuellement chasteté sãs faillir hors. Darius porta mal paciē ment ceste chose. & tantost labandon na soy a faire villenie a son bien fac teur & pere le roy artaxerces. entre ces cent quinze filz les cinquāte bastirēt et forgerent secretes espies auec leur frere darius & firēt pactes ensemble de occire leur pere artaxerces sans ce que aucun de cinquāte & vng se dis sētist a ce. & ceste mauuaistie est mau dicte & merueilleuse a dire. car nous trouuons tressouuēt que les parens ou les amys ou voisins ou bourgois ou les seruans ont reuelé aulx sei gneurs les espies que lon apstoit cō tre eulx. mais quant celle multitude des cinquante & vng enfans de arta xerces ont conspiree & bastie sa mort Il ny eut pas vng tout seul qui fust aguillonne de si grant affection da mour q ait reuele ne dit a sō meschāt pere artaxerces celle mauuaistie ētre prinse. et certe cest vne tres meschāte maniere de infortune et de malheur. quant tu cuydes auoir engendre filz et filles pour deffendre et secourir. et tu trouues par effect que tu as enge dre et nourry ceulx qui te sont enne mys & nuysans. et si trouues q ceulx portent armes cōtre toy. et si pēsoies que enuers eulx fust le reffuge de ta vie et le certain secours de ta sāté cor porelle. Finablement le roy artaxer ces sentit & appceut dē quelconq part quil venist le malheureux propos de ses cinquātes & vng filz si fut moult courroucie & se garmēta & plaignit a ses dieux. & pour faire la vengence de si grande et si oultrageuse entreprise il ordonna en son couraige courroucie et esmeu et esforca soy de si grant pu issance cōme il peut. & p vng bō et loi sible hardement il print tous ces cin quante et vng filz. et moyennant la

mort par quoy il les cōstreignit mou rir. Ilz porterent toutes les peines de la conspiration et du crime / et ceste vengeance ne souffist pas au roy ar taxerces cruel pere / car pareillement il fist occire les femmes de ses cinquā te et vng filz ia mors et leurs enfans qui innocens estoient de cest crime. Le meschāt artaxerces qui par exces sif courroux empescha la raison de sō couraige en mauuaisement soy ven ger de ses enfans ses nepueuz et ses bruz / ne considera pas que quāt il pu nissoit si cruellement son iniure et sa villenie q lē cognoistroit certaiesmt p sa propre mauuaistie ql auroit este pe re des mauuais enfans / car par la pu blicque vengence & notoire punition que fist artaxerces de ses cinquante & vng filz mauuais et desloyaulx nous sommes certains desquelz enfans il fut pere / et par ainsi sa renommee et son honneur sont moindres / que se il eut prinse vengeance secretement / ou quil eust dissimule la cōspiration en soy contregardāt ses filz. Or aduit que artaxerces ia ordoye & souplle du sang de ses enfans de ses nepueux et aussi de ses bruz deuint trouble et do lant en son cueur pour la souuenan ce quil eut de leur mort / & cheut en mi sere / luy souruint vne tardiue repen tence par quoy il encourut vne grief ue maladie et par lennuy de soy mes mes il mourut maleureux & angoisse ne rien ne luy prouffiterent les hon neurs ne les delices popufx. Par ce ste exemple doncques len peut veoir certainement quil ne conuient pas o ster tousiours aux roys leurs roy aumes affinquilz viennent en poure te et misere / car ainsi comme les hom mes plus sains en corps sentent plus fort les pointures et les aguillons q ne font les hommes foibles et mala des / aussi les puissās et grans seignrs sentent plus fort et punissent ceulx q leur font villennies et iniures, car le couraige dun puissant hôme nest jamés appaise en soy vengent de ses iniures puis quil ait souspecô que tousiours aucuns demourent entour luy qui ont le hardement de faire semblables mauuaistiez/ nous sômes esbays quant nous pensons le deshonneste fait que les enfans du roy artaxerces entreprindrent contre leur pere/ quât daultre part nous pêsons la cruaulte du pere/ qui par soubdain courroux se esmeut contre ses ppres filz/ et portant il est bon que ung pou nous reposons/ et que nous mettons fin a nostre present tiers liure pour reprendre et refreschir nous forces corporelles/ iusques ace q raisô se soit recuillee et retraicte dedens nostre couraige. Pour droit iuger laquelle fut plus grâde ou la mauuaistie des enfans du Roy artaxerces/ ou la cruaulte de lui qui mesmemêt de ses troys filz legitimes ne laissa q ung cestassauoir ochus, r de ses filz bastars en occist quarâteneuf.

Cy fine le tiers liure Jehan Boccace des cas des nobles hommes et femmes. Et apres commence le quart liure dudit Jehan Boccace.

De Boccace

Cy commence le quart liure de boccace et premier met le prologue qui commence ou latin. ꝟonuiſſe ⁊c.

Ee cuyde que aucun pouſoye oſte⁊ deſmeu les couraiges des ſeigneurs ⁊ de leur durté pauāt obſtinee et ſi cuyde que par les exemples de

fueillet xcviii

uantditz iaye espouuāte loultrage et
la desordonnance des orgueilleuses
ames/car des humbles ie ne parle ia
mes pource que humilite ne chiet ne
trebuche par quelconque fortune. Je
ne scay qui est celuy qui est si dur en
cueur qui sans paour ait peu lire ou
escouter le trebuchement de cresus
Roy des lidois/qui de ses hommes li
ges et aussi des estranges fut moult
ayme/et si perdit son royaume et fut
contraint de viure comme ung autre
priue homme/ainsi comme dit est ou
vingtiesme chapitre du second liure
precedent/qui est aussi celuy qui est si
dur en cueur qui sans paour ayt leu
ou escoute le miserable cas de tarqui
lorgueilleux Roy des rommains qui
par eschangement de fortune fut bou
te hors de son Royaume et cheut en
tristesse poure et diseteux ainsi cō=
cy deuāt a este plainemēt dit ou tiers
chapitre du tiers liure. Qui est celuy
aussi qui soit si dur en cueur qui sans
paour de trebuchier puisse auoir leu
ou escoute lespouuentable cas de xer
xes Roy des persoisqui contre le peu
ple de grece entreprint de faire guerre
en tresgrant compaignie dhommes
armez en terre et en mer et si fut con=
traint de soy en fuir tout seullet/ Et
aussi il tout seullet demoura longue=
ment sur le riuage de la mer dasie cō=
me dit est ou vii. chapitre du tiers li=
ure precedent. Je ne scay qui est celuy
si dur en cueur qui sans paour de tre=
buchier puisse lire ou escouter le mal
heureux cas de artaxerces roy des per
sois qui succeda au dessusdit roy xer
ces/car ia soit ce que artaxerces fust
noble riche et puissant enuironne de
tous delictz mondains et garny de
tresgrant nōbre denfans/et qui soubz
soy auoit cent vingtesept prouinces
neantmoins Il mourut par trauail
de desplaisir et dennuy Je ne croi=
ray ia que il soit homme quelconque

puis quil ayt sentement de cōsiderer
a ung des horribles cas des dessusditz
qui ne doiue de loing pourueoir a soy
affin quil ne trebuche par fortue. Et
pour esmouuoir et enhorter les hom
mes par plusieurs histoires a resister
cōtre les trebuchetz de fortune aux
princes le commencement du mōde
iusques en nostre temps. car de tāt
comme nous racompterons plus de
exemples et des nobles hommes ru=
ez par fortune. de tant serons nous pl[us]
esmouuoir les couraiges des nobles
a resister. Et pour ceste chose faire iay
deuāt moy ung monceau dhistoires cō=
tenant les cas dune grande et desiree
compaignie des malheureux gentilz
hōmes mesmement italiēs lamour
desquelz me rapellent. et tant ay fait
que de la grant compaignie deulx iay
pris a racompter listoire de celuy de q[ui]
iaymoye mieulx escrire le cas sās fai
re mention des autres malheureux
nobles. Je doncques prens au commen
cemēt de ce quart liure marcus mau
lius noble consul rōmain. car tantdis
que cestuy marcus aduisa que dame
fortune lauoit assis et esleue en assez
noble siege de consul. il cuyda monter
en haultesse de dignite royale. mais il
trebucha par la cruaulte de enuie. et
nō pas sans sa grant hōte il fut getté
dedens leaue du tibre.

Le premier chappitre du
iiii. liure contient le cas de
marc[us] mauli[us] en son tēps
noble cōsul rōmain qui re
pulsa les frācoys de la tor
du capitole et apres fut rue
tus par fortune. Et com=
mēce ou latin. Eximii ful
goris et cetera.

En la cité de rōme anceinnement eut vng lignaige appellé le lignaige des maullois q̃ fut de haulte noblesse entre tou̅s les lignaiges de romme. et eut plusieurs tiltres de belle seigneurie. De ceste lignie des maullois fut ne (t at trait cestuy marcus maullius. qui en sa ieunesse fut tresfort et vaillāt. Et tant que par vaillance darmes il gaigna plusieurs coliers dor. tunicles. (t couronne et autres despoulles d̃ ses ennemis cōtre lesquelz il combatoit Et par ses merites il fut nomme et esleu par troys fois consul de rōme. Et durant son cōsulat il par singuliere prerogatiue vsoit de telles enseignes et de telz honneurs comme parauant vsoyent les roys a romme. A ces noblesses (t tiltres dōneurs que marcus conquesta par sa merueilleuse vertu vng hault et noble surnom luy aduint. qui luy fut adiouste. cest assauoir capitolinus pour vne besongne et fait notable quil fist en trebuchant ius a terre les frācois senenois qui auec leur duc brānius auoient par forces darmes prinse rōme. (t par eschielles estoyent ia montez sur la tour nommee le capitole. mais ainsi comme cestuy marcus acquist grant pris et grās noblesses par ce surnom capitolinus. aussi celuy surnom quil garda mal et desordonneement fut cause. par quoy les autres rommais eurent enuie cōtre luy. car apres que les francoys qui pour conquerir pays venoyent a romme. et furent partiz de cloge. et quilz eurent desconfitz les rommains pres de la cité dalbane et eurent prinse romme. et que les senateurs furent prins et tuez. Et que les francoys eurent assise la tour du capitolle en quoy se estoyēt recueilliz et sauuez tout le remenant des rommaines. les francois par aguet espierēt (t apceurēt vng chemi conuenable por aller a la tour par vne roche appellee carmenton. Et pour ce que de celle part les francois aduisoient que la tour estoit moins diligēment et plus foiblement gardee / por ce que cestuy cousté de la tour estoit assez fort de soymesmes a laide de celle roche. Les francois coyement pres de minuyt se essaierent a monter en la tour a plines et par eschielles (t tāt furent taisans et quoys que les gardes d̃ la tour et les chiens qui estoiēt dedens oncques ne se esueillerēt tāt furent baretez par la taisance des frācois / mais ilz ne peurent eschelter ne monter si quoyemēt que les oyes de dedens la tour ne sentissent le bruit et le tripleis des francois. Les rommains scelon leur loy payēne estoiēt moult religieux / car combien que adonc ilz eussent tresgrant disete (t default de toutes victailles neantmoins ilz gardoient ces oyes pour faire le sacrifice de leur deesse Juno. Les francois doncques furēt apperceus (t descouuers / car par le cri de celles oyes / ledit marcus maulius fut esueille / si se arma tantost / et hucha ses autres guettes / et saillit le premier a sencōtre des francois / Ja montans sur la tour si mist son escu deuant soy et cōbatit vng francois qui ia estoit monte en la tour et le trebucha du hault de la tour sur les autres qui par eschielle montoient / et tant que vng seul en fist plusieurs auec soy trebuchier (t cheoir dedens la riuiere du tibre. Et apres aussi plusieurs autres francois pāpans par les rochiers furēt tuez et repulsez dedens leaue du tybre. Ainsi doncques par la prouesse de marcus maulius et p sa force fut deffendue la tour du capitolle / et lesperāce des francois fut baratee / q̃ auoiēt toute gaignee romme / excepté celle tour qui leur fist toute perdre et delaisser leur emprinse. Pour ceste prou esse et vaillance deuant tous autres Rōmains cestuy marcus fut souueraine̱me̱nt loue et prise du maistre des cheualiers et si fut grandement remunere scelon la qualite du temps et du lieu. Et adonc les Rōmains donnere̱t audit marcus le surnō capitolanus affin que se apres il aduenoit que les Romains aucunesfois venissent en estat de franchise et en plus grant seigneurie / que cestuy surnom capitolanus fust perpetuel tesmoignage que ledit marcus capitolanus eust garde le capitole destre prins par les fracois. Cest honneur et renommee de vaillance qui aduindrent a marcus capitolanus furent grans et nobles au regart de luy qui estoit homme ytalien et au regart de quelconque autre homme sil eust este content de cest honeur et renommee de vaillance / et de la remuneration que les Rōmains luy donnerent sans auoir enuie dautre renommee ou cheuance plus grans et sil neust esleue son couraige a haultesse plus grant quil n'apartenoit a luy qui estoit citoyen Rommain. On peut assez penser que en besoignant vertueusement scelon le proces quil auoit commēce il eust eu auec son noble renom grans dignitez et offices a Rōme/ en batailles triumphes glorieux / mais depuis que maulius porta mal patiemment la gloire l'honneur que auoit camillus lors entre les Rōmains et que ledit maulius pēsa trop en son cueur que ledit camillus estoit mis deuant maulius / il attrahit a soy et prit par diuerses manieres la faueur et la mour du peuple de romme / et esleua son couraige desdagneux / et eschauffe par vne tresmauuaise enuie / pēsa maulius quil occupperoit pour soy le gouuernemēt de la chose publicque de romme et esleua son couraige desdaigneux la quelle chose pauāt il auoit deffendue quelle ne fust occupee par les francoys. Maulius donques eschauffe et enuieux dauoir le gouuernement de la chose publicque esmeut a romme plusieurs et diuerses rumeurs et dissentions e̱tre ceulx de la cite. et por appaiser ces rumeurs et dissensions semees par la cite. Vng noble rōmain appelle cornelius cossus dictateur qui lors estoit ou pays de toscāne fut mande pour retourner a rōme. Cestuy cornelius apres aucunes parolles contentieuses quil eut auec maulius en le repretant ouuertement pour les dissentions quil auoit esmeues a rōme. fist prendre et bouter en prison par mande mens expres ledit maulius. pour loccasion de laquelle chose le peuple mesmement commenca a murmurer. Il semble a aucūs parauēture que maulius pour la prinse et detention de son corps en prison ait aucunemēt estainte la clarte de sa gloire et de sa renommee et vaillance. et toutessoiz selon droit iugement maulius aps retourna en plus grant clarte de noble renommee quil nauoit eu parauāt. car celle nuee que sembloit obscurir le renom de maulius fut couuertie en clarte qui de fait descouurit qlz couraiges portoit le peuple enuers ledit maulius. Car auant ceste aduēture len ne congnoissoit fors que par parolles quelz couraiges auoit le peuple. et certain est que le peuple rōmain endura si mal patiemmēt et en si grant desdaing la prinse et la detētiō en chartre dudit maulius. que aucun du peuple de rome apres quil eut riote et contendu contre les senateurs. Ilz prindrent robes et dueil. et de plain iour allerēt en visaige plourant et courrouce sans tōdre leurs barbes et sans ageter leurs cheueux et veillerent par nuyt a lentree de la prison. et par ainsi ilz mōstrerēt en appert quelle loyaulte ilz auoient auec ledit maulius. laquelle chose dōna assez de clarte a maulius lors estant tenebres & prison. Et certain est que le peuple luy eust plus donne clarte donneur et de renom, se par bons chastoiemens le peuple luy eust autremẽt restrainct et resrene lentragee enuie ql auoit dedens son cueur. cõme le peuple luy adiousta de oultrageuse presumption par la fiance que maulius prenoit ou maintienẽt es parolles du peuple. finablement fortune aguillonna et auãca ses forces affin que hastiuement elle destruisist maulius Si aduint que cornelius camilus le dictateur dessusdit desconfit les toscans. et de ceulx il eut plaine victoire (et pource apres fut oste de son office pource il sembla au peuple quil pourroit aller et venir plus franchement par deuers maulius encores estãt en prison. Le peuple commenca enuironner la prison ou estoit maulius et cõmenca a dire plusieurs (et diuerses parolles en menassant quil briseroit la prison se maulius nestoit mis hors et deliure. Et affin que ces choses fussẽt ordonnez selon le desir du peuple. les senateurs commandẽrẽt q maulius fust deschainne et mis hors de la chartre et rẽdu au peuple qui le requeroit Maulius pour cause de sa longue prison fut eschauffe enuieux et courroucie en son orgueilleux couraige. Et a donc commenca plus ardãment soy essorcer a poursuyure tant quil peut les choses que parauant il auoit commencees (et de faire toutes choses quil pẽsoit estre vaillables a acquerir pour soy le gouuernemẽt du royaume de rõme. Les senateurs et les tribũs apparceuans ce que faisoit maulius ne porterẽt pas bien paciemẽt ne de bon cueur celle enuieuse entreprinse. Et pourtant eulx tous dung semblable cõsẽtemẽt assignerẽt iour aud it marcus mauli' pour veoir (et ouyr faire et dire la punition (et vengẽce des choses quil auoit oultrageusement entrepri

ses. Maulius donques au iour qui luy fut mis vint en iugement or et et brouille sans compaignie daucũs nobles homme ne de aulus ne de titus ses freres, ains vint seullement a cõpaigne dune quantite dhommes populaires Maulius par son cõtenemẽt sẽbloit estre assez cõuaincu et attaït du crime de ambition, qui est pour chasser, ou a soy ou aux siens, aucune dignite ou office en la chose publicque par moyens voyes ou manieres iniuste et mauuaises. Maulius estant en iugement deuant les senateurs et tribuns dist premieremẽt. plusieurs choses cuidant quelles fussent vaillable a sa deffence et apres se desuetit en monstrant sa poictrine, qui auoit este anoblie par les plaies que elle auoit receue en combatent auec ques les francois senonois. Maulius daut re part monstroit la tour du capitole quil auoit gardee et estre prinse, mault lius appelloit (et requeroit en son aide les hões (et les dieux, maulius p sa douce complainte amolia tãt les cueurs du peuple rõmain quil ne peut estre cõdẽne p sentẽce iusqs a tant qlfeust mene hors de la porte frumentelle q est en vng lieu de la ou len ne peut veoir la tour du capitole (et en celuy lieu fut cõdẽne maulius p sentẽce que Il qui estoit deuenu mauuais (et couuoiteux seroit trebuchie de la roche nommee trapeya autrement carmenton, dedens leaue du tybre, de laquelle roche parauant il auoit trebuchie les francois quãt ilz escheloyent le capitolle. et tantost apres la sentẽct contre luy pronõcee il appella moult de fois en son ayde les dieux (et le peuple mais rien ne luy valut car il fut boute du hault et trebuchie au bas de la roche trapeya. Et ainsi a sa grant confusion (et honte il esprouua le tourment que parauant il auoit fait aux francois.

fueillet L

Le .ii. chapitre parle côtre le desloyal peuple et contre ceulx qui se y fient ⁊ contre ceulx qui aymēt les biens dautrui en ramenāt a memoire le hault triūphe et la malheureté de marc⁹ maulius consul de rōme. Et cōmēce ou latin. Que so qui in suis.

Ie prie aux nobles hommes ⁊ aux autres aussi qui trop se fient en leurs bonnes fortunes et qui sont si orgueilleux quilz ne peuent autruy souffrir quilz ostēt de leurs peulx la chacie et lordure. et quilz regardent et considerēt cōmēt fortune se change enuers les hōmes. car maulius au commencement de sa bieneureté mōdaine repulsoit a son escu les frācois qui montoyent en la tour du capitole. les cheualiers rommains esleuoyent par louēges maulius iusques au ciel. Il auoit gaigne et acquis noblesse mondaine p̄ desseruir en bataille et en armes la couronne de lozier. les colliers dor et dargent et les tunicles darmes. et les triumphes appartenās a ceulx q̄ ont victoire d̄nnemis. Ie prie aussi aux nobles hommes et autres que par le contraire ilz regardent et considerent cōmēt fortune soubdainemēt se mue euers les hommes de clarté en tenebres. de gloire en reproche. de franchise en seruage de doulceur en amertume. et de ioye en tristesse. Car le noble mauli⁹ pres que en vng moment apres sa bōne fortune a este mesle en lordure de la chartre. Il a este contraint de supplier pour sa deliurāce. Il a este mis et riuez en chaynez de fer et condēne par sentence de peuple. Il a este attendant sur le bort de la roche trapeya que le bourreau le tresbuchast dedens la riuiere du tibre qui court par romme. Ceste roche trapeya prochaine du capitole est autrement nōmee carmeton pour carmātis la mere du roy euāder qui fut le premier fondeur de romme. au moins de la tour du capitole. et pource q̄ en celle mesme roche fut enfouye vne pucelle appellee trapeya q̄ consentit mettre par nuyt les ennemys dedens rōme. ou temps que les rōmains guerroyent contre les sabinois a qui romulus auoit tollu leurs femmes. celle roche a este depuis et est appelle trapeya. Apres aussi ie prie aux nobles hommes et autres. que se ilz ont aucunemēt changie leurs couraiges en considerant les contraires auētures du noble cheualier marcus mauli⁹. que ilz se adonnent a leur ioyeuse fortune plus saigement que il ne fist en mettāt ius lorgueil de leurs cueurs sans eulx follement fier en grant lignaige ne en nobles parentez. ne en faueur de peuple qui sur toutes choses est īgrat. Et ceulx aussi a qui fortune a assez donne de noblesse doiuēt oster toute enuies d̄ leurs peulx affin que ilz ne couuoitent les biens qui sont dautruy. Les saiges hommes doubtent laquelle d̄ deux choses est la plus folle. ou soy abandonner a la faueur du peuple ou tourmenter son cueur en ayant enuie du bien dautruy. Le fol homme est deceu par soy fier en la faueur du peuple. par enuie des biens dautruy le fol homme est aguillonne et point a trouuer voyes et manieres de dommagier autruy. par soy abandon-

p i

ner a la faueur du peuple comme fol enchiet en dommaige et en perte de soy et de ses choses pource quil cuide folement que le peuple face autant côme il luy promet. et par enuier les choses dautruy le cueur du fol homme est ars par le feu dont les enuieux ardent. par luy fier en peuple lesperance du fol homme est mocquee. mais entre les saiges hommes lordonnance des choses doit estre telle. que nous deuons plus regarder les effetz et les eures que les causes dont ilz dependent. Je conclu que comme doit oster de son cueur toute enuie. puis quelle est desloyalle ennemye. qui despiece le lyen de compaignie humaine. car se entre deux hommes freres voisins ou autres est enuie. Jamais ferme amour ne compaignie ny sera. oncques aussi ne fut bonne chose ne louable soy adonner a lauenture du peuple. Et affin que ie parle de la chose ainsi côme elle est. Je dy que naturellement tout menu peuple est muable et fol. le peuple se adheurte plus a opinion que a verite. le peuple enhorte tousiours le fol homme iusqs a tant quil ait conduit et mene a son destruisement. et quant il est au peril adonc le peuple le delaisse. Le peuple ensuyt les loix de fortune. cestassauoir qil sert treshumblemêt mais il seigneurie trescruellement. Se le qeuple a receu ou dons ou honneurs par le pourchas daucuns bien fortunez le peuple les mocque apres quilz sot deuenuz si malheureux que par la fiance du peuple ilz sont venus au peril de la mort se pour prouuer ce que iay tantost dit. Je ne auoye autres exemples si dy ie quil souffist a uoir veu lexemple de cestuy maulius. Le peuple de romme condemna marcus maulius son deffenseur et vng pou parauant lauoit honore comme dieu. le peuple faisoit feus et veilles par nupt deuant lupz de la char

tre ou maulius estoit emprisonne. le peuple estoit si courroucie pour lemprisonnement et le domaige de maulius quil se destoit de robes noires sans faire tondre piegner ne agencer barbe ne cheueulx. et offroit plusieurs offrâdes aux dieux pour maulius et aussi menassoit les senateurs et tribuns de rôme. mais finablemêt apres ce que le peuple ne peut plus veoir la tour du capitole. Il oublia les faitz que auoit soustenu maulius. et le peuple aussi oublia le piteux visaige de son capitaine et ses humbles prieres. et le condemna a mort. combien quil requist ses aydes.

Le tiers chapitre contient le cas du cruel tyrant Belearcus. Et ple côtre tous les tyrans en les reprenât de leurs faulces tyrânie. Et comence ou latin. Poteram si libuisset etc.

Ie pouoye sil meust pleu apres le miserable cas du noble mauli° mettre le cas de neptanabus roy degipte racomptât en brief que comme il aduisast q phelippe le roy de macedonie pe du grât alexâdre se occupast en batailles. tât en grece comme en autre pays. et que ledit phelippe demouroit trespou en son hostel royal. ledit roy neptanabs riche et puissant en biens mondains et en multitude du peuple. et tressage et expt es sciêces liberaulx. et p espâl en astronomie aduisa et cogneut es estoilles qui souuent monstret aux hommes choses aduenir que dieu vouloit faire la mutation du royaume des persois et celuy royaume vouloit transporter aux grecz. Comme doncques le roy philippe eust espousee olimpias la fille de neptolomus le roy des epirotes.laquelle estoit moult noble de lignaige.belle de corps & de flourissant aage. Cestuy neptanabus ainsi comme aucuns cuyderent non pas sans cause se accointa de la royne olipias.et tant que plusieurs cuiderent selon comune renommee q̃ le grant alexandre fust engendre dudit neptanabus.par quoy il se moustra estre pl9 fauorable et aydant au roy phelippe Et par ainsi il eut suspection enuers xerces adonc roy des persois q̃ meust et fist guerre contre neptanab9 et contre tout son royaume et pays degipte et tant quil fut contraint de soy enfuyr ou pays de midy et fut priue de son royaume et de tout honneur et seigneurie terriẽne. Je pouoye aussi sil meust pleu apres le cas du noble maulius.compter le cas de pausanias noble duc des lacedemonois iadis premier fondeur et seigneur de celle noble et forte cite appellee bizãcium assise pres du riuaige de la mer. laq̃lle par sept ans ledit pausanias obtit et posseda auec tout le pays denuiron mais ainsi comme fortune destourne ses offices. ceste cite riche noble et peuplee selon lauenture des batailles vint en la main des athenies qui ladicte cite occuperent. et apres enuoyerent en exil ledit pausanias. Je pouoye mettre les tresmechantes auentures de plusieurs autres nobles malheureusement finez. q̃ en ce mesme temps furent en diuerses parties du monde.mais en delaissant tou9 ces malheureux nobles ie fu pres que meu en couraige dentreprẽdre a compter le cas dun cruel tyrant appelle helearcus ennemy & tyrant dune cite de sicile nommee eraclie.Et sine suis pas meu de compter le cas de helearcus pour chose quil soit vraye mẽt noble.ne que ie vueille dire que fortune soit non iuste. pource quelle la tresbuchie.mais pource que en racomptant le cas de cestuy tirant ie puis auoir tiltre et matiere a parler de tyrannie. Affin que ie face honte aux tyrans qui desirent espandre & boire le sang humain et quilz ne se peuent saouler qui ne vueillent tousiours oster par violence les auoirs et les armes des hommes mortelz. et si occupent et empeschent tousiours a force la franchise publicque cõme fist le tyrant helearcus qui finablemẽt apres ces ordes abhominations fut occis p deux nobles hõmes vng appelle thienes.et lautre leonides. Ces deux hõmes ayans mercy et compassion des eracliois subgetz a cestuy tyrant.considerent comme vray est que les peuples et leurs biens temporelz doiuent estre gardez et deffenduz par les seigneurs terriens qui sont a ce faire cõmis et obligez par expres. et mesmement que les nobles et haulx estatz quilz ont leur furent amesureement assignez sur le labeur du peuple qui donna a ceste chose faire le consentement de franche voulẽte. Puis dõcques que cestui helearcus auoit tourne grace en hayne/pitie en cruaulte/ liberalite en auarice/ debonnairete en orgueil/iustice en desloyaulte/ces dessusditz nobles hommes thyenes et leonides. sacrifierẽt aggreablemẽt a dieu le sang de ce tyrant p q̃ estoiẽt corrompus tous droictz diuins et humains.apres le tyrant helearcus vẽnoit denis roy des ciracusains qui cõuertit le royaulme en tyrannie:et fit plus cruellement contre ses subgetz que ne fist helearcus. Et pource que selon lordre des hystoires ie vi auãt

p ii

se tirāt Denis il fi st tant enuers moy que ie escripui de luy et de ses desser tes.et des mutations de sa fortune. Et si me pria que combien que ie ne escripuisse pas du tout a plain & luy ne de sa vie. que aumoins ie escripuis a lamaniere que iay acoustumee ou proces de ce liure.

Le iiii.chapitre contiēt le cas du cruel tirant de nis roy des ciracusains ou pays de sicille. Et cōmence ou latin. Huic que fuerit ꝛ cetera.

Il ne me souuient pas que ie aye leu es histoires de quel lignaige nasquit cestuy Denis Roy des ciracusains. et aussi nest ia mestier que ie enquiere les genealogies/ne les lignees anciēnes. puis que ie Vueil parler dun hōme ordoye en la puantise de toutes mauuaistiez et laidures. Cestuy Denis comme le plus aage obtint la seigneurie de ciracuse. Vne moult ancienne et noble cite de lisle de sicille apres la mort du roy Denis son pere. qui fut tue p̄ vne dissension q aduint entre lup et ses hommes.et combien que cestuy Denis eust tel nom et pareilles meurs comme auoit son pere et semblable seigneurie.il fut touteffoiˢ plˢ mauuais que son pere.car Denis enuiron le commencement de son regne.proposa en son cueur que nōpas seullement il garderoit les terres et autres choses qͥl auoit receues de la succession de son pere. Mais pensa quil les eslargiroit et accroistroit par quelsconques manieres. Et affin que il venist a son propos Il par barat fist alliances et sainctes amittiez auecq̄ les populaires de son royaume ꝛ at trahit a soy leurs couraiges. et leur fist plusieurs biens et prouffitz temporelz. Et apres sans changemēt de couraige. Mais en monstrant qui il estoit au dedens. Il par son commā dement fist occire ses freres ꝛ ses cou sins et parens.affin que il fust seur et sans dangier daucun qui contēdist au royaulme. Apres ceste chose et a loccasion dicelle le roy Denis se lais sa cheoir en oysiuete et paresse par ex cessiuement mengier et boire. Et apres en luxure.ainsi comme se il eust ferme la seurete de sa vie et la fortune de son estat a chaynes de fer et a roches de aymant.Cestuy denis pensa en son couraige que cestuy estoit plus noble et plus resplendissant en souueraine bieneurete qui plus par font se plōgoit en oysiuetez. Et par trop mengier et boire cheoit en ordre vie luxurieuse. Comme doncques il pensast selon son iugement estre bieneureux par en sup̄re ses delectations. Il deuit pesāt et vain et gras et luy aduint vne tresmalle enferme te des peulx.entant que il a grant peine pouoit regarder la lumiere du iour. Et pource que il pensa que ses citoyens ne tenoyent compte de luy qui estoit pres que aueugle. Il se embrasa de raige/et deuint plus cruel que quelzconques bestes sauuaiges. Il faisoit mourir les vngz de ses ci toiens par cruelle mort.et les autres par tourmens.les meschans ciracusains furent courroucez pour celle cruaulte que leur roy leur faisoit. Si assemblerent gens de armes en archadiue qui est vne cite de sicille.

Et denoncerent a denis quilz luy liureroñt bataille. le roy denis fut meu par lenhortement de ses cheualiers qui desiroyent auoir le pillaige de la la cite. ou que dieu vouloit pugnir le roy de ses pechez. Il admena ses gẽs darmes ¶ descẽdit eñ bataille. mais dedens pou de temps apres il auec ses gens darmes fut desconfit foulle et deschasse. Et apres que il sentit ¶ apperceut que sa puissance et sõ estat cheoit en bas. il pensa que par subtilite et barat. il feroit la chose q̃l nauoit peu faire par force de bataille. ¶ que par crochetz de fer il tireroit fortune a faire son desir. et fist que aucun de ces citoyens ciracusains furent enuoyez a luy pour traictier la paix entre luy et les siens. mais cestuy denis retint par deuers soy ses citoyẽs messagiers. et aduisa que pour lesperance de la paix que len traictoit ses ennemis seroient despourueuz ¶ sans garde. si enuoia le roy suddainemẽt vne compaignie de gens armez contre les ciracusains qui ne sen donnoyẽt garde. mais apres ce quil vit que son souhait estoit moult loing de ce quil esperoit. car ses gens darmes furẽt vaincus et dechassez. Il auec tout son ost royal monta muceemẽt sur vne nef et sen alla a locres vne cite de grece. Apres ce que denis eut este coitemẽt et bien receu par les locrois ¶ loge dedens leur cite. Il prist et occupa par barat la maistresse et principale tour de leur cite. Et apres tantost il commenca cruellement forsener oultre les locrois ainsi côme silz fussent ses ennemis. en faisant illec murtres. roberies. bannissemens. efforcemens de femmes mariees ¶ de pucelles. ¶ tãt q̃ par sa luxure il ordopa les litz des nobles hommes ¶ aussi des populaires. mais comme les locrois neussẽt ia riens que denis ¶ les siens peussent piller et emporter de ladicte cite de

locres. Il trõpa et deceut les locrois par vne malice appensee. cestassauoir quil les enhorta par vne maniere qui sembloit assez bien ordonnee ¶ appella ou temple de venus les femes mariees et les pucelles de locres vestuez et attournees particulierement selõ leurs facultez. ainsi comme se denis deust eslire aucunes delles pour seruir au commun plaisir des hommes Et apres quelles furent assembleez dedens le temple. Il commãda a ses cheualiers quelles fussent vestues de leurs robes et ioyaulx. et apres les bouta toutes nues hors du temple. et prist et eporta les robes ¶ attours Mais les locrois qui pour les hõtes et dommaiges dessusditz furẽt courroucez et esmeue assaillirent la tour ou estoit denis et ses gens darmes et honteusemẽt le chasserent hors de leur pays. Et par ainsi denis ia par deux fois banny ainsi comme se il se mocquast de fortune vsa arriere de son ancien barat. et fist tant que les ciracusains comme enraigiez et folz le receurent comme leur Roy. mais il selon sa coustume ancienne fist cruaultez et forceneries contre les ciracusains. fortune doncques que denis eut p̃ ses ars mocquee plusieurs fois fust lassee de releuer denis qui tomba par tant de fois. Et pource elle souffrit que denis semblable a vne cruelle beste. si fust assiegee de ses citoyens par vng commun accord. mais quant il vit que ses forces luy failloient. Il fut angoisseusement point en sa pensee. et tant quil traicta auec ses ennemis. Et leur commenca a dire que il delaisseroit le royaume de ciracuse et aux ciracusains bailleroit franchement la tour et les gens darmes de dedens. et que il prendroit exil en vne cite de grece. Apres ce que denis fut ramene a neant. et pareillement que il eut laisse les ciracu

p iii

sains en paix et en franchise. Il s'en alla a corinthe come exille et banny et aps que il fut illec Il aduisa selon son plus sain conseil que riens ne luy estoit prfitable si non vne chose qui luy estoit la plus deshonneste et ville. selon cestuy aduis il lesseut vne tresdeshoneste maniere de viure. cest assauoir quil continua tresordes ouures entre souillars de cuisine. et entre les rufians du bordeau. et si estoit vestu dune puante robe. et faisoit ordes questions et demandes par parolles villes et diffames. et se esforcoyt de rire plus pour soy que pour ceulx deuant qui il estoit. Et derrenierement il commeca a enseignier pl̃es quarrefours aux petis enfans de corinthe ieux dissolus et toutes autres choses p quoy les corinthiens le deuoient pluffort desprifer que craindre ne doubter. Et touteffois par ses dissimulations denis ne osta pas legierement la mauuaise souspeson que les corinthiens pouoient auoir de luy. car les faictz des mauuais hommes qui firent ou temps passe sont de si grant puissance quilz se monstrent en quelque lieu quilz soyent. O diuerse muance de fortune. ie te prie considere ceste vie du roy denis banny et exille est different de celle vie quil souloit auoir lors ql estoit roy des siracusains. Et certain est que quelconque eust este la maniere de sa vie deshonneste et orde du pmier temps de son aage. touteffois il souilla en celle vie de souillars et de rufians depuis quil deuit vieillart Cestuy denis ne peut pas seullemet auoir occasion de plourer ses hontes et ses aduersitez. mais les historiens croient en agrauant son malheur quil ploura et regreta les sacrileges que il fist aux dieux dedens leurs tēples. Par quoy il est assauoir que oultre le sacrilege que denis commist a ocres ou temple de venus. De quoy tantost

feray mention. Il fist plusieurs autres sacrileges. car il entrāt vng iour ou temple de iupiter cestuy denis auisa que iupiter auoit vestu vng mateau dor moult pesant que vng tirāt appelle hiere auoit donne a iupiter de lor que hiere auoit gaigne en la despouille des cartaginois desconfitz en bataille. Cestuy denis doncques comme despriseur de la religion payenne osta a iupiter son mateau dor en disant par mocquerie que ou tēps deste il estoit trop pesant. et en temps diuer trop froit. Et en lieu dun manteau dor quil print et emporta il luy donna vng manteau de drap de laine et dist quil luy estoit bon et couenable ou temps deste et diuer. Tiercement denis commist sacrilege ou temple de la cite de epidaurus en grece la ou estoit vng temple ouquel estoyent les ymages des deux dieux cestassauoir de appolo et de esculapius son filz. cestuy denis auisant q appolo estoit sans barbe comme vng adolescent et son filz esculapius auoit vne grosse et longue barbe de fin or. denis osta et print celle barbe dor en disant par mocquerie quil ne appartenoit pas que appolo le pere fust sās barbe et son filz esculapi' eust barbe. Quartement il print et osta des temples de iupiter et de appolo et des autres plusieurs dieux les tables dor et dargent. Esquelles les grecz selon leur maniere auoyent escript alenuiron. Les tables sont par le seruice des bons dieux. Et denis lors par mocquerie respondit que il deuoit vser de la bonte des dieux. Et par ainsi il deuoit applicquer a son vsaige les tables dessusdictes. Quintement il osta aux dieux les ioyaulx et les coulpes dor que les nobles hommes auoyent donnees aux dieux en signe des victoires que ilz auoyent eues en batailles. Car pource que les dieux soustenoyent en leurs mains ces ioyaulx dor et ses coulpes si faictemēt quil sembloit q̃ les dieux les presentassent et offrissent a ceulx qui les regardoiēt. Cestuy denis les osta des mains des dieux en disãt q̃ les pnoit. pource que les dieux lup p̃sentoyent a qui ne les toloit pas. q̃ di soit oultre que puis que nous demãdons aux dieux les biens temporelz que cest folie de les non prendre puis q̃ les nous presentēt en leurs mains pour lesquelz sacrileges ainsi soyaumēt cōmis cestuy denis soy dtart repentant pourroit a regretoit. car le remors de la mauuaise vie trespassee agraue la peine et la misere de fortune finablement il vaincu et desconfit p tresgrant pourete a dise te mourut si obscuremēt que les histoires doutent sil mourut a corinthe ou se il fut tue en retournãt en sicile.

Le 8. chapitre raisonne cōtre le cruel tirant denis roy des siracusains en excusant fortūe pource que elle trebucha. Et commēce ou latin. Que precor ꝛc.

Et tu es esbahy du cas du tirant denis roy des siracusains. Je te prie cōsidere q̃ʹ le ait este sobstination de luy a aussi de plusieurs autres nobles hōmes et cōme leur orgueil ait este roide a incorrigible. et cōsidere aussi cōme le courage des nobles hommes et autres est dur a ramener au sentier de raison. car fortune seruāte et executeresse de la voulente diuine auoit par deux

fois abatu le tirāt denis de son hault estat royal par le prouchatz et par le desmerite des pechiez de luy. car ainsi cōme il appert par les desloyaulx faitz du roy denis fortune labatit du hault au bas. plus par maniere de le vouloir chastier que de luy dōner peine ne de le mettre a destruction ne de stat ne de corps. Le tirant denis fut courrouce et batu par deux bannissemens cōme dit est. q̃ si fut la mauuaistie de luy si grant que fortune ne le peut muer en bonte ne en vertu. Car par trois fois il fut restitue et mis en son premier estat. Et tiercement il pourchassa sa malheurete moyenãt ses propres vices et nōpas par la cruaulte de fortune. Je scay de certain q̃ fortune est malement accusee par paparolles iniustes. et si est despecee p mauldissons horribles desauenans a indeues. Il nest hōme de si sain entendement qui ne sache que se nous portons nos merites escriptes en nostre front ceulx qui les liront iugeront q̃ fortune droctemēt a a point iuge toutes choses enuers nous. mais nous sōmes tant mignotz a si desvoyez que nous ne voyōs ne cōsiderons noz pechiez selon lesquelz fortune iustemēt nous punist. et ne pouons souffrir ne endurer les iustes aduersitez de fortune de quoy il aduient q̃ pource que nous ne congnoissons pas que nous mesmes soyons aueugles comme de fait nous sommes. nous accusōs indeuement fortune par ce que nous lappellons aueugle. pource que ainsi la paignēt les poetes mais neantmoins dieu de qui elle est chāberiere la faict tres cler voyant

Le 81. chappitre contient les cas de Victurbius duc des preuernois et de policrates seigneur des samiens. Et commence ou latin Et si post &c.

Pres le cas de denis le tirant roy des siracusains selon lordre des hystoires ie pouoye compter le cas du noble Victurbius q̄ fut attrait de fonder vne noble cite de champaigne de rôme. Cestuy Victurbius noble de lignaige vaillāt et expt en armes fut duc des preuernois qui sont vne moult ancienne gēt du pays dytalie. et est leur cite appellee preuernes. ces preuernois cōpaignōs et voisins des samiois furēt anciennement ennemys et cōtraires aux romains pour lors quilz cōqueroient et subiugoiēt a eulx les pays et les peuples voisins. Et apres plusieurs rebellions et batailles aduenues et faictes entre les preuernois et les romains. Il aduint que lost des romains dont plancius estoit consul et capitaine print la cite de preuernes par lune des deux manieres touchees par titulliue. et deuant ou apres la prinse de celle cite le duc Victurbius se rendit a plancius le consul. Plancius doncq̄s qui desiroit mettre fin aux rebellions et aux batailles des preuernois il derocha les murs de preuernes leur cite et mist ou palais tresforte garnison de gens armez a subiuguer la cite et le pays. mais le duc Victurbius qui audit consul sestoit rēdu fut mis en prison fermee iusq̄s a ce que le consul retournā de rōme la ou il estoit alle pour

requerir et demāder aux rōmains le triūphe pour celle victoire quil auoit eue des preuernois desconfitz et subiuguez. Le consul doncq̄s retourne a preuernes commanda que Victurbius fut hors mis de prison et que apres il fust bastu a chair nue de verges et de fouetz. apres lequel tourment et hoste la teste luy fut coupee par vng des bourreaulx. Et les maisons dudit Victurbius qui estoyent dedens le palais. et preuernes fussent derochees et au batues. et tous ses biens temporelz confisques. et largent que len peut auoir de ses biens furent conuertis en aneaulx qui furent mis en la chapelle de romulus a romme. Le malheureux Victurbius me chargoit de complaītes. et eust bien voulu q̄ ie eusse escrit son cas plus longuemēt touteffois il ne me peut tourner a plꝰ escripre de luy. Si tost que iay eu veu policrates le tirant des samiens. car pource q̄ ie vueil escripre les cas dūg plus malheureux homme. et a q̄ fortune au cōmencement se rendit plus doulce et plus benigne. que a Victurbius. Je de plain vouloir et gre me suis ottroye a escripre le cas dudit policrates. Cestuy policrates fut seigneur des samos. qui est vne isle enuironee de la mer egee. et est moult abondant en richesse. en celle isle fut nee Juno la seur et la femme de iupiter. et pource lancienne gent dillec offrit premierement sacrifice a iuno la deesse. Juno fut vne des neuf sibilles appellee sibille samsaioise. Dilec fut ne le philosophe pitagoras. Deuāt le temps duquel les clercs se faisoyent appeler saiges. Et apres pictagoras ordonna que les clercs fussent appellez philosophes. cest a dire amys de sapience. En lisle de samos fut premierement trouue lart de faire les pos de terre et les autres vaisselles. Policrates doncq̄s en maniere de tirant prinst de fait la seignourie de ceste isle/ou pour l'amour de son lignage qui estoit de celle isle/Ou pour occasion de autre don de fortune et combien q̃ policrates ne fust humain ne doulx enuers ses hommes/mais se squist cruel et orgueilleux ainsi cõme les tirans ont de coustume tou teffois lui fut fortune si obeissant et benigne que elle fut tresplentureuse enuers lui/fortune ouuroit sa poetri ne et son treslarge giron et toutes ses secretes portes au tirant policrates/ Affin quil puisast a son bandon tant de bieneurete mondaine comme il est soulzoit prendre. Policrates ne eut mye fortune seulement obeyssant et fauozable a luy selon le iugemẽt du peuple qui veoit sa bieneurete et qui auneffois iuge que aucun soit bien eureux combien quil soit autrement mais policrates eut fortune obeissãt et fauozable a luy selon son propre iu gement: et tant que il luy fut aduis q̃ toutes choses luy venoient tellemẽt a souhait que auruneffois il eut doub te que les dieux ne eussent enuye sur lui et sur son estat. Policrates de tou tes pars enuironne de prosperitez mõ daines proposa que a soy mesmes dõ neroit aucune infortune puisque de autre part ne lui en venoit point il cõ sideroit quil estoit tout seul entre les hommes mortelz a qui toutes choses venoient a son plaisir/si pensa que il attremperoit en aulcune chose lẽuie que chascũ pouoit auoir sur luy et sur sa felicite: et aussi il pensa que fortune et les dieux pouoient auoir honte pour ce que fortune lui donnoit aussi grãt felicite comme aux dieux. Il voult doncques oster la honte tant a fortu ne comme aux dieux: si print et osta de son doy ung aneau dor garny du ne pierre precieuse lequel il auoit tres chier et le getta en la mer pensant que il attremperoit sa trop grant et super

abondant leesse par la tristesse que Il auroit de la perte de son anneau. O moxquerie et folie domme policra tes cuidoit que le temps luy faillist a encores auoir tristesse et meschan ce: policrates ne auoit pas veu ne cõ sidere la royne hecuba femme du roy priam qui par infortune fust ou tẽps de sa vielesse mence en seruage auec ques cassandra sa fille et auecques sa brus andromatha femme de hector le preu: ainsi comme dit est ou trezies me chapitre du liure precedent. Po licrates folement cuidoit que fortu ne fut deuenue Immuable: pour ce quelle auoit aulcun pou continue sa roue vers lui en bon eur: mais fortu ne gardant a policrates aucuns plus grans dommages que nestoit la per te de son anneau et qui vouloit q̃ mal gre soy il souffrist nompas petis dom maiges voluntaires: elle fist tãt que policrates despourueumẽt recouura lanneau que il auoit de son plain gre gette en la mer. Passe pou de temps apres que policrates eut gette son an neau en la mer les pescheurs de lisle samos prindrent le poison quil auoit transglouti cest aneau qui cuydoit q̃ laneau fut esche ou viande conuena ble po[ur] soy: et pource le poisson auoit recueilly laneau celuy mesme poisõ fut aporte et donne au tirant et lan neau fut trouue ou ventre du poison ou par le cuisinier tandis quil lapari loit ou p[ar] lescuier trenchant a la table du tirant et fut porte a policrates a solennite comme se neptunus le di eu de la mer luy eust restitue. Cer tes les espies de fortune sont muce es et secretes, et lõme doit moins auoir fiance en fortune quant elle est blan dissant et souefue/que quant elle est dure et aduerse: Or aduint dõcques ung courroux de fortune tandis que policrates estoit en sa fortune clere et reluisant affin que il tombast et cheut en tresamere poureté (misere car ainsi comme se fortune eust reserue a soy bengier de tous ses courroux en vng tout seul meschief vne chose aduint que orontes connestable de daire le roy de perse et de medie tourna toutes ses forces a guerroyer contre policrates (z son pays de samos: z de ceste guerre la cause peut estre double: car ou cestuy orontes vouloit soy enrichir du pilage des richesses de celle isle/ou pource que pollicrates auoit fait ayde ou conseil ou faueur aux ennemys du roy daire (z pourtant orontes desconfist (z prinst policrates le tirant: z apres quil eut este par aulcun temps en prison loye de chaines: orontes commanda a ses bourreaulx que policrates fut trayne (z pendu a vng gibet a la crouppe dune montaigne appellee mydalse. Policrates qui auoit eu tant de prosperitez mondaines qui tant auoit eu de souhaiz dont il estoit leessie (z esbaudy (z qui nauoit peu estre trouble ne courrocie par aucun cas de fortune: combien que il le souffist il deult angoisseux pour les tourmens (z peines quil souffroit (z q il auoit a souffrir: il fut contraint pour la confusion de sa deshonneur: car il veoit dessoubz soy toute la multitude des samiois qui vng peu parauant nosoient riens faire contre luy: (z neantmoins ilz regardent sans crainte leur tirant monte sur leschielle du gibet/ilz regardent que leur franchise est recouuree tant par le destruiement de policrates comme par son diffame. et certain est que policrates peut auoir moult de douleur quant il vist soubz soy les samiois qui en ioye (z leesse regardoient le tourment quil souffroit: (z la mort quil luy failloit endurer: (z par ainsi policrates qui auoit ia vescu tresbieneureux en terre par muance de fortune il trebuchant mourut pendu en lair. Et certain est que

plusieurs choses aggrauerent la maleureuse fin du tirant policrates cest assauoir le tourment que il auoit par le souuenir de ses delectacions passees (z lenuie (z le desdaing quil auoit de ceulx qui se esiouissent pour la honte que on luy faisoit: (z pour la douleur quil auoit de sa seignourie perdue et mise ius: il mourut aussi entre les larmes pleure (z gemissemens (z souspirs (z pour combler sa misere (z honte / sa charongne fut delaissee pendant au gibet pour estre despiecee par les oyseaulx. Certes ie croy raisonnablement quil fut aduis a fortune que pas ne souffisoit quil eut souffert tresgrans hontes (z grans reproches et pource apres sa mort fortune luy osta toute honneur de sepulture et de exeques

Le .vii. chapitre qtient le cas du noble philosophe calistenes q fut ne (z nourry / en la noble cite dathenes enlaqlle resplendissoit la sciece de philosophie. Et comence ou latin isi a cruce. (z c.

Dant ie eu fine le cas du tirant pollicrates pendant au gibet: ie regarday les anciennes hystoires esquelles Je trouuay le maleureux cas du du noble aribas iadis roy de epire de qui ie laisse en cest lieu a racompter le cas pour ce que briefuement ie lay compte ou dixhuitiesme chapitre du tiers liure precedent. Et pource que le roy aribas ala fin de son aage cheut en grant vilete (z pourete les miseres de luy me eus sent legierement attrait a raconter plus legierement son cas se le cas du noble philosophe calistenes q̄ est pl⁹ piteux ne men eut destourne: car ie ui calistenes tout coup si deffigure et si lait pour son sang dont il estoit soul lie que il sembloit mieulx estre ung tronc couuert de sang et de pouldre/ soy remuant de lieu en autre/ quil ne sembloit ung home allant sur ses piez si tost que dauenture ie ouy le nō du philosophe calistenes il me souuit que ie lauoye ouy aucunesfois a vendome es sainctes escolles de philosophie en la cite dathenes et pource de mon plain gre ie luy promis de nō pas seullement escripre son cas en monstrant le diffame du roy alexandre q̄ par sa forcenerie/ tourmenta calistenesmais aussi ie neme peu abstenir de plourer quant ie considerap la tresgrant misere de son horrible cas. Il nest aussi come ie croy homme de si dur cueur qui peust ses yeulx estaindre de plourer se deuant soy il veoit aller ung homme mutille en visage deffigure et chargie de sang et de fange/ nōpye par ses desmerites/ mais par cruaulte dautruy: et qui parauāt eut este de vie honneste qui fut arouse des doctrines de philosophie naturelle et moralle et qui fut merueilleux et recommandable par ses bons merites: et qui par estudier et par loyaulment veiller nupt et iour eust acquis le noble nom et surnō de philosophie. Calistenes fut tant noble par ce quil fut alaictie et nourry des mammelles de dame philosophie/ et nez et des les sainctes escoles de athenes que ce seroit trespetite chose et de nul pris de recomander cestuy calistenes ala maniere des autres nobles hōmes/ cest assauoir de la noblesse du lignage de qui len scet quilz sont nez et des belles et riches armes de leurs predecesseurs: et de leurs merueilleux et grās

faitz: car par les tiltres et louenges racomptees daucuns nobles predecesseurs/ leurs successeurs nen sont en riens plus nobles/ sinon en tāt quilz ayent en leurs courages les sciences et les vertus et au dehors les oeuures sans lesquelles iamais nest vraye noblesse. Ung philosophe de noble renom comme fust calistenes ne pourroit en riens accroistre sa noblesse combien quil fut descendu du lignage de aulcuns roys portāt sur leurs chiefz couronnes et ceptres en leurs mains et qui apres leurs mors eussent grās tombeaulx et ymages esleuez: et combien que en leurs vies ilz eussent par batailles desconfit les autres roys/ et vaincu tout le remenant du monde car a somme qui sert a philosophie ne chault en riens de biens mondains/ qui sont dōs de fortune: et si ne soubzmarche ne ne desprise pas tant seullement tous les estatz/ des hommes mortelz. mais il applique tout son entendement a considerer et congnoistre le ciel et son tournoyment/ affin q̄ comme philosophe donne a entendre aux autres sa beaulte et la clarte du ciel q̄ nul ne peut comprendre sinon p phi losophie. Len ne doit pas doncques enquerir le lignage du philosophe calistenes pour le faire plus haultain et plus noble/ et pource ie descens a racompter son cas. Cestuy calistenes des le temps de sa ieunesse conuersa es belles et honnourables maisons de philosophie et print les sciences liberaux soubz le philosophe socrates ou par aduenture soubz platon le diuin philosophe qui lors estoient les deux sains coffres esquelz estoit reposee diuine philosophie: laquelle il departirent aux hommes mortelz certain est toutesfois que calistenes fut auditeur escollier de aristote tresrenomme et prince des philosophes ou temps que calistenes estoit ia adourne et flouris sant de merueilleux engin/Et en ce mesme temps fut renomme a athenes ceut surnom de philosophe: et si eut auditeurs escoliers/ausquelz Il desclaira les secretes ꞇ soubtilles conclusions de philosophie diuine et humaine. Or aduint donc comme le grant alexandre de macedoine deust entreprendre grant assemblee de gens darmes pour conquerir les monarchies du monde: il requist a son maistre aristote q̄ besoignoit ꞇ escripuoit les beaux et bons volumes des sept ars liberaulx que il luy baillast aucū compaignon de ses escoliers: affin q̄ par la doctrine de celui escolier alexandre peut retenir les sciences ꞇ bōnes meurs anciennes que il auoit aprinses: ꞇ affin quil eut continuellement a prendre les sciences ꞇ meurs dont il nauoit encores congnoissance alexandre requist aussi a aristote q̄ luy baillast ung de ses compaignōs affin que il mist en escript en beau ꞇ a tourne lengaige les faitz du roy alexandre sil aduenoit quil sist aulcune chose digne de memoire. Aristote noble maistre de alexandre luy ottroya a sa requeste ꞇ legierement se enclina en ses desirs ꞇ entre ses escoliers puissans de engin ꞇ de corps/Il choisist son noble disciple calistenes/ et le bailla au grant roy allexandre/ pour estre son compaignon ꞇ maistre de ses enseignemens. Et certes se il pouoit estre que aulcune noblesse fut plus haulte que celle de philosophie/ ie diroye que grant ꞇ noble office fut commis et ottroye a calistenes/cest assauoir de gouuerner par sa doctrine la vie et les meurs de celluy qui par sa seignourie gouuernoit/tant et si grant compaignie dommes armez ꞇ de reprendre ꞇ chastoier par ses parolles celluy qui par ces parolles reprenoit les tresgrans roys du monde/ mais lestat du noble philosophe calistenes ne dura pas longuement/car fortune qui est enuieuse aux choses haultes et grandes pensa que elle ne pourroit empreindre ses dars contre philosophie/touteffois affin que fortune mōtrast toutes choses estre subiettes a sa seignourie ou au moins affin que il se semblast aux hommes q̄ ne regardent fors que a lapparence des choses/fortune tourna ses dars contre la haultesse que calistenes auoit a cause de son office ꞇ nom̄e contre la principale haultesse quil auoit de par philosophie. Or aduint que les desirs dalexandre en fait de batailles luy vindrent a souhaitz/ꞇ tant que il auoit prins par armes/et occupe pour soy plusieurs royaumes ꞇ si auoit vaincu ꞇ desconsist le roy daire le roy de perse et de medie: dōt si grant proye ꞇ si grant quantite de richesses/donneurs ꞇ de seignouries auindrēt a alexādre que il oublia ꞇ des congneut soymesmes cuidant que il ne fust pas homme mortel: il se abandonna en si grāt hardiesse oultrageuse quil veult estre adoure cōme dieu selō lancienne coustume des roys de p̄se. Les sages cheualiers de macedoine/et ses autres hommes porterent mal paciemment que len adourast alexandre comme dieu: mais calistenes deuant tous aultres le souffrist tres impaciamment: non pas seullement que en son courage il dissimulast ceste chose: mais il reprint tresaprement et condemna la sotte mauldicte forcenerie du fol roy alexādre soy reputant estre dieu ꞇ qui se faisoit adourer ꞇ appeller dieu ꞇ filz de Jupiter: et la cause pourquoy alexandre se faisoit adourer disant quil estoit dieu fut ceste. Apres ce que alexandre eust mis soubz la seignourie toulte grece, cartaige egypte sicile/et plusieurs autres pays/il fut moult enrichy de la proye diceulx si enuoya auec feuillet　　　　　　　　　　fo. 81

tresgrans dons dor et dargent et autres precieuses choses certaines lettres aux prestres du temple de iupiter de libie/en les soubornant que quant il viendroit ou temple et feroit ses demandes ilz luy donnassent telles responses comme Il vouloit et en troys choses leur exprima ses demandes et questions et entre les autres alexandre en fist vne/cestassauoir de quel pere il estoit filz et a ceste question les prestres comme pourueus et soubornez respondirent quil estoit filz de Jupiter le tresgrant dieu du ciel et par ces mesmes prestres fut a tous ceulx de la compaignie de alexandre donne responses et mandemens expres que ilz honnourassent alexandre comme dieu et nompas comme roy/car ilz disoient certainement il est dieu. pour quoy alexandre print en courage orgueil a desmesure: et affin que nous mettons aulcunes des raisons par quoy Calistenes monstroit au Roy/quil nestoit dieu ne filz de dieu il lui disoit comment il estoit filz de pere et de mere mortelz/Cestassauoir du roy philippe et de olimpias royne de macedoine et quil auoit este ne a la maniere des autres hommes : et si auoit este non puissant en enfance et subiet aux necessitez communes entre les autres hommes mortelz. mais certes le tresbonneste homme calistenes admetteuoit au roy comment nouuellement Il estoit cheu en vne langueur de maladie dont il auoit este pres que mort et comment ses nerfz auoient este retraitz pource que il qlors estoit bouillant et chault p chaleur de soleil se estoit baigne en vne froide riuiere et comment par le don et grace de dieu Il auoit este guery par layde de son medecin et non pas par sa diuinite. Calistenes congnoissant que alexandre se laissoit souuent vaincre de vin et de couroux tant qil pdoit lusaige de raison et congnoissoit que alexandre estoit moult souuent estraint de trespar fonde et grant douleur et souuent de mene par grefz couroux: tous lesqlz accidens ne aduiennent iamais en dieu mais seulement aux hommes ca listenes aussy par le contraire bien congnoissoit soy mesmes estre aussi alaictie du doulx lait de philosophie et quil estoit nourry en son geron: et qui auoit conuerse en la maison dicelle/ calistenes sauoit quil nappartenoit pas a homme combien que mesmement il fust garny de science diuine soy eslaisser ne consentir a sottes fictions ne croire a folles fables q̄ vng homme soit dieu et mesmement ne appartient il pas a vng varlet p̄ idiot et sans science/calistenes sauoit quil ne apartenoit pas a homme ne autre creature receuoir les honneurs telles comme elles appartiennent a dieu/ calistenes aussi qui estoit si grant philosophie sauoit que souffrir ceste oultrageuse folie estoit plus laide chose a luy de tant comme il luy appartenoit selon philosophie esleuer les vertus et abaisser les vices:non pas seulement par graue doctrine mais par louable et honneste vie et par exemples affin que ceulx qui regardoient calistenes et ses meurs congneussent de quelle science il estoit maistre. Ca listenes doncques homme constant ne peut estre arrachie de son saint et commandable propos de quoy il aduint que alexandre legierement cheut en couroux a quoy il estoit tresenclin a naturelement si fist accuser son maistre calistenes et proposer contre lui/quil estoit despriseur de la religion publique pource quil ne vouloit croire ne consentir que len deust adourer ale xandre comme dieu. Et apres alexan dre contraingnit calistenes homme innocent a souffrir et porter telles peines comme sil eust enfraint et violle

la loy publique/et pource que alexã-
dre doubtoit que calistenes ne peust
estre attaint ne conuaincu du crime
de religion enfrainte: alexandre para-
uant feingnit que calistenes qͥ estoit
occupe et ententif aux sainctes con-
templaciõ de philosophie: il auec plu-
sieurs autres auoit fait conspiraciõs
et monopole contre la personne (t les-
stat dalexãdre combien quil nen fut
riens. Alexandre doncques qui para-
uant disoit soy estre filz de iupiter
roy du ciel par la uengance quil print
en son courroux (t sa hayne: il perdit
la renõmee parquoy il uouloit estre
repute dieu. car dieu en lieu de cou-
roux a en soy pitie/(t en lieu de hay-
ne il a amour a tous. Alexandre com-
manda aux bourreaux que les peulx
de calistenes lui fussent tirez hors de
la teste: les oreilles (t les narines fus-
sent trenchiez (t pareillement les le-
ures et les piez. Apres ceste iniuste et
desloyalle punicion (t uengance /(t q̃
le courroux dalexandre fut eschauf-
fe/ Il commanda que calistenes son
maistre ainsi adoube fut admene de-
uant lost des grecz pour en faire mon-
stre (t moquerie: (t pource que la rage
(t le forcene courroux du roy alexan-
dre nestoit pas encores assez acompli
contre calistenes alexandre au derre-
nier commanda que calistenes fut ẽ-
clos en une fosse/ et que auecques lui
fust ung chien qui tous tẽps abayast
affin quil empeschaft le repos du phi-
losophe calisteneˢ ia moult greue par
tourmens. Apres que calistenes eust
receu plusieurs tourmens et hontes
oultre les dessusdit/ẽ la compaignie
dalexandre estoit ung noble iouuen-
ceau cheualier appelle lysimacus du
pays de macedoine qui eut compassi-
on (t mercy de calistenes si cruellemẽt
mutile et languissant en la fosse. Ce-
stuy lysimacus auoit este son escolier
en philosophie naturelle (t moralle et

de luy auoit ouy les sains comman-
demens (t les soubtilles raisons de
philosophie/ affin doncques que cali-
stenes mutile et langoureux/ finast
langoisse de ses douleurs par aulcu-
ne maniere de mort/ lysimacus fist
faire une potion uenimeuse (t lui bail-
la a boire en maniere de soustenemẽt
pour le corps dont il mourut (t ainsy
apres plusieurs hontes (t tourmens
fut degette calistenes le noble philo-
sophe par le courroux (t la hayne de
Alexandre lors iouuenceau forcene.
Ceste compassion du noble lysimacˢ
lui fut chierement uendue car le roy
alexandre continuant son courroux
depuis quil sceust ce que lysimacus
auoit fait enuers calistenes: il fist aua-
ler le noble lysimacus en une fosse de
lyons (t illec le fist deuourer (t mou-
rir. Certes ces deux cruaultez que fist
le roy alexandre furent grandes et e-
normes (t les deux cas miserables (t pi-
teux: et combienque ces deux cas fus-
sent piteux et miserables touteffois
le tiers selon mon aduis ne feust pas
moindre car ledit roy aˢexandre for-
ceneux de courroux (t de hayne en sa
court auoit ung cheualier moult no-
ble expert (t uaillant en bataille apel-
le clitus: de qui la sueur germaine a-
uoit nourry alexandre (t alaictie de
ses propres mammelles. ledit roy ale-
xandre auoit moult grande (t especia-
le amistie auecques le dessusdit uail-
lant (t noble cheualier clitus / et tant
que ung iour le roy parlementant a-
uecques ses cheualiers en sa salle te-
noit clitus par la main: Si tourna le
roy (t les barons leurs parolles a ra-
compter les beaux (t glorieux faiz des
nobles hommes anciens. Or auint
que clitus commenca a recomman-
der par grãs louenges les nobles faiz
et armes du roy philippe le pere da-
lexandre Mais o bon dieu comment
est celuy aueugle qui pense que les a-

mistiez des Roys soient perpetuelles. Alexandre doncques qui enseigne damistie singulliere tenoit la main du noble cheualier clitus fut soubdainement esmeu de couroux sans autre desmerite/ print des mains dung varlet vng dart dont il frapa si fierement clitus quil occist en la sale deuant tous les barons de macedoine dont lesbahissement fut grant: mais la douleur et la tristesse furent greigneurs pour liniuste mort du bon cheualier. Apres le miserable cas de califtenes le noble philosophe ie bien a parler a vous foulz et paresseux hommes qui folement cuidez estre si seurs en voz estatz que fortune ne vous puisse assaillir ne greuer/ dictes moy ie vous prie quelles deffenses mettrez vous a ayder et soustenir vostre estat lequel vous cuidez folement estre ferme puisque fortune a peu voller dedens les pauillons de philosophie. et tant faire que elle a assailli et abbatu califtenes veillant de iour et de nuyt en lestude de philosophie sobre en menger et en boire vestu de robes de petit pris: homme de chaste et saincte vie/ garny de honnestes et bonnes meurs/ se vous me dictes que a laide de vostre opinion folle vous mettez deffensez et ayde de longuement dormir/ et beaucoup menger et boire delicieusement/ devestir robes dorees et pierrees/ et de suiure les ordes et charnelles delectations et coustumes deshonnestes/ ie vous respons que telles armes ne valent riens contre le trebuchet de fortune. Se vous doncques voulez mettre ayde et deffense a vostre pare sceuse folie par laquelle vous cuidez que vostre estat soit ferme/ ostez la durete de vostre ceruelle qui vous fait ahurter a celle fole opinion et ouurez les yeulx de vostre pensee par droictement choisir et iugier lequel estat soit ferme/ et regardez q lestat de humilite et

non autre est tres aggreable a dieu/ ainsi come il appt pfe le philosophe califtenes de q humilite a soubzmarchie et vaincu les forces du cruel alexandre et aussi ie vous prie fiez vous en celluy qui peut desmettre/ et abeisser les puissans hommes de ce monde/ et si ne peut mais quil vueille esleuer le poure homme du bas estat au hault laquelle chose ne peut faire aucu autre.

Le ix. chapitre contient le cas dalexandre roy des epirotes qui pauant estoient apellez molosiens. Et comence ou latin. Expectaba. et c

E regardoye encores la cruelle besoigne du grant alexandre roy de macedoine/ cest assauoir la cruelle mort de son maistre califtenes le noble philosophe/ et dune part ie rendoie piteuses larmes pour la compassion que ie auoye de la miserable mort du philosophe/ et dautre part ie rendoye cruelles mauldissons au tirant alexandre qui sans cause iuste ne raisonnable fist trescruellemet mourir califtenes homme tres innocent. Et tandis que ie faisoie ces deux choses alexandre le roy des epirotes trescouroucie et faisant moult grans cris vint deuant moy qui lisoye les hystoires anciennes dont iay extrait mon present liure des cas des nobles maleureux. Cestui alexandre fit que ie delaissay a compter le cas de califtenes et transgettay mes yeulx a ve

garder son cas po' le mettre en escript
Les vieulx hystoriens dient que le
royaume de epire vne prouince de gre
ce fut assez renommee et noble/especi
al apres ce q̃ la bataille de troye fut
assouuye/car depuis que helene fem
me de menelaus roy de cassedoine
fut recouuree par luy et que troye la
grant fut bruslee et destruicte par les
grecz/tous les nobles hommes de
grece furent prins et punis ou par de
struiement auentureux ou par banny
sement et exil entre ces nobles hom-
mes qui furent en la bataille et destru
ction de troye fust pirrus le filz du
fort achiles q̃ par sa longue demouree
perdit le royaume de thesalie qui de
uoit appartenir audit pirrus a cause
de la succession du roy achiles son pe
re. Pirrus doncques qui apres la de-
struction de troye estoit ca et la vaga
bonde/ficha sa demourance ou pays
de epire qui parauant auoit non mo-
losie et encores depuis a este appelle
chaonie: les habitans de epire estoiẽt
parauant apellez moloses/mais pour
le nom de pirrus le filz du roy achiles
qui habita et obtint ce pays ilz furent
nommez pirrides et apres par chan-
gement de lettres qui de legier auint
ilz ont este et sont appellez epirothes
pour le nom de pirrus le filz du roy
achiles. de cestuy pirr⁹ apres quil eust
pauie castina la niepce de hercules le
preu descendit tout le lignage des cas
sidois qui en son temps fut si noble et
si renomme entre les grecz que pres
que il fut repute diuin. des heritiers
et successeurs du lignage de cestui pir
rus descendit vng appelle nepthalo
mus filz de tribaza qui engendra ce-
stuy alexandre dont nous comptõs
le cas et si engendra olimpias mere du
grant alexandre roy de macedoine
Cestuy alexandre roy des epirotes
fut noble par la resplendisseur de ses
ayeulx et par le parentel du roy phili

pe mary de sa seur olimpias. cestuy
alexandre fut beau iouuenceau en vi
aire et de gentil corsage pour la grace
de sa beaulte de corps le roy philippe
commist auec luy le malheureux pe-
chie contre nature: dont il lui ordõpa
son corps et sa renommee: et par le mo
yen de cestui pechie alexandre deser-
uit le ancien royaume de epire. car le
roy philippe en dechassa et mist hors
sans cause et a tort le roy aribas: et a
pres le donna a cestuy alexandre din
si comme iay dit ou dixhuytiesme
chapitre du tiers liure precedent. et
son resplendissant lignage et aussi de
ses parens et affins: et la beaute de luy
donna merueilleuse gloire et haulte
noblesse. Apres doncques que le roy
philippe fut mort son filz le grant a-
lexãdre roy de macedoine entreprĩt
guerre contre les persoise et contre les
pays et peuples dorient et sembla que
cestuy alexandre eut party et diuise
le monde et la seignourie auecques le
roy alexãdre de macedoine car cestui
alexandre roy des epirotes fut par
messagiers et autrement requis et ap
pelle par le peuple de tarante vne ci
te en puille. Et adonc alexandre a
tout son ost vint en ytalie en grant es
perance de occuper et tenir la seignou
rie du pays doccident et au commen
cement de son entreprinse/fortune
luy fut aydant et fauourable: car par
deux foiz il desconfist les batailles des
bruciois et des lucanois qui en ce tẽps
estoient deux citez de ytalie moult
peuplees et de grant force en armes: et
auec ce alexandre print aulcuns cha-
steaulx qui estoient des arimois p̃ for
ce dармes: et aulcuns diceulx chaste
aux se rendirent a luy. Et apres ale
xandre aduisant que ses forces/ne
suffisoient pas a combatre les rom-
mains. Il print treues auecques les
rommains soubz coulleur de ferme
paix et aliance pour ce que les rom-

mains se estoient donne en garde a͠p̄s ce que il auoit vaincu les ditz lu-canois et azmois et aussi auoit prins plusieurs chasteaux en ytalie : mais nonobstant alexandre auoit plusie͠rs g͠es pour conquerre toutes les parties doccident que il auoit couuoitie.
Mais il tomba en vne miserable de-stinee, qui parauant lui auoit este or-donnee de par fortune, qui enuers luy se changa, et parauant aussi luy auoit este dicte par les prestres diui-neurs du temple de Jupiter en cre-the. Car quant alexandre entreprint sa bataille contre ytalie et les autres peuples du pays doccident, il inter-roga les diuineurs quelle seroit la fin de luy et de son entreprinse, auquel les sorciers par leurs responses dis-drent que pres de la cite pandosia et dedens la riuiere appellee acheron il deuoit mourir. Alexandre cuidant que pandosia la cite et acheron la ri-uiere ne fust aultre part, fors en gre-ce : Il vint plus ioyeux et plus as-seure en ytalie. Et luy sembloit que par ce que Il eschappoit la destinee de sa mort, mais neantmoins en y-talie estoit et encore est vne cyte ap-pellee pandosia, et vng fleuue appel-le acheron. Alexandre moult de-sirant proceder en bataille, partist son ost en trois esles, esquelles ses gens furent desconfitz et tuez par les lucanois qui en leur ayde auoient les samnitois. Or aduint que depuis le dit Alexandre voyant ses hommes desconfis, (et) mort se mist en fuite pour soy cuider sauuer (et) tant fuit quil vint aux dunes de la riuiere de acheron. Et il qui ne sauoit les lieux ou il e-stoit ne quelz noms ilz auoient, re-garda la riuiere large et enflee, par laccroissement de la pluye du iour de deuant. Et que elle auoit entrâchie le pont trauersain. Et oultre plusieurs

paroles il ouyt vng cheualier trauail-le de fouir pour cuider soy sauuer qui nomma la riuiere p̄ son nõ en disant/ mauldicte soit la riuiere de acheron qui tant court v͠snellement et adonc se remembra alexandre de la response des prestres de iupiter qui ou tem-ple de crethe luy auoyent dit et re-spondu quil ne mourroit fors prest d̄ la cite pandosia et dedens la riuiere de acheron. Le roy souuenant de la response et oyant le nom de la ri-uiere fut esbahy et doubteux, si pensa que il estoit mort. Puis se arresta sur la riuiere du fleuue et pensoit sil tour-neroit son chemin ou se il se abandon-neroit a passer leaue, ou se il atēdroit ses enemys les lucanois qui formēt lenchassoyent. Ains touteffoys que alexandre eust delibere sil passeroyt ou non vng de ses cheualiers appel-le sitonius luy dist que les lucanoys ses ennemis sapprouchoyent, (et) adonc par paour il fut cõtraint de passer la riuiere, et ia de fait il estoit venu a lautre riue du fleuue acheron, quāt il q̄ estoit pres de leure de sa mort desti-nee il estāt au plus hault lieu du riua-ge fut trespercie dune lance que luy gette vng lucanois banny, qui estoit vng de ceulx que alexandre parauāt auoit esleu pour la garde de sõ corps. Et adonc alexādre cheut cõe mort de-dens la parfonde eaue de acheron, et par la playe du coup il mist hors son sang, auecques son esperit qui souuent contrarioit a langoisse de la mort. Or sembla a fortune quil ne souffisoit luy estre ainsy occis, si ad-uint que la charongne du roy enco-res attournee des armes (et) enseignes royaulx, fut tiree a crocq͠z p̄mi le flot de leaue (et) fut trainee iusq̄s au siege des enemi͠s p̄ terre seiche (et) illec fut faict a alexādre mort tout ce q̄ fortune luy a-uoit destitue a faire durāt sa vie car a
qi

pres q̃ les souldoiers lucanois eurẽt longuemẽt pourmenee celle charongne dun pauilon enautre ceulx qui de ancien temps heoient alexandre par quoy ilz estoiẽt meus (rcouroucez cõtre lui ilz despiecerẽt honteusemẽt ẽ tp mẽbres la charongne du roy.(Vn eptie de sa charogne ilz enuoierẽt p grãt don en la cite de cousance en tesmoig de leur belle victoire.(oultre les lucanois qui encores nestoiẽt soulz de forcenez cõtre celle charogne ilz detirerẽt le Pemenãt (r ne cesserent de ordemit la despiecer iusques a tant q̃ vnefẽme qui dauenture estoit illec p̃sente / leur requist par armes (r par prieres q̃ il lui balaissent le Pemenãt de la charongne (r ilz lui ottroyerẽt. Ceste femme recueillit (r assembla les remenans de la charongne du roy / (r aps les enuoya a olimpias sa seur en la cite principale du pays de epires / affin q̃ olimpias seur dudit alexãdre (r ses autres amis feissent les pleurs (r le deul (les exeques funeraulx telles cõe il apartenoit au roy. Cestui alexãdre a sõ viuant cõe iay dit auoit fait seruice de fẽme a philippe le roy de macedoine p quoy alexãdre oultre son espance auoit obtenu po' sõ salaire leroyaume des epirotes (r cestui royaume osta le roy philipe a aribas cõtre droit (raisõ (r le donna a cestui alexãdre. Il dõcques qui p sõ ort seruice (r sans esperance auoit obtenu le royaume de epirotes tãdis q̃ lenuahissoit le Royaume de ytalie celui q̃ auoit mal acquis lui fut tolu p mort hastiue (brieue / car assez tost apres quil fut istitue roy des epirotes il entreprĩt ceste guerre contre ytalie enlaquelle il mourut cruellement (r en sa honte.

De Boccace

Le neufuiesme chãpitre contient le cas de Daire roy De perse(r de medie (r descript De la situacion (r magnificẽ ce Desdites prouinces de per se et medie selon les Hystoriens. Et commence ou latin Nondum satis (r cetera.

Ne auoye pas encores asse z regarde comment celle femme dont tãtost iay p le recueilloit (r assembloit les pieces de la charoigne du roy alexãdre roy des epirotes / tãtost me suruint nouueau cry (r fresche noise de maleureux nobles hommes ploutãs leurs aduerses fortunes / ilz me tirerent apart cuidans que ie deusse escrire leurs cas particuliers / Entre ces nobles maleureux Ie regarday et congneu le maleureux Daire Roy iadis Des persois qui par esperciale maleurete aloit deuant les autres / et q̃ si grandement se contenoit entre ses aduersitez / Que Il impetra enuers moy leffect de sa requeste par laquelle il me prioit que ie escriuisse son cas delaissant les autres maleureux. Cestuy Roy Daire fut filz de artaxerxes autrement nomme Ochus Roy De perse (r de medie. Apres la mort de ochus Daire qui fut son seul heritier tint le royaume des persois (r des medois. En retardant doncques le cõpte du cas du roy Daire / soubz qui par lordonnance de dieu ou de fortune sa seruante / qui font et transmuent vng royaulme en aultre / aduint que le royaume de perse (r de medie fut transporte aux grecz par le moyen Dalexandre le grant / pourtant Ie ſueil deſcripre ⁊ conforter les prouinces de perſe ⁊ de medie ſelon les hyſtoriens qui deſcripuent les lieux ſelon le ciel ⁊ ſelon la ſituacion du monde: Mais ains que mette ceſte deſcription. Il appartient ſauoir que entre pluſieurs royaumes ou ſeignouries mondaines furent iadis deux principaulx royaumes dignes deſtre mis deuant les autres quant a largeur de terre / a puiſſance de choſes mondaines: ⁊ a longueur de duree / Dont lun fut en aſie orientelle ⁊ lautre en europe occidentelle / tous les particuliers royaumes daſie ſont generallemẽt comprins en ung qui eſt nõme le royaume des aſſiriens qui habitent en aſie qui eſt ſi longue et ſi large que elle contient la moytie de la terre / mais le ſecond royaume qui eſt et fuſt ẽ europe occidentelle / Ceſt le royaulme des Rommains / Iadis moult flouriſſant / moult glorieux / moult noble combien que a preſent il ſoit fletry ⁊ gnompnyceux et vil: Car les grans choſes deſtruient elles meſmes. De lempire de romme ne de leſtat de preſent ie me paſſe car parler ne men aſfiert ne riens ne fait a la matiere de ce preſent chapitre / Ie pourtant men raporte au ſeiziesme chapitre du huytieſme liure enſupuant. Pour brieuement doncques dire et enſeigner la largeur / la longueur / la puiſſance / la nobleſſe du Royaume de daire roy iadis de perſe ⁊ de medie: Certain eſt que il auoit pleine ſeignourie de par ſes predeceſſeurs ſur cent ⁊ xxxii prouinces ſans celles qui par craiƈtes lui payent truages. Perſe qui eſt vne des prouinces du pays de aſie ſe eſtent deuers orient iuſques en Iudee / et deuers ſeptentrion elle touche a mydi / ⁊ deuers midi elle ſe eſtẽt iuſques en Armenye a qui elle eſt conioincte. La prouince de medie qui eſt touchãt a perſe elle traſuerſe par le royaume

de parthie par deuers occdant / ⁊ deuers ſeptentrion elle eſt enuironnee de armenie / deuers ſoleil leuant elle touche preſque aux montaignes caſpies, et deuers mydi elle ſe ioint a perſes. En la prouince de perſe fut premierement trouue lart magique et faulſe religion par le payen nebenroth / qui apres la diuiſion des langaiges delaiſſa ſa tour Babel ⁊ vint en perſe / ⁊ illec enſeigna aux gẽs lart magique et leur fiſt adorer le feu ⁊ encores maintenant les perſois adorẽt le ſoleil. Ou royaume du roy daire eut ſi grant abondance de choſes tẽporelles par quoy il ſe cuidoit eſtre treſbieneureux / que il ſembloit que la reſplendiſſeur de tous biens mondains fuſt aſſemblee entour lui mais nonobſtant celle grant bieneuree dame fortune enuoya contre daire ung hurteis ſi treſfort que il et ſon eſtat q̃ eſtoyent treſgrans furent tournez en neant / et ceſtuy hurt aduint au roy daire / affin que les hommes mortelz ne cuidaſſent quil fuſt ſouuerain par deſſus fortune a qui ſont ſubiecz toꝰ biens mondains et ceulx qui les poſſedent / car le grant Alexandre roy de macedoine Iouuenceau ⁊ de moult ardant courage fut ſurprins et a certifie des richeſſes de daire dont il eſtoit grant renon / et ſi diſoit alexandre quil vouloit affranchir ſon pays de grece / qui iuſques a donc auoit eſte moult perſecute des perſois par guerres et par truages / De quoy alexandre a iuſte cauſe vouloit prendre vengence par violence darmes.
Si ordonna Alexandre ſon royaume paternel de macedoine / ceſt aſſauoir que apres ſon couronnement il eſtablit par loy que Corinthe ſeroit la cite metropolitaine et le chief et le ſiege du roy ⁊ du royaume de grece / il reconſilia a ſoy les atheniens et ſi combatit contre thebes et apres de

q ii

struist la cité par feu/ et autrement/ Jusques aux fondemens/il ramena et mist toute grece soubz ses loix & en sa seignourie. Apres fist grant mandement de gens armez et appresta ses batailles de petit nombre de cheualiers & dautres tres esleus & expres en armes,& comist le gouuernemēt de la guerre a ancient cheualiers de soy aulte esprouuee,& qui hante auoient les armes auecqs son pere philippe:& apres alexandre tourna toutes ses forces contre daire/ & en peu de temps p victorieuses armes il print le pays de lydie qui deuers occidens touche a la petite frige/& deuers orient elle ioint a ziurne qui est enuironne du fleue esses/& a lenuiron du plain pays de ziurne courent deux riuieres parolus & erinius qui ont les graueles dor. Apres alexandre print le pays de psiurnie qui est vne des neuf prouinces de asie la moindre,& si print cyare qui est en asie si pres de frige qͤl ne pas seulmt entredeux q le fleuue crinius dōc lardnie est dor/aussi print alexandre le pays de pamphilee qui est vne des neuf prouinces de asie la moindre.
Apres ce que alexandre approuchant du roy daire eut prises les prouinces dessusdictes il vint ou pays de frige qui est lune des neuf prouices de asie la moindre: Car le roy auoit ouy dire que en frige estoit vne cite appellee gordie seant entre la grant frige & la petite moult garnye de richesses et que illec estoit vng temple de iupiter/ ouquel estoit vng chariot es cordes du quel estoit vng neu telle-ment fae que quiconques le desnoeroit il seroit roy & seigneur de toute asie. Comme doncques alexandre eut prinse la cite gordie & fut venu ou temple de iupiter il demanda le iou du chariot si vit les neuz si fort entrelaciez q̄ il nen pouoit trouuer les boutz Il doncques en piant trencha le iou

De Boccace

a son espee aussi cōme sil eust ouy aucun oracle ou response de p les dieux de ce faire/et par ainsy il trouua les boutz du neu par quoy Alexandre & les autres entendirent que il seroyt roy de toute asie ainsi cōme il aduit. Pour sauir ouitre listoire au vray de ce neu sae ie dy apres Justin listorie en lonziesme liure de son eppthonie que gordius iadis vng homme laboureur aroit pres de la cite de gordie en vng sien champ a beufz empruntez & oyseaulx de toutes manieres commencerent a voler enuiron luy/ gordius voyant ceste chose a la parler aux augures/ Cest a dire aux diuineurs et rencontra a la porte de la cite prouchaine vne pucelle moult gente laquelle oyant lauenture de gordius elle experte de auguremēs luy respondit que les oyseaulx volans enuiron soy signifioyent quil seroit roy et seigneur de toute asie/et adonc se donna la pucelle a femme audit gordius & compaigne de celle bonne esperance/ceste condicion sembla a Gordius estre la premiere bieneurete de son royaume. Apres les nopces de gordius et de la pucelle vne discorde aduint entre les frigiens/& puis qlz eurent conseille leurs dieux et leurs deuineurs/Ilz eurent response que sans roy leur discort ne se apayseroit ia & comme apres ilz demandassent quel homme ilz esliroient/ ilz eurent response des dieux que ilz esleussent celuy qui premier ilz trouueroyent allāt vng chariot ou temple de Jupiter. Les frigiens encontrerent Gordius alant sur son chariot ou temple dessusdit/Auquel ilz demanderent conseil que ilz deusent faire/et ilz cōmanda que son chariot fust mis ou temple/et apres il consacra a vne deesse appellee Grace/et apres apaisa leur discort/et ainsi fut et demoura roy de frige/& apres luy le fut vng sien filz appelle mida/dont le cas est en brief touchié ou dixneufuiesme chapitre du second liure precedant. Ceste prouince de frige est surnommee de frigia fille de europa femme de iupiter et celle mesme frige est autremēt nommee dardanie de dardanus vng des filz de conthus et de electra fille du roy athlas. Ceste frige encore est autrement appellee troye de tros premier roy des troyens et pere de ganimedes le bel enfant dont Jupiter abusa: frige deuers septentrion confronte a galathie autremēt gallogrece/deuers midy elle touche a licaonie et deuers orient elle touche a lidie. Et deuers occident elle fine a la mer de helespont. Apres doncques q̄ alexandre eut pompu le neu du jou du chariot de gordius et prins des richesses de la cite gordie et du pays de frige il se achemina/ et passa la montaigne thaurus que len nomme souuent autremēt caucasus qui est vers le pays dorient. Et adonc le roy daire qui les nouuelles ouyt il se esueila pour la renommee de son courageux ennemy alexādre/ sy assembla le roy daire vne multitude de gens armez/ mais il ne fut auant alencontre dalexandre que alexandre ne fust venu auecques son ost en vne plaine apellee les champs de horestes. En ycelle plaine fut la premiere bataille des persois et des maccdonois/ et tant vigoureusement se combatirent alexandre et les siens que ilz firent tresgrant occision des persois et le roy daire honteusement sen fouyt et desempera le champ par ceste desconfiture et pestilence/ combien que le roy daire fust moult esbahy et blecie en son cueur neantmoins apres il print courage en soy et reforma son esperance/ puis appresta grant multitude de gēs darmes cōtre alexādre pour esprouuer vne autrefois quelle fortune il auroit

en la secōde bataille/ si assemblerent les deux hostz des deux roys en bataille dont la fin et lissue ne fut pas plus joyeuse au roy daire ne que la premiere/ car le roy alexandre auoit petite quantite de cheualiers et gens darmes/ Mais ilz estoyent vsagiez et soubtilz en discipline de bataille q̄ ilz auoient par maintesfois et plong temps hantee et tant que en celle seconde bataille oultre la tresgrant occision des persois dont occis et mors furent soixante mil hommes de pie et dix mil de cheual/ et quarante mil furent prins a rancon/ Mais de grece seullement cheirēt mors cent et trēte de pied et cent cinquante de cheual. Et oultre la honte du roy daire qui sen fouit ses pauillons furent prins et sa mere et sa femme et ses filles auecques si tresgrans tresors dor et de argent et de richesses que alexandre q̄ jusques alors ne auoit peu saouler lardeur de son couuoiteux apetit/ il fut adonc saoul et rapaise si tost que il vid les tresors du roy daire. Despuis que le roy daire rompu et affoybly se recueillit en babiloine il qui perdit toute fiance darmes et de bataille pensa quil flechiroit le courage dalexandre par doulces et ampables lettres et par promesses de grandes et precieuses choses/ dont alexādre ne tint compte comme celuy qui tendoit en son ferme propos. A proceder plus oultre/ le roy daire apperceut que doulces lettres ne grans promesses ne luy profitoyent riens enuers le roy alexandre/ si aduisa daire que la sante de luy et de son royaume estoit plus deffensable par armes que par or ne par argēt. Tandis doncques que alexandre par armes subiugoit pour soy le pays de syrie/ de silice/ et de Egipte/ et quil apres transportoit son ost en libie/ et que illec visitoit le tēple iupiter/ et si souborna

q iii

les prestres qui luy firent follement croire quil fut dieu & quil fust filz de Jupiter/moyennant les grans dons que alexandre leur donna. Pour ceste cause le roy daire sefforça refournir & faire retourner sa bataille ainsi comme sil eust trieues et espace de ce faire par loccupation dalexandre qui autre part guerzioit. Apres que daire et ses gens assemblez et ordonnez en batailles pareilles aux deux premieres non pas loing de la riuiere cyramis qui court pmy splice & sourt du mont thaurus son eaue est moult blanche & grande en este pour les neiges qui lors fondent/et trespetite es autre temps de lan. Ceste prouince de silice prent son nom de silis filz de fenix qui fut frere de cadmus roy de sidoine et fut ne de la cite de thebes

Silis est plus ancien que Jupiter par quoy Il semble que Silice soit moult noble et ancienne / Elle est ou plain pays sans valees /et sans montaignes. La principalle cite est tharse dont fut saint pol lappostre / silice par devers occident ioint a licie vne prouince dasie /la moindre devers midy / elle costoye a la mer de crethe: Et dung coste elle touche au mont thaurus. En ceste tierce bataille de la partie de daire / furent quatre centz mille hommes de pie:& cent mille de cheual de tous lesquelz trespeu eschapperent sans mort miserable & horrible. Le roy daire a la maniere acoustumee ne fut pas reboute ne rompu ou premier durassault: mais illec les persois et les macedonois combatirent longuement /et si fort besongnerent les deux ostz que les heraulz doubterent longuement a la quelle partie demoureroit la victoire. finablement le roy daire & plusieurs autres de ses parens auiserent que les Macedonois demouroient victorieux /et les persois seroient tous mors ou prins/il en esperance de meilleure fortune partit de lost encore combatant et sen souppé auecques petit nombre de persois.

Se tu demandes pourquoy en ceste tierce bataille fut espandu plus grant sang que es deux autres premieres/je te respons que en ceste tierce bataille les persois resisterent plus fort/car ce estoit leur derreniere mal Ilz sauoient que autre part lz nanoient esperance de sante. Mais au contraire Les macedonois desdaignez et anymez pour ce que les persois ia par deux fois desconfitz se estoient releuez et remis sus les macedonois sans pitie et sans mercy occirent les persois sans prendre aucun a rancon. Ainsi doncques la victoire demoura a Alexandre/si regarda daire comment il estoit meschant et infortune et relenqui de amps /Il se mist en fuite auecques les autres persois/auecques lesquelz il se recueillit en son pays de parthe. Alexandre pensant quil nauoit presque riens faiz /Il suyuit daire / non pas comme roy mais comme prisonnier car daire par ses gens estoit ia prins & lye en vngz cepz par les parens de daire qui par ce cuidoyent deseruir la grace et amittye de alexandre. Le roy fut lye en cepz dor en vne ville de perthe appellee thara si fut incontinent transporte dedens vng chariot et fut trespce de guerzelotz de par les amys dung traitre sien cheualier appelle bessus en esperance q apres la mort de daire cestuy bessus occupast et print pour soy le royaume de perse. Aussi comme le roy alexandre aprochoit du lieu ou estoit daire ainsi blesse/le murtrier se partit tellement et laissa le roy daire iouste vne fontaine ainsi naure & voisin de la mort. Vng cheualier persois qui dauenture ou pour necessite aloit a celle fontaine trouua daire blessie griefuement et bien lye en cepz dedens vng chariot Daire entre ses auersitez p̄int en soy aulcun pou de confort/ Pource que vng homme persois/entendant ses parolles lauoit trouue pres du point de la mort/si luy bailla certains derreniers commandemens/ Affin quil les deist au Roy alexandre/et sont en briefles commandemens telz. Je te commāde dist le roy daire que de par moy tu dies a alexandre que. Je qui meurs suys moult tenu et oblige enuers luy/pour les tresgrans biens et gracieux seruices quil a fais a ma mere/ et a mes enfans tandis quilz ont este selon le droit de bataille ses prisonniers/ Jay esprouue le courage dalexandre qui a maniere de Roy a este iuste et piteux enuers moy et nō pas enuieux. Alexandre mon ennemy ma este meilleur par bieneure temondaine que nont este mes cousins ne mes prouchains/ Car ie recōgnois que ma mere et mes enfās ont la vie par le don de mon ennemy alexandre/ mais mes cousins: et prouchains a qui ie auoye donne et vye et Royaume me ont tolu la vie. Et pource Je prie a alexandre que a eulx face telle amour et telle grace, comme il vouldra Et ie qui meurs rens a alexandre telle grace et mercy comme ie puis/ Cestassauoir/ Je prie aux dieux du ciel et denfer que les roys adourent que alexandre par victorieuses batailles puisse conquerir a soy lempire de tout le monde. Je luy prie aussi que Il face pour moy honneur et exeques funeraulx et sepulture: Et de partinant vengence de ceulx qui honteusement et a tort me ont occis/ car iustice le contraint a ces deux choses: Combien que elles luy soient griefues et pesantes. Les deux choses ne touchent pas seullement moy et mon estat: Mais elles gardent lonneur et le prouffit de tous les roys du monde/ auecques ce sera exemple de ainsi faire se le cas aduenoit. Et se alexandre est negligent de moy rendre honneur de sepulture et vengence de ceulx qui me ont murtry/ ceste chose luy sera honteuse et perilleuse/ car se il me rent lonneur de sepulture il fera selon iustice qui naturellement oblige a faire honneur/ et prouffit a tous sans difference/ et si sera prouffit a luy/ et aux aultres roys: Car il refraindra les oultrageux hardemens des subiectz/ tant quilz ne oseront entreprendre machinement de mort contre les aultres roys. Et en tesmoing de gaige de la chose que de par moy tu diras a alexandre/ Je te commande que de ta main destre dont ie te touche aussi de par moy tu touches a la main du roy alexandre en recommandant a luy/ moy et lenterinement des choses que ie tay cy deuant dictes. Apres ces piteux commandemens/ Bailliez aux cheualiers psois le Roy daire sa vuide de sang et de chaleur naturelle mist son esperist hors/ et mourut encores lye en cepz dor. Telle fust la fin de daire si hault Roy si puissant et si riche. Apres que daire fust ainsi trebuchie et mort par le couroux de fortune elle apres refroida et adoulcist sa haine enuers luy/ Car fortune souffrit que le corps du Roy daire qui auoit vescu comme Roy et noble homme et qui auoit este le derrenier Roy de perse: dont le royaume dura mil sept cens cinquante quatrea ns/ Ne feust pas laisse amen gier aux oyseaulx/ ne aux bestes sauuages sans auoir lonneur de sepulture ains fut enterre auecques honneur et gloire/ car quāt le cheualier persois compta au Roy alexandre comment il auoit trouue le roy daire qui lui auoit baillyez les commandemens/ Comme

q iiii

cy dessus ont este racomptez:le roy alexādre poꝛ ceste cause voulut veoir le coꝛps du roy daire ia trespasse⁊ moꝛt Si tost que alexandre leut veu il eut mercy ⁊ compassion de luy/⁊ en regretant la male fortune de daire ⁊ de sa miserable moꝛt alexandre ploura et commanda a ses gens quil feissent pour le coꝛps grans ⊕ropaulx exeques ⁊ tombeau magnifique ⁊ notable a la maniere acoustumee/ entre les roys de perse. Les exeques et le tombeau de daire furent fais grandement plus a la gloire ⁊ renommee de alexandre quiliberalement donna la despense pour celle chose faire: que ce ne estoit du roy daire de qui le coꝛps receuoit celle noble sepulture.

· ·

Le x. chapitre cōtiēt le cas de leonat⁹ gouuerneꝛ ⁊ prefect de la petite frigie de neptolom⁹ de polisper ⁊ autres maleureux q̄ to⁹ estoient du nōbre des xxxvi heritiers du roy alexādre le grant Et cōmēce ou latin vberrima.⁊c.

· ·

⁖

Es batailles q̄ fist le grāt alexandre en perse contre le roy daire ont este cause de grāt plante de miseres caꝛ aꝑs les bataile⁵ q̄ furēt ētre les grecz⁊ le⁵ troiēs dōt troye fut destruicte le⁵ batailes du roy alexandre en ꝑse ont fait si grādes miseres q̄ telles ne si grandes oncques nauoient este congneues paꝛauāt ne ont este depuis. Paꝛ les batailles de perse et de troye sont aduenues grās occisions de peuples:⁊ grans victoires que les roys ont acquises pgrant effusion de sang. Et apres les batailles du roy alexandre les miserables gens de grece a lune des fois guerroioient les vngz contre les autres: et a lautre fois ilz ont este guerroyez paꝛ ennemys estranges vne meschēance est aduenue en grece caꝛ illec paꝛauāt estoit grant nombre de citez mais apres grece est deuenue trespouūe et tresvuyde dhommes :⁊ apres quant les caꝛtaginois vsans de cautelles ⁊ de baꝛatz en armes :⁊les romains oꝛgueilleux et haꝛdis guerroieurs se debatirent entre eulx pour auoir la seignourie du monde/Il est aduenu que les caꝛtaginois ⁊ les rommains ont este cause dung grant nombre de maleureux nobles hommes/caꝛ puis que plusieurs sefforceoient de monter a la haultesse de vne mesme seignourie/Il aduenoit que lung estoit cause du trebuch et de lautre/pource que ꝗ̄lusieurs ne peuent paꝛ induitz estre seigneurs en vne mesme chose/ Les deux citez romme et caꝛtaige ont moult esprouue les miseres qui paꝛ leurs batailles aduindrent /Et nous aussi les esprouuons iusques a nostre temps:cōbiē que celles miseres soient vng pou moindres ⁊ pl⁹ legieres q̄ les ꝓmieres nestoient/par quoy nous pour noz miseres prenōs aulcunes delectaciōs⁊ plaisirs q̄ noz predecesseurs nont peu prendre/Caꝛ nous q̄ maintenāt sommes meschās ꝑ bataille sommes ainsi comme vne nef qui a este demenee en vnde ia feble ⁊ lassee ꝑ tresgrant esbouillōnemēt ⁊ si voyōs ꝑ les hystoires āciēnes les despiecemens ⁊ les cruelles moꝛs de ceulx que nous trouuōs qui ont este cause des grans maulx aduenus: Paꝛ les premieres batailles / nous voions aulcunes nobles anciens qui ont este repulsez en leurs batailles /

et par le premier tourbillon de fortune nous aussi soyons par les histoires les autres nobles hommes q̃ ont souffert grādes pertes et grās perilz en mer. et si soyons que les pieces de lerus corps ont este cassees et abatues en la mer des miseres de ce mōde Et apres par le cas du roy daire iay en partie monstre cy dessus que les p̃sois ont assez plouré leur orgueil par lequel ilz auoient entrepzins guerre contre les grecz pour les tributaires et subgetz des persois. et aussi iay en partie monstré que les macedonois ont assez comparé les oultrageuses oppressions et batailles quilz suruindrent contre les gens de asie ꝙ de europe qui toutes furent pillees ou occises ou ramenez en seruage ou tēps du grant roy alexādre. Et se ces choses ne sont encores assez monstrees nous toutesfois les pourrons suffisāment veoir es chapitres ensuyuans car ie voy les successeurs heritiers du tresgrant roy alexandre et les enfās et nepueux diceulx tant mastes comme femelles qui pleurent pour les or des douloureuses et viles pourctez en quoy ilz cheurēt. nō pas ung deux seul. mais pres que tous ensembles. Entre les trētesix heritiers du grāt roy alexandre de qui la conqueste fut diuisee en trentesix portions. leonat⁹ noble cheualier macedonois expert ꝙ vaillant en armes fut lun des trente six heritiers et par le conseil et la force de leonatus le roy alexādre en partie conquist tout le pays dasie. ꝙ pour ce il apres la mort dalexandre fut ordonné prefect et gouuerneur de la petite frige qui est vne des prouinces de asie comme dit est ou chapitre precedent Et pource que cestuy leonatus fut des p̃miers destruitz. Il doit auoir le premier lieu des histoires raconptās les cas des nobles malheureux heritier dalexādre. Cestuy leonatus dōc

ques accusoit dame fortune qui les estatz des hommes tousiours mueṛ re uire. ꝙ plouroit pource quil ne contēt deffendre soy mesmes en son pays. voult donner conseil faueur et ayde antipater prefect et gouuerneur de grece q̃ lors estoit assiegé par les atheniens. Car apres ce que les trentesix heritiers dalexandre eurent departy entre eulx les pays de sa cōqueste. ilz entendirēt nō pas au bien publicque mais a assembler grant tresors et richesses. nō mye seulemēt pour eulx mais pour leurs successeurs et heritiers. et tant que ces trentesix prefectz selon les quantitez de leurs richesses sembloyent plus estre roys q̃ p̃sectz ou seigneurs du pays. Tandis q̃ les prefectz faisoyent ainsi ou pays dorient. les atheniens et les ethoiois qui lors estoient deux grans et puissans prouinces de grece et qui parauant auoient meu guerre contre le roy alexandre. Icelles deux prouinces appresterēt toutes leurs forces a faire guerre contre les trentesix prefectz dessus dictz. et en epecial contre antipater q̃ auoit esté ordonné prefect ꝙ gouuerneur de grece. Et les causes po' quoy se rebellerēt les atheniens et les etho fois fut ceste. car alexandre epres son retour de ynde escripuit certaines lettres par lesquelles il mādoit que les bānis de toutes les citez de grece fussent restituez a leurs pays biens hōneurs ꝙ offices publiques ces lettres furent recitees et leues deuāt tout le peuple de grece ou marchié de la cité olimpus. par ces lettres aduint ung grant mouuemēt entre les grecz. car ilz sçauoient que la plus grāt partie des bānis nestoient pas hors gettez du pays pour auoir enfraint les loix. mais p̃ la manualstie des seigneurs du pays. si doubtoyēt ses gētilz hom̄es se les bannis retournoiēt q̃ lz ne deuenissent les plus puissans ou gou

uernement des citez de grece.et pour
cesté cause plusieurs citez ouuerteſnt
estoient craintiues et effrayees.pour
Bouloir retourner en leur pmiere fra
chise.et soy oster de gouuernement
de prince. Et entre ceulx qui ceste cho
se bastirent les principaulx furẽt les
atheniẽs et les etholois qui assemble
rent ung ost de trente mil hommes z
deux cens nez armez et firent toute
guerre contre antipater prefect z gou
uerneur.et assiegerẽt antipater estât
en la cite eraclea.et combien que du
rant le siege leostenes z les atheniẽs
delaissassent la bataille.neantmoins
âtipater euoyases messages deuers
leonatus en luy demâdant ayde. Si
tost que leonatus ouyt la demâde Jl
assembla grant ost z vint en layde de
antipater.mais les atheniẽs qui par
messages furent certifiez q̃ leonatus
venoit contre eulx. Jlz assemblerent
leurs gens et luy vindrent alencôtre
et luy liurerent bataille.en laq̃lle leo
natus fut si grieuement naure quil
mourut de la playe. Antipater mes
mement fut moult ioyeux de la mort
de leonatus pource que antipater e-
stoit enuieux côtre leonatus. Cestuy
antipater estoit le traitre qui conq̃st z
appresta le venimeux buurage donc
alexandre fut empoisonne en babilô
ne.z cassander son filz qui au roy ser
uoit de coupe luy bailla scie mment le
buurage empoisonne.z pource que â
tipater coulpable du crime de leze ma
geste doubtoit estre pugni par les he
ritiers dalexãdre. Jl desiroit moult
la mort dun chacun deulx affin que â
tipater son filz cassander prefect de cai
re eschappassent la punition de leur
crime dessusdit. Apres le cas de leona
tus ie regardoye les hystoires conte-
nans le cas de trois autres nobles hô
mes heritiers dalexãdre. cestassauoir
de neptolomus de polisper z de perdi
cas q̃ faisoient gemirs et pleurs pour

leurs males fortunes. Cestuy nepto
lomus noble z cheualereux fut p̃fect
de parthie z fut ordonne pour estre cô
seilliez de eumenes p̃fect de capadoce
et de paflagonie.si aduint que les he
ritiers dalexandre eurent entre eulx
grans discors z batailles ciuiles nep
tolomus soubz ûmbre de ayder a eu
menes vint par deuers luy auec ses
gens de parthie et combien quil pro
posast en couraige de soy enfouir z de
trahir son ost.mais eumenes qui par
auant apperceut ceste chose êtreprit
comme par necessite guerre côtre ne
ptolomus qui fut finablemẽt destru
it et vaincu si sen fouit neptolomus
par deuers âtipater z deuers policar
pus.et leur enhorta quil apresstassent
gens darmes et venissent comme de
une ville en une autre iusques au li
eu ou estoit eumenes qui lors estoit
ioyeux en sa victoire / et si ne se gar-
doit point dudit neptolomus. mais
il aduint autrement.car eumenes co
gneut bien leur entreprinse.si mist es
pies contre espies. Neptolom’donc-
ques qui cuidoit assaillir eumenes d’
pourueu. Jl vint alencontre de luy
et de son ost qui estoyẽt despourueuz
et trauaillez par le chemin et veille-
mẽt de la nupt. En celle bataille fut
tue policarpus et neptolomus auec
ses gens et combatit longuemẽt coû
tre eumenes.et eulx deulx côbatans
main a main se entrenaurerent grief
uement.z apres long chapleis nepto
lomus en la fin cheit mort. Et par a
si eumenes en deux batailles comme
dit est demoura victorieux. Je voy
aussi en lordre des histoires le noble z
vaillât cheualier perdicas nez de ma
cedoine de qui la gloire et vaillance
fut si grant que comme alexandre gi
sant ou lit de la mort fut interrogue
de ses barons lequel de tous les sies
il vouloit estre heritier de son empire
Jl respondit celuy q̃ est digne ie vueil

quil soit heritier de mon empire. La
presumption fut tresgrant que le roy
entendit de pardicas/car le sixiesme
iour de sa maladie apres ce que alexā
dre eut perdu la parolle il bailla son an
neau a perdicas pour tressingulier dō
et gaige de lamour quil auoit enuers
luy. Et auec ce apres la mort du roy
la curiosite et gouuernement des pa
uillons et des batailles et des autres
choses appertenātes a lempire de gre
ce furent de commun consentement
comises et Baillees a perdicas et a me
leager comme aux deux plus sages et
plus fors pour faire les choses a eulx
comises Or escoute et considere tu
qui es cheualier par tes pures et estrā
ges merites que prouffitent et cōbien
vallent sagesse mondaine et force cor
porelle sans cōpaignie dautres biēs
et vertus/car a cestuy perdicas sage et
fort en armes/et qui apres alexandre
fut repute le second/larrogance et or
gueil luy furent plus nuysibles et
plus greuables que les forces de ses
propres ennemys/Car pour lorgueil
de perdicas ses hommes de macedoi
ne dont il estoit prefect et gouuerneur
le laissoient et a grans troppeaulx sen
fuyoient en autres pays. Perdicas
doncques meu et enfle dorgueil en
treprint guerre contre tholomee qui
apres la mort de alexandre fut lung
des trentesix heritiers dudit roy ale
xandre et eut a sa part la prouince de
egypte. Si vint perdicas cuidant as
sembler en bataille contre ledit tholo
mee/mais fortune qui iustement ven
ga lorgueil de pdicas ne souffrit mye
quil fust occis par main dastranges
ne en batailles rengees/mais il fut
tue par les cheualiers de son ost. ie tres
passe voulentiers tous ces trois no
bles hommes sans plus largement
compter leurs cas/ie aussy pour cau
se de briefuete delaisse voulentiers
le racōptement du cas de anaxarcus

noble roy de capadoce. Capadoce est
vn eprouince de asie q print iadis son
non dune cite illec fondee appelle ca
padoce. qui est au bout de surie et tou
che. a armenie par deuant orient. et d
uers occident elle ioint a asie la moi
dre. et deuers septentrion elle ioint a
la mer cimerique. et du coste de midy
elle ioint a la mōtaigne thaurus. La
prouince de capadoce contient deux
pays. cestassauoir sicile et ysaurie ius
ques au port qui regarde coste chipre
parmy capadoce court la riuiere elis
qui depart lidie et perse. en capadoce
plus que en autre pays a grant nour
riture de cheuaulx. Anaxarcus donc
ques roy de capadoce fut priue et par
force deboute de son royaume. et en la
fin luy fut tolue la vie par lorgueil et
violence de perdicas le dessusdit heri
tier dalexādre le grant ie voluntaire
mēt delaisse a longuement compter
les cas de amilcar redonois noble duc
de cartaige. Cestuy amilcar desirant
le bien et la sante publique de son pa
ys cōsidera la puissance en armes du
grant roy alexandre a qui cartage ne
autre pays daffrique ne pouoit resi
ster ais conuenoit que les cartaginois
desseruissēt sa grace et bien vueillāce
affin quilz eschappassēt les pertes de
leurs choses et les oppressions des ba
tailles. et pourtāt amilcar contrecta
amittiez et aliances auec le roy alexā
dre. si partit amilcar de cartage pour
aler auec le roy et poursuyure batail
les durant le temps de sa conqueste.
Apres doncques la mort dalexandre
amilcar surpris de lamour de son na
turel pays. et du desir de reueoir ses
citoyens. au prouffit et a lonneur des
quelz il emploie soy mesmes et ses la
beurs retourna a cartaige. mais ses p
pres citoyens cartaginois ingratz et
descongnoissans du bien fait tuerent
le noble duc amilcar. Or bien ie main
tenant a racōpter la miserable fin de

eumenes duc de capadoce et de paflagonie .affin que ie le adiouste au nombre des nobles malheureux heritiers du grant roy alexandre dont iay cy dessus briefuemēt compte le cas.

Le xi chapitre contiēt le cas de eumenes duc de capadoce et de paflagonie vng des .xxxvi. heritiers du grāt roy alexādre. Et gmēce ou latin. Alexādro et cetera.

a Pres ce que Alexandre le grāt roy dē macedoine fut mort en babilōne par le venimeux breuuage que luy appresterent et offrirent ces seruiteurs cestassauoir antipater pfect et gouuerneur de macedoine et par ces trois enfans cassāder phelippe et yella. Il sceut que le noble eumenes nez de macedoine fut lun des trentesix heritiers da lexandre.et a eumenes furēt donnez pour sa part de lempire deux prouinces capadoce et paflagonie. Ceste paflagonie est vne prouice en asie. en laquelle habiterent vne nation de gēs nommez paflagonois qui apres le deluge descendirēt de rassa. Cestuy rassa fut filz de gomer et gomer fut nepueu de iaphet.et iaphet fut filz dē noe Alexandre doncques qui sotemēt faingnit soy estre filz de iupiter et voult estre adoure et repute comme dieu pour la respōce que donnerent les prestres du temple de iupiter en libie.qui par alexandre auoient este subornez com me cy deuant iay dit ou dixiesme

chapitre de cest liure / alexandre qui selon son iugement ne pouoit trouuer entre tous ses parens et compaignons de guerre vng heritier assez digne de lempire quil auoit conqueste/ceste empire par commun accort et assentement des barons de alexandre fut diuise et party en trētesix porcions qui furent assignees a trentesix nobles hommes du pays dē macedoine/et affin que cest partage fust plus autentique plus ferme et plus dignement fait/le corps du roy gisant comme presque mort en vne couche dor fin fut mis deuant les barons cōme en tesmoing du partage et de la diuision de lempire. Cestuy duc eumenes fut noble tant a cause de son lygnage comme de sa force et prouesse et ia nest mestier de icy compter les nobles faitz darmes et les saiges cōseilz par lesquelz il acquist gloire et renom soubz le roy alexandre/car ilz sont a plain descriptz par iustin le noble hystorien. Apres dōcques que eumenes eut le gouuernement de capadoce et de paflagonie il acconsuyuit et gaigna si grant honneur et renom de longue cheualerie que il sembloit que il eust tout ce qui appertenoit a noblesse royalle excepte le nom royal. Et apres ce que eumenes eut attaint ce quil desiroit/cestassauoir grant et large renom de cheualerie en quoy il a ca long temps/il cuida estre venu en repos et en paix mais tantost luy suruint vng ennemy/car ainsi comme il est de coustume que les grans montaignes tombent en elles mesmes/aussi le descort des trentesix heritiers de alexandre voysins les vngs des autres le cassa et destruysit par enuie quilz auoiēt les vngs sur les autres. Les cheualiers du grant alexandre auoient este si fors et si saiges en armes que les puyssances des roys de orient ne les auoient peu vaincre ne briser ne destruire. Et touteffoiz ilz briserent et destruisirent eulx mesmes Tandis doncques que les heritiers se debatoient et entre eulx mesmes estoient en discort/il aduint par le barat de anthigonus prefect et gouuerneur de la grant frige que neptolomus de qui ou precedent chapitre iay racompte le cas/auoit este depute et commis auecques son ost pour côseiller et ayder eumenes côtre les cas côtraires/mais neptolomus bailla son ost aux aduersaires de eumenes et pourtant il tourna ses gens darmes côtre neptolomus et le desconfist en bataille/et tant quil sen fouyt par deuers policerpons a qui neptolomus enhorta quilz apprestassent gens darmes contre ledit eumenes/et ce pendant que policarpons et neptolomus cuydoient par leurs espiez deceuoir eumenes qui lors nentendoit en riens fors que a soy esiouir et soulasser pour la victoire quil auoit eue de neptolom9 Si aduint que policarpons et neptolomus furent tuez en bataille par eumenes qui bien sauoit leurs entreprises La premiere meschance qui aduint a eumenes fut pour ce quil occist en bataille les deux cheualiers dessusdictz/car par enuie les nobles de macedoine donnerent sentêce quil estoit leur ennemy publicque/et fut cômis anthigonus prefect de la grant frige a faire guerre mortelle côtre ledit eumenes qui en bataille fut destruit auecques ses gens par ledit anthigon9 si fut eumenes espouente de celle male aduenture et sen fouyt a refuge dedens ung tresfort chasteau. Tandisq̄ anthigonus assegoit eumenes/il entendit que anthipater requist de par eumenes quil luy vint a secours. Et pour celle cause anthigonus se partit du siege/ et laissa eumenes paysible sans oultre luy fayre guerre/ mais eumenes qui par fuyte auoyt

laisse son ost il aduisa quil estoit destitue et seul. pour querir secours sen alla si tost quil peut par deuers les argiraspidois.q̄ sont gens habitãs en vne isle nommee argire qui est enuironee de la mer indoise. et est moult abondãte dargent. en tant quil semble que la terre par dessus soit argentee et pour ce appelle len ladicte isle argire q̄ en grec signifie autretãt comme larget Par layde des argiraspidois le roy alexãdre assouuit maintes batailles car en celle isle estoient plusieurs hômes saiges fors en armes et baillãs. Par deuers eulx doncques se retrahit eumenes ainsi comme sil peust viure plus seur de sa personne auec les argiraspidois.lesquelz apres la mort dalexandre nauoyent voulu receuoir la seigneurie de tous les autres trentecinq heritiers dalexandre. Il aduint touteffois que eumenes pou a pou et par doulces parolles attrahit soubz sa seigneurie les argiraspidois q̄ auec alexandre auoient tousiours este victorieux. Iceulx en celle bataille auec leur duc eumenes furent desconfitz. et par ainsi par le change de leur cheuetaine. Ilz changerent leur bonne fortune en male. Anthigon9 print et osta leurs pauillons esquelz ilz perdirent leurs femmes et enfans et toutes les richesses quilz auoient gaignees a longuement guerroier auec le roy ale xãdre. pour celle male fortune les argiraspidois furent dolens et troublez. et par laides parolles commencerent a tancer blasmer et despiter leur duc eumenes. ainsi comme sil fust cause de toutes leurs males fortunes. Les argiraspidois secretement apres firêt pact et conuencion auec antigonus de rauoir leurs pauillons femmes enfans et richesses par ainsi quilz bailleroiêt leur duc eumenes prisonnier es mains de anthigonus. Ilz doncques prindrêt eumenes qui secretement se partoit du chasteau et le amenerēt au milieu d'eulx lye de chaines de fer. eumenes requist puissance et congie quil peust dire quil vouldroit a la deffence de sa cause. les argiraspidois luy ottroyerent lieu et temps a dire sa deffence. Mais a la fin riens ne luy prouffita. Quant eumenes doncques vit que pourneant il auoit essaye et q̄ par hū bles et doulces parolles il ne pouoit retraire les argiraspidois de parfaire leur cruelle entreprise. et si ne les pou oit retraire a fleschir a sa deliurāce ou a sa mort. Il tourna son couraige en courroux et par iniurieuses parolles et par cruelles mauldissons les argiraspidois tournerent leur entendemēt et leurs yeulx par deuers eumenes. et ainsi comme il estoit lye deuāt ceulx qui le gardoient et pas ne pensoyent a luy. Il de son plain gre et comme in dignāt print son chemin et souit droit aux pauillons ou estoit son ennemy anthigonus qui ne vouloit veoir ne ouyr parler le duc eumenes. Ledit eu menes doncq̄s fut mis en vne tresob scure prison, en laquelle il ne demoura pas longuement ains par mesaise et courroux fut contrainct de mourir lye de chaynes et en tenebres de prisō et si faictement quil est doubte par q̄l le maniere de mort. Par ainsi il appᵉ que le noble et redoubte cheualier eumenes q̄ auoit mene a fin plusieurs batailles soubz le Roy alexandre fut vaincu par vne seule parolle. p̄ quoy il deuint ennuyeux a ses hōmes. Eumenes qui a son roy alexandre auoit garde entier et loyal serment esprouua en son dommaige lenfraincte du serment des arispides ses hōmes par iures enuers luy. eumenes qui en ba taille auoit prins plusieurs cheuetai nes de ses ennemys. Icelluy par ses cheualliers fut liure a son ennemy anthigonus/ eumenes qui auoit presq̄ tousiours hante la sale du grant

alexandre fut cōme vng homme vil chetif et seul boute en vne puante pri son/ il qui a plusieurs prisonniers a uoit donne et sauue la vie fut liure et mis a mort deshonneste, par quoy il appert que les derrenieres choses de eumenes et d'autres plusieurs nobles sont contraires aux premieres selon la muāce des coustumes de fortune.

Le xii. chapitre contiēt le cas de olimpias royne de macedoine et mere du grāt Roy alexandre de macedoi ne. Et commence ou lati. Iam iam quo flector et flector. et cetera.

E nay lyeu ou ie me puisse tourner que ie ne voye les vil tez et ordures et que ie noye les pleurs et les gemissemēs des successeurs du grant roy alexandre qui viennent enuiron moy / affin que ie escripue les maleureux cas d'eulx to[us] ainsi comme silz deussent prendre au cun confort affin que ie ne taise tous les maleureux cas des successeurs a lexandre. Je apres le trebuchet de eu menes enueloperay les aucuns plus dignes de memoire auecques olimpi as ainsi comme le vēt enuelope vng grant tas de pouldres en vng tourbil lon/ car ceste olimpias mere du grant alexandre me sembla en visaige estre courroucee et elle qui estoit vestue de robe dor venoit deuant les autres ma leureux nobles du pay de grece Ceste olimpias fut de noble lignee plusque autre femme de grece/ car elle descē dit et fut nee du lignage des easchi dois qui pour les grãs vertus diceux furent reputez diuis. Olimpias aussi fut moult aduenant et belle qui est vng don de nature que les femmes especialement desirent. Olimpias aussi fut fille de neoptolomus noble et puissant roy des epirotes de qui iay compte le cas cy deuant ou neufuiesme chapitre de cestuy liure. Olimpias si fut parente du roy sarcas/ car sarcas roy depire eut a espouse trocida la seur olimpias. Cestuy sarcas noble roy des epirotes fut boute hors de son royaume et enuoye en exil par le roy phelippe mary de olimpias/ Et oultre toutes ses choses elle qui eut a espoux phelippe roy de macedoine fut mere dung roy noble et chaualereux/ et enfanta cestuy grant alexandre de qui dure et durera le glorieux renom. Je pourroye adiouster aux tiltres de olimpias que elle fut ampe de neptanabus roy degypte/ mais il me semble estre plus honneste chose que le taise attendu que lachose nest pas du tout certaine/ auec tref tous ses tiltres certain est que olimpias fut royne de macedoine. Olimpias fut nee du lignage ou furent tant de courronnes tant de ceptres/ et tant de chaperes royaulx/ ie ne compte pas les autres noblesses et biens de fortune par lesquelz elle estoyt clere et resplendissant comme vne estoille de treshaulte beaulte. Et certain est que elle eust este reputee par les hommes lors viuans comme vne ymage de perpetuelle beaulte. Si elle neust este si souuent troublee et ferue par les tressors et durs horids de fortune/ par lesquelz derrenierement elle fut abatue. Tandis que olimpias en laage de sa ieunesse vyuoit ioyeuse et allegre entre ses grãs prosperitez/ fortune luy aporta grant plente de pleurs et de couroux car elle peut veoir son mary le roy pheli-

pe qui par ses laboureuses batailles augmẽtoit et accroissoit les richesses du royaume de macedoine lequel fut naure et pres que tue par vne gent de sichie appellee les tribalois. et pleut roy michea. car le roy phelippe adoncques roydant en sichie auoit acueilly et emenoit deuãt soy vne proye moult grãt de vingt mil tant femmes comme petis enfans prisonniers. et vingt mil que cheuaulx que iumẽs/ q tous luy furẽt rescoux et tollus par les tribalois. et en la rescousse de celle proie le roy phelippe fut naure et pres que mort. combien que ledit roy michea fut adonc finablement vaincu et desconfit. Olimpias aussi peut veoir phelippe son mary priue de lũ de ses yeulx qui luy fut tire hors du traict dune sapette tandis quil passoit par deuant mathone vne cite de sichie. en laqlle il auoit plante le siege. et qui par luy finablemẽt fut prise. Olimpias aussi fut moult troublee en couraige pour la suspection et renommee qui contre elle fut de ladultere par elle commis comme len cuidoit auec neptanabus le roy degipte. Par quoy elle vit son mary le roy phelippe espouente et esmeu en couraige et la chastete delle salie et ordoyee et de ceste suspectiõ aduint vne chose qui est pire des autres car les gens de lors cuiderent que alexandre le grant fust engendre dautre que du roy phelippe son mari. Ceulx qui scauent et congnoissent q en corps de femme na chose si belle comme est chastete. peuent legierement veoir comment laide et orde taiche fut gettee contre la resplendisseur et contre la noblesse de la royne olimpias. car puisque chastete doit moult estre recommandee es femmes de petit estat et de bas lignaige. plus par forte raison chastete doit estre gardee es roynes et es autres femmes nobles. A ceste olimpias doncques fut empraincte ceste premiere taiche de adultere, par quoy furēt ordoyez les noms de ses ayeulx nobles roys et cousins et parens. et certain est que la suspection de cest adultere fut semēce et cause de plusieurs meschiefz qui sen ensuyuirēt et aussi dautres maulx. cestassauoir du diffame delle et de son lignaige. car apres ce que olimpias eut ordoye son lit de mariage se elle eust seulemēt encouru le renom destre ribaulde de son mari le roy phelippe et autres eussent par auenture supporte en dissimulant le crime et le diffame. mais apres fortune la ferit plus asprement si quelle fut pres que agrauātee. Car apres assez brief temps le roy phelippe print a femme et espouse cleopatra fille dalexādre roy des epirotes en soy vengant de ladultere de olimpias et la repudia et relenquit du tout. Olimpias souffrit enuis ceste chose po² lune des deux causes. ou pource quelle estoit notoirement diffamee ou pource que son mary luy faisoit villennie en la repudiant pour vne concubine. Olipias voult plus voluntiers endurer lestat de veufuete que le concubinage de cleopatra sa niepce. ainsi comme len peut assez apperceuoir par la volunte de olimpias. car ainsi comme plusieurs historiens croiēt la royne olimpias par prieres ou autremēt contraingnyt pausanias vng noble iouuenceau de macedoine filz de thiestes et du lignaige du roy horestes. en tant que pausanias tua le roy phelippe seant a table entre alexādre son filz et alexandre roy des epirothes. de qui phelippe prenoit a femme sa fille cleopatra. et dont len faisoit celuy iour les nopces en la cite de egee. Le roy phelippe prenoit a femme celle cleopatra fille de alexādre roy des epirotes po² deux causes. La pmiere fut pour soy venger de ladultere q̄ auoit fait olimpias ainsi comme len disoit.

La seconde pource que le roy phelippe auoit abuse ledit alexandre, et luy auoit donne le royaume des epirothes qui de droit estoit a aribas qui en fut dechasse a tort par ledit phelippe ainsi comme iay dit ou dixhuitiesme chapitre du tiers liure precedent. Sitost que pausanias eut commis et perpetre le murtre en la personne du roy phelippe, olimpias tantost sen accourut ainsi cōme se elle soulsist faire loffice des exeques funeraulx de son mary. Olimpias fist a son mary telles exeques que au matin du iour apres ensuyuant len trouua vne couronne dor sur le chief du ieune cheualier pausanias qui pendu auoit este et encores pendoit a vng gibet par le commandement dalexandre le grant qui enfaisant vengance du murtre de son pere auoit fait prendre ledit pausanias. pource que len trouua sur le chief de pausanias celle couronne dor len peut assez cognistre la neissance du murtre du roy phelippe / mais encores affin quil appareust plus clerement, olimpias apres pou de iours commanda q̄ le corps de pausanias fust oste du gibet et que il fust mis en cendre et brule sur le sōmet du palais du roy phelippe ainsi comme adonc estoit de coustume de ardoir les corps des nobles hommes mors. En laquelle chose ainsi faicte olimpias encourut vne grāt honte et oultreplus fist car olimpias lespee de quoy pausanias tua le roy phelippe fist offrir a apollo en son temple de par mistalie sans nommer olimpias pource que quant elle fut ieune pucelle elle eut nom mistalie. Ceste vengance ne souffist mye a saouler le couroux de olimpias/ car apres que elle eut murtrie la fille de cleopatra et dens le giron delle/ la royne olimpias tourmenta cleopatra par tant de parolles deshonnestes et villaines q̄ elle fut contraincte a finer sa vie par vng cheuestre en quoy elle se pendit. Olimpias fut ioyeuse quāt elle vit cleopatra sa niepce ainsi pendue. Que diray ie. Je dis certes quil nest chose si cruelle comme est couraige de fem me courroucee. et qui pis est ainsi cō me la maniere des femmes est plus cruelle que de toutes les bestes sau= uaiges. aussi elle est plus enclinee a vengence. quāt il ne suffit pas a vne femme que len ayt veu la cruaulte q̃ elle a fait selon son desir. elle couuoi= te auec ce que len sçaiche tout ce quel le aura faict durant la cruaulte de son courroux. la femme pense quelle a droictement procede a veger. quāt elle sent que len parle de son pechie par tous les quarrefours Olimpias doncques vefue de son mary apres le temps du dueil monstra soy estre ioyeuse ainsi comme se par la mort de son mary et de cleopatra sa concubi ne. Elle eust nestoye sa chastete que parauant elle auoit ordoyee comme len dit. Olimpias fut ioyeuse ainsi cōme se elle eust oste dentre les mais de fortune sa bieneurete ancienne. tellemēt que fortune ne luy peust ia= mais oster celle bieneurete. mais di eu plus puissant que fortune ne souf frit pas longuement la bieneurete de olimpias. car elle vit son seul filz le grant alexandre pour lors ieune/ qui contre les persois entroit en vne lon gue et perilleuse bataille. dont olim= pias eut cause de plourer et gemir. Olimpias pouoit cuider que pour la maieste de son filz alexandre la haul tesse delle deust perseuerer. combien que olimpias iadis cōme dit est eust este cause de leffusion de sang de ses marastres et cousins et parens. elle pour son filz alexandre fut angoisseu se par diuer suspections. Elle estoit tousiours doubteuse en sa pensee de ce que len comptoit de son filz Alexandre durant le temps de sa bataille. Car la vie et lestat de o= limpias despendoit des aduentures de son filz alexandre. Entre les in= fortunes de olimpias vne douleur tresgriefue la frappa/ cestassauoir la mort de son frere alexādre le roy des epirothes de qui le cas est compte ou neufuiesme chapitre de ce preseēt liure Olimpias ne fut mye seulement do lente pour ce que la grant esperan= ce et la hardie entreprinse de sōdit fre re fut ramenee en moquerie et en fa= ble/ mais pource que on luy compta la maniere de sa mort et la moquerie que les lucanois auoient faicte de sa chairongne/ pour laquelle aduentu= re olimpias courroucee et marrie fut souuent ramenee en larmes/ et com= bien que olimpias semblast estre ren= forcee en bieneurete mondaine p̃plu= sieurs et grans victoires que son filz alexandre auoyt eues contre les per= sois/ toutesfois par cestuy elle ne re= couura mie sa bieneurete/ mais affin que la poetrine de olimpias trauail= lee par acoustumance de larmes et de couroux fut trouuee plus forte a en= durer ses maleuretez a venir. Je cuyde que le iour que elle ouyt dyre que son filz alexandre estoyt empri= sonne et mort en babyloine/ elle de= uoit cheoir comme pasmee et que par la mort de luy elle fut si rudemēt hur tee/ que adonc premierement elle con gneut soy estre femme veufue. ie des= pesche par petites et legieres paroles les miseres/ pour lesquelles olimpy= as ne peut assez plourer par tout le temps de sa vie. Olimpias dōcques maleureuse et enuironnee de si grās miseres auisa ap̃s pou de temps p̃ quelz moyens elle desquist seuremēt car elle regarda la seignourie dori= ent conquestee par la bonne fortune et par les laboureuses batailles de sō filz alexandre par lespace de douze ans. Qui fut toute departie entre

r i

trente six baros macedonois. Olim
pias aussi bit les trēte six successeurs
dalexādre qui cheurent en si cruelles
dissentions quilz guerroyrēt & descō
firēt lun lautre par armes. elle bit le
bastart arideus que alexandre sō filz
auoit engendre en vne taglerresse sar
rōnesse qui seoit en la chaiere des tref
anciēs roys de macedoine & dillec fut
roy et la lignee legitime Dalexandre
son filz fut mise derriere & deboutee
du royaume de macedoine. de quoy
apres il aduint que olimpias ou quil
ne peut telles choses souffrir ou qui p̄
force fut gette hors du royaume de
macedoine. Si ne scay ie mye par les
histoires pour laqlle de ses deux cau
ses. mais elle courroucee se destourna
et vint en la cite de epirus et laissa sō
dit royaume ainsi comme clerement
contienēt les histoires. Auec ses mal
heuretez vne autre pl9 griefue luy ad
uint pres du iour de sa mortelle des
stinee. car caridas son nepueu roy des
mozes p̄secuta olimpias & luy voult
faire guerre. pourtant elle commēca
sō chemin a retournez en macedoine
mais le roy arideus & sa femme euri
dice luy deffendirent lentree p armes
cruelles et ennemies. Olimpias por
ta si impaciemment ceste chose quel
le recōmēa les larmes & les douleurs
quelle auoit finees pour la mort de
son filz alexandre le grāt. mais olim
pias ne faillit pas le secours de fortu
ne qui vng pou la flata. car les āciēs
nobles hōmes macedonois si tirerēt
tantost en son aide et faueur tant po2
la souuenance et amour du roy phe
lippe son mary. comme du roy alexā
dre son filz. Les nobles macedonois
ne osterent pas seulement les empes
chemens. par quoy olimpias ne pou
oit retourner en macedoine. mais eux
meuz de hayne dechasserent de leur
pays le Roy arideus auecqs euridice
sa femme. lesquelz deux par le con

mandement de olimpias furent oc
cis cruellement. Apres olimpias cou
uoiteuse de espādre sang humain qui
fut mise en possession du Royaume
de macedoine commenca comme for
cenee a faire occire les nobles hōmes
macedonois/et aduint que elle pour
chassa son trebuchet et son destruyse
ment de la chose dont elle cuidoit fer
mer la seurete de sa vie & pareillemēt
la durablete de son royaume/Car le
traytre viellart cheualier antipater
macedonois auoyt vng filz appelle
cassander lors prefect et gouuerneur
de caire vne prouince de asie qui ser
uant de coupe donna au roy alexan
dre estant en babiloine le venin dont
il mourut/or apparut apresque fortu
ne esprouuoit cestuy cassander pour
destruire toute la lignee dalexandre
Cassāder doncques pour courtoisies
receues p luy estoit moult oblige a e
rudice fēme de arideus roy de mace
doine qui cōe dit est estoiēt ia to9 deux
occis p le cōmādemēt de olimpias/si
ouyt dire cassāder q̄ elle forcenee mēt
tuoit les nobles de macedoine/pour
tant faingnit cassādez quil venoit du
caire a faire la vēgāce de ceulx qui en
babiloine auoient empoisōne alexan
dre & auecqs ce amena vng grant ost/
affin quil occupast & p̄ist a force le roy
aume de macedoine Olimpias oyāt
que cassander venoit elle se deffia de
ses nobles hommes/pource que elle
auoit fait cruaulte cōtre plusieurs di
ceulx & cōe espouētee elle sen fouit en
la cite epidua assise en vne montay
gne ceincte de fors murs en la prouin
ce de macedoine/en celle fuyte olim
pias mena auecques soy bersane & ro
sane ses deux brus auecques tous le
urs enfans/auecques aussi olimpias
sen alerent dardanne fille du roy eru
cide et thessalonice sa fillastre et plu
sieurs autres nobles Dames du pa
ys de macedoine et parentes du grāt

roy alexandre. lesquelles pensoyent
plus garder leur sante par layde des
fors murs de la cite epidua q̃ par for
ce darmes. Cassander dõcques assist
la cite epidua. ⁊ deuant icelle il tint le
siege longuemẽt. et apres il bailla sa
foy et fist traicte et accord auec olim
pias qui a la seurete de la foy ⁊ accord
bailla ⁊ mist soy ⁊ les dames qui auec
elle estoyent en la puissance et sauue
te de cassander. Cassander mentit ⁊
faulsa sa foy iuree. si fist enhorter les
macedonois p̃ le moyẽ des parẽs des
nobles que olimpias auoit fait occi
re quilz requissent ⁊ demandassent la
deliurãce des autres nobles dames ⁊
q̃ olimpias fust tourmentee ⁊ mise a
mort. Les nobles macedonois ainsi
subornez firent ce que dit est. et ap̃s
cassander enuoya ses sergẽs armez a
prẽdre ⁊ a saisir olimpias pour loccire
si vindrent ou lieu ou elle estoit dete
nue en prison. mais or escoutez le bo⁹
diray vng fait de noble ⁊ fort coura
ge. car olimpia se vestit de robes roy
aulx. et elle apuyee sur deux siennes
damoiselles vint de son plain gre alẽ
contre des bourreaulx armez sãs pa
our et sans aucun effroy. si tost q̃ les
sergẽs eurent veu olimpias qui leur
venoit alencontre. Ilz furẽt espouẽ
tez ou pour la dignite de lanciẽne ma
iesté delle ou pour la souuenance des
nobles roys ses parens. Les bourre
aulx qui pas ne sceurent faire le com
mandement du traictre cassander se
desisterent iusques a ce q̃ autres ser
gens pour cela faire furent enuoyez
de par ledit cassander. Tous ces ser
gens doncques assaillirent olimpias
qui point ne les fuyt ne ne craignyt
leurs espees. Car elle si fermemẽt se
contint que deuant les coups des
playes ne quant le sang en degoutoit
elle ne se escria oncques a maniere fe
minine. ne aux bourreaulx ne fist au
cune priere pour sa sante ne pour

le retardement de sa mort/ mais olim
pias receuillit en soy le noble coura
ge de sa lignee ancienne ⁊ se teust a la
maniere des fors hommes/ puis mist
ses robes et ses cheueulx ensemble af
fin que de son corps, lenne deist cheoir
aulcune chose ordoiee ne souillie/et en
dura parfaictement les rudes coups
des bourreaulx qui sur son corps frap
poient/ ⁊ certain est que p̃ ceste chose o
limpias confessa soy estre mere de si
preu/de si fort/ et de si grãt empereur
cõe fut alexandre le grãt. Apres ce que
olimpias eut espandu son sang/ elle
ch eut a terre et mourut maleureuse/
ainsy cõe se elle eust vaincu son enne
my cassander/ en consideratiõ le fort cou
rage de la noble royne olimpias/ Je
dy par mon iugemẽt que il nest cho
se plus belle a no⁹ de receuoir la mort
que nul ne eschappe ⁊ luy aller au de
uant en telle seurte de corps et de si
saige cõme nous demenons le temps
de nostre vie perissable et mortelle/
car puis que nous desseruõs grãs lou
enges se nous gardons la sante de
nostre corps en viuãt honnestement/
ie dis que nous gaignõs plus de gloi
re se de prest et ioyeux courage nous
receuons la mort pour lors que nous
pourrions eschaper de sa voye. Et si
dy que nous ne desseruons mye indi
gnement telle gloire/ car ainsy cõme
nous voiens plusieurs cas de mort/
aussi voyons nous trespou de hõmes
qui viengnent ioyeulx a honnestemẽt
receuoir la mort. Se aulcun dauen
ture eschappe pour lors les cas de la
mort il ne doit pas cuyder quil ayt
a la mort toulu son droit. Mais il
doit croire que meschãtement il a p̃
du la gloire et la renommee quil eust
acquise en mourãt hardiement. Si
sache chascun noble hõe que ainsi q̃ on
peut conuenablemẽt plourer la mort
de ceulx qui maleureusemẽt meurent
aussy doit on tousiours gemir pour

r ii

ceulx qui auec leur honte et diffame gardent leur vie corporelle. si dy que vng noble homme vit auec diffame z honte et qui tient dautruy sa vie par recreance puisque il pouoit glorieusement mourir. car il est tousiours serf de son recreancier non contristant que la rancon quil paye.

Le .xiii. chapitre contient le cas de agathodes q̃ fut filz dung potier de terre q̃ fut duc de siracuse et puis roy des siciliens Et commence ou latin. Non solum &c

Fortune qui selon le iugement des folz est dame des biens mondains ne esprouue pas seulement ses forces enuers les extraitz des haulx et puissans lignages. mais elle q̃ tressouuent couuoite soy iouer des choses de ce monde par turbillon de vens es lieue du bas fumier les menues pailles qui apres sont enflamees ou hault pays du feu. de celle pailles arses sont esleuees fumees chaulde set moistes par le moyen de lair. z de celles fumees sont engendrees nues grandes et merueilleuses. et de ses nues est aucunesfois couuert le resplendissãt soleil tant que len ne le peut veoir. et auec ce entre ses nues sont engendrez tonnerres et esclars qui font grans bruis sur terre. Or aduient q̃ quant fortune est saoulee de soy iouer. elle fond et despece les haultes nues z les quertist en pluye q̃lle espand sur terre. & celle pluye ie ne scay q̃ aduient/ car aulcunesfoiz les plains chemins en sont esrouez et lauez et les ordes chambres quoiez en sont emplies. Se dõcques nous entendons vng pou aux miserables cas des nobles macedonois heritiers du roy alexandre le grãt/ q̃ furent de baulx et puissans lignages nous trouuerõs q̃ fortune esprouua ses forces pareillemẽt enuers eulx cõme enuers agathodes roy des siciliens/z appert cleremẽt q̃ il qui fut filz dung potier de terre ne fut pas plus noble p les oeuures de sa ieunesse que furẽt les parẽs dont il nasquit z p ainsy agathodes q̃ resẽble la fumee des pailles dũg fies q̃ en mõtant au hault sont cõuerties en pluye/z celle pluye qui rechiet sur la terre laue les ordes chãbres quoies. Cõme cestuy agathodes fut tresbeau iouuenceau et pource il neãtmoins desdeigna faire le maistier de son pere z pour acquester les meschãtes richesses il abandonna sa ieunesse a vng tresuil mestier/ cestassauoir a souffrir soy corrõpre p les tresdeshõnestes hõmes abusãs les droitz de nature. Agathodes p temps deuint hõme barbu z se tourna a saouler le delit des femmes siciliẽnes z autres/et par ainsy il deuint tresrenõme en toute maniere de mignotie charnelle entre les siciliẽs z aussy ẽtre les estrangees nacions. Agathodes q̃ en oeuure de luxure eut p'mieremẽt serui aulx hõmes mauldits z aps aux femmes il fut ordoye de deux taiches/p lesquelles il fut tresrenomme/si deuint fort de corps/et vint en la cite de siracuse en sicile/ si commẽca a estre souldoier en armes/z il qui iusques a donc auoyt vescu tresdissolu en luxure se vendit trespreft a tous meschiefz meffais z a quelzcõques pechiez/ et pour le courtois et beau parler de sa bouche il obtint de legier vne office de centurie cest assauoir quil eut soubz soy cent hommes darmes a gouuerner et conduire. et de loffice de centurion il deuint cheualier. ¶ aps fut esleue a loffice de tribun. Apres ce fait aduint que damascon le duc de ciracuses mourut ¶ les gens qui demouroyent entour la montaigne ethna ou pays de sicile meurent ¶ firent guerre contre les ciracusais. ¶ pour celle guerre conduire agathodes fut substitue duc en lieu de damascon. ¶ aduint q pour les gras prouesses que agathodes fist en celle bataille il eut en mariage la tres riche femme Iesue de feu le duc damascon. Agathodes parauant auoit congneu par adultere celle femme. ¶ par ainsi il qui estoit filz dun potier de terre fut duc de ciracuses. ¶ de pourete il vint a gras richesses. Agathodes vng pou parauant eust repute tresgrant estat que lors il auoit. mais il cuida q il fust trop petit. si embrasa so courage de couuoitise pour venir a plus grant chose. Il deuint ingrat enuers son pays. ¶ commeca a se exercer en pratiq. cestadire ql commeca roberie p mer. Agathodes no content destre duc de ciracuses fist par deux fois son effort de occuper a soy la seigneurie de so pays de sicile ¶ par deux fois fut desconfit ¶ enuoye en exil de la cite de murgance. Or aduint que tadis que agathodes fut en exil a murgance les murgancois firent guerre contre les ciracusains. ¶ pour coduire celle bataille les murgacois pmierement ordoneret agathodes a estre leur preteur et gouuerneur souuerain. et aps agathodes p les murgacois fut ordone leur duc en despit des siracusains. Apres ce q agathodes p force de bataille eut prinse la cite des leontinois. il assist la cite de siracuses. Agathodes pour eforcer sa bataille attrait a son ayde amilcar le duc daffrique que les siracusains auoyent amene en leur ayde ¶ si le conioingnit a soy par gras promesses. et

eulx deux furet copaignons darmes Par le moyen q amilcar fut compaignon ¶ aidat de agathodes / il couint que no pas seulemet les siracusais firent paix aueques luy et fut rapelle de exil / mais mesmemet les siracusais ordonerent agathodes a estre leur preteur. Apres cestuy agathodes p layde de son amy le duc amilcar p barat assiga lostel comun ou estoit assemble tout le senat de siracuse ou lieu appelle le champ des luyctes / puis comanda agathodes que les plus puissans ¶ greigneurs maistres du peuple fussent cruellement tuez. Apres il print generalemet tous les riches citoiens des siracuses / et tous leur biens Il tourna en pillage. Apres ces choses ainsy faictes agathodes mada plus grat nombre de gens darmes / p quoy il subiuga toutes les citez de ses compaignos ¶ aliez pource qlz ne sen gardoient en riens. Les senateurs de cartage ouyret ceste chose ¶ furet moult couroucez cotre agathodes ¶ cotre amilcard fut secretement p les legatz de cartage condane a mourir. Amilcar doncques q parauat mourut que agathodes sceut sa condanacion. Si fut vne cause par quoy il meut et fist guerre contre les cartaginois / si aduint apres q agathodes home de grat courage fut esleue en orgueil par les gras despoulles ¶ roberies ql fist es citez de sicile quil print p fraude et p aguet / et pour la tresgrant seignourie quil auoit conqste et accreue il ne peut souffrir le tiltre de tyrant / ¶ pesa ql esliueroit son no ¶ son tiltre en plus grade lumiere cestassauoir quil se feroit appeller Roy de sicile dont il estoit tirat combien que ceste chose de tyrannie fust malcouuenable a vng Roy qui doit estre piteux et benigin / neantmoins sa pensee luy vint a effect. Agathodes docques qui oute ps de sa ieunesse auoit ordement descu

r iii

print attours et enseignes de roy, & commanda a ses subgetz et autres qlz appellassent roy des siciliēs. Agathodes pꝛit en soy orgueil parquoy il fut doubte et espouētable. et par quoy il acreut sa maieste royalle. mais oꝛ aduit que comme il fut mōte en la croupe et ou sommet de la haulte mōtaigne de lestat de ce monde. fortune qui par sa coustūe fiert & assault les haultes choses c̄ ba se la vng peu enuers agathodes. car hamilcar filz de giscon noble duc de cartaige accompaignie dun ost de gens darmes daffriq̄ vint en bataille contre agathodes. mais il qui contre amilcar vint par deux fois ainsi fut desconfit de son ennemy. & agathodes auec ce fut deux fois contraint a honteusement soy enfouyr & retraire dedens siracuses. & illec souffrit plus grant diffame que deuant. car il fut delaisse de tous ses compaignons et alliez quant ilz aduiserent que fortune se tournoit contre luy. et apres fut assiege des affricois et tellement contraint quil aduisa plus a garder la sante de son corps que son royaume. Et tant aduint que fortune auoit fait de agathodes se il neust tourne son couraige en oultrageux conseil. qui neantmoins luy fut conuenable et bon. car quant ledit abatodes vit quil estoit despareil & moins fort en armes que nestoyent ses ennemys les siracusains ledit agathodes ordonna soubdainement ses choses et ses besoingnes a siracuse selon la qualite du temps et transporta son ost en affrique. et mena auec soy arta gatus & eracliada ses deux filz ja par creuz. Les affricans lors despourueuez et qui en riens ne se gardoient de agathodes furent soubdainemēt espouentez. et tant que haymon noble capitaine de cartage vint auec son ost contre agathodes. Et en bataille rangee fut desconfit haymon auec ses cartaginois, & tant que agathodes admena son ost pres de cartaige a cinq miliaires qui vallent deux lieues et demie. Tandis que agathodes tint son ost pres de cartaige les citez dillec enuiron se rendoient a lui, & faisoiēt auec lui aliāces & cōpaignces et luy administroiēt viures et renforcoiēt son ost. Auecques ce antandrus frere de agathodes guerrioit en sicile cōtre les affricās, et tāt quil destruisit leur ost et leur capitaine, ainsy cōme les besongnes & les choses de agathodes se portoiēt ainsi sō estat royal fut reinterine. Et assellas roy de cirenes vne cite en libie pꝛ ses legatz se adioingnit auec agathodes qui tātost fut a cōpaignie dung grāt nōbre de cheualiers. En cestuy agathodes regna sy affēmee couuoitise dacroistre sa seygnourie terriēne, que il ne eut en soy aucune foy ne aucune loyaute ne aucune pitie. Celuy qui a en soy insacoulable couuoitise de agrādir sa seignourie terrienne il cuide que toute chose luy soit loisible puisq̄ elle luy plaise il fait tout perhie & tout mal, mais q̄ il ait puissāce de ce faire, car agathodes nagueres auoit prins en son compaignō darmes hamilcar duc de cartaige, & apres la mort de hamilcar cestuy agathodes accepta sō filz poꝰ lamour du pere mais affin q̄ agathodes peust auoir pour soy les gens de lost du filz de hamilcar, ledit agathodes pꝛ barat le occist en despourueu, en corrōpāt vilainemēt les loix & les droitz de cōpaignee & iuree aliāce. Aps ce q̄ agathodes eut vaincu tiercemēt les cartaginois par cruelles batailles, il leur naura tellemēt les courages de paour q̄ es pauillōs de agathodes suruindrent parolles sedicieuses, q̄ il sēbloit aux gēs du siege q̄ le duc hamilcar auec toute sa puissance des affricans deust passer la mer pour veni de sicile en affrique a leuer & cōbatre

le siege que agathodes tenoit assez pres
de cartage. agathodes voulant reme
dier a celle sedicion et a ses autres cho
ses bailla le gouuernement et la condui
te de ses gens darmes a son filz arta
gaton. puis sen alla agathodes de sici
le et se leua du siege de deuant ci-
racuse les nouuelles compaignees de
affricans enuoyez de sicile apres la
mort de amilcar filz de gisco noble
duc de cartaige. Apres que les affri
cans furent repulsez par agathodes
Il obtint et acconsupuit toute la sei-
gneurie de lisle de sicile. et monstra p
celuy faict quil vouloit auoir retire a
soy le bon vouloir de fortune ql auoit
desemparé. mais riens ne vault ne ne
prouffite a vng homme de vouloir teni
ne arrester par cordes ne par chaines
fortune malgré soy. car elle est come
vne beste limonneuse si glissant et si
mouuable. que de tant comme elle est
plus estraincte. de tant elle eschappe
plus tost hors des liens de celuy q les
trainct. Le roy agathodes q esperoit
faire plus grans choses ql nauoit par
auant faictes sen retourna en affriq ou
il auoit enuoye toute sa bataille. et a-
pres appaisa tout le bruit et la sedicion
de ses gens darmes et puis les amena
en bataille ordonnee pour destruire et
prendre ses ennemis les affricas et to9
leurs pauillons. Or aduint q agatho-
des moins cautement commeca sa ba
taille contre les affricans. et tant q vne
partie de ses gens fut detrenchee et aga
thodes fut vaincu p ses ennemis qui
contre luy saillirent et fut contraict de fou
ir a retraict dedens ses pauillos. Aga-
thodes illec estant ouyt entour ses che
ualiers faisans haulte noise et grant bru
it. si saillit agathodes hors de ses pa-
uillons copement auec artagaton son
filz. si espia s ne nupt. et commenca
soy enfouyr. mais en celle fuite son
dit filz artagathon fut prins des en
nemis affricans qui les poursupuoient

et fut retire dedens leurs pauillons
mais agathodes fuyt et presqz seulet
sen ala a siracuses sa cité. et tantost aps
agathodes fist pact et conuenace auec
les cartaginois sur le traicte de paix
pendant ceste chose les deux esas de a-
gathodes furent tuez. et tout son ost
vint en la seignourie des affricans
adonc le roy feru et esbahy de celle pe
stilence traicta paix auec eux p telles
promesses come deuant. si aduisa q contre
les affricas il ne pouoit riens faire. et
disposa encourage a esprouuer ses for-
ces contre les ytalies. si transporta ses
gens darmes contre les brucias outre les-
quelz il neut aulcune victoire. car la
fin de ses choses aprouchoit. si fut sur
prins dune soubdaine pestilence de ma
ladie p la qlle il fut griefuement tour
menté. et fut plus angoisseux et dolent
pour aulcunes nouuelles q luy sour-
uindrent dont il ne se donnoit garde.
Et ainsi come se agathodes fust mort.
son filz et le nepueu de son filz meurent
guerre entre eulx pour la succession du
royaume de sicile. laquelle chose aga
thodes ouyt dire p quoy il qui lors es-
toit en ytalie. peut assez cognoistre et
aduiser que sans bataille il ne pouoyt
retourner à siracuses sa principale ci-
té. combien q mesmement il eust santé de
corps. car son nepueu auoit occupé son
royaume aps la mort de son aisne filz.
Lesbahissement de agathodes fut grant
et luy troubla la pensee. et par auentu-
re celle maleureté deuoit souffire a
saouler la hayne de fortune. car aga
thodes veoit soy vefue de ses enfas
grans et fors et parcreus. il veoit soy
estre roy sans royaume. il veoit soy
viellart et maladif et pres de ses enne
mis. Mais fortune ne souffrit pas
que p vng seul trebuchet trebuchast
ius de sa chayere royale. car du me
stier de poterie fortune p plusieurs de
grez auoit transporté agathodes ius-
ques au throsne royal. fortune qui

encores nestoit saoulee luy gardoit autres faulx pour trebuchier. combien qlle ia leust fait saillir plusieurs fois du hault des roches en bas. Fortune dont agraua la maladie de agathodes tant que par sa maladie et les curiositez suruenans il deuint langoureux. en tāt que par le long ennuy de celle maladie il cōgneut quil nechapperoit pas la mort et q̄ sa fin estoit venue. par quoy luy vit de surcroie vne sollicitude la plus forte des autres. car agatodes auoit sa tresamee fēme texana τ deux petis enfās quil auoit euz delle. Quant agathodes homme trescler voyant regarda que sa mort approchoit il pensa que apres son deces sa femme τ ses enfans seroiēt ou mis a mort / ou en prison / ou en seruage. si commēca a auoir si grant rage τ desplaisance que oultre les accidēs de sa maladie. Il estoit si aigrement tourmente quil luy sembloit au dedens q̄ on luy detrēchast les boyaulx. Aprs que finablemēt sa maladie ēfor sa il prīt en soy vng si durg seil q̄ l eust enuis prins sil eust este sain de corps τ dentēdemēt. affin q̄ celle chose ne luy aduenist laqlle il deuinoit. car en plorāt il comāda a sa fēme qlle le laissast et prensist tous les meubles et tous les ioyaulx τ atours royaulx dōt aucūs roys pour lors nestopent plus richement garnis. τ elle auec ses deux ēfās τ biens meubles sen retournast par nauire en agipte dont elle estoit venue. affin q̄ sa fēme texana ne ses enfans ne fussent tournez en moytie de son nepueu la possedēt le royaume de sicile. O laz comme dure parolle dun mary τ fēme. car le mary comman da a sa fēme lors q̄ l estoit bany τ malade qlle le laissast τ qlle desquist cōme desue son mar τ encores viuāt. τ que les enfās priuez τ bānis du royaume de leur pere fussēt trāsportez en estrā ges pays. le q̄ lz il auoit ēgēdrez en es

perance de regner en sicile ausq̄ lz il ne demeuroit riēs fors q̄ les serpillieres et les actours royaulx / quelque chose que a gathodes cōmādast a texana sa fēme touteffoiz la pitie du courage feminin ne peut souffrir ne tant faire q̄ elle laissast son mari mais tādis que d vne part affection τ amour retiroit texana que elle ne laissast son mary / et dautre part raison lamonnestoit de le laisser / adont a la fin elle fut contrainte par necessaire cōuenablete / et par le cōmandement de son mary de le laisser cōbien quil fust malade τ douloureux / les damoiselles a peine arracherent texana du col de son mary / si estroitemēt lē brassoit / finablemēt elle sen partit auecques ses deux enfans cōe fēme miserable τ doloureuse. Or pensōs en noz courages quāt la royne texana party de son mary le roy agathodes quelles larmes furēt faictes / quelles complaintes / quelles amertumes tant pour son royaume que elle laissoit cōme pource que malgre soy elle delaissoit son mary τ pour ses deux enfans orphelins τ desheritez. Meslons pcy deux choses cōtraires τ diuerses entre elles cestassauoir la felicite que agathodes eut a cause de son royaume / la gloire de sa seignourie / lonneur de ses victoires / la delectation de ses richesses / τ quelcō que autre chose mondaine desirable aux roys / ie diz q̄ l nest doubte q̄ toute la resplendisseur des choses cy dessus dictes ne ait este obscurcie ne muee p les maleurtez et douleurs aduenues au roy agathodes τ aux siens τ nom pas p toutes ses miseres / mais mesmemēt p la moindre dicelles. Le roy agathodes meschant et angoisseux de toutes pars fut degaste τ mourut p la pestilēce de sa maladie q̄ senforca dedens luy / τ pres q̄ tantost apres luy et sa gloire surēt ramenez a neant / et se euanouirent toutes ses choses / ex

cepte son nom presque ainsi comme
sil neust oncques este. il nest hõe q̃ ne
die q̃ doubteuse chose soit droitemẽt
veoir z iuger se lentree de la vie aga-
thodes fut plus basse (p̃pl° vile p ce q̃l
fut filz dun potier de terre ou se sa fin
z sa mort fut pl° douloureuse p ce q̃ il
qui estoit si puissãt roy mourut si mi-
serablement.

Le xiiii. chapitre cõtient le
cas de bersanes z de rosanes
nobles femmes iadis du grãt
roy alexãdre z de plusieurs
autres nobles maleureux pa-
rẽs dudit alexãdre. z cõmen-
ce ou lati Asseblit agatho-
dis fine. zc.

Tost q̃ ie fus hors tiré du mi-
serable cas du roy agathodes
ie suis venu presque doulsisse
ou nõ a conter le cas des nobles ex-
traitz du lignage du grãt alexandre /
cestassc de xii q̃ hõmes q̃ femmes dont
pauãt ie auoye fait aulcune mẽtion.
La noise de ces maleureux nobles e-
stoit grande tant pour les hõmes qui
crioiẽt comme po° les femmes q̃ plou-
roient en regretant leurs maleureux
cas z dauãt ces douze maleureux no-
bles selon lordre des hystoires venoi-
ent bersanes z rosanes nobles fem-
mes iadis du grant alexãder. Cestes
deux rosanes z bersanes aps la mort
dalexãdre se retrairẽt p deuers sa me-
re olimpias si aduint cõe dit est deuãt
ou xii. chapitre de ce liure que cassãder
assist la cité epidua en grece / dedens
laquelle se estoit retraicte olimpias
pour sauuer soy ses parens et amys

des mains du traitre cassander pre-
fect de macedoine. Apres long assie-
gement la royne olimpias traicta a-
uecques cassander la deliurance del-
le et des autres nobles dames q̃ auec
elle estoient / lesquelles toutes se ren-
dirent à luy sauue leurs vies z leurs
choses / pour laquelle sauuete tenir z
garder cassãder promist sa foy / mais
il enfraingnit son serment au regard
de olimpias / combien que bersanes z
rosanes auec leurs deux enfans adõc
eschapassent des mains de cassander
il sembla pour lors q̃ fortune eust fait
contre elles et cõtre leurs enfãs tout
ce que elle entendoit / mais assez tost
apres elle monstra sa derreniere fu-
reur, car cestuy cassander qui doubta
que hercules lors adolescẽt de laage
de x8. ans filz du grant alexandre et
de ladicte bersanes ne fust par les
macedonois appelle et mis en posses-
sion du royaume de macedoine po°
la faueur de son pere alexandre. Le
dit cassander fist fraudulentemẽt oc-
cire ladicte bersanes et hercules sõ-
dit filz. Ceste cruaulte ne souffist pa°
a cassander / car les corps de la me-
re et du filz ainsi par barat occis / Il
les fist mener en vne parfonde fosse af-
fin que le temps aduenir len ne peust
se veoir le lieu de leur sepulture et q̃
de iceulx ne fust iamais memoyre
entre les macedonois / z aussi comme
se cassender ne eust pas assez fait tra-
ison et cruaulte de auoir premieremẽt
emprisonne Alexandre le grant et se
condement dauoir murtrie la royne
Olimpias sa mere / et tiercement le
Jouuenceau Hercules filz dudit ale-
xandre il tua par semblable barat la
noble Rosanes auec ung sien filz en-
gendre dalexandre le grant. Apres
ces deux nobles dames selon lordre
des histoires venoit thessalonices fil-
le du roy arideus frere et successeur
tãt de nõ cõme darmes de alexandre

se grant. Ceste thessalonices fille du Roy philippe pere dudit alexãdre fut femme du traistre cassander prefect de macedoine empoisonneur jadis du Roy alexandre. Ceste noble royne thessalonices trop agrauee de larmes deuant moy racomptoit comme vray est que en petite espace de temps elle fut vefue de son mari cassander & de son filz philippe / esquelz estoit principallement fichee lesperance de toute sa bieneurete: & disoit oultre quelle auoit este tresdesloyalemẽt occie p̃ ung sien autre filz apelle antipater nonobstant que en plourant piteusement & en monstrant ses mammelles a son filz antipater elle lui Requit ou deprioit / ou le respit de sa mort ou le salut de sa vie: et pource que thesalonices moult occupee en larmes / & en douleurs comptoit trop brief le cas de sa maleurete Jlen supplyant celle tresgrãt briefuete la compteray ung pou plus legierement. Assez tost doncques apres le noble anthigonus prefect du pays dorient & qui fut lung des trentesix heritiers dalexandre le grant fut occis en la bataille quil entreprint contre selencus qui aussi fut lung des trentesix heritiers dessusdictz / si aduint que cassander prefect de macedoine mourut et ung sien filz appelle phillippe presque tantost apres la mort de son pere. Apres la mort de ses deux succeda antipater filz de cassander et de thessalonices / si aduint que apres la mort de cassander ses enfans firent diuisions & partaiges du royaume de macedoine / En faisant celuy partaige il sembla a antipater que sa mere Thessalonices estoit plus fauorable a Alexandre lung de ses trois enfans q̃ a luy. Celle excessiue faueur sembla a tous estre plus griefue pource q̃ chascune mere est entechee de celle fraude que tousiours entre plusieurs syens enfans elle ayme plus le proussit singulier daucun diceulx / neantmoins verite est que le filz ne peut auoir aulcune iuste cause de faire cruaulte q̃lconques contre sa mere sans auctorite de iuge ou de loy. Cestuy antipater comme cruel et desloyal filz fist sauoir a sa mere qui la couuenoit mourir maintenant la Royne thesalonices qui ne pouoit resister par voie de fait et qui pensa que le feu de charite filiale ne se pourroit estaindre enuers sa mere elle usa de telle desfense comme la mere doit enuers son naturel filz / si luy Requist et pria que en adoulcissant son courroux et en ensuiuant pitie il eust mercy delle comme innocente et bien merie enuers luy. Et pour de legier obtenir sa iuste requeste elle desnua son sain & luy mõstra ses mammelles dont elle lauoit alaicte & nourry / et en luy recordant sans reprouche les autres biens Infinis que elle auoit fait enuers luy. Apres toutes ses choses ainsi faictes & dictes antipater desloyal & despiteux fist occire sa mere la Royne thessalonices a qui sa mort fut plus aigre et plus dure a souffrir de tant comme celuy qui la faisoit mourir deuoit estre tel enuers elle que pour elle desfendre il deuoit despendre sa propre vie. Cestuy alexandre iustement desirant venger la mort de thessalonices sa treschiere mere il proposa mouuoir et faire grant guerre contre antipater son frere. Et affin que alexandre fust plus fort Il demanda ayde a demetrius filz et heretier de anthigonus Roy daspe. Le Roy demetrius sans demeure vint en layde dalexandre non pas que il luy voulsist donner conseil ne ayde / mais que demetrius esperoit de enuahir le royaume de macedoine. Lisimacus prefect de tracie & des proulces du pais de ponto doubta moult la venue du roy Demetrius. Cestuy lisimachus enhorta son gendre antipater quil ne souffist plus retourner en lamour et en la grace dudit alexandre ne faire paix auecques luy/mais le receuoir comme ennemy ou pays de macedoine. Demetrius doncques parauant sentit que les deux freres alexandre et antipater entre eulx commencoient le traicte de paix sur leur dissencion et pourtant demetrius ordonna espies contre ledit alexandre: et tant espia q̃ par luy alexandre fut occis. Apres le maleureux alexandre venoit antipater frere dudit alexandre/cestuy antipater qui auoit espousee la noble eurdice fille de lisimacus fut tue par son sire le Roy lisimacus et eurdice sa femme apres la mort de son mari fut mise et liee de chaines dedens vne chartre obscure/mais pourceque chascū deuient maleureux ou par son propre fait ou p celui dautrui. Il est assauoir que la cause de la mort dantipater/ fut ceste/car apres la mort dalexādre frere de antipater cestuy demetri⁹ roy de asie occupa le royaume de macedoine et dilec se fist appeller roy. Contre la violence de cestui demetrius firent aliances ptholomee roy degypte et selencus et lisimacus/et apres assemblerent leurs batailles contre demetrius et vindrent eneurope/et oultre auecques eulx vint pirrus le roy de la prouince de pire et auecques lui fist lisimacus aliance Adonc pensa pirrus vne chose qui aduint/Cestassauoir q̃ demetrius perdroit le royaume de macedoine aussi legierement comme il auoit acquis. Lisimacus doncques aduisa que de sa lignee du traitre cassander murtrier du grant alexandre/ et de son royal lignage nestoit aucun suruiuāt fors q̃ ātipater q̃ par fraude auoit conquis celui royaume. Cestui lisimacus comme dit est occist son gendre antipater et emprisonna sa fem-

feuillet   Cxxi

me eurdice/affin que elle ne feist complaintes pourchās a recouurer le royaume de macedoine. Apres les maleureux cas de antipater noble roy de macedoine et de eurdice sa femme venoit selon lordre des hystoires le dessusnomme demetrius roy de asie qui souuent se tourmentoit/Et entre ses complaintes contre fortune il disoit comme vray est que authigonus son pere/non pas seullement auoit este desconfit en bataille par le roy Selencus et apres occy cruellement/et oultreplus demetrius disoit que apres plusieurs nobles et renommez faitz de batailles et autres/Il estoit detenu prisonier et fut lye de chaines dedens vne orde chartre a grant honte et laidure/combien quil eust peu honnestement mourir en deffendant soy et son pays contre le Roy selencꝰ Pour ce que en cestuy chapitre sont racomptez en brief les cas de plusieurs nobles hommes et femmes tous heritiers ou parens du grāt roy Alexandre/par quoy les hystoires de leurs cas sont meslees les vnes dedens les autres. Neantmoins en tāt quil touche le cas du Roy Demetrius/assauoir est que depuis que demetrius filz du noble anthigonus Roy dasie eut fraudulemment et p espies tue alexandre le filz de cassander roy de macedoine/cestuy demetrius cōme dit est non cōtēt de son royaume occupa poꝰ soy le royaume de macedoine/mais ptholomee roy degipte et selencus et lisimacus et pirrus roy de epire assemblerent leurs ostz/et auec toutes leurs forces vindrent dasie en europe. Et aduint que par la force de ces quatre roys qui furent les plus fors/le royaume de macedoine fut oste a demetrius/et apres lisimacus loccupa et print a soy. Demetri⁹ dōcques euirōne de quatre batailles de quatre siens ennemies pouoit bonne-

stement mourir sil eust prins laduen∕
ture de la bataille/mais fortune lui
vouloit oster et seignourie τ honeur
τ le faire mourir en seruaige τ en hon
te/car Demetrius qui faulsement es∕
pera que lisimacus luy sauuast la vie
τ luy rendist son royaume se vint rē
dre prisonnier entre les mains du roy
Lisimacus qui le lya de chaines en
vne noire prison/dōt ie ne treuue pas
tesmoing en escripture que oncques
en saillist. Auec les maleureux des∕
susdictz estoient penestes prefect τ sei
gneur de babilone/ τ amintas aussi
prefect τ seigneur de bactrie vne pro
uince de asie ou pays doccident/ ces
deux penestes τ amintas furēt deux
des nobles et forrs hōmes qui auoiēt
este deputez τ commis a garder nuit
τ iour le corps du roy Alexandre le
grant/τ pour remuneracion de biē
et loyallement seruir au roy il aduīt
que au partage de sa conqueste cestui
penestes eut a sa part les citez et pro∕
uince de babilone /et Amintas eut
la prouince des bactriens. Apres dōc
ques la mort de plusieurs des heri∕
tiers τ parēs du grāt alexādre desqlz
p auant iay racomptez les cas / selen
cus filz de anthiocus roy dasie /non
obstant ce qui luy estoit aduenu a sa
part de la cōqueste dudit roy alexan
dre cōmenca enuier τ couuoiter la sei
gnourie de babilone τde bactrie que
tenoient penestes τ amintas/ τ pour
leur oster a force celles deux prefectu
res selencus leur meut et fist guerre
si forte/ que ilz furent vaīcus τ descō∕
fitz τ apres priuez de leurs seignou∕
ries dechassez de leurs pays sans
retour. Aps ces deux nobles maleu
reux penestes et amintas venoyent
en rāge tous les nobles macedonois
ausquelz apres la mort de alexādre
les pfectures et seignouries des deux
Iudees la grant et la petite auoyent
este donnees τ cōmises en recōpensa

cion de leurs loyaulx τgrans labeurs
en armes soubz Alexandre le grant.
Tous ses prefectz des iudes se com
plaignoient en comptant les diuers
dorions quilz auoient receuz de p for
tune τ ilz apres trestous auoient este
occis par les iudois du conseil sandro
coctus homme de bas τ vil lignage τ
qui par violence darmes auecques le
facteur de fortune estoit deuenu roy:
et seigneur des iudois. Pour escripre
vng peu plus longuemēt les maleu
reux cas de tous les nobles macedo∕
nois iadis prefectz des iudes: il cōuiēt
icy opter. q aps ce q selencº cōe dit est
eust priue et dechasse penestes τ amin
tas prefectz de babilone τ de bactrie/
Ledit selencus se transporta en Iude
si trouua q les Iudois tantost aps la
mort dalexādre auoient occy les pre
fectz que alexādre illec de par soy a∕
uoit istituez τ omis les iudois auoiēt
ostez leurs colz du iou de la seruitude
en quoy alexādre les auoit submis p
armes et se estoient ramenez en leur
ancienne liberte τ pmiere frāchise.ce
stui sandrococtus fust acteur de en∕
couragier les iudois a recouurer leur
frāchise pmiere: τ de tuer les prefectz
dessusdictz/mais sandrococtus com
me tirant tourna apres en seruitute
le tiltre de la franchise qˡ disoit soy a∕
uoir pourchassee car si tost quil eut oc
cupe τ prins pour soy le royaume de
iude: il qui auoit deliure les iudois de
la seignourie dalexandre τ des grecz/
il contraignoit par seruitude les hō
mes nobles q selon vertu heoiēt tira
nie et seruitute/mais sandrocroctº en
estoit moult accointe/ car il estoit nez
de bas τ vil lignage/mais il fut bou∕
tez et semons a prendre la seignoūrie
du royaume de iude p vne grant τ es
peciale merueile q il vit aduenir en la
psonne dung homme paisant nōme
pratetales. Cestui paisant p ses de
merites auoit offendu le roy Sanan

gius:le roy comme courouce commā
da quil fut occis:le paisant Doubtāt
la mort sauua sa vie p la legierete de
ses piez (τ ysnellement sen fouit hors
du pays du roy. Le paisāt lasse (τ tra-
uaille se coucha sur tre emy les chāps
si sendormit fermement. Ung lyon de
grant corpulance sapprocha du pai-
sant q̄ encores suoit en sō dormāt / et
de sa langue le lyon cōmēca a lecher
la sueur qui degoutoit du visage au
paisant q̄ apz se esueilla / (τ adonc le ly-
on sen partit (τ le laissa tout esueille.
Cestui sandroctus pour le prodige
quil vit fut huzte (τ esmeu de esperan-
ce / cestassauoir que ainsi pourroit Il
auenir que les hommes lui seruissēt
cōe le lyō tresfort grant (τ cruel auoit
serui (τ compleu a ung homme mes-
mement endormy / si assemblā grans
cōpaignees de barons espādus en di-
uers lieux des iudes q̄lz soulsissēt en
tendre a faire nouueau royaume et
nouueau roy (τ a deschassier hors les
macedonois prefectz du pays de iude
Ainsi cōe sādroroctus apprestoit sa ba-
taille contre eulx / ung elephant de
merueilleuse grandeur de plain ga-
vint soy offrir a sandroroctus (τ ainsi
comme sil fut dompte (τ debōnaire il
le receut (τ porta sur son dos / et il de-
puis fut cheuetaine de celle bataille
(τ noblement cōbatist / (τ tant fist quil
conquesta le royaume de ynde et les
nobles cheualiers macedonois furēt
tous mis a mort. Apres le cas des no-
bles maleureux prefectz du grāt ale-
xandre cy deuant descriptz venoit le
noble selencus plourant pour sa ma-
le fortune (τ selon la verite du fait Il
en bref comptoit son cas cestassauoir
q̄ selencus fut filz de anthigonus qui
en son temps fut tresrenōme (τ noble
entre tous les cheuetaines du roy
phelippe / pere du grant Alexandre /
et la noble laudices fut sa mere. La
naissance de selencus fut noble mais

elle fut assez tropt plus merueilleu-
se / car en celle nuyt que laudices cor-
ceut selencūs il luy sēbla en dormāt
que elle auoit conceu non pas de an-
thiorus son mary / mais du dieu apo-
lo / (τ que de luy elle auoit receu en dō
ung anneau qui auoit une pierre pre-
cieuse entaillie dung ancre (τ que apo-
lo luy commandoit que elle donnast
cellup anneau au filz que elle enfan-
teroit. La vision que laudices receut
par nupt fut merueilleuse / ca lende-
main fut trouue en son lit lāneau en-
taille ainsi comme dit est / et selencus
nasquit a tout ung ancre figure en
sa cuisse / (τ pourtant laudices donna
celuy anneau a son filz selencus / (τ luy
cōpta lauenture de sa naissance quāt
il ala auec alexandre le grant en la cō-
queste du royaume de perse. La de-
monstrance et le signe de la naissan-
ce de selencus demeura en ceulx qui
de luy apres descendirent / car les filz
de luy et de ses enfans nasquirent
a tout ung ancre en leur cuisse / ainsy
comme se celle chose fust une especia-
le enseigne de naturel lignage. Ce-
stuy selencus fut moult preux / fort
hardi et cheualereux soubz le grant a-
lexandre / aussi apres sa mort et tant
quil conquist et receut honneur et nō
royal / car il obtint le royaume dori-
ent / il trassa a force de victorieuses ar-
mes les pays de Inde / et illec (τ aul-
tre part il obtint plusieurs victoires
mais arreste toy ung peu et tu orras
comment toutes ses grās (τ merueil-
leuses choses cheurēt en peu de tēps
et par petites causes / car tandis que
selencus metoit ses fondemens de sa
grandesse pour faire plus grans cho-
ses en son tēps aduenir / sādroroctus
cōe dit est possedoit le royaume de in-
de. Selēcus dōcques doubtāt que sā-
droroctus ne luy fust ung nouueau
ennemy / Il fist pact et accord auecq̄s
luy / et apres selencus ordonna de ses

besoignes ou pays de orient/ et descendit en bataille contre anthigonus roy de asie qui illec fut occis et son filz come fuitif desempara la bataille. En ce mesme temps presque aduint ung tremblement de terre ou pays de helespont dont lisimacus estoit roy parquoy une cite apellee lisimaque qui depuis xxii ans auoit este fondee par le Roy lisimacus fut trebuchee a terre. Le cheoir de ceste cite donna signifiance au noble roy lisimacus que il et son royaume et sa lignee/et son regne/et son pays/ et sa seignourie trebucheroient ainsi comme il aduint. Car tantost apres agathodes ung des xvi. filz de lisimacus lequel il auoit ordonne a estre son heritier et q̃ ou nom de son pere auoit bieneurement fait plusieurs batailles deuint haynneux au roy lisimacus son pere par enhortement de sa marrastre peronieces q̃ du comademẽt de lisimacus emprisonna ledit agathodes dont il mourut. Cestui emprisonnement fut la premiere teche du malheur au roy lisimacus: ce fut le commencement de sa trebuchance/car apres le paricide/ cest adire le murtre du noble agathodes sensuiuirent les occisions de plusieurs nobles hõmes que lisimacus fist occire pource quilz faisoient deulz complaintes de la mort du noble agathodes. Les nobles hommes doncques du pays de lisimacus se delaisserent et se tirerẽt pardeuers selencus q̃ estoit mõlt enclin a bataille pour couuoitise de gloire/ si le cõtraingnirent par enhortement de faire et mouuoir guerre contre lisimacus. Ceste bataille fut la derreniere saicte entre les nobles cheualliers heritiers de alexandre le grãt/ce fut une paire que fortune garda pour faire ung exemple de deux hommes semblables/car le Roy lisimacus auoit lors de aage soixante et quatorze ans/ et le Roy selencus en auoit soixante et dizesept mais

eulx deux auoient courages ieunes ilz portoiẽt en leurs couraiges si grãt couuoitise de seignourie mondaine quilz ne sen pouoient saouler/ en celle aage et ces deux q̃ tous seulz auoyent la seignourie dasie sẽbloit qlz fussent eclos en deux estroitz angles/ ilz mesuroient la fin de leur vie nõpas selon lespasse de leurs ans mais selõ les bornes de leur epire. Cest a dire q̃ lisimacus et selencus ne consideroiẽt point le nõbre de leurs ans/mais seulemẽt le nõbre du pays dõt ilz estoiẽt seigneurs. Lisimacus doncques et selencus auecques leurs gẽs darmes se assemblerent en bataille. et apres q̃ il fut gbatu entre les deux ostz aduint que lisimacus fut occis/lequel auoit parauant peu pardiuers cas de fortune quize siens nobles filz et par ainsi le Roy lisimacus fut le deuant derriere monceau du desrocheis de sa maison et aussi de sa lignee. Pour abatre et restraindre lorgueil des nobles/et autres hommes qui cuident folement par aulcuns dons et graces de nature ou de fortune que leurs estatz puissent demeurer fermez. Je pense quil soit chose prouffitable dire quelz dons de vertus et aussi de fortune eut le noble Lisimacus dõt iay touchie listoire contenant sa miserable fin/ affin que on congnoisse combien grant soit la puissance de fortune qui par legiere fuicte abatit lisimacus qui par force de corps surmonta ung trescruel lyon. Cestuy lisimacus combien quil fust ne de macedoine, penomme ostel et des nobles parẽs encores fut plus noble par experimẽt et ouures de vertus qui en luy tellement tant surõda que par grãdeur de courage fort et grant et par philosophie saige la gloire de luy surmonta tous les hommes grecz par qui alexandre dompta le pays dorient/ car apres q̃ alexandre eust mutile le corps du noble philosophe son maistre calistenes ainsi comme dit est ou huitieme chapitre de ce present quart liure. Cestui lisimacus desirant oultre sauoir les sains commandemens de Vertu et de philosophie venoit au pertuis de la chartre pour ouyr calistenes qui illec sans sa coulpe languissoit enclos auec vng chien, et pour remedier aux miseres dudit calistenes le noble lisimacus lui tendit le venin parquoy il fina ses langueurs et mourut. Alexandre pour ceste cause couroucie contre lisimacus commanda quil feust mis deuant vng trescruel lyon, contre lequel lisimacus saillit sur piez et enueloppa sa main dung drapeau, ainsi comme le lyon esmeu soudainement venoit contre lisimacus il lui embatist ca main dedens la gueule et lui arracha la langue puis le tua dung ferrement. Alexandre entendit ceste prouesse, si commanda que lisimacus comparauant retournast en lostel et ou seruice du roy pour le grant et noble fait de son courage qui fut si grant et si noble quil souffrit les villenies et contumelies du roy alexandre pareillement comme de son pere. Vne singuliere prouesse fut en lisimacus. Car apres que Alexandre eut dompte le pays de Inde il apperceut aulcuns cheualiers armez siens ennemys qui verdoient par les champs, Alexandre estoit tout seul, car sa compaignye lauoit delayssé seulet pource que il cheuauchoit trop hatif. Mais ledit lisimacus par les chauldes areinnes de Inde poursuyuit Alexandre.

Phelippe adonc vng noble cheuallier frere de lisimacus sefforca de faire telle prouesse, mais Il estouffa de challeur et mourut entre les mains dalexandre. Si aduint lors que le roy arme de laulce et des autres hernois en descendant de son cheual blessa si fort lisimacus de sa lance ou chief que pour quelz conques bendes le sang ne se peut estanchier iusques a ce que le Roy lui assist son dyademe sur sa teste, laquelle chose fut prodigue et signifiance que Lisimacus seroit Roy couronné ainsi comme depuis Il aduint. Et oultre quant apres la mort dalexandre les pays de conqueste furent pris et diuisez entre les trese six nobles successeurs Les gens tressiers et cruelz de ponto et les autres prouinces et gens voisines de la mer de asie furent assignez a la part et portion du noble Lisimacus. Et entre les cheualiers de alexandre du consentement de tous il eut la palme en lieu de pris de singuliere et noble cheualerie, mais helas comme sont frailes et de petite valeur les dons et graces qui naissent auec les hommes contre la puissance de fortune qui si miserablement estaignit le noble lisimacus et ses glorieux fais. Selencus doncques fut ioyeux de la victoire quil eut eue par la desconfiture et mort dudit lisimac⁹ et de ses seize filz, cuida vne chose plus grant que ne auoit este cel victoire quil auoit eue, car il cuida soy tout seul estre suruiuant de la compaignie de alexandre, et que il eust suruescu tous les autres vainqueurs de celle compaignee, en tant que selenc⁹ cuidoit que la victoire luy fust plus aduenue par ordonnance diuine que par courage domme. Il ne congnoissoit mye plainement que apres il deust estre exemple et miroueil de fragilite humaine, car sept moys passez apres la mort de lisimacus Roy de macedoine ptholomee adonc Roy degipte qui auoit espousee la seur de Lisimacus entrelaissa et bastit baratz et espiez contre le Roy selencus en tant que ledit ptholomee occit selencus, et ainsi il perdit sa vie et aussi son Royaume de macedoine lequel il auoyt osté par force au Roy lisimacus. Il nest aucun hystorien qui puisse raconpter ses gemirs et les miseres de tous les nobles maleureux qui se trapoient deuers moy pour escripre leur cas et certain est quilz esmeurent mõ courage a pitie mais arsiure iadis feme de lisimac° roy d̃ macedoine esmeut la pitie de mon courag: et presque fist tant que pour compassion de elle ie commence a plourer: et affin que ie escriuisse le cas de la noble royne arsiure/ ie vy en elle tous signes de femme garmentant et douloureuse/ Car par limpacience de la durte d̃ ses cas elle auoit deschiree par ses mains sa blonde cheueleure: et par ses cruelz ongles elle auoit descitee sa belle face tant que elle estoit arousee de son sãg et sa robe aussi estoit toute despecee et taincte. Elle plouroit si fort que elle mouilloit son visage du tresabondãt pleur et si batoit sa poetrine plaine dã goisses et de douleurs elle guermentoit en voix douleureuse et plaintiue pour la mort de son mary lisimacus/ et pour le malheur quil lui aduint de prendre son frere en mariage/ et pour la mort de ses enfans et pour le bannissement de elle. Je pense donques a racompter ces choses puis que elle adnonce pitie aux autres hystoriens ainsi comme a moy.

:

.   .

Le xv. chapitre cõtiẽt le cas de arsiure royne de macedoine fille de ptholomee q̃ estoit vng des xxxvi. heritiers du grant roy alexandre. Et cõmence ou latin: Ptholomeus. &c.

.

Hilippe roy de macedoine pere du grant alexãdre entre ses souldaiers en eut ung appelle lagus qui par la prouesse de luy nonobstent son lignaige ygnoble fut fait cheualier ordinaire/ cest a dire quil estoit ordonne a fait de bataille: mais il ne auoit aucun degre de honneur. Le cheualier lagus eut vng filz apelle ptholomee qui par sa vertu ne surmõta mye seulement la prouesse la legierete de lagus son pere mais il fut institue des trente six princes heritiers de alexãdre le grãt apres la mort duquel il fut ordõne roy du pays de egipte et dune grant partie de labie. Cestuy ptholomee fut le premier roy appelle ptholomee/ et de cestuy nom tous les autres roys degipte furent apres appellez ptholomees/ et depuis furent tresgrant et renommez roys. Et combien que ptholomee eust plusieurs enfans touteffois entre les autres il en eut troys/ Le premier desquelz eut nom ptholomee/ Cerannus et ptholomee Philadelphus/ et ceste arsiure laquelle estant iouuencelle fut donnee en mariage au noble Lisimacus roy de macedoine. Le roy ptholomee encore viuant institua et voult que son filz philadelphus le moinsne fut roy de alexandrie/ contre le droit autreffois garde entre les roys degipte/ pour celle indignaciõ cerannus aisne filz d̃ ptholomee partit degipte et vint en macedoine auec le roy lisimacus/ et illec demoura tãt quil vesquit. La royne arsiure doncques noble et puissante par les moyens de sõ pere ptholomee roy degipte/ et de lisimacus son mary roy de macedoine/ et de son frere philadelphus roy dalexãdrie. Et elle mesmes royne et femme de roy fut moult esleuee de par fortune et moult fut consolee et ioyeuse par ses autres biẽs receuz

& par nature/car arsiure ainsi pleine de
leesse eut de son mary deux filz/cest
assauoir lisimacus et phelippe. Les en
fans par especial masles sont souue/
rainement desirez de pl' les femmes & par
especial de celles q̃ ont les bieeuretez
de ce monde. les deux filz de arsiure fu
rent de si meruicileuse beaute et si doux
en leagaige q̃ sãs auoir regard a la no
blesse de leur lignage ilz attraioient en
uers eulx les courages et les peulx de
tous ceulx de macedoine tant estoient
aymez et voletiers deuz. arsiure auoit
en ces deux filz si grant delectation et
si grãt gloire q̃ se fortune ne lui eut au
cune chose laisse/fors ses deux filz li
simacus et philippe/si lui sembloit il se
lon son iugemẽt q̃ elle fust tresbieeuree
Arsiure pensoit que ses deux filz de
uendroient grans et fors et quilz obten
droient le royaume de macedoine a/
pres la mort de le² pere le roy lisima/
cus/et nompas les autres enfans q̃l
auoit euz dautres femmes/ Ceste es
perance surradioustoit moult de leesse
a la royne arsiure en diuers cas mais
fortune qui en son plaisir ourdist et tist
les besoingnes des hommes/ auoit
au contraire aultrement ordonne la
fin de arsiure/et aussi de ses choses:
Car ainsi comme nous auons cy de/
uant dit/les princes macedonois de
la compaignee dalexandre/ et qui aps
sa mort furent ses heritiers eurent
en vne mauuaise dissencion/et firẽt
guerre entre eulx mesmes si longue/
ment quilz destruirent. Si aduint
dissention et guerre particuliere en
tre selencus roy dasie/et entre lisi/
macus roy de macedoine/ par ce q̃
chascun deulx couuoitoit plus large
seignourie quil nauoit. Les deux
roys selencus et lisimacus furent les
dernieres hoirs des nobles cheualiers
successeurs dalexandre/ eulx deux
estoient pareilz en vielesse/ et en har/
dement/ si assemblerent en bataille

leurs forces/ et descendirent en chãp
a banieres desploiees/ et pour cõbler
les miseres de lisimacus/ en celle ba/
taille ne furẽt pas seulement occis p̃
diuers cas ses onze filz/mais son ost
mesmement fut desconfit et mort: et
le royaume de macedoine q̃ deuoit
estre leritage et le secours des enfans
suruiuãs leur fut oste de p̃ antigonus
qui loccupa p̃ force Arsiure nagueres
royne de macedoine deuint vefue de
son mari le roy lisimacus/ et elle auec
ses deux enfans fut priuee et bannye
du royaume/ et pour sauuer soy et ses
deux enfans elle auec eulx se destour
na en la cite appellee cassandree tres
forte et tresgarnie/ et qui ne tenoit cõ
te de anthigonus ne de sa seignourie
De la racine de ces maleurtez nasq̃t
la derreniere branche du destruemẽt
de la royne arsiure/ car son frere cerã
nus filz de ptholomee roy de egipte q̃
comme dit est se estoit retrait en ma
cedoine par deuers lisimacus/ aduisa
cõuenable tẽps/ si assembla gẽs
armez contre le Roy anthigonus/ et
le bouta hors de son royaume de ma/
cedoine/ Et apres Cerannus qui na
gueres estoit bãny se fist appeller roy
et fut meu de couuoitise dauoir la
cite de cassandree/ affin que les en/
fans du roy lisimacus ne eussent en
uie de recouurer le royaume de leur
pere. Cerannus deuint couuoiteux
du sang de ses deux nepueux/qui
uec arsiure leur mere estoyent en la
dicte cite cassandree. Et Icellui qui
bien congneut que par sa force Il ne
pouoit mettre a effect son desir il cõ
menca premierement a flater et a es/
iouir sa seur arsiure pour sa victoire
quil auoit eue du roy anthigonus et
dist a Arsiure sa seur que il ne auoit
pas seullement pour soy recouuert
ledict royaume de macedoine: mais
pour ses deux nepueux et enfans
de arsiure auxquelz Il vouloit ren/

dre ledit Popaume/Mais quilz fussent assez aagez fors q saiges q̃ voulz oit quilz fussent nompas comme ses nepueux/mais comme ses propres filz: q si desiroit prendre arsiure a femme affin quelle fust compaigne et parsonniere se il luy plaisoit dudit Popaume de macedoine dont elle auoit este Poyne: Et pour faire ceste promesse plus certaine: cerãnus cõmenca a iurer tous les dieux q les appeler en tesmoingz de la chose que il promettoit a sa dicte seur arsiure: laquelle comme il disoit il vouloit courõner cõe royne de macedoine/q ses enfans q toutes choses gouuerner par conseil q p commune voulente de elle q dudit cerannus. Ceste femme arsiure oyans celles grans proumesses cõmenca auoir doubte pour ses deux enfans lisimacus et philippe/ Premierement elle doubta les espiez q les fraudes de cerannus son frere: q si se doubta de cerannus son frere que elle pẽsoit estre desloyal homme: ainsy comme il estoit/ arsiure aussi commenca a doubter les forces/ et les hardiesses / et la forcennerie de cerannus. finallement arsiure commenca fleschir son couraige par les doulces parolles et flateries de cerannus son dit frere/ si conclud auecques luy pour les parolles que Il luy auoit iure/ que se Il deuoit bareter q deceuoir les hõmes aumoins ne deuroit il mie deceuoir les dieux/ lesquelz il auoit iure et admene en tesmoingz. Arsiure doncques fust fleschie q attraicte par les conseilz de son frere/ et se consentit a le prendre par mariage/ ainsy comme se elle pensast q sceust que par les nopces de son frere q de elle deust recouurer lonneur de son royaume que elle auoit perdu par la mort de lisimacus son mary. Apres assez brief temps les nopces de arsiure et de cerannus son frere furent celebrees et faictes en grant liesse de couraige et en magnifique despense. Cer annus qui auoit grant ost de gens darmes les appella ensemble affin quilz fussent tesmoing de celle besoigne q̃l traictoit auec sa seur Arsiure du commandement de son mary fut attournee de couronne dor en signe que elle estoit Poyne de macedoine / elle adonc pleine de liesse/ q qui ia estoit deceue p le barat de cerannus son feere et son mary/ elle semõnit de son plaigre son mary cerannus de venir en la cite de cassandree. Arsiure luy ala au deuant et commanda que les temples/ les palais/ les hostelz q tous les chemis q les lieux publiques feussẽt parez q attournez q que les autelz fussent ordonnez/ et les vestemens pour faire les sacrifices/ et oultre elle commanda a ceulx de la cite q du pays de cassandree/ que le iour de la venue cerannus toutes gens fissent feste ioie et esbattemens Apres doncques que cerannus approucha la cite de cassãdree la Poyne arsiure commãda que Lisimacus son filz de laage de seize ans Et aussi Philippe son aultre filz de laage de treize ans venissent couronnez alencontre de Cerannus et que Ilz le receussent ioyeusement. Mais cerannus tresbon forgeur de baratz monstrant quil eust amour enuers les deux enfans les embrassa q baisa longuement par vng faintif desir/ et apres que Cerannus fut entre en la porte de la cite cassandree auec ceulx qui entour luy estoyent / Il cõmanda que le dongon fust prins et les deux enfans de arsiure sa femme fussent occis. Les deux enfans de la Poyne furent espouentez en couraige q pour le cruel commandement de Cerannus/ si sen fourprent au geron de leur mere Arsiure pour eulx cuider garantir des murtriers qui contre eulx venoient. Arsiure plouroit ꝇ De son hurlement emplissoit tous les lieux de la cite/ elle Requeroit son frere par les dieux que il auoit Jurez et par sa foy/ Mais Riens ne luy Valoit/ Elle Receuoit et empeschoit selon sa force/ les mains/ et les espees des bourreaulx/ affin quilz ne ferissent ses deux eufans/ elle deffendoit leurs corps Vnefois en contregetant sa Robe/ Et autreffois en mettant son corps entre deux/ elle offroit son corps comme se elle fust coulpable a Receuoir les coups ꝗ les plaies pour eulx. Arsiure peut Veoir ses deux enfans murtris truelment tous: attournez de couronnes ꝗ de pourpres. Apres que le traitre Cerannus eut occupe ꝗ prinse pour soy la cite de Cassandree/ toute la feste fut tournee en plour ꝗ en tristesse. Arsiure peust Veoir soy toute despouille de ses attours Royaulx/ ꝗ soy amoitie assublee de Vne robe orde ꝗ detrenchee elle Vit soy marrye et souillee du sang/ de ses deux enfans occis cruellemēt elle seullemāt acompaignee de deux Valletz fust par le commandement de Ceramus trainnee hors de la cite en criant et en plourāt/ ses cheueulx lui furent detrencħiez ꝗ son Visaige couuert de fange ꝗ de ordure/ ꝗ elle apres comme Vne femme serue fut si hastiuement enuoyee en exil en lisle samocracie: quelle ne peut auoir espace de enterrer ses enfans ne leur faire exeques funeraulx. Arsiure naguere noble Riche ꝗ puissante royne de macedoine deuint poure femmelete ꝗ plusieur choses luy tourmentoient le cueur car Vne fois luy souuenoit du noble ꝗ hault estat de son pere le Roy ptholomee/ Autreffois luy souuenoit de la magnificence de son mary Lysimacus/ autreffois de la beaulte de ses deux enfans cruellement occis en la fleur et beaulte de leur aage/ par lesquelles dictes choses Arsiure

duoit iadis este bienneuree ꝗ dautre part il luy souuenoit de la mort de Lisimacus son mary/ de la perte du Royaume de macedoine ꝗ luy estoit tollu par le barat et cruaulte de son frere cerannus le desloyal/ il luy souuenoit des plaies ꝗ de la cruelle mort des ses deux enfans. Elle aussi consideroit soy mesmes qui de lestat de royne estoit deuenue femme ignoble et desprisee/ pleine de miseres et banie/ et pour ce tourna son courage tāt comme elle Vescut en complaintes/ en larmes/ et en pleurs/ ꝗ Vescut si longuement cōme les forces de son corps feminin peurent souffrir et endurer la cruelle douleur dont fortune la tourmenta oultreemēt

Le xxie chapitre contient les cas de Cerannus roy de macedoine ꝗ belgius roy dune partie des iiie mil frācois qui estoient partis de france ꝗ de plusieurs autres maleureux. Et comence ou latin fatum arsiure ꝗ cetera.

E ēcores regardoye piteusement dedens mon courage les histoires rācōptās la merueilleuse destructiō de arsiure royne de macedoine ꝗ de ces deux nobles filz ꝗ si maudisoye encoire le abhominable courage de son frere cerannus quant ilz mesmes Vint denfer cōme ie croy pour moy monstrer la maleurete de luy affin quil me cōfortast par ce que Je Veoye que fortune lauoit aucunement pugny de son cruel meffait/ Cerannus me monstroit Par sa Voix tremblant Et par ses

f ii

parsonsgemirs que il auoit porte les peines non mie si griefues comme Il les auoit desseruies/mais telles comme fortune luy auoit voulu imposer par ses griefz et horribles meffais/car les desloyaulx pechiez de cerannus ne demourerent mie sans estre punis il qui auoit tant de fois pariure les dieux immortelz et sa foy et la religion publicque/et qui auoit fait si cruelz homicides des deux filz de sa seur la royne arsuire/fut puny par la vengance que les dieux prindrent de lui Car vng pou de temps apres que il eust commis ses mauuaistiez/et que il eust occupe le royaume de macedoine/son royaume fut pille et couru par les francois de sens/Et ledit traitre cerannus frere de ladicte royne arsuire fust prins en bataille et feru despee dont il mourut cruellement ainsi comme Il auoit pieca deserui pour la trayson quil auoit comise enuers sadicte seur/ Car assez tost apres la mauldicte et miserable maleurete et trebuchance de la royne arsuire/ Les francois qui en leur pays estoient en si grant abondance que les terres dont ilz estoient engendrez ne les pouoient comprendre/partirent dilec pour conquester a eulx nouueaulx pays trois cens mil hommes ainsi comme les mouches se partent de leurs ruches en prim temps quant elles sont trop pleines. Du nombre de ces trois cens mil hommes q estoient partis de gaule/ Une partie a force print et esleut sa demourance en ytalie et illec fonderent villes chasteaux et citez comme sont milan sene et autre/et tant furent puissans en armes que ilz prindrent et ardirent romme/et lautre portion des francois se loga enuiron les riuages de la mer degrece/et en leur voyage Ilz suyuirent la trace et le vol des oyseaulx et sleuerent les pays ou les oyseaulx se reposoient car les francois pour lors estoient molt expers et adonnez en augurement doyseaulx. Les francois doncques en occissant les gens estranges et barbares vindrent en pauonne qui maintenant est appelle hongrie/illec se loga et recueillit la gent francoise aspre hardie batailleresse et qui fut la premiere. Apres le preu hercules qui gaigna merueilleux pris de vertu en bataille/ tq fut reputee immortelle. Les francois iadis premierement monterent par montaignes/par rochiers et destroitz passages la ou nul nauoit monte ne passe pour la grant violence du froit et du trauail que nulz autres ne pouoient endurer. En apres les francoys subiuguerent les hongres par plusieurs ans Ilz meurent et firent plusieurs pesantes batailles aux gens qui habitoient entour eulx/et ilz aps considerant leur bon eur se departirent en diuerses copaignes les aulcuns vindrent en grece Et les autres en macedoine en occissant et degastant par fer et par feu toutes gens et tous pays. Le nom des francois fut tant espouuantable q mesmement les roys sans estre guerroies acheterent par arget la paix et lamistie des francois/excepte le dessus dit ceranus roy de macedoine/q tout seul attendit sans paour la venue des francoys/et apres se mist en bataille auec peu de cheualiers mal ordonnez ainsi comme se il cuidast que len feist ainsy legierement bataille comme il auoit fait homicides et trahisons contre sa seur et ses nepueux dessusdictz Il doncques comme forcenne vint contre les francoys/et pesusa prendre en son ayde vint mil dardanois q se offrrent a luy/et par orgueil et despit dist ql estoit fait du pays de macedoine sil prenoit en son ayde les dardanoys/ Puisque les macedonoys estoyent telz quilz auoyent conqueste tout orient soubz le roy Alexandre desquelz encores viuoient les enfans assez puissans pour resister aux francois. Apres ce que lorguilleuse response q̃ cerānus dōna aux frācois fut rap̄cōtee au roy des dardanois q̃ le noble royaume de macedoine seroit en brief destruit p̄ loutrage de cerānus ionuē ceauoccupeur & detenteur dudit royaume: ainsi cōe tantost apres aduint. Les francois doncques de qui Belgius estoit le cheuetaine enuoyerēt messagiers pour essaier quelles voulentez et quelz courages auoient les macedonois. Les messagiers lui offrirent paix et amistie: mais que ilz la voulsissent acheter: mais cerannus prit vne vaine gloire en soy pensant q̃ les frācois demandassent la paix p̄ paour quilz eussent de bataile. Le roy de macedoine cerannus se vantoit en la presence des messagiers francois ainsi fierement cōme sil parlast entre ses amis, et leur refusa donner paix & faire amistiez auec eulx se ilz ne lui donnoient en pleiges et en ostages leurs principaulx seigneurs: et se ilz ne bailloient leurs harnois & armeures, car cerannus disoit quil nauoit iamais fiance fors que en hommes desarmez. Les messagiers francois rapportērent a leur ost la response du roy cerānus. Les francois de lost commencerēt a tirer & crierent de toute part q̃ cerānus dedens brief tēps apceuroit se ilz lui auoient offert la paix p̄ maniere de cōseil ou pour crainte de guerre. Apres dōcques poū de ioure les francois se rengerēt en bataile contre les macedonois qui furent vaincus & detrenchiez, & cerānus cōe dit est blecie de diuerses playes fut prins par les francois, et sa tresste lui fust couppee et fichee ou bout dune lance & portee a lēuiron de lost des frācois affin q̃ leurs ennemis eussent paour. & celle venāce. Pou de macedonois eschaperēt de celle desconfiture fors ceulx tāt seulement q̃ se sauuerent p̄suite et tous les autres furēt pris ou occis. Certainement ie di selon mō iugement que le tourmēt de cerānus fut petit pour punir vng mauldit & si desloyal hōme qui deust auoir souffert toutes manieres de tourmens ais quil eust este mort & longuemēt languir. Apres cestuy maleureux cerānus selō lordre des histoires venoit Belgius noble Roy de vne partie des trois cēs mil frācois qui cōe dit est se estoiēt partiz de gaule, & dit soit Belgius cōe dray est q̃ il auoit este vaincu & dechasse & son ost aussi par vng noble prince de macedoine appelle Sostenes. Et apres belgius venoit ledit Sostenes soy complaignant et disoit que au premier honneur de sa bienneurte il fut desconfit et batu en bataille par Brenius roy de sens. Et apres sostenes venoit ledit Brenius qui en comptant son cas disoit q̃ apres plusieurs victoires par luy obnues en bataille en diuers pays du mōde il auoit este si formēt feru de rage q̃ de sa propre espee il auoit tue soy mesmes pour la gresue douleur des playes que il auoit peceues en la bataille quil fist en desrobant le temple de apolo en la cite citra. Apres le maleureux roy Brenius venoiēt deux nobles maleureux ducz de grece, cestassauoir Thesalorus & Emanus qui apres leurs ostz desconfitz et perdus moururent miserablemēt ainsi comme le roy brenius dessusdit et pour ce que les cas de ces cinq maleureux nobles, Belgius, Sostenes, Brenius, & Thesalorus, et emanus selon la vraye histoire sont escriptz p̄ Justin en son vintequatriesme liure long au tenant de lautre, Je les cōteray ensemble & briefuement. Apres dōcques q̃ la desconfiture de cerānus et de ses macedoniēs fut dēdcee par toute macedoine, les portes des citez furent fermees pour la paour des frā

f iii

De Boccace

çois tous les lieux furent plains de pleurs (τ de douleurs/les peres et les meres se dolloient pour leurs enfãs mors ou prins(τ si doubtoiẽt que les francois ne destrochassent les citez de macedoine: il sembloit que le roy phi lippe (τ son filz le grãt roy alexandre fut dieux/car ilz les appelloiẽt en leʳ aide pource que les macedonois naˢ uoient pas seulemẽt este seurˢ soubz le Roy phillipe et son filz alexandre/ mais ilz auoient este sainqueurs des pays (τ des peuples/Ilz prioient aux roys phelippe et alexandre quilz des fendoiẽt leur pays qlz auoiẽt esleuez p gloire (τ renõmee presques iusques au ciel(τ leur prioient quilz apdassent au pays et aux gens de macedoine quilz estoient perdus par loutrage de leur Roy ptholomee surnõme cerãuˢ Ainsi cõme les macedonois se desepe roient pour la paour des fracois ung prince macedonois appelle sostenes/ aduisa q par eux ne p prieres pas ne faloit ouurer il assembla toute la iou uente de macedoine (τ tant fut besoi gne q les francois ioyeux pour leur sictoires furent apaisiez (τ refrains(τ furẽt dechassez de macedoine la ou ilz pilloient siles chasteaux et citez/ (τ pour cestui bien fait (τ vaillãt prouesse que fist sostenes: Il qui estoit ÿgno ble fust mis deuant tous les autres nobles qui desiroiẽt auoir le gouuer mẽt du royaume de macedoine. ceulx de lost des macedonois apellerent so stenes p nom de roy/mais il contrai gnit les cheualiers macedonois luy faire serment cõme a leur duc (τ leur capitaine (τ non pas comme leur roy. Tandis que ces choses se faisoient e macedoine/Le roy brenius qui en grece auoit espandu vne partie des trois cens mille francois dessusditz oupt compter la victoire du roy belgi us et des siens cõtre les macedonois si en fut brenius indigne (τ pensa q par

ceste victoire il pilleroit legieremẽt les grans richesses que les macedo nois auoiẽt aportees du pays de oriẽt soubz le grant alexãdre. Brenius dõc ques assembla cent cinquãte mil hõ mes de pied armez (τ quinze mil de che ual/puis entra a force ou Royaume de macedoine/et ainsi que Brenius pilloit les chãps (τ les villages dillec le duc sostenes vint a lencontre (τ son ost de macedonois bien ordõne en ba taille qui estoyent peu en nombre et paoureux en courage si furent vain cus des francois qui estoient en grãt nombre et vaillans (τ hardis. Apres que les macedonois furent vaincus p le Roy belgius la premiere fois/ et secondement par le Roy brennius et p leurs francois les macedonois se re trairent a garant dedens les murs de leurs citez/et le Roy brennius vain queur sãs cõtredit desroba les chãps (τ les villages. Il doncques qui ne fut pas content des roberies terriennes applica soy (τ son ost a desrober les tẽ ples des dieux immortelz/et en oul trageusement soy iouant dist ql fal loit que les dieux riches donnassẽt aux hommes des richesses que ilz a uoyent/si tourna son chemin aperte ment vers la cite delphos pour rober le temple de apolo. Brennius ayma plus lor (τ largent des dieux que gar der leur religion/(τ disoit q les dieux ne auoiẽt besoing de richesses attẽdu quilz les donnoient aux hommes/si est assauoir que dieu apolo auoit vng temple sur le mont penasus. Le roy breniˢ (τ les siẽs sassẽblerẽt ou hault rochez de celle mõtaigne/(τ illec se lo gerẽt/le tẽple (τ la cite sõt tellemẽt po sez q ilz sõt descẽdus par les roches (τ tournez de ceulx mesme sãs ouurage manuel (τ sãs murs lẽ ne scait de deux choses laqlle soit plus merueilleuse ou la fermete du lieu ou la maieste du dieu apolo (τ de sõ temple en quoy

Il est adouré. Ou millieu de la montaigne est vne roche encisee en maniere dung theatre par quoy il aduient q̃ se les hommes ou autres choses sont illec clameur ou bruit se monstre pl⁹ grant a la fin que au commencemēt pour cause des roches rondes qui entrecloent la clameur et le son, ⁊ pourtant lespouenteur ⁊ les merueillance du dieu apolo ⁊ de son temple sont plus grans a ceulx qui pas ne sçauẽt la nature du lieu. Presques ou millieu du hault de la mõtaigne est vne petite plaine entaille en tournoyant sur la roche ⁊ illec est vng pertuis dedens terre qui se oeuure quant apollo donne ses responses a ceulx qui se conseillent sur les choses doubteuses ⁊ diser vng vent froit se lance en lair hault, ⁊ fait vng pou forceneux les prestres qui illec recoiuent les responses que apolo fait parquoy ilz sõt contrains de rendre telz responses cõme ilz les ont receues. En ce temple dapolo peut len veoir plusieurs grãs dons des roys ⁊ des peuples qui iller magnifiquement payẽt les dieux et leurs offrendes, qui monstrent la gracieuse voulente que les dieux ont illec et aussi leurs respons. Si tost doncques que brenius vit et considera le temple de apolo, il auisa longuement se tantost il assauldroit, ou se il laisseroit celle nuyt reposer ses cheualliers francois qui las estoient de la longueur et hatiuete du chemin. En la compaignie du roy brenius estoient deux nobles ducz de grece, cestassauoir emanus ⁊ thesalorus, qui pour lamour du pillage sestoient adioingtz auec le roy brenius, ces deux ducz cõmaindoient p̃ maniere de conseil que brenius ne attendist pas que il ne assaillist la cite ⁊ le temple tandis q̃ ceulx de dedẽs estoient despourueus, et q̃ la paour de leur aduenement estoit nouuelle et fresche. Emanus et thesalorus õt rent au roy brenius qui se auancast d assaillir et pillier la cite et le tẽple car ilz disoient se celle nuyt passoyt sans assaillir ceulx de delphos prendroient par auenture courage de resister, et si leur pourroit suruenir ayde de leurs voisins, les chemins aussi ouuers pourroyent estre estoupez. Mais or aduint que la menue pietaille des francois qui longuement auoit eu dizete de menger et boire, si tost q̃ elle trouua abondance de vin et de autres vittailles, elle se refist et emplit tellement que elle fut ioyeuse et esbaudie autrement pour labondance des viures, cõe elle eust este dauoir victoire en armes. Si se espandit celle pietaille parmi les champs de grece et delaisserẽt leurs testes ⁊ capitaines et courroyent ca et la et prenoient toutes choses et pour ceste occasion les delphois eurent delay ⁊ despit de eulx contregarnir. Les delphois a la venue des francois eurent respõse q̃ ilz ne retraissent des villaiges ne vins ne blez pour ce que la principale renommee estoit q̃ les frãcois estoiẽt gloux sur vittailles, len ne cõgnenut mie que cestuy conseil fust prouffitable pour les delphois, iusques a ce que len vit pleinement que par labõdance du vin et autres vittailles les frãcois furent delayans et retardes de leur assault, et par ainsi les delphois pendãt celle demeure assẽblerent leurs aydes, ⁊ garnirẽt leur cite ains q̃ les frãcois fussẽt rassemblez en leurs testes, car ilz ẽtẽdoient a cerchier vin et viandes ainsi cõme se ce fust or ou argent ou ioyaulx ou autres despouilles. Le roy brenius auoit pour lors en sa compaignee soixante et quinze mil hommes armez de pied, ⁊ les delphois auecques leurs cõpaignons aidans nestoyent fors quatre mil combatans. Brenius ne tint con

f iiii

pte de si pou de delphois: si cōmenca a aguiser les couraiges des francois et leur monstroit a seuil la grant plante du pillage et du gaing quilz pouoiēt faire sur les delphois: il leur mōstroit les ymages de plusieurs dieux auec les charettes dont il y auoit grāt nōbre/ et si les pouoit len veoir de loin car Ilz estoient de fin or massiues/

Et aussi Ilz estoient moult pesantes combien quelles ne fussēt pas moult belles en facon/ lesquelles Brenius disoit quelles venroient en butin de pilage. Les francois furent atisez et esmeuz pour les paroles et promesses de Brenius/ et ceulx qui encores estoient tous estourdiz de vin que ilz auoient beu le iour deuant/ se eslancerent en la bataile sans auoir regard ne consideracion aux perilz/ et au contraire les delphois qui plus se fioient en leur dieu apolo que en leurs forces resistoient aux francois leurs ennemis sans tenir compte deulx. Les francois estourdis comme dit est cheoient du sommet de la montaigne/ et les delphois les tuoient aucuns de pierres et les aucuns de ferremens. Les euesques et les prestres des temples se mirent ou premier chief de la bataille/ qui en signe de douleur auoient leurs cheueulx espars et desagenciez ilz portoient leurs banieres et estoient vestus de chasubles de mittres et de autres attours sacerdotaux ilz crioient a haulte voix que le dieu apolo estoit descendu du ciel dedens le temple et tandis quil prioient deuotement a leur dieu/ les fiertres du temple sestoient ouuertes et quilz auoient veu le dieu apolo en signe dung iouuenceau de noble et grant beaulte q́ estoit acompaigne de deux pucelles vierges armees/ Diane et minerue ses seurs/ qui estoient saillies hors de leurs deux temples prouchains du temple apolo/ et que les prestres

De Boccace

ne auoient pas seullement veu/ les choses/ Mais quilz auoyent ouy le bruit de leurs arcz et le son de leurs armes/ et oultre ilz amonnestoyent aux delphois que hastiuement ilz bretassēt leurs banieres de bataille/ et occissent leurs ennemis francois et se adioingnissent auec les dieux en bataille et que ilz seroiēt compaignons de leur victoire. Les delphois doncques attisez et esmeus par les paroles des euesques et prestres saillirēt en bataille et tantost aperceurent la presence du dieu apolo et des deesses qui pour eulx combatoient car pour vng tremblement de terre vne partie de la montaigne fut rōpue de quoy lost des francois fut agrauente/ et eulx q́ se tenoyent en tresserres flotes furēt naures par diuerses playes tant q́lz tomboyent mors et apres du ciel vint tēpeste meslee de gresle et de froidure qui degasta les francois qui y auāt estoiēt ia bleciez. Et cōe le roy fut sy griefuemēt naure quil ne pouoit enduret la douleur de ses plaies/ il frappa soymesmes de sa dague/ et ainsi fina sa vie le roy Brenī°/ pour vne des deux causes occit soy mesmes/ ou po[ur] chascune des deux Car il sauoit que po[ur] les sacrileges il estoit hayneux enuers les dieux dont il estoit efforcie de desrober les temples/ p[ar] quoy il ne deuoit poit esperer de secours de p̄ les dieux: et si veoit son ost tout mort ou affole tantp les armes des delphois q̄me par la diuerse vegance des dieux. Apres doncques que les deux ducz de grece emanus et thesalorus acteurs de ceste entreprinse furent punis et mors pareillement cōe le roy Brenius Le dessusdit roy Belgius se departit de grece au plus tost quil peut auec dix mil francois naurez en lassault de la cite delphois/ mais fortune ne lui fut mye plus prouffitable ne doulce en fuiant ne que elle auoit este en asfaillant les delphois/ car les meschās françois blecies et paoureux qui apꝭ la desconfiture sen fouirēt ne reposerent oncques nuyt soubz couuerture ilz neurēt oncques ung seul iour sās labour ne sans perilz/ilz furent persecutez de pluyes continuelles/ de gelee et neige emmatonnee de disete de vitailles et de lasseure de cheminier ꝶ dung autre tresgrāt mal/c̄estassauoir de brillement continuel. Ilz estoiēt desrobez par les gens et nacions des pays par ou ilzpassoient espandus comme brebis sās pasteur/ par quoy il aduint que des trois cens mil françois nen demoura ung seul qui peust recorder la grant destruction ꝶ pestillence dicelle grant compaignie qui nagueres auoit entreprins guerroier contre les dieux. Apres ces cinq maleureux nobles hommes selon lordre des hystoires/ venoit pirrus roy des epirothes qui se tenoit ung pou loing ie ne peu presque comprendre se pirrus fut plus ioyeulx des victoires q̄ il auoyt eues en bataille ou sil fust plus couroucie a cause de ses males aduentures. Affin doncques que autres de moy iugent les bieneuretez ꝶ meschances de pirrus ie compteray mesleement les unes ꝶ les autres sy briefuement comme ie pouray.

Le dizeptiesme chapitre contient le cas de pirrus le Roy de epire ꝶ filz de eacides parauant aussi roy du dit epire. Et commēce ou latin. Pirrus. ꝯc.

Pirrus filz de eacides roy de la prouince de epire des lors q̄l fut petit enfāt fut hayneux enuers ceulx du royaume de son pere. et tant que les epirotes pourchasserent les moyens pour occire lenfant pirr⁹ non mye pō so pechie. mais pour celuy de eacides son pere. mais pirrus fut destourne ꝶ garanti de mort par layde ꝶ pourueance dun sien amy. ꝶ fut trāsporte en la cite de epire en une prouince de grece appellee illirie dōt lors estoit roy glaucus q̄ auoit a fēme beronices laq̄lle estoit du tresnoble et diui lignaige des eacidois. et aussi estoit pirrus qui fut baille a nourrice ꝶ en garde a la royne beronices. Lenfant pirrus eut en soy des son enfance signe ꝶ demōstrance de benignite humaine si grande quil attrayoit tellement le roy glaucus a luy aymer ꝶ chierir. q̄l appliquoit son sens ꝶ sa curiosite a garder pirr⁹ des mais de cassader roy de macedoine q̄ demandoit pirr⁹ ou si nō il menassoit faire guerre ꝑpetuelle cōtre leroy glāc⁹. mais or aduit q̄ glāc⁹ adopta lenfāt pirrus et le institua son filz et son heritier apres sa mort. et pour ceste cause les epirotes changerent leurs couraiges enuers pirr⁹. ꝶ tournerēt leur hayne en misericorde. et requirent en suppliant au roy glācus quil leur rēdist et donnast lenfant pirrus cōme leur Roy ꝶ seigneur qui lors estoit en lonziesme an de son aage. Les epirotes doncques diligēment garderent et gouuernerēt leur roy pirrus iusq̄s en laage de ieunesse barbue et le mi-zrent en paisible possession de son royaume ꝑpetuel. En celle aage pirrus fut aorne de nobles meurs ꝶ de couraige de roy. et fist tant et si grās choses que es cueurs de ses amys il mettoit grant esperance de soy ꝶ grant paour es cueurs de ses enemis. Tādis doncque pirrus se gouuernoit ainsi roy ab

ment en bien. Il aduint que ceulx de tarente vne cite en pueille mettoient peine et labeur de guerroyer contre les rõmains et pirrus par deulx messagiers fut appelle et requis p̃ les tarẽtois pour venir en leur ayde. si assẽbla ses forces et ordõna ses gens ensemble. puis sen vint a tarete. Il dõcques en soy print grant esperance de cõquerir et auoir le royaume ditalie ainsi comme iadis auoit son õcle alexãdre mesmement roy des epirotes. dont le cas est compte ou precedẽt neufuiesme chapitre de ce liure. si tourna pirrus son ost vers eraclee vne cite ditalie. puis ordonna et commẽca bataille auec le uinius consul rommain. En celle bataille pirrus obtint horrible victoire par layde des elephans quil auoit en son ost. par la victoire de pirrus plusieurs citez compaignes et alliees des rõmains si se trahirẽt tãtost a sa p̃tie. En ce mesme temps les siciliens entre eulx faisoyent batailles priuees et ciuiles et despesoiẽt lun lautre par la discension quilz auoiẽt pour la mort de leur roy agathodes. dõt le cas est cõpte ou precedẽt quatorziesme chapitre de cest liure. Les siciliens de leur plaisir appellerent pirrus et le requirent de estre leur roy. Il respondit par si grant gloire que le plus des gens creoyent quil deust estre vng autre grãt alexandre. Les rommains courouciez de leur desconfiture esguillonnerent pirrus tant que il entreprint autreffois contre eulx la bataille. et a banieres assemblees il descendit pour combatre en champ contre les rommains courouciez de leur desconfiture pres vung chasteau de pueille appelle esculus. cest adire nespliet. Pirrus bien fortune en conquerant. et mal fortune en gardant sa cõqueste cuyda ia auoir victoire des rommains. Mais elle luy fut ostee des mains par ses elephãs qui furent empeschiez et esmeus esquelz il esperoit son ayde/ et aduint que pirrus lors blecie en lespaule fut contraint partir de la bataille sur son cheual hastiuement et soy tourner en fuite/ laquelle chose luy tourna en dommage et pestilence de ses gens car pirrus par la soubdainete de sa fuyte affoiblit le hardement des courages de ses gens qui estoient par auant assez hardis de resister en bataille. Et ap̃s finablement que pirrus eut delaisse et commis son filz alexãdre en la garde de locroie/ et que les citez de ses amys et aliez furent garnies de deffenses conuenables pirrus auecques son ost se transporta deuers les siciliens/ et pource que les citez de sicile ne luy peurent resister et tãt aduint que len appelloit pirrus roy de sicile/ il ramena son esperance sur les choses aduenir selon la bonne fortune de ses batailles precedentes. Et combien que en prenant le royaume de sicile pirrus eust courroucie les courages des cartaginois/ touteffois il les affoiblit p̃ diuerses batailles/ et apres ces choses pirrus donna le royaume de sicile a son filz helenus que il auoit engẽdre dune des filles agathodes iadis roy de sicile/ en ce mesme temps vindrẽt soubdainement au roy pirrus messagiers de par les tarentois disans que se promptement il ne leur aydoit/ qlz estoient contrains eulx rendre et venir soubz la seignourie des rommains. Pirrus regardant dune part les cartaginois couroucie et venans contre luy en bataille/ dautre part regardãt les rommains enflambez contre soy et qui lesguillonnoient de combatre contre eulx/ il demoura longuement pensant et en doubte que il feroit/ et uant les autres choses il aduisa que en lisle de sicile il combatroit les cartaginois ainsi comme se fortune luy offrist promptement conuenablete et

ce faire. Et combien que pirrus para-
uant eust obtenu plusieurs victoires
touteffois a celle fois il fut vaincu et
desconfit en bataille par les cartagi-
nois. La cause qui le meut a ceste ba-
taille entreprendre fut/car il pensoyt
que toutes ses pertes luy seroient ren-
dues sil venoit hastiuement en laide
des tarentois qui volontairement se
estoient donnez a luy. Pirrus doncques
apres sa desconfiture ainsi comme se
il sen fouyst vint en ytalie auec tel
nombre de gens armez come il peut
finer contre curtius et fabricius con-
sulz romains en la plaine des champs
surnommes arusius pirrus/ et en cel-
le bataille continuāt sa male fortune
fut desconfit et deschasse/et presque
luy fut oste toute esperance de res-
sourdre aulcunement apres. Apres ce-
ste aduenture le roy pirrus entendit
comme vray estoit que toute lisle de
sicile dont son filz helenus tenoit la
seigneurie estoit courue et degastee p̄
les cartaginois ses ennemys/pource
que de illec pirrus sestoit parti a ma-
niere dung fuytif/ si fut pirrus esba-
hy en couraige et il comme vuid de
honneur et de richesses et de cheuale-
rie se recueillit en epire sa principale
cite. Le cinquiesme an apres len-
trepinse quil fist pour conquerir y-
talie/ Ainsy comme sil eust acom-
ply son voyage qui soulsist autre-
part voyagez. Et par ainsy fortune
qui monstroit/ que en vng mesme
temps elle voulsist donner a pirrus
deux royaumes de sicile et de yta-
lie/fortune mesme entrespou de teps
et despouruement luy osta ses deux
royaumes et le moyen de conquester
iceulx. Pirrus doncques que fortu-
ne auoit barate de son esperance et de
tant et de si grans labours quil auoyt
la souffers. Si tost quil arriua en
epire sa cite/ il meut guerres contre
anthigonus roy de macedoine pour

te quil luy auoit refuse son aide cōtre
les ytaliens. et a force darmes pirr⁹
entra ou pays de macedoine et desput
is quil eut vaincu le roy antigonus
et les siens. pirrus prīt pour soy le roy-
aume et le tiltre de macedoine et en
fut pirrus appelle roy. mais pirrus q̄
legierement conqueroit et de legier p̄-
doit sa conqueste ne demoura pas lōg
temps roy de macedoine. car aps le
septiesme mois de son couronnemēt
lisimacus luy tollut ledit royaume.
Apres ces changemēs de fortune pir-
rus eut en couraige doccuper et pren-
dre pour soy le pays de asie et de grece
si manda aux lacedemoniois que sil
ne se rendoyent a luy il leur mouue-
roit et feroit guerre. si adressa pirr⁹ son
ost a effort cōtre les macedonois qui
le desconfirēt plus a forces de femes
armeez et combatās que de hommes
et pour le salut et franchise publicque
de macedoine si grant multitude de
femmes armees vindrēt cōtre pirrus
et les siens quil plus par honte q̄ par
desconfiture se mist en fuite comme
vaincu. En celle bataille pirrus pdit
son filz ptolomee ioueneceau de grāt
vertu. lequel auec ses gens estoit la
plus forte partie de lost du roy pirr⁹.
Apres quil eut laisse en paix les lace-
demonis il tourna sa bataille contre
arges vne cite de grece noble et ancie-
ne. pource que anthigonus fuitif en-
nemy de pirrus sestoit illec sauue et re-
cueilli. Adonc ordonna pirrus toutes
ses forces a assaillir et combatre les
arginois et leur cite urges auec anthi-
gonus. En celuy assault pirrus q̄ cō-
batoit en la presse des ennemis fut at-
taint et froisse du coup dune roche ve-
nant de sur le mur dont il mourut tā-
tost. et apres que la teste luy fut tren-
chee elle fut portee et offerte au roy ā-
thigonus en lieu de soulas et de esba-
temēt pour luy. Et aussi fortune cō-
traria pirrus. car il qui par grandeur

de couraige et par entreprinse de batailles bieneurees auoit premierement tendu a lempire ditalie et du pays d'occident. et apres la seigneurie dasie et du pays dorient. il sans auoir arges aucune chose fut tue dune pierre deuant la cite arges. Et pour dire tout le cōble de sa malheurete. il en sa vie souffrit telle honte et confusion que il vuida la place et sen fouyt pour crainte ou pour vergongne des femmes lacedemonoises qui aspremēt pulsoyent des lances contre luy et les siens. et si auoit este pirrus parauāt si glorieux et puissant en bataille quil auoit desconfit et vaincu plusieurs roys et autres princes. ainsi comme il est racompte cy deuant.

Le xviii. chapitre contiēt le cas de arsiure royne de cirenes. et le case ariftotin tirant de la cite epire. Et cōmence ou latin. Grādis auꝫ dacia et cetera.

E me suis vng pou arreste en lisant listoire de aristotin homme de grāt hardiesse. et qui par tirannie osa occuper la cite et la seigneurie des epirois qui est la principalle cite du royaume et prouice de epire. ou tēps que encores viuoyent pirrus et ptolomee enfans du roy pirrus et de olimpias. et aussi ie me suis vng pou arreste en considerant la force et vaillance de vng noble vieillart epirote appelle bellonicus. qui a soy subtillement attrahit les ieunes hommes

de son amistie. et tant que ilz consentizent et iurerēt tous ensemble prendre. occire ou dechasser ledit aristotin cruel et desloyal tirāt de la cite de epyre. dont listoire aussy compte le cas. Apres la mort de pirrus le roy dont le cas cydessus a este tantost compte grans mouuemens de bataille aduindrent nō pas seulement en macedoyne. mais mesmement en asie et en grece. Entre ces mouuemens vng noble de la prouince de epire appelle ariftotin occupa par trahison et tint par tirānie la cite depire. En la prinse de ceste cite plusieurs des principaulx et plus notables citoiens furent occis. et plusieurs furent esseilliez et bānis. aulcuns citoiens de epire auoiēt prises a femme aucunes de la cite de eptholie voisine de epire. Si enuoyerēt les eptholois messagiers de par eulx en requerant audit aristotin qui leur redist les femmes et les enfans des hommes epirotes quilz auoient fourbannis. Le tirant refusa aux etholois le requeste. et apres ainsi comme silse repentist de la refusance il donna cōgye a toutes les matrones de epire que elles auec leurs enfans peussent aller auec leurs parens et amys en la cite de etholie. et leur assigna certain iour pour elles soy acheminer. Les femmes doncques dont les maris auoiēt este bannis prindrēt et enfardelerēt leurs ioyaulx et autres precieuses choses a billes a porter auec elles ainsy cōme se elles sen allassent en perpetuel exil auec leurs maris. Apres ce que ces matrones auec leurs enfans et leurs fardeaulx vindrent a la porte depire ainsy comme se elles deussent toutes aller en vne compaignie furent prinses toutes et boutees en prisons. Et toutes leurs choses leurs furēt tolues du commandement aristotin le tyrant qui premierement fist occire les petis enfās es girons de leurs meres feuillet	Cxxx

Et apres il fist rauir & corrompre les pucelles vierges. Entre les epirotes soy esmeruillant de la cruelle seignourie que aristotin faisoit/vng noble homme lors estoit en la cite de epire appelle bellanicus ia vieillart qui point ne doubtoit le tirant pour le regard de deux choses qui sont comme asseure et hardy. La premiere/car bellonicus estoit vieillart/et par ce il ne doubtoit riens la mort. La seconde/car il nauoit nulz enfans/et par ainsi il nauoit aulcun regard a eulx pour mort ou pour dizete. Bellonicus doncques homme saillant de corps & prudent de couraige assembla en sa maison aulcuns des epirotes ses amys tresfeables et loyaulx enuers soy/et les enhorta quil aduisassent et pourueussent a la deffense de leur pays/et a la punicion du tirant aristotin en pensant que ilz par leur propre peril mectroient fin au dommage publicque. Tandis que les amys de bellonicus demandoient espace de deliberer se par la mort du tirant ilz entreprendroient la deliurance deulx & de leur cite. Cestuy bellonicus appella aulcuns ieunes siens varletz & subiectz/ Et leur commanda quilz serrassent les portes de son hostel/et en la presence de ses amys loyaulx enclos/ et oyans la besoingne il dist quil enuoieroit messagiers par deuers le tirant affin quil luy enuoyast ayde pour prendre & detenir aulcuns q en son hostel et auec luy estoient/& q auoient fait pact de tuer le tirat aristotin. Le noble bellonicus vieillart côe fort & couraigeux se gettoit contre tous ses amys illec ensemble & doubteux leur disoit ainsi Mes tresloyaulx amis car ie ne puis par mon auctorite afranchir ne deliurer epire nostre cite de la cruelle seignourie du tirât/pource ie vueil estre ou temps aduenir vengeur du tyrât par qui nostre cite est deserte/& adonc les amys de bellonicus furent circonuenus & enuirônez ou millieu de deux perilz doubteux. car ilz doubtoyent quil ne dendcast au tirant par messaiges commêt ilz auoient fait coniuracion & pactz contre luy. & si nescauoyent quelle estoit la fin et seroit silz accordoient auec bellonicus de occire le tirant. Ilz doncque choisirent la pl9 bonneste voye. cestassauoir quilz tuerent ensemble doccir le tirant. adôc Bellonicus et ses amys auec leurs aydes procederent si fort et si cautemêt q le tirant fut oppresse & occis ou cinqesme mois apres quil eut print p tirânie & par trahison la noble ville & cite de epire Ie dy donc qes es anciennes histoires le cas de aristotin prince & tirât de epire. et ainsi ie le delaisse. mais si tost que ie dy arsiure la royne de cirenes plourant pour le maleureux cas qui par sa luxurieuse eballeur luy aduint pareillement que a son amy demetrius il ne pleut prendre la plume pour escripre son cas. affin q vnefois au moins ie adiouste vng chapitre aux autres predes esquelz ie reprins & condemne luxure desordonne. & affin q ie demonstre quelles & congrâs pestilences naissent et viennent de deshoneste amour. Ie cuyde mieulx par opinion q p sonuenance dauoir leu es histoires que la royne arsiure ait este engêdree dun des enfâs de lagus vng noble cheualier. et a qui alexandre le grant donna lisle degipte. dont lagus fut pmier roy. mais certain est que ceste arsiure fut femme de agas roy de cirenes. duquel elle eut vne sienne fille seullement nômee beronices. Le roy agas ordonnant son testamêt voult que sa fille beronices fust mariee au fist de ptolomee roy degipte affin que les guerres du royaume de cirenes fussent appaisees moyennât ce mariage. Arsiure fut indignee & mal paciente pour lordonnance de la dernie te volunté de son mary. et lors en maniere de femme enragant ꝗ forcenee appella ꝗ manda demetrius lors iouuenceau ꝗ frere de antigonus roy de macedoine pour luy donner en mariage sa fille Beroices auec le royaume de cirenes. affin se disoit elle ꝗ le lais du roy agas feu son mary ne sortist en effect. Cestuy iouuenceau demetrius estoit filz dune des filles de ptolomee roy degipte dessus nomme. si Vint demetrius a cirenes a sa male fortune. combien quil auec son nauire fust Venu ꝗ arriue par bon Vent. et t il q estoit beau iouuenceau de corps et de Visage fut cointemēt receu de p la royne arsiure. Or aduint finablement qlte qui ne se pnoit garde de soy ne de ses mouuemens regarda coyement de ses yeulx ꝗ a couuoiteux desirs la blondeur de cheueleure du tresplaisant iouuenceau demetri⁹. et ses ioes Vermeilles couuerte de prime barbe crespe ꝗ semblable a or. et ses yeulx clers a maniere dune estoile / et sa souefue bouche la gente facon de tout son corps / et la force de luy. Et cōme arsiure en son cueur pensast les doulces paroles de demetrius / ses plaisās maintiens / sa facon / ses manieres / et sa beaulte / elle fut prinse du feu deschauffee amour. Arsiure cōmēca aymer Demetrius plus quil ne appartenoit a dame aymer son gendre. elle cōmēca luy desirer et penser anec soy les secretz plaisirs damours. elle cōmenca a pointer embrasemens ꝗ happer les baisiers. Et dire ouuertement a demetrius que elle se repentoit de luy auoir donne sa fille Beronices a femme. La royne arsiure ne cessa ainsi soy demener iusques a ce que elle cheut toute en la desirance de demetrius son gendre. Finablement comme arsiure fut tellement eschauffee en luxure que elle ne pouoit endurer les chaleurs ribauldement conceu-

es. Et affin que elle remediast a sa luxure elle descouurit ses chaleurs a Demetrius qui la le congnoissoit par signes. Et adonc Demetrius requist arsiure damours / et tant que par ses prieres il empetra ꝗ obtint la chose ꝗ il desiroit plus ou autretant comme faisoit arsiure sa dame. Demetrius doncques ꝗ arsiure fretillans et mignotz se embracerent et toucherēt ensemble par tresgrant amour ꝗ delict de tous deux. Les chaleurs de leur amour ne descreurent pas par souuēt recommencer embracemens et touchemens ensemble / ains creut de plus en plus. La royne arsiure deuenue ribaulde de son gendre ꝗ mary de sa fille oublia lancienne gloire de son royaume / ꝗ tant que elle souefue ꝗ mignote requist a demetrius que eulx deux dormissent par nupt ensemble. Tandis que arsiure despent ꝗ emploie les nuytz es tresdoulx plaisirs / baisiers / et estrois embracemens en ors delitz de luxure / en Vaines parolles / et en nourrir ses yeulx en la beaulte de son gendre demetrius / elle cuidoit surmonter en bienurete les autres Roynes du monde. Mais fortune tourna en larmes et en pleurs celle leesse tant q la cruelle mort de Demetrius sen ensuiuit apres / car il acquist la bienVueillance et lamour de sa dame arsiure / ꝗ tandis quil dit soy tourne en lamour delle tant que elle ne aymoit riens fors luy / adonc il commenca despriser sa femme Beronices ꝗ les familiers du palais royal / il commenca soy en orguillir enuers les cheualiers et nobles hommes du royaume de cyrenes et despiter Vng chascun / et au contraire les familiers du palais ꝗ les nobles du royaume de cirenes commencerent a oster leurs couraiges et bien Vueillances de Demetrius ꝗ les tourner enuers le filz de ptholomee de qui par droit Beronices deuoit estre femme/et aussi le Royaume de cirenes luy deuoit appartenir. Les familiers du palais et les nobles du Royaume commencerent aduiser le fait de demetrius (et la ribauldie dazsiure si dyret a beronices le fait (et la ribauldie q̃ sa mere faisoit auec demetrius/ beronices lors ieune femme/et simple affermee de certaine de ces choses fut triste et tantost elle tendit ses espies contre demetrius iouuenceau. Or aduint que vne nupt demetrius se demenoit auec arsiure si commanda beronices que vne compaignie des cheualiers armes entrast soubdainement en la chambre a espees toutes nues/ les cheualiers getterent leurs mains aspres et cruelles contre demetrius/ ou qui lors estoit soumeilleux/et endormy/ou qui entendoit aux mignoties de luxure. Beronices gardant pytie enuers sa mere estoit pres de luis de la chambre et commanda aux cheualiers que len ne frapast sa mere arsiure. O piteuse fille beronices certes ie dy q̃ ta pitie est cruelle/tu comandes q̃ on ne frape ta mere/et neatmoins en occisant son ribault demetrius/ tu ostes a ta mere arsiure la tresbonne partie de sa vie. Certes beronices tu n'as pas assez esprouue la force d'amours desordonee car se tu peussez veoir les douleurs de lame de ta mere ainsi come tu vois son corps/tu eusses veu lame de arsiure ta mere ferue (et trespercee par les plaies q̃ len fist au corps de demetrius son amy/et aussi eusses veu toute la douleur de la vie ta mere estre espandue parmy les playes de demetrius. Se doncques tu vouloies tant auoir mercy et pitie de ta mere/ tu deuoies comader q̃ ta mere fust occise la premiere/mais escoute quoy apres il aduint. La meschate arsiure espoventee p le bruit des cheualiers q̃ occiret demetrius/ quat elle vit q̃l fut prins dentre ses bras/elle sans soy hontoier

de son corps nu et effrapee a son pouoir se mist et lanca contre les pointes des espees et saillit ou milieu des ser gens elle nue sefforcoit couurir de son corps le corps de son amy demetrius a lune des fois receuoit a nuz et a bras descouuers les coups des serges qui frapoient demetri[us] ou elle repulsoit a lautre foiz les coups/et si emplissoit de son cry tous les lieux du palais. Arsiure en soy tresfort complaignat blasmoit le hardemet oultrageux de ceulx qui occisoient demetrius dautre part elle leur requeroit quilz tournassent leurs espees et leurs coups contre soy et non pas contre luy. Arsiure en affermat iuroit aux bourreaux q̃lle et non autre estoit coulpable et digne de tel tourment et quilz deuoient par donner a demetrius innocent et sans coulpe. Arsiure requeroit la foy/et lop aute de beronices sa fille/et lappelloit et prioit affin quelle eust mercy de demetrius. mais arsiure fist et dist toutes ces choses en vain et pour neant. Et les frapeurs contregarderet sans bleceure le corps de arsiure. Mais en son giron ilz occirent demetrius son amy tout descouuert/et tout nu. No[us] a peine pouons croire de quelle grant douleur/et fut reply le cueur de arsiure se nous regardons ceste dame q̃ manioit la meschante et detrenchee charongne de son amy demetrius/et q̃ p douloureuse raige se souilloit de son sang en plourant pour la perte de la beaulte de luy/et en baisant son corps ia mort pour veoir selle y trouueroit aucun sentement de vie en nommant et regretant souuet son amy/et en arousant son corps et ses playes de larmes et de pleurs. Il nest doubte que a donc len eust veu la royne arsiure estre tresbuchee de son hault et noble estat en si tresgrans miseres que plusgrans ne pouoit. car se arsiure selon son opinion fut tresbieneuree au viuant de son amy Demetrius. Je dy que lors estoit difficile chose trouuer aucune fẽme plus malheureuse quelle. Et cõbien que celuy tourment souffrit cõtre arsiure, toutesfois en aggrauant son meschief sa fille Beronices en suyuant lordonnance du testament de feu son pere agasrop de cirenes commença faire et solenniser les nopces de soy et de ptolomee le filz du roy degipte a quoy cõme dit est la royne arsiure auoit parauant contredit. par lesquelles choses cy dessus racõptees ainsi faictes (dictes) len peut legierement croire que arsiure mourut et fut degastee par douleurs et p larmes qui luy aduindrent pource que elle desploya le malheur du pieu ou estoit atachie.

Le .xix. et dernier chapitre parle cõtre Beaulte de corps et contre deshõnesté amour. En ramenant a memoire le grant sens et la merueilleuse Beaulte de spurima. Et commence ou latin. Dum seme tritij et cetera

q Dant ie regarde linfortune du beau iouuẽceau de metrius, iay appceu q̃ plusieurs hommes follemẽt se delectẽt en la beaulte qlz ont. et ainsi cõe ie moq̃ telz folz hõmes aussi ie desprise peillemẽt ceulx q̃ gemissẽt et pleurẽt po'ce q̃ nature en le' a pas dõne beaulte de corps et ceulx q̃ p artificiel labeur agencent et affectent leurs corps pour les embelir en deffault de beaulte naturelle. Je mocque celuy qui se delecte en la beaulte quil a, et si desprise celuy qui se plaint du deffault de beaulté et qui se farde pour cuider soy embelir. Celuy qui fait lune ou lautre de ces trois choses est pareillemẽt aueugle ou iugement de lame q̃ doyt faire toutes choses par raison car il de sire chose qui ne peut profiter / il regrete chose qui peut nuire / et si couuoite chose qui nest pas necessaire. Helas comme ces trois manieres dommes sentent malement quelle chose soyt Beaulte mais le iouuenceau spurima qui tant fut bel auoit meilleur sentement de beaulte. Cestuy spurima fut ne du pays detoscanne de si ancien temps que encores illec nestoit aucune cite bastie, et oultre tous ces iouuenceaux spurima fut de si excellente et merueilleuse beaulte de visaige et de corps que il attraioit a soy et a son amour les yeulx et les pensees de plusieurs nobles femmes dillec. Si aperceut et sentit le sage et honneste iouuenceau que il estoit soupecõneux enuers les maris et les parens des femmes toscanoises / et pour remedier a celle souspicion il confondit et effaça la beaulte de son visaige par diuerses et grãs playes dont il se decoupa (a)yma mieulx que la deffermete et laidure de son corps portast foy et tesmoignage de la sainctete et proudõmie de luy que ce que la beaulte de son visaige esmeut ou attrahist les estranges femmes a delectatiõ ou plaisirs des honnestes. Aulcuns rappellent en doubte se spurima fist plus honnestement ou plus discretement / mais la sentence de tous saiges conferment et approuuent semblablement que spurima fist honnestement mais pou dommes regardent la discrecion de luy / car le saige iouuenceau cõsidera que la fleur de sa ieunesse fut tresnoble se elle ne fust assaillie et degastee par fieures et autres maladies sans nombre. Il aduisa que la fleur de sa ieunesse flouriroit et cherroit (en) ou tẽps de sa vieillesse elle deviendroit passe chanue et recourbee en tant q̃ iamais ne seroit parle delle. et pource vault ouurer vertueusement. et ayma mieulx oster de sa ppre main celle fleur et beaulte de ieunesse qui fust chute et flestrie et dont len neust apres iamais parle. affin que tousiours il fust memoire de honnestete et discretion de luy pource quil auoit asprement estaicte et ostee la fleur de celle beaulte. laquelle il ne vouloit pas villainement garder. affin quelle ne luy fust tollue par autre cas suruenant p̃ fortune. Et par ainsi spurima mist sagement en perpetuelle memoire la fleur de sa beaulte. laquelle il osta de son visaige honnestement en briefz iours. Puis que doncques plusieurs sont si aueuglez en leur ẽtẽdemẽt q̃lz sont deceus par ceste beaulte de corps et sont lyez comme meschans prisonniers. Ie leur prie quilz auisent par les yeulx de leur pensee quelles choses ilz delectent. Ie leur prie quilz auisent en quel lieu ilz se souffrẽt trayner. car combien que chastete dõme ou de femme vne fois ordoyee ne puisse iamais estre reparee par aucune cõtinẽce toutesfois plusieurs perilz et continuez maulx aduiennent de amour mauuaise et deshonneste. et certain est que amour est vne mauldite pestilence qui tourmente et degaste les pensees dissolues et mignotez Amour contre tout droit est preste de iugier par sentemẽt que la chose que lon ayme soit delectable, prouffitable et honneste. combien quil soit autrement. Amour est vne puante tẽpeste secrete et gardee par diligente guecte. amour est vne pestilence tres desirant ⁊ qui estrait les pensees des folz par si doulx admõnestemẽt q̃ lame promptement euure ses portes, quant amour y commence a entrer. Si tost que amour est receue dedens

la pensee, elle fait signes et demonstrances au dehors, par quoy amour esmeue aucunes petites chaleurs qui eschauffẽt le courage a soy tirer pres de la chose que len desire forment ⁊ de celle petite chaleur vient vng grant brasier qui par fumee obscurcist et aueugle si faictement les yeulx de lentendement que lomme ou la femme oublie et delaisse legierement a faire la chose qui est honneste et prouffitable qui est le pire vice qui aduiẽne aux hommes, car les hommes viuans selon raison doiuent premierement entendre au bien de honnestete ⁊ au biẽ prouffitable. Secondement ⁊ apres par le brasier damour les yeulx du cueur et de lentendement sont si forment esbloups que les amans aprouuent et louent les choses qui en elles ne ont amesurãce ne reigle Et se les amoureux par lespace de temps ne ont leurs choses a souhaitz, ilz monstrent tantost quelle soit celle amour qui est entree en lame ainsy comme se elle en fust dame, car quant amour demaine et seignourie comme a qui ses choses ne venoient a souhaitz tãtost que len hurte a sa porte, souspirs angoisses, miseres, larmes, complaictes, et doulceurs importables luy viennent au deuant. Et se il aduient que aucunesfois la force qui doit estre en homme, et la chastete qui doit estre en femme soit vaincue par aulcuns blandissemens, ou par dons, ou par deceuances tant que lomme ou la femme soit venu a la chose quil desiroit, cestassauoir a iouir du fruit de amours, se len y trouuoit autant de doulceur comme len esperoit, il aduient que celle amour est de legier conuertie en ennemy, et aulcunesfois en hayne, ⁊ se le fruit damour plaist entre les pties les chaleurs damour deuienẽt aigres et nouuelles engoisses et curiositez sourdent entre les a-
t i

moureux et les perilz les enchassent les amans sont angoisseux et si sont en perilz que ceulx ne les espient et assaillent qui ont le gouuernement et la garde de chastete qui est ia corrōpue/ et si aduint que p le couroux des gardes et guetteurs les deux amās tressouuēt et aulcuneffois lung deulx tous nus de robes et darmes choient mors et sōt tuez deuāt les piedz des frapeurs qui les occisent cōme len tue vne beste en lescorcherie/ la maison damours resēble le labezint/ cest a dire la maison de dalus dont lentree est legiere mais lē nen peut yssir sans treslong tournoiemēt. Pourtant ie dis q̄ quicōques entre o u̇ laberint de tēpestueuse amour il eschiet ou que il est hors boute confus et demoque apres ce que il a longuement tournoye ou il se traine parmy le laberint tant quil se degaste p trauail en vagant ca et la ou il aduient q̄ il par raige de amour va tāt et vient a lentour que il est attrape de ceulx qui lespioient cōme fut le bel et noble iouuence du demetrius. Je doncq̄s prie ceulx qui pou prisent de spēdre en fole amour les forces de leurs corps/ gaster leurs substances/ perdre tout leur temps/ et eulx mesmes soubmettre a mort honteuse que p mes admōnestemens cy dessusditz ilz aprengnēt conseillier eulx mesmes/ et se par aduēture les hōmes soient si pou fermez et si febles quilz ne peussent resister a luxure soubdaine et hatiue/ ie leur prie et cōseille quilz laissent les femes defferidues et que ilz estaignēt et refroident leurs miserables et mauuaises chaleurs es femes abandonnees

Cy fine le quart des neuf liures de Jehan Boccace des cas des nobles hōmes et femmes maleureux.

fueilles Cxxxiii

Le premier chapitre contiēt le cas de selēcus z anthiocus roys de surie z dasie Et cōmence ou latin. Dū p̄ⁱꝛc.

a
¶Pres le racomptement
des miseres de la roy-
ne arsiure. tandis que
en moy reposant vng

peu se refreschissoie les forces de mon corps et les vertus de mon courage selencus et anthiocus iadis roys de asie et de surie plourans pour leurs infortunes. et accusans lung lautre pour les desloyautez furēt en ma presence meslez en vne tresgrant cōpas-

t ii

gnie de autres meschãs nobles hommes. Et aps ceque ie fu vng peu refreschi τ renforcie ie entreprĩs descrireleurs cas cõtenus es anciennes histoires. Anthiochus dõcques filz du premier seleucus roy dasie engendra les deux freres dont cestuy chapitre parle. Anthiochus τ selecus en mauuaise et peruerse consolation aps la mort de lancien anthiochus. seleucus son filz ainsne succeda selon le droit des gens en double royaume dasie et de surie. et au throsne de ces deux royaumes monta ledit seleucus. aps ce quil eut villainement occis sõ frere mainsne hõme innocent et sa marastre aussi. par quoy selēcus auecq̃s la clarte de son hault et noble estat mesla lobscurete et villannie pour le temps aduenir. car leodices mere du dit pop seleucus auoit prins en hayne beronices seur de ptolomee pop degypte pour lune des deux causes. Ou pource que anthiochus mary de leodices auoit surespousee beronices auecques leodices. ou pour vne legierete de couraige qui est en femme de tost hayr sans cause. Leodices doncques apres le decez de sõ mary anthiocus commẽca a prier le pop seleucus son filz qui destruisist beronices τ la lignie quelle auoit eue de anthiochus. Adonc le roy seleucus obeissant a sa mere leodices fut dune part trop piteux et dautre part trop cruel. car apres que seleucus eut enuoye aucuns siens varletz pour tuer beronices. Je ouy dire comme vray estoit quelle auecques son mary sẽ estoit fouye et recueillie dedens vng fort chasteau de surie. et adoncques tantost seleucus assembla gens darmes et assist lechasteau. mais quant finablement seleucus apperceut que tous les nobles de asie et le roy de egipte ptholomee frere de beronices

prenoient armes τ venoient pour la deliurance de elle. Seleucus qui se deffioit destre assez fort obtint par barat la chose quil demãdoit/ car soubz semblance de paix et soubz couleur damistie reconcilee/ beronices fut prise et muctrie auecques vng sien petit enfant. La cruaulte que fist le pop seleucus fut semence et cause de guerre entre luy et entre ptholomee roy degipte frere de beronices/ car pour ceste cause aduint que toutes les citez de asie qui ia estoient venues en layde de beronices delaisserent la partie de seleucus et se trahirent vers le pop ptholomee. Si procura fortune en celuy temps que les egiptiens les vngz contre les autres eurent dissẽcions dont ptholomee fut contraint de retourner en egipte par quoy il de laissa la guerre entreprinse contre seleucus qui neust peu resister a ptholomee ne aux citez de asie ainsy comme il sembloit. Seleucus doncques considerant que les citez dasie se discordoient de luy τ le vouloient desemparer/ il voulut icelles ramener en sa seignourie/ si fist aprester vng nauire/ puis monta en haulte mer pour transnagier en asie/ mais en nagant il auec son nauire souffrit si grant tempestes de fouldres τ de vens que a peine il qui cheut en la mer vint iusques á la riue auec trespou de compaignie O bon dieu ie me esbahis comment tes voies sont incongnues τ tes conseilz sont secretz/ tout homme q̃ eust veue celle tempeste de mer cuydast q̃ elle deust estre le destruiement de seleucus/ mais dieu fist au contraire/ car elle luy sauua la vie iusques en vng autre temps/ et pour son nauire rompu τ perilhe il obtint la chose quil neust pas obtenue se ses nefz fussent venues entieres iusques ou pays de asie/ car les asiens qui habitoient a

fueillet Clxxiiii

lenuiron de la mer ou son nauire perilla eurent merci de sa male fortune Ilz parauant estoyent ses ennemys mais il deuindrent seruiables et amis de luy. Et selencus qui cheut estoit en la mer et apporte a riue tout nu et desarme fut par commun accord receu par les asiens comme leur seigneur et roy. Mais escoute laueuglesse du couraige de selencus. Car la benignite que fortune luy fist fut accroissement de rage en sa pensee qui tantost commenca guerre contre ptolomee roy degipte. mais selencus combatit si malheurcement que ses gens darmes furent tellement amoindris par diuerse occision q de celle bataille selencus ne partit nye acompaignie de plus grant nombre dommes ne q estoit quant vng pou parauant il eschappa du peril de la mer. Si aduint apres celle malheureuse bataille que selencus qui par deux fois eut esprouue les coustumes de fortune. Il sapa tiercement se par autres cas et a plus grant despense il pourroit monter a ce quil desiroit. si appella en son ayde son frere anthiochus en luy promettant en recompense de son ayde le royaume dasie. Apres le roy selencus impetra et obtint treues du Roy ptolomee iusques a six ans. Anthiochus doncques esperant auoir non pas seulement le Royaume de asie que son frere selencus luy auoit promie. Mais anthiochus couuoitant rauir le remenant du Royaume de son frere. Ledit Anthiochus retint a souldees vne grant quantite de cheualiers gallogrecz. Et il q de par son frere seleucus auoit este appelle en ayde. affin que il ne fust barete du salaire que son frere luy auoit promis. Il tourna ses gens darmes contre selencus et si les auoit prinses et souldoyers contre le roy ptolomee. car se lencus refusoit donner a anthiochus le royaume dasie que il luy auoit promis. Certes la couuoitise dauoir royaume temporel est cruelle et mauuaise/car selencus et anthiochus engendres dung mesme pere et enfantez dune mesme mere en lieu de comune amour par couuoitise surent haygneux et couroucies lung a lautre cruellement/ et selencus et anthiochus qui contre les estranges deuoient vegier leurs iniures et deffendre la vie lung a lautre/iceulx deux par cruelle couuoitise de seignourie mondaine espandirent leur sang lung contre lautre/et eurent grant ioye de mettre a mort lung lautre/ et si estoient par nature freres et amys. Mais escoutes ie vous prie que il aduint de eulx deulx/selencus finablement accepta la bataille et vint a force de armes a lencontre de son frere anthiochus/ et affin que selencus aprouuast la tierce playe de fortune main a main il et ses gens combatirent contre anthiochus et les siens En celle bataille selencus fut maleureux/car grant occision de ses hommes fut faicte/et il a peine se sauua par deshonneste fuite. Par ceste maleureuse bataille selencus pensa que non pas seulement il seroit priue de son Royaume de asie/lequel comme dit est il auoit promis a anthiochus son frere/ Mais il fut angoisseux et tousiours pensif que son autre royaume de surie ne luy fust apres toulu. Touteffois surie luy fut gardee non pas par sa vertu ne prouesse/ Mais par vng estrange cas de fortune/ car comme les gallogrecz pensassent certainement que selencus eust este occis en celle tierce bataille. Et par ce ilz cupdassent que se Anthiochus fust prins ou mort/ que tantost Ilz pourroient piller et emporter les Richesses de tout le pays dasie/ pourtant ilz firent conspiracions et pactz entre eulx de tourner leur bataille

e iii

contre anthiocus q̃ lors se glorifieoit de la victoire quil auoit obtenue contre son frere. Et les gallonois grecz tellement forcenerent en armes que anthiocus fut contrainct soy emprisonner deulx comme de robeurs z pillars. z apeine peut il eschapper en leur donnāt vne grāt quātite or. Apres ces choses ainsi faictes anthiochus se adioingnit z deuint compaignon des gallonois grecz. et il auec eulx deuit robeur du royaume dasie dont lancien antiocus son pere auoit iadis este roy. En ces entrefaictes aduit que eumenes roy de bithinie ouyt dire comme vray estoit que seleucus estoit dechasse et fugitif de son royaume. et que son frere anthiochus estoit deuenu robeur. Et que les deux royaumes de asie et de surie estoyent espuises et vuidz de hommes et de richesses par les batailles des deux roys deuantdictz. Si entra eumenes a force darmes dedens le pays de asie qui lors nauoit aucune possesseure ne seigneure. Et eumenes qui auoit son ost entier et fort adressa son droit chemin contre le roy anthiocus et contre les gallonois grecz qui encores estoyent laissez et naurez de la bataille du iour precedent. Anthiochus aussi soy confiant en ses gens vint en bataille contre le roy Eumenes. En laquelle bataille āthiocus auecques ses pillars gallogrecz fut de legier vaincu et tout son ost affolle. Et par ainsi eumenes obtint vne grant partie de asie. et anthiochus auecques aucuns des siens se saulua par fuyte.q̃ est en faict darmes vng remede diffame. Apres ceste deshonneste fuyte Anthiochus tourna ses forces telles comme il les auoit de demourant a faire guerre nō pas contre eumenes son estrāgier ennemy. mais il assembla telles aydes cōe il peut trouuer.z ārtemēt descrēdit en bataille cō

tre seleucus son frere/mais fortune selon sa coustume anciēne ne ayda pas tant a selencus cōme fist linfortune du roy anthiochus/ car selencꝰ auec ses aydes telles quelles fut descōfit et tourne en fuite par son frere anthiochus. Comme doncques anthiochus vit dune part contre soy ptholomee roy de egipte/z dautre part son frere selencus courroucie non sans cause cōtre luy/et veit aussy le roy eumenes ia occupant par force son royaume/ aussi anthiochus adonc se mist en fuite et alla longuement sans aduiser en quel lieu il fuyoit/z au derrenier il vint par deuers archamenes le roy des capadociēs son sire qui le receut cointement ainsy comme il sembloit Anthiochus donc pensant en son couraige plusieurs et grans besongnes touchant lestat de luy et de son royaume apperceut que Archamenes sō sire mettoit espies et queroit les moyens pour prēdre anthiochus/de quoy il deuint espouente et paoureux/si sen fouyt cuydant trouuer secours par deuers le roy ptholomee z voult anthiochus plustost habandonner sa vie a son ennemy ptholomee que a selencus son frere/dont il aduint apres que ledit anthiochus sans aulcune precedente promesse de foy iuree ne de asseurement vint par deuers le roy ptholomee son ennemy/ qui commanda tantost que Anthiochus fust prins et garde en prison. Apres aduint que Anthiochus qui mal paciemment portoit les ennuys et deplaisirs de la prison orde z noire vint a si estroite necessite quil fut contraint supplier a vne femme publicque/de laquelle il estant en prison se estoit accointe et auoit desseruie son amour/ que elle le desliurast par quelque voye se bonnement le peult faire/z tāt fist celle femme que elle trahit z mena le roy anthiochus

fueillet C xxx

hors de celle prison. O mocquerie de fortune changee. O noble mirouer et bel exemple pour les hommes orgueilleux et haultains. car anthiocus noble et puissant roy deuant qui pour supplier nagueres sagenouilloient les hommes de tous estatz fut contraint de supplier a vne femme poure et vilaine. Il qui vng pou parauant par son seul commandement deslioit les liez. affranchissoit les serfz. et secouroit aux non puissans. Il a este deslie affranchy et secouru de la prison par le moyen dune poure et diffamee femme. Adoncques le roy anthiocus paoureux et incertain en quelle part du monde il trouuast son chemin recommenca sa fuyte quil auoit finee parauant et tandis que anthiocus doubteux et pres que tout seulet discourroit sans tenir ne voyes ne sentiere. et sans auoir aucune congnoissance des lieux ou il estoit. Il cheut entre les mains des larrons q̃ loccirent. Et assez tost apres selencus son frere mourut par vne maniere pis que aussi malheureuse et deshoneste. car apres q̃ selencus eut pdu tout son royaume dasie. et q̃ fortune leut tourmente p diuerses meschances il tresbucha et cheut de dessus son cheual a terre et mourut meschamment. Fortune doncq̃ q̃ iustement punist les pechiez des mauuais. peu ra telles fineaux deux roys anthioc' et selenc' freres. affin q̃ leurs mors ne fussent disioinctes ne differentes ainsi comme leurs haynes et discordz auoient touiours este etrelassees et pareilles et par ainsi les deux roys selencus et anthioc' qui dun mesme ventre estoient saillis en lumiere de vie. Iceulx deux enuelopez dun sercle de misere entrerent en miseres de mort de diffame et de meschance.

Le second chapitre contient les cas de laudamia Royne de sicile de cleomenes roy des lacedemonois de yers roy des siracusains de cornelius asina consul de Rome de hanibal capitaine du nauire de affrique et de xatipus duc des lacedemonois. Et commence ou lati. feze fratrum. &c.

E auoye presques racompte les miserables cas des deux freres selencus et anthiochus Roys de asie et de surie et assez tost apres en reuersant les anciennes histoyres ie trouuay grans pleurs et haultz cris racomptez en ce chapitre qui contient les cas de six nobles maleureux cestassauoir de laudamia seur de nereis Royne de sicile de cleomenes roy des lacedemonois de yers roy des siracusains de cornelius asina noble consul de romme de lancien hanibal capitaine du nauire de affrique et de xatipus duc des lacedemonois. Entre ces six nobles selon lordre des hystoires le cas de la noble laudamia est en tel brief. Ceste laudamia eut nereis a seur et elles deux furent filles de olimpias fille du roy pirrus roy des epirotes si aduint que apres la mort de pirrus et de ptholomee enfans du Roy anthigonus et de ceste olimpias Royne de macedoine de toute la lignie des eacidois qui iadis en guerre furent reputez diuins et saintz ne demoura suruiuant aulcun masle ne femme fors que laudamia et nereis sa seur. Ceste nereis fut donnee a mariage au filz de gelon qui par

t iiii

tirannie possedoit le royaume de sicile. Si aduint le iour des nopces du filz du roy et de ceste nereis vne discensiō entre le peuple de sicile (τ entre le roy et ceulx de sa partie. Laudamia doncques voyant celle commotion doubta non pas sans cause l'outrageuse fureur du peuple. si se reculla a refuge dedens le temple de la deesse opana. cuydant laudamia que pour consideration (τ regard du temple (τ de la religion publique quelle fust franche (τ seure de toute violence. mais vng sicilien appelle milo dedens le temple frappa et occist ladicte laudamia sans ce que elle eust aucun mal desserui. combien que elle tenist embrasse lautel de opana la deesse. Mais escoutons vne merueilleuse et iuste vengēce. car les dieux immortelz punirent la cruelle occision de laudamia par plusieurs pestilences (τ par grāt mortalite de celuy peuple qui pres que tout mourut. Et tātost apres en lisle de sicile aduint sterilite (τ deffaul de tous fruitz et grant famine aussi les siciliens furent persecutez de discention entre eulx mesmes et au dernier pres que tous degastez par la taille de ennemys estranges. Milo aussi le cruel sicilien qui auoit occis laudamia deuint forceneux et enrage. tant quil vne fois se batoit de couteaulx. et autres fois de pierres. et a ses propres dens despeca ses boiaux tant quil mourut le douziesme iour apres quil eut murtrie la noble et innocente laudamia. Selon cours du temps et lordre des hystoires apres laudamia venoit cleomenes roy des lacedemonois duquel le cas au vraye compteray. Tantost doncques apres la cautelle et iniuste mort de laudamia demetrius le roy de macedoine mourut (τ laissa vng petit sien filz appelle phelippe. a cestuy enfant fut donne vng tuteur appelle Anthi-

gonus noble homme macedonois/cestuy anthigonus espousa la royne mere dudit pupille (τ tant aduint que anthigonus finablement fut roy. Si meut et fist guerre contre les lacedemonois/lesquelz (τ non autres gens ne tindrent compte des batailles du roy phelippe pere du grant alexandre /ne de celles du roy alexādre aussy/ne de la seignourie des macedonois/combien que toutes les autres gens du monde en eussent este espoentez. Les macedonois doncques voulans accroistre la gloire de leur nom (τ les bornes de leur empire estre prindrent guerre contre les lacedemonois / et les lacedemonois voulans deffendre (τ garder leurs franchises et le salut publique saillirent en bataille contre les macedonois / (τ aduint p̄ chāgemēt de fortune q̄ les lacedemonois furēt descousis (τ vaincus en armes/ mais nompas en courages/ car les lacedemonois hommes femmes et enfās furent de si grāt cōstance et endurerent de si grāt (τ fort courage ladversite de fortune q̄ en celle bātaille il ny eut aulcun q̄ espgnast a espādre son sang (τ sa vie pour le salut publique/ il ny eut feme q̄ plourast pour la perte de son tresayme mary/ les vieillars sovoiēt la mort de leurs propres filz les enfans faisoiēt ioye pour leurs peres mors (τ occis/en cel ost ceulx q̄ suruivoiēt estoiēt dolēs pource q̄lz nauoient este occis pour la frāchise de leur pays/ilz receuoiēt en leurs maisons sans differēce tous ceulx q̄ en la bataille auoiēt este naurez. Ilz medicinoient leurs playes Ilz administroient aux trauailliez (τ las les choses necessaires. Dedēs la cite de lacedomonie ne se faisoit aulcun bruit ne noise/ tous ceulx de la cite plaignoiēt plus le dōmage publiq̄ que leur p̄pre (τ priue. Entre ces choses ainsi faictes furēt dedēs la cite le roy cleomenes retour ne de la bataille apres ce quil eut fait plusieurs occisions de ses ennemis il estoit tout mouillie et repare de sang de son propre corps et aussi du sang de ses ennemis depuis quil fut entre en la cite de lacedomonie il ne sassist onc ques a terre ne autre part oncques ne demanda a boire ne a menger:ne ne mist ius sesarmes dont il estoit charge mais il sappuya a ung mur et regarda quatre mil homes darmes q seullement estoient demourez en celle bataile/adonc les enhorta cleomences q ilz cessassent iusques enautre temps affin quilz fissent mieulx la besoigne de leur chose publique.et aps ces choses ainsi faictes et dictes le roy cleomences auec sa femme et ses enfans en ala en egypte p devers le roy ptholomee q le receut moult honorablement et auecq suisdes quist longuement en sa tresgrat amour et benivolece. mais derniereme't aps la mort du roy ptholomee son filz q aps lui regna occist le roy cleomenes. Aps cleomenes ainsi villement occie auec sa feme et ses enfans p ptholomee/venoit le malereux pero roy des ciracusains duquel en brief le cas ainsi est compte. Les romains q en conquerant la seignourie du monde commencoient tousiours a subiuguer ou a alier a eulx les pais et les ges q environ eulx estoiet iusq̃s a tant q̃lz puenissent aux nacions estranges et loingtaines. Pource donc q̃s q lalliance et amistie des seigneurs et du peuple de lisle de silice qiadis fut une ptie dytalie estoit moult convenable et necessaire aux romains q couvoitoient subiuguer cartage et affrich dont le peuple ennemy des romains de coustume auoit son regard en lisle de sicile. Le roy pero doncques orgueilleux et rebelle aux romains assembla ces forces en armes/et se appresta en bataille contre appius claudius ung cosul romain/mais ainsi q ses deux

ostz sassemblassent le roy pero et les siens furent presque desconfitz/et lorgueil de son courage fut rabatu par la force des rommains. Apres pero venoit le noble consul rommain cornelius asina dovlant/et qui en brieue complainte comtoit ainsi son cas. Cornelius faisãt guerre pour les rõmains estoit auec son ost en lisle lypara qui est une des neuf isles dont Eolus que les poetes appellent le roy des vens fut premierement roy et en celle isle adonc estoit le viel hãnibal admiral du nauire des cartaginois qui lors contendoient de lempire du monde auec les rommains. Cestuy hannibal par complot appella le consul/ Cornelius par soy iuree et par seurte promise a parlementer ensemble/ Le cousul soy a plain confiant en la foy et promesse de hanibal vint pour paisonner a luy/ mais les affricans faussant leur foy iuree prindrent desloyaume't le consul et le lyrent en prison la ou il mourut. Apres plusieus miseres assez pres dudit cornelius estoit hannibal. Cestuy hannibal comme dit est apres sa foy metie et son serment enfraint vint par nauire en agrigent ung cite de lisle de sicile/ Ceste chose vint ala congnoissance dung consul rommain appele Julius silua qui assiega celle cite et devant icelle il tint si longuement le siege que hannibal et les siens furent pf que tous degastez par fain/et adonc hanibal cuidãt soy sauver saillit hors du port de agrigent et hastiuement il fist forgier nauire dune forest pres dillec/et approucha pour combatre dedens la mer au nauire duconsul qui finablement vainquit et desconfist hanibal et grant partie des siés et apres la desconfiture des affricans/le dit hannibal fut assailli et tue de pierres par ses propres cheualiers demourez/ pource ainsi comme ilz

disoiēt que par son mauuais (t folgou
urnement ilz auoient eue celle fortu
ne ennemye contraire. Apres le cas
du vieil hannibal selon lordre des hi
stoires Vint xantipus noble duc des
lacedomonois. Cestuy xantipus en
son temps entre les nobles de lacedo
monie fut moult noble vaillant (t sai
ge en armes/ainsi comme il apparut
par les horribles (t pesantes batailes
quil entreprint et demena a bieneuree
fin Et combien que en son temps les rō
mains eussēt plusieurs pays (t diuers
peuples soubz eulx/(t fussent ia tres
expers en bataille neantmoins p lai
de (t conseil des vaillances de cestuy
xantipus/les cartaginois en la pmie
re bataille punique obtindrēt victoi
re des rommains entant que le noble
consul marcus actilius auec son ost
fut desconfist (t prins ainsi cōe ou cha
pitre ensuiuant ie aplain compteray
Mais escoute ie te prie cōe la triche
rie des cartaginois dessoyaulx baza
teusement (t repensa oster au duc xā
tipus nompas seulement sa part de
celle victoire ne le salaire tel comme
il auoit dignement deserui mais mes
mement la vie/car apres la victoire
de celle bataile puniq les cartaginois
victorieux feignirent que ilz vouloi
ent remener ledit xantipus en son pa
ys de lacedemonie si chargerent xan
tipus sur vng de leurs nauires: puis
monterent en haulte mer (t adonc les
cartaginois dessoyaulx occirent xan
tipus/et apres getterent son corps de
dens la mer affin qil ne fut cōpaignō
de la glorieuse victoire q les cartagi
nois auoient obtenue p la vaillance
de xantipus/Mais neantmoins le
diffame (t reprouche encores en de
meure aux tricheurs cartaginois et
lonneur au vaillant duc xantipus.
Marcus actilius noble consul rom
main venoit apres xātipus en habit
oit/combien quil eust visaige dom

me victorieux. Iay doncques pris plai
sir a racōpter les fais de actilius po
faire hōte aux iouuēceaux paresseux q
ont tiltre de noblesse/et pour esmou
uoir a gloire et a renōmee les nobles
ieunes hommes de tous pays.

:

Le tiers chapittre contiēt
le cas de Marcus Actilius
regulus noble consul rom
main qui parauāt auoit este
laboureur des champs. Et
commēce ou latin. Marcus
actilius regulus (t cetera.

Arcus actilius regulus ne
fut pas noble par naissan
ce/toutesfois fut il de hon
neste lignage qui vesquit
en ioyeuse et delectable poureté/cest
assauoir sans souffrir grief dizete de
biens temporelz (t sans auoir excessi
ue abondance/il fut homme de qui le
nom doit estre celebre en tout temps
et la memoire de luy doit estre hon
noree. Cestuy actilius eut sept iour
nees de terre et non plus en vne con
tree pres de romme appellee popina
actilius par son labourage continuel
de ses sept iournees de terre fournis
soit tenuement les necessitez de la vie
de soy et de sa femme de ses enfans
et mesgnie/actilius diligemmēt cul
tiuoit entiere loyaulte et les autres
vertus par plus grant diligence quil
ne cultiuoit son chāp. Or aduint
que les cartaginois meurent et app
sterent contre les rommains vne ba
taille qui fut la plus pesante de tou
tes celles qui apres leur aduindrent (t
pour celle cause actilius fut esleu cō

sul pour la consideracion de sa noble constance/ι lui fut donne maulius pᵒ compaignon. Actilius doncques auecques ledit maulius monta/sur vng nauire deuement apareile ιgarnie de gens darmes/et actilius pauant la laboureur de champs deuit nautonier ι capitaine de bataille dequoy il estoit sage ι bien aprins: ι actilius auecqes son compaignon maulius par leur premier assault osterēt aux sicilies deux isles grans et nobles/ Cestassauoir lippeia et melita. Apres la conqueste de ces deux isles actilius ι maulius par bataille faicte sur mer en nauire desconfirent en lisle de sicile amilcar cheuetaine et connestable daffrique/ ι aussi baymon capitaine du nauire des affricans/ι a force darmes leur osterent presque toutes leurs nefz. En la fin actilius ι maulius transportans eulx ι leurs nefz en affrique prindrent illec auec la cite a force clupea ι plusieurs chasteaulx par contrainte se rendirent a eulx ι destruirent ceulx qui ne se vouloient rendre Les romains cōsiderans les nobles ι prouffitables besongnes q̄ faisoit le noble actilius firent p le decret des senateurs plonguer le temps de son cōsulat ι aps q̄l eut baile ι delaisse son compaignon maulius le nauire chargie de la proie ιdes despoilles q̄lz auoient cōquises sur les affricans/ actiliᵘ demoura seulet sans cōpaignon en frique auec son ost: puis cōmāda a sō compaignon maulius que il menast a Romme ledit nauire/ aueques toutes les despoilles/ Ainsi comme actilius dur et importun pour suyuir contre ses ennemys entendoit/ auec son ost victorieux /mener sa bataille a aulcune fin derreniere / Et trassoit tout le pays de affricque. Nouuelles luy suruindrent de la mort de son mettoier a qui Il auoit commise la diligence de labourer son champ ι soustenir ι gouuerner sa femme ι ses enfans/et si oupt nouuelles que le varlet mercenaire q̄ auoit este substitue en lieu de son metoier estoit parti du pays. Ledit actilius q̄ pas ne se enorgueillit du noble estat quil auoit tāt de par sa dignite comme de ses victoires / Il par ses lettres demanda et requist aux senateurs ι au peuple de romme qne ilz obeissēt en affricque aucun autre q̄sul en lieu de luy a excercer son office/ affin se disoit il quil peust sa femme ι ses enfās nourrir de son priue et propre labour nommie du publique tresor. O tres noble iugement de saincte pensee actilius refusoit le consulat qui estoit lune des souueraines seignouries de Romme affin quil ne fust qtraint dōner a sa femme ι a ses enfans aucun deshonneste subside/ Mais le senat print la cure de gouuerner la priue chose de actilius et luy commanda quil poursuiuist la chose que il auoit commencee. Apres doncques que actilius par sa laboureuse diligēce eut accomplies toutes les choses appartenantes a son ost il ferma et mist ses pauellions assez pres dung fleuue appelle bragada en affricque/et pres de celuy fleuueen ce mesme tēps estoit vng serpent de si merueilleuse grandeur que aucun homme de lost actilius ne autre aussi ne osoit approcher pres du fleuue/ car le serpent en tournoyant sa queue auoit ia blecie plusieurs cheualiers de lost/ ι si auoit le cuir si dur ι si espez q̄ p coups de gaurelotz on ne le pouoit percer. Actiliᵘ doncques ayant courage dentreprēdre toutes choses fist tirer maites fortes arbelestes ι getter plusieurs grosses pierres et bombardes ι autres instrumens de trait tant ι si souuēt q̄ le serpēt fut occis/ et apres quil fut escorchie actilius ēuoya a rōme le cuir qui de longueur auoit cēt ι vit piez ceste chose est digne de memoire/et pour deux causes/ elle est legiere a croire/ Car ticolius diligent enqueureur et doulz parleur sur la verité des choses racompte ceste merueille/ et aussi dame nature a qui est commis le labour de engendrer toutes choses pour monstrer lexcellence de ses oeuures fait en chascune espace aucunes bestes particulieres de quantité excessiue a comparaison des autres. Apres ces choses ainsi faictes par acrilius le consul/ les cartaginois enuoierent a lencontre de luy deux capitaines dont chascun auoit nom hasdrubal auec tresgrant puissance dommes et darmes et autres choses necessaires a batailles. Actilius auec son ost combatist contre les deux hasdrubal et en celle bataille il fut victorieux. Actilius eut apres contre soy ung aultre cheuetaine appellé amilcar qui estoit moult plus espouentable en armes que les deux autres/ et si auoit esté mandé querir de par les affricans de lisle de sicile/ pour venir contre actilius qui par semblable fortune de confist amilcar et si froissa et amoindrit en tant les forces des cartaginois que presque il les contraingnit comme vaincus demander et requerir la paix des rommains. Actilius qui auant le temps de son consulat auoit esté ententif a labourer ses terres de seruit par la grandeur de ses faitz haulte gloire et honneur de triumphe/ car en lieu de la boue et du hateau que il portoit pour labourer en son champ/ il comme duc et connestable porta le baston de puire/ en lieu de beufz qui menoit acouplez a sa charrue il arrenga deuant soy sergens portans haches et souldoiers portans pannons et bannieres. Actilius qui souloit despecier les mottes de son champ/ contraingnyt obbeyr a soy les citez daffrique les et nations/ et les capitaines de son ost. Il nest mestier que ie die plus a lexaussement d'actilius aqui les rommains auoient ia appreste La couronne de laurier que len gardoit a romme ou temple dapolo et actilius estoit ia aprestée la robe dor que les Rommains gardoient ou temple de iupiter. Si appartient sauoir que apolo est le dieu des paiens a qui distribue sagesse et a luy est le laurier sacre pour son odeur et sa verdeur qui est perpetuelle qui sont deux choses appartenans a sage homme/ car lodeur signifie renommee vertueuse et bonne/ et la verdeur signifie la continuation de louurier/ car les fors hommes ne sont pas dignes destre couronnez a cause de leur force/ mais ceulx qui perseuerent les fortes oeuures. Les rommaines doncques donnoient a leurs cheualiers victorieux deux singuliers attours: cest assauoir couronne de laurier et la robe de iupiter/ par quoy ilz entendoyent que sagesse et force pareillement sont necessaires en batailles/ car il nest pas encores determiné par les acteurs laquelle soit plus necessaire en cheualerie bien gouuernee ou en vertu de force ou celle de sagesse. Les rommains aussi apprestoient pour actilius le chariot triumphal a quatre cheuaulx blans/ auec les autres honneurs et attours appartenans au triumphe. Les rommains faisoyent supplications et requestes au dieux/ affin que ilz receussent actilius auec eulx ou ciel/ les portes du capitole estoient ia ouuertes pour entrer actilius auec son chariot/ et voicy que fortune comme celle qui se repetoit des prosperitez et honneurs que elle ou temps passe auoit donne a actilius/ elle ne luy osta pas seulement toutes les choses que es elle luy auoit donnees par auant/ mais elle tourna tout au contraire/ car pource que les loix que actilius donna aux africains enneymps des rommains semblerent estre trop

feuillet   Cxxxbiii

dures et importables, les affricans se tournerent a griz estrages soubdoiers en leurs aydes, et entre les autres capitaines les affricans receurent xātipꝰ duc des lacedomonois, q̃ poᷓ les affricans fut ordonne capitaine de la guerre contre actilius et les siens. Mais fortune se changea auec actilius Car le duc xantipus le desconfist et si fist tresgrant occision des romains xātipus aussi print actilius q̃ souuent entendoit aux besoignes touchāt la bataile et le baila aux cartaginois lye de chaines de fer en leur ioyeuse mōstre Actilius apres fut mis en prison obscure et longue et illec enuielli en ordure et en puanteur. Considerez ie vous prie combien la fin du consul actiliꝰ fut cōtraire au cōmencement de lui et de ses oeuures, car il q̃ ditalie estoit sailly vestu de pcieuse robe q̃ len dist paludee q̃ signifie guerre ouuerte entra en la prison de cartaige lye de chaines de fer actilius q̃ cōe victorieux auoit conquis seignourie sur les ducz daffrique, fut cōe vaincu et straint dedens les cepz p̃ les sergens de afficq̃, actilius qui selon le merite de ses labeurs sembloit cōme vainqueur ia auoir desserui les hōneurs de triūphe receut loscurte de seruitude et les tenebres de prison mais ce nest pas merueille, car ainsi auiēt il de grās cōmencemens quāt fortūe treschāge ses offices, fortune a vse de son droit enuers ceulx sur q̃ elle a seignourie, et le droit de fortune est cōtinuelement mue lestat des choses haineuses de ung contraire en lautre. Toutesfois fortune ne peut chāgier ne mouuoir de leur lieu les choses q̃ actilius pauāt auoit faictes car tādis q̃ actiliꝰ estoit lye es cepz de la prisō il accōsuiuit plꝰ resplē dissāt clarte de gloire et de hōne que ne sōt plusieurs roys seans en leur haultain throsne, car luy pour lors estant en prison et viuant en grans tenebres

Les affricquans adonc fors et puissās en armes et richesses furent tourmentez et froissez p̃ les Rommains soubz diuers conneftables. Une fois en affriq̃ autre foys en sicile en tant que les affricans entre eulx ordonnerent quilz demanderoyent paix et accord aux rommais. Les affricans estoient alechiez et contrains de demander paix aux Rommais pour la couuoitise de recouurer a eulx la iouuente de cartaige qui estoit prisonniere par deuers les rōmains. Si aduint que les cartaginois entre eulx par accord ordonnerent que actilius ia par cinq ans prisonnier pꝛueroit auec les messagiers de cartage quant venus seroyent a Romme la deliurance de soy mesme parmy ce que la iouuente de cartage seroit franchement rendue aux cartaginois et apres ilz ordonneret que actiliuspar serment ꝑmetroit retourner a cartage prisonnier en cas que lamē de des cartaginois ne seroit par les Rommains octroye selon les articles de ceste ordonnance ainsi dicte ꝓmise et iuree p̃ soy, actilius fut lasche de prison et vint a Romme et apres expo sa lefect de sa messagerie aux senateurs et la cause pourquoy il venoit a eulx. Seigneurs dist actilius depuis sept ans ou enuiron vous me feistes cōsul de ceste cite, et pour accroistre la seignourie dicelle vous commeistes a moy la principale cōduite de voz cheualiers pour guerroyer contre les ennemis de rōme, et ie selon la faueur des dieux et moyennant la sagesse et force de mes compaignons ay conqs aucunes isles citez pays et gēz et icelles ramenees soubz lēpire de romme or est aduenu p̃ muance de fortune que ie qui auoye este vainqueur suis vaincu, et ie qui auoye este franc suis serf et prisonnier, mais la mercy aux dieux immortelz vous tāt p̃ les miēnes comme par voz autres victoires

aues par druers soubz vne grant c̄bō
ne ptie de la iouuente daffriq̄ pquoy
vos ennemis les affricans sont mōlt
affebloiez cō̄e ceulx q̄ presques nont
fors que vieillars Inabiles a endurer
les pesans fais de bataille. Si voul
droient les affricans faire paix auec
vous/soubz condicion que voꝰ meiſ
ſiez a deliure leur iouuente. parmy
ce que Ilz me franchiroient de prisō
Apres ce que actilius eut ainsi dit leˢ
senateurs luy prierent que selon son
aduis il deist sa sentence sur les cho
ses par luy dictes. Actilius delaiſ
ſant son propre salut de soy et de son
singulier prouffit. Mais Il pourue
ant au bien publicque dist que Il ne
appartenoit mie a la chose publicque
de Romme q̄ len rendist ses fors iou
uenceaulx de cartage pour la deliurā
ce de luy qui estoit vieillart et cōsume.

Et si ne appartenoit pas donner
paix ne accort en vne cite laissee et eſ
puisee de force comme estoit cartai
ge qui pour ce les requeroit de paix.
Ceste sentence de actilius fut grant
exemple de entiere loyaulte/mais a
pres Il fust chose plus grant. Car Il
acomplit par oeuure la sentence quil
auoit dicte contre soy et pour le bien
publique/affin que il montrast que lē
terinete de sa foy estoit plus en fait
que en parolle. Se actilius eut vou
lu obtemperer aux requestes de ses
amis et aux enhortemens de ses pa
rens qui tous luy donnoient conseil
tendans au prouffit de la chose publi
que/Il pouoit sans retourner en pri
son mocquer et deceuoir ses enne
mis/les cartaginois qui tous auoi
ent este. Et generallement estoient
desloyaulx et pariures/actilius pou
oit se il luy eust pleu vser de ioyeuse
franchise auecques ses amys cha
nelz. Actilius pouoit licitement sans
retourner en prison mocquer et dece
uoir ses ennemis. Les cartaginois

De Boccare

desloyaulx et pariures sil leust vou
lu obtēper au prieres et enhortemens
de ses parens et amis/qui en luy pri
ant luy enhorterent deux choses/cest
assauoir quil souffrit que la iouuente
de cartage fust rendue et par ainsi Il
demourroit franc de retourner en
prison. Item que puis que les cartagi
nois auoyent par plusieurs foys en
fraitte leu rfoy et pariure leurs dieux
aussi actilius pouoit enfraidre enuers
eulx son serment. car len peut honne
stement rendre/vng barat pour au
tre/et rebouter vne violence par vne
autre semblable. Mais le noble acti
lius de tout ce nevoult riēs faire ais
perseuerer en constance de couraige
Car il ayma mieulx retourner en la
prison des cruelz cartaginois qui de
bon droit estoient ses ennemiˢ que en
fraindre aulcunement sa foy ne q̄ cor
rumpre son saint serment en aucune
maniere. Actilius doncques retour
nant de romme a cartage rentra en
la prison et se fist lier es chaines dont
il auoit este desslye et afranchi. Nouˢ
qui lisons listoire de actilius deuōs
raisonnablemēt penser que poꝛ ſoy
aulte entierement garder les dieux
mortelz ont garde au glorieux hōme
actilius honneur de pardurable renō
mee en lieu de celle bieneurete que for
tune luy ostart la chose q̄ fist actilius
sēbla estre plus reluisant et plꝰ noble
de tant comme elle est plus loyale.
Apres ce q̄ les cartaginois cōgneurēt
quelle auoit este la sentence de actili
us quant il auoit racomptee sa mes
sagerie aux senateurs de romme. Leˢ
cartaginois furent embrasez de rage
et de courroux/si pourpenserent vne
trescruelle maniere de mort et com
manderent aux bourreaux quil fust
si et tellement adoube en ses yeulx q̄
il perdist le dormir/et pour ce ilz luy
couperent les paupieres des yeulx/
affin que par celuy tourment et enuy

(par la peine cõtinuele q̃l souffroit il mourut en prisõ. Aps doncques q̃ les paupieres furent trẽchiez au vieillart actili9/les cartaginois le lyerent sur vne table d'ais bien polie (a aplanie en quoy estoiẽt aguilõs ou clous pointus haulz (re sleuez/(rapres coucherẽt actili9 sur celle table (a le couurirent dune autre telle table (a p le cõtinuel tourment de ces deux tableaux ferrez de clous agus qui perçoient ses vaines (a ses nerfs dõt le sang gtinuellemẽt degouttoit. Actilius finablemẽt mourut pource q̃l ne pouoit soy recliner a repos po' dormir lequel il desiroit p le droit de nature cõbien quil fust entre les aguillons. La mort de cestuy vaillant homme Actilius est moult plus noble q̃ nest la vie de moult de autres hommes/la mort a transporte ou ciel lesperit du preudomme actilius auec plus grãt (a plus glorieuse louenge quelle ne transporte les esperitz de plusieurs hões qui semblẽt plus noble5 (a plus bieneureux que ne fut actilius selon le iugement des hõmes.

Le quart chapitre p se contre les mauuais citoyens (a autres desloyaulx hões en ramenãt a memoire la sainctete (a faiz excellans du vaillãt actilius noble consul romain. Et cõmence ou latin. Quid inter imperium (rc.

Eulx qui lisent ou escoutent les hystoires des romains ne se doiuent pas esmerueiller silz ont alongie5 les bournes de leur empire par tou-

te la terre que la mer en est toute enuironnee Puis que e la chose publicque de romme a eu telz citoyens cõme ie croy que fut actilius/fortune a qui dieu seuffre changier les choses de ce monde ne peut oncques auoir force contre les rommains tãdis q̃lz eurent telz citoyens car par exemple de luy chascun peut veoir que fortune na aucunes forces de transmuer les estatz des hommes puis que le5 oeuures soiẽt fondees en vertu qui est vng dõ de dieu et nest subiecte a fortune/se dauẽture par aucun temps aucun des officiers de romme a este paresseux ou dissolut/et celle paresse ou dissolussion a este soudainement rabatue par aucũs officiers successeurs diligens et attrempez/et se les rommains auoient eu aucun qui p negligence eust mal fait le prouffit ou lõneur de la chose publicque tantost estoit esleu vng autre sage curieux a reparer le mal fait. La cite de romme a eu plusieurs citoyens cõme sõt les camillois les scipions (a aucũs autres qui ont peu faire maintes dignes choses de memoire/par lesquelles selon ladius daucuns ilz ont surmõte les fais du poure actilius/toutesfois ie cuide que caton mesme ne fut pa5 plus vaillant en sainctete ne en loyaute ne que fut actilius Ie ne scay aucun citoyen rommain fors que actilius qui si sainctemẽt eust contenu ses manieres puisque il eut deuers soy le publicque tresor qui nen eust prins aucun peu pour soustenir la priuee pourete de luy de sa femme (a enfãs actẽdu que actilius par ses batailles auoit conquis plusieurs richesses en lisle de sicile et grãs despouilles en affrique desquelles il pouoit appliquer a soy mesme grant partie. Ie ne prie pas a ces deux nobles rommains curcius ne fabricius quilz ne respondent que il leur semble du vaillãt actilius/mais a ces quatre couuoiteux Pōmmains Lucius Bestia/Emilius staurus/Gayus Bebius/et acrassus a qui les Assiriens distillerent en la gorge l'or et l'argent tout fondu pour saouler sa couuoitise. Je prie que ilz me respondent se ilz ont este semblables en saincteté ne en loyaulté & vie au vaillant actilius Et ie qui suis florentin vouldentiers demāderoye aux citoyens florentins silz sont telz cōme fut actilius/mais ie men abstine pource que honnesteté ne veult que ie diffame les gens de mon païs naturel. Entre les citoiens Pōmmains & florentins (& des autres citez de cestui temps present/la premiere demande est quel prouffit ilz auront pour entreprēdre aucune besoingne publique. Les citoyens de ce temps qui ont administracion ou office en la chose publique reputent tressaincte chose happer rauir occuper les sainctes & les choses non sainctes (ne leꝰ chault se mesmemēt ilz font le dōmage publique/ mais q̄lz eschapēt la peine d'estre punis. Celui q̄ cōgnoist les admōnestemens dōt vsent les citoies officiers a uaricieux peuēt assez entēdre q̄lle ꝑparoles ilz dient ains q̄lz entrēt es offices publiq̄s. Je vouldroie aussi cōme mesmem̄t raisō veult q̄ les officiers q̄ pmierement veulēt poꝰ eulx auoir l'ōneur (& prouffit/(& qui dernierem̄t ne veullent souffrir le trauail/eussent oupé la sentence actilius quant il parla a Pomme deuant les senateurs pour le bien publique et contre sa frāchise particuliere (& contre le bien de sa vie/affin q̄ auarice ne les epeschast a congnoistre quelz hommes sont dignes d'estre nommés citoiens. Tres legiere chose fust a Actilius/homme constant qui auoit esprouué les males (& dures prisons de cartaige de rēdre (& liurer son corps a peines (& cruelz tourmens poꝰ le salut (& prouffit de

la chose publicque de romme/Mais vne mauldicte et villaine generaciō d'ommes est/lesquelz apres ce que ꝑ mauuaise ambicion et envie ilz ont occupé les honneurs et tous les prouffitz de leurs citez (& pays/ilz osent publiquement mentir (& dire quilz soyent poures affin quilz eschappent les cōmunes charges de leurs citez cōbien quilz soyent abondās de richesses en leurs priuees chasteaulx Certeꝰ len doit mauuaisemeut (& enuis croire que telz citoyens mettent en peril leur vie ou espādēt leꝰ sang pour le cōmun salut et prouffit de leur pays puis quilz nont pas honte de refuser vng pou de leurs substāces pour sauuer le bien publique: ces citoyēs qui a cōparaison du bon actilius sōt mauuais ilz ont largement richesses poꝰ haultement donner leurs filles quāt par mariage ilz les donnent a aulcūs riches maris/Ilz ont assez dequoy grandem̄t faire solemnelles nopces delicieux mengiers et pourpensees festes et danceries. Ilz ont assez poꝰ entretenir leurs chambres nō pas en maniere bourgoisiue/mais a laguise popalle/ilz ont richesses assez pour auoir robes de pourpre couronnes sermaulx et robes precieuses dorées de riches pierres pour attourner leurs femmes/ilz ont largement richesses pour dressier haultes couches couuertes (& encourtines a grāt despense (& poꝰ nourrir cheuaulx oyseaulx (& chiēs mais ilz nōt aucune petite quantité de richesse pour ayder et secourir au besoing de la chose publique. O solz et mauuais hommes pēsez vous que nous serons et quel sera nostre estat et quelles serōt noz particulieres richesses/ou noz parentez ou noz puissances se il aduenoit que la chose publique de nostre cité perist/se il aduenoit que l'aide et le refuge publicque cessast Je ne scay qui refraidroit la vio lence des mauuais hommes/ne qui ostera les liures ne qui iurera les causes en rendant droit a chascun. Les folz et mauuais cytoiens ne pensent ne ne veulent veoir que premierement nous sommes engendres et nez pour le bien de nostre pais/secondement pour nostre bien faire. Mais affin que ie ne die tous les reproches que ie pourroie dire contre les mauuais citoyens/ie retourne a parler de la loyaulte ⁊ foy de ce tresbon homme actilius de q̃ lenterinete a este si grãt q̃lle na peu estre flescbie ne croulee contre le serment quil auoit donne aux cartaginois. Lentiere foy ⁊ loyaulte de actilius ne peut estre flechie ne croulee par les larmes de ses enfans/ne par les prieres de ses amis/ne par la doulceur de son pays naturel/ne par la couuoitise de alonguer sa vie/ne par la paour des tourmẽs qui estoient aprestes contre lui/mais las moy Ie voy que il nest chose de quoy il chaille moins aux nobles et autres hommes de maintenant que de garder leur foy ⁊ serment. Les hõmes ne penient pas seullement les choses que ilz ont promises et iurees soubz leur foy en faisant interpretacions scrupulances ⁊ plusieurs cauillacions pour aucune chose de trespetite valeur/mais les hommes penient la chose quilz ont promise par soy et se deffendent par infinies menconges puisque le peniement tourne en aulcun prouffit. Mais en parlant a toy homme de quelque estat que tu soyes/ respons a ma demande par quelle pensee/ne par quelle hardiesse de cueur prierds tu le vray dieu q̃ te donne ses biens spirituelz et mondains/car combien que dieu soit la souueraine et entiere verite/neantmoins tu las produit/et admene en faulx tesmoignage/tu as fait promesse deceuable et faulse. en iurant

le nom de dieu/tu as prins le nom de dieu que tu feroyes ta promesse verible/tu as penie le nom de dieu/tu as prins le nom de dieu en vain/tu es ris et mocque de dieu en le iurant/tu as repute la tresbonnarable maieste de dieu tout ainsi comme la presence dung souillart. Et tu qui par aduenture es cheu en obstinacion de pariurement ne te chault de mentir ne de pariurer le nom de dieu pource que par tes yeulx corporelz tu na percois que dieu soit partout et p ainsi tu ne cuides pas que dieu soyt present en tous lieux/mais O homme pariure dy moy de quel front et de quel visage oseras tu regarder les veritables hommes se tu es faulx et pariure que les autres hõmes te doiuent rendre loyaulte se tu te es essorcie a deceuoir dieu qui clerement voit et congnoist toutes choses/penses tu que les honnestes hommes et veritables doiuent esleuer et recommander ton nom puis que tu as desprise et aneanti le nom de dieu Penses tu homme qui es faulx et pariure que ie adiouste foy a toy ne a tes parolles puis que tu as faict dieu mensongier en tant comme tu as peu se tu penses ces choses estre vrayes/ie respons que tu erres/et si ne consideres pas assez la foy ne la loyaulte de Actilius homme payen/qui voulut pluftost soy mesmes liurer a mort q̃ deceuoir les cartaginois par le serment que il auoit en iurant sur leurs faulx dieux mais affĩ q̃ ie ne soie trop lõg pour racõpter les singulieres vertus de actilius poure homme/qui neantmoins fut resplendissant ⁊ noble en vertus/Ie dy sommierement que les nobles hommes vestus de pourpres/⁊ les riches qui leurs temps emploient en delices et ceulx qui occupent les haultes dignitez et offices des citez prennent et recoiuent honB i te en leurs visages quant ilz veoient et pesent la grant vertu du courage et du corps du noble et vaillant actilius car actilius laboureur de terre auoit le cuir ort et pouldreux et aspre p le hale du soleil, il auoit les mains rudes et durillonneuses par souuēt tenir et mener la houe et la charrue, il estoit vestu de robes que il faisoit de telle laine comme ses brebis portoient. Et neantmoins en son corps fust une ame de si grant vertu morale et corporelle que p la vraye clarte de ses merites, il extint et obscurcit les sainctes noblesses des autres soy vantās de mondaine gentilesse. Je conseille aux nobles du temps present que ilz ne se rebellent ne estriuent contre le vaillant et noble actilius en eulx vantans de leurs hors et deshonnestes tiltres de noblesse, et quilz ne moquēt ne ne condamnent les faitz du noble consul actilius qui sont tresgrans et tresbeaulx et dignes de memoire. Les nobles hommes de maintenant louent et recommandent principalemēt le noble consul actilius de tant comme ilz cuident blasmer luy et ses faitz car de puis que ung homme ait dessez ul gloire et renommee par sa vertu et prouesse il ne peut plus estre infortune que destre loue et recommande par aucun homme fol et mal expert en oeuures de vertu et de vaillance.

·   ·

Le 9.chapitre contient les cas ptholomee roy degypte et abithomarus duc des frācoys et de viridomar[us] roy des ditz francoys Et commence ou latin. Longum plorancium.&c.

Pres le racomptemēt du piteux et miserable cas dactilius noble consul Romain, ie tournay ma plume pour briement escripre le cas des maleureux nobles hommes tant citoyens comme autres plourans et faisans ung long cry, qui estoient de uant moy tous nudz en une longue renge tout ainsi comme les historiēles arrengerent en leurs liures. Les nobles maleureux ia deuant moy se estoient assemblez de toutes pars du monde affin que tous les autres ptholomee philipater roy degipte. Cestui ptholomee non pas cruel seulement ainsi comme sont aucuns hommes, mais il cruel et inhumain en maniere dune beste sauluaige couuoita tant la seignourie de egipte que pour icelle plus hastiuemēt auoir il ne attendit pas le temps legitime et honneste succession de naturelle mort de son pere ptholomee surnomme Struphone mesmement roy de egipte, mais cestuy philopater occit son pere et sa mere et aussi sa seur germaine. Et apres ainsi comme il eust bien et droitemēt ordonnees ses choses Il se adonna a luxure et tous ceulx de son hostel le suiuirent en celle orde vie, et nō pas seullement les amis et pares de ptholomee, Mais mesmement tous les cheualiers degipte delaisserent le stude de la discipline des armes et flestrissoyent en oysiue luxure et en paresse. Si tost que ceste chose vint a la congnoissance de anthiochus roy de surie dont le royaume par ancienne hayne des roys et du peuple estoit ennemy du royaume degipte Cestuy anthiochus par soubdaine bataile oppressa et conquist plusieurs citez en egipte, et enuahyt mesmement la principale cite de tout le pays dillec. Adonc le roy ptholomee enuoya messaigiers pour assembler gens darmes/et fist bataile auec anthiochus/si bieneurement que ptholomee eust oste a anthiochus son royaume sil eust aidie a fortune par continuelle estude de bataille/ Mais ptholomee content de la Recouurance des citez quil auoit perdues Il fist paix auec anthiochus/ct se mist a Repos dont il estoit couuoiteux/ct se Rebouta en la fange de luxure Et aps ptholomee tua erudice sa femme ct sa seur/et puis print en concubine une folle femme nommee agathodia/ Il se contint tellement que il oublia la grandeur de son nom/et sa Royalle maieste/ Il degasta les nuys en Ribauldies/et les iours en mengiers et en boires oultrageux pour soy semondre a luxure/ Il trouua diuers melodieux Instrumens tant de cupure comme de cordes parquoy Il se semonnoit aux delectations charnelles qui furent la secrete ct taisible pestilence de la maison Royal. Celle agathodia concubine de ptholomee auoit ung frere appelle agathodes dont ptholomee/abusoit en lieu de femme/pource que agathodes estoit de enuieuse beaulte. Les deux agathodia et agathodes auoient une mere appellee oeuanthe qui par les ors delitz de ses deux enfans tenoit le Roy estrainct et subiect En tant que eulx trois ne possedoient pas seullement le corps du roy mais tout le Royaume degypte/eulx troisse monstroient publiquement gouuerneurs du roy ct du royaume/ilz se faisoient saluer et acompaigner en maniere Royalle Agathodes dont le Roy abusoit se tenoit loing au coste du roy. Agathodes gouuernoit les citez/et sa mere et sa seur ordonnoient a leur plaisir des dignitez et offices/et en lostel du roy et en son Royaulme ne estoit homme moins puissant ne que estoit le Roy mesme. Finablement il continuant en ses ordes delectacions et paresses mourut meschantement et laidement au giron de agathodia sa concubine La mort du Roy pholomee fut longuement celee et Incongneue aux egiptiens/car agathodes et sa mere oeuanthe et sa seur agathodia en ses entrefaictes Roboyent le tresor Et les ioyaulx du roy/mais apres que les Egiptiens congneurent la mort de leur Roy/Ilz vindrent en grant multitude au palays royal et illec fut occis agathodes et sa mere ct sa seur furent pendues au gibet en signe de vengance de la mort de erudices femme du roy pholomee que il auoit occise. Aps pholomee roy de egipte meschantement et villement mort au giron de sa concubine venoit abithamarus noble duc des francois/pquoy est assauoir que lan cinq cens vint et ung apres la fondacion de romme les Rommains consideras que deux nacions puissans ct nobles/cestassauoir les grecz ct les francois persecutoient par armes les rommains les euesq̃s ct prestres des temples en celuy an trouuerent ung mortel soupcon de faire ung mortel sacrifice a leurs dieux selon lancienne maniere/car dix homes Rommains de par les euesques enfouirent dedens terre ung homme et une femme tous deux de france/ct tous vifz auec une feme grecque aussi toute viue ou marchie de romme ou len vendoit au mailles. Les rommaines supersticieux et sorciers cuiderent que les dieux pour celuy sacrifice deussent donner aux Rommains puissance de destruire les francois et les grecz mais celle supersticion leur tourna promptement au contraire/car pour les maulx de lomme et de la femme de france les rommains furent pugnis par les puantes occisions deulx mesmes. Car en celuy an que Lucius Emilius et catilus gayus et Acti

B ii

lius regulus estoient consulz de romme/les senateurs furent moult espouentez par ce que les lombars de oultre les mons se departirent de la mistie et obeyssance des rommains (z du pays de gaule deca les mons partit et vint a Romme ung grant ost dommes portans guisarmes/ et pource les Rommains les nommerent souldoiers gesarmez. Les trois consulz doncques furent tresesfraiez (z pour deffendre toute la seignourie de Romme ilz assemblerent en armes toutes les forces. Et tant que en lost dung chascun consul furent quatre vintz milhommes armez de par les Rommains/et de par les champegnois furent en celle bataille trois cens quarante (z huit mil et deux cens hommes de pie/et de cheual vingt (z six mil et six cens/et lautre multitude de par les citez compaignes et alieez de romme/la bataille des rommains qui trois consulz comme dist est auoient (z des francois (z lombars qui auoient deux cheurtaines le duc abithomarus/et le Roy Siridomarus fut faicte en toscannes pres de la cite de areste. Lost des francois illec occist le consul actilius huit cens mille Rommains armez se mirent en fuyte/et touteffois de leur part ne estoient encores tuez que trois mille combatans. Le commencement des fais de abitomarus (z Biridomarus (z de leurs cheualiers francois fut a grande (z noble victoire: mais que fortune le eust mene a bieueree fin qui assez tost apres changa son geu/car abitomar⁹ (z Biridomarus auec leurs cheualiers francois seconde fois combatirent auec les Rommains/et en celle bataille furent tuez plainement quarante mil francois par leurs ennemis rommains. Si aduint que lan ensupuāt les deux nobles capitaines auec le⁹ gens francois rassemblerent leurs forces aupres du grant fleuue de ytalie que len nomme le pot/ et Illec combatirent tierce fois contre les rommains/qui celuy an auoient deux consulz pour leurs batailles/cestassauoir Maulius torquatus et flamini⁹ flactus/et tant fut combatu p les Rommains que des francois furēt occis trentetrois mil et six mil furent auec leur duc abitamarus prisonniers menez a romme en signe de triumphe/ combiē que aucūs dist que abitamarus combatant cōme souldoier auec les sannitois ennemis des rommais fut desconfit (z prins (z mene en signe de triumphe ou capitole de Romme Deuant emilius consul adonc (z capitaine de celle bataille pour les rommains. Cestuy abitamarus voyant q̄ fortune lauoit barete de la prouesse que il auoit faicte p ses cheualiers et compaignons de bataille (z que il estoit a tousiours desconfit et prisonier/et que ses armes et attours seroyent offers et afflichiez deuant les dieux en leurs tēples: il desdaigneux et couroucie rompit sa ceinture dor si aumoins que elle ne fust offerte aux dieux ne affichee en leurs temples. Apres le duc abitomarus selon lordre des hystoires Il affiert en brief cōpter le cas de Siridomarus Roy des francois duquel ia en partie iay compte les nobles et grans fais en armes et seulemēt de meure a dire a laquel fin dame fortune le ramena/ car lan apres la prinse de abitomarus en diuerses partyes du monde aduindrent singuliers et grans merueilles Car du fleuue nomme picene courant enpealie sailloit le sang qui rougissoit toute leaue et les rieuieres di celle/Le ciel sembloit ardoir en celle partie qui regarde dannemarche/ Trops lunes apparurent en trops diuerses partyes du ciel/la terre sy fort trembla en lisle de caris et en lis le de rodes que les maisons communement cheoient. Adonc tomba a terre vne colõne de marbre ou soumet de laquelle estoit selon renommee repost/ et enseuely le corps du dieu apolo/ laquelle colonne estoit hors de terre haulte de soixante et dix coultees. Or aduint doncques que les rommains auoient moult a desdaing que les francois feussent cy pres de rõme ou pays dytalie/ si firent leurs augurement pour sauoir sil estoit expediẽt ⁊ bon de combatre cõtre Viridomaruʳ roy ⁊ cheuetaine des francois lors estans en ytalie. Les augureurs rapporterent que celui temps nestoit pas conuenable pour les rõmains/ mais flaminius consul en celui temps contre le iugemẽt des augures gbatit ⁊ Vasquit les francois dont neuf mil furent occis ⁊ dixsept mil furent prins. Et apres ceste bataille Claudius adonc consul de Romme combatist le Remenant des francois dont trente mille furent occis et leur Roy Viridomarus qui se estoit mis en front de la premiere bataille fust occis/ et affin que les Rommains hayneux/ et Indignez contre les francois qui les auoient plusieurs fois desconfitz en bataille feissent plusgrant confusion ⁊ honte au Roy Viridomarus/ses armes furent effectes ou temple de iupiter a a romme a qui les rommains principalement offroient les fines et bonnes despouilles conquises en bataille. Consequemment tandis que compteroie les cas des trois nobles malureux ptholomee ambitomarus et Viridomarus. Je tantost apres trouuay en diuerses hystoires/ les cas des autres nobles hommes ducz et connestables de bataille/ dont les aulcuns estoient de liburnie/les aulcuns de pl'tie en grece/⁊ les aulcuns francois. et si trouuay les cas daulcuns princes de espaigne ⁊ de champaigne/ de pueille et de sannite/⁊ de brucie/ lesquelz combien quilz eussẽt este nobles puissans ⁊ Riches/toutesfois Ilz furent destruitz et abaissez tant par les rommains comme p̄ les affricans ou temps des batailles de scipion et de hannibal/ Et oultre en diuerses hystoires ie trouuay les maleureux cas daucũs nobles seigneurs terriens de diuerses naciõs en si grãt nombre que eulx mis ẽsemble ne fai soyẽt pas vne compaignie mais vng grant ost. Si delaissay a Racompter leurs cas pour la trop grant longuesse/ mais depuis que ie eu ouyes les larmes de tous les nobles maleureux que ie trouuay es hystoires ie esleu vng de tous/ cestassauoir siphax le Roy de numidie Je pensay a descrire ses tenebres ⁊ miserables meschãces apres la clarte et bieneurete de son noble et grant estat royal.

Le sixiesme chapitre contient le cas de siphax roy de numidie en affriq̄ la ou croissent les marbres. Et cõmence ou latin. Non satis et ce.

E nay pas assez plainemẽt congneu par les hystoires quel fut le lignage de siphax le Roy de numidie/ mais de quecõque lignage que il soit descendu les histoires qui sont venues iusque' aux acteurs latins tesmoignent q̃ siphax fut assez renomme en toutes chose' p̄ quoy len acquiert les tiltres de noblesse et la puissance de son royaume fut tresgrande. La prouince de numidie est ou pays de affrique/et commence numidie a vng fleuue nomme amifiga/et dure iufques ou pays appelle zeugitanie/par deuers orient numpdie touche aux petis gouffres de libie/deuers feptentrion a fardaine/deuers occident elle touche a maritaine/deuers midy elle touche a ethyope. Le terrouer de numidie est tresgrant illec sont forestz tresabondans de sauuagines/& les montaignes dudit pays de numidie sont abondans de cheuaulx & de asnes sauuages/oudit pays de numidie croist le treffin marbre/et en celle dicte prouince sont entre plusieurs deux principales citez yppone & suzicade. Entre les autres choses pquoy il appert que siphax ayt este puissant en armes. Cest par ce que l'en treuue es hystoires que siphax fist anciennement vne forte bataille contre le roy galla qui lors estoit trespuissant seigneur de messalie Jadis vne des prouinces despaigne & qui maintenant est adioincte a la prouince de numidie. Le roy siphax aussi fist vne autre tresforte bataille auec le Roy mamissa fils & successeur du roy galla/ces deux roys gabba et mamissa furent finablement foulez et desconfiz par la sagesse et force de siphax/combien que premierement il eut este desconfit & foule par ces deux dessusdits. Fortune fauorable au roy siphax/ne luy octroya pas seullement celle gloire que il eut de desconfire gabba et mamissa/mais Siphax l'amena en si bas et si miserable estat le roy mamissa que il le despouilla de son royaume de messalie & fut le roy mamissa contraint de viure de roberie a maniere de larron assailleur de chemins. Et oultre ledit mamissa fust contraint de habiter es cauernes des montaignes & es fosses des bestes sauuaiges pour la paour du roy siphax/& tant que le roy mamissa par deffaulte de toute autre viande vesquit longuement dung peu de pommes sauuages et de racines de herbes/et derrenierement siphax tellement dechassa le roy mamissa par toutes les parties de son royaume que les hommes de son royaume oublierent son nom et penserent que il fust mort/ne nauoyent esperance de luy ne que de vng homme noye en vne riuiere/et tellement que le Roy Siphax occupa tout le royaume et mist soubz sa seignourie le peuple du roy mamissa. Certes belle chose fut au roy siphax de auoir desconfit et destruit les deux roys gabba & mamissa ses ennemis/mais fortune luy otropa vne cho se plus belle pour esleuer la gloire de luy en temps perpetuel/car pour lors que les Rommains et les affricans entre eulx combatoyent pour auoir la seignourie de tout le monde/la puissance du roy siphax fut estimee si grande que les romains et les affricans iugeoient que en quelconque partie que siphax se tourneroit icelle partie comme la plus forte conquerroit lempire de tout le monde. Les rommais doncques et les affricans furent meus en courage et penserent eulx deux de attraire siphax a leur partie. Or aduint q̃ scipion pour la partie des rommains/et hasdrubal pour la partie des affricans q̃ lors estoient deux cheuetaines tresrenomez en bataille aduiserent que ce se roit tresgrãt bien pour leur chose publicque se ilz pouoient alier le roy siphax en aide et amistie de leurs parties. Si escheut dauenture que en vng mesmes iour et presque en vne mesme heure scipion et hasdrubal entrerent dedens le port de la mer de numidie et dedens le palays du roy siphax q̃ les receut eulx deux moult honnestement et bien et les asseura soubz sa foy/& ainsi les fist seoir auec soy a sa table/ɩ enuers eulx Il fust si courtois ɩ attraiant De beau parler que eulx deux lui otroierent tãt que ilz dormirent vne nuyt en vne mesme couche/ɩ la grãt ɩ singuliere seurte que scipion ɩ hasdrubal eurent en la foy du roy siphax leur hoste/ Leste chose fut grant acroissance de sa bieneurete:ɩ eust este trop plusgrant sil eust garde la foy ɩ lamistie a scipion ainsi comme il lui auoit requise/ɩ ainsi comme le roy siphax luy auoit par serment promise a garder: Apres ces choses nobles ɩ bieneurees aduenues au royfortune voult retraire sa main affin que lorgueil de siphax roy de barbarie ne montast au plº hault degre de honneur ɩ de puissance/ si aduint que par la subtilite de hasdrubal le roy sipaax sen amoura de sophonisba lors tresbelle pucelle et fille dudit hasdrubal/ ɩ tant que siphax print a femme sophonisba qui apres fust induicte et soubornee par son pere hasdrubal tant que par subtilite ɩ barat dont les affricans sont plains. La dame obtint que son mary siphax deffendit par lettres ɩ par messaiges/ que len ne layssast passer scipion cheuetaine rommain ne ses gens qui voulloyent eulx tramporter en affricque pour subiuguer cartaige a la seignourie des rommains Si aduint que non pas srullement le roy siphax enuoya ses aydes aux cartaginois/mais il mesme auec son ost vint contre Scipion aduersaire des affricans. En cellup temps presque tous ceulx de espaigne et de affrique cuidoient que le roy mamissa/ dont je parlay na gueres feust mort ou autrement ramene a neant Mais quant Il sentit que son ennemy Siphax estoit pour sa foy mentie deuenu ennemy de scipion. Le roy mamissa adonc saillit hors des cauernes ɩ des forestz/ou Il estoit destour

ne et mure/ puis assembla telles aydes comme il peult auoir et vint contre le roy siphax en soy ioignãt auec scipio et auec lesp legat dudit scipio mamissa Doncques et lelius ordõnerent et firent leurs batailles cõtre le roy siphax de qui les gens de sõ ost furẽt tellemẽt soulees et desconfites que mamissa et lelius prindrent en bataille et liuerent siphax tout vif es mains de scipion/entre les mais duquel le roy siphax auoit iuree sa foy et fermee amistie et aliance de ayder et conseiller la partie des romanins Apres aduint que mamissa et lelius prindrent vne des citez de siphax appellee circe tres riche et tresgarnie ɋ se rendit a eulx. Dedens celle cite mamissa qui entra le premier pẽsa comment il feroit que siphax tresmeschẽant fut courroucie et ãgoisseux en toutes manieres/et non pas seulement par la perte de son royaume. Si aduint que mamissa hõme tresbayneux du roy siphax et son mortel enemi plus que nul autre occuppa et print pour soy le palays de la cite de circe/ et aduint que il conioingnit a soy par mariage la belle sophonisba femme comme dit est du roy siphax/ et furent les nopces celebrees ɩ faictes durant encores le bruit de la bataille en la quelle siphax auoit este desconfit et prins. Par ainsi doncques le roy siphax nagueres bieneureux en toutes choses appartenãs a felicite mõdaine fut abatu de son hault estat au bas/il perdit son grant et riche royaume de numidie. Il perdit aussy sa tresaymee femme la belle siphonisba/il peult veoir aussi son ennemy mamissa rempy et esleue en son hault estat royal. Et apres le roy Siphax fut enuelope de chaynes de fer comme prisonnier/ puis fut mene a romme tout seul ẽtre les autres nobles dafricque ɩ fut mis deuãt le

s iiii

chariot de scipion quant il fist le triumphe de la desconfiture des cartaginois a romme. Aps ce que siphax eut este mene en triumphe les senateurs de romme comanderent qlfut mene en vne cite assez prouchaine de romme appellee tyburin, z que illec siphax fust enclos en chartre perpetuelle. Siphax doncques qui parauant ne auoit pas assez du treslarge royaume de numidie fut lie en vngz ceps: z fut contrait a soy contenter de lespace dune petite chambre semblablemēt aussi laduze necessite de infortune contraignit le roy siphax obeir au cruel geolier de la prison, combien que vng pou parauant le Roy siphax eut vne multitude de varletz obeissans a soy, z vng grant ost de cheualiers qui le seruoient. Et finablemēt siphax qui auoit possede tresgrans abondances de richesses mourut poure z diseteux en la prison, z dilec fut aporte a romme. Et apres les rommains luy furent si liberaulx z begnins que par humayne pitie le firent enseuelir honourablemēt z bien a la despence publicque.

Le vii. chapitre contiēt le cas nabin par tyrannie seigneur des lacedemonois. Et les cas des affricaine z des dis lacedemonois. Et comence ou latin. Expediueram. &c

Pres ce que ie eu parfaict le compte du miserable cas du Roy siphax Nabin iadis par tyrannie seigneur des lacedemonois se aparut deuāt moy et en plourant pour sa male fortune disoit quil estoit de lestat de bieureté mondaine deuenu tresmeschant. Cestuy nabin pour brief compter son cas aduisa que apres le temps du grāt alexandre lempire de grece auoit este et estoit diuisee presques en autretāt de seignouries comme il y auoit de citez, et que plusieurs p violēce auoit occupe les pticulieres seignouries de grece qui de lors estoit moult affoiblie et desnuee de deux precieuses choses, cest assauoir de science et de discipline darmes, et q la fleur de ces deux choses qui accompaignent lung lautre estoyent de grece venus a Romme, et illec ia flourissoient. Neantmoins la doulceur de seignourie estoit mōlt en parinee es couuoiteux et orgueilleux courages des grecz, et par especial des lacedemonois qui anciennement et longuement furent moult puissans et glorieux en armes entre lesquelz le dessusdit nabin pou a pou commenca par tyrannie conquerir, z subiugier à soy plusieurs seignouries citez et chasteaulx de lacedemonie et du pays denuiron, et si longuement par tyrannie les posseda et tint que nonobstant son faulx tiltre ia sembloit estre Roy des lacedemonois. Or aduint que les Rommains qui auoient moult hayneuse La tierce monarchie des grecz soubz alexandre et preilleēntt les autres seignouries des grecz qui apres alexandre luy auoyent este couppees en diuerses parties estoyent moult hayneuses aux Rommains. Apres donc q les forces des affricquans et des macedonois furent affoiblies par les chastiemes des princes z des grans et nobles seigneurs daffrique et de macedoine, qui apres leurs desconfitures estoyent deuenus prisoniers des Rommains, ilz desirans ramener toute grece soubz leur seignourie firent et ordonnerent vng consul appelle titus flaminius. Cestuy consul auec son ost sint en grece ou pays de lacedemonie & a force darmes prit vne cite nommee argos que ledit nabin tenoit par tyrannie celle cite luy fut ostee & ramenee soubz la seignourie des rommains. Fortune iuste vengeresse et qui fait la fin des choses telle comme furent les commencemēs de icelles sist cestuy pop nabin haynneux aux acheois, cest a dire au grecz du pays de achaie que len dit la moree dont corinthe est la principale cite. Les acheois de tous les tēps estoiēt entre eulx si formēt aliez que ilz partoient entre eulx toutes leurs bōnes et males fortunes, et releuoient lūg laultre de leurs pertes & dommages et diuisoient leurs gāingz & leurs conquestes se aulcunes en faisoient en armes ou autrement. Les acheois doncques qui soubz eulx auoiēt plusieurs et grans citez, auoient pour lors vng duc de leurs batailles appelle philopomenes qui auec son ost meut et fist guerre contre le pop nabin, en laquelle il fut desconfit et luy furent toulus plusieurs chasteaulx, et tant que presque il fut ramene a neant, et derrenierement nabin fut tue par le barat dung cheualier etholien appelle alexamenus. Mais pource que iay fait mention dessus tātost en ce chapitre des cas de deux puissans et nobles peuples, cestassauoir des macedonois et des africans sans auoir riens dit, de lystoire touchant leurs miserables cas, ie en continuat cestuy liure vueil dire en brief pour mōster loffice de fortune, les cas des africans, des macedonois, des acheois et des etholois iadis tous quatre trespuissans et nobles peuples. Apres les grans et notables batailles faictes entre les rommains et les cartaginois contendans de la seigneurie du monde, il aduint que les

rommains lan six cens et deux apres la creation de romme firent deux consulz lucius censorinus & marc⁹ maulius. Ou temps de la tierce bataille des rommains cōtre les cartaginois apres que les senateurs de romme eurent aduise et iugie par sentence que cartaige seroit destruicte, scipiō pour ayder a parfaire celle chose fut ordonne tribun de cheualliers. Les cartaginois doncques furēt appellez de par les rommains pour parlementer ensemble, et par conclusion de conseil les rommains commāderēt aux cartaginois qlz baillassent leurs armeures & leurs nauires qui estoyent en si grant abondance que len en puisse armer toutes les gens daffrique. Apres leurs armeures ainsi baillees les rommains leurs commanderent que ilz laissassent leur cite lors assise sur mer et quilz la transportassēt loing de la mer par dix cens mil pas dont chacū pas tient cinq piedz ou qui deffendissent leur dessusdicte cite. Ceste chose sembla moult dure aux cartaginois si firent & ordonnerēt pour eulx deux ducz & cheuetaines de leurs batailles dont chacun auoit nom hannibal, et commencerent auant toutes autres choses a forger armes dor et dargent par deffaulte de fer dacier ou darain. Les consulz ordonnerent que len cōbatist la cite q estoit enuironnee dun mur long de trente mil pas sans les goures de la mer qui la cite fermoyēt a ouuert qui tenoyent trois mil pas. Le mur de la cite estoit espez & large de trente piedz tout de roche quarree la haulteur de la muraille estoit de quarante coudes. Le dongon que len appelloit brisa tenoit vng pou pl⁹ & tour que de deux mille pas. Les consulz poserent leurs engins par force de batre contre les murs vne quātite de la muraille fut rompue. Mais les rommains neantmoins furēt repul sez et Saincus. mais scipion deffendit les rommains & fist retraire par force les cartaginois dedens leurs murs. Le consul censorinus retourna en la cite et le consul maulius delaissa la cite et tourna sa bataille contre hasdrubal. Scipion aduisa que mamissa le roy de numidie amy et allie des rõmains estoit mort pour eulx en leur guerre. et pourtant scipion partit et diuisa le royaume de numidie a ses troys enfans par egalle portion. Et apres retourna scipio a combatre cartage. et apres maulius assaillit & combatit la cite de cirie et icelle desrocha En la destruction de celle cite furēt occis quarante mil affricas & six mil furent retenus prisonniers Le noble hasdrubal connestable des afficans nepueu du roy mamissa fut souspeçonne de trahison. et pourtant ses propres homes le tuerēt des pieces de bois q̃ estoiẽt en la court du palais de cirie et en celle mesme armee du pays de macedoine eut ung roy appelle philipe le faulx. contre lequel les rõmains enuoyerēt ung preteur appelle liuertin9 q̃ desconfist et tua trestout lost des rommains. Lan apres ensupuant publius scipion qui en lan precedent auoit este consul fist son appresst pour finablement destruire la cite de cartage. Scipion doncques auec son ost entra en la cite de cothone & illec par six iours & par six nuitz continuelz cõbatirent les rommains contre les affricans. et a la fin les cartaginois par desesperance furēt contrains a eulx rendre. et prierent aux rommains que les hommes et femmes fussēt receuz en seruage qui estoient demourez et suruiuans. Apres celle desconfiture la premiere compaignie des femmes cartaginoises fut miserable & piteuse. et apres vindrēt les homes en plus horrible et plus laide compaignie illec fu-

De Boccace

rent vintcinq mil femmes chetiues & prisonnieres & de hommes trente mil Le roy hasdrubal voluntairement se rendit a ung banny / ceulx qui se estoient retrais ou temple de esculapius se trebucherent en bas / les autres se lancerent ou feu / la femme du roy hasdrubal par le couroux que elle eut de son mary & par la fureur de elle se lanca auec ses deux enfans dedens le feu / affin que elle mourust frãche sãs venir a la seruitute des rommains / & la cite de cartaige ardist par dixesept iours continuelz / parquoy les Rommains vainqueurs pouoiēt congnoistre le miserable & chietif estat de la condicion humaine & des choses temporelles / en la cite de cartaige neust si merueilleuse pierre qui ne fust cõminuee en pouldre. Toute la multitude des prisonniers fut rendue en seruage / excepte aucuns pou de seigneurs qui furent detenus en prison. Apres doncques en comptant le cas & derrenier descriuement de lancienne et noble seignourie des macedonois / premier est assauoir que les Rommains par plus grant labeur & plus pesãtes batailles desconfirent les francois q̃ ilz ne firent ceulx de macedoine mais en desconfisant les macedonois la victoire fut plus noble pource que eulx qui auoient subiugue tout orient et auoient tous les Roys en leur ayde estoient trop plus nobles que nestoiẽt les affricans. Les rommains doncq̃s pourchassans une victoire par lautre assemblerent grans puissances en armes tant de ceulx mesmes comme de leurs aliez & compaignons / & tournerent leur ost contre les macedonois q̃ lors auoient ung Roy appelle perseo filz du roy phelippe dont a plain ie parleray cy apres ou douziesme chapitre de ce liure. Cestuy perseus eut soubz soy cheualiers macedonois renõmez feuillet   C xl8

De auoir victoire par tout/et si auoit en armeures en argent et en blez souffisans prouisions pour demener bataille. Le roy perseus senorgueilli en ces choses et oublia les manieres de fortune qui tourne sa roe sans cesser en haulsant lung par labessement de lautre. Perseus commandoit a ses cheualiers quilz eussent regard a lancienne gloire de son predecesseur le grant Roy alexandre de macedoine seigneur de tout le monde. Le roy perseus fist sa premiere assemblee de ses cheualiers qui fut si grant et de gens si esleues que ceulx de sa partie qui parauant doubtoient les rommains eurent fauourable esperance pource que il iusques lors auoit este victorieux/ affin touteffois que perseus a son tort ne entreprint celle bataille il enuoya ses messagiers deuers le consul Rommain cheuetaine de la bataille appelle sulpicius. Les messagiers luy demanderent paix et amistie et dirent au consul que perseus vouloit restituer aux rommains leurs despenses tout ainsi come se ia de fait il fust vaincu/mais le consul sulpicius dona au roy pseu aussy dures responses come se ia de fait il eust desconfit. Les rommains doncques doubtans le peril de la bataille ordonnerent ung autre consul appelle paulus emilius/et hors ordonance luy donnerent le gouuernement et la charge de la bataille contre les macedonois. Sitost que le consul emilius fut arriue en lost des rommains/ il auanca la bataille/et la nuyt auant que les deux ostz assemblassent la lune vit en esclipse et faillit sa lumiere. Les magiciens et diuineurs disdrent que celle eclipse estoit signifiance que le royaume de macedoine en celuy an prendroit fin Les deux ostz doncques se ioingnirent pour besoingnier en armes. Entre ceulx de lost des Rommains fut ung cheualier appelle caton filz dung orateur ou aduocat de romme. tadis que cathon noblemet combatoit entre les macedonois espessemet regiez. Il dessus son cheual cheut a terre et puis commanda combatre a pie. si eut ung souldoyer macedonois criant a horrible voix q enuironna cathon et fist semblant et effort de le tuer gesant encores a terre. si se recueilla et se leua en piez de son espee fist grat occisio de macedonois Adonc se assemblerent les macedonois de toutes pars affin quilz opressassent et occissent le preu cheualier caton. Il adonc cupidant poindre et occire ung bard macedonois lespee luy eschappa de la main et cheut au milieu de ses enemys. si voult cathon recouurer son espee et couurit soy de son escu. et voyans ceulx des deux ost Il passa parmy les espees et les lances des macedonois et recouura son espee apres maintes playes receues en son corps. Si escria haultement ses enemis puis rassembla lost de sa partie. A lexeple de la hardiesse du preu cheualier caton prindrent en eulx courage et hardement tant que la victoire leur demoura. Et lors le roy perseus se mist en fuyte auec dix mil besans dor et se retrahit en lisle de samos. Le consul emulius enuoya ung de ses capitaines nomme octauius a pour suyure perseus lequel fut prins auec ses deux enfans alexandre et philippe et fut le roy perseº auec ses deux filz admene au consul. et certain est selo les vrayes histoires q depuis le teps du roy garanº qui de macedoine fut le pmier des roys iusques ou temps de cestuy perseus qui fut le derrenier Les macedonois eurent trente roys par nombre. et dura leur regne par neuf cens vingt et quatre ans. Apres ce que le royaume de macedoie fut tourne en la seigneurie des romains le consul emilius ordonna et comist officiers publicqs en toutes les citez de macedoine et deuint la pays franc. et le consul leur donna loix & maniere de uiure dont ilz usent encores. Les senateurs de toutes les citez de'ethoiois auec toutes leurs femmes et enfans furent enuoyez a romme p especial ceulx qui estoyent souspeconneux enuers les rommains affin que les etholois ne machinassēt aucunes nouuelletez contre lempire de rōme. Les senateurs etholois furēt longuemēt detenus a rōme en diuerses citez du mōde Ilz furent enuoyez en messageries en quoy ilz se lasserēt & enuieillirent. & apres ilz furent renuoyez chacun en son pays. Et perseus leur roy auec ses deux filz demoura prisonnier et a luy et a ses deux enfans ppetuellement fut ostee toute puissance dignite & seigneurie mondaine. Apres que les affricās & les macedonois furent ramenez soubz lempire de rōme et q̄ la puissance & force des etholois fut affoiblie par la captiuite des seigneurs & nobles etholois qui furent desconfitz. & pris auec les macedonois en ung mesme tourbillon de fortune par ainsi en toute grece nauoit gēt de puissance de renom fors q̄ les acheois habitās ou pays dachaye q̄ len dit la moree Ilz sembloit aux rommains q̄ les acheois estoyēt puissās nō mye q̄ chacune cite par soy ayt moult grās richesses. mais pource q̄ toutes les citez dachaye sont cōme iay parauant dit cōioinctes et alliez ensemble. car combiē quilz soiēt partis & diuisez en diuerses citez ainsi cōme p membres touteffois ilz sont ung mesme corps et une mesme seigneurie & chascune cite supporte & recompense les dommages de lautre. Tandis dōcqs que les rōmains queroyent cause & occasion de faire bataille contre les acheois soubdainement fortune souffrit une complaincte que les lacedemo/

nois autrement nōmez spartains sirent contre les acheois/les acheois auoient contre les spartains hayne et renqueur mutuele/et pource les acheois pilloient & roboient les lieux & les uillages des spartās. Les senateurs de romme oyans celle complaincte respondirēt aux spartains leurs aliez quilz enuoieroient messages a seoir comment aloient les choses & les besoignes des spartains/& pour les garder de uilenie les rommains caultement aduiserent quilz ne pourroient desconfire ne subiuguer achaye tant comme les citez seroient unies & conioinctes ensemble/si commanderent muccement a leurs messagiers quilz desioingnissent & separassent par membres les corps des acheois/et quilz feissent que chascune cite par soy eust p ticulieres loix & seignouries affin que plus legierement ilz fussent cōtrains et ramenez en seruage. Les princes doncques et les gouuerneurs de toutes les citez dachaie furent appellez & assemblez en la cite de corinthe/& lors deuant iceulx compterent les messages rommains le decret et lordonnāce des senateurs de romme. Les acheois ouuroient leur conseil deuant les messagiers rommains/les acheois didrent en leur conseil quil estoit expedient & prouffitable que chascuue cite eust par soy propre seignourie et propres loix. Si tost que ceste chose uint a la congnoissance des particulieres citez les peuples tantost commencerent forcenner tant quilz occirēt tout le peuple estrange qui estoit en achaie et mesmemēt les acheois eussēt tuez les messagiers rommains se ilz ne se fussent fouis quant ilz ouirent le tre pillis et la noise/sitost que les rōmains ouirent comment les acheois diuisez et partis lung de lautre qui en chascune cite auoit propres loix & seignourie par soy/et comment ilz oc risoient les estrangiers demourans en achaye/les rommains tant ost ordonnerent vng consul muniumᵖ pour gouuerner et conduire la bataille contre les acheois. Cestuy consul promptement transporta son ost en achaie et vigoureusement fist pourueace de toutes choses et apresta sa bataille contre les acheois/mais les acheois cuidans quilz neussent gueres ou neant a besoingnier pour combatre le peuple rommain ilz furent en toutes choses negligens et paresseux de soy appzester en bataille/car les acheois ne pensoient point auoir rude bataille contre les rommains/mais ilz pensoient quilz auroient grāt pillaige de la desconfiture des rōmains. Si appresterent les acheois grant nōbre de chariotz pour apozter chiez eulx les despouilles des rommains. Les acheois poserent et misdrent leurs femmes et enfās sur les croupes des mōtaignes pour mieulx veoir et regarder la bataille de eulx et des rommains/mais assez tost apres que la bataille fut asseblee les acheois furēt occis et mors deuāt les yeulx de leurs femmes et enfans. Le regard de celle bataille leur fut grief et pesant et la memoire leur fut plourable et courouceuse/les femmes et les enfās des acheois furēt punis et mis en captiuite et seruage et furēt despouilliez de tous leurs biens. Corinthe la cite metropolitaine de achaye fut desrochee et destruicte/ et tout le peuple fut vendu en seruage. Les rōmains firēt ceste dure vēgāce affin q̄ les autres citez dachaie eussēt paour et preissēt exēple de nō soy rebeller ne dētrepzēdre a faire nouueletez aulcūes. Pource q̄ les deux cas de ces deux nobles anciēnes et riches citez cartage et corinthe aduindrēt presq̄s en vng tēps affin que les orgueilleux nobles hōmes et aultres congnoissēt cōbien grant soit la puissāce de fortune

qui pas seulement ne desroche les villaiges ne les petis chasteaulx. mais mesmement les grans et fortes citez enuironnees de mer, de haulx murs de roche. Je vueil plus largemēt descrire la merueilleuse excellence. Premierement et secondement le miserable cas de la cite de corinthe q̄ auec toute sa prouince et la grande achaye fut destruicte par le conseil de munimius. Ceste cite corinthe qui entre toutes les citez du monde estoit tres abondante de tous biens temporelz. Illec estoyent soubtilz et renommez ouuriers en toutes choses. Illec par plusieurs siecles se achetoyent toutes marchandises par ceulx dasie et de europe. si tost que le consul ses gens par force entrerent en la cite de corinthe.le consul donna congie aux cheualiers rommains de prendre hōmes et femmes de piller les richessez de occire et ardoir. Aps fut mis le feu en tous les lieux de la cite.en tāt que tout lembrasement de la cite ne faisoit que vne flambe.qui sembloit batre iusques au ciel.vne partie du peuple fut degastee par fer et p̄ feu et lautre partie fut vēdue en seruage. Es murs de la cite ne demoura pierre q̄ p force et feu nefust ramenee en pouldre.en la cite de corinthe eut si grant multitude dymages et de statues dor et dargent et de cuyure.et le feu fut si fort et si long quelles se fondirent et meslerent ensemble et firēt vne nouuelle espece de metail qui iusq̄s maintenant est appellee cuyure de corinthe et la vesselle que lē fait dicelup est appellee corinthoise De celle cite les rommains trahirent moult grās pillages.par quoy fortune monstra que les hommes assemblent les richesses mortelles et si ne scauent pour qui ilz les mettēt en tresor. Et qui plus griesue chose est si grant nombre dōmes et de femmes de tous estatz et aages moururent à corinthe & en la prouice de achaye quil nest historien qui en face certain compte. Apres doncques la briefue descriptiō des miserables cas cy dessus racomptez en retournāt au texte de cestuy present liure. Je vien du cas de philippe noble prince & phi lermene vne cite de ballequie oultre la riuiere diure. Cestuy philippe originellemēt attraict de magalapoli fut prīce & seigneur de la cite philermene Les rōmains donc q̄ qui subiugoiēt tire a tire toutes les citez & puīces de grece enuoyerēt leur consul marcus actilius vng autre q̄ celuy q̄ mourut a cartaige dōt iay cy dessus parle. Cestuy cōsul par armes victorieuses desconfit & prīst cestuy prince philippe & luy tollut sa cite philermene. puis le noya a rōme & illec mourut en prison et seruage. Apres celuy prince philippe selon lordre des histoires venoit le noble demetri⁹ duc des etholois. Cy est assauoir auec tout ce q̄ iay cy dess⁹ racompte ou cas des etholois et des macedonois qui furent desconfitz et subiuguez par le consul emilius q̄ en la descōfiture des etholois furēt prīs et enuoyez a rōme plusieurs hōmes darmes & citoyens & autres des etholois. dont les aucuns affin quilz ne se rebellassent furent lyez de chaynes & mis en obscures prisons. Cestuy demetrius duc et capitaine des etholois fut cōme dit est prīns en bataille et puis mene a rōme & mis en prison. Il fut moult ipacient & desdaigneux par celuy cruel changement de fortune. & tant se tourmentoit quil sēbloit forcene. si aduint que il soy cuydant deliurer de ceut les gardes de la prison tant quil sen eschappa. mais les gardes de si pres le poursuyuirent q̄l fut reprins & retire en prison. Pour ceste cause demetrius fut si fort dolent et desdaigneux que par impaciēce il se tua dune espee affin q̄ briefuement

il finast sa miserable vie. Auec les desfufditz nobles maleureux estoiēt plusieurs autres nobles plourās et douloureux qui de toutes pars acouroiēt de diuers pays vers moy affin que ie escriuisse leurs cas, entre ces nobles maleureux venoit sans attour royal le grant anthiochus roy dasie & de surie. Je doncques le regarday et en racomptant son cas ie le mis auāt tous autres.

.   :   .

Le huitiesme chapitre contiēt le cas du grant anthiochus roy dasie & de surie. filz de selēcus p̄mier de celuy nom & de la noble laudices Et cōmence ou lati. Gloriā maiorū suorū. &c.

.

E grāt anthiochus eut en soi glorieuse renōmee et noblesse de par ses predecesseurs, car il descendit de anthiochus ancien roy dasie et de surie qui fut son besayeul. Cestuy grant anthiochus monstroit par les armes et p̄ les signes quil portoit quil estoit descendu de lācien anthiochus qui en son temps fut tresrenomme et noble entre tous les capitaines du noble roy phelippe pere du grāt alexādre, & la noble laudices fut mere de lancien anthiochus. Anthiochus mary de laudices eut vng filz appelle selencus qui fut le premier de celuy nom et de qui descendit le grāt anthiochus dōt ie compte le cas. Celle nupt doncques que laudices conceut le premier selencus il lui sembla en dormant que elle auoit conceu nō pas de lancien anthiochus son mary, mais du dieu apolo et que de luy auoit receu vng anneau qui auoit vne pierre precieuse entaillee de vne ancre aatacher ses nefz/ et que apolo luy cōmandoit que elle donnast celuy anneau au filz que elle enfanteroit. La vision que laudices receut fut merueilleuse/ Car lendemain fut trouue en son lit lanneau entaillie ainsy cōme dit est et selencus nasquit auec vng ancre figure en sa cuisse. Et laudices aussy donna celuy anneau a son filz selencus/ puis luy compta laduēture de sa naissance/ quāt selecus voult aler auec alexādre le grant en sa conqueste de perse et de numidie La demōstrance et le signe la naissance de selencus demoura en ceulx qui apres luy descendirent/ car le filz de luy et de ses enfans nasquirent a tout vng ancre paint en leur cuisse ainsy cōme se telle chose fust vne especiale enseigne de naturel lignage/ ainsi cōme iay dit ou quinziesme chapitre du quart liure predēt. Anthiochus lācien ne fut pas seulement noble et renōmē p̄ les grans choses quil fist soubz le roy phelippe de macedoine et le grāt alexandre son filz mais pour les autres grās et renōmees choses q̄il ap̄s accōplit. Les grās et nobles besoignes q̄ firent les ancesseurs du grāt āthiochus luy donnerēt cause de plus grāt vātāce et de mōdaine gloire/ et cōbien que les haynes de lācien anthiochus et de selecus son frere fussent si grās que en toutes leurs vies ilz guerroierēt lūg lautre/ tant que tous deux moururent mal et hontensement/ et auec ce leurs royaumes furent moult amoindriz en toutes choses par quoy la noblesse de lancien anthiochus sembloit estre moindre et malemēt blecee/ touteffois les ptes tāt de hōneur cōme de richesse et de puissāce ne furēt pas seulement p̄ le grant anthiochus/ mais elles furent accreues. Apres dōcques

la mort de selēcus roy dasie et de surie Anthiocus enfant couronē et seigneurisant en son royaume paternel trouua et acōsuyuit si grant conuenablete en toutes ses choses ou par sagesse de luy ou par fortune qui ainsi ordonnoit bieneureemēt ses choses quil recouura tout le royaume dasie et ramena le royaume de surie en sa propre et premiere grandeur. Par les merites de ces deux especiaulx et grās fais les gens dasie et de surie surnōmerēt lenfant anthiocus le grāt. mais il aduit que ces deux royaumes ne sēblerent pas suffire au roy anthiocus a acomplir ses delectations. pourtant il getta ses yeulx et sa couuoitise deuers le pays de grece dont les rommains adonc auoyēt pleine seigneurie acquise par leur batailles victorieuses. et diter auoyēt chasse philippe lors roy de macedoine. Les etholois dōcques trespuissans ētre les autres peuples de grece donnerent courage et hardement au grant anthiochus de ocupper et prendre pour soy le pays de grece dont il estoit couuoiteux. Et si luy monstrerent la voye de cōquerir apres le pays dytalie. aussi hannibal duc de cartage pour lors fugitif contraingnit anthiocus par trois euidēs argumens a entreprēdre la cōqueste de grece et dytalie. ap̄s que anthiocus eut appreste grant multitude de gēs darmes il descendit en grece. et contre le conseil de hannibal le grāt anthiocuse sleut et choisit le pays de grece po^r asseoir sa bataille contre les grecz lors subgetz aux rōmains. Anthioc^9 en celle bataille fist moult pou de choses et de pl^9 petit effect q̄ les etholois ne hānibal nauoiēt pauāt espe lesqlz auoiēt pauāt esmeu ēhorte āthioc^9 a celle ētreprise Ap̄s ce q̄ antbioc^9 eut prins aucūs chasteaulx appartenās et compaignons des rōmains. Il se retrahit en la cite calcide po^r soy illec puerner ainsi cõme sil eust en celui p̄mier assault assez besongne ⁊ bataille en armes. Anthiocus celuy roy ba taillereoit fut surprins de lamour dune pucelle si requist ⁊ demāda celle pucelle a cleoptolomus son pere q̄ mal voluntiers ⁊ enuis luy donna en mariage. Le roy anthiocus espousa celle fille et fist grans ⁊ plāctureuses nopces. tantost apres sa p̄miere bataille et en tout le temps diuer anthiocus se abandōna du tout a delicieusemēt boire et mengier a luxure a ieux et a dormir les princes aussi ⁊ tous les cheualiers de lost suyuirēt les meurs du roy anthiocus en vinātmignotemēt ⁊ aussi en delaissant toute la discipline de cheualerie se aucune en auoyēt finablement apres yuer passe ⁊ que le printēps vint ou quelles roys seulent eulx appresster en bataille. Jl aduint que marcus actilius noble consul de rōme vint auec son ost a lencontre du roy anthiocus. et admena ses gens darmes en bataille rengee. ⁊ assemblerent les bannieres des deux ostz pres des montaignes nommees tremephiles. mais les cheualiers de lost anthiocus pourris en oysiuete et en delices furēt tournes en fuyte apres tresgrans occisions faites par lasp̄re vertu ⁊ dure force des cheualiers rōmais a cause de ceste desconfiture le roy anthiocus se mist en fuyte ⁊ pour soy garantir se mist et retrahit en la cite de ephese qui est ou pays dasie. Jl fut si espouēte quil ne cuyda oncq̄s estre seur iusques a tāt q̄l fust sailli de grece ⁊ fust venu en ephese. Et pour ceste chose ātḣiocus par plusieurs fois ēuoya ses messagiers par deuers les rommains pour cuyder traicter ⁊ faire paix auecq̄ eulx. Anthiochus voyant que il ne traicteroit sa paix auecques les Pommaines. Jl essaya se fortune luy seroit fauourable en autre maniere de batailles. Si or⸗

donna aulcūs siens capitaines a cō batre les rōmains par nauire sur mer si aduint q̄ les ditailles et armeures du roy anthiochus furent prinses ⁊ tout son nauire fut rōpu ⁊ desperie p̄ le dessusdit marcus acilius gouuerneur ⁊ capitaine du nauire des rommains. Apres ceste desconfiture polixenas capitaine dune partie de gens et du nauire de anthiochus fut vaincu ⁊ dechacie p̄ liuius capitaine romain / ⁊ son nauire pris pres du port de corinthe. Semblablement hānibal de cartaige aydant a anthiochus fut vaincu par eudeuius vng noble capitaine de rodes aydant des rommās et p̄sq̄s tout le nauire dont hannibal estoit gouuerneur et capitaine fut destruit ⁊ effondre en mer et aussy polixenas capitaine du roy anthio⸗ chus fut a tout son nauire secōdefois desconfit et deschasse par marcus re⸗ gulus cōsul de rōme et p̄ emilius son cōpaignon / ⁊ p̄ ceulx de lisle de rodes aydans et aliez des rōmains. Apres ce que anthiochus fut deschasse de grece p̄sq̄s tout le pays dillec vit en la seignourie des rommains / et plu⸗ sieurs citez de asie se departirēt de la compaignie ⁊ amistie du roy anthio⸗ chus ⁊ se adioingnirent a la compai⸗ gnie ⁊ aliance des rōmains / cestassauoir quāt lucius cornelius scipion cōsul rōmain vint en bataille contre le roy anthiochus. Apres doncques que anthiochus eut assemble son ost de plusieurs gens tant de son pays com medes aydans ⁊ souldoiers et que il ne peut trouuer aulcune maniere de faire paix auecques les rommains / il auecques les siens vint a lencontre du consul cornelius scipion et ioignit toute sa bataille contre les rōmains. Anthiochus eut en sa bataille plusieurs charettes ferrees / ⁊ plusieurs elephans que il auoit admenez de ynde / et plusieurs autres peuples les⸗

qlz il auoit admenez (t tirez de diuers pays. Tout lappareil du roy anthiocus faisoit plus a merueiller q̃ a douter en armes. mais par le conseil de eumenes roy de pargaine autremēt de frigie les charrectes armees de faulx trenchãs furent tellemēt troublees (t empeschees (t mises hors dordonnãces que quant anthiocus admena ses charretes ferrees en bataille il ne sen peut ayder alencõtre des rõmains. Apres doncques les cheualiers des deux ostz se ioingnirent a cõbatre main a main en celuy chapleis fut grant pestilence (t horrible occision de gens de lost du roy anthiocus. en tant que son ost fut d'estrengie. plusieurs nobles illec furent occis (t ãthiocus se tourna en fuyte (t se recueillit en la cite de sardes. Apres ceste fuyte le roy anthiocus doubtant non estre assez seur sen fouyt de rechief a paute vne cite de sardaine. en laquelle cite son filz demetrius parauant sen estoit fouy auecq sa femme (t ses enfans. Adoncques anthiocus mist ius (t delaissa lancien orgueil de son courage et enuoya en la cite de sardes ses messagiers par deuers cornelius scipion affin que ilz receussent de luy telles loix (t telles conditions de paix cõme ledit scipion luy vouldroit donner. Le consul scipion donna au roy anthiochus si dures loix et si chargeux truaiges que anthiocus fut contrait soy partir de son royaume comme exillie et banny. Et soy en aller demourer oultre le mont thaurus. (t delaissa tous ces deux royaumes (t toutes ses autres choses quil auoit p deca ledit mont. ainsi cõme se anthioc' deust regner pres que hors de tout le monde. Anthiocus ne se deptit pas franc. Mais se departit de son pays tributaire et subiect des rommains. fortune doncques ietta ius de sa haultesse le roy anthiocus qui

pour agrandir sa douleur dit la seignourie des rõmains ses ennemys estre agrãdie p la conqueste de pays et des richesses que ses ancestres auoiēt gaignees (t acquises p lõgz trauaulx en armes / car les rõmains donnerent plusieurs choses apptenans au roy anthiochus qui estoiēt en sõ pays de europe et de asie a eumenes roy de frigie (t aux nobles hõmes de lisle de rodes et du pays de parganie / pource quilz auoiēt este aidãs aux rommains contre anthiochus / et plusieurs des richesses anthiochus furēt donnees a tous les cõpaignõs qui auoient guerroye cõtre les rõmains en recõpense de leurs labours et seruices en armes. Le roy anthiochus dit les rõmains et autres siens ennemys qui lui osterent tous ses elephãs / toutes ses nefz et autres maintes choses profitables a soy et a son royaume et qui estoiēt apptenãs a la magnificence de son estat royal. Apres doncques aucuns temps q̃ anthiochus eut mis ius (t pdu la plus grant partie de son honneur royal et de ses deux royaumes neantmoins il ne mist pas ius (t si ne perdst mie lardeur ne la couuoitise de sa pensee eschaufee en couuoitise / si affubla et print anthiochus vne couuerture et faulse couleur / cestassauoir quil feignit ql nauoit de quoy paier aux rommains vne grãt sõme dor et dargent ql leur auoit promise rendre et baillier selõ les loix et les cõdiciõs du traicte de sa paix / pourtãt ãthiochus se adõna a larcis et a roberies en tous lieux (t cõtre tous. Et affin que ãthiochus peust parfaire celle grãt roberie il ioignit auec soy compaignons expres (t volentis de rober (t de tollir par force et assaillit de nuit le temple de iupiter surnomme dodanim moult ancien (t honnorable selõ la loy payene / anthiochus monstroit par celuy fait q̃ il auoit pdu la seignourie des choses tẽ

ri

pozelles, affin quil possedast plus dignement les choses diuines (t cõsacrees aux seruices des Dieux. Anthiocꝰ doncqs roba (t print les richesses de celuy, (t cõmist sacrilege (t tous les hõmes du pays demourãs a lenuiron du tẽple se assembleret enbataille (t soudainemẽt assalirent le roy anthiocus et ses compaignõs, et tant aduit que le roy anthiocus garde du pillage de ce tẽple cheut mort (t fut occis aussi ses compaignons.

Le .ix. chapitre contiẽt les cas de hieronimus filz de pero roy de siracuse, De agesipolis roy des lacedemõnois (t de plusieurs autres nobles maleureux oppressez par fortune. Et cõmence ou latin. Hieronymus peronis filius (tc

Pres le racõptemẽt du miserable cas du grãt anthiocus roy de surie (t dasie, Hieronimus filz de pero roy de siracuse vne tresancienne puissante (t riche cite de lisle de sicile se tira par deuers moy, affin que cestuy hieronymus q fort se cõplaignoit de fortune me monstrast briefuemẽt quel fut le cas (t la fin de sa vie. Cestuy hieronymus encores estãt ieune hõme aps la mort du roy pero sõ pere succeda au royaume des siracusains. Au commẽcemẽt du regne de cestuy hieronymus les siracusains qui tousiours ont este enclins a souuent changier seigneurie eurẽt entre eulx dissension ciuile par ce que aucũs deulx tẽdoyet au cõtinuemẽt de lestat royal dudit hieronimꝰ et les autres queroiẽt son despoitemẽt sãs precedens demerites. Durãt doncques le forceneux debat cestuy hieronimus fut cruellemẽt occis de ses ꝓpres citoiens et la noble Demaratha sa fille fut detrẽchee en pieces dedẽs le tẽple (t deuãt les aultez des Dieux sans ce que les siracusais eussẽt consideraciõ ne regard ne a lõneur diuine ne a la fille du roy Et la noble armonia fille du Roy pero se cõplaingnoit a moy en brief cõptant son cas, cestassauoir q̃ ceste armonia fille du Roy pero par forcenerie (t diuision de peuple fut murtrie p tant de plaies q a peine les pourroit lõ nõbrer, (t son mary noble hõme et innocẽt de tout meffait fut banny mãde (t enuoye en exil, (t leurs filles estãs vierges (t inocentes furẽt occies despees en la presence des siracusais. Par les miserables cas du roy hieronimus (t des siẽs aussi villemẽt occis ie prie aux nobles quilz poisent (t entẽdent diligẽment cõment les princes et temporelz seigneures ne ont seurte de leurs estas ne aussy de leurs vies si non autretant cõme le peuple veult deffẽdre et garder leur bien et leur sante. Aps le cas des nobles senoit agesipolis noble roy des lacedemonois. Cestup agesipolis fut esleu et institue de p les lacedemonois pour estre leur Roy, (t auãt quilz esleussẽt et instituassẽt agesipolis, ilz osterẽt et dechasserẽt vng appelle alcimeus q parauant auoit p tirannie prins et occupe le Royaume des lacedemonois. Si aduint q̃ alcimeus desdeigneux et couroucie cõtre agesipolis cõbien q̃ a bon droit il possedast le royaume, prura tant q̃ il retourna en la seignourie des lacedemonois, (t par violẽce darmes (t autremẽt a force il chassa en exil le roy agesipolis et illec mourut en pourete et misere. Aps le noble agesipolis Roy des lacedemonois senoient deux nobles

princes.cestassauoir origiagōtes roy
des cābolemens vne grant puissante
et āciēne cite de bithinie q̄ est vne pui
ce du pais dasie. en laq̄lle anciennes
ment habiterent et encores habitent
les gallogrecz.et aussi gaudotus roy
des toloscobogiois qui furēt vne gēt
dasie habitans mesmemēt en ladicte
prouince de bithinie. Les deux no
bles et puissans roys origiagontes et
gaudotus ainsi comme racomptent
les histoires iadis ou temps de la cō
queste des rōmains et pres que en ce
mesme temps q̄ eulx et les affricans
guerroyent en diuerses pars du mon
de et pour demener leurs batailles.di
uers et plusieurs consulz estoiēt espā
puis sa puis la. entre lesquelz vng cō
sul appelle gayus maulius fut enuoie
ou pays dasie en la prouince nom
mee bithinie q̄ lors estoit et est habitee
des gallogrecz qui iadis vindrent de
france.et qui apres maītes batailles
par eulx faictes cōtre rōme et les citez
dytalie vindrent en vne partie de gre
ce nommee la prouince de bithinie.
Les deux roys dessusditz voulās nō
pas sans raison deffendre eulx et leurs
pays et garder leurs frāchises.resiste
rent tant quilz peurent contre le cons
sul rōmain.mais vne ne deux proui
ces ne peurent resister a la puissance
rōmaine.car ia rōme par sa force et sa
gesse auoit conquis et subiugue a soy
la plus grant partie du monnde.Si
aduint que les deux roys dessusditz
furent desconfitz en bataille prins et
lyez en ceps et par les estroictes loix
dudit consul ilz furent contrains de
finer le remenant de leur vie presque
en aussi grāt subiection et en aussi gri
ef seruage comme silz fussent bānis
en estranges pays. Entre ces no
bles malheureux vēnoit apres le no
ble cheualier rōmain nomme sci
pion asian frere du noble le grant sci
pion affrican. Cestuy scipion asi

fueillet C xlix

an sembloit plourer deuāt moy pour
deux maleureux cas.cestassauoir po[ur]
le bannissement que son frere scipion
affricā esleut de sa propre voulēte en
soy contreuēgant de lingratitude des
rommains/car cestuy grāt scipion af
fricam fort et sage en fait de bataille et
moult eureux en fait darmes apres
plusieurs pesantes batailles faictes
par les rōmains tant contre les affri
cans cōme presques contre toutes les
nacions du monde.La chose public
que de Pomme fut si batue et si frois
see que presque elle fut ramenee a ne
ant/tant fut la puissance des rōmais
lors morte/mais la vertu et sagesse de
scipion tant laboura et fist que Pōme
deuint emperiere et dame de la puis
sante cite de cartage et de toute affri
que/mais les Pommains ingratz et
descongnoissans des tresgrans hon
neurs et prouffitz receuz de scipion ac
cuserent iceluy et lup ramēturent q̄l
auoit retenu par deuers soy vne tres
grant partie des richesses daffriq̄/les
quelles il deuoit aporter au publique
tresor.Et scipion cōe vray estoit leur
dist q̄ de toutes les choses cōquestees
en affrique p[ar] le droit des batailles/il
nen auoit q̄lconque chose retenue par
deuers soy fors q̄ surnō de affriq̄ et po[ur]
tant il informāt indigne en sō coura
ge bānit soy mesmes et sen alla en ex
cil en vne poure ville appellee viterbe
Il doncques qui pas ne voulut taire
ne celer la durte ne laigresse de son vo
lūtaire exil fist escripre sur son tōbeau
telles et semblables parolles.Certes
mon pays de rōme qui est ingrat et des
congnoissāt enuers moy tu ne auras
ia deuers toy mes os/ne les cēdres
de mon corps apres mon trespas sēnt
et combien que le moyen scipion sur
nōme asian eust assez iuste cause et sē
blast estre assez maleureux pour plai
dre le cas de son frere scipiō le affrican
neantmoins le dessusdit scipion asi

r ii

an iustement se garmentoit pour ce q̃ le roy anthiocus le fist iniustement accuser enuers les senateurs quil auoit detenu(et) applique a son prouffit vne grant somme de monnoye conquise et gaignee par le droit des batailles ou pillage des pays quil auoit subiuguez en asie. combien quil nē fust riēs anthiocus see fforca diffamer a tort scipion sil eust peu. Scipion asian si iuste noble(et) loyal cheualier a linstance de celle faulse (et) iniuste acrusation fut lye de chaynes de fer(et) boute en prison obscure. (et) si auoit este si noble vaillant(et) preu quil auoit desconfit par bataille(et) subiugue a lempire de rōme les trespuissans roys et autres nobles de tous les pays dasie (et) des despouilles diceulx auoit enrichi le publicque tresor de rōme. Aps le cas du noble scipion asian ainsi briefmēt descript venoit philopomenes noble duc des acheois. Si affiert assauoir q̃ aprés la mort du grāt anthiocus roy de surie qui par lenhortemēt des etholois fist guerre aux rōmains aduint en grece vne discension(et) bataille entre deux natiōs de gens. cestassauoir entre les messanois (et) entre les acheois pource que chacun deux côté doit auoir pricipaulte et seigneurie lung sur lautre. si aduint que lost des acheois eut vng glorieux et notable duc appelle Philopomenes. Et ceste bataille des acheois et des Etholois fut longuement et vaillamment cōbatue. Et tant que le duc philopomenes fut prins des messenois. non mye pource que Philopomenes en combatant eust espargnie a employer sa vie pour le salut dēs siens. mais par ce que philopomenes qui sailloit oultre vng fosse en rassemblant(et) rappellant ses hommes en bataille tomba de dessus son cheual et demoura gisant sur terre. Les messenoys pour lune des deux causes ne losoiēt

occire / cestassauoir pour la paour et crainte de sa vertu corporelle / ou pour la vergoigne et reuerence de la dignite de luy qui estoit duc et cheuetaine dt tous les acheois. Les messenois doncques cuidans auoir toute leur bataille par la prinse du noble duc philopomenes ilz prindrēt (et) lierēt iceluy et en signe de triumphe ilz le pourmenerent par toute leur cite a maniere de grant mocquerie. Adonc le peuple de messenie sailloit hors et venoit a lencontre du duc philopomenes prisonnier volant confus et lye en cheynes / et aussy ententiuement le regardoient comme se ce fust leur seigneur Les acheois ses hommes ne leussent veu pas plus voulentiers victorieux ne que les messenois le regardoient desconfit et vaincu / philopomenes fut mene en la commune place de la cite de messenie affin que tous les veissēt ainsy cōme celuy que tous cuidoient estre si fort que len ne le peust prendre Apres ce que philopomenes eut este veu (et) regarde de tous ses ennemis / il fut mene en vne chartre obscure (et) pour la vergoigne et la grandeur de luy les messanitois luy baillairent a boire du venin et il le print ioyeusement comme sil eust vaincu ses ennemys. En iceluy temps les acheois auoiēt vng prefect gouuerneur de leurs batailles nomme ligorias / philopomenes congnoissoit par effect que ligorias sage et fort en fait de bataille estoit apres luy le plus vaillant et le plus sage cheualier qui fust adonc entre les acheois / si demanda philopomenes se ligorias son connestable estoit eschappe franc et vif de la bataille / et depuis que on luy eut respondu que ligorias estoit sain et franc eschape /

Le noble philopomenes qui estoit emprisonne respondit que les acheois ne demourroient pas du tout desconseilliez ne despourueus de capi

faines. Et aps celles polles il mou-
rut dedes celle prison par la force du
venin quil auoit beu. Apres ledit phi
lopomence venoit le noble cheualier
scipion nasica plourant et courroucie
cestuy scipion estant le plus ieune de
ses freres tous appellez scipions fut
jadis par les senateurs iuge estre le
meilleur de tous les rommains tant en
science comme en vertu de couraige.
car quant les messages retournerent
du pays de frigie ou ilz estoient allez
querir lidole de Berethinthia la mere
de tous les dieux elle ne voult entrer
ne souffrir soy logier en temple ne en
quelcōque ostel de romain fors en la
maison de scipion nasica. en oultre ce
stuy scipion pour lors estant cōsul de
romme fut enuoye en armes pour re
fraindre et dompter les gallobois ēne
mis des rōmains. ces gallobois q̄ sōt
vne gēt de grece puissans et riches po^{ur}
le temps de scipion nasica. affin quilz
ne venissent soubz la seigneurie de rō
me. et affin qlz demourasset seigneur
deux mesmes et de leur pays ilz se ap
presterent en bataille pour resister aux
rōmains. mais scipion nasica bien en
seigne en science preux vaillāt en ver
tu de corps et expert en bataille detrē
cha et dechassa a lespee tous les gallo
bois. et de celle victoire il apporta a
rōme vng merueilleux triumphe qui
mieulx valoit au bien public de rōme
que quelcōq tresor. Aps la fin de son
cōsulat scipion estant adonc homme
priue sans dignite ne office appaisa
moult grās discētions q̄ lors estoyent
a rōme entre le peuple et les nobles.
car vng appelle graccus cornelia filz
de la fille scipion lisucain fut tribun
du peuple de romme. si aduint ql fist
vng mauuais traicte auec ceulx de
muniance vne cite despaigne p quoy
graccus demoura diffame enuers
les nobles de romme. Et pour
soy vengier des nobles. il pensa met

tre vne discrecion ētre eulx et le peuple
si fist et publia vne loy contenāt que
les terres arables que aulcuns posse-
doient particulierement fussent diui
sees par porcions entre les gens po-
pulaires. par ceste loy graccus eut la
maliuolence daulcuns nobles rom-
mains. mais il acquist la grace des
populaires et tāt que par la force du
peuple il osta vng autre tribun de sō
office pource quil contredisoit a celle
loy. Apres ces choses ainsy faictes ad
uint que actalus roy de asie laissa p
testament au peuple rommain le roy
aume de asie. Graccus doncques q̄
desseruir vouloit plus large faueur
et greigneur grace de peuple ordon-
na que la pecune dudit roy actalus
lors mort fust distribuee au peuple de
romme par egales parties. a laquel-
le ordonnance les senateurs contredi
soient par quoy de rechief discēsion
aduint entre nobles et peuple. Ou
temps doncques que len deuoit a rō
me eslire nouueaulx officiers public-
ques. cestuy graccus couuoitoit enco
res estre tribun du peuple et esmou-
uoit les populaires contre les sena-
teurs et les nobles. si enorta scipion
nasica les nobles et leur mist en cou-
rage de resister a lentreprinse de grac
cus et des siens. et tant aduint quilz
froisserent les bancz et les selles du
palais commun ou les rommains se
assembloient pour traictier de leurs
choses et des astelles des bancz ilz oc
cirent graccus et ses complices. et par
ainsy la discrencion cessa moyennant
le conseil et la prudence du noble che
ualier scipion nasica. pour tous ses
grās bienfaitz a la cite et au peuple de
romme. Cestuy scipion en lieu de sa
laire et de remuneracion fut faulsemēt
accuse p les rōmains. et luy fut opose
quil auoit prins et retenu tresgrans
richesses de la proye et despouille du
pays de asie cōbien quil nen eust prin

x iii

se ne retenue quelcōque chose. Il dōc ques ja lors estant vieillart (t quil de uoit viure requoy (t paisible en sa cite fut banny par ses citoyens rōmains et soubz vmbre de messagerie cōmue il fut euoye en exil ou pays de frigie (t illec mourut comme vng hōme nuy sant et dommageux a la chose public que de sa cite, laquelle il auoit accreue et gardee de perir. Mais aps tresto[9] ses malheureux nobles icy deuant descris venoit le noble duc hannibal daffrique qui tāt fit de pestilēces (t de dommages ou pays dytalie. Quāt hānibal se approucha pres de moy ie apperceu q̄l mauldisoit les espies de fortune. Il auoit le visaige assez aigre et escores courroucie pour sa malheu reuse fin apres son bieneureux cōmē cemēt. Et pource que les faitz de hā nibal furent grans au regard des au tres nobles ie parleray plus a plain de ses faitz q̄ ie nay fait des autres op pressez (t abatus par fortune.

Le .x. chapitre contiēt le cas de hānibal noble duc de cartage filz de hasdru bal ppetuel ennemy des rommains. Et cōmēce ou latin. Hānibal (tc

Annibal duc de cartage print la naissance de lan ciēne lignie des tresnobles ducz de cartage, (t il qui fut filz du tresrenōme (t tresreplēdissant prince le noble duc amilcar fut ne en cestuy monde soubz telle contestatiō que tant comme il vesq̄t il fut perpe tuel ennemy des rōmains, (t tāt que hānibal encores nauoit que neuf ans de aage. Tādis que amilcar son pere sacrifioit il iura quil seroit mortel en nemy de la cite de rōme sitost cōme il venroit en puissance (t adge de guer royer. Hānibal mist a effect le sermēt quil fist, car apres la mort de son pere amilcar hānibal encores iouuenceau par trois ans suppit les armes soubz le duc hasdrubal gendre dudit amil car, par quoy hannibal dōna aux car taginois tresgrāt esperance de faire grans (et renōmees besoignes en fait darmes. Apres doncques la mort de hasdrubal qui fut tue par vng varlet espaignol a qui hasdrubal auoit iuste ment tue son seigneur et en signe de vengance le varlet espaignol tua a sō auantage le duc hasdrubal. Cestuy hānibal fut substitue et mis ou lieu dudit hasdrubal. Apres que hānibal par victorieuses armes eut pamene a sa seignourie plusieurs citez et di uerses nacions despaigne, il par long assigemēt contre tout droit (t diuin et humain contraingnit et oppressa ius ques a la mort les sagantinois (q̄ lors estoient compaignons et aliez des rommains. Apres ce q̄ hannibal eut par maintes (t longues (t horribles p̄ secuciōs subiugue la cite de sagatine en espaigne il qui se cōfia en son sōge qui luy demonstroit quil acquerroit par armes le pays dytalie, il print courage en soy comme sil fust seur de auoir plaine victoire, et passa le grāt fleuue despaigne appelle hyberus, pour assaillir le pays de ytalie. Les grans princes cest a dire les roys et seigneurs particulieres de gaule souf frirent passer le duc hannibal auec ses cheualiers affricans. Depuis que hannibal et les siens eurent passe les montaignes pirhenees qui departēt les espaignes des gaules. Il chemi na tellement quil vint aux alpes c'est a dire aux haultes montaignes qui departent gaule et ytalie. Hannibal auec son ost a grant peine et a long trauail passa les alpes ditalie tant pour cause des montaignes bossues eschelles il nauoit encores aucun chemin comme pour cause des piemontois qui assailloyent hanniba l et son ost. et des larrons et de ceulx du pays q tenoyēt et gardoient les chemins/ affin q̃l ne passast oultre. et pour cause des naiges qui des croupes des montaignes cheoyēt toutes emmatōnees. et aussi pour cause de la gelee et froidure qui faisoient le chemin malaisie et glissāt neantmoins le duc hannibal auec sō ost passa et repulsa les habitans de enuiron les montaignes et chemina par les naiges et par les rochiers esquelz oncques nauoit eu voie. Il les applania et les ramena en cendre a force de feu et de vin aigre. Et combien q̃ hannibal par froidure et par mesaise et p̃ trebuchemens et par assaulx de larrōs et autres gens eust perdu pres que la moitie de ses cheualiers et pres q̃ tr̃s tous les elephans et tresgrant quātite de ses cheuaulx et moult grant appareil dengins et darmeures conuenables a bataille. toutesfois auec le remenant de ses choses il passa oultre les alpes. et ainsi cōme aucuns historiens dient hāniba l descēdit en celle pt̃ dytalie q̃ est empres la riuiere du po non pas moult loing de la cite de thurin. Apres q̃ hāniba l et son ost furent reposez et repeuz ou plain pays voisin de celle riuiere qui estoit et est abōdāt et fertile de tous biēs. hāniba l descēdit sur la riuiere de thisin qui bat aux murs de la cite de pauie. et adonc il assaillit gayus scipion ung consul des rommains auec son ost a force de bataille. Le consul naure fut combatu et desconfit par le duc hannibal. Apres dōcques ceste premiere victoire hannibal chemina oultre vers la cite de trebie et illec combatit et desconfist sempronius ung autre consul rōmain compaignon de gayus scipion Apres ces deux victoires hanniba l et son ost monterent par force et par trauail le mont apenin et descendit ou pays de toscanne et aproucha pres de la cite de fesules/ illec passa auec ses cheualiers une riuiere qui regorgeoit par la violence des grans pluyes qui estoiēt cheues ou iour precedent/ hannibal et son ost prindrēt et occuperēt toute la plaine/ et tāt que par la croissance des eaues celle plaine ou lost estoit logie fut ramenee en mares et en fanges. Lost de hāniba l qui p̃ plusieurs iours illec demoura fut tourmēnte par veillemēs et par continuelles froidures et fut tāt affoibli q̃ illec il perdit une tresgrant partie de ses cheualiers et les cheuaulx de lost qui par mesaise communemēt mouroiēt empoisonnerent et nupsirent moult grandemēt a ceulx de lost/ et mesmemēt aduint q̃ tādis q̃ le duc hannibal seoit ou milieu de leaue sur ung elephant q̃ tout seul luy estoit demoure ledit hāniba l perdit ung oueil par la violēce du froit et du puāt vent q̃ couroit en celle plaine fāgeuse et plaine deaues. Hāniba l hōme de fort courage endura et souffrit tous les dommages et pt̃es qui luy estoiēt aduenues si passa oultre toute celle plaine et les autres lieux plains deaues et de fāges/ si renforca son ost et repara lestat de ses batailles/ et apres vint a trasamene une autre cite dytalie illec en bataille rēgee desconfit et tua ung consul rommain appelle flaminius/ et auec ce illec fut faicte tresgrant occisiō de rommains pour cause de trois victoires que hannibal obtint lune apres lautre/ les citez dytalie et mesmemēt celles qui estoient cōpaignes et aliees des rōmains accoururēt et vindrent par deuers hannibal et luy accroissoi

x iiii

ent ses aydes tant en nombre de souldoyers côme en cheuaulx en armes et en vitailles. Les gens des citez dytalie apportoyent a hanibal et a son oft toutes necessitez. et comunement luy bailloiët toutes choses q̃ luy faisoiët besoing. Tãdis doncq̃s que hanibal auec son oft victorieux pilloit comunement et roboit toutes choses dytalie et pource que aucun hôme ne resistoit a luy. Il aduint que hanibal fut mocque et deceu par quintus fabius lors estant le tresgrant dictateur de romme. Cestuy quintus fabius considerant que hanibal et ses cheualiers affricans par souuëtes batailles de uendroient fors et durs et soubtilz et p repos et tardement de batailles. Ilz se amoliroient et deuiendroient flaschez et sains et oublioyent la discipline des armes. pourtant cestuy fabius par diuerses et grant esloignes pourmena hanibal sans luy liurer bataille par vng an tout entier. combien q̃l cuidast que fabius doulsist besõgnier auec luy chacun jour. et par ce profondguement fabius pensoit de tãdis renforcer la bataille des Rommains. sãs ce que il pensast a vaincre hannibal p aucune malice. A la parfin ung consul rommain appelle varro aguillonna tant les rommaine a hastiuemët combatre hannibal que celuy varro liura bataille et combatit hannibal pres de cannes vne ville de pueille en celle bataille le duc hannibal obtint victoire non pas tãt p force dar mes côme p sõ subtil engin. Illec furent occis quarantequatre mil rommaine et de loft hanibal fut occis vne grant portion. car en celle bataille furent mors vng cõsul appelle emilius paulus vingt hômes q̃ auoyent este consulz et preneurs trente senateurs furent prins et tuez, trois cës nobles rommaine, quarante mil hommes de pie et trois mil hommes de cheual

furent occis et mors. Par ceste pestilence hanibal rabatit tant les forces des rommains que ilz neurent plus en eulx aulcune esperãce de salut ne de garder leur frãchise puisq̃ ilz se veroiët ainsy vaincus et que emilius leur cõ sul estoit tue. Et varro lautre consul auec cinquante cheualiers sen soupt a Pefuge en la cite de peronse, et certain est quil estoit fait de la chose publique de romme se hanibal eust ensupui le conseil dũg sien compaignô cheualier appelle marchabal. Cestui cheualier aduisant que les rommains estoient ia par quatre desconfitures ainsy affoiblies conseilla au Duc hannibal que tantoft et grant aleure il assaillift la cite de romme et entraft dedens et prensist possessiõ dicelle ainsy comme legierement il le pouoit, mais hannibal victorieux et ia esleue et enorgueilly en son courage et q̃ cuidoit ia estre seur dauoir la cite de Rôme affin quil monftraft a ses citoyẽs de cartage quel hôme il estoit, en tefmoing de sa victoire enuoyã a cartage trops muys de anneaulx que il fift tirer hors et concueillir des dois des rommains qui en la bataille de cannes auoient este occis. Ceste mer ueilleuse chose fut la somme et la fin des felicitez dudit hannibal. fortune esleua hannibal iusques ycy mais nompas plus outre, car quelconque chose que hannibal fift apres ceste quarte victoire ou ce fut pour le prolongement de sa prosperite premierement acquise, ou ce fut pour labesse ment dicelle, car apres ce que hannybal eut prinfe la cite de capue en chãpaigne de romme qui adõc estoit grãt et puissant et qui par accord des citoyens seftoit rendue au dit hannibal, il mena dedens capue son oft pour illec soy puerner. Adonc il aduint que les delicieuses vitailles et autres aisances de corps osterent autre tant de vigueur et de force aux cheualiers de lost de hannibal comme il cuidoit auoir fait de paour a ceulx de champaigne par la prinse de la cite de capue/car labondance et la superfluite des vins des viandes et de toutes autres choses abondans en champaigne peut tant faire et si fort peruertir les meurs des affricans et des espaignolz estans en lost de hannibal que eulx qui auoient par leurs batailles espouente les Rommains furent affoibliez et effeminez par labondance et superfluite des choses de champaigne en tant quil apparut clerement au departir de capue que hannibal nauoit pas telz cheualiers comme ilz estoient quant hannibal les amena pour iuerner a capue/ Apres le temps de yuer hannibal auec son ost partist de capue pensant venir a Romme / mais il fust tantost enuironne des rommains/et se assiegerent souuent hannibal tourna et se mist a lauenture et renforca son ost et planta son siege prez de Romme a trois milaires qui sont lieue et demie ainsi comme se hannibal deust prendre romme pour soy/ au commencement de lassault de hannibal contre Romme il sembla selon les hystoires anciennes que mesmement les dieux se combatissent pour la deffence de romme/car par la tresgrant effusion et abondance des pluyes q lors du ciel cheurent il conuint que hannibal cessast et entrerompist son assault ia commence par deux fois. Hannibal doncques barete et deceu de son entencion discouroit p les prouinces de ptalie il qui estoit tout seul pour les cartaginois / et manda venir a soy hasdrubal tresrenomme capitaine de batailles lors estant en espaigne affin quil se accompaignast qui au commencement de ses batailles auoit eues si grans notables / et glorieuses victoires. Auant que has

drubal et son ost se assemblast auec hanibal pour venir en ptalie/hannibal receut lettres certaines que chasdrubal auoit este vaincu et occis par vng consul Romain appelle saluator q contre hasdrubal combatit pres dune riuiere dytalie appellee metaur[9] qui a la partie senestre touche a la montaigne apert par le coup de ceste male fortune les cheualiers de hannibal et il aussi furent espouentez. Adonc apperceut hannibal que ses cheualiers estoient tous deuenus lens et refroidis es besoignes de sa bataille hannibal aussi ouyt dire comme vray est que scipion guerroit en affricque/et que illec il auoit transportee sa bataille ainsi comme auoit fait hanibal en ptalie/ et si ouyt hannibal dire pour vray que sipax le roy de numidie auoit este freschement prins par scipion qui degastoit les affricans par diuerses pestileces de batailles/et qui auoit enclos et assiege les cartaginois et qui estoient a ce meus et contrains qui appellopent hannibal et son ost a deffedre et a garder son pays daffricque qui moult estoit oppresse par scipion et les siens. Adonc congneut hannibal quil luy conuenoit retourner en son pays daffrique auec plus grant honte que ne auoit este loneur quil auoit receue quant il auoit prins et occupe le pais dytalie. Apres doncques que hannibal fut retourne a cartage sa cite presques viellart dont il estoit party en laage de ieunesse et il eut delaisse ptalie laquelle il cuidoit auoir prescripte et gaignee p ans seize et iers il la possedast par violence darmes et au tresgrant destruiement des cartaginois fut desconfit en vne bataille quil entreprint et fist auec scipion laffrican/ finablement les cartaginois furent par necessite contrains a venir soubz les loix des rommains et destre subiectz a eulx hannibal vit la cite de

cartage estre ramenee en la seruitu-
te des Rommains combien que par
auant hannibal eut esperance contrai
re/C'estassauoir de subiuguer la cite
de Romme a celle de cartaige. A-
pres ces choses maleureuses et dures
hannibal aduisa que ung consul rom
main appelle gayus seruilius de par
les Rommains estoit enuoye a carta
ge pour procurer la mort dudit han-
nibal/si print secretement toutes ses
richesses puis les mist en une nef/et
adonc il par son voluntaire iugement
condamna soy mesmes en exil et han
nibal qui naguerres estoit duc et cap-
pitaine de grans et nobles batailles s'en
fouyt de cartage comme banny auec
ung pou de varletz et s'en ala par de-
uers anthiochus adonc roy d'asie et
de surie qui ia se aprestoit a faire guer
re contre les rommains. Le roy anti-
ochus premierement receut benigne
ment hannibal mais finablement il
deuint souperonneux enuers les prin
ces et les nobles hommes de la com
paignie du roy anthiochus par l'en-
uie quilz auoient sur luy. Apres fina
blement que les condicions et foix du
traictie de la paix furent bailliez a
hannibal de par scipion qui fustrent
telles et semblables comme ledit sci
pion les donna au roy anthiochus
apres ce quil fust vaincu et descon-
fit/et oultre ledit scipion par loyal et
secret conseil admonnesta hannibal
quil se destournast en crete auec tou
tes ses choses. Hannibal doncques
enhorte par loyal conseil du noble sci
pion se destourna en l'isle de crete a-
uec tous ses tresors. Adonc hannibal
emplit de plomb certaines cruches
de terre fort et sagement estoupees:
et apres bailla icelle a garder aux publiq
officiers du temple d'pana ainsi comme se en
celles cruches fut otenu et repost son
tresor/affin que les habitans de crete
ne eussent aucun soupecon contre le duc

hannibal/ Et affin que illec peust si-
ure seurement et en plus grant faueur
Et apres il fondit tout son or et le bou
ta dedens certaines ymages creuses
et uuides les quelles il portoit auec soy
ainsy comme se ce fust les dieux que
il adourast/et par ainsi les citoyens
de crete ne eurent contre hannibal au
cun soupecon/par quoy hannibal hom
me priue de squit seur et en paix par
aucun pou de temps. Finablement
quant hannibal aduisa que prusias le
Roy de bithimie qui la estoit enemy
des Rommains deuoit estre compai-
gnon et alie a la bataille que le Roy
anthiochus apprestoit contre eume-
nes Roy de parganie autrement nom
me frigie la petite qui estoit ou pays
d'asie:lequel eumenes estoit compai
gnon et bien vueillant des Rommais
Hannibal s'int deuers le Roy prusi
as et luy donna diuers conseilz et cau
telles de batailles par quoy prusias
plusieurs fois desconfist ses ennemis
en bataille en terre et sur mer. Apres
ce que prusias fut par eumenes des-
confit sur terre/hannibal aduisa nou
uelle subtilite d'auoir victoire sur mer
Si appresta plusieurs cruches de ter
re plaines de serpens vifz/et au milieu
de la bataille il commanda que el-
les fussent gettees dedens les nefz
du roy eumenes/ses cheualiers tins
drent a mocquerie de soy combatre
contre Les cruches de terre/ mais
quant les nefz commencerent soy em
plir de serpens/les enemis qui ne co
gnoissoient se le peril estoit vray ou
faintif ilz se partirent consus et laisse
rent la victoire a hannibal qui com
batoit pour le roy prusias. Ceste cau
telle fut racomptee aux Rommais q
encores douterent la vie de hanni
bal et desirerent sa mort. Or aduint
que les legatz des Rommais traicte
rent et firent paix entre les deux roys
eumenes et prusias. Apres ceste paix

ainsi faicte et soudee Titus flaminius cõsul rõmain fut enuoye p deuers prusias affin q̃ le cõsul lui requrist q̃ l' baillast hanibal entre les mains et en la puissãce des Rommains / si tost que les rommains eurent requis et demãde hanibal audit prusias il enuoya tãtost souldoiers armez et leur cõmanda quilz enuironnassent tout lostel ou demouroit hanibal et que Ilz gardassent que de la maison de hanibal ne peut aucun partir ne hors aller. Hanibal doncques qui parauant auoit deuine et congneu que la venue du consul flaminius estoit pour procurer sa mort / hanibal pensa que il se sauueroit par fuyte car il nauoit plus entiere fiãce en la foy de prusias / si vint hanibal a ung tres cachie et tres secret guichet de sa maison cuidãt illec partir / mais quãt hanibal aperceut que les souldoiers du roy qui le deuoient deffendre gardoient contre lui le guichet il fit oroison et prieres a ses dieux priãtes que ilz voulsissent vengier et punir la desloyaulte de prusias / et a ses dieux aussi fist oroison cõtre les rommains qui auoient changees leurs bonnes coustumes en mauuaises / car les rommains anciennemant auoiẽt este misericors et piteux enuers leurs ennemis vaincus mais ia des lors ilz estoient deuenus cruelz et vindicatis Apres ceste oroison hannibal print et but le venin que de long temps il auoit appreste et tousiours gãrde pour soy eschapper et garder que il ne mourust par la main de estrange / et que il ne vensist en estat de seruitute / ou cas que fortune se tourneroit contre lui. Apres pou de temps que hannibal eut prins et beu le venin Il mourut et fut enseueli en une cite de bithinie appellee libissa / par ainsi doncques le noble duc hannibal qui par puissãce darmes auoit prins et occupe tout le pays despaigne / qui auoit monte les alpes dytalie la ou parauãt nestoit chemi ne voie qui auoit souffert les durtez et froidures des naiges et des gelees / et les tourbillõs des vẽs de la mõtaigne apenin / et les fanges des marecz du pays de toscanne Hannibal aussi qui auoit trassie les chãps et les lãdes des sanicois / des sucanois / et aussi des bruciais / et q̃ auoit oultre les pteurs et leurs cõsulz desconfitz les cheualiers rõmais / et il q̃ lõguemẽt auoit espouẽte la cite de rõme / et possede presq̃s toute ytalie / il fut contraint seruir aux roys et aux princes estrãges / ne tãt ne luy pouoiẽt ayder les ãciẽnes noblesses de ses predecesseurs ne les tiltres de ses grãs fais en armes / et q̃ plus dure chose fut au duc Hannibal Il mourut aueugle de ung oueil et viellart sãs office ne dignite et bany de son pays / si vit sa cite deserte et destruicte et son pays tributaire aux rõmais / et aps hannibal par le barat du roy prusias fut cõtrait a boire le venin affin q̃ il boutast hors son ame de son corps trauaillie et meschãt Toutes ces maleurtez voult fortũe donner a hãnibal affi q̃ de tãt cõe il auoit eue plus orde et plus ville fin / de tãt fortune mõstrast plus cleremẽt q̃ les forces des hões mortelz sõt vaines et de tres petit effect / et affin aussi q̃ len ggneust q̃lle est la muablete des choses mondaines et perissables.

Le vnziesme chapitre cõtient le cas du desloyal et barateur prusias roy de bithinie. Et commence ou latin Vltor criminum et cetera.

Ieu qui Venge et punit les pechiez des mauuais me admonnestoit ainsi cõme se ie fusse en presence et fist tãt p̃ ses admonnestemens que tout nay mes yeulx en regardãt le desloyal et maleureux prusias roy de Bithinie/qui par deuers moy venoit tout seul courouce et cõplaignant/auec ce ie veoie p̃tout enuiron moy plus͂ autres nobles maleureux plourãs et escriapez. Cestuy prusias entre les autres nobles maleureux parauanture venoit a moy affin tãdis q̃ ie compteroie ses miseres et douleurs ie mõstrasse exẽple aux autres nobles hõmes que le roy prusias desloyal et barateur a este puni par iuste vengance de dieu par ce que il enfraignit et mal garda sa foy enuers le noble hanibal. desloyaument proposa et delibera p̃ conseil de faire occire son filz nicomedes. ie delaisseray dõcques les autres maleureux et de mon plain gre ie vendray a compter les maleurtez du noble roy prusias. Se les anciennes hystoires sont croiables et dignes de foy nous deuons legierement croire que les roys de bithinie sont tresanciens et nobles entre iceulx le roy prusias fut merueilleux et resplendissant en richesses honneurs puissances/ et en autres dons de nature et de fortune Apres doncques que les guerres qui lors entre prusias et eumenes le roy de la petite frige furent apaisees par la pourueance et subtilite des Romains. et que hannibal fut mort comme dit est par le barat du roy prusias qui par fraude voult liurez hannibal a ung q̃sul rõmai apelle titus flaminius il aduint q̃ apres la mort de la p̃miere fẽme du roy prusias dõt il auoit vng filz appelle nicomedes/cestui prusias espousa vne autre femme qui par ainsi fust marastre de cestuy nicomedes et de celle secõde femme prusias eut

enfans. Si voulut le roy prusias pourueoir de la successiõ de son royaume aux enfans de sa seconde femme/pource que il aymoit plus chierement la seconde femme viuant que il ne faisoit la p̃miere morte / adõc le roy prusias cheut en pensement de faire ung desloyal peche par quoy Il tresbucha de son haultain estat et se brouilla et noircit la clarte de sa royale maieste/car le roy prusias mist en cõseil et en deliberacion quil feroit tuer sondit filz nicomedes qui pour lors nestoit pas ou pays de bithinie/et de scouurit et communica son conseil a plusieurs. Le iouuenceau nicomedes par aucuns de ses amis fut secretement a certene de lentreprinse du roy prusias son pere. Si fut mande a nicomedes quil se gardast sagemẽt et quil sen retournast au pays/les amis dudit iouuẽceau nicomedes porterẽt tresmal pacemẽt liniqte et liniure dudit roy prusias/si assembla nicomedes toutes ses forces en armes et enuahit et assaillit par bataille son pere prusias si faictemẽt que en brief temps et a peu de labeur nicomedes dechassa et forbannit prusias de son royaume. Apres ces choses ainsi faites nicomedes tourna et acquist p̃ deuers soy la bienueillance des barons et nobles de bithinie/et prit pour soy le royaume/mais le maleureux roy prusias qui ne fut secouru ne recouure daucun homme sen ala comme banny auec vng pou de harletz qui mesmemẽt apres le delaisserẽt tout seul/et de ceste meschance pas ne se contenta fortune/car apres elle forcena plus cruellemẽt contre le roy prusias tant que apres peu de tẽps prusias tout seul vieillart et poure et doubteux de sa vie et q̃ estoit angoisseux et tourmẽte pour la hõte de la mauuaistie quil auoit pourpensee contre son filz et po̧ la vergõgne de sõ hault estat

royalle qu'el auoit perdu il se ala cõ-
ɮague p̄ les pays dũ mõde la ou lenne
le ggnoissoit/ɽ de nuyt ɡ̄roit les omos-
nes disãt q'l n'estoit pas prusias mais
ũg poure hõme passãt/affin q'l sau-
uast sa vie ɽ eschenast sa hõte ɽ p̄ iour
il demouroit es cauernes ɽ es lieux ob-
scurs. ɽ cõbiẽ q̄ aulcũs roys griefue-
mẽt ferꝰ ɽ tourmẽtez p̄ fortune ayent
legieremẽt peu eschapper de ses mais
sãs mourir en misere/ toutesfoys prusia-
ne peut tãt soy cachier q'l eschapat le
couroux de son filz car aps lõg tẽps ɽ
plusieurs iours prusias fut attrape p̄
son filz nicomedes/ ɽ dieu souffrit ceste
chose affin q̄ prusias durãt sa mortel-
le vie se n'estoiast ɽ portast la peine du
cruel pechie q'l auoit pp̄ose cõtre nico-
medes son filz/ ɽ affin aussi q̄ prusias
souffrit peine ɽ tourmẽt en la recõpẽ-
se du barat ɽ de la desloyaute q'l auoit
faicte au noble duc hãnibal. ledit pru-
sias fut mis a mort p̄ nicomedes son
filz prusias pour peẽsa grãt desloyau-
te de vouloir faire occire son filz nico-
medes mais la cruaulte du filz fust
ɡ̄reigneure en occissãt son pe ɽ p̄ ainsi
quãt le desloyal roy prusias se effor-
coit de desloyaumẽt pouruoir aux
ẽfans de sa secõde fẽme: il pdit les vray
tiltre de noblesse/ la possessiõ de sõ roy-
aume et la beaulte de sa renõmee ɽ
la cõmodite de sa vie temporelle.

.

Le douzieme chapitre con-
tient le cas du traytre ɽ des-
loyal perseꝰ filz de phelipe
roy des macedonois Et cõ-
mẽce ou latin. Omittere
libet

On plaisir est de present
trespasser et de laisser les
nõs et les cas de plusieurs
nobles hommes qui apres
le maleureux roy prusias viennent
selon l'ordre des histoires et qui se cõ-
plaignoient de la durte de fortune/
ie delaisse ces nobles affin que descri-
ue le cas de perseus roy des mace-
donois lequel ie voy a moy venir tout
roucie en chaine de chaines de fer/ ɽ
certain est que ie prens tres grãt delit
et esbatemẽt de veoir les trebuchetz
de ceulx dont ie scay clerement que p̄
fraude et barat ilz sont montez aux
haultes dignitez des royaumes du
monde cõme fist le roy perseus. Or
est dõcques certain enuers les histori-
ens que cestuy roy perseus fut filz de
phelippe ɽ phelippe fut filz du ciel de
metrius le roy de macedoine/ et per-
seꝰ fut engendre de phelippe en ũne cõ-
cubine. Cestui perseus plain de barat
et de malice couuoita auoir pour soy
le royaume de macedoine/ mais il
regardoit que son frere demetrius lui
estoit moult contraire ɽ que pour lui
il ne pouoit auoir le royaume que il
desiroit pour ce que demetriꝰ estoit
engendre et ne de mariage/ et perse-
us estoit bastard/ pourtant. Il mist
ses espirs contre demetrius q̄ en vie-
ny pẽsoit: perseus print couleur ɽ cou-
uenable cautelle que demetrius lors
estoit en hostages a romme. Adonc p̄-
seus fist escrire ɽ seeler certaines faul-
ses lettres/ et ainsi comme se elles ve-
nissent de par les rommains. Il les
fist presenter au roy phelippe pere de
demetrius/ par la couleur de ces let-
tres demetriꝰ deuint soupecõneux
et mescreu enuers le roy phelippe sõ
pere qui pour lors apprestoit grans
batailles pour la guerre des rõmais
Et pour aggrauer le soupecon con-
tre demetrius ledit perseus adious-
ta en celles lettres adressans au roy

phelippe que Demetrius auoit machine que perseus seroit occis le iour de sa monstre des gens darmes de lost pource comme disoiēt les lettres que perseus estoit de la partie du roy philippe leur pere. Perseus tant eschauffa le meschant roy philipe q̄l fist mourir son filz Demetrius qui point ne sen doubtoit/et luy fist donner a boire venin par vng traystre varlet appelle didas/lors que demetrius seoit a table a vng grant disner que faisoit le roy phelippe en astree vng chasteau de peōnnie. Et apres que demetrius eust beu le venin il sentit q̄l mouroit/si se coucha en vng lit (comencea soy complaindre de son pere le roy philippe/Et de perseus son frere/et de didas le varlet qui luy auoit tendu a boire le venin. Et affin que son esperit feust enserre et enclos/tant que il ne peust parler/son pere luy fist mettre grosses meules et grosses pierres sur le chief/et contre les ioes/et ainsi il mourut. Apres la piteuse (miserable mort du noble demetrius bien merit et Innocent/perseus aduisa que le royaume des macedonois ia luy estoit deu apres la mort du roy philippe son pere et affin que sa mort ne tardast pseus tantost commanda & apprester ses espies contre la mort de son pere. le roy sentit (congneust ceste chose si comēca en vain a plourer po͏ͬ la cruaulte quil auoit faicte contre demetrius son filz/Le roy philippe apres espia que il peut tuer son filz bastard mais il ne pouoit trouuer lieu ne temps cōuenable a ce faire/si cōmenca formēt a deuenir foible (tant quil cheut ou lit de maladie. Et il estant aagie p̄ques de soixante ans/finablement mourut repentant (douloureux po͏ͬ la mort de demetrius son filz Perseus donques qui eut attaint la chose quil desiroit affin quil ne possedast

longuement le royaume de macedoine lequel il eut acquis par fraude et p cruaulte/il oublia et fut mal souuenant de quel estat il estoit venu/(esleua son cueur en orgueil desmesure et il comme fol desprisa la puissance des rommains/et ne tint comppte dauoir paix auec eulx combien que p ceste chose il pouoit faire son regne et sa seignourie longue et durable. Or aduint que les macedonois firent alices auec deux peuples de grece/cest assauoir les traciens et les illirioies. Apres ces alianses le Roy Perseus meut guerre contre les Rommains et fist tresgrant appareil de bataille Les rommains sentās ceste chose enuoyerent premierement leur consul a sulpicius et autres capitaines (cheualiers Rommains/et auec ce perseus a force darmes fist plusieurs dommages et oppressions contre les rommains et les repoulsa de son royaume (dautre pays de grece. Les Rōmains dōcques indignez de ceste chose hastiuemēt enuoyerent emiliuspaulus consul Rōmain substitue en lieu dudit sulpicius/cestuy emilius reputa soy estre seur de auoir victoire par vne dyuinaille que il print des paroles dune sienne petite fille appellee tercia et fut la diuinaille telle. Emilius adonc consul rommain (ordonne pour faire la bataille contre le roy perseus Retournoit de la court des senateurs en son ostel si trouua vne sienne moult petite fille appellee tercia/le pere la baisa et en la baisant Il congneut que elle estoit couroucee/si luy demanda pourquoy elle faisoit telle chiere/et la fille luy respondit q̄ perseus estoit mort adonc emilius pere de la fillette print certain signe de diuinacion sur la parolle que sa fille auoit dicte &lauenture et ferme esperance en son courage par celle presūption que la tierce fois il desconfiroit le Roy perseus. Si vint emilius auec son ost ou pays de macedoine, apres que entre les macedonois et les Romains fut longuement et formement combatu le consul emilius auec son ost besoigna si noblement non pas seulement il destruisit les forces du roy perseus mais qui plus est le roy perseus fust deschacie, et emilius print tout le royaume et le mist en la seignourie des romains. Et apres ceste desconfiture le roy perseus qui sen estoit fouy en vne isle de tracie apellee samos fut prins par marcus octauius capitaine Romain q illec a ce faire fut enuoye de p le dit consul emilius, et auec le roy perseus furent prins deux siens filz alexandre et philippe qui auec leur pere prisonnier furent amenez a Romme par ledit emilius apres ce ql eut ordonne gouuerneurs pour les romains ou Royaume de macedoine. Emilius doncques par ceste victoire ordonna son triumphe, et deuant le chariot du grant triumphe alerent le Roy pseus auec ses deux enfans tous trois liez de chaines de fer come chetifz prisonniers et dolens. Qui est celui qui ne pense que le roy perseus ne plourast abondamment pour la souuenance du barat que Il auoit pieca forgie contre son frere demetrius. Qui est celui qui ne cuide q perseus fut esbahy, et gemissant en son cueur quant il vit les choses si fort et si briefuement changez contre soy, et les romains po'certaine cause octroperent chose pffitable au Roy perseus, cest assauoir espace de temps pour plourer ses pechiez, car ainsi comme il appert par les hystoires les romains par le commandement des senateurs p donnerent aux deux filz de perseus et furent deliurez de prison. Mais le roy perseus leur pere du commandement des senateurs fut mene en la cite de albanne, et illec fut condamne a chartre perpetuelle. Par ceste

maniere doncques fortune, abbatist et plonga en bas le Roy perseus, car il qui parauant demouroit en hault palays fut boute en vne basse prison Il qui parauant estoit seigneur de soy mesmes et des autres fut ramene en la seruitute des rommains. Il qui estoit resplendissant et cler par son faulx estat royal fut boute en tenebres. Il qui auoit grandes et excellentes richesses deuint en grant pourete, et ainsi fortune se ioue des roys et aussy de tous autres nobles hommes, et au commandement de fortune obeissent toutes choses, car elle est executereste des choses que dieu voult estre faictes le Roy pseus tresburchie et abatu comme dit est fina les iours de sa vie, il souffroit en soy deux choses qui le desconfirent, cest assauoir la souuenance de son ancien et noble estat Royal, et la puanteur et mesaise de sa prison obscure. Le maleureux roy perseus mort en prison, apres son trespas fut aporte en albanie pres romme et plus par lumanite et doulceur des rommains que p aucuns siens merites il fut enseueli aux despens du publique tresor, et luy fut rendue solennel et royal honneur, et affin q la derreniere misere du roy perseus soit congneue des historiens Ilz dient que lung de ses deux filz apprint et exersa le mestier de feure pour aider et secourir a la pourete du roy perseus son pere. Fortune fist ceste chose affin que tous les nobles congneussent clerement que quant dieu veult les maulx des enfans royaulx qui estoient nez en esperance de porter ceptres, sont ramenez a tant que par necessite contrains Ilz manient les marteaulx et forgent sur lenclume.

Le trezieſme chapitre par le de la couſtume de fortune et en brief compte les cas de iouachin ſouuerain eueſque du temple de hieruſalē. Et de amonius prefect du roy alexandre.

Ortune qui comme chamberiere et executereſſe de la voulente diuine ſe ioue des hommes touteffois q̄ elle eſlieue aucuns a dignite royale qui par auāt eſtoient de tres bas eſtat ainſi comme fut iadis le roy perſeus dont iay cy deuant compte le cas, car apres ce que fortune eſt ſaoulee de ſoy iouer des hommes que elle auoit eſleuez, elle tourne tant que elle les ramaine a leur premier eſtat, ⁊ quāt ceulx qui hault auoient eſte lenez voient que ilz ſont mocquez et priuez de leurs eſtatz ilz ſe complaignēt de fortune et leur ſemble quelle ſoit cōme vng treſget denchanterie, ou auſſi cōme vng ſonge pource que ceulx que les gens auoient veus en eſtat de roys eſtoient reputez puiſſans et bien eureux ſelon le faulx iugement du mōde. Je doncques ſans longuement cōpter abregeray le cas de iouachin ia dis ſouuerain eueſque du temple de hieruſalem ſelon la loy des iuifz, ſy eſt aſſauoir que ſelon la loy de moyſe eſcripte et proulguee p̄ lordonnance diuine aucū hōme ne deuoit eſtre inſtitue en loffice deueſque ne de preſtre ne de ſoy entremettre des ſacrifices ne des choſes diuines ſil neſtoit deſcendu de la lignie de leui lũg des douze filz du patriarche iacob, laqlle de p̄ dieu fut ordōnee po² deſſeruir au tabernacle ⁊ ou tēple q̄ eſtoit la figure de

leglise catholique. Ceſtuy Joūdchin qui ne ⁊ attrait de la lignee de Juda dont nul homme ne deuoit eſtre preſtre il p ouſtrageuſe preſumptiōſ ſurpa loffice de ſouuerain eueſque: ⁊ oſa ſoy entremettre de ſacrifier a dieu et de ſeruir a dieu ou temple de ieruſalem. Les autres preſtres ⁊ ceulx qui ſcauoient lordōnance ⁊ la loy admonneſterēt deumēt ceſtuy iouachin quil ceſſaſt de celle ouſtrageuſe entrepriſe pource quil enfraindoit lordōnāce de la loy, mais iouachin q̄ deſpriſoit obeyr a la loy eſſaya pceder a loffice de preſtre. Sitoſt doncques qͥl ſentre miſt a faire celle choſe il attourne des adournemēs pōtificaux ⁊ eſtāt a lautel perdiſt tantoſt luſage de parler et deuint muet ⁊ auec ce il fut feru de meſelerie q̄ le degaſta et le fiſt lāguir iuſqs au iour d̄ ſa mort. Apres ceſtui iouachin ie ſans longuemēt reſter cōpterap le cas du noble amonius pfect du roy alexādre, pourquoy eſt ainſi q̄ legrāt alexādre qeſāt ou lit de la mort affin q̄ entre les ducz d̄ ſa bataille ne aduenist enuie ne diſcēciō ⁊ q̄ chacū deulx euſt ſa pt des pays ⁊ des peuples qlz auoiēt aydiez a gʒrir, il diuiſa ⁊ ptit les pays ⁊ les peuples ſubietz a ſon empire en trētē ſix pfectēures et les ſeigneurs des puinces furēt apellez pfectz combiē quilz portaſſēt ſur leurs chiefz couroñes a manieres de roys, entre les prefectz dudit alexandre fut ſeleucus filz du grant anthiocº roy cōe cy deſſus eſt dit de ſurie ⁊ daſie. Ceſtuy anthiochº fonda vne cite qui eſt la pricipale du pays de ſurie apellee anthioche d̄ q̄ toute la puince eſt ſurnōmee anthioche. Amonius donc qui eſpfect ⁊ ſeigneur dāthioche qui a maniere de iuſte roy ⁊ bon prince deuoit ſes ſubiectz deffendre de iniures ⁊ oppreſſion cōmenca cōe deſicieux ⁊ mignot faire griefz torºciniures aux anthiochois p̄ touſlir les priuees vi chesses par rauir femes et p mais autres dōmages et desplaisirs. Les anthiochois voulās mōstrer a leꝰ seignr a monir q̃l ne les deuoit pas gouuerner en cruaulte mais en iuste meslee et douceur, ilz nōpaꝰ sãs raisōnable cause se rebelleret qtre lui et tāt q̃ affin q̃ sans estre ꝯgneu il peut eschaper de leurs mais il delaissa habit et cōtenāce dōe et prīnt habitz et maĩties feminīs. et aduīt q̃ cōe il fut prīns et detenu des anthiochois affī de sauuer sa vie il cōfessa p cōtraīte q̃l estoit feme et nōpaꝰ hōme obīe q̃ p ceste faītise et mēsonge il pēsast fuyr et eschaper la mort, neantmois il fut vilemēt et cruellemēt occis p les anthiochois. Ceste necessite et ceste mort mōstreroīēt asses q̃ amonius deuint tresmaleureux, car se estre pouoit leꝰ femes desireroiēt souuēt q̃lles fussēt hōes p aīsi mesmemēt elles deussent mois viure. Les femes aussi desizent tāt q̃lles peuēt ou tēps de leꝰ ieunesse q̃ on les apelle filetes ou pucelles et nōpas femes, mais cestui amonius meschāt a confesse soy estre feme et si ne lestoit pas p aage ne autremt, et la cruaulte q̃l eut tandis q̃l vesqt en habit dōme a este cōuertie et muee en noīesse feminine et il q̃ nestoit pas digne de mourir cōe vng hōe fut occis en habit et maītien dune feme et p aīsi quāt il desira auoir vie feminīe laq̃lle il nauoit pas il pdit la vie dōme laq̃lle il auoit.

Le xiiiie. chapitre cōtient le cas du faulx et desloyal andriscus autremt apelle philippe iadis roy des macedonois, et cōmēce ou latī. Macedonibꝰ

Pres ce que iadis le roy pseus fut desconfit et dechasse de son royaume de macedoīne par les rōmais q̃ ne le voulurēt souffrir seignourier aīsi cōe iay dit ou xii. chapitre precedēt de ce q̃ni liure entre les macedonois fut vng varlet appelle andriscus cestui varlet fut de si bas lignage et si petite cheuāche que len ne scauoit sil estoit serf ou franc, il fut aussi si esleue soubdaīnement a honneur et dignite royale que len fait doubte se il fut esleu par les macedonois a prendre la dignite et le gouuernement du royaume, ou se par sō fol oultrage il fut meu a poꝰ chasser et predre le noble et ancien royaume des macedonois. Cestuy varlet andriscus se enhardit a occuper le royaume, et si nauoit aucune ayde ne couleur pour ce faire, sinon que il estoit tressemblable et pareil en corps en visage et en aage au Roy phelippe pere du roy perseꝰ. fortune fut si fauourable audit andriscus que les macedonois qui estoyent trescertaīs de la mort du roy phelippe, cuidoient du villaī andriscus que ce fust le Roy phelippe resussite de mort. Et adōc les macedonois le appellerent Phelippe et le tindrent pour leur Roy, et a verite dire grant mocquerie fut de veoir vng pugnais glouton en maīeste royalle portant couronne sur son chief vestu de pourpre resplēndissāt et riche et auoir armes Royaulx, et porter en sa maīn destre vng ceptre et tant que les macedonois cuidoyent trescertaīnement que andriscus fust leur roy phelippe, et pour oultre parler de cestui Roy phelippe qui propremēt deuoit estre nōme andriscus. Il monstra par ses oeuures que il auoit prins courage et hardiesse de puis quil estoit monte en sa chaire royale, car andriscus de toutes les parties de son royaume assēbla en son aide gēs

y i

darmes et souldoiers/ ⁊ commenca a oster aux Rommains non pas seulement les parties que Ilz occupoient ou pays de macedoine/mais il commenca a mouuoir guerre aux Rommains a tiltre ⁊ sans tiltre. Il commenca a droit ordonner toutes les choses touchant le gouuernement de son royaume ⁊ les sagement faire selon ce que il sembloit quil estoit expedient ⁊ honneste a son estat royal ⁊ aux besoignes appartenans au Royaume. Les rommains lors ia seigneurs pres que dasie et daffrique ne tindrent compte du Roy philippe/ains desprise‐rent luy ⁊ son affaire disans que tout son fait estoit fable ⁊ mocquerie ⁊ aduint que les Rommains accreurent sa gloire ⁊ sa renōmee par le deshonneur ⁊ honte quil fist aux rommains quant il les desconfist en Bataile/car Birencius vng presteur rōmain fut enuoye en macedoine contre ledit andriscus ⁊ ses aydes Birentius le presteur ne pensa pas q̄ celle bataile deust estre ne forte ne pesante mais il pensa que la bataille fust comme dung homme moyen. Si aduint que ledit preteur auecques toutes ses forces et aydes fut dechasse p ceftui andriscus. Adōc penserent les Rōmains quilz pouruoieroient contre ledit andriscus ⁊ ses macedonois/ et pour prendre Vengance du faulx roy philippe ⁊ restreindre la fureur ⁊ loutrage des macedonois/les Rommains enuoierent vng leur conful appelle metellus auec vng ost de gens darmes/ ⁊ tel et si grant cōe les Rōmains auoiēt de coustume en tel cas. Le consul metellus auec son ost promptemēt vint alencontre de andriscus ⁊ de ses macedonois ⁊ descendit en bataile/mais ainsi cōme an driscus estoit faulx ⁊ contrefait ⁊ nō mie vray roy/aussi se ses ⁊ souldoiers mal conduis ⁊ ordonnez combatirēt faintement et en vain/car ledit me‐

De Boccace

tellus en son premier assault/foula ⁊ desconfit en brief temps le Roy phelippe et les macedonois: ⁊ apres tout le pays de macedoine deuint tributaire aux rōmains. Le consul metellus ne se contint pas atant/car il mena a Romme le meschant Roy andriscus/et le fist lyer en ceps/ combien q̄ adriscus cuidast soy garātir ⁊ sauuer sen feust fouy et retraict par devers vng des petis roys du pays de tracie. Et oultre le consul metellus ap's sa victoire obtenue fist mener ledit ā driscus deuant le chariot de sa triū phe/ainsi cōme se ledit ādriscus feust vray et naturel Roy/et adonc toute la multitude du peuple de rōme pour veoir ledit ādriscus se assembla plus ententiuemēt quil nestoit autrefois en faisāt les triūphes des vrays ⁊ naturelz roys ⁊ p ainsi andriscus de rechief entra en la pourete ⁊ en la misere de seruitute/laquelle parauant il auoit eschapee p le hardemēt ql prīt en vsurpāt lōneur ⁊ la dignite royale car ia soit ce q̄ vng hōme serf p le don de fortune viengne a lestat royal: ne antmoins ne est il pas noble ne frāc fors que selō les vertus ⁊ nobles faitz de luy/mais seruitute seble estre suspendue en luy pour ce que lexcellence de lestat royal qui les autres affrā chist semble cōtenir en soy pleine frā chise combien qui soit autrement selon la verite/mais vne chose agraue la maleurte de ādriscus/car il retourna en misere ⁊ en seruitute plus aigre et plus dure q̄ nestoit la seruitute de son premier estat cestassauoir ains ql fust roy pour ce que la seruitute ⁊ misere qui naist auec lomme est petite ⁊ legiere a souffrir au regard de celle q̄ souruient depuis que la bieneurte ⁊ la franchise sont departies de celuy parauant les auoit eues.

Le quinziesme chapitre contient dalexandre surnomme Balas qui par les Roys de capadoce degypte et de asie à la faueur des suriés fust Roy de surie. Et commēce ou latin pari ludo etc.

Ar ou chapitre precedent iay dit cōment fortune p maniere Dung ieu esleua le Uilain andriscus o throsne de maieste royale/pour ce ie ueil apres celuy de fortune racōter ung autre ieu et pareil en termes de fortune/qui contient le cas Dalexandre surnōme Balas Roy de surie. Les deux ieux de fortune sont differens aucunemēt entre eulx/car fortune fina et clouit son ieu plus durement ou roy Balas quelle ne fist au Uilain Roy andriscus pource ā la seignourie du roy Balas dura plus longuement ā celle du roy andriscus cār apres la mort du roy anthiochus surnōme epiphanes ung sien filz anthiochus surnōme euripater/lors estant petit enfant suruesquit et demoura en uie/si sembla p̄sques a tous ceulx de surie que cestui euripater deust apartenir le royaume par droit de succession apres la mort de anthiochus son pere et aussi luy appartenoit il se demetrius frere dudit epifanes ne eust osté audit euripater le Royaume dessusdit. Car si tost ā demetrius ā lors estoit en ostage à rōme ouyt dire ā son frere anthiochus estoit mort ledit demetrius cachement partit de rom-me et retourna ou pays de surie dōt Ilse fist couronner Roy/et par ainsy Euripater fut exclus et debouté du royaume. Apres doncques que demetrius fut Roy de surie il deuint orgueilleux et haultain hors mesure/et par son orgueil il deuint chargant et ennuieux aux Roys des pays voisins Cestassauoir ariatartes Roy de capadoce à Ptholomee Roy degipte à actilius roy dasie. Les trois Roys contre demetrius pourpenserēt une merueilleuse et nouuelle fable pour getter demetrius hors de son royaume/et a celle chose faire le peuple de surie mesmement fut fauourable et concors/car les trois rois dessusditz et les subiectz de lorgueilleux demetrius prindrent ung iouuenceau de tresbas lignage et de trespetite cheuance/auquel ilz misdrent nom alexandre combien que ilz sceussent que proprement Il auoit nom Balas. Les troys dessusditz roys et aussi les suriens tellement quellement monstrerent et prouuerent que ledit iouuenceau conuenablement suborné/estoit filz de epifanes iadis Roy de surie/fortune se monstra fauourable a demener celle mensonge. Si aduint ā Balas par layde des trois dessusditz fut admene en surie ainsi cōme se il souslist recouurer son Royaume paternel. Balas p plusieures gēs de surie fut comme Roy benignemēt receu/mais le roy demetrius aduersaire et contraire resista a Balas/ et le desconfis tandis que il se efforcoit de prendre et de occuper pour soy les citez et peuples de surie ā encores ne lauoient receu. Aps ce ā Balas fut descōfit les trois roys dessusditz luy refournirēt son ost et luy restituerēt gēs darmes pour mettre affin la besoingne entreprise/et par ainsi Balas secondement descendit en bataille contre demetrius/ qui apres rude et longue

y ii

bataille fut desconfist/ et par ainsi Balas apres celle plaine victoire obtint legierement tout le royaume de surie Les trois roys dessusditz adiouterent grant foy & creance a la fable & mensonge que ilz auoient donnee entendre a Balas/ pource que Balas dauenture eut victoire en bataille contre demetrius/ & penserent que Balas fust vray filz du roy anthiochus pource q̃ en pourchassant le royaume de surie il auoit desconfit & tue le roy demetrius. Le roy Balas acquist grant renom et gloire entre les roys de tous les pays voisins et mesmement entre les trois deuant nommes qui auoient induit et suborne Balas / affin que il dist soy estre vray filz du roy epiphanes. Mais ingratitude qui fait desconnoistre les biens faictz que len a pereuz daultruy fist oublier a Balas la Billete et la petitesse de son estat premier/ & si deuint Ingrat enuers ceulx qui luy auoient pourchasse la bieneurete quil auoit. Balas doncques print a femme cleopatra/ fille de ptholomee surnomme philo metor. Si deuint Balas desflye & sans bride de raison/ Et ne soulut mettre mesure aux bieneuretez que il auoit/ mais oultre il couuoita les choses appartenantes a aultruy/ Car Il mist ses espies pour occire son frere ptholomee roy de egypte qui auoit ferme propos de donner son royaume a son gendre Balas affin de le plus largement honnourer. Or aduint que la desloyale pensee du roy Balas & ses espies furent assez tost descouuertes et congneues enuers le roy ptholomee qui deuint courouce & indigne contre le roy Balas/ & auant toutes choses le roy ptholomee luy osta sa fille cleopatra/ & la donna a mariage a vng Jouuenceau appelle demetrius filz de celui qui comme dit est auoit este occis par Balas. Apres aduint que les anthiochiens traicterent aliances auec le roy ptholomee qui enuoya ou pays de crethe pour querir demetrius affin quil recouurast le royaume de surie qui par auant & nagueres auoit este a son pere lancien demetrius. Cestuy demetrius long temps auãt sa mort au commencement de la guerre que il eut encontre Balas bailla en garde et en commande son filz auec vne grant qantite dor et dargent a vng sieoste de crethe appelle Ginisius affin que se ou temps aduenir fortune tournast contre luy tant quil fust descõfit ou deschace il eust double recours cest assauoir laide de son filz & al aide de son tresor/ le ieune demetrius print le tresor de feu son pere Et en arma gens darmes et souldoyers auec les suriens qui ia luy estoient fauourables et apres les enhorta par doulces et belles parolles et les atrahit a soy et puis appresta et ioingnit sa bataille contre le roy Balas. Les nobles & le peuple de surie comme dit est furent aydans et fauorables au Jeune demetrius / car ilz estoient mal contens de la fetardie & du nonchaloir du roy Balas. Demetrius doncques saillit de ses pauillõs contre Balas paresseux et abendonne a luxure/ & a dõc Balas plus par necessite, qne par couuoitise de gloire ne de renommee assembla ses forces & auec ses cheualiers vint en bataille rengee en laqlle il fut desconfit et dechace. Balas apres aduisant que autre esperance ne ap̃de Il ne auoit fors de sauuer soy mesmes se il peust se recueillit ou pays de arabie/ & iller fut occis par vng tres puissãt seigneur appelle zabidus qui fist trencher le chief du roy Balas puis lenuoya a ptholomee roy degipte affin q̃ il qui gesoit ou lit de maladie prensist confort et plaisir quant il verroit le chief de son ennemy Balas et par ainsi combien que Balas faulx roy de surie ne souffrist pas tant ne si griefues peines comme il auoit deseruies et tant pource que par force et violence il auoit occupe le royaume de surie/ et pource que il auoit cruellement occis le biel demetrius. Touteffois ledit roy balas porta et souffrit les peines et les maleuretez telles come fortune ordonna.

Le xvie chapitre cōtient les cas de gayus graccus tribun rommain et de tyberius grac9 son frere de hasdrubal duc dafrrich et de plusieurs autres nobles maleureux Et cōmence ou latin Gracci gay9 et c.

Apus et tiberius qui to9 deux furent freres de celui noble Rommain graccus dont iay cy deuant escript le cas iceulx deux freres gayus et tiberius emplissoient ma chambre de leurs horribles crys/ tout ainsi que ilz crioient iadis quāt eulx qui estoient tribuns de Romme furent par leurs rebellions occis par le peuple Rommain/ Cestassauoir que gayus et tiberius freres furent hommes moult rebelles et sedicieux et tendoient a lempire de Romme et pour y cuider venir Ilz allioient a eulx le menu peuple auquel ilz faisoiēt faueurs en dons et en autres pmesses. Lan dōcques six cens xxvii. aps la fōdacion de la cite de rōme gap9 grac9 noble hōe rommain fut fait tribun de rōme p le tumulte du peuple/qui fut ou grant dommage de la chose publique/ Car apres ce que il eust esmeu en tresmauuaises sedicions le peuple de romme par plusieurs fois tāt par ses dons comme par ses promesses et par ce que il vouloit que len partist les heritages champestres p egales pties entre les nobles et entre les populaires: ainsi comme auoit fait le premier graccus son frere. Cestuy second graccus fut occis et en lieu de cestuy graccus fut tribun du peuple vng autre Rommain appelle minucius qui en partie osta les loix et les ordonnances de graccus le premier/ et aussi du second nomme gayus graccus. Apres ces choses faictes tiberius graccus auec vng sien cōplice appelle fuluius flaccus enuironne dune grant tourbe de populaires monta ou capitolle de rōme/ Illec fut grāt tumulte et effray de par la partie des graccois fut occis vng hōme cornant dune trompe/ la mort duquel fut signe de bataille/ Le dessusdit flaccus acompaignie de deux siens filz armez et ledit gracc9 qui estoit vestu de housse/ et qui a son coste senestre auoit muce vne dague/ et qui parauāt auoit enuoye vne trompete pour esmouuoir les villains a crier et requerir franchise et liberte/ laquelle chose ne vault Riens audit flaccus ne aux siens/ car par contrainte il conuint quil se retrahist ou temple de Janus comme en vne tour. Apres doncques que ledit tiberius graccus vit que son entreprinse se portoit ainsi durement cōtre luy et les siens il se retrahit ou temple de minerue/ et ainsi comme il se cuidoit soy coucher sur son espee affin que il se tuast/ Il fut retenu et empesche par vng sergent. La bataille dōcques du Roy graccus et de ses gens darmes qui estoyent auec luy fut longuement doubteuse et craintiue tāt que len ne scauoit laquelle partye des deux ostz obtendroit la victoire/ Ou la partie des nobles de romme/ ou la partie de Graccus. fi

p iii

nablement ung Consul Rommain appelle opinius enuoya grant quantite de arbalestes aux nobles de romme qui effrayerent et departirent les gens de cestuy graccus qui ia estoyent estroitement rengez en bataille et tant que ledit flaccus et son filz semblablement nommez saillirent du temple de la lune en leur priuee maison et fermerent les portes mais les gons et les barroulx des portes furent rompus/et finablement ilz furent tres percez et occis. Tandis que les amis de graccus se combatoient pour lui et se faisoient occire malgre eulx/ ledit graccus vint au pont du tibre/et affin quil ne fust prins vif il se fist trencher la teste par vng sien varlet. Sa teste fut offerte au consul opinius/ et puis fut enuoyee a cornelia sa mere estant lors a vng sien chasteau appelle misene. Ceste cornelia noble femme et fille du grant scipion lafrican se estoit retraicte en cellup chasteau pour plorer et gemir la mort de son premier filz graccus/et pour agrauer sa douleur elle ouit dire comme vray estoit que son second filz estoit occis/ Et pareillement le tiers duquel on lui auoit enuoye la teste. Tous les biens de graccus furent confisquez et departis au commun/et flaccus son filz adolescent lors estant en sa force fut occis/et par ceste besoigne de graccus furent tuez ou mont auentin deux cens cinquante hommes. Et ainsi comme le consul Opinius fut fort en celle bataille aussi fut il cruel en le queste faire contre les complices de graccus car il fist mourir plus de trois mil hommes rommains dont les plusieurs estoient innocens et mourturent sans cause. Apres ces deux nobles maleureux rommains venoit le noble hasdrubal prince et duc des affricans/ il nestoit pas moins meschant en esbahissement de couraige

ne que en robes/et de autre part Il sembloit courouce en visage/ et disoit a voix rompue et brisee et en faisant sanglotz tout le cas de son meschief et du pays de affrique/car apres ce que les cartaginois eurent ordonne hasdrubal leur duc pour guerroyer contre les rommains/le nauire du dit hasdrubal fut tout arse et gaste par sa malle fortune/et combien que cy dessus en paroput ait le maleureux cas des corinthies/des macedonois/des acheois et des cartaginois/et de leurs pays aussi ie aie en brief dit et racompte le cas de la cite de cartage. Touteffois selon le texte de cestuy present chapitre/il est oultre assauoir que du temps de cestuy hasdrubal qui comme dit est perdit la nauire de cartage en quoy estoit la tresgrant partie des forces de la cite. Les cartaginois du temps de scipion lafrican furent tellement contrains que ilz rendirent et baillerent toutes leurs armeures aux rommains/et par leur commandement les nobles et autres gens de cartage furent contrains a eulx partir de leur propre cite/et si vesquit hasdrubal sy longuement que apres vne souldaine fureur et coniuracion qui aduint entre les cartaginois/ilz se assemblerent hommes et femmes pour combatre et resister aux rommains. Adonc les cartaginois par deffaulte de fer et de acier forgerent armes dor et dargent et charpenterent nefz des mesries de leurs maisons et des cheueulx de leurs femmes ilz firent cordes pour gouuerner leurs nefz/cuidans eulx sauluer du seruage et de la subiection des susditz rommains. Le vaillant et noble duc hasdrubal dit iadis cartage cite publique qui apres fut espuisee et vuidee de tous biens et de toutes richesses mondaines et toute lentreprise des cartaginois fut ramenee a neant et affin que fortune accreust le dommage et deshonneur des cartaginois eulx auec leur duc hasdrubal furent tous ensemble dechassez et boutez hors de cartage et delaisserent leur pays naturel, et menerent apres eulx leurs petis enfans, et leurs femmes en plourant et criant tous arragiez en flote. Apres fut mis le feu dedens la cite de cartage, et par dizept iours continuelz ardit celle noble riche et puissāt cite qui auoit este dame de tout le pays daffrique, et affin doncques que dame fortune ne laissast aulcun reconfort au noble duc hasdrubal, sa femme voyant soy estre pres de la fin et de ses maleurtez publiques elle prit ses deux enfās et getta soy et eulx dedēs le feu affin quelle ne ses deux enfās ne venissent en la seruitute des romains, laquelle chose hasdrubal mesmement deust auoir fait au commencement de ses maleurtez publiques car vng noble courage peut faire toutes choses en tous cas. La courageuse femme du noble et vaillant duc hasdrubal pesa la gloire et la renommee de sa franchise ancienne auecques la honte et deshonneur qui luy fust auenue se elle auecques ses deux enfans fust deuenue serue et subiette des rommaines, si se pensa que elle ne pourroit par temps souffrir celle deshonneur, si ayma mieulx finer la honte, et seruitute par honneste mort que meschantement recommencer a viure par honte et deshonneur. Et vray est que toutes choses ont certain temps ou que il les conuient cheoir et faillir mais la gloire et renommee des hommes ne peuent en nul temps faillir ne cheoir, car la noble cite de cartage qui tart cheut a terre doit soy esleesser et esiouir car le commencement et la fin de la noble cite de cartage sont comprins et conclus par la mort de deux femmes fortes et courageuses. La premiere fōderesse et royne de cartage, cestassauoir dido mourut treschaste et en lestat de vefue te. La Royne dido se efforca voullant mōstrer a ceulx q̄ apres elle vindrēt q̄ lonnestete de vie humaine doit estre mise deāt toutes autres choses. La derniere royne de cartage, cestassauoir la femme dunoble duc hasdrubal mesme duc de cartage sefforca de mōstrer a ceulx q̄ apres elle vindrēt q̄ len doit destruire sa vie et sa lignee et les reputer cōme choses superflues, depuis que la cite et le pays ou royaume dont len est sōt publiquement degastez et destruis. Apres le noble duc hasdrubal venoit le tresnoble aristonicus filz de athalus roy de asie qui par son testamēt ainsi cōme iay cy dessus dit ordōna que le peuple de romme fut son heritier, pour ce q̄ il nauoit aucūn enfāt qui fust legitime pour succeder apres sa mort au royaume de asie, car ledit aristonicus si auoit este engendre en vne femme appellee Ephesia cōcubine dudit roy athalus. Aristonicus doncques voyant soy desherite et forclos dudit royaume de asie fut et non pas sans cause moult dolēt et mōlt courouce, attendu mesmement que aristonicus auoit grandement trauaille en la conqueste dudit royaulme de asie, et pourtant il se efforca auecques ses aydes et essaya de occuper et prendre pour soy et en sa main ledict royaume. Les rommais doncques heritiers comme dit est du royaume de asie enuoyerēt premieremēt vng tresnoble hōme consul rommā appelle Lucinius crassus, lequel cōme il fut plus ententif au prouffit singulier et au gaing des richesses du pays de asie, que il nestoit a conquerir honneur et gloire en beaulx fais de batailles, il ordonna combatre contre Aristonicus en temps diuer qui est le derrenier temps de tout lan. Le noble qsul lucinius pour et en

p iiii

lieu de la punicion de son auarice fut descōfist p̄ force darmes ꞇ il mesmes ꞇ tout son ost furēt vilainemēt tuez. Apꝭ en lieu de lui fut enuoie vng autre mesme q̄ sul romain apele pseuna leq̄l des cōfist ꞇ rebouta aristonic⁹ ꞇ le mist en suite ꞇ en prison dedēs laq̄lle prison il languit lōg tēps ꞇ finablemēt il mourut. Apꝭ cestui aristonic⁹ venoit selō lordre des anciēnes histoires le noble Jonathas prince ꞇ euesq̄ des iuifz soy grandemēt cōplaignāt de la durte de fortune ꞇ a briefuemēt plꝰer ainsi cōpta son cas. Cestuy ionathas cōme dit est fut prince ꞇ euesq̄ des iuifz, car selon les historiographes payēs pource q̄ moyse q̄ vrayemēt fut de la lignee de leuy dōt deuoient estre to⁹ les p̄stres il fut duc du peuple ebrieu, ꞇ cōme duc ꞇ cite sque il escriuit ꞇ ordōna ꞇ sa voulente les cerimonies ꞇ sacrifices q̄ les iuifz tenoiēt en leur loy iudaique, et po² celle cause apꝭ sa mort il fut tourne en loy ꞇ en religiō q̄ les roys pourroient excercer ꞇ teniꝛ offices ꞇ de roys ꞇ de p̄stres ou de euesq̄s/ Les iuifz dōques q̄ les gens des autres naciōs apellent supersticieux furēt ꞇ sont to⁹ tēps hayneux enuers to⁹ les princes ꞇ autres gēs du mōde ilz eurent vng roy ꞇ euesque de leur vie: cestassauoir cestui ionathas lequel po² gardeꝛ ꞇ desfendꝛe celui pays de iudee q̄ len apelle terre de promissiō fist plusieurs batailles contre les roys voisins, esquelles batailles il obtint maintes nobles et grans victoire. Or aduint finablement que ionathas entreprit vne bataile contre tripho adonc roy de surie, qui par cautelle ꞇ deception p̄nt ledit ionathas en bataile, lequel en despit et vitupere de lui fut pourmene par tout les pays du royaume de surie pour faire de luy mōstre et mocquerie, et deꝛniereincement selon le ieu que fait le chat de la souris laquelle il estrangle ꞇ tue apꝭs quil

De Boccace

sen est long tēps ioue cestui ionathas fut vilainemēt occis p̄ le dessusdit tripho roy de surie, qui p̄ long tēps tint ꞇ occupa le royaume de surie duquel en brief ie treuue p̄ les ācienes histoires le cas auoir este tel. Cestui noble et cheualereux hōme du pays de surie pourchassa p̄ son labeur euers le peuple dillec tāt quil fut substitue tuteꝛ de āthiochus fillastre de demetrius ancien ꞇ naturel roy de surie, et apꝛes cestuy tripho p̄ sa fraude ꞇ cruaulte fist occire ledit anthiochus que len surnōmoit theos aussi roy de surie, apꝭ la mort duq̄l tripho enuahit et occupa le royaume po² soy ꞇ icelluy il posseda par long tēps, a la fin touteffois la faueur et la nouuelle ꞇ fresche seignourie et aussi lamiste des suriens se amoindꝛirēt enuers ledit tripho en tant q̄ anthiochus sother, adōc enfant et frere de feu le roy demetrius leq̄l en nourrissant ou pays de asie meut et fist guerre contre tripho soy portāt roy de surie. En celle bataille fut cōbatu et desconfit tripho de par anthiochus sother, et apꝛes ledit tripho senfuit a refuge en vng chasteau du pais de surie appelle doꝛa ouquel chasteau il fut pꝛis et occis tādis que couuertemēt il sen cuidoit fouir et sauuer a retrait en vne cite du pays de surie appelle opia, et de rechief le royaume de surie retourna a la lignee du noble roy demetri⁹. Apꝭ ces nobles maleureux dessusditz venoient deuāt moy tāt ꞇ si grāt quātite de autres maleureux que il nest hōme qui peust souffisammēt escripre leurs merueilleuses ꞇ grādes pestillēces, car ces nobles maleureux ne estoient pas nombꝛables mais pour continuer loꝛdre des histoires, ie vueil entre les autres maleureux pꝛendꝛe listoire ꞇ le cas du roy demetrius cōme dit est cy dessus tua le roy alexandꝛe balas loꝛs occupāt le royaume de surie.

Le dizeseptiesme chapitre cõtient le cas de Demetrius roy de surie, qui deschassa dudit Royaume de surie le Roy alexandre surnomme Balas. Et commence ou latin.   Satis superius. et cetera.

Il est asséz monstré par le Racomptement Des cas des nobles maleureux cy dessus escriptz que Demetrius Roy de surie dont nous voulons tantost aprés compter le cas dechassa et desmist le roy Alexandre surnomme Balas, Dont iay compté le cas ou quinziesme chapitre precedent de ce present liure. Cestuy demetrius Roy de surie desconfit et osta le roy Balas a laide de ptholomee Roy de egipte, De qui cestuy Roy demetrius auoit espousee la fille, et fut cestuy Roy demetrius filz de cestuy Demetrius roy de surie qui a romme fut en ostage pour son frere le Roy anthiochus. Et par ainsy iay asséz demonstré que de cestuy roy anthiochus frere de lancien seleucus roy de asie et de surie descendit la lignee de cestuy Demetrius qui par droit heritage deuoit succeder au royaume de surie. Aprés dõcques que cestuy Demetrius roy de surie eut dechassé et debouté le faulx alexandre Balas soy faisant seigneur et roy du pays de surie, et que le roy Demetrius eut recouuré a soy tout ledit royaume de surie et rageceés et remises en estat et ordõnance toutes les choses dudit royaume de surie il se adõna du tout a oisiueté et a pesse

a ordure et a luxure. et pource il commença a estre hayneux a ses hões et subietz de son royaume de surie. Si aduint a ledit Demetrius que ses hommes de son royaume le hayoient. et quil estoit en la malueillece de toutes les gens de son pays de surie. Si fist tant quil fist amistié et alliances auec plusieurs roys du pays dorient et leur demanda quil leur pleust luy faire aucune ayde et secours. puis ledit demetrius meut et fist tresgrande et forte guerre contre ledit arsacides noble et puissant roy des parthois. affin que par icelle diligece et bõne entreprinse de guerre les suriens reputassent leur roy demetrius noble et puissant et vaillant en armes. et affin que par ce il retournast en leur amour et bien vueillance Fortune au commencement fut tant fauorable au roy demetrius que par maintes victoires quil obtint contre le roy arsacides et contre ses parthois Il sembla que mesmement le roy demetrius deust prendre et auoir pour soy le Royaulme. Mais le roy arsacides soubz vmbre et faintise de bonne et loyalle foy print par mauuais barat le roy demetrius puis lenclopt en vne prison. Et certain est quil deuoit suffire au malheureux roy demetrius de estre admené prisonnier au roy arsacides. Mais ceste malheureté ne suffisoit pas a dame fortune la desordõnee. car fortune tant fist que le roy demetrius par le commandement du roy arsacides fut pourmené en signe de derision et mocquerie par toutes les citéz du royaume de surie. et aprés le roy arsacides enuoia Demetrius en hircanie. et illec espousa la fille de arsacides. par quoy le Roy Demetrius print en soy adonc aucune esperance de recouurer son Royaume de surie que son frere anthiocus auoit occupé tantost aprés la desconfiture de lancien demetrius. Cestuy Roy Deme-

trius fut cautement garde par ar/
sacides ou pays de Hircanie. Et puis
que ledit arsacides fut mort cestuy de
metrius attrahit a sa partie ung no-
ble homme hircanien appelle gallima-
dius. Et auec luy par accord le Roy de
metri⁹ se mist en fupte. Si changa son
habit parthois po⁹ soy enfuir du roy-
aume de hircanie auec ledit gallima-
dius. Or aduint que pharattes suc-
cesseur et heritier dudit roy arsacides
derrenierlors Roy de hircanie apper-
ceut que demetrius et gallimadius
son compaignon se bouloyent met-
tre en fupte. pharactes empescha la
fupte du Roy demetrius qui ia tout
estoit auance et par hastiuement che
uaucher. Il eschappoit des mains du
Roy pharactes par ce que demetrius
auecques tous ses cheualiers cheuaul-
cheurs auoyent prins et aduise les a-
dreces des chemins et des passages.
Le Roy pharactes doncques qui ac-
consuyuit et retint le Roy demetri-
us. Il le hastoit griefuement de faict
et de parolles et le renuoya ou pays
de hircanie par deuers sa femme fil-
le du Roy arsacides nagueres Roy
dillec. Et apres ce que le roy deme-
trius fut retourne ou pays de hirca-
nie auec sa femme, le Roy pharactes
le fist garder plus estroittement & mis
eulx quil nauoit fait parauant. mais
depuis que p aucune espace de temps
le Roy demetrius eut lignee de sa
femme. Il eut plus grant bandon & li
cence de aller & de venir a son plaisir
pource qͥl sembloit que sa lignee fust
suffisant ostage de non soy partir du
pays de hircanie. mais nonobstant
ceste chose demetrius autrefois choi
sit lieu et temps conuenable pour fu
ir en surie auecques galimandius le
cheualier dessusdit. Mais demetri
us fut autre fois ramene et rendu a
sa femme et a ses enfans. Et tierce-
ment ramene en hircanie come en vne

De Boccace

prison predestinee pour luy & pour mo
strer la grant muablete & inconstan-
ce du courage demetrius, le roy pha-
rates luy fist donner trois dez dor en
signe de moquerie pour soy iouer en
maniere dung petit enfant. Douseno
bles hommes consideres que nous de
uons iuger du maleureux roy deme-
trius, car se il aduient a aulcun petit
homme mesmement paysant quil se
fuye par tant de fois & il soit empriso
ne, nous le iugerons a estre tresmaleu
reux, doncques par plus grant raison
nous deuons iugier de demetrius iou
uenceau filz de roy que il soit maleu-
reux, mais ceste chose comme ie pen-
se pourtant aduint au ieune deme-
trius, car finablement fortune voult
monstrer que contre les espies les co-
seilz des hommes ne vallent riens.
fortune finablement voult aussi mo-
strer que les hommes ne congnoisset
mie les estranges et diuerses voyes
et manieres par quoy fortune abaisse
ou esseue les hommes selon ce que el
le veult. Touteffois apres ces choses
le roy demetrius fut deliure de priso
car apres donc que le roy anthiochus
eut occupe et prins pour soy le Roy-
aume de surie et que il eut espousee
cleopatra la femme du Roy demetri
us, il aduint vng pou apres la mort de
arsacides que le Roy anthiochus en-
treprint tresgrant guerre contre les p
thois laquelle guerre son frere le Roy
Demetrius auoit parauant du tout
delaissee pource que fortune luy sem
bloit estre tresfort contraire. Le Roy
anthiochus Doncques vint ou pays
De parthie et auecques luy admena
tresgrant ost de gens darmes tresfort
et richement armez et attournez dor
et dargent. Si fut ledit Roy anthio-
chus victorieux en plusieurs de ses
batailles tant quil print & occupa po⁹
soy la cite de babiloine, et ramena
les parthois dedens les mettes de sa

feuillet C lxi

seignourie en tant quil sembloit que le Roy anthiochus deust mettre les parthois soubz sa seignourie de surie/ et par loccasion de ceste chose ledit roy pharates doubtant son destruiement enuoia auec les aydes des souldoiers parthois demetrius affinquil feist retraire le roy anthiochus de dedens son royaume paternel de surie/ & affin aussy que demetrius q̃ lors estoit prisonnier occupast & pensist pour soy le dessusdit royaume de surie. Or aduint que les gens de lost du Roy anthioch9 en temps puernal estoit moult dommageux et nuysant aux citez de parthie. Si se assemblerent tout les parthois & firent complot entre eulx tant que en ung iour tout lost de anthiochus fut tue par les parthois Et en ce mesme iour le Roy anthiochus qui presques demoura seul auec pou de ses gens fut vaincu et occis par le Roy pharates. Demetrius doncques Venant ou pays de parthie qui auec ses gens armez auoit a tart este rapellé de son voyage comme celuy qui appertement sen estoit couru de egipte en surie/ et qui assez legierement auoit recouuert tout son royaume qui pl9 ne estoit occupe ne detenu de aulcun autre. Il aduint que par le moyen et courage du Roy pharates ennemy de demetrius il fut restitue en la possession de son royaume & de rechief vint en sa premiere fortune/ laquelle chose demetrius ne auoit peu faire p̃ soy mesmes. Tandis doncques que demetrius fut en sa premiere grant et clere bieneurete & en demantiers que il abondoit en richesses mondaines/ il ne luy souuint plus des bieneuretez passees. Si amplia & accreut la couuoitise de son couraige/ & si desira follement plus grant chose que besoing ne luy faisoit/ & p ce il perdit meschamment la chose que il auoit/ car demetrius auoit en soy manieres orgueil

leuses. Donc anciennement il auoit vse enuers ceulx du royaume de surie et esquelles il estoit endurci p̃ longue acoustumãce. Les orgueilleuses manieres dudit Roy demetrius le firent desplaisãt & hainneux enuers les g̃es du royaume de parthie & de hircanie aussi. Apres ce que le Roy demetrius fut hayneux & ennuyeux aux pthois et aux hircaniens. Il leur sembla que pour la destructiõ de luy & de son estat Royal il nestoit mestier fors que dun ennemy. Si aduint que le Roy demetrius sans conseil & follement esmeu encourage trouua soubdainement & tost ung grant ennemy par les promesses que luy fist cleopatra. laquelle auoit contention & discord auec son mari ptolomee surnomme euergetez Roy degipte. Et pource la royne cleopatra appella & requist demetrius son gẽdre affin quil se ioingnist en bataille pour elle contre son mary ptolomee. affin quil luy ostast son royaume degipte Mais le Roy euergetes vsa contre demetrius de la subtilite & de celle cautelle de quoy les Roys de capadoce & degipte et dasie auoient vse contre son pere lancien demetrius ainsi comme dit est ou xv. chapitre de cestuy liure. car le roy euergetes induisit & subourna ung iouuenceau appelle zebeuna filz dun marchant degipte appelle portagues & tant fist euergetes que zebeuna faignit soy estre filz adoptif de lancien Roy anthiocus iadis et auant sa mort Roy de surie. & par ainsi zebeuna maintint que a luy deuoit appartenir le royaume de surie Euergetes pour lamener en effect ceste faintise assembla g̃es armez de son royaume degipte & enuoia zebeuna ainsi cõme sil fust de la lignee ou filz adoptif du Roy anthiocus a prendre pour soy la possession du royaume de surie. Or voult fortune que tout le pays se rebellast cõtre demetrius par lenhorte mēt dun noble homme surian appelle appenā qui illec le premier commē ca la rebelliō. Et tant que le peuple de surie tantoſt receut Zebeuna ⁊ ſi le ordonna ſon roy. ⁊ apres luy fut mis nom alexandre. Demetrius doncq̄s qui lors eſtoit en egipte entēdit ceſte mutation. ⁊ tantoſt partit degipte. puis raſſembla ⁊ renga ſa bataille cōtre Zebeuna enuaꝯſſeur du royaume de ſurie. mais fortune fut fauorable au iouēceau Zebeuna quil deſcōfiſt le roy demetrius. ⁊ ſi fiſt treſgrant occiſion de ſes gens. et auec ce fortune fiſt tant que demetrius qui le royaume de ſurie auoit nagueres oſté a alexandre balas. qui par fauſſe ſubornation auoit occupe ledit Royaume de ſurie. Icelup meſme Demetrius fut deſpouille dudit Royaume par ledit iouēceau Zebeuna Roy faintif ⁊ ſuborne. Demetrius porta ⁊ ſouffrit dōcques plus paciemment la durete ⁊ le changement de ceſte fortune de tant comme il auoit poſſede plus ioyeuſemēt ſon Royaume depuis quil auoit paſſe et eſchappe pluſieurs peines et trauaulx ⁊ diuerſes priſōs. Apres leſquelz maulx il cupdoit viure en paix et en repoz. Apres doncques ces malheuretez quant demetrius vit que ſa feme et ſes enfans lauoyēt du tout delaiſſe. Il ſe partit hors de ſon grāt et riche royaume de ſurie. et auecq̄s petit nombre de varletz il ſen ala par nauire en la cite de thir. ainſi comme ſil vouſſiſt garantir ⁊ cōtinuer ſa vie ſoubz vmbre de religion. et penſa q̄ ſe donneroit a ſeruir ou temple de hercules q̄ lors eſtoit ⁊ eſt repute vng grant dieu des payens. Et qui en la cite de thir lors auoit vng grant et riche temple. Mais eſcoute homme mortel comment la vie des Roys et auſſy dautres hommes pēd a vng fil foible ⁊ tenue / car ainſi comme demetrius arriuoit au port de celle cite ⁊ ſailloit hors de ſa nef comme meſchant quil eſtoit / ſa teſte luy fut trēchee ſur le riuage par le commādement du prefect de la cite ⁊ fina les angoiſſes et douleurs de ſon exil par la cruaulte de fortune qui ainſy le demena / ⁊ laquelle Pamene toutes choſes a neant.

:   Le dixhuitieſme chapitre contient le cas de alexandre Zebeuna Roy de ſurie par la fiction de ptholomee ſunomme euergetes Roy degipte. Et comment ce ou latin. Libet non minus. ⁊ cetera.

:

En racomptant les ieux de fortune qui des hommes poures ⁊ Villains fait Roys ie ay autretant de plaiſir comme de racompter les deſtruiemens ⁊ les degatz du pays de aſie car du racomptemēt des maulx aduenus en aſie proufit et eſbatemens en viennent meſlez enſemble / car len y peut veoir choſes qui meuuent les hommes a compaſſion et à doctrine en tant que les eſcouteurs des hyſtoires ſont cōtrains de plourer et de y prendre aucunes proufitables doctrines a ſoy contregarder de meſſongeries / faintiſes / et de fauſſes ſubornacions de quoy parlera ceſtuy preſent chapitre / et dont auſſy le quinzieſme a parle. Ceſtuy Zebeuna doncques iadis par fauſſe fiction Roy de ſurie plain de larmes et de pleurs fut deuant moy qui point neſtoit plourant ne courouce poꝯ cauſe de ſon maleur / et Zebeuna parauē

feuillet Clxii

ture estoit courroce/pour ce que cy dessus ou chapitre precedent iay Recorde la petitesse (et la bilte de luy se tenoit deuant moy sans riens dire de la naissance de luy qui fut filz dung marchant degipte/il taisoit aussy sa hardiesse par quoy il auoit enuahy et dechace le roy demetrius/il ne disoit pas aussy que par mesonge il fust deuenu roy/ne que il se fust pariure soy disant filz de anthiochus iadis roy de surie/il taisoit lingratitude de luy et les sacrileges quil auoit fais/mais il seullement plouroit ses males aduentures/il doncques qui par la cause desusdicte premierement ay congneu coment zebeuna auoit monte au hault estat Royal ie escoutay la maniere de son descendement plus diligemment que il mesme ne faisoit pourtant ie me dispose a escripre briefment la fortune de luy. Pource doncques que iay ou chapitre precedent assez monstre q̃ zebeuna surnomme alexandre fut roy de surie par la fiction de ptholomee surnomme euergetes Roy de egipte. Et a layde de fortune et que a celle fiction donna zebeuna assez grant faueur et legiere credulite par ce que zebeuna fist le pleur et le dueil pour la mort du Roy anthiochus/de qui mesmement cestuy zebeuna fist diligemment enseuelir le corps a maniere royalle/quant le roy des parthois Penuoya en surie le corps dudit anthiochus apres ce quil fut desconfit et mort zebeuna doncques qui par celle fiction et a layde de fortune fut institue et receu Roy de surie fut ou throne Royal. Et selon son iugement il fut adoncbieneu reux. Il deuint orgueilleux de son premier estat/ou quel il auoit este filz dung marchant degipte et esleua son cueur en fol orgueil/et comme sot il commenca a desprisier les aulcuns/et les aulcuns aduiser (et semoquer les autres/ (et soy

demener orgueilleusement oultre et plus quil nappartenoit a la personne du Roy euergetes. par le moyen du quel il auoit este pmeu au Royaume de surie et se les suriēs souffrirent paciemment les meschātes manieres de zebeuna: toutesffois le roy euergetes print en soy si grant courroux pour lĩ gratitude de zebeuna q̃ ledit euergetes couuoita ardēmēt ruer ius (et destruire zebeuna ainsi cõme il auoit esleue en estat de maieste royale. Et euergetes ramena a effect ce quil auoit desire cõtre zebeuna. car euergetes auoit ouy dire au roy demetrius derrenierement mort comme dit est en la cite de thir. que le roy selencus frere du Roy anthiocus trespasse et occis auoit vng filz appelle grispus suruiuant (et estāt auec sa mere femme du roy demetriꝰ lequel grispus estoit de loyalle lignee et que a luy par droit tiltre deuoit appartenir le royaume de surie dont il estoit lors deboute (et forclos par ledit zebeuna. Cestuy doncq̃ euergetes promist a lenfant grispus quil lup donneroit sa fille en mariage (et de fait il lup enuoya gens darmes en sō aide et tantost aps euergetes esmeut (et enhorta grispus a faire guerre cõtre alexandre zebeuna. Il semble aux suriēs que zebeuna estoit puissant en armes et vaillēt guerroyer. Si se assemblerent pour la partie de leur roy zebeuna. et eulx assemblez combatirent cõtre les egiptiens qui de par euergetes aydoyent la partie de grispus. (et tant fut combatu entre les gens des deux ostz que finablemēt alexandre zebeuna auec ses gēs fut vaincu. si sen fuit de la bataille (et se transporta en ãthioche la cite auec le remenant de ses cheualiers Aps ce que le roy zebeuna fut retrait en anthioche il aduisa q̃ lestoit souffreteux de monnoye (et ne pouoit payer ses souldoyers telz gages quil leur deuoit. si leur commãda que ou temple de iupiter ilz prensissent vne bãniere d'or qui estoit massiue/et auoit nom la banniere de la deesse victoi-re/puis sen moqua en disant qʼl auoit eu victoire du grant dieu iupiter/et de celle bãniere d'or il paya les souldees a ses cheualiers. mais apʼs celle necessite de monnoye vne autre souffrette luy suruint. si se essorça zebeuna de mesmement tollir lymage de iupiter qui estoit d'or et de merueilleux poix. Les citoyens dant[h]ioche entendirẽt que zebeuna auoit fait vng sacrilege et sil se appstoit a vng autre. Si se assemblerent contre zebeuna tous les antbiochies. et adonc zebeuna robeur de temples se tourna et mist en fuyte et rentra dedens ses nefz sur mer et il lec fut tourmente par ventz par tempestes. et tant que ses compaignõs le laisserent seulet vagabonde. Et apʼs larrõs le prindrent et lenuoyerẽt tout vif a grispus ja paisiblement roy de surie. Si tost que grispus tint zebeuna il commanda quil fust occis. affin que selon la peine quil auoit desseruie il fut pugny du tresgrant et mal delit de ce quil faulsement auoit donne a entendre soy estre vray roy de surie comme pour le sacrilege qʼl auoit fait ou temple de iupiter dont il se estoit mocque. Et en verite il nest chose si forte a endurer que est vng varlet et homme de vil estat quant il est esleue en haulte dignite. car varletz et vilz hommes ne cuydent pas autrement sembler nobles silz ne desprisent leur ancien estat et leurs compaignõs semblables. et silz ne contrefont les manieres des haultz hommes et naturellement nobles en les cuydant ensuyure. Et depuis que telz vilz hommes esleuez en dignites ou en offices ont ordonnez portiers en leurs ostez et serviteurs de tables et boutilliers en despense. Ilz cuydent auoir attainct la vraye noblesse royale. Il nest cho-

De Boccace

se plus enuieuse que de veoir vilz hõmes et varletz esleuez en haultes dignitez/les vis saintifz/les manieres contrefaictes/lamour de soy mesme auoir grant nombre de sergens et de gloutons/les riches attours/les paremens des sales et des palais ne sõt pas aux hommes auoir les courages noble et vertueux/car cõgnoistre soymesmes est la finet le commencemẽt de mondaine noblesse/et se sauentu-re il aduient que les hommes de vil et poure estat soient de par fortune esleuez en aulcune dignite et de ce ne leur souuiengne/la iuste loy de fortune veult que ilz soient tresbuchiez pʼ autrefant de fois cõme fut zebeuna roy de surie qui par orgueil oublia soy estre filz de marchant.

:

Le xix^e chapitre contiẽt les cas de bituitus roy des auuergnas et de cleopatra fille de ptholomeus surnõ-me epiphanes roy degipte Et comment e ou latin Bituitus. et cetera.

Itost que le cas du roy zebeuna fut parfait et accomply/le noble bituitus roy des auuergnas vint deuant moy affin que selõ lordre des hystoires ie comptasse son cas. Les auuergnas qui sont vne nacion de gens du pays de gaule desirans viure en franchise resisterẽt tãt que ilz peurent affin que ilz ne vensissent soubz la seignourie des rõmains ne de autres quelconques. Si aduint que lan six cens vint et sept apres la fondacion de romme vng consul rom main appelle metellus trássa et cheuaucha a force darmes les isles de maillorgues qui finablement vindrent en la seignourie des rommains par le moyen du vaillant consul metellus qui les dompta par force de bataille et pource q̃ les gẽs des isles de maillorgues commencerent a faire poberies par mer ledit consul occist plusieurs de ces pirathes que len dit larrons de mer et tant q̃lz resserent leurs roberies. Apres doncques en descendant au cas du roy Bituitus en ce mesme temps il aduint que gayus domicius par auant consul rommain des confist ung autre maniere de gent du pays de gaule apellee les alloboques Les alloboques sont ceulx qui habitent celuy pays que len nõme le daulphine de vienne/et si comprent aussy les sauoisiens iusques aux alpes q̃ len dit les montaignes qui departent gaule de lombardie/ces alloboques furent vaincus et desconfitz p̃ une trespesante bataille que leur fist le rommain domicius aupres dung chasteau appelle magdalon. Car cestuy domicius auoit en son ost plusieurs grans et horribles elephans/ dont espouentez furent les alloboques/ et aussy leurs cheuaulx pour ce que ilz aultresfois nauoient veuz telz elephans/q̃ en celle bataille comme dient les hystoriens furent occis vint mil alloboques et trois mil furent prins a rencon/entre lesquelz occis q̃ emprisonez estoient sãs doubte plusieurs grans q̃ nobles hommes Lan doncques six cens vint et huyt apres la fondacion de rõme ung consul rommain appelle fabius fist tresgrant appareil de guerre contre Bituitus le roy des auuergnatz qui lors estoient q̃ sont vne nacion de gẽs du pays de gaule. Cestuy doncques fabius nonobstant son tresgrant appareil vint auec si petit nombre des cheualiers rõmains que quant Bituitus les eut faict estimer. Il par orgueil se uanta que le petit nombre des cheualiers rõmains ne souffiroyẽt pas a repaistre ses chiẽs. Si aduint q̃ pource que bituit⁹ auoit en son ost cent q̃ quatre vingtz mil hõmes armez. Il entendit par les gens de son auãtgarde que ung seul põt ne suffiroit pas son ost pour passer de auuergne oultre le rosne ou les rõmains estoiẽt. si fist bituitus forgier sur le rosne vng autre põt de merriens q̃ de clayes, q̃ vng merrien a lautre fist atacher a chaines de fer et apres il q̃ son ost passa. La bataille rengee assembla auec lost des rõmais entre les deux parties fut la bataille longuemẽt demenee. q̃ finablement les francoys furent desconfitz tant q̃ ilz se midrent en fuyte. Et ainsi comme ahacū deux doubtoit soymesmes eulx despourueuemẽt q̃ sans ordre se midrent en diuers troupeaulx q̃ hastiuement cõmencerẽt passer p̃ le pont de bois dõt les cheuilles q̃ les chaines par la violence de la presse rompirent et tantost les francoys cheurent dedens les eaues du rosne. et tant que de lost du roy bituitus furent ou noyez en leaue ou tuez en bataille cent et cinquante mil hommes. entre lesq̃lz il est de legier a croire que hors le roy Bituitus estoyẽt plusieurs nobles hommes renommez q̃ vaillans qui p̃ ung seul coup de fortune furent abatus q̃ ramenez a neant. En accomplissant doncques le cas du roy Bituitus les historiens dient que les senateurs de rõme luy firent depuis q̃ aultresfois villennie q̃ grief tort. car par barat il fut prins soubz la mentie q̃ enfrainte foy du cõsul domicius. qui par barat voult oster au consul qui apres luy fut esleu en son lieu lõneur q̃ la gloire du triumphe quil auoit desseruí en descõfisant lost du roy bituitus. Bituitus doncq̃s scachãt soy estre iniustemẽt prins et contre le droit des batailles et pour discuter a plain de celle chose il mist sa fiance ⁊ coucha tout son fait en la loyaute des senateurs de Romme qui iadis auoient este iustes a leurs tamps et ennemis. Mais adoncques ilz delaisserent de enquerir du droit de la prinse du roy bituitus qui par barat ⁊ faulsement prins estoit. Car ilz aduiserent comment bituitus ne eschappast de leurs mains. si se trouua deceu et villenne par le senat de Romme. Car il qui estoit noble puissāt et riche roy des auuergnatz fut enuoie en la cite de albane et illec fut mis en prison noire ⁊ obscure, la ou il fina miserablement ses iours. Apres le malheureux cas du noble Bituitus venoit selon lordre des histoires la noble cleopatra fille de ptolomee surnomme epiphanes roy degipte. celle cleopatra en demonstrant sa douleur et sa misere se complaignoit nō sās cause si fort que ie ostay mes peulx ⁊ mes oreilles affin que oultre ie ne veisse ne ouisse le miserable cas du noble roy Bituitus. Cleopatra doncques en signe de douleur a ses ongles auoit si horriblement detrenchees ses ioues quelles estoyent toutes arrousees de sang. ⁊ ses cheueulx estoyent tous decirez ⁊ sa noire robe estoit despecee par bandes. Elle qui pour sa tresgriefue douleur ne peut parler elle sangloutit ⁊ desrompit sa voix tellement que a peines ie pouoie aperceuoir les causes de sa douleur moult grant. ⁊ certain est ainsi que ie peu aperceuoir. et cōme iay cy dessus compte q̄ ceste noble dame cleopatra fut fille de ptolomee surnomme epiphanes roy de egipte. Si tost quelle fut parcreue elle fut donnee en mariaige a philometor frere du roy epiphanes. Et par ainsi cleopatra comme fille du roy et femme du frere du roy degipte obtint grant part de la seignourie du royaume auec son mary philometor frere comme dit est du roy epiphanes. Si aduint que apres la mort de son mary philometor et de euergetes qui apres le moyen de cestuy mariage fut roy degipte. Ceste cleopatra auoit de feu son mary deux filz naturelz ⁊ legitimes / mais escoute la cruaulte du roy euergetes qui appertement monstra que les royaulx dignitez ne font pas les courages nobles / mais seulement les vertus et les oeuures. car ou iour que euergetes espousa la royne cleopatra et ou milieu de la solennite des nopces euergetes ou geron de celle tua lung de ses deux enfans et apres aulcun pou de temps il dechassa hors de egipte sa fēme cleopatra qui ia auoit eu enfans de luy, ⁊ print a femme la ieune cleopatra fille de ladicte cleopatra la royne. Euergetes sans foy de honnestete auoit pauant corrompue la ieune cleopatra Et apres il aduint que de vne de ses citez degipte qui plus estoit fauourable et bienueillant a cleopatra / les citoiens dicelle cite furent tous mis ⁊ poulsez hors / et par la cruaulte dudit euergetes celle cite fut donnee a gēs de estrange nacion. Euergetes doncques congnoissant soy coulpable par ses mauuditez doubta les espiez de cleopatra et des egipciens qui a bon droit la aymoient et heoient euergetes / si se partit de egipte ⁊ sen ala en exil auec cleopatra sa seconde nouuelle femme ⁊ auec ses enfans. Euergetes qui pensa du tout a destruire sa p̄miere femme la royne cleopatra il auant toute euure appresta grāt bataille contre elle / et finablement apres ceste bataille interrōpue ⁊ cessee affin que euergetes comblast vne mauuaistie sur lautre il tua le premier filz de cleopatra lequel il auoit māde venir a soy du pays de cyrenes affin que lenfant en lieu de euergetes ne succedast au royaume de egypte. Adonc considerant les egyptiens la cruaulte de leur roy euergetes, et toutes les ymages les armes et deuises faictes en lonneur de lui, ilz detrahirent et arracherent les lieux publiques la ou elles estoient paintes, et tandis que cleopatra faisoit la solennite du iour de la natiuite dung sien filz, euergetes enuoya a cleopatra le corps de son enfant detrenchie par membres tandis que elle disnoit et celebroit la natiuite de lenfant. Et pour absoluement compter les miseres et douleurs de ceste noble royne cleopatra et les abhominables cruaultez de son mary le roy euergetes ie treuue p̄ les histoires telles choses escriptes q̄ ne sont pas dignes de compter mesmemēt en enfer, et neantmoins sans doute ie les eusse escriptes se le tresdeloyal iugurta le Roy de numidie ne me eut prie q̄ ie les delaississe et q̄ ie aprestasse ma plume pour escrire son cas.

Le xx. et derrenier chappitre du cinquiesme liure contient le cas de iugurta roy de numidie filz bastard de manastabiles ung des filz de mamissa au pauant roy dudit royaume de numidie. Et cōmēce ou latin. Trarit de satis. &c.

L est assez certain que les vielz historiens diēt q̄ Jugurta fut et descendit du lignage de mamissa le roy des numidois et pource q̄ iay assez declaire ou sixiesme chapitre de ce present liure du pais de numidie qui est une partie daffrique ie bien a compter le cas du roy iugurta. Le roy mamissa doncques tresbon et certain amy du peuple de romme entre plusieurs siens enfans eust trois filz micipsa manastabiles et gulusa manastabiles doncques dune sienne concubine engendra cestui roy iugurta, et quant mamissa roy de de numidie mourut il par son testament, par expres priua cestuy iugurta cōme bastard de la succession dudit royaulme, nonobstant ceste punicion micipsa lainsne filz de feu le Roy mamissa fist auec soy venir iugurta et le nourrissoit ou pays royal auec deux enfans q̄ micipsa auoit cestassauoir acerbal et hyempsal, pource q̄ iugurta sembloit auoir en soy signes de grāt puesses et vailāces ou tēps aduenir. Or aduint q̄ le roy mamissa oncle de cestui iugurta le enuoya en espaigne et auec lui et soubz sa conduite il enuoia a soudoiers numidois pour ayder au noble scipion emilian, ql sul Rommai q̄ adonc guerroioit ōtre ceulx de mimance qui est une puissant anciēne et noble cite de espaigne. En celle bataile iugurta adōc iouuenceau se porta en toutes choses si vailāmēt que les mimanois furēt par armes vaincus et desconfitz. Et ledit scipion entre les autres cheualiers loua et recōmanda mōlt la sagesse et la vailāce de iugurta q̄ de p̄ scipiō fut renuoye en numidie p̄ deuers le roy macipsa q̄ de p̄ ledit scipion receut trēs grātēdes louēges et recōmandacions de la p̄sōne et des faitz de iugurta, por la consideracion de ses autres choses noblemēt faictes p̄ Jugurta apres la mort de mamissa succeda ou royaume macipsa son ainsne filz. Cestui iugurta fut adopte assez tost apres par le roy macipsa, cest adire q̄ le roy macipsa ordonna q̄ deuant et apres sa mort, cestuy iugurta fust cōpaignō et p̄sonier a toutle droit de succession et hoirrie de tout le royau

zi

me de numidie/et que Jugurta fust pareil aux enfans du roy macipsa. Or est vray que iugurta estoit homme de engin cest adire cautelleux et soubtil de cruel courage puissant de corps/et garny de malice/il ne reputoit a riens desfraindre serment/ne corrompre la foy iuree/il ne tenoit compte des choses sainctes appartenans a religion publique/il ne doubtoit point offendre ne couroucer les dieux et entre les autres vices Jugurta estoit esprins de couuoitise/Et pour toutes ioyes il desiroit pour soy le royaume de numidie. Si pensa Jugurta que mesmement pour soy seul tout le royaume estoit petit/restroit qui estoit laisse a trois hommes. cest assauoir a luy et aux deux enfans de macipsa. Jugurta doncques conceut et print vne hayne secrete contre Hyempsal le second filz de macipsa et non mie sans cause. Si commenca Jugurta par barat ses premieres assaulx contre ledit hyempsal et par le moyen dung barlet et seruiteur dudit hyempsal filz du roy macipsa/Jugurta print le noble Hyempsal et puis luy couppa la teste en vng chasteau de numidie appelle cirta. Or aduint que les rommains qui auoient la tuicion et la cure des enfans royaulx se estoient abandonnez a auarice et presques ne leur chaloit fors de auoir or et argent par toutes voies et manieres/si enuoirent Illec les rommains entre plusieurs vng consul appelle calpurius pour prendre iuste punicion du crime que Jugurta auoit fait en occisant le noble Hyempsal/ Mais iugurta donna tant dor et dargent au consul et a aucuns des rommains quilz luy pardonnerent le crime et la peine. Apres ce que iugurta congneut que les rommains pour les dons dor et dargent pardonnerent tous crimes/Il se fia a ses tresors et assaillist lautre filz du roy appelle acerbal et luy fist forte guerre et tant quil le assiega/et acerbal se pendit apres ce que iugurta luy eut fait plusieurs ennuys et tourmens/puis si le tua contre la foy et lassurement donne par iugurta qui pensa que par ses bourdes il donneroit entendre aux legatz des rommains quil auoit iuste cause de guerroier et occire le noble acerbal non coulpable/combien que les rommains eussent enuoie en numidie les messagiers pour conseiller et secourir audit acerbal. Apres doncques le deces du roy mycipsa et depuis la violence et trahiteuse mort de ses deux filz hyempsal et acerbal/Jugurta demoura tout seul roy du royaume de numidie/et par ce iugurta come cruel homme auoit murtri et detrenche ses deux freres hyempsal et acerbal enfans come dit est du roy micipsa/Il acquist grant renom de cruaulte et si deuint redoubtable tant par puissance come par subtilite quil auoit en discipline de cheualerie en quoy il en celui temps estoit principalement expert entre les nobles daffrique. Mais ie prie considere et pense come le roy iugurta auoit folle esperance/et aussy sont deceus tous autres qui grant royaumes et seignouries par desloyaulx moyens/iugurta pensoit quil pourroit posseder en paix le royaume de numidie lequel il auoit conqueste par force et par desloyaute/mais le iuste dieu du ciel qui punist les pechiez des hommes demostra sans demeure quelz fruitz gettent hors les fleurs de trahison/car iugurta q come dit est auoit purge son premier crime par largement donner or et argent aux rommains/Il sefforca a abolir et purgier son second delict quil auoit comis en occissant le noble acerbal par dons dor et dargent dont il cuida secondement corrumpre les senateurs et consulz/mais le me-

fueillet   C lxxd

nu peuple de Romme loyal et entier de soy ne souffrist pas ceste desloy aulte/ Car les populaires qui lors estoient raisonnablement contraires aux nobles ilz enuoierent en affrique ung ost de cheualiers rommains et firent ung preteur appelle Aulus postumus qui estoit frere de postumus nouuellement sailli hors de lo ffice de consul. A cestui preteur furent bailliez de par les Rommains quarante mille hommes armez/ qui vindrent en numidie/ et misdrent le siege deuant vne cite appellee calame en laquelle estoient repostz/ et cachiez les tresors du Roy Jugurta Cestuy preteur aulus qui principallement tendoit a conquerir les tresors et nompas a la guerre pour punir Jugurta/ p(ar) cellui preteur auec son ost fust desconfist et fist ordes et diffamees aleances auec aulcuns affricans/ et tant que presques toute affrique se departit de lamiste et aliance des Rommains/et vint soubz la seignourie du Roy Jugurta/ qui par Argent et Or auoit corrompu/ tous les cappitaines des Rommains et de leurs ostz/ Et si attrahist a sa partie la plus grant partie des senateurs et aulcuns des tribuns/ mais ceste chose ne luy prouffita de riens Aussi ne luy vallut riens celle fardee malice dont il vsa en soy vestant de robbe noire en signe de dueil quant il vint a Romme apres ce que Il fust desconfist en affrique par vng noble consul appelle Metellus homme de entiere loyaulte et bien apris en fait de cheualerie. Or aduint a Romme commune renommee que mamissa filz de Gulesale mainsne filz du Roy mamissa auoit este occis en la cite de Romme par la main de Jugurta/ ou de son commandement pource que mamissa demandoit par iugement le royaume de numidie co-

-me a luy appartenant/de droit /ledit iugurta du secret commandemet de aucuns senateurs et tribuns fauorables a luy se departit de Romme et retourna en son pays de numidie. quant Jugurta fut retourne en numidie/ il tourna son engin en la subtilite et malice dont il auoit ia vse et sefforca selon les cautelles daffrique sil pourroit p(ro) loguer la bataille que lui vouloit faire vng consul rommain appelle gayus marius. Le roy Jugurta ainsi com il sembloit ne auoit pas si grant fiance en ses ppres forces de resister aux rommains que il auoit en lesperance q(ue) en aulcun temps il aduenist a Romme aucune chose nouuelle q(ui) empeschast la bataille entreprinse contre iugurta et p(ar) le consul marius/ et p(our) ainsi Jugurta faintif et refusant de estre a droit et q(ui) redoubtoit la guerre baratoit et moquoit par diuerses esloignes les messagiers des rommains/ et aussy les consulz et les autres cappitaines des batailes. Si tost q(ue) les rommains congneurent lauarice de leurs legatz de leurs consulz et de leurs capitaines de quoy le peuple de Romme auoit grant soupecon. Adonc le peuple de Romme p(ar) tresgrant et commun accord fist et ordonna vng consul/ appelle gayus marius homme de tresbasse condicionet de trespetit lignage et estat mais il estoit homme aspre dur et fort et si conuoitoit moult auoir gloire et honneur. A cestuy marius fust assignee et commise la bataille contre le Roy Jugurta ou pays de numidye. Les nobles de Romme qui de par Jugurta ia auoient receu grans dons dor et dargent et encores esperoient receuoir se opposerent et contredirent au peuple rommain qui auoit esleu marius pour consul. Cestuy marius accueillit a soy plusieurs remedes et aydes/ car il fust bien enseigne en art de cheualerie/ et fortune qui ayde aux
z ii

hardis et diligens luy fut moult fauourable. Si vint contre iugurta en bataille rengee apres quil eut separe et detire de tout son ost les hommes luxurieux delicatifz et foibles en eslisant pour combatre les hômes fors en courage et vertueulx en fais. Et apres marius saillit souldainement en bataille contre iugurta et cötresles numidois iugurta si sprouua se par dons et par promesses il pourroit flesc̈hir ne deceuoir ou autrement par engin le consul marius/ et pource que iugurta ne peut riens faire en fleschissant marius il commenca soy deffier de soy mesmes et de ses forces. Si fist iugurta compaignie et aliance auec Boccus le roy des mores et le attrahit a sa part par tresgrans promesses tant que le Roy Baccus et iugurta furent compaignons de guerre contre le consul des rommains/ mais le roy Boccus qui aduisa que toutes les forces de luy et de iugurta estoiẽt esfaces et rompues par les forces du consul marius et des cheualiers Rommains/ Boccus se repentit dauoir fait aliance auec le roy iugurta/ si demanda Boccus et requist par messagiers la grace et lamiste du consul marius et du peuple de romme. Or aduint q̃ ung noble Rommain appelle lucius silla pour lors estoit questeur de lost du consul marius/ si fist tant le questeur silla que par la fraude du roy Boccus iugurta fut baille et deliure es mains de marius et assez tost apres tout le royaume et les gens de numidie se rendirent a marius qui les receut et asseura de guerre. Apres doncques que iugurta fut prins et baille entre les mains de marius et que les numidois se furent rendus a luy/ et que marius eut aussy papaise les mouuemens et les discordz du pays de numidie/ le roy iugurta fut lye/ en chaines de fer et fut mis deuant le chariot du triumphe du consul marius dont le peuple de romme eut tresgrande leesse et esbaudissement/ Depuis que le roy iugurta meschant et prisonnier fut admene a rõme plusieurs des nobles qui par iugurta auaient este corrompus par grãs dons dor et dargent doubtoient que il estãt en prison ne les descouurist et accusast enuers le peuple de rome/ et pource les hystoriens creoient que Jugurta roy de numidie ne fust pas longuement garde prisonnier selon lancienne maniere qui par auant auoit este gardee entre les rommains qui gardoient les roys et grans seigneurs en prison tant comme ilz pouoiẽt viure/ et iugurta aussy estoit trop redoubte de barat et dengin/ si craingnoiẽt les Rommains que par aulcun moyen il ne eschapast dillec/ mais les hystoriens croient que iugurta fust trebuche du hault de la montaigne torpee ou fut le capitolle de romme dedens la riuiere du tibre/ apres ce quil fut tue par nuyt et que len eut atachee a son corps vne grosse pierre pour le faire affondrer et par ainsy iugurta qui par barat auoit occis ses freres et prolonguee la bataille des rommains et les auoit moquez/ il fut entrelace et prins par le barat de Boccus le roy des mores. Jugurta qui auoit mis sa delectacion et toute son esperance en ses tresors et en la resplendeur et puissance de son royaume et non pas en vertu de courage/ il par vertu des Rommains ses ennemys deuint poure/ obscur/ non puissant/ Et qui pys est prisonnier/ iugurta qui par le sang de ses freres que il auoit occis estoit monte a la haultesse du royaume de numidie/ il descendit en la basse riuiere du tibre par les rochiers agus de la montaigne tarpee ou siet le capitole/ et iugurta qui par trop grant chaleur de conuoitise auoit conuoite le royau-

me de numidie il devint trepide pa
la froideur de leaue du parfond tibre.
Ceulx qui se fient plus de eulx mes=
mes que de vertu quant fortune les
fiert ilz sentent les coups plus durs
que ne font ceulx qui fichent leur fia=
ce en vertu.

Cy fine le cinquiesme des neuf
liures de Jehan boccace des cas des
nobles hommes et femmes maleu=
reux. Et tantost apres commence le
sixiesme.

De Boccace

Le premier chapitre contient le parlement de fortune & de lacteur. Et comment ce ou latin. Nichil post rc.

Ortune qui est ung hydeux monstre & qui comme chamberiere donne et depart aux hommes et aux femmes les bieneuretez mondaines. Si vint deuant moy puis que ie qui mestoye ung tantet reposé prenoye ma plume apres la fin de mon cinquiesme liure pour commencer le sixiesme. Je qui fus esbahy de limage de fortune me escriay a dieu qui est le donneur des vrays biens.

Et se aucun me demande quelle fut ma sentence apres ce que ieu aduisee la figure de fortune. Je respons que ie eu grant paour quant ie droictement regarday la grant estature et la merueilleuse façon du corps delle. Car elle auoit les yeulx ardans(que sembloit quilz menaçassent ceulx quelle regardoit. fortune auoit la face cruelle (que horrible. elle auoit ses cheueux espes longz et pendans sur sa bouche. Je croy que fortune en son corps auoit cent mains et autretant de bras pour donner(que tollir aux hommes les biens mondains. et pour abatre en bas(que pour leuer en hault les hommes de ce monde. fortune auoit robe de maintes et diuerses couleurs. car nul homme ne la congnoist. Fortune auoit la voix si aspre et si dure quil sembloit que elle eust bouche de fer. pource que elle menasse tous les plus grans du monde. et si met ses menasses a effect. Je aduisay ces parties du corps de fortune et touteffois ie ne peu apparceuoir ne congnoistre les piez par quoy elle alloit. Et tandis que ie qui estoye paoureux attendoye ce quelle me vouloit dire. elle ficha ses yeulx enuers moy et me dist. O Jehan Boccace. Je te prie que tu penses comment tu gastes pour neant (que en vain le trauail de ton corps et le labeur de ton estude. Tu traces lune des fois les hystoires des nobles du pays de occident. et autreffois tu traces les histoires des nobles qui demeurent soubz le pole du ciel artique (que antartique. Tu reprens les ungs et blasmes les autres nobles hommes du monde. cestassauoir aucuns de ceulx que iay porte en mes mains et esleue iusquez aux estoilles du ciel. Et apres ie les ay finablement prolonguez iusques au parfond denfer qui est ou milieu de toute la terre. Tu descrips (que racomptes les nobles aduentures en terme

et petit stille ainsi come se ie cuydasse que les pensees et courages des hommes mortelz se deussent ramener a congnoissance de verite en lisant en ton liure qui est escript en petit (que humble langaige ouquel liure tu estales plusieurs hystoires racomptans les grans besoingnes que nous auons fait en esleuant (que en abaissant les hommes du monde. Si te dy Jehan Bocace que en ce faisant tu es deceu/ car il nest homme fors que toy qui ne soye bien que les euures peuent plus ramener les pensees a congnoissance de verite que ne font les parolles. Affin doncques que ie ne perde temps ie ne vueil cy compter plusieurs parolles ne diuerses sentences par lesquelles nous auons descript (que expose les loix (que les coustumes de nostre ieu lesquelles selon mon effort iay enseignees aux hommes tant par les philosophes qui de moy ont escript come par les oeuures que iay faictes en ce monde/ Mais ie vien maintenant a toy compter loffice (que le mestier a quoy tousiours ie suis meue et appreste/ car a lune des fois ie fais les haultes choses pareilles aux basses/(que autreffois ie fais les basses esgalles aux haultaines/ ie suys tousiours partout/ie suis tantost soueufue et flateresse/ et tantost ie suis menasseresse et cruelle. Je ne visite ne ne frequente pas souuent les hostelz des roys ne les palais des empereurs/ mais ie trace et serche les maisonnetes des poures hommes et les bordes des bergiers et les loges des pescheurs/(que par ainsy ie comme dame de tous lieux (que de tous hommes trace et visite palais loges (que bordes. Et combien que tous hommes veoient a peulx oeuures les choses et les besoingnes que ie fais. Si ne trouue ie homme tant soit courrouce par les angoisses ne par les duretez de moy ne de mes choses qui ne me recueille et qui ne preigne ferme esperance en moy se ie ne retourne par deuers luy et que ie ne flate ung pou par dons et par pmesses. Quoy doncques o Jehan Boccace cuides tu auoir fait en si pou de parolles. tu touches et racomptes mucement les choses q̃ nous faisõs car affin que tu scaches que tu laboures en uain se tu cuydes remedier cõtre nos loix et contre nos coustumes Je ueil que tu scaches que les philosophes et les hystoriens anciens ont en ceste chose laboure et y ont failly. Si tost que ie apperceu que fortune se taisoit ie commencay a parler depuis que ie eu receu force de corps et uertu de courage. Certes ie dy dame fortune Je recognois que riens nest ferme soubz le ciel. car oncques tu ne fus lassee de faire nouueaulx apprestemens. affin que tu tresmue et chãges les choses de ce monde. mais affin que apres ma mort sur le tombeau de mon corps soit escript mon nõ et mon tiltre contenãt que entre plusieurs autres volumes iay escript le liures des cas des nobles hommes et femmes malheureux. Et affin aussi que il me semble que ie aye uescu a la maniere des bestes qui ne seruent fors a la gloutonnie et a la luxure du uentre. Jay uoluntairement entreprins le labeur de cestuy liure quelconque qui puisse estre. Et si ne suis ie mye si hors de mon sentement que ie ne congnoisse plusieurs choses fermes et immuables dont la matiere est treslarge. Mais que comme eust son desir a la descripre. Je congnois que ie pourroye auoir treslarge matiere de escripre et declairer les merueilleuses oeuures et la gloire de dieu le tout puissant, pere de toutes choses. par qui toutes choses sont faictes qui est ung dieu en tierce personne et en une diuine essence. Et si pourroye bien aussy auoir treslarge matiere a escripre aulcũ liure en quoy ie ensarchasse par subtilite de engin les conclusions secretes et approuuees des oeuures de nature mere de toutes choses/ et aussy ie ne suy pas hors iette de mon sẽs que ie ne saiche assez q̃ ie pourroye escripre plusieurs choses appertenãtes a ta seignourie. Mais comme est tresprudent et tressage qui cõsidere et mesure les forces de son engin et qui met sur ses espaules tel fardeau que il le puisse porter. Je congnois certainement que ie nay pas assez legieres esles pour uoler oultre les sept planetes et oultre le hault ciel, pour illec enquerir les secretz de dieu affin que ie les manifeste et die aux hommes selon ma uision. Et se il aduenoit que par les dons des graces que dieu depart aux hommes en diuerses manieres que ie eusse ueuz les secretz celestiaulx. Touteffois ie nay pas telle haultesse de langaige ne si pesans sentences que ie les peusse escripre pour les laisser a ceulx qui apres moy uiendront/ combien que uouletiers ie les feisse, ie nay pas aussy si cler engin que ie peusse actaindre les causes des effectz et des choses que dieu et nature font. Or conuenoit il doncques que ie qui desiroye escripre ung liure de aucune matiere/ ie uenisse par deuers toy pour prendre en ton giron qui est tresgarny des hystoires contenans les cas des hommes/ et saches dame fortune que les nobles pouetes et les excellens hystoriographes iadis prindrent en ton giron conuenable et propre matiere tant de chanter en uers comme de escripre en prose. Si tost que ie fuz en ta presence ie regarday ton gyron comme tout esbahy, car en ton giron estoient plusieurs et diuerses matieres. Et certain est que mon desir naturel me semonnoit a parler de plus grans choses que ne sont les cas des nobles. Touteffois ie q̃ congnoissoie moy et mes forces ie regarday a fung des boutz du gyrõ de la robe de fortune ouq̃l ie aduisay plusieurs particulieres hystoires/ si en acceptay et prins vne petite porciõ cestassauoir les cas des nobles hom̃mes qui selon mon iugemẽt. mestoit assez aduenant pour emploier le labour de mon estude/ et mesmement adonc nul ne me dist du contraire. Et en celle petite porcion dhistoires iay mise en lẽgaige tel comme ie lay peu agencer par mon engin et conue= nablement iay extendues et deme= nees celles hystoires que maintenãt tu blasmes pour ce que ie les escri en trop petit stille ainsi comme se tu vou sisses dire / que pour la petitesse du stille ie ne pourray les aucũs diceulx qui lyront cestuy liure esmouuoir a vrayement cõgnoistre eulx mesmes Trop folle chose seroit se Je nyoie q̃ le lẽgaige de tulle le prince de eloquẽ ce ne peust plus esmouuoir les cue's des hommes ne q̃ fait mõ lengaige q̃ est rude/ si aduient il que vne parolle rude aucuneffois vient a tresbon ef= fect/ car ainsi comme dit tulle par le rude lengaige qui fut es anciens phi losophes de gracieux et doulz main= tiens le peuple q̃ for̃s habitoit ou mõt celius et aux autres lieux sollitaires il sen vint de illec habiter en la cite de Pomme et aux autres lieux public= ques/ et aussi la gent ancienne de gre ce de ytalie et de autre quelconque partie du monde qui entre eulx en= cores ne auoient cõuersacion ne mar chandise/ et qui cõme bestes habitoiẽt aux montaignes / ilz furent attraitz a venir es citez/ conuerser et marchan der ensemble par les gracieux langai ges des clers en quoy il auoit plus isnele loyaulte que doulceur ie qui es cry les hystoires des cas des nobles hommes ny ay pas moult grant la=

beur de parler auec les hommes biẽ disposez a entendre les loix et les ma nieres de quoy tu fortune vses con= tre les hommes/ mais auec ceulx qui ne entendent tes loix ne tes coustu= mes ne mest grant labeur/ assauoir mon se ilz sentent que aucuneffois tu ayes abatu les puissans et nobles sei gneurs du monde/ Je fais doncques par mon petit langaige grant prouf= fit aux hommes qui sont bien enten= dans et bien disposez en raisen plus q̃ tu ne fais/ car par les soubdains ton= nerres des tempeste que tu fais tu es bahis les hõmes/ mais tu ne les fais mie plus saiges que ilz nestoient/ car experience nous aprent que se nous esperõds souuent aulcuns ieunes poulains pourtant ilz nen deuien= nent point legiers ne aspres mais ilz deuiennent reculans et restifz/ et se len bat aucuns ieunes cheuaulx dũg menu fouet ou dune menue verge ilz vont a la voulente de ceulx q̃ les bheuauchent. Et certain est que de puis que les hommes obstinez et icor rigibles ne se changẽt ne remuent p̃ les tourmens et bateures de fortũe Je dy aussi que les legieres et doulces parolles prouffitent autretãt aux hõ mes corrigibles cõme font les tour= mens et les bateures pour toy mon= strer ce que iay dit Je te fais vng ex emple. Achiles filz du roy peleus et de thetis fut cruel et fol cheualier sy dient les histoires que Achiles tres= souuent adoulcissoit son cruel et or= gueilleux courage par le son des cor des de sa herpe et oublioit sõ couroux et deuonoit debonnaire/ et touteffois son courage ne peut oncques estre fle chi ne adoulci par les dures armes ne par les forces des cheualiers de tro= ye/ ne p̃ les haultes et orgueilleuses parolles du roy agamenon duc et gouuerneur de la bataile d̃ tous les cheualiers de grece/ mais pour ce que ie congnois que tu peutz oster et mouuoir par vng petit tourbillon toutes les choses qui sont sur terre Je te prie et supplie Dame fortune que mon liure Des cas des hommes soit par ta grace bieneureux et aggreable / et que mon nom qui est obscur et descogneu aux hommes presens soit esclercy et congneu aux hommes aduenir et soit anobli et exaulce par le moyen de ta resplendisseur. Adonc fortune riant et esbaudye parla a moy et me monstra son visaige plus doulx que elle nauoit fait parauant. Pource dist elle que la subtilite des hommes mortelz ne peut trespercer ne veoir Jusques au parfond des drapz secretz conscritz/Vous hommes me paingnez es parois et es drapz en figure dune femme obstinee/endurcie/desconseillee folle et aueugle pource que vous estes aueuglez par les couuoiteux apetitz des biens mondains/ Cest assauoir des richesses/ des honneurs de puissance/ de gloire et de dignitez ie apercoy bien iehan Boccace quelle difference il a de toy a moy en pensee / et aussi en parler/ et me souuient bien comme tu mas couroucee en langage de ton liure present en moy diffamant blasmant et mauldisant se tu peusses/ auec ce tu me appelle sote a lune des fois / lautre fois aueugle et nuiseuse / ou murtriere ou ennemye / ou marastre pource que Jusques cy Je nay pas acomply tes couuoitises folles et desauenans / et si te es moque de moy dont ie suis plus mal contente pource que pieca tu as ouy dire que pourete me supcta et vainquit dont tu as escript la fable au commencement du tiers liure precedent / mais or endroit tu q te es moque de moy tu me suplies et demandes mon aide affin q ie te donne gloire et renommee aps ta mort ainsi comme se ie fusse vne femme q len peut barater selon ce que len

decoit souuent par flateries et p bour des les simples pucelles. Certes o iehan Boccace ie congnois et voy assez quelle foy et quelle fiance tu ayes en mes forces / mais nonobstant quelcon que pensee que tu ayes ie te respons que tu as flechi mon courage / Et sy as mue mon conseil au contraire / car ia des maintenant ie loe et recomande ton engin et ton liure / et vueil que tu poursuiues leuure que tu as commencee comme saige et bon historien et ie seray fauourable a ta requeste en tant que ton nom et surnom seront nombrez et escriptz entre les nobles noms et surnoms des anciens acteurs et affin que tu croies ce que ie te ay dit auant que ie me departe de toy ie te donneray listoire couuenable a commencer ton sixiesme liure / car ie appercoy bien que en cerchant les histoires tu fais doubte lequel tu doiues prendre de tous les nobles maleureux cy arrengiez deuant moy. Je appercoy que tu fais doubte se tu prendras saturninus iadis noble Rommain pour quoy il est assauoir q lan six cens quarante cinq apres la fondacion de romme cestuy saturninus orgueilleux et oultrageux fist et esmeut a romme sedicions et discors / et en icelluy an vng noble et ancien Rommain appelle metellus fut esleu et ordonne iuge en la cite de romme. A cestuy metellus fut tresaigre ennemy ledit saturninus tant quil fist trayner hors de son hostel le iuge metellus q a garant sen fuit ou capitole de romme / et Illec fut assiege de gens darmes de p saturninus qui auec les siens fut repoulse par les cheualiers rommains et deuant le capitole fut faite grant occision. Lan apres ensuiuant marius fut fait consul pour la sixiesme fois. Ou temps de ceste tempestueuse sedicion estoit a romme vng varlet appelle glacia qui par mon aide et conseil fut fait consul de rôme Du ql tu peulx briefuement icy compter le cas car sui parauant serf et varlet Je mis a si noble et si resplédissant estat quil deuint consul de romme/et encelui mesme an que marius fut consul le dessusdit glancia fut preteur de romme et saturninus fut tribun du peuple. Les trois Rommains doncques firent conspiracions et monopole de condanner et bannir le noble et innocent iuge metellus de quoy le peuple Rommain fut moult dolent. Apres celluy mauuais et iniuste bannissement saturninus tendāt a la seigneurie de Romme par ung sien varlet appellé mecius armé dung gros tison: fist occire ou marchié publicque ung autre noble Rommain appellé memmius qui estoit homme fors de corps et entier de loyaulté et de iustice pour ce que saturninus doubtoit que memmius ne fut esleu consul prouchainement. Les senateurs et le peuple de Romme eurent frayeur et doubte / pour les grans maulx que faisoit saturninus. Pendant ce temps aduint que le consul marius appliqua son engin a bien faire/ et tant q par son doulx parler Il appaisa la commocion du peuple/ et par le contraire cestuy saturninus en sa maison fist une grant assemblee de Rommains/ et par aucuns deulx se fist appeller Roy et par aucuns il se fist appeller empereur. Marcus doncques voyant tel desloyal hardement fist tant auec sesaydes qui il rompit et despeca les portes de lostel saturninus qui fut combatu en la place du marchie de Romme/ et apres fust repoulsé et sen fuyt a garant dedens le capitolle. Si aduisa Marius maniere de luy oster. partie de ses vitailles/ despeca les tuyaulx des conduis par ou leaue venoit au capitole/ Apres fust faicte une horrible bataile alencontre du ca‑

pitole la ou plusieurs rommains nobles et autres des deux parties furēt occis en la presence dudit saturninus et dung sien complice noble rommat appellé eusemius marius finablemēt auec ses cheualiers rommains par force desloga du capitole/ saturninus et les siens qui apres se retrayrent en la court des senateurs dont il aduit que saturninus sansonis et labienus trois nobles ducz rommanins furet en eulx retrayant occis par les gens de marius qui froisserent les portes du palais de la court/et toꝰ les biēs de ces compaignons sedicieux Rommains furent confisquez et appliqz au publique prouffit. Et aussi Dolobella frere du noble saturninus fut tué tandis quil sen fuioit par le marchié des choulx/ Ung autre noble Rōmain appellé gaganus. Cestuy dōcques saturninus a qui iauoye assez donné richesses honneurs et dignitez qui par trop grant orgueil auoit une fois dit aux senateurs q il graeleroit se contre luy. Ilz murmuroient en riens. Ilz et aussi ses complices perdirent comme dit est les biens que Je leur auoye donnez dont comme folz ilz ne furent pas contens. Je apperçoy aussi que tu fais doubte se tu prēdras au commencement de ton sixiesme liure le noble Rōmain Drusus iadis questeur ou pays de asie. Cestuy drusus fut dung lignaige de excellente noblesse/ mais il monstre en soy que le noble couraige ne vient pas aux enfans par succession/ car drusus fut couuoiteux orguilleux et tricheur il estāt en office de questeur ou pays dasie ne daigna user de enseignes ne de attours q le magistrat de romme auoit ordonnez pour luy. Et se tu reuerses les faitz du noble questeur drusus tu te merueilleras quil q estoit questeur du pays dasie refusa come dit est les armes et les attours de rôme/ et les prit tous nouueaulx/ꝯ tant que par son trop grant orgueil il dist que il estoit le plus noble de quelzcõques autres hommes/et pource il ne vouloit pas que len veist aucune part homme pl⁹ noble de luy. Et de vne autre chose te pourras merueiller que dist lorgueilleux drusus/cestassauoir que il nauoit laissie aucune chose visible q̃ il neust departie et distribuee aux hommes fors que le ciel/ et la fange de ce monde. Or aduise Jehan Boccace en comgrant orgueil estoit esleue Drusus pour les biens que ie luy auoye departis/mais finablement tu voys drusus pcy̅ deuant moy gemir et plourer en abaissant sõ visaige pour sa mauuaistie cõgneue ꝯ manifeste. Car drusus pour argent que il peceut de Boetus le roy des mores il liura audit Boetus traytreusement le noble magulousa prince des mores ꝯ Boetus comme cruel fist getter magulousa deuantt vng elephãt affin que il occist/mais il en eschappa dont il aduint que le noble magulousa rencontra cestuy drusus/et par iuste contreuengance il occist drusus ou milieu du peuple de Romme. Je apperçoy aussi que tu fais doubte se tu prendras au commencement de ton sixiesme liure le derrenier scripiõ q̃ fut du temps de caton cẽsoriu ꝯ si fut filz de gayus scipion iadis preteur de romme puissãt ꝯ saige en armes/q̃ cõme cheuallier vaillant et victorieux en bataille obtint a rõme l'onẽ de glorieux triumphe/ et q̃ aps pour les merites de luy fut fait q̃sul ꝯ finablemẽt pour la consideracion de ses vertus et honestes meurs il fut esleu souuerain euesque de la cite de romme il fut deffenseur et patrõ des senateurs ou temps des discencions qui furẽt deuãt les batailles ciuiles ẽtre cesar et pompee/ꝯ touteffois la chose vint a tant que scipion homme inocẽt fut mis en prison lye de cheines p le bourreau publique/et son corps mort fut hault drece en eschielles po² faire horible monstre a ses citoyens. Et apres tu Jehan boccace regarde se tu prendras au commencement de ton sixiesme liure senaticus du pays de surie qui par ma faueur deuint moult puissant ꝯ renomme. Senaticus po² legierement acquerir auctoritentre les hõmes simples et rudes feignoit que il parloit a vne deesse appellee ciree/ et que il auoit response des dieux sur les choses dont il demandoit rõseil/ et oultre plus il portoit souuenteffois vne noix dedens sa bouche/ꝯ moyennant celle noix vuidee et percee iceluy mesmes souffloit ꝯ gettoit le feu dehors de sa bouche pour monstrer que il receuoit aucune ĩspiraciõ des dieux. Si assembla premieremẽt deux mil villains q̃ apres peu de tẽps surcreurent iusques au nombre de soixante mil/qui tous par male souffrance firent si grãs maulx que a peine les peut on croire se ne fust lauctorite des hystoriens dignes de foy qui les comptent. fauaticus doncques qui ma faueur mõlt esleue en orgueil qui obiẽq̃ il fust serf si auoit il soubz soy hommes obeissans et subiectz et qui apres plusieurs victoires ꝯ conq̃stes auoit prins armes et enseignes popaulx ne demoura pas lõguemẽt en celuy haultain ꝯ noble estat/car le noble perpenua duc et connestable des rommains desconfist luy et sõ ost il mesme fut pẽdu auec plusieurs des siens ꝯ les autres furent lyez en fers ꝯ gettes en prisone ꝯ illec durement mors. Aps la miserable ꝯ deshõneste mort dudit fauaticus tãt ost ou pays de rõme suruint vng autre serf appelle anthonio qui estoit berger et du pays dytalie. Cestuy anthonio q̃ fut bergier ꝯ la rontua son seigneur vng noble hõe rõmain q̃ en fait de ba

faite auoit prins plusieurs hommes
& iceulx lyez en ses prisons. Si pensa
anthonio sil deliureroit les prisoniers
de son maistre q̄ de legier il lui p̄mettoient faire tous ses plaisirs & seruices
en armes. Apres doncques que āthonio eut tue son maistre q̄ auoit plusieurs prisonniers & serfz il les desprisona & fist aliāce auecq̄s eulx & au tous
les autres serfz q̄l peut trouuer & tous
iceulx il ordōna en batailles/ & les enhorta a guerroier contre les rōmains
& tant que depuis que anthonio eust
plusieurs victoires & eut fait plusieurs grans conquestes en prenant p̄
especial les chasteaulx des senateurs
de romme & en faisant toute maniere de cruaulte/ plus contre ses seigneurs & priuez que contre les estranges/ il comme fol soy consiāt en moy
print la robe de pourpre/ Il porta baston dargent que len appelle ceptre/
il eut son chief dune coiffe bordee dor
& de pierres & si tressa ses cheueulx a
lancienne maniere des empereurs
et pops. Et finablement il et son
ost furent desconfitz par ung consul
Rommain/ Et apres ilz furent tous
pendus a gibetz ou autrement /ilz finerent leurs vies par dure et miserable mort. Apres les briefz racomptemens des cas de fauatirus et de anthonio iadis puissans hommes / Il
est droit que ie te descripue les cas de
spartacus. Si saches Jehan boccace
que lan six cens soixante & dizeneuf
aps la fondacion de rōme cacheemēt
se departirent de lobeissance dung no
ble hō̄e rommain appelle sugdoncus
soixāte & quatre hō̄es gladiateurs q̄
estoiēt apellez gladiateurs po̅rce q̄lz
ꝗbatoient cōtre bestes sauuages qui
tous soixāte quatre prindrēt place sur
vne mōtaigne de chāpaigne de rōme
q̄ len dit venuse/ Ilz ordōnerent trois
ducz entre eulx pour conduire leurs
batailles. Le premier duc eut nom

crissus & le secōd fut appelle ynomaus et furent de gaule/ et le tiers eut nō
spartacus & fut de tracie. Or aduint
que ung p̄teeur de romme appelle
claudius les assiega et les trois ducz
assemblerent son siege et a force darmes le chasserent & pillerent tout son
ost/ & de la ilz assemblerent en brief
temps grāt et meruelleux ost/ si trasserent plusieurs citez et pays/ et tāt
que crissus en assembla dix mil hommes/ et spartacus assembla trēte mil
Eulx doncques considerans que leur
compaignon ynomaus sans mercy
& sans ranson estoit occis en la p̄miere bataille/ilz commencerent a bouter feux par tout tuer rauir et essorcer
toutes femmes/ & tant que plusieurs
qui se sentoient violees p̄ desconfort
se occisoient/ les rommains cuidās
obuier & pourueoir aces maulx firēt
& enuoyerent deux consulz/ cestassauoir gellius et lentulus/ le cōsul gellius fist grant degast des gēs de crissus/mais le consul lentulus fut dechace par spartacus et les siens/ Aps
se rassemblerent les deux consulz auec grant nombre de gens armez et
ꝗbatirent en vain contre spartacus/
mais il desconfist leurs gens & apres
les consulz senfouirent. Aps ces deux
vaincus fut enuoye ung cōsul appelle crassus lequel auec ses gēs fut desconfit et occis. Les rommains voiāt
ces choses furent presques autretāt
effrayez et esbahis comme ilz auoiēt
este pour la guerre de hānibal q̄ vint
iusques aux portes de romme. Les
senateurs pour resister a' spartacus
tiercement ordonnerent ung consul
appelle crassus & luy baillerēt certaines legions de gens darmes en greigneur nombre que ilz nauoient par a
uant acoustume/ le cōsul crassus hastiuemēt combatit ledit spartacus &
son ost et tant que le consul en occist
six mil et en print neuf cens a rancon

et apres il poursuitit spartacus iusques a vne riuiere appellee silaire la ou il mettoit son siege et ordonna ses batailles/mais auant que spartacus peust liurer sa bataille/le consul hastiuemēt assaillit les gaulx et les alemens qui estoient aydans et compaignons de lost de spartacus dont trēte mil auec leurs capitaines furēt desconfitz et occis/et finablement ledict consule se combatit a spartacus et a son ost puissant et merueilleux/mais il fut desconfit si villainement q̃ soixante mil cheurent mors et six mil furent prins et enferrez/et quatre mil furent gardez et retenuz a merci/et leur fut donnee frāchise telle comme aux citoyens de Pomme/et depuis le remenāt de ceulx qui eschapperent p fuite fut desconfit par parties de par les deux consulz qui fort et diligētmēt les poursuiuirent iusques aux dexterieres parties de ptalie. Spartacus doncques qui naguerres auec son ost auoit propose de assaillir Pomme qui aps plusieurs victoires et grans et riches conquestes auoit prins armes enseignes et attours royaulx/et qui auoit tant dommes subiectz et obeissans a soy/et qui de lestat de serf auoit monte a la haultesse de duc/il par contrainte ordonna retraire soy et son ost en lisle de sicile. Si aduint q̃ pour soy retraire Il neut pas nauire assez souffisant pour tresnagier la mer/si forgerent vne maniere de pōs de tōneaux et de merriens accouplez ensemble q̃ pou leur proufiterent/Car les Pomains les poursuiuirent de si pres q̃ tous mouturēt occis de fer ou noyes dedens la mer/car les rōmains leur firent fort et long assault et spartacus et les siens cōbatirent et resisterēt vaillammēt. Touteffois le fortune souffri que spartacus ou premier assault mourust apres sa grant et vigoureuse deffence en tant que ia soit ce quil fust

serf si monstra il par effect quil auoit grant et noble courage. Aussi Jehan Boccace tu regardes se tu prēdras au commencement de ton sixiesme liure ce penomme et puissant homme Siriatus qui fut ne de lusite cite despaigne. Cestuy Siriatus qui premierement fut rencontreur ou assailleur de chemins et fut admene a Pomme comme serf et prisōnier ou par aduenture il fut recreignant la rigueur de iustice/partit de espaigne ou il auoit este larron et assailleur de chemins et se transporta a rōme. Si aduisa moyens telz quelz pour cōquester richesses et seignouries / pour ceste chose faire Il contrahit aliance et compaignee auec plusieurs hommes de son estat et de sa condicion/et apres que il eut souffisant nombre dōmes armez tellement comme ilz pouoient/ilz commencerent guerre contre les Pōmais en especial et generallement contre tous ceulx qui auoyent aucune chose a perdre. Vne chose luy accreut et multiplia grandement le nombre de ses gens darmes et souldoiers/car il departoit tresiustement et egalemēt le pillaige entre tous ses cōpaignons Apres que son ost fut accreu en continuant les guerres contre les Pōmais il obtint plusieurs victoires et par force et autrement il print les forteresses de plusieurs grans et nobles Pommains quant il considera soy enrichi par pillages et soy anobli par le nombre des subiectz et hommes obeissās a luy/il pensa comme fol que le se esleueroye iusques au hault degre de magroe/mais ie pensay et fis le contraire/car le dernier scipio pour lors consul pommain et filz de Lepidus vng noble et ancien rommain fut commis a resister contre les entreprinses de Siriatus. Scipion doncques considerant que il loyst de greuer et desconfire son enemy p toutes voyes possi

bles suborna et flechit aucus barletz
de lost siriatus lesquelz cõme faulx
et desloyaulx hastiuement occirent
Siriatus ҁ son ost apres de legier fut
efface et destaint par le Rommains
Et combien que les cas des maleu
reux nobles cy dessus escriptz facẽt
grans argumẽs euidens exemples
de nostre puissance p̃ la laquelle no9
les auons haulsez et abaissez. Tou
teffois ie vueil que tu mettes apres
eulx les cas de ceulx que ie cy apres
te monstreray. Et si vueil que tu les
ordõnes lung apres lautre en deme
nant ton liure/ Et tantost sans de
meure fortune dame des choses ad
mena deuant moyce noble cõsul ro
main marius qui fut de arpinas vng
chasteau de toscane. Cestuy marius
me sembla moult poure ҁ arrouse de
larmes/ il auoit cheueulx blãs ҁ des
agencez Il auoit robe noire de dueil
qui encores sembloit mouillee du sãg
des citoyens de Romme que il auoit
occis/ ҁ adonc me dist fortũe. Cestuy
noble maleureux que tu vois deuãt
tes yeulx cest marius/ q̃ iadis ie pour
menay a tant que par sept fois il eut
le consulat de romme. Et touteffois
ledit marius estoit presque du plus
vil estat et du plus bas lignage et̃c
tous ceulx du pays dytalie/ ҁ ie for
tune luy ay donne si grant honneur
et si grant gloire que en son tempˢ au
cun homme ytalien ne mena oncqˢ
a romme plus agreables triumphes
ne que fist cestui mariᵘˢ mais po̧ ce il
est assez dignement recompense du
peche de sa tresgrant couuoitise/ tu
pourras par luy monstrer assez aux
hommes vng grãt exemple de la mu
ablete des estatz q̃ ie betourne a mõ
plaisir/mais nõ pas sans cause Apˢ
cestuy marius fortune admena de
moy pour exemple/le maleureux mi
tridates iadis noble et tresrenomme
Roy de poitou et puis me dist fortũe

feuillet　　　C lxi

Jehan boccace ne vois tu cestuy mi
tridates a qui iay souffert vne chose
que õcques ie octroy a autre homme
mortel car ie luy ay parmis mainte
nir et prolonguer continuelles guer
res soubz diuerses ҁ grandes fortu
nes par ans quarante ҁ plus contre
les Rommains/ia seignurians pres
ques de tout le monde Je tay voulu
monstrer mitridates a descripre son
cas/poure q̃ la fin de ses besoingnes
fut moult contraire a leur commen
cement. Et consequemment fortu
ne admena en exemple le tiers noble
maleureux/cestassauoir herodes ja
dis noble Roy des parthois: ҁ ja ce
soit quil fut payen et orgueilleux hõ
me/touteffois il souffrit soy vaincre
et mener selon le plaisir dune sienne
ribaulde Et me dist dame fortune/
mon amy Jehan boccace/ les prede
cesseurs de cestuy herodes iadis fu
rent mis en exil ҁ deboutez du roy
aume de parthie p̃ les princes et no
bles du pays de sichie Je ay rappel
le les ancesseurs dudit herodes et ie
les ay remis en leus grans prouinceˢ
et anciẽnes dignitez/et ie les ay mai
tenus en si grãt puissance que cestuy
herodes a desconfit et surmonte en
bataille les forces des Rommains/
mais finablement iay tresbuche he
rodes par souldain tourment pource
quil estoit orgueilleux. Apres cestuy
herodes venoit le quart noble maleu
reux que fortune pas ne nommoit et
il aussi ne disoit point son nom. Si
tost que ie le vy ie pensay que cestoit
le grãt Pompee iadis noble et re
nomme duc des Rommains/et cer
tes le veoir estoit piteuse ҁ miserable
chose/Il sembloit que il fust encores
mouille de leaue de la mer ou il fut
iette. Puis que sotinus ҁ achillas lui
eurent trenche la teste/il estoit enco
res noir et obscur de la fumee et co
peaulx et des buchetes dont cadruᵘˢ

ung sien questeur & cheualier Pōmal fist le feu pour ardoir son corps mort Il sembloit aussi que ledit Pompee neust porter sa teste pource que elle luy auoit este trenchee/et apres en signe de moquerie et derision fichee en une lance et puis portee par tout le pays dalexandrie. Adonc fortune me dist. Certes Jehan Boccace ie ay par ma tresgrant faueur esleue iusqz au ciel la gloire et le penon de pompee le grant/& il a par ma faueur desconfit plusieurs des roys du monde/& apres ie luy ay donne les royaumes diceulx. Et finablement ie ay souffert a pompee combatre cōtre Julius cesar/& si ay souffert a pompee q̄ apres sa desconfiture faicte en thessalie il sen fouyt en lisle de lesbos et dillec se fouit aps en egipte/& ay souffert qͥl fust cruellemēt occis ples gēs d'ung enfant appelle ptholomee roy d'egipte Apres fortune amena deuāt mes peulx le cinquiesme noble homme maleureux lequel ie adonc regarday & congneu quil auoit visage paisible et honnorable/combiē quil fust esmeu & aucunemēt troublle & plourast son malheur secretement dedens soy. Si fichay mes peulx en regardant la meurete et attrempāce d'e ses manieres/lors ie pēsay que estoit aucun tresgrant homme ainsi comme il estoit/car fortune adonc se auança d'e parler/& ainsi comme ie regardoie se d'auenture ie cōgnoistroie celui maleureux homme/si me dist/cellup que tu regardes cest tulle le tresgrant prince de eloquece qͥ a dōne aux latins la doctrine de biē droit & haultemēt pler. Et pource Jehā Boccace tu qui sces p les histoires quelles sont les auentures d'e tulle ie suis grēte de lauoir ad mene deuant tes peulx si ne te feray ia mencion de ses louenges ne de ses felicitez ne aussi de ses miseres mais escri de cestup et des autres quatre

tantost cy deuant nommez & l'acōpte leurs cas ainsi comme bon te semblera engardant la verite des histoires. Si tost que fortune eut finees ses parolles elle se eslença & esuanupt en lair cler & luysant/si commēcay a penser de rechief tant aux choses que ie auoye veues/comme aux choses que ie auoye oupes de fortune. Et lors consideray que ie deuope obeir a ses commandemens pourtant ie prins a descripre le cas de marius deuant tous autres selon lordre que fortune me auoit mōstre nagueres cy deuāt.

Le secōd chapitre contiēt le cas de gapus marius arpinois noble consul Pōmai qui fut filz d'ung charpētier de boys. Et commence ou latin. Arpina opidum. &c.

Es escritures des vielz histoirens tasmoingnēt que Arpina fut iadis ung tres noble chasteau du pays d'e toscane/Et de cestui chasteau contenant ville fermee fut ne marius gapus/& fut son pere charpētier de bois et si veullent dire aucuns hystoriēs que cestup noble consul marius estāt adolescent et ieune par aucun temps suiuit les armes auecques son pere q̄ habitoit souuent les batailles Apres finablement que Maurius selon le commun cours fut couuenable a suiure les armes comme celup qui Ja auoit assez experimēte des choses appartenās au fait de cheualerie & assez

aage et aussi force de corps il se trans∕
porta a romme il fut congneu tant p̄
sa force corporelle et par son habilite
comme par la soubtilite quil auoit en
discipline de chenalerie (en fait dar∕
mes/et pourtant il obtint de legier
loffice de tribun/cestadire une capi∕
teinerie de gens darmes/(t si obtint
autres plusieurs offices dont il pou∕
oit assez estre content. Mais cestuy
marius auoit en soy ardeur continu∕
elle qui tant esguillonnoit son coura∕
ge quil ne pouoit estre saoul pour q̄l∕
conque abondance de honneurs ne
de autres biens de fortune/car apres
ce quil eust bien (t vaillamment beso∕
gne en fait de bataille pour (tou nom
des rommains contre les affricnas
il estant en ung temple ou il regar∕
doit ung diuineur qui sacrifioit aux
dieux. Celuy diuineur enhorta ma
rius (t luidist quil retournast a rom
me (t il receuroit illec grans dignitez
et offices/(t si vint marius a romme
pour demāder aux senateurs les cho
ses que il desiroit. Et ia soit ce que
marius ne fut de si noble ne de si an
cien lignage comme ceulx qui com
munement a rōme auoient les grās
dignitez (t les nobles offices toutes
fois pource q̄ les nobles lors estoiēt
hayneux (t desplaisans aux populai
res (t marius estoit homme de peu
ple/il obtint legieremēt nonpas seu
lement la dignite de consul/Mais
aussi il obtint commission de conque
rir par armes pour les rommains le
royaulme de numidie qui est une
grant (t fertile prouince daffricque p̄
le consentement et voulente de tout
le peuple de romme/nonobstāt que
par les senateurs de romme celle pro
uince fust parauant assignee au no∕
ble metellus a qui le tēps de son con
sulat auoit este prolongue par lesditz
senateurs. Marius doncques com∕
mis a faire celle conqueste/bien se

maintint en toutes aultres haultes
besoinges saigement (t vaillāment
et tant que il subiuga (t conquist en
ung an le royaume de numidie/ et
print en bataille iugurta roy de cel
le prouince/qui par auant par plusi∕
eurs entreprinses ne auoit peu estre
conqueste ne prins/ pource quil cor
rompoit par dons(t par promesses les
nobles de romme par plusieurs fois
commis (t enuoies en affrique pour∕
ce faire/marius desseruit (t eut hon∕
neur de triumphe pource que il vain
quit (t print le roy iugurta et cōquist
son royaume/(t son triumphe fut pl̄
honnorable a soy (t a sa cite pource q̄
metellus (t les autres nobles de rō∕
me auoient repute marius estre vil
homme (t de petite valeur (t combien
que marius en celle noble besongne
eut surmonte les aultres nobles de
romme/touteffois la vertu (t la pro∕
priete de luy ne se arresterent pas a
tant car pour cause de la glorieuse vi
toire (t de la prouffitable conqueste
de marius il sēbla aux rommains cō
me vray estoit q̄ toute la chose publi
que de rōme eut mis toute son espe∕
rance en la personne du noble mari°:
pourtāt il qui fut fait consul fut en∕
uope a lencontre pour cōbatre trois
nacions de gens/cestassauoir to° les
timbrois les germanois/(t les tigur∕
niois/lesquelles trois nacions du pa
ys de alemaigne (t de gaule estoient
estranges (t cruelles en manieres et
en habitz/elles estoient hors toutes
de leurs pays(t ennemies d̄s rōmais
(t si auoient fait compaignies (t alia∕
ces et menassoient destruire le peuple
(t le pays de romme. Les trois naci
ons de gens auoient ia passe les mō
taignes qui encloent ytalie (t se estoi
ent mis en trois particullieres ba∕
tailles/et ia parauant elles auoient
par batailes desconfit trois ducz rō∕
mains auec les gens de leurs ostz/

Ai

car illec auoit este tue emilius le conful auecques ses deux filz quatre vintz mille hommes rommains armez/ et quarante mille hommes seruans en plusieurs mestiers qui en celle bataille furent occis/ et de tout lost pommain ne eschaperent que dix. Or aduint que fortune se rendit si fauourable aux entreprinses du consul marius que en la premiere bataille que il fist auec les germanois au bout des alpes ou lieu que len dit sixeanes/ Il par la merueilleuse force et prouesse de soy et de ses gens desconfist les germanois et print theutobocus leur tresorgueilleux roy homme de grant estature/ qui se estoit mis en fuite/ lequel fut garde et mis en cheines de par marius pour en faire son triumphe. Apres ceste victoire Marius tourna sa bataille contre les Timbrois et les ligurnois qui sestoient partis en deux esles/ si arrenga ses gens et apres long chapleis il pareillement desconfit les timbrois en ung champ que len dit randitte/ car premierement marius fierement combatit auec les timbrois/ et de iceulx fut faicte tres grant occision/ cestassauoir deux cens mil illec furent tuez huit mil furent detenus prisonniers et trois mil par fuite a grant peine se sauuerent/ et entre les autres Bolerus le Roy qui vigoureusement besoignoit fust occis en la bataile. Depuis que marius eut desconfit les timbrois et prins leur roy en bataile marius fut contraint de combatre auec les femmes timbroises que apres la mort de leurs maris continuerent la guerre contre le consul marius/ et pource que il ne voulst octroier aux femmes des timbrois que elles toute leur vie seruissent comme nonnains ou temple de vesta la deesse sans iamais auoir compaignie auec hommes/ celles femmes recreignans seruitude prindrent cruaulte en leurs

courages en cuidant mesmement resister a la mort/ Car elles arrengerent leurs chariotz charetes a maniere de palys et haperent leurs petis enfans/ dont les aucunes les froisserent contre rochiers et pierres et les autres les estoufferent. Et apres ce elles se vengerent en bataile contre marius et son ost/ et longuement combatirent de haches et de iauelotz en elles deffendant. Apres finablement que les femmes timbroises aperceurent que pour neant et en vain trauailloient pour leur deffence elles penserent que leurs ennemys ne les occiroient point ais mourroient en estat de franchise. Si commencerent les vnes a entretuer elles mesmes par diuerses et cruelles manieres de mort/ et les autres se pendirent aux timons des chariotz et les autres se attacherent de cordes aux iambes des cheuaulx affin quilz les traynassent et occissent/ affin que marius eut leurs charoignes mortes et nompas leurs corps vifz. Marius doncques qui eut desconfit ou prins ou tuez les gens et les roys de trois nacions cestassauoir iugurta le roy de numidie et les germanois et theutobocus leur Roy et les timbrois /et tue en bataile boleris leur Roy/ Iceluy marius par les faiz de sa propre vertu fut par trois fois anobly et pour combler sa noblesse il pensa a proceder contre les tugurinois mais il les delaissa pource quil ouyt dire comme bray estoit que des tugurinois les aulcuns estoient degastez et mors es landes du pays de morique/ et les aucuns sen estoient fouys pour la paour de luy et de son ost. Le noble marius doncques auec son ost victorieux se retourna a rome/ le peuple non sans cause/ luy fist tresgrant et ioyeuse feste/ Il mena son triumphe dedens le capitole comme celuy qui auoit plainement vaincu trois nacions de gens que les rommains parauant moult doubtoient/et en tesmoing ⁊ especial memoire de ses glorieux faitz les rōmains octroyerent a marius que Il peut vser dung grant godet a ances toutes les fois quil buuroit laquelle chose ne estoit oncques licite a autre homme rommain. Il nest certes ia besoing que ie racompte par ordre pl⁹ de louenges ⁊ de nobles besongnes du noble consul marius/car fortune le transporta a si hault degre/et a si noble estat que par six fois il fut consul de romme/laquelle chose ne auit a autre homme iusques a cellui tēps Et puisque les dignitez ⁊ honneurs que souuent ⁊ mainteffois de parfortune auoient este donnees au noble marius ne peurent appaiser le desir couuoiteux que il auoit de acquerir gloire mondaine/mais sembloit que il eut tousiours plus grant soif ⁊ pl⁹ ardant desir de auoir dignitez ⁊ honneurs/et pource que chascun doit iugier que fortune/qui iusques prx auoit este fauourable a Marius senst tournee en desdaing contre luy ⁊ nō pas sans raisonnable cause/car marius ia estant aage/et assez pres de vielesse les Rommains appresterēt grant bataile cōtre mitridates le roy de pont qui presques par quarante ans auoit este rebelle/et aduersaire aux Rommains/⁊ pour conduire celle bataille ilz ordonnerent duc et consul vng noble rommain appelle lucius silla. De ceste chose fut marius tresimpacient et couroucie nompas seulement pource que celle bataille estoit commise a silla/lors estant en champaigne /mais pource quelle ne estoit pas commise a Marius/pour lors demourant a Romme/si com mença marius a contredire a lordonnance des senateurs/et allegua pour soy la loy faicte par vng ancien saige Rommain appelle sulpicius/par laquelle il estoit deffendu aux Rommains que ilz ne assignassent/ne ne commissent le gouuernement daulcune prouince a homme quelconque se il nestoit present et enpersonne. Silla doncques qui de auenture de mouroit en champaigne pour parfaire le permenant dune bataile de diuerses compaignies quant il ouyt dire que marius lui estoit nuysant ⁊ enuieux silla fut impacient et irez ⁊ prīt soubdainement son ost puis tourna son chemin vers romme ⁊ le tourna contre le noble marius et les siens. Depuis que silla boutant les feux par les lieux ou il passoit affin de luy faire voye fust hastiuement venu a Romme sans trouuer resistance/Il comme vainqueur entra a romme auec deux batailles rengees endouble flote par deux portes/Cest assauoir esquiline ⁊ colline ⁊ adonc silla print et occupa la tour du capitole. Marius voyant que la force demouroit a son ennemy silla sen fuit a maiturne vilage sur mer pres de romme Et pour soy garantir il se cacha dedens le marecz dillec. Les gens de silla poursuiuirent marius tant que ilz le trouuerent/et apres le tirerent hors des marecz degaste de boe ⁊ de eaue ⁊ apres marius fut enclos enprison et baille en garde aux paisans de minturne affin quil ne eschapast. Si la doncques qui ainsi comme dit est auoit dechace marius/ ⁊ par force occupoit Romme et le capitole il enuoya a minturne vng grant ⁊ cruel varlet timbrois/auquel il commanda ql occist marius estant enla prison. marius qui sentit et pensa la besoigne/combien que il fust vielart et desarme il se leua sur ses piez hardie chiere contre le varlet timbrois qui adōc comme espouente ne osa oultre faire aulcune chose contre le noble mari⁹. fortune cōme ie croy ne voulut pas

A ii

que marius mouruſt par ſa main dũ timbrois ſerf (Barlet / Pource que le noble marius qui par ſa force (ſageſ ſe auoit Deſconfit Baillamment les timbrois (leur roy. Et pource comme ie penſe le Barlet euſt frayeur et doubtance quant il Bit (Remembra marius (lanciẽne puiſſance (dignite de lui. Ceſtuy Barlet timbrois qui auoit deſl'ype marius pour le Bouloir occire il regarda que marius ſailloit hors de la priſon qui print hõneſte occaſion de ſoy Bng petit deſtourner en hoſtel de Bne fẽme minturnoiſe apellee famma. Pendant le temps que marius illec eſtoit cache il ſachant q̃ les ſenateurs a tort lauoient cõdãne comme ennemy de la choſe publicq̃ tourna tout ſon engin a aduiſer comment il eſchapaſt des mains de ſilla(des ſiens. Si aduiſa Bng aſnon q̃ refuſoit de mengier la Biande que on lui appreſtoit (preſentoit (ſen fuioit Bers leaue de la mer ſi penſa marius que la prudence de dieu lui auoit mõſtre le maintien (le ſigne de celui aſnon pour ſon adrecement. Si pria marius pluſieurs de ſes amis lors eſtans auec lui a minturnes quilz luy adminiſtraſſent aulcun nauire pour ſoy bouter ſur mer/(depuis que le nauire luy fut deliure il q̃ ſaigemẽt interpreta le ſigne de l'aſnon monta ſur mer/et pour querir ſecours tranſnaga en affrique. Et combien q̃ marius ia par aucun pou de temps euſt eſte maleureux /touteffois ſa renommee anciẽne ne fut pas du tout eſtainte entre les gens daffrique/car il aſſẽbla legierement (toſt Bne grant compaignie dommes de tous eſtatz pour guerroier. Si retourna marius en ytalie/et auec luy ſe adioingnit cornelius cinia (autres cheualiers capitaines de gens darmes. Marius Ocques de Perchie Benant a Pomme q̃ par les ſenateurs auoit nagueres eſte

iuge comme ennemy publique il retourna dedens Pomme en quatre batailles illec fut faicte treſgrant occiſion de rommains/ceſt aſſauoir de ſix cens cheualiers dune part (de lautre ſix cens/la teſte dung conſul appelle octauius tranchee fut miſe au bout dung glaiue et fichee ſur les ſieges des iuges. Merula preſtre du temple de iupiter fut occis par diuerſes playes deuant lydole du temple deſſuſdit. Deux nobles rommains craſſuⁿ (ſon filz furent murtris dedens leⁿs propres hoſtelz. Les gens de marius euſſent auſſi tue le noble Pommain catullus ſil neuſt engoule la flambe (ſoy lance en Bng feu. Pobius (munitorius (pluſieurs aultres nobles Pommains furent traynez a croez p les Bourreaulx parmy le marchie/ De Pomme / tous leſquelz et pluſieurs autres ſans nõbre auſſi miſerablement furent occis pource que Ilz auoyent Iugie ou conſenty le iugement encontre marius. Il neſt homme a peine qui nombraſt quans rommains de plain gre ſen fouyrent/ne quans par force furent mis en exil. Apres que Marius euſt eſpandu le ſang de tant de Pommains quil euſt fait porter ſur lances / par tout les grans conuiz pluſieurs teſtes des citoyens (pluſieurs officiers deuant les dieux en leurs tẽples (pluſieurs attachees ſur les ſieges des Iuges pour en faire monſtres (moqueries il conqueſta et obtint le ſeptieſme cõſulat / Car parauant il auoit eſte ſix fois cõſul. Fortune ne ſouffriſt pas q̃ le conſul marius ia deuenu cruel/audricieulx/Luxurieux/et enteiche de tous Bices peuſt Beoir la fin de ſon ſeptieſme conſulat ne Bſer paiſiblement dicelui/car les ſenateurs Põmains / qui ſen eſtoient fouys pour paour de la peſtilence et des maulx que marius faiſoit/ilz prierent a ſilla

fueillet   C lxxiiii

quil delaissast la bataile quil auoit entreprinse contre mitridates le roy de ponto et de asie/affin que silla retournast en ytalie pour estaindre et appaiser le forceneux oultrage du consul marius. Silla doncques retourna de asie a rôme côbien que par bataille il eut ia moult affoiblies les forces du Roy mitridates. Et affin que ie retrenche la longueur des histoires Je dy que trop longue chose seroit ia soit ce que elle fust assez pertinant a ceste matiere de maintenant escripre quelles et quantes destructions de pays et quelles et quantes occisions dommes/quelz et quans arseures de temples de palais et de maisons fist et fist faire le consul enretournant a romme luy estant encores en champaigne/car auât que silla entrast dedens Romme il desconfist et tua en bataille norban? noble consul rômain silla aussi et les siens tuerent Vii. mille rômains et Vi. mil diceulx furent detenus prisonniers rent et xxiiii. qui estoient de la partie de silla furent occis Vng noble rômain appelle adrianus qui lors auoit telle seignourie côe selon coustume auoient les preteurs couuoita pour soy auoir le royaume daffrique/si assembla en armes grant nombre de varletz serfz et plusieurs seigneurs daffrique. cestui adrianus retrayt soy et ses varletz souldoiers en la cite Vtice. Les seigneurs diceulx varletz congnoissans lentreprinse du preteur assemblerent grant quantite de sermens et bouterent le feu es logis du preteur adrianus qui tout Vif fut ars auec grant quantite de ses souldoiers/et en ce mesme temps aussi estoit a Romme Vng preteur appelle damasipus/qui par lenhortement de son amy marius soubz Vmbre de conseiller ensemble fist apeller en la court du palais quatre nobles et anciens Rômains cestassauoir scenola carbodomici? et antisti? que tous quatre fu

rent trescruelemêt occis plusieurs gês dudit amasippus qui leurs charoignes fist trayner a crocz par les bourreaulx de rôme et apres les fist getter dedens le tybre. De rechief en ce mesme têps metellus noble rômain destruist par bataille tout lost de carrimas noble preteur de romme qui estoit de la partie de marius et Vng autre noble rômain appelle pompee qui estoit bien Vueillant de silla desconfist et tua tous les cheualliers de carbo noble consul rômain qui tenoit la partie de marius. Aps auât que le cõsul silla fist Vne tresgrant bataille cõtre le ieune marius le filz du Viel mari? dessusdit pres du lieu q len nõme stint port de lost du ieune marius furent tuez Vingtcinq mil hômes/ et le dessusdit pompee prit tous les pauillõs dudit carbo et si luy osta la plus grant partie de son ost qui fut occis/ et le dessusdit metellus degasta en bataille toute la compaignie de morban? noble cheualier rommain côpaignon de marius/de la compaignie duquel furent occis neuf mil hômes. Lucullius aussi noble cheualier rommain et compaignon dudit marius eschappa du siege la ou quintus le auoit assiege de par silla et apres ce que il fust eschape il soubdainement renga sa bataille contre lucullius/ et son ost qui tout fut effacie ou occis/et en celle bataille des gês de luculi? furent plus de dix mil hômes tuez. Apres tât de batailles pticulieres des gês de marius et de silla ledit silla auec caponius duc des sannitois et auec les remenâs de lost du preteur carrimas Vint deuât romme droit a la porte colline a neuf heures de iour/ si planta ses banieres Illec fust tresgrant pesance bataille entre ceulx de la partie de marius/ et les gens de silla qui finablement descôfirent quatre Vingtz mil hômes et treize mil se rendirent prisonniers en seruage/ les citoiens de rôme pour lors

A iii

victorieux qui p̄ trop grant couroux ne se pouoient saouler de sang espandre destruisirent et tuerent une grant multitude dōmes eschapez de la bataille q̄ sestoiēt mis en fuite. si tost q̄ silla victorieux fut entre dedēs romme il tua ou fist tuer trois mil citoiēs rōmais desarmez q̄ paisibles qui par foy q̄ serment sestoient rendus a silla p̄ ses abaxadeurs furent occis p̄ ledit silla qui en ce faisant corrōpit le serment de foy q̄ de religion publiq̄ oultre furēt tuez pl⁹ de neuf mil tant de hōmes innocēs cōme de ceulx qui contre marius tenoient la p̄tie de silla. Les murtriers q̄ abādonneemēt couroient p̄ myrōme tuoient ceulx quilz souloient sur p̄ courroux ou p̄ couuoitise de pilage. Catul⁹ doncq̄s doubtāt celle chose q̄ tousiours les Rōmains doubtoient q̄ silla ne fist sans differēce occire to⁹ les rōmains/ledit catul⁹ dist en appert/a a silla de quelles gēs dist catullus serōs no⁹ appellez Vainqueurs/q̄ par quel droit desseruirons nous le triumphe en ceste bataille/se nous tuons ceulx qui sont armez/et ceulx qui ne le sont mie ainsi cōme se catulus vousist dire en reprenant silla de la trop grāt cruaulte quil auoit en faisāt celle bataille dedēs romme parrillemēt cōtre les armez q̄ contre les desarmez et contre les paisibles: autretāt cōe contre les sēdicieulx. et par ainsi silla ne desseruoit mie honneur de triumphe car sonbz umbre de bataille il cōme cruel occisoit les citoyens de romme nus desarmez q̄ paisibles. Adonc silla fist cesser de occire les rōmains/q̄ ap̄s il fist escrire et publier une diffamee lettre cōtenāt le banissemēt de quatre uingz mil romains q̄ la cōfiscacion de leurs biens Entre lesq̄lz rōmains estoiēt quatre consulaties/carbo/marius/norbanus/et scipion/et aussi ung tres p̄eudoubte cheualier appelle Sertorius

De rechief silla fist escrire et publier une autre diffamable lettre p̄quoy il banissoit cōtre droit cinq cens autres nobles hōes rōmains q̄ de to⁹ les bannis il cōfisca leurs biēs q̄ cōtre raison il les abādōna a pilage. Et affin q̄ ie mette fin au cas de marius q̄ des autres nobles q̄ p̄ lui/po⁹ lui cheurēt en fange de miseres/ie dy selon listoire q̄ ung noble rōmain apelle marc⁹ marius frere de cestui marius dont ie cōpte le cas sestoit musé q̄ destourné dedēs une maisōnete a chieures q̄ fut lie de cordes q̄ tiré hors dilec q̄ du mandement de silla fut trayné iusq̄s au sepulcre de catulus cōbien q̄ aulcuns dient quil fut trayné iusq̄s au sepulcre des lutacions/illec furēt les yeux marius creuez les mains luy furent coppees/les cuisses et les iambes lui furent froissees/et tous les autres membres lui furent detrenchiez et par ainsi il mist hors sa dolente ame par toutes les parties de son corps. Apres fut trenchee la teste a cestui marius/et fut enuoye a son frere le duc marius qui estoit retrait pour refuge en la cite de peneste. Quant marius vit la teste de son frere ainsi trenchee il ia estoit acrauenté a tant dauersitez cōme dit est il cheit en la derniere desesperance q̄ est de occire soy mesme. affin doncq̄s q̄ marius ne cheut vis es mains lucrecius noble rōmain q̄ tenoit siege deuant peneste la cite ou estoit marius il complota auec theles sinus ung sien amy/de occire lung lautre. Si aduint que marius fort et vigoreusemēt assaillit q̄ enchassa thelesinus qui de son coup ne blessa presques point le consul mari⁹ si pria ung sien uarlet q̄ il lui coupast le chief q̄ le uarlet le fist combien q̄ mal voulentiers. Et par ainsi le noble marius mist fin a ses laboures et miseres et a son bel clarc corps soullie de son p̄pre sang/mais le tempestis et la noise et

la hcinne de fortune encores dure‑
rent ottre mariꝰ ja mort/car silla fut
tant forceneux ꞇ cruel contre marius
que silla commanda que le corps de
marius mort et enseueli fust trenche
par pieces/et pource que la charongne
ia puante et pourrie ne se pouoit des‑
pecier par fer remens/ Silla qui plus
cruellement ne pouoit faire comman‑
da que les remenans de sa charongne
fussent tirez hors du tombeau et quilz
fussent gettez ou psond de le riuiere
du timbre.

Le tiers chapitre contient
vng pou de parolles par quoy
lacteur parle de noblesse mon
daine. en ramenant a memoi
re les nobles ꞇ vertueux faiz
de marius consul pōmain
Et commence ou latin Et
si pregrande lubrice ꝇc.

Ombien que le cas du no‑
ble marius soit tresgrant ex‑
emple pour monstrer aux no‑
bles que fortune soit glissant et mua
ble/neantmoins les faitz de marius
sont argumens ꞇ propositiōs de vraie
noblesse/car ie croy que noblesse nest
autre chose que vne hōnestete resple‑
dissant ꞇ nette en aucun homme qui
droitement laduise. Celle vraye no
blesse doit estre clere et reluisant p
manieres courtoises et par doulz et
gracieux parleurs. Vraye noblesse
naist dune ferme voulente de coura
ge qui selon ses forces accomplit et p
fait toute oeuure vertueuse en delais
sant les vices Vng noble homme ne
peut en son testamēt laisser a ses succes

seurs ne a ses legataires la noblesse
que il a/neantplus que vng homme
peut laisser sa sciēce ou son engin. Ce‑
ste vraye noblesse ne habite pas en
hault palais ꞇ si ne se delecte iamais
en grans tas de richesse ne en precieu
ses robes. La noblesse dung homme
aps samort ne demeure poit es mai
sons de ses successeurs combien que
leurs ymages y soient noblemēt pat
tes en en draps/en tombeaulx/ou
en murs ou en metaulx ou en pier‑
res/car en quelque personne ou en ql
conque lieu que vraye noblesse soit el
le ne prent plaisir ou ioye fors seulle‑
ment a la nette pensee garnie de ver
tus mises en oeuure. Marius doncq̄s
nouueau consul de romme conside‑
rāt ceste vraye noblesse apres ce quil
fut enuoye en affrique pour guerroy
er contre jugurta le roy de numidie
nettoya soy ꞇ son ost de lordure da‑
uarice laquelle auoit ordoye ꞇ corrū
pu le noble consul mettellus ꞇ ses ca
pitaines rommaines/car ainsi com‑
me dit est ou chapitre predent le roy
jugurta auoit par dons et par pmes
ses corrumpu mettellus ꞇ son ost qui
par les rommains estoient enuoyes
au royaume de numidie pour subiu
guer aux rommains le poure jugur‑
ta ꞇ son royaume/mais ledit metel
lus selō sa faulse noblesse laissoit les‑
fect de la besongne puissable ou bien
publique de romme. Marius par les
faitz de sa noblesse print ꞇ lya en chei
nes jugurta le roy de numidie qui p
plusieurs fois auoit lie les cueurs des
cheualliers rommains par dons dor
ꞇ dargēt. Nous deuons doncques di‑
re que cestui marius filz cōme dit est
dund homme charpentier fut noble/
non my e par noblesse de succesion de
ses parens naturelz ne par demourer
en haulx palais ne par auoir grāt mu
lon de richesses mōdaines/mais ma
rius doit estre repute noble pour la‑

A iiii

grant vertu estant en son propre courage/ puisque selon verite le consul metellus (et ses chevaliers sont ignobles et villains pour l'ordure de avarice dont ilz estoient souillez. Il couuient certainement heriter et suiure les vertus en faitz et en parolles a ceulx qui veullent auoir et posseder certaine et vraye noblesse/ car sans vertu toute noblesse est umbragee et contrefaicte il couuient et est necessaire a ung vray noble homme ouurer vertueusement Il fault du tout condanner les vices et aussi les vicieux/ il les fault fouyr et rebouter loing de soy/ car ainsi come les nettes mains qui attouchent la poix ou autre ordure hapent et retiennent mauuais odorement: aussi les hommes qui conuersent et hantent les hommes vicieux ilz perdent de legier les doulx adoremens des vertus quilz auoient et se transmuent en vices.

Le quart chapitre contient le cas de troys nobles femmes maleureuses roynes nommees chascune cleopatra. Dont la premiere fut royne de surie la seconde royne degipte et la tierce pareillement royne de surie. Et commence ou latin. Quanquam multum etc.

·

Ombien que ie soye assez souuenant des commandemens que fortune me bailla ou premier chapitre du siesme liure/ laquelle me commanda que par ordre ie comptasse le cas de mitridates apres le cas de marius noble consul romain touteffois ie nay peu refuser que apres

le cas dudit marius ie ne escriuisse le maleureux cas de trois roynes nommees chascune cleopatra/ ces trois nobles roynes se tenoient en piedz deuant moy tandis que ie descriuoie noblesse selon le chapitre precedant. Entre ces trois roynes nobles maleureuses estoit celle cleopatra qui premierement fut femme dalexandre surnome zebeuna roy de surie dont le cas est escript ou xviii chapitre du qnt liure precedent/ et laquelle secondement fut femme de demetrius/ et tiercement de anthiochus tous troys roys de surie et tandis que ceste cleopatra fille de ptholomee surnome euergetes roy degipte sembloit estre bien eueree par les trois nobles et puissans princes qui par ordre lespouserent: aussi elle fut maleureuse par la mort de ses trois maris qui par diuers maleureux cas moururent ainsi comme dit est ou premier et ou seiziesme et dix huitiesme chapitres du quint liure precedent. Et oultre ceste cleopatra qui de anthiochus son tiers mary auoit ung second filz appelle selencus qui apres la mort de son pere anthiochus print le gouuernement et se fist couronner roy de surie sans requerir ne demander congie de ce faire a cleopatra sa mere. Ceste cleopatra comme despiteuse et cruele fist occire sondit filz selencus. Apres doncques que selencus comme dit est fut occis son frere grispus filz de ceste cleopatra regna ou pays de surie/ cleopatra pour aucune cause print desplaisir et ennuy en son filz grispus et en son gouuernement. Si sefforca cleopatra de luy oster la seignourie du royaume grispus aperceut lenuieux propos de cleopatra sa mere qui procuroit son desheritement et machinoit sa mort. Si doubta que grispus son filz ne se contreuangast. Et pource cleopatra scit tant que il la conuenoit mourir elle beut le venin que elle auoit appreste pour empoisonner le Roy grispus son filz/et par ainsi fina miserablement ses iours. Apres ceste premiere noble & maleureuse royne cleopatra venoit la seconde cleopatra femme de pthosomee surnomme euergetes Roy degipte et affin que de ceste ieune cleopatra noble & bieneuree comme Royne de egipte ie comprengne en brief le cas vray est que elle premierement oublia sa chastete en tant que elle deuint ribaulde de demetrius Roy de surie et mari de sa mere/et aussi elle auec son mary euergetes fut bannie de egipte/& pour combler ses miseres elle apres la mort de sondit mari fut contrainte de veoir et souffrir vng de ses anfans mal aggreable enuers elle seignourier & regner en egipte/& si vit la mort cruelle de son filz q elle auoit engendre en esperace de regner en egipte selon lordonnance du testament du roy euergetes. Et apres q son filz fut deboute du royaume & forbanni et que cleopatra eut fait couronner son autre filz/Icelup mesme couronne roy degipte comme desloyal cruel & ingrat enuers sa mere la priua et deschassa du royaume degipte ainsi come ses choses et autres plus a plain sont ouptees oudizeneuiesme chapitre du quint liure precedent/& apres aussi son filz luy fist tollir la vie. Apres ceste seconde Cleopatra venoit la tierce noble dame pareillemet nomee/et femme de grispus noble roy de surie. Ceste cleopatra fille de la dessusdicte royne cleopatra en brief cotant son cas disoit que par le pourchaz de cleopatra sa mere luy fut oste et sustrait son treschier mary le roy grispus et apres elle fut mariee a cizicenus filz danthiochus Roy de surie. Si tost que cleopatra fut mariee a cizicenus elle fist mouuoir guerre contre ledit grispus/en laquelle les besongnes se porterent si durement cotre elle que son mari cizicen⁹ y fut mort et cleopatra a qui a garant sestoit retraicte en la cite de anthioche par force darmes fut contraincte soy rendre au roy grispus son ennemy/mais elle qui cuida eschapper des mains dudit grispus sen fouyt dedens vng temple cuidant que pour lonneur & reuerence des dieux adourez en celuy temple elle peut auoir refuge et seurte de sa vie/mais fortune la souffrit venir a si grant misere que elle qui si fort auoit embrassee lymage de lung des dieux de celuy temple/q les cheualiers du roy grispus ne la peurent arracher iusques a tant que vne sienne seur nomee trophana qui illec fut presente commanda aux cheualiers que ilz luy trenchassent les mains. Et apres que ses mains luy furêt ainsi coupees elle laissa limage et cheut du hault en bas a terre/et apres luy furent faictes maintes playes dont elle mourut en grant horreur et misere/et apres elle eut espandu tout son sang les hontes et les pouretez de ceste cleopatra sont grane ne ia ne furent moindres/combien que cizicen⁹ son mari qui apres en mortelle bataille vainquit le Roy grispus/fist vengance pour la cruelle mort de cleopatra sa femme/car cizicenus apres sa victoire fist trencher la teste du noble trophana dedens le mesme temple ouquel cleopatra sa femme auoit este occie et detrenchee. Je pouoie se il meust pleu plus longuement demener listoire en racomptant les cas de ces troys nobles dames/mais il souffist de en auoir parle en brief car pource que mitridates noble Roy de Pontus est venu deuant moy affin que ie escripuisse son cas selon que fortune le me auoit commande ou premier chapitre de cestuy sixiesme liure Je considerant que ledit mitridates a esté couuert d'une nue merueilleuse et obscure/qui iadis fut cler et resplendissant Roy du pays d'orient Je veueil compter son cas affin que ie retourne a parler de plus haulte matiere que n'est celle que j'ay cy par auant racomptee.

Le 8ᵉ chapitre côtient les cas de Mitridates roy des Popaulmes de pontos et d'aspe qui fut filz de l'ancien mitridates Roy de pontos. Et comēce ou latin. Finito ɾc.

Pres que porpenna noble consul Pompain eut mis a fin la bataille quil auoit entreprinse contre Aristonicus le filz de athalus roy d'aspe tout le pays de surie la grant fut de par les rommains donne en commâde et en garde de l'ancien Mitridates roy de pontus par ainsy que len deuoit rendre et payer chascun an aux Pommains pension et certains emolumens Cestuy mitridates hastiuement mourut auant quil venist en age de vieilesse/ɿ apres soy laissa heritier ung sien enfât masle fors môlt petit appelle mitridates. Or aduint que fortune qui par les aduersitez suruenans en ieunesse dit eslargir les hômes fut moult contraire et aspre au dit ieune mitridates non pas que fortune luy voulsist faire villenie/mais elle luy vouloit aguiser son engin/et soubtillier son entendement/ affin q ledit Jeune Mitridates fust aprés pluͥ dur et plus soubtil/car le dessusdict Mitridates estant encores tendre et

petit enfant ɿ q' encores ne auoit aucū sentement ne force corporelle de faire aucunes grans choses fut de par ses tuteurs mis sur ung cruel cheual/ q presques ne estoit aucunement dompte/affin que soubz faintise de ieu et de esbatement la mort de l'enfât mitridates fust auancee par le desroy ɿ cruaulte du cheual sur quoy il estoit monte. L'enfant mitridates cheuaucha celuy cheual et si le demena ainsi comme il voulut sans ce que il luy messeist/ɿ iasoit ce que celuy enfant ne domptast mye celuy cruel cheual par forces corporelles/Toutesfois ce fut par sa hardiesse et par aucun art q'l auoit plus de p nature que de p doctrine acquise. L'enfant Mitridates fut apres de par ses parens assailly de potiôs venimeuses parquoy Jlz le cuiderent emposôner ɿ occire. Mitridates ia deuenu cault ɿ malicieux se contregarda de venimeux bruuages/et commenca prendre diligence a soy apprester par couuenables remedes pour seuremēt regner en sô têps aduenir. Apres doncques que Mitridates eut apperceu que ses tuteurs ɿ ses parens auoyent orde et male foy et que ilz estoyent desloyaulx enuers luy/il les reputa souperconneux contre soy/et au sourplus il pensa de y pouruoir affin que ses autres ennemis ne acheuassent par ferremes côtre luy la chose que ses parês ne auoyent peu faire pa venimeux bruuages. Pourtant doncques mitridates faignit que par sage cautelle quil prenoit souueraine delectation en chasses de bestes sauuaiges et cruelles et adonc ainsi comme sil fust alerchie et surpris de celle delectacion Il prit auec soy ung pou de ses propres hommes et laissa son Popaume ses citez et ses amys/et de plain gre sans ce q aucun homme eust soupecon de ce q il vouloit faire/Il se esloigna de son propre pays. Mitridates doncques finablement seul et desaccompaigné phuit ans chemina par lieux deserts par buissons/par forestz/et par lades des montaignes Dou la prouince de pontos et de aspe est tresabondant et pleine/en tant que mesmement mitridates se fuioit les maisōs des paisans et les reputoit non seures/et le plus souuent il aymoit plus durāt sa Jeunesse reposer et dormir es fosses des bestes sauuages/et es creuasses darbres/et es cauernes des montaignes que abādōner sa vie es mais des subiectz de son Royaume qui a donc ne tenoient compte de luy pour sa trop grant Jeunesse. Mitridates ainsi voyant comme dit est deuāt ne fut congneu ne aduise de aucun hōme/Il se squit long temps de eaue et de viande champestre et sauua ge Il paruint a si grāt legierete de corps que tressouuent il attaignoit a course de piedz les cheuaulx/les cerfz et les biches sauuaiges: et se il aduenoit que vue truye praingz ou vne lyonnesse courroucee ou vng tygre forcené chassast mitridates il se sauuoit et deffendoit sa fāte pour son legier courir. Et aucuneffois il atendoit es forestz aucunes bestes sauuages/et par sa vigueur et force Jiles desconfisoit et eschapoit tout sain/il fist plusieurs faitz darmes en ioustes en tournois et en batailles/et en esprouuant ses forces il vainquit aucūs tresfors Jouuenceaulx. Et affin que ie acompaigne toutes les choses que fist Mitridates par sept ans quil fut hors de sō Royaume/Je dy premierement que il garda sa vie et sa sante entiere p celle exercitacion que iay cy deuāt comptee Il rendit son corps tresfort et dur a souffrir peines et quelzconques trauaulx/et si rendit son courage tresprō̄t a hardiesse pour quelconques oeuure touchant la vertu de force. Mitrdates mōstra aux nobles hommes que la vie noble et delicieuse est marrastre et contraire auy vertus/et combien que noblesse et delices soyent ennemys et nuisans a chascun aage/touteffois elles sont tresdommageuses et aduersaires a laage de adolesćēce qui commence au quatorziesme an et fine au vintequatriesme/et se comme adolescent se laisse abstre ne vaincre les flateries de noblesse et de delices et se il demoure en leur giron/laage de adolescence ne est pas seullement degastee ne perdue/mais ie dy que tout le remenant de la vie est tournee a neant quant a oeuures de vertus. et se aucun noble homme et adolescent vinoit mol et delicieux mesmemēt par tresslong tēps sa vie est flestrie et gastee/et tout le surcrois de sa vie procede de pis en pis. Mitridates doncques apres sept ans Retourna en son pais et soubdainement monstra a ses hōmes soy estre fort et dur en toutes choses combien que Ilz ia cuidassēt luy estre pieca a mort. Quant ledict mitridates en sursault veuit en son Royaulme/il surprint et trouua ses hommes de son Royaume tous esbahis et despourueus. Et affin que il commencast sa cruaulte contre ses parens/il refraignit son courage et delaissa a corriger et pugnir les mesfaitz des estranges/car ledict Mitridates auant son departement auoit espousee et prinse en mariage sa seur Leodices/laquelle pensa que Mitridates fust mort pour sa louenge demourée/et pourtant elle se adonna a Ribauldie et de fait elle auoit conceu et enfante vng filz. Affin doncques q̃ leodices couurist son adultere elle se efforca de faire mourir son enfant p poisons venimeuses. Son mary mitridates parauant informe de celle chose fist occire leodices qui mesmement se estoit essayee dempoisonner

Mitridates et paisi nettoya(que) punist Leodices du perche de adultere et du perche qu'elle auoit pourpense cuidant empoisonner son enfant et son mary Apres ceste vengance Mitridates esleua son courage non pas seulement a ce quil gardast son Royaume paternel/mais affin mesmement quil augmetast et accreust/et cest chose il Ramena en effect toutesfois ie ne scay se ie doiue dire que vertu ou barat ait eu plus ayde a Mitridates a augmenter son royaume come il soit vray que mitridates ait grandement vse (et de vertuet de barat en toutes ses besoignes. car mitridates que enuahit le Royaume de paflagonie appella auec soy po(ur) ce faire nicomedes le IIe roy Bithinie (et le fist son compaignon en bataille en pertes et en gaignes/ Mitridates par celle bataille print le Royaume de paflagonie/et apres il se partit auec son compaignon le Roy nicomedes. Les rommains sachans ceste besoingne enuoyerent leurs legatz au roy Mitridates/et luy prierent que il rendist le royaume de paflagonie a son roy/et pource que Mitridates refusa a le restituer/les Rommais prindrent diller la premiere occusion de guerreoier contre mitridates Apres cestuy Pessus mitridates qui point ne doubtoit les menaces des Rommains/print (et occupa pour soy le pays de galathie/et finanablement il couuoitta le Royaume de Capadoce/et aussi pour plus legierement obtenir iceluy Royaume Il fist tuer le roy Ariaractes par ung varlet appelle Gordius. A cestuy Ariaractes Roy de capadoce Mitridates auoit donne a femme vne sienne autre seur semblablement nommee Liodices. Apres la mort du roy Ariaractes le roy Mitridates porta mal paciemment vne chose qui oupt dire/cestassauoir que Nicomedes roy de Bithinie auoit prins (et occuppe pour soy le

Royaume de capadoce apres la mort du roy Ariaractes/si pourpesa mitridates quil feroit mourir les enfans du roy ariaractes ia mort pour ce qu'il sembloit a Mitridates que pourneant (et en vain Il auoit tue son pere se les enfans apres luy suruiuoient et pource que aucunes nouuelles choses suruindrent au Roy Mitridates il tourna son engin a autre chose faire car Il come roy cault (et malicieux feingnit quil fust meu de pitie (et de bonne foy et quil voulsist donner ayde et confort a Leodices sa seur(et a ses nepueux contre nicomedes occupent lors par force le Royaume de capadoce/mais si tost que Mitridates congneut que sa seur Leodices estoit coioincte par mariage audit Roy Nicomedes Il couertit la faintise de sa pitie et de sa bonne foy en vraye pytie et bonne loyaulte Si assembla grande force de gens armez (et desmist et dechassa le roy Nicomedes et apres Il restituale Royaume de Capadoce aux enfans de sa seur leodices. Apres ces choses Mitridates comme soy repentant de la pitie et bonne foy que Il auoit eue enuers ses nepueux retourna a son ancien engin et a son viel barat/ Car entre luy et ses nepueux aduint vne dissencion pour cause du dit varlet Gordius qui auoit murtri Ariaractes lors Roy de capadoce si assemblerent mitridates (et ses nepueux grans batailles/ (et de ceste discecion estoit moult content Le roy mitridates qui a maniere dome de malicieux engin requist qu'ou milieu des deux batailles rengee il plementast auec son nepueu le ieune ariaractes Mitridates doncques espoigna son espee nue/et frapa(et) murtrit le ieune ariaracte lors estat desarme (et cuidant estre asseur Si print mitridates le royaume pour soy/et apres le donna a vng sien petit filz (et sondit filz auec le Royaume

Fueillet C lxxix

il commist et bailla en la garde du desusdit gordius. Or aduint que apres aulcune espace de temps les capadociens se rebellerent pour la cruaulte des officiers instituez au royaume, et dechasserent le filz de mitridates et tous ses officiers. Pendant ce temps les Rommains de par eulx ordonnerent en capadoce ung roy appelle ariobarzanes, mitridates soyant ceste chose fist apres aliance auec tigranes le roy de armenie. Adonc mitridates et tigranes assaillirent par batailles le roy ariobarzanes qui garde ne sen donnoit, si se tourna en fuyte et delaissa a ses ennemys son royaume tout nud, et pour soy garantir se transporta a romme, et par ainsy capadoce vint soubz la seignourie du roy mitridates, qui auec ce en celuy mesme temps osta au ieune roy nicomedes le royaume de bithinie. Et affin que ie comprēgne en pou de parolles toute la grandeur du roy Mitridates, vray est que en pou de temps il deuint le trespuissant de tous les roys de orient, et combien que il fust entētif aux batailles hāt de tous temps oysiueté et lestude des sciences, touteffois il fut homme subtil et de hault conseil, il regarda volentiers et equist les supersticions, cest a dire les folles et vaines religions et sortileges que les folles gens creoient, il ensercha noblement les secretz de nature et aussy la maniere dont les hommes vsent qui habitent les diuers pays du monde. Et affin que mitridates aprensist et sceust les supersticiōs les secretz de nature et les manieres des gens, il eut auec soy hommes philosophes bien enseignez en toute maniere de sciences, il parloit auecques eulx de leurs sciences ou temps quil ne guerroyt point, et si leur demandoit conseil des choses dont il doubtoit, et affin que Mitridates ne fust

contraint de parler a ses subiectz par truchement, il print a plainement parler des langages de vingtedeux nacions de gens qui est chose tresbelle et aduenant a chascun homme, et en special a celuy qui diuers peuples tient en sa seignourie parlāt diuersement Auec toutes ses choses Mitridates entre ses autres femmes vne en auoit appellee hipsicratea laquelle il aima deuant les autres. Et il estoit tres ardamment ayme de celle ainsi comme mitridates esprouua en temps conuenable en tous cas touchant son reconfort. Pourtāt doncques que Mitridates eut ia esmeu cōtre soy la haine des rommains en tāt que ilz luy commencerent guerre pource quil auoit oste au roy ariobarzanes le royaume de capadoce, et au roy nicomedes le royaume de bithinie, le roy mitridates contremāda par ces lettres escriptes en la cite de ephese que tous les rommains demourans en son pays dasie fussent tuez en vng iour ainsy cōme il aduint, car quatrevingtz mil hommes du pays dytalie lors marchandās et demourās es royaumes de mitridates furent pris et tuez sans riens auoir mesfait, et auec ce leurs biens furent mis en pillaige. Mitridates oyant que les rommains appresteient toutes choses necessaires a a guerroyer contre luy fist aliance auec tigranes roy darmenie, et apres il attrahit a soy par dons et par flateries les timbrois, les gallois, et les galsogrecz, et les sarmatois, et les bactriens, et plusieurs aultres nacions estranges. Il fist aliance auec eulx et les print en son ayde, et par diuerses messageries il les atteinna et esmeut contre les rommains et les ytaliens. Apres doncques que mitridates eut aut auec soy grans peuples de naciōs estranges, Il enuoya Archelaus son connestable auec grant multitude de

B i

cheualiers par la force desquelz il prit
et occupa en son premier effort toutes
les isles de grece que len nomme cis
clades qui sont en nombre cinquāte
et trois, et delos et euboee qui tous
sont nobles isles de mer ou pays de
grece/ et si print la cite de athenes q̄
lors estoit la noblesse et lõneur de tou
te grece. Mitridates exploita ceste
grant conqueste en si brief temps q̄ l
sembloit que mitridates peust estre
dedens le pays dytalie a son plaisir
et souhait/ mais affin que lardeur et
la conuoitise du roy mitridates ne
precedast plus oultre, les rommains
enuoyerent a lencõtre de archelaus
vng consul appelle lucius silla acom
paignie dung grant ost. Silla auec
son ost par plus grant force darmes
recouura toutes les choses que mi
tridates auoit tollues et occupees mo
yennant le bon heur de son connesta
ble archelaus. Aps ces choses faictes
lost darchelaus et lost de silla consul
rommain assemblerent et combati
rēt en deux places, cestassauoir pres
de cheronia et pres de orthonia deux
citez de grece, et tant combatirent q̄
lost de archelaus pour la plus grant
partie fut detrenchie et occis/ et aps
Silla cõme victorieux passa auec sõ
ost ou pays de asie qui ia estoit soub
traicte et departie de son obedience
et soy rendue aux rõmains, et ce sem
bloit que toute asye se deust partir d̄
la seignourie du roy mitridates qui
mesmemt auoit perdue vne tresgrãt
partie de ses forces par la desconfitu
re de son connestable archelaus. Si
fut mitridates espouente et commē
ca a traicter et faire paix auec le con
sul silla, et oultre Mitridates com
mist et manda son connestable arche
laus qui franchement se rendit au
roy ariobarzanes le royaume de ca
padore et a Nicomedes le royaume
de bithinie pource que ces deux roys

estoient amis des Rommains. Aps
finablement que mitridates ia crain
tif et espouente eut interrompue sa
guerre et se fut dessaisi des deux roy
aumes de capadoce et de bithinie et
eut perdue en aspe la cite ephese/ a rõ
me aduindrent discords et batailles
ciuiles dont marius et silla furent
cause et naissance ainsy comme dit
est ou second chapitre de cestuy sizies
me liure, et pour ses dissencions ci
uiles de lost de silla qui contre mitri
dates estoit venu en asie deux capi
taines rommains famius et magi
us sen fouirent de lost dung consul
rommain appelle fimbria qui par
auant estoit vng souldoyer et varlet
et par messageries fermerent alian
ces auec Sertorius principal capi
taine du consul marius lors estant
en espaigne et auec ledit marius qui
mesmement fut comprins en la con
firmacion de ladicte aliance. Mitri
dates doncq̄s qui ne pouoit souffrir
paix ne repos aduisa que silla desem
pare et reseruē de son ost estoit parti de
asie et rotourne a rõme pour apaiser
les dissencions ciuiles. Si rassembla
mitridates ses forces et rompit les alia
ces de la paix et les treues puis recõ
mēca la guerre que il auoit delaissee,
et pource que archelaus connestable
du roy mitridates ainsi comme dit est
auoit este desconfit sur terre, il fist for
ger et mettre si grant nauire sur mer
et sur riuieres que tout en estoit cou
uert, et illec mist grās et diuerses gar
nisons de gens armes, et si assembla
grant nombre de souldoiers a guero
yer sur terre, puis mist le siege deuãt
sizite qui lors estoit vne tresnoble ci
te du pays dasie et si estoit compai
gne et aliee des rommains, pour le
secours et deliurance de celle cite les
rommains enuoierent lucules vng
consul rommain auecques grant ost
Quant le consul arriua deuant si

fueillet C lxxx

zite la cité assiegee il trouua que mitridates ou les siens auoient ia desconfitz cinq capitaines rommains/ c'est assauoir marius/ eumarius/ et lucilius/ et flaminius/ et metrophanes tant deuant la cité sizite comme deuant la cité calcedone. Lucilus doncques noble consul rommain et expert en batailles fist faire ungz grans et larges fossez a lenuiron de lost du roy mitridates qui encores assiegeoit celle cité/ et apres il accoupla deux barilz de sapin a noez par dessus leau et prînt ung messagier muet qui p̃ une peigle de bois mise en la berge acouplant les deux barilz transnager entre deux eaues parmy les ennemys et vint droit en la cité sizite. Si tost que les capitaines de la cité virent le messagier ilz furent certain que les rommains venoient pour leur deliurance. Mitridates doncques ainsy enclos de fossez auecq son ost estoit moult contraint de faim et de tempestes naissans de la cruaulte du ciel si laissa mitridates son ost cacheement et en couuert en delaissant le siege. Et quant mitridates apperceut soy et ses gens estre aconsupz et attains du consul lucilus et son ost il usa de une cautelle ancienne/ car il commanda que ses bahurs/ ses tresors et ses iopaulx fussent respandus et delaissiez a lenuiron des chemins ainsi comme se mitridates par ceste cautelle cuidast saouler lauarice des rommains qui le chassoient/ et par ainsy ilz se arrestassent sans le poursuyuir plus oultre/ Mais Mitridates feist ceste chose en vain/ Car si grant multitude de ses hommes furent occis et detrenchee que des hommes occis les eaues des deux riuieres granicus et asopus furent troublees/ et rougies du sang de lost mitridates que les rommains chassoient et mutrissoient entre celles deux riuieres

Et combien que ledit mitridates ainsi griefuement blecie en desconfiture/ et par loccision de ses hommes eust ouy dire que le consul marius auec ses gens eust este desconfit par Lucilus noble consul rommain pourtant ne cessa point mitridates de la chose que il auoit entreprinse/ Car il assembla cent nefz battailleresses par tinaument garnies darmes et de victailles/ et voult esprouuer la fortune de la mer. Si transnaga de son pays de pontos pour faire guerre contre la cité appellee bisance/ laquelle depuis cïusques maintenant a nom constantinoble/ mais le nauire du roy mitridates fut surprins de si grant tempeste/ de vens de flotz/ et de undes que il sembloit que Neptunus le dieu de la mer se fut arme contre mitridates pour deffendre les rommains car par la rage des vens/ par les vagues des undes/ et par les hurtemens des nefz frapans lune contre lautre le nauire de mitridates fut tellement casse et fendu que mitridates mesmes neust oncques eschappe se le Prince des epirotes ne leust tire hors des undes le roy mitridates q̃ estoit hors gette de sa nef ia rompue et froissee Luculus doncques qui par tempeste de mer et non mie par son labeur auoit vaincu et desconfist le roy mitridates/ Il print et desroba ou pays dasie la cité apanna et plusieurs autres citez et apres il passa le fleuue eufrates et illec a petit nombre de gens desconfit meschammẽt mitridates et tigranes roy de armenie et leurs deux ostz ensemble/ et tigranes pour eschaper la mort ou la prison despouilla to⁹ ses atours royaulx et sen fouit auec pou de ses gẽs cheualiers. apres ces choses ainsi faictes lucul⁹ voult retourne a romme ains qui eust escheuee la bataile cõmencee contre mitridates/ et pource Luculus resigna et commist son ost

B ii

victorieux a son successeur pompee. Et combien que mitridates vist ses forces moult amendries toutesfois il ne rabatit point la grādeur ct orgueil de son couraige/ mais il comme malheureux et hatif attrahit en bataille les hebethois/ les caspiois// et les albannois/ qui sont troys nacions de gens barbares qui habitent en lenuyron des mons acerrannois/ entre armenie et la riuiere du tigre. Mitridates aussy esguillonna ct tira en bataille les gens des deux armenies et de tout orient/ ct de septegtrion ainsy cōme se mitridates soulsist ou pensast estaindre la chaleur que tous les rommains auoient de guerroyer contre luy. Mitridates auec les gens de son ost se loga en armenie soubz le mont adrestus en attendant illec autres aydes et souldoiers. Pompee adonc cōsul Pommain souldainnemēt se trāsporta au lieu ou estoit mitridates affin quil fust contraint de combatre ains que toutes ses aydes fussent assemblees en vng lieu/ et apres pompee assist la place ou estoient les pauillons ct les cheualiers du Roy mitridates/ mais affin quil ioignist ses cheualiers ia illec assemblez auec les autres qui luy venoient en ayde/ Il fist vne escarmouche et print son chemin par nuyt parmy lost du siege de pompee/ ainsy cōme pompee auec sō ost poursuiuoit mitridates. Il aduint enuiron leure de premier somme de nuyt que la lune amoitie enluminee sembloit cōbatre les gens de lost mitridates qui hastiuemēt fuioiēt car le ciel ḡ fort estoit trouble ct couuert de diuerses noires ct petites nuees et la lune demie enluminee getoit ses rayes par deuāt les visaiges des cheualiers de mitridates et aussy de leurs cheuaulx p quoy mitridates ct son ost furent deceus presques tout acertes par vne folle erreur ct tant quilz cuyderent q les vmbres quilz faisoiēt fussent leurs ennemys venans a lencōtre deulx/ car paour fait croire ctentēdre toutes choses estre vrayes a ceulx qui fuient par nuyt pource quilz perdent tous aduis ct redoubtēt toutes choses. Mitridates doncqs ct ses cheualiers ainsy deceus par erreur tendirēt leurs ars ct arbalestres ct encocherent fleches ct viretōs/ ilz tirerēt leurs espees ct midrent en arest leurs lances pendirēt escus aux colz ct empoignerent haches rancons ct dagues/ ct en frapant en vuid de leurs harnois ilz degaterent auāt presques leurs armes ct leurs forces que leurs enemis venissent auec lesquelz ilz cuidoyent besoingnier. Sitost que les rommais suruindrent ct assemblerēt aux cheualiers de mitridates ilz furent tuez presques tous desarmez ct le remenant se mist en fuite aisi fist mitridates soubz lesperance que il fust seur et mescongneu par nuyt. Adonc mitridates fut delaisse de tous ses clers ct de toꝰ ses amys tant que il seul trapnoit sō cheual en sa main p chemins trauersais pierreux ct plais de landes ct se destourna en vng chasteau auec sa femme ipsicratea qui par grant amour que elle auoit enuers luy elle tant desprisa sa grant beaulte que elle fist tondre ses cheueux a maniere dung homme/ et accoustuma le trauail de vestir ct porter armes/ ct de cheuauchier auec son mary mitridates en tous perilz de batailles/ et apres sa fuyte il se recueillit ou pays de armenie. Et ia soit ce que Mitridates fust assez trauaille par le tourment de sa derreniere desconfiture. Toutesfois ne fut il pas brise ne pompu en couraige par les maleuretez cy dessus racomptees/ car il estant assez pres de son royaume pensa que a force darmes il en-

fueillet C lxxx

treroit dedens le pays d'Italie accompaigne de telle compaignie de cheualiers comme il pourroit assembler du pays de tracie/de macedoine: et de grece Et apres ce que il auroit assemblees ses forces en armes il pensa assiegier rôme qui lors estoit côtre luy le chief de bataille/ et qui maintenant est le chief de tout le mode. Mitridates eust fait celle chose qlauoit pourpensee se les citez subiectes et aliees a luy et se les cheualiers de son pays et sô filz pharnax ne luy eussent failly de couuenant/mais au Roy mitridates qui deuoit cheoir en bas vne chose lui aduint contre son pensement,car entre plusieurs officiers mitridates auoit vng baillif appelle castor qui p despit et cruaulte auoit occis plusieurs des amis du roy mitridates Et cestui baillif tant pour la seurte de soy comme pour aultre quelconque cause Il print et occupa la tour d'une cite de asie nômee phanagoriʾ dôt il estoit gouuerneur souuerain. Cestuy castor enuoya en ostages de feaulte quatre des enfans de mitridates prisonniers par deuers les Pommais poʾ seurte garentie mitridates sentit et congneut ce que auoit faict castor son desloyal baillif. Si se embrasa mitridates de courroux fist semblant quil souffist prendre vengance de la desloyaulte dudit castor qui par auant auoit tue vng des enfans dudit mitridates et qui mesmêt apʾ tua plusieurs des amis du Roy et apres Il murtrit vng filz que il auoit eu de Hispsicratea sa tresaymee fême. Quant pharnax filz de Mitridates vit la cruaulte de castor, il sespouuenta et doubta quil ne fust tue comme auoyent este ses freres/si fist pharnax aliance auec les cheualiers de lost que mitridates auoit enuoiez contre luy/ et lors pharnax assiega Mitridates son pere qui aduisa que ses forces estoyent nulles/ adonc il qui fut contraint par necessite de prier son filz commenca soy essayer se il le pourroit adoulcir par vng long parlementis que Mitridates fist de le hault de la tour ou il estoit retrait Mais apres que Mitridates vit que son filz Pharnax par oropsons ne pquestes ne se vouloit amoullir ne flechir Myptridates vint par deuers ses femmes et concubines et par deuers ses filles et premierement il fist toutes mourir Icelles par beuurages venimeux: et apres finablement Myptridates print le venin derrenier Mais pour ce que Ja pieca Il cestoit garny de remedes contre le venin Il aduisa que par la force du venin Il ne pourroit mourir/ si apella vng cheualier francois qui par la sante du mur estoit entre en la cite que les ennemys auoyent desrochie. Si pria Mitridates au cheualier quil le tuast de son espee/ et le cheualier le fist affin que mitridates mourust en lestat de franchise/et adonc mitridate ainsi occis fina sa vie et sa guerre ou temps de sa meschante vieillesse. Et certes par ceste horrible et miserable mort len peut congnoistre que nul ne peut eserchier ne congnoistre les secretz de droit: Car il nest homme qui par auant cuidast que Mitridates eust estuyee sa vye pour mourir en vieillesse du coup dune espee dung souldoyer francois du pays d'occedent. Et touteffois le Roy Mitridatre en son enfance auoit eschappe tant de perilz de ses tuteurs et de sa femme Leodices et de ses amys charnelz qui le cuidoyent occire par venin/ Et sy auoit endurcy son corps par tant de trauaulx et sy auoit desconfitz tant de Roys et pris tant de Royaulmes/ et auoit faict et soustenu tant de perilleuses batailles/parquoy sembloit que les la

B iii

tres nobles q̃ sur terre cōbatoiēt aux hōes mais il sēbloit q̃l eut plus fait q̃ les nobles anciēs q̃ combatoiēt sur mer/cōtre ceulx d'fer cōe fiz̃t pirito q̃ hercules. Le noble et vaillāt chevali er mitidrates aussi q̃ p auant et si lōg̃z iours auoit vescu en son royaume de pontos dōt il estoit nez fut illec assie ge de son pp̃re filz pharnax Et certes quāt ie regarde la douloureuse fin de cestui roy si noble et si puissāt iay hor reur et si tremble/et pourtāt vo⁹ prin ces et seigneurs des choses mondai nes q̃ estes au hault degre de la roe de fortune vo⁹ ne devez pas estre seurs de voz estatz quāt vo⁹ regardez le cas du roy mitridates et si vo⁹ cuidez estre seurs vous ne demonstrez pas q̃ vo⁹ soyez hōes raisōnables mais estes cō me une beste brute qui ne g̃siderez en quoy est ne surte ne peril ie vo⁹ req̃ers dōcq̃s q̃ pour vostre loyaulte et par la noblesse d̃ vostre lignage/q̃ vo⁹ ne vestoupez tellemēt voz cueurs ne voz ētendemens q̃ vo⁹ ne avisez le peril du roy mitridates affin q̃l vo⁹ ensei gne de non avoir fiāce es haultz estaz d̃ fortune/et affin q̃ tandis que vous regardez que tel cas d̃ fortune vous peut advenir cōe il aviēt a mitridates le h̃ault et puissāt roy vo⁹ mettez jus voz orgueilz en delaissant vos ordes coustumes et tournez voz courages ēvers celui roy qui tout seul seignou rie sur tous les roys et toutes choses du monde/et ayez esperance se vous faictes bōnes et sainctes oeuvres que sil avient q̃ fortune vo⁹ oste p̃ sa puis sance voz choses tēporelles que elle vo⁹ donne/au moins vous seront oc troiez pour la retribuciō de voz iustes labeurs les biens q̃ tousiours durent p̃ le dōe d̃ celle qui aux hōes distribue ses graces.

Le 9i. chāpitre contient en brief les cas de eucratides roy des bactridans et de alexandre roy d'egypte. Et commence ou latin. Eucratides. etc

Ombien que ie vueille briefment descrire le cas du noble roy des bactrians neantmoins il affiert savoir la naissance et le pays de la gent bactrianne pquoy il est assavoir que entre le terrouer de perse et le terouer de sichie est une bor ne que len appelle sicha et de ceste borne prent son nom le pays de sichie q̃ est devers septētriō. ceste gēt d̃ sichie tresancienne fut iadis divisee en dux peuples dont lung habite en la regi on de parthie et lautre demeure ou pays oriētel qui est enuironne d'u ne riuiere appellee bactrius de quoy les habitans dilec sont nommez bactrians. Ceste riuiere bactrus iadis print son nom dung ancien roy du pays doriēt qui fut nomme bactrus. Apres doncques que mitridates fut mort ainsi comme dit est ung roy des iudois nōme demetri⁹ meust et fist guerre contre eucratides roy d̃s bactridns. Eucratides cōme non pareil en forces et nō puissant a resister contre luy se retrapt en une des citez de son pays de bactrie et illec fut eucratides assiege et finablement prins p̃ le filz dudit roy demetrius qui cruellement et sans mercy le tua et affin q̃ le filz du roy non content davoir fait ceste grant cruaulte contre eucra tides quil eut vilainement occis/Il voult a sa chairoigne morte faire oultre villenie/cestassauoir que il luy denia le droit sepulchre qui est le souuerain honneur tant entre les nobles côme entre les aultres hommes apres leur mort. Si commanda le filz du roy demetrius que le corps du noble roy eucratides fust laisse sans enseuelir tout nu emmy les champs/a depecer & mengier aux oyseaulx et aux bestes sauuages. Et apres la miserable fin du noble roy eucratides qui non sans cause se côplaignoit de fortune venoit Alexandre iadis noble roy de egipte. Cestuy alexandre filz de ptholomee euergetes roy de egipte et de cleopatra sa femme ainsy comme dit est ou quatriesme chapitre de cestuy present liure par la pourueance & la benignite de sa dicte mere cleopatra fut couronne roy degipte/mais il fut si ingrat enuers elle que sans iuste cause & sans aulcun desmerite il la deschassa de egipte/et apres la fist occire cruellement & sans pitie. Les egiptiens doncques considererent que le roy auoit exercee sa cruaulte contre sa propre mere la royne cleopatra/le manderent en exil/et illec mourut vilainement pourquoy il plouroit deuant moy/mais a tât ie laisseray sans plus long compte le cas de ces deux nobles roys et aussy de plusieurs autres nobles hommes maleureux/affin que ie accomplisse celle chose que fortune me commanda au premier chapitre de ce sixiesme liure/& si prendray a compter le cas de herodes roy des parthois vieillart et courouce qui deuers moy se tire affin que plainement ie compte son cas

fueillet C lxxxi

Le vii.e chapitre cõtient le cas de herodes filz de archabanus roy des parthois et frere moinsne de mitridate. Et commence ou latin. Herodes.&c

Nuiron lan six cens quatre vingtz et seize apres la fondacion de Romme fut ou pays de parthie vng roy appelle archabanus il eut deux filz lung appelle Mitridates et lautre Herodes. Apres la mort du roy archabanus succeda Mitridates comme filz ainsne/& apres ce quil eut en son royaume fait plusieurs choses nobles/ et dignes de memoire touchans le bien publicque. Il par mauuaises coustumes deuint cruel enuers ses subiectz et par sa cruaulte hayneux/ et desplaisant a ses hommes/Il fut dechasse de parthie par le pourchaz des sages anciens du pays/ et en lieu de mitridates dechasse & forbanny/ les parthois esleuerent en roy herodes son moinsne frere/Et fut roy et seigneur du royaume de parthie moult puissant & moult riche oultre les autres prouinces du pays de midi/et affin que herodes monstrast que il auoit la seignourie de parthie par mauuaistie de couraige & non pas p innocence. Auant toutes les autres choses il persecuta son frere qui en Babiloine se estoit retrait apres quil auoit este dechasse de son royaume. Ordre et loy de charite fraternelle vouloit que herodes secourust a sõ frere mitridates dechasse et banny/

B iiii

mais herodes comme cruel sy nonguement assiega la cite de babiloine ou estoit Petrait son frere que il contraignit les babilonois eulx rendre a soy par fain et par disetes de vitailles et depuis herodes comma̅da que so̅ frere mitridates prisonnier fust occis deuant luy. Apres ceste cruaulte herodes meut guerre contre les roma̅s. Or aduint que crassus noble consul Ro̅main fut ordonne pour aller guerroyer contre le peuple de orient ennemis des rommains. Cestuy crassus en sa couoiteuse pensee consideroit plus aux grans et riches tresors des anciens roys parthois qu'il ne fist a lonnestete ne a la iustice du peuple de romme, car crassus homme de desordonnee couuoitise apres ce quil fut ordonne de par le senat de Pomme pour aler en Parthie: il ouyt dire comme bray estoit que ou saint temple de hierusalem estoient grans tresors et richesses, lesquelles pompee le grant pour la renommee de dieu et de la religion publique ne auoit pas voulu prendre ne emporter, combien que par droit de bataile il le peust auoir fait. Cassus do̅cques flechit son chemin en hierusalem et print et happa tout le tresor que pompe auoit laisse ou temple de salomon et es autres lieux de la saincte cite, puis sen alla crassus par mesopotamie, et assembla auec son premier ost toutes gens darmes quil peut finer et si print tout lor et largent quil peut exiger des citez amyes et alliez des romains, puis passa oultre le fleuue eufrates En la compaignie de crassus furent onze legions dommes rommains armez do̅t chascune legio̅ mo̅te a six mil six cens soixa̅te et six ho̅des. Par ainsi celles unze legio̅s mo̅toie̅t soixante et xiii. mil trois ces vigte six ho̅des armez, et oultre les unze legio̅s crassus auoit auec soy grant multitude de souldoiers es-

trangiers vida̅s co̅tre le roy herodes: et ado̅c crassus le deffia et lui denonca bataille. Si voult crassus oultre proceder au fait, mais ains qu'il comme̅cast la besogne il eut plusieurs pdigues, c'est a dire signes merueilleux et certaines q̅ dieu ou fortune p aue̅ture lui mo̅stroit p lesql'z il deuoit po² lors cesser son entreprise, car qua̅t crassus se voult armer po² passer eufrates pour batailler une noire cote darmes luy fut baillee et si estoit coustume entre les roma̅s de bailler au co̅sul une cote ou blanche ou vermeille. Pour cestuy prodigue ses cheualiers furent courouciez et se teurent tous cois, et vindrent par deuers leurs capitaines et neantmoins selo̅ lacie̅ne coustume ilz se deuoie̅t retraire p deuers le consul et faire gra̅t cry et haulte noise. Le seco̅d prodigue q aduint a crassus fut q lune des aigles pai̅tes en lesta̅dart fut a peine soustenue de celuy q la deuoit porter deua̅t le capitaine, et lautre aigle q̅ fut la seco̅de baniere fut a gra̅t peine traitte aua̅t et aussi aplai̅ de fuelope, car laigle tourna sa queue deuers les ennemis pthois et si tourna le bec co̅tre lost des roma̅s, si fut signifiance q ai̅si tourneroye̅t ilz les dos deuers leurs ennemis. Et auec ce quant crassus auec son ost passa la riuiere eufrates ses esta̅dars et ba̅nieres fure̅t hapees p ung toubillon de ve̅t et plo̅gees dedens leaue, lesql'z prodigues tous ensemble par accord signifioient mauuaise et contraire ad uenture. Et oultre ces pdigues crassus pour aultre cause deuoit cesser pour lors son entreprinse, car ainsy comme crassus auec so̅ ost passoit le fleuue eufrates le Roy herodes hastiuement enuoya a lencontre de luy ung sien messagier appelle varsanes qui durement reprint et blasma Crassus, pour ce que par auarice et non mye par vertu il auoit passe eufrates pour entrer en parthie contre les conuenances que lucullus et pompee nobles cousulz rommains auoient nagueres fait auec le roy herodes Et oultre dist le messagier a crassus que sil demouroit gueres dedens le royaume de parthie pour amasser et emporter lor et largent quil queroit il se trouueroit chargie du fer et de lacier diller. Et aussi aduint il car crassus transporta et conduisist son ost en vng plain champ ne pour signes ne pour enhortemens ne voult cesser son entreprinse, ains se ioignit auec vng connestable de surie appelle mazac qui estoit instruit et suborne de par le roy herodes de soy faintement monstrer amy et fauorable a crassus Ainsi comme Crassus cheminoit en approuchant de la cite carras les chevalliers parthois sassemblerent et sidrent auec deux prefectz ou connestables de parthie / cestassauoir sillates et serenes, et auec leur roy herodes qui tous se estoient mys en embusche auec grant quantite de parthois qui soubdainement suruindrent et assaillirent le dessusdit Crassus et tout son ost. Ledit crassus doncques ainsi despourueuement assailly tout nast soubdainement en fuyte se Il eut peu, mais sillates et seranes enclouirent ses gens qui furent espouentez et de toutes pars fermez, et trespercez, ainsi illec furent vilainement desconfitz les Rommains / Plusieurs senateurs illec moururent et assez dautres qui parauant auoient este consulz et preteurs et en haultes dignitez a Romme / Illec crassus le moinsne vaillant et preu iouuenceau fut occis voyant son pere le viel crassus qui se cuida mettre en fuite mais il fust empesche et malgre soy retire en la bataille et illec fut occis la teste et la main destre luy furent trenchees et presques toutes ses xi. legions et se autres aydans et souldoiers furent desconfitz, et mors en celle maleureuse bataille. La main destre et la teste dudit crassus trenchees comme dit est furent presentees au roy herodes pour soy esbatre et moquer, et si luy furent monstres les grans mulons des rommains mors sur la terre. Les choses esleuerent en orgueil le couraige de herode et en tant quil commanda que les estandars et les banieres de la bataille de crassus en tesmoing perpetuel de sa desconfiture fussent affichez aux festieres des temples de parthie / et oultre affin que herodes se moquast de lauarice du peuple Rommain, il commanda que len fondist vng tas dor et apres que len le gettast tout fondu dedens la bouche du chief crassus qui luy auoit este trenchee, affin que crassus qui en toute sa vie auoit eu grant soif dor au moins apres sa mort il en beust tout son saoul. Apres ces choses ainsy durement faictes contre lost des Rommains herodes proposa en couraige faire plus grans choses que fortune ne luy promettoit, car il comenca forgier et entreprendre grans labeurs et griefues peines en son propre dommage, car herodes qui pas ne fut content dauoir desconfit et efface presques de tous vnze legions et le duc de la bataille des rommains il enuoya en surie son ost pour estaindre aucunes remenans de celles vnze legions qui sestoient sauuez par fuite ou autrement et pour paracheuer de occire les remenans des rommains herodes ordonna son filz pacorus capitaine et gouuerneur de sa guerre. Cestuy pacorus et les gens de son ost gasterent presques tout le pays de surie par feu et par fer et pacorus occupa et print presque tout le pays dasie / et pource que pacorus le filz du roy herodes besoigna bien et vaillamment en celle guerre qui luy estoit comise. Herodes son pere des uint soupeçōneux et doubteux enuers luy comme celuy qui doubta que sō filz pacor'la deuenu saige et fort en armes ne luy ostast son royaume et por ce herodes l'apella son filz De sa constable et luy manda ql retournast ou pays de pthie et quil laissast sō ost ou pays De surie/Apres peu de tēps que pacorus fut retourne en parthie Ung noble Pommal appelle cassius nagueres questeur du duc crassus destruist et efforca les cheualiers que pacorus auoit laisse en surie. Quāt herodes entendit que son ost estoit destruit et mort, il a tart se Repētit quil auoit fait retournez son filz pacorus a soy/si reuopa en surie a faire la Vengance de cassius Le questeur de son ost / Mais fortune autrement fist/ car pacorus auec tout son ost des parthois fut desconfit et tue par ung capitaine rommain nomme Vendicius Quant herodes ouit la desconfiture et la mort de son filz pacorus et de son ost il qui ia estoit Vielart fut feru dune douleur si grant que tantost forcena / Et si tost que il fut entre en rage il demoura plusieurs Jours sans parler et tant quil sembloit estre muet et si perdit le mengier/le boire/ et le Dormir. Apres long temps par continuāce sa douleur fut ung peu adoulcie Il commenca plēr sans autre chose hucher fors que son filz pacorus et le demandoit a tous ceulx quil Veoit ainsi comme se on luy eust tollu furtiuement. Herodes comme pere naturel et legitime de pacorus estoit souuent si fort espris de sō amour q il luy sembloit q son filz fust psēt deuāt luy, q'il plast auec lui. Apres dōcques que Herodes Retourna a soy et recoura son sentement naturel/ Il se fondit en plus grāt larmes et en plus griefues complaintes comme celuy que fortune auoit mocque. Mais escoute quel meschief apres aduint au

Roy Herodes car apres quil eut longuement ploure et quil eut en Vain et pourneant appelle son filz Pacorus il print en soy nouuelle cure de pouruoir qui seroit son heritier et successeur ou royaume des parthois et Vray est que herodes de plusieurs siennes concubines auoit trente filz qui pour diuerses causes et pour plusieurs Regardz luy sembloiēt tous ampables et Bons/ si commenca herodes prēdre conseil et aduis auec ses amys assauoir lequel de ses trente filz succederoit le royaume. Les concubines du roy aduiserent ceste chose chascune dicelles par larmes par flateries et par prieres sollicitoient et enhortoient le roy Vielart et angoisseux affin que Il dōnast a son filz le royaume de pthie. Apres que le roy herodes longuemēt fut trauaile tourmēte et detire p maintes et diuerses sollicitudes / il choisit et esleut Ung sien filz bastard apelle pharactes le tresmauuais De ses trente filz / si ordōna et Voult q'l succedast au royaume de parthie. Si tost que pharactes congneut soy estre esleu successeur du Vielart herodes Il fust enuieux de la Vie de herodes ainsi cōme sil eut trop longuemēt Vescu. Pharactes dōcques cōme ingrat et mauuais courut sus et assaillit son pere herodes ainsi comme sil fut son enemy, et occupe du royaume de pthie et finablemēt pharactes cōme cruel occist le poure roy herodes et p ainsi son espit froisse et trauaile fut cōtraint de yssir hors de sō corps Viel et pesant, de finir les Douloureux labeurs de ceste mortele Vie

Le Viii. qtient en brief les cas de flanius fimbria et albin' iadis cōsulz rōmains et de plus's autres nobles hōes maleureux plorās po'leurs males fortūes. Et cōmēce ou latin Erāt etiā. etc

Pres que iay cy dessus par compte listoire contenāt le cas de herodes maleureux Roy de parthie qui est vne prouince en asie en la contree de mydi ie me vueil retraire aux histoires qui contiennent en brief le cas daulcuns maleureux nobles ytaliens, combien que ie la face enuiz, mais les larmes et les miseres de ces troiz nobles maleureux ytaliens ont tant fait que ie les descrieray en briefues parolles, et certain est que ainsi comme la prouince dytalie par noblesse et par resplendisseur de glorieux faitz fut iadis mise deuant les autres prouinces du monde aussi ytalie fut semblable aux autres pays en toutes diletez et tenebres de miseres. Puis que certes en aucuns pays sont plusieurs nobles couraiges qui tendēt a haultz estatz il couuiet que illec soit grant nōbre de maleureux, car fortune en bas trebuche plus dōmes q elle nen lieue en hault car ia soit ce q elle en monte assez ou hault degre de sa roe, si les desroche elle ou laisse tresbucher tost et legierement. Si tost doncques que Je vins de asie en ytalie plusieurs nobles maleureux se pengerent a lenuiron de moy Entre lesquelz le premier fut flauius fimbria, iadis noble consul rommain qui selon la vielle coustume estoit enuyeux et estraiez. Cestui noble ͠csul flauius fimbria en son estat premierement fut varlet de marius noble cōsul rommain dont le cas est escript ou second chapitre de cestui siziesme liure fimbria doncques varlet de marius suyuit et print le les nobles faitz des batailles, et tant fist fortune pour luy quil monta a la haultesse du consulat de rōme qui estoit lune des plus grans dignitez iadis entre les Rommains, si aduint q le peuple de rōme q lors se combatoit pour lempire du mont de enuoya flauius fimbria messagier en asie affin de conseillier et secourir a vng consul rommain nomme Valerius flaccus illec faisant bataille. Assez tost apres que flauius fimbria fut venu en asie le dessusdit Valerius flaccus fut occis pres dune cite nommee nicomedie. apres la mort de Valerius flaccus cestuy flauius fimbria print a soy hastiuement les cheualiers Rommains qui estoient en la compaignee de Valerius flaccus, et se fist de sa propre auctorite appeller empereur et capitaine de la bataille, mais le consul silla qui de par les Rommains apres la mort de Valerius flaccus fut enuoie en asie par vigoureuses armes, et contraingnit flauius fimbria soy retraire en la cite thiatire enlaissant deuers soy les cheualiers de son ost, et pource que flauius fimbria tenoit la partie de marius, et marius estoit enuieux et ennemy de silla. Cestuy silla poursuyuit flauius fimbria iusques au definement, car silla assiega la cite thiatire ou estoit flauius fimbria qui finablement vint entelle necessite q pour ce quil auoit esperance aulcune part, il de sa propre main tua soy mesme dedens le temple esculapius. Apres cestuy noble consul flauius fimbria selon lordre des histoires venoit albinus iadis noble consul rommain qui desesperement se complaignoit de sa male aduenture. Cestuy albinus consul comme dit est fut de si haultaines manieres et de si orgueilleuses pompes q il pource estoit hayneux et desplaisāt enuers tous. Si fut cestuy albinus de par les senateurs enuoye ambaxadeur par deuers silla consul Rommain vers estule vne cite dytalie soy rebellant aux rommains, et auec soy auoit albinus grant ost de cheualiers Rommains, mais pource quil se porta enuers eulx si orgueilleusement il les esmeut a faire cruaulte contre luy, car par complot prins entre eulx ilz se tuerent de pierres dedens ses pauillons. Auec cestuy albinus se complaignoit de sa fortune adrianus noble preteur rommain a qui les senateurs de romme auoient donne seignourie telle comme de coustume auoiēt les preteurs. Adrianus donc couuoiteux destrange seignourie ⁊ non cōtent de la sienne couuoita en son courage le royaume daffrique/⁊ pour mettre a effect sa couuoitise il assembla de diuers lieux du royaume daffrique vne grant armee dommes serfz et villais. Sitost que les nobles ⁊ seigneurs du pays sceurent celle entreprinse/ilz se assēblerent en armes ⁊ vindrent vers la cite de Stice ou estoit adrianus auec ses souldoiers villains. Les gentilz hommes daffrique pour faire la vengance de loultrage de leurs serfz assemblerent grant quantitez de sermens puis les entasserent a lentour de lostel ou estoit adrianus auec toute sa mesgnie/si bouterent le feu dedens les sermens qui a lenuiron de lostel ⁊ au dedens engendrerent si grāt et si chaut feu que adrianus et toutes ses gens auec luy furēt brulez ⁊ mors. Apres le brief compte du cas de adrianus noble preteur rommain deuant moy vint sotinus noble roy de tracie qui plouroit non mie pource q̄ fortune leust desmis de tout son estat royal/mais pource que fortue ramena a neant la grant entreprinse de la conqueste quil commenca contre les rommains cuidant tout cōquerir grece ⁊ illec ramener soubz la seignourie de tracie. Parquoy il est assauoir que tracie print iadis son nō de Thiras filz de Iaphet qui fut lung des troys filz de noe. Thiras le filz de Iaphet vint ⁊ habita ou pays de tracie ⁊ de son nō il denomma le pays qui deuers oriēt est situe a loposite du pays appelle proponcide/autrement constantinoble deuers septentrion/tracie est batue du fleuue de la dinoe ⁊ deuers midy elle touche a la mer egee/⁊ deuers occident elle confronte a macedoine En tracie anciennement habiterent ensemble quatre renōmees nacions de gens/cestassauoir les bessois/les messagettes/les seruiates les sicibois ⁊ plusieurs autres nacions de gens car le pays de tracie est long ⁊ lez ⁊ larges/⁊ pourtant il contient diuers et plusieurs peuples. La principale riuiere qui sourt ⁊ court en tracie est appellee ebrus qui enuironne ⁊ arrouse le pays de plusieurs nacions estranges. Sotinus doncques roy du pays de tracie desirant accroistre les metes de son royaume pensa que par armes il conquesteroit le noble pays de grece qui contient sept prouinces dōt chascune anciennemēt souffisoit pour vng roy et vng royaume a faire ceste conqueste. Sotinus assembla de son pays de tracie tel nombre de gēs armez comme il peut/affin quil dechassastles rommains ia lors seignourians presques toute grece. Les rommains qui sentirent la hardie entreprinse du roy sotinus enuoyerent en grece vng noble preteur rommain appelle sācius qui auec son ost tellemt besongna en armes quil recouura la seignourie ⁊ le pays de grece ⁊ les gēs du roy sotinus furent desconfitz et mors ⁊ il mesme fut contraint a laisser le pays de grece/et retourner dedens les mettes de son royaume de tracie/et illec demourer sans oser outre entreprendre quelconque chose cōtre le peuple de romme. Apres ces quatre nobles maleureux roy parauant descriptz venoit vne tresgrant compaignie de nobles hommes malfortunez desquelz ie refusay a descrire les cas. Sitost que ie regarday le grant pompee soy aprouchant vers moy/Il me commanda ⁊ par ce ie fu contraint de racompter son cas/cest aſſauoir les maleurtez quil eut apres les longues bieneuretez. mais vray eſt que les faitz de pompee ſont ſi grans que quant Je les conſidere mon engin ſe eſbahiſt et la main de quoy ie eſcry tremble et chancelle pour la grant peine et charge qui eſt de compter tous ſes faitz/mais pource que ie ne puis de luy dire toutce quil appartient/ Je au moins deſpeſcheray vne des choſes touchant ſon cas e(t ſi meſforceray de compter en plus courtes polles de tant comme ſes aduentures ſurmontent les fortunes des autres nobles en ce liure.

. .

Le neufuieſme chapitre contient le cas du grant pompee iadis noble conſul e(t duc des rommains et filz de pompee ſurnomme gapus. Et commence ou latin Guey° igitur. et cetera.

.

Ompee ſurnôme le grant fut filz dung moult noble rommain ſurnomme gueyus qui a ſon propre nom eſtoit pareillement appelle pompee qui fut de moult noble et reſplendiſſant lignage entre queſconque lignye des rommains. Ceſtuy pompee dont Je compte le cas au commencement de ſa ieuneſſe ſembla par ſes premieres oeuures quil ſeroit homme preu ſaige et vaillant par la grandeur de ſon couraige qui eſtoit demonſtrance que ou temps aduenir il ſeroit hault et noble homme Or aduint pour lors que pompee eſtoit iouuenceau ſon pere fut attaint et feru de la fouldre du ciel et mourut eſtant conſul de romme et pourſuiuant les batailles/et auec ce preſques toutes les gens de loſt de pompee furent gaſtez de peſtilence e(t tempeſte car quarante mil hommes combatans furent tempeſtez e(t mors e(t oultre encores en eſchappa grant nombre. Ceſtuy pompee doncques eſtant encore print le demenant de loſt de ſon pere gueyus qui comme diſt eſt auoit nagueres eſte fouldroie./Pour lors que preſques la cite de Pomme fut perillee e(t deſtruicte par les dommageuſes diſcencions e(t guerres qui longuement furent entre marius et ſilla conſulz de romme enflammez denuie lung contre lautre. Pompee doncques enſuiuant la partie de ſilla perſecuta e(t occiſt en armes vng noble cheualier rommain nomme Brutus principal capitaine de mari° ou premier aſſault que luy fiſt pompee deuant regine vne cite en lombardie e(t ſi deſconfiſt e(t tua tous les cheualiers de loſt de brutus parquoy la cite de romme lors preſque toute deſtruicte reprint grandement ſes forces. Apres la deſconfiture de brut° et de ſon oſt pompee ieune e(t touſio°s trauaillant pour la choſe publique auiſa que vng cheualier rommain appelle gueyus carbo vng des capitaines de marius lequel occupoit par vi olence liſle de ſicile lors appartenant e(t ſubiette a la ſeignourie de Pomme Pompee doncques commenca ſi vi gueureuſe bataille contre carbo que pompee luy oſta tentes e(t pauillons: e(t ſi le deſnua de la plus grant partie de ſon oſt. Apres que carbo eut receu ceſte perte il qui ſen eſtoit fouy de liſle de ſicile en liſle de corſegue ſe appreſta pour fouyr en egypte mais pompee print ledit carbo puis le ramena a ſicile/ e(t ia ſoit ce que ceſtuy carbo parent e(t amy de pompee fut tres puiſſant deffenſeur de la perſonne e(t curateur des biens dudit pompee touteſſois pompee voult plus obeir a la puissance de silla et nommie a la prop honesteté de soy mesmes et de son lignage/ car pompee commanda que le noble carbo son parent et amy charnel son deffenseur et curateur fust occis auec plusieurs de ses compaignons pource quilz estoient dommageux et ennemys de la cité de Romme. Quant apres pommee vit que lisle de sicile fut pamenee en la puissance de silla et du peuple de Romme/ pompee comme noble chuualier loyal et ardant au bien commun aduisa que le pais daffricque estoit detenu et occupé par diuers et plusieurs cheualiers qui auoient esté capitaines de marius iadis consul de Romme. Pompee doncques lors cheualier romain y nauire transnaga en affrique/ et luy fut donnee auctorité puissance telle come de coustume auoit chacun consul romain. Et oultre les capitaines de marius en diuers lieux indeue ment occupoient le pays daffricque estoyt ung cheualier romain appellé domicius lors occupant la cité de Vtice et la prouince de Euiro. Illec fut pompee vigou reux en armes que si tost quil desploya ses gens darmes il y bataille desconfist et tua domicius et ramena les citez et pays soubz lobeissance de romme: et ceste chose ainsi faicte pompee tantost apres appliqua soy et ses gens a poursuiure Jertha lors roy de numidie qui donnoit faueur conseil et aide a mariens aux siens. Pompee doncques auec layde et secours du noble Brigides le filz de Bocchus roy des mores mena a tout le roy Jertha quil perdit toute puissance tant en armes comme en autres choses/ et apres briefue espace de temps pompee recouura et obtint ung chasteau ouquel estoit retrait le roy Jertha/et dedens celui chasteau pompee le tua dune pesante plombee/ et par ainsi toute afrique par la force et sagesse de pompee retourna soubz la seignourie rommaine. les nobles et le peuple daffricque adont considererent les grans et nobles besoignes que pompee auoit fait si vaillamment et si tost/ et pource que ilz luy donnerent ung surnom de louenge et de honneur/ lappellerent pompee le grant. Apres ces choses ainsy faictes pompee qui comme dit est tenoit la partie de silla contre marius et les siens/ aduisa que entre le demourant des cheualiers de marius estoit ung capitayne appellé sertorius puissant cheualier en armes hardy et cauteleux/ et tant q affin quil redist ses cheualiers hardis et courageux/il faignit que les dieux luy reueloient tout ce quil deuoit faire et ce quil deuoit laisser par vne biche blanche quil eut apriuoisee laquelle il menoit auec soy quelque part ql alast. Depuis doncques que silla eut desconfit et tué marius noble consul Rommain/ cestuy sertorius non sans cause doubta la cruaulté de silla si se partit daffrique et vint en espaigne/ et illec besongna merueilleusement en armes et autrement/ Car il alia a soy vne grant partie despaigne contre les rommaines/ et il qui fut ordonné capitaine des lusitains desconfist deux de leurs grans conestables/ cestassauoir metellus et domicius. Il vainquit aussy malius preconsul ou pays de gaule qui en sa bataille auoit deux legions de pietaille et mil cinq cens hommes a cheual/ non pas que sertorius fist ces trops desconfitures par soy mesmes mais par vng sien conestable appellé herculeius noble cheualier rommain toutesfois sertorius en sa parsonne vainquit pompee deuant laureon la cité quil auoit assiegee/ et si prinst sertorius la cité combien que lors pompee eust en sa bataille trente mil hommes de pie et mil de cheual. Auec ce que sertorius fist plusieurs autres batailles contre ledit metellus compaignon de pompee esquelles sertorius demoura victorieux en lost duquel estoient soixante mil hommes de pie et diz mil de cheual. Les senateurs de Romme adonc doubtans la force et la fortune de sertorius et des siēs enuoyerent en espaigne le noble cheualier pompee nōpas comme consul/ Mais auec telle seignourie et puissance comme auoit este enuoye le consul metellus quant il vint de par le senat contre sertorius Et ia soit que pompee eust eue male fortune en sa premiere bataille quil fist en espaigne cōtre sertorius deuāt la cite lauronne/ touteffois pompee seul capitaine auec son ost desconfist sertorius en plusieurs batailles par dures forces de corps et par soubtilles armes. Finablement puis que sertorius en diuers pays eut demene sa guerre contre les rommains par lespace de douze ans/ il eut tue par le barat et cautele de ses varletz ainsy cōme fut le noble viriatus dont le cas est ou quint liure/ et a dixe betise pour la desconfiture et mort du duc sertorius les rommains ne desseruirent point la gloire du triumphe mais sans gloire ilz obtindrent victoire. Apres la mort de sertorius vne partie de son ost se ioingnit auec ppāna vng preteur de romme amy et bienueillāt de sertorius et qui tenoit la ptie de marius Cestui perpānna doncques oyāt que pōpee guerroioit certorius fist aliance auec ledit sertorius/ mais pompee desconfist et tua perpāna et son ost. Dequoy pompee a bon droit desseruit gloire et honneur de triumphe. Ainsi mort sertorius aduit que metellus cōpaignon de pompee desconfist arculeus noble cheualier et capitaine de sertorius. Et apres pōpee recouura pour les rommais vne cite despaigne appelle helgida et si desrocha et subuertit Vsania vne autre cite despaigne et affranius capitayne de pompee sy print et destruist par fer et par feu la cite de caliguris/ car affranius sy longuemēt

tint le siege deuant caliguris que p defaulte de communes viādes les citoiens furent contrains de mēger abhominables viandes. Et oultre toutes ses nobles recourances et cōquestes de pays/ pompee si vaillament besoingna en armes que toute espaigne se rendit subiecte aux Rommains. Et pource que les batailles ciuiles de marius et de silla estoiēt apaisees ceulx de sicile forgerēt grās nauires puis se mirent sur mer a faire roberie/ilz serchezent et discoururent par celle grande mer que len nōme metiterraine. Pompee doncqs victorieux ia retourne despaigne a Romme par le commandement des senateurs entreprint laguerre contre les siciliens pirates que len dist robeurs de mer les senateurs liurerēt a pompee le nauire de Romme/ leql fut distribue a aucuns siens cappitaines dont pompee auec ses cheualiers par layde de dieu en vng mesme temps print et occupa tous les destours et retraitz des pirates/ mais pas ne se tint a tant/ car auecq le nauire quil gardoit pour soy il enuahit par armes le pays de sicile dōt estoient les pirates qui auoient robe la mer qui a lencontre de pompee se mirent en batailles/ sur leurs nefz Adonc pompee qui p son vigureux assault sembloit ia auoir victoire/ et par ce quil hurta si duremēt les bouz de leurs nefz/il prīt eulx et leurs nefz et par leur commun cry ilz confesserent tous estre desconfitz/ ainsi seren dirent. Et par ainsi pompee en quarāte iours acheua la bataile par luy cōmencee contre les pirates sans ce q pōpee perdist aucunes de ses nefz et sans mort ne playe aduenue a aulcū sien cheualier/ par ainsi pompee rendit la mer Mediterraine paysible et seure. Et les pirates quil desconfit et osta de desus la mer il les ramena sur terre et les fist habiter comme pauāt ou pays de silice & conquresta aux rōmains la seignourie de la mer et du pays de silice. Apres ceste victoire de pompee aduint que ou lieu de lucinius noble consul rommain fut esleu pompee a poursuiure la bataille poz les Pommains sur le fait de la conqueste du pays dorient. Pompee dōcques vint ou pays dorient et Illec fist aliācces & si fist amistie auec Herodes roy des parthois dont le cas est cy deuant escript ou septicsme chapitre de ce liure/& apres pompee laissant le pays de parthie tourna sō ost vers autre partie dorient ainsi soubdainemēt comme court vne fouldre ferue dung fort vent. Illec pompee trouua Mitridates roy de pontus et darmenie qui par longue guerre auiot perdu la moitie de ses forces en combatant contre les Pommains. Cestuy mitridates conquerāt pour soy le pays dasie fut par pompee reboute en son royaume de armenie la grant/et apres fut desconfit et vaincu p pōpee & les siēs en vne bataille que il fist p nuit fuiāt & tāt le pourmena pōpee qͤl fut occis ainsi cōe dit est ou cinquiesme chapitre de ce vi.ᵉ liure. Et aussi q̄ pōpee pperzast son nō & la gloire du peuple rōmain il fonda vne cite appellee nicopoli en asie entre deux fleues eufrates et araxes/et celle cite il donna aux chcualiers de son ost affoibliez par vieillesse aux las et trauail/ liez par bataille Et aux malades qui plus ne pouoient suiure les armes. Apres la mort de mitridates pompee trāsporta sō ost en la petite moree cōtre le roy tygranes lors rebelle aux rōmains. Et depuis q̄ pompee p bataille eut froisse la force et amoindzy la puissāce de tygranes/Il cōe outrait se rendit a pōpee/et luy demāda pdō Adonc pōpee cōe vainqueur debōnaire lui rendit son royaume et & receut en

la miftie des Pommains. Si tost q̄ tigranes auec son royaume fust ramene soubz lobeissāce des rommais pompee vint auec son ost en albanie dont le roy auoit non Herodes leq̄l cuidant resister aux forces de pompee ordōna plusieurs capitaines pour combatre a pompee/mais riens ne valut a Herodes car pompee par trois fois desconfist ses capitaines par vigueureuses armes. Herodes doncques voyant q̄ resister riens ne vault a trop dur aguillon demanda a pōpee paix et aliance pour soy et son royaume & pompee comme duc debonnaire luy octroya sa requeste. Ceste albannie est vne des prouinces dasie qui est assez prouchaine du pays des amazones et si est cōtenue soubz le pays sichie et fut appellee albanie pource que les hommes illec naissēt en cheueulx blans. Albanie commēce par deuers orient au pres de la mer caspie & se estent selon la riue de la grant mer de septentrion iusques au palus meotides par friches & deserts en albanie sont tchiens si grans & si fiers quilz abatent les toreaulx & occisent le leons. Pompee apres ces choses ainsi faictes se transporta auec sō ost ou pays de hyberie qui est vne prouince dasie preˢ du pays de pontais et se ioint a la haulte armenie. Illec croissent herbes habiles & prouffitables a quelzconque ataīct ures en hiberie pour lors regnoit artaxes qui assembla ses forces en armes contre pōpee & les siens/mais pompee descōfit artaxes & son ost & finablemēt tout le royaume de hiberie se rendist a pompee & il receut les hiberiois en amistie et paix. Aps toutes ces nobles victoires et prouffitables conquestes pompee receut certaine messagerie que mitridates roy de ponthus & de la haulte armenie par desespoir & par ennoy de sa vie sestoit fait tuer par ung chevalier francois/si regarda pompee quil auoit mis a fin la bataille de Mitridates & des romains q̃ p quarte ans auoient guerroye les ungz contre les autres/si se tourna isnelement pompee a assaillir p armes la prouince de surie q ancienemẽt print son nom dũg des nepueux de abrahã appelle suri le filz de sethuras & ceste surie anciennemẽt fut appellee assirie & de surie apres vint pompee en la prouice de fenicie qui iadis print son nõ dug noble hõe appelle fenix qui fut frere de cadmus roy et fondeur de thebes en egipte/car fenix q̃ de thebes vit en une des prouices de surie il appella fenicie celuy pays quil habita/& icelui mesme pays est appelle sidoine pour la cite sidone q̃ fenix illec fõda & adonc Il fut seigneur. Les princes de surie & de fenicie conquist & subiuga le noble duc pompee & si les mist soubz la seignourie de rome/& soudainemẽt apres Il auec son ost vit en pturie et en arabie qui anciennement fut ung pays puissant en armes. Si tost q̃ pompee eut desconfit & subiugue les pturios & les arabes Il tourna son chemin pour venir en iude q̃ est celle prouice ou habitent les iuifz/& depuis q̃ pompee auec son ost eut passee la mõtaigne appellee libanus la ou croissent celles arbres que len appelle cedres et le treffin encens. Pompee cõe victorieux enuoya deuant soy ung sien conestable appelle gabinus accompaigne de grãt ost pour lors en hierusalẽ. Les iuifz auoient ung roy appelle aristobolus qui fut le premier qui de lestat de prestre vint a lestat de roy. Cestuy aristobolus osta loffice de prestrise a son frere hircanus. Pompee dõcques qui deuant soy enuoyoit son conestable tãtost apres arriua en hierusalem & illec fut pompee receu en solemnelle honneur et en magnifique pompe de par les anciens et honnorables hommes de la cite. Si voult entrer pompee dedens le temple enclos dung hault et fort mur & dune large & grande fosse mais le peuple dillec se mist a grãt deffence contre pompee et son ost. Pompee doncques renforca son assault contre les murs du temple/& contre ceulx qui le deffendoient/le temple mesmement estoit moult fort tãt par la naturelle situaciõ du lieu comme a cause des murs haulz fors & espes q̃ estoyent enuironnez dung tresgrãt & large fosse/& adõc põpee contraignit ses gẽs formẽt assaillir & cõbatre sãs cesser le temple qui a peine fut prins a la fin du tierz mois illec furẽt occis xiii mil hões Iuifz. Apres cõmada pompee que toℽ les murs de hierusalẽ fussẽt trebuchiez et arrasez a esgal de la terre. Puis vit dedẽs le temple/& entra dedens le lieu ou la bible appelle sancta sanctorũ/ou puelp ordõnãce ẽtroiẽt seulement les prestres põpee qui p le droit de bataille pouoit prẽdre & emporter lor largent et les ioyaulx du temple attendu que les iuifz sestoiẽt rebellez aux rõmains ne print ne nen porta riens/mais si tost quil eut fait prendre & occire aucũs seigneurs et nobles de hierusalem qui estoient ennemis et aduersaires de Romme Il ordonna et fist en hierusalem prestres et roy des Iuifz ung appelle Hyrcanus ainsne filz de alexandre Puis lenuoya a Romme prisonnier lye de cheines le noble Aristobolus euesque et roy des Iuifz/ Et apres ces choses faictes pompee desconfist p armes six diuerses et grans nacions de gens/cestassauoir les paflagonois/les capadocios/les calcois/les emethiois/les sichois/les vustenois/& autres plusieurs nacions tãt du pays dorient cõme de septentrion et les roys de celles naciõs qui habitẽt entre le mõt de causus & la mer

rouge/et ceste conqueste faicte pom/
pee en si brief temps eut si grant pro/
sperite de toutes choses que il sem/
bloit q̃ dieu q̃ le ciel neust a autre cho
se entẽdre fors q̃a si bieneuremẽt fai
re les besoignes de põpee. Assez pres
de la fin d̃ son õsulat la moitic d̃ asie
quil auoit dernieremẽt cõquise q̃ sub/
iuguee au peuple rõmai il la restitua
aux roys q̃ seigneurs dilec ainsi pom
pee sen retourna a rõme q̃ fut repute
grant en fait q̃ en nom. Apres que il
eust vaincu q̃ subiugue par bataille
vingt q̃ deux roys ainsi cõme põpee
mesmes le racompta a romme d̃uãt
les senateurs. Quãt pompee presẽt
tous les principaulx capitaines de sõ
ost compta deuant les senateurs toᵒ
les faiz de son voyage sen trouua tãt
par leurs rapors cõe par les escriuais
de ses batailes que põpee a force dar
mes auoit prins q̃ conqueste en espai
gne trois cens soixante q̃ six tant for
tes villes comme citez q̃ chasteaulx q̃
es pays de septentrion et de orient
pompee pour les rommains auoit
prins q̃ conqueste par armes mil cinq
cens trente q̃ huyt tant chastraulx cõ
me villes fermees q̃ citez / et aussi a/
uoit conqueste sur les pirathes en la
mer de silice huyt cens quarante et
six nefz. Certes qui droitement poi
se les faitz du grant pompee qui sõt
tant q̃ si grans il trouuera que la glo
re de hercules le preu q̃ du grant ale
xandre est moindre que celle de pom
pee/mais fortune la folle large gou/
uerneresse des choses de ce monde
soult sur accroistre les bieneuretez de
pompee oultre celles que iay cy des/
sus nombrees/car il aduint que pom
pee de auenture passant vne fois la
voye silla lors dictateur de romme
rẽdit hõneur q̃ reuerẽce q̃ sine auoit põ
pee adõc q̃ vint q̃ deux ans de aage q̃ a
uec ce ais q̃ põpee fut cheualier il par
deux fois fut nõme et esleu capitai/

ne q̃ duc des batailles. Apres quil fut
simple cheualier rõmain il y deux fois
fut enuoye en bataile auec auctorite
q̃ en estat de consul. Pompee aussi e
stant ou vingtiesme an de son aage
monta ou capitole de romme q̃ mena
triumphe pour la victoire quil eut ou
pays daffricq cõe iay dit cy pauant. et
Ja soit ce que les autres rommains
victorieux en receuant q̃ menãt leur
triumphe fussẽt en vng chariot a qua
tre cheuaulx blans/touteffois il fust
promis a pompee de monter ou capi
tole sur vng chariot mene par quatre
elephans pource que pompee comba
tant en affricque auoit desconfit les
affricois qui vsent de elephans q̃ par
leurs aydes ilz sont cruelles q̃ fortes
batailles. Et oultre cestuy noble põ
pee lors homme priue q̃ a soy sans of
fice publique cõbatit pour les pom/
mais en espaigne et illec eut victoire
dont il receut honneur de triumphe
laquelle chose fut pour lors merueil
leuse et contre la commune ordonnã
ce q̃ auec ce pompee desseruit tresres
plendissant et glorieux triũphe pour
la victoire quil eut des pirates dont
il nettoya la mer de silice / q̃ pour la
desconfiture de mitridates roy d̃ põ
tus q̃ darmenie q̃ d̃aristobol⁹ euesq̃ q̃
roy des iuifs q̃ põpee print q̃ enuoya
lie de chaines a rõme q̃ p᷎ autres grãs
q̃ nobles besoignes q̃ põpee auoit fai
ctes p̃ lesquelles il auoit desserui hon
neur q̃ gloire. Et oultre toutes ces
choses. pompee tierce fois par les se
nateurs fut esleu cõsul tout seul sãs
compaignon ne adioint/laquelle cho
se ne estoit pas autreffois aduenue a
uec ces grans honneurs priuees pom
pee receut q̃ obtint tant dautres hõ
neurs publicques que a peine Je les
pourroye descripre / car pompee par
deux fois fust hautement marie en
deux tresnobles dames. Premiere

foys à Iulia la fille de cesar/ et a cornelia la femme de feu crassus nobles et puissans Ducz/ et vaillans hommes en armes. Pompee aussy eut belle lignee denfans cheualereux et preux qui est vne tresgrant partie de la bieneurete du pere. Pompee auec ce considera que ses nobles et grans besoingnes cherroyent en oubliance se elles ne estoyent escriptes par ordre en bel et cler lengaige. Si print pompee vng rethoricien a qui de plaigre il donna telle franchise et noblesse comme auoyent selon droit et coustume citoyens rommains/ a si luy fist et assigna pompee pour ses necessitez certayne et partinente prouision de deniers sur le tresor publique affin que trophones escriuist ses faitz et ses louenges. Certes les choses de pompee cy dessus escriptes sont grans. Ja soit ce que ie les aye recordees en brief/ et par ces choses lē peut assez congnoistre lumaine bieneurete de pompee. Et combien que ses grans faitz ayent este aucunesfoisde trais et attainez par les morsures des enuieux touteffois les grans besoingnes de pompee se maintindrent et durerent iusques au temps quil souffrit que crassus et cesar fussent auec luy compaignons de la haultesse et seignourie de romme/ mais apres la mort de crassus auec lost des Rommains fut desconfit et occis par les assiriens comme iay cy deuant dit/ et tandis que cesar pour les rommains guerroioit contre les gens de gaule et que pompee lors demourant a romme gouuernoit toute la chose publique de romme a son plaisir pompee pour la grant prosperite quil auoit en toutes choses/il se demena tellemēt que il ne voulut souffrir ne auoir auec luy aulcun homme semblable en grandeur destat ne de puissance/ et affin que le noble Pompee venist a

son entencion il qui fut contrainct et enhorte par les ennemys et enuieux de cesar/ Il fist tant que les consulz de Romme firent et publierēt vne loy q̄ en effect disoit que en la court des senateurs de Romme nul homme ne peust impetrer obtenir ne promouoir aucunes des besoignes de quelcōque homme rommain tandis quil seroit absent et dehors de Romme. Cesar qui sentit et congneut que celle loy estoit faicte et publiee contre luy pour ce que lors il faysoit demander pour soy aux senateurs les dignitez et offices du second consulat et lonneur du triumphe quil auoit desserui par les victoires quil auoit eues en tous les pays de gaule/ lesquelles deux choses pompee luy vouloit fraudulement supplanter et tollir/ cesar qui auec son ost estoit en la cite de rauennes ouyt dire comme vray estoit que les tribuns du peuple auoient este mis et dechassez hors de Romme por ce quilz supplioient aux senateurs pour obtenir les deux choses que cesar requerroit/ coultre les senateurs fauourables a pompee firent decret et ordonnance que cesar sans obtenir consulat ne triumphe ne entreroit ia dedens Romme sil ne laissoit son ost Cesar doncques acertene de ces choses partit auec son ost de rauennes/ et assaillit par armes le pays dytalie.

Pompee aduisant ceste chose fut de par les senateurs ordonne et commis a estre Duc et capitayne de la bataille contre cesar. Et vray est que les senateurs et le peuple de Romme ia lors prophetisoient la bataille ciuile pour plusieurs et diuers signes qui pres de celuy temps aduindrent en ciel en mer et en terre car en temps de nuit obscure len vit ou ciel aulcunes estoilles qui parauant nauoyent oncques mais este veues. Len vit plusieurs tisons de feu ardans qui vose toient par l'air/s'en vit la comette enuironnee de hideux coins qui auoit ses rayes resparses et ūbrages qui signifie changement de seignourie ꝛ mortalité de princes/en cler iour s'en vit le feu cheoir du ciel sur terre et si cheoit le feu en diuerses figures/car vne fois le feu s'estendoit en maniere d'une lance et autrefois il accourtissoit a maniere d'une lampe ardante la fouldre quoiement descendoit du ciel ꝛ si ne auoit en l'air aulcunes nuees/et celle fouldre naissoit en la partie de septentrion ꝛ cheoit ou droit milieu de Romme. Aucunes estoilles moindre que le soleil ne la lune apparessoyent vers l'eure de mydi qui par nuyt souloient apparoir. En ce temps aussy aduint eclipse de la lune par quoy le soleil perdit sa clarté et deuint pale a l'eure de mydi tant que les simples gens doubtoyent que iamais ne luysist. Celle montaigne de Sicile que l'en nōme ethna getta hors de ses cauernes grant flamme tortue qui se tournoit par deuers ytalie. D'ung gouffre de mer que l'en dit caribdis sailloit eaue vermeille comme sang. Dedens la mer de silice est vng tresgrant rochier dont il sailloit telz cris comme font les chiēs courouciez quant ilz abaient en hulant Ou temple de la deesse besca à Romme auoit esté vng feu perpetuel et q̄ pauāt auoit esté estaint ꝛ toutesfoys adonc il se estaignit en soy estaignāt la flābe se sendit et diuisa en grāires pties a destre et a senestre en demonstrāt la diuision de romme. En celui temps la terre trēbla si fort q̄ les vielles ꝛ espesses neiges cheirēt des montaignes de libie ꝛ d'espaigne/ꝛ p celles neiges versees ꝛ fondues l'eaue de la mer si fort acreut que elle saillit du riuage. Les ymages des dieux q̄ estoiēt dedens les temples ꝛ des dieux priuez qui estoient es maisons sur en tā

De Boccace

maniere de larmes ꝛ sembloit que ilz plourassent. Les courōnes les escharpes d'or ꝛ d'argent/les escus ꝛ pānonceaulx ꝛ bānieres que pauāt lē auoit offerts aux dieux et pendus en leurs tēples cheurēt du hault en bas/plusieurs bestes sauuages cōe sont leonnesse ꝛ ourses faillirēt hors de leurs forestz et cauernes ꝛ se vindrēt loger droit au milieu de romme/plusieurs cheuetes ꝛ buisons volerēt p̄mi iour cōbiē que leur nature soit de voler p̄ nupt/car pour leurs yeulx trop foybles ꝛ trop tendres ilz ne peuēt droitement regarder la grāt clarté du ciel Aucunes bestes parlerēt si entēdiblement cōme parlent les hōmes/aulcunes fēmes adōc enfāterēt mōstreux et difformez enfans/car aucuns naissoient à deux testes/les aucuns naissoient couez cōme sont aucuns anglois ꝛ les autres naissoiēt ou si grās ou si petis ou p̄ leurs difformitez Ilz espouentoient leurs meres ꝛ tous ceulx q̄ les voioiēt. Les rōmains aussi long tēps auāt ceste bataille ciuile auoiēt interrogué celle sage diuineresse que l'en surnomme sibile pour sauoir quil aduiendroit de l'empire de Romme. Ceste sibile donna aux rōmains responce obscure ꝛ doubteuse qui estoit soubz deux lettres c'estassauoir soubz trois rrr. ꝛ trois fff. Les rommains q̄ adonc ne de puis par long tēps ne entendoyent pas le respons ilz eurent lors entre eulx aulcuns sages qui adroit l'entendoient ꝛ exposerēt au peuple rōmain disās q̄ la premiere r signifioit Pegnon. L' seconde r signifioit Rōme. La tierce r signifioit ruet. La p̄miere f signifioit ferro. La seconde f signifioit fame. La tierce f signifioit flāme, Lesquelz six motz exposez en francois dient que le royaume de Romme sera ruyneux par fer/par fain/par flamme, ainsy comme il aduint. A romme aussi estoit le tem

fueillet   C lxxxviii

ple de mars qui est le dieu des batailles et qui a vne seur que len nomme hemo dont les francois prindrent ce mot heme q̃ len nõme noise ou debat. Ceste hemo est nõmee bellona cest a dire deesse des batailles les prestres du temple de mars vng pou deuãt la bataile ciuile vindrent en telle fureur de raige que ilz trencheroient leurs costez a ongles et a cousteaulx et de leur sang degouftãt ilz sacrifioient a mars et a hemo sa seur et en bruslant chantoient aux dieux defer/ len ouyt en ce tẽps q̃ les offemens des mors en aulcune tombeaulx faisoient gemire et qplaintes et les ames en gemissant sailloient hors de leurs sepulcres et le veoit on de pres/ len oyt noyse et crys dames de gens qbatans et voix dõmes q̃ gemissoient p bois et p destours les laboureux lors demourãs es fourbourgs et a lenuiron de rõme sen fuyoient des villaiges pour la paour q̃lz auoient vng forceneux esperit q̃ enuironnoit Pome et sẽbloit auoir cheueleure de couleures q̃ souffloient a maniere de serpẽs et portoit vne lance enflamee/ si sembla aux rõmains et a ceulx denuiron rõme q̃ les ames de ceulx que silla auoit occis en la bataile ciuile qui fust entre lui et marius/en laq̃lle bataille marius et autres rommains sans nõbre pompoient leurs sepulcres et en saillant hors se vouloient cõbatre apres tous ses pdiges et signes meruei leux racomptez pareillement p lucan de cordone q̃ est historien lors q̃l escript en vers la bataile ciuile. Les rõmains p toutes manieres de diuinacion et p tous iugemens de planetes et destoilles firent enquerir la verite de la bataile mence contre cesar et pompee/ et finablement diuineurs et astronomiens par commun accort dirent que lempire du monde soubz le nom des rõmains escherroit à cesar et que pompee et sa partie succomberoit en

armes ainsi comme il aduint. Pompee doncques commis et ordõne duc et capitaine presque de tous les rommains cõtre cesar/ ptit de Rõme auec tous les consulz et vint en la cite capue qui est en champaigne de romme et pource que pompee ia tournant en vielesse doubtoit cesar ieune saige et hardi pompee auec son oft se trãsporta en la cite de brandis. pompee doncques sentant la diligente poursuite de cesar se mist secrement en suite et p nuyt auec son oft transnaga iusq̃en epirus vne cite de grece. pompee et tous les senateurs choisirent et ordonerẽt entre eulx que pres de la cite de epir seroit faicte la bataile ciuile/ cesar auec son oft forment et longuement assiega la cite epiru la ou estoient pompee et les siens/si se partit hastiuemẽt auec ses legiõs et auec plusieurs roys du pays de orient et plusieurs aultres venus en son ayde et secours et se transporta pompee en thessallie vne ancienne et noble cite du pays de grece et illec par ordonnance diuine fut pompee rabaissie et ramene a neant car cesar illec poursuiuit pompee et adonc fortune se arresta vng pou et monstra chancelant ainsi comme se elle doubtast en soy laquelle de deux choses elle deust plus tost faire/ ou garder son amy pompee en sa bieneurete ou le plonger en douleurs et miseres. Or aduint que comme presq̃ toute la puissance des rommains et leffort de tous les roys dorient fussent assemblez en thessalie pour laide de pompee/ cesar et son oft furent contrains par disete de vitailles a fourragier pour hõmes et pour cheuaulx ou autrement mourir. Cesar doncques par loccasion de ceste chose bouta põpee en bataile combien q̃l reculast et craigniste a cõbatre auec cesar q̃ p necessite cõtraignãt luy et son oft desiroit ceste meslee dont il esperoit

C iii

victoire ainſy cõme il aduit. En loſt doncques de pōpee qui fut renge dũg coſte en la plaine des champs de theſſalie furent huit vingtz ⁊ huit mil hōmes armez ⁊ a cheual partiz ⁊ ordonnez en trois batailles/⁊ xl mil de pietaille furent maineroyz dorient ⁊ de ſeptētrion leſquelz pompee auoit ſubiuguee a ſoy ou nom des rommains et trop plus y eut de ſenateurs et auec ſes gens darmes a cheual ⁊ appe il y eut grãt nombre dommes garniz de legieres armez/ceſt a dire quilz nauoient bacinez ne haubrigon/ceſar pareillemēt auoit en ſon oſt quatre vigz mil hommes armez de cheual leſqlz ordonna ⁊ partit en trois batailles/⁊ ſi eut en ſon oſt moins de trentemil pietaille/⁊ a dire voir en lordonnance de celle bataille eſtoit aſſemble tout le pouoir des rommains pour occire lung lauſtre en eſtrange pays/mais ſe les deux capitaines ⁊ leurs gens/euſſent eſte concors ilz euſſent deſcōfit tous les roys ⁊ les peuples du mōde. En la pmiere aſſemblee des deux oſtz la premiere eſle de la bataille de pompee deſempara ⁊ vuida touˢ les coſtez ſeneſtres/illec ſe combatirent pompee ⁊ ceſar ſi longuement que les deux heraux doubtoient lequel ſeroit vainqueur. Pompee en enhortāt ſes gens eſcrioit a ceſar quil eſpgnaſt de occire les citoiens rommains. Ceſar aduiſa q̃ pompee ne les eſpgnoit en riens ⁊ pourtāt ceſar eſcria ſes cheualiers quilz occiſſent les rommains et eſtranges/en celle mauldicte ⁊ cruelle bataille entretuerent les peres leurs enfans/les enfans leurs peres les parens leurs amys/Les voiſins lung lautre ſans ce quilz ſentre congnuſſent fors que par les viſieres dſ bacinez ou apres le deſarmer. Apres que pompee vit que ceſar demouroit victorieux par la grant occiſion que il faiſoit des rommains/et auſſy des eſtrangeiers. Pompee ſen fouyt en la riſſa vne cite ancienne de grece la ou il receut la premiere de ſes hontes. Les lariſſeois vouldrent rendre a pōpee gras honeurs ⁊ obeiſſances/mais il leurs enioingnit quilz eſtouyaſſent et rendiſſent ſeulement a ceſer cōme vng vainqueur les honneurs ⁊ obeiſſances quilz luy offroyent. Apres et oultre pompee angoiſſeux de ſoy et de ſes femmes ⁊ enfans partit de ſa cite lariſſa ⁊ haſtiuement en continuant ſa fuyte il vint ou port de la piuiere penette pres de la mer/ſi monta pompee ſur vne nef marchande/et commanda aux nautonniers quilz arriuaſſent au port de la cite de leſbos en laquelle il auoit mis ſa femme cornelia en garde. Apres doncques q̃ ſa femme ⁊ les mitilenois qui moult aymoient pompee ⁊ ſa partie eurent ploure ⁊ complaint le departement de pompee ⁊ de ſa femme ⁊ de leurs enfans ⁊ amys pompee print aultre nef de celle la ou il eſtoit venu ⁊ auec aulcunes de ſes gens eſchapees de peril de la bataille il mōta ſur la mer ⁊ commanda aux patrons du nauire quilz tournaſſent les propes vers le pays degipte. Pompee en ſa nef paſſa p les riuages de liſle de chipre ⁊ penſa quil eſprouueroit la foy de ptholomee roy des egiptiens a q̃ pompee auoit donne le royaume Ainſi comme pompee qui par mer tranſnageoit de leſbos pour ſoy ſauuer de ceſar ⁊ des ſiens il fiſt toˢner ſon nauire vers liſle de chipre cuidāt illec aſſembler aulcunes forces darmes pour reſiſter a ceſar. Si arriua pompee a vng chaſteau lors appelle paphus ⁊ qui maintenāt a nō baſe. Si vit pompee ſur le riuage de lamer vne belle maiſon/il demanda au gouuerneur de ſa nef quel nō celle maiſon auoit/⁊ il ſuy reſpondit q̃ on lappelloit cacobaſilea q̃ uien frācois ſignifie male royne. Quant

pompee ouyt ce mauuais nõ il luy a
moindrit et osta ce peu desperãce quil
auoit de luy remettre sus. Adõc il de
stourna ses peulx de celle maison et
en gemissant il monstra au dehors la
douleur quil auoit en son cueur, par ce
luy cruel hõme. Adõc põpee laissãt lis
le de chipre qtinua son cours vers egip
te mais ains quil venist au riuage de
egipte ptholomee son ieune roy dil
lec qui plus douloit ensuiuir son prou
fit que honnesteté ainsi comme pauant
auoit fait põpee en occissant carbo le
noble cõsul rõmain, depuis que ptho
lomee eut sceu p messagerie la venue
de pompee assupãt en egipte & le ma
leur de sa descõfiture, ptholomee en
uoya alencõtre de luy une petite nef
chargee de ses seruans ainsi cõe se il
doulsist receuoir pompee honorable
ment dedens son pays de egipte. põ
pee doncques vieillart & douloureux
descendit de sa nef et entra en celle
nef ou estoiẽt les varletz du roy ptho
lomee. Il laissa sa femme cornelie et
ses enfans & ceulx de sa compaignie
en soy plus abandonant a lordonnã
ce des dieux & de fortune q a son pro
pre conseil cõme celuy qui ne tint cõ
te de soy ne de sa vie et en celle nasel
le entre plusieurs furẽt deulx varletz
achillas & sotin9 ausquelz le roy ptho
lomee auoit fait cõplot par expres cõ
mãdemẽs que ilz occissẽt põpee sitost
que ilz auroient lieu & tẽps. Achillas
doncques & sotinus tirerent leurs es
pees & adurs & cruelz coupz trenche
rent la teste du noble duc pompee q
si courageusement se cõtint q il ne p
la ne ne gemit ne souspira. car si tost
q il apperceut la cruelle entrepse des
deux bourreaux il euelopa son corps de
ses robes affin quil mourust honneste
ment. Apres achillas et sotinus bail
lerent la teste de pompee aux autres
varletz bourreaux q la ficherent au
bout dune lance et la firẽt porter par

toute alexandrie ainsi cõe se ptholo
mee doulsist monstrer a ceulx dalexã
drie le tesmoignage dune tresgrãt vi
ctoire. finablemẽt achillas et soti
nus certains de la doulente de leur
roy garderent celle teste trẽcheee et
icelle euelopẽrẽt en une touaille puis
la psenterẽt a cesar affin que ptholo
mee desseruist sa grace et bien vueil
lance. La femme & les enfans de põpee
sen fuirent p mer. Tout le nauire de
põper fut prins, ceulx qui dedens les
nefz estoient furẽt tous occis trescru
ellemẽt, Illec fut occis ung noble ca
pitaine appelle põpee de bithinie, et
lenculus noble consul rõmain fut oc
cis a peluse qui est tresfort chasteau de
alexandrie, & affin q les princes terriẽs
congnoissent cleremẽt que au regard
de la naissance des seigneurs ilz sont
par la souffrance de dieu deuen9 sei
gneurs du monde par occisions hõ
mes par larsins de pays & par mil au
tres violences, tu dois sauoir que en
la bataille ciuile de pompee & de ce
sar furent bien trois mil et trois cẽs
hõmes cõbatans tant de cheual cõe de
pied sãs y cõprẽdre les roys et les pre
teurs les consulz & les tribuns & les
cẽturios, & cõbiẽ que la victoire fina
blemẽt demourast a cesar p quoy il ac
quist le premier nõ depereur toutes
fois tant dune part cõe dautre, tãt hõ
mes cheurent mors en celle bataille
faicte es champs de thessalie q quant
le soleil a lendemain esclaira sur les
chãps lẽ ne veoit point de terre pour
la grãt quãtite & espesseur de chairõ
gnes, par les bassieres des champs le
sang decouroit a maniere de ruis
seaulx, les corps illec estoiẽt si hault
entassez que ilz sembloyent montai
gnes dõt le sang regorgeoit tout ale
uiron. Et illec se assemblerent de
tous les pays voysins, cestassauoir
Loups, Leons, Ours, et les chiens
laisserent les maisons de leurs mai

C iiii

stres ꞇ toutes autres bestes qui auoi
ent sentement ce narines. Les oyse
aulx/les grues de egypte dont il y a
grant plante enuiron la Riuiere du
Nile Oncques mais lenne auoit veu
le ciel si couuert de voultours ne tât
de autres oyseaulx ne des loingtai
nes et prouchaines foreſtz oncques
mes tant de oyseaulx ne auoiêt este
veus ensemble. Tous les arbres de
thessalie furent vermeillis ꞇ tains p
les ongles des oyseaulx qui sestoiêt
bagnies au sang des mors/sur le vi
sage de cesar et des siens cheoiêt les
pieces de chair ꞇ les matons de sang
pource que les oyseaulx estoient laſ
sez de les souſtenir en lair. Apres ce
ste cruelle ꞇ ciuile bataile ꞇ que cesar
eut ordonnees ces choses ꞇ ses besoi
gnes en thessalie il vint en alexâdrie
Si tost quil vit la teste de pompee ꞇ
lanneau quil parauant portoit en sa
main comme duc/ Cesar ploura et
eust mercy de pompee ainsi cruelle
ment murtri/ Mais fortune qui pas
ne fust contente dauoir pamene pô
pee a si grant honte et misere elle sou
frit apres le detrenchement de son
chief que le tronc de son corps fut de
mene par diuers hurtemens sur les
ondes de la mer par tout vng iour
en la presence des barbares egiptiês
assemblez sur le Riuage pour regar
der la chose. Lendemain de la batail
le ꞇ apres la clarte du soleil faillie vng
apelle codrus noble cheuallier pom
main ꞇ questeur de pompee et qui a
uec luy sen estoit fouy de lebos en e
gypte tira secretement a riue le tronc
du noble duc pompee/et pource que
ledit cheuallier Codrus auoit perdu
toutes ses choses en la deſconfiture
de thessalie/et aussy quil nauoit de
quoy il fist grant ne solennel feu pour
ardoir le corps de Pompee / selon la
guise anciennement gardee entre les
nobles hommes. Codrus doncques
assembla et concueillit petis esclatz/
et menues buchettes espandues sur
la Riue de la mer dont il fist vng pe
tit feu/ Et illec pour ardoir il mist le
tronc de pompee ꞇ pour sa mort il fist
petis regretz de complaintes ꞇ de
pleurs/ꞇ pource que le feu trop petit
ne souffisoit pas a pamener en cen
dre le corps du noble pompee/ Co
drus fist sur le riuage de la mer vne
fosse en laquelle il soubterra le corps
à moitie brule qui demouroit descou
uert aux oyseaulx et aux bestes :se le
poure cheualier codrus ne leust bru
le ou couuert dedens la Riue de la
mer. Fortune parauanture eut hon
te que le corps de pompee demouraſt
dedens la mer a menger aux poisſôs
attendu quil auoit este de si fort ꝯde
si grant couraige ꞇ quil auoit receues
tans et si grans honneurs ꞇ mainte
nu de si grant maieste/et pource elle
qui lauoit deceu en luy tollant ce q̃
le luy donna/elle se hôtoia ꞇ ne veut
quil demouraſt sans aucune sepul
ture. O fortune dame des choses tê
porelles certes len doit doubter le
tournoiement de la roe/car pompee
ia sie lart fut occis par ptholomee roy
de egypte adôc enfant. Pôpee qui dô
ne auoit á ptholomee le royame d'egi
pte il fut occis p ce mesme ptholomee
q̃ auoit receu de pôpee la seigneurie ꞇ
le royaume d'egypte. Pôpee q̃ po² ses
merites estoit surnôme le grât fut oc
cis de achillas hôme de petit estat/et
aussi de petit nô. Pôpee duc ꞇ capitai
ne des Rommains fut occis de achil
las ꞇ fotinus hommes varletz de nul
le puissance au regart de pompee. Le
corps de pompee fut detrêche ꞇ getté
dedens lamer/les ondes de la mer pri
drent leur esbatemêt a getter le trôc
du noble pôpee/il fut á moitie brule
dun petit feu de buchetes ꞇ coppes
aux par le cheualier codrus bôme seal/
et apres son corps fut couuert de la

grauelle de la mer/Mais se pompee vng pou parauant ceste dure fortune eust fine ses iours en sõ pays il eust eu grans et sollennelles pompes/ les consulz de romme eussẽt pleure et fait le dueil pour luy/ et les senateurs aussy et tous les citoiẽs de romme/ et tres grans compaignee des anciens bourgois de Romme eussent porte son corps au feu pour le bruler/sur son corps eussent este posees plusieurs robes dames/ plusieurs tuniques/plusieurs escuz et targes et armes imperiaulx/et plusieurs enseignes de triumphes/ eussent este gettees sur le feu/ ou len bruloit son corps. Maintes louẽges eussent este dechantees par les poetes et par les musiciens/len eust racompte de la court de ses senateurs plusieurs louenges de luy vng petit monceau de grauelle couurit ou riuage de la mer degipte le corps du noble pompee qui auoit cõquis en sa vie grãs honneurs par le maleureux cas de sa mort il auoit perdu tresgrãs hõneurs en armes ou autremẽt. Pour quoy doncques nous orgueillõs nous puisque nous sommes subgectz aux meschances de fortune/pour quoy querons nous les haulz estatz du monde par noz labours pourquoy auons nous fiance es choses perissables puisque nous sommes subgectz es meschances de fortune Puisque pompee homme de sy grant pesanteur est cheuz du hault au bas nous par plus forte raison qui sõmes destat petit et legier tomberons par fortune. Nous deuons auoir mercy et compassion du noble duc pompee/ mais nous deuons plusdoubter de nous mesmes/nous deuons diligẽment querir toutes choses fõdees en humilite et petitesse/affin q̃ se nous qui sommes esleuez par fortune et par faueur ne soyons subgectz a continuelle paour/et que derrenierement nous ne venions a ainsi maleureux cas cõme vint le noble duc pompee.

Le x. chapitre cõtiẽt vng brief raisõnemẽt de lauteur en ramenant a memoire la haultesse de pompee et aucuns autres nobles Et commence ou latin. Poteram etc.

Et honnestement pouoye moy reposer de cy en auãt se ie soulsisse sans donner a ma plume aucune peine Descripre apres põpee le cas de quelconque homme noble puis que iay compte la haultesse de lestat de pompee et la misable fin de si grans et nobles seigneurs cõme sont põpee et les autres dõt iay cõpte le cas icy dessus/ et si ne scay histoire q̃ ie puisse icy apres cõter de la puissance et muablete de fortũe qui soit si grande cõe est celle de pompee et des nobles q̃ iay cy deuãt descrit car pour certaĩ ie ne scay hõe entre tous les mortelz q̃ soit cheuz de si hault cõe cheut põpee attẽdue la haultesse de luy et de ses fais/ mais pour ce q̃ iay promis a racõpter le cas des nobles hommes des adam premier hõe iusques ou temps de mon aage et affin que len ne cuide que ie desprise les nobles a moindres hõmes/ou que ie ne aye obey aux commandemens de fortune q̃ au gmẽcemẽt de cestuy siziesme liure me cõmanda q̃ ie pcedasse oultre/pourtãt ie poursuirai mõ liure en reqrãt paix et amor a celuy q̃ le lira. et cõbien que entre les hystoires q̃ apres viennent aucune ne cõtienne si grãs cas comme est celuy de pompee, toutesfois les hystoires des nobles hommes moindres pourront faire moult de prouffit et de delectacions aux liseurs et escouteurs de ce liure.

Le xi.ᵉ chapitre contient les cas de ptholomee roy degipte, de iuba roy de surie, de petreius noble cheualier rommain. Et de plusieurs nobles hommes maleureux. Et comence ou latin. Deplorato. &c.

Puisque iay ploure et complaint en pou de parolles le miserable cas du grant pompee noble duc rommain deuant moy se assembla grant compaignie dautres maleureux nobles hommes, entre lesquelz estoient plusieurs roys et grans seigneurs de gaules et de almaigne ausquelz iulius cesar auoit osté leurs royaumes, leurs prouinces et leurs hautains estatz, car en diuerses batailles faictes en dix ans par iulius cesar es gaules, es bretaignes et es almaignes quant il les subiugua a lempire de rōme tant de roys come de autres nobles et puissās hōmes furēt occis ou banniz ou autremēt priuez de leurs estatz que trop longue chose seroit cy compter leurs cas et mesmemēt les hystoires en sont plainemēt descriptes ou liure que lennōme de la bataille gallique, et aussy p̄ titus liuius. Aps̄ les nobles qui p̄ la bataille gallique estoient deuenuz maleureux venoiēt ceulx qui auoiēt esté occis en la bataille ciuile qui fut faicte en thessalie entre pompee et cesar et autres nobles maleureux sans nombre qui en la pestilence de celle ciuile bataille furent abatuz et absorbis par fortune en diuers lieux du monde. Et entre ces maleureux plourās pour leurs meschances estoit ptholomee roy degypte tres cruel iouuenceau qui comme dit est fist traiteusement occire le noble duc pompee qui audit ptholomee auoit donne le royaume degipte. Depuis doncques que cesar fut de thessalie venu en alixandrie noble cité degypte il se loga ou palaiz royal de la cité, les gardes du palais mocquerent et deceurent cesar, car par leurs cautelleux barāz ilz vuiderent et deffaisirent les temples ou estoient les tresors royaulx, affin que cesar ne prinst la pecune, et affin que ilz donnassent entendre au dit cesar que es tresors du roy ne auoit or argent ne ioyaulx, et affin quilz esmeussent le peuple contre cesar ainsi comme se il souffist piller la cité dalexandrie auec toutes ses fraudes achillas connestable du Roy qui ia estoit arouse du sang de pompee quil auoit occis. Ie selup achillas pensoit quil occiroit cesar si luy commanda cesar quil delaissast son ost qui estoit de vingt mil hommes combatans, mais achillas nompas seulement desobeist a cesar, mais il appresta son ost contre cesar et les siens. Les egyptiens et les rommains combatirent et en celle bataille fut arz et brule tout le nauire du roy ptholomee qui dauenture estoit retraict sur terre par le refloct de la mer. Si commanda cesar que len y gettast le feu la flambe qui saillit du nauire ardit vne partie de la cité, Il ser entre les autres choses furent brulez quarante mil volumes de liures qui tous estoient secretemēt et muces en certaines maisons voisines du palaiz de ptholomee. Et certes les roys degypte sont moult recommanda-

bles qui ensemble auoient si grāt nō-
bre de diuers volumes en quoy estoi-
ent comprinses les sciences et les for-
ces de tans dengins humais. Cesar
apres print en egipte vne isle que len
nomme farus. En celle isle fut grāt
et dure bataille entre cesar & achilaux
illec fut tue grant multitude des che-
ualiers de cesar/ mais tous les mur-
triers de pompee furent illec occis: &
cesar fut si presse et constraint par le
violent assault des egipciens que il
monta sur vne barque qui tātost fut
chargee & plongee par la pesanteur de
ceulx qui apres luy entroyent/ mais
cesar qui est vne main hault leuee te-
noit vnes lettres saillit dedēs la mer
et a lautre main naga par deux cens
pas en mer tant quil vint en vne nef
Adonc cesar auec le remenant de ses
gens legierement enfondra ou print
le nauire du roy & le roy auec/ mais
cesar qui prins auoit le roy il le ren-
dit aux alexandrinois qui lui requirent
Apres cesar enhorta ptholomee q̄ des-
ores en auant il se estudiast a desser-
uir et garder lamistie des rommais
& non pas a guerroier contre eulx. Si
tost que le roy ptholomee fut deli-
ure de prison et rendu par Cesar aux
alexandrinois/ Il derechief commē-
ca bataille cōtre cesar & les siēs. mais
le roy auec son ost tantost fut descō-
fit/ car en celle bataille ving mil egi-
pciens furent desconfiz & occis dou-
ze mil hommes auec soixante & x ga-
lees se rendirent audit cesar Le ieune
roy ptholomee se mist en vne barque
affin quil senfuist: mais si grant force
des gens de cesar saillit auec luy de-
dens la nef que le roy ptholomee fut
occis et noie/ et son corps fut par les
vndes apporte au riuage et fut con-
gneu par ce quil auoit vng hauber-
gon entretexu de diuerses mailles
dor et garny de boucles entaillees a
ses armes. Cesar doncques enuoya

aux alexandrinoiz le haubregon de
leur roy ptholomee/ lesquelz a ceste
cause par desespoir se rendirent a ce-
sar/ et apres quil les eut receuz & pris
en foy/ en hommaige il rendit le roy-
aume degypte a cleopatra seur dudit
roy ptholomee ja mort comme dist
est. Pourquoy Il est assauoir que
lagus roy degypte en son testamēt
partit & diuisa son royaume par moi-
tie a deux siens enfans/ cestassauoir
a ptholomee son filz/ & a sa fille cleo-
patra. Cestuy roy ptholomee non cō-
tent destre roy en possedant la moi-
tie du royaume emprisonna sa seur
cleopatra et la desherita iusques au
temps que cesar victorieux la deli-
ura qui apres luy franchement luy
rendit & baila tout le royaume de-
gypte. Apres le maleureux ptholo-
mee roy degypte venoit iuba roy de
libie. Cestuy iuba roy de libie noble
puissant & fort/ entres ses autres cou-
stumes fut haultain & orgueilleux et
tant quil ne pouoit souffrir le dernier
scipion qui en lieu de pompee fut in-
stitue consul ou pais daffricque de-
stist robe de telle pourpre comme cel-
le dont iuba se vestoit. Les hystoiri-
ens accusent & condēnent le roy iuba
comme trop orgueilleux pource quil
ne souffroit pas que le dernier scipi-
on noble consul & cheualier rommai
vestist telle pourpre comme le roy iu-
ba mais raison plus reprendre et cō-
dēner le puant & excessif orgueil des
Italiens & aussi des francois/ car ces
deux nacions de gens entre les au-
tres sont de long temps si curieux de
eulx vestir nompas comme citoiens
ou comme laboureux/ Mais comme
princes et roys quilz ont oublie & re-
lenqui la deffense/ & le pourchaz de
tout le bien publique. Les precieux
vestemens dont ilz affublent leurs
corps chetifz & villenastres ia ont este
cause de sept mortelz dommaiges.

Le premier est l'indignacion de Dieu qui ayme choses humbles. Le second est l'ataincment des haulx et nobles hommes. Ausquelz comparer ne se doivent hommes bas ne moyens. Le tiers est occasion de ruine qui naist de difference des estatz, mesmement entre gens populaires. Le quart est honneurs et reuerences mal rendues a ceulx a qui on les doit. Le quint est alechement de la puanteur de luxure pour le reparement des corps qui sont autres qu'ilz ne semblent. Le sixiesme est couleur ou de plusieurs aultres choses ou aparence de faulses et mauluaises promocions, par ce que l'en cuide que soubz prieuses robes soyent courages prudens et bien enseignez. Le septiesme est desordonnee compensacion de salaires par quoy les iuges aduocatz et procureurs par leurs precieuses robes attraient et tirent a eulx tout ce que simples gens ont. Dieu qui pour haulser homme se abaissa iusques en terre ayme equalite de robes et de manieres. Nobles hommes selon raison ne veullent que autres les contrefacent, amistie demoure en regne entre les hommes pareilz, c'est a dire qu'ilz ne saillent point hors des termes de leurs estatz, l'en doit honourer seullement les vertus sans auoir aucun regart aux robes. Soubz humbles vestemens se nourrist chastete de pensee et nettete de corps. L'en ne doit exaulcer ne monter les precieux attours du corps, mais seullement les vertus et sciences du couraige. L'en poise en faulx et mauluais iugemens le salaire d'aucuns hommes et non pas la droicte quantite des merites. Ainsi comme il desplaist a Dieu que sans son ordonnance hoes de bas estatz soient seigneurs des autres aussi veult Dieu que les gens se gtiennent en manieres et robes semblables a les psones car a voir dire chascun

doit en ses atours et maisties ficher les yeulx de sa pensee et estroitement garder les trasses de ses predecesseurs car c'est une monstre et chose desauenante que drap de fine laine richement teincte ne souffise aux enfans dont les parens estoient vestuz de grosbureaulx ou blanchetz sans enuoier en Damas, ne en surie, ne en thir pour auoir draps velours ou cramoisis, ou pourpres. Le roy iuba doncques en ses complaintes se repentoit formant pour ce qu'il auoit ayde et soubstenu contre cesar la partie de pompee, par quoy il auoit encouru l'indignacion de cesar, car apres que cesar comme dit est eut desconfit et tue ptholomee roy d'egipte et rendu le royaume a sa seur cleopatra. Cesar discourut et trassa le pays de surie et vint iusques en ponthus la ou il desconfist pharnaces roy de ponthus et d'armenie, puis vint cesar a rome et illec fut ordonne dictateur et consul, et apres transnaga en affrique et combatit contre le roy iuba et le dernier scipion, illec tua cesar tresgrant multitude d'hommes de l'ost de iuba et de scipion, et cesar par force d'armes print et emporta tous leurs pauillons et soixante elephans. Le roy iuba fut relenqui et delaisse de ses hommes subgectz, il fut boute hors de ses citez, et d'illec apres fortune le pourmena a tant que affin qu'il venist a plaine destruction et a derreniere mort, il fist pact et conuenance auec petreius noble cheualier rommain et naguerres questeur du noble duc pompee que eulx deux combatroient ensemble tant qu'ilz tueroient l'ung l'autre a leurs espees affin qu'ilz ne venissent soubz la seignourie de iulius cesar. Apres que le roy iuba et le noble questeur petreius despere f de leurs vies eurent longuement combatu, le roy iuba comme le plus fort, abatit et tua petreius. Et adonc Juba hurte de forsenerie pria ung sien

Sarlet qui luy trenchast le chief, et affin quil ne reffusast ce faire Iuba luy donna certain prix dor. Et adoncq le Sarlet qui eut regart aux prieres du Roy Iuba, et au prix qui luy donnoit affin quil soccist, icelluy Sarlet lui trencha la teste. Et p̄ ce Iuba noble et puissant roy mourut en Bilenie et reprouche. Apres ces trois nobles maleureux hōmes Benoit aristobolus noble roy et souuerain euesque des iuifz soy cōplaignant de fortune. Et ia soit ce q̄ ie aye briefuement raconte ou chappitre precedent le cas de aristobolus sy affiert il oultre sauoir que puisque le le grāt pompee eut este a aristobolus le Royaume des iuifz et quil fut amene a la cite de romme prisonnier auec ses enfans il eschappa et senfouyt de Romme, mais il fut de rechief prins et reboute en prison, et depuis que pompee fut occis par les gens de ptholomee Roy du pays degypte. Cesar deliura de prison et affrāchit ledit aristobolus et tāt quil dressa son esperāce a receuoir son Royaume. Aristobolus doncques homme de tresgrā courage entreprint auec ses aydes a recouurer son Royaume que hircanus tenoit par le don de pompee. Tandis q̄ Aristobolus pourchassoit recouurer son Royaume il fut prins et detenu p̄ aucuns capitaines du grāt pompee qui luy donnerent ung breuuaige venimeux dont il mourut. Apres ces quatre maleureux nobles hommes Benoit pharnaces noble Roy de ponthus filz du noble et puissant Roy mitridates. Cestuy pharnaces dont Iay cy dessus ia en ce chappitre parle faysoit plains et gemirs pour ce que cesar apres la bataille ciuile desconfist pharnaces ou premier assault que cesar luy fist, et deuint Pharnaces subgect et tributayre de cesar et des rommains. Apres les cas de cinq maleureux nobles hommes cy des-

sus briefuement comptez Benoit le dernier de tous les scipions qui ciq̄ furent en nombre nobles en meurs vertueux et fors en corps sages en armes et amis de la chose publique. Cestuy dernier scipion se complaingnoit de fortune disāt comme vray est que apres la mort du grant pompee cestuy scipion par les Rommains fust ordonne et estably a estre successeur de pompee quant la conduite et gouuernement des batailles. Et ainsi comme ia parauāt dit est en cestui present chapitre scipion et Iuba auec leurs ostz furent desconfitz par cesar en libie pres de thapsus. Par ceste desconfiture scipion perdit toute esperance de ressource, et tant q̄l auec le remenant de ses gens et cōpaignie de trois nobles hommes Rommais Damasipus torquatus et plertorius monta sur une nef pensant de venir en espaigne, mais scipion et les siens furent tellement demenez par tempestes de mer et violences des vens que scipion auec les siens arriua en affricque au port de la cite ypone. En celuy port estoit ung noble cheualier rommain appelle sitius de la partie de Iulius cesar. Le cappitaine soubz soy auoit foison gent et grant nauire si enuironna et ceingnit le nauire de scipion, tellement que eschapper ne pouoit quil ne venist es mains et en la puissance de cesar. Scipion doncques considerant soy auoir este ardant et fauourable a la partie de pompee, ayma mieulx comme fol occire soy mesmes que de esprouuer la dēbonnairete de cesar qui naturellement fut tant doulx et misericors qui ne lui souuenoit des tors ne des iniures que len eut faictes contre luy. Scipion lors voyant quil conuenoit lui estre prins et mene prisonnier a cesar, Il tira son espee et si roidement se frapa quil se tua et cheut mort en sa nef,

Apres ces six maleureux nobles hommes venoit gneus pompee: aisne filz du grant pompee, pour quoy il affiert cy dire que cesar en toutes ses besongnes cuida quil neust pies fait puisque aucune chose estoyt encores a faire. Apres doncques quil eut desconfit en thessalie le grant pompee et son ost. Cesar aduisa que aps' la mort de pompee suruiuoient encoreplusieurs siens filz filles nepueux (autres parens et amis qui tous estudieroient a faire la vengence de pompee et a destruire cesar et les siens. Et pour cestuy regart cesar fist p ses gês occire et tuer les nepueux de pompee sa fille pompeia fraustus (q astraniûs et petreius son filz. Cestuy aisne filz de pompee lors estant en espaigne a compaigne de gens armez eut bataille contre les gens de cesar en espaigne pres du fleuue monda. En ceste bataille le filz de pôpee auec son ost tellement fut desconfit qui fut constraint soy destourner et mettre dedens vne fosse, en la quelle il fut tue et occis par les gens dudit cesar, et sa teste qui apres luy fut trêchee fut offerte a cesar lors estant en la cite hispale(z en signe de derision(q moquerie celle teste fut baillee aux gens de la cite. Et par ainsi le filz de pompee ne peut rombien quil desirast vengier la mort de son pere contre les egiptiens qui lauoient occis côme ingratz et descongnoissans. Apres les dessusdirtz nobles hommes maleureux venoient Brutus (q Cassius nobles (q puissans rommains plouràs pour leurs dures fortunes. Si couuient pour tant scauoir apres que cesar en libie (q en espaigne eut côbatu et occis les remenans des enfans des parens et amys du grant pompee dont jay pour la plusgrant partye en brief cy dessus compte les cas.

Cesar pensant que par ses griefz et longs trauaulx de ses dures et plusieurs batailles il auoit ramene en paix lestat de la chose publicque si retourna a la cite de rome et contre les exemples des anciens rommains victorieux qui tous auoient fait cruaulte enuers ceulx q auoiêt tenu partie contre eulx. Cesar garda debonnairete enuers tous, mesmement ses euidens ennemys (q appaisa les discencions ciuiles. Et il qui point ne doubtoit de soy ne dq ses choses, combien que calpurnia sa noble et loyale femme lui eut prie et admoneste que celuy iour il ne alast ou capitole auec les senateurs pour quelconque besoigne publique ne priuee, pource que comme lui disoit calpurnia que la nupt deuant elle auoit sônge que elle tenoit en son gird cesar blece de diuerses playes. Cesar doncqs qui espoüanter ne se voult pour le sônge dune femme entra ou capitole et en entrant luy fut baillee vne cedule en quoy vng sien amy luy predisoit la trayson contre son entreprise mais cesar trop tardif de ouurir et lire les lettres pensa quil les liroit apres fine le conseil. Mais il neut pas lieu ne temps parquoy chacun doibt estre sage et aduise de promptement ouurir (q lire les lettres ou les breuez quant aucun luy presente. Cesar doncques se assist ou capitole ou plus hault lieu entre les senateurs (q aultres nobles et anciens rommains, entre lesquelz estoient les dessusdictz brutus (q cassius nobles citoiens rommains qui principalement auoient basty et complote la coniuracion de occire cesar de dagues assez longues (q estroites presques a facon de greffes illec fut feru (q blece le noble empereur cesar de vingt trois cruelles playes dôt il mourut. O fortune tournât doubtable et merueilleuse tu as deffendu et garde entre tant de ennemis cesar faisant dures et mortelles batailles et en maintes autres perilz non pas en tous angletz du monde/et tu maintenant souffres que cesar soit occis et tué en sa cité de ses propres citoiens foybles et veillier soubz umbre de paix et de amistié fardée. Et affin que lé ne cuide que ie vueille mesler le noble et victorieux Cesar ou troupeau des maleureux/q p leur propre faict ont deslié maleur du dieu la ou. Il estoit lyé et ataché Je respo q tout ce q Jay dit du noble cesar/cest a loccasion de descripre les maleureux cas de Brutus et cassius/car cesar ne autre ne doit au regart de fortune estre mis entre les meschans puisque par so ppre vice il ne soit cheuz et que sa felicité sans saillir hors de ses mains soit deuolue et destournée a ses droitz heritiers representans sa personne car par voye assez ouerte et commune cesar pouoit resister et pouruoir a son cas sil eust parauant sceu la desloyale coniuracion de Brutus et de cassius et dautres cinquante huit romains complices de celle trayson. Apres doncques que la mort de Julius cesar Anthoine filz de sa seur fut ou testament de cesar nommé et institué le second des heritiers de lempire de la cité de Romme. Et octouien nepueu aussi de cesar fut premier heritier/et si retint le droit nom de cesar/et Anthoine. qui fut prenommé Marc Anthoine Cestuy octouien nepueu et heritier de cesar paracheua cinq batailles ciuiles/entre lesquelles en delaissant les autres la seconde fut contre lesdictz Brutus et cassius/car apres la seconde baille que fist ledict octouien demoura victorieux apres grans et merueilleuses occisions des hões faites entre les deux parties/car Illec fut tué et occis Hircius noble consul Romain/et anthoine print la fuyte. Et depuis que octouien eut

eue celle victoire ung cheualier appellé Decius Brutus confessa a octouien la maniere de la coniuracion faicte contre cesar/et pource que Decius Brutus auoit esté ung des coniurateurs Il luy requist pardon en luy monstrat signe de repentance. Apres aduint que Dolobella noble cheualier Pommain amy de cesar et de octouien tua trebonius noble cheualier Pommain et lun des coniurateurs de la mort de cesar et decius brutus ung aultre des murtriers fut prins et occis en france ou il sen estoit fouy/et Basilius complice de la mort dudit cesar fut occis p la main de ses varletz/et a briefuement parler pour la vengence de la mort de cesar. Plusieurs nobles Pommains et non sans cause furent occis ou bannis/plusieurs hostelz et manoirs furent confisquez et abatus/et grans richesses furent abandonnés a pillage. Le noble cheualier Dolobella fist plusieurs batailles contre cestuy cassius qui sen estoit fouy ou pays de surie. Et finablement Dolobella la voyāt quil estoit desconfit il tua soymesme de sa main. Apres ces choses les deux coniurateurs de la mort dudit cesar restassauoir brutus et cassius prindrēt grant nombre de souldaires en armes et se assemblerent a athenes/puis roberent toute grece et apres lisle de rodes tellement que aux rodiois ne demoura riens fors que la vie es corps. Octouien doncques et anthoine iustes vengeurs de la mort dudit cesar poursuyuirent lesdictz brutus et cassius iusques ou pays de macedoyne et illec fut faicte sy grant bataille que plus par la felicité de Octouien que autrement brutus et cassius furent contrains de entretuer lun lautre par conuencion telle que parauant la fin de la bataille brutus couppa la teste de cassius/et cassius ains le coup appointa et bouta son espée dedens le costé de

Brutus(τ par ainsy tousdeux moururent en horreur en misere (τ en honte. Apres tant de maleureux nobles hommes Benoit chozanus noble preteur Rommain disant comme vray est q̃ les cheualiers Rommais de la partie de cesar assaillirent despourueuemẽt son hostel/(τ illec fut chozanus occis (τ tue cruellement sans ce quil se doubtast ne que il fust coulpable de mourir ainsy villement. Auec les nobles maleureux dessusdictz estoyẽt plusieurs autres soy complaignans pour autres diuers cas dont ilz blasmoyent griefuement fortune qui du hault au bas ainsy les trebuche. Et en la compaignie de ces nobles hõmes maleureux estoit tulle tresnoble orateur et prince de eloquence il se taisoit et tenoit son front abaissie vers la terre/ie delaissay tous les autres nobles maleureux gemissans (τ formẽt courroucez/(τ en moy treffort esmerueillãt ie commencay regarder tulle (τ son maintien. Si tost que ie le vy (τ apperceu en moncouraige suruint une grãt couuoitise de escripre la grant gloire de tulle destu (τ attourne dune housse/(τ de escripre sa fin miserable piteuse (τ ĩdigne. Quant ie pensay dedẽs moy que tulle estoit prince de eloquẽce latine (τ que les forces (τ vertuz de mon engin (τ de mon entendement estoyẽt petites pour commencer sy grãt chose comme est de escripre son cas/ie p̃squez me desistay pensãt que ledit tulle (τ non aultre pourroit assez dignement escripre lystoire (τ le cas de soy et de toutes ses choses. Et affin q̃ tulle (τ ses oeuures qui sõt tresdignes de venir en clarte ne semblassent estre de layssees ainsy cõme len delaisse ung homme obscur (τ villain/ie commencay a parler a moymesmes. Il conuient dy ie prendre tantost courage et aguillonner mon engin et reffreschier mes forces et espraindre tout ce que

iay en moy (τ donner a tulle ce que ie puis comme a celui qui est tresdigne destre escript selon le cas de sa bieureté (τ tresmauuaise fortune. Et se len me oppose que tulle eust le langaige cler (τ resplendissant deuãt tõ autres orateurs de lãgaige latin/ et p ainsi q̃ mon langaige rude (τ obscur ne souffira pas a pler du noble orateur tulle ne de toutes ses choses/ie respons q̃ chacun congnoit que les nyeubles de lair ne peuent obscurcir les rayes du soleil. Se mon langaige est legier sans attour (τ sans aucun artifice/et ia soit ce que ma parolle ne face aucune chose a lexaucement de tulle/au moins mon langaige legier/ et sans attour sera le langaige tulle plaisant (τ beau et monstrera la noblesse et le adornement de luy/ car quant deux choses contrayres sont mises lune pres de lautre/ elles se monstrent plus legierement. Et se ie ne recommande tulle assez plainement/au moins ie donneray occasion a aultre plus saige que moy de supplier mon default/(τ de excuser mon vice/(τ par adventure il inspirera en moy aulcune chose du secret lieu la ou il demoure maintenãt parquoy ie besongneray mieulx que ie ne cuide. Et pour ces choses qui me attraient (τ meuuent/ie respons au noble (τ saige tulle que pource quil est de tous les orateurs le treshault/et pource quil est resplendisseur (τ clarte de eloquẽce latine/ Je qui ne suis pas souffisant vueil venir a escrire de tulle (τ de ses fortunes en gardant son amour et sa paix/car a ce faire ie suis mesmement contraint p le commandement que fortune me fist ou premier chapitre de ce present liure.

Le douziesme chapitre cõtiēt le cas du tresnoble philosophe et prince de eloquēce tulle qui en son tēps fut consul rommain. Et cõmence ou latin. Marcus tulius. &c.

Ous les historiens dient et descriuent que tulle fust ne dune forte ville appellee arpinas, Et descendit de la noble lignee des tresanciens popteaulx du pays de toscanne. Tulle fut peuple disant clarté de eloquence, car tulle non pas seullement translata lart de pethoricque de grec en langaige latin, mais augmenta acreut et adourna la science tellement que par lui elle creust et croit de iour en iour en la cité de Pomme, et pareillement en plusieurs aultres citez du monde. Ou temps que tulle estoit de ieune et de tendre aage, il porta couraige de vertueux homme et saige et prudent. Il laissa son pays naturel et se transporta a romme ainsi comme sil iugast que le lieu de sa natiuité estoit trop estroit et court pour comprendre et cõtenir la largeur, la grandeur et la hauteur que fortune lui gardoit pour le temps aduenir. Et si vint tulle a pōme affin quil peust espandre les rayes de la clarté de la plus haulte lucarne du monde pour lors que ledit tulle vint a la cité de Pomme. Les pechiez de couuoitise et de auarice et la puanteur de luxure commencoient soy agrapper aux pommains, et embrasez leurs couraiges. Tulle donques qui fut agreable aux bons et aux nobles et puissans rommains tant pour la science de luy comme de ses belles et vertueuses meurs desseruit et gaigna estre citoien de la cité de romme auec plaines franchises et entiers priuileges, et si desseruit auoir tresgrãs honneurs dignitez et offices publicques car tulle estant encores estant nouue au citoien pommain, et qui par petite espace de temps auoit demouré a Pomme, il vint en la grace et amour des Pommains ainsi comme sil fut la ancien citoien et dillec il monta a tel degre de honneur que il obtint et eut le consulat, qui estoit souueraine seigneurie de romme. En cellui an que tulle fut consul ung appellé anthoine fut consul auec luy. Et auint que par la vertu sagesse, et prudence de tulle pomme lors dame du monde fust gardee franche et quitte de lessort et violence de catilina mauuais gentil homme pommain qui auecq plusieurs autres siens cõplices voult ardoir desrocher et mettre en seruitute la cité de Pomme, car ou tēps du consulat de tulle catilina homme espouentable comme ung brandon de feu qui encores bruloit et ardoit par la chaleur et enteprinse de sõ couraige, il qui auoit esté gouuerné et nourri auec silla menassoit la destruction de romme. Cestui catilina par lancienne lignee de ses parēs fust noble et en armes assez expert et trop entreprenant, abandonné a delices charnelz, fol large accordant et prest a tous maulx faiz. Lan donques six cens quatre vingtz et neuf apres la fondacion de la cité de rõme pour lors que tulle et anthoine estoiēt consulz de rõme, cestui catilina et plusieurs autres nobles hommes de telles meurs, et de pareil et semblable couraige, comme catilina firent coniuracion, monopole cõntre la cité de romme. Ceste coniuracion fut en

Di

trepzinse et descouuerte a romme et fut
estraincte ou pays de toscane par la
bataille ciuile et moyēnant la diligē
ce et saigesse de tulle. Catilina estoit
meu dentreprendre bataille contre la
cite de romme parce que il regardoyt
les riches tombeaulx et grans paincz
tures des ymages de ces nobles et an
ciens parens et ne resgardoit pas aux
merites de soy/ Il estoit debteur de
grans sommes de deniers aux citoiēs
de romme/ lesquelz il ne vouloit ne
ne pouoit payer et sy estoient a ce ob/
ligez luy et ses heritaiges. Catilina
auec ce auoit en vain et pour neant
supplye et requis de auoir offices et
dignitez publicques/ affin de viure
en plus grans ayses et en plus larges
delices. Pour le reffuz que len fist a
Catilina Il se atteisa et courroucia
contre la chose publicque de la cite de
romme. Si assembla tous les no-
bles iouuenceaux et aucunes fem-
mes de romme et les allya et accor
da a soy par coniuracion cruelle / et
peruerse par laquelle il cuyda mettre
rōme a perpetuelles tenebres/ mais
dieu contresta et secourut aux cruel
les et mauuaises entreprinses de ca
tilina et des siens. Car il aduint que
Quintius vng des coniurateurs re
uela et descouurit toute la besōgne
a vne amoureuse feme appellee ful/
uia, laquelle Quintius aymoit tres/
chierement / et celle femme pareille
ment descouurit et reuela la chose
a plusieurs des rommains et en es
pecial a tulle lors consul. Adonc tul
le sans le sceu des senateurs fist par
anthoine son compaignon consul en
querir par meruelleuse prudence tou
tes choses touchans la coniuracion/
et oncques ne dist tulle en commun
quelle chose il eust trouuee iusques a
ce quil cōgneut tous les secretz de
catilina par si vrays tesmoings quilz
nestoient pas reprouuables / et iusqs

a ce que tulle eut rompu les premiers
effors de catilina par barres et par re/
medes par la ou il sembloit quil vou/
sist saillir hors. Tulle ne doubta
mie ou temps de son consulat quil ne
accusast souuent par deuant les se/
nateurs catilina homme de mauuais
faiz et garny de mauuais hommes ses
aydans et alliez. Tulle aussi osa bie
descouurir deuant les senateurs les
espies que catilina auoit apprestees et
manifestement nommer ses compai
gnons et monstrer ce quil auoit ia fait
et ce quil entendoit a faire. Et si ne
doubta point tulle par tresaigres et
mordantes parolles rompre et despe
cer la pareseeuse soufftance des sena/
teurs et la desloyaulte des nobles de
romme qui fait auoient la coniura/
cion contre lestat de romme. Par le
bon hardement et prudence de tulle il
aduint que catilina auec les siens par
tit de romme et alla ou pays de toscā
ne a vne forte ville appellee fesules/
puis assembla ses gens en vne plai
ne pres de la cite pistoie et vint alencō
tre de anthoine le cōsul et compaignō
de tulle qui auec son ost poursuyuoit
catilina/ depuis que les deux ostz de
anthoine consul et de catilina furent
rengez et enhortez en bataille, il fut lō
guement combatu dune part et dau
tre/ mais finablement aduint q̄ tous
les cōpaignons de catilina furent oc
cis et mors/ il toutesfois fut de si grāt
couraige quil combatit seul entre les
ennemis tresioins et tres rengez:
Mais finablement il cheut mort tres
perce et naure par coups de diuerses
armes. Par ainsi anthoine le consul
eut victoire de catilina et de ses com
paignons noans et baignez en sang/
mais de lentulus de cetegus et de sa
binus et des autres complices de la cō
iuracion qui auoient peu estre pris de
dens rōme fut dicte la sentēce par ca
ton quilz seroient boutez et tenuz en

prison obscure et en pleurs et en miseres ilz comparoient leurs pechez: mais tulle pour la tresgrant seurte fist de eulx prendre vengece p̃ les bourreaulx que il enuoya p̃ nuyt en la chartre qui puis eut nom la prisõ tulliane/ ilz tous furent estranglez a fors cheuestres qui leur rompirent les gorges et p̃ ainsi la seurte et la paix p̃ eulx interroupte fut rendue a la cite et citoiẽs de rome. Par ainsi doncq̃s tule noble q̃ fut esleu de housse sans autres armes fist plus en ceste bataille ciuile que ne firent les capitaines armez et combatãt car puisq̃ le medecin qui tire hors et oste par soutilles raisons vne mortelle apostume secretement cachee dedens les entrailles/ il doit estre plus loue et mis deuãt celuy q̃ p̃ oygnement et sirurgie bouste hors vne playe apparossante p̃ dehors et q̃ apres la plaie sanee demeure tresgrant trasse. Le noble cõsul tulle deuint entre les Romains tresrenõme p̃ ceste seule et singuliere besongne et po² les merites de sa desloyaulte p̃udence et hardiesse il fut tenu et nomme publiquement pour tresbon citoiẽ patron et deffenseur de rõme. Ceste chose si grãde q̃ fist tulle pouoit assez souffire pour la gloire et renommee de luy/ et pour estre compte a iuste tiltre entre les nobles hommes/ mais auec les tiltres dessusditz estoit entrelassee autre resplendisseur et noblesse q̃ dura plus longuement de tant cõe elle est conquestee en plusgrant abõdance de vertus et sciences. Je cuide certainement que tulle fut de par dieu enuoye aux hommes mortelz affin quil gardast de peril romme que dieu ordonnoit a estre dame du monde/ et affin que tulle oultre les anciens aucteurs enseignast aux hõmes art de rethorique et beaulte de eloquence. Et ia soit ce q̃ tulle eust puissance et clarte en engin naturel/ toutesfois il fist tant par longue et diligente estude

q̃ il monta a si haulte faconde et doulceur de eloquẽce merueilleuse/ que il surmonta aussi en Rethorique milius catilius/ et gracius/ et hortense et aultres plusieurs orateurs latins treselegans et autres anciens orateurs de grece. Et a tous ces orateurs tant latins cõe grecz tulle osta la gloire et la renõmee p̃ plus sçauoir lui tout seul que tous les autres ne sceurent/ et cõbien que tule fust assez noble par le tiltre et excellence de Rethorique latine Il oultre couuoitãt voult sauoir les sainctz secretz de philosophie p̃ quoy len cõgnoist les choses diuines et humaines/ et pource il se trãsporta aux escolles de athenes en grece qui fut vne si noble et si precieuse chose que le pays de grece ne autre pays du monde neut oncq̃s choses que len peust cõparer aux escolles de athenes/ mais ains que tulle ptist de Romme pour aller a athenes il plaidoya deux causes ciuiles en la court des senateurs de Romme/ et premierement il deffendit la cause dun Romain appelle quitus et secondement la cause de rostius contre grisogonu⁹. Et ces deux causes tule plaidoia en lãgaige latĩ si flori si attourne si cler et elegant et en si grant maintien de corps et en si doulce et admesuree pronunciaciõ de voix que toute la court sen esmerueilla fortment. Apres ce tulle eut ẽserche et cõgneu par les Philosophes dathenes et par les liures tãt p̃ les meurs des philosophes anciens cõe des philozophes de son aage. Et apres ce q̃l eut cõgnoissance des tresparfons secretz de philosophie naturelle Il attrahit et mist les philosophes de athenes en si grant admiraciõ de sõ eloquence/ q̃ les clers atheniẽs Jugerent que tulle surmontoit en eloquẽce philizacres ou pericles qui furent deux Retoriciens grecz si excellens en langaige que par leurs raisons soubtil

D ii

les par leurs parolles doulces et elegantes dictees et pronuncees par les merueilleuxars de rethorique ilz contraingnirent le peuple de athenes q̃ pour lors franc estoit a soy soubzmettre a seruitude de prince/Combien q̃ celuipeuple eut tousiours este seignr̃ de soy. Vescu en franchise Et qui pl⁹ est les philosophes dathenes qui escoutoient leloquence de tulle iugerent quil auoit enbouche paroles pl⁹ farcies de miel que nestoient les parolles du philosophe Platon ne du philozophe eschillus ne de Demostenes qui furent tous trois xcellens / philozophes et retoriciens de lestude de athenes presques dun mesme têps cestassauoir enuiron le regne du roy alixandre le grãt. Et certes au vray dire ce fust grant merueille que les atheniens iugerent que tulle q̃ estoit ne en langue latine eust acquis ainsi grande eloquence en grec / comme le philosophe platon de qui les hystoriens dient que platon estãt petit enfant et dormant en son berseau vng tropeau de mouches empreignirent sur les leures plusieurs gouttes de miel. Len compta le prodige aux Interpreteurs qui sauoient exposer les prodiges/ qui respondirent que de la bouche de platon quant il seroit par creu sailliroit vne singuliere souefueté et doulceur delẽgaige ainsi cõe il aduint. Apres ce que tulle en lestude datthenes eut profite grandement enphilosophie naturelle et moralle et en rethorique et eut acquis grant nõ et maintes louenges il retourna a rõme: il defendit en iugemẽt par deuant les senateurs les causes de trois notables romains cestassauoir de aulus lucini⁹ / et archias milo et de gueyus plancius et de autres plusieurs. Et en la plaidoirie de ses causes il gaigna par son eloquence souueraine faueur de Juges et de escoutans. Tulle aussi fist

deuant iulius cesar plusieurs nobles oracions qui encores se treuuent/car il reconsilia enuers cesar le roy deiostar/ et marc⁹ marcell⁹ et quint⁹ ligarius q̃ estoient souspecõneux et en coulpez enuers iulius cesar dauoir tenu contre luy la partie de pompee durant la bataille ciuille. Et a recommander tulle et son eloquẽce mestier ne me est de abonder en parolles : car tulle peut par son eloquence tant faire que il souffisoit pour adoucir et attraire tout ainsi cõe il vouloit le courage de quelconque homme ia soit ce q̃l fust obstine orguilleux et endurcy et vray est q̃ les choses q̃ iay dictes de leloquẽce de tulle ne se peuent pas assez monstrer par ses escriptures q̃ sont laissees aux clers q̃ apres lui sont den⁹ car au regard de bonne prononciacion/ et bel maintien en prouocant vne gñt ptie de lartificiel lengaige de tulle/ nest pas es escriptures de tulle/et par ainsi les clers lisent les escriptures / de tulle/ mais pas ilz ne le oyent car le bon pnoncement des parolles et beau maintiẽ du pnonceur sont vne grãt partie dartificiel eloquence. Je laisseray de plain gre a descripre les richesses de tulle cõe il fut honnestement marie et eut de sa fẽme lignie amiable et cõe il eut amistiez et acointances nobles et plusieurs seruiteurs en son ostel sãs racõpter aussi les autres semblables biens de fortune dont tulle fut garny et abondãt. Je laisseray le compte des biens cy dessusditz /affin que il ne semble q̃ ie vueille entrelacer et ioindre celles petites choses aux grãs et beaux hõneurs q̃ tulle eut par ses vertus et sciences combien q̃ les choses q̃ ie laisse de compter semblẽt appartenir e bieneurete humaine. Et ceste chose ie fais affin q̃ ie vieigne a cõpter le trebuchet soubdain et indigne q̃ fortune fist a tulle combiẽ donquesque la bieneurete de tulle hõme trescler et

renõme ait este grãde/ touteffois elle
na pas este ferme mais a este aucune
fois cassee ainsy cõe la signifiãce du
desrochement q̃ luy estoit aduenir le
mõstra apertemẽt/ car pleñupe daul
cuns rõmais tulle fut enuoye en exil
nõ pas p̃ sõ meffait mais au pourchas
daulcuns siẽs ennemys q̃ auoyẽt enuye de lexcellẽce de luy (t en celui exil
tulle demoura vng an. Aps aduint que
vng hõme noble rõmain appelle plãcius receut amiablemẽt tulle en vng
siẽ hostel q̃l auoit en vng village pres
de vne cite de chãpaigne de rõme/ ainsy cõe tulle illec dormist p̃ nuyt il eut
aduision en dormãt q̃l venoit p̃ lieux
deserts sans voyes (t sans chemins et
gayus marius en sõ tẽps consul rommain et qui pieca estoit mort venoyt
a lencõtre de tulle en attours (t en robes (t en pompe de cõsul sy demãda a
tulle les causes de sa tristesse (t pourquoy il vaguoit par diuers chemins.
Apres que tulle luy eut dictes les causes de sõ couroux (t de son vaguemẽt
il sẽbla a tulle q̃ marius le saisist p̃ la
main destre (t le bailla a vng sergent
le plus prouchain de luy affin q̃ le sergent menast tulle veoir le sepulchre
de marius/ car illec cõe disoit marius
estoit la plus ioyeuse esperãce de lestat de tulle/ (t la chose aduint a tulle
ainsy cõe il songa/ car tantost apres
ou tẽple q̃ marius auoit edissie a romme en lonneur de iupiter les rõmains
tindrẽt conseil (t deliberezẽt de rappeller tulle de son exil a rõme. Illec adõc
retourna tulle (t par leur cõsentemẽt
fut receu (t tous les honnorables citoiens pour son retour firent souueraine leesse Finablemeut entre pompee
(t cesar aduint dissencion (t bataille ciuille. Tulle soy conformãt a caton (t
aux senateurs tint (t suyuit la partie
de põpee sy laissa tulle seconde fois le
pays de rõme (t accõpaigna pompee
suyãt en thessalie/ (t aps q̃ toutes les

forces de põpee (t des siẽs furẽt froissees p̃ cesar tulle fut cõdãne daler en
exil par le cõmun conseil de presques
tout le senat de romme mais cesar victorieux sans requeste daucũs fist de
rechief tulle retourner de son exil a
rõme (t le rappella a soy de son propre
mouuement/ Mais derrenierement
aduint q̃ cesar fut tue au capitole par
cõiuracion (t cõploit de soixante tant
senateurs cõme autres rommais/ entre lesquelz selon cõmune renommee
tulle auoit este a faire la coniuracion
(t le murdre de cesar dont tulle fut note de crime (t de diffamme. Si print
tulle sa fuyte hors de Romme (t se retrahit en vne ville appellee fornian.
Pendant le temps de la fuyte de tulle
lors estãt hors de romme diuerses differenciõs (t debas furent a rõme tant p̃
les heritiers de cesar cõme p̃ les amis
de põpee. Et tant aduint q̃ tulle cõe
cõpaignon du murdrier de cesar fut
cõdãne p̃ anthoine nepueu (t second
heritier de cesar. Cestuy ãthoine prit
et condãna tulle pource q̃ tulle auoit
fait vne escripture inuectiue qui racomptoit trop largement les crimes
(t les pechiez de anthoine. En plant
doncques des choses il ne cõuiẽt pas
dyre entiere verite car verite engendre hayne entre le racompteur (t celui
de qui on ple. Et aduit que en lostel
de anthoine successeur de cesar estoit
vng rõmain appelle põpilius q̃ par auant auoit este accuse de crime dont
la cause chãceloit contre luy. Põpilius pria tulle q̃ p̃ son eloquẽce il deffendist sa cause. Tulle qui a tous estoyt
bon p̃ telle diligence (t p̃ tel artificiel
lengayge deffendit la cause de põpilius q̃ il absolut (t quitta du crime contre luy impose retourna en sa maisõ.
Et par ainsy Pompilius coulpable
de iuste mort deuoit sa vie a tulle qui
ainsy lauoit sauue Mais escoute grãt
(t hort vice de ingratitude Car cestuy

D iii

popilius a qui tulle ne fist de fait ne de parolles aucune villennie pria athoine que il eust commission et fust envoie comme bourreau a prendre τ decapiter tulle qui lors estoit banny de Romme. Cestuy popilius impetra et obtint tout ce quil auoit requis τ il ioyeulx partit de romme τ courut a gaiecte vne cite de champaigne de romme la ou y trouua tulle home de tresgrant dignite τ qui p son estude estoit molt prouffitable en publique τ en priue: τ le mauldit varlet popilius de son espee τ de sa ppre main couppa la saige τ venerable teste du noble tulle en q estoit enclose toute eloquence latine τ apres le mauuais popilius non content de si grant τ horrible meffait trencha a tulle la main destre dont il auoit escript tant de bons τ notables liures pour lenseignement des hommes apres luy. Apres ces deux cruaultez faictes p grant loisir popilius retourna a romme τ auec soy aporta le chief τ la main du noble tulle ainsi comme se popilius eust paracheue vne tresgrant besoingne τ prouffitable a la chose publiq. Et oultre plus la cruaulte de popilius fut si grande du comencement iusques a la fin que sur les sieges des senateurs τ des autres iuges et officiers de romme Il afficha aux boutz de deux lances la venerable teste τ la paisible main destre de tulle. O bon dieu vueille moy dire ou estoit ton indignation τ ton Ire ou estoit le feu q brule toutes choses ou estoit la fouldre q se part du hault apr/ou estoit la terre qui ne se ouurit pour gaster/pour ardoir/por fouldroier/τ pour transgloutir le mauluais pompilius. Lingratitude de pompilius ne souffrit pas q'l eust lor^s souuenance q il portoit deshonnestement la teste de tulle q auoit employe son eloquece pour luy garder de mort honteuse. Et vray est q en cestui liure sont

escriptz les cas des plus haulx seigneurs du monde. Quant est a comparatson des dons de dame fortune ausqlz le langaige souffit ou doit souffire telle code il est/touteffois les clers qui scauent les vingtedeux lettres latines et sept ars liberaulx ne pourroient assez escripre la mort du noble philosophe tant fut horrible τ monstrueuse au regard de ses merites/car quant tulle mourut Il ne laissa apres son paulcun semblable a soy qui peust dignement escripre la complainte de tulle. Pourquoy bon dieu ne boutas tu en enfer voyans tous les romains et popilius home desloyal τ ingrat. Ainsi certes come nous aues enseignemet p le trebuchet de tulle que nous ne ayons fiance en aucune haulte chose/ aussi auons nous souffisante cause de reprendre τ blasmer le desloyal peuple romant q en la cruelle mort de tulle souffrit grat hõneur/τ si doit estre esmeu en copassion τ mercy quat il regarde la teste de tulle fichee sur les eschaffaulx q si saigement τ hardiment besoingna pour les romains que il sauua leurs testes qui eussēt este gettees dedes les chambres quoyes se tulle neust pourueu a la coniuracio de catilina τ des siēs lesquelz code di eust sent mis les romains τ leur cite en tenebres τ desolacion, atousioure.

Le trezieſme chapitre reprent les gengleurs parlans contre la noble science de rethorique en ramenant a memoire la grant science du noble orateur tulle consul Romain. Et comence ou latin Blacterantes et cetera.

Druns baueux (folz q̃ ne ſcaiuent parler ſelon les ri gles de rethorique (z qui ri cannent cõe aſnes ſont au cuneſſois ferus de ſi grãt raige q̃ ſilz peuſſẽt ilz emblaſſent les armes que rethorique porte en ſes mains (auãt quere de ſcriue quelles ſõt les armes de rethoriq̃ on doit pmier ſauoir que dame philoſophie contient ſoubz ſoy toutes ſciences liberaulx. Philoſo phie eſt amour de ſapience qui enſei gne la verite des choſes diuines et humaines. autre neſt amy de philo ſophie fors celuy q̃ touſiours cõtinu nue (z perſeuere en eſtude de bien vi ure ſelon les vertus. Philoſophie eſt trenchee en trois parties/la premiere eſt nommee ſcience morale qui ordõ ne (z atourne les couraiges des hom mes a bonne meurs. La ſeconde ptie eſt appellee ſcience naturelle qui en quiert (z demonſtre les cauſes de tou tes choſes faiſables par nature la tier ce partie eſt apellee ſciẽce racionale q̃ enſeigne propre meſure (z droicte façõ de parolles ordonnees en argumẽs. En ceſte ſcience racionalle eſt com priſe rethorique q̃ iadis fut de grec en latin tranſlatee ſoubz certaines (z briefues reigles par aucuns acteurs latins deſquelz lung fut tulles no ble philoſophee prince de eloquence la tine. Tulle eſt appelle orateur pour ce quil eut parfaicte congnoiſſance de la doulce art de rethorique. Rethoriq̃ eſt vne abondant ſcience de bien pler len appelle orateur vng hõe bon qui ſaigemẽt ſcait dire les choſes ſelon les rigles de ſcience rethoriq̃ la bonte duug hõme orateur eſt cõpriſe en qua tre choſes/ceſtaſſauoir en bon engin naturel/en ſcience en vie (z en meurs quiczques a ces quatre choſes il a les armes de rethorique (z peut eſtre apel le eloquent. Mais oultre ces quatre armeures de rethorique: certain eſt q̃ eloquence artificielle veult auoir cĩq autres armeures lune q̃ nom inuenci on parquoy comme trouue en ſa pen ſee la verite des choſes. La ſeconde ar meure a nom diſpoſicion p quoy len met chacune choſe en ſon propre lieu. La tierce a nom elocution pquoy len dit par bel attour des paroles les cho ſes trouuees (z diſpoſees. La quarte armeure a nom pronociacion.(z la cin quieſme eſt appellee memoire. Ceſt art rethorique fut le premier en lẽga ge latin/aduient es hommes p trois manieres ceſtaſſauoir p naturel engĩ p la doctrine que len recoit des ſai ges (z p vſaige de ſouuent parler ou eſ crire latin ou autre lengaige. Par cel les armes que les baueux (z folz em blent des mains de rethorique/ilz o ſent ouurir le²⁵ puantes bouches con tre rethorique affin quilz la mordent et diffament en diſant que rethoriq̃ ſert plus a deceuoir que a neceſſite. Et oultre dient les baueux qui ſouf fit aſſez de exprimer (z dire lintencion de la penſee par parolles quelcõques. elles ſoient bien attournees ou ru des/(z par ainſi telz baueux treſſolle ment ſeſforcent de cõdãner tãt le la beur de tulle cõme la beaute de ſapiẽ ce rethorique en quoy tulle prouffita blement trauaila pour lenſeignemẽt de tous hommes latins. Mais ſe ie veuil perdre parolles contre la fain tiſe de telz hommes a raigiez il me ſou uient quelle reſponce communemẽt ie puis faire aux baueux parlan s cõ tre rethorique/pquoy ie pourray re bouter en leur bouche la puante pa role q̃lz lacẽt cõtre rethoriq̃ mais ie ne me veuil abãdonner au labor de ſi petit pufſit. La forcenerie de telz baueux ẽ treſclere (z ouuerte (z ſe p fute p raiſon (z p ſciẽce lẽragee fait iſe de telz hões ie ne cuide q̃ ie feiſſe autre choſe ne que font ceulx qui brãdiſſẽt leurs eſpees

D iiii

contre l'air ou cōtre leur vmbre/mais par auenture ce sera chose assez partinente dire aulcune chose de rethorique pour le soulas & confort des hommes q̄ sayement honourēt & prisent. Vray est q̄ toutes bestes fors que l'ōme monstrent leurs desirs & leurs affections, ou p̄ sifler/ ou p̄ mugir/ ou p̄ abayer/ou p̄ aulcunes autres signes/mais nature raisonnablement octroya a hōme seulement puissāce de mōstrer & de dire son etencion & sa voulente. Et certes nature ne peut faire a homme plus sagemēt quelconque chose que de luy donner puissāce & science de p̄ler & de luy auoir donne ame de nature celeste & garnie de raison p̄ quoy il est desseure & different de bestes brutes qui viuent solō sensualite de corps qui est contraire a raison/car puisque les bestes seullement sentēt & congnoissent choses terrestres & seulement se delectēt en icelles tellemēt que elles ne seruēt fors a sensualite il sēbla a nature q̄ chose supflue seroit que telles brutes eussent langues p̄stes & baillees a p̄ler/ainsy cōe nous pouons aduiser ceste chose quant par droit iugemēt nous consideros que mieulx vauldroit aux hommes folz qu'ilz fussent nez sans langue/Mais nature na pas seulemēt dōne a homme eloquence comme vne chose belle mais cōme vne chose couuenable & necessaire attendu q̄ homme est de nature celeste quāt a l'ame/ & sy est homme engendre & fait pour considerer & veoir les choses celestiaulx. Par ceste eloquēce nous communicōs & deuisons entre nous des tresp̄sondes cōsiderations du ciel & des planettes & les mutacions des elemens & les generacions & corrupcions des choses que lē appercoit tant par les yeulx comme par sentēdement de hōme & nō pas de autre. Par eloquēce nous contrarios amistiez & faisons aliāces/nous louons les vertus & les hommes vertueux nous abaissons & diffamons les vices/par eloquence nous receuons doctrines & sciences & sy les donnōs aux autres & briefmēt par eloquence nous declarōs & manifestons toutes les choses q̄ l'ame raisonnable peut sētir & cōgnoistre/ & auec ce par ceste eloquēce nous hommes raysonnables adourons dieu & honourons p̄ humble cōfession. Or est vray q̄ deux manieres de rethorique sōt/ cest assauoir celle q̄ nous aprenōs de nostre nourrisse laquelle naturellemēt & tressouuēt est rude & crue & commune a tous. Et lautre maniere de rethoriq̄ est celle q̄ nous receuons de art q̄ est contenue & p̄straincte soubz certaines reigles & qui enseigne comme polir attourner et flourir son langayge. Et ceste rethorique aduiēt a pou dhommes et requiert long aage et estude voluntayre. Or nest il certes homme de sy force ne iugement qui ne consente legierement q̄ lēn doit plus priser lengayge coint et bien attourne/ que lengayge cru et rude/ & se lengaige courtois & bien attourne doit estre mis deuāt celuy qui est cru & rude et il soit ainsi que rethorique est celle qui enseigne le lengayge courtois er bien attourne/ ie dy quil nest homme sil nest arrage/ou morne qui doyue condanner rethorique puis que elle met toute son estude a nettoyer rudesse & a agencer le lengaige des hommes selon toutes ses forces/ & se aulcun opose q̄ le plus souuent il nest mestier de parler par rethorique/ ie confesse que plusieurs besoingnes sont esquelles il souffyt parler en quelconque maniere/ mais il ne nous fault pas tousiours demander a noz seruans qui nous apprestent a mengier et a boire/ & sy ne auons pas tousiours occasion de parler a nostre grāchier sur le fait de la bourages/ Car souuent nous est besoing

soing de dieu de bel ⁊ attourne lenga-
ge pour demander a dieu noz necessi-
tez ⁊ pour lui rendre graces des biens
que nous receuons de lui. il nest pas
chose bien auenant de ouurir par pa-
rolles mal ordonnees les secretz de
noz pensees deuant dieu le createur
de toutes choses ce nest pas aussi cho-
se aduenant de chanter ⁊ de lire les
louenges de dieu en lengaige confus
⁊ mal ordonne. Et se aucun disoit ain-
si comme ie le confesse que dieu re-
garde trop plus laffection de la pen-
see qui ne fait le beau lengage toutes-
fois aucunes manieres de parolles
sont que se elles nestoient demenees
par attrempe lengaige elles monte-
roient auneffois a tresgrant dom-
maige,⁊ selles nestoient composees
par rethorique selon la conuenablete
des choses au regard de nous car au-
cunes manieres de parolles sot qui
vne fois doiuent estre aspres et mor-
dans/aucuneffois paisibles et debon-
naires/aulcuneffois doulces et plai-
nes de tresgrant courtoisie/et aucu-
neffois coulourees de beaulte clere
et nette/aulcuneffois elles doiuent
estre plaines de pesantes sentences
et de grans prouerbes. Et auec ces
choses il couuient auoir conuenable
pronunciacion selon la necessite de
la chose dont len parle/mais en de-
laissant adire comme len doit parler
auec vng roy/Je te demande com-
me nous octroirons a doulceur ⁊ de
bonnairette vng homme paysāt em-
brase de couroux ⁊ forceneux/⁊ de ra-
menerō no'a confort vng hōme bai-
gnie en larmes ⁊ trebuche de son e-
stat/comme encouragerons no' vng
hōme vain ⁊ paresseux affin q'l trauaille
a acquerir gloire ⁊ renomee cōme ra-
menerō nous conuenablemēt a oeu-
ures de bōne vie vng hōme abandon-
ne a oysiuete ⁊ a delectacions/certes
ie ne soy pas cōme ses choses se puis-

sent faire sans art de rethorique/tou-
teffois bien me souuient q̄ plusieurs
fois iay veu aulcuns folz et rudes
parleurs qui par rude ⁊ sot lāgaige
ont refreschi les couroux qui ia es-
toient froitz et appaisiez en tant que
les couroux retournoyent en mor-
telle chaleur et si les cuidoiens estain-
dre/et si ay veu aucuns sotz et rudes
parleurs qui par deffault de langai-
ge sagement demene de rechief ra-
menoyēt les larmes ⁊ les plour's aux
yeulx qui estoient tous saicz ⁊ appai-
sez. Jay veu aucuns sotz et rudes p-
leurs qui boutoient en paour ⁊ en pa-
resse les hommes courageux et har-
dis. Jay veus aucuns sotz et rudes
parleurs qui accusoyēt eulx mesmes
combien quil contendissēt dire leurs
excusations comme doit employer
tout engin ⁊ diligēte estude a attour-
ner son langaige affin que lomme en
parlnat ne faire ce quil ne peut pas
faire/et affin que selon lart de retho-
rique bien mesuree comme vienne a la
conclusion quil conuoite/et combien
que a parler selon art ⁊ mesure aucu-
ne necessite ne nous y tire neātmois
nous y doit tirer lōneste desir de bel-
lement parler/ainsi comme il appert
par cest exempl'. Pour eschapper les
pluyes les graieles et les naiges ⁊ les
taurbillons de vens qui sorcent en
yuer/⁊ pour la chaleur du soleil flā-
boyant en temps de este les hōmes
ne font pas murs de gasons ⁊ sy ne
queuurent my les toitz de roseaux
pource quilz ne souffroient pas/ains
font les hommes maisons de pier-
res dures ⁊ quarrees et de merriēs
bien dolez et p dessus sont faitz grās
attours de paintures. Les hommes
aussy se vestent selon leurs facultez
de tresnobles draps ou de laines/au
de pourpre qui par dessus sont tixus
dor ou de pierres precieuses/et tou-
teffois les simples toisōs des bestes

tixues de rude main souffioient a defendre les corps du soufflet des vens de la aspreté de yuer. Nous mettons les pierres precieuses es vaisselles d'or et d'argent et si faisons plusieurs attours en autres choses qui plus servent aux yeulx q aux autres parties du corps. Pourquoy desprisons nous rethorique q eloquence laquelle se elle est bien attournee les paroles sont grát doulceur aux oreilles par quoy la souefueté vient iusqs a lame car ainsi cóe vne attrempee melodie d'une herpe ou de autre instrument de cordes par la doulceur du son se boute dedens lame tát ql sémble a lóme q se fonde q respéde en la doulceur du son de linstrument q finablemét le chant ainsi attrempe selon toutes ses pties qui rechet q tournét en vne melodie Il retire lame de toutes ses pties cusancons/ et tant que elle ne entent ne considere fors que au son de liustrument melodieux/ ainsi est il de Rethoriq q d'eloquence/ car se vng lengaige bien attourne et polli soit espandu par les oreilles iusques dedens la me Il adoulcist premierement lame de celuy q lescoute q apres ce lui doulz q beau langaige attrait par devers soy lame q boute hors les autres pensemens/ et tant aduient que qui regarde ceulx qui escoutent celuy beau langage Ilz semblent estre esbahis q immuables q tant que tous se accordent a la senténce de celuy q ainsi parle Et affin que les choses que iay dites de rethorique desmaintenant souffisant Je prie dorenauát les baueux q folz parleurs quilz ne aguisét plus leurs dens ne leurs mauuaises langues contre Rethorique et quilz plorent leur ignorance qui les met en erreur q sachét que nature est si escharse que elle a donue a pou dómes subtilité de engin en science Rethorique soit en prose ou en vers. Ou au moins

Je prie a telz baueux et folz par leurs quilz vueillent plainement cófesser qlz sõt moindres que tulle/ q q ilz sordonnent a mieulx sauoir combien vault rethorique/ car se ilz demeurét en leur obstine orgueil q quilz se mettent deuát ceulx qui sceuent eloquence de tát les baueux et folz parleurs se trouueront mis derriere les saiges p vrays argumens/ q seront confus a leur grant honte.

Le xiiiie chapitre contiét en brief les cas de Sextus filz q heritier du grant pompee duc des Romains/ de marcus lepidus triumvir cópaignion de lempire de Rome q daulcuns autres nobles hómes maleureux. Et cómece ou latin fuit anim

E auoye propose en mõ couraige de faire la fin de mon sixiesme liure sans descripre le cãs daulcuns nobles maleureux/ excepte de ceulx que fortune me mõstra au commencement de ce liure. Et ceste chose ie proposoie ainsy/ affi que aussy comme mon sixiesme liure commenca en racomptant du cas de gapus marius duc des Romains/ qui fut ne dung chasteau de toscanne appelle arpinas/ aussy mon liure de tulle prince de eloquéce latine q aussy fut ne du chasteau arpinas/ Mais vne cõpaignie de nobles maleureux crians a lenuiron de moy ne me laisse mettre fin a mon sixiesme liure car quant ie tournay mes yeulx devers eulx ie vey le noble sixtus filz du grãt pompee senat deuant moy affin que en brief ie escriuisse son cas. Or est doncques assauoir que lan vii.c.et x.de puis la fondacion de Romme apres la mort de iulius cesar/octouien succedant a la heredite & au nom de iulius cesar/& par ainsy octouien fut nomme Octouien cesar/& apres quil obtint la seignourie du monde/il fut appelle auguste. Octouien adonna son adolescece à batailles ciuiles tāt quil en acheua cinq/cestassauoir deux la premiere & la cinquiesme cōtre marc anthoine dont il sera parle ou chappitre ensuyuant/la secōde bataille fut contre brutus & cassius deux cheualiers rommains dont iay ple ou huitiesme chapitre de ce liure/La tierce fut contre luce anthoine/& la quarte fut contre sextus le filz du grāt pompee. Sextus doncques a qui fortune sembloit tāt auoir donne puissāce hōneur & richesse fut griefmēt hurte par la tempeste qui abatit son pere en la bataille de thessalie/& oultre sext⁹ fut escript ou nombre des bannis par iulius cesar. Cestuy sext⁹ auec ses gēs se mist a rober & a tuer les gens dptalie/& apres ses roberies & murtres Il print & occupa lisle de sicile q̄ est mōlt abondant de blez & par ce que sextus empescha les siciliens tāt quilz ne admenerent nulz blez en ptalie/les Rōmais furent oppresses par bataille et griefment contrais par fain/& adonc les troys gouuerneurs de lempyre de Romme lors appellez triuuires/cest assauoir lepidus octouien & anthoine firent paix auec sextus soubz certaynes cōdicions & pmesses/mais sext⁹ qui tātost aps vit contre ses couuenāces fist aliāce auec les banis de rōme et pour ceste desloyale aliāce sext⁹ fut iuge estre ennemy publique des trois seigneurs de rōme. Sextus adonc assembla grāt cōpaignie dōmes bānys qui tous se bouterēt en mer & cōmēcerent.a faire piratique cest adire roberie et occision par mer. O dieu comme les meurs du grant pompee & de son filz sextus sont contraires/car le grant pompee destruist les pirathes cest adire les larrons & murtriers de mer en la grant mer de silice/&til seure la mer/et soubz son filz sextus assēbla & mist les pirathes en la mer de cilice &fist la mer doubtable & de ceste besoigne sextus receut grāt honteia soit ce que autremēt fortune ne leust puny/& si ahontaiga la cite de Romme qui par les victoires du grāt pompee son pere auoit este anoblie. Sextus doncques filz et heritier du grant pompee duc des rommains/ apres quil eut souffert plusieurs aduersitez apres la mort de son pere il assembla plusieurs prisonniers/&grāt nombre dautres gens des remenās de la bataile son pere qui auoit este desconfit en thessalie. Et toutes celles gens il les mist en diuerses nefz sur mer cuidant soy remettre sus par roberies/Mais sextus qui parauāt auoit affranchi ung sien serf appelle meona et lui auoit baile le gouuernement et la conduite de quarāte nefz Il delaissa son seigneur &sext⁹ trouua soy & les siens & son nauire a la ptie doctouien qui bailla au dit meona le gouuernement de celles quarante nefz/ Meona et ung autre sien compaignon escumeur tantost ordōnerent leur bataile sur mer cōtre menecrates ung des capitaines de sextus/mais ia soit ce que le nauire doctouien seust soubdainement plonge par tempeste de mer entre milas et mauletum ung chasteau en sicile toutesfois Sextus fust vaincu et dechacie/mais pas ne se tint a tant car Il se efforca de papprester sa bataille. Et pour ce faire Il auecques ses gens se tranporta en grece/mais de rechief il fut prins &desconfit p ticius

De Boccace

& furnius capitaines de anthoine l'ug des nepueux de iulius cesar. Et aps peu de temps sextus qui de grece sen fuioit fut occis par les deux capitaines dessusditz. Apres le noble sextus benoit selon lordre des hystoires marcus lepidus trunuir & compaignon de lempire de romme. Icy doncques appartient recorder ce que iay dit dessus que apres la mort de cesar octouien et anthoine furent deux principaulx heritiers & successeurs de lempire de romme. Or est chose esprouuee que loyaulte & amour iamais ne demuerent entre deux hommes puis quilz sont compaignons dune mesme seignourie et pource discencion aduint entre Octouien et Anthoine. Cestuy doncques lepidus qui pauct estoit maistre des cheualiers de Julius cesar appaisa le descord entreeulx et furent en amour. Les deux octouien et Anthoine considerans le merite de lepidus qui les auoit accordez/ et qui auoit en armes longuement & bien serui Julius cesar/iceulx par commun consentement ordonnerent que eulx trois gouuerneroient lempire en trois parties du monde. Si instituerent une office appellee truuirat/&chascu deulx fut appelle truuir:/&pource que le pays daffrique qui est lune des troys partyes du monde/ fut commise et baillee comme la part & porcion dudit lepidus/ Il sen orgueillit quil fist enfler son cueur comme pource lepidus sentoit soy fort & garny de vingt legions dommes armes que Il auoit soubz soy/dont chascune legion a six mil et six cens soixante et six hommes/et par lorgueil que lepidus print en soy Il ouurit la boye de son destruiement/car il appresta &fist guerre contre Octouien/mais Il le desconfist et luy osta non pas seullement la seignourye du pays de affrique/mais Il le priua des armes &

des enseignes imperiaulx. Et oultre ledit ledipus mist ius ses belles & precieuses robes/et fut contraint ledit ledipus de vestir robes noires a maniere de vng homme triste desconforte et suppliant et tout desole & luy qui aux autres pendoit la vie & les biens temporelz il fust contraint de impetrer pardon & grace de viure et restitucion de ses biens paternelz Et apres toutes ces choses octouien fist bannir lepidus en perpetuel exil/ et illec degasta les iours de sa vielesse comme homme priue de office & dignite/en habitant comme vng homme villain & oysif ou pays des cerchois. Entre ces deux nobles sextus et lepidus estoit lucius surnomme cesar oncle danthoine/ second heritier de iulius cesar. Si est assauoir comme iay parauant dit & encores diray ou chapitre ensuyuant que apres la bataille ciuile /et par especial apres la mort de cesar plusieurs nobles rommains fust a droit ou a tort furent forbanniz & perdirent leurs pays &leurs biens/cestassauoir les aucuns pource quilz auoient tenu la partie de pompee contre cesar/et les autres pource quilz estoient ou coulpables ou souspeconneux de la mort cesar et les autres furent forbanniz & priuez deleurs biens ou pour enuie de leursgrasbertus &resplendissans estatz / ou pour enuie que par aduenture ilz ne venissent a la haultesse dempire Anthoine doncques second heritier de Cesar fist bannir les personnes et confisquer les biens de plusieurs nobles rommains/entre les autres lucius surnomme cesar fust banny de romme par le commandement de anthoine son oncle qui le deuoit deffendre selon droit naturel attendu que lucius estoit homme bien meri & innocent/ & affin que le bannissement de lucius fut plus grief &plus dur a son

feuillet C xcviii

frir/ fortune procura que lucius fust forbanny encore viuant sa mere propre seur de anthoine. Apres le noble lucius venoit le noble cheualier lucius surnome paulus frere de cestuy lepidus dont iay cy deuant parle/ et pour tresbrieuement dire le cas de lucius paulus/vray est que sans aucune coulpe ou desmerite cestuy lucius fut forbanny de Romme par la sentence de son frere lepidus tiers heritier de cesar et autres trente cheualiers Rommains Et en oultre auec les dessusditz maleureux venoient autres plusieurs nobles qui par fortune estoient abaissez de leurs nobles estas et de ioyeuse prosperite ilz estoient cheus en hontes et miseres/ mais pour continuer la matiere de mon sixiesme liure que pieca iay commence/ apres les cas de tous ces maleureux ainsi briefment descriptz il me semble que ie puis bien prendre le cas de marc Anthoine triunir et second heritier de cesar pource que le dit anthoine selon lordre des hystoires va auec sa Ribaulde cleopatra royne de egipte car tous deux ont les visaiges moult changez et diuers.

Le quinziesme et dernier chapitre contient le cas de marcus anthonius nepueu et second heritier de Julius cesar premier empereur de Romme. Et commence ou latin Marcus anthonius et cetera.

Pres la mort du noble et puissant homme en armes Julius cesar premier empereur de Romme succederent deux siens nepueux Octouien et anthoine/ et voult cesar que eulx deux fus-

sent ses enfans adoptifz en droit de hoirie de succession de lempire de Romme. Et affin que tu voies la volubleglesse de fortune certain est que anthoine ne fut pas esleue en tresgrant et tresresplendissant haultesse de puissance mondaine par les vertus de soy mais par sa cruaulte/ par sa forcenerie/ par ses gloutonnies et par les miseres et pourretez quil fist souffrir a plusieurs. Depuis doncques que cesar fut cruellement occis par la coniuracion de deux cens soixante senateurs et de autant de cheualiers Rommains. Anthoine fut trouue second heritier escript ou testament de Julius cesar qui en deffault de naturel heritier auoit par adopcion ordonne octouien et anthoine a succeder a lempire de Rome tout ainsi comme silz fussent ses filz legitimes. Entre ces deux enfans estoit octouien premier escript et si lui estoit donne le surnom de cesar et le droit chief des armes de lempire. Pour la cause de ceste chose anthoine fut presques forcenez commenca bataille contre octouien adonc adolescent et ia soit ce qui semblast a anthoine auoir assez matiere de guerroyer octouien son cousin et son coheritier. Il aduint auec ce que anthoine auoit espouse fuluia vne femme de mauuaises meurs qui fut mere de capulina femme iulius cesar. Ceste fuluia ataina anthoine son mary ia parauant courroucie et enhorta a mouuoir guerre contre octouien. Et le gouuerna comme femme la seignourie de romme tandis que octouien guerrioit en estrange pays/ et pas a tant ne se tint car elle dist laydes parolles et fist plusieurs griefz et mist ses espies contre octouien qui finablement la dechassa d'ytalie en grece auec son mary anthoine qui lors estoit illec. Apres que anthoine tant par ses propres forfaictures comme celles de sa femme fut iuge par les senateurs estre ennemy de homme. Anthoine adōc assaillit Decius Brutus cheualier rōmain ꝙ amp Doctouiē lequel Brutus pour lors estoit amodene vne cite en lōbardie/ et adōc deux cōsulz ꝙ cheualiers Pompmais hircur ꝙ pēsa auec octouien admencrēt leur ost cōtre āthoine / ꝙ tāt aduint que octouiē ꝙ les deux cōsulz dessaisirēt ꝙ priuerēt ātthoine puis se fuyt ꝑ nuyt ꝙ luciꝰ ꝙ eschappa se fuit a perouse auec luy. Octouiē finablemēt assiega perouse sp fort ꝙ si lōguement ꝗ par famine il cōtraignit āthoine ꝙ son frere lucius ꝙ tout leur ost a eulx redre es mais ⁊ octouiē/ ꝙ iasoit ce ꝗ anthoine ꝑ ceste iniuste rebellion eust desserui estre destruit ꝙ forcloz de la succession ꝙ hoirrie de iulius cesar/ touteffois fortune tourna sa chose au contraire/car anthoine fut plus audace ꝙ plus pourueu ꝗl nauoit este parauāt/car il fut reconsille ꝙ reuint en la grace ꝙ amistie de octouien ꝑ le moyē de marcus lepidus dont iay compte le cas ou chapitre precedent. Apres ceste reconsiliaciō octouien Anthoine ꝙ lepidus occuperēt ꝙ partyrent entre eulx le gouuernement de la chose publique ꝙ lempire de romme ꝙ chascun se appella triūuir ꝙ le tiltre de lez seignourie auoit nom triūuirat. Et affin que la foy ꝙ loyaulte de anthoine fust plus ferme enuers Octouien cestuy anthoine print a femme la noble octauia seur de octauien. Depuis Doncques que Brutus et cassius deux Pommains cheualliers coniureurs de la mort de Julius cesar furēt desconfitz ꝙ tuez en grece plus par la fortune et bon eur de octouien que par la vertu de anthoine. Si fut aduis a Octouien ꝙ a anthoine que es pays De toute asie nestoit aulcun qui illec gouuernast ou nom de lēpire de rōme ꝙ pource ꝗ octouiē accompaigne ⁊ sō ost apres ses victoires sen alla ou pays dytalie/anthoine sen ala auec ses cheualiers ou pays dorient ꝙ de mi by Apres ce que anthoine fut arriue ou pays de parthie il refraingnit ꝙ rebouta presques tout lorgueil des parthois par la sagesse ꝙ vaillāce d'ung noble cheualier ꝙ capitaine rommain appelle ventidius qui par trois grās batailles desconfist les parthois ꝙ les pysois qui par violentes armes couroient ꝙ roboient le pays de surie/ ꝙ auec ce ventidius tua pacorus leur roy cō batant auec ses cheualliers / ꝙ apres ces batailes anthoine recouura le pays de surie/ ꝙ puis fist aliance auecq le Roy des parthois pour le regard De ceste recouurance/ finablement anthoine fut cōmeu ꝙ atise par vne hayne ꝙ tant quil deposa le noble hircanus ꝗ le grant pompee auoit ordōne Roy des iuifz ꝙ Anthoine donna le royaume a herodes surnomme antipater et oultre assi que anthoine mesmemēt malgre fortūe ouurist la voie pour venir a sa destruction/ il ꝗ auec soy auoit seize legions dommes darmes assaillit les ptthois mesmement en venant contre les chapitres de la loyaulte quil auoit promise de main en main/ mais les parthois ꝑ ans de strange subtilite assaillirent despourueuement anthoine ꝙ les siens tant que les parthois a force de saiettes desconfirent deux legions des souldoiers de anthoine Apres la desconfiture de ses gens anthoine fut amonneste par vng homme qui se partit di lec/ ꝗl en la nuyt ensuiuāt sen fouit ꝑ croupes de montaignes/ par landes ꝙ par buissons sās tenir voye chemin ne sentiere auec ses autres quatorze legions desquelles ne ptie feust tue par les ennemys parthois qui les supuoient derriere/ ꝙ lautre ptie fust degastee ꝑ faim et ꝑ soif / ꝙ plusieurs desconfitz se rendirent a leurs ennemys / ꝙ les aucuns furent degastez es naiges de capadoce ꝙ les aultres furent estouffez et mors par les chaleurs du pays de armenie/ τ tant aduint que anthoine a peine retourna de ptie auec cinq legions qui au partir de ytalie en auoit seize entieres τ vit en la cite de anthioche/ et pour moustrer que femme soit la commune pestilēce des hommes abandonnez aux delices charnelz ie di apres les autres hystoriens que anthoine fut surpris τ vaincu de la beaulte de cleopatra royne de egipte pour lors mignote et dissolue. Si tost que anthoine vit la pibaulde elle royne cleopatra il se eschauffa en luxure/ Il trepilla en courant ca et la ne peut attendre sans auoir lamour τ lusaige de elle/ si commanda anthoine que cleopatra fust appellee pour venir a lencontre de luy ainsi comme se anthoine voulsist mettre en son sain ou dedens son giron les nobles tiltres les riches banieres τ armes et glorieux triumphes de celle belle victoire quil auoit conqueste contre les parthois qui au regard de anthoine auoient si vilement desconfit luy et son ost que sans riens conquerir de p soy il perdit onze legions dommes armez. Auant doncques que anthoine venist en egipte deuers cleopatra il par trayson print arthaban noble roy de armenie filz de trigranes iadis noble roy par la prinse de ce stuy noble τ riche roy anthoine pensa que cleopatra seroit plus abandonnee et plus esbauldie en greigneur delectacion et en plus large luxure pource que les femmes ont leurs principaulx regars aux honneurs τ aux richesses de ceulx de quoy elles se accointent. Si commanda anthoine que le roy arthabanus lye dune chaine de argent et ses enfans aussy to⁹ ses tresors qui grans estoyent fussent psētez a cleopatra femme tresauaricieuse p ce dō q fut si grāt anthoine vit aux baisiers et aux embrassemens de la royne cleopatra il sembla a anthoine que par ceste orde τ diffamee besoigne il eust nettoye la honte quil auoit receue par la folle entreprinse τ par la desbonneste fuite quil fist ou royaume des parthois/ τ auec ce ledit anthoine mist ius toutes ses armeures τ delaissa entierement lexcercite de bataille/ τ tout ainsi comme se tō ut le grant honneur la grant gloire et la grant noblesse de anthoine fust ou giron de ladicte royne cleopatra il se ietta en luxure τ en paresse Et il qui se abandonna a si espandue τ si ouuerte luxure il auec ce entendit nuit τ ioa longs τ delicieux mengiers/ τ se laisa trainer en si grant rage quil espousa la ribaulde cleopatra τ laissa sa loy ale et noble femme octauia la fille de octouien. Et pource que les cas de anthoine τ de la noble cleopatra sōt ensemble descriptz en ce chapitre il affiert sauoir que cleopatra descendit du lignage de plusieurs roys degypte/ Et apres la mort de ptholomee filz du roy lagus ceste cleopatra p vertu du testament de son pere sucreda au royaume auec son frere ptholomee/ mais il qui sceut q sa seur cleopatra auoit emprisonne son mary il a bon droit doubta que par aduenture elle ne lui fist autretel/ si la fist enclorre en prison ou chasteau de alexādrie appelle peluse/ τ illec demoura iusques ou temps que cesar apres la mort de pompee vint en egypte la ou regnoit ptholomee a qui le grant pompee auoit donne le royaulme. Cleopatra donc q parauant sentit q cesar apres la desconfiture τ la mort de pompee venoit en egypte/ elle de ceut τ moqua ceulx qui la gardoient en prison/ Et tant fist que elle eschapa de prison puis vint en la presence de cesar/ qui tantost fut surprins de la merueilleuse beaulte de elle/ et pour les plaisans soulas doulze s batemens/souefz baisiers et autres amoureux attraiz que cleopatra fist a cesar elle desseruit tant enuers luy que elle toute seulle seignouria et tint le royaume de egipte/car ja deslors son frere ptholomee le roy auoit este noie et occis par les gens de cesar en bataille sur mer. Finablement cleopatra premierement ribaulde de anthoine et qui apres fut sa femme fit par son mary anthoine tuer sa seur arsiure qui pour crainte de sa seur cleopatra sen estoit fuie a refuge en la cite de ephese ou temple de dyana/ et oultre affin que cleopatra monstrast que auec sa cruaulte elle auoit en soy luxure et auarice insaoulable/car elle se essaya de coucher auec herodes roy des iuifz affin que par ses mignotz et luxurieux allechemens elle luy soubstraist son royaume/ et elle qui ne se pouoit saouler dor ne dargent print en soy si oultrageux hardement que elle desroba plusieurs temples des dieux. Et derrenierement pource que cleopatra ne pouoit lors choisir ne desirer plusgrant chose que lempire de romme elle choisit et desira estre emperiere/si rencôtra vng ior anthoine son mary sarcy de viades et de vin qui de aduenture se leuoit du souper la ou cleopatra par deceuables parolles auoit enhorte anthoine quil tendist et emploiast ses forces a prendre pour soy tout lempire de rôme auquel enhortement plantus saige et noble cheualier rommain conseilla le côtraire en priât a âthoine qĺ fust content de ses termes et que riens ne attêtast contre octouien/mais cleopatra cruelle et couuoiteuse vainquit et sagloutit le conseil et iugement de platue. Mais escoute vne chose detestable et mauldicte/ Car cleopatra mignote et flateresse attrait a soy âthoine/ vne fois par doulz baisiers autrefois par estroitz acollemens/puis luy requist et demâda lempire de romme et anthoine promptement luy octroya sa requeste et par treslarges parolles il promist a cleopatra toutes les choses que elle luy auoit demandees ainsi comme se anthoine qui pour soy et pour sa femme vouloit prêdre lempire de rôme deust trouuer les rômains et les ytaliens plus foybles et plus couars que il nauoit parauant esprouue ses partbois et les perfois qui si legierement lauoient desconfit ia soit quil eust en son ost seize legions armees/ Et affin que anthoine executast son fol et orgueilleux propos soubdainement il assembla les puissances des roys de tout orient et ap̃presta ses batailles contre octouien son coheritier/et pour venir de egipte en action vng chasteau pres de athenes en grece qui luy sembloit place abile a combatre tant par mer que par terre Il appresta et admena son nauire qui fut de cêt soixâte et dixnefz/ Il cuidast mieulx que dedens fussêt espices liqueurs et oignemens de arabie et de surie et pourpres et basmes des entes dorient que hommes batailleres ne armeures pour combatre Celuy nauire dôcques garni de toutes delices contraires a discipline darmes fut admene iusques dedens le hable de action par grans leboure de vens et a grans complainte de la mer qui gemissoit pour la grant charge des nefz et des fardages. Octouien adonc vint alencontre de anthoine au pẽ de lisle leucade au dessoubz du mont leucade ou port de ambracie assez pres de athenes/mais pour ce que octouien et son ost Ja p̃trois fois en trois ioures auoit combatu cõtre anthoine et les siens les forces de anthoine estoient Ja en partie froissees et amoindries tant par batailles faictes sur terre comme par deffaulte de vitailles/car Octouien auoit euope deuant soy en nauire vng sie capitaine appele agrippa qui sur mer rencontra et print grant quantite de nefz chargees de fourment et de armeures qui a layde dudit anthoine venoient du pays de egypte et de asie et de surie/par quoy lost dudit anthoine de legier fut grandement assamé et plusieurs de ses hommes desmourēt desarmez et entre les deux ostz fut longuemēt cōbatu/et pource q̃ la fin du fol orgueil dāthoine ia aprouchoit les egypciens cōmencerēt tourner les proyes de leurs nefz et prendre fuyte vers le pays degypte. Cleopatra la noble conuuoiteresse et demāderesse de lēpire de rōme et q̃ estoit dedēs vne nef doree dont les voiles estoient faiz de pourpre elle fut cōduisseresse et capitaine de la fuite et āthoine orgueilleux promettreur de lēpire de rōme suiuit la nef de sa femme et osta ses bannieres et arracha les escussons de ses armes affin q̃ len ne congneust sa nef pretorienne. Apres cleopatra et āthoine vindrent en alexādrie tāt a force de voilles cōme dedens. Et certain est q̃ eulx deux estoient plus curieux de leur propre salut q̃ de conquerir la seignourie du monde. Sitost q̃ anthoine et cleopatra doubteux vindrent en alexādrie ilz commencerent renforcir leurs batailles/garnir eulx et leurs pays de aydes et de aisances necessaires a bataille. Mais octouien vengeur et poursuiuāt anthoine tant par messagiers comme par soy mesme auec son ost print le nauire les chasteaulx et les hommes de anthoine et des siens qui soubz soy se rendirent a octouien/et tantost il assiega la cite alexandrie la ou estoit anthoine et cleopatra qui ia par desespoir se deffioient de fortune. Or aduit que par deffaulte de victailles les alexandrinois perilloient par fain et crioient en accusāt anthoine et cleopatra qui estoient cause de tel assiegement. Anthoine adonc

congnoissant soy desconfit demanda et requist paix et treues a octouien soubz certaines condicions trop lentes et trop tardiues et pourtant octouien luy refusa. Anthoine considerant q̃ il ne pouoit obtenir ne paix ne treues/il se destourna et vint au lieu ou len auoit de coustume enseuelir les roys et les roynes degypte et illec anthoine ferit et tre sper ca soy mesme dune espee si fort que il cheut mort. Aprs ceste chose faicte et publiee la cite alexandrie se rendit a octouien qui auec tout son ost entra dedens. Cleopatra adoncq̃ cuydant secourir soy et a ses choses se effor ça/mais en vain de alechier attraire et blandir le iouuenceau octouien affin que par ses doulz regars mignotz et gentilz maintiens il se amourast de elle en vsaige et œuure de luxure/mais la royne cleopatra certaine ainsi cōme elle auoit ouy dire que le noble iouuenceau octouien quant au fait de leuure luxure ne tenoit aulcun compte de elle mais q̃ il regardoit pour mener auecques luy en son noble triumphe. Elle qui ia estoit baillee en garde deceut et moqua les sergens qui la gardoient/car elle se retrait en vne secrete chambre et oingnit son corps a lenuiron de diuers oingnemens precieux et odorans et se attourna de ioyaulx et de vesteroyaulx et puis entra dedens le tombeau ou son mary anthoine gysoit froit et mort puis ouurit les vaines de ses deux bras et a ses deux costez elle mist deux serpens venimeux affin quilz suffisset ou aumoins enuenimassēt tout le sang de son corps et q̃ par ainsi mourust. Apres cleopatra se coucha a terre pour mourir/et cheut toutepasmee ainsi cōme se elle fust estendue sur vng lit pour dormir. Octouien qui ceste chose vint veoir trouua que cleopatra encore palpeoit et se remuoit son sang et ses vaines/et pour

E i

De Boccace

ce Octouien fist essayer se cleopatra pourroit rendre pleine vie p̄ vertu de herbes q̄ len appelle stilles lesquelles il fist mettre sur louuerture des playes. Celles stilles ont naturellement tresgrāt vertu z puissāce de suffer et attraire les venīs q̄ sōt dedēs le corps ou dōs ou de bestes. Quāt finablemēt octouiē vit q̄ p tel remede cleopatra ne retournoit pas en vie il commēda q̄ les sepulchres q̄ ilz auoiēt cōmēciez po' eulx quāt ilz viuoiēt fussent solēnelemēt assouuis z eulx deux ēseuelis sūg p̄ de lautre. Par aisi dōc ques cōe il appt cy dessus po' ce q̄ anthoine forcene en orgueil p̄sumoit aucunes choses trop dignes au regard de luy et esperoit q̄ fortūe luy dōnast la seignourie du mōde q̄ l nauoit pas de suite il cōe maleureux cheut du hault en bas āsi cōe sō orgueil deseruit. Et pource aussi q̄ la royne cleopatra abādōnee aux delitz charnelz de chair et ardāt en couuoitise ne estoit pas cōtēte de sa propre chose elle fut tāt pestraite p fortune q̄ elle q̄ en luxurieux ēbrassemēs auoit a plusieurs iouuēceaulx p̄ste ses mēbres fardez de tous delices charnelz. Et viuāt z voyāt z sentāt fut enuironnee de serpēs venimeux q̄ luy sufferēt le sāg du corps q̄ auoit nourri des suffemēs des ieunes hōes, z auec ce le couroux de fortune fut si aigre euers cleopatra q̄ elle mesme ēfouit la beaulte de sō corps q̄ elle auoit mōstre aux hōes cōe fēme legiere z dissolue, z dedēs vng sepulcre court z estroit cleopatra ēclouit z fina son tresgrāt z excessif desir p quoy elle auoit ēuahi lēpire de rōme q̄ est la tresgrant des seignouries.

Cy fine le sixiesme des neuf liures de Jehan Boccace des cas des nobles hōmes et fēmes maleureux.

fueillet LXI

Cy commence le septiesme liure de Iehan Boccace/duquel le premier chapitre contient en brief les cas daucuns maleureux nobles/z si fait office de prologue. Et commence ou latin Nemini.

Chacun saige homme cõgnoist certainement/que quant moy et les aultres ouuriers espuisons plus noz forces p̃ qlcõq̃s labours de tãt noꝰ p̃nons plus desireemẽt les repos et le

Dormir/et quant le repos se respant par les membres trauaillez/nous le prends aucuneffoiz p si grāt souefuete que se nous ne nous cōtregardons de trop long repos/il entōnist aucuneffoiz noz membres tellement quilz semblent estre lyez. Et par moymesmes iay esprouue ceste chose nagueres/car puisque iay eu descript si briefuemēt cōme iay peu les grās (t notables faiz/(t les douleureuses fins de si grās (t si nobles hōes cōe sont ceulx dont iay cy dessus parle/ Jay appceu que ma force est tellement refoulee q̄ non seullement ie souffroye desireement mes membres reposer/ mais ie me hastoie de les mettre a repos. Et pour ceste cause ie qui suis alleche et surprins de repos/de qui la souefuete me sēblē plus grant que nay autresfoiz acoustume/ ie me suis presq̄s abandonne en dormir (t en repos apres lacomplissement de mō sizie sme liure. Et sans doubte ie eusse longuement geu en dormiciōt(t repos se ie ne eusse este empeschie par la noyse et par le bruit de plusieurs nobles hommes maleureux tempestans a lenuiron de moy affin que ie escriuisse leurs cas Entre ces nobles maleureux estoit anthoine filz atrisne de cellup anthoine dont iay parlay ou derrenier chapitre du sizie sme liure precedent/q̄ vint deuāt moy premieremēt pource que auoye encores fresche memoire de son pere de cestuy iouuenceau noble ainsne filz dudit anthoine (t de sa pmiere femme fuluia le cas briefuement est tel. Apres ce q̄ le vieil anthoine iadis cōsul de romme (t cohe ritier de iulius cesar par sa sollicitude meu et fait iniuste guerre contre octouien/ledit vieil āthoine qui fut iugie ennemy de la chose publicque de romme/il finablement se tua dedens la cite de alexandrie/et depuis que octouien apres cinq batailles acompliez fut

retourne a rōme victorieux affin que le ieune anthoine en ensuyuāt les vices de son pere ou temps aduenir ne troublast par auenture la generalle paix de lempire de rōme octouien cōmanda que il fust occis. Il doncques soy cuidant garantir se retrahit a pefuge vers lymaige de Julius cesar/ qui par les rommains estoit ia deifie mais anthoine qui tīt embrace e lidole de cesar/ne fut pas pour tāt garāti de mort/car a force de sergens cestuy anthoine fut arrache de lymaige de cesar/(t puis cruellement occis. Apres cestuy anthoine venoit cesareus noble filz de Julius cesar (t de cleopatra royne degypte/dont le cas en brief est tel. Apres ce q̄ le grāt pompee auec son ost fut par bataille desconfit en thessalie (t traytreusement occis p les gēs de ptholomee lors enfāt(t roy degypte. Cesar victorieux acompaigne de son ost vint en egipte pour ramener les pays/les seigneuries et le peuple soubz la seigneurie rommaine. Pour lors cōme dit est regnoit en egipte le dessusdict ptholomee filz du roy lagus qui auoit vne seur de merueilleuse beaulte nommee cleopatra ieune mignote (t gente a qui de droit deuoit appartenir la moitie du royaume degypte/mais son frere ptholomee p force la priua de sa p art legitime (t puis lemprisonna dedēs peluse vng tressort chasteau pres de alexandrie. Apres doncques que cesar par armes eut ramenee egipte soubz lempire de romme (t que le ieune ptolomee fut occis en bataille sur mer par les gens de cesar/ceste cleopatra p le commādement de ccsar fut deliuree de prison (t vint en sa presēce/(t elle qui eut en soy toutes choses p quoy fēme est digne destre aymee/dormit auec cesar qui en elle engendra le noble cesareus. Et apres cesar restitua a cleopatra tout le royaume degypte par

ainsi cestuy noble Jouenceau enge̅-
dre du tresrenomme cesar et de cleo-
tra fut nourri et parcreu en esperance
de succeder au Royaume de egipte
Mais fortune le bareta de son espe-
rance/car octouien qui par chãgeme̅t
des choses de fortune succeda apres ce-
sar a la seigneurie du monde fist par
exprès mãdement tuer le noble cesareõ
iouue̅ceau et innoce̅t. Apres le cas du
noble cesareus venoit iulia fille de
Octouien noble empereur de rome
et de scrilonia sa fe̅me: et pource que ce-
ste Julia alenuiron demoy ne plou-
roit pas seulleme̅t/mais elle hurloit
a maniere de femme desolee. Jay
voulu en pou de parolles escripre le
cas de sa maleurte. Julia doncques fil-
le de lempereur octouien et de sa fem-
me scrilonia fut premiereme̅t espousee
a marcellus noble filz de octauia qui
fut fe̅me du noble marc Anthoine et
cohezitier de Julius cesar. Apres la
mort du noble marcellus ceste iulia
secondeme̅t fut espousee a marcus a-
grippa noble cheualier et lun des ca-
pitaines de lost octouien. Or aduit
que iulia iasoit ce q̃ elle ne le co̅fessast
mie abandonna son corps au deduit
de plusieurs ho̅mes par maintes fois
son pere lempereur octouien qui co̅si-
dera q̃ les vices des enfans admoin-
drissent les honneurs de leurs pare̅s
et dist q̃ paueture mieulx ou autant
vault non auoir lignee q̃ lauoir mau-
uaise comme fut iulia sa fille/ou au-
tre filz ou fille qui fait honte a son pa-
rentage. Octouien doncques presq̃ a
tous deboinaire deuint cruel enuers
sa fille iulia/et po' pugnir so̅ crime de
adultaire octouie̅ le̅uoya en exil hors
du pays de ytalie et commanda que
elle iamais ne vsast de vin/et vesquist
sans compaignie humaine/dont Il
aduint q̃ iulia cheut en si grant mesai-
se quelle fina sa vie en pourete desho-
neste. Apres ceste iulia fille du noble
empereur octouie̅ venoit le noble agrip-
pa filz legitime et naturel de ceste iu-
lia et de marcus agrippa son second
mari noble cheualier rommain et vng
des capitaines de lempereur octouie̅
Cestui agrippa croit enuiro̅ moy af-
fin que ie en tresbriefues parolles es-
cripuisse son cas: et pour ce que len me-
sure le bon heur ou le malheur selo̅ la
fin des choses/il appartient scauoir
que cestui agrippa noble de par ses pa-
re̅s mo̅stra q̃ la noblesse des coura-
ges ne vie̅t pas par succession des pe-
res aux enfa̅s/car agrippa qui estoit
filz de la noble iulia fille du noble em-
pereur Octouien et qui pouoit venir
a plus grãt gloire et noblesse: il se ado-
na a si grãt paresse que entre les souil-
lars en son te̅ps il fut reputé le plus
vilet le plus ort/et tant que octouie̅ co̅-
siderant la vilte de luy le̅uoia en exil
et illec se laissa a setardir et languir co-
me paillart. Apres cestuy agrippa ve-
noit cassius de parme dont le cas en
briefues parolles est tel. Cassius che-
ualier ytalien non pas seulleme̅t no-
ble en armes/mais auec ce en la di-
uine science de poesie fut lun des che-
ualiers de marc anthoine choeritier
de iulius cesar. Et aussi par ces deux
tiltres lun de cheualerie/et lautre de
poesie/desquelz chascu̅ souffit a ano-
blir vng ho̅me et a le rendre bie̅eureux
Cassius pouoit attendre double bi-
eurte/mais pour ce quil conuient ou-
urer continuellement Jusques en la
fin selon les vertus/ou se non len ne
desseit iamais louenge ne victoire/
Il aduint que Cassius fut souspeco̅-
ne destre vng des co̅iurateurs ou com̃pli-
ces de la traiteuse mort de iuli' cesar/
ainsi co̅me octouie̅ sur ce a plat iforme le
mo̅stra p effect car cassi' q̃ du tout de-
laissa la scie̅ce de poesie selo̅ laq̃lle par
auant il vesquit sobrement/Il apres
ensuiuit les glouto̅s de lostel Marc
anthoine. Finablement Cassius par

le commandement de octouien fust occis en lieu de sacrifice pres de lymaige de iulius cesar/ pource que cassius cōme dit est auoit este lun des cōiurateurs de la mort de cesar. Et fut cassius le dernier de tous ceulx q̄ puis furēt tuez pour la mort de cesar Apres le noble cassius senoit le maleureux galus iadis noble preteur de Rōme dont le cas en brief est tel. Cestui gallus ou temps de iulius cesar fut vng preteur rōmain/ la dignite p̄torienne fut a romme la plus grāt des autres dignitez/ fors celle du dictateur iusques au temps des Roys ou empereurs/ car en toutes les choses que le preteur interposoit son office il auoit auctorite comme prince. Or auint que octouien a tort ou autremēt soupeconna galus de auoir este vng des coniurateurs de la mort de iuli9 cesar/ combien q̄ galus nēfut pas cōuaincu/ pour plus auoir plaine verite de la chose octouien par les centurions de romme fist gehȳner cestuy gallus aussi cōme sil fust serf ou ignoble/ et neautmoins il nestoit pas coustume de gehȳner hommes nobles. finablement octouien commanda que les yeulx du noble preteur gall9 fussent ostez hors de son chief/ et que apres il fut mis en prison et illec detenu. Et puis fut banni de la cite de Rōme et en alant en exil il fut rencontre et occis des larrons. Apres ce que iay eu descript les cas des sept nobles malleureux dessusditz selon les hystoires rōmaines ie trouuay aultres hystoires racontans les cas dautres plusieurs nobles maleureux de diuerses nacions mais pource q̄ euers moy cest angoisseuse chose racōter les cas des nobles maleureux Italiens / Ie cesse voulentiers sans plus escripre diceulx/ et lors iay tourne mes yeulx p deuers herodes roy des iuifz pour escrire le cas de lui et de plusieurs se'pa

rens et amps. Cestuy herodes sēbloit estre vestu de robe douloureuse et plaine de larmes et pour ses dures fortunes ie me suis pourpēse q̄ ie escriproie son miserable cas/ et q̄ par longues parolles ie le ioindroie auec les aultres maleureux

Le second chapitre cōtient le cas de herodes roy des iuifz et filz de antipater lequel herodes fist mourir les innocens a laduenement de Jesuchrist. Et commence ou latin Herodes. etc

Herodes roy des iuifz fut filz de anthipater. Cestui anthipater fut extrait de tresnoble lignee des seigneurs du pays de arabie/ cestassauoir de celle prouince que len dit ydumee et p̄don le filz de esau frere du saint patriarche iacob. et tant bien se gouuerna antipater que son filz herodes en laage de xv. ans fut ordonne gardien et deffēseur du pays de galilee. Et pource que la sagesse de herodes surmontoit son aage il vint en lamistie de sextus qui de par iulius cesar estoit seigneur de surie. En celuy temps herodes destruisist ezechias tresredoubte capitaine des larrons qui auec plusieurs complices degastoient toute la puince de surie. Et cōbien que ceste chose fust tresagreable aux habitans de surie/ touteffois herodes pource fut accuse par deuers hircanus roy de iuifz par les enuieux que Herodes auoit. Herodes dōc q̄s vint a deffēdre sa cau se en la court de sextus & se fist diligemment acompaigner & garder p ses hōmes et tāt fist herodes que coiement il se deptit de la court de sextus quitte & absoubz p lettres/ et si obtint herodes de sextus lors estāt a damas pmy vne somme dargent la duchie de la basse surie. Aps finablement q herodes eut delaisse la guerre quil menoit cōtre hircanus lors roy des iuifz apres la mort de iulius cesar/cestuy herodes fist tant par t & p dons quil fut receu en lamistie & bien vueillāce de cassius qui adonc faysoit guerre priuee contre octouien & contre āthoine heritiers de Julius cesar. Apres herodes peceut de cassius noble cheualier rommain non pas seulement toute la seignourie de surie/ mais auec ce luy bailla tous les nauires de surie & luy presta tous ses gens darmes/par quoy herodes pouoit asses esperer de conquerir la seignourie des iuifz/mais q il eust demoure en foy & en loyaulte enuers ledit cassius. Or aduint que depuis herodes tua ou riuaige de thir vng homme iuif de tresgrant estat appelle malicus pource q il auoit empoisonne anthipater le pere de herodes/& pource aussi que malicus auoit dechasse du pays de galilee vng noble homme appelle marione/& si auoit malicus desconfit Anthigonus le filz de aristobolus tādis que anthigonus apprestoit ses batailles contre les iuifz. Cestuy anthigonus que malicus desconfist estoit filz du noble aristobolus qui ou tēps du grant pompee fut roy des iuifz mais il fut despointe & desmis par pompee et en lieu de aristobolus pompee institua hircanus ainsne filz de alexādre dont iay parle a plain ou huitiesme chapittre du sizieme liure precedent. Aps ces choses faictes ledit Herodes vint en hierusalem & fut receu tresioyeusemēt de ples iuifz & de hir-

cānus le² roy. Les iuifz en recōpensacion des biens faiz de herodes luy firent dōs & psens de courōnes dor/ et il les receut doulcetiers ainsi cōme selles fussent signifiāce q ou tēps aduenir il seroit roy des iuifz. Apres ce que herodes eut en hierusalē laisse sa femme doris dont il auoit eu vng filz appelle āthipater prit en mariage la fille de aristobolus parauant roy & souuerain euesque des iuifz. Si aduit depuis que brutus & cassius deux cheualiers rommais furēt cōe dit est desconfiz par octouien & āthoine coheritieres de iulius cesar/ledit anthoine estant ou pays de bithinie/herodes & sō frere phaselus furent de ples princes des iuifz accusez de crimes enormes & tresgrās/ mais herodes fist tāt par ses promesses & dons que il & son frere ne furēt pas seulement absoubz/ mais ilz furēt esleuz & pnoncez thetrarq du pays de iudee. Loffice de thetrarq est le plus hault honneur aps lestat du roy & du souuerāt euesque. Sitost q herodes fut thetrarq il prit en mariage la fille de hircanus roy des iuifz fēme tressaige. Anthigonus dōcques filz comme dit est du roy aristobolus fist tāt q les parthois esmeurent guerre cōtre hircanus roy de hierusalem & de celle guerre fut duc et capitaine pacorus filz de herodes roy des parthois/& vng aultre noble homme appelle bazaframenes. Si vint pacorus auec son ost pres de Hierusalem mais pacorus q par son barat ne de sō pere herodes ne peut riens conquester sur les iuifz. Il courrouce & doulant partit de Pira vng village de pdumee/& vint aux bournes du pays de arabie p le conseil de ioseph frere de herodes. Apres le cōmandemēt de malcus lors roy de arabie herodes auec pou dhommes sen alla en egipte/ & il qui tendoit au royaume des iuifz partit degipte mesmemēt cōtre la doult-

E iiii

te de cleopatra adonc royne degipte et si estoit lors lyuer aspre et contraire a voyager par mer/si vint herodes en lisle de rodes/ɋ de rodes il transnaga a romme. Quant herodes fut a romme il cōpta a anthoine lun des heritiers de cesar toutes les choses que anthigonus auoit promises aux parthois/ɋ cōe anthigonus par barat et ou cōptent des rommains auoit prīs hircanus roy ɋ souuerain prestre de hierusalem/et phaselus frere de herodes/ɋ que anthigonus auoit trenche les oreilles a hircanus/affin qui fust Inhabile a exercer loffice de prestrise Et finablement herodes denonca a ānthoine que phaselus son frere qui ne pouoit endurer la durte des chaines ɋ de la prison ou il estoit. ledit phaselus par Impaciēce auoit froisse sa teste contre le mur de la prison par quoy il se estoit occis. Et apres herodes denonca plainement a Anthoine et a Octouien commēt il sen estoit fouy de son pays a romme pour la crainte de la cruaulte de malcur roy de arabic. Par les complaītes de herodes furent courroucez ɋ commeues anthoine ɋ Octouiē/qui telles faueurs et aides donnerēt a herodes qui fut esleu ɋ ordonne roy des iuifz de p les senateurs de romme. Et anthigonꝰ par decret fut publiquemēt iuge ennemy des rōmains/ɋ furēt ordōnez aides ɋ souldoiers pour herodes cōtre anthigonus. Et adonc herodes a nobly p sō courōnement ɋ p le plain droit quil receut du royaume des iuifz/il retourna en Judee dont Il se estoit parti pour trouver celle grāt et renōmee auēture. Quāt herodes arriua en iudee il trouua plusieurs nobles capitaines rōmains qui apres la mort de cesar sestoient espāduz par les pais de midi subgectz aux rōmains Entre lesq̄lz estoiēt dētidius/splaꝰ mathera/ɋ fotinus fauorables ɋ ai

dans de anthigonus qui p violencē contre ses quatre herodes fist maites batailles/et aussi contre ātigonus q̄ p furce sestoit fait roy des iuifz/soubz umbre ɋ couleur quil estoit nepueu de aristobolus et engendre dun sien filz Herodes guerroioit en grās trauaulx ɋ perilz cōtre ātigonus: pource q̄ les dessusditz capitaines cōme dit est faisoient faueur ɋ aide a ātigonus poʳ lamour de sor ɋ de largēt: que il leur donnoit. Or aduint finablemēt que quāt anthoine guerroioit les pthois/ Herodes poursuiuit ɋ aida grandement la partie de anthoine/ɋ ung capitaine de anthigonus appelle papꝰ tua cruellement Joseph noble cheualier frere de herodes. Et apres que sa teste luy fut coupee papus la ficha a ung pieu et la porta a senuiron des citez de iudee/laquelle chose herodes porta mal paciēment en son courage Or est vray que les respitz de fortune ne sōt pas souffisans pleiges descapper le malcur/Car herodes ung iour auoit souppe en vne maisō qui dauēture se desrocha ɋ cheut si tost que herodes fut differe pti. Et oultre aduint apres que herodes sain ɋ alegre de sō corpʳ pung iour se baignoit en vne ruue deaue chaude/les gens de anthigonus ennemis de herodes lespierēt pour le tuer silz eussent peu mais cōbien que herodes desarme ɋ tout nu pour lorʳ neust auec soy fors que ung enfant qui seruoit touteffoiʳ herodeʳ eschappa le peril de ses ennemis qui luy coururēt sus a espees toutes nues Apʳ ces deux ioyeuses aduētures herodes eut la tierce/cestassauoir ung sien frere appelle ferioras luy apporta et offrit la teste de papus lun des capitaines de anthigonus/le quel papus comme dit est auoit tue Joseph frere de herodes. Apres ces choses ainsi faictes herodes retourna en Judee ɋ espousa mariane fille da le

xandre qui estoit filz de aristobolus ia
dis roy de hierusalem, et herodes qui
print hardiesse en soy eut secours de
sotinus ung noble capitaine de anthoi
ne/puis herodes assiega hierusalem, et
combatit ceulx de dedens et tant fist p̄
ses dons que le noble anthigonus qui
en prison estoit garde lye de chaynes
pour faire le triumphe fut tue dedēs
la prisō. Apres ces choses herodes fist
tāt par ses dons que de tous les der
reniers Roys qui auoiēt regne en hie
rusalem/la lignie prochaine fut pres
que occie excepte le noble iouuēceau
aristobolus a qui herodes a dangier et
a peine auoit donne lostice de souue
rain euesque ou temple de hierusalē
a la priere et requeste de mariānes seur
de aristobolus et femme de herodes
comme dit est. Or aduint ung iour q̄
grāt chaleur de soleil estoit en hieru
salem qui est ou climat de midy/ari
stobolus souuerain euesque des iuifz
se baignoit en une fontaine auec au
cuns siens amys qui par herodes fu
rent subornes ou aultrement meuz de
mauuais couraige plongerent p̄ plu
sieurs fois dedens leaue la teste de
stobolus affin de le noyer. Et finable
ment herodes pourchassa tāt que ari
stobolus soy baignāt fut estouse de
dens leaue et ainsi il mourut/ mariā
nes femme de herodes et seur de ari
stobolus porta si impariēmēt la mort
de son frere lors tresbeau iouuenceau
que elle fist son mary herodes accuser
enuers anthoine p̄ le moyen de cleo
patra Royne degipte/ qui raconta le
crime et le mesfait de herodes qui ain̄
si cruellement auoit fait noyer, et mou
rir le noble et beau iouuenceau aristo
bolus lors euesque des iuifz / Mais
herodes purga et excusa son vice, et son
cas criminel p̄ asses bonnes or et argēt
a anthoine gouuerneur en ptie de lē
pire de Romme, car lancienne honne
stete et preudommie des Rommains

estoit lors a ce venue que fust a droit
ou a tort len faisoit plus lors enuers
les rōmains par donner or ou argent,
que par autres quelzconques moyēs
car pour or ou argent ilz condemnoi
ent les iustes et absouloient les mau
uais. Affin donc que herodes tenist
seurement le Royaume quil auoit in
iustement conqueste/ il occist tierce
ment en lieu de sacrifice le noble hir
canus souuerain euesque des Juifz
lors aage de quatre vingtz ans/qui e
stoit retourne de la captiuite de ba
bilone en hierusalem, car depuis que
herodes p̄ plusieurs manieres se fust
essaie a faire mourir le noble hyrcan̄
il finablement fut par herodes tue a
sa table ainsi comme il disnoit. Et
apres ces trois cruelz homicides ain
si faiz par herodes/ Il commenca ba
taille contre le peuple de arabie, apēs
ce que il leur eut fait plusieurs tra
uaulx et miseres/ilz se rendirēt a lui
et vindrēt soubz la seigneurie. Par
celle victoire que herodes receut des
arabiens/ il deuint si espouentable
a tous les peuples demourans en
tour luy quil nestoit homme qui con
tre herodes osast entreprendre quelcō
chose et il qui ia auoit gloire et renom
me cuidoit au vif conferme lestat de
son royaume. Apres que herodes p̄
auoir le royaume des iuifz eut souf
fert plusieurs trauaulx, et eut fait plu
sieurs barats et homicides et depuis
ainsi que octouien eut desconfit an
thoine et sa femme cleopatra royne dē
gipte pource que herodes auoit tenu
la partie de anthoine contre octouien
herodes recheut ou trebuschet de for
tune/ mais comme roy bien aduise et
vsant de tresaige conseil vint hasti
uement par deuers octouien /et mist
ius la couronne et tous les attours et
enseignes royaulx /et parla herodes
si beau /et conuenablement selon la
qualite des besongnes et du temps

que il desseruit par don, et auec ce Il gaigna la grace & amistie de octouien Et oultre octouien rendit a herodes sa couronne royale, & si lui emploia & eslargit les mettes de son royaume parce quil luy donna les citez & prouinces voisines du pays de iudee, mais fortune qui sans repos se mue pensa que elle ne peust aucune plus haulte chose faire quant a lacroissement de herodes & de son estat royal, pourtant fortune sa roe tourna pour abaiser herodes par autretant de degrez comme elle lauoit haulse car herodes qui deuint forseneux & enrage par contrainte de raige tourna sa fureur contre la chose quil aymoit par dessus aultres. Car mariannes tresamee femme de herodes porta ipaciemment la mort de son noble frere aristobol'eue(que de hierusalé noye en vne fontaine du commandement de herodes come dit est dessus. Herodes aussi estoit hayneux a sa femme marianne pource quelle scauoit que quant herodes meut & fist guerre contre les arabiens & aussi quant il ala a rome pour defendre la cause du crime a lui impose il commanda a ses amis & parens que se les besongnes ne lui aduenoient selon ses desirs, que mariannes fust tuee sas aucunes desmerite. Mais seullement pource quelle descendoit p ligne des nobles roys de iudee. Ceste mariannes saichant le ppos du cruel herodes parloit contre luy & le blasmoit de son vilain couraige. A cause de ceste chose aduint que au pourchas & instance de capzinta mere du roy herodes & de salomina sa seur, mariannes fut condonee a miserable mort par herodes sō mary qui lui mist sus quelle auoit fait coniuracion & complot de occire herodes ainsi côme ceste chose tesmoignēt aulcuns hystoriens. Et aucuns aultres dient que ceste mariannes femme de tresgrant beaulte fist soy peindre

au vif et la figure de son corps elle enuoia a anthoine lors estant en egipte affin que mariannes attrahist en sa grace et en concupiscéce anthoine hōme luxurieux, & affin que aps elle attrahist anthoine tant quil destruisist herodes, et dient aucuns hystoriens que herodes pour ceste cause fut trouble contre marianes, et pour ce commenda que elle fust mise a mort comme son ennemie, mais pour quelconque cause que mariannes mourust, elle receut la mort, non pas a maniere feminine, mais a maniere d'home fort courageux sans muer son visaige, combien que aucuns pour cōplaisnans qui la estoient plouraßent son Inorence Et la tres haulte beaulte de elle, qui estoit de noble sang royal. Aps ce q̃ herodes eut acheue la cruelle occision, et q̃ sa fureur cessa, lacienne amour que il auoit a sa femme retourna et luy peuint au deuāt la souuenance de celle amour commenca a tellement tourmenter herodes que il ne faisoit autre chose que hurler et plourer il huchoit et peñroit sa femme nuyt et iour si fort deuint enrage, et touteffois que herodes veoit les enfans que il auoit euz delle il a qui il souuenoit que plus estoit morte, Il retournoit en sa nouuelle douleur. Si de laissa herodes la cite de hierusalem & soubz umbre d'aller chasser aux bestes il se destourna es bois. Tandis quil fut es forestz il se adonna a plourer, & cheut en vne maladie dont presques il mourut. Apres il qui partit des forestz se transporta en la cite de sebasta, et illec se geut ou lit iusques a ce quil fust guery de sa maladie, mais si tost quil eut recouuerte sa sante, & que sa douleur fust adoulcie, par lōgue espace de temps il vint de iudee a pomme pour visiter lēpereur octouien qui cointement et volentiers le receut. Et apres aucun temps hero

feuillet CCS

des retourna en son royaume de iudee/ mais il laissa a Romme aristobolus et alexandre ses deux filz quil auoit de mariannes sa femme. Or aduint en apres que herodes fist faire dedens hierusalem certaines places comunes contre la coustume des iuifz/ et en icelles places il fist sur pilliers esleuer les ymages de octouien lempereur et des autres nobles hommes. Et pour ce que plusieurs iuifz a ceste cause murmuroient contre herodes ilz furent occis p son commandemēt par quoy il deuint hayneux enuers les iuifz/ mais il appaisa leur hayne par sa merueilleuse liberalite & grant largesse/ car assez tost apres les Juifz souffrirent lōg temps famine qui aduint par faulte des fruictz de terre Et adonc herodes a ses propres despens donna tous viures aux iuifz q defaulte en auoient & dedens le huitiesme an de son regne il edifia & bastit de nouueau depuis les fondemēs Jusques en hault le saint temple de hierusalem en la forme et semblance que le roy salomon lauoit premierement fait. Pour ces deux choses profitables & hōnestes herodes recouura la grace et amour des iuifz et apres il vint a Romme Et illec secondemēt fut noblemēt receu & hōnoure p octouiē. Aps ses choses herodes retournant en iudee ramena auec luy en grāt ioye & leesse ses deux filz biē instruis et aprins en bōnestes meurs et en nobles sciences. Apres il les maria a nobles et riches femmes/ et en leurs nopces firent les iuifz grans ioyes et sollemnelles festes. Aristobolus ainsne filz de herodes print a femme beronices fille de salomina seur germaine de herodes/ & alexandre sō filz moinsne espousa glafira fille de Archelaus lors roy de capadoce. Et aps que herodes eut fait les nopces de ses deux filz/ Il auec son ost

poursuiuit & acompaigna vng noble capitaine rommain appelle agrippa lors allāt guerroier ou royaume de ponthus pour et ou nom de octouien Si ayda herodes & secourut tellemēt agrippa que herodes desseruit la grace & lamistie de luy/ & tant que il obtint victoire. Et apres il rendit plusieurs honneurs a Herodes/ & sy luy donna plusieurs chasteaulx voisins du pays de iudee. Et pource que deslors les iuifz estoient ia disperz & opprimes en asie & en grece Herodes demanda & obtint de Agrippa que ces iuifz peussent viure en vsant des loix et de la liberte acoustumee ou pays de iudee/ & p tant de si grās & bieneurees choses q p la durte dun seul cas de fortune auoit este feru/ il fut non pas seullemēt restitue en sa bieurte selon le iugement de tous ceulx de iudee. Mais Herodes pouoit legierement & droitemēt sembler bieureux enuers tous les hommes mortelz Et affin que sa resplendisseur royale ne semblast en aucune partie estre appetissee/ les hystoriens dient que Herodes fut homme si magnifique en largement donner tāt aux roys comme autres seigneurs de iudee & dautres pays estranges & aux citez & aux peuples & aux pays forains que octouien en plant de herodes dist que lempire de romme ne souffisoit pas a la grandesse du couraige de Herodes. Et auec ce ducun homme ne se peut en sō temps comparer a Herodes pour les merueilleux & riches edifices publicques & priuez sacres et profanes qlfist edifier. Et pource que deux choses rēdent le nom dun homme immortel et pdurable/ cestassauoir drecer & construire nouueaux liures de sciences approuuees & nouueaux edifices publicques & profitables/ herodes p ces deux moyens voult ppetuer sō nom car il fonda ou pays de midy quatre citez/cestassauoir cesaree/sebasten an thipatrida ꝙ cyprꝰ. Et auec ce Herodes adourna ꝙ embellist plusieurs autres citez de diuers et nouueaux edifices/mais pour ce que par la loy de fortune il conuenoit ou que tout ensemble ou p̃ degrez herodes cheut de la haultesse de ses p̃speritez il tomba en tresmiserable ꝙ poure vie/par le vice de la trop grant cruaulte de lui car herodes qui trop folemẽt creut aux parolles de ferioras son frere ꝙ de salomina sa seur disans que ses deux filz aristobolus ꝙ alexãdre estoient indignez et esmeuz/et espioient a tuer herodes pource quil auoit fait mourir leur mere mariannes/pourtãt herodes peprint auec soy doris sa premiere fẽme en despit de aristobolus ꝙ de alexandre tous deux filz de heroꝭdes. Ceste doris auoit de herodes p̃auant eu vng filz appelle anthipatez ꝙ de son autre fẽme il auoit aristobolus ꝙ alexandre. Herodes dõcꝗs mist son filz anthipatez deuant aristobolꝰ ꝙ deuant alexãdre ꝙ cestuy anthipater tellement esmeut et courouca le Roy herodes contre ces deux autres filz que il courouce ꝙ esmeu partit de ierusalem ꝙ ala en la cite de aglee pour cuider les punir/mais pource ꝙ lespiteuses larmes ꝙ les parfõs gemirs de ses deux enfãs mõstrerẽt plus que ilz fussent innocẽs ꝙ ne firet leurs polesaffaitee herodes se recõsilia a ses deux enfãs puis retourna en ierusalẽ sa principale cite/mais la grace ꝙ lamoꝰ de herodes fut briefue enuers ses deux enfãs:car quãt il fut retourne en ierusalẽ son filz anthipater ꝙ son frere feriorãs ꝙ sa seur salomina estoiẽt toꝰ trois absẽs du pais de iudee ꝙ ais ꝙ herodes iadiesfart fut recõcilie a ses deux filz/sõ couroux fut reschause de des soy p̃ listigacion ꝙ p̃ lattainemẽt de son filz anthipater nõpas seulemẽt côtre les deux nobles Jouuenceaux aristobo

lus ꝙ alexandre/mais contre ferioras son frere ꝙ salomina sa seur/et contre plusieurs autres nobles de son royaume. Herodes doncques continuãt sõ couroux fist mettre a gehine son filz alexãdre puis le fist bouter en prison. et le lyer de chaynes/plusieurs parẽs et amys de herodes furent par sõ cõmandement par diuers tourmẽs occis/ꝙ les aulcuns furent du tout dechassez ꝙ bãnis de sa sale royale. Adõc herodes effraye ꝙ craintif fut si trouble que presques il fut tourne en paige/ꝙ toute paisiblete partit hors de sa pensee/il commẽca generalemẽt despecer ꝙ destruire par occisions ꝙ murdres les hommes de son royaume/qui tãt estoit lors florissant en hõneur et en beaute de toutes choses/mais il se ahontaga presques du tout/et p̃ ainsi herodes monstra ia soy estre meschant ꝙ vil/ꝙ si auoit pauant este renomme ꝙ bieneureux. Or aduit toutesfois que archelaus Roy de capadoce adoulcit ꝙ appaisa aucunement le couroux de herodes et tãt que il deliura son filz alexãdre de la prison ou il estoit enchayne. Apres toutes ces choses dame fortune voult reueillier herodes p̃ vng nouueau assault/car de la cite de tracõne saillit ꝙ se assembla vne grãt quãtite de larrons qui p̃ violentes armes assaillirent herodes et son royaume. Et pource que vng meschief ne vient iamais tout seul/auec le premier suruit vng autre secõd car vng noble arabien appelle silleus a qui herodes reffusa dõner a femme sa seur salomina lors estãt femme desue/cestuy silleus fist appeller parde uant lempereur octouien le Roy herodes comme coulpable daucuns enormes crimes/mais escoute comment fortune longuement essoche ꝙ esbrãle vng homme ains que elle le trebuche ne abate du tout/car herodes nettoia son pays des larrons qui lauoiẽt enuahy & herodes aussi se purga des crimes contre soy opposez & si recoura la grace de lēpereur octouien. Et apres q̃ silleus laccuseur fut condemne. Octouien donna plaine auctorite & licence a herodes quil peust faire des perzonnes & des biens des enfãs tout ce quil lui sembleroit estre iuste & bon, et apres herodes partit de romme, et ainsi quil fut retourne en son royaume une aspre discencion nasqt̃ entre lui & ses enfans pour le faulx & hortement dung hõme lacedemonois appelle hericles, & pour cause de ceste discencion herodes cuidant que ses enfans veillassent a le destruire, il qui pour lors estoit en la cite cesaree condemna a mourir aristobolus et alexandre ses deux filz, dont les iuifz furent tresdoulens, puis herodes envoya ses deux filz en la cite sebasten, & illec par son commandement furẽt pendus & estranglez a deux laqz. Si tost que herodes vielart & maleureux eut acomplye ceste cruaulte il considera en soy la noble lignee de ses enfans par lui occis & mors ainsi cõme dit est. Et adonc mais trop tart il se tourna en pitie plus ou dommaige de soy, que en laide de ses enfãs ia tuez. Il adonc tourna toute sa hayne contre son filz anthipater qui lauoit enhorte a occire ses enfans. Depuis doncques que herodes eut fait mourir par venin son frere ferioras, il cõmanda que son filz anthipater fut en clos & garde en prison. Et lors herodes accueilly & tourmente par griefz & nupsables soingz, fut surprins dune orde & cruellle maladie car il eut p tout le corps une continuelle & tempstueuse rouigne dont les vers bouillonnoient comme fait le sablon, ou fons de la source dune fontaine vine. Quant herodes vit amonceller p chacune partie de son corps les vers bouillonnans, ausquelz il ne pouoit contrester a secourir par medicines qlconque, il selon le conseil des medecins fist faire ung baing de alpalte q̃ len nomme baing de trep des oilles & de eaue chaulde & de huyle tiede pour soy baigner cuidant p tel remede querir sante de sa maladie, mais quant il congneut que cestuy remede ne autre ne luy proufitoit en riens, il adonc pensa quil se conuenoit tost mourir. Affin doncques que les iuifz generallement & en publicque feissẽt larmes et douleurs le iour de ses exeques & il q̃ bien sauoit soy estre haineux aux iuifz pourpẽsa une nouuelle maniere de cruaulte, car herodes p mandemẽt fist cõuoquer et assembler tous les nobles de toutes ses puices & les plus nobles de entre eulx il cõmanda estre diligẽmẽt gardez & a sa seur salomina il enioignit q̃ aussi cõe tadis il auoit cruellement fait occire cẽt quarãtequatre mil enfanteletz innocẽs quant iesus le filz de dieu nasquit. Aussi si tost q̃ Herodes seroit mort tous les aagiez nobles hõmes q̃ salomina gardoit fussent tuez sans respit. Et affin que salomina ne faillist a trouuer assez varletz & bourreaux pour occire ses nobles hões iuifz herodes p maniere de laiz en son testamẽt laissa certaine sõme de deniers aux bourreaux q̃ occiroiẽt les nobles dessusdictz. Aps ces choses ainsi fictes & dictes pour ce q̃ herodes vit q̃ sa maladie le tourmẽtoit trop griefuemẽt & lõguemẽt il ordõna en sa pẽsee q̃ p haster sa mort il mettroit fin a ses tourmẽs. Et certain est q̃ herodes eust soymesmes tresperce dune espee se archelaus sõ amy ne eust cõtregarde & retenu le coup. Or me di tu q̃ as memoire & raison q̃lle ifortũe ou q̃lle mescheãce pourrois tu desirer contre aucũ hõme q̃ pour qlcõque cause il soit cõstraint p si grãt douleur, que il desire et esforce perdre soymesmes & toutes les choses mõdaines que il a acquises

par longs et grans trauaulx. Tu qui as
payson et memoire ſoy et congnois
que herodes qui nauoit peu eſtre vain
cu ne deſconfiſt par les armes des a
rabies/ne par les accuſacions des iuifz
ne par les eſpies de ſes parens ne par
perilz de mer/ne de terre/il fut vain
cu et deſconfit par la violence de ſa ma
ladie tellement que herodes voulant
ſoy de plain gre tuer ſefforca tollir a
ſoymeſme ſa vie quil auoit ſouuent
pachatee par pluſieurs dons dor et dar
gent/par maintes occiſions de pro
pres parēs/par pluſieurs murtres dau
tres hōmes/et par la treſgrāt diligen
ce de ſes varletz et ſerges armez veil
lans nuyt et iour enuirō ſoy. Et qui
plus eſt herodes ſoy voulant tuer ſef
forca oſter a ſoymeſme le royaume
de iudee que il auoit longuement cō
quis et garder par treſgrans trauaulx
Herodes doncques cheut en la ſouue
raine maleurte apꝭ ce que il eut ouy
le cry de pluſieurs ſes parens et ſer
uiteurs que les medecins eſtoient de
opiniō que briefuemēt il mouroit / il
vint a ſa cōgnoiſſance que ſon filz an
thipater efforcoit ſoy oſter des chay
nes et de ſaillr hors de la priſon ou il
eſtoit lye/herodes pſeurāt en ſa cru
aulte cōmāda que le noble āthipater
ſon filz fuſt occis/auſſi cōe ſe herodes
vouſiſt deuāt ſoy enuoyer en enfer
vng meſſaigier qui aux diables dēō
caſt ſa venue/car cinq iours apres la
mort du iouuēceau anthipater le roy
herodes ſon pere miſerablement mou
rut et fut honeſtemēt enſeuely par ar
ihelaus ſō filz pour cōſideracion des
oeuures vertueuſes q̄ herodes auoit
faictes ou tēps paſſe/et nō mie po le
regart de la cruaulte en quoy herodes
continua iuſq̄s en la fin de ſa vie.

De Boccace

Le .iii.e chapitre cōtient en
brief les cas de anthipas et ar
chelaus enfans de herodes
roy de iudee nobles male u
reux et le debat de tiberius et
de caligula empereurs et de
meſſalina femme de claudius
empereur auſſi de rōme et cō
mēce ou latin. Poterā.etc

Pres le compte du miſera
ble cas de herodes roy des
iuifz pource que les choſes tē
porelles ſont ſi deteſtables
et mauldictes q̄ elles engēdrēt et nour
riſſent es hommes appetit/faim et de
ſir ſi grāt quil ne ſe peut ne emplir ne
ſaouler. Je pouoie mettre en mon li
ure pluſieurs exemples en la deteſta
cion et reprouche des choſes mondai
nes/et contre lenrage et inſaoulable
deſir de herodes et des ſemblables a
luy. Si toſt touteſſoiz que ie eu fine
lyſtoire de la mort de ſa puante cha
roigne/tantoſt deux de ſes enfans de
uāt moy ſe preſenterēt plourās leurs
males fortunes. Ceſt aſſauoir arche
laus et herodes qui parauāt fut nom
me āthipas. Ceſtuy noble anthipas
pmierement en ſa cōplainte mōſtroit en
brief auſſi ſon cas. Herodes roy des
iuifz pere cōe dit eſt de āthipas/ordōn
na par teſtament q̄ anthipas por aucun
ſien merite ſuccedaſt au royaume de
iudee par droit heritaige. Anthipas dōc
ques apꝭ la mort de ſon pere herodes
vint p deuers lēpereur octouiē en luy
priāt q̄l le eſtabliſt et courōnaſt roy de
iudee. Octouiē pour q̄lconque cauſe
ne reffuſa pas ſeulemēt eſtablir et cou
rōner anthipas mais octouien apres

pou de t̃eps enuoya anthipas en exil a Sienne vne cite de gaule. Anthipas illec estant en exil esloigne de ses par̃ens (tainsi qui estoit filz du noble et puissant Roy) institue a succeder au Royaume apres pou de iours mourut a Sienne comme priuee personne en doulceur et en misere. Apres le maleureux noble anthipas venoit archelaus second filz de herodes du ql̃ en brief ainsi se compte le cas selon hystoire. Herodes doncqs comme dist est voulut ordõna p son testament que anthipas succedast a la couronne et au Royaume des iuifz et que deux siens autres filz archelaus et philippe eussent ensemble la thetrarquie, cest a dire la quarte partie du royaume de iudee, Octouien voult que archelaº succedast ou royaume ou lieu de anthipas. Or aduint contre archelaus vne mutacion de fortune: car il fust exille et forbanny auec sa femme Herodias, laquelle il auoit ostee a son frere philippe, et par lenhortement de ceste Herodias son mari archelaus qui considera soy forbanny de son royaume vint a romme cuidant obtenir plusieurs et grans choses contre agrippa le filz aristobolus iadis noble iouen̄ceau et souuerain euesque des iuifz. Cestuy aristobolus comme dist est ou chapitre precedent fut euesque de hierusalem et de Royale lignee, par la cruaulte de herodes il fut affondre et noye en soy baygnant dedens vne fontaine. Cestuy aristobolus auoit vng filz appelle agripa, qui du Royaume de iudee dechassa et forbannit archelaus, pour le temps de Tybere qui longuement encloupt et detint archelaus en prison mais apres finable ment il fut deliure de prison qui par lenhortement de herodias sa femme cõe dit est vint a Romme auergayus caligula pour demander a tybere la couronne et le royaume de Judee en

quoy Octouien lauoit institue Roy mais lempereur tibere qui continua la maleurete de archelaus le relega, et bannit en espaigne la ou il vsa meschamment et petitement sa vie iusqs a la fin. il fut tourm̃ete par ennuis et desplaisirs, et contraint a mourir en espaigne qui est vng des angletz du monde, ne ne peut auoir cõgie de retourner en iudee son pays naturel. Entre ces deux nobles maleureux descriptz cy dessus et entre plusieurs q̃ pour diuerses causes se cõplaignoiẽt de fortune iay ouy vng debat de deux empereurs Rommains, cestassauoir de tybere et de caligula qui plaidoient auec la noble messalina fẽme de clau dius tiers empereur de Rõme apres iulius cesar. Pour plainement entendre le debat de ces trois psonnes tybere, caligula, et messalina il est assauoir que en tous ces volumes des cas des nobles qui se diuisent en neuf liures particulieres len y treuue quatre debatz, dont le premier est de atteus et thiestes freres et Roys de micenes ou neufuiesme chapitre du premier liure, le second debat est en cestuy psent chapitre de ce septiesme liure, le tiers debat est de brunichilde femme de sigibert iadis Roy de frãce et est ou premier chapitre du neufuiesme et derrenier liure, le quart debat est ou premier chapitre de luitiesme liure, la ou lacteur de ce liure ple auec frãcois petrax tresrenomme poete floren tin, mais cestuy derrenier debat nest point hystorial si ne contient aucuns cas des nobles maleureux. Jehã boc cace doncques aucteur de ce present volume en chãgant sõ stille voult faire ou premier, ou septiesme et ou neuf uiesme liure de cesdictz volumes trois debatz, affin quil fist l'acompter par les nobles maleureux leurs propres pechiez et vices horribles et infames sur lesquelz ilz pretendent et alleguent excusacions. Et si est plus pertinent que eulx mesmes racomptent de bouche leurs propres pechiez si ors et si cruelz affin que ilz semblent plus vrays et quilz en ayent plus longue honte et greigneur confusion. Et oultre est assauoir que apres iulius cesar qui cinq ans tint lamonarchie du monde, Et par qui les empereurs Romains prindrent leur commencement Octouien succeda et Regna empereur par cinquante six ans, et le xlii.e an de son regne Jesuchrist nasquist. Apres octouien succeda tibere q regna xxiii. ans et soubz qui iesuchrist fut crucifie et resuscite de mort. Apres tybere regna gayus caligula soubz qui sainct mathieu escripuit son euangille ou pays de ytalie. Et apres gayus caligula Regna claudius qui tint lempire par xiii. ans, Et eut vne femme appellee messalina, qui par soy mesmes comptera tantost son cas soubz cestuy claudius saint marc escripuit son euangille. Si tost doncques que ie ouy les debatz de tybere et de caligula et de messalina ie tournay mes yeulx et mon couraige a veoir et consideer leur plaidoirie. Et certain est combien que ces deux empereurs tybere et caligula par semblant portassent habitz et visaiges trescourouces et douleureux toutesfois quant entre eulx qui plouroient aduiserent lemperiere messalina eulx deux oublierent la cause pourquoy ilz estoient venus ensemble. Si commencerent Jnuehir, cestadire parler disfameement et par maniere de reproche lun apres laultre contre messalina, Et vserent de cruelles parolles, Et premierement caligula commeça a parler. Pourquoy dit caligula toy messalina orde gloute et ardante en luxure es tu venue icy ie te demande se tu es venue visiter ces cinq maleureuses nobles femmes plourans dolentes et complaignans

cest assauoir Emilia, Lepida, Liuia, Plantia, et Elia toutes cinq femmes diffamees en luxure, et toutes tes parentes, car premier emilia fut repudiee de son mari qui en signe de reprouche la mist hors dauec lui a tousiours. Il semble messalina q tu te esiouisses pource que as eu en mari lempereur claudius viellart et sobre deuant tous autres hommes. Ou parauenture toy messalina es venue veoir ton fillastre le noble Drusus filz de ton mari claudius lempereur, Lequel Drusus fut estrangle dune poire ou tu meiz le venin, ou tu es venue icy pour veoir claudia mesmement ta fillastre qui pour sa Ribauldie fut gettee hors pson mari et mise deuant luis de sa mere, certes messalina tu es icy venue affin q tu prensisses aucune delectacion des angoisses et meschiefz que nous tous souffrons ici qui somes tes hayneux. Ou parauenture tu es venue icy principalement pour querir des herbes q endorment les hommes comme est le pauot et le opiet et autres medecines affin que tu endormes ton mari claudius lempereur, pource que en veillant il empesche tes puteries, car tu ne redoies pas seullement ton mari endormi par herbes et par medecines, mais tu le endormoies si fort quil sembloit vng corps sans ame. Vray est messalina que lempereur tybere qui apres moy parlera ia tantost na encore peu auoir cognoissance de ton mari claudius qui est noble engorgeur de viandes et de vins, qui chancelle et boitoie en allant. Tybere ne scet pas q claudius ton mary soit du lignage des dieux par les merites de agrippina sa seur et sa Ribaulde. Tybere ne scet pas que claudius ton mari boiue et espuise les grans hanaps plains de pigment en disant ie boy de autant a iupiter le grant dieu, mais dist lempereur caligula Je scay q messalina est encores aguillonnee de luxure tant que elle ne s'en peut saouler. Elle fut iadis si luxurieuse que tressouuent elle se leuoit par nuyt d'empres son mari et laissoit ses robes et ses attours royaulx et prenoit habit de ribaulde publicque, et auec vne seulle chamberiere venoit seoir sur la sellette au bourdeau, et en vne nuit se couchoit soubz tous hommes venans, affin que l'en cuydast que elle fut ribaulde publicque et si receuoit son sallaire et tant que Massalina partoit la derreniere de bourdeau lassee mais non pas saoule tant estoit eschaufee et pourie en luxure. Messalina femme desuergongnee qui voit que les ribaulx se tirent deuers elle est venue icy pour en trouuer plus encores mais ie te dy messalina qui es deluge insaoulable que tu es deceue se tu cuydes que icy soit vng bourdeau, car ce lieu ou nous sommes est vng lieu de miseres. Adonc messalina parla contre tybere et caligula qui ainsi l'atteinnoient. En parlant a eulx elle monstra vng ferme visaige et si vsa d'vn si entier langaige que tu ne penseroies que femme dissolue peust si fermement parler. Certes dist messalina i'ay congneu ce lieu la ou vous estes et qui y repaire, et si scay bien la cause pour quoy vous et les autres y venez ia soit ce que mesmement vous ne m'en dites riens mais ie suis venue en ce lieu auec vous affin que ie plourasse le dur et mauuais cas par quoy fortune me trebusca et dont ie suis encheue en tres laid de mort et en diffame qui iamais ne sera effacee, et si estoie engendree du tres renomme et noble homme Pommain appelle messala du lignaige des empereurs Pommains, mais quant ie escoute voz reproches et ie vous voy courroucez enuers moy et ie considere que vous qui ne estes mie plus netz ne plus blans ne que ie suys, vous a-

uez finé vostre vie par telle fortune comme moy. Car toy tybere as este mort par venim et toy caligula as este occis de tes propres seruans que tu auoyes prins pour la garde de ton corps. Je qui suys moins meschante que vous rendray hardiement conuenables responses aux parolles et reproches que vous me cy dessus opposez en delaissant mes larmes iusques vng pou apres. Et combien que en racomptant mes vices et mes pechiez ie doiue auoir vergongne, touteffois ie confesse que i'ay este mignote et ribaulde, et si ay este couuoiteuse de moy coucher soubz mains hommes. Et combien que cestuy vice soit moult a blasmer en moy. Toutesfoiz aucune excusacion y eschiet. Il me souuient d'une chose qui me delite a recorder, c'est a sauoir que vng astronomien respondit a mon pere Messala, quant il enqueroit de ma natiuite et des inclinacions que le ciel me donnoit. Certes dist cellui astronomien mon beau sire messala quant cestienne fille Messalina fut nee le soleil et la lune auoient leur naissement ou ciel par deuers orient et se esleuoient de bas en hault selon l'essaucement du ciel. Le soleil et la lune estoient ou siege de la balance qui est composee de deux parties, c'est assauoir des piez de la vierge et des bras de l'escorpion qui sont deux estoilles ou ciel. Apres le soleil et la lune venoit la planete de mercure qui tenoit vne estoille que l'en nomme l'ennemy de orion qui est empres les piedz du toreau qui est des douze signes du zodiaque. Et la planete venus auoit son cours par le milieu du ciel, et si estoit conioincte a la planete de mars son amy. Et la planete de Jupiter qui est ou signe des poissons gouuernoit le tournoiement du ciel iusques en la nuyt tresparfonde qui est a dou

f i

ze heures apres midi. Et aussi faisoit la planete de saturne q̃ de soy est mauuaise et demouroit ou signe de ganimedes que len nõme aquarius. Et selon les planetes et les signes dessusdictz il sembloit que tout le ciel tombast en la planete Venus/ cest adire q̃ Venus auoit la seignourie et linfluance en ce monde/plus que quelconques aultres planetes ou estoilles du ciel. Je suis doncques nee soubz telle constellaciõ que le ciel me constraint aux oeuures de luxure/ẽ cõbien que le vice de luxure soit abhomiable en moy/touteffois cest ũg vice naturel/car ia soit ce que aucuns vaillans hõmes veullent dire que le vice de luxure peut estre surmõte et restraint p̃ vertu de fort couraige/laquelle chose est vraye/touteffoiz se ie qui suis une femmette ay peche en luxure/ie me puis excuser par le fort hercules qui par luxure fut vaincu et desconfit/ car comme dient les poetes qui escripuent de hercules les dieux luy ottroient quil soustenist et portast le ciel sur ses espaules/ et touteffois les dieux ne luy donnerent ne ne voulsrent ottroyer si grans force⁵ q̃l peust surmonter ne vaincre luxure/ ie suis doncques vaincue par telle force cõme fut hercules/cestassauoir par luxure. Mais o vous Tybere et caligula se Scipion laffricain et caton qui tant furent netz et chastes opposassent contre moy ce que vous opposez par iuste raison me deusse taire. Et aussi se ie eusse dit que en chastete ie ressemblasse sulpicia la femme de flaccus ou la femme de oriagontes ou lucresse lancienne de ces troys q̃ furent treschastes en corps et en pensee/ie me deusse taire et vous peussiez iustement former debat contre moy/Mais ie vous voy tous deux qui estes reprouchez et diffamez de la diuine lignie de Julius cesar/

pour quoy dictes me desprisez vous par voz villeneux diffames/affin dõques que ie melance ẽ reboute contre vous deux le blasme et la diffame que vous opposez cõtre moy/ie vueil aussi enuahir cõtre vous. Et premierement toy caligula tresmauuaiz iouuenceau et filz indigne du noble germanicus homme trespiteux et bon/ Je vueil q̃ te souuiengne dune chose qui est trescongneue et manifeste a tous hommes/cestassauoir quelles choses tu aies fait a ces trois nobles seurs Agrippine/ Drusille/ et linille/ car tu te laissas tellement tresbucher en la dommageuse chaleur de luxure que tu les corrumpiz charnellemẽt et puis les enuoyas en exil. Et apres par ton commãdement elles estans en exil furent cruellement occies Et si est chose assez maiseste a nous quelles choses ẽ comment tu aies moult souuent faict contre les tresbonnestes matrones rommaines/car une fois soubz couleur et semblance de les vouloir espouser/ẽ autreffois par violence et a force tu les as par ta luxure prinses et ordoyez mesmemẽt en la presẽce de leurs mariz/ lesquelz auecques leurs femmes toy comme traittre les auoyes semons a disner auec toy/mais en delaissant ceste chose ie viens amoindry et excuser mes vices et pour aggrauer et accuser les tiens car se tu dis contre moy que ie mettoie deuant claudius mon mari lempereur les grans hanaps plains de vins affaitez. affin que ie le meisse en desir de dormir/ ie replicque contre toy que tu assemblas de toutes pars les venins et les poisons affin q̃ tu confondisses ẽ tuasses tresout tu main lignage/ Car apres ta mort on treuue estre tes secretes choses deux petiz liures/a lũ tu metz nom pugio/ cest dague/ A laultre liure tu metz nom gladius cest espee. Et ces deux motz pugio et gladius sont deux nõs de serpens venimeux, et en ces deux tiens liures estoiẽt contenus les nõs de ceulx q̃ tu auoies destinez a mourir, les plus esseuz et meilleurs hommes des trois estatz, cestassauoir des senateurs et des cheualiers rommains Len trouua aussi es lieux secretz de ton palaiz vne arche plaine de plusieurs et diuers venins, esquelz si tost que ilz furent gettez les eaues de la mer furent si empoisonnees q̃ grant mortalite de poissons sen ensuyuit et les getta hors la mer ca et la par les riuages. Je couuoitoie que mon mary Claudius fut fort et longuement endormi, affin que par plus grant bãdon ie entendisse a la chaleur de luxure. Tu couuoitoies que tous tes citoiens fors vng seul fussent mors affin que par vng seul coup tu peusses accomplir la cruaulte de toy qui desiroies la mort de tout lumain lignage. Se tu eusses regarde les choses q̃ sõt en toy tu ne deuoies mie si orgueilleusement ne si felonnement rebeler contre moy meschante femme. Certes o caligula iustice et raison veult q̃ vng homme purge et nettoie sõ propre vice et diffame ains quil accuse les estranges vices et diffames. Je donc ques messalina q̃ autreffois te reprẽdray de tes vices iay vng desir qui me tire a parler contre tybere qui est vng trespuant vielart. Je vueil donc ques tybere qui es homme tresrendome que tu me dies pour quoy tu reprins nagueres mes folies par si grãt et si affectee genglerie, dy moy sil ne te souuient pas quelles choses tu fiz en celle isle de champaigne que len nomme caprea Car apres que tu fuz esleu empereur tu esseuz celle isle por toy destourner et respondre a viure en oysiueté et en paresce. Et en celle isle tu feiz boutique de luxure de gloutonnie et de plusieurs aultres ordures. O vaillant plaidoieur qui te debas des mignoties des femmes ne feiz tu pas en lisle caprea les ordures et les mignoties de luxure contre le droit vsaige de nature ne feiz tu pas amaz de ribauldelles que feiz cerchier par tout et de tous ribaulx, et plusieurs autres trouueurs de nouuelles manieres de luxurier tu meiz nom a ces ribaulx spurelz et les regardoies faire le mestier de luxure, et pour faire tendre et drecer les nerfz et les veines de ton corps, et pour toy dõner appetit qui couuoitoies faire ce q̃ tu ne pouoies pas pour la tresgrant foiblesse des forces et des vertuz de ton corps car griefue chose ce estoit q̃ tant de ordures et de maulx se feissent hors sans toy. Dy moy tresort vielart tybere ne est il pas vray, que toy qui ne estoies pas digne de estre en compaignie de hommes, habitas presques tout seul par toute lisle de caprea. Tu demouroies es bois, es forestz, es lieux mescongneuz et estranges, tu emplissoies toutte celle isle de caues et de destours de lieux secretz a faire toute luxure, mesmement deffendue, tu meiz en tous ces lieux toutes les choses qui aydent a exercer le puant vice de luxure, puis si comblas ces lieux de femmes et de hommes de prime barbe. Toy tybere ort vieillart et deslaue feiz ces choses, affin que tu qui tendoies communement a luxure, veisses ceulx qui ribauldoient, et par ce tu fusses semons a luxure, mais que tes forces et tes vertuz souffifent a faire les ribaudies que tu opposes ia par moy estre faictes. Ou temps que te messalina estoie ieune et ardant en luxure. Je secretement queroie les bourdeaulx en habit estrange et contrefait Mais tu qui estoies vieillart et froit tu habitoies publiquement par tout le iour es bois et es cauernes de lisle

f ii

capzea. Dy moy tresmechant tybere pourquoy ne as tu regarde a toy mesmes ῷ a tes faiz/ains que tu me opposasses mes ribauldies car se tu eusses regarde toy mesmes ῷ tes faiz tu eusses clerement apparceu que tu disoies contre toy toutes les crimes ῷ diffamez que tu contre moy opposas / mais se soubz tybere ῷ caligula soulez parauenture reprendre les vices de ma luxure pour tant que vous affermes ῷ chastete est le seul ῷ principal tresor des femmes/si dites que si tost que p ribauldie le tresor de chastete est perdue/ les femmes pour neant trauaillent au retrouuer. Je dy que il ne aduient pas que toutes femmes gardent le tresor de chastete ῷ aussi sont tressouuent reputees infames pour faire celle chose dont elles ne accomply uent pas la tache de infamie par ce que aucunes secretes causes excusent leur pechie. Je pourroie auoir aucunes raisons contre vous en ceste maniere se Je la vouloie demener plus longuement/mais ia ne soit que ie confesse que sans encourir le vice de infamie aucun homme puisse licitement poursuyuir cause quelconque ou preiudice des vertus diuines ou morales/Car se aucuns confessoient verite soubz ceulx tybere et caligula ne estes pas seullement coulpables ou perhie de luxure. Car vous estes en tachiez de si grant tricherie et mauuaistie ῷ onques ne fut oupe si grant il nest mestier que icy Paconte comment des ta ieunesse tu as este paresseux ῷ opsif et ententif a engorger les vins ῷ les viandes/ et tant que len te appelle communement a sa cite de Pomme Liberius claudius nero/cest adire prince du vin/boiteulx et vine tier/ainsi te appelloit on qui pour la paillardie de toy/affin de boyre les riches vins ῷ mener vie paillarde ῷ des honneste tu te destournas en lisle de

Podes. Et affin que tu confesses ce ῷ ie diray ῷ que a mes parolles ne faillent aultres tesmoingz ie vueil que p toy mesmes tu regardes la soyf que tousiours tu as eue a espandre sang humain selon la naturelle mauuaistie de ton couraige. Et deuant tous ceulx contre qui tu as este cruel Je vueil que tu regardes le noble asino orateur ῷ Petoricien de nostre cite de Pomme/lequel apres plusieurs tourmens tu commandas estre froisse et detrenche par pieces ῷ si nauoies de ce faire aulcune aultre cause fors la soulente de ton cruel couraige/toutesfoiz en cestuy Asinus pour lors estoit toute la beaulte ῷ la lumiere de science rethorique. Je vueil aussi que tu regardes que tu feiz contre Nonomus noble roy des parthois qui par discencion de ses hommes fut hors boute de son royaume. Cestuy Nonomus en soy complaignant de ta cruaulte et de fortune ne mauldissoit pas tant seullement sa male auenture/mais il te mauldissoit pour ce que quant il senfouyt de son pays de parthie/il se retrahit ou pays de Anthioche soubz la foy ῷ seurte des rommains/tu le feiz priuer ῷ desrober de son tresor/par lauarice de toy qui oncques ne fut saoule/ῷ tant feiz que le noble ῷ riche roy Nonomus deuint mendiant ῷ poure. Et quant apres nonomus se vit desnue de toute esperance de recouurer son royaume il par la cruaulte de toy mourut de mort cruelle. Et se tu esparpilles tes yeulx tu verras la noble agrippina ta bruz meschante ῷ plourant pour la cruaulte de toy car tu oultrageusement laccusas ῷ estoit femme incestee de tout crisme ῷ tant ῷ a vne foiz elle fut contraicte decourir a refuge a lymaige de lempereur oct ouie ou lors estoit le commun refuge de seurte ῷ de franchise ato⁹ feuillet	LC xi

Et l'autre des fois agrippina fut cō-
trainte soy retraire a refuge par de-
uers l'ost des Rōmains. Et se tu esp-
pilles tes yeulx tu verras qmēt tuba-
nis a tort la noble agrippina en la ci-
te pēdatariō,/ῷ illec la feiz tant batre
et tourmenter quelle perdit vng oeil
Et finablemēt pour ce qlle pēsa soy
occire p aucunes secretz moyens affin
deschapper les ennuys ῷ tourmēs q
tu luy faisoyes, tu cuz enuye quelle
neschappast la longueur de tes vil-
lenies p ce quelle vouloit abreger sa
vie en soy tuāt par lōgue abstinence
de menger, tu te efforcas bouter la
viande en sa bouche, affin de alonger
la vie delle qui ia estoit preste de mou-
rir, mais tō effort pas ne la fist men-
ger, ῷ ainsi fina sa poure et doulou-
reuse vie, par quoy tu esprouuas que
tu pouoies dōner la mort a plusieurs
par telz moyens, mais tu ne pouoies
donner ne alonger la vie daucū hō-
me: Certes tybere iay pitie de nero
et de drusus nobles enfās de tō filz
adoptif germanicus pere du maul-
uaiz iouenceau caligula de q estoiēt
freres nero ῷ drusus, ῷ lesquelz ie voy
derriere mō dos plourās leurs dures
destinees. Nero ῷ drusus diēt pmie-
remēt q tu les diffamas a tort en di-
uerses manieres p lēuie q tu pris po'
le peuple rōmain q fist solēnelz deux
sacrifices ῷ pierres aux dieux pour le
salut de nero et de drusus lors greuez
de maladie, a qui les dieux rendirēt
la sante. Et apres tu des'opaument
les accusas de crime par deuers les
senateurs par tes faulses lettres, et
tant que par ta poursuite ilz furēt iu-
gez ennemis de la chose publicque,
et a la fin tu les pourmenas a tant q
Nero tō frere qui par ta cruaulte fut
banny ou royaume de ponthus il
mourut miserablement illec Et aus-
si comme aucuns hystoriens dient tō
frere drusus tua soy mesmes dedēs

vne chābre du palaiz iperial, po' la pa-
our ql eut de ce q tu lui feiz mōstrer p
le bourreau vng laqs ῷ vne chaine, ῷ
p tō cōmādemēt le menassoit de pren-
dre cōble que autres histores dient q
depuis que toutes vitailles p ton cō-
mādement luy furēt ostees tu le fis
tirer hors de son lit ῷ le mettre a tour-
ment, puis le cōstraignis de mēgier
mais t'n'e voulut, ains aima mieulx
mourir. Mais encores mōstras tu le
cōble de ta cruaulte Car ia soit ce
que les courroux ῷ haynes cessent en-
tre les hommes quāt leurs hayneux
et ennemys sont mors, Toutesfois
tu feiz les membres de ces deux fre-
res Nero et Drusus ia mors de fain
espandre et getter en tans et en si di-
uers lieux que oncques homme ne le
peut recueillir ne rassembler pour le
mettre en tombeaux. Et tu empe-
reur Tybere viellart ῷ plain de mau-
uaistez des ton enfance, tu opposes
contre moy que ie baillay a mon ma-
ri Claudius a menger champignons
et a boire vins affaictez, Et semble
que ie ne saiche tes faitz. Mais oy
moy qui est celuy qui ne scet cōment
tu as faict tuer ton frere Germanic'
noble et expert cheualier en bataille
Car tu le feiz empoisonner par gay-
us piso lors estant prefectz ῷ gouuer-
neurs de surie, et si estoit ton frere
germanicus tresproufitable a la cho-
se publicque, et moult ayme du peu-
ple ῷ des senateurs de romme. Qui
est aussi celuy qui ne saiche que tu ay-
es fait mourir par venim ton aultre
frere drusus, ῷ si allas alenterremēt
de son corps en grant humilite fein-
te en larmes et en robes de dueil. ie
messalina deceuoye par bruuaiges
mon mary Claudius, affin tandis
quil dormoit ie acomplisse mes de-
sirs en luxure, Mais tu mauluais
viellart tybere faisoyes mourir tes
freres par venim, ie mocquoye mon

f iii

m dricornart et paresceux/mais tu occisoies les senateurs tresvaillans et tressaiges. Certes tybere cest cruelle pestilence et que len doit a droit mauldire par mortelles pestilences de polles de veoir ung frere faire cruaulte a son propre frere. Les freres entre eulx mesmement ains qlz nasqssent furent engendrez dun mesme sang par ung mesme pere et une mesme mere. Si tost que les freres sont nez Jlz habitent en une mesme maison. Jlz sont nourriz par semblable diligence de pere et de mere/Jlz sont repeuz de semblables vitailles/ilz sont instruiz en pareilles meurs et ensemblable discipline/entre les freres commencēt les amistiez des le commencement de leur vie. Les bestes sauuages qui sont nees de diuers ventres puis qlles soient dune mesme espece deffendent et gardent lun lautre contre les autres bestes/mais les hommes a q dieu et nature ont donne raison osent nonpas tant seulement atteinner et esmouoir les couraiges de leurs freres/mais mesmement les freres sōt cruaulte lun contre lautre qui plꝰ est mauldicte chose et plus detestable q dhommes estrangers contre aultres/ mais ie retourne a toy vielart tybere mais ie croy que paroles me fauldrōt se ie vueil racompter toutes tes cruaultez. En nostre cite de Pomme est le temple de ianus lun de noz dieux ertes ie vouldroie que ianus maintenant se leuast pour compter sa cause contre toy/car mauuaiz vielart tybere violeur et despriseur de religion publicque tu destochas les ymaiges de ianus/et apres commandas q les bourreaux les trainassent a crocs de sens leaue du tybre. viennent aussi dire contre toy leur cause les hommes/lesquelz pour acomplir ta cruaulte tu trebuchas des haulz rochiers a terre Apres ce que tu les euz tor

mentez et batuz quant tu luxurioies en lisle capree. Et certes tybere me souffist que iaye monstre en briefues paroles que ie te congnoiz assez/et si me souffist que iaye assez mōstre que tes iniquitez naissent de ton couraige/et les miennes naiscent de monpropre corps. Tes iniquitez sont appensemēt faictes mais les miēnes sont contraittes par linclinacion des estoiles. Tes iniquitez sont dōmageuses a lumain lignage mais les miēnes ne sont dommageuses a aucū fors que a la chastete de moy. Je messalina fu occie plle commandement de lempereur claudius monmari mais tybere ort vielart enclin a luxure et q coutoioies luxurier les fēmes et si ne y pouoies riens faire tu fus tue dedēs les puans bordeaulx entre les ribaulx et entre les ribauldes. Or penses donc que tybere quelz reproches tu diras contre moy qui suis femme/Tu par aduanture me opposeras le peche de luxure qui est le commun vice a toutes femmes/ Mais en parlant a toy/ tybere vielart luxurieux et murtrier dhommes ie vueil encores reprendre les vices de lempereur caligula pour lors quil estoit orgueilleux iouuencau et en luy reprenant ie le vueil ferir de tel iauelot comme ie tay feru. Je doncques te prie empereur caligula que maintenant tu me dies ou est celle gloire que tu auoies qui ia est tournee en derision et mocquerie/ en mauldisson et en vanite/ car pour le regart de ta gloire vaine mocquable et mauldicte tu fus si oultrageux et cruel que durant ta vie tu feignis que tu fusses dieu/et si souffriz que len te fist temples et ymaiges/et que len sacrifiast bestes/ Et que len te offrist prieres et oroisons en inuocant ton nom/et en toy adourant/ Mais aussi comme ie voy ta gloire est si abaissee que tu ne as autre plusgrant office fors que de racompter ma luxu̅re entre les meschās. Parle a moy caligula qui as si courtoise taisiblete. Di moy pour quoy ie te voy si soub dainemēt abatu des autelz ou tu estoies esleue en ymages et du ciel ⁊ de la cōpaignie des dieux la ou tu disoies auoir ta demourance/car ie te voy abatu entre vng grant tas despees de tes propres varletz qui te tuerēt a iu ste cause. Et aṕs ie te voy abatu en cestui enfer plain de miseres en quoy tu me diffames ⁊ ronges. Ie croy que les dieux castor et pollux ou milieu desquelz tu estoies assiz ou ciel tont gette hors de ton ancienne possessiō du ciel ou tu estoies heberge. Ie cui de que le dieu iupiter capitolin ne te ont peu souffrir plus longuemēt/po̅r ce q̅ par tes parolles tu les ateinoyes en leur mettāt sus/quilz estoient las ches ⁊ paresceux. Dy moy caligula leq̅l de tes trois dieux/ou mercure ou mars/ou minerue ta arrachie des oreilles de iupiter auec qui tu conseil loies tes besongnes. Certes caligu la se len ta arrachie des oreilles de iu piter ce na pas este a tort car depuis que tu as longuement conseille auec le dieu iupiter tu as aduise de toy au cuneffois petraire po̅r vaquer au pu fit de la chose publicque ⁊ pour toy acquerir perpetuel honneur. Et affi de esleuer ton nom tu commandas a tes serges quilz se armassent et occi sissent despees ton frere nero qui de toy ne se doubtoit. Toy aussi feiz oc cire ton sire le noble sillan⁹ ⁊ pthe lomee le filz du roy iuba ton cousin de par selene la fille de anthoine. Toy aussi feiz occire plusieu̅rs noble̅s senateurs ⁊ consulz preteurs ⁊ plu sieurs autres hommes rommains/ tu feiz aucueffois fermer les greniers publicques/par quoy le peuple de ro me fut si cōtrait de fai q̅ p̅ls̅e les gēs mēgeoiēt leurs mēbres cōe fist le no

ble au sitho/sōt le cas est descript ou cinquiesme chapitre du p̅remier liure O caligula tresnōble pere ⁊ gouuer neur du pays nous voyons q̅ ainsy sōt les peres a leurs enfās par la trop grant amour q̅lz ont a eulx/car tu ay mas mieulx que les rommains tesen fans fussent tuez ⁊ mors par faim cer taine ⁊ aduisee par toy que ce q̅lz fus sent essoynez a autres cas de fortune doubteuse. Dy moy caligula se le dieu iupiter ou sa seur la deesse iuno te donna le conseil de faire telles cru aultez ie croy que la deesse venus te donna ce conseil affin que tu venisses en la bien vueillāce de tes hōmes sub gectz/ie croy aussi que la deesse venu͛s te donna le conseil de murtrir les se nateurs/les consulz/les preteurs/ et les autres rommains malgre eulx/af fin que les enfans veissent les tour mens ⁊ les mors de leurs peres. Et auec ce ie croy que la deesse venus te conseilla que tu getasses aux bestes sauuaiges les hōmes innocēs et coul pables/⁊ que en ton temps tu paias ses les emprunts a la chose publicque et que tu escriuisses ces deux beaux li ures que mon mary claudius trouua apres ta mort/car lun de ces deux li ures comme iay dit auoit nom espee/ et lautre dague/lesq̅lz liures tesmoi gnerent ta debonnairete/mais les di eux que tu desprisas par ta forsenerie ont veu ce que tu feiz. Et eulx q̅ plus regarderent linnocēce de ceulx que tu occis ⁊ persecutas ⁊ que tous les tour mens que tu auoies dessezui iceulx dieux ont legieremēt permis que tu fusses trespercé ⁊ occis des espees de tes propres seruās/mais escoute cali gula car puisque tu nes pas encore ba tu par si grief tourment cōme tu deus ses/ie vueil q̅ tu regardes vers ta se nestre mai ⁊ illec verras ta tresamee femme cesonia/laquelle tu feiz occire et effroissurer par lespee dun tien cent

f iiii

turion. Tu verras ta fille la noble Drusilla plourãt sa male fortune, car tu la feis getter & froisser contre ung mur affin que de tous les enfans que tu auoies engendrez ung tout seul ne demourast en vie/& pour ce q ie vueil taire & celer vos autres vices et cruaultez ie vous prie caligula & tybere qui pas seullement ne estes malcureux hommes, ains estes asnes sauuaiges & en vous deux est la perpetuelle honte & le reporche de la divine maison & lignie de iulius cesar, dites moy en quel pays sont hebergees & logees vos ames apres ce que vous auez delaissees voz puantes charongnes, dites moy se caron le nautonnier denfer vous a souffert monter sur la nef pour trãsnager celle palus desfer que len appelle stix, dites moy se radamentus le grãt iuge denfer et minos le maistre des enqstes ont este enuers vous si paciens que ilz aient peu escouter voz cruaultez & voz vices. Dites moy se carus le cruel punisseur des ames desfer a peu pourpẽser peines ne tourmẽs assez dignes selon voz desloyaultez & crimes. flegeton ce fleuue desfer q art en souffre et en feu & la palus stix obscure & plaine de horribles bestes ne souffiset pas a punir voz pechiez vous deux estes abhominables aux quatre furies desfer. et pareillement a plutole roy denfer. Tous ceulx q sont en enfer seuffrent peines en regardãt voz visaiges. Allez vous en doncques tresmaleureuses bestes sauuaiges en ce tourment desfer que vous auez desserui et vous mesmes aprenes a nettoier voz propres pechiez, ains q vous repreniez les estranges. Apres ce q messalina eut racompte ces choses vigoureusement et fort ie lescoutay a oreilles ouuertes, et non pas seullement ie les coutay sans ennuy, mais en delectation tresgrant. Adonc ces deux cru

elz hommes caligula et tybere cõfuz & desconfiz se teurent & par leur silence ilz monstrerent q messalina auoit pour soy victoire iceulx donc couurirent leurs testes des somẽtz de leurs oreilles/& commencerent eulx departir dillec. Ainsi comme tybere & caligula sen alloient de deuant messalina/Adonc se apparut lempereurneron surnomme claudius homme de si desnaturelle et si cruelle bestialite que ou monde ne fut onques veu son pareil. Et quant neron vint deuant moy il me sembla quil estoit autre q nestoit quant il receut la courõne de laurier comme se mieulx iouant de harpe & de tous instrumens de corde. Et certes les mauuaistiez de neron sont telles & si grans que deuant celuy qui les recorde len se doit taire de toutes autres mauuaistiez Et pour ce que le abaissement de nero fut aussi grant comme fut lessieuement de luy, ie entreprendray a descripre son cas selon le droit ordre de mon septieme liure

Le quart chapitre contiẽt le cas du maleurcux nero cruel tirant et desloyal q fut sizieme empereur des rommains. Et comment ce ou lati Enobardorũ &c.

An cinquantecinquiesme ãpres la natiuite de iesuchrist & huit cens huit ans apres la fondacion de rõme neron surnõme claudius regna le cinquiesme a pres Iulius cesar. Cestuy neron descendit du lignage nomme des enobardois (les enobardois premierement descendirent dung noble chevalier Rommain appelle domicius enobardus) qui fut noble et resplendissant par offices publiques et par victoires que il obtint en batailles. Cestuy domicius par les mariages des nobles femmes que il eut proceda et vint a tant quil eut a femme la noble agrippine seur germaine de lempereur caligula, et de ces deux mariez domicius et agrippina fut engendre cestuy nero Et certain est que nero fut esleue en la haultesse de lempire par deux moyens, cestassavoir par la subtiltite de sa mere agrippina et par la faveur de fortune aueuglee qui sans difference esleue les mauvaiz comme les bons. Car il advint que neron lors enfant de trois ans fut orphelin de pere par ce que il mourut dune maladie que len appelle eaue enclose entre le cuir et la char. Et agrippine la mere de neron fut envoiee en exil du commandement de lempereur caligula et avec ce Neron qui comme heritier devoit succeder aux biens de domicius son feu pere, il fut de fait prive de la tierce part de ses biens paternelz, et pource fust Neron esleue et nourry en lostel et aux despens de Lepida sa tante, qui adonc estoit femme de assez petite chevance. Or advint finablement que Neron fut institue et ordonne seigneur et empereur de la cite de Romme. Et apres sa mere agrippina fut rappellee de son exil, la magnificence de la personne et de lestat de neron fust moult acreu par la memoire de son ayeul le noble germanicus filz de lempereur Tybere La grandeur et lestat de neron feust si acreue et si grande que lemperiere messalina femme de claudius essaya a faire tuer Neron, pource que il luy sembloit que neron envahist lempire contre britannicus le filz de lempereur claudius et de sa femme messalina Or voult fortune que lemperiere messalina pour lordure de ses ribauldies fust occise par le commandement de lempereur claudius son mari, adonc agrippina fist tant par ses flateries et par ses doulx attraiz, que son oncle Claudius fut surprins et attaint de lamour de agrippina sa niepce. Et les senateurs qui par elle furent subornez constraignirent lempereur claudius tant quil espousa agrippina sa niepce combien quil ne loisist pas selon les loix que loncle espousast sa niepce. Apres peu de temps que ledit nero monta en lonziesme an de son aage claudius son parastre adopta neron par laide et moyen de ladicte agrippina sa mere. Et aussi pour Informer neron et Instruire en toutes bonnes meurs et en sciences approuvees: il fut baille et recommande a senecque homme tresrenome et tresbien enseignees sciences liberaulx, et tresapprouve en oeuvres de vertus: Du quel assez tost cy apres ie diray en brief le cas. Apres doncques que neron eut attaint laage de puberte qui commence a xiiii. ans et fine a xxi. Il print a femme la noble octavia fille de lempereur claudius et de messalina. Et ung peu apres cestuy mariage: claudius par le barat de aggrippina mourut par le venim quil print es champignos, esquelz il se delectoit moult, ainsi comme racomptent aucuns historiens, la mort de claudius fut muree et tenue secrete par aucun temps. Claudius avoit de sa femme messalina ung filz naturel et legitime appelle britanicus, mais neron qui seullement estoit filz adoptif de feu claudius lempereur ne tint compte du noble britannicus a qui de droit appartenoit lepire, car neron lors aage de xvii. ans print pour soy la seignourie du monde/il sembla que neron au commancement de son empire deust estre tresbon prince/ & par ses louables & bonnes œuures: il gaigna moult de la faueur & de lamistie des Rommains. Neron doncques qui pauant auoit este poure enfant et iouuenceau sans dignite et sans publiq office fut aps esleue a la haultesse mondaine et perissable/ & tant que neron eut mesmemt seignourie sur les roys et autres seigneurs du monde. Et nero qui fut en maieste imperialle/il fist et eut en soy aucunes grandes et notables choses par lesquelles il accreut la grandeur de luy & de son empire/ car neron en son enfance aprint & retint p merueilleuse legierete les sept ars liberaulx/ cestassauoir gra maire/ rethorique/ logique/ arismetique/ geometrie/ astronomie/ et musique. Et combien que neron eust lengin tresprompt a aprendre rethorique/ et les tressains enseignemens de philozophie naturelle & morale/ touteffois senecque retrahit et osta neron de lestude de rethorique qui enseigne proprement et bellement parler par quoy len acquiert la grace & biensueillence de ceulx auecques qui on conuerse. Aucuns hystoriens iugent et dient que senecque ne uoult pas q neron estudiast ne aprint la science de rethorique/ affin que senecque par so attourne & doulx langaige fust singulieremt agreable a neron/ mais sa mere agrippina afferma comme femme que lestude de philophie estoit cotraire & nuisible a ung prince/ & pourtant agrippina osta son filz neron de lescolle de philosophie Et certain est que se nerõ eust pseuere en art de poetrie a quoy il se estoit tresparfondement adonne/ il selon le iugement de plusieurs eust este tresrenomme Et hault entre les autres poetes de son temps/ mais neron non obstant son empire ne delaissa pas tellement la science poetique q promptemēt ilz ne fist de son plain gre plusieurs dictiers en vers. Neron aussi escripuit ung liure de poesie contre ung preteur Romain appelle claudius pollio & cestui liure dont la memoire est encores apparent & est intitule lucio. Neron fut singulier & expert en art de paintrie/ et en fictions poetiques/ Il fut notablemēt enseigne en musicque de voix et de instrumens de cordes & de fleustes/ il sceut parfaictement lart & maniere de mener charios & charettes et cheuaulchier toutes bestes portās sõmes/ il fut de corps fort & victorieux appert hardy et prest a tout faire et a tout dire/ il fut dur & perseuerant en quelconque maniere de batailles/ et pource que neron scauoit que les hommes sont leurs renommees par durables par nouuellement decier & construire beaulx & bons ediffices/ neron qui fut trescouuoiteux dauoir nom perpetuel il emploia tresgrãs sõmes de deniers en massõneries & charpenteries et autres ouuraiges/ car neron qui plus adonna sa renommee a forgier murs de pierres que a vertueuses œuures/ Il ediffia a Romme une maison de grandeur si merueilleuse quelle auoit trops mil pas de circuite a lentour ou plus. Neron premierement appella celle maison trãsitoire & pource quelle fut gastee par feu il apres reediffia icelle plus coustageusement et a greigneure despēse quil nauoit parauant/ et en lieu de ce nom transitoire il appella celle maison doree/ et dedens celle maison neron ordonna & fist faire non pas seulement bergiers ne portes/ Mais il y ordonna champs labourables/ pour blez & uignes/ et champs non labourables/ et forestz pour bestes saunaiges. Et dedēs lenceinte de celle maison il fist tuyaulx & fleustes de metaulx pour demener les eaues/Et dedens vng grant estang quil fist illec souyr par pionniers/il emplist de toutes pres-ques especes de poissons (et de oyseaulx et de bestes priuees et sauuages il fist couurir les toitz de celle maisō de tuyles dor (et par merueilleux ou-urage il atourna illec diuerses sales a menger/et chambres a coucher de tables de yuire et de lames dor et de pierres precieuses (et de tres chieres p-les. Et oultre neron adiousta en cel-le maison plusieurs choses de natu-rees et saines qui plus seruoient a lor-de delectacion du corps que a la beau-te de celui edifice. En champaigne de Romme est vne ville que len appel-le Bayes pres du mont mesenus/en celle ville (et ou paye denuiron/nerō se delictoit estre a demourer pourtāt il y fist faire vng viuier a poisson de grandeur si excessiue que pauant tel-le nauoit este veue en celluy viuier. Neron fist pour les eaues entrer et saillir hors grans conduis de pilliers (et de arches de pierre cuite que len ap-pelle brique tant que les eaues veno-ient de la riuiere saruius iusques de-dens le viuier par lespace de quarante mil pas (et auecques ce neron fist pcer les montaignes (et pensa quil pourroit faire chemins soubz terre pour trans-nager de auernus qui est vng lac de champaigne iusques en la cite hostie Et se ie vueil dire voir il nest ia mes-tier de plus longuement entendre ne compter les vertus/ne les gran-desses de lempereur neron. Mais vne chose vraye puis ie escriptray de luy/cestassauoir que ie ne croy pas q oncques homme ait plus ordement abuse de sa tresbonne fortune/ne q fist lempereur neron. Et ainsi cōe Il me semble ie croy q le tressoutil engī q nature auoit ottroye a neron ait e-ste ostoye et puerty par la trop gras-se substance des richesses/des digni

tez/des honneurs/de la puissāce (et de la gloire que fortune luy donna/cest a dire que lengin (et la condicion de ne-ron estoit naturellemēt bonne se for-tune luy eust departy ses dōs escha-rement. Et aussi comme neron hom-me de tres enferme (et muable courage fut deceu par la trop grāt abondāce des cinq biens de fortune. Aussi sont legieremēt deceuz tous hommes qui ont le couraige muable (et enferme Je ne cupde pas aussi que dieu ou fortu-ne pdonnast ou souffrit oncques a au-cun grāt seigneur si longuemēt viure en tresmauuaises meurs comme fist neron sās auoir este pugny par aucu-ne aduersite iusques a la derreniere/ car apres ce que neron eut renouuelle les ieuz acoustumez a Romme/et ql eut aucunemēt corrigeez (et amēdeez les meurs (et les coustumes des citoi-ens Rommains/(et quil eut fait aucu-nes loix tresprofitables au peuple/et eut donnez tres grās priuilleges (et dōs de frāchises (et de liberte aux peuples et aux senateurs/il sembla a neron q par telles choses il eust seurement fe-rme (et estably lestat de son empire Et pour tant neron se laissa trebucher et cheoir pou a pou en vne merueilleuse et abhominable dissolucion de viure car apres ce que neron eut mise ius la grauite (et lonneste maintien appten-āt a homme empereur il sās soy hōtoier ainsi comme sil deust faire (et acques-tez vng grāt proufit a la chose public que il chanta en appert en la place cō-mune/Il debatit (et estriua en sa har-pe auecques les iongleurs de grece (et degypte (et qui plus est laide chose ne-ron monstra comme chantoit habil-lement (et comme saigement il sauoit conduire (et tourner charettes (et chariotz a cheuaux Neron monstra ces ieux entre les ribauldes (et entre les souil-lars (et ribaulx diffamez de toute rom-me Neron aussi moult souuent fist (et

De Boccace

qposa Ditiez et tragedies des faiz des grās seigneurs du monde/ et en iouant ces tragedies des faiz des grans seigneurs neron voyant le peuple de Pōme failloit comme les basteleurs saillent en la place commune ou dedens le theatre/ cest a dire a la place commune ou len racomptoit iadis a Pomme les tragedies ou les comedies des poetes anciens. Et apres ce q̄ neron en chantāt en harpaiāt en saillant en chariāt (z en grimassant auoit gaigne le pris (z obtenu la victoire entre les putains les souillars et les ribaulx de romme/ et des autres pais Neron monte sur ūg chariot estroit dedens Pomme en nouuelle maniere de triumphe/ ainsi comme sil retournast victorieux du pais des sarmatois. Et aucuneffoiz aussi neron apres le degastement du iour en habit deguise et p̄ nuit commencoit discourre et entrer en tauernes/ en bourdeaulx/ et en tous lieux des bonnestes et abandonnant sa personne a peril (z a dangier/ et en faisant villenie a autres. En cestes dissolues et honteuses Neron pseuera sans honte et sās vergongne/ et si fist ces choses secretement et qui pis est en appert et souuent. Et apres ce que neron par abādonneemēt fut tout trebuche (z cheu en gloutonnie et en luxure/ Il se desduisoit en mēger (z en boire pour tousiours engorger de puis le cler midy iusques a obscure nuyt. O bon Dieu iuste et pacient tu a peine souffris que les aspres et diligens cheualiers Pommains en gardant nettete de corps et sobresse de viandes cōqsent la seignourie du monde/ et tu souffris que elle soit deuolue (z tournee entre les mains de neron homme luxurieux et glouton/ car quant Neron homme vague (z oysif venoit de Pomme en la cite de Hostie ou a Bayes/ Il commandoit que par tout

le riuage de la riuiere du tybre fussent faictes tauernes (z notables bouticles garniez de vins de viandes et de ribauldes publicques. neron aussi commanda que enuiron le riuage de la riuiere du tybre de Pomme iusques a hostie (z iusques a Bayes fussent mis (z ordonnez estaulx couuers garniz de nobles dames du pais q̄ appellassent /et semonnissent neron de arriuer et venir par deuers elles. Et certain est que neron ribauldemēt se retraioit deuers elles dont celles dames estoient ordement diffamees Et combien que neron eut premierement espousee octauia noble fille de lempereur claudius / et secondemēt popinia noble femme sabinoise (z tiercement apres la noble flacilia /(z combien que neron continuellement abusast de la compaignie charnelle des nobles iouuenceaulx (z des femmes mariees (z des pucelles /neantmois lempereur Neron comme desprifeur de sa religion publicque osa par viole ce corrumpre rubria une vierge (z nōnain consacree ou temple de la deesse vesta /tant que neron contraignit celle vierge endurer la ribauldie publiquement deuant tous. Et oultre plus neron fist une chose qui est tres laide/ et qui parauenture ne fut autreffois oure /car neron employa tous ses effors a pamener en nature feminine ung iouuenceau nomme spor⁹/ tant que neron qui espris estoit de la descouuenable amour de sporus luy fist trencher les membres genitores par conseil et par art de medecins (z de sirurgiens. Quant doncques neron se vit deceu parce quil ne pouoit pamener sporus en nature feminine Il neantmoins espousa sporus en robes et Joyaulx a la guise et maniere des empereres. Et fist neron la feste des nopces en atour si sollennel cōme il peut. Et si nerō ne fut pas grtēt da

uoir ceste chose a son deshonneur car af
fin q̃ neron fist reprouche et diffame au
pais et a la gent de ytalie. Il pourme
na sporus ainsi attourne en toutes les
assemblees des nobles et du peuple de
grece/et en fist neron la monstre ainsi com
me se ce fust une merueilleuse et desi
rable chose pour la bieneurte de neron
et de lempire de rôme. Neron aps ne se tint
pas a tant, car il q̃ estoit homme masle se
maria côme femme: et print a mari ung hôme
appelle omphar⁹/q̃ auoit este filz du
Villain serf. En la premiere nuyt de
leur desposale et mauldicte luxure/
neron fist telz cris et tres complainctes cõe
font les pucelles quant leurs maris
corrompent leurs virginitez/mais je
croy q̃l nest mestier que ie me arreste
a côter ces choses q̃ sont laides/car il
nest mauuaise ne orde chose pacôtee
de neron que len puisse croire/puis q̃
les ordures et mauuaistiez de luy ont
este si grans/et que len trouue aucuns
historiens q̃ crioient que neron exerca
sa ribauldie auec sa ppre mere agrip
pina. Et il côme ort et desnaturel ri
bault se peustra ou ventre dont il a
uoit este ne auec les faiz dessus escritz
detestables et maulditz. Neron entre
mesla auarice et cruaulte ainsi côme
ie diray apres que ie auray parle de sa
folle largesse que len appelle dicte pro
digalite/car neron fut si prodigue fol
et large q̃l auoit acoustume a pesche a
une raye toute dor dont les cordes
pour la tyrer estoient de fine pourpre
Neron côme fol large auoit acoustu
me de nô vestir par deux fois une mes
me robe il iouoit en ung seul point de
tablier quarāte sextertes dor dõt cha
cun vault deux liures et demie. Ne
ron aussi côme prodigue et fol large auoit
acoustume de ferrer de fers dargent
les piez de ses mulles et mulletz q̃ me
noient ses chariotz/et q̃ portoient ses
littieres/et de faire plusieurs autres
choses trop oultrageusement. Main

tenant viens ie donc a dire comment
neron auec ses autres ordures entre
mesla auarice et cruaulte/car quant
auarice oultre les aultres manieres
de truaiges côe sont gabelles fouai
ges maletostes/peages et autres ser
uitudes qui sont puantes a dieu et a
nature, oultre plusieurs autres sub
uecions q̃ oultre raisõ et droit diui et natu
rel auoient este trouuees par les em
pereurs rômais/et mesmement p̃ nerõ
Il hõe sacrilege desroba les têples des
dieux tant ou pais ditalie côme es au
tres pais estranges en pillāt les yma
ges des dieux faictes dor et darget/et
les autres riches ioyaulx et precieux
ornemēs. finablemēt nero affermāt
quil estoit offendu et auoit desplaisir
tāt pour la deformite et laidure des di
eulx edifices côme pour les fourtoye
mens des chemins trauersās q̃ estoiēt
es rues de la cite de rôme/lesqlz ainsi
côe il disoit il souloit estre reformez
en meilleurs ou en pl⁹ beaulx, il soubz
ceste faulse couleur abandonna a ses
gens toute la cite de pomme a estre
brulee et mise en cēdre p̃ feux boutez a
torches et a fallotz. Et le cruel neron
q̃ estoit en la tour nõmee metouecia
ne faisoit ioie et disoit chāsonnetes en
regardāt le brasemēt de rôme/q̃ du
ra p̃ six iours et sept nuytz. Et tant
fut cruel le cry et le decret de neron q̃ a
rôme nestoit citoien ne autre qlcôque
si hardi q̃ osast secourir ne pouruoir
a ces choses q̃ pissoient ou feu. Apres
donc q̃ le feu fut appaisie et destrait
pour ce q̃l nestoit hôe q̃ eust licence ne
côgie de recueillir ne sauuer les reme
nās de ses choses/nero q̃ en personne
estoit auec les rômais courans de ca
et de la/nôobstāt les esclas du feu/il
mesmes recueilloit lor et largent q̃ le
feu auoit fondu. O las côbien seroit
ce plourable et dure chose escripre par
nôbre les destroches/les arsins/les de
gastemēs des maisõs côsacrees aux

dieux et aux deesses des hōnorables temples adornez des chariotz triumphans destandars de bannieres de penonceaulx descus ꝗ dautres armes couronnees ꝑ enseignes illec offertes p̃ les nobles ducz ꝙ cheualiers Rommains ꝙ obtenu auoiēt les glorieux et les nobles triūphes es pays dytalie: de afriq̄ de grece dasie de gaules / et des autres diuerses pties du monde O las certes plourable ꝙ dure chose seroit dire ꝙ nombrer quans manoirs quans tombeaulx de anciens nobles rōmains ꝙ aussi quans theatres publiques quātes ymaiges anciennes furent lors desrochees arses ꝙ gastees p̃ le feu q̄ nerō mist a rōme Je ne scay q̄ ie die auec les choses dessus escriptes fors q̄ nerō fut empris de si grant cruaulte q̄ hōme viuāt soubz soy oncques ne fust asseur de la cruaulte de luy fut en dormāt ou en veillāt ou p̃ nuit ou p̃ Jour / car entre les autres dānables oeuures de neron il cōposa ung venin dune venimeuse beste pquoy Il empoisonā ꝙ fist mourir son frere le noble britannic⁹ filz de lēpere⁹ claudius ꝙ de sa femme messalina. Et cuident aucuns hystoires que neron ēpoisonna son frere britanic⁹ nōmie seulemēt affin que sō frere britānicus ne tolist a neron la seigneurie de Pomme pour le recort ꝙ memoire q̄ britannic⁹ auoit de sa marastre agripine q̄ auoit empoisonne lempereur claudius par quoy britannicus deoit son estre priue du droit de lempire / mais neron lē poisonnā pour lēuie de sa voix q̄ luy sembloit plus ioyeuse ꝙ pl⁹ habille a dire chancons selon le Jugement de ceulx q̄ notoient les chācōs ꝙ les voix de nerō ꝙ de britanicus. Neron auec ce neut oncques ꝑsideraciō aux merites ꝙ aux biēs faiz dagripine sa mere / p̃ le moyen dē laq̃lle il auoit obtenue la seigneurie de rōme ꝙ aussi il ne eust poīt de regart aux desloyales accoitā

ces charnelles q̄ il auoit eues auec sa mere / ne aux lyās pquoy il cōme filz estoit treseftroictemēt oblige a agrippine sa mere / car pource q̃lle pl⁹ aigrement que nulz autres le reprenoit de ses mauuaises oeuures Il la priua de toute honneur ꝙ de toute administracion que pauant auoit eue / combien que nerō au cōmencement de sō empire luy eut cōmis presques tout le gouuernement de la chose publique aps ce que neron eut ainsi desmise ꝙ priuee sa mere il fist publiqmēt defense q̄ p̃ nuit aucun hōe ne la recueillist en sō hostel / puis neron fist bouter hors sa mere du palaiz toute nue sans auoir regart de pitie telle cōme doit estre ētre le filz ꝙ la mere. finablement neron surprins de paour de pdre la seigneurie du monde p̃ le pourchas de sa mere agrippine p̃ le moyen de la quelle il auoit eue celle seigneurie / Il espia les voyes parquoy il empoisōnast ꝙ fist mourir sa mere mais neron espia pour neant / Et touteffois apres il espia autre maniere de tollir la vie a sa mere agrippine / Car il fist apprester ung engin charge dune grosse pierre / et ordonna au maistre de lengi quil adreçast le trait de la pierre contre la noble agrippine / Affin que elle mourust / mais par le don de dieu ou de fortune elle eschappa le coup. aps ce que le cruel hōme neron eust en vain espiees trois trayteuses voyes de occire sa mere il par faintif visage se reconsilia a sa mere agrippine ꝙ par lettres et messages il lappella ꝙ pria que elle venist de rōme en la cite de puiseaulx ꝙ dilec en la ville de bayes / par deuers neron pour celebrer ꝙ faire les quinquateres de luy. Cestes quinquateres furent iadis cinq solennelles festes / ordonnees par les Rommains en la memoire et souuenance des longs assiegemēs de brenius roy de sens / ꝙ de hannibal duc de cartage qui par assiegement iadis tellement constraignirent les Rommains quilz serrerent leurs portes sãs saillir hors de Romme par longs et certains iours Et pource quilz eschapperent et furẽt deliures de la puissance des francois et des cartaginois leurs ennemys. Les Rommains ordõnerent chacun an cinq iours solennelz et festables appellez quinquateres. Neron doncques soubz umbre de vouloir faire les festes quiquateres manda agrippine sa mere venir a luy par eaue en une nef si foible et si pourrye que de legier elle fust affondree ou pompue p les ondes de la mer/ la mere de nero fut lors presque happee par les flotz de la mer sa nef fut pompue emprés une ville te appellee bayoles et illec agrippina finablement arriua sans peril. Neron adonc saychant la venue de sa mere enuoya ung sien centurion bourreau/au quel il commanda ql le fust occie. Et affin que neron veist sa mere ainsi tuee/ il vint de la cite brapes au village de bayoles et sigrãt fut la cruaulte de neron que sans larmes sans souspir sans signes de douleur il regarda et tint desireemẽt toꝰ les membres de sa mere gesant morte descoulource et ouuerte. Neron a lune des foiz louoit aucuns de ses membres et autreffoiz les aucuns il blasmoit/et si veopt les amps et parẽs de sa mere qui a lẽuiron estoiẽt plourãs et douloureux. Or aduint tandis q le bourreau monstroit a neron les mẽbres de sa mere une soif suruit au bourreau et demanda a boyre. Neron nõmie cõme filz mais cõme beste cruelle ensanglante et ort du sang de sa bõne mere quil regardoit morte/ il demãda et prit le vin et but en disãt elle fut belle et apres la cruelle et piteable mort de la noble agrippine/ neron sõ desloyal filz fut surpris de lamour dune noble fẽme sabinoise nõmee popia tant q neron pour elle laissa octauia sa fẽme pour ce ainsi cõme il disoit quelle estoit brehaigne/et de ceste chose les senateurs et le peuple furẽt mal contẽs et indignez cõtre neron q tãtost prit a femme popia en lieu doctauia. Neron nõ qtẽt dauoir repudiee sa femme octauia il la bãnit pource qlle se cõplaignoit du grief q luy faysoit nerõ/ qui derrenierement commanda qlle fust occie enaccusãt icelle iniustemẽt du crime dauoultrie. Aps ces choses nero fist mourir en chaux uiue son autre fẽme la noble popia et depuis semblablement il fist occire la noble octauia fille de feu lempereur claudiꝰ pource qlle se ressusa a prẽdre en mariage/ Et affin q ie dye brieuemẽt tous les homicides de neron/certain est q de toꝰ ses prchais parẽs et amys charnelz il nen garda ung tout seul quil ne les occist tous/et nero ne les tua pas seulement mais il les fist vifz escorcher/ et les constraignit mourir par diuers tourmens/lesquelz il mesme proposa et entre les prochains de nero estoit le noble plancius fort preu vaillant iouuẽceau que nero fist mourir en affermãt contre luy que agrippine laymoit moult et quelle luy auoit promis faire auoir p son moyen et ayde la seigneurie de rõme. Semblablement neron fist mourir sõ filiastre rufius noble iouuenceau et filz de popia iadis sa fẽme car nezon espia ung iour q ruliꝰ sõ filiastre peschoit en ung bateau sur mer/si cõmãda secretement neron ql fust gette en mer et ainsi il fut fait et mourut. Neron aussi p ung medecin fist trencher les vaines du bras et mar cue filz dun noble Rommain appelle lucius melas/pource q neron luy ẏposoit estre coulpable et conuaicu dune cõturacion ql disoit auoir este bastie et complotee cõtre luy p piso noble cheualier rõmain. Neron aussi fist enciser les vaines des bras de son maistre de ſcole ſeneque noble hõe vieillart et philoſophe garny et renõme de de treſgrant aloquẽce mirouer et exẽplaire de bonnes meurs et ſainctes vertus Et apres q̃ neron eut fait inciſer les veines de ſon maiſtre ſeneque ſãs rẽdre aucune cauſe pourquoy il fiſt ainſi il cõtraignit ſeneque a boire le vent dont il mourut deux ans auant que ſaint pierre et ſaint pol fuſſent martirez/ainſi comme teſmoigne ſaint hieroſme ou plogue des epiſtres de ſeneque a ſait pol et de ſait pol a ſeneque Nerõ auſſi fiſt mourir par venin vng autre noble rõmain appelle longin⁹ Et affin q̃ ie ne racõpte tõ les meurtres que neron perpetra et commiſt en occiſant ſes prochains amis charnelz et eſtranges/il apres cõmenca a meurtrir par qõtinuelles occiſiõs pluſieurs ſenateurs et autres nobles rommains Il les aſſaillit ſoubz diuers tiltres de accuſacions ſans ordre ſans maniere contre droit et raiſon/mais ſeullemẽt ſelon ſes mauuaiſes plaiſirs. Et affin que ie ne laiſſe a dire comment nero fut enchante et eſpris p les maleficꝫ et ſorceries de ſymon magus magicie homme et faulx et deceueur vſant de mauuaiz art/il aduint que les deux princes et nobles docteurs de la foy catholiq̃ et de la religiõ creſtienne ſaint pierre et ſaint pol durãt lẽpire de neron vindrẽt a rome ſelõ la decremẽt et iſpiracion de dieu. Neron donc ſelon len hortement ſimon le magicien, affin q̃ la peſanteur de ſes meſſaiz fuſt plus grãt par loultrage de ſa cruaulte qĩl excẽra cõtre dieu Neron fut le pmier qui cõmenca a rome pſecuter p tourmẽs et par occiſions les creſtiẽs. Et ſemblablemẽt recõmãda quilz fuſſent tourmentez p toutes les prouices du monde. Et nerõ ſi ſefforca q̃ le ſainct nom de ieſucriſt fuſt efface et ramene a neant/et pour ce q̃ nerõ cõnoiſſoit q̃ la foy de ieſucriſt et la religion creſtienne eſtoient principalemẽt fõdees en la puiſſance de ſait pierre/ et en lauctorite de la doctrine ſaint pol/il les condenna iniuſtement a mourir/ceſt aſſauoir ſaint pierre a eſtre pendu en croix/et ſaint pol a eſtre de capite hõteuſement et a tort. Neron fiſt auſſi mourir aucuns autres creſtiens qui enſuiuoient la doctrine des apoſtres aux quelz il mettoit en ſus q̃ ilz eſtoyent ſuperſticieux et enſeignoiẽt faulſe religion. Et ſi ſont aucũs hiſtoriẽs qui affermẽt que nerõ offrit et pſenta les hões t⁹ vifz a deſpecer et mẽger a polifagus hõe ſauluaige qui a nerõ auoit eſte amene des deſers degipte/et qui a maniere de beſte mengoit chars crues/et quelcõques choſes que lẽ lui pſentoit. Et aucun hõme ne ſe doibt fort merueiller ſe nerõ hõme plẽ de cruaulte deſpitoit et peu priſoit les hõmes car de ppre mouuemẽt il deſpiecoit les ydoles de ſes dieux/ et apres ſe mocquoit deulx. Et certai eſt q̃ nero fut ſi treſgrãt deſpriſeur des dieux et de la religiõ publique/qĩl ne hõnoura aucũ dieu ne deeſſe fors que Iſis la deeſſe degipte/mais apres peu de tẽps le mauuaiz roy neron tellemẽt deſpita la deite que il brouilla et honnyt ſi idole de yſis de piſſat et dordures. Puis que iay ores longuemẽt recort de les proſperitez et les vices de nerõ Ie vien a dire le trebuſchet de luy/de qui fortune ne deuoit pas auoit ſi lõg mercy/ne ſi grant pacience: mais po⁹ ce que la ſetardie et le nonchaloir des pareſceux rommains longuement ſouffrirent les cruaultez les abus et les torfaitz de leurs empereur neron les gens deſtranges nacions commencerent vng treſbuchet pour la deſtruction de neron/la quelle il auoit deſſerui/car pour ce que neron iacõmencoit eſtre hayneux et deſpitable a pluſieurs et a tous ceux q̃ congnoiſſoiẽt ſes vices/les nobles et les peu ples des deux bretaignes se osterent de lobeyssace de lepire de rôme/les nobles,(et aussi le peuple du royaume dar menie mirent soubz seruitute (et truage les legions des souldoiers (et retournerent les armenois en leurs anciennes loix (et premieres coustumes. Et en ceste besongne fut fait par les armenois tresgrât occisiô des copaignôs (et alliez des rômains. En aps les ges de gaules q̃ de p̃ neron estoiêt gouuernez p̃ vng pr̃eteur apellé Julioze re bellerent cõtre lempire de rôme (et dernieremêt les espaignolz q̃ de par neron estoient gouuernez p̃ vng pr̃eteur nôme galba se departirent de lobeiss̃ace des rômains. Apres ceste rebelliô ai sigmunemt (et successidemt auenue pource q̃ nerõ selõ la viele coustũe ne cessoit point de faire choses dissolues les senateurs diuersemêt reprindrent neron Adonc il q̃naguerres menassoit tout le monde cheut en paour (et doubta les senateurs qui adroit lauoient reprins. Quãt nerõ vit france bretaigne armenie (et spaigne soy rebellãs côtre luy Il feignit dappr̃ester tresgrãs batailes côtre les frãcois (et contre les espaignolz mais neron q̃ riês ne executa de fait ĩ sa seullemêt de parolles/car instãment (et sans cesser il entendit (et vacca a ses cruaultez et dissolucios pauant acoustumees les rômains se indignerent ôtre luy (et pource q̃lz coustumieremêt ont faulte de courage (et hardemêt de dire verité publiquemêt a leurs pr̃inces (et seigneurs ilz se secretement atacherêt aux statues (et ymaiges de nerõ libelles diffamatoires (et cedules vileneuses (et aultres poles detestables (et en oultre les rômais commencerêt dire ôtre nerõ plus grans reproches et oultrages en alegant les poles des parens de nerõ cestassauoir q̃ pour lors q̃ les affines (et amps de domici le pe de neron faisoient ioye et feste de sa natiuite domici

uerespondit q̃ de luy ne de sa fême agrippine ne pouoit naistre lignee qui ne fut detestable (et cõtraire au biê publiq̃ du môde. Les rômais adôc crioient ceste chose p̃ les carrefours et disoient q̃lle estoit encourue en nerõ p̃ les libelles diffamatoires (et p̃ les iniurieuses poles (et cedules q̃ se faisoit et disoit de nerõ il peut clerem̃t cognoistre q̃lle pese toutes les rômains auoiêt enuers luy p̃ ses choses et p̃ aucũs sõges (et demôstrances terribles q̃ neron vit p̃ nuyt en dormãt il fut espouête (et cuida pourueoir dauc̃u remede pour mourir plus hardiement. Si print le venin dune beste et le mist en vne boiste dor puis cômenca estre destraint et angoisseux côment il pouruoiroit a soy et a son estat/ car il qui p̃ soy et tout seul se conseilloit a lune des foiz Il approuuoit le conseil de fuyr (et soy retraire ou pays des parthois/au trefois il approuuoit le conseil dallez par deuers galba lors estant propreteur et connestable pour nerõ en espaigne affin de supplier (et requerir a galba quil fut son aidant/ autrefois neron pensoit requerir et demander aux senateurs (et au peuple rommain pdon des maulx quil auoit faiz. finablement nerõ pensif et q̃ de toutes parz estoit detrait par craintes il pegarda sa deliberacion (et retarda sa sentence iusques au lendemain et apres se dormit tresfort (et longuemêt car combien que neron fut enuiron de tant de choses doubteuses/ toutesfois lanciêne paresce a se tardie de luy fut encores si grãt q̃l osa soy abãdonner a dormir: mais quant enuirõ la mynuit fut esueille/ il aduisa que les sergens armez et commis pour luy garder ia sestoient partiz. Adonc neron rõmanda a ses varletz de chambre quilz appellassent ses amis (et prochains/ mais quãt neron vit que aucuns ne venoient a luy/ (et les varletz

G iii

ql auoit enuoyez ne retournoiēt poīt a luy/neron prīt auec foy aucūs pou dōmes (t Bit burter aux huis de tous ceulx quil cuydoit fes amis/mais en Bain et pour neant le fift/car il ne eut refponfe ne ouuerture. Nerondonc q ainfi fe acheminoit pour retourner en fa couche il trouua que les gardes du palais eftoiēt parties dillec auec toute la ferpilliere/(tauec la boifte ozen quoy neron auoit mis le Benim. Et lors il forfeneux (t enrage pria a ceulx qui deuāt luy eftoient qlz loccififfent et leur abādonna fon col/affin ql luy trenchaffent/mais pource que aucun ne luy Douloit trencher la tefte il fut Dolent pource quil neut amy q le gardaft ne ennemy qui le tuaft. Et fi fut auffi craītif (t couuoiteux de dormir(t Pepofer. Auec neron eftoit phaontes iadis hōme ferf q fors eftoit afrāchy p neron. Ceftuy phaontes luy offrit et prefenta pour foy deftourner Sng ho ftel qlauoit pres de rōme a celle heure la nupt faifoit fa fin (t le iour commencoit. Neron dōc q eftoit nuz piez et feullement couuert dune robe/ (t q auoit fa face et fa tefte affublee Dun drap linge (t acōpaigne de quatre hommes monta fur Sng cheual et fe mift a cheminentre deux Boies dont lune a nom la Boye falaria/(t lautre numetana. Neron oyoit plufieurs chofes q ceulx difoient contre luy q paffoient par les chemins. Finablemēt neron q Dint p le chemi quil auoit commence laiffa fes cheuaulx/auffi firēt les quatre hommes qui auecques luy eftoy-ent/(t paffa neron par Sng mares plait De rofeaulx/(t affin que les eftotz ne perfaffent fes plantes il eftendoit fa Robe(t fon linceau deuant fes piedz/ puis feaffift pres de la Bille/ et affin q neron entraft dedēs cacheementet fās eftre cōgneu il fe mift a aler a quatrepiez/(t fe recueillit dedens Sng appētiz p les dēftroitzdune cauerne prcee

Et affin q neron nouyft les laidūres et les Bitupes q les rōmais luy entēdoient a dire il cōmanda a ceulx qui auec luieftoient qlz luy feiffēt Sne foffe en terre a la grādeur de fon corps/(t auec ce neron plain de larmes de gemire(t de craītes cōmāda q len appreftaft toutes chofes conuenables a fes exeqs funeraulx. Et depuis q neron fut pl⁹ acertene que les fenateurs lauoiēt condēne cōe ennemy de la chofe publiq (t q on le queroit po⁹ tourmēter (t occire/Iladmonnefta ceulx qui auec luy eftoient q deuāt luy ilz tuaffent lun deulx/affin q nerō fuft atteine (t femons a plus hardiemēt foy tuer/mais pour neant les reqft. Car ilz nen firēt riēs. Neron dōc q ia fētit le bruit (t la noyfe des rōmais q p tout le qroiēt/fe coucha fur fa dague affin de foy tuer. Les rommais q feurēt le Billaige ou feftoit retrait nerō enuoierent illec Sng centurion cheualier acompaigne de cent hōes armez Quāt le cheualier cēturion Bit a neron il cōmāda eftāche le fang decourāt de la plaie (t la lyer de bendes/(t plaquer ē plaftres p deffus/affin q nerō aucunement ny touchaft. Nerō demāda au cheualier cēturion pourquoy il le queroit (t il refpondit quil le qroit pour le mener deuant les fenateurs (t le peuple. Le cēturion auffi luy pmift p foy (t feruent faire ayde (t cōfort/mais neron ne refpōdit riēs au cēturion q ainfi promettoit fō aide a neron/fors q il dift. Certes la foy p quoy tu me promes faire aide eft Benue trop tart(en difant cefte parolle neron bouta hors fa puāte a me meflee ē fō fāg de quoy tous les rommais eurent grant ioye. Aps fa honteufe(t miferable mort neron felō les demerites ne trouua amy ne biēBueillāt fors q deux femmes e gloga fa nourrice nee dalexandrie en egipte/ (t artia Sne fienne concubine Nerondōc aifi mort fut efeuely en la rien monument de ses predecesseurs p̄ le pourchas ⁊ aide de ses deux femmelettes a peu de solennite ⁊ petite despēse

Le .ix. chapitre contient en brief le cas de eleazar noble iuif prince et capitaine des larrons De galba preteur rōmain De piso son filz adoptif et aucuns autres nobles hommes tourmētez par fortune. Et commence en latī Paucis et cetera.

Pres ce q̄ iay eu en peu de polles cōpte le cas de lempereur nero homē sans raison ⁊ sans mesure de Viure, plusieurs nobles maleureux vindrent en ma presence / entre lesquelz estoit eleazarus noble iuif iadis renōme prince et capitaine des larrōs Cestuy eleazarus trescourrouce comptoit ainsi son cas Apres la mort du cruel roy herodes de qui le cas est escript ou second chapitre de cestui liure: plusieurs hōmes De toutes sortes se misdrent sur les champs ⁊ entre eulx esleuerent ⁊ ordonnerēt vng prince ⁊ capitaine cest assauoir eleazarus noble hōme iuif, q̄ auec les siens menerent assez longue et dure guerre sur le fait de roberie. En celuy temps les rommains seigneurians ou pays de iudee auoient vng preside / cest a dire vng preuost et gouuerneur nomme felix. Et pour ce que au preuost dune prouince par auctorite de droit appartient Refraindre les violences extirper le mauuaiz tenir le pays et le peuple en paix ⁊ en seurte, esleuer les vertus / et abaisser les vices. Cestuy felix assembla grāt puissance en armes et tant fist qu'il print cestuy eleazarus / et le lya et enuoya a Romme / et illec p̄ diuers tourmens fina miserablement sa vie. Apres le noble eleazarus venoit galba noble preteur Rommain / par quoy est assauoir que apres la mort de neron qui

p̄ viii. ans cōme cruel tirāt tint lēpire de rōme ne demoura oucū hōme de la lignee de iulius cesar / p̄ ce q̄ la cruaulte de nero cōme dit est fist mourir toute la lignee cesariane / ⁊ doncqs p̄ deffault de lignee succedāt a lēpire / la voie fut ouuerte aux hōmes estrāgiers De venir a lēpire par armes / par faueurs et autres moyēs qlcōques. Or est vray que lā viii. cēs vingt deux ans la fondacion de rōme en lan de lincarnaciō de iesucrist soixante ⁊ dix lēpereur neron mourut / ⁊ en celuy temps galba dont ie descritz le cas estoit preteur en espaigne ⁊ illec gouuernoit le pays pour ⁊ ou nom de lempire de romme. Si tost q̄ galba cōgneut la mort de nero / il auec son ost p̄tit despaigne ⁊ vīt a rōme pēsant a son couraige de vsurper lēpire. Galba cōsideroit que pour les tiltres de sa noblesse pour les nobles offices et pour les renommees des fāmes q̄ leut par mariage ⁊ par le regart de ses bonnes fortūes il devroit de legier a lēpire de rōme / et si eust il cōme ie scay se en lieu de ces trois vices il eust eu trois vertus car il eut auarice contraire a liberalite il eut cruaulte ennemie a clemēce que len nōme autrement mercy ou debonnairete / il eut parefce contraire a prudence. Les trois purs vices q̄ estoiēt en galba offendirēt iustemēt les Rommais. Et fortune aussi se courrouca contre luy / car galba qui auoit adopte en filz vng noble ⁊ saige adolescēt appelle piso / affin q̄ piso cōme filz adoptif de galba succedast a lempire. Cestui mesme galba le vii. mois apres quil eut occupe lempire fut tue par vng sien ennemi appelle otho / ou par vng cheualier qui par le cōmandemēt de otho luy trencha la teste. Et apres q̄ la teste luy fut trenchee on la bailla aux hōmes porteurs de buche / ⁊ porteurs deaue pour la p̄senter sur vne p̄che a son ēnemi otho. Cestuy galba

G iiii

ainsi mort auoit Sung ennemy appelle patrobolus vassal de l'empereur neron/ Cestuy patrobolus/ acheta a certain poix d'or la teste de galba qui aux dieux d'enfer auoit este sacrifie et offerte aux exeques de neron pource q patrobolꝰ cuidoit q galba eut pour pese la maniere ⁊ fait apointement aux romains de priuer ⁊ d'oster neron de l'empire de Rome. Apres cestui galba venoit le noble iouuenceau piso filz adoptif de galba. Cestuy piso noble: ⁊ saige iouuenceau côe iay dit auoit este adopte p galba lors occupeur de lepire. ⁊ p la couleur de celle adoption piso sembloit auoir tresbaute esperance de venir a lepire/ mais fortune ordonna aultrement/ Car apres ce q galba fut occis a rôme lepire fut p violence ⁊ de fait diuisee entre trois hômes/ car otho print pour soy la seigneurie de Romme ⁊ illec demoura, Bitelius se porta empereur es parties de germanie ⁊ Vaspasian seignouria en surie ⁊ en tout le pays de midi. Otho donc lors occupant la seignourie de rôme/ pêsa q piso noble filz adoptif de galba pauanture tendoit a la seignourie portât otho fist cruellement occire piso innocent iouuenceau estant pour lors armé. Et apres le maleureux piso venoit otho surnôme siluius soy côplaignât de fortune plus attrempeemêt q ne faisoient ne galba ne piso dôt iay tâtost briefuemêt côpte le cas/ pourquoy affiert sauoir depuis q galba ⁊ piso côme dit est furent occis a rôme cestui otho enuahit ⁊ occupa lepire p forces ⁊ occisions d'ômes. Si tost que otho congneust que Bitellius estoit fait et ordonne empereur p les legions des soudoiers romains lors estans en germanie. Cestui otho soy portant empereur demourât a rôme apresta une bataille ciuile c'est adire qlassêbla pour soy en bataile aucũs citoiês romains pour combatre les autres citoiês q tenoi-

ent la partie de Bitellius. Otho donques ⁊ Bitelius auec trois capitaines firent en trois places de Italie trois legieres batailes esquelles otho auec les siens fut vainqueur côtre Bitelliꝰ et les siens Or aduint q p changemêt de fortune otho aduisa ⁊ côgneut que en la quarte bataile deuât la cite de Bedrie ses gens estoiêt desconfitz/ ⁊ pour tant otho p sa propre main se tua de son espee le tiers mois apres ce q'il auoit commence a occuper lempire. Et adoncques Bitelius q eut obtenue la victoire vint ⁊ entra a rôme. Auec ses quatre nobles maleureux dessusdis estoit acouple le maleureux noble Bitelliꝰ qui encores sembloit mouille ⁊ pure de vin quant ie considere sui ⁊ ses faiz il me sembla que ie deuoie cestui ioindre auecques les autres maleureux/ car ung trebuchet lui aduit parquoy il laissa ⁊ perdit plus hôteusement q les autres sa vie ⁊ le gouuernement de la chose publiq de romme.

Le sixiesme chapitre contient le cas du noble aulꝰ Bitellius empereur de Rôme qui fut filz de Lucius Bitellius. Et commence ou latin. Aiunt aliqui. ⁊c.

Jns que ie viengne a compter le cas de Aulus Bitellius qui selon aucuns hystoiriens descendit de la lignye du Roy fannus/ Et de une iuisue appellee Bitellia Il est assauoir q depuis que saturnus ancien

Roy de crete fut hors boute par son filz Jupiter de lisle de crete en laquelle iadis furent cent citez renommees Saturnus banny et chasse arriua ṕ natiue en celle part de ytalie la ou regnoit Janus qui deslors auoit fondé vne cité en lune des sept montaignes ou depuis fut fondee Pomme appelle Janiculum. Le roy ianus selon sa noblesse z liberalite receut en son Popaulme le roy Saturnus pour le regard de ses vertuz et merites / car en ytalie deuant la venue de Saturnus les gens viuoiēt p̄sq̄ a maniere de bestes brutes sans publique religion, sans cōuersation mutuelle sās marchandises / sans mariages ne autres affinitez / sans cultiuement de terres sans sauoir artifices pour Robes / ne pour vitailles fors q̄ vser des choses ainsi cōme nature de son plaigre les produit des quatre elemens. Saturne donc enseigna premierement au roy Janus z aux Italiens ciuilite de bien viure et art de labourer es choses du monde a la necessite des hommes z des bestes et pour le seruice des dieux. Et vray est selon les hystoires que cestuy saturnus qui pour ses merites fut lors par les siples ges͂ repute estre dieu il eut vng filz appelle pic9 et picus vng filz appellé fann9 z fannus eut vng filz que len appella latinus, et latinus de sa femme a mata eut vne fille appellee lauinia fēme de eneas dōt les rōmais prennent leur premiere naissance. En venāt dōcq̄s au droit cas de aulus vitellius len treuue en aucūes hystoires q̄ vitellius descēdit du lignage q̄ iadis fut a Pōme appelee les vitellois / et les vitellois cōme dit est descēdirent du roy senus z dunc iuisue appellee vitellia, les autres histores diēt que les vitellois furēt filz dun cousturier de vielles robes q̄ lē appelle srepier: z que la lignee des villois partit de su

terie vne cite de puille z vint a rōme. Et le premier cheualier pommaī de celuy lignaige fut appelle publius vi tellius qui fut procureur et ministre des choses z des besongnes de lempereur octouien Et oudit publius vitellius nasquit lucius vitellius qui finablement fut pere de aulus vitellius dont ie compte le cas. Et ainsy comme aucunes hystoires dient vitellius ou temps de sa ieunesse fut mesle z couersa auecques les ribauldes de lempereur tybere adonc tenāt sa court a capue vne cité de chāpaygne de pomme. Et dient les hystoriens que vitellius mena si tres deshonneste vie en adolescence z en ieunesse que on luy changea son nom / z fut appelle sputoire qui est vng nom dordure z de diffame z encores croient aucuns hystoriens que vitelli9 fut iolis / et habille z bien faconne de corps et de beaulte singuliere. Et a laide de ceste prerogatiue il mist son pere luci9 vitellius en la grace z en lamistie de lempereur tybere qui promeut z esleua lucius vitelli9 son pere aux honneurs z aux offices publiq̄s p̄ les mauuaises meurs z vices detestables dōt vitellius fut entachie z ort / z p̄ bien habillement scauoir mener chariotz z charettes il vit en lamistie z bien vueillance de lempereur caligula apres la mort de lempereur tybere / z vitelli9 semblablement desseruit lamistie et bien vueillance de lempereur claudius par habilement z bien iouer aux tables aux dez z aux eschez. Et apres il desseruit lamistie et bien vueillance de lempereur neron par telles ordes coustumes comme iay cy dessus dit car des trops empereurs dessusdictz vitellius obtint honneurs z dignitez de prestrises et eueschiez / lesquelles il p̄noit voulētiers Entre les hystories est vne doubte de lestat z des meurs vitelli9 a sauoir mon se il fut o ultrageulx en despence ordinaire/ou en dissolucions et mignoties/ou se il fut escharz et attrempe selon la quātite de ses gaingz et reuenues/mais consideree sa dissolue et mauuaise ieunesse/ie ne croy pas quil ait este escharz ne attrempe. Et aussi les hystoriens doubtent se Vitellius comme len dist ayt este si destruit par pourete quil nayt peu paier ne rendre ce que il deuoit a autruy consideres les gaiges et les dōs quil prenoit et auoit des gouuerneurs des prouinces subgectes a lempire de Romme/mais que en quelconque maniere que Vitellius se gouuernast il appert que il fut poure a oultrance car pour lors que galba apres la mort de neron fut empereur de Romme/ Vitelius qui pas ne esperoit celle chose feust enuoye pour guerroyer en la basse alemaigne/il eut si grant disete de Vitailles et dautres fournitures necessaires pour luy et pour ses gens que il osta et print vne pierre precieuse que sa mere portoit a son oreille se lon laguise des nobles femmes romaines. Et dient pour vray les hystoriens que Vitellius contraint par necessite vendit celle pierre a vng fermier et collecteur de truaiges et de la vente de celle pierre Vitellius receut vne petite quantite de deniers. Par celle petite quantite dargent Vitellius poure et diseteux ouurit et trouua la voye de venir nōpas seullement a la haultesse de lempire/mais a la dignite de souuerain euesque de romme/ et touteffois il sembloit que le chemin fut si ferre et si clos que Vitelliꝰ ne peut venir a lune ne a lautre de ces dignites/ car Vitelliꝰ en riens ne pēsoit venir a la haultesse dēpire quāt il arriua en alemaigne la ou estoit lost des romains il fut receu en singuliere bien vueillance de par les cheualiers et cōpaignōs de lost qui sestoient courouces contre leur cappitaine. Quāt Vi‑ tellius congneut que ceulx de lost lauoient benignement et vouletiers receu et quilz estoient indignes contre leur aultre capituine/Vitellius print esperāce de venir a la haultesse de lēpire/ et adonc il fist et conferma amystiez et alliāces auecques les cheualiers de lost. Et pource que Vitelliꝰ ne auoit pas assez mōnoye ne ioyaulx pour donner il allya a soy les souldoiers de lost par souffrāce et congie de leur laisser faire mauuaistiez et oultrages selon leurs voulentez. Et aduīt que deuant vng mois passe les gēs de lost vng iour vindrent a la couche de Vitellius/si prindrent et vestirent de sa robe acoustumee puis le saluerēt comme empereur. Et en ceste chose donnerent entier consentemēt et faueur tous les cheualiers de lost. Et en la noble signifiāce de sa seignourie imperiale/les cheualiers Rōmains baillerent a Vitellius vne espee qui auoit este de Julius cesar/laquelle auoit este prise ou temple de mars le dieu des batailles. Apres ces choses faictes lost des Rommais qui paual‑ estoit en la haulte alemaygne assembla auec lost de Vitelliꝰ si tost quilz eurent ouy la diuerse et estrāge mort de galba dōt le cas est cy dessus escript adonc Vitelliꝰ partit et diuisa son ost contre otho siluius q̄ occupoit lempire. Si tost que Vitelliꝰ entēdit par ses messaiges que otho auoit este descōfit en bataille/et q̄ voluntairemēt sestoit tue de son espee/Vitelliꝰ retourna son chemin vers Romme et entra es citez de lēpire atourne des signes triumphaulx/mais Vitellius vestu de robe de pourpre a maniere dēpereur et ceint de son espee et enuironne de cheualiers armez entra dedens Romme/ Et pour combler et accroistre sa gloire il receut perpetuelle office de consul. Or est vray que iadis les Rōmais partirēt et diuiserent les iours de l'an en divers noms selon leurs bōnes et mauuaises auentures, et entre les noms des iours les Rommains auoient vng iour appellé le iour allien sois, ou quel selon la religion publique et approuuee entre les Pommais l'en ne deuoit faire aucune chose apptenant a la religion ne aux besōgnes de la chose publiq. Vitellius dōcq' cōme deprise de la religiō publiq demāda a vng iour allien sois et receut lo sice d'euesque de Pomme qui lors estoit la tres grant dignite. Et se aucun droictemēt considere il verra que aucun homme mortel ne pouoit en celui temps atteindre plus grant don de fortune, car Vitellius qui a l'empereur Claudius auoit fait ort et dāna ble seruice de fēme, il fut esleue a la haultesse de l'empire de rōme dame du mōde, Vitellius qui pauāt auoit esté chartier de l'empereur claudius il fut receu a rōme en telles honneurs et pōpes cōme vng triūpheur. Vitellius qui parauant estoit ioueur de dez de tables et deschetz qui estoit entache de ordes meurs et de maudictes coustumes fut fait tresgrant euesque de rōme p ainsi Vitellius qui du bas estat fust esleue au treshault, se ordōpa et de celle tache dont ses predecesseurs se estoient ordoies, car il de son plain gre trebucha et cheut en paresce tēse tardie et se ordonna a gloutonnie, aisi comme se ce fust vne tresbōne maniere de viure. Et ainsi comme se Vitellius empereur et euesque entēdist ou pensast que vertu diligence ne sagesse ne lup fussent point necessaires ne conuenables, et que il lup souffisoit puis que il estoit venu a haultesse d'empire et de euescie. Vitellius donques tellement se adonna a paresce et gloutonnie que les grās mēgeries les soupers les disners, et les conuitz tresoultrageulx ne lui souffisoient pas, et si y mettoit toute son

estude et tressouuent et auecques plusieurs gloutons. Et quant Vitellius rōme euesque estoit orcupe a faire les sacrifices, il partoit de l'autel et rommandoit a ses sarletz que hastiuemēt ilz prensissent en la cuisine et meissent deuant luy la chair amoitie cutte, ou les peilliers des viandes des mourans du iour deuant. Et adonc Vitellius vestu de chasubles et d'autres vestemens pontificaulx, deuoroit les viandes posees et mises deuant luy, et les trāgloutissoit a maniere d'une beste sauuage et esbailloit sa gorge ainsi comme se elle fust insa oulable, et apres ces mēgiers Vitelli' emplissoit son treslarge et parfont vētre par souuent espuisier tresgrans hanaps de vin. Et il qui par trop mengier et trop boire estoit flestry et pourry en viandes et en vin il aloit entour les autelz des dieux et chancelloit en allant et trembloit en chantāt. Et en disant plus et oultre Vitellius dōmage et empire par raisonnable vice de gloutonnie se pendit legier et prest a toute maniere de peche. Et entre les mauldiz vices de luy le vice de cruaulté entra pou a pou dedens sa grace poitrine, car ainsi comme Vitelli' parauant pardonnoit tresgriefuemēt mesmement a ceulx qui coulpables estoient, aussi il sans cōseil et sans raison deuit cruel et forceneux contre les hommes innocens. Tādis que Vitellius homme plain de cruaulte se delitoit a tourmenter les autres, il aduint que mesmement contre soy procura les tourmens, car Vitellius qui ia estoit deuenu hayneux a tous hōmes dedēs le viii. mois de son empire. Les souldoyers q' de par luy estoient ou pays de septentrion, c'est assauoir en messie et en hongrie, et ou pays d'orient, c'est assauoir en iudee, et en surie, se departirent soudainemēt de Vitellius, et firent sermens de se aulté a Vaspasian noble chevalier romain qui de par Neron avoit esté envoyé en Iudee. Apres ce que Vitellius ouyt dire que ses gens darmes lavoient delaisse et se estoient alliez par serment avec Vaspasian il envoya ung sien frere chevalier avecques grans navires garniz de souldoiers pour aller a lencontre de Vaspasian qui ia apprestoit bataille contre Vitellius. Et a lencontre de Vaspasian et des siens / le frere de Vitellius mist les capitaines des Votafois quil avoit avecques soy mais en ces entrefaictes Vitellius ouyt dire que les capitaines de lost de son frere et leurs gens en partie se estoient rebellez / et en partie avoient esté foulez et desconfiz par bataille en navire sur mer et terre. Et pourtant Vitellius fut esbahi et effraié en courage / si comme ca avenir, a condescendre en ung deshonneste pact et ordre convencion de ceder et delaisser son empire a Vaspasian, car Vitellius promist a Flavius frere de Vaspasian quil se desmettroit de lempire de Romme se on luy vouloit promettre et bailler certaine quantité de monnoye Et certes attendue ceste legiere et hastive convenance / il est a croire que Vitellius empesché par les choses survenantes a cause de son empire ne avoit pas encore souppe a son desir / puisque il pour si petite somme dargent avoit si souldainement promis delaisser la charge et le gouvernement de la chose publicque / car Aulus Vitellius nagueres se vantoit de surmonter les estoilles / quant Il avoit empli de viandes et de vin le gouffre de son ventre. Et ceste chose ne souffist pas a repentir Vitellius car il qui est brouillie ort et villain descendit es sieges du plaidoier de la court et en faisant gemir et larmes il afferma et dist au peuple de Romme illec estant que Il vouloit ceder et delaisser la charge et le gouvernement de

lempire. Et se Vitellius eust plus longuement pseuere en la possession de lempire / Il paventure eust peu menger et boire iusques a son saoul / mais pource que Vitellius homme muable et de legier courage fut enhorté par aucunes populaires et chevaliers que secretement luy cryoient quil retenist lempire pour soy et la deffendist comme faire le pouoit. Il se enfla dune vaine gloire car il se cuida moult plus puissant quil nestoit. Et apres ce que Vitellius eut envoye ses souldviers allumans contre Flavius frere de Vaspasian et contre ses confreres a luy rebellez Or advint que Flavius frere de Vaspasian eut la teste coupee par les gens de Vitellius qui apres arditent le capitole et les remenans des compaignons de Flavius depuis que Vitellius eut fait mourir le noble Flavius et qui eut ars le capitole et les compaignons dessus dictz qui estoient dedens / Vitellius perdit toute fiance et retourna en son premier conseil de ceder et delaisser lempire. Et fit que il bailla aux officiers de Romme sa dague quil avoit prise en sa main en lieu de sceptre / et pource que aucuns des officiers rommais ne prindrent sa dague / il dist que il la vouloit mettre en la maison de la deesse concorde qui lors avoit ung temple a Romme Aucuns Rommais voyans que Vitellius vouloit mettre sa dague ou temple de concorde senhorterent fructement en disant que sa dague estoit concorde et que par elle il concorderoit les courages de ses ennemys. Adonc Vitellius retint par devers soy sa dague / mais combien que len dist telles vaines parolles a Vitellius / touteffois il devinoit les choses qui luy estoient advenir. Et par la congnoissance quil avoit de ses mauvaises choses passees / Il ne se abandonnoit pas assez en quelzcomques siennes forces. Et si doit len croire que ung homme qui comme Vitel-

lius a acoustume engorger les vian-
des et les vins a haster les bordeaulx
ayme mieulx pour supute a occuper
les cuisines a les tauernes bordelie-
res en paix ordre a deshonneste que ró
querir neoccupez les tresgrás seigneu
ries p batailles et par ieunes. Et po'
ce Bitellius commanda tresinstémét
et estroitement aux senateurs qlz ne
impetrassent p deuers Vaspasian só
ennemy ne paix ne treues ne dilació
de temps pour soy conseiller. Et ia
soit ce que Bitellius neust encores re-
ceu la responce de son ennemy/tou-
teffoiz pource que Bitelli' ouyt dire
Vaspasian son ennemy estoit pres de
Romme et que les rommains ne fai-
soiét saueur ne ayde a Bitellius ne ne
empeschoiét poit quil ne fust tue aię
quil dinast. Bitellius q scauoit q ses
viandes estoient apprestees en sa cui
sine il menga et but a sot bandon Et
apres disner il prit auec soy só queux
et son patissier/a se achemina vers le
mont auétin pour p rendre sa fuyte
vers champaigne de róme. Tádis q Bi
tellius senfuyoit pource q il ouit vng
bruit daucuns qui iangloiet q la paix
estoit faicte étre luy a Vaspasiá, tan-
tost Bitellius prit en soy une vaine es
pérāce a saillit ou milieu de ses enne-
mys a retourna ou palais. Et pour-
ce q illec il trouua toutes choses doub
teuses a icartaines po' luy, car il veoit
les gens de son ennemy entrer de-
dens le palais. Bitellius adonc mes-
chant et courrouce en couraige print
et muca sa ceinture a clouz dorez, et
il tout seul entra en la cháBre du por-
tier, et affin quil demourast cachee-
ment sás estre apperceu ne trouue, il
serra luiz de la cháBre du portier a re
lya le chien pres de la porte, puis mist
encontre luy vng chaslit a une couste
affin que luy ne se ouurist de legier
par les forces de ceulx q y hurteroient
mais depuis q le palais fut pris et or

cupe p les pmiers coureur de Vaspa
sian qui sercherent tous les lieux d'u
palaiz Bitelius fut trouue q eschapa
par mensonge a par renier soy nom/
tellement que presque il ne fut point
congneu, il respondit a fist maintes
prieres aux gens de Vaspasian, affi
quilz ne loccisissent, affin quilz le gar
dassent en prison lye de chaynes de
fer, mais pour neant il pria, car Il a
moittie nu a amoittie vestu fut amene
ou plaidouer de romme deuát le peu
ple ses mains lyez derriere le dos et
vng cheuestre gette parmy le col Et
les Rommains illec acourans q pou
souuent chastient leur seigneur ius-
ques a tant quil soit meschant et tre
buche ilz prindrent a blasmerent Bi-
tellius par telles polles. O viellart
luxurieux glouton, par ce ceux fol et
couart a qui fortune aueuglee a fole
large auoit offert a donne sans grant
trauail a oultre le nombre de tes me
rites la seigneurie du monde qui fust
conquise par tes predecesseurs Rom
mains iadis hommes chastes diligés
saiges a couraigeux pensoies tu que
tes vices peussent fermer et deffen-
dre ton empire qui est conquise p les
vertus des anciens Certes meschát
Bitellius Il conuient auoir telles ou
plus grans vertus a garder a deffen
dre une chose comme a la conquerir.
Ne sauoiez tu assez prince de gloutó
nie quans et combien grans Royau-
mes iadis furent perduz par le vice
de gloutonnie la deuoureresse de
tous biens, qui est si grant nommy
puissance, mais pestilence que puis q
gloutonnie seignorioit en ton corps,
il conuenoit par raison que dedens
le pourprins et auecques elle se loga
sent tous vices a tous pechiez. Tu e
stoies ou au moins deuoies estre em
pereur non mie pour seruir a gloutó
nie mais au prouffit a honneur de la
chose publique. Tu feupies menger

affin que tu vesquisses et prouffitasses et to9 et tu viuoies affin que tu mengasses et nupsisses a tous. Se doncques par ton propre fait tu es venu en honte et en misere enuers toy ne affiert auoir ne mercis ne complainte. Mais depuis que vung des rômains pour to9 eut ainsi reprins et blasme vitellius, il fut brouille de fange, de fiens, et de boue, et autre ordure partout le corps et si fut atteins p laides paroles et reprouches. Et fut trayne iusques en vne place de rôme que len dit les eschielles gemonies. Et depuis le frere et le filz de vitellius par tous les lieux de leurs corps furent natrez, et puis vitellius fut liure aux bourreaux. Et voyant le peuple de pomme vitellius fut menuement detrenche a espees et tant que par tresgrief tourmêt il fut mene iusques au poit de la mort en tât q̃ sô puresse ne pouoit aider ne secourir a sa douleur. Et apres sa charoigne desfiguree et horrible fut traynee iusq̃s dedês le tybre en la maniere du chiê puât. Et po9 trayner la charoigne de lui vng sergêt getta vng croq de fer a ses narines, et to9 les rômains crioient et disoiêt vituperes et diffames apres sa charoigne qui fut gette ou milieu de leaue du tybre. Et par ainsi furent honteusement finez lyuresse et la vie du glouton aulus vitellius en lan de lincarnaciô de iesucrist lx. et xiii. et huit cens xxv. as apres la fondacion de pomme: mais po9 ce que en ce present chapitre et ou prouchain precedent Jay appelle galba et Otho et vitellius empereurs de pomme, et touteffois ilz ne sont pas comptez entre les douze cesaries. Sa uoir côuient que de puis neron q fut quart empereur apres Octouien aucuns autres fors que vaspasian nest ppmt appelle êpereur, mais ces trois nobles galba otho et et vitellius sont appellez occupeurs et occuperêt

lempire pource que nerô par sa grãt cruaulte murtrit la masculine et feminine lignee de Julius cesar, et to9 ses successeurs sâs y laisser ne parês ne assis. Le premier de ces trois occupeurs, cestassauoir galba mourut le vii. mois de son empire le second cest assauoir otho mourut ou tiers mois et vitelli9 le tiers occupeur mouruft le viii. moys de son empire. Et par ainsi eulx trois regnerent seullement xviii. moys, et tous miserablement moururent comme dit est mais vitellius fina sa vie honteusement Et si fut la cruaulte de fortune si grant contre luy que apres sa douloureuse mort neut aucun tombeau ne sepulcre quelconque.

Le vii. chapitre ple côtre les hômes gloutons et reprent le vice de gloutonnie en ramenant a memoire la sobriete et attrêpance de aucûs du têps de leage doree et la gloutônie de aulus vitellius. Et commence ou latin Abhorrabile et c.

Ar loustrageuse desobeyssance du premier pere des hommes les vertuz selenquirêt la terre, et retournerent au ciel, et les pechiez et vices saillirent denfer et occuperent la seigneurie du môde, les vertuz qui laisserent la compaignie des hommes sont comprinses soubz le nombre de quatre, cestassauoir prudence temperance fortitude et Justice Et ia soit ce que les vices q vidrêt ou lieu de elles soient presque innumerables, touteffois entre ces quatre p en a plus vilz z plus dõmageux/ceſt aſſauoir luxure parce auarice z glou tõnie. Et certain eſt que entre les au tres luxure eſt vng vice abhomina ble en chacun hõme z fẽme tous hom mes doiuent fuyr le vice de pareſſe et le pechié de auarice. Et auſſi le pe chié de courroux doit eſtre reprouué ſil eſt ſi haſtif et ſi forceneux que plui ſoit aueuglée raiſon/mais courroux dont aucun pechié ne naiſt neſt pas dãnable pource que comme licitemẽt peut monſtrer aucuneffois par cour roux quil ne ſoit pas ymage inſenſiti ue ne ſouche darbre morte mais le vi ce de gloutonnie rent comme beſte/ et ſi deſtruict tous les biens de hom me/par leſquelz il eſt plus excellent q̃ les autres beſtes brutes. Nous hom mes encheons legierement ou vice de gloutonnie/quãt deſordonneement nous vſons des biens que nature ot troye au ſouſtenement du corps ſe lon le iugemẽt de droicte raiſon No9 auſſi encherons legierement ou vice de gloutonnie ſi nous ne mettons le fret de temperance a lappetit z au deſir de nous. Et vray eſt que lappetit de nature eſt tãt ſimple quelle eſt contẽ te de petites viandes appareilléz ſãs art et ſans engin domme mortel, ai ſi comme teſmoigne celle maniere de viure que les anciennes gens auoiẽt en laage doree qui fut ou temps de Saturnus roy de crete. Pour plus clerement entendre ceſte choſe ſauoir affiert que celle propheteſſe ſibile qui fut née de tumes vne cité de grece/el le diuiſa les ſiecles ſelon les metaulx et par eſpecial ſelon trois. Ceſt aſſa uoir or/argẽt/z cuiure pour le temps donques de ſaturnus roy de crete qui fut entre les deux ſains patriar ches noé z abraham furent les ſiecles dor/car lors entre les hommes ſobres ſe et attrempance de boyre z de men ger fut ſi grãt z les autres vertuz eu

rent ſi plainemẽt leurs cours/que onc ques puis ſelon loy de nature ne fu rent les gens ſi bons dautretant cõe lor eſt meilleur que les autres ſix me taulx/ainſi comme teſmoignent nõ mie ſeullement virgile/ouide/Juue nal/z boece/mais auſſi le dirent et af fermerẽt pluſieurs hiſtoires approu uez. Et ſe aucuns caſũniẽt ou eſmer ueillent les choſes cy deuant dictes commẽt les gens du ſiecle dorẽ furẽt ſi ſobres ſi iuſtes ſi chaſtes z ſi ſiples que au regart des gens de mainte nant len ny trouue comparaiſõ ne ſẽ blance/ Je prie a telz caſũnieurs z re mireurs des choſes qui droitement conſiderent lenfance z la nouuellete de leglise qui naſquit z commenca ou temps de ieſucriſt/et auſſi quilz cõ ſiderent les premiers miniſtres z pre ſtres qui furent en iceluy temps/qui droictemẽt doit eſtre appellé dor. Et puis aduiſent le temps que mil ans apres ieſucriſt ont eſte iuſques ores Et ſe ilz iugent drayement ilz dirõt par ſentence que nõmie leglise/mais les miniſtres telz qulz de maintenãt ne ſõt pas telz que len doiue appeller leurs ſiecles dor ne dargent ne de cui ure/mais de orgueil/d auarice/z de luxure/en conſiderant les corrõpues meurs des le treſgrãt iuſques au tres petit. La maniere de viure que ceulx de laage dorée auoyent fait grãt ver gongne aux hommes de maintenãt car comme dient les vielz aucteurs: les hommes du ſiecle doré furent cõ tens pour toutes viandes mẽger du glan z de la faine z des autres fruitz que nature produiſoit de ſon plain gre/z pour tous bruuages ilz vſoient de riuieres fontaines z puiſſeaulx. Ceſte meſme maniere de viure no9 approuua le noble philoſophe dyoge nes qui fut long temps apres le ſiecle dor/qui ainſi comme nous liſons fut nourri de laictues ſauuages z de ra

rines/et de luy iay parle ou xv. cha
pitre du second liure precedent. Ce-
ste maniere de viure sobrement no9
aprouua pl9 clerement que nul au
tre le tresglozieux saint iehan bapti-
ste qui fust sainctifie ou ventre de sa
mere elizabeth/car nous lisons en le-
uangille saint luc que le glozieux ba-
ptiste fut nourri en lieux aspres/et de
sers de miel sauuaige et de sangou-
stes et deaue simple sans artifice. en
lieu des viandes dont vserent les
gens de laage dore et le philosophe
Diogenes et saint Jehan Baptiste/
les hommes de nostre nouuelle aa-
ge mignote et dissolue nompas seul
lement trouue lhusaige de menger
chars de bestes innocentes/et de boi
re les vins ainsi comme nature les p
duit de la vigne/mais ilz ont amene
en viandes et bruuaiges affaiteurs et
ouuriers par dessus nature/qui ad-
ministre a la vie humaine les choses
conuenables pour la subtilite de ces
affaicteurs et ouuriers/ Les viandes
sont composees lune en lautre en di
uersite de brouez et de saulses et les
vins sont meslez destranges espices
et diuerses liqueurs pour esmouuoir
lappetit qui saoul et appaise estoit.
Et combien que par le saoullement
des hões il deust souffire dauoir trou
ue cõposemẽt et meslages de viãdes
et de vins/touteffois plusieurs glou
tons passent oultre et font plus grãs
abuz et plus larges exces contre le bi
en de honnestete et le bien de proufit
car ilz ne veulẽt aduiser p lesquelz vt
ces soient ouuertes les portes de la
pensee humaine/en laquelle doiuent
estre encloses et enserrees les vertus
et les sciences qui se partent de lame
par gloutõnie de trop menger et boi
re/car par ces deux exces comme se
trouue priue et banny de raison sans
laquelle il vit comme beste brute. pl9
sieurs transgloutisseurs ne veullent

aduiser quantes angoisses et mala-
dies se boutent dedens les corps hu
mains par le mauuaiz vice de glou-
tonnie. Et touteffoiz ainsi comme ie
nay par voulente ne pensee de cõpter
tous les vices e dommaiges qui nais
sent de gloutõnie/aussi ie ne les vueil
pas tous taire ne trespasser. Il est dõc
ques certain que quãt vng glouton et
humeur de brouez et de vins si est a
table chargee de diuerses viandes et
bruuaiges differens et contraires/a
lune des foiz transgloutit vne chose
pour lautre et a sa large gorge il espui
se les tresgrãs hanaps de vin nõ mie
pour appaiser la necessite de nature/
mais pour emplir le gouffre du ven-
tre treslarge et tresparfont. Apres que
le cernel est eschauffe p la fumee des
viandes et vins qui se euaporent de
lestomac a la teste. Il aduient que lõ-
me ainsi farsi et eschauffe se mue sou
dainement de ioye en courroux et de
leesse en fureur. Et adonc lomme cõ-
mence presumer grãs choses soy vãt
ter sãs mesure/et legierement croyre
ce quil oyt/ouurir les secretz de sa pẽ-
see meschament enuier et detraire a
tous hõmes/les oreilles cõmẽcent ou
urir aux flateries/le cueur se ouure a
tous cõseilz et lame q est lors eslargee
a tout dire et tout faire ne refuse rien
fors ce q est honneste/p lesquelz vices
aduiẽt entre les gloutõs pestilẽce et
meschif q tressouuẽt respont au dom
mage des autres/et mesmemẽt deshõ
mes inocens. Et certain est q se ceste
pestilẽce si cruelle ne faisoit dõmage
a autres/fors seullemẽt aux gloutõs
ie dy que dame nature auroit trop
bien pourueu au chastiemẽt des glou
tons et la punicion de leur glouton-
nie/pource que repentãce tantost sur
uient aps le mauuaiz crime de glou
tõnie/car deuãt les aultres meschiefz
et peines ilz souffrẽt le tourmẽt de cer
uel et de teste cõme lours et estourdiz.

Ilz baillent souuent/ilz entreoublient leurs choses et eulx mesmes/ilz perdent ordre et mesure de parler/leurs sentemens sont tellement lyez qz notent ne voient certainement/ilz en alant chancelant et trebuchant et cheat/ilz toutent et deshonnestement vomissent quant lestomac na en soy assez forces pour digerer les viandes et les vins q gloutonnie auoit dedens entasse. Et par necessite aucuneffois aduient q les viandes trop longuemēt gardees a lestomac soient illec pourries/dont lōme glouton souffre tresgriefue angoisse et tāt que son sang et ses aultres humeurs sont corrōpues par les viandes pourries en lestomac. Et p ainsi il cōuient que toute lordonnance q nature mist ou corps soit empirce et meffaite. Du vice de gloutonnie naist la desortunite et laidure des yeulx et de tout le viaire/De gloutonnie naist paralesie qui fait les membres tremblans/gloutōnie par son vice enfle les leures elle contrait les nerfs/et remplist la bouche de saliue/de crachas parquoy lomme est baueux et begoiant/de gloutonnie vst le mal didropisie q tousiours desire boire/et le mal deptisie qui rent lhomme tousiours megre. Par gloutonnie viennēt ou corps les goutes q es nerfz sont telz neux que lōme ne peut aler. Par gloutonnie vient en la char grattelle et pourriture et le flux des oreiles et orde roigne et fieure chaude/et le vomissement de lestomac q ne peut endurer si grant amas de viandes. par gloutonnie aussi et par les maulx qui delle naissent la mort sensuyt a plusieurs hōmes auant le terme q nature auoit mis/et p ainsi est vraie la parole que dient les tressaiges medecins cest assauoir que plus dōmes sont mors pour menger q par espee. Or pensez doncques q lassemblee de telz gloutons est noble qui hantent se tardie et paresce p tellement dormir quilz sem-

blent estre sans ame/ilz sont iusques a la mort en tourmens de maladies/ilz seruent au ventre seulement et continuellement/Ilz appreftent tables chargees de viandes et bruuaiges quāt le glouton a le ventre enfle de plusieurs et fors vins il cuide quil puisse surmonter tous trauaulx et vaincre toute la bourz sans estre recreantne lasse. et au vray dire la vie des gloutons est detestable et mauldicte/car selon lat trempance des anciens il ne veulent viure de glan ne deaue/au moins le saulsist il mieulx viure selon la trempance des hommes de maintenant Attrempance de menger et de boyre abaisse les vices et nourrist les vertus. Les pensees des hōmes attrempez sont tantost esleuees a la contemplacion des haultes choses. Par attrempance toute la force du corps est gardee ferme et saine. Quāt lēpereur Vitellius desprisa la vertu dattrempance il q seoit a la haulte chaiere imperiale trouua legierement gens q le desprisererent. Et ia soit ce mesmement quil cōe transgloutisseur saoulast et farcist son ventre de viādes et de vins/neantmoins sa gloutōnie ne lui osta pas la honte quil souffrist a son visaige ne les tourmens quil souffrist en son corps.

Le viiie. chapitre contient le cas de la destruction de la noble et royale cite de hierusalem et du peuple des iuifz faicte par titus filz du noble Vaspasien empereur des romains. Et cōmence ou latin Adhuc cum admiratione.etc.

Hi

E qui estoie pẽsif et en esmoy et par desdaing courrouce cõtre les hommes gloutons/ ie leuoye mon visaige et ma pensee deuers la charoigne du glouton empereur aulus vitellius qui dedens les Indes du typbre flotoit puis ca puis la. Et ainsi que ie tournoye mon visaige et ma pensee contre sa dicte charoigne ie vy si grãt nombre dhõmes maleureux/ qui par troupeaulx acouroient vers moy que ie ne cuidoie pas que nature mere de toutes choses en eust tant engendre. Tous ces hommes acourans deuers moy disoient quilz descendirent iadis du noble et saint patriarche Iacob le pere du peuple disrael/ Ilz gemissoient tous ilz estoient couuers de miserables et douloureuses robes/ Ilz hulloient ainsi comme len crye a lenterrement des mors. Et aussi ilz racomptoient les derrenieres miseres quilz souffrirẽt auãt la mort/ cestassauoir leurs plaies leffusion de leur sang/ la faim et la pestilence quilz endurerent/ les chaines dont ilz furent lyez/ les prisons ou ilz furẽt enclos/ les seruitudes soubz quoy ilz furent venduz/ et les nouuelles manieres de leurs mors/ et des mors aussi de leurs parens et amys Si tost que ie regarday les iuifz descenduz et enfans de Iacob gemissãs treffort pour leurs males fortunes. Lors ie congneu que entre eulx trestous estoient plusieurs nobles hommes et dignes de memoire. Et ainsi que ie pensoie que trop longue chose seroit descrire souffisamment lescas de tous les nobles maleureux iuifz pource que semblablemẽt ie nay pas encores escript tous les particuliers cas de tous les nobles hommes des autres nacions/ pour tant iay pense en moymesme que conuenable chose estoit maintenant escripre les cas et les desrochemens de tous les maleureux iuifz qui tous comme dit ay furent dune mesme nacion et lignee par ce quilz descendirent dun mesme tronc/ cestassauoir du patriarche Iacob qui par lordonnance et par la bouche de dieu fut depuis appelle israel Ie vueil ensemble descripre les cas et les desrochemens de tous les iuifz/ pource que eulx tous et leur regne et leur cite royale furent trebuchez ensemble pour ung mesme et derrenier crochet par semblable et derrenier tourbillon de fortune. Il est chose assez manifeste entre les autres naciõs de gens tant par les hystoires de la bible cemme par les aultres hystoriens que les iuifz descendirent de Iacob leur ancie pere et que le peuple des iuifz a proprement parler fut hereditaire chier et familier de dieu. Et si est chose assez congneue comment le peuple disrael longuement fut en seruitude soubz pharaon roy degypte et que apres que les iuifz furẽt deliurez de seruaige/ et hors degypte par la puissãce de dieu qui les fist conduire et mettre hors par le saint prophete moyse homme tresrenommee/ et que apres dieu de son propre doy escripuit en tables de pierres les loix diuines et humaines/ lesqlles il donna a moyse ou mont de sinay pour les anõcer et dire aux iuifz/ affin qlz vesquissent selon icelles loix. Aussi il appert assez comment dieu par quarante ans en lieux deserz et solitaires repeut et nourrit les iuifz dune merueilleuse et celestiale viãde qlz appellezẽt mãne. Et apres ces quarante ans dieu par sa puissãce apres trespassement de moyse amena les iuifz en la terre de promission abundant de lait de miel et de toutes autres choses pertinens a vie humaine/ moyennãt la cõdupte et le gouuernement du noble cheualier iosue. Et aps ce que les iuifz furẽt arriuez en la terre de promission dieu dis-

tribua celle terre par legitimes et iustes porcions au xii. lignees de iacob. Et voulut dieu que celles xii. lignees habitassent illec/ et que ilz dechassassent plusieurs et grans nacions de gens qui anciennement auoyent illec habite. Et certain est que dieu donna aux Juifz celle terre denuiron hierusalem pour acomplir la promesse qͥl auoit parauant faicte aleurs sains anciens peres abraham/ ysaac/ et Jacob Et de puis q̃ les iuifz tant par la puissance de Dieu comme par la prouesse et force de leur capitaine ꞇ deulx mesmes ilz renommez par les victoires qͥlz obtidrent en bailles faictes soubz leurs gouuerneurs ꞇ conquestant la seignourie des peuples demourans enuiron eulx. Les iuifz doncques de puis iacob leur pere qui fut lan trois mil quatre cens et trenterxing ans apres la creacion du monde iusques a lan quatre mil cent soixãte ꞇ quatre furet gouernez par xiii. nobles iuifz tant pphetes cõe cheualiers ꞇ Juges entre lesquelz le saint prophete moyse fut le pmier/ ꞇ le saint prophete ꞇ pstre samuel fut le dernier gouuerneur des iuifz. Aps ces choses ainsi faictes pour ce q̃ les iuifz obeyrẽt a dieu ilz obtindrent souuẽt leurs desirs en batailes soubz leurs roys ꞇ soubz leurs pphetes/ qui par le cõmandement de dieu leur disoient parauant toutes les choses quilz deuoient faire ꞇ q̃lle seroit la fin/ et aussi la chose que leurs enemis proposoiet faire cõtre eulx. Et eurẽt les iuifz leurs roys depuis saul qui fut apres la creaciõ du monde quatre mil cẽt xxiiii. ans iusq̃ au tẽps de ie sucrist q̃ nasquit cinq mil deux cẽs et dix ans apres le cõmencement du monde. Mais pource q̃ les iuifz furẽt entiers dieu igratz ꞇ descõgnoissans de tãt ꞇ si grãs bnfices ꞇ graces/ ilz soufrirẽt plusieurs trauaulx ꞇ meschances plus a leur correction et chastiement/ que pour leur destruyement car la pitie ꞇ misericorde de dieu plusieurs fois les remist en leur premiere felicite. Mais derenieremẽt Ilz vindrẽt a si desmesure oultrage ꞇ a si grãt orgueil/ qͥlz lacerẽt leurs mains cõtre iesucrist saulueur deulx ꞇ de tout humain lignãge. Et occirẽt a tort ꞇ cruellement le filz de dieu qui par la bouche de dieu le pere ꞇ des prophetes auoit este promis a leurs pdecesseurs patriarches et roys et prophetes anciens par treslong tẽps ainsque il vit habiter entre les hões. Et touteffois iesucrist estoit enuoye aux iuifz pla benignite de dieu le pe q̃ ne leur pouoit enuoyer autre quelcõque plus pcieuse ne plus proufitable chose/ mais eulx cõme enuieulx ꞇ cruelz luy procurerẽt sa mort soubz herodes leur roy hõme estrangier. Pour le cruel meffaict des iuifz dieu qui de la captiuite de babilone les auoit ramenez en leur pais naturelz/ ꞇ qui les auoit ostez ꞇ affrãchis des mains des roys leurs ennemys qui estoyent entour eulx. Et dieu aussi qui les auoit souffert sacrifier aux ydoles pour ce que Ilz ont este obstinez ꞇ endurcis en leurs cas Dieu les a laissez faire a leur franc arbitre et plaine voulente. Et aux iuifz comme enfans de predicariõ dieu osta sa bien vueillance ancienne/ affi que ilz procurassent a eulx le destruiement quilz auoyent desserui. Et affin que les Juifz qui cheurent apres ce que Dieu les eut delaissez apparceussẽt q̃ lõme ne peut estre ferme sy tost q̃ dieu laura relenqui. Aps dõcq̃ que herodes surmõte anthipater roy de hierusalẽ fut mort les successeurs de iulius cesar ordonnerẽt ꞇ mirẽt gouuerneur ou popausine des iuifz pour garder la seigneurie des pommaines soubz qui les iuifz estoyent/ ꞇ pour appaiser ꞇ refraindre le discort et debat des particuliers poptiaulx
H ii

du païs voisin de hierusalem. Or ad uint par espace de temps ou par la sortie et set ardie des roys du pays denuiron iudee/ou par lauarice des preuotz (z gouuerneurs rommais que le peuple des iuifz vint en si grant abusion que len viuoit plus selon delectacion (z plaisir q̃ selon droit (z raison Par ceste abusion de viure plusieurs iuifz se abandonnerent a larcin/ et a murtres/(z de ces larrons vint vne maniere de desloyaulx hammes que len appelloit communement siccaires/cestadire murtriers garnis de petites dagues pource quilz tenoient les hommes si cautement mesmemẽt de plain midy (z en places communes que vng homme cheoit mort ou cou-ste de celuy que lauoit murtry sans ce que le meurtrier feust congneu ne aduise. Les iuifz meurtriers de dagues monterent en si grant presumpcion par ce que on leur souffroit sãs faire enqueste ne punicion de leurs crimes que les meurtres q̃ vng pou par auant ilz faisoient cacheement Ilz ne leur chalust finablement de les faire publiquement et en appert Vne grant partie de Juifz fust si espouentee pour la destroiee hardiesse de ces meurtriers que plusieurs des iuifz delaysserent leurs citez (z se retrayrent en lieux deserts et en bois et penserent quilz viuroient plus seurs entre les bestes sauuaiges (z dedens les horribles cauernes quilz ne feroi-ent entre les hommes (z en leurs propres pais. Les preuostz donc et les gouuerneurs commis pour les Rommains ou pays de iudee cuiderent q̃ les iuifz se partissent des citez (z allassent aux lieux deserts/ et aux forestz pour forger rebellion. Et pour ceste cause les gouuerneurs Rommains furent premierement eschauffez de mouuoir (z faire guerre cõtre les iuifz si manderent les presides rommaines leurs souldoiers (z les enuoierẽt guer-royer les iuifz q̃ lors cõme dit est habi-toient en desers (z en forestz. Et ad-uint que plusieurs de ses iuifz furent occis et leurs biens furent conuertiz en pillages. Ceste persecucion faicte contre les Juifz/ne sembla pas estre digne ne iuste selon le iugemẽt dun magicien de egipte qui se disoit prophete/et qui par art de magique mõ-stroit aux iuifz plusieurs nouuelles choses en leur disant quilz retourne-roient en leur ancienne seigneurie/(z que encores ilz auroient pres Roys (z pres prestres et franchises. Par le hortement de cestui magicien les iuifz assemblerent sur champ grant armee Ilz rendirent obeyssance (z seruice et se alierent a celuy egiptien. Les iuifz doncques assemblez en bataille vin-drẽt au mont oliuet/puis rengerent et embatirent leur ost contre hierusa-lem (z contre les presides Rõmains q̃ nous appellons preuostz. Et vint la chose a tant que par celle forsenee re-bellion tresgrans occisions de Juifz furent faictes par diuerses citez de iudee/soubz vng preuost rommain nõ-me felix. Ou lieu de cestui felix suc-ceda vng autre preside Rõmain nom-me festus qui auecques les souldoiers Rommains fist guerre contre les lar-rons de Judee/en celle bataille fust faicte mainte effusion de sang. Au dessusdit festus preuost Rommain succeda vng aultre appelle Albinus qui oncques ne fut saoul de maulx ne de cruaultez. Cestui albinus trou-ua causes contre les Juifz de leur faire plusieurs (z diuerses meschan-ces. Et ou lieu de albinus apres suc-ceda florus. Apres ces entrefaictes aduint que vng appelle agrippa nep-ueu du roy herodes/en celuy temps regnoit ou pais de iudee. Cestui a-grippa refist (z redreça les murs de hierusalem (z reedifia les portaulx et les galeries du temple salomon/ et ramena plusieurs edifices en leur premiere beaulte q̃ auoiẽt este destruitz par le grãt pompee/ et par autres ducz Pomains. Le roy doncq̃s agrippa qui ne voult que le peuple de iudee obeist a florus preuost Pommain/ icelui fut assailly de pres par le peuple de iudee et fut getté hors de hierusalem et enuoye en exil. Et pource quil sembloit que le royaume des iuifz deust tout cheoir en rebellion/ non pas seullement de par leur roy agrippa villainemẽt dechasse et bãny/ mais mesmement par les Pommais qui venoient que leurs preuostz nestoient pas obeys en tant que le preuost florus ne pouoit remedier a la rebellion ne faire aucune chose contre lentreprinse des iuifz. Neron qui lors estoit empereur enuoya vaspasian auecques grãt compaignie de cheualiers et souldoiers Pomains affin que vaspasian appaisast les fureurs et rageries des ennemys et aduersaires des Pomais vaspasian doncques degasta et desroba premierement par feu et par fer/ les pays de galilee/ et apres il gasta et desroba semblablemẽt les autres prouinces de iudee/ et luy qui fut acertené que vne grant multitude de iuifz sestoit assemblee en hierusalem pour offrir sacrifices a leur dieu selon lancienne coustume baillee par leurs anciens peres. Il leua ses pauillons et dreca ses bãnieres/ puis il auec son ost assiega hierusalem cite royale et noble/ mais laborieuse chose et pesante fut de assaillir et combatre la cite de hierusalem qui a cause de sa situacion estoit forte et creinte de doubles murs et garnie de grãt et fort peuple/ Mais la iustice diuine qui les bons remunere et punist les mauuais demenoit les couraiges des iuifz affin de aggrauer et haster leur destruction et leur perte/ car ainsi comme la longue souf

france de leurs peines et trauaulx/ sembla estre chose contre nature aussi les Pommains de anciennete estoient perseuerans et durs admonnestoient leur duc vaspasian que il ne les layssast iusques ilz fussent descõfiz. Les hommes dõcques et les murs de hierusalem tant par iour que par nuyt estoient assaillis et trauaillez et serus par assaulx souuent rafrechis et par continuelz hurtemens dengins de par les Pommains qui assailloyent au dehors/ mais dedens la cite les iuifz estoient tourmentez et angoisseux par tresmauuaises sedicions et discors/ car trois tyrans/ cestassauoir Iehan simon/ et eleazarus auoient p̃ violence occupe les troys principales parties de hierusalem et si estoient ces troys tyrans en debat et discort. Et ia soit ce quil semblast aux Pommains que ses troys tyrans fussent concors et amys/ touteffoiz ilz atteinnoient lun lautre au dedens par continuelles batailles. Et auec celle conuenante et hastiue tempeste/ par quoy les trois tyrans furent entre eulx discors/ et les murs de hierusalem par les coups des engins qui cheoiẽt chacun iour et les occisions des iuifz qui souuent estoient murtriz es assaulx des Pommais/ et les doulx admonnestemens que leur faisoit vaspasian sur le traictie de paix ne peurent flescrir ne mouuoir les iuifz obstinez et endurcis tant quilz voulsissent auoir regard au salut de eulx mesmes ne de leurs choses/ ains voulurent plus tost esprouuer les derreniers perilz de fortune/ cestassauoir la mort. Apres donc vaspasian fut esleue a la haultesse de lempire de rõme par accort election et ordonnãce commune de tous les cheualiers rommains/ il laissa son filz en ses pauillons/ et en son lieu lordõna procureur du siege par luy mis deuãt hierusalem/ puis se achemina

H iii

Vaspasian par alexandrie pource quil
ouyt dire comme vray estoit que lem
pereur Vitellius estoit mort. Et aps
re que titus auec ses gẽs eut souuẽt
repoulse les iuifz qui sailloient hors
de leur cite de hierusalem ꞇ que il eut
congneue la mauuaise durte ꞇ obsti
nacion des iuifz/Il contregarda pl9
fort ꞇ plus diligemment toutes les
entrees ꞇ yssues de hierusalem/ af
fin quil ne y entrassent ne saillissent
hommes/armeures/ne viures. Ti
tus ainsi saigement faisant demena
les iuifz en si grant pourete ꞇ disette
de toutes choses/que eulx meschãs
et angoisseux furent contrains a mẽ
ger toutes viandes quelzconques mes
mement horribles ꞇ deshonnestes. Et
affin que ie ne compte pticulieremẽt
toutes les abhominables et ordes vi
andes dont les meschans iuifz furẽt
contrains de vser. Vray est entre les
autres que vne noble femme Juisue
appellee marie fut en hierusalẽ trou
uee si contrainte par fain/que par di
sette dautre viande elle mẽga la chair
de son enfant quelle mesmes occis.
Lorreur que les iuifz virent de ceste
noble feme qui auoit occis ꞇ menge
son enfant. Et la foiblesse par quoy
les iuifz estoient deuenus non puis
sans a combatre par mesaise et diset
te de tous biẽs/ne peut abatre la dur
te et lorgueil de leurs couraiges/cõ
bien quilz cheussent en leur derrenier
destruiment. Et par ce que les iuifz
demourerent en ceste durte de cou
rage eulx qui estoient continuellemẽt
assegez ꞇ qbatuz p les pommais sãs
cesser ilz vindrent a tel destroit ꞇ si
grant perplexite que les murs furẽt
abatuz par mangonneaulx/par bon
bardes/par trupes/par moutons/et
par autres egins. Adõc la cite fut pri
se ꞇ les gẽs de titus entrerẽt dedens
deux fortes toures/cestassauoir anto
monica et phaselle qui presqz estoiẽt

Jmpnables par bataille. Si tost que
Titus a force darmes fut entre en
hierusalem/Il de par ceulx de son ost
fut pronunce empereur. Il apres sist
desrochier ꞇ ardoir le temple salomõ
qui des sa premiere fondacion iusqz
du iour de son desrochement derre
nier auoit dure par mil cent ꞇ deux
ans/ et les doubles murs de la cite
furent egaulx a la terre. Les gens de
lost pommain qui furent entrez de
dens hierusalem forcenerent contre
tous les iuifz/en occisant pillant et
pompant portes ꞇ huis ꞇ coffres/les
tours les fortes maisons les donios
les chasteaulx furent despecez. Et
apres que vnze cens mil iuifz furent
degastez et mors/ou par pestillence
ou par faim/ou par feu/ou par fer
toute lautre multitude des iuifz cest
assauoir quatre vingtz et dix mil qui
peurent estre trouuez et prins furent
vendus en seruage ꞇ liurez aux paiã
sarrasins/qui acheterent trente iuifz
pour vng denier dargẽt ꞇ qui furẽt
menez ꞇ respandus en diuers pays
du monde/mais les freres et les en
fans de leur roy agrippa furent gar
dez et mis a part pour le triumphe de
titus. Par ainsi dõcqs fut desrochee
la noble cite de hierusalẽ qui premie
rement iadis fut fondee par melchi
sedech tresancien prestre et noble roy.
Et qui par dauid fut renforce de ce
luy fort donion que len nomme sion
et par le roy salomon fut adourne
du temple tresnoble et tresresplẽdis
sant en richesses ꞇ beaulte q pauãt a
uoit este garny par les roys des iuifz
qui iusqs lors auoient regne en hieru
salẽ. Le tẽple salomõ fut ramene en
moquerie et en fable/ce tresgrãt mer
ueilleux et riche ouurage que salo
mon auoit fait en celuy tẽple fut ra
mene a neant/ Les autelz furent or
doiez du sang des prestres Jllec tuez
Et celui saint secret lieu que len nõ

moit sancta sanctorum fust rompu et destruit/et touteffois dedens sancta sanctorum parauant aucun ne pouoit selon leur loy entrer fors le souuerain des prestres pource que en tel lieu estoient reposees et gardes les tables de pierre esquelles dieu de ses doys escripuit les commandemens de la loy que il donna au saint prophete moyse ou mont de sinay. Et aps ses choses faictes les cheualiers rommains mirent en pilages et en despouilles les precieux vaisseaulx dor et dargent dont len seruoit ou temple/et les robes de pourpre et les autres ornemens qui auoiēt este faiz et achetez par grant estude et despense des anciens roys de hierusalem Apres doncques que hierusalem cite royale fut effacee et destruicte/lung des trois tyrans appelle iehan gistale fut pris des rommains/simon laustre tyrant vestu de pourpre qui par contraicte de faim fut venu par le desrochement de la cite iusques en la place commune se rēdit a ung cheualier rommain nomme therence. Et pour ce que lors en la compaignie de rommains estoit ung vaillant et preu cheualier compaignon de titus que len nommoit silla/qui se apprestoit pour aler a rōme. Lempereur titus victorieux bailla et commist son cheualier silla la garde et conduyte de simon le tyrant/mais affinque lautre tyrant nōme eleazarus venist a ainsi grant et grief destruiement comme simon lē pereur titus cōmist et ordonna son cheualier silla quil assiegast le chasteau mazaday en en quoy eleazarus se nestoit soup et retrait auec une grant partie des Juifz pour lors que les murs de hierusalem commencoient a cheoir par les engins de lost q nupt et iour gettoient. Cestui cheualier silla auec son ost par diligence et par force demena le chasteau a tant quil apparut assez a ceulx de dehors et de dedens que silla auecques ses gens deuoit prendre le chasteau au matin en suiuant/pour ceste chose Eleazarus regarda que Mazaday son chasteau se desnuoit de murs et de palis par la violence de lassault et des engis Si aduisa eleazarus que en son esperance ne demoureroit aultre chose/fors que tumber es mains de son ennemy qui le mettroit en chaynes/en prison/ou le occiroit despee. Si pensa en soy et delibera Eleazarus que la mort estla fin de tous maulx. Aps ce stuy aduis et deliberacion eleazarus dit et allega plusieurs choses pour venir a accord auecques les cheualier si la/et les siens/mais le peuple des iuifz refusa accord et paix. Et lors eleazarus par long sermon sefforca de Instruire et enhorter aux iuifz tant hommes comme femmes que ilz se exposasent a voluntaire mort/et quilz ne tentssent compte de perdre vie temporelle/Car eleazarus leur dit que ainsi lauoit il propose en courage. Or auint que le sermon de eleazarus ne fut pas fait en vain/car les hommes iuifz concors en une sente ne attendirent pas le iour apres/mais eulx q furent esguillonnes de rage et de fureur haperent et estraingnirent les espees en leurs mains. Et premierement ilz occirent tous les enfans/et apres ilz tuerent leurs femmes/qui plouroient la mort de leurs enfans: et apres ilz detrencherent les vieillars foibles et non puissans/puis getterent ou feu pour degaster et ardoir leurs plus precieuses choses/et finablement les Juifz a espees estraintes entretuerent lun lautre par mortelles playes. Et tant aduint que quāt les cheualiers rōmains eurent prins le chasteau et furent dedens entrez/Ilz ne vindrent ne trouuerent aucūe chose qui feust demouree aux vain-

H iiii

queurs/fors que les remenans du feu et les charoignes des iuifz mors/ ainsi fut assouuie et parfaicte la vengence des biefz et des nouueaulx pechiez que les iuifz auoient faiz. Les miserables et horribles cas des iuifz doiuent en especial espouanter les crestiens non pas seullement les nobles mais tous pareillement. Car puisque les iuifz qui ensuyuirent et garderent la circoncicion et la foy de dieu donnee par moyse furent iusques au temps de iesucrist appellez peuple de dieu, et eurent prestres et sacrifices et prophetes et roys et prouinces subiectes/ et si furent si griefment humiliez et puniz en perte de biens temporelz de citez de royaumes de prestrise et de leur propre corps/ pource que ilz vne foiz firent mourir le bon iesus filz de dieu nostre crestien qui par le tiltre du saint batesme et de la foy catholique donnee par iesucrist et approuuee par leglise deuons auoir plusgrant paour que nous et noz choses ne venions a plus grief et a plus soudain trebuschet de fortune que ne virent les iuifz/ attendu que noz mesfaiz sont plusgrans en nombre et en pois car au baptesme nous qui deuenons cheualiers et vassaulx de Jesucrist/ promettons expressement seruir et obeyr a luy et non a aultre/ mais ou lieu dun seul et bon seigneur contre lequel nous faulsons nostre foy et enfreignons noz promesses/ nous seruons a trops seigneurs mauuaiz et desloyaulx/ a la chair/ au monde et au dyable/ et si crucifions iesucrist non pas vne seulle fois comme les iuifz mais cent mil fois/ cest assauoir par autretant que nous pechons contre luy mortellement/ et ia soit ce que la benigne souffrance de dieu ait este longuement enuers les iuifz pecheurs/ toutffoiz par ordonnance diuine ilz ont este par gent estrange pugnis de leurs pechiez a vne fois pour toutes/ laquelle chose nous doit

lancer grant fraieur en noz cueurs obstinez et endurcis en pechiez. Et combien que le royaume des iuifz soyt tresaneanti et destruict/ et ia soit ce que vne grant partie des iuifz soit dispersee et espandue par diuers pays du monde. Touteffois les haynes des autres nacions ne sont pas faillies contre les iuifz/ car encores durent les haynes contre eulx tellement que ilz sont hayneux a toutes gens de quelzconques sexes quilz soient. Se len regarde la meschante condicion et le chetif estat des iuifz ilz sont si abatus des le temps de titus/ que mesmement ilz portent comme personnes infames certaine signes en leurs robes/ ilz sont pales et descoulourez/ ilz portent les visaiges enclins deuers la terre/ Ilz nosent reprouuer quelconque estrange loy/ ne approuuer la leur/ Ilz sont par tout hayneux/ Ilz sont par tout tribouillez et despites Ilz sont souspeconneux au gens de toutes sectes. Et eulx qui perseuerent en leur vaine superstition et folle loy sont degettez et tenus vilz entre crestiens et gens de toutes autres sectes.

Le ixe et derrenier chapitre en briefues paroles lacteur raisonne contre les iuifz en les reprenant de la cruelle passion qlz ont traictee en la personne de iesucrist vray dieu et vray homme. Et commence ou latin. O iusta dei ira. &c.

Juste couroux de dieu qui sans toy commouuoir ne troubler as este courouce otre les iuifz. O iuste Bengence de dieu q̃ as puny les iuifz pl⁹ doulcement quilz nauoient desserui Certain est que les iuifz souspeconneux enuieux ypocrites (z rebelles/ q̃ p̃ barat prindrent p̃ nupt en ung Jardin Jesuchrist dieu z homme q̃ apẽs la sainte cene estoit auec ces disciples en oroisons mais ces mesmes Juifz furent pris par violence de bataille a plain Jour dedens leur cite to⁹ ensemble apres grant z longue disette de menger et de boyre les Juifz q̃ ou iardĩ sperẽt le bon iesus qui estoit venu ou monde pour donner aux hommes grãce z franchise ces mesmes iuifz furẽt subiectz p̃ les cheualiers rõmais z vendus en seruage/ les iuifz q̃ le vẽdredi apres la cene demanderent pl⁹tost la deliurance de barrabas homme dissensionneux z larron que de iesus homme paisible z tresiuste. Ces mesmes iuifz ont este destruitz z perillez par les dissencions q̃ en Jerusalẽ aduindrent entre les vngs z les autres voysins. Les Juifz q̃ auoient escharny z moque Jesus leur droit z naturel Roy et q̃ lauoient pẽdre et condãne deuant le preuost pylate. Ces mesmes Juifz ont souffert villennies z ennuys par les Roys estrãgiers et aussi par les tyrans. Les iuifz qui en appert sur le mont de caluare respandirent le sang de Jesus homme iuste ces mesmes iuifz sentirẽt le sãg de leurs propres corps estre espuise en cachetes z dedens leurs maisons par les espees des murtriers de lost des rommains z dautres leurs ennemis Les iuifz qui commanderent a pylate que Jesus homme innocent fut fiche en la croix et entre deux larrons ces mesmes iuifz vindrent a pourete par plusieurs larcins cõmis z faiz cõ-

me dit est par les larrõs de iudee/ et p̃ les pillars de lost rõmain. Les iuifz qui sefforcerent de enserrer z refraindre la puissance diuine de Jesucrist enclos z serre ou monumẽt z qui mirent cheualiers a la garde z grosses Roches a lentree ces mesmes iuifz a force de gens armez par disette de vitailles furent si destraiz dedens leur pays que pour soustenir leur vie Ilz ont happe et pris les puantes charoignes dedens les sepulchres des mors. Les iuifz qui frapperent et batirent Jesu le filz de la vierge marie extraict de royale lignie/ ces mesmes iuifz ont veu ou dernier Jour le destruiement de leur cite vne autre femme nomme marie qui par contrainte de fain publique mengeoit son propre enfant quelle auoit occis et rosti. Les iuifz aussi ne despecerent oncques le precieux corps de leur Roy innocent par tant de manieres ne de tourmens ne tollerent oncques par tant de crachas ne dautres ordes choses/ comme les iuifz eurent en leurs corps de deffigurẽens z de horions car par mesaise tous leurs corps deuindrent pales et descoulorez. ilz furent aussi deffigurez et horribles ou par porritures de maladies/ ou par la douleance des horions que ilz receuoient/ ou par les playes de leurs ennemis qui les mutiloient despees Et affin q̃ les iuifz fussent pugnis du principal crime quilz comidrent cõtre le sauueur du monde qui iniustemẽt et par Enuie acheterent de Judas le precieux et inestimable corps de iesucrist pour trente deniers dargent/ Iladuint que trente iuifz furẽt vendus et liurez soubz la courõne z soubz la lance de titus empereur aux marchans plus offrans. Les iuifz qui furent vendus aux sarrasins leurs ennemis demourans a lenuiron de iudee/ ilz ne furent pas liurez vux acheteurs deuant q tous les peuples deuiron sussent saoules de faire villenies et meschaces aux iuifz qlz achetoient a lenchiere. Et quant les Pōmains liuroient les iuifz aux sarrasins a cheteurs/ les iuifz en eulx baissant passoient p dessoubz vne lāce ferree aux deux boutz ou milieu de laqlle pendoit vne couronne dor ymagee aux armes du seigneur soubz qui estoit faicte ceste subhastacion/ p vertu de laquelle les iuifz deuindrēt sers de ceulx qui les achetent. Et ainsi cōe les cruelz iuifz gaderent leur roy iesucrist que ilz auoient achete iusques a tāt q il fut mort aussi p le cōtraire les iufz deuindrent si abhominables a leur acheteurs / qlz vouloient plustost que les iuifz mourussent affamez que donner vitailles pour les nourrir tant estoient puans et pourtāt les iuifz qui iustemēt tuerent vne fois iesus/ces mesmes iuifz iustes tresiustemēt souffrirēt plusieurs manieres de mourir. Et affin q lē ne cuide q ie trespasse a cōter la derniere cruaulte des iuifz. Certaī est les iuifz q a leur roy mōt lōguement trauaillie et encores trauaillāt en croix por le salut de humain lignage baillerēt a boire vi aigre messe de fiel et de amertūe/ces mesmes iuifz furēt assemblez en troupeaulx et dōnez a mēgier aux bestes sauuage p les carresoīs et p les places cōmunes des nacions estrāges. Et dieu mist en couraige a lēpereur titus qlz prēsist celle vēgēce des cruelz iuifz affin qlz sentissēt et cōgneussent q le sāg de leur iuste roy iesus estoit venu sur eulx et sur leur ēfās ainsi cōe ilz crierēt deuāt pilate q ne vouloit prendre le sāg ne le perche de la mort Jesucrist/ dōt il laua si mauuaisement ses mais quāt les iuifz q il apres p raige les menga.

Cy fine le viiie. liure des cas des nobles hōes et femmes malheureux oposé p le bā Boccace de certains nobles histoiriē.

feuillet CC.lxxiii

Cy cõmēce le viiie liure de Jehan Boccace des cas des nobles hões τ fē-
mes maleureux dõt le pmier chapitre
cõtient ūng debat ētre frācois petrac
poete florētī/τ ledit boccace acteur de
cestuy liure.τ cōmēce ou latī. Q̃ iquā.

E ne scay que ie die aps
lacōplissement de mon
septiesme liure fors que
ie me repose/mais ie ve
creins le repos/Car clere
chose est que le trop grant repos est

cauſe de pluſieurs maulx/et si eſt repos contraire a ſoubtilite dengin/et combien que par ma folie ie aie eſprouue quelle choſe eſt repos/touteſſois ie ſuis maintenant cheu en dommageuſe pareſce/car pource que ie deſiroye repos ie abandonnay mes membres et les laiſſay cheoir en tres grant oyſiuete Ie oubliay toutes les brides de ſoing et me plongay en ſi tres grãt (parfont dormir que ie qui eſtoie Pequoy ſembloye eſtre mort tant moy comme a autre. Et ia ſoit ce q̃ quant auneſſois ie eſtoie eſueillie que le ſoing du trauail que iay entrepriñs me rappellaſt pour acomplir/mon volume/touteſſois ie geſoie comme vaincu (t pourri/et diſoie a moy meſmes: Certes Iehan boccace tu nas pas ſentement/pourquoy tourmentes tu ton corps/(tõ engin par ſi grãt trauail que Iour et nupt tu trauailles en retournant continuellement les liures des vielz hyſtoriens/et ſi ne es pas contraint a ſi grant labour en prendre. Ie croy Iehan boccace q̃ tu deſires alongir tes iours (t ton nõ par la renommee que tu penſes acquerir pour la perfection de ton liure en quoy tu deſcriptz en petit (t bas langaige les deſrochemens des nobles anciens hommes. Et certes Iehan boccace ceſte conuoitiſe eſt forcenee/car leure de la mort vendra/(t ia eſt venue que ton ame partira de ceſtuy mortel monde. Ceſte heure de la mort confroiſſera ton corps (t le muera en cendres. Ie te prie iehanboccace aduiſe que tu demandes car po' toutes tes beſongnes tranſitoires (t mõdaines tu ne auras aucun autre plus grant ſalaire de honneur ne de delectacion/fors que le ſalaire de renommee/combien que tout le monde a pleine bouche ne chantaſt autres choſes fors que les louenges de toy (t de tes faiz. Certain eſt iehan boccace q̃ toutes choſes mondaines periront quãt le corps (t la figure par quoy tu es congneu fauldra ie ne dis pas que ta renommee periſſe pour qui tu appreſtes grãs et nobles merites/affin q̃lle ſoit honnoree de ceulx qui apres toy viendront/car ta renommee pourra eſtre commune a maintes gens/(t parauanture ton nom eſt ia commun. Se ton nom ia de fait eſt commun/ou ſe ou temps aduenir il doit eſtre commun ſcay eſt que tu trauailles pour aultruy autrtant comme pour toy/obiẽ que tu pourroies preſentemẽt toy repoſer Laiſſe doncques ſe me diſt pareſce le labour que tu as entrepriñs et le remenant de ta vie paſſe ſelon la qualite du temps. Pareſſe la pourrie tellement me enhorta que ie ne fu pas ſeullement demy vaincu p pluſieurs telles et ſemblables paroles/mais abatu du tout. Et de rechief Ie abaiſſay ma teſte ſur le coiſſi/(t lauoye. Ia dreſſee ſur mõ couſte pour moy leuer du lit/(t tantoſt il me ſembla que deuant moy eſtoit vng homme que dieu mauoit enuoye de ie ne ſcay q̃l pays. Ceſtuy homme eſtoit mõlt attrempe en viſaige et en maniere/Il auoit gente face aſſez paſle et Ioyeuſe/il portoit ſur ſon chief vne couronne de laurier vert et ſi eſtoit veſtu dũ noble et riche mãteau/il eſtoit digne de tres grãt reuerẽce/ie ouury (t agui ſay mes yeulx plus q̃ autreſſois pour regarder ceſt hõe. Si toſt q̃ ie fu bien eſueillie/ie cõgneu que celui hõe eſtoit nomme frãcois petrac mõ tres doulx maiſtre. Les admõneſtemẽs de mon tres bõ maiſtre frãcois petrac me ont touſiours aguillõne a oeuure de vertu/ie hõnoray francois patrac des le cõmencemẽt de ma ieuneſſe. Si toſt q̃l me regarda vng pou plus fort q̃l nauoit acouſtume il commẽca moy arraiſonner ainſi. O iehan boccace noble maiſtre doyſiuete pour quoy gis tu en ton sit setart et endormy par les faulx enhortemens de paresse. Apres ceste parolle ie me hontoiay et abaissé mes yeulx vers terre et condânay les parolles que ie auoie dytez vng pou cy deuât, ie commencay doyement a regarder a quel fin deust venir le debat de frâcois petrac hôme glorieux et renômme, mais luy continuât son debat poursuyuoit en disant. Dy moy Jehan boccace se tu as entendu si rudement la recommendacion doy siueté et de vie contemplatiue dont tay parlé en vng mien liure qui est intitulé le liure de la vie solitaire, ou il ie recommâde oysiueté qui est la vie des hommes contemplatifz, cest assauoir des philozophes et des bons crestiens qui viuêt selon iesucrist. As tu dy ie si rudemêt entêdu la recomândacion q̃ iay faicte de oysiueté q̃ tu deusses ensuiure et paresse laquelle oysiueté côtient labour mesle et côtêplacion. Certai est Jehan boccace que en mon liure de la vie solitaire iay principalement admonneste chacun hom me qui il emploiast ses forces en choses louables et vertueuses. Or me dy Jehan boccace pour quoy te gis tu en ton sit, as tu oublie le cômun prouerbe q̃ comme est né en choses corporelles ou en espirituelles. Et tu qui es deceu p̃ fol cuyder q̃ aps le septiesme liure tu ne doiues proceder ne labourer en oul tre aisi côme se tu fusses venu a la fin de ton labour Et affin que tu ne soies follemêt deceu de telle sote opiniô ad uise ce q̃ iay dit, car chacun hôme mortel doit desirer le bien de renômee qui rent homme glorieux en sa vie et aussi apres sa mort, et neantmoins tu con dânoies nagueres le bien de renômee Et côbien q̃ lôme quiere et serche renô mee par diuerses et plusieurs voyes, touteffois on ne peut auoir renômee fors par le moyen de vertu. Se donc ques aucun condamne le bien de re nommee, il conuient quil condamne louuraige de vertu, et auec ce puys que nous qui apres les tenebres des ventres de noz mere nous entrôs en la clarté du monde et aũs côgnoissance q̃ la clarté est plus precieuse que tenebres, par ainsi est a entendre que renommee se compare a la clarté Par quoy len congnoist les choses. Le bien de ceste renommee qui par le don de dieu est octroyee aux hômes, elle est eue en la clarté iusques aux quatre bouts du monde qui par ses bônes merites gaigne renômee. Ceste renom mee conduyt et meine en grant clarté iusques au ciel les ames des hommes quât ilz meurent, et si appreste renômee le chemin par ou les ames môtêt oultre les estoilles. Aduise Jehan boccace que têps de la vie est tresbrief, mais le bien de renômee le faict treslong, car le nom dure aps la mort La renommee des bôs hommes trespassez tesmoigne a ceulx qui apres eulx viendront les honneurs quilz desseruirent, car apres leur mort ilz semblêt estre vifz pour leurs noms qui tousiours durent. Le bien de renômee fait tant que nous auons congnoissance du saint prophete moyse, et de aristote prince des philozophes, et de virgi le tresgrât des poëtes latins et du glo rieux et vaillât duc scipion african, et des trois nobles catos, et des autres anciens hômes, lesquelz nous louôs et hônorôs mesmêt apres leur mort. Et nous sentons vne grant delectacion et couraige quant noꝰ esperôs que par nostre labour nous pouons receuoir des hômes qui apres nous viennent telle renommee de louange et de honneur, comme les vaillans hom mes anciens receiuent de nous. Et par ainsi nous auons lodeur du bien de renômee ains que nous la p̃de̅f̃ seruie. Et se aucun estime que petite chose soit auoir renômee entre les hô

mes mortelz/ ie dy que vng tel hom︎
me nest pas seigneur de son sens ai͂s
est forcene & sans raison. Les hõmes
raisonnables ne doiuent pas despri︎
ser ne confondre ne abaissier renom
mee par le vice de oysiuete/ce ne doit
pas dire mal de renommee/ne icel
le reputer comme chose vaine ne su︎
perflue mais tu te doibz du tout es︎
forcer a acquerir renommee pour mõ
strer les dons de dieu/ Car quant tu
te efforces emplir & eslargir par oeu︎
ure les dons de la grace de dieu/ en
acquerant renommee adonc tu con︎
gnois que dieu est celui qui agrandist
et augmente la grace que il te auoit
donne/ et pource que tu es enuelope
de paresce tu me disoies encores que
moquerie seroit sil auenoit que mai︎
tenant ou en temps aduenir ta renõ
mee fust commune a plusieurs/ la tel
le chose est possible/ mais dy moy Je
han boccace quelle chose est plus con
traire a charite que de enuier la bien
eurte daultruy/ Se tu es doresena︎
uant oysif sans oultre plus escripre/
tu ostes aux autres les bons exem︎
ples des hystoires/ pour lesquelles
dieu parauanture veult que tu la︎
boures/ pour donner aux hommes
moins sachans. Dy moy aussi boc︎
cace ne vault il pas mieulx que tu la
boures pour autruy que ce q̃ tu pour
risses meschamment en oysiuete po͂
ton singulier delit/ car il nest mestier
que Je te preuue ceste chose pource q̃
ia soit ce que plusieurs des hommes
de maintenant ayent tel nom cõme
est le tien si ne pourront ilz occuper/
ne detenir le merite de ta renommee
qui nest pas leur/ Se ainsi estoit que
len ne congneust les ouuraiges du
bon homme/ mais seulement le nom
les vaillans hommes trespassez sont
en peril cõme toy mesmes/ ainsi cõe p̃
vne mesme maniere len congnoistra
les ymages des anciens/ et la tienne

aussi est il possible que les merites des
anciens soiẽt attribuez a ton nom cõ︎
me il est possible q̃ tes merites soient
attribuez aux noms des vielz auteurs
mais il te conuient plus doubter que
par le iugement des hommes len ne
te admette les hontes & les diffames
de tes compaignõs semblables. Et
pource ie conseilleroie aux preux & va︎
illans hommes que sans riens beson
gner ilz se destournassent es cauernes
de la terre/ se ie ne aduisoie que ainsi
cõme la clarte du soleil ne peut estre
troublee par la fumee du feu materi︎
el/ aussi les bonnes oeuures ne la re︎
nommee des vaillans hommes au︎
cteurs ne peut estre tachee par les hõ
tes des autres. Renommee fait vng
bien a ceulx qui sont trespassez & mo︎
re car renommee monstrera aux hõmes
aduenir lesquelz aient este boyteux &
bossus & cruelz et deformes par quel
conque laydure de visaige ou de me͂
bres et quelz aient este beaulx & quelz
riches/ et quelz aient este empereurs
et quelz popes. Et puis que renõmee
fait ainsi enuers les hommes ia mors
et trespassez/ tu doibz croyre que ainsi
fera elle enuers tous autres. Je sup︎
pose iehan boccace que selõ le iuge︎mt
des yeulx de ta pensee tu ne puisses
aucune chose sur adiouster a la resple͂
disseur dun homme renõme comme
platon/ aristote/ scipion/ et caton/ tou
tesfoiz en feignãt ainsi es yeulx de no
stre pensee nous sur accroissons aucu︎
nement plus la dignite de lun que de
lautre/ car en plusieurs scipions nous
suraccroissons la dignite de scipion a︎
fricam le pmier au regart des autres
scipions. Entre plusieurs catons no⁹
suraccroissons aucunement la dignite
de caton censorin/ entre plusieurs
cincinnois nous suraccroissons la di︎
gnite de cincinnus cincinatus noble
preu et prouffitable Pommain/ entre
plusieurs philosophes stoiques a pla

ton/entre plusieurs peripatheticqs a aristote/entre plusieurs poetes nous suracroissons la dignite a omer ou a Virgile/ia soit ce que autre differen∕ce ny eust conuenable ne digne question/ Touteffois nous feignons es yeulx de nostre pensee aucun surcrois de dignite ainsi comme autrement appert. Tous les sains apostres de dieu sont bons et renommez/mais entre eulx tous nous suracroissons prerogatiue de dignite a saint pierre et a saint pol. La prerogatiue de auctorite entre tous les empereurs vaillans et saiges nous suradioustons aucune chose a la dignite de cesar/Et re les roys de france nommez charles nous suracroissons la dignite a Charles le filz pepin pour la tresgrant renommee que tous les vaillans hommes des∕susditz gaignerent par leurs bons merites et oeuures vertueuses. Mais se ainsi estoit que le vray ymage de la renommee dung bon homme fut du tout perdue enuers les hommes mortelz si ne pourroit elle estre perdue enuers dieu pour la gloire du quel lomme a laboure au proufit et a lonneur des hommes. Certain est que dieu soit la bourne et la fin a quoy tendent les hommes dieu ne peut estre trahy ne deceu/dieu aussi rent vng don de vie pardurable a celui qui laboure a lacroissement de la gloire diuine: et celuy don est le plus desirable de tous a homme qui laboure/ne peut aduenir aucune chose meilleure que ce que dieu luy restitue double salaire au regard des dons de grace que dieu luy auoit commises et baillees.

Nous hommes doncques deuons labourer et besongner/et deuons esguillonner nostre engin selon toutes noz forces pour acquerir renommee qui ennoblist les hommes/ affin que nous ne soyons nombrez entre les gens populaires et innobles/et affin aussi

que les hommes trespassez et mors ont laboure pour nostre proufit:aussi nous puissions profiter aux hommes aduenir/et affin que nostre nom soit escrit entre les nons pardurables/et que nous acconsuiuons renommee sans fin et que les hommes voient que durant nostre vie mortelle nous auons trauaillie a la gloire de dieu et non pas a lexaulcement des vices. Si nest il mestier de plusieurs choses dire/fors que ie pouoye reprendre ta paresce et ta longue dormicion par plus aigre parolle/ainsi comme tu lauoyes desserui/mais pour ce que la tresgrant crudulte du maistre nuyst aucunesfois a vng homme rebrunche et rude plus que elle ne proufite/ Jay pense que en toy admonestant vault mieulx vser de doulces parolles/que aspres ne rudes/affin que ie te face hontoyer de ta paresce/et non mie affin que ie trouble ne esmeuue ton couraige et affin que durant mon courroux ie ne te bate de verges ne de fouetz/ Je vueil que tu ostes les tenebres de ton entendement/et que tu rompes et froisses la paresce de ton corps/et te lieue de ton lit fermement sans tarder/accomplys et meine a fin le liure que tu as commence:et se tu ne aconsuis ne ne gaignes aucune gloire ne autre remuneracion en ce monde touteffoys tu dois plus labourer sans salaire que estre saoul et comble pour auoir dormi en paillardie et oysiuete. Francois petrac qui entre ceulx de nostre aage fut tres glorieux homme dist auec moyses choses cy dessus escriptes/mais pource quil me souuient que francois petrac en continuellement labourer auoit mieulx employe son temps que aucun autre homme mortel ie nosoye haulcer mes yeulx vers luy tant estoie bas aggenouille vers terre/pour ce quil me reprenoit par ces parolles tres vrayes/mais ie consideray ma tressote oppinion ie plouray et fu dolēt q̄ me ēclinay a sa sentēce/ q̄ desiray que p sōe suefe q̄ doulceur de lui il rappellast dedēs ma poitrine les espiz q̄ les forces de mō ēgin pour ce que ie estoie āgoisseux q̄ fort esmeu Adōc frācois petrac ḡognēut ce q̄ me estoit couenable esclarcit euers moy ses yeulx q̄ son disaige en riāt mist ius l'obscure idignaciō q̄l auoit ḡtre moy q̄ me mōstra respledissāt visaige puis me dist. Mon amy Jehān Boccace iay assez q̄ plus que assez argue q̄ demonstre que la parefce de toy est net toy ce par ce que ie tay veu si humble et si abaisse/ lieue toy doncques q̄ prē esperance en toy soubz la fiance de mō humanite/ et de cy en auāt garde toy que tu ne laisses trayner en si dommaigeuse parefce: qui aux hommes donne faulx admōnestements Je fu ung pou adoulci p les courtoises parolles de mon maistre frācois cois/ si petit ray vng pou mes forces/ q̄ ia soit ce que ie fusse aucunemēt hōteux/ neantmoins ie adrecay mon visaige vers le ciel pour clerement veoir la debōnaire tē de mon maistre francois petrac/ mais luy a maniere dun homme qui a fait tout ce quil a partint a son office/ se partit soubdainement dauec moy comme il estoit venu/ et adonc ie qui apparceu p̄ ḡlle maniere dieu esueille les folz hōmes endormiz/ ie condamnay la mauuaise oppinyon que ie auoye de non plus labourer: et prins arriere ma plume pour proceder a mon ancien office/ de escripre les cas dēs nobles maleureux

Le second chapitre contient les maleureux cas de Domicien/ cōmodus/ cliuꝰ surnomme partiuax iuliē. et seuerus iadis empereurꝭ de Romme. Et de plusieurs autres maleureux ēpereurs Rommains. Et commence ou latin. Erat quidam. q̄ cetera.

Pres que frācois petrac hōme tresglorieux q̄ renomme fut parti de ma presence/ le lieu ou quel ie estoie fut plain de maleureux nobles hommes assemblez de toutes pars q̄ plourans pour leurs males fortunes. La plus grant partie de ces maleureux nobles sembloit dempereurs/ q̄ deuant tous ceulx alloit lorgueilleux Domicien empereur qui regna empereur viii. cens. xx vi. ans apres la fondacion de Romme/ de qui en brief le cas ainsi se descript Apres la mort du noble titus Domicien son frere succeda a lempire de romme qui lors selon verite estoit cōptee la plus grant des biencuretez mondaines. Cestuy Domicien vint pou a pou a tous les degres et manieres de mauuaistiez ou de vices/ il osa entreprendre de arracher q̄ destruire toute leglise de Jesucrist qui ia partout le monde estoit tresbien formee. Et pour icelle destruire il comme trescruel donna mandemens q̄ lettres a ses sergens pour faire celle persecution il cheut en si grāt orgueil que il cōmanda que on se scripuist en lettres et que on ladourast comme dieu q̄ seigneur

de toutes choses. Domicien tãt a cau
se denuie comme a cause de pillaige
fist occire aucuns des nobles sena=
teurs/et aucuns il enuoya en exil/et
illec commãda quilz fussent murtris
Domicien fist ou peche de luxure
toutes les dissolucions & abus qui pe
uent estre penseez/Il destruist les cho
ses du peuple Rommain dont il edi
fia plusieurs temples a Romme/ Il
fist par ses legatz vne bataille contre
ceulx de allemaigne & ceulx de dan=
nemarche au double dommage de la
chose publique/ car domicien q estoit
dedens Romme despecoit a espee les
senateurs & le peuple et au dehors les
allemans et les dannemarchois occi
soient lost des Rommains qui estoit
sans chief & mauuaisement conduyt
dont si grãt dommages de la chose pu
blique et si grans occisions de Rom
mains aduindrent que moult longue
chose seroit de les compter par ordre.
En lieu de triumphe que len doit me
ner pour la desconfiture des ennemis
Domicien homme esleue de tresmau
uaisestentãce fist pour soy vng trium
phe pour loccision et la mort de ses
gens darmez Romains/il fut orgueil
leux que il qui vouloit que on le ado
rast cõme dieu cõmanda que len perse
cutast les crestiens/& ceste persecutiõ
fut la seconde apres celle de neron. Il
enuoya en exil en lisle de pathmos ie
han le tresbenoist apostre et euangeli
ste/il fist enquerir des iuifz tous ceulx
qui estoient du lignaige de dauid/et
commanda quilz fussent tous occis/
et affinque les iuifz les luy enseignas
sent il les fist questionner par cruaul=
te de tourmens ainsi comme se domi
cien doubtast que du lignaige de da=
uid ne descendist aucun qui prensist
pour soy le royaume du monde. Tã
tost apres ses choses faictes Domiciẽ
fut cruellement tue enson palais par
ses chambellans/et la charoigne de

luy fut boutee en vng sercueil vil et
pourry & porte tresuillement enseue=
lir par robeurs et pillars commis a ce
Apres Domicien qui par xv. ans tint
lempire venoit selon lordre des mal
eureux lempereur cõmodus q regna
neuf cens et trente ans apres la fon=
dacion de Romme/ & apres la natiui=
te de dieu cent quatre vingtz et huit
ans. Cestuy commodus fut filz dan=
thoine surnomme le veritable qui ob
tint lempire par xiii. ans/il fist bienue
reement vne bataille contre les alle=
mans, il fut abandonne a toutes hon
tes de charnel delit et dordure en fait
et en parolles: il combatit tressouuẽt
es ieux gladiatoires: et si se combatit
aussi contre les bestes sauuaiges de
dens lemphitheatre/ que nous appel=
lons lices. Il occrist plusieurs des se
nateurs Rommains/ et par especial
ceulx quil aduisa estre excellens en no
blesse et en subtilite. Apres les mau
uaistiez de lempereur commadus ad
uint a Romme grief dommaige & mes
chief/ car le capitole de Romme fut
fouldroie: et celle fouldre fist vng em
brasement qui par vng hatif tourbil=
lon embrasa la commune librarie de
la cite de Romme aultres maisons/
et temples prochains dillec. En celle
librairie estoient les volumes des li=
ures qui parauant auoient este com=
posees par le soing et par lestude des
anciens philosophes tant grecz com
me latins et hebreux. Apres le choiz
de ceste fouldre a romme aduint vng
aultre embrasement par quoy le mõ
stier de la deesse vesta/ et le palais
et vne grant partie de la cite furent
ars et destruitz a legal de la terre.
Lempereur Commodus qui a tous
comme iay dit estoit dommageux
fut comme dient aucuns hystoriens
estrangle et mort en la maison dun
homme Rommain appelle vestaly=

J i

en/car lempereur commodus auoit vne concubine appellee marcia qui auec pou dhommes peura ceste mort et en despourueu happa ledit epereur par la gorge ꞇ si fort lestraingnit que elle lestrangla/ꞇ mourut comme iay dit. Apres le cas de lepereur cōmodus venoit le maleureux noble empereur appelle clin⁹ surnōme ptinax q̄ ap̄s la mort de cōmodus fut institue empereur le xvie. apres octouien. Cestuy clinus ia vieillart le vie. moys apres ce quil ōmēca regner fut tue en sō palaiz p la mauuaistie ꞇ trahison dun legiste rōmain appelle Julianus/ q̄ ētre les facteurs d loix ciuiles est tresouuent escript ꞇ nomme es trois liures de digestes. Apres dōcq̄s que lepereur clinus surnōme ptinax fut cōme dit est occis/cestuy Julian enuahit et occupa lempire Or aduint que vng noble homme appelle seuerus q̄ descendu estoit de la gent africaine ꞇ ne dune cite q̄ lē nōme tripolis meut ꞇ fist vne bataille q̄ fut des vngs rōmains contre les autres Julien auec q̄ les siens fut vaincu et occis a pōt molin vne ville ditalie le septiesme mois apres qui auoit commence a regner/ ꞇ par ainsi seuerus succeda a lēpereur clinus dessusdit. Apres ces quatre nobles empereurs dessusditz cestassauoir domician/cōmodus/clinus/ꞇ Julian venoient deux autres nobles hōes occupeurs de lēpire de rōme pour quoy est assauoir que lan ix.cens xliiii. seuerus q̄ fut le xvii. empereur ap̄s octouiē fist la ciquiesme persecutiō cōtre les crestiēs ꞇ leglise de dieu. Seuerus doncques eut en gouuernement par xvii. ans lempire de rōme ꞇ fist treslabourieusemēt plusieurs batailles contre ceulx q̄ lassailloient en diuers pais du monde ꞇ entre les autres estoit vng noble appelle postumus qui tendoit a venir par tyrānie a laseigneurie degipte/ ꞇ de

surie subiectz aux rōmais affin que de vng degre en vng autre il peust venir a lempire de rōme. Postum⁹ dōc assembla ses forces en bataille contre lēpereur seuerus ꞇ le siens / mais combien que seuerus p son orgueil eust offensu dieu en persecutant leglise ꞇ en occisant les sains hōmes crestiēs tou teffois seuer⁹ obtint victoire cōtre postumus qui fut desconfit ꞇ tue pres de tizire vne cite de surie. Et po² ce q̄ seuer⁹ comme dit est persecutoit iustement leglise ꞇ les crestiēs dieu print iustemēt vengence de ses perheƶ: car apres la desconfiture ꞇ mort de postumus/lempereur seuer⁹ fut constrait soubdainemēt venir de surie en gaules pour faire la tierce bataille ciuile contre vng noble ꞇ puissāt cheualier appelle albinus/ q̄ ou pays de lyonnois se estoit fait empereur. Cestuy albinus auec lempereur iulien dessus dict auoit este cōpaignon ꞇ aydeur de occire lempereur clin⁹. En la bataille de cestuy albinus ꞇ de seuerus fut grant effusion de sang rommain/car eulx deux ennemis auoient en leurs batailles cheualiers ꞇ souldoiers rōmains. Or aduit que albinus fut desconfit ꞇ tue pres de la cite de lyon. Apres la mort de ces deux nobles hōmes Postumus ꞇ albinus venoit le maleureux aurelius surnomme caratalla qui fut le xviii. empereur apres octouien/ꞇ tit lempire presque p sept ans entiers/ix.cens.lxii.ans apres la fondaciō de rōmme/ꞇ deux cēs quarante ans apres la natiuite Jesucrist Apres dōcques que lēpereur seuerus par grief de maladie fut mort durāt sa guerre ou pays de bretaigne/ Il laissa deux siens filz geta ꞇ basianus Cestuy geta pour aucun sien demerite fut iuge ennemy publique de la cite de rōmme/ ꞇ pou apres mourut ꞇ basianus son frere se fist surnōmer anthonici qui apres la mort de son pe re seuerus obtint lempire, il fut tres aspre et tresdur, et si fut plus desmesure en charnelles delectacions que oncques homme ne fut. Il print a femme iulia sa marastre. Il appresta vne grande bataille contre les pthois. Il fut surprins des parthois ses ennemis et fut tue entre edissa et carras qui sont deux citez ou pays de parthie. Apres le cas du maleureux aurelius benoit le noble martinus qui apres le noble octouien fut le xix. qui enuahit et occupa lempire, et a ceste inuasion faire luy ayda son filz diadomenus. Cestuy doncques martinus qui par auant auoit este prefect du pretoire de romme occupa et tint p force lempire par vng an, et tantost apres lan il fut occis en vne tumulte et discort qui auint entre ses cheualiers pres de la cite archelaide. Apres le cas de lempereur martinus selon lordre des hystoires benoit le maleureux aurelius surnomme anthonius qui fut le xx. empereur apres octouien. Cestui aurelius qui par quatre ans regna fust premierement prestre du temple eliogabalus. Et pour tout dire ensemble la teneur de sa vie. Certain est que apres sa mort il ne laissa aux hommes aucune chose digne de memoire de soy ne de ses oeuures mais seullement la diffamee memoire de ses ribauldies et mauuaistiez, et de toute ordure et puantise. Et en son temps aduint vne secte de heretiqs dont le principal eust nom sabellius, et ceulx qui lensuiuirent sont ditz sabellians qui en somme dirent que dieu le pere et le filz et le sainct esperit sont vne seule personne. Cestuy aurelius fut celuy qui deschargeoit son ventre dedens vaisseaulx de fin or mais tantost apres le quart an de son empire vne dissencion aduint a romme entre les cheualiers. En laquelle discention lepereur aureliꝰ fut occis auecques sa mere. aureliꝰ qui souloit

faire sa fiente en vaisseau dor, et oindre son corps doignemens et oudeurs, sa charoigne fut gette dedens les chambres quoyes. Apres le miserable cas de aurelius surnomme anthoni benoit lempereur aurelius surnomme alexandre qui fut le xxi. apres octouien lan deux cens xxii. apres la natiuite de Jesuchrist, et lan ix. cens lxxiiii. apres la fondacion de romme fust esleu et institue empereur p les senateurs et cheualiers de Rome et tint lempire par xiiii. ans. Il fut iuste et fist choses dignes de louenges. Sa mere appellee mamea fust crestienne et escouta boulletiers celui tresrenome crestien origenes prestre et home de tresgrant science diuine et humaine, et par aduenture aurelius par les merites de sa mere mamea feme crestienne adressa ses besongnes et mena a bonne fin, car si tost que lempereur aurelius eut comencee saguerre contre les persois Il desconfit le roy xerces en vne tresgrant bataille, et fut aurelius vainqueur. Et pource que ou x. chapitre du tiers liure precedent Jay parle contre les folz et deslopaulx legistes, affin dabaisser les vices des mauuais. Il affiert aussi de parler dun bon legiste pour esleuer les vertus dun bon. Cestuy doncqs aurelius qui selon fragilite humaine par les mauuaises exemples de ses predecesseurs pouoit soy legierement encliner a mauuaistiez et a vices. Il fut temporellement si eureux et si bien fortune que en son temps Il eust vng assesseur noble et uertueux legiste appelle Vlpian. Assesseur cest a dire quant lepereur oyoit les causes et rendoit les droitz au peuple ou a la chose publique Vlpian en parlement seoit ou coste de lepereur et en toutes besongnes touchans discussion de droit aurelius ensupuoit le conseil et la sentence de Vlpian. De cestuy Vlpian lauctorite est si grant

feuillet CLxxxii
J ii

en la cōposicion des loix cõtenues es trois liures de digestes que de luy sõt intituleez & suscriptes les pricipales loix/et si fut auteur de la plus grãt partie au regart des autres saiges. Aurelius qui Vlā de Vlpian assesseur eut en soy souueraine attrempãce ou gouuernement de la chose publique mais finablemẽt entre les cheualiers rōmains aduint tumulte & dissencion/ et illec fut occis aurelius sans aucun sien demerite. Apres le cas du noble empereur aurelius surnomme alexādre venoient deux maleureux nobles empereurs/cestassauoir maximin & gordian. Cestuy empereur maximin qui fut le xxii. apres Octouiẽ fut fait empereur contre la voulente des senateurs/ mais il fut ordonne empereur par les cheualiers de son ost pource quil auoit bieneureemẽt combatu en allemaigne/ & en vne bataille auoit obtenu victoire. Lempereur maximin fut vi. qui apres neron persecuta leglise & les crestiens/ mais tã tost apres/cestassauoir le tiers an de son empire/ il fut tue du prefect de aquilee appelle pupien. Et par ainsi Maximin fina la persecution des crestiens et le temps de sa vie/il persecuta les crestiens pour le desdaing quil auoit que la seur de lẽpereur aurelius & mamea sa mere estoient crestiennes. Et cestuy maximin auoit este successeur dudit aurelius/il persecuta les prestres & les clers pour le desdaing quil auoit contre origenes dont ie parlay tantost au cas de aurelius. Apres le cas de lempereur maximin selon ordre des temps/Il assiert compter le cas de lempereur gordian xxiii. apres octouien/et fut esleu par le senat/ et si obtint lempire par six ans/car combien que le dessusdit pupien occiseur de lẽpereur maximi et albien frere de pupien eussẽt vsurpe & pris pour eulx lẽpire/ touteffois ilz ne regnerẽt poit car soubdainemt ilz furẽt tuez dedẽs le palais de rōme Gordian doncques encores estãt moult ieune si tost quil fut fait empereur/il apresta son ost pour aller combatre les parthois/ Il fist ouurir les portes du temple de ianus en signifiãce de publique guerre ouuerte puis sen alla ou pays. Illec gordian auec son ost fist plusieurs grans batailles contre les pthois/les psois & les medois desquelz il eut victoire/ mais finablemt gordiã victorieux estãt auecques son ost pres de la cite de circerse sur la riuiere appellee eufrates fut occis p le barat et trahison de ses propres cheualiers des qlz il ne se gardoit en riens & si nestoit pas mal mery en eulx. Apres le cas de lempereur gordian venoiẽt deux maleureux/cestassauoir phelippe xxiiii. empereur apres octouien et aussi son filz phelippe. Lan doncqs ix. & es quatre vingtz.xvii. ans apres la fondacion de romme et apres la natiuite de Jesucrist deux cens.xxxviii.ans. Cestuy phelippe fut fait empereur de rōme/Il auoit vng sien filz semblablement nōme phelippe le ql il fist cōpaignon & parsonier de lempire et regna sept ans. Il fut entre tous les empereurs le pmier crestien. Apres le tiers an de sõ empire furẽt acõpliz mil ans de puis la fondacion de romme/et cestuy an milliesme par magnifiques ieux & grãs esbatemens fut tresnoblemẽt celebre de p phelippe ẽpereur crestien/et fut ce iour appelle le iour de la natiuite. Et certain est que cestuy qui fut de grant deuocion a Jesucrist et a leglise a receu grace & honneur de dieu/Car mesmement il nest hystorien qui die que lẽpereur phelippe sacrifiast oncques aux dieux selon coustume ancienne quant il montoit ou capitole de rōme/ touteffoiz ces deux phelippes le pere & le filz p dissencion des cheualiers rōmains et p le barat feuillet CLxxxiii

d'un chevalier Romain ennemi des crestiens appellé decius furent tuez en divers lieux/car Phelippe le pere fut occis en lombardie dedens la cite de Beronne/ τ phelippe son filz fut tue a Romme. Apres le cas du noble empereur phelippe et de son filz confort et parsonnier de lempire venoient lempereur Decius τ son filz q̃ tous deux occuperent ou sefforcerent doccuper lempire de rōme. Cestui decius q̃ estoit mesle avec les xxiiii. maleureux nobles empereurs dessusditz me pria que de luy τ de son filz Je escripuisse en brief leur cas/ mil τ quatre ans ap's la fondacion de rōme/τ apres la nativite de iesucrist deux cens xliiii. Apres que phelippe premier empereur crestien et phelippe son filz furent tuez come Jay tantost dit celuy chevalier Romain decius qui les avoit fait occire occupa τ tint par force trois ans lempire de rōme/τ fut deci' le xxv. apres octovien. Si tost q̃ deci' eut occupe lempire il q̃ estoit ennemi des crestiens monstra q̃l avoit fait occire l'ōpereur phelippe τ son filz po' ce q̃l estoit crestie si côme il apparoist par ce quil avoit delaisse et interrompu les sacrifices des dieux et si avoit celebre grandemēt le iour de la nativite de rōme le tierz an de son empire qui estoit le milliesme apres la fondacion de romme. Cestuy decius dōcques fut le vii. persecuteur des crestiens apres lempereur neron Decius en despit de iesucrist tua les crestiens et par lettres il manda par toutes prouinces que on les occist et ordonna les manieres de tourmens dont les crestiens devoiēt estre martirez. Apres que decius eut ainsi cruellement persecute leglise τ les crestiēs il sans auctorite des senateurs τ des cheualiers Rommains esleut son filz pour succeder apres luy a lempire/ mais lempereur Decius τ son filz furent occis ou millieu des pfois q̃ au regard des romains sōt gēs barbares τ estranges. Soubz cestuy deci' fut celuy saint hermite anthoine qui en habit de moine τ avec plusieurs aultres sains hōes religieux habita es desers degipte. Cesti anthoine soubz la nouvellete de la religiō crestienne τ pres du temps fut si pfait en oeuvres τ en polies que presq la saictete de luy estaint τ aneātist tous ceulx qui se nōment religieux ou hermites. Apres le cas de deci' maleureux empereur', selō lordre des hystoires venoit le maleureux gallus qui fut le xxvi. empereur apres Octovien. Cestuy gallus avec son filz Volusian obtint apeines lempire par deux ans. Ou temps de lempereur Decius monstra dieu la vengence quil souloit prendre contre les persecuteurs de son nom τ de son eglise/Car durāt les madēmes de lempereur Decius qui mande avoit occire les crestiens et destruire les eglises a Romme τ es prouīces de lempire/ Aduint vne pestillence de maladies que nul ne pourroit croire car presque nulle prouince de Rōme nulle cite/nulle maison ne demoura qui ne fust happee de epidimie et espuisee de hōmes. Tādis que ces deux hommes nobles lempereur gallus τ et Volusian son filz qui de ceste pestillence cestoient eschappez appresteēt faire bataille ciuile contre emilian q̃ estudioit a trouver nouveaux moyens pour occuper lempire par tyrannie. Les dessusditz gallus et son filz Volusian furent occis par les pour chas de emilian ung chevalier rommain/τ il mesmemēt fut mort trois mois apres quil eut envaby τ occupe lempire par tyrannie. Pour monstrer la muance de fortune qui abatit ptāt de foiz partāt de trebuchetz tans dempereurs Rommains/ Il nest mestier de en raccōpter plusieurs mais pour ce que entre le maleureux

J iii

Benoit lempereur Balerie a cheueux blans et ors et Bestu dune Billeine robe, et pource quil confessoit tant par son habit comme par ses parolles sa honte et sa Billenie iay entreprins a racompter son cas, et par plus larges parolles que ie nay fait des autres pour monstrer que le nom delempereur Balerien est plus mauldit q̃ des autres empereurs auant escriptz.

Le tiers chapitre contient le cas de Valerien empereur de romme cruel et desloyal persecuteur des crestiens. Et commence ou latin. Cesis gallo. etc.

Pres que lempereur gallus et Volusian son filz, et aussi emilian enuahisseurs d’lempire furent occris comme dit est: les gens de lost Rommain guerroians en deux parties dallemaigne esleurent, et ordonnerent empereur Vng des cheualiers de lost appelle Valerien. Et apres fortune fut tant fauorable au grant commencement de Balerien que son filz galienus fut semblablement esleu, et ordonne empereur, par le secret des senateurs de Romme. Et pource que a descripre plainement le cas de lempereur Balerien il semble que ie te doiue dire le lignaige de luy, mais non feray, car les hystoriens nen acerteinent riens fors que Balerien se fist surnommer Decius. Valerien donrques tant portala resplendisseur de lui comme de son filz Galienus qui posseda et tint lempire de Romme qui est la haultesse des dignites du monde, il fut Resplendissant et noble a maniere dun soleil. Mais celle nette lumiere tantost fut conuertie en tenebres par vng monceau de nues qui sourdirent de trauers, car cestui Balerien au commencement de son empire monstra de fait quil estoit grant amy des dieux payans, et quil douloit garder les honneurs et sacrifices des rommains qui encores estoient payans, et pourtant il ennemy mortel et forceneux, persecuta les crestiens qui adonc commencoient la souueraine religiõ qui est en adourer dieu et en garder la loy donnee par lui et confermee par legli se catholique. Valerien comme forcene cuida confermer, et establir son empire par celle cruelle persecucion quil fist contre les crestiens selon les lettres et mandemẽs que le cruel empereur Decius auoit enuoiez par tout le monde depuis que celle longue et griefue pestilence depidimie fut vng pou estanchee dont ie parlay ou chapitre precedent sur le cas de lepereur Decius. Le mauuaiz Balerien oublieur de la punicion diuine il atteina tant dieu quil amena la peine cõtre le peche de luy. Et certain c’ si q̃ quãt vng mauuaishomme est tourmente il sent biens les tourmens, mais por ce quil est ostine et endurcy il ne sent pas de par qui les tourmens viẽnẽt Et affin que ie taise les choses dessus dictes vray est que si tost que Decius fist persecucions de crestiens vne pestillence de maladies tourmẽta tout le pays de lempire des rõmains. finiquite de ces trois empereurs decius gallus et Balerien fut mencongiere et si fut deceue par mauuaiz iugemens Car ilz cuiderent que celle mortelle epidimie fust de commune auenture

et nōmie de punicion de dieu. Vale̅-
rien doncques cruel et desloyal pserc-
teur des crestiens de rechief atteint
p ses mauuaisesoeuures le courroux
de dieu/et dieu soudainemēt le frap-
pa dune playe par quoy il fut contrait
den auoir souuenance/car si tost que
Valerien eut prins le gouuernement
de lempire il par tourmens contrai-
gnit les crestiens a ydolatrie et comā-
da que ceulx fussent occis qui refuse-
roient adourer et sacrifier aux ydoles
Et respandit le sang des sains hom-
mes crestiens au long et du large de lē-
pire de Romme. Tādis doncquesque
Valerien faisoit ceste cruaulte contre
les sains hommes crestiens, il aduint
que sapor Roy des persois occupa et
print par force darmes tout le pais de
mesopotamie qui est vne des prouin-
ces de asie enuironnee de deux fleu-
ues/cestassauoir du tigre par deuers
orient/et de eufrates par deuers occi-
dent/et deuers septētrion elle cōmē-
ce en la montaigne caucasus/et deuers
midy mesopotamie ioint a babiloine
Apres la prinse de mesopotamie ce-
luy Roy sapor occupa et print par ba-
taille le pays de surie et licie et de ca-
padoce/lesquelz quatre pays apparte-
noient a lempire de Rōme/et degasta
le Roy sapor par feu et par fer toutes
les choses des pays dessusditz. Vale-
rien doncques orgueilleux et grāt per-
secuteur de Jesucrist et q̄ encores estoit
touille et respars du sang desreligi-
eux crestiens/appresta vne armee po̅r
venir en secours et en aide des qua-
tre pays deuant nommez/et amena
son ost contre les persois. Valerien
a force de ses gens repoulsa les per-
sois en son premier assault et entra de-
dens mesopotamie/illec le Roy sapor
et les siens furent a la rencontre de
Valerien et des siēs/Valerien mist sur
les champs ses legions armeez et les
arrangea en bataille cōtre sapor et les

feuillet CClxxxiiii

siens/mais lassemblee des barbares
persois fut si grant que les Rommais
furent contrains a tourner le dos po̅r
fuyre/et Valerien mesmes apres loccī-
sion de ses cheualiers fut prins en ba-
taille et mene tout vif deuant le roy
sapor victorieux qui auecques soy me-
na lempereur Valerien en perse. Et
affin que sapor fist aucune perpetuel-
le deshonneur a la renommee de Rō-
me commanda lempereur Valerien a
estre lye de chaynes par piedz et par
mains/et ne voult pas sapor seulle-
ment que Valerien pourrist en perpe-
tuelle seruitude/mais Valerien fut cō-
damne que touteffoiz que sapor mon-
teroit a cheual que Valerien comme
homme de condicion tresvile et tres-
chetif estat se agenouillast a terre en
soy soustenāt sur les mains/et appre-
stast son dos a guise de montouer
pour monter le Roy sapor sur son che-
ual. Et en cestuy vil et honteux office
demoura Valerien tout le remenant
de sa vie/et mourut tresmeschāmēt
en perse.

Le .iiii.e chapitre parle cō-
tre sapor roy des persois/
et contre Valerien roy des
rommains en ramenant a
memoire cyrus et perces ia-
dis maleureux roys des p-
sois. Et commence ou la-
tin. Superari. &c.

:   :
        ;
:

Ortune qui tourne les es-
tatz des hommes a vne ma-
niere ancienne et acoustu-
J iiii

De Boccace

mee que depuis que les roys par bataille sont desconfiz & vaincuz ilz sõt chargez de chaynes & mis en fers/ilz sont privez de leurs royaumes/Ilz sont mis en pompe de triumphe/ilz sont boutez en prisons/illec meurent poures/ou ilz sont occis/ou ilz meurent par autres semblables manieres de adversitez et miseres. Mais ie ne cuide pas que devant le temps du maleureux empereur Valerie que aucum hõme ait ouy que les roys vaincus & prins par bataille ayẽt este foulez des piedz de ceulx qui les desconfisoyent/ Ne que len ait marchie par sur leurs espaules pour monter a cheual/mais ceste chose Jay ouye dire de lempereur Valerien qui desseruit perceuoir ceste hõte par le pechie qͩ auoit de persecuter iesucrist & les siẽs Mais le roy sapor ne print pas iuste vengence/et touteffois se sapor dit que len peut licitement faire toutes choses contre son ennemy Je luy respons que vray est/mais Valerie deuant sa descõfiture & sa prinse a este ennemy: & maintenant est vaincu et prisonnier. Valerien aussi en soy defsendant na pas este ennemy par son crime ne par son meffait Valeriẽ estoit atteinc & semons a faire guerre par lenuahissement du roy Sapor: & pour ce Valerien print armes contre sapor a qui fortune a este fauorable/ Mais elle a este contraire a lempereur Valerien. Se le roy sapor auoit eu fortune pour soy fauorable/ pour ce ne deuoit il pas fouler des piedz ne si deshonnestement marcher sur le dos de lempereur Valerie. Dieu ne seuffre pas tel orgueil sans pugnir/car affin que Je monstre a sapor roy des persois que Dieu a pugny lorgueil des roys de perse sans parler des estranges. Je vueil ramener en memoire les ãciẽs fondeurs du royaume de perse/ cest assauoir le roy cyrus dont iay compte le cas ou xxi. chapitre du secõd liure/& du roy xerces dõt le cas est ou vii. chapitre du tiers liure precedent Car le roy Cirus glout despandre sang humain fut descõfit et prins en bataille par lengin dune femme qui lui fist trẽcher la teste/& diffameemẽt la fist boutter dedens vng tonneau plain de sang des cheualiers psois. Xerces aussi roy des persois enflez or gueilleux de richesses & puissãce fut par plusieurs fois vaincu par les lacedemonois/et par les atheniẽs. Et tant aduit que xerces retourna confuz & ad hontagie en son pais de perse il nest mestier qui le rameine en memoire les orgueilleux roys psois affi q ie mauldie & cõdẽne lorgueil du roy sapor q p humilite deuoit baisser ses yeulx vers la terre quant il montoit sur son cheual/ le roy sapor deuoit regarder Valeriẽ sur lequel il marchoit de ses piedz. Et sil neust eu le cueur dur cõme roche il eust appceu q la cõdicion des hões mortelz est misable et poure/& q les iugemẽs de dieu sõt iustes/ car le roy sapor fouloit des piedz lẽpereur Valerie/ q vng pou pauant estoit plus puissãt que sapor/mais le roy sapor orgueilleux pour sa victoire q aux piedz defouloit lẽpereur Valerie cuidoit parauenture fouler lẽpire de rõme/mais il estoit deceu/ car Il ne marchoit fors que sur vng bon hõmeau qui auoit cõmandement & seigneurie sur les cheualiers rõmains Certes le roy sapor ainsi enrage et orgueilleux estoit mal souuenant des entrechãgemens de la roe de fortũe Il vausist mieulx au roy sapor qͩ eust honnestemẽt supporte son prisõnier Valerien/ car cõbiẽ que glorieuse & belle chose soit de vaincre & desconfire autruy/ touteffois cest plus glorieuse chose de pdonner a ceulx qui sont vaincus. Quant aucun victorieux a mercy dun hõme vaincu qui l tient entre ses mains/adonc est celle vengence digne de plus grant louenge. Les cueurs des hommes courrou cez sont tressouuent appaisez par receuoir benignite z doulceur les cueurs des humbles hommes sont tressouuent acteinez par sentir cruaulte trop grant. Mercy z debonnairete est plus aduenant en la parsonne dun prince/ que de quelconque autre home/mais les hommes barbares ne sont piens selon vertu. Ainsi comme les homes barbares ne ayment ne congnoissent vertu/ainsi est cruaulte enracinee en eulx. Mais ie te vueil arraisoner malleureux vieillart valerien en toy priant que tu dreces ton dos que tu as courbe soubz les piez du roy sapor/escoute moy valerien et soyes vng pou en ma presence apres ce que tu as rendu celuy sil z ort seruice au roy sapor ton vainqueur/ie vueil valerien tandis q ie parle a toy que tu regardes coment tes forces sont corrompues/coment tu es lye en chaynes z boute en prison car en ces trops aduersitez plusieurs roys ont aucuneffois prins leurs derreniers confors par ce quilz sont affranchiz par voluntaire mort sa sauoir aultre part esperance ne confort. Ie vueil valerien que tu regardes les quatre laidures q tu souffres/car tu souloies auoir les dois des mains attournez danneaulx dor a pierres precieuses tu souloies tendre tes mains aux roys du monde z a tes autres nobles amis et tu as tes mains estadues en la boe pour soustenir le roy sapor montant sur son cheual/ les princes du monde nagueres flechissoient les genoulx deuant toy z maintenant tu les flechisoufies pour faire monter au roy sapor tu souloies porter sur ta teste haulte couronne de laurier en signe demperreur/z tu abaisses ton chief vers terre po' faire monter au roy sapor. Ton dos souloit estre vestu de pourpre z tu

feuillet CLXXX

baisles maintenant ton dos aux piez du roy sapor tandis quil monte a cheual tu souloies ouyr les louenges que len disoit de toy et de tes faiz/et tu escoutes maintenant les diuers cris des barbares persois qui bruyent alentuiron de toy tandis que tu gis adente en la boue. Ie vueil doncques que tu me respondes se oncques te vint en pensee ne en memoire que tu fusses ne cesar ne augustus ne homme rommain. Sil ne te souuient de ces trois choses/tu ostes toute la gloire au roy sapor qui marche sur ton dos car par ainsi tu ne seroies fors q vng homme de peuple. Et ceste chose certes ie vouldroie que tu deisses/car cest vne mesme chose de homme qui na point de memoire de lonneur qil a eue ou temps passe de homme qui est de trespoure estat/et de tresvile condicion. Mais se tu valerien confesses que tu ayes este cesar et augustus et homme rommain. Laquelle chose est la plus vraye/il semble que tu esleues ton ennemy le roy sapor iusques au ciel par ce quil ta vaincu z si ta condamne a monter sur ton dos tandis quil montera a cheual/laquelle chose ie ne vueil laisser a dire/car cest orgueil vmbrage z de neant mais valerien qui es trebuchie de la haulte dignite imperiale en si deshonneste seruitude/ie te demande quelle pensee peulz tu auoir qui veulx alongir ta vie par quelle souffrance/par quel conseil gardes tu ta vie en si deshonneste seruice. Se tu ou temps passe/ as eu courage et hardement de seoir le premier et de tenir le plus hault parlement de romme de exercer loffice de consul/sauoir la seignerie et le conduit des cheualiers en bataile /et de receuoir la dignite imperiale: pourquoy valerien as tu si ordement mis la vigueur du courage que tu deuoies auoir en gardant la maieste de le pire de romme qui est de si grant auctorite/ Certes Valerien tu as fait hõte et diffame a la gent Rommaine ais que le roy sapor ton vainqueur eust monte sur ton dos nõmie p̃ deux ne par plusieurs fois mais si tost que tu fus prins en bataille tu te devoies remembrer dune chose digne de recorder que fist publius crassus fort et magnanime chevalier rommain. Cestui publius fut iadis ordonne capitaine de la bataille que les rommains faisoient contre le roy dasie nõme aristonicus dont iay descript le cas ou seiziesme chapitre du ve. livre precedent. Le roy aristonicus avoit en sa bataille grant nombre de souldoiers de tracie qui prindrent publiᵘ sur les champs/ entre elca et ziuirna deux citez de asie / publius advisa puis quil estoit prisonnier quil souffreroit honte parce quil vendroit en la seingeurie de son ennemy aristonicᵘ se publiuˢ ne y pourveoit aucune raison. Il doncques qui tenoit une verge dont il avoit use en conduysant son cheval/ il adreca celle verge contre loeil du chevalier qui le menoit au roy et le bleca griefuement. Adõc le chevalier embrase de courroux poᵘ la force de la douleur du coup tresp̃ca dune dague le rostē de publius tellement quil mourut et par sa mort: il recouvra sa franchise quil eut p̃due sil qui estoit noble homme rommain fut venu en la servitude du roy: par quoy il ne sembla pas que publiuˢ vou sist retenir ne garder lesperit de vie q̃ nature luy presta affin quil ne fist hõte a la haultesse et franchise quil avoit perdue pour estre prisonnier et subiect a aultruy. Se tu meschant Valerien eusses fait ce que fist le noble publiuˢ tu ne eusses pas souffert les ordes vilenies que te fist endurer le roy Sapor/ et si neusses pas diffame le nom de rõme par telle tache qui iamais

ne sera nettoyee. Mais Valeriẽ hõme ord et villain tu paraaventure diras en toy excusant que ou temps ordonne par nature homme doit rendre le sperit de vie/ et non pas getter hors par avancer sa mort. Certes Valeriẽ Je confesse ceste chose: Mais homme rent assez convenablement lesperit de sa vie quant il est constraint de ce faire par digne et iuste necessite cõme est pour garder naturelle franchise:et les honneurs publicques de son pais Ceste sentẽce ie approuve evers toy et envers ceulx qui ne sõt pas istruiz ne informez en la saincte religion crestienne/car aux crestiens ilz ne doibuent eulx tuer ne procurer leur mort pour cause ne occasion quelconque. Or dy moy Valerien puisque tu languissoies en orde servitude et faisoieˢ perpetuelle honte a lempire de romme/par quelle meilleur voie pouoies tu rendre ton esperit se tu eusses eu esperit de homme vaillant et fort/ et se tu leusses semons il se fust de plain gre parti du corps ains quil eust souffert si grans deshonneurs comme le roy Sapor te fist:et en mettant hors lesperit de ton corps tu te fusses mõstre estre digne de obtenir lempire de romme. Tu ne avoies pas veu celle ancienne parolle de Valere maxime homme rommain en son tiers. livre ou chapitre de fortune qui dist que la vertu ne scet estre emprisonnee/Car homme qui est fort et magnanime si tost quil est prisonnier il trouve honneste moyen de retourner en franchise/mesmẽt par mettre hors lesperit de son corps. La vertu de pacience endure toutes choses/ fors celles ou y la honte ou deshonneur. La vertu de fortitude dit que soy encliner a fortune est plus douloureuse chose que nest autre destinee/pour ce que hõme fort et magnanime ne se doit poit abbaisser en adversitez: ne soy esleuer en prosperitez. Ung homme fort ꝙ magnanime pour pēse nouuelles ꝙ belles manieres de mort affin quil ne se soubzmette a seruitude ne a honte: et si ne di ie pas q̃ celuy meure qui estaint son esperit pour eschapper seruitude et honte. Et toy Valeriē paraduēture me repliqueras que tu ne pouyes pendre ne estrāgler a laqs ne a cordes ne toy occire despees pource que tu estoies enchaine des piedz ꝙ mais/ ꝙ si estoies en prison si estroicte dont tu ne te pouoies tresbucher/ ꝙ diligēmt garde du giolier/ mais dy moy desloyal Valerian se ung homme na que ces trois voies pour venir a la mort ꝙ pource ce que ie vueil taire les autres voyes tu en auoies une par quoy chacun peut venir a la mort car ainsi cōme iay dit ou tiers chapitre du viii. liure predēt la noble agrippina malgre lempereur Tyberius serchāt ꝗst la voye de mourir par mesaise de fait voluntaire/ car pour quelconque cōtrainte elle ne voult menger ne boyre/ le geolier qui te gardoit en prison te pouoit estrangler/ mais il ne pouoit contraindre que tu trāsgloutisses viandes ne bruuages/ et se le geolier te eust estrangle dedens la prison tu fusses venu par aultre voye a ce que tu demādoies/ cestassauoir a la mort qui est la fin de seruitude et de honte. Ie pense Valerien que derrenierement tu diras que tu esperoyes que aucun te deliurast. Or dy moy ie te prie de qui esperoies tu ta deliurance/ lesperoies tu de la liberalite ꝙ courtoisie du Roy Saporton vainqueur Certes silnc te veist fetart et paresceux il souspeconnast que autresfoiz tu te vengasses de luy. Esperoies tu ta deliurance de par ton filz Galienus/ qui comme toy est failly ꝙ paresceux et nentent fors que a luxure et a oysiuete/ Il est bien content de auoir la seigneurie de occident/ et ne

doubte autre chose tant comme ton retour. Esperoies tu que ta deliurance benist de par tes faulx dieux dont tu honnouroiea si grādement leur religion/ ne vueil Valerien ains que tes dieux te deliurent de prison que eulx mesmes premierement retournēt en grece ꝙ en frigie ꝙ enleurs autres pais dont ilz ont este amenez prisonniers a Romme/ et quilz rompent auāt les chaynes a quoy ilz sont lyez que les tiennes ne celles des estrāges/ mais ie encores te dy que attendoies tu qui te deliurast/ attendoies tu que Jesucrist celuy vray Dieu te raportast en ta chayere imperiale qui estoies en la prison des persois/ mais a propremēt parler tu estoies couche en lordure et ou fiens. Ceste attendue estoit folle/ toy qui au oies persecute ꝙ assailly si cruellement le honnourable et saint nom de dieu les religieux crestiens ꝙ saincte eglise. O Valerien mauuais et detestable tu murtrissoies les religieux crestiens ꝙ deffendoies les hōmes sacrileges. Dy moy Valerien quelle chose auoit fait contre toy celle gēt innocente et crestienne. Celle gent crestienne ne vouloit adourer les dieux de pierres ne sacrifier encens ne faire prieres ne descouurir ses necessitez aux dieux qui nont sentemens quelz conques. Celle gent innocente et crestienne adouroit Dieu le facteur du ciel et de la terre/ le donneur de tous biens/ et qui pour le salut de toꝰ auoit espandu son sāg. Dy moy Valerien quelle chose cōtraire ou mauuaise ou conuenable trouuoies tu en ceste gēt innocente et crestienne par quoy elle eust desserui lindignacion de toy Tu souffroies que les egypciens honnourassent la deesse ysis/ les caldees le feu/ ꝙ les iuifz leurs sabbatz/ et tu ne pouoies souffrir que les crestiēs adourassent leur vray dieu. Auec ce tu reputoies tes ennemys les crestiens at tournez de honnestes meurs/de sainte doctrine/honnourables et doulx/amiables par vertu de charite & obeissans aux loix diuines et humaines. Et tu attendoies que celuy dieu te apdast/le quel tu eusses bany de tout le monde se tu eusses eu puissäce de ce faire. Len dit selon coustume que les aduersitez qui aduiennēt aux hōmes ostent des cueurs les grasses tenebres de ignorāce/par quoy les hōmes viennent a entendement & congnoissance de verite/ mais ie croiray encuis q̃ po^r tes aduersitez tu aies oste de tō cueur la grasse ignorāce ne que tu soies venu a congnoissance de verite. Si te dis a la parfin que tandis que tu es ardente soubz les piez du roy sapor/le vray dieu te rent ce que tu as procure par tes merites/ et tādis que tu te abaisses vers la terre q̃ tu plouroies & gemissoies les maulx & les cruaultez que tu faisoies contre Jesucrist quāt tu estoies esseue en ta haulte chayere imperiale.

Le 3. chapitre en brief cōtient les cas de galien⁹ filz de lempereur valerien de quintilianus frere de lempereur claudius/ de aurelianus et plusieurs aultres nobles maleureux empereurs. Et cōmence ou lati Eque grauis. &c.

Pres ce que ie eu descript en brief le cas des xxi. maleureux empereurs / contenus ou second chapitre de ce liure viii. et du cas de lēpereur valeriē cōtenu ou iii. chapitre Je trouuay es hystoires
:

Une compaignie dempereurs qui apresceulx la venoient qui tous auoient une mesme douleur pource que ilz estoient cheuz de la haultesse du ne mesme seigneurie/ et deuant les autres maleureux se complaignoit galienus filz de lempereur valerien Dont Jay compte le cas ou chapitre precedent Apres doncques que sapor Roy de perse eut comme dit est desconfit & prins en bataile et mis en or de seruitude lempereur valerien son filz galienus fut espouente par le cler iugement de dieu qui auoit ainsi puny son pere/ & pour ceste crainte galienus pensant satiffaire a dieu rendit le pais aux eglises et aux crestiens mais la tresabbominable et perpetuelle chetiuoison du desloyal valeriē ne souffist pas a la punicion de lui ne de ses meffaiz Car le sang des sains et iustes hommes crestiens occis par son pere crioient a dieu mercy et demandoient vengence auoir, en ce mesme pais ou il auoit este espandu Les gens de toutes pars se desspercēt & vindrent contre Romme & contre les pais denuiron/ car les allemans trespasserent les alpes et vindrent en Italie iusques en la cite de rauennes. Les gotbois saillirent a si grant multitude que ilz degasterent grece macedoine/ Ponthus/ et Asie/ Les quadois & les sarmatois pillerent le pais de hōgrie/ et celle partie de dānemarche qui est oultre la dinoe fut du tout ostee de lempire de Romme. Les parthois osterent aux rommains mesopotamie & surie les allemans embraserent & prindrent les espaignes & affin que romme ne fut quitte de ceste persecucion/les tyrans firent conspiracion dedens romme pour auoir la seigneurie. Adonc sourdirent batailles ciuiles tresgrans le sang du peuple Rommain fut espandu es batailles qui furent entre les rommains &

autres estranges nacions/ entre les nobles qui pour occuper lepire moururent meschamment/ gemius fust occis qui premier entre les autres auoit prins robe de pourpre en signe dempereur. Le noble postumus par force occupa la seigneurie de gaules au grant proufit des Rommains car par dix ans postumus vsa de si grans forces en armes/ et de si grant attempance de couraige quil debouta de gaules les ennemys qui malgre les Rommains illec seignourioient et les prouinces perdues il les ramena en la premiere subiection des rommains Apres ces grans et nobles besoignes postumus fut occis par vne dissencion qui aduint entre ses cheualiers.
Apres la mort de postumus vng autre noble cheualier rommain appelle Victorinus fut esleu pour les Rommains seigneur ou pays de gaules/ et peu de temps apres il fut tue des francois/ mais lempereur gallienus qui delaissa le soing & le gouuernement de lempire & de la chose publique se retrahit a milan et se adonna a luxure/ illec fut villement occis et mort apres ce que lepire lui fut ostee
Apres le cas de gallienus Benoit le maleureux quintilianus frere de lempereur claudius/ pourquoy est assauoir que lan mil xxb. apres la fondacion de Romme claudius qui fut le xxbiii. empereur apres octouien et regna vng pou moins de deux ans/ et apres plusieurs victorieuses batailles il mourut en la cite de suniue son frere fust esleu empereur par les cheualiers Rommains. Cestuy quintilianus estoit homme de singuliere attrempance & entre tous les cheualiers Rommains en toute vertu le plus especial apres claudius son frere mais le xbii. iour de son empire il fut soubdainement occis despees par les femmes de suniue qui midrent leurs es-

pies contre lempereur quintilianus Apres le miserable cas de lempereur qintilianus Benoit le noble aurelian⁹ qui fut le xxix. empereur apres Octouien/ et qui par cinq ans & six moys obtint lempire de Romme & qui fut extrait de danemarche tresexcellent en soubtilite de batailles/ et entreprint guerre contre les peuples demourans enuiron la dynoe & par grans & pesantes batailles il persecuta & destruisist les gothois & remist la seigneurie de romme en ses anciens termes.
Apres aurelianus auec son ost se transporta ou pays dorient/ & illec ramena en la seigneurie de romme la Royne zenobia qui occupoit le pais de surie/ il recouura le pays de septentrion & doccident/ & y acquist grant gloire de triumphe/ Il reforca les murs de la cite de rome. Et apres les choses deuant dictes et autres par luy glorieusement faictes/ deuant psecuteur des crestiens & de leglise. Et en ensuiuant neron qui fut le premier persecuteur cestuy aurelianus fut le ix. qui donna mandemes et lettres po⁹ occire les crestiens. Si aduint ainsi q aurelianus estoit enuironne de ses gens vne souldre cheut du ciel deuat luy qui forment espouenta lepereur & les siens. Et affin que la cruaulte & iniure quil auoit faicte cotre les saitz crestiens fust vengee Il fut occis par les mains de ses propres ennemys moyennant le barat dun sien varlet tandis quil cheminoit de constatinoble en la cite de heracle. Apres le maleureux cas de lempereur aurelian⁹ Benoyent deux autres maleureux empereurs cestassauoir tacitus & florianus. Cestuy tacitus qui fut le xxxᵉ. empereur apres Octouie obtint lempire par vi. mois/& fut occis ou pays de pontus en asie. Apres la mort du quel par la semblable fortune succeda florianus qui ou tiers mois de son

empire fut occis de iauelotz en la cite de tarse. Apres ces deux nobles empereurs denoit lempereur Probus qui fut le xxxie. apres octouien/ et obtint lempire p̄ six ans et quatre mois Entre ses autres nobles besongnes il deliura du tout les pais de gaules des ennemis barbares qui les auoyent occupez et tenus. Il fist apēs deux batailles ciuiles/esquelles grant sāg fut espandu/lune de ces deux batailles fut en occident cōtre ung capitaine Pommain appelle Saturnus que il desconfist et prit/combien que Saturnus a tiltre de tyrānie se portast comme empereur et eust auec soy en son ost grant nombre de cheualiers et souldoiers Pommains. Lempereur probus fist une aultre bataille ciuile mesmement en orient vers la cite agrippine contre autres capitaines romaine/cest assauoir proculus et Boursus/ lesquelz il desconfist et tua par grās et pesantes batailles/ mais lempereur probus qui desconfit et tueauoit ses ennemis en batailles mortelles/il qui pensoit estre asseur en la cite de suniue entre ses cheualiers Il fut occis par ses mesmes cheualiers dedens la tour de suniue que len dit la tour ferree en une dissenciō qui entre ses cheualiers aduit. Apres le maleureux cas de lempereur probus denoit le noble carus xxxiie. empereur apres octouien: Cestuy carus fut extrait de la cite de narbonne et possedā lempire par deux ans/ Il eut deux filz carinus et mimerianus lesquelz ie fist consors et parsonniers de lempire. Apres ce que carꝰ eut prins et cōqueste deux tresnobles citez/ cestassauoir chose et thesifont ou pays des parthois lesquelz il desconfist auecquꝭ les sarmatois rebelles a lempire. Et Apres il qui en ses pauillons estoit pres de la riuiere du tigre fut frappe de souldre dont il mourut: et par ainsi il trouua dieu plus ennemy que les hommes/ mais son filz mimerianus qui auoit este auec son pere carus fut priue de ses deux yeulx et occis par le barat de aper ung noble cheualier de qui mimerianus lauoit espouse sa fille et aper murtrir du noble mimerianus fut occis p̄ la main du noble dyoclecien le xxxiiie. empereur apres octouien. Apres tous ces nobles maleureux denoit le noble septius po' quoy il est assauoir que lempereur carus q̄ comme dit est auoit deux filz carinꝰ/ et mimerianus/ carus ordonna son filz carinus empereur dune moult grant prouince de grece appellee dalmacie ou gouuernement de laquelle carinꝰ se porta tresmauuaisement comme celuy qui se estoit adōne a tous vices et pour tant lempereur dyoclecianꝰ xxxiii. empereur desconfit carinus p̄ grans batailles. Apres la desconfiture de carinus les cheualiers estās en dalmacie esleurent a empereur de Pomme le noble septius qui fut tue de ceulx mesmes cheualiers qui lauoient esleu. Et pour briefuement finer cestuy d. chapitre ie delaisse a descripre les cas des trois nobles cesariens maleureux qui furent surnommez thetricus/ et de tous les cesariens qui furent nommez valeus. Je laisse aussi les cas de meonius surnōme balista frere du Poy odenatus et de emilianus/ et de plusieurs autres nobles maleureux/ car trop lōgue chose seroit de les descripre tous/ et se ie mesmes eusse cōmence a les descripre zenobia la Poyne des palmirenois me eust destourne et contraint a descripre son cas tant estoit vōlente pour ce quelle fut menee en triumphe de lempereur aurelian.

Le 9i. chapitre contient le cas de zenobia noble royne des palmirenois descēdue de la noble lignee des ptholomees Roys degypte. Et commence ou latin zenobia. ¶ cettera.

Enobia descendit du lignage des ptholomees Roys degypte/et par ainsi sa naissance fut noble et ancienne. Mais oultre plus elle fut noble en manieres et conseilz en eloquence et force corporelle et si fut bien enseignee en disciplines darmes et en cautelles de faire batailles. Apres ce que zenobia eut receu la seigneurie des palmirenois qui lors estoit tresgrāt/elle mesmemēt employa et accreut son Royaume par ses nobles faiz en bataille et autrement car apres ce quelle eut espouse odenatus prince des palmirenois elle eut deux enfans de luy/cestassauoir heremanus et thimolaus. Il aduint que lēpereur Balerien fut desconfit et pris en bataille par sapor Roy des persois/ainsi comme iay dit cy dessus ou tiers chapitre de ce viii. liure/a loccasiō de laquelle desconfiture et de la prinse de lempereur Balerien le Roy odenatus occupa a force darmes la seigneurie des pais doriēt appertenans de droit a lempire de Romme. Apres ceste conqueste faicte le Roy odenatus print nom attours et armes/et enseignes royaulx et aussi fist sa femme zenobia/et aussi herodes filz du Roy odenatus/puis fist odenatus son mādement en armes/et tourna droit ses gens contre les persois pour vengier et deliurer lempereur Balerien de la seruitude et captiuite en quoy le tenoit sapor le Roy des persois. Lempereur Balerien semblablement auoit ung filz appelle galien⁹ fetart et parscēux et negligent de venger le deshonneur que sapor faisoit a son pere. Et pour ce odenatus qui assembla grant nombre de paysans armez entreprint celle vengence/et tant que odenatus ramena en sa seigneurie le pays de mesopotamie et autres/et si fut en partie detrenchie et en partie dechasse lost du Roy sapor. Apres il occist quietus filz de Metrianus/ung noble cheualier/pource que quietus faisoit guerre contre galienus filz de Balerien. Et fut Odenatus diligent et bieneureux en armes tant quil appaisa toutes dissencions et guerres du pays dorient par ces choses noblement faictes par le Roy Odenatus. Le nom lestat et la puissance de zenobia sa femme/sembla estre moult accrue/mais il aduint que ung appelle Meonius Balista cousin du Roy Odenatus esmeu p̄ chaleur denuie tua le roy odēnat⁹ et son filz herodes q eulx deux regnoient pareillement comme consors et parsonniers du Royaume des palmirenoie/et par ainsi zenobia demoura royne vefue de odenatus son mari et de son fillastre Herodes/et en lieu et ou nom de ces deux le murtrier meonius commenca seigneurier et regner ou pays doccidēt Meonius pour sa desordonnee luxure deuint hayneux a ses hommes/et pource ilz le tuerent selon le iuste iugement de dieu. Apres la mort du desloyal murtrier meonius la Royne zenobia comme femme garnie de prouesse et de vaillant couraige quāt elle vit que Odenatus son mary/et se son fillastre herodes estoient occis amors/et aussi son enemi meoni⁹ estoit tue elle amena auecques elle ses deux petis enfans heremanus et thimalaus lesquelz enfans elle attourna cõe enfans popaulx et les monstra aux nobles hommes et au peuple du royaume/et zenobia ou nom des deux enfans occupa la seigneurie du royaume de leur pere. Elle alla en habit de royne et fist porter deuant soy ses deux enfans attournez en la maniere des empereurs de romme. et oultre la baillant zenobia se bestit de toutes pieces darmeures et conuersa et besquit auec les cheualiers et souldoiers armez/ lesquelz elle auoit ja frequentez par plusieurs ans/non pas a maniere feminine/ mais elle auoit en soy vne durte et cruaulte cheualereuse en tant quelle conduist et mena si sauuement et si bien ses batailles qlle occupa et tint toutes les seigneuries tenãs alempire de romme es pays dorient. Or aduint que les capitaines des rommains besoingnerent en armes tellement p tout le monde que les tyrãs furent tous ou pris ou tuez. Et en celuy tẽps apres la mort de lempereur claudius/ qui p deux ans regna et tint le gouuernement de lempire rõmaine vint aux mais de aurelianus qui fut le xxix. apres lempereur octouien. Si pensa aurelian que ce ne estoit pas chose digne ne pertinente que femme possedast partie de lempire de romme si tourna aurelian ses gens darmes contre la royne zenobia et les siens. La royne oyant lappareil darmes et la venue de aurelian ne fut en riens espouentee mais elle assembla ses forces et p fort couraige elle descendit en bataille ptre Aurelian. Mais ie ne soy ne ne congnois combien baloit ceste chose a la royne zenobia car obien q la vertu soit grant a celuy ou celle q monte en hault/touteffois quiẽt il aucunesfois cheoir en bas/ la royne zenobia

ne peut estre qtte de cheoir/ car tãdis que ses gens cõbatoyent et quelle faisoit toutes choses appartenãtes a bõ et preu cheualier/ce staffauoir vne fois en besoingnant de la main/autrefois en enhortant et ordonnant ses cheualiers a maniere de saige et hardy capitane. La royne zenobia ainsi comme fortune boult fut desconfite/et apres elle toute biue fut menee en la presẽce delempereur aurelia/tiasoit ce que lempereur aurelia par ses batailles eust obtenu plusie[35] nobles victoires/ touteffois il receut ceste victoire en si grãt delectacion de courage que il osa et voult mener son triumphe de zenobia auec vne grant pompe dautres nobles hommes quil auoit pareillement desconfit et prins en ses batailles. Aurelian qui en triumphe menna la royne zenobia/ il eut principal regart a la vertu delle femme preux et baillant/et nommie a son sexe Ceste zenobia qui alla deuãt le chariot triumphal de aurelian luy dõna moult glorieux renom et grant honneur/ car iasoit ce que la royne zenobia feme cheualerreuse forte et saige en armes/ belle de corps richement bestue et attournee de pierres precieuses: et estraite en sept dor fust feme de fort et grãt bigue[2]/ touteffois si tost qlle fut chargee du faisseau q fortune lui dõna elle fut cõtraite de soy arrester sãs aller plus ca ne la. Et bray est q zenobia representoit nõ pas seullemẽt aux hões mais mesmemẽt aux femes qui lare gardoiẽt/vne chose merueilleuse et digne de louenge pource que aurelia la uoit mise en son triũphe plus tost qlnauoit vng hõme. Apres ce que zenobia paravãt noble royne eust este mise en triumphe comme prisonniere/ quelle eust este regardee et mocquee/ elle fut priuee de dignite royale dc sei gnourie & toutes choses mondaines puis luy fut deffendu le retour en sõ pays nature l'/ɐ apres fut contrainte de finer le remenant de sa vie entre les autres femes romaines sãs auoir aucun especial estat de vitaille ne de robe. O las pour quoy ne consideret les hommes mortelz q̃ la condicion deux et des choses mondaines souuent ɐ diuersement est muee ɐ detiree d'un lieu en l'autre/car les roys de perse ɐ de surie nagueres doubtoient la royne zenobia/qui maintenãt est desprisee des hommes mesches ɐ poures/les empereurs rommains nagueres se merueilloient de la grandeur de la royne zenobia/ɐ maintenant les hõmes ignobles ɐ villains ont pitié de la misere en quoy est zenobia. Ceste zenobia nagueres armee de heaumes ɐ d'autres armes/et qui plementoit au cheualiers/elle est maintenant affublee d'un creuechief/ɐ luy conuient escouter les fables que luy comptẽt les femettes de romme. Ceste zenobia qui nagueres seigneurioit au pays d'orient/ɐ q̃ portoit sceptre royal en sa main / elle maintenant est subiecte a rõme ɐ porte une coloigne cõe sõt les aultres femes romaines. Il nest mestier que ie die plus de choses po' monstrer le chãgement de fortune enuers zenobia/car zenobia qui p saigemẽt soy entremettre des armes se auoit aucunes foiz monstree estre ainsi vaillãte ɐ caute cõe fut la noble semiramis royne de babilone. Elle vouldroit maintenant s'il pouoit estre que son nom fust efface/zenobia p continuellemẽt viure ɐ p saigemẽt seigneurier aux hõmes apres la mort de son mari/auoit monstre soy estre ainsi continuãt et saige cõe fut la noble Dydo royne de cartage elle vouldroit maintenãt s'il pouoit estre que son nom fust efface ɐ hors de la memoire des hommes. Allez loing de cy vous hões qui n'aues point en memoire l'estat ne la condicion de vie humaine/se vous mõtez aux haultes seigneuries du monde / Il conuient ou que vous doubtez le vent de fortune q̃ souffle les haultes choses/ou se vous este endormis Il conuient que p le trop grant hurteiz de fortune vo' chaiez en la mort qui est trescertaine que nulz hommes ne lescappe.

:

:   Le viie. chapitre en briefues parolles compte le cas de Dyoclecien empereur des romains qui au parauant auoit este laboureur de pourreaux et de choulx. Et commence ou latin Dti qui paulo. ɐc.

:   :

Insi cõe ung peu cy deuãt ie estoie presse continuellemẽt d'pluisieurs maleureux nobles hõmes affin de scripre une foiz les meschances aduenues en pse/ɐ autre fois en macedoine ɐ en surie/ɐ en egypte/aussi maintenãt ie suis contraint p les poures chetifz nobles hões d'italie/ɐ tres especialement p les maleureux empereurs ɐ gouuerneurs de lempire de rõme/affin q̃ ie escripue leurs maleureux cas/mais ilz sõt en si grãt nõbre q̃ ie ne les puis pas seulement tous escripre/mais mesmemẽt ie ne puis nõbrer tous ceulx que ie sens: ne tous ceulx que ie voy plourer pour leurs miseres tempester ɐ crier pour leurs hastiues ɐ cruelles mors: et po' les desrochemens ɐ desbonneur dlz souffrirent iadis. Et sa droitement ie considere pour quoy ie treuue es histoires tãt d'epereurs romains auoir este maleureux/ Je cuide ainsi cõe la rite de Pomme atiré par devers soy le faisseau et la charge de la seigneurie de tout le monde, elle a aussi trait p devers soy lembrasement de tous crimes, de trahisons, doccisions, et de infortunes, pource que les haultes et riches seigneuries sont tousiours voisines de tout peché et longtaines de vertu, ainsi comme il advient des precieuses robes soubz lesqlles trespou souuent se logent grât science de vertu. Si tost doncques que ie me leuay de ma chaiere pource que Jauoie despeschie le miserable cas de la royne Zenobia, Je vy tantost deuant moy le maleureux Dyoclecien empereur des Rommains, et combien quil ne couiengne ia enquerir quelle soit la naissâce ne quel soit le lignage dun homme, pour ce que tous sont semblables au regart du naissement, touteffois selon les deux dons de fortune qui sont bon heur et maleur, le premier est cause de noblesse et le second est cause de ignoblesse selon faulse opinion de peuple, car le seul ouurdige de vertu tousiours continue sans admixtion de vice peut comme franc et noble, il semble neâtmoins que en comptant le cas de dioclecien que ie doiue rescripre son naissement et lignaige pour monstrer pl[us] entierement son cas. Cestuy doncques dyoclecien extrait de dalmacie vne des sept prouinces de grece fust de tresobscur lignaige, de vil et pouure lieu, en tant que dyoclecien mesmes en ensuyuant le mestier de ses parês fut courtiller, cestadire laboureur de pourriaux et de choux et autres courtillages. Dyoclecien delaissant cestuy mestier se appliqua aux armes et aduint ne me chault par quelz moyens quil fut esleu par les cheualiers rommains a succeder a carus xxxii. empereur de Romme. Ceste election de dioclecien fut faicte mil quarante

et vng an apres la fondacion de Pôme et trois cens et xii ans apres la natiuite de Jesuchrist. Et ainsi comme Jay touché ou b. chapitre de ce liure si tost q[ue] dyoclecien obtint lempire il tua de sa main vng noble cheualier nommé aper, pource q[ue] aper auoit occis le noble mimerian' filz de lempereur carus et apres dyoclecien par vne trespesante bataille vainquit et surmonta par armes le noble carinu' filz mesmemt de lempereur carus, pource que carinus seigneur cesarien ou pays de dalmacie se stoit abâdonne a vie luxurieuse et mauuaise. Apres dyoclecien fist et institua son vicaire en gaule vng cheualier appelle maximien, et lenuoya en gaule contre deux cheualiers mauldas et helianus qui auoient assemble en gaule vne compaignie de villains armez qui faisoient grans et dommaigeuses dissencions contre les subietz de lempire de Romme. Maximien donc saige et vaillant en bataile appaisa et refraingnit celle compaignie de villains qui ne sauoient la discipline darmes et si estoient confuz et mal ordonnez. Or aduint q[ue] carausius vng cheualier de petit et bas lignaige hôme de conseil et de fait fut enuoye de par maximien garder les riuaiges de la grant mer enuirônât le pays de gaule pource q[ue] les francois et saxonnois faisoient grans dômaiges et roberies. Cestuy carausius plus estoit au dômaige q[ue] au proufit de la chose publique, car il ostoit le pillaige aux pilars et le prenoit pour luy sans riens restituer aux seigneurs a qui il appartenoit. Ledit carausius fist auoir forte suspicion q[ue] par artificielle negligence il laissoit discourir les ennemys et rober le pays. Et pource ceste cause Maximien cômâda q[ue] carausius fust occis mais il qui sceut ceste chose et q[ue] se contregarda fist faire robe de pourpre en signe dempereur, et occupa ct print pour soy la seigneurie des deux Bretaignes. Adonc soubdainemēt aduindrent turbacions et noises par toutes les prouices de lempire, car en bretaigne carausius se rebella contre Pōme, achilleus se rebella en egypte, et cinq nobles hommes appellez les gēcians persecutoient affrique, narseus le Roy des persois guerroioit encontre les peuples dorient. Adonc dyoclecien espouente et esmeu de ce peril fist maximien surnomme hercules droit empereur et luy bailla le nom de auguste qui parauant estoit cesarien et gouuerneur de gaule. Et apres lempereur Dyoclecien esleut deux gouuerneurs cesariens, cestassauoir constantius et maximianus surnomme gallerius. Or aduint que constanci⁹ print a femme theodora fillastre de Maximianus herculius et de celle il eut six enfans qui furent freres de cōstantin qui apres fut empereur. En ces entrefaictes carausius qui p sept ans auoit tresforment recouuree et obtenue lune et lautre bretaigne fut occis finablement par le barat dunsien compaignon appelle allethus. Apres la mort du noble carausius son compaignon allethus prit a force lisle de Bretaigne et par trois ans la tīt mais asclepio vng noble prefect Pommai tua ledit allethus, et par ainsi asclepio recouura bretaigne qui par dix ans auoit este occupee, cestassauoir sept ans par carausius et trois ans par allethus. Apres constancius cesarien et gouuerneur en gaule entreprīt et fist la premiere bataille contre les allemans et en celle bataille fut desconfit et mort lost de constancius qui a peines cacheement en eschappa. Mais il voulant essaier fortune fist sa bataille seconde contre les allamans dōt constantius eut assez belle victoire, car en assez pou dheures soixante mil allemans furent occis entre lesquelz

cōme il est vray sēblable estoiēt plusieurs nobles hommes. Presques en icelup mesmes temps maximianus gallerius desconfit en afrique les cinq gencias qui degastoient le pays Et consequēment lempereur dyoclecien par viii. mois assiega en alexandrie achilleus qui occupoit egypte, et apres les huit moys dyoclecien prit et tua achilleus en la cite dalexandrie. Et certain est que dyoclecien vsa de oultrageuse victoire, car il abandonna a pillaige la cite dalexādrie, Il confisca les biens degypte et fist occire les habitans dillec. Apres que Maximianus gallerius par deux fois combatit contre narseus Roy des persois, q par rebellion occupoit les droits de rōme es pays dorient, gallerius qui en ces deux batailles auoit este descōfit il sassembla contre narseus en la tierce bataille et illec fut desconfit entre deux cites de pse galleuiscon et carras et tāt que galleri⁹ qui eut pdu ses gēs vit a refuge deuers dyoclecien q tres arrogāment receut ledit galeri⁹, et tāt que gallerius vestu de pourpre courut de pie treslonguement deuāt le chariot de dyoclecię. Ceste hōte et vilenie q souffrit Gallerius luy aguisa lengin ainsi comme vne queux aguyse vng cousteau et abatit la vueille, quil auoit a cause de sō orgueil Popal et considera en sa pensee les orgueilz et folies p quoy il auoit perdu troys grās batailles. Si assembla tātost p grece et par allemaigne gens darmes et retourna contre le roy narseus qui p galleri⁹ fut descōfit p grans conseilz et grās forces grāt quātite des persois fust occise, le Roy narseus fut tourne en fuyte, gallerius enuahit les pauillons du Roy, il print les femmes les seurs et les enfans, il pilla toutes les richesses de lost du Roy et amena auec soy tresque plusieurs prisonniers nobles hōmes psois. Aps ceste victoi
L ii

re gallerius alla en mesopotamie par deuers diocletien qui le receut a grāt honneur ioye. Les choses ainsi faictes les deux cesariens cōstancius et gallerius cōbatirent cōtre les carpois et cōtre les basternois. Et apres les deux cesariens descōfirent prindrent tresgrāt quantite de sarmatois/ les departirent en diuers pays subiectz a Rōme en lieu de garnison. En ces entrefaictes lempereur dyoclecien qui seigneurioit en orient et maximianus herculius empereur seigneuriāt es pays occidentelz cōmāderēt par messaiges/par lettres que tant en orient comme en occident len destruisist et gastast les eglises/et que len persecutast et occisist les crestiens. Et ceste persecuciō fut la x.e apres celle de lēpereur neron. En ceste persecucion q dura continuellement par dix ans les eglises furent arses/les hommes innocens furent bannis de leurs pays. Ceulx qui tesmoingnent la foy de dieu estre bonne estoient martirez et occis par diuerses manieres de tourmens/ ceste persecucion fut la plus cruelle la plus longue de toutes les autres neuf. Dyoclecie doncqs Durant le second an de celle perscucion obtint de maximien empereur doriēt que maximien comme malgre soy/ dyoclecien de plain gre delaissoiēt les attours Imperiaulx/ que au gouuernemens de lempire/ et que au gouuernement de la seigneurie de rōme ilz substitueroiēt en lieu deux aucūs nobles hōmes plus ieunes: que Ilz fineroient leur Vielless en priuee oysiuete sans soing sans labour. Dyoclesien doncques maximien deux empereurs du monde en ung mesme iour en diuers lieux delaisserent seigneurie attour Imperial / cestassauoir dyoclecien en la cite nicomedie maximien en la cite de milian. Et

De Boccace

par ainsi constancius gallerius qui premiers estoient instituez cesaries cest adire Vicaires de lempire furent les deux premiers qui decouperēt lēpire en deux parties/ car gallerius obtint pour soy le pays de grece/ de asie et dorient/ et constancius obtint italie/ affrique/ et gaule/ mais il qui fut homme trespaisible fut content de seullement auoir les pays de gaule/ et Despaigne. Apres que lempereur Dyoclecien de son plain gre comme iay dit eut renonce a lempire cuidant auoir mis ius soing et labour/ pensant que ou temps de sa vieillesse il viueroit en repos/ constancius son successeur le menassoit si fort rendit Dyoclecien si paoureux si craintif/ que il ordonna ung venim pour soymesmes/ affin qil eschappast les mais de constancius. O fortune soubdainement changee/ Dyoclecie estoit nagueres redoubtable a tous/ et maintenant pour la paour et menace dun seul homme il a occis soymesmes p venim/ mais touteffois ie croy que dioclecien porta la peine du peche quil auoit desseruy en desrochant eglises en bannissant et occisāt les sainctz hōmes crestiens. Apres le maleureux dioclecien venoit maximien son compaignon empereur es pays doccidēt Si tost que ie vy maximien ie prins couraige de racompter ung pou plus ordonneement le cas de la felicite et de la maleurte de luy.

Le viii͡e. chapitre contient le cas de maximie̅ qui fust Duc et capitaine des batailles de Romme soubz dyoclecien puis fut empereur des Rommains. Et commence ou latin Herculei. et cetera.

Aximien en tout le temps de sa vie fut demene par diuerses mutacions de fortu̅e au regart du comme̅ceme̅t/du moyen/et de la fin de sa vie/car deuant les autres choses lystoire de sa vie fut p̅due et perie/ou pource que maximie̅ estoit homme de basse condicion et de vil estat/ou pource q̅ les hystoriens ne tindrent compte de ses faiz. Et quant est de moy Je ne sy oncques aucteurs approuuez qui fust le pere de maximie̅/ne en quel pays il nasq̅t Combien quil me souuiengne auoir leu en hystoires q̅ luy qui estoit homme de moindre estat fut promeu par lepereur dyoclecie̅ en la haultesse et dignite Jmperiale car pource que batailles sourdoient de toutes pars contre lempire de Romme maximie̅ fut ordonne duc et capitai̅ne des batail les pour la deffense de lempire es p̅uinces de gaule/et de par dyoclecie̅ lors empereur/cestuy maximien fut enuoie en gaule contre les deux capitaines amandus et helianus dont iay parle ou chappitre precedent Quant maximien homme saige/et aspre en tous faiz de batailles fut arriue en gaule/Jl appaisa legierement les di

scors et les guerres des ennemys qui mesmement estoient mal ordonnez et mal aprins en disciplines darmes Et apres que les peuples de gaulle furent appaisez et p̅equoiz par Maximien/il sembla ia estre p̅eu et vaillant en batailles/vne multitude den nemps suruint en diuerses regions du monde soy rebellans a lempire et pour resister a eulx dyoclecien empereur receut maximie̅ a estre compaignon et parsonnier de lempire. Si tost quil fut institue e̅pereur il entreprint la guerre contre aucuns nobles hommes appelles les cinq ge̅cians q̅ par batailes p̅secutoient afrique. maximien garny de grans et fors naui res tint pour soy et son ost le riuage de afrique/et par la faueur de fortune il dompta ses ene̅mis et mist en estat et en ordre et en amiable paix toutes les ge̅s de la prouince. Apres aulcuns ans trois nacions de ge̅s/cestassauoir/les carpois/les bastarnois/et les sarmatois/et plusieurs orgueilleuses nacions deuindrent subiectz a maximien/et a forces darmes il appaisa les gouuerneurs de ces peu ples qui parauant auoient este sedicieux et rebelles dont il auint que maximien q̅ comme souldoier auoit este nourry en reuilles darmes et en noir te de fer/apres la fin de ses labours et peines monta a la haultesse de la seigneurie du monde/et se monstra resplendissant a maniere du soleil. La gloire dudit maximien sembloit estre plus certaine/et plus ferme/ pour ce que il lauoit conqueste par victoire de batailles/et en lempire de Romme Jl prenoit plus grande delectacion pource que toutes les choses de lempire estoient en bonne paix et en droite ordonnnance. vng ho̅me cestassauoir dyoclecien se tyra par deuers lui qui par souddain trebuchet

L iii

ramena en bas la haultesse de lempire que maximien auoit conquestee par laborieuses batailles/car lempereur Dyoclecien qui ia estoit fort aage dou lut (z se consentit par aucune cause ql delaisseroit (z renonceroit a la digni‑ te imperiale/(z de fait il se adōna a oy‑ siuete et repos en delaissant tout soig et toute charge de gouuernemēt dē‑ pire/et en lieu de luy il ordonna gou uerneurs et connestables. Apres dyo clecien fist son effort de enhorter maxi mien quil renoncast a lempire et quil se mist a oysiuete (z a repos sollitaire/ et quil desquist comme homme priue Maximien qui estoit soubtil ingeni‑ eux (z fort print mal en gre les enhor‑ temens de dyoclecien qui conseilloit soy abaisser du plus hault estat au moindre/ touteffois maximien pour‑ ce quil doubtoit quil ne delaissast (z perdist honteusement tant lestat im‑ perial cōme lestat priue par le moyen de dyoclecien qui comme dit est ou chappitre precedent lauoit esleu (z pro meu a la dignite (z haultesse de lem‑ pire/ pour tant maximien mal doulē tiers et a desplaisir ottroya a dyocle‑ cien quil renonceroit a lempire et se adonneroit a oysiuete (z repos. Apres doncques que dyoclecien (z maximi‑ en de commun accort eurent renon‑ ce (z commis la garde et le gouuerne‑ ment de lempire a deux nobles capi‑ taines/ cestassauoir a constancius et a gallerius/ les deux empereurs dyo clecien (z maximien delaisserent tou‑ tes enseignes et armes (z attouresque ilz parauant portoient a maniere de roys/ car dyoclecien qui quatre cēs quatre vingtz (z dix ans apres la na‑ tiuite de Jesucrist obtint lempire de romme auec maximien trouua pre mierement la maniere de mettre pi‑ erres precieuses es robes et de entre‑ mesler es robes ouurages a filz dor Dont les roys ne auoient point vse

a romme depuis le temps du roy tar quin lorgueilleux qui fut dechasse de romme comme iay dit ou quart cha pitre du tiers liure precedent. Et dient aucuns hystoriens que dyocle cien et maximien en vng mesme iour comparurent en habitz priuez et ve‑ stuz comme deux cheualiers de pri‑ ue estat. Dyoclecien monstrant quil auoit renonce a lempire se monstra en habit dhomme priue en vne cite de grece nommee salonna/ (z maximien en la cite de luques. Ou ainsi com‑ me aucuns dient dyoclecien se des‑ mist en la cite nichomedie qui est vne cite de la prouince de bithimie/ et si maximien se desmist en la cite de mi lan en lombardie. Et pource que ma ximien fist ceste chose de son plai gre il ne cheut pas de sa haultesse/ mais il descendit/ et pource quil congneut parauant son descendement ie nose dire que ce soit male fortune par ce ql consentit a soy voluntairement des mettre. Jl conuient doncques que ie dye que lempereur Maximien est en cores bieneure pource quil est venu au desir de celle chose a quoy tendoit son orgueil/ cestassauoir a repos et a oysiuete/ mais il est autrement/ car maximien pour la paour (z crainte de dyoclecien la dignite (z le gouuerne‑ ment de lempire/ mais il auoit tous iours sa pēsee a lempire/ laquelle cho se luy tourna en dommage/ car apres ce que maximien eut renonce a lem‑ pire(z fut deuenu de tresgrant a petit il prīt tantost a soy vne tardiue repē‑ tance (z cōmenca auec soymesme con damner son petit (z simple estat (z son repos commēca aussi couuoiter lem pire en son cueur que il auoit mis ius de sō plain gre: Jl cōmenca a guiser sō engin (z son art pour recouurer lēpire La couuoitise de maximien qui peu‑ roit a recouurer lempire ne se peut lō feuillet CLxlii

guement cher, car lempereur gallerius nomma et esleut maxence a estre lieutenant de lempire qui estoit filz de maximien. Et cestuy maxēce fut deuant tous ordōne gouuerneur ou pays dorient. Or aduint que cestui maxence qui en armes vaillāment se porta, fut nōme et esleu empereur p̄ les cheualiers rōmains. Si tost que maximien congneut que maxēce son filz estoit esleu empereur, maximien pensa qͥl debouteroit sō filz et en lieu de luy Il occuperoit lēpire p̄ barat pource q̄ maximiē auoit adōc pō ce faire assez forces. Les cheualiers rommains aduiserent lentreprinse de maximien et lempescherent tellemēt quil decheut de sa mauuaise esperance, et apres il fut laidāge et diffame par les cheualiers Rōmains. Apres maximien fut poulse hors de italie et priue de toute seigneurie, et il cōme meschāt senfuit ou pais de gaule. Si tost q̄ maximiē fut arriue ou pays de gaule il tendit semblablemēt ses laqs et ses filez cōtre son gendre constantius qui cōme dit est capitaine et gouuerneur de gaule. Maximiē auoit vne fille appellee fausta qui estoit consaichāt des choses que faisoit maximien contre constancius. Aduiut que ceste fille fausta descouurit lētreprinse de son pere par quoy il fut barate de son esperance et faillit de parfaire ce quil pensoit, si senfuit maximien en la cite de marseille et affin que maximiē ne pourchassast pour soy la tierce foiz lempire de Rōme quil auoit delaisse p̄ vne fois Il fut de p̄ constancius murtri en la cite de marseille, et illec cheut mort, ainsi cōme afferment aucuns notables acteurs et vielz hystoriens.

Le ixᵉ. chapitre contient le cas du faulx gallerius surnomme maximiē empereur des Rommains qui en son temps fut trescruel persecuteur des crestiens. Et commence ou latin. Gallerius. et cetera.

Gallerius empereur de rōme plain de puanteur de pourriture et de taches ordes et abhominables fist tāt par deuers moy que ie luy prestay ma plume pour escripre son cas. Si est assauoir que ainsi cōme les hystoriens latins ne ont pas sceu, ne nōt pas voulu escripre la naissance ne le lignaige de lēpereur maximien, aussi nont ilz de lempereur gallerius. Mais certain est que gallerius Iouuenceau de petit estat et de maigre substance fut ordonne ēpereur et gouuerneur dū grāt porciō de lēpire de par lēpereur Dyoclecien ainsi cōme iay dit ou vii. chapitre de ce viii. liure. Les besoingnes et les soubzhetz de gallerius ne furent pas moult heureux au cōmencemēt de sa cheualerie, car quant gallerius fut enuoye de par les rommais a refraindre le trop grāt oultraige de narseus roy des persois q̄ guerrioit et pilloit les pays subgectz a lempire de romme gallerius qui vsa de la trop grant fiance de soy et de son ost Il assembla main a māt pour combatre le Roy narseus et ses persois, mais gallerius fut vaincu et dechasse honteusement. Pour ceste desconfiture Dyoclecien qui contre Gallerius fut Indigne et courrouce

L iiii

par moult longue espace de terre mena en coste son chariot. Gallerius adonc estant vestu de pourpre et aslanta pie/et si estoit venu a lencontre de lempereur Dioclecien qui deist plusieurs laydures audit gallerius. Pour la honte et reproche que dist Dyoclecien contre gallerius qui par auãt sestoit follement τ mal gouuerne en bataille/Il print en soy si grant vergongne que du commandement de dyoclecien ledit gallerius reprint son voyage contre le roy narseus τ se achemina en perse. Si passa gallerius par grece (par mesie vne prouince dalemaigne) iller par soubtilite τ diligence Gallerius assembla cheualiers et souldoiers de toutes pars. Gallerius voulant excuser la honte de sa desconfiture amena son ost/τ fist rudes assaulx contre le roy narseus qui senorgueilloit pour sa victoire τ traffoit au long τ au large le pays dorient. Depuis que les gens darmes de lost Rommain et de lost des persois furent meslez/ Gallerius vsa de si grant conseil et de si grans forces en armes que en la premiere assemblee les persois tournerent le dos τ se mirent en fuyte par la vertu τ force du duc gallerius τ de ses cheualiers. Gallerius qui par tout occisoit les persois fist tant que mesmement il despouilla le Roy narseus de ses tentes et pauillons /τ dedens print les femmes les seurs τ les enfans du Roy/τ si print vng grant nombre des nobles hommes persois. Adonc gallerius charge de precieux et de riche pillaige τ qui estoit deuenu glorieux τ renomme pour sa grant victoire τ ioyeux en couraige /vint alencontre de dyoclecien empereur q̃ seconde fois venoit en mesopotamie/gallerius adonc fut si ioyeusement receu /et si honnourablement recueilly: De par Dyoclecien q̃ sembla aux hommes q̃

la estoient q̃ gallerius fut ia empereur. Et celle opinion assez tost fut trouuee vraye enuers ceulx qui la chose sembloit ia estre/ Car apres pou de temps galerius fut institue empereur. Et dyoclecien lors empereur descendit de sa haulte seigneurie (τ prit estat et vie de priuee personne auec lempereur maximien ainsi cõme dit est es vii. τ viii. chapitres precedẽs de ce present liure. Les deux empereurs donc ques dyoclecien τ maximien delaisserent lempire es mains (τ es gouuernemens de galleri9 τ de constanci9 qui furent instituez τ faiz empereurs/et augustes.τ par ainsi galeri9 qui par auãt estoit de nul estat fut ordõne cesarien/cestadire vicaire τ garde de lẽpire ou pays dorient. Gallerius qui auoit este petit fut tresgrant/il qui auoit este dobscur τ vil lignage fut destat resplendissãt (τ noble (τ finablemẽt il deuint empereur (τ prince dune grãt partie du mõde/cestassauoir des pais dafrique τ dytalie. Et constancius fut ordonne τ commis ou pays dorient τ de midy pource que parauãture quil estoit plus conuenable a oyfiuete (τ a repos que a demener batailles. Apres ce que galleri9 qui a lacroissement de sa resplendisseur gouuernoit a son plaisir afrique τ ytalie fut esleue a la gloire de lempereur/il cõmist (τ ordonna pour soy deux cesariens/cestassauoir maxencius τ seuer9 affin quilz secourissent a Gallerius /et supportassent les trauaux (τ les peines du gouuernement de lempire. Apres ces choses faictes Gallerius qui fut enfle (τ orgueilleux de si grant felicite/Il print armes et tourna ses batailles contre le nom de Iesuchrist τ contre les crestiens. Gallerius q̃ fut embrase de fureur (τ de raige mauuaise commãda par ses desloyales lettres en uoiez par tout son empire q̃ les hõmes τ femmes honnourãs le nom de iesucrist feuillet　　　　　　　　CCxliii

fussent du tout ostez et occis ou par tourmens ou par priuacion et par essacement du nom de iesucrist. Par la vertu selon les mandemens de lempereur Gallerius les sergens et bourreaulx forcenerent contre le sang des crestiens Innorens et iustes par lespace de x. ans presques par tout le monde Les sergens et bourreaulx de gallerius se apparilloient pour oster le nom de iesucrist q[ui] durera tousiours Par ceste mortelle pestillence et cruelle persecucion fut espandu moult grant sang de iustes hommes crestiens/ Plusieurs iustes crestiens puissans de corps furent par cruelz tourmens affoiblyz et destruis et degastez plusieurs bieneurees ames furent par hastiue mort contraintes a partir des corps et retourner au ciel en gloire pardurable. Mais que doy ie plus dire fors quil conuenoit que gallerius haultain et orgueilleux quist contre soy ung trebuschet/ affin quil monstrast que en ce monde nest aucune chose ferme. Entre les trebuchetz de fortune aucun nest plus grant ne plus dommageux ne quest celui qui aduient de lindignacion et du courroux de dieu. Si aduint que par lindignacion de dieu ung iouuenceau nomme maxencius qui en soy auoit grans signes de prouesse et de vaillance fut nomme et esleu a Pomme empereur par les cheualiers pretorien[s] Et pource que maxence aduisa quil estoit esleu/ Il print en soy orgueil Il se fist appelle empereur/ et voult prendre armes et enseignes et gouuernement despire. Seuerus doncques ung des vicaires de gallerius fut enuoye a Pomme pour refraindre lorgueil de maxence. Or aduint que les cheualiers relenquirent seuerus qui pourtant senfuyt en la cite de rauennes/et illec fut murtrie de treche Les forces de gallerius qui furent ia tres appetissees par la mort de son vicaire seuerus/ il tantost nomma et es-

leut pour empereur ung cheualier de dannemarche appelle lucinius/ affin quil deffendist gallerius contre maxence qui en despit de lup auoit este esleu par les cheualiers Rommains/ mais ceste chose point ne prouffita a gallerius/ car une rage sourdit dedens son cueur qui tellement le demena quil cheut en maladie si pestilencieuse que ses entrailles pourrirent dedens son corps et il non pas seullement crachoit vers par sa bouche mais mesmement malgre lup et non obstant tous vermes des de ses oreilles/ de ses narines et de sa bouche sourdoient vers comme dune fosse plaine de charoigne et dordure. Les vers sailloient par les conduitz du corps de galerius auec si grant puanteur que en quelconque lieu quil fust porte il empoisonnoit lair dune mortelle odeur Et pource que gallerius pour ouraige de medecins ne peut estre allegie de celle pestilence/ il commenca forcener de rechief contre les hommes crestiens et innorens et fist publier ses cruelz mandemens. Entre les hommes crestiens q[ue] gallerius faisoit mener a tourment ung en y eut qui affin quil ne semblast muet dist a gallerius ainsi comme il deust donner remede a sa maladie. Certes gallerius il nest mestier que use auec toy multitude de parolles/ si saches en brief que la maladie que tu souffres te est aduenue par le courroux de iupiter contre qui tu as pechie/ et ce nest pas par le courroux de celup iupiter lequel faulsement tu appelles le tresbon et le tresgrant/ et lequel tu honoures et sers par maniere desloyale en son temple que la ou capitole de rome/ mais la maladie que tu souffres te est aduenue par le courroux de iupiter le roy celeste qui nasquit de la vierge et qui est empereur et seigneur du ciel et de la terre Et de cestup iupiter. Roy celeste tu gallerius persecutes et destruitz les crestiens qui par sainte religion ensuiuent iesucrist/ contre les[quelz]

quelz: ja piecà tu es esmeu et courrou-
ce a maniere d'une beste sauuaige. par
ces parolles que gallerius ouyt il qui
estoit Vermineux et pourry print hor-
reur et crainte en soy et nosa faire ne di-
re aucune chose contre celuy crestien q
luy preschoit verite et qui droitemēt
le reprenoit. Gallerius fist cesser de pse-
cuter les crestiens et si se repētit mais
sa repentance fut tardiue quāt au prou-
fit de la sante de son corps pource que
sa repentance ne fut pas si vaillable q̄
le peust aucunemēt changer ne mou-
uoir la sentēce q̄ dieu auoit dicte o̊tre
galleri9/cōbien quil eust essaie se paraṽ
uēture il pourroit adoulcir le iugemēt
du vray dieu p ce q̄ galleri9 cōmāda p
vng edict publique que aucuns des
saīs hōmes crestiens ne fussēt psecu-
tez par aucun de ses gens. Gallerius
donc cōtinuellemēt attaine par la cru-
aulte de sa maladie vint a tant que a
pres que ses forces furēt si deffaillies
quil ne pouoit souffrir la rage de sa
maladie et tant quil desprisa la doul-
ceur de sa seigneurie imperiale. Et
oultre plus aduit que galleri9 qui par
cruel couraige auoit forcene contre les
crestiēs/il mesmemēt forceneux fut
cōtraint a faire cruaulte contre soy mes-
mes iusq̄s au tēps que son ame eragee
fut separee du corps. Et p ceste manie-
re lēpereur galleri9 qui par ses batail-
les auoit descōfit les peuples estrāges et
qui auoit espādu le sang des iustes cre-
stiens ne peut estācher ne refraidre lēs
vers de son propre corps. Gallerius vit le
sang de son corps estre couerti en conti-
nuelle ordure il fut ainsi en ce monde cō-
est le pope tātalus qui po' la punicion
de son auarice est en enfer assiz entre to9
les biens de delectation et si nen peut
vser cōbien quil les voye a plain. Gal-
lerius donc q̄ ne fut secouru de dieu
ne des hōmes/mist hors sa maleureu-
se ame/et descēdit en enfer po' souffrir
illec plus griefz tourmens.

Le x. chapitre contient en
brief les cas de lēpere2 ma-
xēce filz de lēpereur maxi-
mien de licini9 empereur et
de plusieurs autres nobles
hōmes dolens par leurs ma-
les fortunes. Et cōmence
ou latin Longa q̄ē. etc.

Ombien que en diuers cha-
pitres de cestuy viii. liure ie
aye continuellemēt descript
les maleureux cas d'une grant com-
paignie d'empereurs douloureux et
meschans/toutesfois apres ce que ie
eu descript le cas de galerius enco-
res demouroit vne grant cōpaignie
de maleureux empereurs/desquelz
ie vueil briefuement compter le cas
Si tost doncques que ie regarday di-
ligemment celle compaignie de ces
dolens empereurs Je congneu lem-
pereur maxēce filz de lempereur ma-
ximien plain de larmes et estant en pi-
ez deuant moy. Ou temps de lem-
pereur galerius comme dit est ou cha-
pitre precedent il nomma et esleut po'
soy vng procureur et gouuerneur de
lempire cestassauoir maxence adonc
fort et preu iouuenceau filz de lem-
pereur maximien/lequel maxence a-
pres fut esleu et nomme empereur par
les cheualiers de rōme/et de ceste cho-
se fut courouce galerius si enuoya son
procureur seuerus bien acompaigne
de gens darmes qui mist le siege de-
uant romme contre maxence regnāt
comme empereur/mais le noble se-
uerus delaisse et trahy de ses gēs et p

pres cheualiers senfuyt en la cite de rauennes et illec fut occis. Or aduint par succession de temps q̃ constantin filz de lempereur constans et de sa fẽme helene meust et fist bataille ciuile contre maxẽce persecuteur des crestiens. Maxẽce ou par vẽgẽce diuine/ ou autremẽt par fortune fut plusieurs foiz desconfit et vaincu en bataille et finablemẽt occis et gette dedẽs la riuiere du tybre. Apres le maleureux cas du noble empereur maxẽce venoit licinius mesmemẽt empereur. Cestuy licinius comme iay dit ou chapitre precedẽt fut atrait de dãnemarche. Et pource que les cheualiers rõmains auoiẽt esleu maxẽce en empereur/ qui auoit comme dit est occis seuerus vicaire de lempereur galerius Cestuy galerius esleut et nomma liciniuis a estre empereur pour guerroier contre maxẽce qui assez tost apres ainsi comme iay dit mourut miserablemẽt. Aps la mort du quel cestuy licinius ne saillit pas a auoir enemy car maximinus vng noble capitaine de lempereur constantin ordonna faire bataile ciuile contre licinius mais maximinus en ces entrefaites mourut ou pays de cilice en la cite de tarse dont saint pol fut ne. Si tost que maximinus mortel persecuteur des crestiens fust mort cestui licinius fut esprins de raige et de fureur et commanda que tous les crestiens fussẽt gettez hors de son palaiz. Et tantost apres seschauffa la bataile entre licinius et constantin/ mais constantin par deux fois desconfist son serourge licinius cestassauoir premieremẽt en hongrie et secondement en la cite de ebalie en grece. Et constantin pamena et tit en sa seigneurie toute grece et desconfist en bataille liciniꝰ soy rebellant par terre et par mer et tant fut contraint quil se rendit es mains de constantin. Et apres constantin

commanda que licinius priue et desmis de toute seigneurie fust occis affin que licinius ou dommaige et preiudice de la chose publique ne reprĩt le pourpre ne lestat Imperial ainsi cõme auoit fait lempereur maximiẽ de qui constantin auoit espousee sa fille Apres la mort du noble empereur licinius venoyent trois autres maleureux/ cestassauoir crispus/ et le Jeune constantin enfans de lempereur cõstantin, et licinius le Jeune/ filz de lẽpereur licinius pour quoy il est assauoir que apres la mort de lempereur licinius constantin ordõna et fist gouuerneurs et vicaires des guerres et des besongnes de lempire de romme ces trois nobles dessusditz crispus/ constantin/ et licinius. Or aduint que en ce tẽps en la cite dalexandrie fut vng prestre appelle arzius heretique q̃ forvopa de la verite de la foy catholicq̃ et maitint vng enseignement mauluais et dommageux a plusieurs/ car arzius maintenoit et preschoit en appert que dieu le filz nestoit mie pardurable comme le pere/ et par ainsi il mettoit que en la diuine trinite estoient diuerses substances. Si tost que arzius fut congneu et note comme heretique leuesque dalexandrie appelle alexandre fist mettre hors de leglise le heretique arzius et pour ce quil esmouoit les hommes a sedicion/ lesquelz il auoit deceuz et mis en erreur vne assemblee de troys cens et xviii. euesques fut faicte en vne cite de bithinie appellee nicea/ les sais euesques euidemment reprouuerent celle erreur et monstrerẽt quelle estoit damnable et meschante. Constantin doncques len ne scet pas pour quelles causes il proceda a punicion mesmement contre ceulx de son sang/ car constantin tua despees ses deux enfans crispus/ et constantin/ et aussi licinius son nepueu, tous trois nobles et preux iou uenceaulx adonc estans en la fleur de leurs aages Apres les miserables cas des nobles dessusdictz Benoit Dalmacius cousin de constantin qui premierement ordonna Dalmacius son nepueu a estre procureur de lempire. Secondement constantin laissa en testament Dalmacius heritier en une partie de lempire/et par ainsi il auoit esperance dont il perdit leffect/car par ung discord qui aduint entre ses cheualiers Il fut frappe despees et blece par plusieurs playes en la presence de son cousin constantin qui par trahison souffrit faire celle chose/ et tant aduint que Dalmacius mourut par la douleur de ses playes Insanables Apres les maleureux nobles dessusditz Benoyent constancius et constans freres et enfans et heritiers de lempereur constantin Si est assauoir que lan mil quatrevingtz et douze apres la fondation de Rome. Et troys cens quarantehuit ans apres la natiuite de Jesucrist/le filz ainsne de constantin le grant appelle constancius tint lempire de romme par xxiiii. ans. Cestuy constancius en la dignite et ou gouuernement de lempire eut troys compaignons/cestassauoir le Jeune constantin/et constans le moins ne tous trois freres et Dalmacius q̃ estoit filz du frere du grant constantin/ mais Dalmacius tantost mourut meschamment ainsi comme dit est/ par ainsi demourerent constanci⁹/cõstantĩ/et constans freres et to⁹ trois empereurs. Si aduit q̃ la foy de Jesucrist q̃ encore ne stoit pas gueres enracinee es cueurs des empereurs/fut assaillie par une autre maniere de h̃oes heretiq̃s nõmez les atropomorfitois q̃ p ũne villenastre simplesse cuiderent et maintindrẽt q̃ dieu eust corps et mẽbres a la maniere des hõmes. Leretique arrius dont Jay parle en ce chapitre/ses faulx disciples eurẽt prompte accointãce et familiarite auec lempereur constãcius Arrius et ses disciples qui entremeslerent les deux erreurs dessusdictes admonnesterẽt lempereur cõstantin q̃ ensupuist les heresies de arrius et desiens/et tãt aduit que len nommoit leglise des arriens et nõ pas leglise des catholiques et soubz le nom de vraye religion cõstãcius violẽment psecuta les crestiens. En celuy temps fut ung treblement de terre que ou pays dorient plusieurs citez cheurẽt et les habitãs furent acrauãtez. Adonc entre le ieune constãtin et son frere constans aduit si mortelle hapne que cõstantĩ persecuta sõ frere et luy fist mortelle guerre/mais aĩsi cõme constantĩ sotement et mignotemẽt se offrit et abãdonna aux perilz de la bataille les capitaines de son frere constãs le tuerent pres de la cite de aquillee/mais lempereur constãs meut et fist guerre contre les persois et cõtre sapor leur Roy qui auoit gaste le pays de mesopotanie appertenãt a lempire de Rome. Cestuy constãs par neuf fois combatit assez maleureusemẽt contre le Roy sapor. Or aduit une sedicion et desordonnãce entre les cheualiers de lempereur constãs par quoy il fut contraint par nupt entreprẽdre bataille/ en laquelle il perdit la victoire qui psques estoit ia faicte. Apres ce que constans se fut adonne a telz et si grãs vices et mauuaistiez qui nestoient pas a souffrir il acheta la haueur et bieũueillãce de ses cheualiers p les meschiefz et peines quil faisoit souffrir aux peuples des prouinces subiectes a luy Et affin que les vices de constans ne demourassent ipuniz ung cheualier appelle maguencius par barat tua lempereur constãs en ung chasteau pres despaigne que len nomme helena et p aisi destrois enfans du grãt constantin ne demoura fors que lempereur constãtius. Tãtost apres la mort du iettne constātin/et de constans et de Salmacius le dessusdit cheualier maguencius lors estant pres de spaigne prīt la possession et alongit les bournes de son empire par tous les pays de gaule/dafrique et dytalie. Et ou pays de grece les cheualiers rōmains esleurent et firent leur empereur vng vieillart cheualier appelle betramon q̄ naturellemēt estoit simple⁊ioyeux Mais il ne sauoit aucune science ne ne congnossoit les lettres dont len escript/Et pource que nulle seigneurie terrienne ne peut estre droitement gouuernee sans auoir congnoissance des lettres et des sciences/ lempere¹ betramon vieillart malgre soy aucuneffois pensoit a congnoistre les lettres ⁊ adioindre les lettres en sillabes. Et en ces entrefaictes lempereur cōstantius apprestoit ses batailles contre betramon. Constancius estoit espris de couroux pour la mort de constans son frere que maguencius p̄ barat auoit occis comme dit est/⁊ pour ce betramon moult vieillar ⁊ craitif fut contraint laisser lescole ⁊ la dignite et estat imperial et viure a maniere dhomme priue. En ce temps estoit a Pomme vng des filz de la seur constantin nomme nepocian/ cestuy nepocian assembla les gladiateurs Dytalie et par leur ayde nepocian obtist et enuahit lempire/ mais pour ce que nepocian estoit desloyal ⁊ mauuais les capitaines de lost magu encius prīdrent ⁊ occirent nepocian. Apres ces choses faictes vng horrible bataille aduit entre maguencius ⁊ lempereur cōstanci⁹/ en laq̄lle fut fait grant gastemēt des forces rommaines/ car mesmemēt il tourna a grāt nuisance touteffois maguēcius desconfit⁊ vaincu tourna sa fuyte vers la cite de lyō sur le rosne ⁊ iller apres petite espace de temps se tua de sa main ⁊ son frere dencius q̄ de p̄ maguēcius sō frere estoit vicaire de lempire a sens/et ou pais de france. Cestuy dencius qui entendit que maguencius son frere sestoit ainsi occis se pendit a vne corde/⁊ ainsi fina sa vie en la cite de sens Aps ces choses faictes lēpereur cōstācius fist ⁊ ordonna son vicaire ⁊ gouuerneur en gaule le filz dun sien oncle apelle galus ⁊ pource q̄ galus fut cruel ⁊ tyrāt/ lēpereur cōstancius fist tuer ledit galus assez tost aps ce quil eut ordōne vicaire. Et oultre pource q̄ en gaule aps la mort de galus estoit vng autre vicaire ⁊ gouuerneur pour lēpire q̄ len nōmoit siluanus q̄ tēdoit a faire nouelletez ⁊ dissenciōs en frāce contre lēpereur constancius. Cestui cōstanci⁹ voulāt obuier aux mauuaistiez de siluanus mist diligence ⁊ soing a le tantost assiegir ⁊ prēdre ⁊ apres faire mourir siluanus/ depuis q̄ le noble siluanus fut occis/ lēpereur constancius enuoya en gaule vng vicaire pour soy appelle iulien frere du dit galus. Cestuy Julien surnōme apostat frere de loncle de lempereur constancius venoit apres ces nobles maleureux dont iay en brief compte le cas en ce present chapitre/ ⁊ me sembloit que Julien fut tresperce dune espee brandie et empainte par la main de dieu. Et ainsi comme iulien en son viuant estoit angoisseux et se atteinoit en blasphemant le filz de dieu/ aussi il angoisseux aprēs sa mort cuidoit adoulcir son angoisse par les blasphemes quil disoit contre dieu. Cestuy Julien a esmeu mon courage a escripre son cas/ pource quil fust oultrageux ⁊ trop hardi entrepreneur contre dieu ⁊ ses sains.

Le xi.e chapitre contient le cas de Julien lapostat empereur des rommains qui fut filz de lung des freres du grant constātin second empereur crestien. Et cōmence ou latin Paucis litteris. &c.

E ay delectacion en ma pēsee pource que iay comprins en peu de parolles les malheureux cas de plusieurs, tant empereʒ cōme plusieurs autres nobles & puissans hommes amenez p fortune en larmes & pouretez. Et ceste chose iay faicte affin q̄ mes forces fussent moīs abatues p trop labourer ce 8. & x. chapitre de ce viii. liure esquelz sont briefuemēt descriptʒ les cas denuiron xxxii. nobles hommes empereurs ou vicaires de lempire. Et affin que Je fusse plus fort quant ie vendroie a descripre contre iulien lapostat qui fust filz de lung des freres du grant constantin second empereur crestien, & p ainsi constantin fut nepueu de ce gnāt constantin, & filz de constantin son filz. Cestuy iulien par ses premieres oeuures donna bonne esperance de soy en monstrāt quil seroit bon, & vaillant mais derrenieremēt il deuint destruitif tempestueux & mauuais. Car apres ce que legrant constātin trescrestien empereur eut fait cesser les honneurs les sacrifices & continuellemēt les mauldictes ydoles, & les eut fait getter hors des terres de lempire, & que la vraye & saincte foy du filz de dieu resplendist et abonda es cueurs

de tresgrant quantite dhommes. Cestuy Julen fut attrait et enhorte par le saint esperit ainsi comme ie cuide et print Julen tout habit de moyne, et donna soy voluntairement au seruice de dieu en conuersant cōme humble & poure estre les autres hōes religieux. En celuy diuin seruice & religieux habit iulien perseuera tressaictemēt mais ce fut par peu de temps, car assez tost apres il aduint comme ie croy par lenhortement du diable lēnemy de humaine nature, que Juliē soubdainemēt delaissa son monastere & se transporta aux pauillons & demoura auec les cheualiers. Or aduit que son frere gallius vicaire de lempire cōme iay dit ou chapitre precedent fut occis en cause du commandement de son nepueu constancius, si ordonna & fist constancius que en lieu de gallius Julien seroit vicaire de lépire ou pays de gaule, et de fait constācius lui bailla en mariage sa seur. Apres constancius liura a iulien grant quantite de gens armez et luy commanda quil allast refraindre & appaiser les sediciōs & discors qui estoient en france par le fait de siluanus vicaire de lempire ainsi cōme dit est ou chapitre precedent Julien donc cōmis et enuoie en gaule appaisa illec les discors et guerres par sa grant subtilite et prouesse, puis fist aliance & contrahit amistiez auec les cheualiers, & tant quil cheut en la couuoitise & en lesperāce dauoir lempire de romme. Et cōmenca veiller et entendre a tous ses desirs, affin quil en peust vser & ioir a plain, mais pource que Julien vit & congneut q̄ nauoit pas assez forces a si grant ētreprinse et a si grant hardement, Il sesforca vser de laide des mauuais esperis et aprint sorceries & inuocaciōs dennemis par vng homme lon accoīte bien enseigne de faire telles choses et qui luy admonnesta ainsi faire. et sõt aucũs hystoires qui dist que Iuliẽ fist tant par sortileges et invocacions quil parla ⁊ eut conuersaciõ auec les mauuais esperitz qui luy promidrent lempire du monde quil couuoitoit/ par ainsi que Iulien leur promist que les honneurs les sacrifices ⁊ les faulses anciennes cerimonies leurs fussent restituez qui par le crestiẽ empereur Constãtin lui auoiẽt este osteez Affin donc que Iulien apres venist a lempire de Romme il commenca essaier et prendre hardement de faire toutes choses ⁊ tant quil atteignit ⁊ vit a la mortelle conclusion de sa mauldicte esperance: car tandis que Constãcius seul filz lors suruiuant du grant constãti faisoit pour son empire iuste guerre contre les pthois Iuliẽ prit hardement ⁊ occupa le siege de la dignite le palaiz⁊lestat imperial soubz ũmbre ⁊ couleur que les cheualiers rõmains qui faire ne le pouoyent luy presenterent lempire/ et neantmoine il la receut. Et tantost apres ces choses Iulien partit de Romme/⁊ auec ces gens darmes il sen alla en Grece dõt il obtint de fait la seigneurie. Et affin que Iulien enuahisseur de lempire venist a ce quil desiroit/ lempereur Constancius retournant en Italie mourut entre Cilice ⁊ Capadoce/ car Constãcius auoit delaissee la bataile ja pieca commencee contre Sapor Roy de Perse/ affin que Constãcius refreignist la fureur et loultrage de Iulien qui de fait enuahissoit lempire par la mort de Constancius lapostat Iuliẽ sans guerre sans contredit obtint la seigneurie de Romme. Et ou present estat de Iulien lempereur a moult grant difference/ Car nagueres il en habit de moyne estoit humble et pale/il estoit vestu de gros ⁊ aspres draps/ chauce de rudes soulievs il traynoit lestement ses piez pᵃ le cloistre⁊pᵃ le poupriˢ de son mõastere ⁊ maintenãt il est orgueilleu

semẽt atourne/ il est enfle de vins de viades ⁊ dorgueil/ il court ⁊ fuyt ca ⁊ la/ il espouente toutes les choses du monde par le bruit ⁊ tempeste de son ost et par lorrible son de ses trompettes Apres ce que les mauuaiz esperitz eurent este fauorables a Iulien par la souffrãce de Dieu/ si tost quil fut premierement entre en possession de lempire/ il qui parauãt auoit apris et retenu les sciences liberaulx / Il apres entendit a philosophie naturelle⁊morale par quoy chacune speroit quil seroit bon hõme ⁊ vaillãt au gouvernemẽt de la chose publique. Quant Iulien se leuoit de lestude Il honnouroit tresespecialement ses amys. Il nourrissoit en iustice les peuples des provinces/ Il restraingnoit les truages: il se rendoit pareillement iuste a tous hõmes. Mais Iulien cuidant q̃l peust faire toutes choses quil voulsist par les aydes du mauuais art de magiq̃ Il ensuyuit loppinion du philosophe Pithagoras qui disoit ⁊ maintint que quãt les ames des hommes ⁊ des bestes saillent hors daucun corps elles rentrent en vng autre ⁊ rendent lomme tel comme auoit este celuy qui parauãt auoit eue celle ame/ par ainsi Iulien osa appertement affermer quil auoit en son corps le propre esperit que iadis auoit eu le grãt alexãdre de macedoine/⁊ si auoit les meurs les coustumes ⁊ aussi la fortune sẽblable au Roy alexãdre. Et affin q̃ iulien peust monstrer pᵃ oeuure que celle folle sentence fust vraye/ il qui renya Dieu et sa puissãce celeste il se adonna tout et rendit au seruice de Pluto le Roy denfer. Et ia soit ce que Iulien se adõnast au seruice du Roy denfer/ toutesfois il fist ceste chose pᵃ autre voye que ne firent les empereurs deuãt luy Car Iulien lapostat sefforca de obtenir lempire ⁊ de ramener le cultiuemẽt des faulx dieux ⁊ des ydoles pᵃ flateries et pardons. Et ses predecesseurs incredules et papas obtindrent et garderent le cultiuement des dieux et des ydoles par les tourmens quilz firent aux crestiens. Quant Julien vit et congneut que en vain il sefforcoit rameneer ydolatrie pour ce que ia la foy et leglise catholique estoit fort enracinee, il priua les hommes crestiens innocens de plusieurs profitz franchises et offices. Et par le contraire Julien ostropa aux Juifz ennemys de la foy crestienne franchise et conge de reedifier en Hierusalem le temple de Salomon que par les empereurs Vaspasian et son filz Titus auoient este demoliz et abatus. Apres Julien en appert confessa et par serment promist aux crestiens qui pour lamour de dieu souffroient toutes choses que il seroit ennemy et aduersaire de Jesus le filz de dieu et des siens, et Julien par maniere de despit en soy moquant appelloit le filz de dieu vne foiz galilean, autrefoiz nazarean. Et certain est que Julien lapostat eust forcene et fait cruaultez et persecucions contre les crestiens et contre saincte eglise a la maniere des premiers empereurs se la bataille qui luy suruit contre les Perthois ne leust empesche et retenu. Quant Julien partit de Romme pour aller combatre les parthois qui lappelloient plus tost quil nesperoit, il comanda que les anciens temples des faulx dieux fussent ouuers et que les solennelz sacrifices fussent apprestez selon la coustume ancienne. Et promist Julien par vng veu solennel que a ses dieux il sacrifieroit le sang des crestiens, mais qu'il obtenist victoires de ses ennemis pthois. Adonc Julien mist hors de ytalie son ost et tourna ses armes et ses batailles contre Sapor lors roy des persois. Julien doncques senat ou pays de pthie passa par la cite de Hierusalem, en laquelle les Juifz par son conge reedifioient le temple

Salomon au contempt et en despit des eglises crestiennes. Et pource que le mauuaiz apostat scauoit que le bon Jesus auoit illec souffert mort, et que ou pays voisin de Hierusalem come est Samarie furent les premiers crestiens et premierement receurent la foy de Jesucrist commanda Julien aux Juifz qu'ilz massonnassent et feissent dedens Hierusalem vng amphiteatre cestadire, vne grat place ronde, et apres ilz assemblassent plusieurs et diuerses bestes sauuaiges et cruelles et que par art ilz aguillonnassent et apresisent celles bestes a estre plus cruelles quelles nestoient par nature, affin que quant Julien retourneroit de parthie dedans lamphiteatre il fist getter et offrir deuant celles bestes les sais euesques les moynes et tous les autres crestiens de Hiernsalem et du pays denuiron pour iceulx estre occis et despeces en la presence de luy. Julien auec son ost vint iusques en Thesifont vne cite de parthie: et illec apres osta ses pauillons et leua son ost apres se tyra par deuers luy vng transfuge, cestadire vng herault qui barateusement entreprint la conduyte de Julien et de son ost. Quant cestui herault eut mene Julien et lost romain es haultes desertes et fauorables montaignes de parthie auant que Julien aperceust le barat du herault qui le menoit en ces haultes montaignes le meschant ost de lempereur Julien fut tellement tourmente et mal mis que Julien et ceulx de son ost cuiderent illec du tout perillez et mourir, car toutes les gens de lost estoient estouffees et arses par si grant chaleur de soleil que les bacinetz et les autres harnois estoient si chaulx quilz sembloient enflamez dedens feuz, aussi les araines et sablons estoient si bouillonnans et si chaulx que les souldoiers a pie, ne les bestes de lost ne pouoient fermer leurs piez sur terre, auec ce le lieu estoit tout brehaing et

choses necessaires a vie que les gens
de lost serchèrent longuement p̃ celles
montaignes cuidans trouver / ou
fontaine ou puisseau ou autre abu-
uoer pour estancher leur soif/mais si
ens ilz ne trouuerent les meschans
souldoiers romains auec leur empe-
reur perissoient par mesaise et soufre-
te/ne les enchantemens/ne les sorce-
ries/ne les invocacions des mauuais
esperitz de Julien ne luy peurent ay-
der en ceste derniere et tresgriefue ne-
cessite. Adonc Julien lapostat non pas
cõe humble de cueur ne cõe loyal sup-
pliant contourna sõ orgueilleuse pen-
see enuers celuy dieu quil auoit des-
pite et blaspheme et si estoit celuy seul q̃
luy pouoit aider et secourir en ce desert
ou il estoit moust prest de perir auec
son ost / mais Julien tourmente et ẽs-
prine du cruel aguillon de courroux
aussi come sil deust querir aucun con-
fort pour soy /il tout seul se destour-
na ung pou loing de ses gens affin q̃l
ne vrist la miserable et douloureuse
perte de son ost et affin quil peust pl⁹
franchement soy eschauffer en villai-
nes parolles et en blasphemes contre
dieu son ennemy. Et adõc Julien for-
ceneux en sa pensee ainsi comme il a-
uoit de coustume adrecea et conuertit
en maniere de iauelotz ses parolles
en blasphemes et en mauldissons con-
tre dieu le pe⁊ contre son seul filz et cõ-
tre sa mere/ ainsi cõe se de p culx luy
venissent les meschiefz et domaiges
quil et son ost souffroient. Par les bla-
phemes et mauldissons de lapostat Ju-
lien dieu fu longuement atteinne/
combienquil soit trespaciet et doulx.
Si aduint que le vilain blasphemeur
Julien apostat soubdainement et en
despourueu rencontra ung cheuali-
er ennemy et auersaire qui dune lan-
ce frappa Julien ia tremblant et paou-
reux/ et qui a tart recongnoissoit la
puissance diuine et qui touteffois en-

cores parloit contre dieu par mauldis-
sons et blasphemes. Cestuy cheualier
abatit ius a terre et tua Julien qui de-
moura plonge et reuoultre dedens sõ
sang. Et dient aucuns hystoires que
Julien ne fut pas occis de cheualier
theois/ et pource loccision de Julien fu
attribue a miracle et nõpas a oeuure
dhomme/ mais Julien blasphemeur et
mauldisseur de dieu fut tue dung
cheualier crestien appelle mercurius
qui le iour de deuant auoit este ente⁊-
re en une cite de la prouince palestine
en asie laquelle cite est appellee cesa-
ree. Ceste cite en lõneur de Julius ce-
sar fut fondee par herodes roy des
parthois/ et les armes de cestui che-
ualier crestien qui selon la coustume
ancienne furent affichees pres du
lieu de sa sepulture en la plus nota-
ble partie de leglise ne furẽt oncques
veues ne trouuez aucune part en cel-
le iournee que Julien le desloyal apo-
stat fut occis mais au iour ensuiuãt les
armes dudit cheualier furent en leu p̃-
pre et p̃mier lieu respsees et mouillees
de fres sang/ ainsi cõme tesmoigne
ung noble et viel hystorien appelle ba-
silius et p̃ quelque maniere que ceste
chose ait este anoncee ou dicte aux a-
cteurs hystoriens ilz afferment et diẽt
q̃ quant le puant homme Juliẽ met-
toit hors son maleureux esperit il dist
ces parolles. O Jesus galilea main-
tenant tu mas vaincu par lesquelles
parolles il appert clerement que Ju-
lien en sa fin congneut celuy qui la-
uoit occis. Et ceulx qui p̃ acõptẽt la
vie de saint fabian dient que la cha-
roigne de lapostat fut prinse p̃ le com-
mandement de sapor roy des p̃sois
qui fist escorcher la charoigne de Ju-
lien et le cuir bien conroie/ et taint en
couleur ianne fut attache a la porte
de la sale royale. Et qui plus et pire
chose est apres la mort de Julien la-
postat furent trouuez plusieurs en-
Li

seignemēs des choses en quoy il estu
dioit/car oultre plusieurs instrumēs
et oultilz de art magique q̃ furēt trou
uez en ses chābres ⁊ retraiz sentrouua
vne fēme effondree et pēdue a ses crīs
en vng tēple de la cite du caire qui est
ou pays de surie. Les gēs du pais aus
si et les hystoriēs pensèrēt ⁊ creurent
que par les boyaulx de celle fēme le
desloyal hōme iulien eust pourpensé
et deuiné les choses aduenir en faisāt
sorceries et inuocacions de mauuais
esperitz Et en anthioche aussi lē trou
ua coffres plais de testes dhommes
mors. Et dedēs le puis furent trou
uees charoignes ⁊ plusieurs sembla
bles horribletez q̃ auoient este faictes
par lempereur iulien. Et pour cause
de lexcessiue mauuaistie de la faulse
ydolatrie et sorcerie mauldicte de iu
lien/lē fist par tous les lieux du mō
de grans solēnitez ⁊ ioyes et non pas
seullement les crestiens/mais les sar
razins et iuifz.

Le xii.chapitre parle cō
tre les blassemeurs du nō
de dieu en ramenant a me
moire la maleureuse fin du
faulx empereur ⁊ grant p̃
secuteur de crestiens iulien
lapostat. Et cōmēce ou la
tin. Non habeo.⁊c.

Ie confesse que ie nay pas lā
gaige par quoy ie dye assez cō
tre les desloyaulx hommes
qui comme bestes oultrageuses sef
forcent se ilz peussēt refraidre ordoier
et aneantir la bonte qui est ou filz de
dieu/par qui sont faictes toutes les
choses bonnes ⁊ lonneur de la vierge
sa mere:et la sainctete des hommes
religieux ⁊ crestiens en la pensee ⁊ en
la bouche des blassemeurs du nom
de dieu se trouue vng si villain pechie
que lēn voit aucūs blassemeurs si for
cenez quilz ne cuident pas que on les
repute pour telz comme ilz sont/ ou
pour telz comme ilz vouldroiēt estre
reputez se ilz nen font foy et serment
ou par les playes ou par le corps ou p̃
les membres de dieu/ou par autre vil
lain serment en blassemāt dieu sa me
re ses sains ⁊ sa foy ⁊ ses diuins sacre
mēs. Les blassemeurs de dieu ne cui
dent pas que ilz peussēt venir a la cho
se que ilz desirent se ilz ne blassement
et offendent ⁊ blessent dieu ⁊ sa foy ca
tholique par sorceries par inuocaciō
de ars ⁊ de mauuais esperitz Et aus
si vng villain pechie est en aucuns hō
mes qui pour acōplir leur propre mau
naistie se eschauffent par si grant cou
roux contre dieu/ que en leur cueur
ilz desirent aulcun mal contre dieu/
et en luy blassemant ilz monstrent
leur mauuais desir par villeines pa
rolles. Ie croy enuis et a tart que
telz hommes aient entendement/ ou
raison ou memoire : car se ilz auoiēt
raison memoire et entendement. Ilz
entendroient certainement que dieu
est createur et ilz sont creatures ⁊ que
dieu est ouurier et ilz sont ouurages
Comment ose homme mortel terre
stre/poure/mauuais/fraisle/chetif/
ignorant et imparfait de toutes pars
blaspbemer dieu qui est immortel.
celeste riche tresbon puissant pache
teur saige et plain de toute perfecti
on. Se les hommes auoient raison
entendement ⁊ memoire ilz se remē
breroient quilz doiuent amoindrir les
vices par penitance et non pas les ac
croistre par blasphemes contre dieu
ilz se remembreroiēt que ilz sefforcent

ordoier et blasfemer par leurs ordes ɾ et saillantes parolles icelui Dieu qui pour eulx fut couuert de crachatz qui fut batu de verges/ɾ qui a trois clous fut affichie a la croix/ affin quil ramenast en franchises les hommes qui pour leur peche estoyent serfz de lennemy/ et affin quil nettoiast les ordures que nous auions contractees par la desobeissance de nos premiers parens ɾ affin que a tous hommes dieu ouurist les portes du ciel q par le mesfait de adam luy auoyent este closes. Si doiuent doncques soy taire les blasfemeurs semblables a ceuls pourris ne se doiuent enhardir a atteiner Dieu du ciel par leurs mauldites parolles/ɾ ne se enhardient point a vouloir monter oultre le ciel par leur effort vain et fol/ ainsi comme fist iulien lapostat qui contre le vouloir de dieu le treshault voult mettre son siege en aquillonne le plus hault lieu du ciel au regart de la terre. Et se autres exemples ie ne auoye pour rabatre la bestialite des blasfemeurs et maldisans de dieu/ sa mere ɾ des sains/ fors que lexemple de iulien lapostat si leur prie ie quilz regardent deuant eulx iulien leur prince homme de fort aage/ vestu de dures armes enuironne dun grant ost et seigneur de tout le monde/ qui fut tombe a terre vaincu ɾ mis a mort perpetuelle/ nom pas par fouldre du ciel/ ne par le coup de la massue de hercules/ ne par la morsure de mauluaise beste sauuaige/ Mais par ung cheualier la mort par lordonnance de dieu qui par sa puissance ressuscita ledit cheualier pour punir iulien lapostat/ qui a plaine bouche despitoit et maulgreoit et blasfemoit dieu sa mere et ses sains. A cestuy iulien ne peurent aider ne secourir ses dieux/ ausquelz il auoit restitue leurs sacrifices ɾ honneurs q constantin trescrestien empereur leur a-

uoit ostez du tout. Et quant les blasfemeurs semblables aux vers pourris regarderont le tourment de lapostat iulien ainsi pugny et mort comme dit est ou chapitre precedent/ ie vueil que ilz confessent dieu estre tout puissant/ ɾ par ainsi ie leur conseille quilz le doubtent/ ayment/ et honnourent et par contricion et larmes effacent leur perche/ ɾ que selon leurs forces ilz se gardent de pecher ou temps aduenir.

Le xiiiie. chappitre gtient les cas de valeus empereur des rommains de marcus roy des Gothoys ɾ de plusieurs autres nobles hommes maleureux. Et comence ou latin. Quid refert et cetera.

Ien ne me sault ce que ie me vouloie vng peu destourner affin q oultre ie nescriuisse les maleurtez des emperurs rommains/ ɾ que ie racomptasse le maleureux cas de sirinus roy des maures. Si est assauoir q lan mil. cent vingt et huit apres la fondacion de romme valeus obtint lempire q fut frere de lempeur valentinien xxxix. empereur ap's Octouien/ et par ainsi valens fut le xxxix. qui regna apres la natiuite de dieu trois cens lxv. ans ɾ obtint lempire p quatre ans apres la mort de valentinien empeur son frere. Si tost q cestuy valeus fut seul empereur il aduisa quil estoit franc de faire toutes choses mauuaises/ combien q il sen deust hontoyer/ si donna vne loy contenant q tous cres

L ii

ſtiens que lors on appelloit moynes fuſſent contrais ſoy employer en cheualerie ceſt adire en fait d' guerre/les creſtiens en la naiſſãce de l'egliſe furent appellez moynes/pource que d' leur plain grè Ilz delaiſſoient preſques toutes beſoignes ſeculieres/ et tournoient leur couraige a acomplir la foy catholicque qui contient ũg ſeul ouurage ceſtaſſauoir acquerir le Royaume du ciel p ſeule charitè qui eſt en aymer dieu plus que toutes autres choſes et ſon prochain autretant cõe ſoymeſmes. Or aduint q̃ grant multitude des creſtiens habitoit es grãs d'ſers degypte eſquelz pauãt hõme nauoit habitè pour la ſicheteſſe et pour la breſhaingnetè de la terre et pour labondãce des venimeux ſerpẽs q̃ adonc eſtoient illec Lẽpereur Valeus ſãs ſoy hontoier de mal faire enuoia aux d'ſers d'egypte aucuns ſiens tribuns et cheualiers/affin q̃ ſoubz couleur de pſecucion ilz abſtrahiſſent et oſtaſſent dillec les ſains cheualiers de Jeſuchriſt/ceſtaſſauoir les moynes et Religieux creſtiens qui d'dens ces d'ſers furent tuez eng̃ãs compagnies pour le teſmoignage de la foy de ieſucriſt/et auſſi p diuerſes prouinces de tout le mõde fut faicte de p l'empereur Valeus ſi grãt pſecucion contre les egliſes et contre les creſtiẽs q̃ en taiſãt il ſouffiſt de le lire en hyſtoires. En ces entrefaictes ou pays d'afriq̃ fut ũg noble hõe appellè firmus q̃ cõtre les Rommains eſmeut en armes les gens de mauritaine et ſe fiſt ſoy meſmes Roy des maures/et aps il gaſta a force darmes le pays de mauritaine et dafrique/il print auſſi p barat et trahiſon la cite ceſaree qui lors eſtoit la plus noble de toutes les citez de mauritaine. en celle cite le roy firm9 fiſt grans occiſions et grãs arſines et aps il la fiſt piller pgens barbares et eſtrãges. Theodoſe donc compaignon de

De Boccace

lempereur Valentinien fut enuoyè en afrique de p Valentinien/ceſtui premier theodoſe fut le pere du ſecond theodoſe qui aps Valentinien fut empereur de Rõme. Et le p̃mier theodoſe qui fut enuoyè en afrique deſconfiſt p pluſieurs batailes les gẽs des mauritains qui eſtoient eſpandues en pluſieurs cõpaignies. Et aps ce que le Roy firmus eut eſtè p bataile et autrement tourmẽte et deſcõfit il fut cõtraint mourir et btiuemẽt car le deſſuſdit theodoſe lui fiſt trẽcher le chief ſur quoy il auoit mis et porte la couronne Royale contre droit et par force. Mais apres ce que ie eu briefuement deſcript le cas de firmus noble roy des mauritains/Valeus noble empereur des Rommains/et pluſieurs autres qui apres ſuy venoient me oſterent le propos que Je auoye de non Pacompter en oultre les maleureux des nobles empereurs. Ceſtui doncques Valeus le xiij. an de ſon empire ceſtaſſauoir pou d' tempz aps ce quil deſtruit les egliſes et deſpeces et occiles ſains hommes creſtiens p la Pacine de ſes maux aduit a lẽpire de Rõme tres grans meſchiefz enſemble car les huinois qui furent autrement appellez Sgnois et dernierement furent nommez auarois qui eſtoient enſerrez entre montaignes p ũne ſoubdaine furcur furent eſmeuz contre les gothois/et ces huinois tribouleret tellement les gothois/qlz par contrainte partirent des pays ou ilz auoient anciennemẽt habitè. ſi toſt q̃ les gothois eurent paſſe la dinoe/ilz furent Receuz de par lempereur Valeus : mais les gothois ne baillerent pas leurs armes aux rõmains qlz leur deuoiẽt oſter affin deſtre plus ſeurs des gothois hõmes cruelz et barbares. Ceſtuy empereur auoit ũng cõneſtable appellè maximus q̃ traicta durement les gothois et leur fiſt ſouffrir grans iniures ꝗ famines. Si se rebellerent contre Valeus ꝗ reprindrent leurs armes ꝗ desconfirent lost de Vales. Apres ilz se meslerent ꝗ espandirent par toute tracie par occisions, par arsins, et p̄ pillages. Adonc Valeus partit d'Athioche, et pour ce quil vouloit esprouuer la derreniere fortune de sa maleureuse bataille il fut aguillonne dune tardiue repentãce de son tresgrãt pechie si commanda que les euesques et les autres sains crestiens fussent rappellez de leurs exilz ꝗ retournassent en leurs lieux dont il les auoit bãnis et dechassez. Valeus doncques ou xv. an de son empire fist vne pitourable et dommageuse bataille ou pays de tracie contre les gothois q̄ ia, lors estoiẽt excercitez en armes ꝗ si estoient tresgarniz de toutes choses p̄ les conquestes quilz auoient faictes puis quilz estoient arriuez illec. En celle bataille les esles des rommains combatãs a cheual furent tantost desrãgeez par le premier assault des gothois ꝗ p̄ ainsi les cõbatãs a cheual relenquirẽt les pietailles: ꝗ les gothois de cheual enuironnerẽt soubdainemẽt les piedz romains qui p̄ multitude de saiettes furent agrauẽtez ꝗ les suruiuans diceulx qui furẽt esbahiz ꝗ paoureux se espandirent p̄ foruoier ca ꝗ la et ceulx qui se cuiderẽt reassẽbler furẽt to⁹ ou occis despees ou de lãces p̄ les gotois q̄ de pres les suiuoient. En celle bataille fut lẽpereur Valeus blece dune saiette il qui se mist en fupte apeine fut transporte en vne maisonnette dun villaige pres du lieu de la bataille po⁹ se cuider mucer ꝗ sauuer, mais les ennemys gothois qui poursuiuoient la fuite vidrent au lieu on estoit Valeus puis bouterẽt le feu dedẽs la maison ou il sestoit destourne, et illec fut arz miserablement ꝗ mort, ꝗ neut onc̄ es sepulture imperiale, ne communes honneurs ne exeques funeraulx. Affin que lempereur Valeus dõnast exẽple aux hõmes de sa terrible punicion et de lindignaciõ de dieu qui ainsi iustemẽt punit les desloyaulx persecuteurs de leglise ꝗ des sains hõmes crestiens. Certes nõ pas sãs cause dieu souffrit q̄ ainsi feissẽt les gothois forspaiãs, incredules, car les gothois lõg temps auãt ceste bataille auoiẽt supplie ꝗ requis a lẽpereur Valeus qil les enuoiast aucuns euesq̄s ꝗ docteurs i̱struitz en la foy crestiẽne, affin de les informer ꝗ aprẽdre, mais Vale⁹ mauuais enuoya aux gothois certains docteurs qui suiuoiẽt la heresie de arria dont iay parle ou x. chap. de ce viii. liure quãt ie comptay le cas de lempereur Valentius ꝗ par ainsi les gothois cuidãs estre informez ꝗ apris en vraie foy catholique furẽt si fort enracinez en la mauuaise heresie arrianne quilz demourerent heretiques par deux cẽs xxx. ans, cestassauoir iusques au tẽps de lempereur maurice. Apres le maleureux cas de lempereur Valeus deuoit le maleureux amaric⁹ tadis roy des gothois, cestuy amaricus disoit en sa complainte que nature mere des choses luy transmua ꝗ estendit si lon guement sa vie que ou temps de sa tresgrant vieillesse si grant abondance de humeurs luy suruindrẽt q̄ tous ses mẽbres enflerẽt tresexcessiuemẽt ꝗ il cõme tresmechãt ꝗ ipaciẽt de celle maladie ne peut attẽdre le terme de sa mort naturelle, pour tãt q̄ il se tua de sa main pour ce q̄ a sa maladie ne pouoient secourir sa puissãce ne ses richesses. Selon lordre des hystoires apres le maleureux roy amaricus deuoit lẽpereur gracian q̄ regna mil cẽt xxxii. ans apres la fondacion de rom̄e, ꝗ lan trois cens lxxi. apres la natiuite de dieu: et fut gracian le xl empereur apres octouien. Et ia soit ce q̄ gracian qui par six ans regna seul empereur de rõme eust parauãt regnẽ

L iii

auec son oncle Valentinien/ & auec son frere Valens tous deux empereurs de Romme/ touteffois tout le temps de son empire est compte seullement po' six ans. Pour ce que Gracian qui dit lestat de la chose publique degastez presques tous destruit considera que nerua le x. empereur auoit esseu pour regner auecques soy ung noble cheualier espaignol appelle traianus qui repara les choses malfaictes et gastees en lempire de romme/ aussi lempereur Gracian esseut pour seignourier auec soy ung noble homme espaignol nomme theodose affin ql' restituast la chose publique de rôme. Gracian q' lors estoit en asie en la cite smirna dont omere le poete fut/ Il vestit Theodose de pourpre en signe d'empereur/ et luy bailla la seigneurie du pays d'orient et de tracie. Et affin q'il trespasse les nobles & glorieux faiz de Theodose tresiuste et trescrestien q' l'amena en mieulx tout lempire Apres il fist son conpaignon de lempire ung sien fiz nomme arcadius. En celui temps estoit en bretaigne ung vicaire romain appelle maximus vaillant et preux cheualier et digne d'estre empereur sil neust par tyrannie fait aucunes choses contre la foy de son sacrement. Cestui maximus qui lors estoit côe dit est en bretaigne fut p'sque malgre soy esleue & institue empereur par les gens de son ost Et tantost apres il auec son ost passa de bretaigne en Gaule et pour sa soubdaine suruenue il espouenta lempereur gracian qui pensoit de passer auec son ost en ytalie. Auec ce maxim' auoit en son ost ung capitaine appelle merobaudus qui pourpêsa ung barat cestassauoir de combatre despourueuement contre lempereur Gracian encores estant en france/ et de fait maximus auec son ost combatit et desconfist gracian empres la cite de paris. Et si dechassa du pays d'italie Valentinien compaignon de lempire et frere du noble empereur Gracian/ et par ainsi maximus qui subiugua a soy le pays occidental print en soy esperance de obtenir toute lempire de Romme mais fortune et la Justice diuine ordonna & difinit la fin de maximus selon le commencement.

Et en descripuât ensêble les meleureux cas des autres six nobles hômes côten'tres briefuemêt en ce chapitre/ cest assauoir maximus/ de son filz Victor/ de andragacius/ de Valêtiniê/ de eugenius/ & de arbogastes. Sauoir assiert que mil cêt xxxviii. ans aps la fôdaciô de Pôme/ & l'an. iii. cê's quatre vingtz & ung apres la natiuite de iesucrist theodose xli. êpereur aps octouien obtît luy seul toute lêpire de rôme p' vi. âs et p' autres vi. ans il obtît lêpire ou pais d'orîêt auec lêpeur graciâ. Theodose dôc pour iustes & necessaires causes fut esmeu a faire bataille ciuile contre le tyrant maximus q' auoit occis graciau/ & si auoit dechasse & forbâny d'italie Valentiniê tous deux êpereurs & freres & theodose l'occision de lêpeur graciâ reqroit auoir Vengence/ & le forbânissemêt de Valêtiniê reqroit auoir Restitucio/ si mist theodose toute espâce en dieu Theodose estoit moîdre en force d'armes au regart du tirât maximus/ Mais il estoit plus grât au regart de la foy de iesucrist. Si aduit q' lêpeur theodose saillit en bataille cô tre maximus qui lors estoit en la cite de l'aigle/ & attendoit auoir une tresgrât victoire de theodose oultre celle q'l auoit obtenue côtre graciâ occis/ & contre Valentinien exille d'ytalie. Cestuy maximus auoit ung cheualier connestable appelle andragracia qui gouuernoit le fait de sa bataille. Andragracian par merueilleux côseil auoit garny toutes les êtrees & destrois des montaignes et des fleuues d'italie de tresgrâs

feuillet　LLI

rompaignies de tresfors cheualiers affin que lempereur theodose ne peut entrer en ytalie/si appresta theodose grans nauires garnys de gẽs darmes ⁊ vint si pourueuement cuidãt aggrauater andragracias q̃ de plain gre deseparaz les passaiges q̃l auoit estoupez/laquelle chose sembla a bon droit estre faicte p le merueilleux iugement de dieu/⁊par ainsi theodose sans ce q̃ aucun le sentist ne ne guerroiast trespassa les destroitz ⁊les montaignes vuides ⁊ despechees puis sen vint en despourueu deuant la cite de laigle. Et illec sans barat sans cautelle/et sans bataille assiega maximus grãt ⁊ cruel en armes illec le print ⁊ apres le fist occire/⁊ par ainsi maximus qui auoit subiugue le pays occidental/⁊ qui auoit moult prochaine esperance de obtenir tout lempire/et qui par la seulle espouenteur de son non côtraignoit paier truages les trescruelles gens de germanie Icelup maximus fut despouille des attours des armes et des autres enseignes imperiaulx/⁊apres fut cruellement occis. Si tost que andragracia son connestable noble ⁊saige cheualier og̃neut la mort de son seigneur maximus: Il qui adonc estoit en vne nef sur eaue Doubtant cheoir es mains de lempereur theodose se trebucha dedens les ondes de la mer et illec fut estouffe ⁊ mort. Apres les miserables cas des deux nobles dessusditz Benoit le malheureux Victor filz de maximus empereur es prouinces de gaule/pourquoy est assauoir que apres ce q̃ maximus eut cõqueste ⁊ subiugue a soy les pays occidentelz il ordonna ⁊ fist son filz victor gouuerneur de gaule/lup donna le nom/les attours ⁊ les armes imperiaulx. Arbogastes doncques noble cheualier et connestable du ieune Balentinien tua lempereur victor tantost apres la mort de son

pere maximus. Et par la mort de maximus ⁊ de son filz victor le ieune valentinien filz de lempereur valẽtinien fut restitue a lẽpire dytalie. A donc il partist dillec ⁊ auec son ost sint ou pays de gaule en la cite de vienne. Valẽtinie cõe dit est auoit vng connestable ⁊compaignon noble cheualier appelle arbogastes q̃ espzins ⁊ enflambe estoit de couuoitise dauoir lempire de rõme estrangla p barat lempereur valẽtinien q̃ paisiblemẽt ⁊ biẽ gouuernoit la chose publiq̃ de gaule. Et affin que arbogastes comme barateux ⁊ cault donnast a entẽdre que valentinien se sust de plain gre occis arbogastes pendit dune corde a vng tresle corps de lempereur valẽtinien lequel comme dit est il auoit estrangle. Apres la mort de lempereur valentinien cestui arbogastes p tyrannie fist ⁊ ordõna vng cheualier nomme eugenius a estre empereur de Romme. Eugenius doncques ⁊ arbogastes appresterent tresgrans batailles sur les champs ⁊ occuperent les haulx costez des montaignes/ et les passaiges necessaires a entrer en ytalie. Eugenius ⁊ arbogastes sembloient ia estre vainqueurs tãt auoient sagement ordonne leurs espies ⁊ leurs gens en bataile mais le tresiuste ⁊ trescrestien empereur theodose/ estant ou sommet des montaignes qui ne auoit vitaille ne espace de dormir et qui scauoit que ses gens lauoient pelen qui ⁊ si ne scauoit quil fust enclos destrangiers ennemys se agenouilla a terre ⁊ sicba son cueur et sa pensee ou ciel ⁊ fist prieres ⁊ oroisans a iesucrist en telle ou sẽblable maniere. Trespuissant dieu createur ⁊pere de toutes choses celestes ⁊terriennes qui pour restraindre ⁊ punir les meffais ⁊ oultrages des hõmes plus enclins par aueuglesse de pensee/et par fragillite de chair a pechies que

L iiii

a vertus/ordonnas royaumes et seigneuries entre les hommes affin de les deffendre de iniustes ennemys/ et de les maintenir en delectable paix. Tresbenin Jesu qui côme vray Dieu et homme approuuas lempire rômaine quât tu respondis aux falacieux iuifz que len rendist a cesar ce qui estoit de son droit/ et a Dieu pareillemêt se droit qui luy affiert ie te adoure bon Pope ie su/ ie te prie et requier que non mie pour le salut de moy ne pour le singulier prouffit du royaume terrien au gouuernement du quel tu as daingne appeller moy idigne/ mais pour lexaulcement et accrois de ta saincte foy et de leglise catholique ta mye et espouse que tu par le don de ta singuliere grace et benigne faueur me veuilles dôner conseil et ayde par quoy a la gloire de ton nom ie puisse auoir victoire des ennemys de ta foy et des aduersaires du saint peuple crestien. Sire Dieu ainsi comme tu deliuras du seruage de egypte le peuple disrael par ta puissance/ et sauuas et deffendis le saint prophete Daniel de la cruaulte des lyons/ veilles moy secourir deliurer et sauuer des mains et de la puissance des cruelz ennemys de ta foy/ affin que ilz congnoissent que tu es vng seul Dieu grant terrible et puissant qui fais vainqueurs ceulx q̃ mettent leur esperance en toy et non pas en faulx Dieux ne en hommes. Apres ce que theodose eut ainsi Dieu adoré prié et requis/ se cler iour apparut aux yeulx de theodose qui toute nuit sans dormir et sans interrompre larmes et gemirs auoit veille/ Il laissa adoncques pleurs et gemirs par lesquelz il auoit assez paye le salaire et les soldes de layde et du secours quil esperoit du ciel. Et lors il tout seul quant est de compaignie de hommes/ et que il scauoit quil nestoit pas tout seul ains auoit auec soy Dieu aydant et se

coureur. Si print finablement ses armes et par le venerable signe de la croix/ Il donna et fist signe a lost de ses ennemys de commencer bataille et se renga comme celuy qui attêdoit victoire combien que nul ne le suiuit en bataille. Eugenius et arbogastes tirans et desloyaulx en leur ost/ auoient vng noble conestable nomme arbicio qui fut la pre miere voye et le principal moyen du salut confort et secours de theodose/ car apres ce q̃ le cheualier arbicio par ses espies mises et espandues enuiron les montaignes eut rencôtre et prins en despourueu lempereur theodose. Arbicio se tourna a faire reuerêce au prince theodose iller present/ et arbicio ne deliura pas seulement theodose du peril ou il estoit mais luy presta les gens quil auoit soubz sa baniere pour luy faire ayde et secours en armes. Et depuis que theodose et les siens et ses deux ennemys eugenius et arbogastes vindrent aux espaces ou les deux ostz deuoient assembler tâtoft se esleua vng grât et merueilleux tourbillô de vens qui frapoit les visaiges des ennemis theodose lempereur. Les bicetons les iauelotz et sayetes que les gês de theodose traioient estoient si longuemêt portez par lair que les forces dommes ne les pourroient ainsi traire ne getter et iamais ne cheoient sans enprêdre et naurer les ennemys. Le continuel tourbillon des vens battoit les visaiges et serroit les poitrines des ennemys par ce que les escus aucunesfois durement se tourmentoient/ Et autresfois le tourbillon des vens arrachoient les escus du col des ennemys/ p ainsi demouroient leurs poitrines nues et autrefois les escus en soy entrehurtant boutoient les ennemis lung contre lautre les faces et les iauelotz aussi que les ennemis lâcoient a grât force estoiêt receus en lair feuillet CLii

p̃ soubdaineté de sens, en eulx veni-
rant ilz trespassoient durement les ene-
mis de theodose la paour q̃ entra des
sens les cueurs des ennemis le̅ fist a-
uiser le miracle de la chose, car tãtost
ap̃s ce q̃ une petite c̃paignie de leurs
gẽs fut foulee & morte tout lost des
ennemis se laissa cheoir a terre & se re̅-
dit a theodose c̃me vainqueur. Adõc le
tyrãt eugeni̅ illec fut prins & occis &
arbogastes tua soymesmes de sa pro-
pre main, affin quil ne venist vif ẽtre
les mains de theodose & des siẽs qui
de arbogastes eussent fait spectacle &
mocquerie. Par lesfusion du sang de
eugenius & de arbogastes fut estain-
te la bataille ciuile & les prouinces de
lempire de rõme adonc demoureren̅t en
paix. Len treuue touteffois en aucu-
nes hystoires q̃ le tyrãt eugenius qui
sur mer auoit arriue grans nauires &
illec ses nauires & ses gẽs perirent de
sens la mer p̃ la vaige des vens q̃ cõ-
batoient sur mer po̅ la deffẽse de theo-
dose tresiuste & trescrestien empereur.
Apres les dix maleureux nobles con-
tenus en ce chapitre venoient plusi-
eurs autres meschãs, entre lesquelz
estoit padagasus roy des gothois q̃
auoit yeulx cruelz & manasseurs & la
face cruelle & horrible regart, il sem-
bloit moult courrouce & a p̃ soy mur-
muroit & grondissoit p̃ ie ne scay quel-
les polles si me fut aduis q̃ de luy & de
son cas ie deuoie escrire ce q̃ me souue-
noit auoir veu de lui es liures des vielz
hystorie̅s, & si nay pas voulu descrire
le cas de radagasus entre les maleu-
reux cas des empereurs rõmains af-
fin quil ne semblast quil eut obtenu
les tiltres dempereurs par ce q̃ en la pl̃
grãt partie de ce viii. liure iay descript
les cas des empereurs.

Le quatorziesme chappi-
tre contient le cas du maleu-
reux Padagasus en son tẽps
Roy des gothoys et de ses
gens. Et commence ou la ti-
Padagasus et cetera.

Adagasus dont ie compte, le
cas fut homme Ignoble ne̅
& extrait du pays de sichie
Or dient les historiens que
auãt le temps de radagasus les hui-
nois que lon appelle hongres par for-
ce darmes et par vigueur de batail-
les contraignirent les gothois telle-
ment que eulx qui par violence dar-
mes auoient passe la dinoe & occupe
hongrie retournerent par vng mes-
me chemi̅ en leur pays de gothie por-
quoy est assauoir que le saint pytriar-
che noe eut trois filz, sem, cham, & Ja-
phet, de ces troys filz & de leur po-
sterite nasquirent tous ceulx qui de-
puis le deluge iusques a la fin du mõ-
de ont este et seront. En delaissãt les
enfans de sem & de cham sauoir assi-
ert que iaphet eut sept filz, gomer, ma-
goth, madai, Iuua, tubal, masoc, et
tiras, & de ces sept filz sont denõmez
sept grans nacions. Des gens de go-
mer descendirent les golathois, cest
adire les gens qui habitent en gaule
de magoth descendirent les gothois
et les sichois qui habitent deux am-
ples paies sichie et gothie, & de tiras
descendirent les traceops qui habi-
tent le pays de tracie. Les trois pa-
ys Sichie, Gothie, & Galathie sont

contenus soubz les parties dasie/mais tracie est comprinse es parties de europe Assez pres du temps q̃ les hõgres Pepoulserẽt les gothois oultre la danoe/eulx qui apres la mort de lempereur Valens se stoient renduz paisiblement a lempereur theodose et qui aduiserent que le pays de tracie estoit gaste/et ilz estoient grant multitude de peuple/ilz vserent de ladmonestement et conseil dun noble cheualier Rõmain appelle Rufin qui leur conseilla quilz venissent a Romme par deuers lempereur honorius/ affin quil ottroyast au gothois pays pour habiter. Cestuy Rufin pour lors gouuernoit le pays de tout orient pour lempire de romme. Les deux peuples de Sichie et de Gothie esleurent et ordonnerent entre eulx deux Roys et conduiseurs/car alarrius de par les nobles fut esleu et ordonne Roy et conduiseur et Radagasus semblablement fut de p̃ les populaires/et par ainsi les gothois se partirent en deux compaignies en maniere de deux ostz/et ainsi ilz se acheminerent chacũ ost soubz son Roy Les gothois doncques estãt soubz le Roy alaric vindrent auec leur roy hastiuement a Romme/et lempereur honorius liberallemẽt leur ottroya po² habiter certain pays en Gaule assez voisin des espaignes. Si se partirẽt les Gothois de rõme et de ytalie po² venir en gaule et habiter illec. En celuy temps ou pays de occident de p̃ lempereur Honorius estoit vng gouuerneur appelle Stilicon qui poursuiuit la trace des gothois et les fist espier/puis il auec son ost les assaillit le iour de pasques ou ilz estoient to⁹ desarmez Et en oraysons sans ce quilz se gardassent de Stilicon ne des siens. En lassault de Stilicon furent maint gothois occis/Mais eulx qui apres aduiserent la chose se armerẽt et combatirent tant quilz vainquirẽt

stilicon et les siens. Et apres les gothois auec leurs roys alaric et Radagasus acompaigniez de leurs gens tournerent leur chemin au dos et se vindrẽt enemys des rõmains et proposerẽt effacer et destruire ytalie/puis se espandirent au long et au large p̃ ytalie/ Et se partirent les gothoys en deux ost et en double compaignie le complot des deux Roys et de leur ost aduisa et conclust que le Roy alaric auec les siens yroit par droicte voye a romme pourtant retourna son chemin a senestre/et Radagasus auecq̃ deux cens mil hõmes armez promist et voua a ses Dieux que a eulx Il sacrifieroit tout le sang des hommes de ytalie/mais quil obtenist victoire Le roy alaric doncques qui cõme dit est auoit desconfit stilicon et les siens tourna droit son chemin a Romme/a lãric et ses gothois entrerent dedens Rõme puis pillerent et ardirẽt la cite mais le roy alaric ains quil entrast dedens rõme fist deux esdictz publicq̃s et iceulx cõmanda estre diligemmẽt gardez/cestassauoir que a tous ceulx de rõme qui yroient a refuge aux eglises des sains et p̃ especial de saint pierre et de saint pol ne souffrissent aucũe violence/et aussi que les gothois se de portassent selon leur pouoir de occire et de naurer les crestiens/mais radagasus orgueilleux pource quil estoit nouuellement esleu Roy/et pour les grãs forces de ses hommes et subgetz menassa les Rommais disãt quil effaceroit le nom de Romme et quil feroit gothie de ytalie/et si feroit radagasus des empereurs augustes et des viraires de lempire que len appelloit cesares il en feroit radagasoies. Radagasus arriua en ytalie les gens de chacune prouince pour la paour de ses grãs forces luy vuidoient place et en le laissãt passer de quelconque part q̃l p̃sist son chemin aucun nosoit resister

feuillet　　　　　　　　CClii

ne saillit a lencōtre de luy/cāz nōmie selon son iugement mais selon le iugement de ceulx q̄ le veoient/il sembloit que en son p̄mier assault il deust prendre la tour du capitole de Pōme. Les roys radagasus ʒ alaric auec leurs ostz passerent les alpes/cest adire les montaignes q̄ departent gaule ʒ ptalie. Radagasus auec son ost pilla le pays de lombardie/lempereur honorius sefforca de resister p armes mais riens ne luy valurent/car radagasus auec toutes ses gens vint iusques en toscane affin quil ioingnist soy et son ost auec le roy Alaric pour entrer dedens Pomme. Et combien q̄ alaric et radagasus ʒ les autres gothois eussent entre eulx conseille destruire le nom de Pōme/touteffoys autre fut le conseil de fortune chāberiere des choses de ce monde/car ainsi comme fortune en ioieux visaige ʒ en pou de temps auoit esseue radagasus hōme barbare en hault estat royal aussi fortune q̄ assez tost apres se tourna en obscurte ramena le roy radagasus a bas estat en vng mouuement de tēps car pource q̄ stilicon en celuy tēps moult couuoitoit venir a lempire de Pōme et il qui ia auoit este vaincu cōme dit est poursupuoit alaric. Cestuy stilicō auec ses aydes secretement delibera en soy dauoir sil pouoit par quelque voye lempire. Et pource q̄ la venue de radagasus qui tendoit a lempire/sembloit estre contraire a lintencion de stilicon/il mesmement couuoitoit ceste chose/Il secretemēt complota auec Sedimus ʒ sarus ʒ aucūs autres principaulx capitaines des hongres et des gothois tellemēt que toꝰ ceulx auec leurs gens se alierent ʒ vind̄rēt auec stilicon ʒ son ost a cōbatre le roy radagasus. Si tost q̄ radagasus aduisa ses propres hommes qui cōtre luy se tournoient il retira aucun pou de son orgueil ʒ deuint doubteux et espouente ʒ hastiuemēt il se recueillit ʒ son ost es montaignes de toscanne la ou long temps auāt fut lancienne cite de phesules. Radagasus cuida que il peust descendre soy ʒ son ost en ces montaignes/ pour ce que naturellement les montaignes sont garnies de toutes choses necessaires a deffendre comme sont vitailles pour hommes et pour bestes de seurte de logeis de franc estre ʒ saillir. Radagasus auec son ost estant en ces montaignes fut assiege de stilicon noble cheualier dessusdit/par quoy radagasus ne perdit pas seulement sa tresgrāt esperance selon laquelle il vng pou parauant auoit propose de venir a lempire de Pomme pour lors dame du monde Mais Radagasus congneut laueuglesse et la folie de son iugement/car il vit ʒ apperceut a tart q̄ les montaignes ou il sestoit retrait estoient pierreuses et brehaingnes et seiches. Et apres ce que Radagasus ne aduisa aucun lieu par ou il et son ost peussent saillir a plaines champs/il adonc desconseille et esbahi comme se il attendist se fortune parauanture lui ouuriroit ou monstrast aucune voie pour eschapper/mais il lui apparut clerement que tout son ost estoit perille ʒ degaste par disettes de mengier/et de boire et par trop grans froidures Radagasus adonc estāt en ces montaignes sembloit quil attendist a percepuoit du ciel la viande necessaire a soy ʒ a son ost/ʒ pource ne osoit essaier lauenture de saillir hors des montaignes ou il estoit estroictemēt encloz. Et a la fin il vint a telle necessite que stilicon et son ost mengoient buuoient ʒ si iouoient deuāt Radagasus de lost du quel les hōmes et les bestes commencerent mourir par disette de vitailles. Les gothois commencerent murmurer contre Radagasus et faire diuers conseilz pour es chapet filz peussent le destroit de fortune. Quant radagasus homme barbare et qui la estoit moins cruel quil ne souloit aduisa les murmures (les conseilz de ses gens il print conseil et deliberacion quil se mettroit en fuyte auec tous les gothois/mais le seigneur du ciel et de la terre ne souffrit pas quil eschappast quitte luy quiauoit menace de getter et mettre en tenebres le nom de iesucrist qui ia estoit resplendissant et cler entre les chrestiens. Padagasus pour son derrenier confort laissa les gens de son ost qui le suyuoient entre les dures croup̄pes des montaignes. Padagasus par sa hastiue fuite estoit ia esslongne de ses gens et en cheminant follement et sās cautelle il cheut entre les mains de ses ennemis. Adonc fut prins et malgre soy et a force il q̄ estoit orgueilleux bailla son col et ses mains pour estre lye es chaynes des rommains et assez tost apres Padagasus fut miserablement occis. Et celle grāt compaignie des gothois dont Padagasus estoit seigneur ne demoura pas quitte de grief tourment et dure punicion car depuis que presques tous les gothois furent moult affoibliez par disette de menglier et de boyre (que ilz eurent perdu leur roy radagasus Les ytaliens leur coururent sur de toutes pars et trencherent les testes aux gothois q̄ de plain gre se offroient a la mort. Apres ce que tresgrant occision fut faicte des gothois le remenant de ceulx qui eschaperent lespee furent comme brebis vendus a tres vil prix. Et pource que les gothois par long mesaise estoient infectz de maladie/ilz presques tous moururent en pourete et misere/et par ainsi tous les gothois et Padagasus leur roy furent ramenez a neant. Je prie a toy qui lis le cas du roy radagasus que tu consideres se les anciēnes

De Boccace

hystoires mōstrēt aucune chose plus grant que ceste desconfiture. Considere aussi se fortune a peu bestourner plus grans choses en si brief temps et a peu de labour au regart des rommains. Considere aussi se les poetes ont peu faindre ne escripre en verse chose plus forte a croire/ne que fut le destruiement du roy radagasus si grāt si orgueilleux et qui fut acompaigne de si grant nombre de hommes qui menassoit perpetuellement destruire les italiēs/qui fut si tost et si soubdainement espouente et par sope si despourueue perdit tout son conseil et aduis/en tant que de soymesmes Il assembla son ost en vne place de terre pierreuse et brehaingne (et il auec son ost fut degaste par fain. Et derrenierement Padagasus ne fut pas seullement despose ou occis/mais il fut efface auec la multitude de ses gothois/sans ce q̄ vng tout seul eschappast Padagasus auec son ost fut liure et amene a neant Ainsi comme sil neust oncques riens este. Et certain est que le maleureux cas du roy Padagasus est grant enseignemēt et singuliere exemple pour refraindre les couraiges des oultrageux se Ilz y veullent regarder qui menassent et desprisent les hommes de moindre estat/car dieu peut abaisser et amoindrir les haulx hommes et puissans/et si peut esleuer et agrandir les hōmes de bas et poure estat.

feuillet   CCliii

Ce pchapitre cōtient les cas de Ruffin cheualier romain Stilicon Vicaire de lēpereur es parties dorcident constantin vicaire de lempereur es parties de gaule et de plusieurs autres nobles hommes maleureux. Et cōmence ou latin. Fere Radagasi verba et cetera.

Ce auoie presques fine le cōpte du maleureux radagasus iadis roy des sirbois quant deuāt moy vit vng grāt troppeau de nobles hōmes dolens pour leurs cas maleureux. Quāt ie les regarday/celuy grant et renomme cheualier Ruffin hōme rōmain se presenta deuant moy premier ētre les autres. Cestuy rufin noble cheualier rōmain ou temps de lempereur honorius fut enuoye ou pays dōrēt a gouuerner illec les peuples et les prouinces subiectes a lempire/mais Ruffin non content de son estat/ ja soit ce ql fust grāt et noble/couuoita pour soy la haultesse Imperiale par usurpacion/il se fist nommer empereur de rōme/et pour plustost venir a la fin dauoir lempire quil desiroit/ Il enuoya alaric et Radagasus roys des gothois affin que par le troublement qui par les gothois aduint en la chose publique Ruffin peust couurir lambicion et la couuoitise quil auoit. Et combien que fortune eust assez esleue ledict rufin qui aussi auoit plaine puissance et auctorite de vicaire imperial/ Il qui fut pou content couuoita au dessus pquoy il trouua son destruiement/ car en la presence des cōstantinopolitois qui furent informez du barat de rufin qui auoit fait venir les gothois en italie. Cestuy rufin parauant duc et capitaine de lost des rommains fut reclos en prison et pource quil auoit couuoite la robe de pourpre et le dyademe et les autres atournemens imperiaulx Il fut lye de chaynes de fer et si fut traine hors des murs de constantinoble/ et finablemēt fut condāne a mort par quoy son chief et sa main destre luy furent trenchez par la iuste sentēce de Honorius lempereur. Apres les cas de rufin venoit le maleureux stilicon qui descendit du lignaige des Vuandres qui de gothie vindrent en ytalie. Cestuy stilicon comme dit est fut de par lempereur theodose commis et depute vicaire imperial es parties dorcident/il qui auoit vng filz appelle euterius couuoita moult lempire pour son filz/et est certain que stilicon fauorisa moult celles gens barbares que le Roy alaric amena auec soy en ytalie et il qui eut despit destre compaignon et parsonnier de lempire auec honorius sefforca de instituer et mettre son filz euterius en possession de lempire. Cestuy euterius des son enfance auoit tousiours pourpense de persecuter les crestiens et destruire la foy de dieu et leglise. Cestuy doncques stilicon qui eut a femme la noble sirena fille de lempereur honorius et honorius aussi print a femme maria fille de stilicon et de ladicte sireng. Stilicon enflamme de cruelle couuoitise dauoir lempire de romme et son desloyal filz euterius esmeurent et assemblerent en armes les gens estrāges et tous les pays de septētrion pour estaidre et effacer les pays et le peuple ditalie et pour occuper lempire de romme mais la clemence de dieu et la diligen ce laborieuse de lempereur honorius et des siens tournerēt ou destruisirēt de stilicon et des siens tout le mal q̄l auoit pourpensé entre les ytaliens/ car si tost q̄ honori' et lost des Rōmains cōgneurēt le barat de stilicō a de eu terius son filz/ilz entrepridrent vigou reuse mēt bataille contre eulx deux/ qui en icelle bataille furent tresiuste ment desconfiz et tuez. Apres le ma leureux stilicon venoit constantin si caire imperial ou pays de gaule pour quoy il est assauoir q̄ par deux ans a uant q̄ rōme fust pillée et prise par ala ric roy des gothois/c'est assauoir lan mil cēt.lxiiii.apres la fondacion de rom me. Stilicon dont tātost iay compté le cas amena plusieurs nacions bar bares ou pays de gaule qui vindrent a force et violence darmes/iusques aux montaignes pirenes qui depar tent les pays de aquitaine et despai gne. Entre ces gens barbares estoiēt les halanois/les suenois/et les vuan dres qui furent repulsés des montai gnes pirenes/puis se respādirent par les pays de gaule. Tandis que ces trops nacions estrāges persecutoient et gastoient gaule/gracian qui de par lempereur gouuernoit āgleterre prit pour soy comme tirant la seigneurie de lisle angloise/mais si tost qui eut par tyrannie occupé la seigneurie de bretaigne il fut occis vilment. Si tost que gracian fut mort les cheua liers de lost esleurent vng cheualier de petit estat appellé Constātin/nō mie p considéracion de mérites mais pour la seule espérāce et faueur de son nom constantin/pour ce que le grāt constantin auoit esté si vaillant et sy saige empereur. Cestuy cheualier cō stantin qui fut esleu et esleué a lempi re de gaule auoit vng filz appellé con stans qui estoit moyne et profes/son pere cōstātin osta son filz de la vie mo nastique/et luy fist prendre estat & che

ualerie/puis le nomma le pere a estre cesarien et gouuerneur de lempire en certaines prouinces de gaule. Or ad uint que constantin le pere et constans le filz exercerent tyrānie et firent plu sieurs maulx et griefz dommaiges tant en gaule comme en espaigne les quelz racompter seroit chose trop lō gue. Lan doncques mil cent lx8. apres la fondacion de romme lempereur honorius voiant que tant comme en lempire seroient tant de tyrans rom mains/il ne pourroit riens faire con tre les gens barbares/pourtant il cō manda que auant toutes choses les tyrans fussent occis p bataille ou au trement/Si manda honorius gens darmes et ordonna vng conte appel lé constancius/a qui fut commise la charge et le soing de la bataille. Si vint constancius le conte auec son ost en gaule qui trouua le dessusdit con stantin empereur en la cité de arles/ Illec le conte constancius enclouyt et assiega le tyrant constantin/puis le print a force darmes et apres loccist Or restoient encores plusieurs aul tres tyrans occupeurs de lempire en diuers lieux du monde. Entre ces tyrans restoit constans filz de cons tantin/Cestuy constans cesarien a uoit en gaule vng compaignō cheua lier de foy et darmes appellé hieron cius. Constans doncques qui par ty rannie a laide de constantin son pere auoit conquis en espaigne citez villes et hommes couuoitoit regner et soy faire nommer roy. Et en chāgeant pays Constans vint despaigne a vi enne/Illec hieronicius comme hom me desloyal occist son compaignon constans et en lieu de constans ain si mort Hieronicus substitua et mist vng cheualier de lost appellé maxi mus/et assez tost apres hieroncius fut occis de ses propres cheualiers. Ma ximus doncques soy portant empe reur ou pays de gaule print robbe de pourpre et autres enseignes Impiaux mais les cheualiers francois q auec luy estoient le despouillerent de sa robe de pourpre et apres le relenquirent puis se transporterent en africq̃ et dillec retournerent en ptalie. Et le maleureux maximus moque et diseteux senfouyt en espaigne/ et Illec comme banny vesquit en poureté et mourut entre les espaignolz barbares. Apres ces maleureux nobles dessusditz vnoit le noble actalus a qui il eust mieulx valu estre tue entre les autres tirans q̃ auoir souffert si grãt mocquerie de fortune/car ou temps de alaricus Roy des gothois cestui actalus osa prendre et occuper par tyrannie lempire de Romme du tẽps de lempereur honorius et de fait actalus en contrefaicte semblance demp̃reur vint en gaule auec le roy alaric et ses gothois et illec actalus par le conseil des gothois de rechief print la tyrannie quil auoit delaissee tandis quil estoit a Romme. Et apres actalus delaissant en gaules les Gothois passa auec ses gens iusques en espaigne. Si tost quil partist dillec en nauire par mer cuidant faire aucunes choses pour venir a lempire il fut prins en mer/puis fut mene a constãcius conte et cappitaine de la guerre de lempereur honorius. Et apres actalus fut baille et offert a lempereur qui commanda que la main luy fust trenchee/ et au surplus il luy laissa la vie/ mais il fut comme chetif lye de chaynes et fut mis deuant le chariot du triumphe de constancius. Et dernierement actalus fut condanne et banny en la cite de lipares/ comme aucuns hystoriens dient que apresce que honorius luy eut fait trencher la main il vesquit poure et miserable iusques en grant vieslesse/ apres les nobles maleureux/ cy deuant en brief

descriptz venoit eraclian tresmaleureux cheualier Rommain pour quoy est assauoir que cestuy eraclian fut de par lempereur honorius ordonne conte et gouuerneur de affrique/ et Illec fut enuoye et apres il fut promeu a la tresgrant dignite de consulat pour remuneracion de la guerre quil fist bien et prouffitablement contre les p̃fectz du tyrãt actalus. Eraclian doncques voyant ces grans prospitez cest assauoir quil estoit conte de lempereur et consul de Romme pour gouuerner afrique/ il esleua son couraige et fist tant quil assembla en afrique si grant puissance que il partit dillec et passa par la mer de libie pensant de occuper et prendre pour soy ptalie/ et lempire a trops mil sept cens nefz/ lequel nombre de nauieres semble difficile a croyre Pource que xerxes noble et puissant Roy des persois/ ne le grant Roy alexandre ne assemblerent oncques si grant foison de nefz Ainsi comme eraclian venoit de afrique en ptalie par mer il rencontra le conte constancius capitaine de honorius qui si fort espoueta sur mer eraclian Et les gens de son nauire q̃ eraclian presques tout seul retourna a cartage a vne seulle nef que il choisit entre plusieurs Et pource q̃ Eraclian fut priue et relenqui de laide et du secours de tous hõmes/ a la fin fut miserablemt̃ de pece de pee en vne tumulte et discencion qui aduint entre ses cheualiers qui demourez estoient en afrique pour la garde du pays. Mais pource quil nest homme qui en peust parolles peust comprendre ne enclore le maleureux cas de tous ceulx qui ont enuahy les Royaumes et autres seigneuries/ ne de tous ceulx qui ont este esleuez et apres abatuz/ ou pour leurs propres crimes/ ou par la coulpe daultruy tant y a grant nombre deuant moy/ Il me souffist donc as ses desire et desseurer de plusieurs nobles dolens et maleureux le Pop odacer. Jadis extrait de pruce/ & que par armes conquist la seigneurie de Romme/ & si me souffist asses de compter plus largement aucune chose de lui en delaissant le cas des autres mes hans.

Le seiziesme chapitre contient le cas de odacer roy des ptaliens et des rommains & commence ou latin Odacer igitur. &c.

Our ce que en diuers precedens chapitres de ce huitiesme liure Jay compté une fois au long & autrefois au brief le cas de mains empereurs et de plusieurs autres nobles hommes ou compaignons ou occupeurs de lempire rommaine/ lesquelz sont tous miserablement mors ou par leurs propres vices ou par la mauuaistié dautruy en tât que lempire de romme la plus grant chose de toutes/ Ja pieca est deuenue et est encores presques la moindre de toutes les seigneuries du monde. Et pource que aucuns mesmement saiges ne sceuent pas les causes de ceste chose/ & pourtant ilz sesmerueillent. Je vueil auant le cas du roy odacer recorder icy que ainsi comme ung Roy nest pas roy ains est larron se il na en soy deux vertus/ Justice et pitié. Aussi son royaume nest pas Royaume ains est une larroniere/ se justice pitié ne y sont publiquement gardees/ & si doibt plus pitie estre soer en

Ung roy que la vertu de iustice/ car iustice est ferme & ronde. Or est ainsi qu aucun Royaume nest ferme ne estable se clemence & debonnaireté ne sont gardees. Du pourpris & des murs du Royaume. Et se le roy ne se porte ainsi enuers ses subiectz comme fait le bon pere enuers ses enfans. Et pour ceste cause les poetes appellent pere des dieux et des hommes. Et si est vray que les Royaumes et toutes seigneuries portent en soy si grant figure et semblance du Royaume & de la seigneurie diuine/ car les Roys du monde commencerent iadis & encores continuent par la pourueance & permission de Dieu/ par quoy il appert quen eulx doit estre le miroer & la resplendance de toutes les vertus morales et diuines/ car ia soit ce q̃ ung Roy neust en soy point de clarté de foy catholique/ neantmoins oultre & auec la cognoissance de toute science humaine il doit auoir prudence q̃ enseigne ordonner les choses presentes & aduiser de loing les choses aduenir souuenir & remembrer les choses passees. Le Roy doit se condemêt auoir continence q̃ len nomme autrement attrempance qui retranche a lenuiron toutes superfluitez et si refraint tous desirs côtraires a raison. Le Roy doit auoir magnanimité que len appelle force q̃ point ne slieue comme pour ses prosperitez & si ne se abaisse pas en ses aduersitez. Il doit auoir en oultre iustice q̃ rent a Dieu p soymesmes et a aultruy tout ce quil leur appartient en despendant sa vie pour son pays. Le Roy ne me chault soit par election ou par succession sil veult alongir & perpetuer son Royaume. Il doit penser & croyre q̃l nest pas engêdré & si ne nasquit mie pour soy/ mais pour tous/ il doit vser contre la flâme de luxure de si grant sobresse q̃l ne doit mengier fors que pour appaisir la faim/ il doit estre liberal en don-

uant du sien aux hõmes bien meritz. Les richesses du roy doiuẽt estre en ses Riches citoiẽs/il doit reputer son pardonneurs tous ceulx qui se offrẽt de luy seruir ais q̃l ses appelle il ne doit aucun esleuer en hault estat oultre le merite de ses propres vertus. Et ja soit ce que les attours du roy doiuẽt estre pcieux au regart de ses subiectz/ touteffois le roy doit estre tel que lẽ prise q̃ loue plus ses vertuz que ses attours Il doibt bien plus assayer parolles que viãdes/il doit egalement aymer tous ses hõmes puis quilz soient de sẽblables merites iposer charges publicques a ceulx qui perçoiuent les publicques proufitz/auoir pres de soy les hõmes dancienne preudõmie/laisser en leur hũble estat ceulx que nature ẽcline a hũblesse/se leur propre vertu ne dessert q̃lz soiẽt esleurz Et puis que les royaulmes ne naissent pas auec les hões ains sont acquis p mil labours de corps. Il affiert que par sceux pepos mollesse q̃ delices sont estrãges et forbãnis de la maison du roy/et aussi auarice q̃ subuertist tous drois. Odacer doncques de qui tantost ie compteray le cas peut assez cõsiderer p les cas des ẽpereurs icy deuant descriptz que lempire põmaine conquestee p les vertuz des anciẽs ja lors couertiz en vices estoit de legier cõquestable/si doult essaier la faueur ou la hayne de fortune. Cestuy odacer fut du pais de pruce/mais ie nay pas leu en histoire de quelle naissance il fut/ne de cõbiẽ grãt noblesse Il fut entre ceulx de son pays. Odacer dõcq̃s hõe de fort ẽgi vigoureux de corps et ẽclin a roberie ouyt dire cõe vray estoit que les ẽpereurs rõmains auoiẽt delaisse rõme q̃ italie et habitoient enuiron le piuage de la mer eu riue qui est celle mer q̃ bat aux murs de cõstantinoble/et si ouyt dire odacer cõme verite estoit que le pays de ytalie estoit venu a diuers changemens de seigneurs: maintenãt lũ deboute/q̃ tãtost apres vng autre suruenãt de nouueau cõe il appert par le temps des empereurs qui vindrẽt depuis neron iusq̃s au temps de honorius q̃ fut le .xlii. empereur apres octouien. Si cuida odacer que de legier il peust obtenir ytalie ainsi cõe pauãt auoiẽt fait plusieurs autres q̃ po' ceste chose faire odacer assembla vne tresgrant q̃ tresforte cõpaignie de herelois de turtuilinois/ q̃ de sichois/ qui sont trois barbares naciõs de gẽs du pays septẽtrional. Odacer esmeut q̃ attenna p tresgrans enhortemẽes ces gens barbares a roberie q̃ pillage en leur disant que ilz seroient to'riches des richesses q̃ ilz pilleroiẽt en ytalie q̃ a rõme Adonc odacer auec ses gẽs armez prĩt son chemin du derrenier q̃ plus loingtain pays de hongrie pour enuahir ytalie et rõme/si passa les mõtaignes moziquoises q̃ departẽt deuers septẽtrion allemaigne dytalie Et puis tourna son ost cõtre vng noble cheualier appelle horrestes q̃ auec son ost venoit contre odacer pour la seulle renõmee de odacer q̃ des siẽs tellemẽt fut espouenté horrestes q̃ il auec ses gẽs sẽfuit iusques a pauie vne cite de lõbardie seant sur la riuiere de tisim. Aps odacer assiega horrestes et lost rõmain retraiz dedens pauie/Il lec fut horrestes prins et mene prisonnier Jusques en la cite de plaisance/ en laquelle il fut miserablement occis. Apres la desconfiture de horrestes q̃ de son ost rõmain odacer auec ses gens barbares sist soye et puir le chemi a force darmes/et en destruiãt toutes choses ou pays de ytalie / Il vint par violence a banieres desployees iusques a romme/et illec entra cõme vainqueur Sans aucun trouuer qui luy fist resistance. Car lempereur zenon q̃ vng pou auãt la mort de horrestes son pere auoit prins aucũs attours enseignes et armes imperi
M i

aulx/et qui auoit occupe la seigneu-
rie de Romme/il ouyt compter le cas
de son pere desconfit & tue auec son
ost rommain,&si ouyt zenon dire &
compter la cruaulte de odoacer et les
siens/zenon doncques party sestoit
de Italie et de romme/laquelle il a-
uoit laissee sans gouuernement quel
conque dequoy odoacer receut en soy
grant ioye comme celuy qui pensa q̃
toutes choses lui veniffent a souhet
pourquoy fist & ordonna soy Roy de
ytalie par consentement de to9 ceulx
de son ost. Odoacer donc qui comme
iay dit estoit cheualier per sois p xiiii.
ans regna,tint plaine seigneurie sur
les rõmains & italiens sans ce que au
cun homme lempeschast. Cestui don
de fortune fut grant & noble mais el-
le commenca soy ennuyer du long re
pos q̃ auoit odoacer Et a la trop grãt
bieneurte de luy fortune trouua vng
moult grant mangonneau/pquoy il
fut desroche et cestuy desrochement
luy vint de telle part qui ne le pouoit
auoir pourueu ne pourpẽse: car pour
ce quil fut grief a lempereur zenon q̃
odoacer occupoit Italie lempereur ze
non ottroya le royaume de Italie a
theodoric Roy des gothois adonc iou
uenceau fort de corps caut et saige en
bataille selon le iugement de lempe
reur zenon qui a theodoric donna le
royaume de ytalie mais que il peust
desconfire odoacer & les siens.cestui
theodoric couuoiteux de si noble con-
queste assembla ses cheualiers / & si les
enhorta & semonnit de gaignier les
trois salaires de bataille/cest assauoir
honneur de victoire/prouffit de des-
pouilles gloire de renõmee. Et apres
theodoric a maniere de leaue dung
russeau descendit auec ses cheualiers
de mesie vne prouince dalemaigne p̃
les pays de sirinois & de hongrie & en
venant en ytalie il se reposa vng pou
empres la riuiere de soucie en vng ter

rouer tresplantureux de vitailles as-
sez pres de la cite de laigle. Le roy odo
acer porta mal paciẽment la venue de
theodoric q̃ le venoit guerroier &trou
bler son repos. Si assembla odoacer
grant multitude de gens armez & pro
ceda a rencontrer son ennemy theodo
ric/mais odoacer en armes fut vain-
cu & dechasse iusques dedens ytalie /
puis rẽterina ses forces p nouueaulx
mandemens & assemblees de gens et
vint iusques a veronne vne cite de lõ
bardie la ou theodoric auec ses gens
estoit ia arme pour de rechief esprou
uer la fortune de la bataille contre
odoacer qui secondement fut vaincu
legierement & tost Odoacer apres sa
desconfiture seconde sen acourut ha
stiuement a romme & auec soy adme
na les remenans de son maleureux
ost. Mais il trouua la foy & la volen
te des rõmains chãgee ainsi cõe fortu
ne sestoit change contre luy Apres ce
que les rõmains refuserẽt a odoacer
lentree dedens rõme il auec ses gens
se mist a degaster & par feu & p fer tou
tes les choses estans enuiron romme
&dillec sen alla a rauennes la cite / la
ou il se renforca p nouuelles garnisõs
de souldoiers contre theodoric qui oc-
cupa & print pour soy tout le pays de
lombardie que len appelle gaule oul-
tre montaigne. Theodoric aussi deli
ura le pays de lombardie de gubon
datus pour lors roy de bourgoingne
qui illec guerroioit/& osta ledit theo-
doric tous empeschemens fors que de
pauie vne cite seant sur la riuiere de
thesin/puis vint theodoric a rauen
nes ou estoit odoacer qui presque par
trois ans ou enuiron illec fut assie-
ge par long assiegement . Theo-
doric contraingnit les cytoiens Pa-
uennois a eulx rendre & il leur don-
na la foy de eulx sauuer & leurs biens
apres la prinse de leur cite. Apres donc
ques le roy odoacer fut venu en la sei

gnourie & en la puissãce de theodoric adonc cruel iouuenceau il commãda q̃ odoacer fust occis sans garder enuers luy lopaulte ne serment de promesse. Et a ceste chose fut contraint theodoric par les barbares & estrãges cheualiers de son ost. Et painsi odoacer q̃ par soubdaine uolee & pas hatif mouuement auoit monte a la haultesse & au glorieux estat de lempire de Romme & qui p la longue & paisible possession cuidoit auoir perpetuellemẽt acquis le Royaume Dytalie/il fut contraint desceñdre p maleureux degrez a mourir cruellement & en misere q̃ est le derrenier point de chetiuite/lestat de ioyeuse frãchise ne osta pas le poure odoacer de la chetiuete en quoy fortune le uersa/mais la dolente et miserable mort.

Le xvi.chapitre parle cõtre le present estat de Romme & des Romains enramenãt a memoire les maleuretes qui souuẽt y sont aduenues. Et commence ou latin. O infelix nimium Roma.& cetera

Cite de Romme maintenãt trop maleureuse considere en quelles tenebres et en quelz perilz & en quelles douleurs tu es mise par lauarice/p la discorde & p lentragee couuoitise de tes propres citoiens car tãdis que les hommes Rommais iadis renommez & glorieux aymerẽt et suyuirẽt pourete uoluntaire/& ne eurẽt entre eulx enuie fors q̃ de agrã-

dir les oeuures de uertu/les sommetz des montaignes/les mers & les riuieres du monde obeirẽt a romme tãdis que les Rommains iadis glorieux aymerent pourete uoluntaire sãs auoir entre eulx enuie fors que a grãdir les oeuures de uertu/les neiges de septẽtrion & les arenes de ethiope bouillans & eschauffees pour lardeur du soleil/les pays de soleil leuãt & occidẽt les tigres de hircanie/les elephãs de inde & les lyons de marmarice ne peurent flechir ne resister aux armes ne aux batailles Rommaines. Les citez les peuples & les Roys du monde se sont soubmis & rendus a toy et a tes armes uertueuses. Les ducz & les capitaines Rommains ont porte merueilleux & nobles triumphes par les pays & prouinces que ilz subiugoient par batailles/ et affin que en briefues parolles ie conclue & comprẽgne plusieurs choses/tout le mõde uit soubz ta seignourie. Tu eus en ta part de la prope tous les pays du monde tãdis que tes citoyens aymoiẽt pourete uoluntaire/& ne eurent autre enuie fors de agrãdir les oeuures de uertu. O Romme cite trop maleureuse/quant tu seignourioies & auoies citoyẽs poures et uoluntaires & sans enuye tu marchoies sur les colz de tous les Roys du monde Et oultreplus tu auoies esleue par glorieuse renommee ton nom par dessus les estoilles. Mais les choses deuant dictes sont tournees au contraire. Car tu Romme cite tresmaleureuse & oppressee des ennemys qui as aucunesfoiz pugni par cruelz tourmens aucune de tes ppres citoiẽs q̃ desiroiẽt auoir le Royaume de rõme tu maintenãt es uenue en si grãt maleurte q̃ sãs cõpter les hõmes des autres nacions/tu q̃ as eu epereurs nez du pays dafrique dont les hommes ont este tes principaulx ennemis qui tousiours sefforcoient p toutes mani eres deffacer ton nom. Et tu Rōme miserable cite maintenāt as ēpeurs allemens/τ si as vne maleurte plus laide/car se vng hōme de sichie ou de mauritaine/ou vng frācoiz prēt couuoitise de soy enrichir de pillaige Il tournera franchement son hardemēt contre toy cōme cōtre vne cite espuisee de force desarmee τ vuide de tous tes citoiēs τ delaissee τ de tes princes pour cōbler tes miseres/vne seullete chose reste/cestassauoir que tu qui vnefoiz auoies robe tout le pays du monde soies tressouuēt desnuee de tous biēs et priuee de toutes choses diuines τ humaines p les roberies de ceulx qui contre toy assemblent de toutes pars. Et vray est que o maleureuse Rōme que tant en nom comme en situacion de lieu/τ en aucuns edifices tu tiēs et gardes les remembrances τ les hystoires des nobles choses faictes par tes vielz citoienes qui maintenāt sōt amoitie rongees τ deffaictes. Et ceste maleurte est plus en deshonneur des rommaines q̄ ores sont que ceulx qui iadis furent. Mais la misere de toy τ exēple τ mirnoer que lestat des choses humaines se treschange τ tres mue.

Le xviii·e· chapitre cōtiēt en brief les cas de Trabista roy des Gepidoys Busar roy des Bulgaroys Pheleteus roy des Rugoys. Et de quatre autres nobles maleureux qui de leurs haulx estaz furent abatuz par fortune. Et commēce ou latī Dum sibi et cetera

Ānsis q̄ ie auoie cōpassion τ mercy de la cice de rōme de la cōdiciō τ estatz des hōmes abatuz p fortune ie aduisay deuāt moy trois maleureux Roys cestassauoir trabista roy des gepidoys: et busar roy des bulgarois τ pheleteus roy des rugois/les qlz trois royaumes sōt en la prie dāsie deuers septētriō. Or est dōc q̄s assauoir q̄ theodoric roy des gothoys dōt ie play ou xvi·e· chapitre fut mōt ētrepnāt preu τ couuoiteux de seigneurie/τ si meut τ fist aspre guerre cōtre trabista τ busar assi de les subiuguer a soy. Si assembla theodoric ses gens armez cōtre trabista τ busar τ leurs gens/mais ia soit ce q̄ chacun en celle bataille sefforcast vaincre lun lautre ou au moins resister/neātmoins fortune qui ioue puis de bas puis de hault souffrit q̄ ces deux roys qui par auant nauoiēt estez subiectz a autre fussēt tributaires et serfz au roy theodoric. Et affin q̄ ceste maleurte de seruitude qui aduint a ces deux nobles Roys soit cōgneue vōe de la plus vile et la plus griefue de toutes autres miseres/sauoir affiert que les loix pour punir les hōes ont ordonne enuiron xxiiii. manieres de peines ou tourmens/entre les qlz est nōbree la peine de seruitude qui iadis aduit p le droit des gēs q̄ guerroiēt lū latre. La peine de seruitude est ainsi appellee pource que le plus fort q̄ en bataille pnoit le plus foible il le sauuoit de mort et ceste seruitude est la plus griefue maleurte de tous autres tourmens/ car la ou le bien de franchise perit illec perissent ensēble trestous les biens mōdais. Aps ces deux nobles Roys maleureux trabista τ busar venoit aussi le maleureux phisteꝰ Roy des rugois pōr le casdu q̄l descrire tresbriefuemēt sauoir vuiēt q̄ odacer ne du pais de prusce q̄ fut roy ditalie dōt iay descrit le cas ou xvi. cha. de ce viii. li. Icelup odacer osta p̄ violēce darmes le Royaume de rugie au roy pheleteus. Et affin que fortune fist q̄ tre luy sō dernier effort odoacer hōe cruel ꝙ tirāt fist occire le noble pheleteus affin̄ q̄ par ture il ne teōt autresfois a recouurer son royaume. Aps le maleureux cas d̄ pheleteus roy des rugois Benoit marcien xliiii. epeur aps octouiē. Cestui marcien aps la mort de sē peur theodose regna p̄ six ans il fut tue p̄ ses pp̄re cheualiers q̄ secretemēt firēt entre eulx giuracion ꝙ monopole de ce faire. aps lempeur marciē Benoit le ieune leon: filz de leon xlv. empeur rōmain/ pour quoy est asssauoi que lempereur leonꝙ p̄ xvi. ans regna eut vng filz semblablement nōme leon a qui deuoit appartenir lēpire aps la mort de sō pe leō mais vng noble ꝙ puissant cheualier nōme zenō eu pa lēpire pour tāt fit cestui zenō quil cōtraignit le ieune leon/ soy rendre en vng monastere ꝙ illec viure iusq̄s en grāt vielesse. Apres les cinq maleureux nobles dessusditz Benoit simac/ de q̄ boece eut espouse la fille/ ꝙ apres simac Benoit boece sō gēdre tous deux nobles citoiēs rōmais ꝙ pour brief compter leur cas est assauoir que du temps de zenon xlvi. empereur apres octouiē vng cheualier prucois nomme odoacer occupa par violence ꝙ p̄ tyrānie le royaume dytalie/ ꝙ pource que zenon nestoit pas assez puissant ne saige pour dechasser odoacer ne les siēs il p̄ couuerte de sesperance manda querir theodoric roy des gothois ꝙ lui donna le royaume sil le pouoit cōq̄rir ꝙ dechasser le tyrāt odoacer. Or aduint q̄ theodoric adōc ieune et cruel desconfit por armes ꝙ rame na a neant le roy odoacer ꝙ les siens/ et aps theodoric print pour soy le royaume dytalie et tint a romme son siege ꝙ sa court, il auoit entre ses ministres et officiers deux mauuais hōmes gothois comigaste et trigille. Cestui comigaste vng des ministres du roy oppressoit griefuement les rōmains foibles et de petit estat ꝙ nosoit attēter aux fors ne aux puissans. Et aussi faisoit trigille preuost du roy theodoric/ ces deux mauuais hommes souuent estoient arguez ꝙ reprins p̄ boece homme consulaire Romain ꝙ de tresgrant auctorite. Et auec ce boece en iugement deffendit ꝙ sauua vng moult vaillant ꝙ preudōme nomme paulius adonc consul Rōmain iniustement accuse pource quil procuroit chasser hors du palaiz/ de la court les gothois ministres du Roy qui cōme chiens sefforcoient deuorer les rommains ꝙ leurs substances. Boece aussi fort champion de iustice deffēdit albinus vng noble ꝙ vaillant cōsul rommain faulsement accuse par cyprian desloyal familier du Roy. Et ia soit ce q̄ boece encourust lindignacion et Ire du roy ꝙ de cyprian/ neantmoins il proposa tellement q̄ l deliura de mort albin̄ hōe innocent. Cestui noble boece q̄ aux escolles de philosophie auoit apr̄ins que chacun hōe naist pour tous et que il fault mieulx encourir mort deshoneste pour oeuure de vertu/ q̄ viure soubz reprouche de vice. Il osa exposer a peril soy mesmes ꝙ ses choses en reprenāt aigremēt les gothois familiers du roy q̄ pour saouler leur couuoitise greuoient moult le peuple sās ce q̄ ilz fussēt pource repr̄is ne blasmez dautre q̄ de p̄ boece ꝙ son sire simac q̄ pauāt secur̄et q̄ les senateurs de rōme estoient pour la cruaulte du roy en grāt peril de mort/ si fizent tāt boece ꝙ son sire simac q̄ les senateurs furent saufs ꝙ garātiz / ꝙ affin q̄ boece droictemēt emploiast la sciēce des honnourables loix ꝙ la b̄eaulte de doulce rethoriq̄ dōt il estoit singulieremēt garny il debatit et condāna p̄ subtilles raisons cōtre theod oric ꝙ les siens les excessiues exactions ꝙ iniustes trua ges quilz leuoiẽt des prouinces/ et par especial des gens et du pays Despaigne. Boece donc extrait dun ancien et noble lignaige appelle les maulieos hōme farci de toutes sciẽces/ bieneureux p̃ sa noble et chaste fẽme et sa tres honneste lignee cõme Grãt philozophe hantoit lieux secretz et solitaires et fuioit turbes de gens/ pour tãt Boece et son sire simac furẽt accusez p deuers theodoric hõme barbare par plusieurs faulx articles/ entre lesquelz boece hõme tresBrap crestien faussemẽt fut accuse dadourer faulx dieux/ et de auoir familiarite auec les mauuaiz esperitz combien quil fust innocẽt de tout crime/ sil aduint il que theodoric hõme Barbare cruel et enemy des Bertuz garny de mauuaiz et cruelz hommes fist Banir et exillier par iniuste sentẽce boece et simac. Leur p̃mier bannissement fut que eulx deux bien meritz partyroient de Rõme leur cite naturelle et pyroient a Rauẽnes la cite/ ia soit ce q̃ ceste sentence fust dure neantmoins elle fut aggrauee/ Car simac et Boece furent Bãniz a peine et illec furent condamnez a honteuse et miserable mort par le courroux et cruaulte du roy theodoric. Je confesse et Bray est que les miseres souffertes par boece hõme tresrenomme attraient dune part mõ courage a descripre les nobles et honoura bles faiz de ses ancesseurs Rõmais Gailları et renõmes iadis. Et ia soit ce que liniquite du Roy theodoric ait abaisse et amoindri les ymages et painctures du tõbeau de Boece mort et en seuely poureṁt a peine / touteffois la cruaulte du Roy barbare na peu abaisser destruire ne amoindrir le glorieux lignage des Rõmais surnõmez maulieos dont Boece descẽdit. Et a plus largemẽt descripre de Boece dautre part me cõtraignoit la singuliere gloire des sciẽces dont Boece fut garny et cõble par quoy le nom de luy est resplendissant et cler entre les docteurs de philozophie q̃ depuis ont este iusques au tẽps p̃sent. Et pour acheuer le cas de Boece puissãt ancien honourable hõme Rõmain et noble docteur de philozophie la treshaulte maistresse de toutes choses mõdaines / ie dy q̃ les hõmes sãs Bertu et sãs sciẽce doiuẽt p Raison craidre le trebuchet de fortune puis q̃ elle destorcha Boece noble et puissãt saige et innocẽt et hõe catholique de q̃ la doctriue aps sup̃est demouree si grãt q̃ tous hões sont ou peuent estre enseignez p luy et par ses liures / lesq̃lz ie racõtasse Soulentiers/ mais le cas du Roy Artus dont les anglois cõtent une grãt fable q̃ deuant moy Bit gemissãt et courroux ne souffrit pas q̃ en oultre ie escripuisse de Boece. Et ia soit ce q̃ de artus ie ne congnoisse pas la grãdesse ne le trebuchement p tesmoignage des hystoriens assez dignes de foy/ ie touteffoiz repute son hystoire approuuee puis q̃ lopinion de tout le mõde semble estre tesmoing de son miserable estat et maleureux au regart de la fin.

Le xix. chapitre contiẽt le cas de Arthus Roy des Bretõs autremẽt appellez anglois lequel ordonna la la table ronde. Et comence ou latin. Britones. etc.

EN europe qui est la tierce p̃tie du monde est une isle appellee Bretaigne qui est situee en ung anglet du monde par devers occident/ le pays et les gens de cest ãglet sont separes presques de tre ſtous autres Et pource que celle iſle eſt cõe vng aglet / e deſtour/on lappelle vulgarmẽt agleterre / e les habitãs dillec ſõt appellez anglois. Ceſte iſle qui regarde eſpaigne a lopposite de france eſt enuironnee de la mer doccident/ e cõtient a lenuiron ix. e xv. miliaires p xlviii. fois qui mõtẽt a xviii. ces lieues. En liſle dangleterre ſont pluſieurs grãs riuieres chaudes fontaines e abõdãce de metaulx: Illec ſe treuue vne pierre pcieuſe appellee gagates q premieremẽt fut trouuee en ſicile/ e eſt celle pierre noire ſoueſue e ardãt quãt elle eſt eſchauffee p feu / ſe eſcript delle ſur aucũ dur metal leſcripture ne ſe peut effacer. Quãt elle eſt chaude elle dechaſſe les ſerpens venimeulx/ elle demõſtre hões e femes et beſtes etachiez de rageuſe maladie: elle demõſtre eſtre pluſieurs hões e femmes leſqlz ſoient vierges/ p eaue elle ſebraſe e p buiſle ſe eſtaĩt e reſroide / auec ce en agleterre ſe trouẽt aucũes marguerites ou perles qui ſe treuuẽt en coquilles de poiſſõs en certaĩ tẽps de lan/ e ſont les perles blãches trop meilleures que les iaunes Et puiſque en diuers lieux ſe treuue vng liure appelle lyſtoire de brutus parlant de la naiſſance des bretons qui ſelon verite deſcẽdirẽt de lancienne e noble gent troyenne / pour tant ie ne vueil ja cy deſcripre leur naiſſance. Si dient et afferment les bretõs p leurs hiſtoires que artus iadis leur roy fut le plus prẽdõme e noble de tous les roys des pays doccident les hiſtoires auſſi receues et approuuees des bretons aſſez ment que artus par naiſſãce deſcendit de la lignee de cõſtãti adõc vicaire imperial en gaule / pour quoy eſt aſſauoir q lan mil. cẽt lxiiii. apres la fondacio de rõme/ e apres la natiuite de dieu. iii. cens. et ix. ans vng cheualier appelle ſtilicon dont ie cõptay le cas ou xv. chapitre de ce viii. liure amena

pluſieurs nacions barbares qui vindrent a violence darmes iuſques aux montaingnes pirenes qui departent les pays de acquitaine et deſpaigne entre ces gẽs eſtoiẽt les halenois les ſuenois/ e les vuandres qui tous furent repouſſez des montaignes pirenes/ et apres ſe reſpandirent p le pays de gaule. Tãdis q ces trois naciõs eſtranges perſecutoyent e gaſtoient gaule/ vng cheualier nomme gracian q de par honorius lempereur gouuernoit liſle de bretaigne ſi toſt q par tyrannie il eut occupe la ſeigneurie de bretaigne il fut vilement occis. Aps la mort de ceſtui gracian les cheualiers romains deputez en bretaigne eſleurẽt vng cheualier de treſpetit eſtat appelle cõſtãti / nõ pas pour cõſideracion de ſes merites / mais pour la ſeulle eſperãce e faueur de ſõ nõ cõſtantin / car le grãt cõſtanti hõe treſcreſtiẽ e treſiuſte auoit eſte vaillant e ſaige empeur. Ceſtuy cheualier conſtanti q fut eſleue a lempire de gaule auoit vng filz nomme conſtans moyne pfes. Conſtatin oſta ſon filz cõſtans de ordre e de vie monaſtique/ e luy fiſt prendre e ſupure eſtat de cheualerie puis le nõma ſon pere a eſtre ceſarien e vicaire de lẽpire en certaines prouinces de gaule. Or aduint q cõſtãti le pere e conſtãs le filz en enſuiuãt vilte e cruaulte de courage excerceret tyrannies e firent pluſieurs maulx et griefz dõmaiges en gaule et en eſpaigne / leſqlz cõpter ſeroit choſe trop lõgue. Mais or aduint lã mil lxv. Aps la fõdacion de romme lẽpeur honor[us] cõſiderãt q tãt de en lẽpire ſeroiẽt tãt de tyrãs rõmais il ne pourroit bien faire cõtre les ẽnemis eſtrãgiers ſi cõmanda q auant toutes choſes les tyrans fuſſẽt occis p bataille ou autremẽt. Et pour ceſte choſe faire honorius mãda gẽs darmes e ordonna cõneſtable e cõpaignon darmes vng ſien

M iiii

cheualier nommé ostant/auql il commist la charge et le gouuernement de la bataille. Si vint le connestable constat auec son ost en gaule illec enclouit et assiega le tyrant ostantin/ puis le prit a force darmes et aps le fist occire. Et oultre dient les bretons en leurs hystoires que le Pendragon et noble roy artus descendit de la lignee de cestuy ostantin qui tint le royaume et la seigneurie de lisle de bretaigne aps ce que gracian le tirant dessusdit fut occis come pauant dit est. Et oultre ilz afferment que ung noble cheualier vter surnommé pandragon fut Roy de ladite isle. Si aduint apres la mort de vter pandragon que son filz artus monta sur la chaiere royalle et obtint et gouuerna come heritier le Royaume de bretaigne. Et pource que artus encores estant iouuenceau de grant et merueilleuse demonstrance de prouesse aduisa et cogneut que le gouuernement de lempire de rome estoit venu a tant que chacun franchement possedoit ce quil pouoit tollir des terres de lempire/ si ne fut pas content de la seigneurie et des terres que son pere vter pandragon luy auoit laisse aps sa mort/ pourtant il subiugua par tresgrant et hastiue fortune a laide et par les forces de ses cheualiers assemblez pource faire les illedois les orcadois dennemarche hollande noruergue et autres plusieurs prouinces desque le pais de gaule. Aps ces conquestes Il sembla a artus quil auoit assez agrandi et acreu les bournes de son Royaume et la gloire de son nom/ si pensa aucunefois mettre fin a ses batailles/ Mais affin que la vertu de luy et de ses cheualiers ne pourrist en fetardise ne en oysiueté artus par le conseil de merlin home pphete si comme len dit/ et qui en cellui temps estoit moult renomme ordonna vne table que les anglois en hystoires nomment la table ronde/ a ceste table ronde le Roy art⁹se nommoit et assembloit come a vng grant mengier les plus nobles homes quil congnoissoit nobles et vaillans en armes et en honestes manieres et en gracieux maintiens. et aps ce que artus eut choisi et esleu ces nobles homes il les recueillit et assembla come ses prisonniers et copaignons et fist de commun acord entre eulx certaines loix et ordonances Et entre les loix et ordonances a tous compaignons et prisonniers De celle table fut vne loy principale/ non mettre ius les armes de dessus le corps fors que pour le brief repos de nupt/ querir auentures merueilleuses/ deffendre de tout leurs forces les droiz des homes foibles/ et non refuser aide puis quilz en fussent requis non faire violence a aucun/ non faire offense ne dommaige les vngs compaignons aux autres/ combatre pour le salut de ses amis/ exposer et despendre la vie pour son pays/ non acquester aucune chose fors que honneur/ ou par honeste tiltre/ non briser la foy ne le serment pour cause ne occasion quelcoque honourer tresdiligemment religion/ heberger et recepuoir en son hostel tous homes et femmes honestes sans riens prendre. Entre les compaignons et parsonniers de la bataille Ponde fut vne autre loy/ cestassauoir que chacun exposeroit et diroit en souueraine loyaute et verite toutes les auentures quil tourneroient ou a honneur ou a honte de celui que les racompteroit a ceulx aussi qz estoit commise la charge et loffice de escripre les hystoires des compaignons de la table ronde et si auoit loix et ordonances de faire plusieurs choses semblables qui certes estoient honestes et tresdignes de louenge. Par ces loix et ordonances de faire plusieurs choses comunement gardees/ et aussi par la force et prouesse des compaignons cheualiers et par le glorieux renom de leurs honestes coustumes le nom du Roy artus monta a si resplendissant gloire que la Page de fortune que bestourne toutes choses ne ancienneté de long aage ne a peu tant faire que la gloire et le renom du Roy artus ne soient venuz iusques aux hommes de nostre temps sans auoir perdu leur clarté ne leur prix. Artus donc considerant soy estre vertueux et par les choses dessusdictes fut reque de par les Rommains paier certain truaige acoustumé des le temps de Iulius cesar. Artus considera q̃ seruitude imposee p̃ violence de bataille se doit oster et recouurer p̃ resistance darmes, et si aduisa q̃l estoit enuironne de si nobles et preux cheualiers compaignons feaulx et alliez par les loix de sa noble table ronde, pour tant il denya aux rommains q̃ demandoient paiement de leurs truaiges acoustumez. Art⁹ doncques voulant par voye de fait soy affrachir de truaiges et ramener son pays en franchise assembla et mena en gaule grant nombre de souldoiers, puis descendit en bataille a banieres desploiees contre Lucius vng consul Rommain qui a force darmes pour et ou nom des Rommains demandoit le truaige dessusdit. Or aduint que art⁹ obtint en armes victoire contre le consul Rommain et les siens. Si cheut artus en desir de faire guerre et conqueste de pays la quelle chose Il auoit delaissee et proceda a occuper pour soy et cenquerre plus grates terres et plus amples seigneuries, mais au Roy artus esleue et orgueilleux fortune ia auoit appresté le trebuchet. Car tãdis que le Roy artus guerroioit et mal menoit par ses batailles les principales prouinces de gaule q̃ estoient subiectes aux Rommains: mordrec vng sien filz quil auoit eu dune sienne concubine a qui le Roy artus auoit laisse et commis a gouuerner et deffendre son Royaume et le pays subiect tandis q̃ artus estoit absent et occupe en bataille. Cestuy mordrec adonc iouuenceau hardi et courageux a faire toutes choses ia pieca estoit surprins et atise de la couuoitise du Royaume de bretaigne, si pensa que par labsence dudit Roy Artus son pere que fortune luy offroit conuenableté de prendre pour soy le Royaume et les terres appendans. Mordrec lors commenca a esmouuoir et semondre les anglois a recouurer franchises et preuileges en leur mettant comment Artus les auoit chargez de seruitudes et greuez de truaiges. Il commenca a attraire a sa part les couraiges de tous ceulx du pays par dons, par promesses, et par blandices parolles, il commenca soy monstrer tresbening sil auenoyt quil fust Roy au temps aduenir. Il commenca faire garder et garnir les citez, les donions, et chasteaux dudit Royaume par gens darmes fauorables a luy, il commenca a assembler ses amys apprester ses forces et retenir a soudees et gaiges tresgrant multitude de cheualiers, il commenca a denyer substraire et oster viures et aydes audit Roy Artus son pere. Et oultre il entreprint a faire toutes choses appartenans a rebellion. Et apres ce que conuenableté et opportunite de temps luy vint ainsi comme il auoit pense. Il commenca monstrer aux anglois par faulses lettres que ledit Roy artus son pere fut mort et occis en bataille. Il commenca soy faire nommer roy traictez toutes choses et prendre armes et enseignes royaulx. Or aduint que renommee qui legierement vole dung lieu en autre denonca es pauillons de Artus les choses que mordrec faisoit ou pays dangleterre. Si leua soubdainemẽt Artus le siege de sa bataille et fut contraint le maleureux Roy tourner contre son propre filz les armes que il auoit drecez contre les aliez compaignons et subiectz des rommains. Artus qui lors comme dit est estoit guerroiant en gaule print auec soy grant multitude de gens armes et icelles

M 8

auec soy fist monter sur mer en nauires. Apres trouua ou riuage dangleterre son filz mordrec qui luy resista par bataille: mais depuis que mordrec ne peut resister a son pere artus, le desloyal mordrec se tourna auec ses gēs en fuite, et se transporta aguitonne. Apres ce que mordrec eut illec assemblee toute sa puissance en armes il delibera & conclut essayer contre artus la fortune de bataille & fut mordrec de si obstinee mauuaistie q̄ il ne creignit pas descendre en bataille cōtre son pere artus. Et combien que en la bataille assemblee de par le roy art⁹ fussent nobles cheualiers vertueux & fors en armes et en bien enseignez en discipline de cheualerie, toutesfoys la multitude que admena en champ mordrec son aduersaire et coulpable du crime de lese maieste ne peut estre repoulsee ne vaincue pource q̄ ceulx de la partie de mordrec estoient plus disposez de q̄batre a mort q̄ destre desconfitz ne soy rēdre, se elle estoit vaincue Et pourtāt les cheualiers dune part & dautre se combatirent si longuemēt que len doubtoit a la quelle partie de mouroit la victoire, & a sa ruue partie des deux ostz fut faicte grande et orde occision, car illec moururēt presque tous les cheualiers de artus roy Et pource que artus porta mal parciennement la mortelle occision de ses cheualiers, et quil vit mordrec qui descouroit ca et la cōme se il eust refreschi ses forces de sa bataille en tant que par sa puissance il eut occupee la victoire Le roy artus mist ius et delaissa affection paternelle et se eschauffa de couroux contre son filz mordrec. Art⁹ q̄ fut monte sur vng cheual tout fres print en sa main vne lance puis roidement esprouua le cheual et courut sur a mordrec qui cōtre lui venoit. Artus adonc forcenant & pre trespca de tout le fer de sa lāce la poitrine de son filz. Mais artus ne tresperca pas pour neant la poitrine de son filz, car la donc jouuenceau fut esmeu par mortelle doleur, si recueilit en toutes ses forces, puis haussa son espee et si roidement frappa la teste du roy Artus son pere que sans ce que le heaulme peust resister lespee descendit iusque a la ceruelle. Le roy art⁹ illec trāsporte sur son cheual essaya de retirer sa lance que il auoit empreinte & boutee en la poitrine de mordrec ja semblant estre mort, mais la lance tant en fust cōme en fer fut si grosse si roide que de puis q̄lle fut hors tiree de la poitrine aucūs histories dient que la playe fut si grāt que les rayes du soleil estant en occidēt passoient pmi la playe Morderec doncques desloyal, apres la retraicte de la lāce mourut, & tātost receut & prist de son maleureux orgueil telle fin cōme il deuoit, mais le roy ia sentant le derrenier de ses iours, tātost saillit du cheual puis monta sur vne nef, & il qui congnoissoit soy mourir cōmāda quil fust porte en lisle de aualon. Artus qui pauant auoit este tres bienẽureux mourut illec meschantement, & delaissa a son nepueu le royaume dangleterre, & si luy enioingnit faire la vengance de ceulx qui auoyent faicte la desolacion de luy & de son royaume, mais trois causes furent et sont encores, par quoy les Bretons cuident communement que leur roy artus ne soit pas mort, mais cuident quil soit garde taisiblement et soit en secret, en tant quilz cuident quil soit encores tout vif, et le reputent leur noble et principal roy. La premiere des trois causes de ceste erreur & folle creance fut pour ce que constantin successeur du roy artus couurit et cela par art la mort du roy artus. Secondement pour ce que peu dhōmes sceurent la mort du roy artus pour les tresgrans tribouliz & debatz qui

feuillet LLix

se firent en angleterre a cause de la mort du roy artus et de mordrec son filz. La tierce cause fut pour ce que le corps du roy artus apres sa mort ne fut pas enseueli en aulcun apareil ne attour solennel a maniere royale/ et afferment les bretons que leur roy artus sans faulte retournera visiblement et reprendra son ancien royal estat si tost que ses playes seront souldrees et gueries. Que fault il que ie die pour conclure le cas du maleureux Artus. Je dy que par oultrageux hardement de mordrec homme desloyal/ le royaume de artus qui en trespetite espace de temps auoit este agrady et accreu/ fut ainsi en brief temps amendry et desole/ si fut ostee au roy artus la vie ensement. La table ronde noble et renommee par les vertus de tant de vaillans hommes fut deffaicte et brisee et conuertie en fables et en moqueries de peuple/ la grant gloire du roy artus et son nom fut ramene en desolacion en diffame et obscurte/ et tant que se les hommes mortelz veulent droit aduiser/ ilz peuent congnoistre que riens ne est ferme en ce monde fors les choses fondees sur humilite.

Le xx. chapitre parle contre les enfans desloyaulx et cruelz enuers leurs peres en ramenant a memoire la crudelite de mordrec enuers le roy artus son pere. Et commence ou latin. Abite hinc. et cetera

Ous enfans nobles et piteux enuers voz peres departez soubz ycy/ affin que par loultrage et desloyaute que iay descripte du desloyal mordrec filz du roy artus vou ne ordoyes ne empirez voz doulces et debonaires meurs ne voz couraiges apres ce que vous aurez ycy leu ou escoute les desloyaulx hardemens et oultrages de mordrec. Et vous enfans qui auez les cueurs durs comme fer et plains de forcenerie et qui mal paciemment portez la seigneurie et les commandemens de vostre bon et honneste pere/ soyez cy presens pour lyre et escouter la honte et la cruaulte de mordrec et la vostre. Je prie aux filz et filles/ ne me chault de quelz parens ilz soient quilz me dient quelle chose leur pourroient commander leurs parens ia soit ce quilz fussent cruelz que les enfans ne deussent souffrir et endurer selon lonneste de obedience/ car certain est que nous auons les commencemens de nostre vie de par noz peres et meres/ nous sommes aymez de noz parens tandis que en enfance sommes foibles et plourans nous sommes nourriz et solaciez par noz parens qui nous paissent et comportent. Les peres et meres contregardent et escheuent plus les perilz de leurs enfans que de eulx mesmes Sitost que nous venons hors de premiere enfance nous sommes nourriz es gyrons de noz parens et par eulx nous sommes enseignez en science et en meurs. Par noz parens nous sommes tresdiligemmant nourris et vestus iusques a ce que nous sommes fors de corps et aages/ noz parens en tant comme ilz peuent nous apprestent le chemin de paruenir a quelcques grans estatz par le labeur et par la sueur de noz parens sont acquestees les necessitez et aisances de nostre vie et les riches et nobles mariages selon leurs qualitez ꝗ les grans heritaiges ꝗ manoirs. Nous enfans qui auons enuers noz peres cruelz ꝗ desloyaulx courages ne pouons desirer ne souhaiter aultres choses humaines oultre celles que noz parens nous donnent mais les tresgrans ꝗ precieuses choses qui sont en nous viennent de dieu/cestassauoir les ames/ ꝗ se les pere ꝗ mere pouoient ilz donneroient a leurs enfans leurs ames mesmement en les ostant a dieu de qui elles sont. Si me meruueille doncques par quelle pensee ne par ꝗl courage ose le filz ie ne dypas oster le royaume a son pere/mais comment ose il mesmement respondre contre les trespetites parolles ou chastiement de ses pere ꝗ mere quant ilz le reprennent. Iapassez en memoire quelle responce pendent les bons enfans a leurs peres ꝗ aussi les mauuaiz/mais affin que ie delaisse la bonne ꝗ doulce responce que font les bons enfans aux reprehencions ꝗ chastiemens de leurs peres laquelle ie ay agreable. si veuil ie monstrer que diront aucuns enfans de ceulx par rage ꝗ arrogance mauldicte/ꝗ par aduenture Ilz vouldront plus priser la force de leur ieunesse verde ꝗ crue que la sagesse des honnorables hommes vieulx et chanuz Les enfans deceus par rage ꝗ arrogance mauldicte vouldront plus priser la legierete de leur ieunesse verde ꝗ crue que la pesanteur ꝗ grauite de vieillesse ilz prisent plus les oultrages de ieunesse ꝗ les conseilz de vieillesse. Ilz mettent folle largesse deuant sobresse. Aucuns enfans ainsi deceus pfurez diront ꝗ selon naturelle inclinacion chascun homme doit desprisér ꝗ fouir le lyen de seruitude ꝗ querir a soy franchise ꝗ desirer seignourie lesquelles choses toutes le pere tient ꝗ occupe pour soy/se son filz ne le flate ou se il ne le contrait ou se il ne luy

oste la lumiere de vie. O las aduisez ie vous prie quelle est ceste maldicte oppinion de homme folz ꝗ ignorans/ car la honnorable vieillesse de noz parens se esiouist principalemēt ꝗ tousiours pour la ieunesse des enfans/la honnorable vieillesse des parens restaint ꝗ dompte par ses doulx cōmandemens ꝗ soueues parolles lest dissolus mouuemens des enfans/lhonorable vieillesse des parens contraint les enfans soy tourner a vertu par bons et sainctz admonnestemēs trouuez par doulce ꝗ debonnaire soubtilite/affin que les enfans de vng degre en autre puissent venir honnestement a telle aage cōme leurs propres peres ꝗ meres/ie doncques aux mauuais enfās quilz se taissent ꝗ en eulx mesmes se tiengnent pour confus auec leur enrage oultrage. Ie prie aussi ꝗ telz enfans ne soient point escriptz ou nombre de ceulx qui nyent que lē doiue rendre toutes honneurs a dieu premierement/et apres dieu a ses pere et mere. Ie prie aux enfans quil leur souuiengne que dieu par sa sentence a promys aux enfans que ainsy comme Ilz font a leurs parens ou tēps de leur vieillesse. Si ne scay autre chose dire pour les bons ne contre les mauuais enfās fors que se nous sommes saiges endurons de noz parens la seruitude comme soueue ꝗ doulce/rendons voulentiers toute obeissance a noz parens ꝗ les honnourons souuerainement durant tout laage de leur vieillesse decrepite ꝗ tremblant/affin tandis que nous comme gracieux et recongnoissans de bienfaiz de noz parens honnourans iceulx en leur rendāt les biens que nous leur deuons/nous monstrōs a noz enfās auenir ꝗlle chose ilz nous deurōt faire en nostre vieillesse.

Le xxie contient les cas de giselines Roy des Suãdres gimichige Roy des Gothois amarales Roy des maures sindual roy des bretons: Et totila iadis Roy des gothois Et commēce ou latin. Post arturi et cetera.

Pres ce que ie eu descript le piteux cas la miserable mort du noble Roy artus/ Deuant moy cōparurent plusieurs roys maleureux plourans courroucez/cestassauoir giselines roy des Suãdres/ gimichige roy des gothois /amarales roy des maures/ Sindual Roy des bretons/et totila iadis Roy des gothois. Et sans longuement demener les cas des cinq Roys desussdictz affiert que Giseline Roy des Suãdres/ gimichige roy des Gothoys meurent firent guerre contre ung noble puissant cheualier appellé basilaire qui par force darmes auec la faueur de fortune descōfit et ēprisonna ces deux roys/ apres il occist toutes les gēs de leurs ostz. Apres ces deux nobles roys Benoit Amarales roy des maures qui meut fist guerre ōtre iehā noble puissāt cheualier dafrich surnōmme sanguin/ cestuy amarales amena son ost contre Iehan sanguin q̃ par rigoureuse bataille descōfist le roy amarales/ ses maures et si tua de sa main le Roy amarales. Apres le noble amarales Benoit sidual noble roy des bretons qui sont vne nacion de ces gens qui de pruce vindrent en italie auec le roy odoacer. Cestuy Roy sindual ne me chault pour quelle cause soy confiãt de ses forces comme orgueilleux entreprint guerre contre ung puissāt noble cheualier Rommain homme chastre appellé narsettes adonc estãt connestable des batailles gouuerneur de la cite de rauennes pour lempereur iusti Cestuy cheualier narsettes chastre defectif en nature voulãt mōstrer que auec sa faueur de fortune ung cheualier chastre sil ait en soy saigesse hardement peut resister aux Roys mesmement non chastres assembla toutes ses forces en armes contre le Roy sindual qui enuahissoit narsettes sō pays. Et narsettes auec les siens sy vaillãment besongna en armes que il dechassa les bretons print le Roy sindual par ung lacz a la maniere que len estrãgle les larrons. Cestuy maleureux Roy qui deuãt moy plouroit auoit desdaing si grãt que len pouoit assez discerner mettre difference entre le Roy sindual homme psait entre narsettes chastre deffectif entre la corde en quoy pendoit le Roy et entre lespee de narsettes qui auoit occis le Roy sindual. Aps le maleureux cas du Roy sindual venoit totila roy des gothois qui deuãt moy se despercoit p mauldissons pour la durte de son infortune. Et en briefue somme le Roy totila disoit comme vray est q̃ narsettes noble cheualier chastre aps la fin de la guerre quil eut cōtre le roy sindual/cestuy noble totila adōc Roy des gothois assembla ses hommes en bataille contre narsettes les siēs Si aduint que narsettes auec son ost desconfit et effaca en bataille les gēs du roy totila qui mesmement fut tue en celle bataille. Apres tous les maleureux roys ploures courouces venoit rosemōde noble royne des lōbars qui sembloit trescourroucee si mon stoit ses males fortunes par tresgrās larmes et pleurs. Et pour ce que en tous les neuf liures particuliers de ce present volume len trouue pou de hystoires racomptās les maleureux cas des nobles femmes iay pense en mon couraige que bonne et louable chose seroit escripre le cas de la royne Posemonde.

⁖

Le xxii.chapitre contiēt le cas de Posemonde noble Royne des lombars fille de turismond Roy des gepidois. Et commence ou latin. Posemonda.ᛐc.

⁖

Osemonde fille de turismōd noble Roy des gepidois aux premiers ans de sa ieunesse commenca souffrir et esprouuer les glissēs et muables tournoiemens de fortune. Posemonde comme femme courageuse ᛐ forte endura les chāgemens de fortune iusques en la fin de sa vie. Apres doncques que albonin lors Roy des lōbars ᛐ qui auec ce estoit Roy de hongrie. Et turismond Roy des gepidois si firēt guerre lun cōtre laultre ou pays de hongrie ᛐ illec enuiron. Il aduint par la derreniere desconfiture que le Roy turismond et le nom ᛐ le pays des gepidois furēt effaces ᛐ ramenez a neant pla mort du Roy turismond pere de ladicte Posemonde. Et aduint que albonin descōfit et tua en bataille le Roy turismōd Et selon le droit dont len vse en bataille albinon print pour soy le pays des gepidois renconna hommes ᛐ femmes ᛐ mist tout a pillaige, ᛐ en sa part de la proye il choisit et esleut pour soy Posemonde adonc pucelle vierge. et pource quelle estoit vierge entiere de corps, ᛐ fille de noble Roy, bien faconnee de corps ᛐ de visaige, assez meure ᛐ habille a marier. Et aussi le Roy albonin pour lors ne auoit aucune femme espousee, pourtant ledit Roy alBonin ioingnpt a soy par mariage la pucelle Posemonde, ᛐ par ainsi presques en vng mesmes mouuement ᛐ temps Posemonde fut soubtraicte ᛐ ostee du pays et du palaiz du Roy turismont son pere, ᛐ prinse et enchaynee en fer de par albonin, et deliuree de prison ᛐ de serudge, ᛐ menee comme espouse et Royne es chambres du Roy albonin. Et rosemonde qui par auant estoit fille du roy des gepidois elle acreut sa noblesse par ce que elle deuint Royne de lombardie. Et certain est que rosemonde fut assez resplendissant et noble par les nobles parens dont elle nasquit, mais elle fut plus resplendissant et noble de par alBonin son mary. Albonin doncques qui desconfit auoit turismond Roy des gepidois fut assailly et contraīt a bataille de par naserttes noble cheualier Rommain, et connestable de lempereur Iustin Et affin que albonin peust plus deliurement entendre au fait de sa bataille Il bailla en garde et en commande les pays de hōgrie a ses amis et parens ᛐ apres assebla sa puissance en bataile, ᛐ par tresgrans victoires obtenues consequemment lune apres laultre il subiugua a sa seigneurie deux citez, cestassauoir fourly ᛐ venise, et tout le pays ᛐ gaule oultre les mons, et les constains ᛐ les sannitois qui sont deux fors, ᛐ puis sans nacions de gens ou pays d ytalie Et pour ces nobles victoires ᛐ grās conquestz que fist le Roy albonin len peut assez legierement scauoir que la gloire de la royne rosemonde fut grandement accreue/ attendu quelle estoit auec son mary alboni qui lors seignourioit a tant de nations de gens: mais fortune qui ne peut estre longuement en vng lieu abaissa honteusement en brief espace de temps la royne Posemonde qui par fortune auoit este esleuee bieneureement. Albonin doncques apres ces belles victoires estoit en la cite de Verone pour establir et fermer parauanture sa demourance enicelle ville/ et illec auec ses barons: il faisoit vne sollennelle feste a grāt appareil de viandes. Ou disner de celle feste le roy albonin comme trop esbaudy et ioyeux et qui parauenture estoit mouille et pure de vin print vng gobelet dor quil auoit fait forger par vng ouurier estrange/ en memoire et en souuenance de la victoire quil auoit eue du roy turismond/ et des siens et apres albonin commanda que le gobelet plain de vin fut presente a rosemonde et au disner de celle feste sollennelle le roy albonin aussi commanda que ladicte Posemonde beust dautant a son pere turismond la royne rosemonde dolente et courroucee pour la fresche amenteuance de la mort de son pere/ ne considera pas la leesse de son mary qui par esbaudisseur trop grant et meslee diuerse commandoit a sa femme boyre dautant a son pere/ mais rosemonde par maniere feminine print et receut la parolle du roy au pire entendement/ Car elle cuida que Albonin ia eut apparat commande que ainsi comme son pere Turismond auoit este occis/ que aussi deust dereschief estre rosemonde comme prisonniere et estre lyee de chaynes ainsi comme elle estoit auant que elle espousast le roy albonin.

Adonc rosemonde soubdainement/ embrasee de raige femenine flechit et tyra premierement a sa partie vng escuier du roy Albonin appelle emelchis/ de q la mere auoit alaicte et nourry de sa propre mamelle le roy Albonin ou temps de son enfance. Rosemonde flata cestuy escuier par tresgrāt diligence moyenans dons flateries et promesses. Apres ce que Emelchis fut tourne et attrait a la partie de la royne elle luy descouurist son conseil et le demena par enhortemens et par promesses tant quil consētit aux emprinses de la royne qui tendoit faire mourir le roy Albonin son mari. Et ia soit ce que la royne et lescuyer dessus dit fussent encores en vne mesme sentence/ Toutesfois il sembla a la royne Posemonde et a emelchis que Ilz ne pourroient acomplir aucune chose assez conuenablement sans la faueur ou ayde dung aultre escuier appelle peredeus home tresfort de corps/ et qui continuellemēt estoit entour le roy Albonin. La royne regarda que la loyaulte dudit peredeus homme de tresferme et tresentiere foy ne pourroit pas legieremēt estre flechie ne tournee a consentir ne a faire si grant desloyaulte comme de occire son maistre le roy Albonin si pourpensa Posemōde nouuelle cautelle et mauuaistie et adoulcit flata et amollit le dur et ferme couraige de peredeus. Si aduint que peredeus amoit moult ardemment vne des pucelles de la royne et en tressouueraī delit il vsoit quant il pouoit des baisiers et embrasemens dicelle vng iour la royne congneut et sentit que peredeus en la nuyt ensuiuant deuoit dormir auecques celle pucelle/ apres ce q toute clarte de feu de chandelles et de torches fut estainte et ostee de la chambre la royne entra dedens en cachettes/ et en vng destour attendit la venue de peredeus/ et apres ce quil eut acomply son deliteux plaisir auec la damoiselle/ la royne ouurit et declai

ra audit peredeus le nom de la pucel
le auecques qui il auoit dormy τ sou
lace celle nuyt. Posemonde dõcques
entremenassa Peredeus de le fai-
re mourir/ pour cause de ce meffaict
ou cas que il ne se accorderoit a sa sen
tence τ au souloir de la royne. Pere
deus prins τ deceu par cest art consi
dera en soy et se tyra au desir et a la
soulente de la royne pour le regard
de son perche τ apres ledit peredeus se
condescendit a faire tout ce que ladicte
royne souldroit. Or aduint que le
roy alboni se mist a dormir τ reposer a
pres disner a leure de midy τ dont
Posemonde conduiseresse τ acompai
gnee dudit peredeus entra dedens sa
chambre ou son mary alboni ia dor
moit. La royne τ peredeus qui enten
doyent a occire le roy auoyent auec-
ques eulx plusieurs desloyaulx hom
mes instruictz τ enhortez de la chose
si assaillirent a espees nues le roy al
Bonin esbay et soy leuant du lit. Et
pour ce que il estoit desfaisy τ sãs au
cunes armes a quoy il recouruft/ Il
print ung quarean a marchepie a lay
de du quel il se deffendit longuement
et forment en soy couurant contre les
coups des frapeurs. Et finablement
le roy alboni qui plus ne peust resi
ster fut par diuers τ griefz coups des
pees desconfit et occis/τ espandit son
sang en sacrifice pour appaiser lame
du roy Turismond qui auoit este oc
cis et par ainsi ledict roy alboni quil
auoit subiugue τ desconfit plusieurs
roys/ et qui auoit surmonte et uain
cu en bataille grans multitudes de
ennemys / et qui auoit soubmis a sa
seigneurie diuerses prouinces du mon
de/ et qui par mou(l)t de perilz estoyt
eschappe victorieux en treslongue es
pace de temps/ Il fut desconfit par
le barat de sa femme Posemonde/ et
fut tue par ses propres escuiers τ ser
uans lesqlz parauãt il auoit prouueuz

a grans estatz et richesses. Apres ce q
ceste mauuastie fut faicte par enrage
hardement τ oultrage/ lescuier emel-
chis dessusdit sefforca prendre le roy-
aume dalbonin tãdis que les gẽs de
lõbardie plouroiẽt τ faisoiẽt le dueil/
et estoient occupez a faire les exeques
de alboni(n) leur roy. Sitost q emel-
chis dit que la chose par luy entrepri-
se estoit uaine τ pour neãt. Aucũs hy
storiens dient quil appresta ung na
uire τ par nuyt Il auec Posemonde
monta en ses nefz sur la riuiere du
port et partit de Beronne τ illec arri
ua a la cite de Pauennes auec Pose
monde qui nagueres estoit femme de
alboni(n) roy des lombars/ et apres e-
stoit deuenue femme de lescuier e-
melchis qui auec soy emena en naui-
res tous les tresors τ toute la serpil-
lerie du roy alboni(n). Et une noble
dame appellee alismonde fille du roy
alboni(n) de p so pmiere femme τ si ame
na auec soy pere de l'escuier dessus dit.
Quant lescuier emelchis auec Pose-
monde τ les aultres si dessus nom-
mez furent uenuz a Pauennes ilz fu
rent bien τ noblement receuz de p le
uicaire de lempereur iustin appelle lõ
gin qui auoit este substitue uicaire en
lieu de narsettes dõt ie parlay au cha
pitre precedent/ combien que emelchis
fust ennemy de longin τ de ceulx de
rauennes. Posemonde doncques qui p
auãt fut renõmee royne estoit adon-
ques deuenue furtiue affin que elle
auec emelchis son mary ne ioist lõgue
ment des grãs richesses q elle auoit
pillees en lostel de son mary le roy
alboni(n). Elle premierement fut mõ-
stree au roy τ de mocquee p les gens
de Pauennes tant p sa haultesse roy-
ale que elle auoit perdu comme p la
chastete de son corps que elle auoyt
corrompue τ destruicte/ τ apres ces
reprouches souffisans a maleurte. Il
aduint que Posemonde pour sa beaul

te ou autrement vint au plaisir et en la delectacion de longin vicaire de Pauennes pour lempereur iustin/ et ceste chose fut cause du derrenier destruiement de Posemonde. Longin doncques requist et enhorta Posemonde que elle le print a mary. Ceste Posemonde flechit et tourna son courage despouser Longin par la longue ianglerie de luy. Si aduisa Longin que a espouser la dame et a celebrer les nopces il nauoit entree ne moyen si non par espandre le sang de lescuier Emelchis son espoux. Longin fist legierement consentir Posemonde enclinee a tous maulx que par armes len tuast son mary Emelchis pas ne fut merueille que Posemonde consentist la mort de lescuier emelchis son mary/car conscience vne foiz infecte et ordoyee de mauuaistiez chiet et trebuche finablement de plain gre a consentir a faire quelconque mal. Posemonde doncques print et aduisa conuenablete de temps pour ceste chose pfaire/et elle qui souloit monter sur le lit de son tiers mary tendit et bailla a lescuier emelchis son second espoux saillant adonc dung baing/ qui eut soif demanda a boyre/ et elle luy bailla vng piche gobelet dor plain de venim/ainsi comme se ce fust vng bon et loyal bruuage/apres ce que emelchis congneut le venim que il ia auoit taste il appointant contre elle son espee contraignit Posemonde a boyre le remenant du venim/ affin que elle ne demourast impugnie de son meffait. Sitost que emelchis et Posemonde eurent beu celluy bruuage de nimeux ilz enflerent et cheurent tous deux mors lun de ca lautre de la seson les demerites de eulx qui auoient occis le roy albonin homme innocent/ et bien merit/et qui tantost apres la mort de luy auoient fait leurs desloyalles nopces. Emelchis doncques et

rosemonde empoisonnez par eulx mesmes moururent en lieu de sacrifices du roy albonin/et eulx banniz et dechassez de leurs pays furent par cruelle mort desseurez lun de lautre après les desloyalles nopces.

Le xxiii. et dernier chapitre parle contre les femmes hastiues en couroux et eschaufees en luxure en ramenant a memoire la maleurte de rosemonde. Et commence ou latin Producatur. &c.

E prie aux bonnes et piteuses femmes que deuant leurs yeulx elles vueillent ramener en appert lexemple de Posemonde iadis noble royne des lombars qui hastiuement et malentendit la parole du roy albonin son mary et laquelle apres la cruelle mort du roy albonin son premier mary espousa vng second lequel elle empoisonna par venin dont elle beut sa part parquoy elle enfla et mourut semblablement auec son second mary. Je prie aussi aux femmes qui enuers dieu et enuers leurs maris doiuent estre iustes et piteuses que pour exemple de honnestete quelles regardent a lenuiron la miserable et deshonneste charongne de la royne rosemonde vilainement et horriblement morte pla fureur et raige dont elle fust surprinse pour le trop hastif et mauuais entendement quelle mist en la parolle de son mary le roy albonin Et se ainsi est que les femmes iustes et piteuses ont compassion et mercy

De Boccace

du cas de rosemonde/ Je leur prie que elles aduisent en quel dommage viêne de mal exposer & entendre les parolles doubteuses en tel sentement que deshonneur ou dommage en aduiengne Et si leur prie que elles regardent et aduisent en elles quel prouffit ou ql dommage ressourt de la fême q̃ se schauffe p fureur ou q̃ chiet en aueuglez desirs de soy venger sur autruy ou qui tresbuche en deshonestes plaisirs de assouuir la puanteur de luxure côme ainsi soit que toutes ses choses tournent ou dommage des bnones femmes Car se les bonnes femmes aduisent lestrange meffait de la royne rosemonde/ilz prendrent en leurs vi saiges celle honeste honte qui est vraye garderesse & consierge de chastete. elles cognoistront par les yeulx de leurs pensees q̃lles nasquirent & furent ordonneez de p dieu pour estre subiectes & pacientes enuers leurs mariz q̃ sont p dessus elles ie prie aussi quelles considerent p les yeulx de leur pensee la fragilite de leur sexe & la petitesse de leurs forces & la muable voulente et si leur prie quelles preingnent les beaulx frains de chastete po̅ arrester & fermer leurs courages chancellans & enclins a luxure/ affin que les femmes ne abandonnent leurs corps au pechie q̃ est cause de pardurable deshonneur tandis q̃ elles pourchassent p oultrageux hardemens les causes plus haultes quil ne affiert a leur sexe & nature.

Cy fine le viii. liure des ix. liures de Jehan Boccace des cas des nobles hões & femes maleureux/ et tantost aps cômence le ix. q̃ dernier.

Cy commēce Jehan boccace son neufuiesme & derrenier liure des cas des nobles hõmes & femes/ & traicte le premier chapitre les cas daulcuns nobles maleureux et de brunichilde noble royne de frãce. Et cõmence ou latin. Non inuenior. & cetera.

Ource q̃ mon noble mai∫tre francois petrac ou premier chapitre de luitie∫me liure pcedēt me reprit ∫i ap grement que, de honte il me fist rougir le visaige pource que ie me estoie abandonnée a repos τ oysiueté/maintenant et encores ay ie souuenance de la vergoingne que mondit maistre me getta au visaige τ combien q̃ ie ne soye pas si longuement demourée en repos ou en oysiueté comme ma voulenté desire/touteffois apres le acomplissement de l'huitiesme liure ie me suis leue comme couuoiteuse de attaindre la borne τ la fin de mon neufiesme τ derrenier liure/se dieu me ottroye grace de le faire/τ certain est q̃ ie auoye couraige τ propos de adrecer τ vertir autre part mon estude quãt ie vy venir a moy plusieurs nobles maleureux/entre lesqlz ie vy venir vers moy maurice cinquantedeuxiesme empereur des rommains aps octouien. Soubz cestuy empereur maurice q̃ regna vingt τ ung an/les gothois qui soubz l'epereur valeus estoient deuenus heretiq̃s de la secte arriane/ilz retournerent a la droicte voye de la foy catholique. Cestuy maurice doncques estant en treshaulte seignourie du monde bien eureux p gloire/puissance/τ richesses/τ autres dons de fortune/τ q̃ a bon droit se esiouissoit en ses femmes et enfans lesquelz il auoit engendrez τ nourriz en esperance de succeder a l'epire/mais ennuyé courroucé τ malade pour les bieneuretez d'autruy aguillõna ung noble τ puissant cheualier nõmé phocas ardant τ couuoiteux d'auoir pour soy la seignourie du monde. Cestuy phocas armé de cruaultez fist occire l'epereur maurice sa femme ses enfans τ toute sa famille τ mesgnie estans adnoc en une cité d'asie appellée calcedoine. Aps la mort duquel ledit phocas prit pour soy τ occupa l'epire mais affin q̃ la fin et l'issue fust semblable a l'entrée cruelle τ infame. L'empereur phocas soubz q̃ les rõmains furent cruellement occis p les persois/apres quil fut p force d'armes gette hors

de l'empire/il fut occis p les gens de eracle q̃ apres luy succeda a l'epire τ q̃ icelle obtint p vingt τ quatre ans. Aps le maleureux cas de l'empereur phocas briefment descript venoit le desloyal traitre machomet lequel ie regarday diligemment affin que ie descripuisse son cas pourquoy cest assauoir que enuiron six cens τ dix ans apres la natiuité de iesucrist/phocas empereur des rommains aux prieres de boniface le quart pape depuis saint gregoire donna a cestui boniface ung temple estant à rõme anciennemẽt appellé pantheũ. En celuy temps estoient autant de statues cõsacrées cõe il y a au monde de nations de gens/cest assauoir.lxii. chacune statue auoit escript en sa poitrine le nõ de la gent que l'image representoit/et au col de chacune ymage auoit une sonete de metal/les prestres de ce temple continuellement le gardoient nuyt et iour par ordre les ungz apres les autres/τ se aucune gent se rebelloit contre l'epire de romme la statue de la gent qui se rebelloit se mouuoit τ trembloit τ la cloche quelle auoit en son col tintoit τ faisoit son et tantost les prestres aportoient p deuers les seigneurs de rõme le nom de la gent qui estoit escript en la poitrine de l'image/et apres les rõmains enuoioient tost gens armez pour dõpter et refraindre les rebelles/τ pour les remettre soubz l'obeissance de l'epire romaine. Si aduint q̃ saint boniface dessusdit fist demolir les ydoles de ce teple τ le nestoya de toutes ordures de ydolatrie/τ icelui teple dedia cõsacra et beneit en l'oneur la tresglorieuse vierge marie mere de dieu/τ de tous les saintz martirs. Et oultre ordonna le pape dessusdit q̃ a ce teple sainctifié q̃ l'en appelle maintenant l'eglise de nostredame la ronde le peuple crestien se assemblast chacũ an le pmier io' de nouẽbre en telle solẽnité τ semblable deuociõ cõ me len fait le iour de la natiuite de dieu/ ༞ pource que leglise cõstantinopolitane parauãt se escripuoit ༞ nõmoit la premiere de toutes les eglises cristiennes. Le pape boniface le tiers aps saint gregoire ordonna ༞ establit aux prieres de lẽpereur phocas q̃ leglise romaine se escripzoit ༞ nõmeroit la pmiere de toutes les eglises cristiennes. Apres la mort de lẽpereur phocas qui par huit ans regna/lempereur eracle succeda ou tẽps du q̃l fut machomet faulx ༞ mecongiez pphete ༞ hõme magicien. Cestuy machomet engẽdre de ignobles parẽs fut ne en vne cite de arabie appellee meca. Aps la mort de ses parẽs il demoura en la garde ༞ tutelle de abdamanef sononcle. Si tost q̃ machomet fut perueu il cõmeca a adorer faulses ydoles/ ༞ superstaines superstitiõs/ aĩsi cõme faisoiẽt toꝰ ceulx de sa lignie/ ༞ vesquit ydolatre iusq̃s ou tẽps que il deuit varlet ༞ meneur de chamois dune moult riche ༞ puissant araboise appellee cadige femme dung noble et riche arabiois appelle hulede/ seigneur dune puince nõmee corozaine ou pays dorient Machomet doncq̃s faulx pphete ༞ deceueur des maleureux peuples orietelz/en cõduisant les chamois chargiez de diuerses marchãdises seruit celle femme cadige iusq̃s ou tẽps que il espousa icelle/ et la cause q̃ meut cadige espouser machomet fut ceste/ car il qui auoit este son verlet ༞ meneur de ses chamois tira hors de diuerses prouinces grãs cõpaignies de sarzasins ༞ turs et fut Duc ༞ capitaine diceulx. Et il auec les siens cõmenca a degaster ou tẽps de eracle les pays et les peuples subiectz a lempire de rõme/ ༞ il qui auoit assez long tẽps cõuerse en egipte ༞ en iudee auoit aprins ༞ retenu des chrestiens et des iuifz moult grãt ptie du nouuel ༞ du vieil testamẽt/et auec ce il estoit magicien et sorcier. Ainsi q̃ il decouroit ca ༞ la il aduit q̃ il entra en la puince corozaine dõt cadige estoit dame laq̃lle vit plusieurs ༞ diuerses espices ༞ marchãdises que machomet auoit amenees si se esmerueilla la dame ༞ se cõmenca a accointer de luy/ et machomet enchãteur ༞ sorcier cõmenca par sa malice induire pou a pou ༞ attraire la dame en erreur en disant que il estoit messias/ cest a dire sauueur et filz de dieu lequel les iuifz attendẽt/ il couloroit ses parolles tãt p ses enchãtemẽs cõe p les cautelles ༞ malices dont il scauoit foisõ. Par la fause opinion de machomet ceste puissãt et noble fẽme et toꝰ iuifz et sarrasins q̃ ouprẽt la renõmee de lui accoururẽt p deuers lui cõe toꝰ esbahys pour la nouuellete de la chose Aps ce que machomet eut espousee celle dame p les richesses de laquelle il fut deuenu riche il sefforca de soy faire Roy des gẽs de celle puince/ ༞ po ce q̃ il ne peut ramener a effet son desir pource pẽsa lemẽt q̃ il auoit encore pou de aydes ༞ defaueurs/il vsa de art ༞ de grãt engin pensãt puis q̃l ne pouoit estre Roy q̃l faindroit soy estre prophete ༞ messagier de dieu Apres quil eut vsurpe le nõ de prophete il se tira deuers les hommes ignorans folz et simples ༞ qui ne sauoient quelle chose estoit prophete ne messaige de dieu Les hommes deuers qui machomet se tira labouroyent les champs ༞ habitoient les villages et ne sauoient aduiser difference entre folie ne sagesse ne entre verite ༞ mensonge/ ༞ affin q̃ machomet soubz plus grant apparẽce de verite deceust les hommes qui ia se hurtoient à luy Il se accointa dung clerc moult pe nomme a qui le pape dessusnõme refusa vne grant dignite en saincte eglise. Et pource q̃ cestui clerc ne peut obtenir ceste dignite il soy partant de romme se transporta es parties de oultre mer/ ༞ attrahit a soy hões ༞ femes

AAii

mes ſans nombre/ illec il trouua ma chomet a q̃ il diſt que ſe il vouloit obtẽperer a luy q̃ il le feroit ſeigneur et prince du pays doultre mer. Machomet doncq̃s ſelon le conſeil de ceſtuy clerc nourrit vng ieune coulon q̃ toute ſa viãde pnoit par accouſtumance dedẽs les oreilles de machomet aĩſi cõe il luy adminiſtroit. Et pource que le coulon cõtraint de fain voletoit ſur les eſpaules de machomet (t mettoit ſon bec dedẽs ſes oreilles il dõna a entendre aux gens ſimples (t rudes q̃ le ſaint eſperit parloit a lui en ſẽblance de coulõbe a la maniere ainſi cõe il diſoit de ieſucriſt le ſaint pphete ſur qui la coulõbe deſcẽdit quãt ſait ichan le baptizoit. Et oultre machomet affermoit q̃ les polles (t les loix q̃ il pſchoit aux peuples il les receuoit de la bouche du ſaint eſperit q̃ en figure de coulõbe parloit a lui. Et auſſi il deceut les hõmes ignorans q̃ a lui venoient en grans tourbes/(t a ces hõmes il cõmeça a faindre (t bailler nouuelles loix auſquelles il adiouſta en teſmoig aucunes eſcriptures prinſes du nouuel et viel teſtament de la bible. Et ces loix faulſes et venimeuſes eſcriptez en vng ſien maudit liure appelle alcoran qui tant eſt vil (t indigne pour les faulſetez q̃ il cõtient que meſmemẽt celui liure neſt digne deſtre veu ne leu ne nõme par les hõmes creſtiens ſi nõ pour en faire moquerie ou pour conſiderer cõme les pechez des preſtres et du peuple ont peu courroucer dieu ſi grieuemẽt quil ait ſouffert machomet hõme vilain ſans lettres ydiot (t ſorcier traire (t mener en erreur la plus grant partie des hõmes (t du mõde q̃ ia auoient receue la loy de dieu et la foy catholiq̃. Les loix de machomet furent receues par les ſarraſins/ilz cõfeſſent et dient que ilz nont aultres loix ne autre legiſlateur fors machomet. Les arabiois ſe adioignirẽt a lui

qui ia cõme dit eſt a cauſe de femme auoit la ſeigneurie de la prouice corozaine,/a cauſe de ſa fẽme les araboys auſſi ſoubz la fiance (t par lenhortemẽt de mahomet ilz guerroierent les perſoi ſet les pays dorient iuſques en alexandrie/et contre lẽpereur eraclius (t affin que dieu monſtraſt aux hõmes la vilite et la honte du traitre machomet,il fut feru dune maladie appellee epilencie/pquoy les hõmes et fẽmes cheent a terre cõme demy mors,(puis eſcumẽt par la bouche (t par les narines. Quãt ſa fẽme cadige vit q̃ elle eſtoit mariee a machomet hõe treſfort epilentique elle fut moult courroucee mais il ſe efforca de laappaiſer p fauſſes paroles et lui diſt q̃ quãt il eſtoit en ctẽplation larchãge gabriel ploit auec lui et ne pouoit ſouffrir ne endurer la reſplandiſſeur de ſon viſaige celeſte/ et pource que machomet eſtoit hõme charnel il cheoit et lui failloiẽt les forces corporelles ſa fẽme (t tous les arabiois creurent que machomet peceuſt de la bouche de larchange gabriel les loix que il dõnoit a ſes diſciples pource que ledit archange a eſte ſouuent enuoie aux ſaintz hõmes anciens. Machomet doncques pauant varlet et cõduiſeur des chamois fut mary de cadige et ſeigneur de la puiſce deſſuſditte. Machomet q̃ ſelõ la petiteſſe de ſon lignage eſtoit ingnoble ſans lettres (t ſans renom fut repute hõme noble prophete (t meſſagier de dieu (t parſonnier des ſecretz celeſtiez envers ceſtui fut grant laueugleſſe de fortune (t plus fut merueilleuſe la ſouffrance de dieu qui permiſt ceſtuy eſtre eſleue dordure pour perdre les ames de ſi grant nõbre dõmes. Et affin que machomet frauduleſmẽt mõſtraſt ſoy eſtre pphete (t meſſagier de dieu (t q̃ il peuſt attraire (t ioĩdre a ſoy les ouſtraiges des arabiois: il leur diſt quil eſtoit pphete enuoye de dieu pour leur salut/ cestassauoir affin q̃ p̃ deux commandemẽs il attrempast la loy des iuifz et des crestiens q̃ est trop roide et trop estroite/et aussi cõme le sait p̃phete moyse q̃ auoit confermé p̃ vray signe et p̃ miracles la loy de dieu qu'il donna aux iuifz tous cõuoquez et asseblez en ung lieu/ainsi le traistre et faulx p̃phete machomet cõuoca et assẽbla les arabiois en certain lieu et iour pour leur prouulguer et dire la loy de par dieu enuoyee ainsi cõme il mẽtoit Tãdis que machomet p̃schoit et anonçoit sa loy vne siene couloẽbe faulsement enseignee et duite vola et se arresta sur son espaule et selon la maniere acoustumee prioit les grains de fourmẽt de dedẽs son oreille pquoy la simple et folle gent cuidoit q̃ le saint esperit en figure de couloẽbe luy deuisast les proles q̃il disoit en añonçant sa loy. Machomet aussi eut ung toreau qui p̃ longue acoustumãce fut p̃luy enseigne en tant q̃ il prenoit la viade de sa mai et venoit a son appel. Machomet doncques eut fait dicter et escripre sa loy p̃ vng clerc appelle sergius homme heretique et qui ensuiuoit les oeuures de lezetique nestoire. Cestuy heretique nestoire enuiron six cens ans apres la natiuite de dieu fut euesque de constantinople prescha et publiquement maintint que la benoiste vierge marie ne estoit pas mere de Jesucrist dieu et homme/mais elle seullement estoit mere de iesucrist homme et par ainsi nestoire faisoit en iesucrist vne personne de chair et vne autre personne de deite. Il comme heretique ne voult croire vng seul iesucrist estre filz de dieu et homme/mais il prescha et tint que separeement et disioinctement autre estoit le filz engendre et né de la vierge marie. Et celle loy ainsi escripte en vng liure q̃ l'en dit lacora/le traistre machomet l'y aratacha ce liure entre les deux cornes du toreau dont iay parle puis appella celui toreau et tantost vint a lui et apporta le liure atache entre ses deux cornes/parquoy le peuple creut et pẽsa q̃ celle chose fut faicte par la vertu diuine. Machomet auec ce enfouyt et cacha en certains lieux de la terre plusieurs vaisseaux plains de lait et de miel/et en ces lieux il fist serchier et fouir aucuns hõmes qui trouuoiẽt les vaisseaux plains de lait et de miel pquoy il fist entendre au peuple que dieu lui auoit reuele ces choses/et que to' ceux ou temps aduenir auroient abondance de biens qui gardoiẽt les mandemens de sa loy. Les arabioys voyãs les troys faulx miracles/de la couloẽbe/du toreau/et des vaisseaulx plains de miel et de lait/firent grãt ioye et feste et haultz cris/et tournoiẽt leur couraige enuers machomet pource qu'ilz pensoient que il parlast et fist ces choses par la puissãce diuine Machomet doncques pauant cõduisieur et varlet de chamois et porteur de faisseux et qui apres fut larron de bois et assailleur de chemis qui nupt et iour assailloit les marchãs voiagiers tant par soy mesmes cõme par ses cõplices fut receu comme prophete et messagier de dieu Ses loix mensongieremẽt trouuees mal ordõnees rudement dictes et escriptes/confusemẽt prononcees/furent receues de par les arabioys/et par succession de temps elles ont este et sont si esleuees que presques tous les peuples orientelz qui furẽt premiers et anciens crestiens sont apres deuenus machomites et aduersaires de la foy de iesucrist. De la faulse maulditcte et confuse loy de machomet ne se peut hõe saige assez merueiller ꝙmẽt elle ait este et soit receue de tãt et de si diuerses nacions de gẽs/car plusie'rs histoires par aduenture vrayes cõme celles des francois et autres/ne ont pas este ne sont ne ne serõt receues cõ

A A iii

mes vrayes ne autētiques pource que les escriuains dicelles ont parle trop rude (t cru langaige vulgar ou ilz ont iargonne ou latin sans maieste de sentences sans pesenteur de parolles (t sans garder quelconque art de Rethorique. Apres doncques que cestui machomet par ses enchantemens et barat3 eut deceu grāt partie des peuples dorient tant par signes et miracles faintifz comme par les mēsongieres loix et commandemes escript3 en son alcoran. Et apres ce quil eut vescu p soixante et trois ans/il cheut en maladie et p sept iours il pdit tout sentemēt et vsage de raison et apres mourut enfle ou par venin qui lui fut baille comme dient aulcuns/ou par diuine vengeance de dieu contre qui par enfleures dorgueil/il auoit niensōgierement parle/puis descendit son ame miserable et mauldicte en enfer dedēs le fleuue appelle flegeton qui art en souffre et en feu et sa puāte charoigne fut enclose dedens vng coffre de fer qui pend en lair ou temple de la cite de Mecha par la vertu de certaines libes de pierre daymant qui sont entees (t assises ou hault mur de vne voulte qui est en icelup temple. Et ia soit ce que aucuns folz (t siples cuident/et ayent cuide / que en icelle chose soit miracle/et ouurage diuin toutesfois la verite est aultre Car la suspendue du coffre qui contient sa mauldicte et puante charongne aduient par la vertu et puissance naturelle de laymant qui a soy tyre et hape le fer. Source dōcques que vincent ou vingtequatriesme liure du mirouer historial moult diffusemēt/et en plusieurs chappitres descript la vie de machomet/ Je men passe atant. Et dieu scet que tres voulentiers Je escriuisse plus largement les mauuais ars/et les mauaises loix/ (t la puante luxure de Machomet faulx prophete. mais la royne brunichilde vit deuant moy non mye comme vne femme/ mais comme vng dyable. Ceste brunichilde me tira par deuers soy/affin que ie ne escriuisse en oultre des faitz de machomet. Et certain est que brunichilde vint deuant moy en cheueulx espars et desliez/ et occupoit mon chemin/elle fondoit de ses yeulx tresgrant multitude de larmes et sescrioit en moy disant Mon ami Jehan Boccace qui en ton present liure effondres et enquiers du commēcemēt iusques ala fin les miserables cas des nobles hommes et femmes du temps passe/sy moy se tu delaysseras mon cas. Tu quiers souuent par grant labour destude es liures des hystoriens les mechances qui sont aduenues aux autres/ et tu ne veulx perceuoir les miennes que ie te presēte. Tu veulx taire mes pouretes et miseres/ et me desprises ainsi q̄ me ie soy. Tu cuydes que ie soye vne femmette de poure estat. Jay aucunes foys porte couronne royal dor et pierres precieuses sur mes cheueulx que tu voys maintenant vilz et de trenchiez. Dy moy doncques Jehan boccace pourquoy vertonnes tu ton visaige ne tes peulx autre part que enuers moy/ ainsy comme se tu eusses plus soing de compter les maleureux cas des autres que de moy. Se tu ne scez qui ie suis ie te respons que Je suis brunichil de Jadis royne des francois/pourquoy refroidis tu/pourquoy quiers tu eslongnee de non escripre mō cas. tu as fait seruice a la noble arsiurie royne des sprenois dont tu as escript le cas ou dixhuitiesme chapitre du quart liure precedēt. Tu as fait seruice a cleopatra noble royne degipte/dont tu escripuis le cas ou quart chapitre du sixiesme liure precedent. Et dernierement tu as fait seruice a rosemōde noble royne des lōbars et fille de turifmond roy des gepidois de laquelle tu escripuis le cas ou vigtedeuxiesme chapitre de luitiesme liure precedēt. Trop durement doncques te porteroies euers moy se ie ne vſoie de ton feruice. Pource que si despourueuemēt ⁊ si estroitement ie fu happe et detenu par cefte Brunichilde/ie fu tant esbahy que ie ne trouuay aultre chose que ie respondisse a ses raisons tant estoient puissantes fors que Ie luy dis/combien certes Brunichilde que au commencement de mon liure Je aye serchie es liures des acteurs historiens les cas des malleureux nobles hommes. Toutesfois ien trouue maintenant deuant moy plus que ie nen fouldroye. Je suis dolent Brunichilde pource que tu es meschante: Mais ie ne puis escripre le cas de ta maleurete ainsi comme tu le demandes/Car il ne me fouuient pas auoir oup forſque maintenant quelles fortunes tu as eues ne ton pays. Adonc me dist Brunichilde/mon amy iehan Boccace tu ne trouueras aucun hōme ne fēme fors moy qui au commencement ait eue plus doulce fortune ⁊ a la fin plus amere / ⁊ moy mesmes te compteray mes bieneuretez ⁊ apres mes miseres Si te prie que tu prēnes ta plume pour escripre tout ce q̄ ie te diray. Et adonc ie luy dis /cuides tu Brunichilde que ie te doiue croire se tu me comptes ta cause ⁊ tōpre fait/car ie scay des lentree de ma ieuneſſe q̄ les femes ont deux legues / car elles dient pluſtoſt les choses q̄ ſōt pour elles q̄ elles ne ſōt les choſesq̄ ſōt contre elles. Adonc dit Brunichilde/de trop suis meschāte se tu cuides q̄ vne Royne mētiſt/ ⁊ ie luy respōdy. Certes ie ne te croiray pas en ton propre fait se mefmemēt la couronne Royal auoit mue tō ſexe ⁊ ta nature. Adōc elle me dist cefte suspection q̄ tu as de moy q̄ tu cuides q̄ ie mētes dient p ce q̄ ie suis ma

leureufe ceſt lanciēne maleurte q̄ aduient aux maleureux car le nadiouſte pl° euis foy a leurs polles de tant cōme Ilz ſōt pl° abaiſſez du hault eſtat au bas/ ⁊ se tu selon mon desir escris ma maleurete ie te cōfesseray verite des choses touchāt mō cas. Et adōc ie dis a Brunichilde/dy moy q̄l proufſit ou quel alegemēt pourroie ie dōner a ta douleur si grāt p les petites lres q̄ ma plume escriuoit en racōtant ton cas/ ⁊ certes tu deurois plus desirer ⁊ douler que tes miseres ⁊ maleuretez cheuſſēt en oubliance q̄ ie les reuelaſſe p mes escrips ne q̄ ie les ramenaſſe a memoire puis q̄ elles ſont endormies par longueſſe de temps/Mais la royne Brunichilde me pourſupuit en disant mō amy iehan boccace ie ay delibere sur mon fait/ ⁊ ay deſir q̄ tu escriues de moy en la honte ⁊ deshonneur de ceulx/p la cruaulte desquelz ie q̄ fu mere de clotaire roy de france ay souffert peines ⁊ tormēs horribles Apres ce que Brunichilde eut ainsi parlé cōbien q̄ mon deſir me tiraſt aultre part ie q̄ ne suis pas hōme dur ⁊ a manière de fer/mais piteable ⁊ debonnaire Je tournay mon ppos en diſāt certes Royne Brunichilde ie te pſte le seruice de ma plume soubz cefte cōdicion ⁊ loy/ceſtaſſauoir que en cōptāt ton cas tu diras verite. ⁊ apres ie diligent ⁊ ententif tournay mes oreilles pour escouter ces parolles Brunichilde fondant larmes de ses yeulx tourmētāt ⁊ batāt ſa poitrine ⁊ poigs ⁊ playes en diuerses pties de ſō corps/ pla a moy en cōtinuant souspirs. Je cuide iehan boccace q̄ ayes ouy dire q̄ clouis anciē roy des francois euſt vng filz nōme clotaire. ⁊ ceſtui filz eut vng filz ſēblablemēt apelle clotaire. Ceſtuy secōd clotaire nepueu du roy clouis eut quatre filz q̄ ap̄s la mort de ſō pere diuiſerēt le royaume de france en quatre parties affin q̄ tous quatre re-

AA iiii

gnaissent pareillemēt Encelui tēps sourdit et se meut guerre entre senichil de mon pere adōc roy despaigne ꝗ estre les dessusdictz quatre roys. Mō pere senichil descendit du lignage de aleric iadis tresgrant roy des gothoys dont le quatorziesme chapitre de tonhuitiesme liure precedent fait mēcion, par celle bataille mue et faicte ētre mon pere senichil de̋ntre les quatre roys dessusditz aduindrent plusieurs pestilences de occisions de larsins et de roberies, et apres les deux parties guerroians condescendirent a traicter de paix et dacord. Et pour garder sās enfrainte la paix et lamistie, ie qui estoie adolecēte a peine de laage de quatorze ans fu dōnee en mariage au roy sigibert. Je dis lors a brunichilde aduise ie te prie q̄ tu dis, car iay ouy dire que tu fuz donnee a femme a vng autre appelle chilperic ou avng autre appelle childeperc. Brunichilde adōc medist. Je scay bien Jehan boccace que aucuns historiens et autres cuydent que ainsi soit comme tu dys, mais ainsi comme il apparut par lasī de mon mariage, ie entray en la chābre de la couche du roy sigibert mō dit mary auecques torches mal fortunees pource que les deesses denfer les portoient alumees ie scay assez Jehan Boccace que les vieilz poetes ꝯhistoriens dient que selon publique ordonnance le iour des nopces des nouueaux mariez ētre les autres serimonies len portoit brandons ou torches ardās des le temple iusꝗ a la chābre de la couche des nouueaulx espousez. Quant les brandons ou les torches pendoient clere ꝯ haulte flambe ꝗ lespousee entroit dedēs la chambre a visaige esleue sans hurt et sans trebuschet ces choses donnoiēt signe de bon heur et de fortune ioyeuse entre les mariez dont aps len chantoit vers et notes aux dieux et aux deesses du

ciel. Mais se les brandons ou torches pendoient noire et tortue flambe ꝗ lespousee hurtoit soy ou trebuchet a lētree de la chambre ces choses signifioyent maleur et dolente fortune, et adonc dissoit len a baisse ꝯ horrible voix aucuns vers ꝯ notes de tristesse aux dieux ꝯ aux deesse d̄enfer, ceste chose aduint le iour que ie me mariay a sigibert roy de france. Mais scez tu iehā boccace quelle chose me aduint finablemēt pource que mon corps ꝯmō visaige estoiēt lors hōnestes p̄ vaine beaulte ꝯ p̄richesse attours, ꝯ si estoiēt de entier et p̄fait aage par lesq̄lles trois choses la valeur et le prix des femes sōt estimez moult grās ꝯ aussi pource que ie auoie selon mes desirs or et pierres precieuses pour fournir mes attours, Je aussi fu esleuee et assise en chaire royale, ie regardoy les gens qui de moy se merueilloient comme se ie fusse vne deesse venue du ciel en terre. Tous les francois me honoroient ilz me esleuoient par leurs louenges deuant toutes les autres femes ie cōceu et enfāte du roy sigibert mō mary vng filz nōme clotaire qui fut le tiers roy de son nom, et cestui roy ie desire ou que ie ne leusse ōcques cōceu ou que ie leusse enterre si tost quil nasquit de mō ventre. depuis q̄ ie fu esleuee et agrādie partant de bieneuretez et tandis q̄ ie vsoie de tresgrans plaisirs ꝯ delectations mōdaines vne dissētion suruint ētre les quatre freres regnās en frāce ꝯ de ceste discention sourdit tātost vne bataille entre eulx quatre, ie adōc dis a brunichilde arreste toy ie te prie ꝯ me dy q̄lle fut la cause d̄ telle discētiō, a ceste demāde brunichilde respōdit q̄ lenuie q̄ les quatre roys auoiēt lūg ꝯtre lautre fut cause d̄ ceste dissētiō po̍ce q̄lz estoiēt nō pel. Adōc ie respōdi a la royne q̄lle mētoit ꝯ oultre ie lui dis Certes brunichilde tu mis ꝯ gettas es cueurs ꝯ es courai ges des quatre freres roys la mauuaise semence de telle dissencion ɇ de tel discord qui fut entre eulx quatre/ car tu as tousiours este femē de mauuaises coustumes ɇ de peruers engin Et lors Brunichilde respondit. Je me esmerueille/ car cestui iehā Boccace vng pou parauāt ne me auoit oncqs congneue/ ɇ touteffois il a este soubdainemēt dray iuge de mon engin ɇ de mes meurs naturelz: si me croy se tu veux car il aduint q̄ ces quatre freres Roys attainerēt leurs couraige par hayne l'ung cōtre l'autre ɇ tant q̄ soubz couleur ɇ semblāce de faire paix traictez et amistiez/ chilperic frere de sigibert mon mary fut tue p̄ varletz cōmis de par eulx a ce faire/ ɇ illec aps pou de tēps le roy sigibert mō mary mourut par celle mesme male fortune pource quil sefforçoit faire vēgāce de la mort de son frere chilperic. Adōc ie dis a Brunichilde/ ie ne reccueray pas ceste chose ainsi dicte par toy car ton mary fut occis par ta desloyaulte/ car pource q̄ vne vengance cōmune entre les femmes estoit en toy/ par laquelle tu prenoies ton principal desir des hōmes q̄ regardoient ta beaulte. Tu q̄ estoies trop mignote sus surprinse de beaulte dōne autre q̄ de tō mary/ ɇ aymas ardāment landric cōte palasin de chāpaigne ɇ de brye. Tu aymas cestuy landric oultre les bornes de hōnestete feminine ɇ par ta soulete ɇ priere tu encheus es accollemēs dudit landric car cōme mal aduisee vsas de embrasemens ioyeux dudit landric en tant que ton pechie fut apceu de plusieurs hommes/ ɇ adonc tu tendis ɇ gettas tes filletz cōtre tō mary le roy sigibert qui riēs ne sauoit de la chose ɇ q̄ estoit iuste ɇ bien mari/ affin que toy maleureuse ne fusses punie de ton meffait/ car vng iour que ton mary chassoit aux bestes sauuages ɇ qui par lōgue chasse estoit las ɇ trauaille tu le feis

fueillet

tresperrer ɇ occrire a espieux ainsi cōme il retournoit ou milieu de la forest de cōpiengne en poursuiuāt la beste/ mais Brunichilde qui fut contre moy attainee respōdit en cōplaignāt. Las moy bon dieu quel hōme est cestuy q̄ si asprement me argue ɇ si na gueres que il estoit ignorāt de mes faitz. Certes ie pēse que iehan Boccace croit les choses que il me dit/ ainsi comme se il sceust mieulx les choses qui furēt faictes adonc q̄ moy mesmes ne fais qui estoie presente. Pourtant certes iehā Boccace ie te dis que tu erres/ car ceste femme qui de espieux fist trespercer ɇ occire son mary fut fredegōde contre son mary chilperic. Ceste fredehōde tresbelle de corps ɇ aussi de visaige fut femme ɇ espouse de cestuy chilperic ɇ pour honnestete ie auoye teu le nom dicelle/ car ie qui suis femme parle plus attrēpeemēt enuers les autres femes q̄ tu ne fais enuers moy qui ainsi recoldes la mort du roy sigibert mon mary. Mais laisse que ie vienne la ou ie Vueil venir. Le roy sigibert mon mary me relenquit ɇ delaissa auec vng petit filz que ie auoye de luy/ ɇ combien que ie eusse moult perdu de ma clarte ɇ puissāce/ touteffois ie qui estoie royne fu soingneuse de nourrir mon filz par telle perseuerance comme ie peu Adonc ie dis a brunichilde ie suis mal patient de ce q̄ tu mas dit/ car ie ap leu en histoires que cellui clotaire dont cy dessus tu parles ne fut pas engendre de sigibert ne de toy mais iay leu en histoires que chilperic fut engēdre de ton mary sigibert et de toy/ ɇ que chilperic apres sa mort laissa deux enfans suruiuans/ cestassauoir theodebert et theodoric. Adonc brunichilde me dist. O iehan Boccace croy ce que tu vouldras/ car ie ne laisseray pas l'ordōnāce de la chose ia p̄ moy cōmencee a cōpter. Apres ces choses aduit q̄ theodric nepeuu de mon mary et qui estoit roy de bourgōgne par indignation ou hayne occist/ ou fist occire son frere theodebert roy de antrasie/ et aussi ses enfans et sa fēme/ pource que ainsi comme len disoit ilz auoient apprestez espiez cōtre theodoric pour le occire. Apres ie dy a brunichilde/ certes ie ne souffreray pas ceste chose passer ne q̄ iay souffert les autres choses q̄ tu disoies pauāt/ car p̄ la deslopaulte et malice de theodoric nepueu de ton mary fist occire sō frere theodebert/ Mais ie ne scay cōme tu peus auoir si grant force de enhorter a faire si deslopalle chose / Que seulx tu q̄ ie dye fors que la couuoitise de regner peut entreprēdre a faire grandes et deslopalles choses / et ie croy que par la couuoitise de regner tu estoies tres eschauffee affin que tu eusses large espace et grāt bandon de pecher et de mal faire et auec ce la tresgrant partie de lengin des femmes se tourne en mal et en pechie Tu auoies ia souuent hurte les forces de ton engin en mal dont tu estoies demouree quitte et sans punir pource q̄ tu ne te pouoies tenir Adonc brunichilde me dist/ Je te prie Jehan boccace delaisse ceste cruaulte q̄ tu fais contre moy et regarde par la ou ie sauldray en concluant les choses dessusdictes. Or a uint apres long temps que theodoric soy repentant de ce quil auoit mesfait quant il cuida reuerser cōtre vng autre le mal quil auoit fait en occisant son frere theodebert cestuy theodoric fust tue par venin et ses enfans furēt detrenchiez des espees. Et ie adonc respondy a brunichilde/ Certes ie ne nye pas ceste chose car ainsi est de la mort du Roy et de ses enfans/ mais ie suppliray a ce que tu auoies delaisse/ car theodoric opposa cōtre toy vng crime/ cestassauoir que tu lauoies espie a faire occire auec ses enfās mais tu brunichilde purgas celuy crime p̄

venin et par espee car tu feiz empoisōner theodoric et occire ses enfans a lespee. Adonc brunichilde commenca a plourer abondamment et me dist las moy meschante. Cestuy cuide que ie soye menteresse pource que ie suis malheureuse et poure/ Il est dist elle ainsi car fortune oste la creance aux parolles des personnes a q̄ elle oste les autres biēs mondains ne nulz ne adioustent foy aux parolles dung maleureux parce que maleurete equipole a infamete. Et apres ce que brunicilde eust longuement tence en contredisant a mes parolles et que elle ne eut dit maintes choses contraires a verite ainsi cōme autres histories tesmoignent elle en continuant poursuiuit sa parolle q̄ ie auoye entrerōpue ainsi comme se brunichilde cuidast pour ce que ie me taisoie que elle me eut attrait a croire ses parolles. Et pourtant elle recommenca ainsi. Pource Doncques iehan boccace que tant de mesfaitz et de enormes pechez lesquelz roient selon droit aucune punicion les barons du royaulme de france dētilerēt celles choses et promeurent la cause en requerant vengance estre faicte par le roy clotaire mon filz Ia lors estant grandelet/ sen fist longue et sai ge enqueste pour scauoir qui estoit le malfaicteur qui tant auoit empoisōne et occis de nobles hommes. Or est certain que ie estoie et ore moult puissante/ cōbien que ie fusse fēme befues du roy sigibert et si auoie atteine contre moy lenuie de plusieurs nobles et puissans hōmes car par lenuie quilz auoient contre moy Ilz pourchassoient de saouler aulcunesfois leur enuie en mon destruisement. Et pourtāt ilz opposerent cōtre moy les doleurs mesfaitz et crimes cy dessus racōptez Je fu accusee comme coulpable ie fu happee et prinse par les gens de mon filz le Roy clotaire. Et apres Je fu

traictee et menee en iugement pour
ouyr les raisons opposees côtre moy
et pour respôdre a icelles Je qui estoie
fême veufue (et qui ne attendoye aydé
ne secours fors que de mon filz le roy
il me delaissa (et ie demouray desnuee
de son ayde/ie ne fu pas côtraincte di-
re ne plaidoier ma cause deuât les iu-
ges du parlemêt royal ausquelz il ap-
partient garder les droitz des parties
eniustes balences. En ce parlement
royal (et deuant les iuges illec deputez
et cômis les princes et autres hômes
hardis (et de treffort couraige tremblêt
et sont esbahis/mais ie fu contrainte
a ceste chose faire deuât mes accuse-
urs qui me fut plus griefue chose Et
certes ia nest mestier que ie côpte oul-
tre la fortune du iugemt ne de la qua-
lite de mes accuseurs ne des tesmoigz
produitz contre moy ne des iuges de
uant qui ie fu côuenue/mais certain
est que côtre mes accuseurs ie fu con-
uaincue (et attaincte p faulx tesmoigz
par faulses côiectures/(et p autres plu
sieurs mauuaises probations. Mon
filz le Roy cloitaire adonc enfant fut
de legier induit (et tourne a côsentir cel
le tresgrât desloyaulte. Et par le cô-
mandemêt de mon filz le roy cloitai-
re fut baillee comission aux bars du
royaume mes hayneux ênemis q cô-
tre moy innocête ilz deissent (et prond
cassent de leur plain gre la sentêce cô-
tre moy selon la qualite de mes pe-
chez en moy ostant puissance de ap-
peller deuant quelconque autre iuge
Las moy meschante car ma poitrine
dont mon filz le Roy cloitaire auoit
prins ses pmiers nourrissemês (et mô
ventre ou quel ie lauoye porte/le nõ
de mere qui est mesmemêt honorable
enuers les hômes estranges (et cruelz/
mes voix plaintiues par quoy ie de
prioye sa grace et misericorde/ ne es
meurent oncques ne adoulcirêt mon
filz le roy cloitaire quil ne souffrist ou

fist dire ou prononcer côtre moy vne
tresdure sentence. Et ia soit ce q mô
filz le Roy cloitaire fust adonc enfât
touteffois il tint contre moy sô ppos
ferme (et immuable ainsi comme se il
fust homme de aage tresentier/Car
moy oyant (et qui envain reprouuoye
la sentence prononcee côtre moy roy
ne mere (et femme de roy. Je fu neât
moins baillee entre les dures mains
des bourreaulx comme se ie fusse fê
me populaire (et ingnoble. Or escou
te ie iehan Boccace griefue (et dure mu
tation de fortune/car les bourreaulx
(et ceulx mesmemt q me auoiêt veu al
ler encourône (et en autres atours royaulx
(et q mainteffois me auoient veue acô
paignee de plusieurs nobles hômes
(et fêmes. Ilz oublierêt les anciennes
honneurs (et reuerences que ilz me sou
loient faire / Car ilz lancerent leurs
mains contre mes robes/ (et par viole
ce les me despouillerent (et tirerêt hors
de mon dos. Or escoute vne chose
tresmerueilleuse parquoy tu pourras
congnoistre quelles soient les forces
de fortune. Tandis que ie ne scauoie
contenir ne serrer mes yeulx quilz ne
plourassent tousiours (et si estoit mon
prouffit de non plouroir pource que
force de couraige endure (et seuffre tou
tes aduersitez/sans larmes/sans cla
meurs/(et sans regretz. Ou temps de
ma dure fortune Je ne vy homme ne
femme en aucun lieu qui plourast en
ayant pitie de moy mais pour agra
uer ma douleur ie vy que len me mô
stroit au doy/Je apperceu plusieurs
hommes (et femmes qui escailloient
leurs yeulx por veoir se len me feroit
souffrir plus griefz tourmens que ie
encores ne auoie Et combiê q ie cloui
se mes yeulx affin que ie ne visse aul
cune partie des mocqueries q len me
me faisoit / touteffois ie ne pouoie
stouper mes oreilles que mesmemt
entre la noyse des bourreaulx (et des

sergens ie ne ouysse plussieurs hom∣
mes τ femmes qui me mauldisoient
parquoy ma douleur accroissoit. Be∣
soing est que ie me arreste a racompter
plus de maulx p̃ moy souffers / Ie fu
a moitie desuetue τ fu happee pour
mettre a tresflaide mort / car par vng
pie par vne main et par les cheueulx
ie fus lyee aux queues de trois che∣
uaulx effrayez et legiers / et fu aban∣
donnee a despecer par les detiremēs
des cheuaulx qui tiroient lung de ca
lautre dela / et ie fu despecee par mē∣
bres / et par mon sang ie ordoye tous
les lieux par ou ie fu traynee / et par
ainsi ie mis hors mon ame par toutes
parties de mon corps detrenche / et
ainsi ie mouru entre les tregriefz tour
mens. Ie Iehan boccace qui de bruni
childe ay ainsi descript le cas / Ie con
fesse que ie nay pas vse de tesmoigna
ge assez digne de foy / car les hystoi∣
res francoises / attendue la pro licite
du lengaige qui est en vulgar si consq
sans art τ sans auctorite ne sont pas
couuenables de estre receues entre
les histoires dignes de foy. Pourtāt
se len treuue en ce chappitre aulcune
chose qui ne soit pas assez vraye ie re
quier que il soit impute a limportuni
te τ contraignant requeste de bruni∣
childe qui me pria que ie escripuisse a∣
si son cas.

Le second chapitre con∣
tient les cas daucuns ma∣
leureux empereurs. Et cō∣
mence ou latin. Eua seras
τc.

E me estoye eschappe a as∣
sez briefues paroles du ra∣
comptemēt du maleureux
cas de brunichilde noble
royne de france. Et tantost apres vit
deuant moy heracle noble empereur
rommain le cinquante quatriesme a
pres octouien. Ou temps doncques
de lempereur phocas cinquatetroisie
me apres octouien / cestui phocas qui
cruellement occist ses parens amis τ
seruiteurs il fust apres occis p̃ lenhor
tement de heracle adonc estant pra∣
ticien gouuerneur τ vicaire de affriq̃
τ apres la mort de lempereur phocas
eracleus print pour soy lempire et le
gouuernement de la chose publique
rommaine: qui lors estoit moult ga∣
stee τ rompue / car les nauarrois ga∣
stoient par bataille le peuple τ le pais
de toute europe / τ les persois persecu
toient asie soubz leur roy cosdroe qui
auec ses persois enuahit les gens: et
les pais subiectz a lempire de romme
τ les prouinces voisines de ierusalē
cosdroe fist grans τ dommageuses
batailles esquelles il auec les siensfi
nablement fust desconfit par heracle
us τ les siens. Et oultre auint pour
ce que cosdroe ne veult receuoir de p̃
heracleus la foy de iesuchrist il fust oc
cis de par luy. Et par ainsi heracleus
tant p̃ la vaillance τ sagesse de lui cō
me des siens / comme par la faueur τ
ayde de la puissance diuine / fut victo
rieux plusieurs fois τ recouura plus∣
sieurs nobles prouinces τ precieuses
reliques appartenans aux crestiens q̃
ia par les sarrazins estoient occupees
τ detenues. Apres doncques que he∣
racleus eut ordonne τ couronne son
filz constantin pour succeder a lempi
re: Il cuida auoir attaint souueraine
bieneurete ou au moins si grant com
me les hommes peuent attaindre en
ce monde: mais lennemy qui espie cō
tre toutes les parties de la bieneurete

fueillet

des hommes (z en especial contre celle partie parquoy comme retourne a la bieneurete du ciel par vraye religion. Si aduint que heracleus en delaissant la nette verite de la foy catholique se a hurta a heresie de ceulx qui faulsement croient que en iesuchrist soit vne seule nature diuine: z ny ent que en iesuchrist soit vraye vnion de nature diuine z humaine. Les aucugles herites sont nommez accephalites pour cause de ce que len ne scait pas quel ait este le premier de celle secte/mais heracle se departit de la saincte foy crestienne (z se ahurta aux accephalites/z ainsi comme eulx contredist aux trois sains consiles qui furent celebrez par trois fois en la cite de calcidoine/esquelz trois conciles tous les sains catholiques euesques droictement concluzent que en Jesuchrist estoient furent sont (z seront deux propres substances/et en la personne de luy estoit est (z sera vne seule nature. Et pource que lempereur heracle se fouruoya en la foy catholique le iugement de dieu souffrit que les sarrasins ordonnerent pour eulx vng duc appellé humarus. Cestuy humarus (z les siens occuperent plusieurs (z diuers pays/cest assauoir damas/fenice/ierusalem/anthioche: z illec humarus ordonna (z commist de par soy gouuerneurs ou temps du desloyal machomet. Par ces aduersitez labieneurete de heracle fut iustement amoindrie/mais encores proceda dieu contre heracle par autre punicion: car ainsi comme ou temps quil auoit ensuiui sa vie et vraye doctrine il vesquist sain (z ioyeux en corps (z en pensee. Aussi tost quil cheut en erreur (z heresie il fust frappe de la pestilence de ydropisie qui luy extendoit le foye (z luy palissoit le visage (z luy faisoit souffrir perpetuelle soif. en tant quil disoit reprouches et villennies a dieu par le desdaing que

il auoit de sa pourrie ydropisie qui ainsi le tourmentoit iusques a la mort. apres heracle venoit son filz (z successeur constantin plourant (z douloureux pour sa male fortune: Pourquoy est assauoir que du temps de lempereur heracle qui comme dit est fist maintes pesantes (z victorieuses batailles. Il auoit en son ost plusieurs cheualiers sarrazins qui le seruoient en armes pareillement comme faisoient les cheualiers crestiens. Si commanda heracle a vng homme chaste seruiteur de constantin que il distribuast des robes aux cheualiers de son ost. Si vindrent pareillement les cheualiers sarrasins par deuers celui chaste cui dans auoir des robes/mais il par desdaing respondist aux cheualiers sarrasins que apeines pourroit lempereur fournir robes aux cheualiers de son ost/(z par plus forte raison il ne distribueroit nulles a ses chiens sarrazins. Quant les sarrasins ouyrent ces parolles iniurieuses (z desplaisantes ilz se departirent de lamistie (z du seruice de lempereur et firent forte guerre contre les pays (z les peuples de lempire (z tant procederent les sarrasins qui discouurirent (z roberent le pays de lombardie. Constantin doncques tant pource quil auoit delaisse la vertu (z lexercite des armes (z souffroit le pais de son empire estre decouru (z gaste ples sarrasins (z aussi ples lombars/comme pource quil auoit tourmente (z banni plusieurs crestiens q ne vouloient croire ne consentir a sa mauuaise heresie il partist de abizance vne cite de asie (z vint en ytalie par nauire/car il venoit oster par armes les ytaliens de la seignourie des lombars: mais pource quil regarda que il ne pourroit parfaire celle chose il vint a romme (z illec print plusieurs ymages attours de metaulx (z de marbre qui estoient en eglises: et en autres e difices: Et les fist chargier en basteaulx pour mener en constantinoble, et puis partist de romme et arriua en la cite de siracuse qui est en lisle de sicile et tandis q̃ constãtin secretemẽt se baignoit il fut occis par ses pp̃res cheualiers et seruiteurs. Apres la mort de cestuy constantin les cheualiers esleurent vng cheualier darmenie appelle mezance. Et apres pou de tẽps constantin filz du dessusdit constantin vint auec grans nauires et print attours Imperiaulx en lisle de sicile et illec fist mourir de mort tres cruelle cestuy mezance auec tous les murtriers de Constantin son pere. Il p̃terina la paix et fist aliances auec les arabiois et auec les burgaires. Il destruist les faulses heresies et fist assembler a constantinoble le sixiesme concile, ouquel furent deux cens quatre vingtz et neuf euesques qui cõfermerent contre les herites accephales. Disans que en Jesucrist furent et sont deux natures, vne diuine, et lautre humaine, qui sont vnie soubz vne seule substance. Et ia soit ce que ie ne treuue pas en approuees hystoires p̃ quel vice ou pechie fortune deust auoir fait maleureux cestuy empereur constantin sinon par aduenture pour son non chaloir et descontinuance de frequenter les armes, touteffois la maleurete de luy fust aucunement griefue car les burgaires qui sõt vnes gẽs barbares habitans oultre le pais de la dinoe rasẽblerent en armes et vindrent contrelost de constantin qui finablement fust laidement dechasse et grant partie de ses gens fut desconfite et froissee, si sespandirent les burgares et decoururent et oppresserẽt si grieuement les pays et lempire que il conuint que constantin promist et payast annuellement certaine grans truages aux burgares. Et pource q̃ ieu defsaing desciore tant de maleureux empereurs ie les mis et garde iusques au quart chapitre ensupuant ouquel Je compteray les maleureux cas de plusieurs autres empereurs. Et en les desprisant ie prẽdray a compter le cas dune femmette plourant et dolourẽt se, cest assauoir de romulde noble duchesse de fourly.

:

Le tiers chapitre contiẽt le cas de romulde duchesse de fourly. Et commence ou latin. Gysulphus etc.

:

Jsulphe fust iadis nepueu de albonin p̃mier roy des lombars qui par armes p̃mierement occuperent le pays dytalie et fust cestuy gysulphe ordonne duc et seigneur des forgelois de par son parrainle roy albonin. Gysulphe aussi print a femme romulde noble pareillement comme estoit gysulphe son mary. Et combien que romulde fust riche et puissante et noble p̃ celle tresgrant duche elle fust auec ce ioyeuse et tresbieneuree p̃ la lignee de ses filz et filles, car romulde receut de son mary gisulphe quatre enfans masles et deux filles. Les six enfans de gisulphe et de sa femme romulde furent bien fortunes apres la mort de leurs parens, mais en delaissant a escrire listoire de ces six enfans qui par leurs grans labours eurent ioyeuse fortune non obstant les malleuretez de leur pere et mere. Tandis que les choses et les besoignes de la noble duchesse romulde estoient paisibles et bieneurez auec le Duc de gysulphe son

fueillet

mary vng tourbillon soubdainemẽt leur souruint dont toutes les choses furent troubleés et mal mises. Pour quoy est assauoir que entre les peuples habitans de la partie de la terre qui gist soubz septẽtrion/ il y a vne nation de gens qͥ ont estez apellez par quatre noms cestassauoir hunois/vniois et equois/et dernierement sont appellez auarois. Les gens pꝛy habitent au bout des palus meotides entre la riuiere appelle thanaus qui court ou pays de sichie et de gothie dont ie parlay ou quatorziesme chapitre de luiti esme liure pꝛecedẽt. Les auarois ia dis eurent vng roy appelle cathanus qui a grant force darmes enuahit le pays du duc gypsulphe. Le duc gypsulphe voyãt son assailly du roy des auarops vint alencõtre de lui acõpaigne de ses gens/ et tant aduit que apꝛes que les deux ostz eurent longuement combatu le roy cathanus par la multitude de ses auarois desconfit le duc gisulphe/ et les siens/ et pꝛesques furẽt toˢ ses nobles hommes occis/ et le duc de gypsulphe mourut en celle bataille et le remenãt des nobles et souldoiers qui estoient tournez en fuitte furent tous detrenchiez a espees ou menez pꝛisonniers de par le roy cathanus a qui demoura la victoire. La duchesse romulde par ceste grãt pestilence fust moult espouentee/ si passembla les remenans qui estoient espandus par les champs: et elle qui ne peut faire le plour ne le dueil de la mort de son mary elle se recueillit ou chasteau de forgueul affin que elle endurast illec le assiegement du roy cathanus sil aduenoist quil doulsist assieger la duchesse et les siens. Apꝛes doncques que les auarois eurent pillee toute la pꝛouince: Il misdrent le siege deuant le chasteau de forgueul et pour combatre et pꝛendꝛe cestuy chasteau ilz apꝛesterent diuerses et plusieurs manieres darmes et dengins. Oꝛ aduint apꝛes ce que le siege fust pose: le roy cathanus aloit entour les murs du chasteau pour veoir et deliberer de quelle part il meist sa bataille a plus legierement assaillir et combatre le chasteau. Il auint que la duchesse romulde dune haulte tour regarda le roy cathanus lors estant en la fleur de sa vertu et puissance/ qui estoit arme de cleres et belles armes/ et qui vigoureusement seoit sur vng cheual. Si tost que la duchesse romulde eust aduise le roy elle se eschauffa de son amour puis delaissa les larmes et les plourˢ de son mary le duc freschement mort. Romulde aussi delaissa le soing de pouruoir au remede du salut de son pays et tourna toute sa pensee au cruel visaige de son ennemy le roy cathanus/ et tant que romulde ne couuoitoit aulcune chose plus fors quelle usast des embrassemens et des soulas de lui. O las bondieu qui est cil qui peut penser comme le dieu damours est cause de cruelle pestilence aucuns se esmerueillent comment les hommes joyeulx et bieneurez puissent cheoir es liens du dieu damours tant quilz soient attrapez/ Mais il ne se couuient ia merueiller de celle chose puis qͥ len voit que le dieu damours getta a plat ses flesches contre la duchesse romulde/ qui non pas seullement estoit dedens le temps de plour et de dueil poˢ la fresche mort de son mary: mais elle estoit entre les tempestes des armes de ceulx qui assiegeoient elle et ses enfans et ses hommes subgectz dedens son pꝛopre chasteau. Je ne dy plus de la pestilence que fait le dieu damourˢ dedens les pensees des hõmes mais autresfois ie parleray de ceste chose. Romulde doncques ia malheureuse pour la mort de son mary et ia surpꝛise damours/ estoit bꝛulee de chaleur de luxure si fort que elle nestoit paˢ maistresse de soymesmes/ttant quelle de laissa bergongne et chastete feminine Et tandis que les playes de son noble mary gysulphe encores degouttoient le sang tout froit/ladicte Pomulde en cachetes par messagiere et lettres promist a son aduersaire le roy cathanus que elle luy bailleroit la seignourie du chasteau et de la duchie de forgueul/mais quil la soulsist prendre a femme et combien que le roy cathanus fust homme barbare et destranges pays et manieres: il congneust et desprisa la ribauldie de romulde malsil qui couuoita la seignourie du chasteau et du pais il ottroya a Pomulde tout ce quelle lui demandoit. Si tost que les auarois cleur roy du secret consentement de romulde furent receus dedens la fortresse ilz ocrirent tous les hommes et sauuerent les femmes pour estre seruis delles. Entre les femmes du chasteau les deux filles de romulde furent destournees et ia ses quatre filz se estoient mis en fupte. Et affin que romulde menast le triumphe de la destruction de ses hommes/elle par le commandement du roy cathanus fust vestue de tous attours royaulx et apres elle partist du chasteau et a la come royne aux pauillons du Roy en marchant parmy le sang de ses hommes nouuellement occis affin de espouser ledit Roy. Apres ledit cathanus par lespasse de vne nupt se adonna au delit et aux embrassemens de Pomulde femme eschauffee en luxure affin quil ne peust estre reprins de foy enffrainte enuers la duchesse Pomulde/et oultre affin que le desloyal fait de romulde ne demourast impuny. Si tost que cathanus fut arrache dentre les bras de romulde il appella douze de ses auarois/lesquelz il pensa estre plus fors et plus habiles a extaindre lardeur de romulde/et a ces douze auarois il bailla la Duchesse pour eulx

iouer et deduire auec elle/par ainsi Pomulde par auant noble duchesse et puis royne deuint femme priuee et meschante le roy cathanus oultre commanda a ses douze auarois quilz abussassent delles les vngs apres les autres et chascun en son tour. Les douze varletz menerent la duchesse romulde en vne loge en laquelle par aduanture: ilz gardoient les cheuaulx du roy cathanus et illec congneurent la duchesse romulde tant et si longuement q̃ sa luxure fut saoulee. Je laisse exstimer aux liseurs de cestui liure q̃lle fut la pensee de Pomulde apres que sa luxure fut vaincue et dechassee/et apres ce quelle se congneut estre baratee de son amour et de sa folle cuidance/et soy estre mocquee si ordement/et entre les souillars et varletz. Et le Roy cathanus apres soleil leue commanda a ses bourreaulx que ou milieu de ses pauillons ilz fichassent vng plancon tres agu et que la duchesse Pomulde lassee par le trauail de la nupt fust prinse et que le bout dudit plancon fust boute sonde des membre genitoire et apres q̃ ainsi fut fait le Roy compta et dist a tous ceulx de son ost le honteux mesfait de romulde/puis qũmanda at ous q̃ ilz la moquassent et raillassent. Apres ces choses ainsi faictes a Pomulde non pas sans la tresgrant douleur de sa pensee et de son maleureux corps le roy cathanus se tira premier deuers elle /et lui dit. Certes orde femme ie tay baile tel mary comme tu as desserui. Et apres ces choses ainsi faictes et dictes le roy cathanus se partist dillec et tantost ses autres gens selon leur coustume par villaines parolles et tresors faiz moquerent par vng iour sans cesser la duchesse romulde abontagee de toutes pars et mouillee de larmes laquelle finablement fust vaincue et faillie / tant par la tresgrant tristesse de son cueur comme par le trop grãt tour ment que elle souffrit en son corps et en plourant elle mist hors sa mauldicte luxure et sa dolente ame. Et pour verite dire fortune feist pechie quant elle osta a Romulde son mary le duc gisulphe/mais fortune fist bien quant elle admena romulde en si tresgrant honte et pourete. Les hommes peuent plourer pour le meschief que feist fortune/qui fist comme dist est mourir le duc gisulphe mais il ne doit chaloir de la misere qui a romulde aduint par sa desordonnee luxure. Romulde pouoit assez eschaper le mal que fortune luy pourchassa par la mort de son mary se elle se fut au surplus maintenue bonnement. Romulde pourchassa de plain gre et demanda ardamment la honte et la misere qui luy auindrent par meschamment aymer le roy cathanus qui ainsi la honta.

Le quart chapitre contient les cas de iustinian leonce tibere philippique et plusieurs autres maleux empereurs romains et autres nobles hommes lombars plourans leurs males fortunes. Et commence ou latin. Prout ob rubiginem.

Ainsi comme les armeures ou de fer ou de acier hapent pou a pou rouille et se chargent dordure quant elles sont oysiues et sans mettre en oeuure aussi par la paresse et tardie des empereurs romains lempire de romme iusques maintenant garde son nom et son tiltre: mais par les armes des enuahisseurs estranges lempire est amoindrie et presques deuenue a neant et pourtant len doit plus moquer ceulx qui par rage de couuoitise se mettent en peril de conquester lempire qui par armes et batailles estranges est venue a neant. Si tost doncques comme ie eu racompte le plourable cas de la duchesse romulde ie vy deuant moy ung grant moreau dommes abatus du hault au bas par vne mesme tempeste de fortune. Entre lesquelz nobles abatus estoient Justinian leonce tibere/philippique anastasie tous cinq empereurs et hyrenes emperiere de constantinoble et loup alexis aripertus et didier/tous quatre roys des lombars. Cestui Justinian en disant brief son cas fut empereur de romme et par le noble patricien rommain apelle leon il fut getté hors de son empire et boute en exil mais depuis il retourna de son exil a force darmes et recouura son empire et ceste recouurance lui fut apres cause de plus grief trebuchet/car le desusdit patricien leon a force darmes print lempereur iustinian et luy coupa le nez et la leure et dernierement il se fist tuer tresmeschamment. Aps le maleureux Justinian venoit leonce mesmement empeur de romme qui par le desusdit iustinian fut deboute et desmis de lempire de romme et si luy fut semblablement couppe le nez et les leures et aps il fut lye de chaines de fer dedens prisons obscures. Apres le maleureux leonce se complaingnoit le maleureux tibere qui porta / si mal paciemment la mort de lempereur iustinian quil pource cuider vengier sa mort de fait il occupa et print pour soy lempire et de bouta et desmist leonce mais tibere cuydant vengier la honte de son amy Justinian il accreut sa propre honte et agrandit ses dommages/car cestuy empereur tibere fut prins par le dessusdit leonce et fut tresmechamment occis ainsi comme fut leonce. Apres le maleureux tibere vènoit lempereur philipique plourant sa male fortune, si est assauoir que apres la cruelle mort de lempereur Justinian, le dessusdit philipique print de fait le nom et les enseignes de empereur. Et affin que le maleur lui venist de par celui a qui fortune est subiecte, Philipique print guerre contre les sacrees ymages de dieu le createur du monde et des saictz lesquelles auoient curieusement este painctes et faictes par la religieuse deuocion daulcuns crestiens es eglises des terres subiectes a lempire. Et pource que les rommains ia fort enracinez de la foy crestienne ne peurent souffrir le desrochement des saictz ymages de dieu et de ses saintz, les Rommains firent hors getter et desmettre lempereur Philippique, par vng noble et puissant cheuallier appelle anastasie qui dechassa et poursuyuit Philippique Jusques en lisle de sicile, et Illec luy furent hors sachiez les yeulx du chief et languit en tenebres Il qui auoit cupde obscurcir et effacer les sainctes ymaiges de dieu et de ses saintz. Apres le maleureux cas de lempereur philippique, venoit lempereur anastaise angoisseux et dolent. Cestuy anastaise du consentement fust esleu et esleue empereur de constantinoble, pourquoy est assauoir que iadis presque en vng mesme temps de ordonnance diuine la cite de romme soubz Julius cesar obtint et conquesta le chief de la temporelle seignourie de tout le monde. Et assez tost apres soubz les saictz apostres pierre et pol, et les autres martirs, confesseurs et docteurs, Romme acquist et gaigna le chief de la seignourie espirituelle, et par ainsi elle deuint souueraine dame de toutes les chose du monde. Mais las dolent moy et tous aultres crestiens, constantin lempereur qui par legier entendement comme simple cuyda fonder en richesses humble religion il donna grant partie de lempire aux gens de glise qui lors generalement estoient appellez moynes, et lesquelz parauant en viuant daulsmones et de sainctes dismes auoient vescu tressaintement adonc fut espandu en leglise de dieu le venin qui degoute de tous les pechiez denfer. Adonc les bastons des clers deuindrent orgueilleux palle-frois, les hayres et aspres robes deuindrent robes de pourpre et chappes descarlate traynans parmy les boes sobresse et chastete deuindrent gourmandie et vordelerie les prestres des le plus hault iusques au plus bas en lieu de foy desperance, et de clarte prindrent heaulme dorgueil haubrigon de luxure, et espee dauarice. Et pource que le pape qui presques tousiours a este capitaine de telz prestres Il entreprint saouler son gouffre de auarice de richesses de grece et de asie ainsi comme il faisoit en europe et en affrique mais les gens nourris anciennement en franchise ne peurent mie paciemment porter lauarice des prestres, parquoy leglise grecque se dessoura de leglise rommaine ainsi comme elle est et sera a tousiours se dieu ny remedie, et presque en vng mesme temps, et par vng mesme vice, lempire de romme seignouriant a tous fut diuisee en deux sieges, et deux nomes enuieux et contendans car les grecz en delaissant la subiection de espirituelle et temporelle seignourie de Romme firent propre empereur, et propre prestre ausquelz et non a autres Ilz ont rendu et rendent toutes obeissances. Les constantinopolitaine doncques esleurent et Instituerent anastasie empereur de con stantinoble. A cestuy anastaise ainsi seignouriant fortune procura vng enuieux contre luy/car les constantinopolitains par auant auoient nommé et esleu en empereur vng noble cheualier appelle theodore qui pesusa prendre pour soy lempire/mais neantmoins cestuy theodore apres par force darmes contraingnit lempereur anastaise de renoncer a lempire et prendre ordre de pstrise en quoy il fina ses iours piteusement au regart de son estat premier. Entre ces maleureux empereurs estoit meslee hyrenes noble emperiere de constantinoble. Ceste hyrenes femme de anastaise empereur de constantinoble auoit vng frere appelle nice phorius. Or aduint que apres la mort de lempereur sa femme hyrenes qui auoit plusieurs enfans de luy/elle qui en son frere deuoit trouuer ayde et confort elle y trouua nuysance et cruaulte/car nicephorus osta et desmit sa seur de la dignite imperiale. Il creua les yeulx a ses enfans et apres il enuoya sa seur hyrenes en exil en lesbos vne isle de grece et illec fut degastee et fina sa miserable vieillesse. Apres lempiriere hyrenes descendoient les dessusdit quatre Roys lombars. Et pource que anciennement et naguères les Roys lombars portoient contraires habitz aux austres/ie descripray leurs attours. Si est assauoir que ces quatre Roys et autres anciens dillec selon la forme de leurs habitz sembloient hommes babouinez comme pour iouer farces. Car leurs testes sembloient pelees du sommet de la teste iusques au hastereau leur cheueleure se tyroit aux deux boutz en descendant iusques pres de la bouche. Et oultre leurs visaiges demys couuers de cheueulx/ilz portoient barbes si longues que elles descendoient iusques a leurs poitrines. Ilz portoient robes larges et flotans et tixues de diuerses couleurs leurs brayes estoient si longues que elles seroient leurs iambes iusques aux mustelles que len appelle souris Ilz auoiẽt souliers escoletez iusques au soumet du poulce/et lyoient aux deux boutz de courroies trauersaines. Apres ce que ie comme esbahy regarday vng pou les habitz de ces quatre Roys ie congneu que Ilz estoient lombars. Et entre les autres ie aperceu loup noble Roy des lombars. Cestuy loup non content des termes de son Royaume entreprint guerre contre Grimouart noble/et puissant seigneur du pays de lombardie/car cestuy grimouart dechassa le Roy hors de son pays et le print et lya en prison/Et apres luy fist trenchier le chief villainement et a grant honte. Apres le maleureux cas du noble loup Benoit alexis mesmemẽt Roy des lombars soy complaignant pour sa male fortune. Cestuy alexis homme insaoulable de richesses entreprint pour soy conqueste de seignourie de enuahir les Royaume des lombars du temps de comperton adonc Roy de lombardie/et tant fist alexis par armes et autrement que Il osta le Royaume a son seigneur le roy comperton et print Alexis le Royaume pour soy/les gens de la conte de pauie tant citoyens comme autres forgerent entre eulx baratz contre le Roy alexis. Et tant quil aduint que les pauisains osterent le Royaume a Alexis/et apres il fut occis meschantement. Apres le miserable cas du Roy alexis Benoit ariperton mesmemẽt Roy des lombars. Cestuy ariperton come fol entreprint guerre contre le duc des barrois ses voisins/aduint que les deux ost furent en champ assemblez lung contre lautre/mais pour ce que auãt la besongne parfaicte des deux ostz la nuyt suruint tellement que le

roy ariperton demoura doubteux qͥl
ne fust vaincu. Et il comme cuidant
estre desconfit vint et entra a cache-
tes par nuit dedens la cite de pauie et
il comme desespere print grant quā-
tite dor de robes et de ioyaulx cuidāt
soy enfouyr en gaule et se mist auec
ces choses dedens nefz sur la riuiere
de tisin. Mais or escoute la maleu-
rete des richesses qͥ perdent elles mes-
mes et leurs seigneurs car le roy ari-
peton et les siens nagāt par le tisin fu-
rent effondrez noyez et perilz dedens
leaue et ses richesses aussi. Iay voulu
delaisser tous les nobles lombars des-
susditz et autres plusieurs dont ie ne
pouoye compter les maleureux cas/
car deuant moy se presenta didier no-
ble et ancien roy des lombars qui co-
couroucie se tiroit par deuers moy. et
pource que le royaume et lorgueil des
lombars print sa fin en la male fortu-
ne du roy didier iay pense quil seroit
bon de lacompter plus longuement
que des autres quelle ayt este la fin
du roy didier et aussi de son royau-
me.

Le cinquiesme chapitre
contient le cas de didier roy
des lombars filz de agisul-
phe mesmemēt roy desditz
lombars. Et commence ou
latin. Hic igitur

Didier roy des lombars filz
de agisulphe mesmement
roy des lombars didier a-
pres la mort de son pere suc-
ceda au royaume/ et pource que son
pere agisulphe tressouuent auoit este
desconfit en bataille par pepin adōc
roy des francois pour ce que agisul-
phe aucunesfois auoit tollu les droiz
appartenās au pape a et leglise ro-
maine. Si mist le roy didier en sa
memoire ce que son pere auoit/ fait
affin de aucune part ne sourdist cau-
se ne occasion de troubler le repos
ne la paix du roy dydier/ il garda en-
uers le souuerain euesque et leglise de
romme non mye les promesses par
auant faictes par son pere agisulphe
§ Mais le roy didier selon la royale li-
beralite donna au pape et a leglise ro-
maine fauence qui est vne noble cite
auec vng chasteau seant sur la riuie-
re du typre quon dit le chasteau sait
§ ange/ Et la duche de ferrare qui est
vne noble cite sur la riuiere du po.
Et pͥ aisi didier en ses donˢ fut plus
large au pape que nauoit este son pe-
re en promettant. Apres didier se ren-
dit fauourable et bienueillent a tous
hommes et tant que il flourissoit non
pas seullement par son noble royau-
me/ mais il estoit plus resplēdissēt ē
autres roys par la grace et amour de
ses hommes et par le noble courage de
sa fēme qui luy enfanta grant et noble
lignee/ mais ainsi est que nature ne
fait soubz le souleil aucune chose fer-
me/ et si est la pensee des hōmes plus
muable que autre chose. Il aduit que
par repos et paix le couraige du roy
didier se adonna a couuoitier plus
grans choses quil ne auoit. Si entra
pou a pou dedens le courage du roy
didier vne mortelle enuie de agran-
dir sa seignourie/ et se commenca re-
pentir de la seignourie quil auoit o-
troyee au souuerain euesque et a legli-

se de Romme ꞇ luy despleut des terres ꞇ reuenues que il auoit ostees de son royaume, ꞇ pour le regret ꞇ repentance de ces choses le roy Didier sentant que le roy Pepin estoit trespassé, ꞇ que les francois estoient en guerre au pays de gascongne soubz le roy charlemaigne, pourtant le roy didier fut enhorté ꞇ semons de par ung cheualier francois nommé anglaire de entreprendre bataille contre le roy, ꞇ aussi contre leglise. Cestui cheualier anglaire parauant sen estoit souppretrait auec les femmes ꞇ enfans du roy charlemant ia mort lequel charlemant estoit frere de charles le grant. Apres lenhortement de langlaire le roy didier rompit les aliances quil auoit auec le roy de france, ꞇ aussi contre le pape de romme. Didier neprit pas seulement pour soy les pays quil disoit a lui appartenir ꞇ q̃ deuoient estre en sa puissance ꞇ seignourie mais il comença perseccuter par feu ꞇ par fer tout le pays ditalie. Adrian qui lors estoit euesque de romme fut espouenté pour les violences ꞇ guerres que faisoit le roy didier ꞇ les continuelles complaintes que luy faisoient les ytaliés pour lesquelles et miseres quil leur faisoit. En ce luy temps les empereurs rommains pourrissoient en oysiueté a constantinoble et ou pays de grece. Les empereurs rommains pour lors estoient contens dauoir nom ꞇ tiltre imperial, ꞇ pource le pape adrian par prieres ꞇ requestes appella en son aide le grant charles roy de france pour recouurer, ꞇ aider a leglise ꞇ au pape qui estoient en peril. Le grant charles comme vray deffenseur de leglise rommaine vint de gaule en ytalie auec grant ost, ꞇ passa les mons de senis ꞇ vint es plaines de lombardie ꞇ le roy charles contre le roy Didier qui lui vint en rencontre commença la bataille si tost q̃ il eurent place habille a ordõner leur

ostz. Or aduint que le roy didier fut desconfit ꞇ dechassé par le grant charles qui tellement abatist ses forces q̃ il assiega didier qui y desespoir estoit adonc retrait en la cité de pauie. Et tandis que le siege estoit deuant pauie le grant charles ramena maintes cités oultre montaignes et les subiugua a soy, ꞇ en toscane par ce q̃ les toscains souffroient poureté et dizete de toutes choses. Les paysains aussi y deffaulte de toutes aydes ꞇ de viures furent contrains rendre eulx ꞇ leur cité au grant charles comme victorieux. Et adonc le roy Didier qui comme dit est estoit retrait a pauie fust prins auec sa femme ꞇ ses enfans et fut comme prisonnier, ꞇ ꞇ enuoye a paris, et illec fut condamné a prison perpetuelle ꞇ perdit toute esperance de salut et confort. Il vesquit illec en miserable vielesse ꞇ apres ainsi mourut. Et par ainsi toute la resplendisseur des roys du royaume de lombardie qui auoient esté acreus par les labours de tant de roys ꞇ par si long aage, fut ramené en perpetuelle obscurité ꞇ fut extaincte auec le roy Didier.

Le vi. chapitre côtient le cas dune femme qui obtint la dignité papale ꞇ fut nommee pape iehen et daulcuns autres nobles maleureux ꞇ en pou de parolles lacteur parle contre les nobles orgueilleux. Et commence ou latin Dum post desideriũ. ꞇc

De Boccace

Pres ce que ie eu descript en brief le cas de Didier noble Roy des lombars et la miserable fin de luy sa femme et enfans et de tout le Royaume que oncques depuis ne eut roy, ie me tournay flotãt en diuerses larmes de plusieurs nobles maleureux qui en plourãt me detiroient puis ça puis la. Entre lesq̃lz ie vy vne femme qui se arresta pres moy, et ceste femme estoit attournee a maniere dune euesque. Elle qui estoit femme auoit les creigz tõgnes iusques aux oreilles, et tãt que elle sẽbloit plus auoir habit de prestre que de femme. Et ia soit ce que ceste femme plourast moult aigrement dont ie fu esmerueille, touteffois ie entẽdi son cas que elle comptoit ainsi en brief. Ceste femme appellee pape iehan fut nee du pays dalmaigne de la cite de maience elle en sa ieunesse delaissa ses parens et se applica a estudier les sciences liberaulx auec vng iouuenceau estrãge et mescongneu et pour conuenablement estudier elle se vestit et maintint en guise dhomme. Apres la mort du iouuenceau celle fẽme prouffita tellement es sept ars liberaulx et autres sainctes sciences en maintenãt ses attours et gardãt sa chastete, que ou pays denglaterre et par les gens dillec elle fut tenue pour homme renomme et non mie pour femme. Et apres aulcuns ans passez elle qui de angleterre se transporta a Romme elle leut illec et enseigna la science de grãmaire, logique et rethorique, et eut nobles auditeurs escoliers, elle fut en uers tous de si grant renommee que apres la mort de leon pape cinquiesme de son nom, et adonc estant lotaire empereur Rõmai elle fut esleuee et promeue en pape et selon le liure des sors elle obtint le glorieux nom de pape iehan. O dieu pour q̃l pechie souffris tu que ceste femme eust leue schie

de Pomme et seist en la chaire de sãt pierre. Or aduint apres par aulcun temps que en ceste femme pape ẽtra secretement lardeur de luxure, et tãt que elle conceut et fut encainte. Et pendant le temps de sa grossesse elle qui auec le clergie et le peuple cheuauchoit de la montaigne ianicule iusques a leglise saint iehan de latran, et entre colisee qui est vng lieu a Rõme ou furent iadis painctes les ymages de toutes les nacions du monde, et entre leglise de saint clement elle en enfãta en la presence de tous les clers et populaires, et pour loultrage de ceste presumpcion ceste femme pape fut demise de la haultesse papale, et ramenee a lestat dune poure femmelete. Ja soit ce que aucunefois elle eust sis ou hault siege papal par deux ans et sept moys, et oultre par aulcũs iours. O glorieux et bon dieu combiẽ grãt a este et est la hardiesse des femmes, qui osent faire toutes choses. Ceste femme soubz couleur de honnestete et par sciences aprinses es estudes tẽdit las et filez a auoir la dignite papale, et si tost quelle eut attaint son desir elle posseda presque par troys ans la dignite pontificalle et le siege de Romme, et certes ie riroye de ceste chose se la dignite papale fust chose dõt len se deust moquer. Sitost que ceste femme partit de deuant moy ie gettay mes yeulx contre Arnoul noble filz du grant charles. Cestuy arnoul filz du grant charles et dune sienne concubine fut empereur des Rommains. Si est assauoir que cestuy noble empereur Arnoul a qui fortune auoit donne la dignite imperiale qui est la plus grant dignite de toutes autres fortunes, messa auec sa bieneurete mondaine vne sy grant maleurte et si vile que le mal destaignit tout le bien, car dedens la chair dudit empereur arnoul sourdit vne si tresgrant et si tresexcessiue et horrible chaleur que il en estraingnant ses dens desperçoit par pieces auec ses ongles presques tout son corps non pas seullemēt pour cause de sa trop grant douleur que il sentoit a cause de sa rongne, mais pour le grief tourment de poulx/ qui de toutes pars boullonnoient de son corps en maniere dune source/ et pource que lempereur arnoul comme dient les hystoriens ne pouoit par medecins trouuer deliurance ne confort du tourment de celle maladie que les poulx ne le trespercassent iusques aux boyaulx et rongassent toute la chair de son corps en luy delaissant seullement ses os et ses nerfz. Il aduint que lempereur arnoul tant par la griefue douleur comme par le long ennuy fut vaincu et contraint de mourir. Je ne puis oultre passer que ie ne raisonne auāt contre les orgueilleux homme. Or prie ie a nabugodonosor iadis roy de babiloine, a capaneus roy de mesone et a lempereur iulien lapostat/ le sq̄lz dessusditz furent tant orgueilleux q̄ en desprisant toute religion Ilz ne firent pas seullement guerre aux hōmes mais mesmement a dieu q̄ maintenant ilz regardent lepereur arnoul eschauffe et boullant par orde rongne et menge de poulx. et si prie aussi aux autres puans blasfemeurs de dieu: et aux autres folz nobles qui ne doubtent les hōmes ne ne reuerent dieu ne aucune autre personne quilz gettent leurs peulx deuers lempereur arnoul Et tandis que les orgueilleux et folz regardent arnoul empereur rōmain destruit et menge de poulx/ Je leur prie quilz pensēt q̄ pourroit faire vng loup, vng leon, vng ours, ou vng homme qui oultre sa puissance et force corporelle a grant tenging et cautelle: Il nest ia besoing que ie die q̄lle soit la puissance de dieu qui par son seul

Souloir fait trembler tout le monde. Se les orgueilleux et folz hōmes pēsent a ses choses/ certain est q̄ Ilz trembleront et condanneront la raige de leurs cueurs, et verrōt eulx mesmes estre subiectz par semblable aduenture aux perilz de fortune ainsi comme les hommes de trespetit estat. Diengnent maintenāt raisōner auec moy les orgueilleux et folz qui cuident surcroistre sonneur et la puissance que ilz ont auec la noblesse de leur lignage. Ilz cuident quil leur layse faire et dire toutes choses contre quelzconques personnes/ Je vouldroye que telz oultrageux et folz hommes, et aussi lepereur arnoul se complaingnissent du tort et de liniure que nature luy fist par ce quil descendit du noble lignage du grant charles et que de si noble sang ayant este engendrez tant de poulx et tant de rongne. Diengnēt aussi raisonner auec moy ceulx qui follemēt cuident que les corps des hōmes soient anoblis par aucunes dignitez ou par aucūs autre dōs de fortune, ie leur prie q̄l se cōplaignant auec lempereur Arnoul par ce que fortune a este si nōchalant et sourde que elle a souffert q̄ du corps de lempereur ayent este procrees bestes si puantes et si villes cōme sont poulx. Diengnent aussi raisonner ceulx q̄ cuident que par puissance mondaine Ilz puissēt soubz marcher et vaincre toutes choses/ et facent auec arnoul complaintes de la folie et non puissance de leurs souldoiers armez qui ont peu desconfire la force et la raige des armes des romains et si nont peu arracher par leurs armes ne par leurs arcz ne saiettes ne p̄ leur force les les poulx petis et desrainez de la chair de lempereur arnoul. Diengnent aussi ceulx qui tressollement cuidant vaincre et soubz marcher toutes choses par leurs richesses et facēt auec arnoul leurs complaintes que il

BB iiii

na peu/non mie seullemēt dechasser ou oster/mais tourber et refraidre les poux bouffonnans en son corps p̄ la vertu de sa coronne ne de son ceptre ne de ses tresors ne de ses robes de pourpre tant ont este de petite puissance Ja nest mestier q̄ ie appelle plusieurs hommes pour regarder la miserable fin de lempeur arnoul/ qui est trescertaine exemple de fragilite humaine. Se par aduis de entiere pēsee nous voulons considerer le miserable cas de lempereur arnoul no⁹ verrōs que no⁹ somes cōme vne flambesche destincelle qui tātost se tourne en cēdre. Nous verrons que no⁹ sōmes cōme fleurettes vermeilles q̄ fleurissent flestrissent par vng pou de chaleur quant le vent de midi souffle. Je ne vueil ia parler des diuers trebuchetz de fortune q̄ pamaine les hōmes ⁊ leurs faitz a neāt/mais ie pleray des propres accides de nature cōe st vne petite sicure vng petit betournemēt des mēbres ou des parties du corps qui nous pamainent a neant/q̄ se autre cas ne nous pamaine/touteffois vng petit peril nous fait venir a la mort q̄ nous pamaine toutes choses a neāt. Pourquoy donc que despaisons nous dieu pourquoy esleuons nous noz couraiges en orgueil pourquoy despaisons nous les sciēces/les conseilz ⁊ les forces de autruy prenons paour en no⁹ que dieu ne nous punisse par rongemens de poulx et par eschaufement de rongne ainsi comme il aduint a lēpereur arnoul. Mettons ius orgueil et honnourons dieu tout puissant de toutes les forces de nostre couraige endurons longuement ceulx qui ont seigneurie sur nous honnourons noz pareilz selon leurs merites/ Et les aymons touiours/ ayons compassion ⁊ mercy de ceulx qui sont moindres de nous/ et gardons charite enuers tous/⁊ pardonnons affin q̄ nous

desseruons la grace de celuy qui brief se ⁊ esclieue les poures de lordure ⁊ du fiens/⁊ qui laissa meschāmēt lāguir et finer le riche empereur arnoul. Or me vueil ie doncques retraire a ce dōt ie mestoie party/cest assauoir a racōter le cas du filz de lempereur arnoul Vray est que les frācois diēt en leurs hystoires que lempereur arnoul q̄ fut mengé de poulx eut vng filz nommé loys qui aps la mort de arnoul son pere trouua lempire ⁊ le pays dytalie occupe p̄ vng noble cheualier appelle Belangier qui apres fut priue ⁊ dechacie de lempire ⁊ dytalie/ mais or aduint que loys qui parauāt auoit este vainqueur selon eschāge de fortune fut apres vaincu p̄ ledit belāgier/ car en la cite de Verōne cestuy loys fut prins de p̄ Belangier ⁊ luy furent les yeulx tires hors de la teste/ Mais la vie lui fut gardee iusq̄s a courte espace de temps en quoy il degasta miserablement sa vie p̄ les pourchas, come dit est du dessusdit Belāgier duq̄l et de son filz les cas seront cōptez en brief ou chapitre ensuiuāt. Finablement aps ces maleureux dessusditz benoit vng prestre soy complaignāt a maniere feminine ⁊ deshōneste. Cestuy prestre disoit p̄ son cry q̄ on lui auoit oste la souueraine dignite papale par les pourchas ⁊ p̄ le fait de lēpereur octo. Quant il me souuint des oeuures de ce prestre ie pense q̄ cestoit trescouuenable ⁊ aduenāt chose de cōpter la desloyale maniere de son flieuemēt ⁊ le tresiuste trebuchet de luy/ qui a bon droit cheut du treshault au tresbas affin q̄l ne eschapast la coulpe et la peine q̄ il auoit desseruie.

feuillet CClxxxi

Le ʒii. chapitre contiēt le cas de pape Jehan douziesme de son nom qui en son premier nom estoit nommé octouien. Et commence ou latin. Supra Vertices. ꞇ cetera.

Puisque ie doy monstrer en mon present liure q̄ fortune a fait voler ses fleches p̱ dessus les testes des princes terriens, asseʒ digne chose ꞇ couuenable est que ie recorde comment fortune a fait trēbler les iauelotʒ ung pou plus hault q̄ ne sont les testes des princes temporelʒ Ains donc que ie vienne au cas du pape Jehan, ie met comme vray est que pour linobedience de adam le p̱mier pere le ciel fut clos ꞇ serre a adā ꞇ aux siēs, dieu misericors ꞇ begnin eut mercy de adam ꞇ des siens ꞇ de son hault ciel il les regarda en pitie, et affin que dieu ramenast les bons hommes et les femmes ia morʒ de enfer en paradis qui est le pays de ceulx q̄ tenu auoiēt vraye religion, ꞇ affin aussi q̄ dieu ouurist la porte du ciel aux hommes aduenir, dieu le pere enuoya de son hault ciel son propre filʒ auquel il fist prēdre chair humaine ou saint ventre de la vierge p̱ louurage du saint esperit. Et par ainsi le filʒ de dieu est de femme ne de la vierge enterine mōstrā a ses feaulx et amys ung saint et nouuel enseignement de la loy crestienne en anichilant deboutant ꞇ en detrenchāt lancienne loy ꞇ les serimonies.

Et affinque le filʒ de dieu effacast

loultrageux meffait de adan qui trespassa le diuin commandement, dieu le filʒ en souueraine ꞇ tresgrant humilite liura ꞇ offrit soy mesmes a torment ꞇ deshonneste mort, parquoy mourut la mort des hommes qui estoit pardurable. ꞇ apres ce que le filʒ de dieu eut par sa mort vaincu le prince de tenebres ꞇ que il eut vuidees les prisons denfer ou estoiēt enserreʒ les anciens peres il nous rendit vie par la gloire de sa resurrection. Finablement le filʒ de dieu voulant monter ou ciel par deuers son pere, Il bailla ses clefʒ du royaume du ciel q̄ estoit par lui restitue aux hommes a son apostre saint pierre a qui parauant dieu auoit dit que ainsi comme saint pierre auoit este pescheur de poissons: ainsi ou temps aduenir il seroit pescheur dommes. Et auquel dieu parauāt auoit commis ses offices en terre ꞇ si lauoit ordonne seigneur ꞇ pasteur du troupeau des hommes religieux et crestiens Jesucrist en parlant a saint pierre dist que les portes denfer ne auroient puissance contre les clefʒ de saint pierre. Et certes il nest roy ne prince a qui en quelconq̄ maniere fut faicte si grant commission comme est celle de saint pierre aux autres hommes fut donnee puissance de gouuerner les choses mortelles ꞇ transitoires, mais a saint pierre fut ottroye puissance de gouuerner les choses spirituelles ꞇ pardurables aux autres seigneurs terriens fut ottroie seignourie de par une folle multitude dommes, mais a saint pierre furent baillees les offices de par le filʒ de dieu qui est la sapience du pere p̱durable, parquoy il appert que nulle chose plus grant ne aduint ne ne peut aduenir ca ius en terre a aucun homme mortel Apres doncques que saint pierre eut par son sang espandu esleu et estably son siege a romme pour Il

lec posseder et tenir si tresgrāt seigneu
rie en ensuyuant la parolle du filz de
dieu qui auoit dit a saint pierre, ie te
commande dit jh̄ucrist que tu nour
rices mes brebietes en saincte foy et
doctrine. Et ainsi quant saint pier
re mourut il laissa et commist son trou
peau a son successeur linus/ selon cel
le ordonnance la merueilleuse succes
sion du papat est venue de vng en
autre iusques a cestuy temps. & puis
touteffois que par les larges et grans
possessions que lempereur constanti
donna a leglise ou temps du pape/
saint siluestre/le venin espandu entre
les religieux ministres de leglise co
menca enuenimer les cueurs du ve
nin de aueuglee couuoitise/la char
ge du papat qui pas ne stoit portable
aux espaules de chascun. Icelle char
ge que parauant aucuns refusoient
commenca estre occupee et couuoitee
et tenue de aulcuns hommes plains
de enrageé presumption et vuidz de
saincte vie et de bonne vertu. Et affin
doncques que nous venons a acom
plir le cas de pape jehan dont le com
mencement de ce chapitre fait men
cion/ Il aduint que cestuy belangier de
qui briefment parla le chapitre prece
dent obtint la seignourie dytalie/ Il
eut vng filz appelle albert qui auec
son pere seignourioit ou pays dyta
lie. Cestuy albert pour laffection et a
mour paternelle estoit obey/ Et sei
gnourioit aux princes terriens dyta
lie Et apres belangier comanda aux
princes espirituelz que ilz obeissent a
son filz albert comme souuerain sei
gneur. Cestui albert doncques voiāt
que le pape aggapit estoit mort, con
traingnit p serment les esliseurs du
souuerain euesque de romme en tant
quilz iurerent quilz esliroient en lieu
du pape mort le filz dudit albert nō
me octouien. Et aduint que cestuy
octouien fut appelle pape jehan le

douziesme de son nom/ il monta et seist
en la chaire de sait pierre le pescheur
Quant cestuy jehan aduisa quil estoit
pere des peres, et vit que deuant ses
piedz les roys du monde fleschissoy
ent leurs orgueilleux genoulx et re
garda quil estoit deuenu seigneur et
maistre du tresgrant patrimoine de
saint pierre. cestuy jehan fut esleue
en si grant et si mauldicte rage que
il cuida auoir puissance et droit de co
mander a tous hommes quilz gardas
sent ses loix/ et que il et nō autre fust
franc de toutes loix. Et apres que ce
stuy pape jehan eut mise en content
et despit lauctorite du saint office pa
pal/ et que il eut mis hors dauec soy
les hommes religieux et saintz/ il co
menca laisser en nonchaloir diligen
ce de bon pastesteur et soing de vray
pere/ Il commenda publiquemēt me
ner en son hostel femmes ribauldes et
ruffiens et garsons, affin que il resem
blast les mauuais hommes ausquelz
iesucrist dieu et homme dist par cour
roux. La maison de dieu mon pere est
maison de oraison/ mais vous en auez
fait vne fosse a larrons. Pape jehan
commenca a hanter armeures/ tauer
nes, bordeaulx/ Il se donna a ordures
et a fables/a nourrir chies et oyseaux
il entendoit a la chasse des bestes sau
uages/il rampoit et couroit par trou
pes et par valees et faisoit toutes cho
ses nommee appartenans a hommes
seculiers/ mais a hommes mauuais
et desloyaulx. Et certain est que se
dieu le debonnaire laissoit effondrer
et noyer la nasselle de saît pierre/ cest
a dire leglise/ cestuy pape jehan des
loyal gouuerneur et patron mena cel
le nasselle en grans flotz et la mist ou
millieu de grans tempestes. Il mist la
nef de saint pierre entre les cornus ro
chiers/ Il ne tint pas en luy quil ne la
mist entre les perilleux gouffres de
mer dont lung a nom silla et lautre ca

ribbis. Apres que cestuy Jehan eut estably entour soy vne grãt tourbe de femmes en lieu d'ung saint colliege de saintz hommes, pour prendre les cerfz & autres bestes sauuages, il desploya les filez de sait pierre le pescheur Les filez de sait pierre furẽt pie sucrist ordõnez a peschier les ames pdues de des la mer des pechiez. Pape iehã aussi vsoit mõlt excessiuet de vis & de viãdes en tant q̃ il cõe trop enfle voutoit par le trop mẽgier, a boire. Du iour deuant seãt ou siege pour iuger les causes des hommes pladiãs, il disputoit du droit des choses diuines entre les hommes darmes. Entre les braconniers & chasseurs tandis quilz vouloient aux oyseaulx, q̃lz chassoient aux bestes sauuages a cours de chiẽs, en la compaignie des chasseurs & des varletz crians apres les bestes, et entre les pibaudelles suiuans la court papale. Quant pape Iehan estoit es hostelz des pibauldes qui en accollãt le besoient doulcement, il donnoit a leurs requestes les dignitez & euẽschiez a hommes deshonnestes & indignes. Et apres ces horribles excez Dieu souffrit a fortune que elle attẽptast contre pape iehan, car il qui souuent auoit este reprins de par les sãs hommes qui moult paciemment enduroient ses mauuaises meurs pour ce que il perseueroit par obstine courage en ses ordes delectacions. Les complaintes et les accusacions de luy et de ses meurs vindrent de par le clergie & le peuple a lempereur octho qui fut informe et esmeu tant par celles complaintes comme par les lettres d'ung d'acre cardinal appelle Iehã lesquelles estoyent escriptes par la main d'ung cardinal soubzdiacre mesmement appelle Iehan, car adonc lempereur vint de alemaigne en ytalye et a fine force darmes lempereur combatit belangier occupant et

feuillet CClxxviii

detenãt la seignourie d'ytalie appartenant a lempire, & pource lempereur octho la par vne fois auoit pdonne a belangier, il fut prins par lempereur et mis en chaines puis fut cõme prisonnier euope en alemaigne, & albert filz de belangier & pere de pape iehan fut dechacie en l'isle de corsegue. Apres lempereur octho adreca son chemin a Pomme pour nettoyer se il peust la saincte eglise de Dieu de celle grant puãteur dont pape iehan l'auoit ordoye. Cestuy noble pape iehan n'eut mie p auẽture memoire que au noble Roy dauid dieu refusa octroyer congie de ediffier vng temple en hierusalẽ pour ce que dauid estoit homme de sang & cause de la mort de son loyal cheualier vrie, car quãt pape iehan cogneut que lempereur octho venoit a Pome et il sceut les noms des cardinaulx q̃ par leurs lettres auoiẽt requis et appelle lempereur comme cruel fist trenchier le nez a iehan cardinal d'acre, et la main destre a Jehan cardinal souzdiacre. Et nonobstãt la reuerẽce du chapeau rouge & des sainctes offices et ordres en quoy ilz estoiẽt instituez. Et apres q̃ pape iehã congnoissãt son meffait sitost quil sẽtit lempereur approuchant pomme il delaissa le siege de saint pierre & fouyt hors de pomme. Cer escestui iehan estoit meschãt se il cuydoit autre part trouuer tel siege & telle dignite cõme celle de pomme, il ne auoit pas leu ou saĩ des folles fẽmes, & si ne auoit pas ouy dire es bois la ou il chassoit, ne auec des gloutons qui auec luy hantoient que iamais hõme ne peust ramener hõme en sa bienheurete puisque dieu le deboute & dechasse. Mais a verite dire le maleureux iehan fuyoit laou ses desertes le menoient & dieu faisoit celle chose. Le saint consile donc q̃s eues ques fut assemble a pomme, ilz ouyrent compter au vray les eno

De Boccace

mitez a Sires Du desloyal homme. Et quant lempereur congneut que cestuy iehan estoit hayneux a tous/et principalemēt a tous hommes de hōneste a sainte vie/il octroya aux cardinaulx a euesques franchise et puissance d enquerir a aduiser se celui iehā semblast estre indigne a non proufitable a si grant office a si haulte dignite. Et se ainsi leur sembloit q ilz le deposassent/a apres esleussent celuy que ilz iugeroiēt estre plus digne Et pou de temps apres que iehā fut condamne/les cardinaulx a euesques par acord a commun assentement esleurent leon neufiesme pape de son nom qui estoit homme noble p sainte vie a par ainsi iehan qui auoit 'ordoye la haultesse de la dignite papale cheut en bas a fut gette en lordure et diffame. Et apres ce que lempereur ortho fut parti d ytalie/cestuy iehan par oultrageux hardement retourna a Pomme/et il qui fut hayneux a tous fina miserablemēt ses iours en seperchiez et ordures. Et se aulcun me demande se cestuy Iehan tandis que il desquit ainsi comme dit est adouba por soy le chemin a monter au ciel ou se il appresta son chemin a descendre en enfer. Il mesmes le scet maintenant et non autre/touteffois il qui fut de dignite a de office/a qui mourut comme poure et meschant fut enseuely cōme vne priuee personne/et fut arriere nomme par son premier nom octouien/il qui desordonneement auoit vescu comme pape nomme Iehan.

Le huitiesme chapitre cōtient les cas de charles duc de lorraine salomon roy de hongrie pierre pareillement roy de hongrie lupolde conte de hongrye hermest duc de sueue. Et commen ou la tin Fernebat.et cetera.

Pres ce que Je eu compte le cas de pape iehan grant desir me suruint en courage d escrire aucūe chose qtre la noblsse et la paresse a le puissāt orgueil des euesques rōmais qui sōt mignotz/paresseux/et orgueilleux/mais pour ce que il me souuiēt que aucunefois iay leu vng ver d ung pseaulme du saint prophete dauid q a tous hommes commāde que lēn ne touche ne de fait de prollo les pstresne les Roys/pour ce que ilz sont oingtz et consacrez/pour ceste cause Je retiray de plai g remy main q vouloit cōtre eulx escripre. Je prie dieu touteffois qui enserche a cōgnoist les cueurs de tous les hommes que il regarde et face q par les desloyaux exemples des pibauldies a des extorcions des euesques Rommaines/le troupeau de la simple gent de qui dieu fut pacheteur a paya sa rancon en larbre de la croix ne fouruoye aucunemēt de la sente de vraye foy ne ne dechee ou gouffre de faulsete par les cornus rochiers de liniquite des euesques de rōme Et aps q ie eu alsi briefuement prie dieu/ie tournay mes yeulx autre part si di fortūe q portoit cruel a menaceux visaige/a asseblloit deuāt soy vne cõpaignie dhõmes iadis tresgrãs τ nobles. Entre ces hommes ie aduisay vng nombre de euesques degetez τ poussez hors de leurs grãs dignitez τ lyez de chaines: mutilez τ occis mais ie feray tous ces euesques pareilz/ car ma pensee est delaisser l'acõpter lẽs miseres p autre que par moy. Entre ces maleureux euesques estoit charles noble duc de lorraine. Cestuy duc ne me chault p quelle occasion cheust en la malle vueillance τ hayne de hugues chapel adonc seigneur de france Et en celuy temps estoit a lyon vng archeuesq nõme anselme qui p barat τ desloyaulte prit p nupt le duc charles auec sa femme et ses enfans, τ apẽs les presenta a hugues son aduersaire qui fist le duc lyer en fer τ clore es prisons dorleans. Apres le maleureux charles duc de lorraine venoit salomon noble roy de hongrie/a cestuy salomon homme fol et ignorant fortune procura deux ennemys/ cestassauoir laudislans τ zerta fors τ puissans cheualiers qui assemblerẽt en armes toutes leurs forces comme pour cõbatre cõtre le roy salomon. Cestuy salomõ cõme fol τ paresseulx se espouenta en couraige τ sans faire resistãce sen fouyt τ de laissa son royaume entre les mains de laudislans et de zerta fors τ puissãs cheualiers qui assemblerẽt en armes toutes leurs forces comme pour cõbatre contre le roy salo mõ/ q cõme fol τ paresceux se espouenta en couraige/ τ sãe faire resistãce sen fouyt τ delaissa son royaume entre les mains de landislans τ de zerta ses ennemis/ ausquelz il deuoit plus resister selon toutes ses forces ia soit ce ql subcombast/ que fuyr τ laisser son royaume sans essayer lauẽture de bataille. Apres le maleureux roy salomon roy de hongrie venoit le maleureux pierre mesmement roy de hongrie. Cestuy pierre pour aucuns siens des

merites vint en lindignacion τ en ennemistie de charlemaigne empeur roy de france/ et tant aduint q cestuy pierre fut priue de son royaume. Et finablement il luy fut restitue affin comme ie cuide quil venist a plus grief trebuchet/ car au dernier cestuy pierre fut emprisonne τ priue de ses yeulx/ τ finablement occis par le commandement de lepereur τ roy dessus nõme. Et entre ces maleureux estoit le noble lupolde conte de hongrie. Cestui lupolde que fortune auoit fait tresgrãt il τ tous ceulx de sa mesgnie τ lignage fut banny de son pays/ il comme meschant τ poure se cacha es forestz, τ vesquit iusques a grãt vieillesse. Entre ses maleureux dessusditz estoit hermest duc de sueue/ cestuy hermest fillastre de lempereur henry sefforca p toutes manieres de oster le royaume de romme a lempeur henry son parastre/ mais henry a iuste cause deuint mal pacient τ indigne contre hermest son fillastre. Et tant aduint que hermest fut a force darmes deboute de sõ pays/ τ fut contraint le habiter es forestz/ et illec fut occis par les assaulx τ hommes de lempereur henry. Entre ces quatre nobles maleureux briefuemẽt descris estoit dyogenes noble empeur de constantinoble qui encore estoit souille de lordure q iadis luy degouta des fossetes de ses yeulx qui luy furent creuez Il estoit plain de saletе τ dordure/ il gemissoit poᵉ ses miseres lesquelles Je entreprendray a escripre τ combiẽ que ie ne les escripue pas toutes/ neantmoins ie escripray celles qui sont plus manifestes.

CC i

Le ix. chapitre contient le cas de Dyogenes homme Rommain τ noble empereur de constantinoble. Et commence ou latin. Dyogenes τ cetera.

Es hystoriens doubtent se cestuy Dyogenes q̃ se fist surnommer homme Rommain ait esté ne du pays dytalie ou de grece/ mais en delaissant de quelz partes il fut engendre/ certain est que fortune le pourmena atant q̃ apres la mort de lempereur constantin sa femme lemperiere gouuerna lempire pour et en lieu de son mary. Et apres aucun temps cestuy dyogenes ne me chault pour quelz merites/ fut conioint par mariage a la femme constantin/ et apres ce mariage fait dame fortune esleua si hault Dyogenes que il fut atourne de couronnes Royaulx/ τ fut nomme generalement empereur de constantinoble. Et certain est que ceste empire iadis fut grãt τ noble com bien q̃ pour soreelle fust moult admon drie τ autretant cõme fortune fauorisa a dyogenes en acquerãt estat resplendissant τ noble/ aussi fortune luy fut contraire enluy ostant par cruelle maniere/ car apres ce que dyogenes ouyt dire que belset surnomme trusquemen adonc Roy des persois auoit prĩs et occupe pour soy tout le pays de mesopotanie/ τ que il admenoit sa bataille contre le pays de surie τ de asie/ et que en sa compaignie estoit grãt nombre de gens armez. Dyogenes voult deffendre son pays de authioche pour

ce que Basilius empereur de constantinoble vng pou parauant auoit Pamene en sa seignourie sa prouince de anthioche. Si assembla Dyogenes ses aydes τ entreprint bataille cõtre les persois. Lost de Dyogenes rencõtra ses ennemys/ sitost quilz eurent lieu τ temps couuenable les deux ostz se Rengerent pour combatre main a main/ τ en celle bataille dyogenes ne fut pas seullement desconfit/ mais ses hommes furent vaincus et tuez/ et il tout vif fut prins et presente au Roy balset cõme victorieux. Cestuy Roy des persois trop esleue pour sa victoire ordõna pour soy moquer des grecz que touteffois que il seroit en sa chaire Royale auec ses barons que lempereur Dyogenes fust induit a faire ceste chose/ cestassauoir quil abaissast sa gorge a faire marchepie soubz les piez du Roy belset/ τ par ainsi la haultesse et la gloire qui fut grant auant hier/ le lendemain fut marchee soubz les piez du Roy des persois/ sa gloire cheut τ fut conuertie en obscurte τ en tenebres. Je pourroye auoir Raisons que ie pourroye admener contre lempereur dyogenes se vrayement ie cuidoye quil fust ytalien/ τ se en cas semblable ie neusse parle ou quart chapitre de luitiesme liure la ou ie raisonnay contre lempereur valerian q̃ fut abatu par semblable fortune. Or aduint touteffois que lorgueil du Roy balset vainqueur fut saoul de marcher sur la gorge de lempereur dyogenes qui apres aulcun temps fut relasche de seruage et Remis en sa frãchise. Si retourna Dyogenes en son pays τ se retrahit deuers les sies en esperance par auenture de recouurer la haultesse de lempire q̃ il auoit perdue/ mais Dyogenes trouua que dame fortune auoit forgye contre luy nouuelles armes pour se tourmēter autrement/ Car les grecz eurent desdaing & despit de dyogenes hom̄e de ville condicion, & de si bas estat, q̄ eut la seignourie deulx/pourtant les grecz prindrent dyogenes & luy oste‐ rent les yeulx, en lieu de lui ilz esleu‐ rent ung sien fillastre nomme michel. Et apres ces angoisses & douleurs tourmentans les corps & la pensee du maleureux dyogenes il qui estoit hai‐ neux a to⁹ apres pou de tēps mourut meschamment & poure.

Le dixiesme chapitre con‐ tient les cas de Robert Ja‐ dis duc de normendie hēry empereur rommain. Et de iosselin prince de pages en medee. Et commence ou latin. Mortalium. &c.

Ar les conseilz des hommes qui souuent sont ramenez a neant dieu & fortune mōstrēt gbien est grant lignorance des hom‐ mes mortelz. Et ceste chose angois‐ seusement plouroit en ma presence/ robert iadis religieux & noble duc de normendie/car cestuy robert accusāt sa folie & laueuglesse de soy/disoit cō‐ me vray est que follement auoit re‐ fuse la couronne & le royaume de Je‐ rusalem pourtant sauoir affiert que dieu iadis couroucie contre les hom‐ mes pecheurs souffrit que la saincte terre de oultre mer comme ierusalē & autres ia conuerties a la foy crestiē‐ ne fussent persecutees par les turs et sarrasins/ tenans la mauuaise secte du desloyal machomet/et tant que

les crestiens / & par especial ceulx qui lors demouroient soubz lempire de Romme es pays dorient & de midy furent tant oppressez, que la loy cre‐ stienne retournoit a neant/ se de par les roys & autres princes & les nobles hommes du pays doccident comme france angleterre & les autres naciōs voisines ne fust venu a secours. En‐ tre lesquelz princes & nobles qui secou‐ rurent aux crestiens habitās ou pais doultre mer/ fut le noble et glorieux godefroy de billon duc de lorraine/ Il entre les compaignons de son ost ac‐ cueillit auec soy robert noble duc de normendie. Il estant en ceste glorieu‐ se bataille de crestiens contre les turs ouyt dire ainsi comme vray estoit q̄ son aisne frere guillaume roy dan‐ gleterre estoit sans heritier trespasse de ceste vie/& par ainsi le royaume de droit & selon coustume deuoit appar‐ tenir & escheoir au duc robert dessus‐ dit mais fortune qui transmue droit en tort/ qui rent pour iniquite iustice fist sa chose autremt car hēry moyne frere de feu guillaume roy dangleter‐ re donna a entendre aux clers aux nobles & au peuple dangleterre, que Robert sondit frere auoit accepte pour soy le royaume de hierusalem & nen‐ tēdoit iamais soy partir doultre mer par ceste fainte mensonge les clers/ les nobles & le peuple instituerent hē‐ ry Roy dangleterre auec plaine sei‐ gnourie. Quant le duc qui refusa le royaume de Jerusalem retourna doultre mer/ Il demanda a son fre‐ re Henry le royaume de angleter‐ re comme a luy appartenant p̄ droit hereditaire/ Henry qui taste auoit la doulceur de seigneurie ne voult re‐ dre le royaume/pourtant le duc as‐ sembla en armes tant dommes com‐ me il peut/apres passa la mer & vint en angleterre Hēry illec seignouriāt vit auec toute sa puissāce g̃tre le duc tant que les deux parties furent prestes d'assembler en bataille/ mais aucuns iustes ⁊ vaillans hōes des deux ostz aduiseret q̄ cruaulte ⁊ dōmage seroit deux freres germais cōbatre lūg contre lautre/si traicterent de paix tellement que Henry possederoit le le Royaume/mais il rēdroit a son frere grāt quātite de monoye chascū an sur quoy furent donnez ⁊ baillies sermēs ⁊ plaiges ⁊ par ainsi le duc retourna en normandie. Or aduint que le Roy q̄ illec auoit aucūs chasteaulx de patrimoine il les voult tenir de soy messme ⁊ non dautres. Le duc les assiega et les print par force dont le Roy fut courroucie qui adonc assēbla grans gēs en armee ⁊ vint en normēdie. Le duc auec ses forces luy vit en contre et combatirent ensemble/ mais le duc fut desconfit et prins ⁊ de par son frere fut emprisonne. Et cōme chetif languit en la prison p̄ quarāte ans et illec apres mourut. Apres le cas du maleureux Robert duc de normēdie venoit Hēry noble empereur Rōmain soy ainsi complaignant comme le duc Robert / car cestuy Henry disoit comme vray est que Il auoit vng filz naturel et legitime pareillement nomme Henry. Or pensa'le pere que sa gloire et bieneurete croistroit par lexaulsemēt de son filz. Si procurā et tant fist que luy viuāt son filz fust couronne Roy des Rōmains/ Mais son Ingratitude fut si grant enuers son pere que il trouua son filz trespuissant Et cruel ennemy enuers luy entāt que le filz comme cruel print et detint son pere et le bouta en chartre obscure/ et Illec le contraignit finer miserablemēt sa vie. Apres le maleureux cas de lēpereur henry venoit le noble Josselin filz de Josselin iadis prince de Pages vne cite de medie. Cestuy iosselī prīce de Pages estoit a tort courouce cōtre

fortune puisque il estoit cause de son maleur/car luy estant riche ⁊ puissāt prince de ladicte cite sẏ abādonna du tout a opsiuete/a puresse/ ⁊ a luxure ⁊ si sauoit sa cite estre enuironnee de nacions de gens barbares ⁊ cruelles. Or aduint que le prince alapie nomme sāguin cōsidera la setardie/liuresse/et luxure du prīce iosselin qui pour soy plus largemēt soulacer estoit hors de son pays. Si assembla le prince alapie gēs armez/⁊tāt fist q̄ il prīt por soy la la cite de Pages noble riche et ancienne. Josselin doncques oyāt sa cite estre prinse fut comme vng home paresceux q̄ se sueille dung lōg sōme/⁊ admena a tart gēs dazmes por secourir sa cite ia prise / mais pour ce q̄ vng meschief ne vient iamais tout seul/le prince iosselin fut prins des cheualiers sanguin/puis fut mené bou te en prison en la cite d'alapie ⁊ ia soit ce que sa maleurte fust moult griefue dauoit perdu son pays ⁊ destre lye en obscure prison / touteffois fortune aggraua son malcur/car les gardes de la prison ou il estoit comme negligēs neurent presques aucun soing de luy admistrer chose necessaire q̄ vie ⁊ par ce il trespoure et meschant mourut par disette de boire ⁊ de menger ⁊ par les meschiefz es vers qui tourmenterent son corps languissant en ceps et en chaines de fer. Aps le compte des cas de ses troys nobles maleureux venoit andronic Jadis noble empereur d'cōstantinoble du quel ie doy selon iuste Raison escripre le cas/pour ce q̄ sa cruelle mauaistie fut autretāt cause de son hault ⁊ grant estant comme fortune iuste enuers luy fut cause de misere ⁊ de grant diffame.

feuillet   CClxxx

Le xi. chapitre contient le cas du maleureux cruel et desloyal tyrant andronic noble empereur de constantinoble. Et commence ou latin. Andronicus ⁊c.

Andronic iadis empereur de constantinoble descendit du lignaige des anciens empereurs grecz selon aulcuns hystoriens mais aulcuns aultres dient q̃ pource que Andronic charnellement congneut vne sienne seur il auecelle senfouyt en turquye pour la paour de son cousin emmanuel seigneur du pays de grece. Et encores oultre dient aucuns historiens que andronic fut vng iouuenceau tresdissensionneux ⁊ qui controuuoit tousiours choses nouuelles ⁊ que par ses dissensions fut boute en prison obscure, mais apres il fut deliure par son cousin emmanuel dessusdit. Or aduint apres petite espace de temps que andronic qui ameda sa vie donna aux hommes bonne esperance de soy ⁊ fut ordonne a estre seigneur de vne isle en asie que on nomme pōthus. Finablement tandis que andronic estoit hors ⁊ absent de constantinoble son cousin emmanuel ia vieillart mourut ⁊ delaissa successeur de lēpire vng sien petit filz appelle alexius. Cestuy alexius auoit vng sien parent semblablement nomme alexius qui print non pas seullement la cure de lenfant pupille, mais prit le plain gouuernement de lēpire. Et pource q̃ cestuy alexius parēt ⁊ curateur de lē-

pereur se portoit trop cruellement en-
uers les subiectz de lempire, Ilz prierent a Andronic que du pays ou il estoit il venist a cōstantinoble. Andronic doncques selon aulcuns hystoriens vint de turquye auec vng grant ost de turcs, ou selon autres historiēs il vint de lisle de ponthus, ⁊ en brief temps il print ⁊ occupa legierement la cite de constantinoble. Et pour ce que andronic trouua que le curateur du pupille auoit este tue, luy adonc couuoiteux de seignourie commāda que le pupille alexius fust mis dedēs vng sac ⁊ gette en la mer. Andronic adonc commāda que la noble marie seur pupille ⁊ son mary renier de montferrat fussent occis despees Andronic homme cruel ne garda aucun homme du sang royal pourueu quil le peust attaindre, fors que vng cheualier nōme ysacius, par ainsi andronic mōta et vint a la haultesse de lempire designee p̃ les playes ⁊ par les occisions ⁊ p̃ leffusion du sāg des hommes parens ⁊ prouchains de lempire. Et affin q̃ entre le ieune ⁊ le vieil aage de andronic neust aulcune differēnce, Il se enuironna ⁊ saccompaigna de toꝰ desloyaulx hommes, cōme murtriers ribauldz, sacrileges, cōdamnez ⁊ de autres semblables. Il cōmença tourner en sa luxure les chastes pẽseres ⁊ femmes par flateries, par dons, promesses et menaces. Apres commēca a corrompre les vierges, a aputir par adulteres les femmes mariees, briser les cloistres des nonnains, ordoyer la chastete des femmes veufues, et par ces ordures ordoier toutes choses Et apres ce quil auoit pabatu sa luxure, il bailloit a ses varletz pour oultre adhontagier les femmes quil auoit esmeues a sa luxure par art ⁊ maniere quelconque. Et ceste chose il faisoit pour plus diffamer les femmes. Apres quil eut ordope par ses

CC iii

pechiez la saincteté de toutes femmes pucelles mariees veufues et nonains il tourna la rage de sa pensee en rapines, car a ses propres citoiens ne laissa aulcune chose en meubles ne heritages a aulcuns, il tollit par iniustes iugemens ou par faulses lettres, et se autrement il ne pouoit tollir il disoit de publiques violences, et par ces desloyaultez il sembla come vray estoit que il eust atteinee fortune, car puis que androníc derrenierement eut gecte sa cruaulte contre le noble psace lequel tout seul de la lignie royalle il auoit gardé sans occire. Et apres ce que androníc eut fait appeller psace soubz couleur de parler auec luy, il aduint que psace auant le coup deuína et sentit la cruaulte de androníc, et tua le messagier qui de par androníc venoit appeller psace. Apres ce que le messagier fut occis psace saillit en armes ou milieu des citoiens en les requerant de foy et loyaulte en accusant les vices de lempereur androníc qui ainsi paisonna deuant les constátinoblois. Mes loyaulx et aymes citoyens vous scauez par assez fresche memoire comment androníc nomie uostre empereur mais tyrant, ayt iniustement occis tous les masles et les fumelles, hors moy descendus et procreez du noble lignaige imperial et que apres plusieurs et grans occisions il a fait et commis tous autres crimes selon la grandeur desquelz oultre le crime de lese maieste, il desseruit perdre toute dignite imperialle et officer. Et pource que il receint moy seul de la lignee royale, il machine et procure ma mort. Si vous prie et requier de feaulte et de ayde et de faueur de iustice, qui promet grant salaire a ceulx qui consentent et procurent la mort des tyrans. Par ces parolles ainsi dictes les constantinobloie furent legierement comeus

et coururent aux armes et esleurent et ordonnerent psace empereur. Si occupa et print psace pour soy celle partie de la cité ou estoient enclos les tresors de androníc. Apres ces choses ainsi faictes les citoyens et psace assiegerent blacherte la principale fortresse ou estoit androníc paoureux et tremblant, et apres que les citoyens eurent desconfit et uaincu tous les aydans de androníc, ilz liurerent a psace androníc prisonnier et chetif. Et pource que il sembloit que androníc eut diffameemet forfait contre tous les citoyens, psace proposa contre luy vne maniere de tourment qui peut sembler estre souffisant a tous si commanda psace que androníc fut admene en publique puis le fist deuestir des robes imperiales et apres luy fist tirer vng des yeulx et le fist monter sur vne asnesse la face de lui tournee deuers la queue et sur sa teste fut mise vne tresse de aulx en lieu de couronne, et en lieu de septre psace commanda que a ses mains fut lyee la queueue de lasnesse. Et apres que le noble empereur androníc fut pourmene par tout le pais de constantinoble psace fist einsi pronocer vne loy que chascun homme ou femme peussent faire ou dire a androníc tout ce que ilz vouldroient sauuee seullement sa vie. Et affin que androníc finablement venist a telle chaire comme il auoit desseruie selon sa grant dignite, apres que il eut este pourmene tout a lenuiron de la cite, psace commanda que ledit androníc fust mene hors de la cité et illec fist faire et drecer vng gibet ouquel gibet il commanda que androníc y fust pendu. Et par ainsi ledit androníc fust desatourne et desuetu de robes et de attours royaulx, et fust enuironne des sergens et des bourreaulx et fust mene parmy les ordes rues, et apres luy couroit le peuple de toute part qui à grās noises et haultz crys racomptoient ses diffames et hontes, et cōbien que les hommes qui l'encontroient Andronic le arrochassent et fertissent de boe de crachatz et de toute aultre ordure/ auec ce que les femmes de ladicte cité se mouilloient de puātes orines: iusques a tant que le meschāt andronic vint au lieu ou il deuoit siner sa vie par la corde au gibet/ Il fut arroché de pierres par plusieurs des citoyens qui de faire ne se pouoiēt abstenir, et qui a peines estoit demy vif fut attachié par vne cordelete a vng cheuron pource que les pierres que on gettoit contre luy empeschoient le mener oultre/ Et il pendu a ce cheuron fina le demenant de sa miserable vie Les constantinoblois heoyent a iuste cause si fort andronic que la haine ne fut pas finee par sa mort especiallement enuers les femmes, car les femmes lancoient longs crocz contre la charongne de andronic, et les forces des haines et malueillāces furēt si grās que les femmes mengoient les morceaulx de sa chairongne que elles auoient attrape en leurs crocz en signe de vēgance de sa desordonnee luxure

Le douziesme chapitre p̄le cōtre les nobles hommes mignotz et luxurieux en ramenant a memoire le miserable cas de andronic noble empereur de cōstantinoble Et commence ou latin. O stolidi et cetera.

folz et aueugles Iouuenceaulx qui lises les miseres et douleurs de lempereur andronic/ p folz et aueugles hommes qui sous souffrez mener en luxurieux desirs metez sur voz chiefz chapeaulx de fueilles et d'arbres odorans/ dictes haultes chansons/ dāses et faictes leesse en ceste grāt Iournee enquoy l'empereur andronic a esté mis a si deshonneste mort pour sa mignotē et deshonneste luxure. Attournez voz salles et palais de draps de pourpre/ Espandez flours et arbres odorās p̄ voz chambres/ apointez voz litz de nobles couyctes et de riches couuertures, chargez voz tables de delicieuses viandes/ et receuez l'empereur andronic qui apres ses luxurieuses mignotises maine si glorieux triumphe cōme vous auez ouy dire ou chapitre precedēt. Les nobles ēpereurs apres lēs glorieux triumphes iadis estoiēt menez sur chariotz en robbe blanche que len gardoit ou temple Iupiter le tres grant dieu des payens/ mais andronic en signe de moquerie a esté mys sur vne anesse son visaige tourné devers sa queue/ les empereurs apres leurs glorieux triumphes estoiēt couronnez de chappeaulx de lorier et de flours odorans/ mais Andronic en signe de moquerie porta vng chapeau d'une tresse de aulx. Vous nobles luxurieux et mignotz sacrifiez a Venus vostre deesse telz chariotz et telles despouilles comme gaigna le maleureux empereur andronic/ escriuez en table de cuyure les tiltres de son triumphe affin que la souuenance de sa gloire dure pardurablement. Et affin que les hommes qui apres luy viendront et qui liront ses tiltres mettent leurs forces a acquerir plus grāt louenges par vertus que ne fist andronic en ses vices. Et puis que andronic par cruaultez et par rapines est venu a si hault siege comme est le gibet/e vous pzie hommes desloyaulx endurcissez voz cueurs/tires hors dagues et espees/mettez voz manteaux plommeaulx et froisseurez les hommes innocens/et pour vouller en hault mouillez voz plumes ou sang des iustes hommes/car se vous aduisez assez lempereur andronic qui pour ses pechiez fut esleue en vng gibet et de son pie il marche dessus lair. Et lempereur andronic pendu en vng hault gibet est deuenu seigneur des siens/et pour la pesanteur de luy/il empesche la souddainete des vens. Andronic esleue en vng hault gibet regarde les estoilles a gorge esleuee/et quant ilz parle aux dieux paduenture il leur prie q le cheuron a quoy il pend se foreisse affin quil ne soit froisse en cheant vne autre fois. O vous sotz et aueuglez nobles hommes ne soyez vous pas que la iustice de dieu peut toutes choses/et comme la iustice de dieu poise en droicte balence les peines des mauuais et les merites des bons. Vous doncques meschans et aueugles iouuenceaulx ouurez voz yeulx et esueilliez les forces de voz couraiges qui dorment/et aduisez et doubtez par lexemple de andronic a quelle fin viennent voz ribauldiez et voz autres mesfais. Les folz iouuenceaulx et vieillars aueuglez par les desirs de luxure doiuent craindre la iustice diuine a lexemple de lempereur andronic/car se lexperience des philozophes natureelz est vraye le lyon roy de toutes autres bestes tremble quant len bat le chien deuant luy. Se doncques nous hommes semblables a petis vers voyons les empereurs tirer laidement a croiz de leurs trosnes iusques au gibet des larrons pour les punir de leur cruaulte et luxure/ne deuons nous pas trembler et craindre la iustice de dieu. Se nous ne regardons lexemple de cestuy andronic nous serons plus durs

que les lyons ne autres bestes sauuages. Et certes la pestilence de lempereur Andronic est aux autres nobles hommes grant et notable exemple du couroux et de la puissance de dieu/mais que par la desmesurance de luxure nous ne soyons si aueuglez que nous ne vueillons vng pou croire a dame verite.

Le xiiii chapitre contient les cas de ysace empereur de constantinoble et de alexius son filz. Et de plusieurs autres nobles maleureux. Et commence ou latin. Cum sordidatum.&c.

Itost que ieu laisse le maleureux Andronic empereur de constantinoble pendant au gibet/ie vy pres de moy Isace successeur de Andronic. Cestuy ysace dont ie parlay en lonziesme chapitre precedent en plourant comptoit en brief son cas/Cest assauoir que apres ce que ysace fut institue empereur de constantinoble et que Andronic priue de lempire fut cruellement tourmente et pendu le dessusdit ysace ne faillit pas a trouuer ennemy q mist fin a sa bieneurete mondaine/car Andronic auoit vng frere suruiuant qui pourpensa de vengier la cruelle mort de son frere. Le frere donques de andronic par changement de fortune a force darmes et a espies print lempereur ysace et par violence lui fist estaindre la lumiere des yeulx par longuement et de pres regarder vng ba rin ardant ⁊ rouge a force de feu et a aprés ce que ysace eut les yeulx ainsi estains le frere de androuic luy osta le royaume de constantinoble. Aps benoit alexius filz de lempereur ysarg qui en plourant comptoit en brief le cas de sa male fortune. Si est assauoir que lempereur ysace mort ⁊ priue ainsi comme iay dit laissa ung sien filz successeur moindre de aage, ouquel fut baille ung tuteur qui emprisona ⁊ aprés fist mourir lenfant alexius en esperance de occuper ⁊ prendre pour soy lempire de constantinoble. Aps ces deux nobles maleureux benoient plusieurs nobles ysmaelitois/cest a dire sarrasins qui griefuement se complaignoient de fortune. Entre ces nobles sarasins le premier maleureux selon lordre des hystoires estoit sanagot iadis ancien roy degipte q̃ par la cautelle et tricherie des saracoys ses voisins fut priue de son royaume degipte ⁊ aps occis. Aprés le maleureux sanagot roy degipte benoit salech souda de alapie et de damas/et cathebadin pareillement souldan de alapie ⁊ de damas. Si est assauoir que salhadin Jadis noble soudan de babilone fut en sonn temps moult opresse de dures et pesantes batailles/si appella contre ses ennemys en ayde salech ⁊ cathebadin souldans de de alapie ⁊ de damas. Ces deux salech ⁊ cathebadin souldans de Alapie loyaux ⁊ preux en armes se porterent moult glorieusement pour salhadin en faict de cheualerie en esperant que salhadin en cas semblable leur fist secours ⁊ aide ⁊ les gardonnast des grans ⁊ nobles labours de leur cheualerie/mais le souldan salhadin homme ingrat et descongnoissant du loyal ⁊ prouffitable seruice q̃ il luy auoit fait. Ces deux salech ⁊ cathebadin furet desmis ⁊ hors de leur seignourie p salhadin q̃ les deuoit garder et deffendre tant eulx cõ

me leurs pays. Apres les cinq maleureux dessusditz benoit robert surnõme surrentin iadis prince de tarente a qui fortune a este tant ennemie que par ung coup contraire il perdit sa principaulte /⁊ si perdit ses yeulx ⁊ il qui estoit de noble ⁊ franc lignage cheut en bilte ⁊ seruitude. Derriere le dos de robert noble prince de tarete estoit guillaume le tiers roy de sicile q̃ plouroit pour la durte de fortune/car ainsi comme il disoit luy estãt en la flou de son aage fut priue de son royaume ⁊ des yeulx de son chief/⁊ de son membre genitoire. Si me suis pense que chose aduenant seroit de racompter ses maleurtez ⁊ labours plus largement que des autres cinq nobles maleureux precedens.

Le quatorzieme chappitre contient le cas de guillaume tiers roy de sicile descendu de la lignee de Robert guychard iadis duc de normendie Et commence ou latin. Satis p comperto.

En scet assez par aucunes hystoires que les roys de sicile Jadis nommez Guillaume descendirent de robert guychard iadis duc de normendie ou ilz descendirent derogier frere dudit robert ainsi comme Il plaist a aucuns aultres hystories. Ces deux robert ⁊ rogier conquesterent pour eulx le royaume de sicile des dessusditz roys nommez guillaume le second qui apres son trespas ne laissa aulcun heritier. Aduint que Tancret filz de Rogier premier roy de Sicile print le royaume pour soy par droit hereditaire: apres la possession prinse du royaume une guerre soubdainement suruint contre le roy tancret car le dessusdit rogier premier roy de sicile apres sa mort delaissa une fille apellee constance qui de son adolescence voult par deuocion seruir a dieu en ung monastere de nonnains religieuses ainsi comme dict aulcuns historiens. Mais autres hystoriens dient que ou temps du roy rogier ung homme fut en calabre appelle Joachin qui auoit lesperit de prophecie qui long temps auant la chose dit au roy Rogier que celle pucelle constance deuoit estre cause de la desolacion du royaume. Ceste fillette constance fut vendue / et enclose en ung monastere de nonnains par lordonnance du dessusdit roy rogier. Or aduint apres lespace de long temps que constance ia aagee par le pourchas et moyen des enuieux du roy tancret fut donnee a femme a lempereur henry par la vertu de la dispensacion du souuerain euesque. Et oultreplus a cestuy empereur henry mary de constance fut baille le royaume de sicile parce que les enuieux de tancret disoient que le royaume selon droit hereditaire appartenoit a constance. apres ces choses ainsi faictes lempereur henry vint de alemaigne en sicile pour prendre la possession du royaume a lui appartenant a cause du douaire de constance sa femme. Mais les siliciens doubtans la cruaulte des alemans maintindrent et fauoriserent la partie de tancret tant quilz peurent Par laide et faueur des siliciens la bataille de henry et de tancret fut plus longuemēt que len ne cuidoit pauant / touteffois durant la poursuite de lempereur henry / le roy Tancret mourut. Apres la mort duquel son filz Guillaume

qui posseda et fit la milleur et plus grant part du royaume assembla et apprestez ses batailles tant par mer comme par terre contre lempereur henry qui venoit auec grāt compaignie de alemans tous apprestez en bataile mais lempereur henry bien souuenāt comment il parauāt auoit bien longuemēt et en vain assiegee la cite de naples / il doubta quil neust dequoy fournir les despens de sa bataille selle duroit longuement ou que la bataille ne en gendrast ennuy aux cōpaignons souldoiers. Lempereur doncques henry tourna son couraige a engin et a barat et monstra par sanitise quil soulfist condescendre a accord auec le roy guillaume adonc estant iouuenceau. Et a ceste faintise faire se tourna lempereur henry par le complot de ses alemans qui moult sont puissans en fait de barat. Le roy guillaume come simple iouuenceau print moult de fiāce en laccord que lempereur faignoit / et tāt aduint que guillaume pensāt accorder a luy laissa toute paour comme celuy q̄ ne doubtoit aulcun barat / et tant que le roy guillaume fut prins en la cite pauoisine auec ses seurs germaines et ses autres parens / et fut guillaume tout vif presente a lempereur henry. Et pou de temps apres la prinse du roy guillaume tout le royaume fut saisi et occupe de par les alemās souldoiers de lempereur henry par quoy il apparut clerement que la prinse et detension du prince luy fist perdre franchise / puissance et amps temporelz / et tous autres biens de fortune. Apres la prinse du roy et de son pays lempereur henry comme cruel persecuta plusieurs hommes du royaume et enuoya en alemaigne le ieune roy prisonnier et le priua de nōs, denseignes et de dignitez royaulx, non pas en estāt de noble homme / mais comme ung meschant et poure auec ses trois seurs alterie /

feuillet CClxxxiii

constance/et madoine. Et affin que
le refreigniſſe lorgueil de ceulx qui
vainquirent le dy que aux rebelles le
peut eſtre cruel/mais aux vaincus le
vainqueur doit eſtre debōnaire. Et
apres ces dures meſchātes ſouffret
tes par le Roy et ſes ſeurs et autres a
mys vray eſt q̄ lempereur henry fiſt
hors tirer les yeulx au Roy Guillau
me et puis luy fiſt oſter les mēbres ge
nitoires affin q̄ ou temps aduenir Il
oſtaſt toutes choſes de debat et deplaiſt
a ceulx qui p droit hereditaire pour
roient demander le Royaume de ſici
le. Et oultre toutes ces choſes lempe
reur henry condamna le Roy guillau
me en chartre perpetuelle / et par ainſi
il qui eſtoit franc et noble Roy deuint
priſonnier et fut mis en obſcurte et or
de priſon / et il qui parauant auoit veſ
cu es plaiſirs de ſon naturel pays fut
priue de la clarte de ſes yeulx / Il qui
eſtoit hōme fut deshonnore et fina
ſa vie en longues larmes et complain
tes en eſtranges pays entre les ordes
mains des barbares allemans hom
mes cruelz.

Le xb. chapitre contient
en brief les cas de guyot de
Leſignan Roy de hieruſa
lem et de Iehan conte de bri
enes puis Roy dudit hieru
ſalem. Et commence ou
latin. Guillermo. &c.

Europe ecores en mon cueur
compaſſion et mercy du ma
leureux et dur cas de Guil
laume noble roy de ſicile. Et tantoſt

apres le trouuay es hyſtoires guiot et
leſignan iadis Roy de hieruſalem qui
plouroit ſon maleureux cas. Et po'
celluy briefment compter il diſoit cō
me vray eſt que iadis godefroy noble
duc de lorraine ſelon vertu de coutrai
ge et pour feruente deuotion pour ac
croiſtre la ſaincte foy creſtienne aſſe
bla grant puiſſance en armes de diuer
ſes lignies et pluſieurs pays de puiſſās
et nobles hōmes dont la renommee
fut plus grāt entre les hommes que
ne fut la choſe au vray. Et entre
les nobles hōmes qui auec godefroy
furent en la beſongne le ſeigneur de
leſignan qui fut vne noble baronnie
du pays de poitou: beſongna vertu
euſement et bien auec les autres nobles
cheualiers creſtiens. Ceſtuy donc
ques guiot de leſignan obtint le roy
aume de hieruſalem et de ſicile et dau
tres pluſieurs pays de ca la mer q ſōt
enclauez et adioinctz au Royaume ſuf
ſdit. Or aduint que ſaſhadin dont
Iay parle ou treſieſme chapitre de ce
liure deſpouilla et dechaſſa le deſſuſ
dit guiot de ſon Royaume de hieruſa
lem et auec ce fortune ne ſe tint pas a
tant car ceſtui guiot vint a ſi grant p
plexite et deſtreſſe que il requiſt et et
manda a Richart lors Roy dangleter
re congie de retraire ſoy et autres no
bles hommes ſes amis et compagnōs
en liſle de chipre / en laquelle Il et les
ſiens ſenfuirent a refuge apres ce qlz
eurent eſte hors gettez de liſle de ſi
cile. Aſſez pres du noble guiot Roy de
hieruſalem eſtoit Jehan parauant
conte de brienne et apres Roy de hie
ruſalem pourquoy eſt aſſauoir que ce
ſtui Jhan de brienne Roy de hieruſa
lem eut vne fille qui par mariage fut
iointe a frederic lors empereur et pre
mier de ſon nom. Ceſtui fredric non
content de lempire couuoita le Roy
me de hieruſalem et aguiſa ſon engin
a malice. Et tant fiſt par ſon barat et

il despouilla & dechassa son syre de son royaume de Hierusalem & de sicile/ Dont il aduint que cestui iehã noble & puissãt fut ramene a tãt que il fut capitaine de gens darmes ou pays de lombardie. Et vray est que apres iehan de brienne ie trouuay plusieurs autres nobles hõmes maleureux/ Mais le plus hault entre tous me sembla estre henry le boyteux roy des rommains et premier filz de frederic lempereur dessusdit. Cestui hẽry mõstroit p ses cõplaintes et regretoit les forces de sõ corps passes & sõ corps sec & grele tort & maigre & pallissãt pour la puanteur de la prison ou il pourrit. Cestui henry plouroit abondãment et monstroit les griffons de ses mais et les ceps de ses piedz qui estoiẽt orez de rueille et pesans oultre mesure/ & si disoit quilz auoient gaste son corps Cestui hẽry mauldisoit sõ pe frederic et ie q en pitie de hẽri deliueray de escripre ses miseres & tormẽs plus lõguemẽt q des deux dont iay parle en ce chapi. afin que ie feisse les autres deuenir piteux enuers le roy/ suy iadis tourmẽte & mort iniustement par la cruaulte de son pere.

Le sezieme chapitre contient le cas de henry noble Roy des rommains filz de lẽpereur frederich premier de cestui nom. Et comence ou latin. Fama satis.

A renommee de tout le mõde est assez commune que le sang et la lignee des suenois est tresclere et resplendissant par

aulcune renommee/ mais ceste renommee nest pas moult digne de foy Car par ainsi il semble que les corps celestiaulx ayent respandu leur moistesses & doulceurs plus largemẽt es corps des suenois qui sont hommes barbares que es corps des hommes ptaliẽs Et pourtant ie conclus que la renommee des suenois qui sont vne gent de almaigne est vne moquerie. Et certain est que se ie deusse tourner mon engin a autre chose sãs delaisser ce que ie entens adire ie mõstrasse par raisons et exemples comment les folz hommes sont deceuz q ainsi magnifient & esleuent la generacion des hommes alemans. Il appert doncques par les hystoires que cestuy roy henry fut engendre de lẽpereur frederic premier de cestui nom & premier au regard du pays suesse. Et frederic descendit de cestuy noble ou mortel sang des suenois et cestuy henry engendra le second frederic dune sienne femme appellee constance lanciẽne dõt iay parle ou quatorziesme chapitre de ce liure & de cestuy second frederic fust engendre le roy henry duquel iay commence a racompter le cas. Cestui henry roy des rommains ne fut pas seulement resplendissant & noble de par ces ancestres successeurs de lempire & des royaumes de Ierusalem & de sicile q lors frederic tenoit & qui audit henry deuoit aduenir par droit de succession mais cestuy henry fut enuironne de belle compaignie de freres germains & si fut noble pere par generacion denfans qui sembloiẽt estre vne tresgrãt partie de bieneurte mondaine. Fortune se monstra encores ta plusioyeuse & esbaudie enuers lui enfant que par comblement du bien de ses enfans auec les autres biens dessusditz/ Il sembla estre plus bieneureux et noble et resplendissant tandis que bẽ

ry estant en la fleur de sa Jeunesse) adonc de grant renom il fut pareillement aymable et gracieux enuers les suenois et les ytaliens et tant fist son pere lempereur frederic que henry fut esleu Roy des rommains et par les princes et nobles dalmaigne/ et par ainsi henry anobly de ce grant tiltre du Royaume de Romme qui luy fut donne durant la vie de son pere frederic Il sembloit ia estre seur de venir a la haultesse de lempire/ Ainsi mesmement comme il sembloit aux autres princes du monde. Cestuy henry roy de romme qui ia est la lucarne de tous les cesariens sembloit ia resplendir comme vng autre soleil/ Car henry le Roy des Rommains estoit ia le plus grant de tous les princes du monde mais fortune qui geta son enuie contre les ioyeulx commencemens du Roy henry elle lui appresta vne douloureuse fin/ Car lempereur frederic pere du Roy henry homme couuoiteux oultre mesure/oublia et fut descongnoissant quil eut este nouri et esleue entre les bras des souueraines euesques/ cest des papes de Romme/ frederic oublia et fut descongnoissant que par les faueurs et aydes des papes il eut este esleue en la dignite et haultesse de lempire/ Et tandis que frederic homme auaricieux et Insdoulable se efforcoit de occuper par force les choses appartenans a leglise/ Il qui pource fut deuement admonneste et requis quil cessast de occuper le patrimoine de leglise/ ne se voult retraire ne cesser de ses mauuaises entreprinses.
Et pourtant lempereur frederic/ desseruit et encourut nompas seullement lindignacion du souuerain euesque/ mais contre luy et les siens fut menee et assemblee vne destruisible bataile de par le pape et ses aydes. Durant le temps de ceste bataile et croissant la mauuaistie de lempereur frederic son filz le Roy henry sefforca par maintes fois et manieres de retraire son pere de son obstinacion et orgueilleuse entreprinse. Le Roy henry en admonestant frederic qui soit de telle attrempance et de telle humilite de laquelle le filz doit vser enuers le pere. Et apres le Roy henry en gardant reuerence comenca blasmer son pere par admonnestemens salutaires et honnestes. Lempereur frederic a cause de ces choses fut esmeu et courouce/ et commenca auoir suspecion contre henry son filz bien merite et loyal/ il sembla a frederic que son filz eut fait coniuracion contre luy et aliance auec le pape et les gens deglise/ et affinque frederic ne semblast sans raison et par oultrage proceder contre son filz aulcuns hystories dient que frederic suborna et attrahit aulcuns accuseurs et tesmoings: contre henry son filz/ et selon les faulses accusacions et desloyaulx tesmoingnages frederic condanna son filz henry comme coulpable du crime de lesemaieste/ dont le semblable ne fut oncques mais veu ne ouy/ cestassauoir pource que le roy henry par mer alant ou pays de surie auoit voulu a son pere oster le Royaume de sicile mais de ce nestoit riens/ et par ainsi le Roy henry fut prins par le commandement de son desloyal pere et ainsi furent prins les deux enfans petis et innocens du Roy henry. Et aussi comme crioient aulcuns hystories le Roy henry fut boute et enclos en prison et fut estendu en cheine de fer et iusques a la mort/il fut pourement soustenu de dure et petite victaille affin que sa male fortune durast plus longuement. Aulcuns hystoriens veullent touteffois dire que frederic eut aucuneffois mercy de son filz henry/ car de son propre mouuement et voulente il voult demonstrer soy estre piteux pere enuers son filz. Aucuns dient que frederic commanda que son maleureux

filz fut admene deuant soy/ mais le filz doubteux de soy mesmes comme celuy qui ia auoit esprouue ce q̃ doubtoit la cruaulte de son pere affin que le pere ne feist aulcunemẽt publiquement aulcune plus grãt cruaulte cõtre henry. Tãdis que les gardes ce ser gens le menoient a son pere le roy henry lye sur vng cheual lequel trebucha auec le cheual q̃ le portoit de sus vng pont dedens leaue. Combienque aucuns dient que henry se trebucha dũg hault rochier en bas/ et y ainsi il fina tresmeschament sa vie.

Le xvii. chapitre mõstre comme Jehan boccace acteur de ce present liure ioyeusement aprouue ce recõmande la pitie ce doulceur qui doit estre entre le pere ce le filz. Et commẽce ou latin. Ab euentu. cc.

Vueil par mes louenges telles comme ie puis esleuer iusques au ciel celle vertu de pitie ce doulceur que nature entra entre peres ce enfans/ et de ceste pitie ie vueil parler a loccasion de la cruelle aduenture dont iay cy deuãt parle Et a cause de la mauuaise hayne de lepereur frederic contre son filz henry par la pitie ce doulceur des parẽs/ vng merueilleux bien aduint et est continue des le cõmencement du mõde de lancienne ordonnance de nature/ cest assauoir le tresbel ouurage de la benignite diuine p quoy les hommes et femes continuẽt leurs generacions ce ont continue et perseuere iusques au temps present. Certain est que pitie et amour paternelle fait tant que les peres ce meres endurent et vinquent toutes angoisses et traualx pour esleuer ce nourrir leurs enfans par la pitie ce diligence des parens. Les ẽfãs si tost quilz naissent sont iusq̃s a sept ans pepeuz et deffendus/ ce depuis sept ans iusques a quatorze sõt nourris et gardez en laage de adolescence Les hommes sont chastiez et aprins en sciences approuuees ou en honnestes mestiers. Les hommes en ieunesse sont de par leurs parens supportez en leurs necessitez ce refrenez en leurs vices. Et quant les hõmes sõt paruenus en laage de meurte leurs parens les conduissent atresgrãt danger ce fame iusques ou temps de vielesse. O pitie ce amour de parens ie te loue ce recommande/ car tu fais tant que quant nous auõs pere ce mere benignes vne chose nous aduient/ cestassauoir que pareillement nous sõmes gracieux aux anciens ce voulentiers nous submettons a eulx/ et quant il nous souuient des bienfaitz que nous auons perceuz de noz parens no[us] rendons a noz enfans semblables benefices. O pitie et doulceur paternelle ie te loue et recommande/ car se aucune fois tu cesses aucun pou/ les peres se lieuent armez de congnies contre leurs propres ẽfans et semble que adonc ilz soyent demenez et plains de fureur ce de rage ce viennent Incontinent contre leurs enfans ce rompẽt taillent et tuent en faisant par le cruaulte ce desolacion ainsi comme firẽt brutus/ maulius et cassus/ phelippe herodes et lempereur frederic q̃ tous six sans pitie paternelle firent cruelles occisions de leurs propres enfãs Si te prie o pitie paternelle que tu ne te departes/ mais soies tousiours presente es courages des parens car entre toutes choses tu es tresnecessaire

O pitie (et d'oulceur paternelle adoulcis les cruelz cueurs fay les peres estre debonnaires enuers leurs enfãs garde a la louenge de dieu les enfans qui sont le merueilleux ouurage composé p[ar] la diuine main/ mais ie souhaite (et desire que ceulx qui sont si obstinez quilz ne congnoissent pitie ne doulceur paternelle ainsi comme lempereur fredericb/ q[ue] contre eulx soit la terre rebelle (et q[ue] les hommes soient armez encontre eulx/ et dieu de son hault ciel enuoye sur eulx la fouldre (et la tempeste affin que de eulx (et de leur nom iamais ne soit memoire/ (et affin q[ue] les parens cruelz q[ue] apres frederich serõt soiẽt si espouentez par le dur iugement de dieu q[ue] ilz deuiennent debonnaires (et doulx/ affin que humain lignaige par successiõ des parens aux enfans perseuerent tousiours.

Le xix^e chapitre contient en briefles cas de frederic empereur des romains de manfroy Roy de pueille/ (et de plusieurs autres nobles hõmes maleureux. Et comence ou latin. Perscrutabor. (et c.

Pres ce que ieu recõmãde la pitie des peres enuers leurs filz et que ieu condãne et mauldit la cruaulte des peres durs (et desgracieux/ ie aduisoye en mõ couraige par quelle maniere Je veisse quelle pensee auoit lempereur frederic quãt il luy souuenoit de la cruelle mort de son noble filz henry/ Je aduisoye se la desloyaulte endurcie au cueur de frederich ait este si puissant q[ue] frederic ne ait au moins de ses yeulx

feuillet CClxxxv

mis hors aulcunes petites larmes. et tantost ie aperceu le maleureux frederic empereur vieillart/ qui en mauldissant plouroit pource q[ue] il auoit este descongnoissant (et ingrat enuers le pape (et les autres prelatz (et ministres de saincte eglise/ (et aussi frederic mauldissoit (et plouroit la cruaulte quil auoit excercee enuers son filz henry roy des Rommains. Et ainsi comme lempereur frederic auoit este desloyal (et ingrat enuers leglise (et cruel enuers son filz henry/ aussi frederic trouua desloyaulte enuers manfroy Roy de pueille/ car affin que la cruaulte de frederic ne demouraft Impunie fortune voult (et souffrist que cestuy manfroy homme lige de lempire contraingnist tellement lempereur frederic quil en paour de sa vie (et miseres de batailes vesquit longuement apres la mort de son filz/ il mourut auant le terme ordonne par nature. Et certain est que quant ie regarday frederic la compassion et pitie fut moindre que p[ar] auant ie auoye enuers le Roy henry/ car ioye doit naistre au cueur d'ung homme iuste quant il voyt les mauuais Justement estre punis de leurs maulx (et pechiez. Apres le maleureux frederic venoit manfroy Roy de pueille auq[ue]l les pueillois ou barat osterent son Royaume (et apres le tuerent. Pour laquelle chose cestuy manfroy qui deuant moy estoit/ sembloit estre dolent et couroucie/ et durement se complaignoit de fortune.   Apres le maleureux manfroy venoit entis iadis noble Roy de sardaine. Pourquoy est ass[auoir] sauoir que ceste isle print anciennemẽt son nom de sard[us] filz du noble hercules (et si est ceste isle dedens la mer dafrique (et fut sardaine iadis apppellee Jchus. La longueur delle contient cent milliaires (et la largeur quarante dont les deux milliaires font vne lieue. En ceste isle ne se trouuent aul-

cune serpens ne loups illec sont aul-
cunes fontaines guerissans de ma-
ladies et dont les larrons aueuglent
si touchent leurs yeulx de leaue de
ces fontaines apres ce quilz ont iure
non auoir fait le larcin quilz ont fait.
En sardaine ne se treuue aulcun ve-
nin ne chose venimeuse fors que vne
herbe qui contraint si fort les hômes
de longuement rire que ilz meurêt
en riant. Cestuy entie doncques ia-
dis roy de sardaine entreprint guer-
re contre le peuple de bouloigne q est
vne noble et puissant cite dytalie. et
tant aduint que les boullegnois cô-
me preux fors et sages en armes prindrent
le roy entie qui fut enclos es prisons
des boullegnois / en laquelle il lan-
guit longuement en douleur seruitu
de et misere. Apres le cas de entie ma
leureux roy de sardaine benoit frede
ric fils de frederic iadis roy de castille
disant comme vray est en ses com-
plaintes que apres la mort de son pe
re il entreprint batailes contre vng si
en frere affin dobtenir sil peust tout
le royaume de castille. Et pour ce-
ste guerre demener et mettre a fin fre
deric print auec soy cheualiers et soul
doiers qui longuement trauaillerêt
en armes / mais cestuy frederic en la
fin fut villenement occis par la sen-
tence de son propre frere. Apres ces
quatre nobles hommes maleureux
benoit mammech iadis noble roy de
perse plourant et douloureux pour sa
male fortune. Si est assauoir que ce-
stuy mamech entre plusieurs sies en-
nemis / auoit vng appelle argones q
pour soy contendoit au royaume de
perse. Mammech congnoissant len-
nemistie et enuie de argones fist cel-
luy prendre et enclorre en prison coul
tre commanda que argones fut occis
Mais le roy ne fust pas obey / ains
fut sauue argones dont il aduint a-
pres selon le changemêt de fortune q

Il eschappa de prison a force darmes
osta au roy mamech son royaume et
aps le fist miserablement occire. Aps
tous les maleureux nobles dessusditz
benoit charles roy de hierusalê et de
sicile. Quant il vint deuât moy il a-
uoit le front hault et sabit / il ne arrou
soit point son visaige de larmes / il ne
stoit pas vestu de vestemês de plour /
mais il auoit visaige froit et ieune / Il
auoit noble vertu de son corps et en a-
lant sembloit estre orgueilleux et haul
tain / ainsi côme se par son grât esperit
il marchast sur les desrochemens de
fortune qui tât luy fut aduersaire Et
pource que les cinq nobles maleureux
dessusditz ptirent de deuât moy pour
donner lieu au roy charles / ie apper
ceu que puisque les autres lui auoiêt
donne lieu que ie escriroie vne partie
de la gloire et bieneurete et aussi des
douleurs et miseres de luy.

Le xix. chapitre contiêt
les cas de charles noble roy
de hierusalem et de sicile /
frere de loys noble roy des
frâcois. Et commence ou
latin. francorum incliti re
ges. et cetera.

Es nobles et renômez roys
de france entre les princes et
seigneurs du pays doccident
ont este et sont resplendissans de par
le renomme lignage de leurs ácestres
et par la noblesse de leurs meurs acou
stumees / et par la grandesse de leurs
vertueux faiz. Les roys de france ont
este et sont en renommee de lignage et

noblesse de meurs, & en grandeur de faiz ainsi côme est cler le soleil ētre les autres estoilles du ciel. Du lignage de ces courageux roys de france descēdit cestuy Charles de q̄ ie vueil commencer le cas. Charles doncq̄s roy de hierusalem & de sicile fut frere de loys roy de frāce surnōme, & pour consideracion du lignage de cestuy Charles roy de hierusalē & frere du roy de frāce. Le pape pasteur du troupeau des crestiens, c'estassauoir Urbain quart de ce nom semōnit & exhorta cestui charles deuant tous autres princes du monde à receuoir pour soy tenir & posseder la couronne du royaume de sicile, affin que charles p̄ sa puissāce & sagesse refraignist l'orgueil de manfroy roy de sicile qui tant estoit orgueilleux encōtre le pape & l'eglise que il ne pouoit en oultre plus souffrir. Charles doncques lors conte d'angiers fut esmeu en courage par les enhortemens du roy loys son frere & des autres barōs du royaume & entreprit par meur cōseil & grant la besongne de si pesante bataille, combien que elle semblast estre lointaine & laborieuse. Si apresta le roy charles toutes choses conuenables pour mettre à fin sa guerre entreprise, il commist & bailla à guiot lors conte de mont fort une p̄tie des puissances de son ost, & luy enioignit charles quil conduisist son ost p̄ terre de france en ytalie, & charles auec lautre partie de ses puissances mōta sur mer en nauire. Et tāt fut que charles comme guiot de mont fort auec leurs cheualiers vindrent sauuement & tost par semblable fortune de france à Pōme, car pource que tous les pors de la mer de lombardie parauant auoiēt esté saisis & garnis de souldoiers à empescher la nauire de manfroy affin quil ne venist, le roy Charles ne trouua ne par mer ne par terre aucune resistence, le conte guiot aussi auec son ost passa les haultes croupes des alpes & fist son chemin entre les montaignes de sauope qui retondissent pour leur haulteur et pour les rochiers cauez. Guiot auec son ost passa entre les citez de lombardie esquelles manfroy tenoit pour soy garnison de souldoiers sans ce que guiot fust aulcunement empesché. Apres ce que charles auec tout son ost fut à Pomme, les romains esleurēt & nommerēt charles à estre senateur & requirent à pape clement quil fust institué senateur, & auec ce pape clemēt le couronna & ordonna à estre roy de sicile. Et combien que pour les continuelles pluyes & pour les espesses naiges. Et pour la grant gelée et froidure diuer le temps semblast estre contrayre à guerroyer, neantmoins le roy charles proceda en bataille à l'encontre de manfroy son ennemy ainsi fort comme la fouldre descēd du ciel quāt elle est ferue du vent. Et tant procederent charles & ses cheualiers que auec toutes leurs forces entrerēt ou royaume de manfroy. Apres ces choses faictes le roy charles par la vertueuse besongne de ses cheualiers p̄it le chasteau de cassin, & illec furēt les aydans souldoiers de manfroy descōfitz par bataille. Apres ceste chose ainsi faicte charles entra dedens les principaulx lieux du royaume et vint iusques deuant la cité de bonauente. Manfroy fust presques surprins, enuironné p̄ le souldain aduenemēt du roy charles, si saillit hors de bonauente auec toutes ses puissāces & si hastiuement quilz neurent pas tempz de mengier. Si tost que manfroy eust tempz et lieu cōuenable à combatre il tira et ordonna sur les champs ses hommes en bataille, & apres ce q̄ charles ioyeux & esbaudy eut enhorté ses gens à fort & royaulment besongnier

DDi

illes arrenga en bataille ainsi hastiuement comme se fortune luy offrist la victoire. Et aduint ou par la force ou vaillance des cheualiers de charles ou par la folie et couardie de ses ennemys que charles demoura victorieux/car en celle bataille le roy mansfroy fut occis et les siens furent desconfitz et tuez. Par ceste victoire charles et les siens/furent enrichis de la proye et des despouilles/et apres il print pour soy plaine possession du royaume de sicile. Car les siciliens presque tous de toutes pars se assemblerent et vindrent soubz sa seignourie et se par aduenture aulcune demourerent rebelles au roy charles touteffois ilz furent vaincus et subiuguez et fais obeissans comme les autres sans trop long et grant labour. Or aduint donc ques tandis que les choses nestoient pas encores paisibles ne asseurees en sicile une guerre soubdainement suruint oultre charles qui nagueres auoit guerroye contre mansfroy/car corardin filz de corard iadis roy de sicile cuidoit que mansfroy eust occis corard son pere. Corardin doncques ia parceu laage voult recouurer le royaume de sicile qui iadis auoit este a son pere corard/si descendit et vint corardin pres des frontieres du royaume de sicile auec tresgrant compaignie de souldoiers alemans. A cestui corardin fauorisoient les rommains et aussi le pape henry/lors senateur de romme et filz de frederic roy de castile. Quant charles aduisa que aulcuns siciliens flechissoient leurs courages et aulcunes citez ia estoient tournees a la partie de corardin/Charles qui eut hastiuement assemble ses forces vint alencontre de corardin/Mais ains quil entrast dedens le royaume de sicile le roy charles luy fut alencontre en une place que len dit communement tiglaseze/illec fut entre charles et corardin commencee une forte et dure bataille/en laquelle charles obtint la victoire par la soubtillite et engin dung ancien homme appelle alard plus que par la force de luy ne de ses cheualiers. Apres ceste desconfiture le dessusdit corardin sen fouit pour prendre se il peust la possession du royaume de sicile/mais il et aucuns de ses barons furent prins. Et le dessusdit corardin comme prisonnier fut ramene audit charles qui commanda que len occist ledit Corardin/Nommye sans grant honte et sans diffame dudit roy charles. Car entre nobles hommes la souueraine vengance cest de pardonner a cellup que len pourroit/ou punir ou occire. Charles commanda que ledit corardin fut occis affin que les hommes de sucue perdissent toute esperance de succeder ou royaume de sicile/et apres la mort de corardin tous les siciliens qui estoient partie de la feaulte de charles furent ramenez en sa seignourie par merueilleuse hastiuete/par ainsi charles demoura en paisible et seure possession du royaume et fut chases glorieux entre les autres roys. Mais fortune fole et large en ses dons furodiousse autres bien curetez au roy charles/car marie adonc seulle fille de estienne roy de hongrie fut iointe par mariage a charles le boyteux filz de cellup roy charles en esperance que par succession le royaume de hongrie escheust et aduenist audit Charles le boyteux. Et la princesse de la moree semblablement fut iointe par mariage a phelippe second filz du roy charles. Apres aduint pource que hugues adonc roy de chypre et la dessusdicte damoiselle marie plaidoient sur le droit du royaume de jerusalem/fut adiugie et donne du roy charles affin que portast sur sa teste la seconde couronne de son second royaume Et posseda le roy charles autretant de pays enuiron ierusalem cõtre les crestiens pour lors en habitoient. Apres aduint que lops frere du roy charles meut et fist guerre cõtre les egiptiens, et plusieurs autres roys du pays de mydi qui auoyent occupees diuerses et plusieurs terres appartenans au Royaume de hierusalem/ mais Cartaige iadis trespuissante cite et toutes les terres que ces Roys auoyent prinses enuiron le Riuage de la mer de affrique deuindrent tributaires au dessusdit Roy charles pour ce que len trouua en cronicques et anciennes escriptures que cartage et les terres dessusdictes appartenoyent de droit au Roy de sicile/ et aussi le Royaume de Tune qui presentement est occupe par sarrasins. Par ainsi doncques quant charles fut assis en son hault siege Royal/ et il qui auisa ses tiltres et honneurs assemblees en ung tas luy sembla que par ses souhaitz et desirs continuelz il eust pour soy fermes les fondemens de fortune. Et soy cy que toutes les choses a besoingnes du roy charles furent soubdainement tournees en contraire par une dure et mauuaise constellacion qui tourna sa bienheurte en misere/ car premierement son filz phelippe prince de la moree fut emprisonne et mourut par Benin et ne luy demoura aucune lignee suruiuãt ainsi comme dient aucunes histoires. En ceste chose fut doulant et mauuais signe pour le temps aduenir. Apres fortune entreprint et forga autres baratz Car cestuy charles deuint tresgrief et ennuyeux enuers les siciliens, tant pour sauarice comme pour sa luxure de luy et de ses gens/ et aduint que sa chastete de la femme dung noble et subtil homme sicilien fut corrompue par ung homme francoys de lostel du Roy Charles. Cestuy noble

sicilien nomme Jehan prothite porta malpaciemment ceste chose en tant que il esueilla toutes les forces de son engin a ung desir commun entre les siciliens qui tous generalemẽt desiroient que les francois fussent punis de leur auarice et luxure. Et aduint que cestuy iehan prothite sans soy faire congnoistre par deux ans discourit ca et la ple pays de sicile/ nõmie sans grans laboures et aussi par grant sagesse. Et tant fist le noble iehan prothite que il tira et mist en une mesme sentence et accord tous les couraiges des barons de sicile et de lempereur de constantinoble et de pierre adonc Roy darragon/ et de nicolas adonc pape de comme. Et tant aduint que de leur commun complot ilz concluirẽt q en tout le Royaume de sicile en ung mesme iour seroit faict ung tumulte et ung cry en la cite de pauorine par quoy tous les siciliens se esmoueroyent contre les francois et les tueroient sans en laisser ung seul. Et affin que aulcune trace ne lignee ne demourast des francois en sicile les femes corrompues et encaintes des francois furent ouuertes et esboulees toutes vides et leurs petis enfans furẽt gettez et lancez contre les murs et rochiers. Apres ces choses faictes pierre lors Roy darragon fut requis et appelle de par les siciliens/ et il qui uint auec grãs nauires print pour soy toute lisle de Sicile et la seignourie dicelle. Charles oyant ceste chose et ia soy desesperant de fortune pria dieu ainsi comme dient aucuns que se il deuoit cheoir de son hault et grant estat que son descendement luy aduenist dung degre en autre et non pas soubdainement. Si tost doncques que charles eut perduc lisle de sicile le roy de thune tãtost lui soubstrait et osta le truage quil auoit acoustume de payer. Et apres aucũ tẽps

DD ii

que le roy charles eut fait/mene grās appareaulx en armes contre son enne my le Roy de thunes/luy qui conti nuellement fut deceu de son propos delaissa lētreprinse (et auec toutes ses maleurtez Une autre luy aduint que celle porcion du Royaume de hierusa lem que il auoit long temps possedee et tenue en sa subiection/ elle fut prin se (et occupee de p̄ les egipciens. Et il lec furēt les crestiens dechassez (et ban nis/(et derrenieremēt apres ce q̄ le roy charles eut assēblees (et esmeues tou tes ses forces en armes/ Et il auec tresgrāt nauire uint de frāce a naples pour aler contre ses ennemys/ il ouit dire p̄ messageries (et lettres comme uray estoit que son filz charles le boy teux auec grant nōbre de gens armez estoit desconfit sur mer (et q̄ il estoit de tenu en prison p̄ ung cheualier appelé le Rogier capitaine (et gouuerneur de sicile. Charles aussi ouyt nouuelles q̄ plusieurs fortresses de calabre festoi ent ostees (et deptees de son obeissance et sestoiēt rēdues aux siciliens/ (et que il auoit presque pdue la cite de naples par tumulte (et sedicion qui illec estoi ent aduenues entre les citoyens. Par ces maleurtez le Roy charles fut si es pouente (et destraint que il pria dieu q̄ il luy donnāst la mort. Finablement apres ce que necessite leut cōtraint de enuoyer son nauire au port de la cite de brandis/(et apres quil eut repris ses forces (et appaisee son ame dolente et courouccee/il uint a naples (et depuis q̄ illec fut la cōmocion apaisee entre les citoyens dont les aulcuns furent pu nis (et destruis. Il uint a brandis la ou estoit son nauire/mais luy illec estant pource que le temps de antompne ap prouchoit il auoit deffaulte de choses necessaires a luy (et a ses gens/(et si con gnoissoit que pour neant et en uain il auoit longuemēt laboure en deman dant secours et ayde aux francois Il

De Boccace

print couroux (et douleur en son coura ge (et par le tourment de son corps il cheut en griefue maladie en une for tresse de pueille appelle foga selō auc cunes hystoriens charles de plain gre laissa toutes ses choses (et ses besoin gnes/(et en ce pendant il fina sa uie at tainee (et dolente par griefz (et lōgz tra uaulx/(et p̄ ainsi charles nagueres grāt Roy (et glorieux par plusieurs siennes uictoires a qui trois Royaumes estoi ent obeissans(et subiectz/apres la grāt resplendisseur de sa ieunesse mourut uieillart (et presque sans aulcune gloi re/(et si mourut en une petite porcion de l'ung de ses trois Royaumes. Et ceste petite porcion fortune luy au oit gardee a la fin de sa uieillesse pour il lec finer sa uie.

Le xx.e chapitre contient les cas de huguelin cōte de pise de hayton roy de arme nie (et de son frere sabat (et de Boniface pape de Romme. Et commence ou lati. At tonitus. (et cetera.

Et iehan boccace estonne et es bahy regardoie encores le tre buchet du courageux char les Roy de hierusalē et de sicile quāt le Roy huguelin iadis noble conte de pise q̄ a moy uenoit affin q̄ ie escriuis se son cas. Cestuy cōte faisoit tresgrās pleurs et tresprofōs gemirs disant en brief q̄ la cruaulte des pisais ses citoi ens fut enuers luy si grāt quilz cōtrai gnirent lui et ses enfans mourir crue lement et par mesaise. Aps le cas du noble conte Huguelin ie ouy la plainte de Hayton noble roy de armenie pourquoy est assauoir, que entre les cheualiers et compaignons du roy Iason fust vng cheualier appelle armenus du pays de thessalie/ Il voyant que Iason apres le rauissement de la toison doree stoit mort parquoy les compaignons et cheualiers demouroient sans conduiseur il les assembla tous et attrait a soy/ Puis se achemina en vne partie dasie laquelle de son nõ/ il appella armenie. Hayton doncques noble et crestien darmenie fist iuste longue et dure guerre contre les tartarois desloyaulx et sarrasins pour augmenter la foy et le nom de dieu/il besoingna si glorieusemēt quil fist grāt prouffit a la religion crestienne. Cestuy hayton auoit deux freres lung appelle sabath qui comme cruel et desloyal osta a hayton ses yeulx et son royaume et apres le print pour soy. Fortune non contente de ceste chose souffrit que le prince des tartarois ennemy du nom de dieu occist le roy hayton et si tua vng sien nepueu et toute la royalle mesgnie. Apres le cas du noble hayton venoit son desloyal et cruel frere sabath qui ainsi comme ie croy selon la voulente de dieu souffrit telle peine et tourment comme il auoit fait souffrir au roy hayton son frere/Car lautre frere de hayton fist tant que sabath fut chasse hors de son royaume et apres fut enclos en obscure prison ou il fina sa vie. Entre ces trois nobles princes maleureux desfusditz estoit messe Boniface pape huitiesme de son nom qui fut apres la natiuite de dieu enuiron mil trois cens ans. Et pource que de cestuy vicaire de dieu napartient ne a moy ne a autre parler deshonnestement pour ce toutesfois que en huitiesme chapitre precedent ie comptay le cas de pa-

pe Jehan douziesme de son nom que fortune trebucha de la treshaulte dignite papale/ ie sans attempter contre les prestres pourray en brief escrire les choses qui de lui sont communes es bouches de tous hommes. Boniface doncques ne de anannie pres de romme/apres ce quil eut longuement balance la grandeur et haultesse de la dignite papale ie ne scay pour quelle cause voult ou temps du roy phelippe le bel mettre general interdit au royaume de france par ses bulles baillies a nicolas du bien faire ar cediacre de leglise de constances qui a troyes fust prinse et mis en prisons royaulx. Puis sassemblerent les prelatz de leglise francoise qui declarerent Boniface estre felon et criminel contre leglise le roy et le peuple de france. Et le pape qui ia auoit destitue et priue doffices et denseignes aucuns cardinaulx du lignage des seigneurs de la coulonne anciens et nobles romains il partit de romme et vint en auaigne/ la ou il fust assiege de par ses ennemys. Adonc les auaginois par lettres prierent aux rommains quilz reprensissent leur pape/les seigneurs de la coulonne et leurs alliez a grant bruit et violence darmes amenerent a romme Boniface qui se loga ou chasteau de saint angel. Et apres il ottroya plain pouoir et auctorite a vng cardinal p lui commis a traicter et pfaire toutes choses touchāt leglise rommaine et aussi le roy de france a Boniface doncques receu au chasteau de saint angel pres du tibre de rõme aduint par aulcune cause naturelle ou violente/ou par ordonnance diuine vne maladie nõmee le flux du ventre/apres laquelle il cheut en frenesie et rage si forte que sans disete de viandes pertinens et communes a hommes il menga ses mains et apres mourut cõme vne beste. En la mort

DD iii

auquel apparurent & uiron ledit chasteau & non autre par tonnerres ẽens & fouldres merueilleux & desacoustumez. Et affin que plus ie ne parlasse du cas du pape boniface/ Jaques noble maistre des templiers me tira tãtost/ & pource q̃ en grans plours il me comptoit ses maleurtez il fist tant q̃ ie q̃ doulope autre part cheminer tournay mon chemin a paris la royale cite de france/ & affin que ie ʒ acompte les miseres de luy qui illec fut bruse.

Le xxi.ᵉ chapitre contiẽt le cas de Jaques de molay noble cheualier & maistre d̃s templiers. Et commẽce ou latin. Apunt Seteres. &c.

Es vieulx historiens dict qui aulcuns religieux nobles hões saiges et preux en armes iadis promirent & vouerent a dieu eulx & leur cheualerie/ apres ce que godefroy noble duc de lorraine eut subiugue & cõquis le royaume de hierusalẽ & de la saincte terre. Et pour ce que ses nobles cheualiers religieux & deuotz veoyẽt que les crestiens pelerins qui p̃ deuocion visitoyent les honnorables & sainctz lieux de hierusalem/ ilz estoient malmenez assaillis & robez par les turcs et sarrasins/ les dessusditz religieux nobles hõmes lors demourans en hierusalem par leur seule franchise gardoient & apdoient les pelerins crestiẽs visitans la saincte cite & les lieux alẽtour. Les religieux nobles hommes furent premieremẽt en petit nombre/ ilz qui vesquirent en pourete volũtaire & soubz ung maistre/ leur demourãce & habitacion fut premierement es porches/ cest a dire es galeries du sait temple de hierusalem. Et pour ce qlz habitoient es galeries du temple ilz apres espace de temps prindrent leur surnõ & furent surnommez les cheualiers templiers. Et pource que plusieurs se adonnoient a oeuure de misericorde et de religion/ ilz porterent par dessus leurs autres robes manteaulx blans/ & la reigle de leur vie leur fut donnee par honnoure adonc pape de romme. A ces cheualiers donqueʒ portans le manteau blanc fut donne preuilege de porter la croix rouge par dessus par le pape eugene qui succeda a pape honnoure/ affin que par la croix rouge se estendist plus clerement quilz fussent cheualiers de Jesucrist de qui les armes sont une croix rouge & taincte de sang vermeil. Et tãdis que pourete marastre de delectacions charneles eut puissãce & seigneurie entre ses cheualiers croisiers la discipline de leur cheualerie leur veu et leur peigle de viure que ilz gardẽrent tresbien/ les firent florissans & renommez p̃ la sainctete qui est en bonnes oeuures et par honnestes parolles de courage/ mais escoute ung moult bel et singulier exemple cõtre ceulx q ont done ou douerẽt qlcõques ou seculieres ou autres eglises trop excessiues rentes/ car apres ce que les crestiens de toutes pars visitans les sains lieux de hierusalem donerent largemẽt omosne or/ argent/ Joyaulx/ et rentes a ces cheualiers croisiez affin que continuellement ilz feissent celle religieuse oeuure quilz auoient commẽce: ilz commencerent pou a pou soy adonner aux delictz mondains & a luxure charnelle. Et aussi au commencemẽt de ceste religion les hõmes en delaissent les richesses temporelles

prenoiēt la saincte charge de celle che
ualerie. Aussi apres aulcune espace
de temps les hommes qui ne pouoi
ent souffrir poureté commencerent a
courir et voler pour entreprendre la
charge de ceste cheualerie ainsi com
me len court ⁊ vole au lieu ou len pen
se trouuer tresors apprestez. Apres
ces templiers commencerent auoir
seigneuries de chasteaux de citez et
peuples/ilz commencerent soy adon
ner a repos ⁊ commidrent à leurs var
letz les faitz de cheualerie ⁊ le soing
des batailles/Ilz commencerent a
esleuer le tiltre de tresespecial honeur
loffice de la maistrise de leur cheua
lerie qui iadis auoit este loffice de char
ge sans honneur ⁊ sans prouffit tem
porel. Et certain est que la sainctete
des templiers estoit autretant amoi
drie cōme leur puissance estoit accreue
Tandis que ces templiers croysiez
cheoient ainsi ⁊ declinoient de vertu
en vice ⁊ de sainctete en malice/il ad
uint que Jaques de qui ie parleray
cy apres qui fut ne ⁊ extrait du pays
de bourgoigne et engendre des sei
gneurs ⁊ dame de molay. Cestuy
Jaques fut iouuenceau de grant cou
raige ⁊ pource que apres la mort de
son pere selon la loy de france/ tou
tes les dignitez paternelles/heritay
ges ⁊ tiltres de seigneurie aduindrēt
a ung sien frere aisne. Jaques de mo
lay au regard de son aisne frere de
moura poure et subiect/Si se voult
Jaques deschargier ⁊ oster de soy la
pourete ⁊ la seruitude de son ainsne
frere qui seignourioit sur luy/Et af
fin que iaques peust vne fois venir a
plus hault ⁊ greigneur estat que son
ainsne frere/il transporta au refuge
qui luy sembloit prest a ce faire/cestas
sauoir que iaques procura de estre re
ceu en lordre de cheualerie des tem
pliers. Jaques receu en ceste ordre per
seuera aulcun temps et tant quil fut

prouen a ung tresriche priore appar
tenant aux templiers. Si aduint
que le maistre et souuerain de celle or
dre mourut/et iaques a la requeste
daulcuns princes et barons fut pro
meu ⁊ institue maistre des templiers
selon election ⁊ ordonnance de ceulx
auxquelz il appertenoit de droit. Et
pour vray dire ceste maistrise ne fut
pas petite enseigne de bieneurete et
de resplendisseur humaine/car lestat
des templiers estoit noble hault ⁊ ri
che. Fortune doncques ordonna
que par le trebuchet de cestui iaques
haultain puissant ⁊ riche/elle sacou
leroit les enuyes de plusieurs siens
ennemys/Et aduint que iaques en
courut lindignacion ⁊ hayne de phe
lippe le bel adonc roy des francois/
Combien que Jaques comme par
rain eust leue du saint fons de bap
tesme lenfant du roy phelippe. Et
cuyderent adoncques aucuns saiges
aduisans que le roy phelippe pour
saouler son auarice fist conspiracion
et coniurement non pas seullement
contre iaques. Mais contre lordre
de ceste cheualerie par lexcessiue aua
rice du roy. La chose vint a tant que
moyennant la souffrance de pape
clement sixiesme de son nom/tous
les prieurs des templiers en ung mes
me iour furent prins par tout le ro
yaume de france par le commande
ment du roy detenuz ⁊ lyez en pri
son auec iaques maistre ⁊ souuerain
de celle grāt ordre. Et aps ce q le roy
phelippe par ses sergens commissai
res et aydes eut mis ⁊ vancene en sa
main et seignourie tous les chaste
aulx les tresors les attours et toute
la chose des templiers/ilz furent fi
nablement menez prisonniers en la
cite de parys. Tandis que les tem
pliers furent longuement gardez en
prison/diuers crimes ⁊ ors pechiez fu
rent imposez contre eulx/et pource

que iaques et les autres religieux ny oient ponnent (ren vay tout crimes opposez contre eulx a leur religion, aulcuns les enhorterent de aviser a leur salut par confesser les crimes (ren requerant pardon et grace envers Dieu et les princes. Et eulx reputans soy innocens affermoient prouuer le contraire, mais que on leur donnast Iuge competent et iuste de eglise ou seculier. Pour ces parolles le Roy phelippe fut attaine et se eschauffa de couroux, et commanda que les choses q len ne auoit peu traire par doulces et voluntaires confessions que on leur fist recongnoistre par tourmens.

Mais pour neant et en vain ilz furēt mis en tourmens et en peines. Car ilz ne confesserent aulcune chose. Adonc le maistre fut reserue et mis a part auec trois siens compaignons et les autres templiers furent ordonnez a estre ars se ilz perseueroient en leur propos. Et puis furent amenez en publique. Et ainsi comme ces templiers auoient noblesse de lignaige, aussi ilz tous estoient en la fleur de leur aage et si auoient entiere force & courage. Apres donques que eulx tous furent atachiez chascun a son pieu, (rque la buche fut arrengee (le feu esprins, et le bourreau tout prest deuant leurs peulx, et apres ce que vng sergent eut crye a haulte voix que a cellui ou ceulx qui confesseroiēt les choses opposees contre eulx, le Roy leur promettoit deliurance et sauueté. Et apres ce que leurs parens et amis les deprioient que par leurs confessions ilz appaisassent le couroux du Roy, neantmoins len ne peut flechir ne enhorter daucun deulx tous que ilz confessassent ces choses estre vrayes qui leurs estoient opposees, ne par leur cōfession ilz ne vouldrent espargnier a leur vie: ains vouldrent perseueramment eulx abandonner (

commettre a mort et destruction. Mais comme les templiers, dung mesme accord et courage affermassent les choses cy dessus dictes, cest assauoir que qui leur donneroit copie de iuste iuge ilz prouueroient le contraire des choses contre eulx opposees. Adonc les bourreaulx commencerent mettre et espandre le feu aux piez de tous lung apres lautre (les bourreaulx commencerēt mener le feu en montant partout le corps. Et vray est que leurs voix leurs hurles, et leurs gemissemens qui montoient iusque au ciel monstroient appertement a ceulx qui iller estoient combien grant tourment et peine ilz souffroient qui en leurs plainctes et gemissemens disoient eulx estre, et auoir este vrays crestiens (leur religion tressaincte (approuuee (en ceste maniere ilz souffrirent tout leurs corps estre brulez iusques au departement de lesperit et nul tout seul de eulx tous ne peut par celuy grief tourmēt estre arrache de son ferme propos. et certes ie dirope que ces templiers p leur force si perseuerant et entiere auroient vaincu a surmonte le desloyal couroux du Roy auaricieux, se en mourant ne eussent este cause de apprester le chemin au Roy pour venir a ce que il couuoitoit selon son appetit insaoulable, Cest adire que le roy phelippe voyant le perseuerant courage des templiers eust este vaincu se par leur mort Il ne venist a auoir les richesses, lesquelles Il couuoitoit, Et vray est que leur gloire na pas este moindre se par droit Iugement, Ilz esleurent et aymerent plus mourir entre les tourmens que dire aulcune chose contre verite. Et aussi ne est pas leur gloire admoindrie se par confession du treslait peche oppose contre eulx Ilz nont vou lu ordoier leur renommee que iustes ment ilz auoient acquise. Telz donc ques furent les premieres iauelotz par quoy fortune getta iaques de molay du treshault estat au bas. Apres ce q̃ iaques par ennuy de lõgue prison fut abatu ⁊ mate/il fut mene de paris a lion sur le rosne ⁊ il qui p diuers admõ nestemens fut enhorte/il cõfessa a pa pe clement sixiesme aulcunes des cho ses opposees contre luy/⁊ pour cause de ceste chose la sentẽce fut leuee en la presence de deux legatz du pape et deuant le Roy phelippe/par la teneur de celle sentẽce il apparut que iaques estoit deliure ⁊ que son ordre estoit cõ damnee. Et adonc iaques auec vng de ses compaignõs qui estoit frere du Daulphin de Vienne demanda a haul te voix silẽce ⁊ congie de parler. Si tost que silẽce ⁊ congie de parler luy furent ottroyez il confessa en publiq̃ soy estre digne de mort non pas quil eust oncques fait les choses côtenues en ladicte sentẽce/mais que p les en hortemẽs du Roy ⁊ aussi du pape/Il auoit souffert soy seduire ⁊ deceuoir affin quil confessast telles choses p les quelles son ordre fust perdue ⁊ gastee Apres ces choses ainsi dictes ⁊ faictes vne aigre ⁊ dure sentẽce sen ensuiuit en la destruction des tẽpliers ⁊ de leur ordre/car ledit iaques auec le frere du daulphin ⁊ auec deux autres tẽpliers fut mene au tourmẽt du feu tel com me les aultres auoiẽt parauant souf fert affin que ces quatre templiers fi nassent leur detestable vie. Les deux iaques ⁊ le frere du daulphin entre rent dedens le feu fermement ⁊ hardi ment voyant le Roy ⁊ grãt multitu de de peuple. Les tẽpliers ne confes seret aulcune autre chose tant cõme leurs grãs esperitz furẽt dedẽs leurs corps/neant plus que cõfesse auoient les templiers qui parauant auoient este bruiez/ainsi comme disoit bocca ce mon pere homme honneste qui di

soit soy auoir este present aux choses pey dessus escriptes. Jaques doncq̃ qui par auant hier ⁊ nagueres par lex cellence ⁊ grãdeur de soy ⁊ de ses cho ses peut mouuoir ⁊ ataīner la conuoi tise ⁊ enuie dung si tresgrant ⁊ noble seigneur comme estoit le Roy phelip pe noble roy des francois. Icelluy ia ques est deuenu pouldre ⁊ cendre par le trescruel coup dont dame fortune le frappa. Jaques du molay parauãt maistre des templiers a este si mes chant que mesmement il a esmeu les meschans hõmes a auoir pitie de luy

Le vingtdeuziesme cha pitre recommande ⁊ enhor te la vertu de paience en ra menant a memoire la pasciẽ des templiers ⁊ de plusieurs autres. Et commence ou la tin. Theodorum ⁊ cetera.

Es vieilz historiens qui p lent de paciẽce qui est vne vertu naissant de force/ilz recommandẽt trois hom mes/cestassauoir theodore/anaxarce et sceuole/pour leur vertu de pacien ce qui descent de la vertu de force. Les siciliens esleuent ⁊ recommandent le philosophe Theodore et les Rom mains renommẽt par merueilleuses louenges leur noble cheualier sceuo le. Les siciliens recõmandent haul tement le philosope theodore pour ce que fermement il souffrit et endura les bendes de fer ardant que Jeroni me lors Roy des siracuses luy fist pla quer sur son corps a chair nue. Cestui theodore tresrenomme philosophe ne de lisle de sicile iadis considerant le bien public de son pays q̃ lors estoit occupe par le tirant pero/ donna certains moyens τ consentement de occire ledit pero qui eut vng filz appelle Jeronime qui mesmemẽt fut roy ou au moins tirant de siracuses. Jeronime pour extraire la verite de la mort du tirant pero mist en prison theodore/τ de par le tirant fut batu de verges/estroitement lye de cordes/τ apres extẽdu en vne dure gehine/mais la pacience de theodore fut si grant q̃ il ne voult descouurir aucun complice de la coniuracion ne mesmement le varlet qui auoit faicte loccision du tirant/ains voult Theodore plus endurer les bendes de fer ardant les tourmẽs et peines τ finablemẽt la mort. Les grecz aussi merueillusemẽt louent le philosophe anaxarce pource q̃ il reprenoit tresamerement nicoreon tyrant de lisle de chipre. Cestuy tirant vicieux τ desloyal fist batre τ tourmẽter le philosophe anaxarce qui reprenoit τ blasmoit les vices τ mauuaistiez du tirant. Et pour ce q̃ le philosophe anaxarce ne cessoit de admonnester le tirant et ses vices/il commãda q̃ la langue du philosophe fust trenchee/mais comme fort et pacient respondit au tyrant que celle partie de son corps ne vendroit ia en sa seignourie. Et tantost luy mesmes a ses propres dens coupa et menga sa langue τ apres il cracha en la bouche du tirãt fol τ cruel. Les rõmais aussi par merueilleuse louenge renommẽt leur noble cheualier sceuole/parquoy sauoir affiert que au pays de toscanne qui est vne moult noble τ puissant et ancienne prouince de ptalie Jadis estoit vng roy appelle porfenne qui fort et longuement fut ennemy des rommains/ et contre eulx il fist maintes et dures batailles. Or aduint que les rommains enuoyerent en toscanne leur cheualier sceuole comme consul et capitaine de leur ost. Si pensa sceuole que se il occisoit le roy porfenne principal ennemy/que de legier les rommains auroient victoire des toscains. Apres donques que les deux ostz furent rengez en bataille sceuole choisissant porfenne son ennemy a cueillit de sa main vng iauelot τ adrẽca son coup contre porfenne mais pas ne fut attaint. Et affin que sceuole monstrast de quelle force ou de combien grant constance fussent les rommains/il commanda que deuant ses pauillons τ voyant son ennemy fut fait vng feu. Et apres ce que le feu fut esprins il mist et tint sa main dextre deuant le feu si longuement que sa main fut arse iusques au bras dont la mouelle et le sang degoutoit/tãt aduint que porfenne ne peut veoir ne endurer lorreur de ceste chose/τ par soy mesme osta et retrayt sa main de son ennemy sceuole. Et certain est q̃ ces choses sont si grans τ merueilleuses que a peine les peuent croire les hommes vuidz de vertus τ de sciences. Or vouldroye ie que icy fussent les acteurs qui plusieurs nobles τ doubz langaiges ont laisse en leurs liures ces trois hommes si renommez que mesmement leur renomee dure et durera enuers les gens qui ont este et seront. Je prie aux vielz hystoriens que dune part ilz regardent theodore anaxarce et sceuole qui tant furent courageux τ paciens/τ que de autre part les anciens acteurs voyẽt la compaignie de cinquantesix templiers atachiez a diuers pieux τ enuironnez de feu. Et si prie aux anciens quilz regardent comment la merueille des trois hommes dessusditz est trespetite mais quelle soit acompaignie a la merueilleuse pacience de noz templiers/car theodore anaxarce τ sceuole/souffrirent leurs tourmens volun

faires soubz diuers Juges et diuers
temps et en diuers pays loingtains
les vngz des autres. Les trois hom
mes dessusditz estoient endurcis et
apzins es escolles de philosophie et de
sobresse de viures de doctrines et en
durer trauaulx/et les templiers de no
stre temps souffrirent autrement les
tourmens des prisons de gehines et
du feu/car tous souffrirent presque
en vng mesme tour et en vng mesme
lieu et presque soubz vng mesme bour
reau Et affin que ie parle proprement
les templiers qui parauant auoient
vescu mollement et en delices mon-
dains/ilz entrerent en tourmens en
prisons/ilz vainquirent les gehines/
ilz sourmonterent les tourmens/ilz
nom pas vng a vng/mais troupeau
a troupeau souffrirent le dernier em
brasement de la chaleur du feu. Les
trois anciens theodore anaxarce et se
uole endurerent les tourmens entre
leurs ennemis crians horriblement
contre eulx pour deseruir la grace et
amour des tirãs/mais ces templiers
entrerent en tourmens du feu entre
leurs amis et parens. Les templiers
oient dune pt la trompete criãt et pmet
tant saulueté franchise a ceulx qui cõ
fesseroient les cas contre eulx oposez
et dautre part les templiers ooient
leurs parens et amys q par larmes et
par prieres les enhortoient/affin que
par leur perseuerance ilz ne perdissent
eulx ne leur religion. Et finable-
ment ilz furent brulez membre a mẽ
bre. Telle et si merueilleuse pacien-
ce/comme eurent les templiers na
pas este veue ne ouye en aulcun temps
et especiallement senna pas ouy dire
que il soit aulcun homme qui eust
voulentiers et de plain gre souffert
le grief tourment du feu et si ne scay
que diront les hommes qui se esmer
ueillent de la pacience des tourmens
que souffrirent les trois anciens des-

feuillet CCxci

susditz/se ilz aduisent la paciẽce et la
fermete de noz templiers ilz ne ont
aulcune cause par quoy ilz se esmer-
ueillent de theodore anaxarce et se
uole. Mais ilz auront cause par quoy
ilz se merueillent de noz templiers/
car es templiers fut telle et si grãt cõ
stance que a peines se croiroiẽt aucũs
se ilz ne lauoient veu/Mais encores
vueil dire vne merueilleuse cause p
quoy ie vueil prouuer que la constan
ce des templiers est plus louable plus
renommee et plus merueilleuse q nest
celle des trois anciens dessusditz car
vng seul homme peut demourer auec
soy sans changer propos et obstinément
vaincre sa voulente/mais veoir cinq
quatrsix templiers engẽdrez soubz di
uerses pties du ciel/et en diuers pays
nourriz soubz diuerses coustumes en
seignez soubz diuerses doctrines nõ
aduisez en rien et despourueus para-
uant/non assaictiez par complot/en-
cloz en diuerses prisons/dessembla-
bles en toutes choses fors que en pro
fession qui tellemẽt accorderẽt en con
stance de courage que p force de tour
mẽt ou p paour de mort prochaine lẽ
ne peut veoir que sung de ces cinquã
te six templiers fust descordãt aux au
tres en parolles ne en courage. Et ce
ste chose mõte a si grãt merueille que
a peines peut on croire aux parolles.
Et certain est que seulle verite qui ia
mais ne chãcelle fist les tẽpliers pse-
uerer en vng mesme courage. Or te
vueil recommãder la noble vertu de
constãce/tu es le ferme fondemẽt des
autres vertus p ta vigueur q iamais
nest lassee/tu merches les portes des
royaumes du monde/tu reboutes par
la saincte fermete les tempesteux as-
saulx/les indignacions et couroux tu
restrains les larmes des peres et me-
res qui voiẽt leurs enfans mors/tu
portes les fardeaulx de poureté sur
tes dures espaules/tu fais toutes cho

ses sans labour/ il nest rien que tu ne portes entiers soy nest chose dure ne difficile/mais tu noble vertu de constance es de si grant effect que se saint Job entre les vers/saint estienne entre les cailloux cornus/saint laurens entre les charbons ardans/tu les as fais estre durs et fors/et si les as peribus agreables et plaisans a leur souurain roy. Vous doncques hommes mortelz hantez ceste vertu de constance/embrassez la selon toutes voz forces/Car elle est liberale aux foys et vaillans par le moyen de constance. Vous hommes mortelz pouez vaincre tous les cas de fortune/fichiez voz piez en constance ainsi comme fist Jaques maistre des templiers/ne vous laissez pas mener ainsi comme les vene mainent les feuilles par l'air affin que vous ne chayez dedens la fange ainsi comme cheent les fucilles qui sont en l'air apres ce que le vent cesse dont ceulx qui les voient se mocquent. Aprenez par l'exemple de Jaques prendre en vous force domme et aprenez a desprisier et fuir legierete feminine/ affin se le cas aduient que la meurete et constance de voz pensees ne soit pas loing de la compaignie des templiers tresfors et tres constans.

Le xxiii. chapitre contient les cas de phelippe le bel roy de france et de ses trois enfans: de charles prince de tharente et d'aulcuns autres nobles hommes maleureux. Et commence ou latin Jgnes. et cetera

Andis que ie pensoye en mon cueur courouce et doulant la chaleur du feu ou les templiers auoient este ars et la raige des flames rampans iusque au ciel et les corps des templiers fumés et les os presques brulez et les cendres de leurs corps espandues aux vers Et tantost vint deuant moy vne compaignie moult plus grant que ie nauoye accoustume de veoir. En celle compaignie estoient plusieurs grans seigneurs terriens/plusieurs ducz et princes reuercez et tourmentez de par dame fortune. Entre les autres maleureux estoit phelippe surnomme le bel roy de france/abatu et occis d'ung porc sanglier en lombrage d'ung boys tandis qu'il chassoit et ploroit cestuy phelippe en soy complaignant de fortune tant pour sa miserable et meschante fin comme pour les griefz dommages et hontes qu'il souffroit en vne bataille que il entreprant contre les flamans/en laquelle fut vilement et honteusement occis vne grant partie des nobles hommes de france/et auec cestuy roy phelippe cinquiesme de son nom estoient trois siens enfans/cestassauoir loys philippe et charles. Si affiert sauoir que cestuy phelippe eut quatre filz/cestassauoir loys philippe charles et pobet qui mourut en aage de adolescence/et vne fille appellee ysabeau qui fut femme de lacien edouart roy d'angleterre. Cestuy phelippe donc encores viuant son pere/espousa Jehanne fille et heritiere de henry noble roy de nauarre/et ledit phelippe eut de celle Jehanne les cinq enfans dessusditz desquelz seullement les trois apartiennent a la matiere de cestuy liure/ Cestassauoir loys premier filz dudit phelippe qui du consentement de son pere fut couronne roy de nauarre. Et le second cestassauoir phelippe fut apres roy de france/et le tiers nommé charles fut conte de la marche. Les deux phelippe et charles eurēt a fēmes deux seurs germaines filles du cōte de bourgōgne et affi q̄ fortune monstrast que en aucune chose nest bienheurete parfaicte. Les trois nobles iouuenceaulx filz du roy durant la fleur de leur ieunesse moururent/non pas sans grant desdaing et couroux suruenans de par leurs femmes espousees qui sēlō commune renommee estoyent infames de crime de adultaire parquoy toute la delectacion des maris fut ramenee a neant/et toute lonnestete de leurs femmes fut estaincte/parquoy ces troys nobles iouuēceaulx qui en la fleur de leurs āns comme dit est moururent en desplaisir et en honte et a bon droit se complaignoient de fortune. Apres ces trois semblablement senoit charles filz du prince de Tharente vne cite de pueille qui ainsi briefuemēt cōptoit son cas iadis entre les florentīs et les pisains selon lancienne hayne des guelfes et gibellius fut mene vne guerre / pour la quelle guerre mettre a fin les peuples de florence et de pise assemblerent auec toutes leurs forces en armes. Entre les aydans souldē la cite dopers de florēce fut cestuy charles filz dudit prīce de tarēte q̄ selō droicte ligne estoit extrait de lostel du sang des roys de france. Or aduint q̄ les deux ostz des florentins et des pisains se assemblerent pour combatre et apres la partie des florentins foulee/cestuy charles fut trebuche de dessus son cheual et tresperce dune fleche Et pour faire perpetuelle hōte et reprouche au sang des roys frācois vng souldoyer pisain qui naure et occis auoit ledit charles se assist sur la chardōgne/et aps la demarcha des piez. et pour le merite de celle chose ledit souldoier pisain fust sur la place fait cheuallier de par le duc de lost des pisains gi-

belins/Apres le maleureux cas dudit charles filz du prince de tarente benoit pierre noble filz de charles le boiteux noble roy de france / Pourquoy est assauoir que entre ledit Roy charles le boiteux et entre les flandrois seditieux et rebelles et meslez de fureur fut meue et commencee grāt guerre: et a cause dicelle guerre fut procede a tant que ledit Roy charles le boiteux en sa propre personne auec grant ost de gens darmes armez descendit ou pays de flandres pour rabatre et pour dompter la fureur et lorgueil desditz flamans et le noble Roy charles voulant exerciter et anoblir son filz pierre es glorieux faitz darmes le mena auec luy. Si aduint le iour de besoignier main a main entre les francois et flamans/ouquel iour cestuy pierre ou pour paour de mort ou pour autre regard doiant commencer la bataille tourna le dos au Roy son pere et aux francois et non mie sans honte il se mist en fuite. Et certel est que pierre qui en icelle bataile pouoit glorieusement mourir il ensuyāt trebucha et cheut en vng marecz/ouquel il fut hōteusement noye en eaue et en sange. Il nest ia mestier que ie me areste a descrire le cas des nobles maleureux soy arrestās deuāt moy car ilz estoiēt sās nombre. Et pource que apres Ie vis venir vers moy le noble poete dāt surnomme aliger homme tresrenomme et digne de grans louenges. Si tost que ie apperceu dāt qui portoit vng reuerend visaige et plain de noble sapience/ie me leuay alencontre de luy et apres luy dis ainsi O noble poete dant qui es la haulte honneur de nostre cite de florence/quelle chose quiers tu entre les larmes et douleurs des nobles maleureux tu qui es si bien instruit et si noble par anciēnne debonnairete/dy moy se tu as pēsee ne doulente /que apres le malērreux dessusditz ie descrive son noble lignage paternel et ses oeuures tres dignes de memoire, et la maniere pourquoy le descongnoissant peuple de florence te debaissa et ta suite laborieuse et ton long banissement pourquoy tu fus contraint mourir en estrange pays. Tu scez mon tresdoulx pere dat que en eloquence ie ay tresptites forces pour descrire les faitz d'ung homme si honnourable comme tu es.

Dant apres Pespondit / Mon beau filz Boccace, ne spas plus si largemet tes parolles en moy louant et aussi ne te sonne plus si escharcement car ie congnoie ton engin et quelles et combien grans louenges ie aye desserui. Et certain est que ie nay pas maintenant tel courage comme tu cuides. Car ie ne suis pas venu deuant toy affin que ie soye escript entre les hommes qui sont desconfiz par fortune / mais Je qui suy ye doulat et atteine par la fetardie et paresse de nos citoiens florentins, ie suis venu a toy affin que tu ne oubliasses le maleureux cas de gaultier noble duc de athenes qui fist par durables honte aux florentins iadis frans, et qui apres par luy furent par amenez et mys soubz seruitude. Doy ry donques mon beau filz iehan Boccace regarde derriere mon dos gaultier le duc de athenes qui iadis fut te pestre de nostre cite de florence et qui donna vne perpetuelle tache ou peuple florentin. Si te requier se me dois aucun seruice que tu descriues et les meurs et le cas dudit gaultier affin que ceulx qui apres toy vendront congnoissent quelz citoiens doiuet estre dechacez et quelz aussi doiuent estre receus en leur cite, ie auoie intencion de respondre aux parolles de dant / mais sitost quil eut ainsi parle il sen a mpt de mes yeulx. Et adonc ie regarday et congneu gaultier le duc de athenes que dant parauant me auoit

monstre. Cestuy gaultier qui par deuers moy benoit lentement, il fut iadis destruiable tyrant des florentins, il se tiroit vers moy en soy complaignant de fortune, il auoit le front abaisse et les yeulx gettez vers terre il qui auoit la face mouillee de larmes le courage remis et affoibloie, et sa vigueur sembloit faillie et espuisee en tat quil sembloit estre autre que onne le auoit veu. Et certes il estoit moult change depuis celuy temps ou quel il par son barat osa defouler les fraches testes des florentins, mais a present plus ne parleray de luy, car ou chapitre ensuiuant ie compteray plus longuemet so cas pource touteffois que iay plaisir de dat noble poete florentin. Sauoir affiert q cestuy dant qui enuirona les regions du monde et enquist et couersa les hoes renommez en scieces diuines et humaines. Entre plusieurs nobles et anciennes citez il sercha paris en laqlle lors estoient et encores sont trois choses les plus resplendissans et notables qui soient en quelcoque autre ptie du monde, c'est assauoir le general estude de toutes scieces diuines et humaines q sont figure de paradis terrestre. Secondemet les nobles eglises et autres lieux sacrez garnis d'ommes et femmes seruans iour et nuyt a dieu q sont figure de paradis celeste. Tiercemet les deux cours iudiciaires q aux hommes distribuent la vertu de iustice, c'est assauoir plement et chastelet q portent la figure par moittie de paradis et d'enfer. Cestuy poete dant entre plusieurs volumes nouueaulx estant lors a paris rencontra le noble liure de la Rose en quoy Jehan clopinel dit de mehun homme d'egin celeste peignit vne vraye mapemonde de toutes choses celestes et terriences. Dant donques q de dieu et de nature auoit receu l'esperit de poesie aduisa q ou liure de la Rose est descrit le paradis des bons

et lesser des mauuais en francois voult
en lengaige florentin soubz autre ma-
niere de vers rimez contrefaire au stil-
le liure de la Pose en ensuiuant telor-
dre comme fist le diuin poete virgile
ou sixiesme liure q̃ len dit eneide. Et
pource que le poete dont selon sa pro-
fession damnoit et reprenoit les vices
et les hõmes vicieux/il qui estoit no-
ble et bien enseigne fut dechace de flo-
rence et forbany d'iller et mourut en
la cite de pauene. Or veil le donc-
ques venir a compter le cas de gaul-
tier noble duc de athenes

Le xxiiii.chapitre cõtient
le cas de gaultier noble duc
de athenes qui fut extrait
de la noble lignee des roys
de france. Et cõmence ou
latin. Galterius. et cetera

Aultier duc de athenes de q̃
ie vueil a moitie cõpter listoi-
re/se ie regarde ses ancesseurs
Roys de france dont il nasquit/il appa-
ra quil fut assez noble p̃ arte de ligna-
ge cõbien q̃l forlignast selon bõnes cou-
stumes d'oeuures vertueuses/ Et ia
soit ce que le conte de briene fust an-
cien tiltre des ancesseurs de gaultier
touteffois ilz acquirent p̃ ie ne scay q̃l-
le maniere le tiltre de la duche dathe-
nes. Or aduint q̃ le pere de ce gaul-
tier demãdoit a force darmes la posses-
sion de athenes/si fut prins des enne-
mys q̃ la duche occupoient/ q̃ luy fut
trẽchee la teste q̃ ainsi mourut hõteu-
sement. Et tãdis q̃ cestuy gaultier se
efforcoit de vegier la mort de son pere

q̃ pour celle vengance faire il faisant
tresgrant appareil en armes de no-
bles hõmes q̃ autres souldoiers gaul-
tier fut deceu p la cautelle des grecz
et oultreplus gaultier perdit vng si-
en filz tandis quil estoit ainsi demene p
soingz et p soulcis/ Il requeroit puis
lung puis lautre des princes de son
amistie affin de conquester celle du-
che q̃ de vengier la honteuse mort de
son pere/ Et aussi de son filz gaul-
tier / Aussi traitoit de plusieurs
choses auec katherine emperiere de
constãtinoble qui lors estoit a naples
vne cite de champaigne. Et estoit
celuy traictie sur les hontes q̃ dom-
maiges que gaultier et les siens auoi-
ent receuz en grece. Si aduint pẽdãt
celuy temps que la cite de luques fut
assiegee de par les pisains/les floren-
tins vng pou parauant auoiẽt soubz
leur seignourie amenee ladicte cite
de luques moyennant vne tresgrãt
somme de deniers ou promise ou roy
aument papee. a eulx Et pour ce-
ste chose les florentins allerent pour
secourir et ayder et deliurer luques
la cite compaigne et aliee aux floren-
tins qui pour oster le siege assemble-
rent de toutes pars leurs forces po'
bataillier. Apres ce que les florentins
et leurs compaignons alliez eurẽt il-
lec receu grãt occision q̃ degastemẽt
de leurs gens/ Ilz desconfitz apres
pou de temps entreposé refreschirent
et apresterent leurs forces. La renom
mee de ceste guerre courut au long
q̃ au large d'ptalie/q̃ tant q̃ plusieurs
Iouuenceaulx ardans q̃ couoiteux de
bataile se assẽblerẽt a florẽce/ ẽtre les
q̃lz mesmemẽt cestui gaultier delaissa
ses autres entreprinses q̃ sans ce que
aucune prestres sceussent le courage
de gaultier/il faignit quil alast en pe
lerinage et se transporta de naples a
florence hastiuement auec petit nom
bre de ses hommes. Et combien que

gaultier Devant de si lointain pays n'eust encores faict aucune chose digne de memoire/ toutesfois apres ce que la cite de Luques fut Vendue et Baillee aux pisains Gaultier se transporta a Florence. Et pource que ia les forces des florentins estoient amoindries et abatues pour cause de la desconfiture/ et par les tresgriefz despens quilz avoient soufferz pour la guerre des pisains. Si advint que les florentins par plusieurs assemblees entrerent ou parlement de leur commun palais pour illec estre eulx pourveoir et adviser au salut publique de leur cite et pays/ affin que la seignourie de florence fust baillee et commise avec grant auctorite et puissance a aucun homme expert et preux en armes qui refraignist les discencions des citoyens et les assaulz et violences de leurs ennemis. Apres ce que la seignourie de florence fut limitee soubz certaines loix honnestes et justes elle fut commise et otroyee a cestuy Duc gaultier. De par les florentins comme a leur bienveillant et amy de loyaulte esprouvee. Et les florentins au commencement ne se repentoyent pas davoir faict ceste chose/ mais pource que la tresgriefue et importable seignourie daucune puissant citoyen qui selon les anciens sont appellez magnates/ avoit ia constraint toute multitude du peuple florentin baratz a marchandises et a autres mestiers et affin que eulx constraiz en la seignourie dudit gaultier il peust faire loix plus aspres contre les marchans gens de mestiers Et affin que Gaultier prensist a soy toute la seignourie de la chose publique. Et apres ce que gaultier eut essaye maintesfois envers les marchans et ouvriers comment il peut rompre et enfraindre les loix et coustumes de florence/ les marchans et ouvriers esmeuez a fort pour ceste chose veillerent continuellement contre le barat des magnates et de gaultier le Duc Quant le temps selon leurs desirs sembla estre convenable a depecer/ ces loix pource que ilz sceoient que le peuple estoit hayneux aux seigneurs de florence et que les citoyens tous ensemble se complaignoient pour les tresgriefues exactions de pecunes et aussi les magnates estoient paoureux pour cause de la perte et dommage que ilz avoient receu devant la cite de Luques/ et eulx voyans que plus leur donnoit desperance et confort avoir en leur cite ung homme qui continuellement tenist la seignourie et qui en soy eut toute puissance et auctorite des armeures publiques que avoir divers seigneurs souvent renouvellez. Les Magnates doncques malicieux et caulx ordonnerent entre eulx que ilz mettroient diligence a parfaire ceste chose. Si esleurent comme folz plus endurer et souffrir la tirannie de gaultier homme estrange lequel ilz ne congnoissoient que vivre soubz la seignourie gouvernee par loix civiles lesquelles ilz congnoissoient par longue accoustumance. Les magnates doncques non confians deulx mesmes soignirent et alierent avec eulx aucuns citoyens obligez a autres en debtes de grans sommes de deniers. Et en cestui temps estoit a florence grant multitude de citoiens ainsi obligez et affin que les citoyens eussent plus grant loisir et plus long terme de payer leurs debtes/ si tost quilz ouyrent les conseilz des magnates ilz consentirent legierement a lentreprinse de leur desloyaulte. Et tantost apres ces choses les magnates de florence cuidans estre assez fors ilz parlementerent avec le Duc gaultier homme desloyal envers la franchise de florence combien que il fust oblige a garder tant les anciennes comme le nouvel les honneurs priuilleges & franchises de florence / cestassauoir que les magnates eurent parolles de subiuguer florence a la plaine seignourie dudit gaultier qui mist derriere son dos la loyaute & honnestete de soy et fut attrait a mauuaise couuoitise de seignourie mondaine. Si adonna ses mauuaises oreilles aux magnates &citoyens florentins qui lui ordonnerent prendre la seignourie de florence Le duc gaultier regarda que leffect ne fauldroit pas aux parolles puis quil y mist lentente de son couraige/et affin que gaultier ne essayast querir par armes la seignourie de florence il auisa que en alant de degre en degre il pourroit acquerir celle seignourie/ par barat et cautelle. Apres doncques que gaultier eut ferme et attrait par serment ses complices florentins/ Il dist aux gouuerneurs de la cite que il ne pouoit assezbesongnier ne parfaire pour le prouffit de la chose publique aulcunes autres choses aduenues se plus grant arbitre & puissance ne luy estoit ottropes. Apres ce que la puissance et auctorite furent ottroyees audit gaultier/affin quil ne semblast sa demande auoir faicte en vain si commenca persecuter &excercer cruaulte contre aulcuns citoyens florentins. Quant gaultier apperceust que ces citoyens pouoient souffrir la cruaulte& rudesses il qui fut meu par lehortement daulcuns mauuais/Jura et dit quil destruiroit les officiers de florence se ilz ne luy octroyoient plus ample & greigneur seignourie. Apres ceste menace les principaulx florentins citoyens sesbahirent et sentirent par tardiue consideracion a quelle fin tendoit gaultier/car Pegnier iotte maistre des sergens a qui la seignourie de florence auoit commis presque toute la garde de soy & de ses choses et le salut du peuple florentin icelui auoit

emply tous les hostelz de souldoiers & si les auoit mis dedens florence en laide et au secours de gaultier qui par tirannie souloit monter a la seignourie de florence. Les gouuerneurs de florence qui ceste chose auiserent ce qui ne peurent refuser la demande se forcerent si sagement comme ilz peurent refraindre les mauuaises entreprinses de gaultier duc de athenes. Les gouuerneurs florentins accorderent ensemble auec gaultier que il auroit toute & plaine puissance annuelle entiere les citoyens de florence en leurs choses Et gaultier adonc afferma par serment sur le sacre corps de nostre seigneur iesucrist que apres lan passe il laisseroit en leur franchise ancienne la cite les citoyens & leurs choses. Apres ces choses ainsi dictes&faictes les citoyens a voix de trompe furent appellez a parlementer ensemble/ & eulx tous se assemblerent encertain lieu publique. Tandis que les officiers seoient pres des portes du palaie commun tantost au fronc deuant vindrent compaignies hommes armez a pie lesquelz tous gaultier faisoit venir. Tandis que chascun lieu de la cite estoit presques occupe & saisy par ces gens armez et que tous les citoyens estoient enuironnez/Gaultier le desloyal homme vint enclos & accompaignie des magnates armez des soubz leurs robes. Se tu eusses veu gaultier auec tous les siens tu eusses dit que il voulsist tantost espandre le sang des florentins lors nues et desarmez/se aulcun deulx eut dit quelque parolle ou fait aucune chose mal agreee. Apres ce que les magnates eurent contraint et enhorte gaultier a seoir ou plus hault lieu du palais/les officiers publiques furent compressez & refrains et se abstindrent a grant peines quilz ne meissent les mains contre les magnates. Finablement quãt

EEi

Gaultier fut assis & silence fut commandee estre faicte & lauocat fut monte ou lieu trin et eut commence a exposer et a dire au peuple laccord et complot. Si tost que lauocat parla de la seignourie annuelle que deuoit auoir Gaultier/le peuple parauant Induit & admonneste commenca crier et Pequerir que la seignourie de florence demourast perpetuellement a gaultier & tantost apres ces choses les portes du palaye par le moyen du traytre regnier furent ouuertes au tirant gaultier & ses hommes armez qui tost entrerent et montereet au palais Et combien que aulcuns tressouuent amenteusement a Gaultier les choses que nagueres il auoit promises & Jurees/et tous les magnates tempestans & ia hardis osterent par Violences les officiers florentins qui Jointz sestoyent au coste du tirant. Les magnates de florence par Villeneuses parolles commanderent aux officiers publiques quilz feissent silence/& par ainsi la foy & loyaulte de gaultier fut rompue & mise soubz les piedz & son serment fut conuerti en fable et moquerie la torr de la franchise fut occupee et saisie par gaultier ainsi comme se la seignourie de florence luy fust donnee de par lesditz magnates/et le Bil et menu peuple crioit a haulte Voix quil Douloit auoir gaultier pour seigneur. Et ordonnance faicte a force/ Gaultier Perceut la seignourie de florence durant toute sa Vie. Et lors aduint que les tresdeloyaulx florentins Par telz ars et baratz soubmisdrent a la tyrannie dung estrange et tresmauluais homme celle cite de florence/laquelle si tost que nous estrasmes en ce monde la receusmes de par noz ancesseurs franche et non subiecte a aulcun homme / Dont aulcun ait memoire fors que aux empereurs de romme. Et apres ces choses faictes:les magnates florentins commencerent par dances ieux & esbatemens faire le triumphe du peuple florentin mis en subiection ainsi come se iceulx neussent pas mis en subiection eulx mesmes mais seullement aucune autre cite/& ceulx qui de autruy auoient receu argent a creance commencerent forcener & courir sus a leurs creanciers affin de les apourir. Et aussy le peuple commenca descourre de toutes pars/le peuple commenca monter ou hault palais qui nauoit oncqs Deu/le peuple commenca serchier et enquerir toutes choses/ le peuple fist lors iour de feste solennelle en disant broccars & chancons diffamees. Et pource que celuy iour toutes choses estoient ouuertes & que chascun a portes ouuertes entroit la ou il Douloit/ les folz florentins cuydoient auoir conquis pour eulx la seignourie/& non pas au tirant le Duc gaultier. Les meschans officiers publiques qui auoient accoustume soir sur les haulx sieges furent degradez & priuez/& descendirent pour demourer es tresbasses chambretes du palais/pource que le tirant Et les siens occupoyent les aultres lieux /mais encores diray ie plus/ car ces deux nobles citez de toscanne arethe & pistoye qui nagueres estoient de la seignourie de florence/a la maniere et coustume de florence leur dame receurent Gaultier comme seigneur/& aussi tous les chasteaulx Villes/ fortresses/et citez anciennes/ et renommees Vindrent de plain gre soubz la seignourie de Gaultier. Aussy les habitans et la chastelerie de gempniau/et la Valee de elsle et le chasteau Popal & les nobles du mont apenin/ et plusieurs aultres contez du pays de toscanne Vindrent de leur plain gre soubz la seignourie de gaultier et luy offrirent toute obeissance. Par ces choses gaultier ecuint grant

et ia redoubtable seigneur a tous itas
liens/Et tant fut esleue en couraige
que il deuinoit que le royaume de tos
canne ne luy estoit deu/et disoit quil
estoit venu en florence en iceluy tour
ou quel il tesmoignoit quil auoit che
mine selon le chant dung oyseau qui
espie sa proye sur vne branche. Et
pource gaultier portoit en toutes ses
robes vng tel oyseau en deuise/ Le
duc gaultier plonge en si grãt seignou
rie commenca destourner et mettre
a part en vne maison priuee les publi
ques officiers de florence/& si commen
ca Gaultier faire toutes choses a sa
guise/ Et seoir en Jugement don-
ner sentences de droit sur les causes
ciuiles & crimineles. Il mist officiers
trescruelz pour espouenter les citoy
ens de florence/& commenca a han-
ter flateurs par qui toute seignourie
est destruite/il print auec soy maque
reaulx qui sont le fiens et ordure de
tous les autres hommes/il fist ses cõ
seilliers tous hommes/arrousez de
mauuais artz/et ennemys de vertuz
Il commenca exiger des citoyens
griefz truages et confisquer a soy les
substances des bourgoys/et conuer
tir a son singulier prouffit toutes cho
ses sans faire misericorde a aulcun
et sans faire grace ne remission quel
conques. Le duc Gaultier commen-
ca attraire en sa luxure Les vierges
et pucelles et autres quelzconques fe
mes par flateries/par dons & p mena
ces/p violences/& a force. Il commenca
coucher soubz soy les nobles Jouuen
ceaux de florence & souffrit a ses of-
ficiers & varletz faire quelcõque maulx
Et a briefuemẽt parler Il commẽca
ordoyer par ses puantises toutes les
choses diuine et humaines/ les flo-
rentins meschans au commencement
deuindrẽt entre eulx agoisseux paou
reux & muetz/& commencerent gemir &
regarder leur franchise perdue/ les

florentins adonc desiroiẽt recouurer
leur liberte quilz auoiẽt mal cõgneue
et dont ilz estoient decheus. Les flo-
rentins cõmencerent desirer la mort
et la maniere de repousser le tirant/
Ilz condamnerent leur paresse/et si
desirer la maniere par quoy ilz peus
sent retourner en leur premiere fran-
chise/mais quilz le peussẽt faire mais
discention & discord qui est racine de
la desolacion des citez ne souffroit q
aulcun florentin eust fiance en sõ pro
chain.Et pour ceste cause les floren-
tins l'amenez en seruitude resterent
plus longuement que mestier ne leur
fust de eulx affranchir. Et finable-
ment dieu eut mercy des florentins
Ja soit ce quilz ne fussent dignes/ et
ainsi comme dieu auoit souffert que
les florentins ouurissent leurs yeulx
a veoir & considerer les maleurtez de
leur ordre seruitude/ainsy dieu par sa
vertu enforca leurs cueurs/et ioin-
gnit en amour & concorde les discor
dans/et les encouraga a procurer le
destruiement du duc gaultier leur sei
gneur/car dieu souffrit que les ma-
gnates qui auoient conuenu auec gaul
tier contre la franchise publique vins
drent premiers contre la foy et alian-
ce quil auoient donnee et faicte au
tirant/& rerongneurent & dirent leur
propre desloyaulte. Les magnates
doncques voyans que Gaultier en-
uers eulx ne gardoyt aulcune pro-
messe/& que de la largesse du tirant/
ilz ne receuoient grace ne aulcun don
mais veoient les magnates que gaul
tier tiroit principalement en sa luxu
re leurs femmes/ leurs filles/ leurs
seurs/et leurs parentes/et que sa ra-
ge auarice/ et roberie estoit plus ata-
chee en luy que elle nestoit parauant/
et plus que ilz ne pensoient.Et eulx
aussi voyans que Gaultier homme
desloyal parloit a double langue/ Il
estoit audicieux/ detracteur. cruel
EE ii

et deccuable/ingrat/iniuste/enten-
tif & soingneux pour soy et nompas
pour autre/et qui en soy ne auoit au-
cune sainteté de iustice ne de bonté/
& qui desprisoit dieu & nonpas seule
ment les hommes. Pour ces choses
les principaulx de la coniuration fu
rent attainez/& apres longue souffra
ce par interposites personnes ilz dis
drent cautement en la constance du
menu peuple/et iurerent les magna-
tes que par eulx et leurs aydes ilz des
mettroient le tirant mais tandis que
les choses appartenans a celle grant
besonhne estoient basties & ordonees
Le tyrant puant sentit les complotz
des florentins ou par raport dautruy
ou par son propre aduis. Or aduint
tandis que Gaultier par sa cruaulte
sesforcoit contrester & pourueoir aux
entreprinses des florentins/Il tyra
contre soy la hastiueté de son destrui
ement/car les consailhons & compli-
ces de ces entreprinses qui apperceu
rent aulcuns des coniureurs estre de
tenus en prison/il doubterent que ilz
ne fussent gehinnez. Et pour le seul
remede de leur salut/les florentins
saillirent hors armez/et tous a une
voix crierent que len tuast le prince.
O iuste & bon dieu/certes tes iuge-
mens sont merueilleux/pou s homs
mes auoient par auant sceu la coniu
ration faicte contre gaultier/Le cry
ne fut pas plustost fait que tous ceulx
de florence congneurent les entrepri
ses/et tous furent commeues et cou-
rurent aux armes/et tous se assem-
blerent pour occire le tyrant qui auec
les autres feust assiege ou palais de
florence. Les nobles hommes et les
cheualliers souldoiers du tyrant et
ceulx que il auoit ordonnez & par soy
iuges et officiers/& qui dedens la court
du palais auoient esté logez senestoi
ent ia fouys par une fausse poterne/
Mais gaultier amoly & esbahy pour

De Boccace

la soubdaine et grant mutation de
ces choses/Tandis que pour auoir
franchise yssue il enhortoit le peuple
encores descordant et courant sans
aucun conduiteur. Adonc gaultier
homme de vil courage deuant le peu
ple fist complaintes et larmes. Et
ceste chose aduint par le plaisir de dieu
et non mie par les merites des floren
tins/mais par liniquité de gaultier
leur seigneur/Liniquité de gaultier
estoit ia chargeuse & ennuyant a dieu
et au ciel. Car les hommes qui sceuet
la verité de ces choses pensent que
se gaultier eust eu assez courage & for
ce il eust peu yssir de la tour et escha
per victorieux. Apres donques que
Gaultier assiege pegarda que les flo
rentins estoient enforcis/Et il ouyt
les cris et les tempestes de ceulx qui
les assiegeoient & crioient contre luy
iusques au ciel/& il congneut que par
fain et soif perissoient ses hommes en
clos & dens la tour/et quant gaultier
aduisa ceulx qui minoient la tour af-
fin de la trebuchier a terre/gaultier
deuint angoisseux pour les grans et
diuerses maleurtez/qui luy accou-
roient/et par messagiers il offrit re-
stituer aux florentins leur franchise/
mais que il et les siens peussent par-
tir saufz et sains/Adonc affin que la
cruaulté des florentins demandans
leur franchise fut aucunement apai
see/Gaultier commanda que ung
murtrier appelle guillaume de assise
feust baille es mains des florentins
qui le demandoient auoir. Cestuy
guillaume de par le duc gaultier e-
stoit institué et commis gardien des
florentins/et si estoit plus cruel que
quelconque beste sauuage/gaultier
aussi rendit aux florentins lung des
filz dudit guillaume qui estoit plus
cruel que le pere. Dieu souffrit pour
punir le demerite dudit guillaume &
il qui par sa cruaulte auoit tué les en

sang de plusieurs peres/il dit deuāt
soy son propre filz estre mis a lespee/a
pres locrisiō du filz celuy niesme guil
laume fut murtri. Et vengance du
dit guillaume estoit mieulx pertinēt
se Dieu eust permis quil eust souffert
telles peines en son corps cōme il auoit
pourpense contre les florentins/cest
assauoir quil eust este detrenche par
membres/ et que par mil playes il fust
venu a sa mort lui qui par mil manie
res de tourmens auoit serche la mort
des florentins. Gaultier doncques dit
deuant ses yeulx la pugniciō de guil
laume et de son filz en lieu du premier
sacrifice de ses mauuaistiez/ et oultre
deuant les yeulx de gaultier fut pen
du par les piedz a ung gibet et escroi
sure cōme ung porc. Ung mauuais ci
toyen florētin nomme henry qui trai
teusement enseignoit a gaultier les
manieres de oster pou a pou les sub
stances et richesses des florētins/si ad
uint que ledit henry fut detrenche en
pieces. Et touteffois la punicion qui
fut faicte de ces trois mauuais hom
mes tourna au pussit de gaultier duc
de athenes/car par la punicion de ces
trois maruais hommes la rage des
citoyens florentins fut adoulcie. Et
apres pou de iours les florentins vin
drent en accord de octroyer a gaultier
celle chose que il mesmes demandoit
et par ainsi auant lacomplissemēt de
lonziesme moys en comptāt depuis
le iour que gaultier auoit ocupe la sei
gnourie de florence/ Il doubteux de sa
vie partit de nupt et laissa sa franchise
de florence nostre cite en sa premiere et
ancienne forme. Par ainsi doncques
gaultier duc de athenes homme insa
oulable et orgueilleux perdit sa tres
grant seignourie de florence et le roy
aume de toscane que il esperoit auoir
ou temps aduenir/et en lieu de la gloi
re que il auoit receu iniustement Il
receut iustement vilennie et diffame

Et apres affin que les florentins et le
cite innocente fussent vengez du nuy
sible tirant/il aduint comme ie cuide
par le iugement de dieu que tādis cōe
le duc Gaultier en armes combatoit
pour la partie du roy iehan contre edou
ard roy dāgleterre en celle bataille de
poitiers en laquelle icelluy Jehan roy
de france ce fut prins et les francoys
desconfitz et occis. Cestuy gaultier
aduisa que en celle bataille len besoin
gnoit autrement que len ne faisoit es
chambres des dames florentines. Il
cōme couart tourna le dos et delaissa
son Roy et y son maleur fut rencōtre
des souldoiers florentins qui dauen
ture lors combatoiēt a Souldees par
le Roy Jehannin ses souldoiers flore
tins tresladement peprindrent et blas
merent et ramenerent gaultier a com
batre contre les ennemys anglois.
Gaultier doncques arriere ioint en ba
taille fut abatu de son cheual/ et du
coup dung sien aduersaire il recout
vne telle playe quil fut espuise de son
sang et de ses forces/et fut apres con
gneu dung souldoier florentin lors cō
batāt pour le roy edouart ainsi cōme
dit commune renōmee. Et fus gaul
tier contraint par le souldoyer de luy
baillier sa teste a trēcher affin q̄ gaul
tier qui auoit fait cruaulte et forēne
rie contre le sang des florentins es
pandist son sang/ et perdist sa vie par
la main dung florentin/et par ainsi
gaultier homme dommageux bara
teur et desloyal fut gette hors de flo
rence dechasse et opresse. Et en celle
bataille il vint a telle fin et tel iour cō
me il auoit desseruy plus et mieulx p
tināmīnēt qui nestoit ou pays de flo
rence.

EEiii

Le xxb. chapitre cōtient lexcusacion de Jehan boccace pource quil met phelipote la cathinoise femme ignoble entre les autres nobles. Et commence ou latin. Pace superum. ꝛc.

E prie aux haulx princes et autres nobles hōmes du monde que sās couroux ꞇ desdaig ilz souffrent que ie mette au derrenier de mon liure phelipote la cathinoise femme ignoble ꞇ populaire. Certes les princes ꞇ nobles hommes ne doiuent pas desdaigner ceste phelipote/ car combien que ses parēs ayent este ignobles ꞇ obscurs ia soit ce aussi que sa mort ait este moult horrible/ toutesfois fortune luy a este soueffue ꞇ doulce ou milieu de ses besongnes/ car ainsi comme elle a descu entre les Pops et popnes ꞇ entre les nobles personnes autres/ elle qui maintenāt est entre plusieurs femmes meschantes et angoisseuses monstre ses crains chanues ꞇ espars sur ses espaules/ ꞇ si monstre par tout son corps maigre ꞇ tressale les horions de fortune. Et phelipote me osa bien prier a voix tremblant que aumoins ie la traynasse apres les pops ꞇ ropnes ꞇ entre les nobles personnes comme leur chamberiere/ se autrement ie ne sceu ope descrire son cas. Et combien que sans iniure de quelconque personne ie peusse assister ceuoir phelipote qui de cē me prioit pource que iay proteste de vouloir descrire les cas des hommes ꞇ femmes renommez ꞇ non pas seulement des nobles par lignage/ toutesfois icy pēse en mon cueur receuoir phelipote nō sans cause/ cestassauoir affinque ce present liure soit pareil en aulcunes siennes pars/ car cestuy present liure seulement ꞇ en generāl parle des bonnes et males fortunes. Et si cōmēce trai ctier des choses ioyeuses/ cestassauoir de la biēeurete de adam ꞇ de sa fēme eue ꞇ si fine en choses douloureuses/ cestassauoir au compte des miseres de phelippote ꞇ de son mary Raymond. Il ma doncques semble que ainsi come le commēcement de ce liure a este donne ꞇ prins par adam le tresnoble des hōmes/ ainsi doit estre mise la fin en phelipote femme ignoble. Je donc sueil poursuiure tant les prosperitez de phelipote cōme ses aduersitez pource que a cause de la nouuellete de soy elle est congneue a pou dommes. Et pource que ses prosperiteꝫ et miseres ne sont pas prinses des escriptures hi storiques/ mais sont prinses de racōp tement de bouche/ iay partinement delibere tistre ꞇ mesler ensemble lys ftoire de mon entencion/ affin q̄ la cho se qui trop briefmēt est tixue ꞇ q̄ nest escripte au large forsque en ce present liure ne oste sentencion des choses qui sont icy a dire. Et en ceste hystoire ie descripray aucunes choses receues par mes oreilles/ et aulcunes choses receues par mes yeulx/ mais es choses que ie mesmes ay veues Je scay que ie ny suis pas deceu. Et se les cho ses que iay ouyes contiennēt choses plus vrayes ie nen doy pas estre repris/ Car iay serchie les plus vrays racompteurs. Si vueil doncques maintenant prendre vng pou plus hault les commencemens de la for tune de phelippote en delaissant les

autres nobles maleureux qui p̄ plou-
roient deuant moy.

Le vingtesixiesme chapi-
tre contient le cas de pheli-
pote la cathinoise iadis fe-
me de grant renom et au-
ctorite ou royaume de ce-
cille qui parauant auoit e-
ste lauandiere de robes q̄ de
draps. Et commence ou la-
tin. Me adhuc. ⁊c.

Or lors que ie estoie enco-
res iouuenceau et hantoie la
court de Robert noble roy de
Ierusalem et de sicile estoit ung hom-
me esclaue appelle Bulgare de long
aage, de grant memoire, ⁊ qui de son
enfance estoit sage marinier. Auec ce
stui Bulgare estoit ung calabrien ap-
pelle constantin de la roche homme
honnorable et auge⁊ en merite qui ra-
comptoit les anciennes choses et les
lignaiges de ceulx qui hantoient la
court dudit roy. Et entre les autres
choses Bulgare estoit coustumier de
racompter q̄ robert adonc duc de cala-
bre du gmandemēt du roy charles son
pere fist une armee cōtre frederic qui
occupoit lisle de sicile. Aps ce q̄ robert
eut mis ⁊ fichie ses pauillōs pres du
ne ville appellee drepanne la feme
du duc robert appellee violant enfan-
ta ung filz ⁊ aduint q̄ en deffault dau-
tres femes ceste phelipote de quino᷾ a
nōs cōmēcedire le cas pour lors estāt
ieune feme ⁊ auenāt laquelle p̄ pouer-
te estoit lauendiere de robes ⁊ draps

dautruy ⁊ q̄ de nouuel auoit enfante
ung filz dung sien mary pescheur, si
fut choisie ⁊ prinse ceste phelipote po⁷
estre nourrisse de lēfāt de la duchesse
Et pource q̄ phelipote p̄ ses merites
fut en grace elle vit a naples auec la
duchesse ⁊ demoura auec les autres
chāberieres aps la mort du filz q̄ elle
auoit nourry ⁊ ainsi cōe affermoient
Bulgare ⁊ cōstantin dessusditz ung ap
pelle raymōd de cāpannes maistre de
la cuisine du roy charles auoit achet-
te de larrons de mer ung hōe ethio-
pe qui auoit du tout telle figure ⁊ cou
leur cōe ont les ethiopes que leynom-
me autremēt mores. Aps ledit ray-
mond affranchit ⁊ fist baptiser cestuy
ethiope ⁊ lui donna son ppre nō ⁊ sur-
nō pour la noble prudence de lui ⁊ lui
gmist presques toute loffice de la cui-
sine du roy, ⁊ assez tost apres raymōd
seigneur ⁊ parrain de raymond ethi-
ope fut fait cheualier, ⁊ ledit raymōd
lethiope fut mis en son lieu en la mai
strise de cuysine. Et deslors il com
menca tenir propre hostel, mesnage,
cheuaulx varletz ⁊ auoir grace du roy
⁊ des nobles hommes. Et si cōmen-
ca acquester heritages ⁊ assēblec ri-
chesses, et apres il fut oste de la cuisi-
ne ⁊ fust pourueu a garder robes ⁊ io-
yaulx du roy. Et tandis que les be-
songnes de raymond lethiope se por-
toient ainsi, les femmes de la court
enhortoient la duchesse a pourueoir
phelipote ⁊ la duchesse se consentoit
assez. Celles femmes disoient a la du
chesse comment phelipote estoit vef-
ue ⁊ comment p̄ long tēps elle auoit
bien ⁊ loyaumēt serui en la court.
Et tant auint que la duchesse ottro-
ya phelipote en mariage a raymond
lethiope cōme le plus conuenable po⁷
elle ⁊ affin quilz feissent leurs nopces
plus ioyeuses ⁊ pl᷾ belles, raymond
par desordonnee hardiesse demāda au
roy charles quil luy donnast nobles

EE iiii

se de cheualerie/& le Roy luy ottroya Et aps ce qui fut cheualier il coucha auec phelippote lauentiere de draps et telz furent les cōmencemēs de la noblesse de phelippote ainsi cōme iay ouy dire ausditz Biellare Bulgare & cōstantin. Mais cy apres diray les choses que iay beues touchant ceste matiere/car lethiope Raymond parauāt queulx & apres cheualier/& qui fut esleue par le renomme mariage de phelipote sa cathinoise/se portoit grāt entre les cheualiers et faisoit tout ce q̃ en luy conuenoit/Raymōd traictoit plusieurs besoignes & accroissoit sa propre cheuance Et semblablement apres la mort de la duchesse Violāt phelipote sefforcoit de seruir & complaire a sancie ieune dame a aduenir/laquelle adōc estoit femme du duc robert/ et aussi a dame marie femme de charles filz du roy robert. Phelipote se tenoit deuant elles en les seruant/et se rendoit preste de obeir a leurs commandemens/et monstroit par effect soy estre maistresse de moult bien faire affaictemens de corps & de visages & de lauemens de creins. Tandis doncques que Raymond & phelipote ainsi faisoient leurs besoignes/phelipote deuint plus aagee que nestoyent les autres femmes du seruice de la royne Et auoit phelipote ia troys enfans de son mary Raymond/et p̃ longue accoustumance elle fut enseignee & duite es contenaces & es manieres royaulx/en tant quelle fut ordonnee maistresse et garde de iehanne petite fille de charles duc de calabre p̃ ordonāce de la mere. Apres ces choses faictes ledict Raymond fut faict maistre de lostel du roy. Et pou de temps apres ce que moururent charles & marie/phelipote fut honoree & cherie/ainsy comme se elle fust mere de ladicte Jehanne/et Raymond lethiope delaissa loffice de maistre hostel et fut institue & faict seneschal du roy. O dieu quelle mocquerie fut ceste de veoir ung homme ethiope iadis prisonnier & serf & sentant loudure de la cuisine faire offices Royaulx au roy Robert/et veoir celuy ethiope aller deuant les Jouuenceaulx nobles du Royaume et seignourier en la court et iugier des causes des trespuissās & treshaulx seigneurs. Mais ores est ainsi que fortune esleue ceulx qui luy plaist haulcer. Raymond donques & phelipote furēt mōtez a haulx estatz & si furent acreus en Richesses puissances et honneurs & de leurs filz furēt noblement mariez et faitz cheualiers. Et pource que ces deux filz cheualiers auoient Chasteaulx/Villes/ chāps/prez/Vignes/Bois/graines rentes/et insignie/Robes precieuses et toutes choses abondainment. tu eusses mieulx cuide que ilz fussent enfās du roy que de ung ethiope. Finablement lethiope raymond mourut & fut porte en terre presque en maniere royalle et ses enfans cheualiers commencerent exercer loffice de leur pere ia mort en terre & a la fin que lainsne des enfans desditz Raymond & phelipote mourut aps le deces du pere/leur tiers filz renonca a leglise et tantost print estat de cheualerie. Or aduint apres plusieurs ans que cestuy Robert filz ainsne desditz Raymond & phelipote fina ses iours/mais sancie fille de cestui robert adōc assez aagee suruesquit apres la mort de son pere robert Ceste sancie des son efance auoit este nourrie auec phelipote sa grant mere en la court de iehanne fille de charles duc de calabre & ung autre appelle robert seul filz desditz aymōd & phelipote cōmenca exercer loffice de son pere et aussi de ses freres qui cōme dit est p̃ auant estoient mors ainsi cōe se loffice du seneschal appartenist a robert a tiltre de heritaige. Car apres ce que iehanne fille de charles duc de calabre qui fut femme de andry filz de charles Vinbert roy de hongrie et depuis dufse que le roy robert mourut. Et aps que sancie fille dudit Roy robert fut entree en vng monastaire de nonais et que par faulx enhortemens daucuns suruint et nasquit discencion et discord entre la royne Jehanne et Andry son mary roy de Jerusalem et de sicile / le roy andry fut desprise et detenu Vil pource que ou temps du Roy robert, les barons du royaume auoient fait leurs sermens et hommages soubz le nom de iehanne. Et pource que ledit Robert filz desditz raymond et phelipote estoit seneschal de la court du Roy Robert, fust par icelle iehanne nomme et institue grant seneschal du royaume de sicile. Et sancie fille de phelipote fut mariee a charles adonc conte de marron. Et certes ces graces / estatz et haultes offices ne furent pas Donnez a Robert / et a sancie enfans de raymond lethiope et de phelipote la cathinoise sans suspicion : Car len sousperonna que ladicte Royne Jehanne qui donna ses haultes offices et haulx estatz eust corrumpue sa chastete / et commis le peche dadultaire Car combien quil ne soit licite croire que la Royne Jehanne corrumpit sa chastete / touteffois plusieurs gens dirent que par le moyen et ayde de phelipote la cathinoise ladicte Royne iehanne auoit couche auec robert filz de Raymond lethiope. Et a ceste chose croire aydoit moult Vne presumption telle / Car len veoit que la Royne iehanne ne faisoit aucune chose qui fut pesante / ne haulte ne grant selle nestoit approuuee par robert phelipote et sancie / et que aulcun nestoit du secret conseil de ladicte Jehanne fors que ces trois dessusditz / mais nous

deuons laisser telles suspecions et les mettre auec le vent / pource que trop grant priuaute et accointances dommes de rechief engendre diffame / et ordoye la renommee des femmes tres honnestes / et pourtant on doit laisser toutes ces suspecions / Affin que nous retournons dont nous estions partiz. Phelipot doncques agrandie et acreue de tiltres et de seignourie auoit plaine puissance et auctorite entre tous et sur tous ceulx du Royaume de sicile / et Riens ne luy failloit fors que le nom de Royne / mais fortune ne espergna pas phelipote non obstant sa vieillesse. Mais ce pou de temps que fortune gardit a ceste phelipote, femme orgueilleuse vieille et decrepite lui fut obscurci par si soudaine matacion de son estat quil sembla q̃ tous les honneurs et bieneurtez mondaines q̃ elle auoit parauant luy feissent plus honte que honneur / car loys adonc Roy de hongrie porta mal paciement que son frere andry fust si villement traicte de par la royne iehanne et de par ses complices, impetra par argent du pape clement sixieme q̃ celuy andry fust couronne Roy de bierusalem et de sicile / combien que celle chose fust contre lanciene ordonnace et derreniere voulente du Roy robert / et ia tant auoit fait loys Roy de hongrie que les messages q̃ sur le fait du couronnement apportoient lettres et mandemens du pape estoient arriuez en la cite de gayette / mais pource q̃ aulcuns des barons du Royaume ia congnoissoient la cruaulte du ieune Roy andry et doubtoient sa iuste indignation estre contre eulx / et pource quilz prophetisoient que se andry estoit couronne ilz auroient de plus a souffrir / ilz complotent et iurent contre luy et comencerent mettre diligence affin que andry ne fust couronne Roy / et ceste maniere ne appertient ia escrire quelles gens firent lenterprinse ne par quelle ma-

De Boccace

niere s'en coniura en la mort du ieune Roy andry, touteffois nous auõs assez dit la chose q affiert a dire a nostre intention, c'est assauoir que p le barat des coniureurs andry lors estant en la cite de cuuersan fut appelle sainctement pour venir hors de la chambre. et apres il fut estrãgle d'une corde a ain si miserablemẽt fina le derrenier iour de sa vie/ mais lendemain au matin s'en apperceut le mauuais & cruel faict ceulx de la cite de couuersan et tous ceulx du royaume furent esmeus en troublemẽt & en cris contre ceulx qui auoient murtry le roy andry. Et come ou premier effroy aulcuns iouuenceaulx calabries eussent este tourmentes et liures a honteuse mort pour la punicion du mesfait si cruel, il aduint que ceulx qui estoient innocens ne se tindrent pas a tant, mais par le consentement de tous les barons du Royaume hugues adonc conte d'a uelin fut commis densercher les coul pables du crime & de les iuger a sa voulente quant ilz seroient attains & couuaincus du murtre fait en la personne du roy. Cestuy conte saue s'in'meu d'aulcune cause que ie ne scay pas print et emprisonna le conte de trilice & Robert de campannes filz de phelippote grant seneschal du Roy aume de sicile, & sancie contesse de marcon & seur dudit Robert, & la Vieille & maleureuse phelippote auecques aulcuns aultres souppeçonnes du crime. Et sans demeure le conte hugues fist faire & dresser vne gehine sarrie de aguilles pointues deuant la cite de naples ou millieu du port de mer. Hugues apres selon la guyse du pays en la presence du peu ple mist en gehine, et tourmenta la meschante Phelippote et sa fille sancie, et aussi son filz Robert de campannes Et n'est pas certain a tous quelle chose hugues tira de leurs con

fessions, touteffois par les choses qui s'en ensuiuirent aucuns ont tenu pour certain que ces trops furent trouuez coulpables de la mort du roy andry, car apres aucuns iours Phelipote et son filz Robert & sancie furent mis tous nudz dedẽs vng chariot a grãs traitz apres quilz furent mis hors de prison et furent menez par toute la cite. Et pour eulx faire plus grief tourmens le peuple de naples couroit & crioit apres eulx & furent tourmentez de te nailles ardans et detrenchez de passoirs agues, & d'illec vindrent au lieu ou l'en deuoit oster le Remenant de leur vie, c'est assauoir a vng grant feu esprins, & illec la Vieille phelipote qui ne peut plus souffrir les douleurs mourut entre les mains des bourreaulx, & apres luy furent tirez les boyaulx hors du ventre & son cueur & son gui sier furent pendus a l'une des portes de naples en signe & tesmoing du cruel mesfait, & le Remenant de sa charoigne fut gette dedens le feu, mais sancie fut mise ius du chariot & lyee a vng pieu toute viue & arse dedens le feu & aussi fut son dit frere Robert de campannes. Ceste meniere de tourmens ne souffist mie aux regardans, car leurs charoignes a moytie brulees furent ostees de la flambe et leurs boyaulx et entrailles furent tirez hors de leurs corps, et aucuns neapolitains en mengerent a guise de bestes sauuages, et les autres les trai noient a crocz de fer par toute la cite puis les gettoyent en la boe & es chambres priuees, car & sa en laissoient les pieces. Telle doncques fut la fin de Phelippote, a laquelle certes Il eust mieulx valu auoir soustenu sa poure vie par labour & lauẽdrie en eaues que demander ne querir en delices plus grans honeurs ne richesses mondaines, car par couuoiter et acquerir les choses temporelles elle fut or don nee estre brulee et si perdit pitement et a douleur soy mesmes/ses enfans:et les choses quelle auoit acquises.

Le xxviiie. et dernier chapitre descript en brief les cas de Sance roy de maillorgues de Loys roy de trinatrie et de Jehan noble roy des francoys. Et contient la conclusion de cestuy dernier liure. Et commence ou latin Existimantes et cetera.

Pres ce que ieu compte la miserable mort de philipote la cathinoise et de ses enfans/deuant moy estoient venus plusieurs nobles maleureux qui pensoient comme ainsy Je croy que iamais ie ne peusse donner repos a ma plume ne mettre fin en mon liure et se ie eusse voulu ces maleureux nobles hommes ie pourroit ioindre auec ceulx dont iay cy dessus compte les cas. Et en especial entre les autres nobles hommes maleurex estoit sance noble roy de Maillorgues/pourquoy est assauoir que en espaigne sont deux Isles appellees baleares en leur plus commun nom/et lune de ces deux isles se nomme atrosabe et lautre gemoside. Lune de ces deux isles vulgairement a nom maillorgues pour ce que elle est plus grant/et lautre qui est moindre est appellee milornes. En ces deux isles fut anciennement trouue lusage des fondes a deux courroyes/parquoy ielter pierres roidement contre les ennemys/et dont vserent les anciens

en bataille. Cestuy sance doncques roy de ces deux isles auoit de par sa seur vng cousin frere du roy darragon qui par armes debouta le Roy sance de son propre royaume : car cestuy sance cuidant garder et deffendre soy mesmes son pays et ses hommes assembla en bataille toutes ses forces/ contre la violence/et assault de son cousin/mais en celle bataille fortune dame des choses souffrit que le puissance du Roy sance fut desconfite et rompue et sance mesmement fut emprisonne en la fin et par le commandement de son cousin luy fut trenchee la teste/et par ainsi son Royaume fust transporte en estrange seignourie. apres le maleureux Roy sance venoit loys roy de trinatrie/vne isle que les hystoriens communement appellent sicile et par auant elle eut nom sicanie pour le nom de sicanus qui premier illec regna/et celle mesme isle apres fut et encores est appellee sicile de par siculus le frere de italus premier roy dytalie/et selon verite le premier nom de celle isle est triuatrie a cause des trois montaignes qui illec sont renommees/cestassauoir petorus pathinus et lilibeus. Ceste isle de triuatrie est separee et desioincte de ytalie par ainsi estroicte mer comme est angleterre de france. Triuatrie regarde la mer de affrique/et icelle est abondant de bles et dor et de cauernes a metaux et sources de sens et souffres. Illec est le mont ethna et enuiron le mont sont deux perilz de mer scilla et caribdis/ qui efondrent les nefz ou au moins les depiecent et rompent. Lisle de triuatrie anciennement fut le pays des ciclopois qui ainsi sont apelles pource que ou milieu du front/Ilz ont vng oeil Pont a large comme vng cercle. Eulx anciennement qui nasquirent es pays de sicile et de inde vindrent et habiterent es Rochiers de trinatrie

De Boccace

et poure que seulement ilz mēgoiēt chairs de bestes sauuages ilz sont autrement nommez agriofagitois. La principale cite de sicile, est nommee siracuse. Cestuy doncques loysne du lignage de sance Roy de mailforgues dessusdit monstroit par ses larmes et gemirs que il portoit mal paciemment la durte de fortune car le royaume de son pere dont il estoit heritier par le deces de sondit pere, luy fust oste par loys roy de Jerusalem et de sicile. Loys doncques roy de triuatrie ainsi dechasse de son royaume paternel requist au roy robert que il le peceillit en vng anglet de l'isle de sicile, mais il ne peut ceste chose obtenir du roy Robert iadis tresriche puissant et tresgarny de toutes aydes et aliances. Si tourna Loys roy de triuatrie ses requestes et prieres a loys roy de Jerusalem et de sicile qui de nouuel auoit este papelle du pays siennois ou il auoit este dechace poure et souffreteux et haynneux presques a tous ses hommes et empeschie en griefz et diuers labours Et cestuy loys noble roy de Jerusalem et de sicile octroya audit roy de triuatrie que il peust demourer iusques a la fin de ses iours en vng anglet de l'isle de sicile, dont il auoit parauant este seigneur et roy.
Apres loys noble roy de triuatrie denoit iehan iadis noble roy des francois qui formēt cōdamnoit sa maudicte infortune, si disoit en briefues parolles, ainsi comme vray est que son noble grant et riche royaume de france en son temps auoit este admoindry par occupemens de cites, et chasteaulx et de villes, il auoit este robe de ses richesses, deserte, ordoie du tout par arsins, par murtres, par les violences et sureures de putin adonc prince de galles, et des anglois hommes faillis et vains et de nulle valeur, et

disoit oultre que finablement en la maleureuse bataille de poetiers apres que sa force fut degastee et sa puissāce froissee et rompue et que ses cheualiers et aultres nobles souldoiers furent desconfitz ou occis, il deuint prisonnier de son ennemy edouard adōc roy des anglois, et apres fut lyez mene en angleterre. Et apres le pape ēst de tresgrant somme dor baillee pour sa ranson il sans estre deliure mourut soubz la puissance de son enemy par vne maniere de mort indigne et miserable et incongnue a plusieurs. Apres le compte du maleureux cas de iehan roy de france denoiēt sans nōbre autres nobles maleureux, lesquelz iay voulu delaisser affin de reposer et delaisser mon labour, car nous qui par la grace de dieu auons naige et vague par la grant mer flotāt et plaine de ondes cest a dire tant et si diuers la comptemēs de labours de larmes et de mors de renieres de empereurs, de roys et de tous autres princes et nobles hommes, nous maintenant sōmes venus par vne petite nef au port la ou nous trouuasmes nostre gouuernail au commencement de nostre present liure. Mais se en aulcune ptie de ce present liure ie ay trauerse du chemin de verite en prenant de la matiere ou plus ou mois que il nappartenoit ie le laisse et remet en la correction et amendemēt des saiges hommes, mais se iay amene par cestuy mien labour aulcun homme en congnoissāce de soy ou en humilite ie vueil que les louēges en soient redues a dieu donneur de graces. Et vous hommes qui tenes les haultes seignouries mondaines, ouurez vos yeulx et destoupes vos oreilles, et affinque le sommeil mortel ne vous sourpreigne veillez et regardez de quelz et quantes iauefotz fortune peut ferir vos poictrines nues et descouuertes, et regardes par les exemples des susditz que les conseilz des hommes ne peuet aler contre les forces de fortune. Et regardez aussi que toutes choses fortes sont brisees par dame fortune. Fortune trouble et obscurcit les choses trescleres par vne nue si forte et si espesse que nul ne la peut rompre. Considerez par les maleureux cas de autruy comme voz estadz sont situez en lieu glissant, et aprenez vser mesureement des bieneurtez mondaines: et aprenez chastoier et restraindre le crime de luxure de auarice de fureur de vetance et de conuoitise. Vous souuiene que quant aulcune delectacion desordonnee entre dedens voz cueurs et voz pensees ouuertes par leesse mondaine: ou attainees par aulcun cas de contraire fortune que par celle mesme loy et maniere par quoy vous montastes ou hault point de la roe: par celle mesme loy et maniere vous tomberez au bas auec les autres quant fortune vouldra, et en vng moment vous comparez et porterez les peines de voz pechiez et offences. Et affin que par aduenture ne aduienne que pour aulcun iugement ou plaisant ieu de fortune vous soiez deceus en cuydant que son ieu soit ferme et durable, fichiez en voz cueurs que touteffoisque aucun estat de fortune semble estre ferme et estable, autretant de fois elle comme desdaigneuse appareille ses espiez contre les meschans qui cuident que elle soit ferme. Et de tant quil vous semble que vous montez aux estoilles, de tant vous deuez ficher plus fort vostre desir en bas lieu et en humilite, affin que vous ayez honneste occasion de vous esiouyr quant vous monterez, et que vous ne ayez cause de vous courocer quant vous cherrez au bas. Rendez souuerain honneur a dieu, aymez dieu de entiere affection, ensuyuez sapience en voz oeuure, Prenez les vertus, delais-

sez les vices, honnourez ceulx qui sont dignes de honnourer, gardez souueraine loyaulte enuers voz amys, prenez conseilz des sages, et par humanite et iustice rendez voz benignes a ceulx qui sont moindres de vous. Querez louenges gloire et renommee la ou il affiert par raison, affin que vous monstrez que soiez dignes de telle haultesse comme vous auez acquise. Et se il aduient que vous trebuchez en bas, faictes tant que len voye que ce nest pas par vostre deffault, mais par la rudesse et cruaulte de fortune qui tourne toutes choses mondaines.

Finis.

Cy finist le neufuiesme et dernier liure de Jehan Boccace des nobles hommes et femmes infortunez translate de latin en francois Imprime nouuellement a paris le quatriesme iour de nouembre mil iiii{c}. quatre vingtz et xiiii. par anthoine verad libraire demourant sur le pont nostre dame a lymage sainct iehan leuangeliste ou au palays deuant la chappelle ou on chante la messe de mes seigneurs les presidens.

www.ingramcontent.com/pod-product-compliance
Lightning Source LLC
Chambersburg PA
CBHW051328230426
43668CB00010B/1188